내가 뽑은 원픽! 최신 출제경향에 맞춘 최고의 수험서

tomato TV 방송용 교재

사회조사분석사 2급
1차 필기
한권완성

김지현 편저

PROFILE
저자약력

김지현

[학력]
한국외국어대학교 통계학과 학사
고려대학교 데이터통계학과 석사

[경력]
(전) 데이타솔루션(구. SPSS Korea) 5년 근무
(전) 부천대학교 파이썬을 활용한 '컴퓨팅 사고와 코딩의 이해' 교양과목 강사
(전) LG전자, 11번가 외 기업 임직원 코딩강의
(전) 산림청, 세브란스병원 외 국가·의료 기관 임직원 코딩강의
(현) 서울특별시 마포구 마포청년나루 R코딩강의 초빙강사
(현) 메가스터디아카데미 R코딩강의 외래강사
(현) 토마토패스 국가기술자격 사회조사분석사 교수
(현) 온리스탯캠프 대표(CEO)

[저서]
(저서) 통계R면재밌어 시리즈 저자
시리즈1. 통계, 그리고 확률분포들(Statistics and probability distributions)
시리즈2. 생존분석(Survival Analysis)
시리즈3. 기술통계(Descriptive Statistics)
시리즈4. R을 활용한 통계 및 데이터분석
(저서) 사회조사분석사2급 필기(수험서)

[관련 자격]
- 평생교육사 2급
- 코딩지도사 1급
- 데이터분석준전문가(ADsP)
- 사회조사분석사 2급
- SAS Certified Base Programmer(CBP)
- Microsoft Office Specialist Master(MOS)
- 한자급수자격검정 공인 2급(대한검정회)

검수자
[1과목, 2과목] 서울대학교 인류학과 23학번 최수빈
[1과목, 2과목] 한국외국어대학교 통계학과 15학번 안수민
[1과목, 2과목, 3과목] 동국대학교 일본학과 24학번 김채연
[3과목] 한국외국어대학교 통계학과 11학번 노태현 (학·석사 통계학)

PREFACE
머리말

본 수험서는 사회조사분석사 2급 시험 합격을 목표로 하는 수험생들을 위해 필수적인 기반 이론과 다양한 기출문제를 체계적으로 학습할 수 있도록 구성하였습니다. 사회조사분석사 2급 자격증은 국가기술자격증으로서 그 중요성이 점차 높아지고 있으며, 이를 취득함으로써 통계 및 데이터 기반 의사결정은 물론이고, 사회조사 및 분석 역량을 갖춘 전문가로 자리매김할 수 있습니다. 본 수험서는 다년간의 연구와 교육 경험을 바탕으로, 통계에 대한 기초 지식이 없더라도 통계적 지식과 기출문제 해결 능력을 체계적으로 강화할 수 있도록 세심하게 집필되었습니다.

> "완벽한 합격을 위한 가장 빠른 길, 이 수험서에 모두 담았습니다."

1. 이론 학습의 효율성을 극대화하기 위해 핵심 개념을 쉽게 기억할 수 있도록 특별히 고안한 암기 키워드를 수험서 곳곳에 배치했습니다. 이를 통해 수험생들은 방대한 이론을 한눈에 정리하고, 필요한 개념을 빠르게 암기하여 짧은 시간 안에 핵심을 완벽히 습득할 수 있습니다. 단기간 집중 학습으로도 충분히 합격에 도달할 수 있도록 돕는 본 수험서는, 효율적인 공부 방법을 찾는 모든 수험생에게 최적의 선택이 될 것입니다.

2. 통계청이 관련 부처인 시험의 특성을 깊이 이해하고 분석하여 통계학 학·석사로서의 전문성을 최대한 발휘하여 집필했습니다. 본 수험서는 연도 및 회차별로 기출문제를 분석 및 제공하며, 정답률 정보도 함께 수록하여 중요 문제와 고난도 문제를 한눈에 파악할 수 있도록 구성했습니다. 시험 준비 과정에서 든든한 파트너가 되어줄 이 수험서는, 성공적인 합격을 향한 여러분의 여정에 완벽한 지원군이 될 것입니다.

본 수험서가 여러분의 든든한 동반자가 되어, 사회조사분석사 시험에 자신감을 가지고 도전할 수 있도록 힘이 되기를 바랍니다. 끝까지 함께하여 자격증 취득이라는 목표를 당당히 달성하고, 그 성취의 기쁨을 누리시기를 진심으로 기원합니다.

편저자 김지현 드림

GUIDE
시험 안내

시험정보
- 자격명 : 사회조사분석사 2급(Survey Analyst, Junior)
- 관련부처 : 통계청
- 시행기관 : 한국산업인력공단

시험과목(1차 필기)

시험과목	주요항목		
조사방법과 설계 (30문제)	• 통계조사계획 • FGI 정성조사	• 표본설계 • 심층인터뷰 정성조사	• 설문설계
조사관리와 자료처리 (30문제)	• 자료수집방법 • 측정의 타당성과 신뢰성	• 실사관리 • 자료처리	• 2차 자료 분석
통계분석과 활용 (40문제)	• 확률분포	• 기술통계분석	• 회귀분석

취득방법

구분	출제방법	문항 수	시험시간
1차 필기	객관식 4지 택일형	100문제	150분
2차 실기	복합형 [작업형(40점)+필답형(60점)]	작업형	약 2시간
		필답형	2시간

- 1차 필기 합격 기준 : 100점을 만점으로 하여 과목당 40점 이상, 전과목 평균 60점 이상
- 2차 실기 합격 기준 : 100점을 만점으로 하여 60점 이상

수험현황

연도	1차 필기			2차 실기		
	응시자수(명)	합격자수(명)	합격률(%)	응시자수(명)	합격자수(명)	합격률(%)
2023	11,310	6,454	57.1	6,596	4,263	64.6
2022	10,999	6,912	62.8	7,867	4,911	62.4
2021	14,315	9,472	66.2	9,334	6,222	66.7
2020	10,589	7,948	75.1	8,595	6,072	70.6
2019	9,635	6,887	71.5	6,921	4,029	58.2

CBT 모의고사 이용 가이드

STEP 1   예문에듀 홈페이지 로그인 후 메인 화면 상단의 [CBT 모의고사]를 누른 다음 시험 과목을 선택합니다.

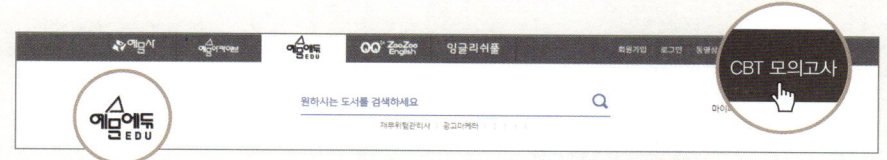

STEP 2   시리얼 번호 등록 안내 팝업창이 뜨면 [확인]을 누른 뒤 [시리얼 번호]를 입력합니다.

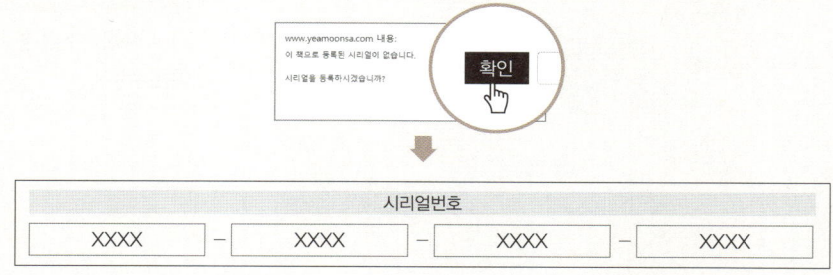

STEP 3   [마이페이지]를 클릭하면 등록된 CBT 모의고사를 [모의고사]에서 확인할 수 있습니다.

시리얼 번호
S120 - 2145 - IS1F - 22B2

GUIDE
이 책의 구성

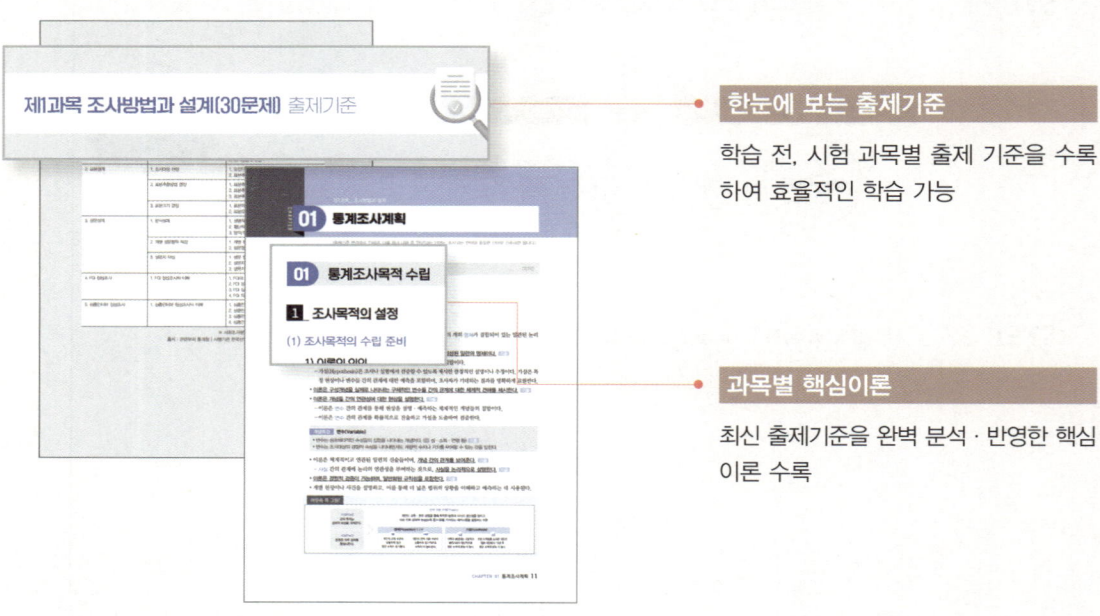

한눈에 보는 출제기준
학습 전, 시험 과목별 출제 기준을 수록하여 효율적인 학습 가능

과목별 핵심이론
최신 출제기준을 완벽 분석·반영한 핵심이론 수록

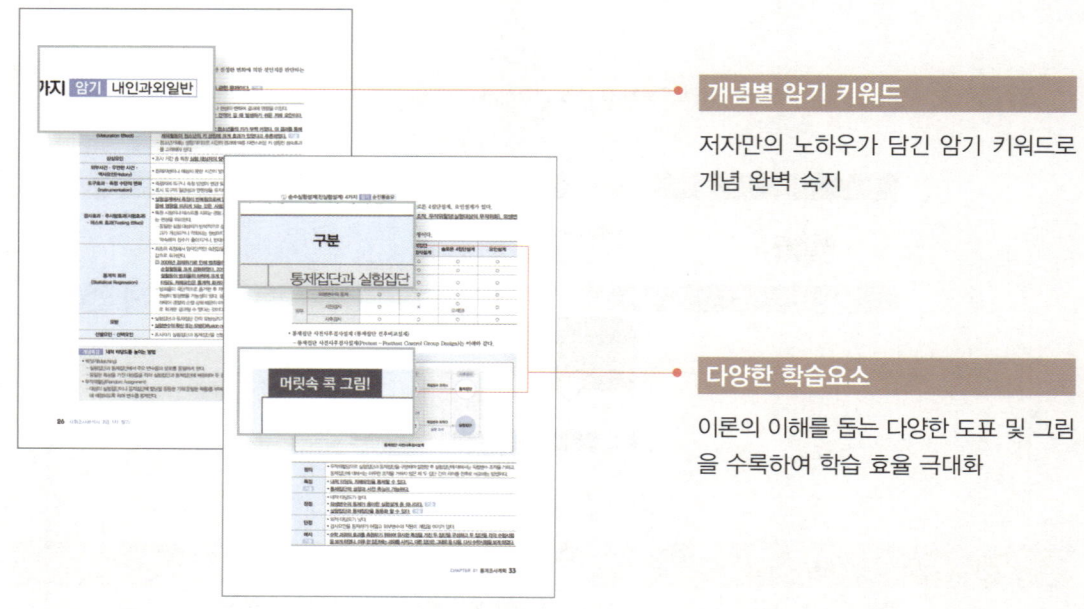

개념별 암기 키워드
저자만의 노하우가 담긴 암기 키워드로 개념 완벽 숙지

다양한 학습요소
이론의 이해를 돕는 다양한 도표 및 그림을 수록하여 학습 효율 극대화

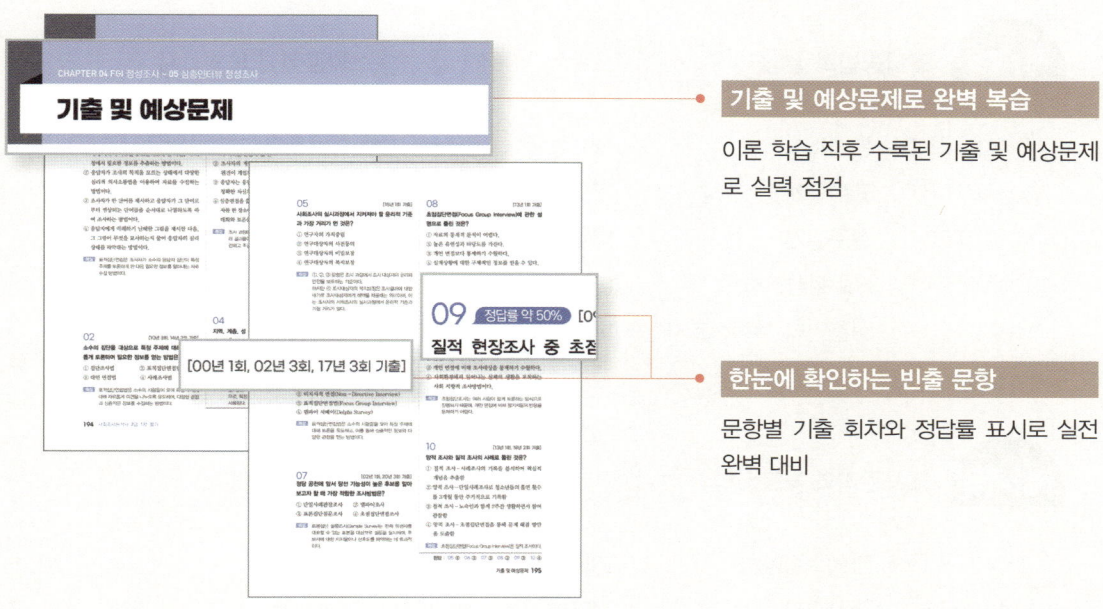

기출 및 예상문제로 완벽 복습

이론 학습 직후 수록된 기출 및 예상문제로 실력 점검

한눈에 확인하는 빈출 문항

문항별 기출 회차와 정답률 표시로 실전 완벽 대비

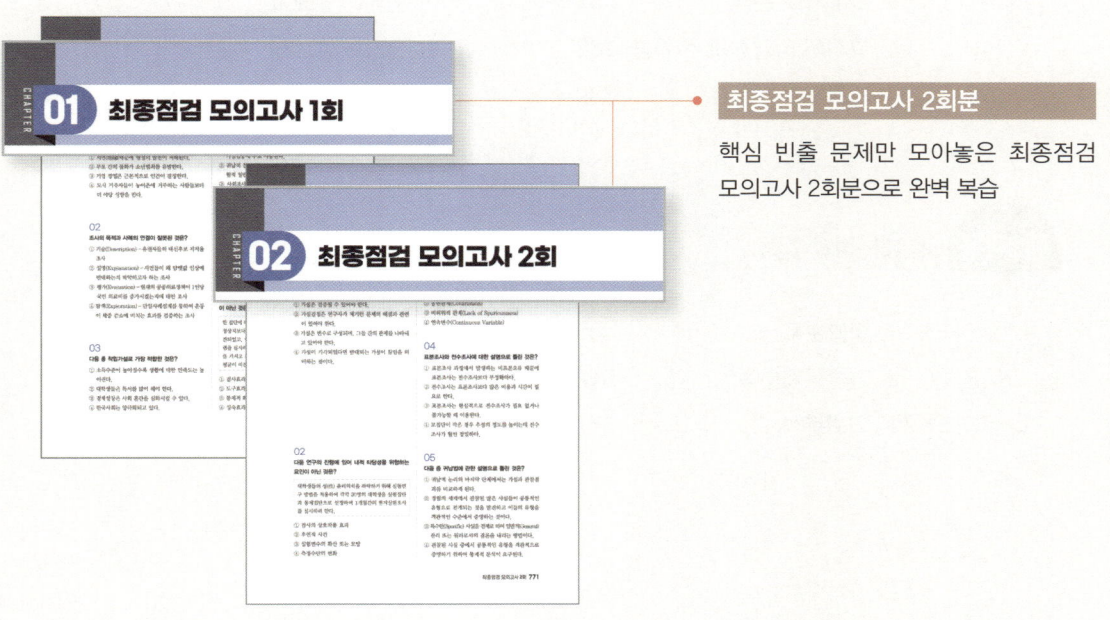

최종점검 모의고사 2회분

핵심 빈출 문제만 모아놓은 최종점검 모의고사 2회분으로 완벽 복습

CONTENTS 목차

제1과목 조사방법과 설계

CHAPTER 01	통계조사계획	11
CHAPTER 02	표본설계	75
CHAPTER 03	설문설계	130
CHAPTER 04	FGI 정성조사	180
CHAPTER 05	심층인터뷰 정성조사	188

제2과목 조사관리와 자료처리

CHAPTER 01	자료수집방법	205
CHAPTER 02	실사관리	247
CHAPTER 03	2차 자료 분석	255
CHAPTER 04	측정의 타당성과 신뢰성	283
CHAPTER 05	자료처리	339

제3과목 통계분석과 활용

CHAPTER 01	확률분포	405
CHAPTER 02	기술통계분석	512
CHAPTER 03	회귀분석	671

최종점검 모의고사

CHAPTER 01	최종점검 모의고사 1회	753
CHAPTER 02	최종점검 모의고사 2회	771
CHAPTER 03	최종점검 모의고사 1회 정답 및 해설	787
CHAPTER 04	최종점검 모의고사 2회 정답 및 해설	798

부록

표준정규분포표	811
t-분포표	812
카이제곱(x^2) 분포표	813
F-분포표($\alpha=0.05$)	814
F-분포표($\alpha=0.01$)	815

조사방법과 설계

CHAPTER 01_ 통계조사계획

CHAPTER 02_ 표본설계

CHAPTER 03_ 설문설계

CHAPTER 04_ FGI 정성조사

CHAPTER 05_ 심층인터뷰 정성조사

사회조사분석사 2급 1차 필기

제 1 과 목

제1과목 조사방법과 설계(30문제) 출제기준

주요항목	세부항목	세세항목
1. 통계조사계획	1. 통계조사목적 수립	1. 조사목적의 설정
	2. 조사내용 결정	1. 조사내용의 결정
	3. 조사방법 결정	1. 조사방법의 종류 2. 조사방법의 특징 3. 조사방법의 결정
2. 표본설계	1. 조사대상 선정	1. 모집단의 정의 및 분석 2. 표본추출틀과 조사대상 결정
	2. 표본추출방법 결정	1. 표본추출방법 2. 표본추출절차 수립 3. 표본추출 오차와 비표본추출 오차의 개념
	3. 표본크기 결정	1. 표본의 크기 결정 2. 표본오차의 크기 결정
3. 설문설계	1. 분석설계	1. 설명적/기술적 조사 설계의 개념과 유형 2. 횡단적/종단적 조사설계의 개념과 유형 3. 양적/질적 연구의 의미와 목적
	2. 개별 설문항목 작성	1. 개별 질문항목과 응답항목의 작성 2. 질문항목과 응답항목 간의 일관성 검토
	3. 설문지 작성	1. 설문 항목의 구조화 2. 설문지 작성 3. 설문지 점검 및 보완
4. FGI 정성조사	1. FGI 정성조사의 이해	1. FGI의 개념 2. FGI 설계 3. FGI 실시 4. FGI 자료 분석
5. 심층인터뷰 정성조사	1. 심층인터뷰 정성조사의 이해	1. 심층인터뷰의 개념 2. 심층인터뷰 설계 3. 심층인터뷰 실시 4. 심층인터뷰 자료분석

※ 사회조사분석사 2급 출제기준(2023.1.1.~2026.12.31.)
출처 : 관련부처 통계청 | 시행기관 한국산업인력공단 큐넷(https://www.q-net.or.kr/)

제1과목_ 조사방법과 설계

CHAPTER 01 통계조사계획

(출제기준 변경으로 인하여, 더블 체크 내용 중 '연구'라는 단어는 '조사'라는 단어와 동일한 단어로 간주하면 됩니다.)

01 통계조사목적 수립 TOPIC

1 조사목적의 설정

(1) 조사목적의 수립 준비

1) 이론의 의의

① 이론의 의의 및 특징
- 이론(Theory)은 복잡한 현상을 설명하거나 예측하기 위해 여러 개의 명제가 결합되어 있는 일관된 논리적 틀이며, 이론은 수정이 가능하다.
  - <u>이론은 명확하게 정의된 구성개념이 상호 관련된 상태에서 형성된 일련의 명제이다.</u> `기출`
  - 이론은 함축적이고 연역 가능한 관계로 구성된 가설들의 집합이다.
  - 가설(Hypothesis)은 조사나 실험에서 검증할 수 있도록 제시한 잠정적인 설명이나 추정이다. 가설은 특정 현상이나 변수들 간의 관계에 대한 예측을 포함하며, 조사자가 기대하는 결과를 명확하게 표현한다.
- <u>이론은 구성개념을 실제로 나타내는 구체적인 변수들 간의 관계에 대한 체계적 견해를 제시한다.</u> `기출`
- <u>이론은 개념들 간의 연관성에 대한 현상을 설명한다.</u> `기출`
  - 이론은 변수 간의 관계를 통해 현상을 설명·예측하는 체계적인 개념들의 집합이다.
  - 이론은 변수 간의 관계를 확률적으로 진술하고 가설을 도출하여 검증한다.

> **개념특강** 변수(Variable)
> - 변수는 상호배타적인 속성들의 집합을 나타내는 개념이다. (예 성·소득·연령 등) `기출`
> - 변수는 조사대상의 경험적 속성을 나타내면서도 계량적 수치나 가치를 부여할 수 있는 것을 말한다.

- 이론은 체계적이고 연관된 일련의 진술들이며, <u>개념 간의 관계를 보여준다.</u> `기출`
  - <u>사실</u> 간의 관계에 논리의 연관성을 부여하는 것으로, <u>사실을 논리적으로 설명한다.</u> `기출`
- 이론은 <u>경험적 검증이 가능하며, 일반화된 규칙성을 포함한다.</u> `기출`
- 개별 현상이나 사건을 설명하고, 이를 통해 더 넓은 범위의 상황을 이해하고 예측하는 데 사용된다.

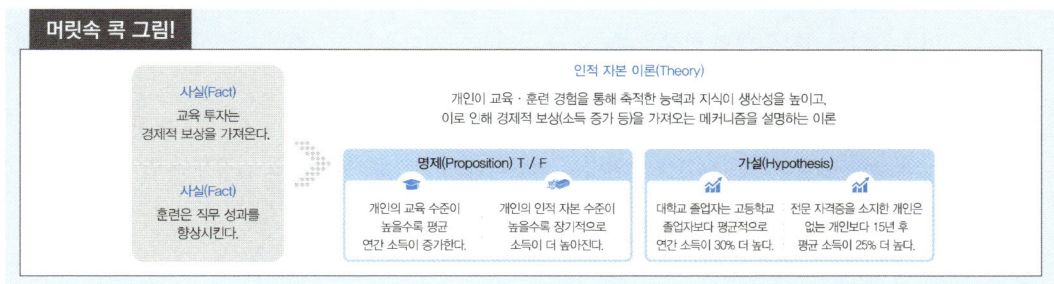
머릿속 쏙 그림!

② 이론과 관련된 용어

용어 1. 명제(Proposition)
- 명제는 참이나 거짓을 판단할 수 있어야 하며, 관찰 가능한 현상에 대한 명확한 설명을 제공해야 한다.
- 특정한 사회적 현상이나 두 개 이상의 개념·변수들 간의 관계를 설명하거나 기술·예측하기 위한 하나의 진술이다.
  - 개념 간의 관계에 의해 실세계를 나타낼 수 있어야 한다.
- 더 넓은 수준으로 확증을 얻은 명제를 법칙(Laws)이라고도 하며, 이론과 동일하게 보기도 한다. 이를 중요한 진술로서 '원리'라고도 한다.
  - 법칙은 우연한 패턴이 아니어야 하며, 보편적이어야 한다.

용어 2. 사실(Fact)
- 사실은 이론을 형성하는 데 중요한 기초 자료를 제공한다.
  - 새로운 사실은 기존 이론을 거부하거나 재정립하도록 만들 수 있다.
- 개념 간의 관계 또는 논리적 결합이며, 사실에 대한 객관적인 이해는 개념에 대한 명확한 규정을 전제로 한다.
  - 이는 특정 개념을 정확하게 정의하고 측정할 수 있어야만 사실을 올바르게 이해하고 평가할 수 있음을 의미한다.
- 하나의 사실(Fact)과 다른 사실(Fact)과의 관계를 잠정적으로 나타내는 것으로 이를 검증함으로써 특정 현상에 대한 설명을 가능케 해주어 연구자가 제기한 문제의 해답을 내리게 되는 것이 가설(Hypothesis)이다. 기출
- 사실(Fact)은 이론을 재규정하거나 기존의 이론을 더 명확하게 만든다. 이는 이론이 더 구체적이고 정확한 예측과 설명을 제공할 수 있게 한다.

③ 이론의 기능
- 조사 주요방향 결정
  - 조사를 이끌어가는 주요 방향을 결정하며, 주제 선정 시 아이디어를 제공한다. 기출
  - 기존 이론을 배경으로 특정 주제를 조사하여 조사 방향을 결정하는 역할을 한다.
  - 이론은 조사 전반에 대한 지침을 제공한다. 기출
- 요약
  - 이론은 기존 사실 및 조사대상에 대한 지식을 요약하는 역할을 한다.
  - 과학적 지식을 간결하게 표현하여 설명하는 것도 이론의 역할 중 하나이다.
- 현상의 개념화 및 분류화 : 현상을 적절히 분류하고 개념화하여 상호 연관성을 이해하는 기초를 제공한다.
- 예측 및 설명 : 이론은 현상을 설명하고 새로운 사실에 대해 예측 및 설명하는 역할을 한다.
- 지식의 확장
  - 이론은 알려지지 않았던 현상을 예측하고 설명하여 지식을 확장시키며, 판단 기준이 되는 명제와 가설을 제공한다.
  - 이론은 새로운 이론 개발 및 가설설정에 도움이 된다. 기출
- 지식의 결함 지적 : 기존 사실을 요약하고 일반화한 것이므로, 조사하고 검증해야 할 부분을 제시한다.

2) 조사대상 정의방법

> [개념의 구체화 과정]
> 개념 → 개념적 정의(개념화) → 조작적 정의(조작화) → 변수의 측정

① 개념적 정의(Conceptual Definition ; 사전적 정의 ; 명목적 정의)

의의	• 조사대상의 행동과 속성, 사회적 현상을 개념적으로 정의하는 것이다. – 특정 개념이나 용어를 정의할 때 사용된다. • <u>이론의 개념적 정의는 검증 가능한 두 개 이상의 가설 또는 명제간의 관계를 설명하는 논리적 체계이다.</u> 기출

특징	• 개념적 정의는 하나의 개념을 정의하기 위해 다른 개념을 사용함으로써, 그 자체로 추상적·일반적·주관적인 양상을 보인다.
	  – 정의하는 대상의 특성이나 자질을 명시해야 하지만, 그것과 구별되는 다른 것들과는 배타적이어야 한다.
	• 단정적이고 중의성이 없어야 한다.
	  – 추상성으로 인해 각자 다르게 해석될 수 있으며, 이로 인해 추상적으로 정의된 개념에 대한 가설의 실증적 검증이 어렵다.

예시	• 자유에 대한 개념적 정의
	  – 개인이 정부나 사회적 제약 없이 자신의 의지대로 행동할 수 있는 상태.
	  – '자유'라는 개념은 추상적이고 일반적인 성격을 가지며, 각 개인의 주관에 따라 다르게 이해될 수 있다.

② 조작적 정의(Operational Definition)

의의
기출
	• 조작적 정의는 측정을 위해 추상적인 개념을 보다 구체화하는 과정이다.
	  – <u>조작적 정의는 추상적 구성개념이나 잠재변수의 값을 측정하기 위하여, 측정할 내용이나 측정 방법을 구체적으로 정확하게 표현하고 의미를 부여하는 것이다.</u>
	  – 조작적 정의는 연구모형에 제시된 구성개념을 관찰 가능한 형태로 표현한 것이다.

특징	• 실행 가능하고 관찰 가능한 조작을 명확하게 정의한 용어로 구성되며, 확인 가능한 정의에 불과하다. – <u>조작적 정의는 실행가능성, 관찰가능성이 중요하다.</u> 기출 • <u>조사목적과 관련하여 실용주의적인 측면을 포함한다.</u> 기출 • <u>개념의 조작화 과정에서 조작화 과정의 최종 결과물은 수량화이다.</u> 기출

예시	• 스트레스에 대한 조작적 정의 : 스트레스를 측정하기 위해서 아래와 같은 구체적인 방법을 사용한다.
	  – 심리적 측정 : 개인이 주관적으로 '스트레스 경험 척도'를 평가한다.
	  – 생리적 측정 : 스트레스를 신체적으로 측정하기 위해 심박 수, 호흡 속도를 측정한다.

(※ 개념적 정의 및 조작적 정의 관련 상세한 내용은 '제2과목 조사관리와 자료처리 → CHAPTER 04. 측정의 타당성과 신뢰성 → 1. 개념과 측정 참고)

더블체크

정답률 약 50%

Q 개념의 조작화 과정에 관한 설명으로 옳은 것은?   [13년 3회, 16년 1회 기출]

① 조작적 정의는 개념에 대한 사전적 정의이다.
② 조작적 정의, 명목적 정의, 측정의 순서로 이루어진다.
③ 변수를 조작적으로 정의하는 방법은 한정되어 있다.
④ 조작화 과정의 최종 산물은 수량화이다.

해설 ① 명목적 정의(개념적 정의)가 개념에 대한 사전적 정의이다.
② 일반적으로 [개념 → 개념적 정의(개념화) → 조작적 정의(조작화) → 변수의 측정]으로 이루어진다.
③ 변수를 조작적으로 정의하는 방법은 한정되어 있지 않고, 상황에 따라 다양한 방법을 사용할 수 있다.

정답 : ④

3) 추론방법의 체계

① 연역법의 의의 · 과정 · 특징 `암기` `연이가조관`

의의 `기출`	• 이론으로부터 가설을 설정하고 가설의 내용을 현실 세계에서 관찰한 다음, 관찰하여 얻은 자료가 어느 정도 가설에 부합되는가를 판단하여 가설의 채택 여부를 결정짓는 방법이다. • 일정한 이론적 전제를 바탕으로 구체적 사실을 수집하고 검증하여 다시 이론적 결론을 유도 · 도출하는 방법이다.
과정	이론 설정 → 가설 설정 → 조작화 → 관찰 및 실험 → 가설 검증 → 이론 형성 ① 이론(법칙) 설정 • 이미 참으로 인정된 보편적 이론(혹은 법칙)으로부터 출발하며, 어떤 현상에 대한 설명 · 예측을 수행하는 방법이다. 즉, <u>기존 이론의 확인을 위해서는 연역법을 주로 사용한다.</u> `기출` ② 가설 설정 • <u>연역법은 가설이나 명제의 세계에서 출발한다.</u> `기출` • 즉, 이론을 특정 상황에 적용하여, 검증 가능한 명제인 가설을 설정한다. ③ 가설의 조작화 • 가설을 검증하기 위해 측정 가능하고 관찰 가능한 변수들로 조작화한다. ④ 관찰 및 실험 • 조작화된 가설을 바탕으로 데이터를 수집하거나 실험을 수행한다. ⑤ 가설검증 • 수집된 데이터나 실험 결과를 통해 가설을 맞는지 검증한다. ⑥ 이론형성 • 이론 형성은 검증된 결과를 일반화하여 보다 넓은 범위에 적용할 수 있는 이론을 도출하는 과정이다.
특징 `기출`	• <u>연역법은 이론 또는 모형 설정 후 조사를 시작한다.</u> • <u>연역법은 이론으로부터 기대 또는 가설을 이끌어내는 것이다.</u> • <u>이론으로부터 가설을 설정하고 가설의 내용을 경험적 자료에 기반하여 가설의 채택 여부를 결정하는 방법이다.</u> • <u>연역적 방법은 이론적 전제인 공리로부터 논리적 분석을 통하여 가설을 정립하여 이를 경험의 세계에 투사하여 검증하는 방법이다.</u> (※ 공리 : 논리학 · 수학 등의 이론체계에서 가장 기초적인 근거가 되는 명제)
장점	• 이론적 체계의 일부분에 대한 경험적 검증을 통해 다른 부분을 실제 조사 없이 논리적으로 검증한다는 측면에서 경제적 · 효율적이다.
단점	• 최초의 이론을 형성하는 것이 어렵다.

예시 `기출`	• 연역법의 고전적인 삼단 논법의 예시를 다뤄본다.
	  – 연역법은 일반적인 원리(대전제)에서 구체적인 결론을 도출하는 논리적 추론 방식이다.
	  1. 대전제(이론설정) : 모든 사람은 죽는다. (A → B : 만약 A라면, B이다.)
	  2. 소전제(가설설정) : 소크라테스는 사람이다. (B → C : 만약 B라면, C이다.)
	  3. 결론 : 따라서, 소크라테스는 죽는다. (A → C : 따라서 A라면, C이다.)
	  예 <u>모든 사람은 죽는다. (대전제)</u>
	    → <u>소크라테스는 사람이다. (소전제)</u>
	    → <u>따라서 소크라테스는 죽는다. (결론)</u>

② 귀납법의 의의·과정·특징 [암기] 귀주관유임

의의 [기출]	• 귀납법은 가설 설정 없이 관찰을 통해 <u>개별적인·특수한(Specific) 사실들로부터 일반적인 원리를 끌어내는 방법</u>이다. • 귀납법은 현실의 경험세계에서 출발하여, 관찰을 통해 경험적 일반화를 추구하는 방법이다.

과정	주제 선정 ▶ 관찰 ▶ 유형의 발견 ▶ 임시 결론 ▶ 이론 형성
	
	① 주제 선정
	  • 조사자가 관심 있는 사회적 현상이나 문제를 구체적으로 정의하여 조사 가능성을 고려해 신중하게 결정하는 단계이다.
	② 관찰
	  • 관찰을 통해 구체적인 현상이나 사례를 파악하고, 자료를 수집한다.
	  • <u>관찰된 사실 중에서 공통적인 유형을 객관적으로 증명하기 위하여 통계적 분석이 요구된다.</u> [기출]
	③ 유형의 발견
	  • 수집된 데이터(혹은 개별 사례)를 분석하여 일반적 패턴·유형을 찾아낸다.
	④ 임시결론
	  • 발견된 패턴을 바탕으로 일반적인 결론이나 이론을 도출한다.
	  • 보편성과 일반성을 가지는 하나의 결론을 내린다.
	⑤ 이론형성
	  • 검증 결과에 따라 가설을 수정하거나 새로운 이론을 도출한다.

특징	• 탐색적 조사방법에 주로 사용된다. • 과학이 관찰과 경험에서 시작한다는 견해에 기반을 둔 확률적 설명이다. • <u>구체적이고 특수한 사실·관찰로부터 일반적인 원리(일반화)를 도출하여 결론을 내리는 방법이다.</u> [기출] – 즉, <u>현실 세계에 대한 관찰을 통해 경험적 일반화를 추구한다.</u> [기출] • <u>경험의 세계에서 관찰된 많은 사실들이 공통적인 유형으로 전개되는 것을 발견하고 이들의 유형을 객관적인 수준에서 증명하는 것이다.</u> [기출]
장점	• 적은 자료로도 상당한 일반화를 도출할 수 있어 경제적이고 효율적이다.
단점	• 이론적 배경 없이 현상을 파악하기 위한 변수를 유의미하게 선택하는 것은 한계가 있다.
예시 [기출]	• 까마귀 색깔(주제 선정) → <u>까마귀 1은 검다.</u> (관찰) → <u>까마귀 2, 3, …, 99도 모두 검다.</u> (관찰) → <u>모든 까마귀는 검을 것이다.</u> (결론)

더블체크

Q 소득수준과 출산력의 관계를 알아볼 때, 모든 조사대상자의 소득수준과 출산 자녀 수 간의 관계를 살펴본 후 개별사례를 바탕으로 어떤 일반적 유형을 찾아내는 방법은? [14년 2회, 20년 3회 기출]

① 연역적 방법　　　　　　　　② 귀납적 방법
③ 참여관찰법　　　　　　　　④ 질문지법

해설 귀납법은 구체적인 관찰을 통해 일반적인 법칙이나 이론을 도출하는 논리적 접근 방식이다. 위 사례는 귀납법의 일반적인 과정을 잘 나타내준다.
　－ 주제 선정 : 소득수준과 출산력의 관계
　－ 관찰 : 모든 조사대상자의 소득수준과 출산 자녀수 간의 관계를 관찰
　－ 유형의 발견 : 개별사례를 바탕으로 일반적 유형을 발견

정답 : ②

③ 연역법과 귀납법의 관계
- 사회과학 이론과 조사는 연역과 귀납의 방법을 통해 연결된다. `기출`
- 서로 대비되는 장·단점으로 인해 **상호보완적인 관계를 형성한다.** `기출`
- 연역법과 귀납법의 선택은 조사의 수행 순서 및 조사 목적에 따라 결정된다.

④ 수행 순서 비교
- 연역법은 구체적인 대상이나 현상에 대한 관찰에 지침을 제공한다.
- **연역법은 가설(명제)의 세계에서 출발하고, 귀납법은 현실의 경험세계에서 출발한다.** `기출`
- 귀납법은 경험적인 관찰을 통해 일반화된 법칙이나 이론을 형성하는 결론에 이른다.

구분	순서
연역법	`암기` 연이가조관 이론 설정 – 가설 설정 – 조작화 – 관찰·실험 – 가설검증 – 이론형성 `기출`
귀납법	`암기` 귀주관유임 주제 선정 – 관찰 – 유형의 발견 – 임시결론 – 이론형성

더블체크

`정답률 약 60%`

Q 연구 방법으로서의 연역적 접근법과 귀납적 접근법에 관한 설명으로 틀린 것은?
[12년 3회, 16년 2회, 20년 4회 기출]

① 연역적 접근법은 탐색적 연구에, 귀납적 접근법은 가설검증에 주로 사용된다.
② 귀납적 접근법은 현실 세계에 대한 관찰을 통해 경험적 일반화를 추구한다.
③ 사회조사에서 연역적 접근법과 귀납적 접근법은 상호보완적으로 사용된다.
④ 연역적 접근법을 취하려면 기존 이론에 대한 분석이 필요하다.

해설 가설검증에 주로 사용되는 것은 연역적 접근법이다. 연역적 접근법은 이론으로부터 가설을 설정하고 가설의 내용을 경험적 자료에 기반하여 가설의 채택 여부를 결정하는 방법이고, 귀납적 접근법은 귀납법은 현실의 경험세계에서 출발하여, 관찰을 통해 경험적 일반화를 추구하는 방법이다.

정답 : ①

더블체크

`정답률 약 60%`

Q 연역법과 귀납법에 관한 설명으로 옳은 것은? [13년 1회, 18년 3회 기출]

① 연역법은 선(先)조사 후(後)이론의 방법을 택한다.
② 연역법과 귀납법은 상호보완적으로 사용할 수 없다.
③ 기존 이론의 확인을 위해서는 연역법을 주로 사용한다.
④ 연역법과 귀납법의 선택은 조사의 용이성에 달려 있다.

해설 연역법은 일반적인 기존 이론을 특정 사례에 적용해 보고 유효한지를 확인 및 검증하는 방식이다.
① 연역법은 이론 설정이 가장 먼저 선(先) 수행되며, 그 후(後)에 조사가 수행된다.
② 연역법과 귀납법은 서로 다른 접근 방식을 가지지만, 실제 조사에서는 상호보완적으로 사용된다.
④ 연역법과 귀납법의 선택은 조사의 수행 순서 및 조사 목적에 달려 있다.

정답 : ③

4) 조사목적의 의의

① 조사의 목적은 지식을 제공하고 이해를 촉진하는 것, 의사결정 문제 해결을 위해 자료와 정보를 수집하고 전략적 대안을 제시하는 것이 있다.

② <u>조사의 목적은 현상을 탐색·기술·설명·평가하는 것이다.</u> 기출

- 사건 혹은 현상을 <u>탐색(Exploration)</u> 기출
  - 아직 잘 알려지지 않은 현상이나 문제에 대한 예비적인 조사를 통해 가설이나 조사 문제를 설정하는 것이다.
- 사건 혹은 현상을 <u>기술(Description)</u> 기출
  - 현상을 있는 그대로 묘사하고 특성을 파악하는 것이다.
  - 조사자가 관심 있는 사상·현상에 대해 체계적·객관적으로 기술·서술하는 것이다.
  - 이를 위해 조사대상에 대한 충분한 탐색 과정이 필요하다.
  - 예 <u>유권자들의 대선후보 지지율 조사</u> 기출
- 사건 혹은 현상을 <u>설명(Explanation)</u> 기출
  - 현상의 발생 원인이나 변수 간의 관계를 규명하는 것이다.
  - 정교한 기술을 통해 인과관계를 규명하는 과정이며, 구체적이고 명확한 근거를 제시하여 인과관계를 논리적으로 밝히는 것이다.
  - 예 <u>시민들이 왜 담뱃값 인상에 반대하는지 파악하고자 하는 조사</u> 기출
- 사건 혹은 현상을 <u>평가(Evaluation)</u> 기출
  - 특정 프로그램이나 정책의 효과를 평가하는 것이다.
  - 사건이나 상황을 객관적으로 평가하고 가치를 규명하는 것이다.
  - 예 <u>현재의 공공의료정책이 1인당 국민 의료비를 증가시켰는지에 대한 조사</u> 기출

더블체크

정답률 약 60%

Q 조사의 목적과 사례의 연결이 잘못된 것은? [13년 3회, 19년 2회, 21년 3회 기출]

① 기술(Description) – 유권자들의 대선후보 지지율 조사
② 설명(Explanation) – 시민들이 왜 담뱃값 인상에 반대하는지 파악하고자 하는 조사
③ 평가(Evaluation) – 현재의 공공의료정책이 1인당 국민 의료비를 증가시켰는지에 대한 조사
④ 탐색(Exploration) – 단일사례설계를 통하여 운동이 체중 감소에 미치는 효과를 검증하는 조사

해설 탐색(Exploration)은 아직 잘 알려지지 않은 주제나 현상에 대해 새로운 아이디어를 얻거나 가설을 설정하기 위한 조사의 목적이다. 주로 미지의 영역을 탐구하고, 조사의 방향을 설정하는 데 사용된다. 단일사례설계를 통한 운동이 체중 감소에 미치는 효과를 검증하는 조사는 이미 구체적인 가설(운동이 체중 감소에 영향을 미친다는 가설)을 가지고, 그 가설을 검증하는 과정이다. 이는 탐색(Exploration)이 목적인 조사가 아니다.

정답 : ④

(2) 조사과정

일반적인 조사과정의 전체 단계는 아래와 같다. `기출`

`암기` 문가설수분보

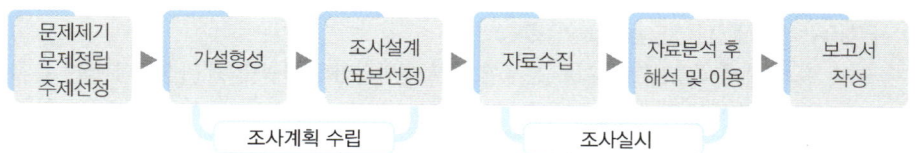

> **더블체크**
>
> **Q** 일반적인 과학적 조사의 절차로 가장 적합한 것은? [14년 1회, 15년 3회 기출]
> ① 자료의 수집 → 문제의 제기 → 조사설계 → 자료분석·해석 및 이용 → 보고서 작성
> ② 문제의 제기 → 자료의 수집 → 조사설계 → 자료분석·해석 및 이용 → 보고서 작성
> ③ 자료의 수집 → 조사설계 → 문제의 제기 → 자료분석·해석 및 이용 → 보고서 작성
> ④ 문제의 제기 → 조사설계 → 자료의 수집 → 자료분석·해석 및 이용 → 보고서 작성
>
> **해설** 위에서 제시한 일반적인 조사과정의 전체 단계의 그림을 보면 문제를 풀 수 있다. `암기` : 문가설수분보
> 따라서 조사과정의 절차로 적합한 것은 '문제의 제기 → 조사설계 → 자료의 수집 → 자료분석·해석 및 이용 → 보고서 작성'인 ④이다.
>
> 정답 : ④

1) 조사과정의 단계

① **1단계 : 문제 정립(문제 제기, 주제 선정)**
- 조사문제 정립 단계의 의의
  - 조사의 목적·주제·실제적 중요성·이론적 의의를 명확하게 구상하고, 논리적으로 정립하는 <u>문제의 제기 단계이다.</u> `기출`
  - 조사문제를 명확히 정의하기 위해 초기 자료조사 및 문헌 고찰·검토를 수행한다.
  - 의사결정 문제를 명확하게 정의하고, 해결을 위해 필요한 정보를 수집한다.
- 조사문제(주제) 선정 요령
  - <u>조사자는 흥미 및 사전 지식이 있는 주제를 선정하고, 철저한 평가 후 결정한다.</u> `기출`
- <u>조사문제의 적정성 판단기준</u> `기출`
  - <u>질문형식으로 분명하고 명확하게 진술되어야 하며, 관찰 가능한 현상과 밀접히 연결되어야 한다.</u>
  - <u>조사 현상이 실증적·경험적으로 검증 가능해야 한다.</u>
  - <u>조사자의 가치관이 조사문제의 질과 정직성을 훼손시키지 않아야 한다.</u>

② 2단계 : 가설 설정·구성(조사계획 수립)
- 가설의 기본 요건 [기출]
    - 가설은 두 개 이상의 구성개념이나 변수 간의 관계에 대한 진술이다.
    - 계량적인 형태를 취하거나 계량화할 수 있는 '계량화 가능성'을 고려해야 한다.
    - 좋은 가설이 되기 위한 요건은 '사용된 변수는 계량화가 가능해야 한다.'는 것이다.
    - 일반적으로 가설은 '매개변수 없이' 독립변수와 종속변수의 관계로 이루어져 있다.
    - 가설은 하나의 사실과 다른 사실과의 관계를 잠정적으로 나타내는 것으로, 이를 검증함으로써 특정 현상에 대한 설명을 가능케 해주어 조사자가 제기한 문제의 해답을 도출할 수 있도록 한다.
    - 가설 설정을 위해서는 구체적인 계획과 체계적인 접근이 필요하다. 즉, 가설 설정을 위하여 조작화가 필요하다.

> **개념특강 가설의 상세 요건** [기출]
> - 가설은 (조사)문제를 해결할 수 있어야 한다.
>   - 가설은 검증되지 않은 조사 문제에 대한 검증을 위해 사용되며, 가설은 반드시 검증 가능한 형태로 진술되어야 한다.
>   - 과학적 방법을 통하여 검증되어 가설이 옳고 그름을 판단할 수 있어야 한다.
>   - 가설검증 결과는 가능한 한 광범위하게 적용될 수 있어야 한다.

- 가설의 평가기준

경험적 검증가능성	• 가설을 경험적으로 검증하려면 변수들을 조작적으로 정의하고, 관찰하고 측정할 수 있어야 한다. • 가설은 실증조사를 통해 옳고 그름을 판정할 수 있어야 한다. [기출] • 가설은 이론적·경험적으로 검증할 수 있어야 한다. [기출] 예 여성의 노동참여율이 높을수록 출산율은 낮을 것이다. [기출]
입증의 명백성	• 입증의 명백성은 논리적 구조와 용어의 모호함 정도를 의미한다. • 가설은 실제 자료를 통하여 진위가 입증될 수 있어야 한다. [기출] - 좋은 가설이 되기 위해, 입증된 결과는 일반화가 가능해야 한다. [기출] • 이론적으로 명확하게 입증 가능한 작업가설을 구성해야 한다.
개연성	• 가설은 조사문제에 대한 잠정적 추정이므로 개연성이 큰 것이 좋다. • 검증결과를 광범위하게 이용할 수 있어야 한다. [기출] • 어떤 현상의 원인이나 관계를 짐작할 때 그럴듯하게 느껴져야 한다. • 동일 분야의 다른 가설(이론)과 연관성이 있어야 한다. [기출]
가치중립성	• 조사자의 가치, 편견, 주관적 견해를 최소화해야 한다.
명료성 [기출]	• 가설의 표현은 간단명료해야 한다. • 간결하고 반복되지 않는 간단명료한 논리·언어로 기술되어야 한다. • 가설은 동의반복이어서는 안 된다.
용이성 [기출]	• 누구나 쉽게 이용할 수 있도록 필요한 용어만 사용해야 한다.
계량화 가능성 [기출]	• 가설은 계량적인 형태를 취하거나 계량화할 수 있어야 한다. - 사용된 변수는 계량화가 가능해야 한다.

- 가설의 종류
  - 연구가설(실험적 가설, 과학적 가설, Research Hypothesis)

의의 기출	• 연구가설은 실험적·경험적으로 검증 가능하도록 진술한 가설이며, 가치중립적이어야 한다.
특징 기출	• 연구가설은 일반적으로 독립변수와 종속변수로 구성된다. • 예상될 해답으로 경험적으로 검증되지 않은 이론이라 할 수 있다. • 때로는 연구가설을 경험적으로 검증할 수 있는 작업가설(Working Hypothesis ; 대립가설)로 전환시키는 작업이 필요하다.
기능 기출	• 연구가설은 현상들의 잠재적 의미를 찾아내고 현상에 질서를 부여한다. • 연구가설은 경험적 검증의 절차를 시사해 준다. • 연구가설은 문제해결에 필요한 관찰 및 실험의 적정성을 판단하게 한다.

  - 귀무가설(H_0 ; 영가설, Null Hypothesis)

의의	• 조사나 실험에서 특정 현상에 대해 통계적으로 유의미한 차이가 없다고 가정하는 가설이다. $H_0 : \mu = \mu_0$
특징 기출	• 연구가설(혹은 대립가설)과 논리적으로 반대의 입장을 취하는 가설이다. • 연구가설(혹은 대립가설)은 귀무가설이 직접 채택될 수 없을 때 자동으로 받아들여지는 가설이므로 직접 검증할 필요가 없다는 차이점이 있다. • 수집된 자료에서 나타난 차이나 관계가 진정한 것이 아니라 우연의 법칙으로 생긴 것으로 진술한다. • 변수(혹은 집단)들 간에 관계가 없다거나 혹은 집단들 간에 "차이가 없다"는 형식으로 서술한다.

  - 대립가설 (H_1 ; 작업가설, Alternative Hypothesis)

의의	• 조사자가 주장하고자 하는 가설이며, 조사나 실험에서 특정 현상에 대해 통계적으로 유의미한 차이가 있다고 주장하는 가설이다. $H_1 : \mu \neq \mu_0$
특징	• 귀무가설H_0에 대립하는 가설이며, 종종 연구가설과 동일시된다. — 귀무가설H_0을 기각할 때 대립가설H_1을 채택한다.
예시 기출	• 소득수준이 높아질수록 생활에 대한 만족도는 높아진다. • 교육 수준이 높을수록 소득이 높을 것이다. • 계층 간 소득격차가 클수록 사회갈등이 심화 될 것이다. • 출산율은 도시보다 농촌이 높을 것이다.

> **더블체크**
>
> **Q** 다음 중 작업가설로 가장 적합한 것은? [10년 1회, 13년 1회, 16년 3회, 19년 2회 기출]
> ① 소득수준이 높아질수록 생활에 대한 만족도는 높아진다.
> ② 대학생들은 독서를 많이 해야 한다.
> ③ 경제성장은 사회 혼란을 심화시킬 수 있다.
> ④ 한국 사회는 양극화되고 있다.
>
> **해설** ① 문항은 검증 가능한 가설이며, 명확하고 구체적이다. 이 가설을 검증하기 위해서 소득수준과 생활에 대한 생활 만족도 간의 관계를 분석하는 연구를 수행해야 한다.
> ② 가치판단에 불과한 가설이다.
> ③ 가능성을 제시하는 가설일 뿐, 검증할 수 있는 가설이 아니다.
> ④ 한국 사회의 현상에 대한 진술일 뿐, 검증할 수 있는 가설이 아니다.
>
> 정답 : ①

③ 3단계 : 조사 설계
- 과정의 의의
  - 조사 설계는 조사문제에 대한 해답을 얻기 위해 조사를 실시하려는 계획이다.
  - 조사문제의 선정에 있어서 가설의 요건·종류·기능 및 평가기준 등을 이해해야 한다.
  - 조사 설계 과정은 외부변수의 영향을 효과적으로 통제하려는 방안이다. 이는 가설에 규정된 변수 관계를 오차 없이 분석하기 위함이다.
- 과정 수행 시 고려사항
  - 자료를 수집하기 위해 필요한 자료의 유형을 결정하고, 수집 방법을 정한다.
  - 자료 수집 도구는 수집하려는 자료의 성격에 맞추어 선택한다. 이 과정에서 <u>구조화된 설문지 작성 등을 수행한다.</u> 기출
  - 변수의 성격과 척도(명목·서열·등간·비율) 등을 명확히 해야 한다.
  - 변수 간 관계를 검증할 통계적 방법도 마련해야 한다.
  - 해당 모집단에 대한 가설의 검증방법과 오차 문제도 고려해야 한다.
- 표본 선정(Sample Selection)
  - 조사 설계에 따라 자료가 결정되면, 표집단위·표본 종류·규모를 명확히 해야 한다.
  - Step 1. 모집단 정의 : 연구 대상이 되는 전체 집단을 명확히 설정한다.
  - Step 2. 표집틀 작성 : 모집단의 모든 구성원을 포함하는 목록을 작성한다.
  - Step 3. 표본 추출 방법 선택 : 확률표본추출, 비확률표본추출 중 표집방법을 선택한다.
  - Step 4. 표본 크기 결정 : 통계적 유의성을 확보하기 위해 적절한 크기를 결정한다.
  - Step 5. 대표성 확보 : 표본이 모집단을 잘 대표하도록 한다. 분석 결과를 해석하고 이론을 형성하며, 보고서의 작성과 발표 과정이 포함된다.

④ 4단계 : 자료의 수집 후 분석 및 해석(조사 실시)
- 자료의 수집 과정
  - 결정된 자료수집방법의 검토, 자료의 수집 및 수집된 자료의 정리와 조정이 설정된다.
  - 본격적인 조사 자료를 수집하기 이전에 자료 수집을 위해 고안된 자료수집도구 또는 방법에 따라 예비적으로 자료 수집을 해야 한다. 이러한 예비조사는 자료수집도구의 타당도 여부와 신뢰도 여부를 검사해볼 수 있도록 할 뿐만 아니라, 조사 설계 자체까지도 점검해볼 수 있도록 한다.
  - 수집된 자료는 분석에 앞서 용이하게 분석할 수 있도록 일정하게 정리되어야 하며, 계획된 분석방법에 자료가 잘 부합하도록 조정 및 변환되어야 한다. 이와 같은 자료의 정리 및 조정 등은 자료의 예비적 분석으로서 중요한 단계를 이룬다.
- 자료의 분석 및 해석 과정
  - <u>자료 분석 단계에서는 자료를 편집, 정정, 보완하거나 필요에 따라서 삭제한다.</u> 기출
  - 수집된 자료가 설정된 가설을 지지하는 정도를 평가하는 단계이다.
  - 분석방법은 자료의 성격, 연구가설·설계, 변수 간 관계 및 변수의 수 등에 따라 미리 결정된다.

⑤ 5단계 : 보고서 작성
- 이 과정은 조사 결과를 경험적으로 일반화하여 영역 내 동일한 현상에 적용할 수 있도록 일정한 형식으로 기술하는 것을 의미한다.
- 보고서 작성 시에는 분석 결과를 해석하고 이론을 형성하며, 보고서의 작성과 발표 과정이 포함된다.

더블체크

Q 사회조사에서 수집한 자료를 편집, 정정, 보완하거나 필요에 따라서 삭제하여야 할 필요성이 생겨나는 단계는? [15년 2회, 19년 2회 기출]

① 문제설정단계(Problem Statement Stage)
② 자료수집단계(Data Collection Stage)
③ 자료분석단계(Data Analysis Stage)
④ 예비검사단계(Pilot Test Stage)

해설 자료분석단계(Data Analysis Stage)는 사회조사에서 수집된 자료를 정리하고 해석하여 의미 있는 정보를 도출하는 단계이다. 이 단계는 조사의 핵심 부분으로, 조사자가 수집한 데이터를 통해 가설을 검증하거나 연구 문제에 대한 해답을 찾는 데 사용된다. 자료 분석의 초기 주요 활동은 자료 정제(Data Cleaning)이다. 자료 정제를 통해 분석하기 전, 수집된 데이터를 검토하고 정리한다. 이 과정에서는 오류, 누락 데이터, 중복 데이터, 이상치(Outliers) 등을 수정하거나 삭제하는 작업을 수행하며, 이를 통해 데이터를 분석하기 적합한 상태로 만든다.

정답 : ③

더블체크

정답률 약 60%

Q 과학적 조사방법의 일반적인 과정을 바르게 나열한 것은? [19년 3회 기출]

A. 조사설계   B. 자료수집
C. 연구주제의 선정   D. 연구보고서 작성
E. 자료분석 및 해석   F. 가설의 구성 및 조작화

① A → B → C → E → F → D
② A → E → C → B → F → D
③ C → F → A → B → E → D
④ C → A → F → B → E → D

해설 앞서 다룬 암기 : 문가설수분보 에 따라 일반적인 조사과정에 대해 이해할 수 있다.
문제정립(문제 제기 ; C 주제선정) → F 가설형성 → A 조사설계(표본선정) → B 자료수집 → E 자료분석 후 해석 및 이용 → D 보고서 작성

정답 : ③

더블체크

Q 다음 중 가설이 갖추어야 할 요건이 아닌 것은? [12년 1회, 15년 2회 기출]

① 가설은 이론적으로 검증할 수 있어야 한다.
② 가설은 계량적인 형태를 취하거나 계량화할 수 있어야 한다.
③ 가설의 표현은 간단명료해야 한다.
④ 가설은 동일 분야의 다른 가설과 연관을 가져서는 안 된다.

해설 가설의 평가기준에서 개연성은 동일 분야의 다른 가설(이론)과 연관성이 있어야 한다는 것이다.
가설이 동일 분야의 다른 가설과 연관을 가지면 좋은 첫 번째 이유는 다른 가설들과 연관된 가설은 통합적이고 깊이 있는 이해에 기여하기 때문이다. 두 번째 이유는 가설들은 서로 보완적이기 때문이다. 예를 들어, 심리학이나 사회학 분야는 기존의 이론 및 가설들을 바탕으로 새로운 가설을 세우고 이를 검증하며 발전한다.
①은 검증 가능성, ②는 계량화 가능성, ③은 명료성에 해당한다.

정답 : ④

2) 조사의 분석단위

① 분석단위의 의의 : 분석단위는 조사에서 추상적인 현상을 설명할 때, 자료를 수집하고 기술하기 위해 선택된 기본적인 단위이다.

② 분석단위의 분류에 따른 예시

구분	예시
국가	• 정책연구 및 행정학 연구 등에서는 국가(혹은 지역사회, 지방정부)도 분석 단위가 된다. • 선진국의 근로자들과 후진국의 근로자들의 생산성을 국가 별로 비교한 결과 선진국의 생산성이 더 높았다. 기출
도시	• 흑인이 많은 도시에서 범죄율이 높은 것으로 나타났다. 기출 • 인구가 10만 명 이상인 도시 중 89%는 적어도 종합병원이 2개 이상이다. 기출
집단	• 사회집단, 학과(학급) 등 • 가구 : 가구소득 조사, 가구당 자동차 보유현황 조사, 가족 구성원 간 종교의 동질성 기출 • 상점 : 전국 슈퍼마켓당 종업원 수 조사 기출
조직	• 기업, 학교 • 조직구조는 조직을 구성하는 개인들 및 집단들에게 역할을 부여하고 이들을 유기적으로 연계시킨 것이다.
개인	• 개인은 가장 일반적인 분석단위이며, 개개인의 특성을 수집하여 집단과 사회와의 상호작용을 기술할 때 이용한다. • 전체 농부 중에서 32%가 여성임에도 불구하고 여성은 전통적으로 농부라기보다 농부의 아내로 인식되었다. 기출 • 남성은 여성보다 외부에서 활동하는 시간이 많아 교통사고의 피해자나 가해자가 될 확률이 더 높다. 기출 • A기업의 회장은 B기업의 회장에 비하여 성격이 훨씬 더 이기적이다. 기출
사회적 가공물	• 인간이 아닌 사회적 가공물(생성물)은 아래와 같다. 　－문화적 요소 : 서적, 음악, 노래 　－사회적 상호작용 : 결혼, 직업생활, 정치활동
프로그램	• 1970년부터 현재까지 고용주가 게재한 구인광고의 내용과 강조점이 어떻게 변화하였는지 파악하였다. 기출

더블체크

Q 다음 사례의 분석단위로 가장 적합한 것은? [11년 1회, 18년 2회, 20년 4회 기출]

> K교수는 인구센서스의 가구조사 자료를 이용하여 가족 구성원 간 종교의 동질성을 분석해 보기로 하였다.

① 가구원
② 가구
③ 종교
④ 국가

해설 분석의 초점은 가족 구성원 전체가 하나의 단위로서 어떻게 종교적으로 동질성을 가지는지를 살펴보는 것이다. 따라서 분석단위는 '가구'가 가장 적합하다.

정답 : ②

3) 분석단위에 관한 잠재적 오류 3가지

① 생태학적 오류(생태주의적 오류 ; Ecological Fallacy) 　암기　생태집합단위

※ 시험문제에서 '단위'라는 키워드가 등장할 때, 집합(집단) 단위 자료를 통해 개인의 특성을 규정하는 경우에 '생태학적 오류'가 많이 출제되므로, '생태집합단위'라고 외워두는 것을 추천합니다!

정의 기출	• 집단·집합체에 관한 결과를 바탕으로 그 결과를 집단 속 개인들에 대한 성격을 규정하거나 결론을 도출할 때 동일하게 적용하면 발생하는 분석단위의 오류이다.
특징 기출	• 조사의 단위(Unit)를 혼동하여 집합단위의 자료를 바탕으로 개인의 특성을 추리할 때 저지를 수 있는 오류이다. • 조사의 분석단위를 잘못 고려한 결과 집합단위의 자료를 바탕으로 개인의 특성을 규정하게 되는 것을 말한다.
예시 기출	• 외국인 근로자의 비율이 높은 지역에서 범죄율이 높다는 조사결과로 외국인 근로자의 범죄증가를 논의하는 경우 • 전국의 시·도를 조사하여 대학 졸업 이상의 인구비율이 높은 지역이 낮은 지역에 비해 소득이 더 높음을 알게 되었고, 이를 통해 학력 수준이 높은 사람이 낮은 사람에 비해 소득수준이 높다는 결론에 도달하는 경우 • 의약분업을 하게 되면 국민들이 약의 오남용을 줄일 수 있기 때문에 '국가적으로 의료비의 지출이 줄게 된다.' 이 사실을 기초로 의약분업을 실시하게 되면 '환자들(개인)은 적은 비용으로 치료를 받을 수 있게 된다.'고 주장하는 경우 • 지역을 분석단위로 하여 자살률을 분석한 결과 가톨릭 신도의 비율이 높은 지역일수록 개신교 신도의 비율이 높은 지역에 비해 평균 자살건수가 많다는 사실이 밝혀졌다. 이러한 결과에 기초하여 가톨릭 신도들이 개신교 신도에 비해 자살을 저지를 성향이 높다고 해석하는 경우 • '미국의 도시 중 동양인이 비율이 높은 도시가 동양인의 비율이 낮은 도시보다 정신질환 발병률이 높다'는 결과를 얻었을 때, 이 결과로부터 '백인 정신 질환자보다 동양인 정신질환자가 더 많다'고 결론 내리는 오류

② 개인주의적 오류(Individualistic Fallacy)

정의 기출	• 분석단위를 개인에 두고 얻은 조사결과를 집단에 동일하게 적용하거나 집단적 수준의 분석단위로 해석함으로써 발생하는 오류이다.
특징 기출	• 개인의 특성에서 집단이나 사회의 성격을 규명하거나 추론하고자 할 때 발생할 수 있는 오류이다. • 구체적인 개별사례에 근거하여 거시적 사건을 설명하는 경우에 발생하는 오류이다.
예시	• 어느 학생의 성적이 매우 우수할 때, 그 학생이 속한 학급의 성적이 좋을 것이라 실험의 대상이 되고 단정하는 경우의 오류

③ 환원주의적 오류(축소주의적 오류 ; Reductionism Fallacy)

정의 기출	• 넓은 범위의 인간의 사회적 행위를 이해하는 데 필요한 변수나 개념을 지나치게 제한하여 발생하는 오류이다.
특징 기출	• 인간의 행위를 이해하는 데 필요한 개념 또는 변수의 종류를 지나치게 '한정' 시키거나 한 가지로 귀착시키려는 성향을 가진다.
예시	• 인류문화에 대한 광범위한 조사에 있어서 사회학자의 경우 사회학적 변수에, 경제학자의 경우 경제학적 변수에 대해서만 고려하는 경우

(3) 조사설계의 이해

1) 조사설계의 의의

① 조사설계의 개념
- 조사설계는 조사를 수행하기 위한 전체적인 계획이자 구조이다.
- 조사설계는 <u>가설을 평가하기 위한 구조 및 계획(전략)</u>이다. `기출`
  - 계획은 조사 전반에 대한 시행방침으로, 가설 구성부터 자료 분석까지의 과정을 포함한다.
  - 조사방법과 자료에 대한 접근가능성, 시간, 공간, 비용 등을 고려해야 한다.
- 경험적 조사의 조사설계에서 고려되어야 할 핵심적인 구성 요소 3가지 `기출`
  - <u>조사대상</u>(누구를 대상으로 하는가)
  - <u>조사항목</u>(무엇을 조사할 것인가)
  - <u>조사방법</u>(어떤 방법으로 조사할 것인가)

② 인과관계 확인
- 실험설계는 인과성 규명을 목적으로 한다. `기출`
- 실험설계는 독립변수가 종속변수에 영향을 미치는 인과관계에 대한 가설을 검증하는 방법이다.

③ 인과관계의 성립조건 4가지

시간적 선후관계 `기출`	• 원인의 변수가 결과의 변수에 선행하여야 한다. 　- 두 변수 사이에 시간적 순서가 존재해야 한다. 　- 원인과 결과를 추정하기 위해 원인이 되는 사건(현상)이 결과보다 시간적으로 먼저 발생해야 한다. 　- 이를 '시간적 선행성(Temporal Precedence)'이라고 한다. 　- 사회현상을 조사하는 것은 개방시스템을 전제하므로 인과관계에 대하여 결과를 발생시키는 원인이 여러 가지 있을 수 있다.
동시변화성 `기출`	• '공변성(Covariance)' 혹은 '공변관계(Covariation)'라고 한다. • 원인이 되는 현상이 변화하면, 결과적인 현상도 항상 함께 변화해야 한다. 즉, 두 변수 간에는 상관관계가 존재해야 한다. • 두 변수 간에는 정(+) 혹은 부(−)적 관계가 존재할 수도 있다.
상호연관성	• 원인으로 추정되는 변수와 결과로 추정되는 변수가 동시에 존재하며, 상호연관성을 가지고 변화해야 한다. `기출` • 두 변수는 경험적으로 서로 상호 관련되어 있다. `기출` • 두 변수 간에는 어떤 관계가 있어야 하며, 원인 변수의 변화가 결과 변수의 변화와 연관되어 있어야 한다.
비허위적 관계 `기출`	• 두 변수 간의 상호관계는 제3의 변수에 의해 설명되면 안 된다. 　- 독립변수와 종속변수 사이의 인과관계는 제3의 변수가 통제되지 않으면 허위적일 수 있다. `기출` • 비허위적 관계의 반대 개념인 허위적 상관(Spurious Correlation)이 발생하면, 두 변수 사이에 상관관계가 존재하는 것처럼 보이지만, 실제로는 제3의 변수가 두 변수에 영향을 미쳐서 그 상관관계를 만들어낸 경우이다.

2) 조사설계의 타당도 2가지 [암기] 내인과외일반

① 내적 타당도
- 정의 : 각 변수 사이의 인과관계를 추론하여 그것이 실험에 의한 진정한 변화에 의한 것인지를 판단하는 인과조건의 충족 정도를 말한다.
  - 측정된 결과가 과연, 실험변수의 변화 때문에 일어난 것인가에 관한 문제이다. [기출]
- 저해 요인 [기출]

시간의 경과 · 성숙(성장)효과 (Maturation Effect)	• 시간의 흐름에 따라 조사 대상이나 현상이 변하여 결과에 영향을 미친다. • 사전검사와 사후검사 간의 시간 간격이 길 때 발생하기 쉬운 저해 요인이다. [기출] 예 체육활동을 진행한 후에 대상 청소년들의 키가 부쩍 커졌다. 이 결과를 통해 체육활동이 청소년의 키 성장에 크게 효과가 있었다고 추론하였다. [기출] – 청소년기에는 성장기이므로 시간의 경과에 따른 자연스러운 키 성장인 성숙효과를 고려해야 한다.
상실요인	• 조사 기간 중 특정 실험 대상자의 탈락이 결과에 영향을 미친다.
외부사건 · 우연한 사건 · 역사요인(History)	• 천재지변이나 예상치 못한 사건이 발생하면 환경 변화로 조사 결과가 달라진다.
도구효과 · 측정 수단의 변화 (Instrumentation)	• 측정자의 도구나 측정 방법이 변경 및 발전됨으로 인해 결과에 영향을 미친다. • 조사 도구의 일관성과 안정성을 유지하지 못할 때 발생한다.
검사효과 · 주시험효과(시험효과) · 테스트 효과(Testing Effect)	• 실험설계에서 측정이 반복됨으로써 얻어지는 학습효과로 인해 실험대상자의 반응에 영향을 미치게 되는 것은 '시험효과'이다. [기출] • 특정 시험이나 테스트를 치르는 경험 자체가 이후의 학습이나 성과에 영향을 미치는 현상을 의미한다. – 동일한 실험 대상자가 반복적으로 검사나 측정을 받을 때, 학습효과로 인해 그 결과가 개선되거나 악화되는 현상이다. 즉, 같은 시험을 여러 번 치르면서 시험에 익숙해져 점수가 좋아지거나, 반대로 지루해져서 점수가 나빠지는 것이다.
통계적 회귀 (Statistical Regression)	• 최초의 측정에서 양극단적인 측정값을 보인 결과가 이후 재측정의 과정에서 평균값으로 회귀한다. 예 2008년 경제위기로 인해 범죄율이 급격히 증가하였고, 이에 경찰은 2009년 순찰활동을 크게 강화하였다. 2010년 범죄율은 급속히 떨어졌고, 경찰은 순찰활동이 범죄율의 하락에 크게 영향을 미쳤다고 발표하였다. 이 예시에서의 타당도 저해요인은 통계적 회귀이다. – 범죄율이 극단적으로 증가한 후 자연스럽게 다시 평균적인 수준으로 회귀하는 현상이 발생했을 가능성이 있다. 경찰은 2009년에 순찰을 강화했지만, 범죄율 하락이 경찰의 순찰 강화 때문이 아니라 자연스럽게 범죄율이 다시 정상 수준으로 회귀한 결과일 수 있다는 것이다.
모방	• 실험집단과 통제집단 간의 모방심리가 결과에 영향을 미친다. • 실험변수의 확산 또는 모방(Diffusion or Imitation of Treatments)이 해당된다. [기출]
선별요인 · 선택요인	• 조사자가 실험집단과 통제집단을 선발할 때 편견을 가짐으로써 발생한다.

> **[개념특강] 내적 타당도를 높이는 방법**
> - 짝짓기(Matching)
>   - 실험집단과 통제집단에서 주요 변수들의 분포를 동일하게 한다.
>   - 동일한 특성을 가진 대상들을 각각 실험집단과 통제집단에 배정하여 두 집단의 동질성을 확보한다.
> - 무작위할당(Random Assignment)
>   - 대상이 실험집단이나 통제집단에 할당될 동등한 기회(동일한 확률)를 부여하여, 동일한 조건 상태로 두 집단 중 하나에 배정되도록 하여 변수를 통제한다.

② 외적 타당도
- 정의 : 외적 타당도는 조사결과에서 기술된 인과관계가 조사대상 이외의 경우로 얼마나 확대되거나 일반화 될 수 있는지를 나타낸다.
    - 외적 타당도는 조사결과의 일반화 가능성에 관한 것이다. `기출`
- 저해 요인

플라시보 효과 (위약효과 ; Placebo Effect)	• 위약효과란 약효가 없는 거짓약을 진짜 약으로 속여 환자에게 복용하게 했을 때 나타나는 병세 호전 효과를 의미한다. • 조사 중에 위약효과가 크게 나타날 경우, 조사결과를 일반화해서 해석하지 말아야 한다. `기출`
표본의 대표성	• 조사 환경·절차·대상 등의 조사의 제반 조건들이 모집단의 일반적인 상황과 유사해야 실험 결과를 일반화할 수 있다. - 조사의 결과가 일반화될 수 있는 가의 여부는 표집뿐만 아니라 생태학적 상황에 의해서도 결정될 수 있다. `기출` Q. 생태학적 상황이란? 조사가 이루어진 특정 환경이나 맥락이다. 이 환경적 조건이 표본과 결과에 영향을 미칠 수 있기 때문에, 조사 결과를 일반화할 때는 생태학적 상황도 고려해야 한다. 예 한 나라에서 특정 사회적 현상에 대해 조사했을 때, 그 나라의 경제적, 문화적 환경이 조사 결과에 큰 영향을 줄 수 있다. 따라서 다른 나라나 다른 환경에서 같은 결과를 기대하기 어려울 수 있다.
호손효과 (Hawthorne Effect, Observer Effect)	• 실험조사에 대한 반응성에 대한 것으로, 실험 대상자가 실험의 대상임을 스스로 인식할 때 나타나는 의식적 반응이 연구 결과에 영향을 미친다. - 측정 자체가 실험대상자들의 행동을 변화시킬 수 있다는 것이다. `기출`
검사의 상호작용 효과	• 실험 혹은 조사 과정에서 다양한 요인이나 조건들이 상호작용하여 결과에 영향을 미치는 현상을 의미한다. • 실험 대상자들이나 조사 대상들이 특정 환경이나 조건에서 서로 다르게 반응할 수 있다는 것을 의미한다. • 상호작용 효과가 크면 조사 결과를 해석할 때 해당 요인들 사이의 관계를 고려해야 하며, 일반화할 때 주의해야 한다. - 독립변수 간에 상호작용이 있을 수 있다. `기출`
표본의 편중 (Selection Bias)	• 조사에서 선택된 표본이 모집단을 대표하지 못할 때 발생하는 문제이다. - 실험대상자 선정에서 오는 편향이 외적타당도를 저해한다. `기출` • 표본이 특정 인구 그룹이나 특정 조건에 치우쳐져 있을 경우, 조사 결과를 모든 모집단에 일반화하기 어렵다. 이런 경우 무작위 추출 등의 방법을 사용하여 표본의 편중을 최소화해야 한다.

> **개념특강** 외적 타당도를 높이는 방법
> - 표본의 대표성 UP↑
>   - 무작위할당을 통해 표본자료가 모집단의 특성을 잘 반영하고 있는지를 파악한다.
> - 조사반응성(반응효과, 호손효과) DOWN↓
>   - 피험자에게 실험사실을 알리지 않는 방법, 실험 기간을 장기화하여 실험 사실에 둔감해지도록 하는 방법, 비처치 통제집단을 추가하는 방법 등을 사용한다.
>   - 조사반응성을 줄이기 위해 실험 참여자에게 실험의 존재나 목적을 숨긴다.
>   - 실험 기간을 연장하여 참여자가 실험에 대해 무감각해지도록 한다.
>   - 실험에서 처리를 받지 않는 '비처치 통제집단'을 추가하여, 효과를 비교할 수 있도록 한다.

- 내적 타당도와의 관계
    - 일반적으로 내적 타당도를 높이고자 하면 외적 타당도가 낮아지고, 외적 타당도를 높이고자 하면 내적 타당도가 낮아진다. `기출`

더블체크

정답률 약 60%

Q 다음 사례에 내재된 연구설계의 타당성 저해요인이 아닌 것은?

[13년 2회, 17년 1회, 19년 2회, 21년 3회 기출]

> 한 집단에 대하여 자아존중감 검사를 하였다. 그 결과 정상치보다 지나치게 낮은 점수가 나온 사람들이 발견되었고, 이들을 대상으로 자아존중감 향상 프로그램을 실시하였다. 프로그램 종료 후에 다시 같은 검사를 가지고 자아존중감을 측정한 결과 사람들의 점수 평균이 이전보다 높아진 것으로 나타났다.

① 검사효과(Testing Effect) ② 도구효과(Instrumentation)
③ 통계적 회귀(Statistical Regression) ④ 성숙효과(Maturation Effect)

해설 자아존중감 검사 도구나 측정 방법이 변하지 않았으므로 도구효과(Instrumentation)는 저해요인이 될 수 없다.
① 검사효과(Testing Effect) : 동일한 피험자가 반복적으로 특정 검사나 측정을 받음으로써 그 결과가 개선되거나 악화되는 현상이다. 초기에 낮은 자아존중감 점수를 보인 피험자들이 같은 검사를 반복하면서 자아존중감이 향상될 수 있다.
③ 통계적 회귀(Statistical Regression) : 초기에 극단적인 점수를 보인 피험자들이 다시 측정을 받을 때 평균적인 점수로 회귀하는 현상을 의미한다. 즉, 초기에 자아존중감이 매우 낮았던 피험자들이 다시 측정을 받을 때 평균적인 수준으로 돌아가는 경향이 있을 수 있다.
④ 성숙효과(Maturation Effect) : 시간이 지나면서 성숙해지거나 자아감이 강화되는 등 피험자의 변화가 나타나는 현상을 의미한다. 자아존중감 프로그램을 통해 피험자들이 성장하고 발전함에 따라 자아존중감 점수가 향상될 수 있다.

정답 : ②

더블체크

정답률 약 40%

Q 다음 연구의 진행에 있어 내적 타당성을 위협하는 요인이 아닌 것은? [11년 1회, 16년 1회, 19년 2회 기출]

> 대학생들의 성(性) 윤리의식을 파악하기 위해 실험연구 방법을 적용하여 각각 30명의 대학생을 실험집단과 통제집단으로 선정하여 1개월간의 현지실험조사를 실시하려 한다.

① 검사의 상호작용 효과 ② 우연적 사건
③ 실험변수의 확산 또는 모방 ④ 측정수단의 변화

해설 검사의 상호작용 효과는 외적 타당성을 위협하는 요인이다.

정답 : ①

더블체크

정답률 약 50%

Q 실험설계의 인과관계 분석을 위협하는 요소와 가장 거리가 먼 것은? [10년 3회, 14년 1회 기출]

① 검사효과 ② 사후검사
③ 실험대상의 탈락 ④ 성숙 또는 시간의 경과

해설 암기 : 내인과외일반 실험설계의 인과관계 분석을 위협하는 요소는 내적 타당도 저해요소를 의미한다. 주어진 선지 중 사후검사는 실험 결과의 보완적인 평가를 위해 시행되는 것이며, 실험설계의 인과관계 분석에 위협이 되는 요소가 아니다.

정답 : ②

3) 실험설계의 이해

① 실험설계의 단계

Step 1. 조사대상 선정 : 실험의 대상이 될 대상을 선정하는 단계이다.
- 실험의 목적과 조사 대상에 따라 적절한 대상을 선정하는 것이다.

Step 2. 실험환경 선정 : 다양한 실험환경(실험실, 실험도구)을 선정한다.

Step 3. 무작위표집 : 조사대상을 무작위로 추출한다.

Step 4. 무작위할당 : 추출된 표본을 무작위로 실험집단과 통제집단에 배치한다.
- <u>실험집단은 실험의 대상이 되는 집단이다.</u> `기출`
- 통제집단은 모든 다른 조건은 실험집단과 동일하지만, 차이점은 실험자극을 주지 않는 집단이라는 것이다.

Step 5. <u>사전검사 : 실험자극을 주기 이전에 실험대상의 상태를 측정한다.</u> `기출`
- 실험집단과 통제집단의 종속변수에 대한 사전검사를 실시한다.

Step 6. 실험조치 : 통제집단은 그대로 두고, 실험집단에 대해서 실험조치를 실시한다.

Step 7. 사후검사 : 실험집단과 통제집단에 종속변수에 대한 사후검사를 실시한다.

Step 8. 비교 및 검증 : 사전·사후검사의 결과 변수 간 의미 있는 변화를 비교·검증한다.

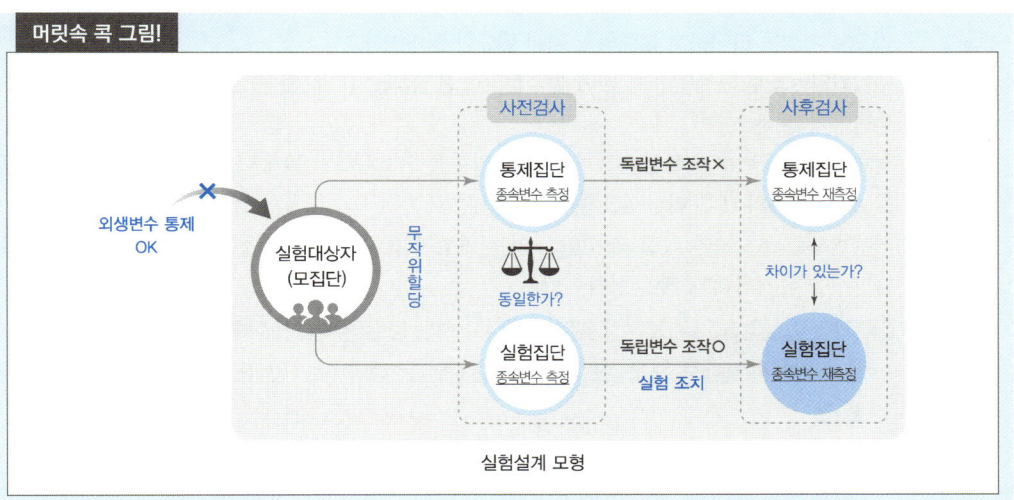

실험설계 모형

② 실험설계의 의의
- 사회현상의 다변화와 복잡성에 대응하기 위해 더 정교한 조사방법이 필요하며, 이에 따라 사회과학 조사에서 실험의 중요성이 증가하고 있다.
- <u>실험설계는 가설의 진위 여부를 확인하는 '구조화된 절차'이다.</u> `기출`
- 실험은 두 변수 사이의 인과관계를 엄격히 통제된 상황에서 검증하기 위한 과학적 방법이며 <u>주로 현상에 대한 단순한 기술보다는 설명을 목적으로 한다.</u> `기출`
  - 실험의 기본적 요소에는 독립변수와 종속변수의 설정, 실험집단과 통제집단의 구분, 사전검사와 사후검사의 실시 등이 있다. `기출`
  - 실험설계에서는 실험의 내적 타당도를 확보하고, 실험의 검증력을 극대화하고자 해야 한다. `기출`
  - 예) <u>무료급식 서비스를 제공받은 노숙자의 변화를 분석하고자 할 때</u> `기출`

③ 실험설계의 특징
- 실험설계는 통제집단과 실험집단, 독립변수의 조작, 무작위할당(실험대상의 무작위화), 외생변수의 통제로 이루어진다. 기출
- 통제집단과 실험집단의 구분
  - 실험설계는 인과관계를 추론하기 위해 독립변수와 종속변수를 설정하고, 실험집단과 통제집단으로 나눈 후 실험집단에 처리를 가하여 나타난 결과를 통제집단과 비교하는 방식이다.
  - 피실험자를 각 집단에 무작위로 배정할 수 있다. 기출
  - 실험대상자들을 실험집단과 통제집단으로 무작위 배분(할당)하여야 한다. 기출
- 독립변수의 조작
  - 실험자는 독립변수를 의도적으로 조작하여 실험집단에만 적용하고, 그 영향을 평가한다.
  - 독립변수는 실험집단에만 투입하고 통제집단은 투입되지 않아야 한다. 기출
  - 인과성·시간적 성행을 입증하기 위해 독립변수를 의도적으로 조작할 수 있다. 기출
  - 두 변수 X, Y 중 X의 변화가 Y의 변화를 생산해 낼 경우, X와 Y는 인과관계를 가진다고 할 수 있다. 기출
  - 독립변수의 효과를 추정하기 위해 종속변수가 비교되어야 한다. 기출
- 무작위할당(실험대상의 무작위화) 기출
  - 실험 대상자를 무작위로 실험집단과 통제집단에 할당하여 실험에 간섭하는 외생변수를 통제하기 위한 방법으로 가설을 타당하게 검증하기 위해 필요한 장치이다.
  - 무작위할당을 통해 실험처치 전에 실험집단과 통제집단의 상태를 동질하게 할 수 있다.
- 외생변수의 통제
  - 실험자는 외생변수가 실험 결과에 미치는 영향을 최소화하기 위해 다양한 방법을 사용해 통제한다. 이를 통해 실험의 내부 타당성을 높일 수 있다.
  - 외생변수는 조사자가 직접 제어할 수 없는 변수이다. 외생변수의 영향을 최대한 줄이고, 실험의 내부 타당성을 유지하려고 해야 한다.
  - 예 '60대 이상의 노인 가운데 무릎이 쑤신다고 하는 분들의 비율이 상승할수록 비가 올 확률이 높아진다.'는 상황에서 제대로 된 인과관계 추리를 위해 고려해야 하는 인과관계 요소는 '외생변수의 통제'이다. 기출
    - 이 예시에서 '외생변수의 통제'가 중요한 이유는 비와 노인의 무릎 통증 사이의 관계에서 직접적인 인과관계가 아닌, 다른 외부 요인들이 작용할 수 있기 때문이다. 즉, 날씨의 변화, 습도, 기압 등과 같은 외부 요인들이 노인의 무릎 통증에 영향을 미칠 수 있다. 이러한 외생변수들을 통제하지 않으면, 단순히 비가 올 확률과 무릎 통증의 상관관계만 보고 잘못된 인과관계를 도출할 수 있다.

- 외생변수의 통제 방법은 다음과 같다.

종류 1. 외생변수의 제거(Elimination)

설명	• 독립변수와 종속변수 이외의 종속변수에 영향을 미칠 수 있는 외생변수의 영향을 제거해야한다. 이는 종속변수에 영향을 미치는 독립변수가 많고, 이들 중 일부는 측정 및 검증이 어렵거나 불가능한 경우가 많기 때문이다.

종류 2. 상쇄(Counter Balancing)

설명	• 상쇄는 실험 집단과 통제 집단 간에 외생변수의 영향을 상쇄시키는 것이 아니라, 외생변수가 서로 다른 실험 조건에서 발생할 때 이를 상쇄시키기 위한 방법이다. • 두 개 이상의 실험 조건에서 외생변수의 영향이 다르게 나타날 때, 각 조건에서 실험을 반복하여 외생변수의 영향을 상쇄시키는 것이다.
예시 기출	• <u>하나의 실험집단에 두 개 이상의 실험변수가 가해질 때 사용하는 방법이다.</u> - <u>두 가지 정책대안의 제시 순서나 조사지역에 따라 선호도에 차이가 발생한다고 판단되면, 제시 순서를 달리하거나 지역을 바꿔 재실험하는 경우이다.</u>

종류 3. 무작위화(Randomization)

※ 내적 타당도를 높이는 방법과 동일, 무작위할당(실험대상의 무작위화)과 동일함

설명	• 무작위화는 외생변수의 영향을 최소화하기 위해 실험 대상을 무작위로 배정하는 것이다. 이는 외생변수가 모든 실험 집단에 동일하게 분포될 수 있도록 하여 내적 타당도를 높이는 방법이다. - 이는 조사자의 주관, 선입관, 판단이 개입되지 않도록 하는 것이다.

종류 4. 짝짓기 · 균형화(Matching)

※ 내적 타당도를 높이는 방법과 동일

설명	• 짝짓기는 실험 집단과 통제 집단 간의 주요 변수들의 분포를 동일하게 맞추는 방법이다. - 이는 통제 집단과 실험 집단이 동일한 배경 조건을 가지도록 하여 실험 조건의 차이가 종속 변수에 미치는 영향을 명확히 하기 위해 사용된다.

더블체크

> **정답률 약 60%**
> **Q** 실험설계에서 무작위화(randomization)를 사용하는 이유와 가장 거리가 먼 것은?
>
> [13년 2회, 15년 3회 기출]
>
> ① 가설을 타당하게 검증하기 위해, 필요한 장치이다.
> ② 실험처치 전에 실험집단과 통제집단의 상태를 동질하게 하기 위한 것이다.
> ③ 종속변수의 체계적 변이(variation)를 극대화시키기 위한 방법이다.
> ④ 실험에 간섭하는 외생변수를 통제하기 위한 방법이다.
>
> **해설** 오히려 실험설계에서는 무작위화를 통해 변이(variation)를 최소화하여, 외부 요인에 의한 영향을 줄이고 독립변수의 효과만을 명확하게 검증하고자 한다.
> ①, ②, ④ 무작위화(randomization)는 실험 설계에서 매우 중요한 개념이다. 실험에서 무작위화란 실험 대상을 무작위로 실험집단과 통제집단으로 나누는 과정을 말한다. 이 과정에서 실험 대상들은 우연에 의해 실험집단 또는 통제집단에 배정된다. 이 방법은 외생변수(변수를 조절할 수 없는 외부의 요인)의 영향을 최소화하여 실험의 내적 타당성을 확보하는 데 중요한 역할을 한다.
>
> 정답 : ③

4) 실험설계의 유형 암기 진준전사

- 실험설계 유형의 구분은 아래 그림에 기재한 4가지 유형인 진실험설계, 준실험설계, 전실험설계, 사후실험설계로 구분한다.

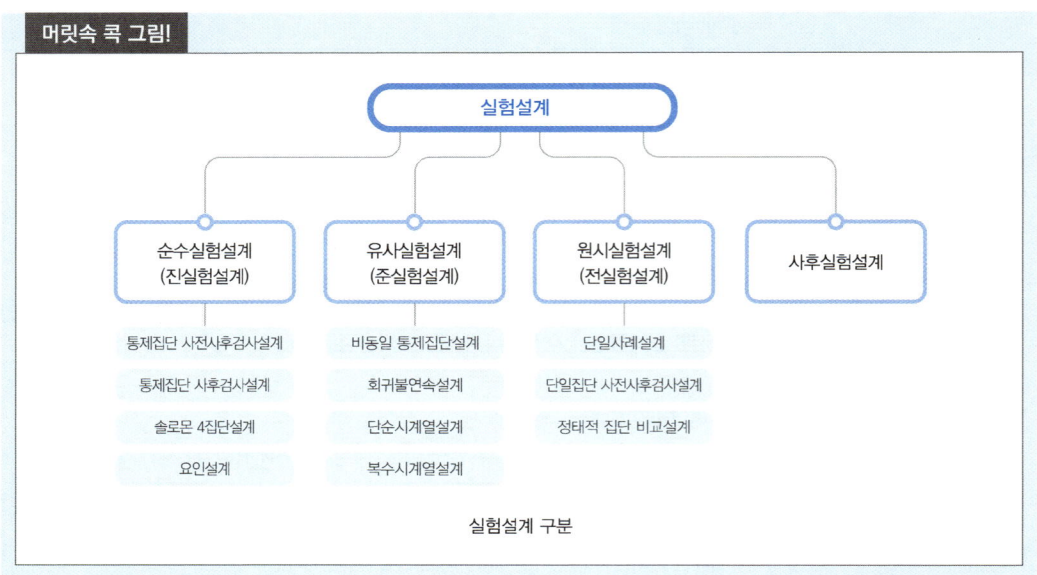

- 실험설계를 위한 조건을 잘 만족하는지 비교해야 한다.
  - 실험설계의 충족 조건은 독립변수의 조작·무작위할당(실험대상의 무작위화)·외생변수의 통제이며, 이에 대해 비교하는 과정을 수행한다. 기출

> **더블체크**
>
> **Q** 실험설계를 위하여 충족되어야 하는 조건과 가장 거리가 먼 것은? [17년 2회, 19년 3회 기출]
> ① 독립변수의 조작
> ② 인과관계의 일반화
> ③ 외생변수의 통제
> ④ 실험대상의 무작위화
>
> **해설** 인과관계의 일반화는 실험설계를 위하여 충족되어야 하는 조건과 가장 거리가 멀다. 실험설계는 통제집단과 실험집단, 독립변수의 조작, 외생변수의 통제, 무작위할당(실험대상의 무작위화)을 기본요소로 한다.
>
> 정답 : ②

① 순수실험설계(진실험설계) 4가지 [암기] 순진통솔요
- 통제집단 사전사후비교설계, 통제집단 사후비교설계, 솔로몬 4집단설계, 요인설계가 있다.
- 실험설계의 기본요소인 통제집단과 실험집단, 독립변수의 조작, 무작위할당(실험대상의 무작위화), 외생변수의 통제에 대해 실험적 조건을 갖춘 설계유형이다. [기출]
- 내적 타당도를 저해하는 요인들을 최대한 통제한 설계유형이다.

구분		통제집단 사전사후검사설계	통제집단 사후검사설계	솔로몬 4집단설계	요인설계
기본 요소	통제집단과 실험집단	○	○	○	○
	독립변수의 조작	○	○	○	○
	무작위할당 (실험대상의 무작위화)	○	○	○	○
	외생변수의 통제	○	○	○	○
유무	사전검사	○	×	○ (2개만)	○
	사후검사	○	○	○	○

- 통제집단 사전사후검사설계 (통제집단 전후비교설계)
  - 통제집단 사전사후검사설계(Pretest-Posttest Control Group Design)는 아래와 같다.

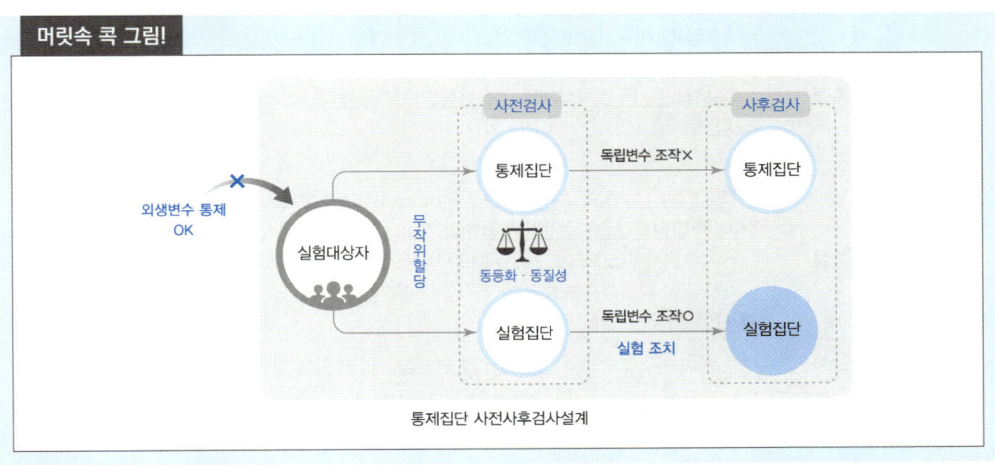

통제집단 사전사후검사설계

정의	• 무작위할당으로 실험집단과 통제집단을 구분하여 설정한 후 실험집단에 대해서는 독립변수 조작을 가하고, 통제집단에 대해서는 아무런 조작을 가하지 않은 채 두 집단 간의 차이를 전후로 비교하는 방법이다.
특징 [기출]	• 내적 타당도 저해요인을 통제할 수 있다. • 통제집단의 설정과 사전 측정이 가능하다.
장점	• 내적 타당도가 높다. • 외생변수의 통제가 용이한 실험설계 중 하나이다. [기출] • 실험집단과 통제집단을 동등화 할 수 있다. [기출]
단점	• 외적 타당도가 낮다. • 검사요인을 통제하기 어렵고 외부변수의 작용이 개입될 여지가 많다.
예시 [기출]	• 수학 과외의 효과를 측정하기 위하여 유사한 특징을 가진 두 집단을 구성하고 두 집단을 각각 수험시험을 보게 하였다. 이후 한 집단에는 과외를 시키고, 다른 집단은 그대로 둔 다음, 다시 수학시험을 보게 하였다.

- 통제집단 사후검사설계 (통제집단 후비교설계 ; 사후시험 통제집단 설계)
  - 통제집단 사후검사설계(Posttest-Only Control Group Design)는 아래와 같다.

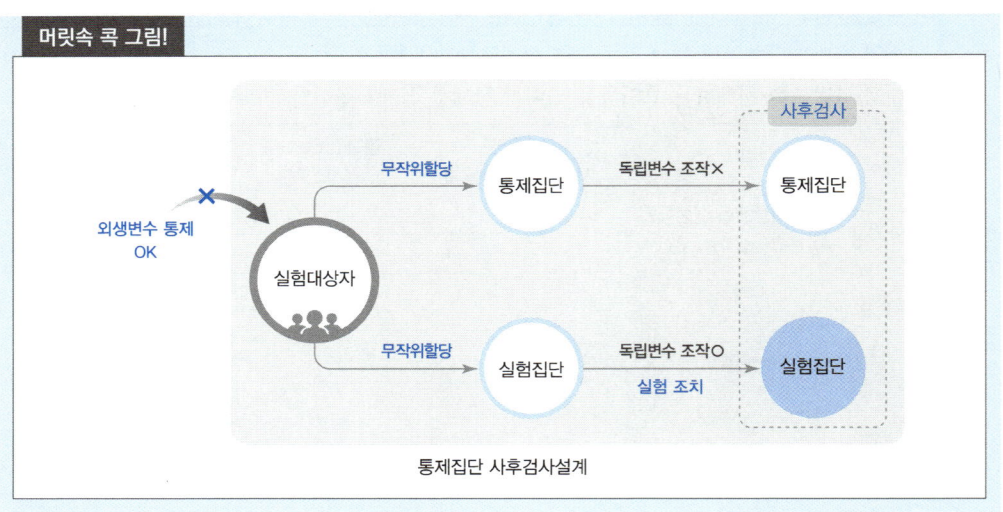

통제집단 사후검사설계

정의	실험대상자에 대해 무작위할당을 수행한 후, 사전검사 없이 실험집단에 대해서는 독립변수 조작을 가하고 통제집단에 대해서는 아무런 조작을 가하지 않은 채 그 결과를 서로 비교하는 방법이다.
특징	• 통제집단 전후비교설계의 단점을 보완하기 위한 설계방법이다. • <u>외생변수를 통제할 수 있다.</u> 기출 • <u>통제집단 사후검사설계는 무작위할당으로 통제집단과 실험집단을 나누고 실험집단에만 개입을 한다.</u> 기출 • 종속변수의 측정결과를 단지 독립변수의 조작에 의한 결과라고 단정할 수 없다.
장점	• 통제집단 전후비교설계에 비해 간단하고 비용이 적게 소요된다. • <u>내적 타당도 저해 요인인 시험효과(Testing Effect ; 테스트 효과)를 제거할 수 있다.</u> 기출 - 사후검사만 있으므로, 동일 테스트 반복으로 인해 발생하는 검사 효과(참여자가 사전검사로 인해 학습하거나 피로해지는 효과)를 제거할 수 있다. • 사전검사의 영향을 제거할 수 있다.
단점	• 사전검사가 없으므로, <u>실험집단과 통제집단의 동질성 확인이 불가하다.</u> 기출
예시 기출	• <u>저소득층의 중학생들을 대상으로 무작위로 실험집단과 통제집단에 각각 50명씩 할당하여 실험집단에는 한 달간 48시간의 학습프로그램 개입을 실시하였고, 통제집단은 아무런 개입 없이 사후조사만 실시하였다.</u>

더블체크

Q. 사후시험 통제집단 설계(Posttest-Only Control Group Design)의 장점과 단점을 바르게 짝지은 것은? [16년 3회 기출]

① 테스트 효과(Testing Effect)의 제거 - 실험집단과 통제집단의 동질성 확인 불가
② 모방효과(Imitation Effect)의 제거 - 외적타당성의 하락
③ 플라시보효과(Placebo Effect)의 제거 - 조사반응성 통제 불가
④ 성숙효과(Maturation Effect)의 제거 - 측정 수단 변화의 통제 불가

정답 : ①

- 솔로몬 4집단설계
  - 솔로몬 4집단설계(Solomon Four-Group Design)는 아래와 같다.

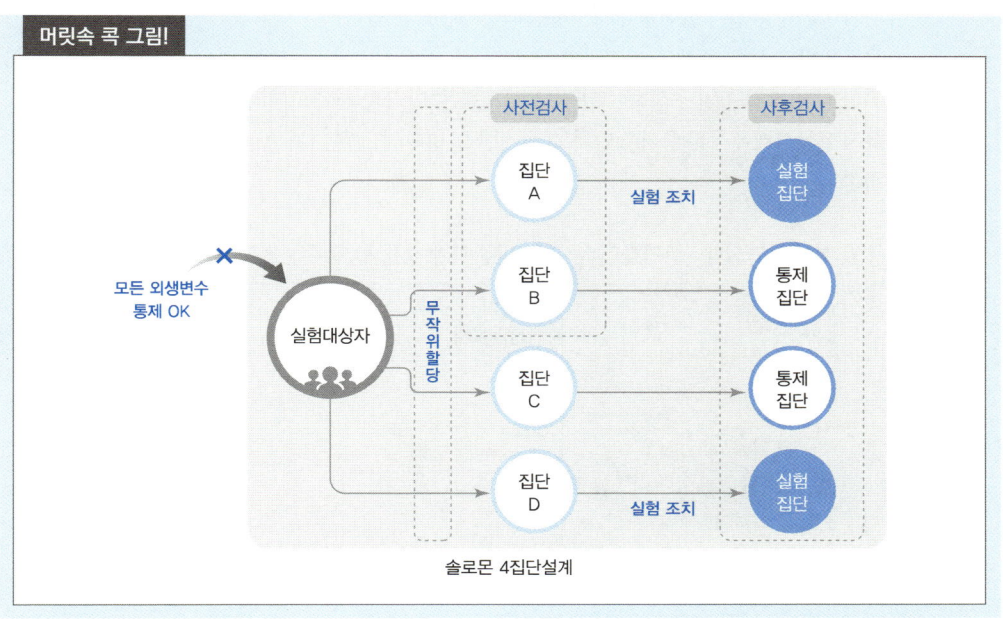

정의	• 조사대상에 대해 무작위할당을 수행하여 4개의 집단으로 구성한다. • 사전검사를 한 2개의 집단 중 하나와 사전검사를 하지 않은 2개의 집단 중 하나를 실험 조치하여 실험집단으로 하며, 나머지 2개의 집단에 대해서는 실험조치를 하지 않은 채 통제집단으로 한다. - 사전사후 측정에서 나타나는 사전측정의 영향을 제거하기 위해 사전측정을 한 집단과 그렇지 않은 집단을 나누어 동일한 처치를 가하여 모든 외생변수의 통제가 가능한 실험설계 방법이다. `기출`
특징 `기출`	• 통제집단 전후비교설계와 통제집단 후 비교설계를 혼합해 놓은 방법이다. - 사후측정만 하는 집단은 2개이다.
장점 `기출`	• 모든 외생변수의 통제가 가능하다. • 검사와 개입의 상호작용 효과를 도출할 수 있다. - 사후측정에서의 차이점이 독립변수에 의한 것인지 사전측정에 의한 것인지 알 수 있다. `기출`
단점	• 실험집단과 통제집단의 선정과 관리가 어렵고 비경제적이다. - 집단 간 격리에 어려움이 있어 실제 상황에서는 적용이 많이 안 된다. `기출`

- 요인설계

정의	• 요인설계는 실험집단에 둘 이상의 독립변수를 적용하여, 독립변수들이 종속변수에 미치는 영향을 분석하는 방법이며, 개별 독립변수와 종속변수 간의 인과관계뿐만 아니라 복수의 독립변수가 동시에 종속변수에 미치는 상호작용 효과도 검증한다.
특징	• 각 독립변수의 주효과(Main Effects)와 독립변수들 간의 상호작용 효과를 분석할 수 있다. • 요인설계는 2×2, 3×3 등과 같이 독립변수의 수준(Level)에 따라 다양한 형태로 구성될 수 있다.
장점	• 둘 이상의 독립변수가 상호작용하여 종속변수에 미치는 영향을 파악할 수 있어 복잡한 현상을 더 정확히 이해할 수 있다. • 주효과와 상호작용 효과를 동시에 분석할 수 있다.
단점	• 독립변수의 수가 많아질수록 실험 설계가 복잡해지고, 실험을 수행하는 데 시간이 많이 소요되며 비용도 증가한다. → 비경제적 • 실험 설계와 분석이 복잡해져 통계적 검증이 어려워질 수 있다.

② 유사실험설계(준실험설계) 4가지
- 실험설계의 기본요소 중 한두 가지가 결여된 설계유형이다.
- 유사실험설계는 순수실험설계에 비해 내적 타당도가 낮다.
  - 무작위할당 등에 의해 실험집단과 통제집단을 동등하게 할 수 없는 경우, 무작위할당 대신 실험집단과 유사한 비교집단을 구성하여 내적 타당도를 높이고자 하기도 한다.
  - 유사실험설계에서는 통제집단과 실험집단을 명확히 구분하기 어려울 수 있고, 외생변수의 통제가 부족할 수 있다.

- 비동일 통제집단설계, 회귀불연속설계, 단순시계열설계, 복수시계열설계 등이 있다.

구분		비동일 통제집단설계	회귀 불연속설계	단순 시계열설계	복수 시계열설계
기본 요소	통제집단과 실험집단	○	○	× (통제집단 없음)	○
	독립변수의 조작	○	○	×	○
	무작위할당 (실험대상의 무작위화)	×	×	×	×
	외생변수의 통제	○	○	×	○
유무	사전검사	○	×	○	○
	사후검사	○	×	○	○

- 비동일 통제집단설계(비교집단설계)

정의	• 임의적 방법으로 통제집단과 실험집단을 선정하고 사전·사후검사를 실시하여 종속변수의 변화를 비교한다. - 통제집단 전후비교설계와 유사하지만 무작위할당을 수행하지 않는다는 차이점이 있다.
특징	• 임의적 할당에 의한 선택의 편의가 발생할 수 있다. • 실험집단의 결과가 통제집단으로 모방되는 것을 차단하기 어렵다. - <u>실험집단과 통제집단 간의 교류를 통제하지 못한다.</u> 기출

- 회귀불연속설계

정의	• 회귀분석을 통해 실험집단과 통제집단 사이에서 발생한 불연속의 정도를 실험조치의 효과로 삼는 방법이다.
특징	• 정책평가에서 유용한 방법으로, 정책을 시행한 집단과 시행하지 않은 집단 간의 결과를 비교하여 정책의 효과를 추정하는 방법이다. • 실험집단과 통제집단의 동시발생으로 역사적 및 성장 요인을 통제할 수 있지만, 도구 사용과 실험대상의 탈락으로 인해 내적 타당도가 감소될 수 있다.
예시	• 재학 중 장학금 수여가 졸업 후 사회에서의 성취도에 미친 영향을 분석 - 명확한 기준(장학금 수여 여부)으로 통제집단과 실험집단을 구성하고 두 집단의 차이를 비교하여 불연속의 차이점을 분석하는 경우

- 단순시계열설계

정의	• 실험조치 전후의 일정 기간 동안 정기적으로 여러 차례 종속변수를 측정하여 실험조치의 효과를 추정하는 방법이다.
특징	• 통제집단이 없으므로 특정 변화가 실험조치 때문인지, 혹은 다른 요인(회귀요인, 역사요인) 때문인지를 확인할 수 없다.

- 복수시계열설계

정의	• 비슷한 특성을 가진 두 집단을 선택하여, 실험집단은 실험 전후 여러 번 측정하고, 통제집단은 변화를 비교하지만 실험 조치는 하지 않는 방법이다. – **실험집단과 통제집단에 대해 개입 전과 개입 후 여러 차례 종속변수를 측정한다.** 기출 • 단순시계열설계에 추가 통제집단을 포함한 설계로, '통제시계열설계'라고도 부른다.
특징	• 단순시계열설계에 비해 내적 타당도를 높일 수 있다. • 실험집단과 통제집단의 구분이 무작위할당에 의한 것이 아니므로 이질적일 수 있다.

더블체크

Q 순수실험설계와 유사실험설계를 구분하는 기준은? [14년 1회 기출]

① 독립변수의 설정
② 비교집단의 설정
③ 종속변수의 설정
④ 실험대상 선정의 무작위화

해설 순수실험설계와 유사실험설계를 구분하는 기준은 실험대상 선정의 무작위화이다.

정답 : ④

더블체크

정답률 약 50%

Q 실험설계에 대한 설명으로 틀린 것은? [18년 3회 기출]

① 통제집단사후검사설계는 무작위할당으로 통제집단과 실험집단을 나누고 실험집단에만 개입을 한다.
② 정태적(Static) 집단비교설계는 실험집단과 개입이 주어지지 않은 집단을 사후에 구분해서 종속변수의 값을 비교한다.
③ 비동일 통제집단설계는 임의적으로 나눈 실험집단과 통제집단 간의 교류를 통제한다.
④ 복수시계열설계는 실험집단과 통제집단에 대해 개입 전과 개입 후 여러 차례 종속변수를 측정한다.

해설 비동일 통제집단설계는 유사실험설계(준실험설계)에 해당하며, 이는 실험집단과 통제집단을 무작위로 할당하지 않는 설계이다. 즉, 두 집단이 임의적이거나 자연적으로 형성되기 때문에 집단 간 교류나 상호작용을 통제할 수 없다.
정태적(Static) 집단비교설계에 대해서는 바로 다음 주제인 '전실험설계(원시실험설계)'에서 학습하기로 한다.

정답 : ③

③ 전실험설계(원시실험설계)
- 무작위할당에 의해 조사대상을 나누지 않으므로 비교집단 간의 동질성이 없다.
  - 인과적 추론이 어려운 설계이며, 내적·외적 타당도를 거의 통제하지 못한다.
- 독립변수의 조작에 따른 변화의 관찰이 제한된 경우에 실시하는 설계유형이다.
  - 실험적 설계의 요구 사항을 완벽히 충족하지 못할 수 있지만, 특정 상황에서는 유용하게 사용될 수 있다.
- 단일사례설계, 단일집단 사전사후검사설계, 정태적 집단비교설계 등이 있다.
- 단일사례(1회 사례)설계

정의 기출	• 단일사례 또는 단일집단에 실험집단과 통제집단을 구분하지 않고 실험조치를 한 후 종속변수의 특성에 대한 검토를 토대로 결과를 평가하는 방법으로 <u>개입의 효과를 관찰하는 것이 주요 목적이다.</u> • <u>단일사례로서 개인, 가족, 단체 등이 분석대상이다.</u> - 개인과 집단뿐만 아니라 조직이나 지역사회도 조사대상이 될 수 있다.

특징	• 일반적으로 내적·외적 타당도는 낮을 수 있다.
	• <u>반응성 조사의 한 유형이다.</u> 기출
	  - 조사대상이 자신이 연구되고 있다는 사실을 알고 있을 경우, 그에 따라 행동이 달라질 수 있어 반응성을 나타낼 수 있다. 반응성 조사는 조사 참여자가 관찰되고 있음을 인식하면서 행동을 변화시키는 현상을 의미한다.
	• 비교 관찰이나 가설검증을 위한 충분한 근거가 없으며, 외생변수의 통제도 어렵다.
	• <u>여러 명의 조사 대상들에게 개입 시기를 다르게 하면 우연한 사건효과를 통제할 수 있다.</u> 기출
	• <u>기초선으로 성숙효과를 통제할 수 있다.</u> 기출
	  - 기초선(Baseline) : 실험을 시작하기 전의 초기 상태나 기준 선 상태를 의미한다. 즉, 실험 전에 측정된 종속 변수의 초기 값 또는 기준 값이다.
	  - 실험 시작 전에 기초선을 설정하여 처치 이전의 초기 상태를 잘 측정하고, 이를 통해 조사 대상의 성숙 효과(시간에 따른 변화)가 조사 결과에 미치는 영향을 제어한다는 것이다.
	• <u>개입효과에 대한 즉각적인 피드백이 가능하다.</u> 기출
	• <u>조사 과정과 실천 과정이 통합될 수 있다.</u> 기출

> **더블체크**
>
> 정답률 약 30%
> **Q** 단일사례연구에 관한 설명으로 틀린 것은? [21년 3회 기출]
> ① 비반응성 연구의 한 유형이다.
> ② 기초선으로 성숙효과를 통제할 수 있다.
> ③ 단일사례로서 개인, 가족, 단체 등이 분석대상이다.
> ④ 여러 명의 조사 대상들에게 개입시기를 다르게 하면 우연한 사건효과를 통제할 수 있다.
>
> 해설 단일사례연구는 반응성 조사(연구)의 한 유형이다.
>
> 정답 : ①

- 단일집단 사전사후검사설계(단일집단 전후비교설계)

정의	• 단일집단 사전사후검사설계(One-Group Pretest-Posttest Design)는 실험집단에 대해 사전검사를 한 다음 독립변수를 도입하며, 이후 사후검사를 하여 인과관계를 추정하는 방법이다.
특징 기출	• 역사요인, 성숙요인 등의 <u>외생변수를 통제할 수 없다.</u> • <u>실험집단에 대하여 사전조사를 실시한다.</u> • <u>실험집단에 대하여 실험자극을 부여한 다음 종속변수를 측정한다.</u> • 단일집단(One-Group)이므로, <u>통제집단을 별도로 구성하지 않는다.</u>

- 정태적 집단비교설계(Static Group Comparison Design ; 고정집단 비교설계)

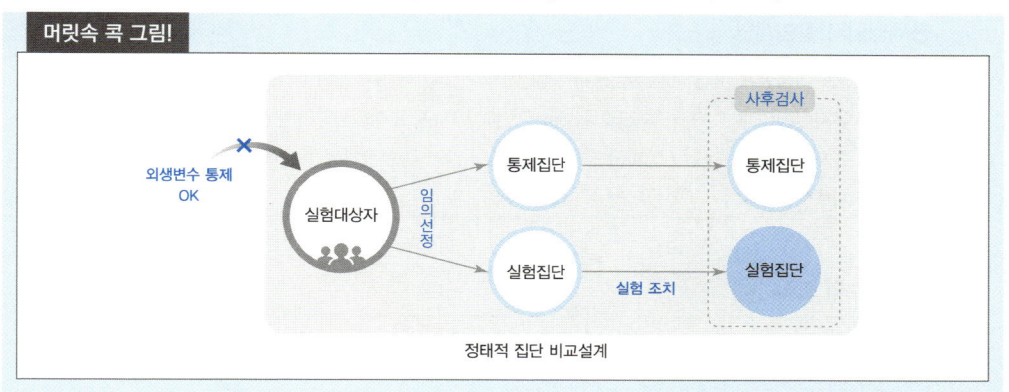

정의 기출	• 실험집단과 통제집단(개입이 주어지지 않은 집단)을 사후에 구분해서 종속변수의 값을 비교한다.
특징	• 통제집단 후비교설계에서 무작위할당을 제외한 형태이다. • 무작위할당에 의한 동등화가 이루어지지 않으므로 편의가 발생하며, 두 집단 간의 교류를 통제하지 못하므로 모방 효과가 발생한다.

⑤ 사후실험설계(Ex-Post Facto Experiment)

정의 기출	• 독립변수를 조작할 수 없는 상태 또는 이미 노출된 상태에서 변수들 간의 관계를 검증하는 방법이다.
특징 기출	• 독립변수에 대한 통제가 윤리적으로 바람직하지 않을 때 사용될 수 있다. • 실제 상황에서 검증하기 때문에 일반적인 실험설계에 비해서 현실성이 높은 결과를 얻을 수 있다. • 가설의 실제적 가치 및 현실성을 높일 수 있다. • 분석 및 해석에 있어 편파적이거나 근시안적 관점에서 벗어날 수 있다. • 조사의 과정 및 결과가 객관적이며 조사를 위해 투입되는 시간 및 비용을 줄일 수 있다. • 사후 실험설계의 유형에서 단일집단 사후측정설계는 인과관계를 규명하는데 취약한 설계이다.

〈실험설계의 유형 총 비교〉

※ 각 설계 별 유형이 해당 항목에 대부분 만족하는 경우가 아니면 △이다.

구분		순수실험설계 (진실험설계)	유사실험설계 (준실험설계)	원시실험설계 (전실험설계)	사후실험설계
기본 요소	통제집단과 실험집단	○	△	×	×
	독립변수의 조작	○ 가장 엄격	△ 비교적 유연함	△ 제한적	×
	무작위할당 (실험대상의 무작위화)	○ 가장 엄격	△ 비교적 덜 엄격	△ 사용 거의 안함	×
	외생변수의 통제	○ 가장 엄격	△ 비교적 덜 엄격	△ 제한적	△ 가장 낮음
유무	사전검사	○	△	△	×
	사후검사	○	△	△	○
비교	내적 타당도	가장 높음	>	>	가장 낮음
	외적 타당도	비교적 높음	> 비교적 높음	가장 낮음	< 비교적 높음

5) 실험설계의 비교 관점

① 통제집단과 실험집단

① 순수실험설계	• 통제집단과 실험집단이 존재하며, 무작위할당이 이루어져 가장 엄격한 실험설계 방식이다.
② 유사실험설계	• 통제집단과 실험집단이 있지만, 무작위할당이 완전하게 이루어지지 않을 수 있는 방식이다.
③ 원시실험설계	• 통제집단이 없는 경우가 많아, 인과관계 추론이 어렵다.
④ 사후실험설계	• 통제집단이 없는 경우가 많고, 실험 이후의 결과만을 측정하는 방식이다.

② 독립변수의 조작

① 순수실험설계	• 독립변수를 가장 엄격하게 조작한다. • 실험 집단에만 독립변수를 적용하고, 통제 집단은 독립변수에 노출되지 않는다.
② 유사실험설계	• 독립변수의 조작에서는 순수실험설계보다 유연한 접근을 취한다. • 실험집단과 통제집단 모두에 일정한 수준의 독립변수가 적용될 수 있으며, 이는 실험 조건을 현실적으로 가깝게 유지할 수 있게 한다.
③ 원시실험설계	• 이 설계에서는 독립변수의 조작이 제한적일 수 있다. • 실험 집단과 통제 집단 모두에 독립변수가 적용되지만, 이들 사이의 조작 수준에 차이가 있을 수 있다.
④ 사후실험설계	• 독립변수의 조작이 가장 느슨하다. • 이미 발생한 사건이나 조건에 따라 종속변수의 변화를 관찰하며 실험을 진행하기 때문에, 독립변수에 대한 직접적인 조작이 어렵다.

③ 무작위할당(실험대상의 무작위화)

• <u>순수실험설계와 유사실험설계를 구분하는 기준은 '실험대상 선정의 무작위화'이다.</u> 기출

① 순수실험설계	• 실험대상을 무작위로 할당하는 것이 기본적인 요구사항이다.
② 유사실험설계	• 무작위할당은 순수실험설계보다 덜 엄격할 수 있다. • 실험 집단과 통제 집단을 무작위로 할당하기 어려운 경우가 있어, 유사성을 고려한 할당 방법을 사용할 수 있다.
③ 원시실험설계	• 무작위할당이 일반적으로 사용되지 않는 경우가 많다. • 실험적인 조건이나 사건에 따라 집단을 할당하기 때문에 완전한 무작위화가 어렵거나 적절하지 않을 수 있다.
④ 사후실험설계	• 사후실험설계에서는 실험 대상을 무작위로 할당할 수 없다. • 이미 발생한 사건이나 조건에 따라 실험을 진행하기 때문에 무작위화가 불가능하다.

④ 외생변수의 통제

① 순수실험설계	• 외생변수의 통제가 가장 엄격하다. • 실험 집단과 통제 집단 사이의 외생변수를 가능한 모든 측면에서 동일하게 유지하려고 한다. 이로 인해 실험의 내부 타당성이 높아지며, 인과 관계를 명확하게 설명할 수 있다.
② 유사실험설계	• 외생변수의 통제가 일반적으로 순수실험설계보다 상대적으로 낮을 수 있다. • 실험과 통제 집단 사이의 외생변수를 통제하기 어려운 경우가 있을 수 있으나, 가능한 한 통제하는 방향으로 노력한다.
③ 원시실험설계	• 외생변수의 통제가 제한적일 수 있다. • 실험 조건을 설정할 때 외생변수의 영향을 최대한 고려하지만, 모든 외생변수를 통제하기에는 한계가 있을 수 있다.
④ 사후실험설계	• 외생변수의 통제가 가장 낮다. • 이미 발생한 조건이나 사건에 따라 실험을 진행하므로, 외생변수의 영향을 제어하기 어렵다.

⑤ 내적 타당성(Internal Validity) 및 실험설계의 정확성
- 순수실험설계(가장 높음) > 유사실험설계 > 원시실험설계 > 사후실험설계(가장 낮음)

① 순수실험설계	• 독립변수의 조작, 외생변수의 통제, 무작위할당 등 기본적인 실험 설계 요소들이 잘 충족되어 내적 타당성이 높다.
② 유사실험설계	• 일부 실험 설계 요소들이 부분적으로 충족되어 내적 타당성이 진실험설계(순수실험설계)보다 낮다. • 순수실험설계에 비해 유사실험설계는 내적 타당도가 낮지만, 현실적으로 실험설계에 있어서 인위적인 통제가 어렵다는 점을 감안할 때 실제 조사에서 더 많이 적용된다.
③ 원시실험설계	• 실험 집단과 통제 집단을 사용하지만 무작위할당이 없어 내적 타당성이 준실험설계(유사실험설계)보다 낮다.
④ 사후실험설계	• 사후적으로 실험과 통제 집단을 비교하지만 사전적인 무작위할당이 없어 내적 타당성이 가장 낮다.

⑥ 외적 타당성(External Validity)

① 순수실험설계	• 실험 결과를 일반화하기 어려울 수 있고, 외적 타당성이 영향을 받을 수 있다.
② 유사실험설계	• 일부 실험 조건이 현실적이어서 일반화하기 쉬울 수 있다.
③ 원시실험설계	• 무작위 할당의 결여 및 외생 변수의 통제가 어려운 경우가 많아서, 외적 타당도가 가장 낮다.
④ 사후실험설계	• 실험 조건이 현실적이어서 일반화가 가능하지만, 내적 타당성의 결함으로 외적 타당성이 영향을 받을 수 있다.

02 조사내용 결정

1 조사내용의 결정

(1) 조사내용의 측정 암기 명서등비

1) 측정 및 척도

① 측정 : 대상이나 사건에 일정한 규칙에 따라서 수치를 부여하는 것이다. 기출
② 척도(Scale) : 측정에 필요한 일정한 규칙으로, 자료가 수집될 때 관찰된 현상에 부여하는 일련의 기호나 숫자의 체계를 의미하며 척도에 따라 분석 방법이 바뀌고, 분석 결과에 의미를 부여하는 방법이 달라질 수 있다.

자료의 구분	변수의 종류	척도의 종류				
질적자료 ; 정성적 자료 [Qualitative Data]	범주형 변수[Categorical Variable]	명목척도	= ≠	범주		
		서열척도	> <	범주	순서	
양적자료 ; 정량적 자료 [Quantitative Data]	수치형 변수[Numerical Variable] ① 이산형 변수[Discrete Variable] ② 연속형 변수[Non-Discrete Variable ; Continuous Variable]	등간척도	+ −	범주	순서	등간
		비율척도	× ÷	범주	순서	등간 절대영점

구분	설명
명목	• 측정 대상을 분류하기 위해 정보를 주는 것으로, 가장 낮은 수준의 측정이다. 예 성별, 인종, 종교, 직업, 전화 · 우편번호 등
서열	• 명목척도의 특성을 가지면서 측정 대상들의 특성을 상대적 서열로 나타낸다. 예 학급석차, 키순서, 인기순서, 학점 등
등간	• 서열을 정할 수 있을 뿐만 아니라 이들 분류된 범주 간의 간격까지도 측정할 수 있는 척도이다. 예 지능, 온도, 시험점수 등
비율	• 척도를 나타내는 수가 등간일 뿐만 아니라 의미 있는 절대영점을 가지고 있는 경우에 이용되는 척도로, 비율성도 가지고 있다. • 절대영점이 있으므로 몇 배 크고 작은지를 정할 수 있다. 예 40kg VS 80kg • 사칙연산이 가능하다. 예 연령, 몸무게, 키, 수입, 출생률 · 사망률 · 이혼율, 가족의 수(단위 : 명) 등

2) 조사내용 결정 절차

① 문제의 원인 파악
  • 문제의 다양한 가능성을 고려하여 원인을 파악하고, 문제 해결을 목표로 한다.
② 세부목적의 구체화
  • 다양한 관점에서 문제의 원인을 규명할 수 있도록 세부목적을 구체화하여 목표 달성을 위한 체계적인 계획을 세운다.
③ 조사내용의 구체화
  • 조사목적에 부합하는 자료를 수집하기 위한 구체적인 조사내용을 정의한다.
  • 이 과정에서 설문지 작성 시 필요한 질문들을 구체적으로 검토한다.
④ 조사내용 및 분석 방법 결정
  • 측정 방법과 데이터의 정량화 방법을 결정하고, 이에 따른 데이터 분석 방법을 명확히 정의한다.

03 조사방법 결정

1 조사방법의 종류 및 특징

(1) 전수조사와 표본조사

- 대상의 범위에 의해 분류하는 전수조사와 표본조사에 대해 다뤄본다.

1) 전수조사

① 정의 및 특징
- 전수조사(센서스 ; Census)는 조사 대상으로 여겨지는 모든 부분을 전부 조사하는 것이다.
  - 예를 들어, 인구 센서스는 한 나라의 모든 인구를 대상으로 실시되는 조사이다.
- 전수조사는 모집단의 모든 구성원을 포함하여 조사하는 방법으로, 모집단의 크기에 상관없이 모든 요소를 포함하는 것이 특징이다.
- 전수조사의 단점은 신속성·경제성이 떨어지고↓, 표본오류는 없지만 비표본오류가 크다는 것이다.↑
  - <u>전수조사는 표본조사보다 많은 비용과 시간을 필요로 한다.</u> [기출]
  - <u>모집단이 작은 경우 추정의 정도를 높이는 데 전수조사가 훨씬 정밀하다.</u> [기출]

2) 표본조사

① 정의 및 특징
- 표본조사(Sample Survey)는 다양한 표본추출방법에 따라 조사대상 전체인 '모집단' 중 일부분을 선출하여 '표본'이라 하고, 이 '표본'을 사용하여 '모집단'을 추정하는 조사이다.
  - <u>표본조사는 현실적으로 전수조사가 필요 없거나 불가능할 때 이용한다.</u> [기출]
  - <u>대규모 모집단의 특성을 기술하기에 유용한 방법이다.</u> [기출]
- <u>시간과 비용이 적게 든다.</u> [기출]
- 표본조사는 표본오류가 있으나, <u>비표본오류는 전수조사에 비해 작다.</u>↓ [기출]

더블체크

> 정답률 약 60%
>
> **Q** 표본조사와 전수조사에 대한 설명으로 틀린 것은? [10년 3회, 11년 3회, 13년 1회 기출]
> ① 표본조사 과정에서 발생하는 비표본오류 때문에 표본조사는 전수조사보다 부정확하다.
> ② 전수조사는 표본조사보다 많은 비용과 시간이 필요로 한다.
> ③ 표본조사는 현실적으로 전수조사가 필요 없거나 불가능할 때 이용한다.
> ④ 모집단이 작은 경우 추정의 정도를 높이는데 전수조사가 훨씬 정밀하다.
>
> **해설** 비표본추출 오류(Non-Sampling Error ; 비표본오류)는 표집과 관계없이 자료수집 과정에서 발생한다. 이 오차는 전수조사와 표본조사 과정에서 모두 발생할 수 있으며, 만약 표본조사가 적절하게 설계된 경우에는 전수조사에 비해 비표본오차가 감소한다.
>
> 정답 : ①

② 표본조사의 종류 : 서베이조사(설문조사)

정의	• 모집단으로부터 추출된 표본을 대상으로 조사하는 방법이다. `기출` • 실험을 포함하지 않으며, 사회과학적 성질을 갖는다. 　- 서베이조사는 특정 시점에 다른 특성을 가진 집단들 사이의 차이를 측정하는 조사 방법이다. `기출` 　- 개인, 집단, 사회적 가공물(Social Artifacts)을 분석단위로 사용한다. `기출`
특징	• 전수조사가 아닌 표본조사에 해당한다. 　- 대단위 모집단의 태도와 성향을 측정할 때 적합한 방법이다. `기출` 　- 표본의 소재(Location)에 관한 정보가 부족할 때 눈덩이 표집으로 할 수 있다. `기출` 　　(※ 눈덩이 표집 관련 상세한 내용은 '제1과목 조사방법과 설계 → CHAPTER 02. 표본설계 → 2. 표본추출방법 결정' 참고) • 고도의 조사지식과 기술이 요구되며, 엄격한 표본추출, 조사의 설계·수행, 조사 문제의 명확한 정의·구체화 등을 수행한다. 　- 표본추출절차가 존재하므로, 사례조사에 비해서는 대표성이 존재한다. • 현상의 기술(Description)을 목적으로 사용할 수 있다. `기출` • 인과관계 분석보다는 예측과 기술을 주목적으로 한다. `기출`
장점	• 서베이조사로 수집한 풍부한 자료는 비교적 정확성이 높다. • 자료의 범위가 넓으므로, 대규모 모집단의 특성을 기술할 수 있다.
단점	• 서베이조사에 의해 획득된 정보는 깊이 있는 분석이나 상세한 이해를 제공하기 어려우므로 피상적이다.
예시	• 대인조사, 전화조사, 우편조사, 온라인 조사 등이 있다. `기출` • 집합조사, 통제관찰, 갤럽여론조사 　- 정당 공천에 앞서 당선 가능성이 높은 후보를 알아보고자 할 때 가장 적합한 조사방법은 '표본집단 설문조사'이다. `기출` • 면접조사 　- 면접법을 사용한 서베이 조사는 응답자를 그들의 사회적 맥락에서 일시적으로 끌어내기 때문에 조사 결과를 왜곡할 수 있다.

더블체크

`정답률 약 60%`

Q 서베이조사의 일반적인 특성에 관한 설명으로 틀린 것은? [20년 4회 기출]

① 모집단으로부터 추출된 표본을 대상으로 조사하는 방법이다.
② 센서스(Census)는 대표적인 서베이 방법 중 하나이다.
③ 인과관계 분석보다는 예측과 기술을 주목적으로 한다.
④ 대인조사, 전화조사, 우편조사, 온라인 조사 등이 있다.

`해설` 센서스는 모집단의 모든 구성원을 대상으로 조사하는 전수조사 방법이다.

정답 : ②

(2) 탐색적 조사

1) 탐색적 조사의 의의

① 정의 및 특징
- <u>탐색적(Exploratory) 조사는 조사문제의 발견, 변수의 규명, 가설의 도출 등을 위해서 실시하는 조사로서 예비적 조사로 실시한다.</u> `기출`
  - <u>탐색적 조사는 현상에 대한 이해, 중요한 변수를 확인하고 발견하기 위해, 미래 조사를 위한 가설을 도출하기 위해 실시한다.</u> `기출`
  - 예) '여기서 무슨 일이 일어나고 있습니까?' '뚜렷한 주제, 패턴, 범주는 무엇입니까?' `기출`
- <u>기존에 정보가 별로 없는 주제에 대해서는 탐색적 조사를 활용한다.</u> `기출`
  - <u>선행조사가 빈약하여 조사를 통해 연구해야 할 속성을 개념화한다.</u> `기출`
- 탐색적 조사는 조사 목적에 맞는 명확한 조사와 가설 설계를 준비하는 데 목적이 있다.
- 탐색적 조사는 조사의 우선순위를 결정하고 중요한 문제의 실태를 파악하는 데 중요한 역할을 한다.

② 탐색적 조사의 목적 `기출`
- <u>개념을 보다 분명하게 하기 위함</u> : 조사대상의 개념을 명확히 이해하고 정의한다.
- <u>다음 조사의 우선순위를 정하기 위함</u> : 추가적인 조사나 조사의 우선순위를 결정하는 데 기여한다.
- <u>많은 아이디어를 생성하고 임시적 가설 개발을 위함</u> : 새로운 아이디어를 발생시키고, 초기 가설을 개발하는 데 중요한 역할을 한다.
- <u>보다 정교한 문제와 기회의 파악을 위함</u>
- <u>조사주제와 관련된 변수들 사이의 관계에 대한 통찰력 제고를 위함</u>
- <u>조사문제의 도출 및 가치 추정을 위함</u>
- <u>여러 가지 문제와 기회 사이의 중요도에 따른 우선순위 파악을 위함</u> : 다양한 사회적 문제들 간의 중요도와 우선순위를 결정하는 데 도움을 준다.
- <u>조사를 시행하기 위한 절차 또는 행위의 구체화를 위함</u> : 실제 조사를 위한 구체적인 절차와 행위들을 계획하고 준비하는 데 필요한 정보를 제공한다.

2) 탐색적 조사의 종류 `암기` 탐사문경

- 경험자조사, 사례조사, 문헌조사 등이 탐색적 조사에 해당한다. (주의! 패널조사는 해당 ×)
  - <u>탐색적 조사방법(Exploratory Research)으로는 유관분야의 관련문헌 조사, 조사문제에 정통한 경험자를 대상으로 한 조사, 통찰력을 얻을 수 있는 소수의 사례조사가 있다.</u> `기출`

① 경험자조사(전문가조사)

정의	• 경험자조사(전문가조사)는 조사 대상에 대해 통찰력이 있는 경험자 또는 전문가를 대상으로 조사하는 것이다.
특징	• 보완적 방법 　- 문헌조사에 대한 보완적인 방법으로 사용되며, 특히 초보 조사자에게 효과적이다. • 문제 해결과 아이디어 도출 　- 조사 과정에서 문제에 대한 명확한 이해를 바탕으로 다양한 변수들 간의 관계에 대한 경험자의 의견을 참조하여 문제 해결에 대한 조언을 구하고 새로운 아이디어를 도출한다.

② 사례조사

정의 기출	• 사례조사는 특정한 사례에 대해 집중적으로 조사하는 것이다.
	  – 조사 대상을 질적으로 파악하고 기술하는 것으로 조사 대상의 내면적·동태적 양상을 수직적으로 파고드는 조사이다.
	  – 조사의 범위를 한 지역 또는 한 번의 현상에 국한시켜 조사하고자 하는 현상의 대표성을 유지시킨 채 결과를 도출하는 방법이다.
	• '사례'는 개인, 프로그램, 의사결정, 조직, 사건 등이 될 수 있다.

특징	• 가치적 측면 파악 : 사회현상에서 인간의 관심, 욕구, 동기 등 가치적 측면을 파악하는 데 유리하다.
	• 인과관계 파악 : 조사 대상의 특징적 변화와 영향 요인 간의 인과관계를 파악하는 데 효과적이다.
	• 자료 수집 방법 : 기존 문서 분석, 관찰 등을 통해 자료를 수집한다. 기출
	• 복합적 관찰 : 소수 대상의 복합적 요인에 대해 복합적인 관찰을 실시한다. 기출
	• 사례조사연구의 목적은 연구대상에 대한 기술과 탐구이다. 기출
	  – 사례조사는 탐색적 목적을 위해 유용하게 사용 가능하다. 기출
	  – 사례조사는 주로 탐색적 조사에 적합하며, 일반 가설을 도출하거나 가설의 신뢰도를 높이는 등의 탐색적 작업으로 사용한다.

순서 기출	• 조사문제 선정 – 사실 또는 자료수집 – 사실 또는 자료의 요약 – 사실의 설명 – 보고를 위한 기술
장점	• 통계조사의 보완적 자료를 제공한다. • 사회현상의 가치적 측면의 파악이 가능하다. 기출 • 개별적 상황의 특수성을 명확히 파악하는 것이 가능하다. 기출
단점	• 관찰할 변수의 범위와 깊이가 불분명하여 분석 영역을 명확히 설정하기 어렵다. 즉, 타당한 사례의 설정이 어렵다. • 변수에 대한 관찰이 이루어지지 않아 비교가 불가능하고, 반복적 조사가 어려워 자료의 신뢰성을 확보하기 어렵다. • 조사자의 주관 등이 개입되기 쉬워서 조사방법의 과학성이 부족하다.
예시	• 단일사례조사(일반화 불가, 질적조사 방법 사용) • 복수사례조사(일반화 가능, 양적조사 방법 사용) • 특례분석(소수사례분석) – 문제 설정이나 가설 구성이 부족한 경우에 실시하며, '실제 사례'와 '가상의 사례(시뮬레이션)'를 바탕으로 한다. 변수들의 관계를 명확히 하지만 결과는 시사적인 의미에 그친다.

③ 문헌조사

정의·특징	• 문헌조사는 해당 조사와 관련된 분야의 각종 문헌을 조사하는 것이다.
	• 문제 규명 및 가설 정립 : 문제를 규명하고 가설을 정립하기 위한 가장 신속한 방법으로, 조사의 초점을 명확히 하며 최신 조사 경향 등의 포괄적 지식을 얻기 위해 시행된다.
	• 2차 자료 활용 기출
	  – 논문집, 학술지 등 다양한 2차 자료를 이용하는 방법을 포함한다.
	• 다양한 출판물 활용
	  – 각종 학술 연구지, 상업 잡지, 통계 자료집 등과 경영학, 사회학, 심리학, 인류학을 포괄하는 다양한 분야에서 출판되는 자료를 이용하는 조사 기출

> **더블체크**

Q 탐색적 조사(Exploratory Research)의 연구목적을 반영하고 있는 것만을 고른 것은?

[15년 2회, 21년 2회 기출]

> ㄱ. 보다 정교한 문제와 기회의 파악
> ㄴ. (연도별) 광고비지출에 따른 매출액의 변화 조사
> ㄷ. 연구 주제와 관련된 변수에 대한 통찰력 제고
> ㄹ. 특정 시점에서 집단 간 차이의 조사

① ㄱ, ㄷ
② ㄴ, ㄷ
③ ㄴ, ㄹ
④ ㄷ, ㄹ

해설 탐색적 조사는 새로운 문제나 기회를 식별하고 이해하는 데 중점을 두므로 ㄱ은 옳다. (연도별) 광고비지출에 따른 매출액의 변화 조사는 특정 시점에서 집단 간 차이를 조사하는 것과 관련이 있으며, 보다 구체적인 원인 – 결과 관계에 대한 설명적 조사에 더 가깝기 때문에 ㄴ은 옳지 않다. 탐색적 조사는 연구 주제와 관련된 변수들 사이의 관계에 대한 통찰력을 제고하는 데 목적이 있으므로 ㄷ은 옳다. 특정 시점에서 집단 간 차이의 조사는 탐색적 조사의 목적과는 일치하지 않으며, 설명적 조사의 영역에 더 가까우므로 ㄹ은 옳지 않다.
(※ 설명적 조사 관련 상세한 내용은 '제1과목 조사방법과 설계 → CHAPTER 03. 설문설계 → 1. 분석설계' 참고)

정답 : ①

> **더블체크**

Q 다음에 해당하는 연구유형은?

[19년 1회 기출]

연구목적	연구질문
• 현상에 대한 이해 • 중요한 변수를 확인하고 발견 • 미래 연구를 위한 가설 도출	• 여기서 무슨 일이 일어나고 있습니까? • 뚜렷한 주제, 패턴, 범주는 무엇입니까?

① 탐색적 연구
② 기술적 연구
③ 종단적 연구
④ 설명적 연구

해설 탐색적 연구(조사)에 대한 목적 및 질문이다. "여기서 무슨 일이 일어나고 있습니까?"와 "뚜렷한 주제, 패턴, 범주는 무엇입니까?"와 같은 연구질문은 탐색적 연구에서 자주 사용된다. 이러한 연구는 기존 지식이 부족하거나 제한적일 때, 새로운 아이디어를 발견하고 문제를 명확히 하는 데 유용하다.

정답 : ①

(3) 기타 조사방법

1) 현지조사

① 정의 및 특징
- 조사문제 설정이나 가설 형성을 위해 현장에 나가서 직접 자료를 수집하는 조사 방법이다.
- 실험적 조작 없이 현장의 상황을 그대로 관찰하며 조사한다.
- 영향요인에 대해 인위적인 조작을 하지 않고 현실적인 데이터를 수집한다.

② 장·단점

장점	• 현실적 데이터 　- 현지생활에 가장 가까운 조사이며, 실험조사에서의 인위적 조작 없이 현실 생활에 가까운 데이터를 제공한다. 　- 실제 현지상황에서는 변수의 분산이 크다. • 사회적 문제 조사 　- 새로운 사실을 발견하는 데 기여할 수 있다. 　- 범죄, 편견, 불평등, 권위주의 등 사회적 문제를 다루는 데 용이하다.
단점	• 실험적 조사에 비해 변수 간의 관계진술이 약하다. • 문제가 복잡할수록 많은 변수가 내포되어 혼란을 가져올 수 있다. • 실제적인 문제로서 실현가능성, 비용, 표본추출, 시간 등의 문제를 가진다. • 그 변수의 계측에 정밀성을 기할 수 없다. • 조사자의 개인적인 성향에 따라 조사결과가 달라질 수 있다.

2) 실험조사(실험법)

① 정의 및 특징
- 독립변수의 변화가 종속변수에 미치는 영향을 확인하기 위해 실험적으로 설계된 조사 방법이다.
  - 독립변수가 종속변수에 영향을 미치는 인과관계를 검증하는 데 주로 사용된다.
  - <u>실험설계를 위해 독립변수의 효과를 추정하기 위해 종속변수가 비교되어야 한다.</u> 기출
  - <u>실험설계를 위해 독립변수는 실험집단에만 투입하고 통제집단은 독립변수의 영향을 받지 않도록 통제되어야 한다.</u> 기출
- <u>실험대상자들은 실험집단과 통제집단으로 무작위 배분하여야 한다.</u> 기출
- 조사자는 외생 요인들에 대해 의도적으로 통제하고 인위적으로 관찰조건을 조성한다.

② 종류
- 현지실험
  - 현실적인 사회상황에서 독립변수를 조작하여 가설을 검증하는 실험적 접근방법이다.
  - 일상생활과 유사한 복잡한 사회적 영향과 과정을 조사하는 데 적합하며, 실험 상황을 엄격히 통제하기 어려운 점이 있어 독립변수의 효과가 흐려질 수 있는 단점이 있다.
  - <u>현지실험방법은 실험실 내 실험방법에 비해 외적 타당도가 높다.</u> 기출
- 실험실실험
  - 실험실실험은 외부 독립변수의 분산을 최소화하고, 조사상황을 엄격히 통제하여 무작위 추출과 독립변수 조작을 용이하게 할 수 있는 실험 방법이다.
  - 실험의 정밀성과 반복적 실험이 가능하지만, 조사상황이 인위적인 조건에서 진행되므로 결과의 일반화가 제한될 수 있고, 외적 타당도가 부족할 수 있다.

3) 미시조사 및 거시조사

① 미시조사
- 미시조사는 개인이나 개별적인 개체를 분석의 주요 단위로 삼는 조사 방법이다.
  - 이는 개인의 특성, 행동, 경험 등을 심층적으로 이해하고 분석하는 것을 목적으로 한다. 예를 들어, 개인의 생활 조건, 생활 방식, 심리적 특성 등을 조사하는 경우 미시조사를 사용할 수 있다.
- 미시조사는 일반적으로 깊이 있는 질적 방법을 사용하며, 사례 조사나 인터뷰 등을 통해 데이터를 수집하고 분석한다.

② 거시조사
- 거시조사는 큰 지역이나 집합체(예 국가, 지역, 단체)를 분석의 단위로 삼는 조사 방법이다.
  - 이는 사회적 구조, 경제적 상황, 정치적 변화 등을 보다 넓은 범위에서 이해하고 분석하는 것을 목적으로 한다.
- 거시조사는 주로 통계적 방법을 사용하여 대규모 데이터를 분석하며, 전통적으로 사회학, 경제학, 정치학 등에서 많이 사용된다.

4) 순수조사 · 응용조사 · 평가조사
- 용도 및 응용수준에 의해 분류하는 순수조사 · 응용조사 · 평가조사에 대해 다뤄본다.

① 순수조사
- 기초조사이며, 사회적 현상에 대한 지식을 순수하게 획득하는 조사이다.
- 기본적인 이론이나 법칙을 탐구한다.
  - <u>이론을 구성하거나 경험적 자료를 토대로 이론을 검증한다.</u> 기출
- 현장에서의 즉각적인 적용은 목적이 아니며, 지적 호기심을 충족시키는 데 중점을 둔다.

② 응용조사
- 조사 결과를 특정 사회적 문제 해결이나 개선에 응용하는 조사이다.
- 조직의 정책수립이나 문제 해결을 위해 실질적으로 활용되며, 현장 응용도가 높아 산업분야에서는 생산적 조사 혹은 개발적 조사라고 불린다.

③ 평가조사
- 사회정책이나 프로그램의 효과성을 평가하는 조사로, 지식 습득보다는 정책의 지속 여부나 예산 증감 여부 결정에 중점을 둔다.
  - <u>응용조사의 특수형태로 진행 중인 프로그램이 의도한 효과를 가져왔는가를 평가한다.</u> 기출

2 조사방법의 결정

(1) 조사방법 결정 요소

1) 조사목적의 명확화
① 질문의 유형
- 조사방법을 결정할 때 가장 중요한 요소는 질문의 성격이다.
  - 질적방법은 "이러한 현상이 왜 발생하는가?"와 같이 현상을 깊이 이해하고 탐구할 때 사용한다.
  - 양적방법은 "변수 X와 Y 사이에 어떤 관계가 있는가?"와 같이 변수 간의 관계를 검증할 때 사용한다.

② 조사의 목적
- 조사의 궁극적인 목적이 무엇인지가 조사방법의 결정 과정에 중요한 요소이다.
  - 질적조사는 특정 현상에 대한 이해를 바탕으로 이론을 개발하고자 할 때 적합하다.
  - 양적조사는 예측 모형을 개발하거나 추론 통계를 사용하여 가설을 검증하고자 할 때 적합하다.

2) 데이터의 특성
① 자료의 성격
- 수집하려는 자료의 형태에 따라 조사방법이 달라진다.
  - 질적조사는 응답자의 경험, 감정, 태도와 같이 정성적인 데이터를 수집해야 하는 경우에 적합하다.
  - 양적조사는 대규모 표본을 대상으로 양적 데이터를 수집하는 경우에 적합하다.

② 데이터 접근성
- 데이터 수집이 용이한지, 혹은 표본에 접근할 수 있는 방법이 어떤 것인지가 조사방법 결정에 영향을 미친다. 정보의 유형에 따라 대면 인터뷰를 통해서만 얻을 수 있는 정보도 있고, 기존 데이터베이스(DB)에서 얻을 수 있는 정보도 있다.

3) 예산 및 자원의 제약
① 예산과 인적 자원
- 예산 및 인력·시간 등에 관한 규모에 따라 적합한 방법을 선택해야 한다.
  - 질적조사는 심층인터뷰나 참여관찰을 수행하는 경우에 시간이 많이 소요된다. 그럼에도 질적조사는 시간은 더 소요되지만 깊이 있는 통찰을 제공한다.
  - 양적조사는 대규모 설문조사 및 실험을 수행하면 상당한 비용이 소요된다. 설문조사는 비교적 짧은 시간 안에 많은 표본을 수집할 수 있으므로 시간 제약이 있는 경우 유용하다.

4) 기존 문헌 및 선행조사 검토
① 기존 조사의 사례 참고
- 비슷한 주제에 대한 선행조사들을 검토하여 어떤 조사방법이 사용되었는지 참고할 수 있다.
  - 선행조사에서 어떤 방법이 더 효과적이었는지를 확인하면, 조사자의 본인의 조사에서도 그 방식을 응용하거나 보완할 수 있다.

② 이론적 기반
- 사회조사는 기존의 이론적 틀에 기반을 두는 경우가 많다. 따라서 조사하고자 하는 이론이 기존에 어떤 방법으로 검증되었는지 파악하고, 이에 따라 조사방법을 설계하는 것이 좋다.

CHAPTER 01 통계조사계획

기출 및 예상문제

(출제기준 변경으로 인하여, 더블 체크 내용 중 '연구'라는 단어는 '조사'라는 단어와 동일한 단어로 간주하면 됩니다.)

01 정답률 약 50% [20년 4회 기출]
다음 중 이론에 대한 함축적 의미가 아닌 것은?

① 과학적인 지식을 증진시키는 가장 효과적인 수단을 말한다.
② 명확하게 정의된 구성개념이 상호 관련된 상태에서 형성된 일련의 명제를 말한다.
③ 구성개념을 실제로 나타내는 구체적인 변수들 간의 관계에 대한 체계적 견해를 제시한다.
④ 개념들 간의 연관성에 대한 현상을 설명한다.

해설 이론은 과학적 지식을 형성하는 데 중요한 역할을 하지만, 가장 효과적인 수단이라고 할 수는 없다. 이론은 현실을 완전히 설명하거나 예측할 수는 없다. 즉, 이론은 과학적 지식의 일부분일 뿐이며, 실험, 관찰, 통계 분석 등을 통해서도 더욱 효과적인 과학적 지식을 얻을 수 있다.
②, ③, ④는 이론에 대한 의의 및 특징에 해당한다.

02 [15년 2회 기출]
사회과학에서 변수(Variable)와 속성(Attribute)을 구분할 때 다음 중 변수로만 구성된 것은?

① 성, 소득, 연령
② 남자, 개신교, 학년
③ 건축가, 엔지니어, 변호사
④ 가족소득, 18세, 대학 2학년생

해설 성, 소득, 연령은 변수로만 구성되어 있다. 변수는 상호 배타적인 속성들의 집합을 나타내는 개념이다. 변수는 조사대상의 경험적 속성을 나타내면서도 계량적 수치나 가치를 부여할 수 있는 것을 말한다. 예를 들면, 성별·소득수준·연령 등이 변수에 해당한다.
②, ③, ④는 변수와 그 변수에 해당하는 여러 속성으로 구성되어 있다.

03 [14년 2회, 17년 2회, 21년 2회 기출]
다음 중 가설로 적합하지 않은 것은?

① 지연(地緣) 때문에 행정의 발전이 저해된다.
② 부모 간의 불화가 소년범죄를 유발한다.
③ 기업 경영은 근본적으로 인간이 결정한다.
④ 도시 거주자들이 농어촌에 거주하는 사람들보다 더 야당 성향을 띤다.

해설 가설의 상세요건을 알고 있는지를 확인하는 문제이다.
• 가설은 (조사)문제를 해결할 수 있어야 한다.
• 가설은 반드시 검증 가능한 형태로 진술되어야 한다.
• 과학적 방법을 통하여 검증되어 가설이 옳고 그름을 판단할 수 있어야 한다.
이러한 상세요건에 만족하지 못하는 선지를 찾아야 한다.
③ '기업 경영은 근본적으로 인간이 결정한다'는 기업 경영에 대한 진술일 뿐, 검증할 수 있는 가설이 아니다.

04 [16년 3회 기출]
다음에서 설명하고 있는 것은?

> 하나의 사실과 다른 사실과의 관계를 잠정적으로 나타내는 것으로 이를 검증함으로써 특정 현상에 대한 설명을 가능케 해주어 연구자가 제기한 문제의 해답을 내리게 되는 것이다.

① 관찰
② 연구문제
③ 인과관계
④ 가설

해설 가설의 기본 요건에 관한 설명이다. 과학적 조사에서 '사실(Fact)'은 객관적이고 확인 가능한 정보나 현상이다. 가설은 이러한 사실 간의 관계나 상호작용을 설명하기 위해 잠정적으로 설정된 추론이며, 이후 실험이나 관찰을 통해 그 진위를 검증하게 된다.

정답 : 01 ① 02 ① 03 ③ 04 ④

05 [20년 4회 기출]

다음 중 연구주제의 선정 요령으로 거리가 먼 것은?

① 연구자가 흥미를 느끼는 주제를 선정한다.
② 철저한 평가를 한 뒤에 선택 여부를 결정한다.
③ 경험이 있거나 사전 지식이 있는 주제를 선정한다.
④ 새로운 학문적 기여를 위하여 가급적 연구를 뒷받침해줄 이론적 배경이 없는 주제를 선정한다.

> **해설** 암기 : 문가설수분보
> 일반적인 조사과정의 단계는 [문제정립(문제제기, 주제선정) → 가설형성 → 조사설계 → 자료수집 → 자료분석 후 해석 및 이용 → 보고서 작성]이다.
> 첫 번째 단계인 조사의 주제선정은 조사주제의 선정은 조사의 성공 여부를 결정하는 중요한 요소이다. 새로운 학문적 기여를 위하여 가급적 조사를 뒷받침해줄 이론적 배경이 없는 주제를 선정하는 것은 조사의 효율성과 타당성을 감소시킨다. 이론적 배경이 없는 주제를 선정하면, 조사의 방향 설정과 자료 수집 및 분석에 어려움을 겪을 수 있다.

06 [18년 3회, 20년 4회 기출]

다음은 조사연구과정의 일부이다. 이를 순서대로 나열한 것은?

> ㄱ. '난민의 수용은 사회분열을 유발할 것이다'로 가설 설정
> ㄴ. 할당표집으로 대상자를 선정하여 자료수집
> ㄷ. 난민의 수용으로 관심 주제 선정
> ㄹ. 구조화된 설문지 작성

① ㄱ → ㄴ → ㄷ → ㄹ
② ㄱ → ㄷ → ㄹ → ㄴ
③ ㄷ → ㄱ → ㄹ → ㄴ
④ ㄷ → ㄹ → ㄱ → ㄴ

> **해설** 암기 : 문가설수분보
> 일반적인 조사과정의 단계는 [ㄷ. 문제정립(문제제기, 주제선정) → ㄱ. 가설형성 → ㄹ. 조사설계 → ㄴ. 자료수집 → 자료분석 후 해석 및 이용 → 보고서 작성]이다.
> ㄷ. 주제선정 : 난민의 수용으로 관심 주제 선정
> ㄱ. 가설형성 : '난민의 수용은 사회분열을 유발할 것이다'로 가설 설정
> ㄹ. 조사설계 : 구조화된 설문지 작성
> ㄴ. 자료수집 : 할당표집으로 대상자를 선정하여 자료수집

07 [15년 1회, 18년 1회 기출]

다음에서 설명하고 있는 것은?

> 추상적 구성개념이나 잠재변수의 값을 측정하기 위해, 측정할 내용이나 측정 방법을 구체적으로 정확하게 표현하고 의미를 부여하는 것으로, 추상적 개념을 관찰 가능한 형태로 표현해 놓은 것이다.

① 조작적 정의(Operational Definition)
② 구성적 정의(Constitutive Definition)
③ 기술적 정의(Descriptive Definition)
④ 가설 설정(Hypothesis Definition)

> **해설** 조작적 정의(Operational Definition)의 설명이다.
> 앞서 본문에서 조작적 정의의 예시로 제시한 '스트레스에 대한 조작적 정의'를 상기하면 위 선지의 설명을 이해하기 쉽다.
> 조작적 정의에서는 스트레스를 측정하기 위해서 아래와 같은 구체적인 방법을 사용한다.
> – 심리적 측정 : 개인이 주관적으로 '스트레스 경험 척도'를 평가한다.
> – 생리적 측정 : 스트레스를 신체적으로 측정하기 위해 심박수, 호흡 속도 측정한다.

08 [17년 1회 기출]

사회과학적 연구방법 중 연역적 접근방법에 대한 설명으로 옳은 것은?

① 관찰을 통해 현상을 파악한다.
② 탐색적 방법에 주로 이용된다.
③ 개별사례를 바탕으로 일반적 유형을 찾아낸다.
④ 이론 또는 모형 설정 후 연구를 시작한다.

> **해설** 암기 : 연이가조관
> 연역적 접근방법은 이론 설정 → 가설 설정 → 조작화 → 관찰·실험 → 가설검증 → 이론형성이다. 따라서 ④의 '이론 또는 모형 설정 후 연구를 시작한다.'는 연역적 접근방법에 대한 설명이다.

정답 : 05 ④ 06 ③ 07 ① 08 ④

09 정답률 약 60%

[11년 1회, 13년 3회, 20년 1·2회 통합 기출]

논리적 연관성 도출방법 중 연역적 방법과 귀납적 방법에 관한 설명으로 틀린 것은?

① 귀납적 방법은 구체적인 사실로부터 일반원리를 도출해낸다.
② 연역적 방법은 일정한 이론적 전제를 수립해 놓고 그에 따라 구체적인 사실을 수집하여 검증함으로써 다시 이론적 결론을 유도한다.
③ 연역적 방법은 이론적 전제인 공리로부터 논리적 분석을 통하여 가설을 정립하여 이를 경험의 세계에 투사하여 검증하는 방법이다.
④ 귀납적 방법이나 연역적 방법을 조화시키면 상호배타적이기 쉽다.

해설 암기 : 연이가조관, 암기 : 귀주관유임
귀납적 방법과 연역적 방법을 조화시키면 서로 대비되는 장·단점으로 인해 상호보완적인 관계를 형성한다.

10 정답률 약 50%

[08년 1회, 12년 1회, 15년 2회, 20년 1·2회 기출]

다음 중 분석단위의 성격이 다른 것은?

① 남성은 여성보다 외부에서 활동하는 시간이 많아 교통사고의 피해자나 가해자가 될 확률이 더 높다.
② 선진국의 근로자들과 후진국의 근로자들의 생산성을 국가별로 비교한 결과 선진국의 생산성이 더 높았다.
③ A기업의 회장은 B기업의 회장에 비하여 성격이 훨씬 더 이기적이다.
④ A지역의 투표자들은 B지역의 투표자들에 비하여 X정당후보자를 지지할 의사가 더 많다.

해설 ②는 국가 단위의 비교를 다루고 있으며, 나머지는 개인 단위의 비교를 다루고 있기 때문에 성격이 다른 분석단위를 가지고 있다.

11 정답률 약 50%

[09년 3회, 10년 1회, 13년 2회, 17년 3회, 21년 1회 기출]

다음 중 귀납법에 관한 설명으로 틀린 것은?

① 귀납적 논리의 마지막 단계에서는 가설과 관찰 결과를 비교하게 된다.
② 경험의 세계에서 관찰된 많은 사실들이 공통적인 유형으로 전개되는 것을 발견하고 이들의 유형을 객관적인 수준에서 증명하는 것이다.
③ 특수한(Specific) 사실을 전제로 하여 일반적(General) 진리 또는 원리로서의 결론을 내리는 방법이다.
④ 관찰된 사실 중에서 공통적인 유형을 객관적으로 증명하기 위하여 통계적 분석이 요구된다.

해설 암기 : 귀주관유임
귀납법 과정은 주제 선정 → 관찰 → 유형의 발견 → 임시결론 → 이론형성이다.
귀납적 논리의 마지막 단계에서는 관찰된 사례나 사실을 바탕으로 일반적인 결론(이론)을 도출하는 것이 핵심이다. 가설과 관찰 결과를 비교하는 과정을 수행하는 것은 연역법에 대한 설명이다.

12

[12년 1회, 17년 2회 기출]

이론으로부터 가설을 설정하고 가설의 내용을 경험적 자료에 기반하여 가설의 채택 여부를 결정하는 방법은?

① 연역적 방법 ② 귀납적 방법
③ 조작적 방법 ④ 탐색적 방법

해설 암기 : 연이가조관
전형적인 연역적(Deduction) 방법의 설명이다.
연역적 방법에 대한 설명이다. 연역적 방법은 이론 설정 → 가설 설정 → 조작화 → 관찰·실험 → 가설검증 − 이론형성 순서를 가진다. 즉, 연역적 방법은 이론으로부터 가설을 설정하고 가설의 내용을 현실 세계에서 관찰한 다음, 관찰하여 얻은 자료가 어느 정도 가설에 부합되는가를 판단하여 가설의 채택 여부를 결정짓는 방법이다.

정답 : 09 ④ 10 ② 11 ① 12 ①

13 [15년 3회 기출]

개별적인 사실들로부터 일반적인 원리를 이끌어내는 방법은?

① 추론법 ② 연역법
③ 귀납법 ④ 삽입법

해설 암기 : 귀주관유임

귀납법은 개별적인 사실들로부터 일반적인 원리를 이끌어내는 방법이며, 현실 세계에 대한 관찰을 통해 경험적 일반화를 추구한다.
앞서 학습한 까마귀 예시를 상기해보자.
- 까마귀 색깔(주제 선정)
  → 까마귀 1은 검다. (관찰)
  → 까마귀 2, 3, …, 99도 모두 검다. (관찰)
  → 모든 까마귀는 검을 것이다. (결론)

14 정답률 약 60% [10년 3회, 16년 1회 기출]

귀납법과 연역법에 관한 설명으로 옳은 것은?

① 귀납법과 연역법은 상호보완적으로 사용될 수 없다.
② 연역법은 일정한 가설을 설정하기 이전에 필요한 자료를 수집하고 여기서 가설을 구성하는 방법이다.
③ 귀납법은 현실의 경험 세계에서 출발하고 연역법은 가설이나 명제의 세계에서 출발한다.
④ 연역법은 이론을 형성하기 위한 방법이며 귀납법은 일정한 가설을 먼저 설정한 후 이에 필요한 자료를 구하는 방법이다.

해설 암기 : 연이가조관, 암기 : 귀주관유임

③은 귀납법과 연역법의 특징이므로 옳은 설명이다.
① 귀납법과 연역법은 서로 대비되는 장·단점으로 인해 상호보완적인 관계를 형성한다.
② 이론으로부터 가설을 설정하고 가설의 내용을 현실 세계에서 관찰한 다음, 관찰하여 얻은 자료가 어느 정도 가설에 부합되는가를 판단하여 가설의 채택 여부를 결정짓는 방법이다.
④ 귀납법은 가설 설정 없이 관찰을 통해 개별적인·특수한(Specific) 사실들로부터 일반적인 원리를 끌어내는 방법이다.

15 [14년 1회, 19년 2회 기출]

다음 중 과학적 연구의 논리체계에 관한 설명으로 틀린 것은?

① 사회과학 이론과 연구는 연역과 귀납의 방법을 통해 연결된다.
② 연역은 이론으로부터 기대 또는 가설을 이끌어내는 것이다.
③ 귀납은 구체적인 관찰로부터 일반화로 나아가는 것이다.
④ 귀납적 논리의 고전적인 예는 '모든 사람은 죽는다. 소크라테스는 사람이다. 따라서 소크라테스는 죽는다.'이다.

해설 '모든 사람은 죽는다. 소크라테스는 사람이다. 따라서 소크라테스는 죽는다.'는 연역적 논리의 고전적인 예시이다.

16 [15년 2회, 21년 2회 기출]

조사연구의 일반적인 목적과 가장 거리가 먼 것은?

① 현상의 설명 ② 현상의 탐색
③ 현상의 학습 ④ 현상의 기술

해설 조사의 목적은 관심 있는 현상을 탐색, 기술, 설명, 평가하는 것이다. 이에 해당되지 않는 것은 '현상의 학습'이다.
- 사건 혹은 현상을 탐색(Exploration)
  - 아직 잘 알려지지 않은 현상이나 문제에 대한 예비적인 조사를 통해 가설이나 조사문제를 설정하는 것이다.
- 사건 혹은 현상을 기술(Description)
  - 현상을 있는 그대로 묘사하고 특성을 파악하는 것이다.
- 사건 혹은 현상을 설명(Explanation)
  - 현상의 발생 원인이나 변수 간의 관계를 규명하는 것이다.
- 사건 혹은 현상을 평가(Evaluation)
  - 특정 프로그램이나 정책의 효과를 평가하는 것이다.

정답 : 13 ③ 14 ③ 15 ④ 16 ③

17 [03년 1회, 18년 2회 기출]
다음 중 작업가설(Working Hypothesis)로 적합하지 않은 것은?

① 교육 수준이 높을수록 소득이 높을 것이다.
② 21세기 후반에 이르면 서구 문명은 몰락하게 될 것이다.
③ 계층 간 소득격차가 클수록 사회갈등이 심화 될 것이다.
④ 출산율은 도시보다 농촌이 더 높을 것이다.

해설 (작업)가설은 경험적 검증가능성, 입증의 명백성, 명료성 등의 기준이 만족되는 주장이어야 한다.
그러나 '21세기 후반에 이르면 서구 문명은 몰락하게 될 것이다.'는 이론적으로 입증 가능한 가설이 아니다.

18 [18년 1회, 21년 2회 기출]
가설의 적정성을 평가하기 위한 기준과 가장 거리가 먼 것은?

① 매개변수가 있어야 한다.
② 동의어가 반복적이지 않아야 한다.
③ 경험적으로 검증될 수 있어야 한다.
④ 동일 분야의 다른 이론과 연관이 있어야 한다.

해설 일반적으로 가설은 '매개변수 없이' 독립변수와 종속변수의 관계로 이루어져 있다.
② '동의어가 반복적이지 않아야 한다.'는 것은 명료성에 해당한다.
③ '경험적으로 검증될 수 있어야 한다.'는 것은 경험적 검증가능성에 해당한다.
④ '동일 분야의 다른 이론과 연관이 있어야 한다.'는 것은 개연성에 해당한다.

19 [16년 2회 기출]
가설의 평가기준으로 옳지 않은 것은?

① 실제 자료를 통하여 진위가 입증될 수 있어야 한다.
② 동일 분야의 다른 이론과 연관성이 없어야 한다.
③ 검증 결과를 광범위하게 이용할 수 있어야 한다.
④ 간단명료하게 표현되어야 하고 논리적으로 간결해야 한다.

해설 가설은 동일 분야의 다른 가설(이론)과 연관성이 있어야 한다는 것은 가설의 평가기준 중 개연성에 관한 것이다.

20 [14년 3회, 21년 1회 기출]
좋은 가설이 되기 위한 가설의 요건과 가장 거리가 먼 것은 무엇인가?

① 검증 가능해야 한다.
② 입증된 결과는 일반화가 가능해야 한다.
③ 사용된 변수는 계량화가 가능해야 한다.
④ 추상적이며 되도록 긴 문장으로 표현을 해야 한다.

해설 ④는 가설의 평가기준 중 '명료성'과 상반되는 설명이다. '명료성'은 가설은 간결하고 반복되지 않는 간단명료한 논리·언어로 기술되어야 한다는 것이다.
이외에 ①은 검증 가능성, ②는 입증의 명백성, ③은 계량화 가능성에 해당한다.

21 정답률 약 50% [14년 3회 기출]
연구문제의 특징과 가장 거리가 먼 것은 무엇인가?

① 연구문제는 경험적으로 검증이 가능해야 한다.
② 연구문제는 질문형식으로 분명하고 명확하게 진술되어야 한다.
③ 연구문제는 사실 혹은 거짓 중의 하나로 판명될 수 있다.
④ 연구자가 가진 가치나 가치관이 연구문제의 질과 정직성을 훼손시켜서는 안 된다.

해설 연구(조사) 문제는 그 자체로 사실 여부를 판별하는 진술이 아니며, 이를 해결하기 위해 다양한 방법을 통해 가설을 검증하는 과정이 필요하다. 즉, 연구문제가 반드시 사실 또는 거짓으로 단정될 수 있는 형태는 아니다.

정답 : 17 ② 18 ① 19 ② 20 ④ 21 ③

22 [17년 1회 기출]
가설의 평가기준으로 적합하지 않은 것은?

① 실증조사를 하여 가설의 옳고 그름을 판정할 수 있어야 한다.
② 동일 연구 분야의 다른 가설이나 이론과 연관이 없어야 한다.
③ 누구나 쉽게 이용할 수 있도록 필요한 용어만 사용해야 한다.
④ 표현뿐만 아니라 실질적으로 간결한 논리로 이루어져야 한다.

해설 가설의 평가기준에는 경험적 검증가능성, 입증의 명백성, 개연성, 가치중립성, 용이성이 있다. 그중에서 개연성은 평가하는 기준에는 동일 분야의 다른 가설(이론)과 연관성이 있어야 함을 의미한다. 그러므로 다른 가설이나 이론과 연관이 없어야 한다는 것은 잘못된 문장이다.
①은 가설의 평가기준에서 경험적 검정가능성에 대한 설명이다.
③, ④은 가설의 평가기준에서 용이성에 관한 설명이다.

23 [14년 3회, 18년 1회 기출]
다음 설명에 해당하는 가설의 종류는?

- 수집된 자료에서 나타난 차이나 관계가 진정한 것이 아니라 우연의 법칙으로 생긴 것으로 진술한다.
- 변수들 간에 관계가 없다거나 혹은 집단들 간에 '차이가 없다'는 식으로 서술한다.

① 대안가설 ② 귀무가설
③ 통계적 가설 ④ 설명적 가설

해설 귀무가설은 변수들(혹은 집단) 간에 관계나 '차이가 없다'는 형식으로 서술하는 것이 가장 큰 특징이다. 따라서 귀무가설은 $H_0 : \mu = \mu_0$ 혹은 $H_0 : \mu_A = \mu_B$ 형식으로 표기한다.

24 [13년 1회, 15년 3회 기출]
가설 설정 시 유의해야 할 사항으로 틀린 것은?

① 가설은 경험적으로 검증할 수 있어야 한다.
② 연구 문제를 해결할 수 있어야 한다.
③ 동의반복적(Tautological)이어야 한다.
④ 검증결과는 가능한 한 광범위하게 적용될 수 있어야 한다.

해설 가설의 평가기준에는 경험적 검증가능성, 입증의 명백성, 개연성, 가치중립성, 용이성이 있다.
만약 동의반복적이면 명료성 등의 기준에 상반된다

25 정답률 약 60% [14년 1회 기출]
다음 중 가설에 관한 설명으로 틀린 것은?

① 둘 이상의 변수들 간의 관계를 진술한다.
② 검증을 위해 마련된 것이다.
③ 가설은 진실 여부가 확인된 명제이다.
④ 가설 설정을 위하여 조작화가 필요하다.

해설 가설은 연구에서 둘 이상의 변수들 간의 관계에 대해 예측 및 추정하는 명제로, 검증을 통해 그 진위가 판별된다. 따라서 가설은 아직 진실 여부가 확인되지 않은 상태이며, 검증을 통해 참인지 거짓인지 결정된다.

26 [13년 3회, 18년 2회 기출]
가설에 관한 설명으로 틀린 것은?

① 가설은 과학적 검증방법을 통하여 가설의 옳고 그름을 판단할 수 있어야 한다.
② 가설은 동일 연구 분야의 다른 가설이나 이론과 연관이 없어야 한다.
③ 가설은 두 개 이상의 구성개념이나 변수 간의 관계에 대한 진술이다.
④ 가설은 반드시 검증 가능한 형태로 진술되어야 한다.

해설 ②는 가설의 평가기준 중 '개연성'과 상반되는 내용이다. 개연성이란 검증 결과를 광범위하게 이용할 수 있어야 한다는 것과 동일 분야의 다른 가설(이론)과 연관성이 있어야 한다는 것이다.
이외에 ①은 검증가능성, ③은 가설의 기본 요건, ④는 가설의 상세 요건 및 검증 가능성에 해당한다.

정답 : 22 ② 23 ② 24 ③ 25 ③ 26 ②

27 [05년 3회 기출]

가설의 특성에 관한 설명으로 틀린 것은?

① 문제를 해결해 줄 수 있어야 한다.
② 변수로 구성되며, 그들 간의 관계를 나타내고 있어야 한다.
③ 검증될 수 있어야 한다.
④ 매개변수가 있어야 한다.

> **해설** 일반적으로 가설은 '매개변수 없이' 독립변수와 종속변수의 관계로 이루어져 있다.

28 [17년 2회, 22년 2회 기출]

다음 중 연구가설의 기능과 가장 거리가 먼 것은?

① 경험적 검증의 절차를 시사해 준다.
② 문제해결에 필요한 관찰 및 실험의 적정성을 판단하게 한다.
③ 현상들의 잠재적 의미를 찾아내고 현상에 질서를 부여할 수 있다.
④ 다양한 연구문제를 동시에 해결하기 위해 많은 종류의 변수들을 채택하게 되므로 복잡한 변수들의 관계를 표시한다.

> **해설** 연구가설은 특정 연구문제를 해결하기 위해 세워지며, 지나치게 많은 변수를 다루지 않는 것이 일반적이다. 즉, 연구가설은 명확한 관계나 예측을 제시해야 하기 때문에, 다양한 문제를 동시에 해결하려고 여러 변수를 채택하는 것은 가설의 가설의 평가기준 중 명료성 등에 상반되는 내용이다.
> ①은 연구가설의 기능 및 경험적 검증가능성, ②와 ③은 연구가설의 기능을 의미한다.

29 [20년 1·2회 통합 기출]

연구가설(Research Hypothesis)에 대한 설명으로 틀린 것은?

① 모든 연구에는 명백히 연구가설을 설정해야 한다.
② 연구가설은 일반적으로 독립변수와 종속변수로 구성된다.
③ 연구가설은 예상된 해답으로 경험적으로 검증되지 않은 이론이라 할 수 있다.
④ 가치중립적이어야 한다.

> **해설** 모든 조사에서 연구가설을 명백하게 설정할 필요는 없다. 조사 방법에 따라 가설이 없는 탐색적 조사도 있으며, 이 경우 가설 없이 문제를 탐구하고 새로운 발견을 목적으로 한다.

30 [19년 2회 기출]

가설에 관한 설명으로 틀린 것은?

① 가설은 다른 가설이나 이론과 독립적이어야 한다.
② 두 변수 이상의 변수 간 관련성이나 영향관계에 관한 진술형 문장이다.
③ 연구문제에 관한 구체적이고 검증 가능한 기대이다.
④ 과학적 방법에 의해 사실 혹은 거짓 중의 하나로 판명될 수 있다.

> **해설** 가설의 평가기준 중 '개연성'은 동일 분야의 다른 가설(이론)과 연관성이 있어야 한다는 것이다. 즉, 가설은 기존 지식과 이론의 맥락에서 이해될 수 있어야 하며, 그러한 연관성을 통해 새로운 가설이 논리적이고 타당한 것으로 받아들여질 가능성이 높아진다.

정답 : 27 ④ 28 ④ 29 ① 30 ①

31 [20년 3회 기출]

좋은 가설의 평가기준으로 옳지 않은 것은?

① 가설의 표현은 간단명료해야 한다.
② 가설은 경험적으로 검증할 수 있어야 한다.
③ 계량화 가능성은 가설의 평가기준이 될 수 없다.
④ 가설은 동의반복이어서는 안 된다.

해설 가설의 평가기준에서 '계량화 가능성'이란 가설은 계량적인 형태를 취하거나 계량화할 수 있어야 한다는 것이며, 사용된 변수는 계량화가 가능해야 한다는 것이다. 따라서 계량화 가능성은 가설의 평가기준에 해당한다.

32 [19년 3회 기출]

가설의 평가기준으로 옳지 않은 것은?

① 계량화할 수 있어야 한다.
② 동의반복적(Tautological)이어야 한다.
③ 동일 연구 분야의 다른 가설이나 이론과 연관이 있어야 한다.
④ 가설검증결과는 가능한 한 광범위하게 적용할 수 있어야 한다.

해설 동의반복적인 가설은 자명하거나 매우 당연한 것을 반복해서 이야기하는 것을 의미하며, 이는 가설로서 검증될 수 없다. 만약 동의반복적이면 가설의 평가기준 중 '명료성' 등의 기준에 상반된다.

33 [08년 3회, 14년 2회, 21년 2회 기출]

가설의 특성에 관한 설명으로 틀린 것은?

① 가설은 검증될 수 있어야 한다.
② 가설검정은 연구자가 제기한 문제의 해결과 관련이 있어야 한다.
③ 가설은 변수로 구성되며, 그들 간의 관계를 나타내고 있어야 한다.
④ 가설이 기각되었다면 반대되는 가설이 참임을 의미하는 것이다.

해설 가설이 기각되었다는 것은 해당 가설이 통계적으로 유의미하지 않다는 것이며, 반대되는 가설이 참이라는 것을 의미하지 않는다. 따라서 가설이 부인되었다면, 반대 가설이 참인지 여부에 대해서는 별도의 검증을 수행해야 한다.
예를 들어, 귀무가설이 기각된다는 것은 귀무가설 H_0이 틀렸다는 확실한 증거가 있어서가 아니라, 귀무가설을 지지할 충분한 증거가 없다는 것을 의미한다. 즉, 귀무가설 H_0이 기각되면 대립가설 H_1을 채택하는 결론을 내리지만, 이는 대립가설 H_1이 절대적으로 참이라는 확증을 의미하지는 않는다.

34 [20년 1·2회 통합 기출]

경험적으로 검증할 수 있는 가설의 예로 옳은 것은?

① 불평등은 모든 사회에서 나타날 것이다.
② 다양성이 존중되는 사회가 그렇지 않은 사회보다 더 바람직하다.
③ 모든 행위는 비용과 보상에 의해 결정된다.
④ 여성의 노동참여율이 높을수록 출산율은 낮을 것이다.

해설 '여성의 노동참여율이 높을수록 출산율은 낮을 것이다.'라는 가설은 경험적으로 검증 가능한 구체적인 변수(여성의 노동참여율과 출산율)를 다루고 있으며, 데이터를 통해 변수 간의 상관관계 등을 분석할 수 있는 명확한 가설이다.

정답 : 31 ③ 32 ② 33 ④ 34 ④

35 [12년 3회 기출]

다음은 어떤 조사연구 결과의 일부분이다. 여기에 사용된 분석의 단위는?

- 여성에 비해 남성들이 인터넷을 더 많이 이용하고 있다.
- 지난 분기에 비해 청소년과 주부 이용자 수가 급격하게 증가하였다.

① 개인 ② 집단
③ 조직 ④ 사회적 가공물

해설 분석의 초점은 남성과 여성, 청소년과 주부가 각각의 단위로서 인터넷 이용률을 비교하고 있다. 따라서 '개인'이 분석단위가 된다.

36 정답률 약 60% [13년 3회, 16년 2회 기출]

다음 중 분석단위와 연구내용이 잘못 짝지어진 것은?

① 개인 – 전체 농부 중에서 32%가 여성임에도 불구하고 여성은 전통적으로 농부라기보다 농부의 아내로 인식되었다.
② 개인 – 1970년부터 현재까지 고용주가 게재한 구인광고의 내용과 강조점이 어떻게 변화하였는지 파악하였다.
③ 도시 – 인구가 10만 명 이상인 도시 중 89%는 적어도 종합병원이 2개 이상 있었다.
④ 도시 – 흑인이 많은 도시에서 범죄율이 높은 것으로 나타났다.

해설 '1970년부터 현재까지 고용주가 게재한 구인광고의 내용과 강조점이 어떻게 변화하였는지 파악하였다.'에서 분석단위가 개인으로 잘못 설정되어 조사내용과 매칭되지 않는다. 이 연구내용에서 분석단위는 프로그램(구인광고)이다.

37 정답률 약 60% [06년 3회, 08년 1회, 18년 1회 기출]

연구의 단위(Unit)를 혼동하여 집합단위의 자료를 바탕으로 개인의 특성을 추리할 때 저지를 수 있는 오류는?

① 집단주의 오류 ② 생태주의 오류
③ 개인주의 오류 ④ 환원주의 오류

해설 암기 : 생태집합단위
생태주의 오류는 집단(집합체)에 관한 결과를 바탕으로 그 결과를 집단 속 개인들에 대한 성격을 규정하거나 결론을 도출할 때 동일하게 적용하면 발생하는 분석단위의 오류이다.

38 정답률 약 60% [15년 2회, 20년 4회 기출]

인간의 행위를 이해하는데 유관 적합한 개념 또는 변수의 종류를 지나치게 한정시키거나 한가지로 귀착시키려는 성향은?

① 거시주의 ② 미시주의
③ 환원주의 ④ 조작주의

해설 환원주의적 오류(Reductionism Fallacy ; 축소주의적 오류)는 넓은 범위의 인간의 사회적 행위를 이해하는 데 필요한 변수나 개념을 지나치게 제한하여 발생하는 오류이다. 특징으로는 인간의 행위를 이해하는 데 필요한 개념 또는 변수의 종류를 지나치게 '한정'시키거나 한 가지로 귀착시키려는 성향을 가진다.

정답 : 35 ① 36 ② 37 ② 38 ③

39 [14년 3회, 21년 3회 기출]

개인적 분석단위에서 이루어진 조사결과를 집단적 수준의 분석단위로 해석할 때 나타날 수 있는 오류는 무엇인가?

① 생태학적 오류 ② 분석오류
③ 집단주의적 오류 ④ 개인주의적 오류

해설 개인주의적 오류는 분석단위를 개인에 두고 얻은 조사결과를 집단에 동일하게 적용하거나 집단적 수준의 분석단위로 해석함으로써 발생하는 오류이다.

40 [15년 3회 기출]

생태학적 오류(Ecological Fallacy)가 뜻하는 것은?

① 잘못된 가설을 형성한 결과 분석상의 어려움을 가져오게 되는 경우를 말한다.
② 조사 분석의 단위를 잘못 고려한 결과 집단단위의 자료를 바탕으로 개인의 특성을 규정하게 되는 것을 말한다.
③ 실험설계의 인과관계분석에서 외생적 상황을 충분히 통제하지 못한 것을 말한다.
④ 다양한 원인이 생각될 수 있는 개념이나 변수의 종류를 지나치게 제한하는 것을 말한다.

해설 암기: 생태집합단위
조사 분석의 단위를 잘못 고려한 결과 집합단위의 자료를 바탕으로 개인의 특성을 규정하게 되는 것은 생태학적 오류(Ecological Fallacy)의 정의이다.

41 정답률 약 60% [10년 1회, 13년 1회 기출]

어떤 연구에서 '미국의 도시 중 동양인의 비율이 높은 도시가 동양인의 비율이 낮은 도시보다 정신질환 발병률이 높다'는 결과를 얻었을 때, 이러한 연구결과로부터 '백인 정신질환자보다 동양인 정신질환자가 더 많다'고 결론을 내리는 오류를 무엇이라고 하는가?

① 조건화 오류 ② 생태학적 오류
③ 개인주의적 오류 ④ 일반화 오류

해설 생태학적 오류는 집단(집합체)에 관한 결과를 바탕으로 그 결과를 집단 속 개인들에 대한 성격을 규정하거나 결론을 도출할 때 동일하게 적용하면 발생하는 분석단위의 오류이다. 따라서 미국의 특정 도시의 비교 결과를 개인에게 적용하여 개별 수준의 결론을 도출하면 생태학적 오류가 발생한다.

42 [14년 1회 기출]

지역을 분석단위로 하여 자살률을 분석한 결과 가톨릭 신도의 비율이 높은 지역일수록 개신교 신도의 비율이 높은 지역에 비해 평균 자살 건수가 많다는 사실이 밝혀졌다. 이러한 결과에 기초하여 가톨릭 신도들이 개신교 신도에 비해 자살을 저지를 성향이 높다고 해석할 경우 지적될 수 있는 문제는?

① 생태학적 오류(Ecological Fallacy)
② 개인주의적 오류(Individualistic Fallacy)
③ 내용타당도(Content Validity)
④ 체계적 오차(Systematic Error)

해설 암기: 생태집합단위
생태학적 오류는 조사의 분석단위를 잘못 고려한 결과 집합단위의 자료를 바탕으로 개인의 특성을 규정하게 되는 것이다. 따라서 지역(집합단위)을 분석단위로 하여 자살률을 분석한 결과를 통해 일반적인 가톨릭 신도들(개인)과 개신교 신도(개인)를 비교하는 것은 생태학적 오류이다.

정답: 39 ④ 40 ② 41 ② 42 ①

43 [13년 2회 기출]

생태학적 오류(Ecological Fallacy)의 예로 적합한 것은?

① 빈곤의 원인을 개인적인 습성과 태도의 요인으로만 설명하려는 것
② 장애인 시설의 건립은 찬성하지만, 자기 거주지역에 건립은 반대
③ 인간의 태도와 행위는 언제나 차이가 있다는 가정에서 비롯되는 오류
④ 외국인 근로자의 비율이 높은 지역에서 범죄율이 높다는 조사결과로 외국인 근로자의 범죄증가를 논의하는 것

해설 암기 : 생태집합단위
'외국인 근로자의 비율이 높은 지역'이 집단이며, 이 지역에서 범죄율이 높다는 조사결과를 바탕으로 개별적인 '외국인 근로자'의 범죄 증가인 개인에 대한 성격을 규정하였으므로 생태학적 오류이다.

44 [17년 2회, 20년 1·2회 통합 기출]

개인의 특성에서 집단이나 사회의 성격을 규명하거나 추론하고자 할 때 발생할 수 있는 오류는?

① 원자 오류(Atomistics Fallacy)
② 개인주의적 오류(Individualistic Fallacy)
③ 생태학적 오류(Ecological Fallacy)
④ 종단적 오류(Longitudinal Fallacy)

해설 개인주의적 오류는 개인의 특성을 근거로 그가 속한 집단이나 사회의 성격을 일반화하는 오류이다. 이 오류의 대표적인 예시는 어느 학생의 성적이 매우 우수하다고 해서, 그 학생이 속한 학교 전체의 성적이 우수할 것이라고 단정하는 것이다.

45 [12년 3회, 17년 1회 기출]

다음 중 분석단위와 관련된 잠재적 오류와 가장 거리가 먼 것은?

① 동어반복적 오류
② 생태학적 오류
③ 개인주의적 오류
④ 환원주의적 오류

해설 분석단위와 관련된 잠재적 오류에는 생태학적 오류, 개인주의적 오류, 환원주의적 오류가 있다.
동어반복적 오류는 분석단위와 관련된 오류가 아니라, 동일한 개념이나 내용을 반복적으로 설명하는 논리적 오류이다.

46 [14년 2회 기출]

연구결과 해석과정에서 발생할 수 있는 여러 가지 오류 중 구체적인 개별사례에 근거하여 거시적 사건을 설명하는 경우에 발생하는 오류는 무엇인가?

① 생태학적 오류
② 개인주의적 오류
③ 비표본 오류
④ 체계적 오류

해설 개인주의적 오류는 분석단위를 개인에 두고 얻은 조사결과를 집단에 동일하게 적용하거나 집단적 수준의 분석단위로 해석함으로써 발생하는 오류이다.

정답 : 43 ④ 44 ② 45 ① 46 ②

47 정답률 약 60% [02년 1회, 14년 1회, 17년 2회 기출]

어떤 연구자가 한 도시의 성인 500명을 무작위로 추출하여 인터넷 이용이 흡연에 미치는 영향을 조사한 결과, 인터넷 이용량이 많은 사람일수록 흡연량에도 유의미하게 많은 것으로 나타났다. 이를 토대로 인터넷 이용이 흡연을 야기시킨다는 인과적인 설명을 하는 경우 가장 문제가 되는 인과성의 요건은?

① 경험적 상관 ② 허위적 상관
③ 통계적 통제 ④ 시간적 순서

해설 허위적 상관은 두 변수 '인터넷 이용량'과 '흡연량' 사이에 상관관계가 존재하는 것처럼 보이지만, 사실은 제3의 변수가 이 둘에 동시에 영향을 미치는 경우이다. 즉, '인터넷 이용량'과 '흡연량' 간의 상관관계가 실제로는 다른 숨겨진 변수(스트레스 수준 및 생활 패턴 등)에 의해 나타난 것일 수 있다. 이러한 제3의 변수는 두 변수 사이의 상관을 허위적으로 만들어, 마치 인터넷 이용이 흡연을 유발하는 것처럼 보이게 한다. 인과관계 성립조건 4가지 중 '비허위적 관계'는 '두 변수 간의 상호관계는 제3의 변수에 의해 설명되면 안 된다.'는 것이다.

48 [07년 3회, 18년 2회 기출]

다음 중 조사대상의 두 변수들 사이에 인과관계가 성립되기 위한 조건이 아닌 것은?

① 원인의 변수가 결과의 변수에 선행하여야 한다.
② 두 변수 간의 상호관계는 제3의 변수에 의해 설명되면 안 된다.
③ 때로는 원인변수를 제거해도 결과변수가 존재할 수 있다.
④ 두 변수는 상호연관성을 가져야 한다.

해설 인과관계가 성립되기 위해서는 원인변수가 결과변수에 영향을 미쳐야 하며, 원인변수가 없으면 결과변수도 발생하지 않아야 한다. 만약 원인변수를 제거해도 결과변수가 여전히 존재한다면, 이는 그 두 변수 사이에 인과관계가 성립되지 않는다는 것을 의미한다.
인과관계의 성립조건 4가지는 시간적 선후관계, 동시변화성(공변관계), 상호연관성, 비허위적 관계이다.

49 정답률 약 60% [17년 3회 기출]

인과관계에 대한 설명으로 틀린 것은?

① 원인으로 추정되는 변수와 결과로 추정되는 변수가 동시에 존재하며, 상호연관성을 가지고 변화해야 한다.
② 원인과 결과를 추정하기 위해서는 원인이 결과보다 시간적으로 우선하여야 한다.
③ 사회과학에 있어서 인과관계는 미시 매개체 수준을 전제로 하고 있다.
④ 사회현상을 연구하는 것은 개방시스템을 전제하므로 인과관계에 대하여 결과를 발생시키는 원인이 여러 가지 있을 수 있다.

해설 사회과학에서는 미시적 수준뿐만 아니라 거시적 수준에서도 인과관계를 다룬다. 즉, 인과관계는 반드시 미시적 수준을 전제로 하지 않으며, 다양한 수준에서 인과관계를 연구할 수 있다.

50 [18년 3회 기출]

인과관계의 성립조건에 관한 설명으로 옳은 것을 모두 고른 것은?

ㄱ. 원인변수와 결과변수는 함께 변화해야 한다.
ㄴ. 원인변수와 결과변수는 순차적으로 발생되어야 한다.
ㄷ. 가설이 검증되어야 한다.
ㄹ. 표본조사를 이용할 수 있어야 한다.
ㅁ. 외생변수의 영향을 통제하여야 한다.

① ㄱ, ㄴ, ㅁ ② ㄱ, ㄷ, ㄹ
③ ㄴ, ㄷ, ㄹ ④ ㄷ, ㄹ, ㅁ

해설 인과관계의 성립조건 4가지는 시간적 선후관계(ㄴ), 동시변화성(ㄱ), 상호연관성, 비허위적 관계(ㅁ)이다.

정답 : 47 ② 48 ③ 49 ③ 50 ①

51 [12년 3회, 18년 1회, 21년 3회 기출]
인과관계의 일반적인 성립조건과 가장 거리가 먼 것은?

① 시간의 선행성(Temporal Precedence)
② 공변관계(Covariation)
③ 비허위적 관계(Lack of Spuriousness)
④ 연속변수(Continuous Variable)

해설 인과관계의 성립조건 4가지는 시간적 선후관계, 동시변화성(공변관계), 상호연관성, 비허위적 관계이다.

52 [21년 1회 기출]
측정이 반복됨으로써 얻어지는 학습효과로 인해 실험 대상자의 반응에 영향을 미치는 것은?

① 성숙효과 ② 시험효과
③ 조사도구효과 ④ 선별효과

해설 시험효과(테스트효과 ; 검사효과)는 특정 시험이나 테스트를 치르는 경험 자체가 이후의 학습이나 성과에 영향을 미치는 현상을 의미한다.

53 정답률 약 60% [13년 3회, 17년 3회 기출]
사회과학연구에서 인과관계를 규명하는 내용에 관한 설명으로 틀린 것은?

① 두 변수 사이에 시간적 순서가 존재해야 한다.
② 두 변수 간에는 정(+) 혹은 부(−)적 관계가 존재할 수 있다.
③ 두 변수 간에는 상관관계가 존재해야 한다.
④ 두 변수 간에 상관이 발견되면 인과관계도 성립된다.

해설 상관관계가 있다고 해서 반드시 인과관계가 성립하는 것이 아니다. 인과관계의 성립조건 4가지는 시간적 선후관계(①), 동시변화성(②), 상호연관성(③), 비허위적 관계이다.

54 [16년 3회, 20년 1·2회 통합 기출]
변수 간의 인과성 검증에 대한 설명으로 옳은 것은?

① 인과성은 두 변수의 공변성 여부에 따라 확정된다.
② '가난한 사람들은 무계획한 소비를 한다.'라는 설명은 시간적 우선성 원칙에 부합한다.
③ 독립변수와 종속변수 사이의 인과관계는 제3의 변수가 통제되지 않으면 허위적일 수 있다.
④ 실험설계는 인과성 규명을 목적으로 하지 않는다.

해설 인과관계의 성립조건 4가지는 시간적 선후관계, 동시변화성(공변관계), 상호연관성, 비허위적 관계이다. 이 중에서 '독립변수와 종속변수 사이의 인과관계는 제3의 변수가 통제되지 않으면 허위적일 수 있다.'는 것은 '비허위적 관계'에 해당한다.
① 인과성은 동시변화성(공변성)만으로 확정되지 않는다.
② 가난이 무계획한 소비를 초래하는지, 혹은 무계획한 소비가 가난을 초래하는지 알 수 없으므로, 시간적 우선성 원칙에 부합한다고 할 수 없다.
④ 실험설계는 인과성 규명을 목적으로 한다. 실험을 통해 독립변수와 종속변수의 관계를 통제된 환경에서 검증할 수 있다.

55 [22년 2회 기출]
의약분업을 하게 되면 국민들이 약의 오·남용을 줄일 수 있기 때문에 국가적으로 의료비의 지출이 줄게 된다. 이 사실을 기초로 의약분업을 실시하게 되면 환자들은 적은 비용으로 치료를 받을 수 있게 된다고 주장 한다면 그 주장은?

① 올바른 주장이다.
② 환원주의 오류(Reductionism Fallacy)를 범할 가능성이 있다.
③ 생태학적 오류(Ecological Fallacy)를 범할 가능성이 있다.
④ 개인주의적 오류(Individualistic Fallacy)를 범할 가능성이 있다.

해설 암기: 생태집합단위
'의약분업을 하게 되면 국민들이 약의 오·남용을 줄일 수 있기 때문에 국가적으로 의료비의 지출이 줄게 된다.'는 사실을 기초로 국가 전체의 의료비가 줄었다고 해서 개별 환자의 비용도 반드시 줄어들 것이라고 단정하는 것은 생태학적 오류이다.

정답: 51 ④ 52 ② 53 ④ 54 ③ 55 ③

56 [14년 2회 기출]

다음 사례에서 영향을 미칠 수 있는 대표적인 내적 타당도 저해요인은?

> 체육활동을 진행한 후에 대상 청소년들의 키가 부쩍 커졌다. 이 결과를 통해 체육활동이 청소년의 키 성장에 크게 효과가 있었다고 추론하였다.

① 성숙효과(Maturation)
② 외부사건(History)
③ 검사효과(Testing)
④ 도구효과(Instrumentation)

해설 위 사례에서 체육활동과 청소년의 키 성장 간의 관계를 명확히 하려면 시간의 경과에 따른 자연스러운 키 성장인 '성숙효과(Maturation)'를 가장 먼저 고려해야 한다. 청소년들은 체육활동과 무관하게 자연스럽게 자라기 때문이다.

57 정답률 약 60% [20년 3회 기출]

연구 진행 과정에서 위약효과(Placebo Effect)가 큰 것으로 의심이 될 때 연구자가 유의해야 할 점은?

① 연구대상자 수를 줄여야 한다.
② 사전조사와 본조사의 간격을 줄여야 한다.
③ 연구결과를 일반화시키지 말아야 한다.
④ 연구대상자에게 피험자임을 인식시켜야 한다.

해설 위약효과가 큰 경우, 그 조사 결과가 실제로 일반적인 상황에서도 동일하게 나타날지 불확실하다. 따라서 이러한 경우에는 조사 결과를 일반화하는 데 신중해야 한다. 즉, 위약효과가 큰 경우, 조사 결과가 실제 대상에게 적용될 수 있는 일반화 가능성이 낮아지기 때문에 조사 결과를 일반화시키지 말아야 한다.

58 정답률 약 60% [14년 1회, 17년 3회 기출]

다음 사례에 대한 타당도 저해요인에 기초한 비판 중 그 성격이 나머지와 다른 하나는?

> 경찰은 2011년 12월 대전지역에서 일제 음주운전 단속을 실시하였고, 그 결과 2012년 초의 음주운전은 크게 감소하였다고 주장하였다.

① 가장 음주운전이 많은 시기는 연말이므로, 자연스럽게 예전의 상태로 돌아온 것뿐이다.
② 경찰이 2012년부터 새 음주측정기로 교체하였으므로, 이 감소는 음주측정기의 교체로 인한 것이다.
③ 이 결과는 대전지역에서나 가능한 이야기이지, 다른 지역에서는 감소시키기 어려웠을 것이다.
④ 2012년부터 주류세가 대폭 인상되었으므로, 음주가 줄어든 것이 음주운전 감소의 원인이다.

해설 '이 결과는 대전지역에서나 가능한 이야기이지, 다른 지역에서는 감소시키기 어려웠을 것이다.'는 '표본의 대표성'을 의미하며, 이는 외적 타당도 저해요인이다. ① 통계적 회귀, ② 도구효과, ④ 외부사건·역사요인·우연한 사건은 모두 내적 타당도 저해요인이다.

59 정답률 약 60% [17년 1회, 20년 1·2회 통합 기출]

다음 사례에서 가장 문제될 수 있는 타당도 저해요인은?

> 2008년 경제위기로 인해 범죄율이 급격히 증가하였고, 이에 경찰은 2009년 순찰활동을 크게 강화하였다. 2010년 범죄율은 급속히 떨어졌고, 경찰은 순찰활동이 범죄율의 하락에 크게 영향을 미쳤다고 발표하였다.

① 성숙효과(Maturation Effect)
② 통계적 회귀(Statistical Regression)
③ 검사효과(Testing Effect)
④ 도구효과(Instrumentalion)

해설 통계적 회귀(Statistical Regression)의 예시이다. 이는 매우 높은(혹은 낮은) 수치가 시간이 지나면서 평균으로 돌아가는 현상이다.

정답 : 56 ① 57 ③ 58 ③ 59 ②

60 [15년 1회 기출]

사전검사와 사후검사 간의 시간 간격이 길 때 나타나기 쉬운 내적 타당성 저해요인은?

① 검사요인
② 조사대상의 차별적 선정
③ 성숙요인
④ 통계적 회귀

해설 시간의 경과 혹은 성숙(성장)효과(Maturation Effect)는 사전검사와 사후검사 간의 시간 간격이 길 때 발생하기 쉬운 저해요인이다. 즉, 성숙요인은 시간의 흐름에 따라 조사대상이나 현상이 변하여 결과에 영향을 미치는 요인이다.

61 정답률 약 60% [16년 1회 기출]

실험실내(Laboratory) 실험방법과 비교하여 현지(Field) 실험방법이 가지는 장점은?

① 내적타당성(Internal Validity)
② 외적타당성(External Validity)
③ 개념타당성(Construct Validity)
④ 신뢰성(Reliability)

해설 외적타당성(External Validity)은 조사 결과가 실험실 조건 외의 실제 상황에서 적용 가능한 정도를 의미한다. 현지 실험은 실제 환경에서 조건들이 유사하게 유지될 수 있어 외적타당성이 높을 수 있다. 따라서 이 문항은 현지 실험방법이 가지는 장점에 해당한다.
① 내적타당성(Internal Validity)은 실험실 내에서 변수들 간의 관계를 정확히 분석할 수 있는 정도를 의미한다. 실험실 내에서는 변수들을 철저히 제어할 수 있어 실험실내(Laboratory) 실험방법이 내적타당성이 더 높을 수 있다.
③ 실험실내 실험에서는 외부 요인들을 제어할 수 있기 때문에, 조사자는 조사 대상 개념을 조작하거나 실험적으로 검증하는데 이점이 있다. 예를 들어, 특정 조건 하에서 개념적 구성 요소들이 어떻게 상호작용하는지를 실험실 내에서 체계적으로 분석할 수 있다. 따라서 개념타당성(Construct Validity)은 실험실내(Laboratory) 실험방법이 더 높을 수 있다.
④ 신뢰성(Reliability)은 측정도구나 절차가 일관되게 결과를 측정하는 정도를 의미한다. 따라서 실험실내(Laboratory) 실험방법이 더 높을 수 있다.

62 [17년 2회, 19년 1회, 20년 4회 기출]

다음에 해당하는 외생변수의 통제방법은?

> 하나의 실험집단에 두 개 이상의 실험변수가 가해질 때 사용하는 방법이다. 예를 들어 두 가지 정책대안의 제시 순서나 조사지역에 따라 선호도에 차이가 발생한다고 판단된다며, 제시 순서를 달리하거나 지역을 바꿔 재실험하는 경우가 해당한다.

① 제거
② 상쇄
③ 균형화
④ 무작위화

해설 상쇄(Counter Balancing)는 두 개 이상의 실험변수가 존재할 때, 각 변수의 순서나 조건이 결과에 미치는 영향을 상쇄시키기 위해 변수를 다양한 방식으로 조합하여 실험을 반복하는 방법이다. 따라서 '두 가지 정책 대안의 제시 순서를 달리하거나, 지역을 바꿔 재실험하는 경우'가 상쇄에 해당한다. 이는 특정 조건이나 순서에 의한 영향을 최소화하기 위해 다양한 순서를 상쇄시키는 방식이다.

63 정답률 약 30% [10년 3회, 20년 3회 기출]

외적 타당도를 저해하는 요소에 관한 설명이 아닌 것은?

① 측정도구나 관찰자에 따라 측정이 달라질 수 있다.
② 측정 자체가 실험대상자들의 행동을 변화시킬 수 있다.
③ 실험대상자 선정에서 오는 편향과 독립변수 간에 상호작용이 있을 수 있다.
④ 연구의 결과가 일반화될 수 있는가의 여부는 표집뿐만 아니라 생태학적 상황에 의해서도 결정될 수 있다.

해설 '측정도구나 관찰자에 따라 측정이 달라질 수 있다.'는 것은 내적타당도 저해요인 중 도구효과 혹은 측정 수단의 변화에 해당한다.
② 외적타당도 저해요인 중 '호손효과'에 해당한다.
③ 외적타당도 저해요인 중 '표본의 편중' 및 '검사의 상호작용 효과'에 해당한다.
④ 외적타당도 저해요인 중 '표본의 대표성'에 해당한다.

정답 : 60 ③ 61 ② 62 ② 63 ①

64 [정답률 약 60%]
[10년 3회, 16년 2회, 19년 2회, 20년 3회, 21년 3회 기출]
다음 중 실험설계의 특징이 아닌 것은?

① 실험의 검증력을 극대화 시키고자 하는 시도이다.
② 연구가설의 진위여부를 확인하는 구조화된 절차이다.
③ 실험의 내적 타당도를 확보하기 위한 노력이다.
④ 조작(Manipulation)적 상황을 최대한 배제하고 자연적 상황을 유지해야 하는 표준화된 절차이다.

해설 실험설계는 오히려 조작적 상황을 적극 활용하여 독립변수의 효과를 측정한다. 따라서 실험설계는 자연적 상황을 유지하는 것이 아니라, 실험자가 특정 변수를 조작하여 그 효과를 분석하는 것이 핵심이다.

65 [13년 2회, 18년 1회 기출]
다음 사례에서 사용한 조사 설계는?

> 저소득층의 중학생들을 대상으로 무작위로 실험집단과 통제집단에 각각 50명씩 할당하여 실험집단에는 한 달간 48시간의 학습프로그램 개입을 실시하였고, 통제집단은 아무런 개입 없이 사후조사만 실시하였다.

① 통제집단 사전-사후검사 설계(Pretest-Posttest Control Group Design)
② 통제집단 사후검사 설계(Posttest-Only Control Group Design)
③ 단일집단 사전-사후검사 설계(One-Group Pretest-Posttest Design)
④ 정태집단 비교 설계(Static Group Comparison Design)

해설 실험집단과 통제집단으로 구분되며, 두 집단 모두 사전검사 없이 사후검사만 수행하는 설계는 순수실험설계(진실험설계) 중 '통제집단 사후검사 설계'에 해당한다.

66 [12년 3회, 18년 3회 기출]
다음 중 조사연구결과의 일반화와 가장 관련이 깊은 것은?

① 내적 타당성   ② 외적 타당성
③ 신뢰성   ④ 자료수집방법

해설 암기 : 내인과외일반
외적 타당도는 조사결과의 일반화 가능성에 관한 것이다.

67 [17년 3회 기출]
다음은 무엇에 관한 설명인가?

> • 실험집단에 대하여 사전조사를 실시한다.
> • 실험집단에 대하여 실험자극을 부여한 다음 종속변수를 측정한다.
> • 통제집단은 구성하지 않는다.

① 단일집단 사후측정설계(One Group Posttest-Only Design)
② 집단비교설계(Static-Group Comparison)
③ 솔로몬 4집단설계(Solomon Four-Group Design)
④ 단일집단 사전사후측정설계(One-Group Pretest-Posttest Design)

해설 3개의 설명 중 판단에 활용하는 가장 큰 단서는 '통제집단은 구성하지 않는다.'는 것이다.
통제집단 없이 하나의 집단(One-Group)에 대해 사전조사를 하고, 실험자극을 부여한 후 사후조사를 실시하는 것은 '단일집단 사전사후측정설계'이다.

정답 : 64 ④   65 ②   66 ②   67 ④

68 정답률 약 60% [16년 1회, 21년 1회 기출]

순수실험설계의 특징이 아닌 것은?

① 비동질 통제집단의 설정
② 실험집단과 통제집단에 대한 무작위할당
③ 독립변수의 조작
④ 외생변수의 통제

해설 순수실험설계는 실험집단과 통제집단을 무작위로 할당하고, 독립변수를 조작하며, 외생변수를 통제하여 인과관계를 정확하게 확인하려는 조사설계 방식이다. 이를 통해 조사자는 독립변수가 종속변수에 미치는 영향을 명확하게 파악할 수 있다.
반면, 비동질 통제집단의 설정은 순수실험설계의 특징이 아니다. 순수실험설계에서는 동질한 집단을 설정한 후, 무작위할당을 통해 실험의 타당성을 높이기 때문이다.

69 [16년 2회 기출]

통제집단 사전사후측정설계(Pretest-Posttest Control Group Design)의 핵심적 특징을 모두 고른 것은?

ㄱ. 통제집단의 설정
ㄴ. 내적 타당도 저해요인의 통제
ㄷ. 실험집단과 통제집단의 동등화
ㄹ. 사전측정

① ㄱ, ㄴ
② ㄷ, ㄹ
③ ㄱ, ㄴ, ㄷ
④ ㄱ, ㄴ, ㄷ, ㄹ

해설 ㄱ, ㄴ, ㄷ, ㄹ는 모두 통제집단 사전사후측정설계의 핵심적 특징이다.
- 통제집단의 설정 (ㄱ) : 실험 집단과 비교할 수 있는 기준이 되는 집단을 설정한다.
- 내적 타당도 저해요인의 통제 (ㄴ) : 조사 결과에 영향을 줄 수 있는 다양한 내적 요인을 통제하여 조사의 내적 타당도를 높인다.
- 실험집단과 통제집단의 동등화 (ㄷ) : 실험집단과 통제집단 간에 사전에 동등성을 확보하여, 실험 결과를 정확히 비교할 수 있도록 한다.
- 사전측정 (ㄹ) : 실험 전에 사전 측정을 진행하여 기준점을 설정하고, 실험 이후의 변화를 평가하는 데 사용한다.

70 정답률 약 60% [20년 3회 기출]

다음 중 외생변수의 통제가 가장 용이한 실험설계는?

① 비동질 통제집단 사전사후측정설계
② 단일집단 사전사후측정설계
③ 집단 비교설계
④ 통제집단 사전사후측정설계

해설 외생변수의 통제가 가장 엄격하고 용이한 실험설계는 순수실험설계(진실험설계)이다. 순수실험설계 중 통제집단 사전사후측정설계는 무작위할당을 통해 통제집단과 실험집단을 나누고 실험집단에만 개입을 하는 특징이 있다.

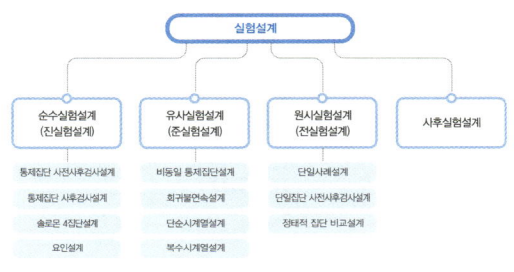

실험설계 구분

71 [15년 2회 기출]

실험의 기본적 요소와 가장 거리가 먼 것은?

① 독립변수와 종속변수의 설정
② 실험집단과 통제집단의 구분
③ 사전검사와 사후검사의 실시
④ 사후적 통제의 실시

해설 '사후적 통제'라는 개념은 실험 설계에서 특정 조건을 제어하는 데 사용되는 용어가 아니다. 이는 실험의 기본적 요소와 가장 거리가 멀다.
① 독립변수와 종속변수의 설정 : 실험에서는 독립변수가 종속변수에 미치는 영향을 확인하기 위해 설정된다.
② 실험집단과 통제집단의 구분 : 실험의 내적 타당성을 확보하기 위한 중요한 요소이다.
③ 사전검사와 사후검사의 실시 : 사전검사와 사후검사는 실험 전후에 대상자들의 상태를 비교하고 실험의 효과를 평가하기 위해 필요한 절차이다.

정답 : 68 ① 69 ④ 70 ④ 71 ④

72 정답률 약 60% [11년 3회, 20년 1·2회 통합 기출]

사전-사후 측정에서 나타나는 사전측정의 영향을 제거하기 위해 사전측정을 한 집단과 그렇지 않은 집단을 나누어 동일한 처치를 가하여 모든 외생변수의 통제가 가능한 실험설계 방법은?

① 요인설계
② 솔로몬 4집단설계
③ 통제집단 사후측정설계
④ 통제집단 사전사후측정설계

해설 솔로몬 4집단설계는 통제집단 전후비교설계와 통제집단 후 비교설계를 혼합해 놓은 방법이다.
솔로몬 4집단설계는 사전측정의 영향을 제거하기 위해 사전검사를 한 2개의 집단 중 하나와 사전검사를 하지 않은 2개의 집단 중 하나를 실험 조치하여 실험집단으로 하며, 나머지 2개의 집단에 대해서는 실험조치를 하지 않은 채 통제집단으로 한다. 이 방법은 모든 외생변수의 통제가 가능한 실험설계 방법이다.

73 정답률 약 50% [13년 2회, 16년 3회 기출]

단일사례실험연구(단일사례연구)에 관한 설명으로 옳은 것은?

① 외적타당도가 높다.
② 실험적 처치를 필요로 하지 않는다.
③ 개입의 효과를 관찰하는 것이 주요 목적이다.
④ 외생변수를 쉽게 통제할 수 있다.

해설 암기: 전원단정
단일사례실험연구(단일사례연구)의 가장 큰 특징은 반응성 조사의 한 유형이라는 것과 개입의 효과를 관찰하는 것이 주요 목적이라는 것이다.
① 단일사례연구는 소수의 사례를 대상으로 진행되므로, 조사 결과를 일반화하기 어려우므로 외적 타당도가 낮다.
② 단일사례연구는 실험적 처치(개입, 치료 등)를 통해 변화를 관찰하는 연구이다.
④ 단일사례연구는 외부 요인에 대한 영향을 통제하기가 힘들다.

74 [18년 2회 기출]

순수실험설계에 관한 설명으로 옳은 것은?

① 통제집단 사전사후설계의 경우 주시험효과를 제거하기 어렵다.
② 순수실험설계는 학문적 연구보다 상업적 연구에서 주로 활용된다.
③ 통제집단 사후실험설계는 결과변수 값을 두 번 측정한다.
④ 솔로몬 4개 집단설계는 통제집단 사전사후설계와 통제집단 사후실험설계의 결합 형태이다.

해설 순수실험설계에는 통제집단 전후비교설계, 통제집단 후비교설계, 솔로몬 4집단설계, 요인설계가 있다.
이 중에서 솔로몬 4개 집단설계는 통제집단 사전사후설계와 통제집단 사후실험설계의 결합 형태이다.

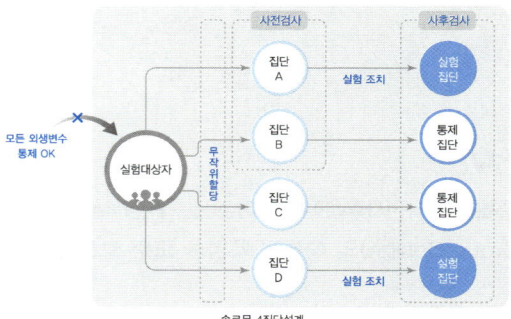

솔로몬 4집단설계

75 정답률 약 50% [17년 2회, 20년 4회 기출]

실험설계를 사전실험설계, 순수실험설계, 유사실험설계, 사후실험설계로 구분할 때 유사실험설계에 해당하는 것은?

① 단일집단 사후측정설계
② 집단비교설계
③ 솔로몬 4집단설계
④ 비동질 통제집단설계

해설 암기: 유준비귀단복
유사실험설계(준실험설계) 4가지로는 비동일 통제집단설계, 회귀불연속설계, 단순시계열설계, 복수시계열설계 등이 있다.

정답: 72 ② 73 ③ 74 ④ 75 ④

76 정답률 약 50%

[09년 1회, 10년 3회, 14년 1회, 20년 1·2회 통합 기출]

사후실험설계(Ex-Post Facto Research Design)의 특징에 관한 설명으로 틀린 것은?

① 가설의 실제적 가치 및 현실성을 높일 수 있다.
② 순수실험설계에 비하여 변수 간의 인과관계를 명확히 밝힐 수 있다.
③ 분석 및 해석에 있어 편파적이거나 근시안적 관점에서 벗어날 수 있다.
④ 조사의 과정 및 결과가 객관적이며 조사를 위해 투입되는 시간 및 비용을 줄일 수 있다.

해설 암기: 진준전사

실험설계는 순수실험설계(진실험설계), 유사실험설계(준실험설계), 원시실험설계(전실험설계), 사후실험설계가 존재한다.
순수실험설계는 실험설계는 독립변수의 조작, 무작위할당(실험대상의 무작위화), 외생변수의 통제을 기본요소로 하는 설계이다.
따라서 순수실험설계가 사후실험설계에 비하여 인과관계를 더 명확히 밝힐 수 있다.

77 정답률 약 60%

[12년 3회, 16년 2회 기출]

통제집단 사전사후측정설계(Pretest-Posttest Control Group Design)의 핵심적 특징을 모두 짝지은 것은?

A. 통제집단의 설정
B. 내적타당도 저해요인의 통제
C. 실험집단과 통제집단의 동등화
D. 표준화척도의 활용

① A, B
② C, D
③ A, B, C
④ A, B, C, D

해설 암기: 순진통솔요

통제집단 사전사후측정설계는 순수실험설계(진실험설계)의 한 유형이며, A 통제집단과 실험집단 구분(통제집단의 설정), B 외생변수의 통제(내적타당도 저해요인의 통제), C 무작위할당(실험집단과 통제집단의 동등화)에 대한 조건을 갖추고 있다.

78 정답률 약 50%

[12년 3회 기출]

다음은 어떤 설계방식에 해당하는가?

수학 과외의 효과를 측정하기 위하여, 유사한 특징을 가진 두 집단을 구성하고 두 집단을 각각 수학 시험을 보게 하였다. 이후 한 집단에는 과외를 시키고, 다른 집단은 그대로 둔 다음, 다시 수학 시험을 보게 하였다.

① 집단비교설계(Static-Group Comparison)
② 솔로몬 4집단설계(Solomon Four-Group Design)
③ 통제집단 사후측정설계(Posttest-Only Control Group Design)
④ 통제집단 사전사후측정설계(Pretest-Posttest Control Group Design)

해설 통제집단 사전사후측정설계에 해당한다.

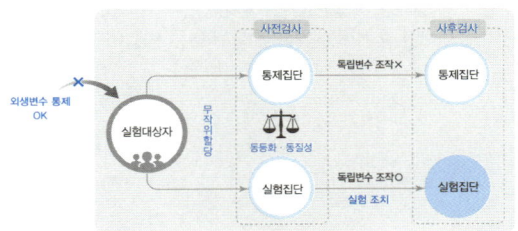

통제집단 사전사후검사설계

79 정답률 약 60%

[13년 1회 기출]

솔로몬 연구설계에 관한 옳은 설명을 모두 짝지은 것은?

A. 4개의 집단으로 구성한다.
B. 사후측정만 하는 집단은 2개이다.
C. 검사와 개입의 상호작용효과를 도출할 수 있다.
D. 통제집단 사전사후 검사설계와 비동일 비교집단 설계를 합한 형태이다.

① A, B, C
② A, C
③ B, D
④ A, B, C, D

해설 솔로몬 연구설계는 1~2개의 선택지만 변경되는 방식으로 자주 출제된다.
A, B, C는 솔로몬 4집단설계에 관한 옳은 설명이다. D는 옳지 않다. 솔로몬 4집단설계는 통제집단 전후비교설계와 통제집단 후 비교설계를 혼합해 놓은 방법이다.

정답: 76 ② 77 ③ 78 ④ 79 ①

80 [21년 3회 기출]

다음은 솔로몬 연구설계에 관한 설명으로 맞는 것을 모두 고른 것은?

> ㉠ 4개의 집단으로 구성한다.
> ㉡ 사전측정을 하지 않는 집단은 2개이다.
> ㉢ 사후측정에서의 차이점이 독립변수에 의한 것인지 사전측정에 의한 것인지 알 수 있다.
> ㉣ 통제집단 사전사후검사설계와 비동일 비교집단설계를 합한 형태이다.

① ㉠, ㉢
② ㉠, ㉡, ㉢
③ ㉡, ㉣
④ ㉠, ㉡, ㉢, ㉣

해설 솔로몬 연구설계는 1~2개의 선택지만 변경되는 방식으로 자주 출제된다.
㉠, ㉡, ㉢는 모두 솔로몬 4집단설계에 관한 설명이다.
㉣ 솔로몬 4집단설계는 통제집단 전후비교설계와 통제집단 후 비교설계를 혼합해 놓은 방법이다.

81 [12년 1회 기출]

다음 중 실험의 특징과 가장 거리가 먼 것은?

① 독립변수를 의도적으로 조작할 수 있다.
② 피실험자를 각 집단에 무작위로 배정할 수 있다.
③ 주로 현상에 대한 단순한 기술보다는 설명을 목적으로 한다.
④ 탐색적인 접근을 할 때 잘 사용하는 방법이다.

해설 실험은 가설을 검증하려고 할 때 사용하는 방법이다. 반면 탐색적 조사(접근)는 새로운 문제나 현상을 이해하려고 할 때 사용하는 방법이므로 실험과 거리가 멀다.

82 [12년 3회, 19년 1회 기출]

다음 중 과학적 연구에 관한 설명으로 틀린 것은?

① 연구의 목적은 현상을 체계적으로 조사하고 분석하여 문제를 해결하는 것이다.
② 과학적 연구는 핵심적, 실증적 그리고 주관적으로 수행하는 것이다.
③ 예측을 위한 연구는 이론에 근거하여 주로 이루어진다.
④ 연구의 결론은 자료가 제공하는 범위 안에서 내려져야 한다.

해설 과학적 조사(연구)에서 주관적인 요소는 과학적 연구의 특성에 맞지 않으며, 과학적 방법론은 실증적, 객관적인 수행을 강조한다.

83 [16년 3회, 20년 1·2회 통합 기출]

경험적 연구의 조사설계에서 고려되어야 할 핵심적인 구성요소를 모두 고른 것은?

> ㄱ. 조사대상(누구를 대상으로 하는가)
> ㄴ. 조사항목(무엇을 조사할 것인가)
> ㄷ. 조사방법(어떤 방법으로 조사할 것인가)

① ㄱ, ㄴ
② ㄱ, ㄴ, ㄷ
③ ㄱ, ㄷ
④ ㄴ, ㄷ

해설 ㄱ, ㄴ, ㄷ는 경험적 조사의 조사설계에서 고려되어야 할 핵심적인 구성요소 3가지이다.

정답 : 80 ② 81 ④ 82 ② 83 ②

84 [16년 3회 기출]

경험적 연구방법에서 실험에 관한 설명으로 틀린 것은?

① 실험집단은 실험의 대상이 되는 집단이다.
② 분석집단이란 모든 다른 조건은 실험집단과 동일하고 실험자극을 주지 않는 집단이다.
③ 사전검사란 실험자극을 주기 이전에 실험대상의 상태를 측정하는 것을 말한다.
④ 실험의 방법은 자연과학에서 주로 사용되지만, 심리학이나 교육학 등 사회과학에서도 사용된다.

해설 모든 다른 조건은 실험집단과 동일하나 실험자극을 주지 않는 집단은 '통제집단(Control Group)'이다.

85 [16년 2회 기출]

다음 중 실험설계가 가장 적합한 상황은?

① 지역사회의 최우선 현안문제가 무엇인지 알기 위해 서베이하고자 할 때
② 국제결혼의 이혼율을 파악하고자 할 때
③ 지역아동센터의 접근성을 분석하고자 할 때
④ 무료급식 서비스를 제공받은 노숙자의 변화를 분석하고자 할 때

해설 실험설계는 개입 전후의 변화를 측정하거나, 통제집단과 실험집단을 비교하여 변화를 확인할 수 있고, 이를 통해 인과관계를 검증한다. 따라서 무료급식 서비스라는 처치(개입)가 노숙자들에게 어떤 변화를 일으키는지 분석하고자 하는 것이 실험설계가 가장 적합한 상황이다.

86 정답률 약 50% [13년 3회, 17년 3회 기출]

실험설계를 위한 필수요건과 가장 거리가 먼 것은?

① 실험대상자들을 실험집단과 통제집단으로 무작위 배분하여야 한다.
② 독립변수는 실험집단에만 투입하고 통제집단은 통제되어야 한다.
③ 통제집단과 비교집단을 함께 갖추어야 한다.
④ 독립변수의 효과를 추정하기 위해 종속변수가 비교되어야 한다.

해설 실험설계는 통제집단과 실험집단 구분, 독립변수의 조작, 무작위할당, 외생변수의 통제를 기본요소로 한다. 이는 통제집단과 실험집단만 있으면 실험설계가 충분히 이루어짐을 의미하며, 비교집단이라는 용어는 실험설계에서 따로 쓰이지 않는 용어이다. 이미 통제집단이 실험에서 비교 역할을 하기 때문에 비교집단을 따로 설정할 필요는 없다.

87 정답률 약 60% [04년 3회, 17년 1회, 19년 3회 기출]

다음 상황에서 제대로 된 인과관계 추리를 위해 특히 고려되어야 할 인과관계 요소는?

> 60대 이상의 노인 가운데 무릎이 쑤시다고 하는 분들의 비율이 상승할수록 비가 올 확률이 높아진다.

① 공변성
② 시간적 우선성
③ 외생 변수의 통제
④ 외부 사건의 통제

해설 외생 변수의 통제는 독립변수와 종속변수 이외의 종속변수에 영향을 미칠 수 있는 외생변수(기압의 변화 혹은 기상조건)의 영향을 제거해야 한다는 것이다.

정답 : 84 ② 85 ④ 86 ③ 87 ③

88 [15년 3회 기출]
과학적 조사에 대한 설명과 가장 거리가 먼 것은?

① 가설은 설명적 연구에 있어서 필수적이다.
② 기존에 정보가 별로 없는 주제에 대해서는 탐색적 조사를 활용한다.
③ 탐색적 연구의 결과로 명확한 결론을 내리는 것이 일반적이다.
④ 연구 집단에 대한 정확한 정보가 필요할 때에는 기술적 연구가 주로 활용된다.

해설 탐색적 조사는 조사 설계를 확정하기 전 조사문제의 발견, 변수의 규명, 가설의 도출 등을 위해서 실시하는 조사로서 예비적 조사로 실시한다.

89 [06년 3회, 16년 2회 기출]
사후실험(Ex-Post Facto Experiment)설계에 관한 설명으로 틀린 것은?

① 독립변수를 조작할 수 없는 상태 또는 이미 노출된 상태에서 변수들 간의 관계를 검증하는 방법이다.
② 독립변수에 대한 통제가 윤리적으로 바람직하지 않을 때 사용될 수 있다.
③ 일반적인 실험설계보다 종속변수에 영향을 줄 수 있는 변수의 통제가 용이하다.
④ 실제 상황에서 검증하기 때문에 일반적인 실험설계에 비해서 현실성이 높은 결과를 얻을 수 있다.

해설 암기: 진준전사
사후실험설계는 독립변수를 조작할 수 없는 상태 또는 이미 노출된 상태에서 변수들 간의 관계를 검증하는 방법이다.
즉, 사후실험에서는 독립변수와 종속변수 간의 관계가 이미 발생한 것을 토대로 연구하므로, 종속변수에 영향을 미칠 수 있는 변수의 통제가 일반적인 실험설계보다 어렵다.

90 [16년 1회 기출]
다음 사례에 가장 적합한 연구방법은?

> 폭력적 비디오 시청이 아동의 폭력성에 미치는 영향을 알아보기 위하여 아동들을 먼저 두 집단으로 나누어 한 집단에게는 폭력적인 장면이 주로 포함된 비디오를 보여주고 다른 집단에게는 서정적인 장면이 주로 포함된 비디오를 보여준 후, 일주일 동안 두 집단의 아동들이 폭력적인 행동을 얼마나 많이 하는지를 관찰하였다.

① 설문조사법   ② 실험법
③ 사례연구법 ④ 내용연구법

해설 위 사례는 실험법에 관한 예시이다. 실험법은 조사자가 변수를 조작하여 그 결과를 관찰하는 조사방법이다. 여기서 두 집단으로 나눈 아동들에게 각각 다른 종류의 비디오를 보여주고, 그 후의 폭력적인 행동을 비교하는 과정이 실험의 전형적인 특징을 나타낸다. 이 방법은 인과관계를 명확하게 밝히기 위해 사용되며, 조사자가 독립변수(비디오 종류)를 조작하고 종속변수(폭력적 행동)를 관찰하여 그 효과를 측정한다. 따라서 폭력적 비디오 시청이 아동의 폭력성에 미치는 영향을 알아보기 위한 위 사례는 실험법이 가장 적합한 조사방법이다.

91 [14년 2회 기출]
각종 학술 연구지, 상업 잡지, 통계 자료집 등과 경영학, 사회학, 심리학, 인류학을 포괄하는 다양한 분야에서 출판되는 자료를 이용하는 조사방법은 무엇인가?

① 현지조사   ② 패널조사
③ 실험   ④ 문헌조사

해설 문헌조사의 설명이다. 문헌조사는 해당 조사와 관련된 분야의 각종 문헌을 조사하는 것이다. 문헌조사는 문제를 규명하고 가설을 정립하기 위한 가장 신속한 방법으로, 조사의 초점을 명확히 하며 최신 조사 경향 등의 포괄적 지식을 얻기 위해 시행된다.

정답 : 88 ③   89 ③   90 ②   91 ④

92 [17년 1회, 19년 3회 기출]

다음과 같은 목적에 적합한 조사의 종류는?

> - 연구조사문제의 도출 및 연구 가치 추정
> - 보다 정교한 문제와 기회의 파악
> - 연구주제와 관련된 변수들 사이의 관계에 대한 통찰력 제고
> - 여러 가지 문제와 기회 사이의 중요도에 따른 우선순위 파악
> - 조사를 시행하기 위한 절차 또는 행위의 구체화

① 탐색조사　② 기술조사
③ 종단조사　④ 인과조사

해설 탐색조사는 조사 문제를 도출하고, 문제를 더 명확히 정의하거나 관련 변수를 파악하는 초기 단계의 조사방법이다. 즉, 새로운 주제에 대한 이해를 높이고, 더 정교한 조사로 나아갈 수 있는 기초 정보를 제공하는 목적이 있다.
이 문제에서 주어진 목적을 보면, 조사 문제의 도출과 변수 간의 관계 파악, 조사 절차의 구체화 등 초기조사 단계에 해당하므로, 탐색조사가 가장 적합하다.

93 [16년 3회, 20년 3회 기출]

다음 중 대규모 모집단의 특성을 기술하는 데 특히 유용한 방법은?

① 참여관찰(Participant Observation)
② 표본조사(Sample Survey)
③ 유사실험(Quasi-Experiment)
④ 내용분석(Content Analysis)

해설 표본조사(Sample Survey)는 대규모 모집단의 특성을 효율적으로 기술하는 데 매우 유용한 방법이다. 즉, 모집단 전체를 조사하는 것이 비현실적일 때, 그 모집단에서 일부 표본을 추출하여 조사하고 이를 통해 모집단의 특성을 추정할 수 있다. 이러한 방법은 시간과 비용을 절감하면서도 모집단에 대한 신뢰할 만한 정보를 얻는 데 효과적이다.

94 [07년 3회, 14년 1회, 17년 2회 기출]

사례연구에 관한 설명으로 틀린 것은?

① 사례연구는 질적 조사방법으로 양적인 방법을 사용하여 수집한 증거는 이용하지 않는다.
② 사례연구에서는 기존 문서의 분석이나 관찰 등과 같은 방법으로 자료를 수집한다.
③ 사례는 개인, 프로그램, 의사결정, 조직, 사건 등이 될 수 있다.
④ 사례연구는 한 특정한 사례에 대해 집중적으로 연구하는 것이다.

해설 사례조사는 주로 질적 조사방법을 사용하지만, 양적 자료도 사용할 수 있다. 예를 들어, 설문조사나 통계 자료를 통해 사례를 더 깊이 이해할 수 있다.

95 정답률 약 60%
[02년 3회, 11년 1회, 20년 3회 기출]

사례조사연구의 목적으로 가장 적합한 것은?

① 명제나 가설의 검증
② 연구대상에 대한 기술과 탐구
③ 분석단위의 파악
④ 연구결과에 대한 일반화

해설 조사대상에 대한 기술과 탐구는 사례조사의 목적으로 가장 적합하다. 사례조사는 소수의 특정 사례(조사대상)가 시간의 경과에 따라 어떠한 특징적 변화 양상을 보이는지 심층적으로 조사하여 문제를 종합적으로 분석·이해하고, 실증적인 분석을 실행하는 조사방법이다.

96 [18년 2회, 20년 4회 기출]

다음 중 탐색적 연구를 하기 위한 방법으로 가장 적합한 것은?

① 횡단연구　② 유사실험설계
③ 시계열연구　④ 사례연구

해설 암기: 탐사문경
경험자조사, 사례조사, 문헌조사 등이 탐색적 조사에 해당한다.

정답: 92 ① 93 ② 94 ① 95 ② 96 ④

97 [13년 1회 기출]
정답률 약 60%

설문조사에 관한 옳은 설명을 모두 짝지은 것은?

A. 대단위 모집단의 태도와 성향을 측정할 때 적합한 방법이다.
B. 개인, 집단, 사회적 가공물(Social Artifacts) 등을 분석단위로 사용한다.
C. 표본의 소재(Location)에 관한 정보가 부족할 때 눈덩이 표집으로 할 수 있다.
D. 현상의 기술(Description)을 목적으로 사용할 수 있다.

① A, B
② B, C
③ A, C, D
④ A, B, C, D

해설 A, B, C, D 모두 설문조사에 관한 옳은 설명이다.

98 [17년 3회 기출]
정답률 약 60%

다음 중 사례조사에 관한 설명으로 가장 적합한 것은?

① 본 조사를 실행하기에 앞서 먼저 시행한다.
② 조사의 범위를 한 지역 또는 한 번의 현상에 국한시켜 연구하고자 하는 현상의 대표성을 유지시킨 채 결과를 도출하는 방법이다.
③ 일정지역 또는 작은 샘플을 추출하여 대표성을 유지 시킨 채 사전에 진행하는 것이다.
④ 조사의 타당도, 신뢰도를 측정해보는 방법이다.

해설 사례조사는 특정한 사례에 대해 집중적으로 조사하는 것이다. 사례조사는 소수의 특정 사례(조사대상)가 시간의 경과에 따라 어떠한 특징적 변화 양상을 보이는지 심층적으로 조사하여 문제를 종합적으로 분석·이해하고, 실증적인 분석을 실행하는 조사방법이다.

99 [17년 1회 기출]
정답률 약 50%

서베이조사와 비교한 사례연구에 대한 설명으로 틀린 것은?

① 연구대상을 질적으로 파악하고 기술한다.
② 소수대상의 여러 가지 복합적 요인에 대한 복합적 관찰을 한다.
③ 연구대상 집단의 공통분모적 성질인 대표성을 추구한다.
④ 연구대상의 내면적·동태적 양상을 수직적으로 파고드는 조사이다.

해설 사례연구(Case Study ; 사례조사)는 소수의 대상에 대해 심층적이고 질적분석을 하는 방법이다. 이를 통해 특정 대상의 내면적, 동태적 양상에 대해 깊이 파악하려고 하며, 복합적 요인들을 다각도로 관찰한다. 즉, 사례연구는 대표성을 추구하지 않으며, 특정 사례에 대한 깊이 있는 이해를 목표로 한다.
따라서 대규모 표본을 대상으로 하는 서베이조사와는 달리, 사례연구는 일반적으로 소수의 대상에 대한 심층적인 이해를 목적으로 하며, 조사결과를 일반화하기보다는 특정 사례의 특수성을 이해하는 데 중점을 둔다.

100 [20년 1·2회 통합 기출]
정답률 약 60%

다음 중 사례조사의 장점이 아닌 것은?

① 사회현상의 가치적 측면의 파악이 가능하다.
② 개별적 상황의 특수성을 명확히 파악하는 것이 가능하다.
③ 반복적 연구가 가능하여 비교하는 것이 가능하다.
④ 탐색적 연구방법으로 사용이 가능하다.

해설 사례조사는 특정 대상에 대한 심층적인 조사를 하는 방법으로, 일반적으로 소수의 대상을 대상으로 실시한다. 따라서 반복적 조사를 하기가 어렵고, 비교하기에도 어려움이 있다. 따라서 '반복적 연구(조사)가 가능하여 비교하는 것이 가능하다'는 것은 사례조사의 장점이 아니다.

정답 : 97 ④ 98 ② 99 ③ 100 ③

CHAPTER 02 표본설계

01 조사대상 선정

1. 모집단의 정의 및 분석

(1) 모집단의 정의 기출
① 모집단(Population)은 조사하고자 하는 이론상의 전체집단이다.
② 모집단은 모든 요소의 총체로서 조사자가 표본을 통해 발견한 사실들을 토대로 하여 일반화하는 궁극적인 대상을 지칭한다.
③ 모집단이란 우리가 규명하고자 하는 집단의 총체이다
④ 모집단을 정확하게 규정하기 위해 교려해야 하는 요소로는 표본단위, 조사지역, 조사기간 등이 있다.

> **개념특강 요소**
> - 요소(Element)는 분석(정보수집)의 기본이 되는 단위(Unit)이다.
> - 요소는 실태조사에서 일반인, 특정 유형의 사람들, 기업, 가족 등의 단위이다.
> - **표본추출요소는 '자료가 수집되는 대상의 단위'이다.** 기출

> **개념특강 '단위'라는 키워드가 포함된 용어들**
> ① 표본단위(Sampling Unit) : 모집단을 구성하는 개별 요소 또는 그룹이며, **표집과정의 각 단계에서의 표집 대상이다.** 기출
>   예 인구조사 : 각 개인이 표집단위
> ② 분석단위(Unit of analysis) : 자료수집 시 표본의 크기를 결정하는 데 사용되는 기본 단위이며, 조사에서 분석의 대상이 되는 기본 단위이다. 만약, 학생의 성적을 분석하는 경우 학생이 분석단위가 된다.
> ③ 관찰단위(Observation Unit) : 관찰단위는 직접적인 조사 대상이다. 단, 분석단위와 관찰단위가 항상 일치하는 것은 아니므로 주의해야 한다. 기출
>   예 치매 노인에 대한 조사를 위해 요양보호사를 대상으로 면접조사를 실시하는 경우
>   - 분석단위는 치매 노인, 관찰단위는 요양보호사

> **더블체크**
>
> 정답률 약 50%
> **Q** 다음 중 모집단을 정확하게 규정하기 위해 고려해야 하는 요소와 가장 거리가 먼 것은?
> [10년 1회, 13년 1회 기출]
> ① 경제성   ② 표본단위
> ③ 조사지역 ④ 조사기간
>
> **해설** 모집단은 조사하고자 하는 이론상의 전체집단으로, 모집단의 특성을 파악하기 위해서는 표본단위, 조사기간, 조사지역 등에 대해 명확하게 규정해야 한다. 반면에 경제성은 조사의 실행 가능성이나 비용과 관련된 사항이기 때문에 모집단 규정 시 고려해야 하는 요소는 아니다.
>
> 정답 : ①

(2) 모집단 분석

- 모집단 분석은 모수와 목표 모집단·조사 모집단의 포함하는 대상의 정도 비교하는 것이다.

1) 모수(Parameter)
① 실태조사의 목적은 표본추출에서 얻어진 표본을 관찰하여 모수를 추정하는 것이다.
② <u>모수는 표본조사를 통해 얻는 통계량을 바탕으로 추정한다.</u> `기출`
③ <u>모수는 모집단 전체의 특성치를 요약한 수치를 뜻한다.</u> `기출`
④ 대표적인 모수는 모평균 μ, 모분산 σ^2, 모표준편차 σ이다.
⑤ 모수는 모집단의 특성을 지칭하는 개념을 변수로 환원하여 측정한다고 할 때, 그 변수의 값을 모집단의 구성요소들에서 추출하여 요약 및 묘사한 값이다.

2) 모집단의 종류

- 모집단은 목표 모집단과 조사 모집단으로 구분된다.

목표 모집단	정의·특징	• 개념적·이론적 집단 (구체적 대상이 불명확한 경우) • 조사 목적에 따라 개념적으로 정의하는 모든 조사 단위들의 집합 　= 조사대상을 모두 포함하는 전체집단
	예시	• 조사시점 기준 전국에 거주하는 만 15세 이상 모든 가구원
조사 모집단	정의·특징	• 현실적으로 실제 조사가 가능한 모집단(목표 모집단 중 제약사항으로 조사가 불가능한 대상을 제외) • 실제 표본추출의 대상이 되는 모집단 　= 표본추출틀을 작성할 수 있는 기본단위들의 집합
	예시	• 조사가 어려운 기숙시설, 특수사회시설에 거주하는 사람을 제외한 일반가구의 만 15세 이상 가구원
주의사항		• 2개의 모집단이 포함하는 조사 대상의 범위를 선정·비교해야 한다. • 목표 모집단과 조사 모집단이 동일한 경우도 있다. • 조사 모집단의 분석 결과를 목표 모집단에 대한 해석으로 보아도 되는지 체크해야 한다.

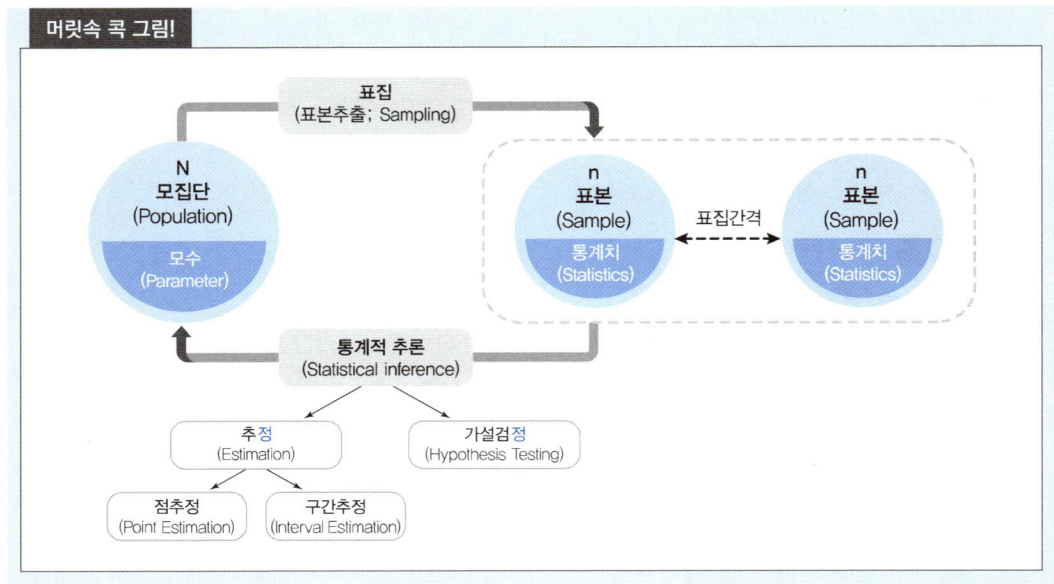

2 표본추출틀과 조사대상 결정

(1) 표본의 정의

- 표본(Sample)은 모집단에서 특정한 방법에 따라 선택된 일부 요소나 사례이다.
- **표본은 모집단 중 조사대상으로 추출된 일부이며, '대표성'을 가져야 한다.** `기출`
- 조사자가 일부 표본을 대상으로 자료를 수집하는 경우에도, 수집된 자료의 처리결과는 모집단을 대상으로 '일반화'할 수 있어야 한다.
- 모집단에 대한 전수조사는 시간과 비용이 많이 소요되므로, 표본을 추출한다.
- 표본의 크기 n가 큰 것이 반드시 좋은 것은 아니다.
- [표본명단] 모집단을 완벽하게 반영하는 표본명단을 찾기가 매우 어렵다. 따라서 표본명단이 조사대상 모집단과 일치할수록 정확성, 대표성, 일반화 가능성이 높아진다.

(2) 표본 관련 용어

① 표본분포(Sample Distribution)
- 표본분포는 확률표본(Random Sample)의 함수이며, 대표적으로는 Z분포, t분포, F분포 등이 있다.

② 표집분포(Sampling Distribution)
- **동일한 크기의 표본을 반복해서 추출했을 때 각 표본의 평균값이 어떻게 분포하는지를 보여주는 것은 표집분포이다.** `기출`
- **통계적 추론과 관련된 분포 중 이론상으로만 존재하는 것은 표집분포이다.** `기출`
    - 표집분포는 이론적으로 정의된 개념이지만, 실제로는 존재하지 않는다. 표집분포는 모집단에서 여러 개의 표본을 추출했을 때 각 표본의 통계치가 어떻게 분포되는지를 나타내는 분포이다. 이론적으로는 모든 모집단에 대해 표집분포를 고려할 수 있지만, 실제로 모든 표본을 수집하고 분석하는 것은 불가능하기 때문에 이론상으로만 존재하는 개념이다.

③ 통계량(통계치 ; Statistics)
- 통계량은 표본의 수치적 특성이다.
- 대표적인 통계량은 표본평균 $\overline{X}$, 표본분산 S^2, 표본표준편차 S이다.
- 표본에서 얻은 변수의 값을 요약하고 묘사한 표본들의 함수이다.

④ 계층(Strata)
- 표본을 추출할 때 모집단을 동질적인 하위 집단으로 나누는 것을 의미한다.
- 모집단을 구성하는 특성을 상호배타적으로 구분해 놓은 부분집합이다.
    - 예 성별(남성, 여성)
    - 예 연령대(10대 미만, 10대, 20대, 30대, 40대, 50대, 60대 이상)
    - 예 종교(무교, 기독교, 불교, 이슬람교, 기타 종교)

⑤ 편의(Bias)
- 실제 상태와 다르게 나타나는 평균적 차이이며, 대표적인 편의는 $E(\hat{\theta}) - \theta$이다.
- 모평균 $\theta = \mu$일때, 편의는 $E(\overline{X}) - \mu$이다. 즉, 모수와 모집단의 추정치의 차이는 편의(Bias)이다.

(3) 표본추출틀

1) 표본추출의 의의

① 표본추출의 정의
- 표본추출(표집 ; Sampling)은 모집단의 부분으로서 표본을 선택하는 과정(행위)이다. 기출
- 표본추출의 목적은 표본으로부터 통계치를 산출하여 모집단의 특성을 통계적으로 추론(Statistical Inference)하는 것이다.

② 표본추출의 특징
- 표본추출에서 가장 중요한 요인은 '대표성', '일반화 가능성', '적절성'이다.
- 표본추출은 조사의 '신뢰성'과 '타당성'을 확보하기 위해 중요한 단계이다.
- 표본추출과정에서는 모집단을 명확하게 정의하는 것이 중요하다. 기출
- 표본은 모집단과 변수의 특성이 유사한 분포를 가지도록 추출되어야 한다. 기출

> **개념특강** 대표성·일반화 가능성·적절성
>
> - 대표성 기출
>   - 표본의 대표성은 조사결과가 모집단을 얼마나 잘 대표하는지에 관한 요인이다. 표본추출은 우연성이 적을수록 '대표성'이 확보된다. 따라서 일반적으로 표본이 모집단을 잘 대표하려면, 확률표본추출을 하는 것이 바람직하다.
>   - 표집(Sampling)의 대표성은 표본의 통계적 특성이 모집단의 통계적 특성에 어느 정도 근접하느냐의 문제, 표본이 모집단이 지닌 다양한 성격을 고루 반영하느냐의 문제, 표본을 이용한 분석결과가 일반화될 수 있는가의 문제에 관한 것이다.
> - 일반화 가능성
>   - 표본의 일반화 가능성은 표본으로부터 자료를 수집하여 분석한 결과는 모집단을 대상으로 일반화가 가능해야 한다는 것이다.
> - 적절성 기출
>   - 표본의 적절성은 어느 정도 크기의 표본을 선정해야 적은 비용으로 일정한 정확성을 가질 수 있도록 할 수 있는가에 관한 것이다.

> **더블체크**
>
> **Q** 표본추출에서 가장 중요한 요인은? [10년 1회, 11년 1회, 14년 2회, 20년 3회 기출]
>
> ① 대표성과 경제성 ② 대표성과 신속성
> ③ 대표성과 적절성 ④ 정확성과 경제성
>
> 정답 : ③

> **더블체크**
>
> **Q** 표본추출의 대표성에 관한 설명으로 틀린 것은? [06년 3회, 09년 1회, 10년 3회, 13년 1회, 16년 1회 기출]
>
> ① 대표성의 문제란 표본이 모집단을 대표하여 일반화가 가능한 것인가의 문제이다.
> ② 표본추출에는 우연성이 많아야 대표성이 확보된다.
> ③ 표본은 모집단과 변수의 특성이 유사한 분포를 갖도록 추출되어야 한다.
> ④ 조사에 있어 어떤 것이 중요한 가설인가에 따라 대표성이 달라진다.
>
> **해설** 표본추출은 우연성이 적을수록 '대표성'이 확보된다.
>
> 정답 : ②

③ 표본추출의 장·단점

장점 **암기** 경유정신	• 경제성 - 전수조사를 수행할 경우 예상되는 막대한 시간 및 비용의 소모를 절감할 수 있고, 모집단 전체 조사가 불가능한 경우에 적용 가능하다. - 그러나, 비용과 자원 절약은 중요한 고려 사항이지만, 비용을 줄이기 위해 표본이 모집단을 제대로 대표하지 않으면 결과의 신뢰성이 떨어질 수 있으므로 주의해야 한다. • 유연성 - 전수조사보다 더 많은 조사항목을 포함할 수 있으므로 다방면의 정보획득이 가능하다. • 정확성 - 비표본오차 감소, 조사대상의 오염방지를 통해 전수조사보다 더 정확한 자료를 얻을 수 있다. - 그러나 정확한 수치라도 표본이 모집단을 제대로 대표하지 않으면 결과가 왜곡될 수 있으므로 주의해야 한다. • 신속성 - 자료수집, 집계, 분석 과정을 신속하게 처리할 수 있다. - 그러나 빠른 데이터 수집은 연구의 효율성을 높일 수 있지만, 신속하게 표본을 추출하다 보면 대표성을 잃을 위험이 있으므로 주의해야 한다.
단점	• 표본의 대표성 문제가 발생하면 일반화 가능성이 낮다. • 표본추출과정에서 표본추출오차는 무조건 발생한다. • 모집단의 크기가 작으면 표집 자체가 의미가 없어질 수 있다. • 표본설계가 복잡하면 시간 및 비용의 낭비가 발생한다. • 정확한 전문지식이 필요하며, 잘못된 표본설계는 조사 결과의 신뢰성을 떨어뜨릴 수 있다. • 대표성·일반화 가능성을 고려하면, 특정 성질의 조사대상을 선택하는 것은 피해야 한다.

④ 표본추출 관련 용어

용어 1. 표집간격(Sampling Interval)
- 표집간격은 표집 시 추출되는 요소 사이의 간격이다. 기출
- 모집단으로부터 표본을 계통적표집방법으로 추출하는 경우에 사용하는 용어이다.
- 표집간격 $= \dfrac{\text{모집단의 크기}}{\text{표본의 크기}} = \dfrac{N}{n}$

용어 2. 표집률(Sampling Ratio)·표집비율(Sampling Fraction)
- 표집률은 모집단에서 개별요소가 선택될 비율이다. 기출
- 표집률은 모집단의 크기에 대한 표본집단의 크기이다. 기출
- 표집비율도 전체 모집단에서 표본이 차지하는 비율이다.
- 표집률 $= \dfrac{\text{표본의 크기}}{\text{모집단의 크기}} \times 100\% = \dfrac{n}{N} \times 100\%$
- 총 학생수가 2,000명인 학교에서 800명을 표집할 때의 표집률은? 40% 기출

용어 3. 표본추출률(Sampling Rate)
- [통계적 정의] 표본추출률은 모집단의 크기에 대한 표본집단의 크기의 비율이다. 기출
- [시간적 정의] 표본추출률은 주로 시간 단위당 데이터가 추출되는 빈도이다.
- 따라서 통계적 정의로는 표집률, 표집비율, 표본추출률 3가지는 개념이 같다.
- 표본추출률 $= \dfrac{\text{추출된 표본의 크기(수)}}{\text{단위시간}} \times 100\%$ 혹은 표본추출률 $= \dfrac{\text{표본의 크기}}{\text{모집단의 크기}} \times 100\%$

2) 표본추출틀의 의의

① 표본추출틀 정의
- **표본추출틀(표집틀 ; Sampling Frame)은 모집단의 구성요소와 표본추출 단계별로 표본추출단위가 수록된 목록이다.** 기출
- 표집틀은 모집단의 각 요소를 식별하고 목록화한 목록이나 데이터베이스를 의미한다.
- 표집틀은 표본을 추출하는 데 있어 필수적인 도구이다.

② 표본추출틀 특징
- 표집틀은 조사자가 모집단의 구성 요소를 명확히 파악하고 선택할 수 있도록 한다.
- 1단계(단순-단계) 표본 설계에서는 표집틀이 모집단을 구성하는 요소들의 목록이다.
- 표집틀 구축 시, 외부변수와 연결할 수 있는 기준변수를 선정한다.

③ 표본추출틀 종류
- 전화번호부, 학교의 학생 명부, 졸업앨범, 주민등록 주소록, 고객 명부, 인구주택총조사자료, 산업연감

> **개념특강 표본추출단위(Sampling Unit)**
> - 표본추출단위는 통계적 조사에서 데이터를 수집하는 대상이 되는 개별 항목이나 단위이다.
> - 표본추출단위는 표본추출 과정에서 실제로 선택되어 데이터가 수집되는 개별적인 요소들을 말한다. 즉, 표본추출단위는 표본추출의 각 단계에서 표본으로 선정되는 요소(의 집합)이다.

> **개념특강 기준변수와 외부변수**
> - 기준변수(Key Variable)
>   - 기준변수는 표집틀을 구성할 때 핵심이 되는 변수이며, 모집단의 주요 특성을 반영하여 표본이 모집단을 잘 대표하도록 한다.
>   - 기준변수는 외부변수와 연결하여 표본의 대표성을 높이고 분석의 유효성을 확보한다.
> - 외부변수(External Variable)
>   - 외부변수는 표본추출틀에 포함되지 않지만, 분석이나 조사에서 중요한 추가 변수이다.
>   - 외부변수는 기준변수를 통해 표본과 연결될 수 있다.
>
> 예 인구조사 기준변수(나이, 성별, 지역 등) VS 외부변수(소득 수준, 교육 수준, 직업 등)

④ 표본추출틀 구성의 평가요소 암기 추포효

추출확률	추출확률은 각 개별 요소가 추출될 수 있는 확률을 일정하게 유지하기 위해 설계된 것이다. 즉, 추출확률은 모집단 내 요소들 간에 동일하지 않을 수 있으며, 이에 따라 조정이 필요할 수 있다.
포괄성	포괄성은 표집틀이 조사하고자 하는 전체 모집단 중 얼마나 많은 부분을 포함하고 있는지 확인하는 것이다.
효율성	효율성은 조사자가 원하는 대상만 표본추출틀에 포함되어 있는지 확인하는 것이다.

> **더블체크**
>
> 정답률 약 50%
>
> **Q** 다음 중 표집틀(Sampling Frame)을 평가하는 주요 요소와 가장 거리가 먼 것은?
>
> [12년 1회, 17년 1회, 20년 4회, 22년 2회 기출]
>
> ① 포괄성 ② 추출확률
> ③ 효율성 ④ 안정성
>
> 정답 : ④

3) 표집틀 오류(Sampling Frame Error)

① 표집틀 오류는 실제 모집단과 표집틀 사이의 불일치로 인해 발생한다.
② 표집틀 오류는 표본의 대표성을 떨어뜨리고 조사 결과의 신뢰성을 저해할 수 있다.
③ <u>표본추출틀과 모집단이 일치하면 가장 이상적이다.</u> `기출`

- 표집틀 오류가 발생하지 않는 경우
  - 가장 이상적인 경우는 아래 예시들처럼 표집틀과 모집단이 일치할 때이다.

예시1 `기출`	• <u>A병원 환자를 환자기록부를 이용해서 표집하는 경우</u> − 모집단(A병원의 환자들) = 표집틀(A병원의 환자기록부)
예시2 `기출`	• <u>한국대학교 학생을 한국대학교 학생등록부를 이용하여 표집하는 경우</u> − 모집단(한국대학교 학생들) = 표집틀(한국대학교 학생등록부)

- 표집틀 오류가 발생하는 경우
  - Case 1. 표집틀이 모집단보다 큰 경우

예시1 `기출`	• <u>A항공사에서 자사의 마일리지 사용자 중 최근 1년 동안 10만 마일 이상 사용자들을 모집단으로 하면서, 자사 마일리지 카드 소지자 명단을 표본프레임으로 사용하여 전체에서 표본추출을 할 때</u> − 모집단(최근 1년 동안 10만 마일 이상 사용자) < 표집틀(자사 마일리지 카드 소지자 명단)
예시2 `기출`	• <u>한국대학교의 체육과 학생을 한국대학교 학생등록부를 이용해서 표집하는 경우</u> − 모집단(한국대학교 체육과 학생들) < 표집틀(한국대학교 학생등록부)

  - Case 2. 표집틀이 모집단보다 작은 경우 : 모집단의 일부가 표본틀에 포함되지 않는 경우 발생하는 불포함 오류가 생길 수 있다.

더블체크

정답률 약 50%

Q 다음 중 표집틀(Sampling Frame)이 모집단(Population)보다 큰 경우는?

[13년 2회, 16년 3회, 19년 2회 기출]

① 한국대학교 학생을 한국대학교 학생등록부를 이용해서 표집하는 경우
② 한국대학교 학생을 교문 앞에서 임의로 표집하는 경우
③ 한국대학교 학생을 서울지역 휴대폰 가입자 명부를 이용해서 표집하는 경우
④ 한국대학교 학생을 무선적 전화기(Random Digitdialing) 방법으로 표집하는 경우

해설 모집단(한국대학교 학생들) < 표집틀(무선적 전화걸기 방법 표집 ; 불특정 다수)
① 모집단(한국대학교 학생들) = 표집틀(한국대학교 학생등록부)
② 모집단(한국대학교 학생들)과 표집틀(교문 앞에서 임의로 표집)은 명확한 관계가 없다. 교문 앞에서 임의로 표집한 대상이 학생이 아닐 수도, 맞을 수도 있다.
③ 모집단(한국대학교 학생들)과 표집틀(서울지역 휴대폰 가입자 명부)은 명확한 관계가 없다. 휴대폰 가입자 명부에 한국대학교 학생들이 있을 수도, 없을 수도 있다.

정답 : ④

(4) 전수조사와 표본조사

구분	전수조사	표본조사
표본오차 `기출`	-	표본오차가 있다.
비표본오차 `기출`	(표본조사보다) 비표본오차가 크다.	(전수조사보다) 비표본오차가 작다.
경제성 `기출`	시간과 비용이 많이 든다.	시간과 비용이 적게 든다.

1) 전수조사
① 조사 항목이 많을수록 과정이 더 복잡해진다.
② 모든 단위를 조사하기 때문에 개별 항목에 대한 부담이 크고, 응답자의 피로도 증가하여 비표본오차가 발생할 가능성이 높다.

2) 표본조사 `기출`
- 표본조사의 전제가 되는 가정은 표본이 모집단을 적절히 대표한다는 것이다.
- 소규모 표본을 대상으로 하기 때문에 조사 항목을 더 다양하게 포함하여, 광범위한 주제에 걸쳐서 조사할 수 있다.
- 조사과정을 보다 잘 통제할 수 있어서 전수조사보다 더 정확한 자료를 얻을 수 있다.
- 전수조사에 비해서 단시간 내에 많은 정보를 얻을 수 있고 비표본오차를 줄일 수 있다.

> **더블체크**
>
> **Q** 표본추출에 관한 설명으로 옳지 않은 것은? [19년 3회 기출]
> ① 전수조사에 비해 표본조사는 비용과 시간이 절약된다.
> ② 표본은 모집단을 대표하기에는 일정한 오차를 가지고 있다.
> ③ 표본조사에 비해 전수조사는 비표본오차가 발생할 가능성이 낮다.
> ④ 표본추출은 모집단으로부터 조사대상을 선정하는 과정이다.
>
> **해설** 전수조사는 모든 단위를 조사하기 때문에 응답자의 피로도가 증가하며, 소규모 표본을 대상으로 조사하는 표본조사보다 상대적으로 비표본오차가 발생할 가능성이 높다.
>
> 정답 : ③

(5) 조사대상 결정

1) 표본추출틀 분석
① 일반적 분류기준으로 사용할 수 있는 기준을 근거로 표본추출틀의 분포를 분석한다.
② 두 개 이상의 기준을 결합하여 연관성이 발생했을 경우, 두 개 이상의 기준을 고려하여 조사대상을 결정하여야 한다.

2) 조사대상 결정 수행
① 표본추출틀이 모집단을 잘 반영하고 있는지를 확인하고 추출방법, 표본크기 결정, 층화변수 등을 고려한 후 추출한다.
② 표본추출틀의 분포 분석 시 특이사항이 발생하면 모집단의 특성이 원래 그러한 것인지, 아니면 표본추출틀을 잘못 구축한 것인지 확인해야 한다.

02 표본추출방법 결정

1 표본추출방법

- 표본추출 방법에는 확률표본추출방법과 비확률표본추출방법이 있다.
- 조사자가 확률표본을 사용할 것인지, 비확률표본을 사용할 것인지를 결정하는 경우에 고려요인은 조사목적, 비용 대비 가치, 허용되는 오차의 크기이다. 이때, 모집단위 수는 고려 요인이 아니다. 기출

(1) 확률표본추출방법(Probability Sampling)

암기 단층집연계

정의	• 확률표집에서는 모집단의 모든 요소가 뽑힐 확률이 0이 아닌 확률을 가진다는 것을 전제한다. 기출 • 확률이론에 기반하여 추출하는 방법이다. • 모집단의 구성요소가 표본으로 추출될 확률을 알 수 있는 방법이다. 기출 • 무작위적인 방법을 통해 표본을 추출하는 방법이다. 기출
특징	• 통계치로부터 모수를 추정할 수 있는 방법이다. 기출 • 모집단의 각 표집단위가 추출될 확률을 정확히 알고 있는 가운데 표집을 하는 방법이다. • 독립적으로 모집단의 각 요소(혹은 표집단위)가 표본으로 선택될 추출의 기회인 '표집확률'이 동등하도록 보장하는 방법이다.
장점 기출	• 일반적으로 표본이 모집단을 잘 대표하기 위해서 사용한다. - 표본분석 결과의 일반화가 가능하다. • 표집오차 추정이 가능하다.
단점 기출	• 비확률표집방법에 비해 시간 및 비용 소모가 많다. • 확률표집은 항상 불완전한 것이어서 표본으로부터 모집단의 특성을 추론하는 데 제약이 있기 마련이다.
종류	• 단순무작위 표본추출, 층화표본추출, 집락표본추출, 연속표본추출, 계통적 표본추출

1) 단순무작위표본추출(Simple Random Sampling)

① 단순무작위표본추출의 정의 · 특징 · 표집방법

정의	• 가장 기본적인 확률표본추출방법이다. • <u>표집 시 보편적인 방법은 난수표 등을 이용하는 표본추출방법이다.</u> `기출` • 모집단의 전체 구성요소(표집단위)를 파악한 다음 개별요소에 대해 일련번호를 부여하여 표본을 추출하는 방법이다.
특징	• 모집단에 대한 정확한 정의와 완전한 목록의 구비를 전제조건으로 한다. 　- <u>표본이 모집단으로부터 추출된다.</u> `기출` • <u>모집단의 모든 조사단위에 표본으로 뽑힐 기회를 동등하게 부여한다. 즉, 모든 요소가 동등한 확률을 가지고 추출된다.</u> `기출` • <u>표집방법들 간의 표집효과를 계산할 때 준거가 된다.</u> `기출`
표집 방법	① 모집단과 표집틀을 작성한다. 　• <u>모집단의 구성요소를 정확히 파악하여 명부를 작성하여야 한다.</u> `기출` 　• 모집단을 형성하는 각 표출단위는 서로 독립이어야 한다. 　• 표집 중 전체 모집단의 변화는 없어야 한다. ② 각 구성요소에 고유번호를 부여한다. 　• 추출된 요소(표본추출단위)를 마음대로 변경하면 안 된다. ③ 표본의 크기를 결정한다. 　• 중심극한정리(CLT)에 따라 표본의 크기가 충분히 크면 (n≥30) 　　표본평균들의 분포는 정규분포에 근사하게 되며, $E(\overline{X}) = \mu$, $Var(\overline{X}) = \dfrac{\sigma^2}{n}$ 이다. 　• <u>표본평균의 분포는 모집단 평균 근처가 가장 밀집되어 있고 평균에서 떨어질수록 적어진다.</u> `기출` 　• <u>표본크기를 키우면 추정치의 분산이 줄어든다.</u> `기출` 　• <u>단순무작위표본추출법에서 표집오차는 분산의 크기가 클수록 커진다.</u> `기출` 　• <u>큰 표본을 사용할수록 표본평균의 분포는 모집단 평균 근처에 집중적으로 나타난다.</u> `기출` ④ 무작위로 규정된 표본의 수만큼 표본추출단위를 선정한다. 　• 난수표, 추첨법, 컴퓨터를 이용한 난수의 추출방법 등을 사용할 수 있다.
예시 `기출`	• 신용카드 이용자의 불편사항 • 새 입시제도에 대한 고등학교의 찬반 태도 • 국가기술자격 시험문제에 대한 시험응시자의 만족도

② 단순무작위표본추출의 장 · 단점

장점	• 대표성 　- 모집단의 모든 요소가 동일하고 독립적인 추출 기회를 가지므로 추출된 표본이 모집단을 잘 대표한다. • <u>모집단에 대한 사전지식을 필요로 하지 않는다.</u> `기출` 　- 단순무작위표집에서 모집단의 명부를 작성하는 것은 필수적이지만, 이는 특정 구성원의 특성에 대한 사전 지식(성별 · 연령 · 소득 등)이 아니라, 그저 모든 구성원을 포함하는 리스트를 의미한다. • 용이성 　- 확률표본추출방법 중 가장 적용하기 용이하며, 다른 확률표본추출방법과 결합하여 사용한다. 　- 표본오차의 계산도 용이하다. • 모수나 특성을 잘못 분류함으로써 나타나는 오차를 줄일 수 있다.
단점	• 표집틀 작성이 어렵다. • 모집단의 모든 구성원이 포함된 표집틀(모든 학생 목록, 모든 직원 명단) 등이 있어야 하므로 **단순무작위표집은 시행하기 어렵다는 단점이 있다.** `기출` • 조사자가 모집단에 대해 가지고 있는 지식을 충분히 활용하기 어렵다. • 표본으로 추출될 가능성이 보장되려면 비교적 표본의 규모가 커야 한다.

더블체크

Q 단순무작위표집법으로 표집할 때, 표본크기를 50에서 100으로 늘렸다. 이때 나타나는 효과와 가장 관련이 깊은 것은? [01년 3회, 14년 1회 기출]

① 아무런 효과가 없다.
② 추정치의 분산이 줄어든다.
③ 모집단의 평균값이 커진다.
④ 표본평균과 표본최빈값이 일치한다.

해설 단순무작위표집법에서 중심극한정리에 따라 표본의 크기가 충분히 크면, $\overline{X} \sim N\left(\mu, \dfrac{\sigma^2}{n}\right)$ 이다. 따라서 표본의 크기가 커질수록 추정치의 분산은 줄어든다.

정답 : ②

더블체크

정답률 약 40%

Q 단순무작위표본추출에 따른 표본평균의 분포가 갖는 특성이 아닌 것은? [21년 1회 기출]

① 표본평균의 분포는 모집단 평균을 중심으로 대칭형이다.
② 표본평균 분포의 평균은 모집단의 평균과 같은 것은 아니다.
③ 큰 표본을 사용할수록 표본평균의 분포는 모집단 평균 근처에 집중적으로 나타난다.
④ 표본평균의 분포는 모집단 평균 근처가 가장 밀집되어 있고 평균에서 떨어질수록 적어진다.

해설 표본평균의 분포는 중심극한정리에 의해 표본의 크기가 충분히 크면, $\overline{X} \sim N\left(\mu, \dfrac{\sigma^2}{n}\right)$ 이다. 따라서 $E(\overline{X}) = \mu$ 이므로, 표본평균 분포의 평균은 모집단의 평균과 일치한다.

정답 : ②

더블체크

정답률 약 50%

Q 단순무작위표본추출에 대한 설명으로 옳지 않은 것은? [08년 1회, 19년 3회 기출]

① 난수표를 이용하는 표본추출방법이다.
② 모집단을 가장 잘 대표하는 표본추출방법이다.
③ 모집단의 모든 조사단위에 표본으로 뽑힐 기회를 동등하게 부여한다.
④ 모집단의 구성요소를 정확히 파악하여 명부를 작성하여야 한다.

해설 단순무작위표본추출은 모집단 내의 각 요소가 동등한 확률로 표본에 포함될 수 있는 공정한 방법이지만, 이 방법이 항상 모집단을 가장 잘 대표한다고 말할 수는 없다. 대표성은 단순히 무작위성만으로는 보장되지 않기 때문이다. 따라서 단순무작위표본추출이 항상 모집단을 가장 잘 대표하는 표본추출 방법이라고 말할 수 없다. 모집단의 특성과 상황에 따라 층화표본추출이나 계통표본추출 등 더 적합한 표본추출 방법이 있을 수 있다.

정답 : ②

2) 층화표본추출(Stratified Sampling)

① 층화표본추출의 정의·특징·표집방법

정의 `기출`	• 모집단이 서로 상이한 특성에서 이루어져 있을 경우에 모집단을 유사한 특성으로 묶은 여러 부분집단에서 단순무작위추출법에 의하여 표본을 추출하는 방법이다. • 모집단을 동질적인 특성을 가진 몇 개의 집단으로 구분하고 각 집단별로 표본을 추출하는 방법이다. • 모집단을 일정한 분류기준에 따라 소집단들로 분류한 후 소집단별로 표본을 추출한다는 점에서 할당표본추출방법과 유사하다.
특징 `기출`	• 집단 내 동질적, 집단 간 이질적 `암기` 층간이질 — 모집단을 특정한 기준에 따라 서로 다른 소집단으로 나누고 이들 각각의 소집단들로부터 빈도에 따라 적절한 일정수의 표본을 무작위로 추출하는 방법이다. — 무작위로 표본을 추출할 때보다 표본의 대표성을 높일 수 있는 방법이다. • 모집단의 모든 요소가 추출될 확률이 동일하다. • 표본추출 이전에 모집단에 대한 지식이 필요하다. — 층 구분 기준으로 활용할 성별·연령·소득 등의 모집단 정보가 필요하다. • 모집단을 일정 기준에 따라 서로 상이한 집단들로 재구성한다. — 층화표집은 부분집단 간에 이질적인 요소로 이루어지며, 모든 부분집단에서 표본을 선정한다. — 따라서 중요한 집단을 빼지 않고 표본에 포함시킬 수 있다. • 동질적 대상은 표본의 수를 줄이더라도 정확도를 높일 수 있다. • 동질적인 집단에서의 표집오차가 이질적인 집단에서의 오차보다 작다는데 논리적인 근거를 둔다.
표집 방법	① 모집단을 관련 변수들의 카테고리(의미 있는 특징)에 근거하여 2개 이상의 상호배타적인 계층(소집단)으로 분리한다. ② 각 계층으로부터 단순무작위표본을 추출한다. `기출` • 각 계층에서 추출되는 표본의 수는 모집단 속의 각 변수(학년·성별)들의 구성비에 따른다. ③ 각 계층에서 추출된 표본을 결합하여 통합 층화표본을 작성한다.
유의 사항	• 변수(층화기준)는 너무 많으면 안 된다. 변수가 많으면 층의 분류가 어렵고, 정확성 확보를 위한 표본의 수도 더 많아져야 한다. • 변수(층화기준)에 대한 자료가 정확하고 이용이 가능해야 한다. — 무엇에 초점을 두어 층화하는가 하는 문제가 제기될 수 있기 때문이다. • **변수(층화기준)는 분석대상이 되는 변수와 밀접한 관계를 가져야 한다.** 예 A대학교의 학년별 학식 선호도 조사에서는 학년이 변수(층화기준)으로 적합하며, 연령대 혹은 성별 등은 변수(층화기준)으로 적합하지 않다.
예시 `기출`	• 남학생 300명, 여학생 200명이 재학 중인 어떤 고등학교에서 남녀학생들의 컴퓨터 사용 정도와 그 요인들을 살펴보기 위해 설문조사를 실시하고자 할 때, 조사자는 이미 남녀학생 간의 컴퓨터 사용 정도에 차이가 큰 것을 알고 전체 학생을 남녀학생별로 나눈 후 각 집단에서 남학생 100명, 여학생 100명을 단순무작위로 추출하였다.

② 층화표본추출의 장·단점

장점	• 모집단의 각 층화집단의 특수성을 알 수 있으며 비교도 가능하다. • 층화가 잘 이루어져 **각 층 내에는 동질성이 확보된다.** `기출` • 층간에는 이질성이 큰 경우 단순무작위표집보다 적은 표본으로 대표성을 확보할 수 있다. — **단순무작위표본추출보다 시간, 노력, 경비를 절약할 수 있다.** `기출` • 층화가 잘 이루어지면 불필요한 자료의 분산을 축소하므로 단순무작위표집이나 계통적 표집보다 경제적이다.
단점	• **층화 시 모집단의 각 층에 대한 정확한 정보(지식)가 필요하다.** `기출` — 층화 시 근거가 되는 명부가 필요하다. 따라서 모집단에 대한 지식이 없으면, 소요되는 시간·비용이 클 수 있다. 즉, 층화목록이 없는 경우 그것을 만들어 내는 데 많은 시간과 비용이 요구된다.

③ 층화표본추출의 종류

- 각 소집단에서 뽑는 표본 수에 따라 비례·비비례층화추출방법으로 나뉜다. 기출

비례층화표집	• 모집단에서 각 층이 정하는 비례(비율)에 따라 각 층의 크기를 할당하여 표집하는 방법이다. 기출 • 모집단을 대표하는 표본을 표집할 수 있고, 모집단 특성을 쉽게 파악할 수 있다. • 층이 다수이면 비례적 추출이 어렵고, 각 층 간의 비교도 어렵다. 예 A대학 경상학부 학생들을 대상으로 학과 만족도 조사를 수행 기출 　- 남학생 800명, 여학생 200명일 때, 성별에 따라 남자 80%, 여자 20%가 되도록 층화표집한다.
비비례층화표집 (불비례층화표집) (Pisproportionate Stratified Sampling)	• 각 층의 크기와 상관없이 같은 수를 표집하는 방법이다. • 모집단보다 각 층이 대표하는 부분집단의 특성 파악을 위해 사용된다. • 의도적으로 각 층에 상이한 비율을 주어 표본의 수를 조정하고자 하는 표집방법이다. • 모수를 구하기 위해 특별한 통계적 조작이 요구되는 등 상대적으로 매우 복잡하다.
가중표집 (Weighted Sampling)	• 가중표집은 비비례층화표집의 결과를 조정하기 위한 통계적 방법이다. 　- 만약 각 집단의 크기에 비례하지 않고 동일한 수를 표집하는 비비례층화표집(불비례층화표집)에서 불비례하게 표본을 추출하면, 실제 모집단의 구조를 정확히 반영하지 못할 수 있기 때문에, 각 표본에 가중치를 부여하여 모집단의 비율을 재조정하여 표집하는 것이 가중표집이다. • 확률표집의 논리를 적용하면서, 필요에 따라 표집률을 달리하는 표집방법이다. 기출 　- 가중표집은 각 개체가 표본에 포함될 확률을 다르게 설정하여 표본을 추출하는 방법이며, 특정 개체나 그룹의 중요성이 높을 경우에 그들의 확률을 높게 설정하여 표본에 반영할 수 있다. 따라서 필요에 따라 표집률을 달리하는 표집방법으로 적합하다.
최적분할 비비례층화표집	• 비비례층화표본추출방법의 변형으로, 통계량의 표준오차가 최소가 되도록 하는 방법이다. • 사전에 적절한 층화기준 또는 변수에 대한 충분한 지식을 가지고 있어야만 한다. • 어떤 변수에 대해 동질적인 층과 이질적인 층을 명확히 구분한다는 것이 현실적으로 어려우므로 거의 불가능한 방법이다.

더블체크

정답률 약 40%

Q 다음 상황에 가장 적절한 표집방법은? [09년 1회, 16년 1회, 21년 2회 기출]

> 국내에 거주하는 탈북자는 약 900명에 이른다고 가정할 때, 이들 탈북자와 일반 시민을 각기 200명씩 확률표집하여 통일에 대한 태도를 비교하려고 한다.

① 가중표집　　　　　　　　　　② 층화표집
③ 집락표집　　　　　　　　　　④ 단순무작위표집

해설 비비례층화표집(가중표집)의 한 예시이다. 물론 비비례층화표집(가중표집)이 층화표집의 종류이지만, '가장 적절한' 표집방법임을 골라야 한다는 것이 이 문제의 핵심이다. 가중표집에 해당하는 이유는 국내에 거주하는 일반시민(약 4,000만 명~5,000만 명 내외)과 탈북자(900명)에서 각 집단별 200명씩 확률표집을 한 경우이므로, 이는 각 층의 크기와 상관없이 같은 수를 표집한 것이기 때문이다.

정답 : ①

| 사례 중심 그림 | 층화표본추출 |

예시 : A대학교의 학생들의 환경보호에 대한 여론 조사 [16년 1회 기출] 기출
대학생을 대상으로 여론조사를 할 때, 모집단 학생들의 학년별 구성을 가장 잘 반영할 수 있는 표집방법은 층화표본 추출방법이다.
대학 내 학생 정원 가운데 각 학년별 학생 수를 고려하여 학년별 표본크기를 정하고, 표본추출을 수행해본다.
Step 1. 모집단 정의 : A대학교 전체 학생
Step 2. 층화 변수 선택 : 학년 (1 · 2 · 3 · 4)
Step 3. 층화 종류 선택
- 비례층화 : 각 학년(층)별 비율을 고려하여, 각 층의 크기를 할당하여 추출한다.
- 비비례층화 : 각 학년(층)에서 일정 수의 학생(20명씩)을 무작위로 추출한다.

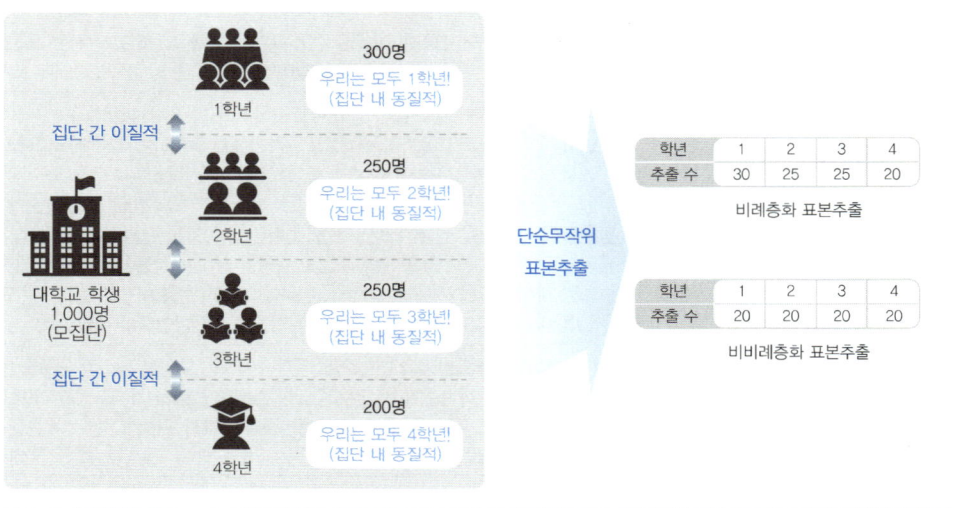

| 더블체크 |

Q 다음에 해당하는 표집방법은? [13년 3회 기출]

> 성인의 정치의식을 조사하기 위해 소득을 기준으로 최상, 상, 하, 최하로 구분한 다음, 각각의 계층이 모집단에서 차지하고 있는 비율에 맞추어 1,500명의 표본을 4개의 소득계층별로 무작위표집하였다.

① 층화표집 ② 군집표집
③ 할당표집 ④ 체계적 무작위표집

해설 층화표집 중 '비례층화표집'의 예시이다. '비례층화표집'인 이유는 층화표집+비례표집+무작위표집에 해당하기 때문이다. 층화표집(소득을 기준으로 모집단을 4개의 계층인 최상, 상, 하, 최하로 나누었으므로, 이는 모집단을 특정 기준에 따라 층으로 구분한 것이다.)+비례표집(각 소득 계층이 모집단에서 차지하는 비율에 맞추어 표본을 추출하였다는 것은 비례적인 방식으로 표집한 것이다.)+무작위표집(각 계층 내에서 무작위로 표본을 추출하였으므로, 이는 확률표집임을 의미한다.)

정답 : ①

3) 집락표본추출(군집표본추출 ; Cluster Sampling)

① 집락표본추출의 정의·특징·표집방법

정의 `기출`	• 모집단 목록에서 구성요소에 대해 <u>**여러 가지 이질적인 구성요소를 포함하는 여러 개의 집단으로 구분한**</u> 후, 그 집락(소집단)을 표집단위로 하여 무작위로 몇 개의 집락을 표본으로 추출한 다음 표본으로 추출된 집락에 대해 그 구성요소를 전수 조사하는 방법이다.
특징	• 집락 내 이질적, 집락 간 동질적 `기출` `암기` 집간동 　– <u>집락 내 구성요소를 가급적이면 이질적인 요소로 구성한다.</u> `기출` 　– 집락(군집)의 예시로는 지역, 학교, 공장 등이 있다. 　– 각 집락이 모집단의 구성요소를 대표할 수 있는 이질적인 요소로 구성되며, 집락 간 차이가 미비한 경우에 적용된다. 　– <u>집락 내에서는 이질성이 크고 집락 간에는 동질성이 크도록 집락을 설정하면, 표본오차와 조사비용을 동시에 줄일 수 있다.</u> `기출` • 표본의 대표성을 유지하기 위해 적절한 단계 수를 선택하는 것이 중요하다. 　– <u>집락표본추출은 단일단계집락표본추출법과 다단계집락표본추출법이 있다.</u> `기출` 　– <u>조사자의 필요에 따라서는 집락을 2개 이상의 단계에서 설정할 수도 있다.</u> `기출` • 집락의 크기에 비례하여 표본을 추출하기 때문에, 각 집락 내의 요소들이 추출될 확률은 동일하다. 　– <u>확률표본표집방법이므로, 모집단의 모든 요소가 추출될 확률이 동일하며, 표본오차의 크기를 계산할 수 있다.</u> `기출` • <u>선정된 각 집락은 다른 조사의 표본으로도 사용할 수 있다.</u> `기출` • <u>추정 효율이 가장 높은 경우는 각 집락이 모집단의 축소판일 경우이다.</u> `기출`
표집 방법	① 집락수준의 수를 결정한다. ② 각 집락의 수준으로부터 결정된 수만큼 무작위로 선택한다. ③ 최종적인 표본추출단위는 집단이다. 　• <u>표집단위를 모집단의 요소(개인)가 아닌 그룹(집락)으로 주로 구한다.</u> `기출`
예시 `기출`	• 580개 초등학교 모집단에서 5개 학교를 임의 표집하였다. 선택된 학교마다 2개씩의 학급을 임의 선택하고, 또 선택된 학급마다 5명씩의 학생들을 임의 선택하여 학생들이 학원에 다니는지 조사하는 경우

② 집락표본추출의 장·단점

장점	• <u>완전한 표본틀이 없는 경우에도 사용 가능하다.</u> `기출` • <u>전체 모집단의 목록표를 작성하지 않아도 된다.</u> `기출` 　– <u>전체 모집단의 목록이 없는 경우에 매우 유용하다.</u> `기출` • 최종 집락으로부터 개인들을 추출하므로 최종집락의 목록만 있으면 된다. 　– <u>목표모집단의 구성요소들을 총망라한 목록을 수집하기가 현실적으로 어려운 경우에 사용될 수 있다.</u> `기출` • <u>단순무작위표집법에 비해 표본표집이 용이하므로 비교적 경제적이다.</u> `기출` 　– <u>집락표본추출법은 때에 따라서 단순무작위추출법보다 훨씬 경제적이고, 신빙성도 뒤떨어지지 않는다.</u> `기출` 　– 단순무작위표집법은 모집단에 대한 정확한 정의와 완전한 목록의 구비를 전제 조건으로 하므로 시간과 비용이 집락표집법에 비해 많이 소요된다.
단점	• 모집단에 속한 각 구성원(사람·가구 등)은 단일 집락에만 속해야 한다. • <u>군집표본추출법에서 군집 단계의 수가 많을수록 표본오차(sampling error)는 커진다.</u> `기출` • 집락표본추출은 표본의 크기가 동일할 때, 단순무작위표본추출 및 층화표본추출보다 표본오차가 크다. • <u>집락표본추출은 단순무작위표본추출보다 특정집단(집락)을 과대 또는 과소 표현할 위험이 더 많다.</u> `기출` • <u>군집표집에서 군집이 동질적이면 오차의 가능성이 높다.</u> `기출` 　– 군집표집에서는 각 군집 내에 이질성이 있어야 표본이 모집단의 다양한 특성을 잘 반영할 수 있다.

③ 집락표본추출의 종류 : 다단계집락추출(Multistage Cluster Sampling)
- 집락표본추출의 변형이며, 규모비례확률표집(PPS)이 대표적인 예시이다. 기출
- 집락표집은 일반적으로 다단계를 통하여 표집이 이루어진다. 기출
  - 2단계 이상의 표본추출작업을 거쳐 최종적인 조사단위를 선정하는 방법이다.
- 대표성을 높이기 위해 층화표집을 병행하여 수행한다. 기출
- 최초의 집락수가 많으면 그 이후의 집락수는 작아진다. 기출
- 전국 또는 광활한 지역을 대상으로 하는 대규모 조사에서 주로 사용되며, 표본의 대표성을 높이기 위해서는 최초의 집락수를 크게 하는 것이 좋다. 기출

사례 중심 그림 | 집락표본추출

[우리나라 국민의 주거상황에 관한 조사]
- 매 면접단위당 비용을 절약하기 위해 광범위한 지역 전체에서 표본을 추출하기보다, 몇 개의 집락을 추출하여 해당 지역 내에서만 표본을 선정하는 것이 집락표집의 특징이다.

Step 1. 가장 먼저, 시도를 무작위로 추출한다.
Step 2. 그런 다음 추출된 시도에서 군·구를, 나아가 읍·면·동을 선정한다.
Step 3. 여기에 비치된 주민등록부를 목록표로 활용하여 표본을 무작위로 선정한다.

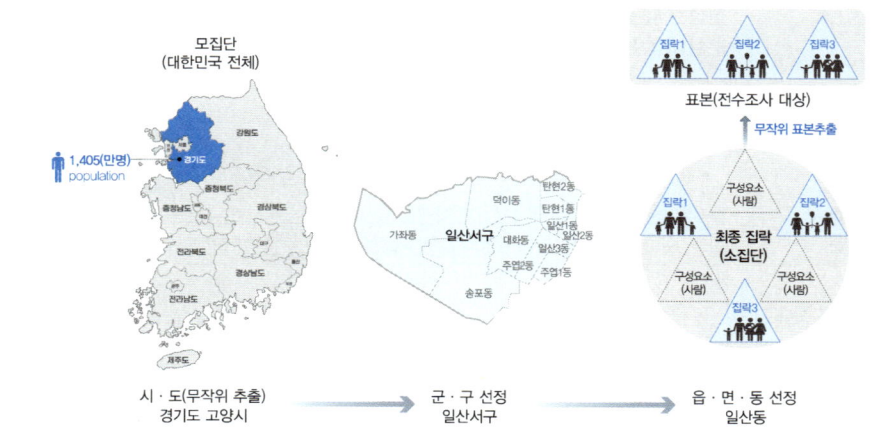

더블체크

> 정답률 약 40%
>
> **Q** 집락(Cluster)표본추출법에 관한 설명으로 틀린 것은? [13년 1회 기출]
>
> ① 선정된 각 집락은 다른 조사의 표본으로도 사용할 수 있다.
> ② 모집단의 목록이 없는 경우에 매우 유용하다.
> ③ 단순무작위표본추출법에 비해서 시간과 비용 면에서 효율적이다.
> ④ 집락 단계의 수가 많을수록 표본오차(Sampling Error)가 작아지게 된다.
>
> **해설** 집락 단계의 수가 많아질수록 복잡성 증가와 대표성 저하 문제로 인해 표본오차가 증가할 수 있다. 집락 단계는 표본을 추출하는 단계 수를 의미한다. 예를 들어, 1단계 집락 표본추출에서는 모집단을 큰 집락으로 나눈 후, 무작위로 몇 개의 집락을 선택한다. 2단계 집락 표본추출에서는 선택된 집락 내에서 다시 작은 집락을 나누어 표본을 추출한다. 또한, 집락 단계의 수가 많아질수록 각 단계마다 무작위로 표본을 선택해야 하고, 그 과정에서 집락 내 편향(집락 간 차이)이나 대표성 문제가 발생할 수 있다. 단계가 많아지면 다양한 집락을 선택하게 되지만, 그만큼 추가적인 표본오차가 발생할 위험도 커진다.
>
> 정답 : ④

더블체크

정답률 약 30%

Q 층화무작위표본추출법과 군집표본추출법에 대한 설명으로 틀린 것은?

[03년 1회, 08년 1회, 17년 3회 기출]

① 확률표본추출법이다.
② 모집단의 모든 요소가 추출될 확률이 동일하다.
③ 표본추출의 단위가 모집단의 요소이다.
④ 군집표본추출법은 층화무작위표본추출법과는 달리 가급적이면 군집을 이질적인 요소로 구성한다.

해설 층화무작위표본추출법에서는 모집단의 개별 요소(사람, 개체)를 표집의 단위로 사용한다. 즉, 모집단을 여러 층으로 나누고, 각 층에서 무작위로 표본을 선택하며, 표집의 단위는 모집단의 개별 요소이다.
그러나, 군집표본추출법에서는 모집단의 요소가 아닌, 집락(군집)이 표집의 단위이다. 즉, 모집단을 여러 군집(집락)으로 나누고, 이 군집들 중에서 무작위로 선택한다. 선택된 군집 내의 모든 요소나 일부 요소를 조사하는 것이므로, 표본추출의 단위는 군집이지 모집단의 개별 요소가 아니다.

정답 : ③

4) 연속표본추출

정의	• 연속표본추출은 자료 수집 과정에서 자료의 정확성을 검토하여, 이미 수집된 표본이 모집단의 성격을 충분히 대표한다고 판단되면, 추가 표본을 추출하지 않고 기존 자료만으로 분석을 마치는 방법이다. - 즉, 수집된 데이터가 충분할 때 표본 추출을 중지하는 방식이다.
장점	• 효율성 - 모집단의 성격을 빠르게 파악할 수 있다. • 비용 절감 - 불필요한 추가 자료 수집을 방지하여 비용과 시간을 절감할 수 있다. • 유연성 - 상황에 따라 필요한 만큼만 데이터를 수집하므로, 자료 수집의 효율성을 극대화할 수 있다.
단점	• 표본의 대표성 문제 - 너무 적은 표본으로도 분석을 마칠 수 있어, 모집단을 충분히 대표하지 못할 위험이 있다. • 확장성 제한 - 관찰 사례의 수를 쉽게 확대할 수 있는 경우에만 적용할 수 있다. • 오차 발생 위험 - 표본 추출이 잘못되거나 충분한 무작위성이 확보되지 않은 경우, 오차가 발생할 가능성이 높다.
예시	• 한 도시의 인구 건강 상태를 조사 - 연속 표본추출을 사용하여 초기 몇 백 명의 데이터를 수집한 후, 그 데이터가 전체 인구를 잘 대표한다고 판단되면 추가 조사를 중단할 수 있다. - 이를 통해 조사비용과 시간을 절약할 수 있다.

5) 계통표본추출 (체계적 표집 ; Systematic Sampling)

① 계통표본추출의 정의 · 특징 · 표집방법

정의 기출	• <u>최초의 표본 집단을 무작위로 선정한 다음에 K번째마다 표본을 추출하는 방법이다.</u> • <u>모집단을 구성하고 있는 구성요소들이 자연적인 순서 또는 일정한 질서에 따라 배열된 목록에서 매 K 번째의 구성요소를 추출하여 표본을 형성하는 표집방법이다.</u> • 모집단에 대한 정보를 담은 명부를 표집틀로 해서 일정한 순서에 따라 표본을 추출하는 표집방법이다.

특징	• 체계적 선택
	   − 표본을 무작위로 추출하는 대신, 처음 한 개의 표본을 무작위로 선택한 후 일정한 간격을 두고 나머지 표본을 추출한다. 이 간격을 표집간격(Sampling Interval)이라고 한다.
	   − 예를 들어, 모집단이 1,000명이고 표본 크기가 100명이라면, 표집간격은 10이 된다. 즉, 처음 표본을 무작위로 선택한 후, 10번째마다 표본을 선택한다. 기출

표집 방법	① 표집간격 K를 결정한다. $K = \dfrac{\text{모집단의 크기}}{\text{표본의 크기}} = \dfrac{N}{n}$ 기출 ② 무작위표본추출에 의해 첫 번째 표본을 무작위로 선정 및 추출한다. • 인위적인 편견의 개입가능성을 줄이기 위해, 최초의 사례는 반드시 무작위로 선정해야 한다. ③ 나머지 표본들은 앞서 결정한 일정한 표집간격 K에 의해 추출한다.

② 계통표본추출의 장 · 단점

장점	• <u>표집틀에 주기성이 없는 경우 모집단을 잘 대표할 수 있다.</u> 기출 • <u>단순무작위표집(난수표)에 비해 시간 소요가 적으므로, 단순무작위표집의 대용으로 사용될 수 있다.</u> 기출 • 비전문가도 쉽게 이해할 수 있고, 수행이 용이하며 표집이 간편하다.

단점	• 모집단의 구성배열에 지나치게 몰두하는 경우 오차의 개입가능성이 커진다.
	 • <u>모집단의 배열이 주기성을 보일 때는 중대한 오류를 범할 수 있다.</u> 기출
	   − 체계적 오차의 개입 가능성이 있다. 기출
	   − <u>표집을 위한 명단 배열에 일정한 주기성과 특정 경향성을 보이는 경우 편견이 개입되어 대표성 문제가 발생하고, 편중된 표본을 추출할 위험이 있다.</u> 기출

③ 계통표본추출의 예시

예시 기출	• 선거예측조사의 출구조사 • 운송 중 일정 시간마다 표집하는 수입품 검사(창고 적재 후에는 표집이 어려움) • <u>서울 지역의 전화번호부를 이용하여 최초의 101번째 사례를 임의로 결정한 후, 표집간격을 100으로 하여 201, 301, 401번째의 순서로 뽑는 표집방법</u> • 집단의 크기가 100만 명이고 표본의 크기가 1,000명일 때, 최초의 사람을 무작위로 선정한 후 매 1,000번째 사람을 고른다. • <u>5,000명으로 구성된 모집단으로부터 100명의 표본을 구하기 위해서는 먼저 1과 50 사이에서 무작위로 한 명의 표본을 선정한 후 첫 번째 선정된 표본으로부터 모든 50번째 표본을 선정한다.</u> • 어떤 공정으로부터 제품이 생산되어 나오는 경우 일정 시간 간격마다 하나의 표본을 뽑는다거나, 수입품 검사에 있어서 선창이나 창고에서 표본을 뽑게 되면 내부나 밑에서 표본이 뽑히는 것이 어렵기 때문에 운송 중에 일정 시간마다 표본을 뽑는다.

(2) 비확률표본추출방법(Non-Probability Sampling)

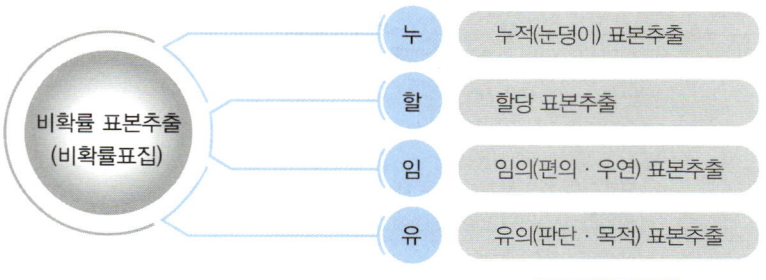

정의	• 비확률표본추출법은 모집단의 모든 표집단위가 표본에 선정될 수 있는 확률을 명확히 규정할 수 없고, 각 표집단위의 추출확률 또한 동일하지 않은 표집방법이다. 기출 – 표본으로 추출될 확률이 알려져 있지 않은 경우의 추출법이다. 기출 • 무작위적 방법이 아닌 다른 선택 방법들에 의해 표본을 선택하는 방법을 말하며 조사자의 주관적 판단에 따라 추출하는 방법이다.
특징	• 표집틀이 없는 경우 사용되며, 조사자의 편견이 개입될 수 있다. • **비확률표본추출의 경우 표본의 크기는 예산과 시간을 고려하여 조사자가 결정할 수 있다.** 기출 • 과거의 역사적 사건과 같이 확률표본추출이 불가능한 경우 활용된다. • 조사자가 민속학이나 참여관찰과 같이 더 큰 모집단에 대한 일반화에 관심이 없는 경우 사용된다. • 질적 조사에 빈번히 활용되는 방법이다.
장점	• 표본추출이 용이하다. • **확률표본추출방법에 비해 시간과 비용을 절감할 수 있어 경제적이다.** – 사회조사에서 비확률표본추출이 많이 사용되는 이유는 표본설계가 용이하고 시간과 비용을 절약할 수 있기 때문이다. 기출 • 모집단의 성격을 어느 정도 파악할 수 있도록 중요한 정보를 제공하기도 한다. • 표본의 크기가 매우 작은 경우에 유리하다. • 조사의 초기 단계에 개략적인 정보가 필요한 경우 활용도가 높다. • 조사의 대상이 매우 비협조적인 경우 활용도가 높다.
단점	• 모집단의 명백한 추정을 위한 확률적인 통계처리가 불가능하다. – 비확률표집방법은 통계적 추론(Statistical inference)을 수행하기 어렵다. • 단위 선택 시 조사자의 편견을 통제하기 어렵다. • **비확률표집방법은 조사결과에 포함될 수 있는 오류에 대한 정확한 정보를 얻기 어렵다.** 기출 – 표집오류를 확인하기 어렵다. 기출 • **표본의 대표성을 확보하기 어렵고, 조사결과를 일반화하기 어렵다.** 기출 • **모집단의 구성요소가 표본으로 선정될 확률이 동일하지 않다.** 기출
종류	• 누적표본추출(눈덩이표본추출), 할당표본추출, 임의표본추출(편의표본추출), 유의표본추출(판단표본추출), 배합표본추출

1) 누적표본추출(눈덩이표본추출 ; Snowball Sampling)

① 누적표본추출의 정의 · 특징 · 표집방법

정의 기출	• 표집대상이 되는 소수의 응답자들을 찾아내어 면접하고, 이들을 정보원으로 다른 응답자를 소개받는 절차를 반복하는 표집방법이다.
특징	• 조사자가 특수한 모집단의 구성원을 전부 파악하고 있지 못한 경우, 비밀을 확인하려는 경우, 소규모 사회조직의 조사 등에 활용된다. – 모집단을 파악하기 어려운 대상의 표본추출에 적합하다. 기출 – 희귀한 사건이나 현상에 대해 조사할 때 주로 사용한다. 기출
표집 방법	• 조사자가 임의로 선정한 사람으로부터 추천을 받아 다른 표본을 선정하는 과정을 반복하며 마치 눈덩이를 굴리듯이 표본을 누적한다.

② 누적표본추출의 장 · 단점

장점	• 연결망을 가진 사람들의 특성을 파악할 때 적절한 방법이다. 기출 – 비용 절감과 시간 절약을 기대할 수 있고, 비교적 정확한 자료를 얻을 수 있다. • 응답자의 신분이 비교적 노출되지 않은 상태로 조사가 가능하므로 응답자의 사생활을 보호할 수 있다.
단점	• 피조사자를 다시 조사원으로 활용하는 것이 어렵고, 최초의 표본을 추출하는 것이 쉽지 않다. • 눈덩이표본추출은 확률적 표본추출방법이 아니므로 통계적 추론을 할 수 없다. 기출 • 표본의 대표성을 확보하기 어렵다.

③ 누적표본추출의 예시

예시 기출	• 도박중독자의 심리적 상태에 관한 조사 – 처음 알게 된 도박중독자에게 다른 대상을 소개받는다. – 다시 소개받은 대상으로부터 제3의 대상자를 소개받아 조사한다. • 청소년의 흡연실태를 조사 – 먼저, 5명의 흡연 청소년을 면접조사한다. – 그 다음, 이들에게 흡연 청소년을 각기 5명씩 소개받는다. – 소개받은 이들로부터 다시 각각 5명씩 소개받아 155명을 조사한다. • 마약사용과 같은 사회적 일탈 행위 조사 기출 – 조사자가 알고 있는 마약 사용자 한 사람을 조사한다. – 이 사람을 통해 다른 마약 사용자들을 소개받는 방법이다. • 불법체류 이주노동자의 취업실태 기출 – 종교단체를 통해 소수의 응답자를 찾아 면접한다. – 다음 단계에서는 첫 번째 응답자의 소개로 면접하고 이를 반복한다.

> **더블체크**
>
> **Q** 눈덩이표본추출(Snowball Sampling)에 관한 설명으로 틀린 것은? [07년 3회, 12년 3회 기출]
> ① 사회적 연결망을 이용한 표본추출방법이다.
> ② 모집단의 구성비율을 이용해서 표본을 추출하는 방법이다.
> ③ 희귀한 사건이나 현상에 대해 조사할 때 주로 사용한다.
> ④ 확률적 표본추출방법이 아니므로 통계적 추론을 할 수 없다.
>
> **해설** 눈덩이표본추출은 처음에 소수의 표본을 추출하고, 그 표본이 다른 대상자를 추천하는 방식으로 점점 표본의 규모를 확장해 나가는 비확률적 표본추출방법이다. 비확률적 표본추출방법은 표본이 임의적이거나 조사자의 판단에 의해 선택되기 때문에, 일반적으로 모집단의 구성비율을 이용하지 않는다.
>
> 정답 : ②

2) 할당표본추출(Quota Sampling)

① 할당표본추출의 정의 · 특징 · 표집방법

정의 기출	• 인구통계학적, 경제적, 사회 · 문화 · 자연 요인 등의 분류기준에 따라 전체 표본을 여러 집단으로 구분하고, 집단별로 필요한 대상을 사전에 정해진 크기만큼 추출하는 방법이다. • 특정 변수를 중심으로 모집단을 일정한 범주(카테고리)로 나눈 다음, 이들 카테고리에서 정해진 요소수를 작위적(예 선착순)으로 추출하는 방법이다.
특징 기출	• 모집단의 모든 표집단위가 표본에 선정될 수 있는 확률 명확히 규정할 수 없고, 각 표집단위의 추출확률 또한 동일하지 않은 표집방법이다. - 모집단이 갖는 특성의 비율에 맞추어 표본을 추출하는 방법이다.

표집 방법	① 모집단의 주요 속성을 대표할 수 있는 일정 수의 범주를 결정한다.
	   • 성별 · 연령 · 직업 등 조사 문제와 깊이 관련 있는 기준을 선택한다.
	② 각 범주를 대표하는 표본의 수(할당량)를 결정하여 할당표를 작성한다.
	③ 각 범주마다 할당된 수의 표본을 추출한다.
	④ 현지 조사원의 임의적 판단에 따라 표본을 선택하며, 이때 조사원은 할당표에 따라 구성비율을 유지한다.
	(임의적, 임의로 단어 등장에 주의)
	   • 표본의 하위집단 분포를 의도적으로 정하여 표본을 임의로 표집한다. 기출

② 할당표본추출의 장 · 단점

장점	• 비확률표본추출방법 중에서 가장 정교한 방법이다. • 각 집단을 적절히 대표하게 하는 층화의 효과가 있다. 기출 • 명확한 표본프레임이 없어도 사용할 수 있다. 기출 - 그러나 비교적 정확한 표본프레임의 입수가 가능한 상황이라면, 비확률표집방법보다 확률표집방법을 이용하는 것이 바람직하다. 기출 • 크기가 같을 때, 무작위표본추출보다 비용이 적게 된다. 기출 - 할당표집은 같은 크기의 확률표집보다 적은 시간 · 비용으로 표집할 수 있다. • 표집이 쉽고 빨라서, 신속한 결과를 원할 때 사용 가능하다. 기출 • 모집단을 구성하고 있는 각 계층을 골고루 적절히 대표하도록 함으로써 모집단의 대표성이 비교적 높다.
단점 기출	• 할당표집은 조사자들이 조사하기 쉬운 사례들을 선택하는 경향이 있다. • 할당표집은 확률표집이 아니기 때문에, 특정 할당표집의 정확성을 평가하는 것은 어렵다. • 각 표집단위의 추출확률 또한 동일하지 않은 표집방법이며, 특정 표집의 정확성을 평가하는 것이 어렵다. • 표본오차가 클 가능성이 높고, 오차범위를 계산할 수 없다. • 모집단의 분류 과정에서 조사자의 편견이 개입될 수 있는 가능성이 높다.

③ 할당표본추출의 예시

> **사례 중심 기출** 　**할당표본추출** 기출
>
> - 할당표본추출은 성별·연령·직업·교육수준·소득 등의 기준을 이용하여 몇몇 카테고리로 분류한 다음, 모집단의 특성을 나타낼 수 있도록 특성에 비례하여 각 카테고리를 대표하는 표본수를 할당하는 방법이다.
>
> 사례1 : 특정지역에 위치한 도서관 청소년 이용자 대상 설문조사
> - A 지역에 위치한 도서관을 이용하는 남녀 청소년의 비율이 6:4임을 감안하여, 어느 하루를 정하여 그곳을 방문한 청소년들을 대상으로 남학생 60명, 여학생 40명을 선착순으로 설문조사를 실시
>
> 사례2 : 전국 단위 여론조사
> - 16개 시·도와 20대로부터 60대 이상까지의 5개 연령층, 그리고 연령층에 따른 성별로 할당표집을 할 때 표본추출을 위한 할당범주는 몇 개인가?
> 　　　　　　　　　　　　　　　　　　　　　∴ 16(시·도)×5(연령층)×2(성별)=160개
>
> 사례3
> - 우리나라 고등학생 집단을 학년과 성별, 계열별(인문계·자연계·예체능계)로 구분하여 할당표본추출을 할 경우, 할당범주는 몇 개인가?
> 　　　　　　　　　　　　　　　　　　　　　　　　　　∴ 3(학년)×2(성별)×3(계열별)=18개
>
> 사례4
> - 4년제 대학에 다니는 대학생의 정치의식을 조사하기 위해 학년과 성별에 따라 할당표집하는 경우, 할당범주는 몇 개인가?
> 　　　　　　　　　　　　　　　　　　　　　　　　　　　　　　∴ 4(학년)×2(성별)=8개
>
> 사례5
> - 4년제 대학교 대학생 집단을 학년과 성별, 단과대학(인문사회·자연·예체능·기타)으로 구분하여 할당표집하는 경우, 할당범주는 몇 개인가?
> 　　　　　　　　　　　　　　　　　　　　　　　　∴ 4(학년)×2(성별)×4(단과대학별)=32개

더블체크

Q 특정 지역 전체인구의 1/4은 A구역에, 3/4은 B구역에 분포되어 있고, A, B 두 구역의 인구 중 60%가 고졸자이고 40%가 대졸자라고 가정한다. 이들 A, B 두 구역의 할당표본표집의 크기를 총 1,000명으로 제한한다면, A구역의 고졸자와 대졸자는 각각 몇 명씩 조사해야 하는가?

[06년 3회, 09년 1회, 12년 1회, 18년 2회 기출]

① 고졸 100명, 대졸 150명　　　　　　② 고졸 150명, 대졸 100명
③ 고졸 450명, 대졸 300명　　　　　　④ 고졸 300명, 대졸 450명

해설 A구역의 고졸자와 대졸자는 각각 ② 고졸 150명, 대졸 100명씩 조사해야 한다.
- A구역 인구 : 1,000×1/4=250명, B구역 인구 : 1,000×3/4=750명
- A구역의 고졸자(60%)=250×0.6=150명, 대졸자(40%)=250×0.4=100명
- B구역의 고졸자(60%)=750×0.6=450명, 대졸자(40%)=750×0.4=300명

구분	A구역	B구역	합계
고졸	150	450	600
대졸	100	300	400
합계	250	750	1,000

정답 : ②

3) 임의표본추출(편의표집 ; Convenience Sampling ; 우연표집 ; Accidental Sampling)

① 임의표본추출의 정의 · 특징 · 표집방법

정의	• 표본선정의 편리성에 기준을 두고 임의로 표본을 선정하는 방법이다. – 손쉽게 이용 가능한 대상만을 선택하여 표집하는 방법이다. 기출
특징	• 분석결과의 일반화나 오차 등에 대해 관심이 없으며, 단지 시간 · 편의성 · 경제성을 염두에 두는 방법이다.
표집 방법	• 일정한 표집의 크기가 결정되면 그 표집을 중지하는 방법이다. – 정해진 크기의 표본을 선정할 때까지 모집단의 일정단위(사례)를 표집한다.

② 임의표본추출의 장 · 단점

장점	• <u>모집단에 대한 정보가 전혀 없는 경우에 사용한다.</u> 기출 • <u>편의표집으로 수집된 자료라 할지라도 유용한 정보를 제공할 수 있다.</u> 기출 • 조사자가 이용 가능한 대상을 표본으로 선정할 수 있다. • 아이디어나 가설을 추출하기 위한 탐색적 조사나 설문지의 사전조사에 주로 활용된다.
단점	• <u>편의표집으로 얻은 표본에 대해서는 표준오차 추정치를 부여할 수 없다.</u> 기출 • 기술적 조사나 설명적 조사에서 활용하기에는 부적절하다. • 조사자의 편견이 개입될 소지가 있다. • 비확률표집방법이므로 표본의 편중이 발생하여 표본의 대표성이 떨어지며, 일반화 가능성도 낮아진다.

더블체크

Q 어느 커피 매장에서 그 커피 매장에 오는 고객들을 대상으로 제품 선호도 설문조사를 실시하여 신상품을 개발한 경우, 설문조사 표본을 구성하는 과정에 해당하는 표집방법은? [14년 3회, 20년 1·2회 통합 기출]

① 군집표본추출 ② 판단표본추출
③ 편의표본추출 ④ 할당표본추출

해설 제시된 상황에서 커피 매장에 오는 고객들을 대상으로 설문조사를 실시한 경우, 접근하기 쉬운 대상인 매장의 고객을 바로 조사에 포함시키는 방식이다. 이는 편의표본추출(Convenience Sampling)의 전형적인 예시이다. 편의표본추출은 조사자가 쉽게 접근할 수 있는 사람들을 대상으로 표본을 구성하는 방법이다. 이 경우 매장에 방문한 고객들이 접근이 용이한 대상이므로 편의표본추출에 해당한다.

정답 : ③

더블체크

Q 오후 2시에서 4시 사이에 서울 강남역을 지나는 행인들 중 접근이 쉬운 사람을 대상으로 신제품에 대한 의견을 물어보는 경우 활용하는 표집방법은? [11년 3회, 17년 1회, 20년 4회 기출]

① 판단표본추출 ② 편의표본추출
③ 층화표본추출 ④ 군집표본추출

해설 편의표본추출은 표본선정의 편리성에 기준을 두고 임의로 표본을 선정한다. 서울 강남역을 지나는 행인들 중 접근이 쉬운 사람을 대상으로 신제품에 대한 의견을 물어보는 경우는 편의표본추출(Convenience Sampling)의 전형적인 예시이다. 이는 조사자가 접근하기 쉬운 사람들을 대상으로 조사를 진행하는 것이기 때문에, 이 경우 편의표본추출을 사용했다고 볼 수 있다.

정답 : ②

4) 유의표본추출(판단표본추출 ; Judgement Sampling, 목적표본추출 ; Purposive Sampling)

① 유의표본추출의 정의 · 특징 · 표집방법

정의	• 조사자의 주관적 판단의 기준에 의거하여 표집하는 방법이다. 기출 – 조사자가 모집단과 구성요소에 대한 풍부한 사전지식을 갖고 있어야 한다. 기출 – 주관적 판단의 타당성 여부가 표집의 질을 결정한다.
특징	• 표본을 의도적으로 구성하는 것이 유효하다고 판단될 경우 활용된다. • 조사자가 목적의 달성에 도움이 되는 구성요소를 의도적으로 추출한다. – 유의표집은 할당표집에 비해 조사목적을 충족시키는 요소를 정밀하게 고려할 수 있다. • 조사자가 주관적으로 판단하여, 모집단을 가장 잘 대표한다고 생각되는 사례들을 표본으로 선정한다. 기출 – 조사자가 자신의 조사능력과 사전지식을 활용하여 응답자를 고를 수 있다. 기출 • 본조사보다는 예비조사 · 시험조사 등 탐색적 조사에 주로 사용된다.
표집 방법	• 조사자가 조사문제를 잘 알고 있거나 모집단의 의견을 효과적으로 반영할 수 있을 것으로 판단되는 특정 집단을 표본으로 선정하여 조사한다. 기출

② 유의표본추출의 장 · 단점

장점	• 표집 비용이 적으므로, 경제적이고 편리하다. • 모집단에 대한 일정한 지식이 있는 경우 표본추출의 정확도가 높다. • 조사설계와 관련이 있는 요소는 명확히 표본으로 선정할 수 있다. • 조사자가 알맞은 판단 및 전략을 사용하여 표집하는 경우, 확률표집방법과 비교 가능한 정도의 정보를 얻을 수 있다. • (확률표집으로) 선정된 표본이 모집단을 적절히 대표하지 못할 경우에 (유의표집이 비교적) 효과적이다. 기출
단점	• 비확률표집방법이며 편의표집이므로, 표본의 대표성을 확보하기 어렵다. • 표본오차의 산정이 곤란하다. • 결과의 일반화가 어렵다. • 모집단이 커질수록 조사자가 표본에 대한 정확한 정보를 얻기 힘들어진다. 기출

③ 유의표본추출의 예시

예시 기출	• '휴대폰로밍서비스'에 대한 전문지식을 가진 표본을 임의 선정하는 경우 • 앞으로 10년간 우리나라의 경제상황을 예측하기 위하여, 경제학 전공교수 100명에게 설문조사를 실시하는 경우

더블체크

정답률 약 50%

Q 판단표본추출(Judgement Sampling)에 관한 설명으로 옳은 것은? [03년 1회, 13년 3회 기출]

① 모집단의 특성에 대한 가정을 하지 않는다.
② 확률표본추출법의 일종이다.
③ 연구자가 자신의 연구능력과 사전지식을 활용하여 응답자를 고를 수 있다.
④ 표본의 대표성을 보장할 수 있다.

해설 판단표본추출(유의표집, 목적표집)은 조사자가 자신의 경험과 지식을 바탕으로 모집단에서 적절하다고 판단되는 표본을 선택하는 비확률적 표본추출방법이다. 이 방법은 조사자의 주관이 많이 개입되기 때문에 대표성이 부족할 수 있지만, 조사자의 판단에 따라 특정한 특성을 가진 표본을 쉽게 구할 수 있는 장점이 있다.

정답 : ③

(3) 총체적 비교 기출

- 확률표집과 비확률표집의 차이는 무작위표집 절차 사용 여부에 의해 결정된다.
  - 아래의 표는 자주 출제되는 내용이므로 반드시 학습하도록 하자.

구분	확률표본추출방법	비확률표본추출방법
정의	확률이론에 기반하여 추출하는 방법	조사자의 주관적 판단·편의에 따라 추출하는 방법
표집방법	무작위적 표본추출	작위적(인위적) 표본추출
대표성	표본의 대표성 확보 가능	표본의 대표성 확보 어려움
일반화	표본분석 결과의 일반화 가능	표본분석 결과의 일반화 제약
경제성	시간 및 비용 소모 많음	시간 및 비용 소모 적음
편의	모수추정에 편의 없음	모수추정에 편의 있음
표본오차	표본오차 추정 가능	표본오차 추정 어려움 표본오차 발생 가능성이 비교적 높음
표집확률	모집단의 구성요소의 표집확률이 알려져 있음	모집단의 구성요소의 표집확률이 알려져 있지 않음
통계적 추론	통계적 추론 가능	통계적 추론 불가
조사자의 주관성	모수 추정에 조사자의 주관성이 배제됨	모수 추정에 조사자의 주관성이 개입될 수 있음

더블체크

Q 확률표집방법(Probability Sampling Method)과 비확률표집방법(Non-Probability Sampling Method)에 관한 설명으로 틀린 것은? [10년 1회, 11년 1회, 15년 2회 기출]

① 확률표집방법은 구성원들의 명단이 기재된 표본틀(Sample Frame)이 있다.
② 확률표집방법은 조사대상이 뽑힐 확률을 미리 알아서 표본의 모집단 대표성을 산출할 수 있다.
③ 비교적 정확한 표본프레임의 입수가 가능하다면 확률표집방법보다는 비확률표집방법을 이용하는 것이 바람직하다.
④ 비확률표집방법은 조사결과에 포함될 수 있는 오류에 대한 정확한 정보를 얻기 어렵다.

해설 비교적 정확한 표본프레임이 있다면 확률표집방법을 사용하는 것이 통계적 추론과 결과의 일반화를 위해 더 바람직하다.

정답 : ③

더블체크

정답률 약 50%

Q 비확률표본추출법과 비교한 확률표본추출방법의 특징을 모두 고른 것은? [18년 1회 기출]

ㄱ. 연구대상이 표본으로 추출될 확률이 알려져 있음
ㄴ. 표본오차 추정 불가능
ㄷ. 모수 추정에 조사자의 주관성 배제
ㄹ. 인위적 표본추출

① ㄱ
② ㄱ, ㄷ
③ ㄴ, ㄹ
④ ㄴ, ㄷ, ㄹ

해설 확률표본추출방법은 조사대상이 표본으로 추출될 확률이 알려져 있고, 표본오차 추정 가능하며, 모수 추정에 조사자의 주관성 배제되며, 무작위적 표본추출이라는 특징을 갖는다.

정답 : ②

2 표본추출절차 수립 [암기] 모틀방크추 [기출]

• 표본추출절차 수립의 단계는 기출 내용이므로 반드시 학습하도록 하자.

(1) 1단계 : 모집단의 확정

① <u>표본추출과정에서 가장 먼저 해야 할 것은 모집단의 확정이다.</u> [기출]
② 조사결과의 일반화를 위한 대상을 확정하는 것이다.
③ 모집단은 조사대상이 되는 집단을 의미한다.
   • 모집단을 확정하기 위해서는 조사대상·표본단위 조사범위·기간 등을 명확히 한정해야 한다.
   • 조사목적에 부합하는 자료를 얻기 위해, 정밀하고 명확한 모집단의 규정이 필요하다.

(2) 2단계 : 표집틀(표본 프레임) 선정

① 모집단이 확정된 경우 표본을 추출하게 될 표집틀을 선정해야 한다.
   • 표집틀은 모집단 내에 포함된 조사대상자들의 명단이 수록된 목록이다.
② 모집단의 구성요소를 모두 포함하되, 각각의 요소가 중복 포함되지 않아야 한다.

(3) 3단계 : 표집방법 결정

① 표집틀 선정 후, 모집단의 대표성을 확보할 수 있는 표집방법을 결정한다.
② 표집방법은 크게 확률표집방법 5가지와 비확률표집방법 4가지가 존재한다.

(4) 4단계 : 표집크기 결정

① 표집방법 결정 후, 표집크기를 결정한다.
② 경제성(시간·비용), 조사원의 능력, 표본오차를 나타내는 정확도·신뢰도 등을 고려한다.

(5) 5단계 : 표본추출

① 표집방법과 표집크기 결정 후, 본격적으로 표본을 추출한다.
② 결과의 일반화 가능성을 고려하면서 표집하고, 표집방법에 따라 난수표를 이용하기도 한다.
③ <u>표본추출과정에 해당하지 않는 것은 조사 관련 자금 확보이다.</u> [기출]

더블체크

Q 일반적으로 표본추출과정에서 가장 마지막에 이루어지는 것은? [16년 2회 기출]
   ① 표본프레임의 결정   ② 표본추출방법의 결정
   ③ 모집단의 확정   ④ 표본크기의 결정

해설 일반적인 표본추출과정은 ③ 모집단의 확정 → ① 표본프레임의 결정 → ② 표본추출방법의 결정 → ④ 표본크기의 결정 → (표본추출)이다.

정답 : ④

3 표본추출 오차와 비표본추출 오차의 개념

(1) 표본추출 오차(Sampling Error ; 표집오차 ; 표본오차)

1) 표본오차의 의의 및 특징

① 표본오차의 의의
- 표본오차(Sampling Error)는 표본조사를 실시함에 따라 발생되는 오차로, 표준오차(Standard Error) 및 상대표준오차(Relative Standard Error ; RSE) 등으로 표현 가능하다.
  ※ 출처 : 통계청 표본설계 및 관리지침[시행 2017. 3. 10.] [통계청예규 제198호, 2017. 3. 10. 일부개정]
- 표본오차는 모집단 중 일부를 표본으로 선정하여 조사함에 따라 발생하는 오차이다.
  - 표본오차는 모집단의 표본의 차이에 의해 발생하는 오류를 말한다. 기출
  - 표본추출 과정에서 표본수치와 모집단 수치의 차이에 의해 발생하는 오차를 의미한다. 기출
- 표본오차는 모수와 통계량의 차이를 나타낸다. 기출
  - 표집오차란 통계량들이 모수 주위에 분산되어 있는 정도를 의미한다. 기출
- 표본오차는 전수조사에서는 발생하지 않고, 표본조사에서 발생하는 오차이다.

② 표본오차의 특징
- 표본조사의 정확성을 나타내는 척도이다.
- 표본의 대표성으로부터의 이탈 정도를 나타낸다.
- 표본으로부터 얻은 통계량이 모집단의 실제 모수와 다를 때 발생하는 오차이다.
- 표본오차의 크기는 표본의 크기와 표본 추출 방법에 따라 달라진다.
- 일반적으로 표본 크기가 클수록 표본오차는 줄어든다. 기출
- 표본오차가 커질수록 표본이 모집단을 대표하는 정확성이 낮아진다. 기출

2) 발생원인 및 해결방법

① 표본의 크기 부족 기출
- 일반적으로 표본의 크기가 클수록 대표성은 커지고, 표집오차는 감소한다.
  - 표본추출오차의 크기는 표본크기의 제곱근에 반비례한다.
  - 표본의 크기 n가 같다면, 표본추출오차는 아래와 같이 비교한다.
  - 군집(집락)표본추출＞단순무작위표본추출＞층화표본추출 암기 군단층

② 분산의 크기 기출
- 일반적으로 표본의 분산이 작을수록 표집오차는 작아진다.
- 이질적인 모집단보다는 동질적인 모집단의 경우 표집오차는 감소한다.

③ 표본추출 방법의 불완전성
- 모집단의 특징에 적합한 조사 방법을 정하면 표집오차는 감소한다.
- 모든 대상이 표본으로 추출될 동등한 기회를 가질 때 표집오차는 감소한다.

(2) 비표본추출 오차(비표본오차 ; Non-Sampling Error)

1) 비표본오차의 의의 및 특징

① 비표본오차의 의의
- 표본추출을 제외한 조사 설계·수행, 자료 집계·분석 과정에서 발생하는 오차이다.
  - 일반적인 측정상의 오차이며, 표집과 관계없이 자료수집 과정에서 발생한다. 기출

② 비표본오차의 특징 기출
- 표본조사와 전수조사 과정에서 모두 발생할 수 있다.
  - 표본조사가 적절하게 설계된 경우에는 전수조사에 비해 비표본오차가 감소한다.

2) 발생원인 및 해결방법

- 표본조사에서 표본추출과정 이외의 다른 모든 원인으로 인해 발생하는 오류이다.
  - 비표본오차의 원인으로는 조사자의 오류, 조사설계상의 오류, 조사표 작성의 오류 등이 있다. 기출

무응답 오차	• 응답을 거부하는 경우 발생하는 오차 – 표본추출과정에서 선정된 표본 중 일부가 연결이 되지 않거나 응답을 거부했을 때 생기는 오류이다. – 재조사 계획을 세워 무응답자 중 일부에게 다시 응답을 받아내면 무응답에 의한 오차는 감소한다.
측정 오차 (응답자·조사원·측정도구와 관련된 오차)	• 측정오차는 면접이나 관찰과정에서 응답자나 조사자 자체의 특성에서 생기는 오류와 양자 간의 상호관계에서 생기는 오류이다. • 원인1. 응답자 오차(무성의한 답변, 거짓말, 응답자의 실수) – 응답자에게 보상을 통해 적극 참여하도록 하면 오차는 감소한다. • 원인2. 조사자의 오차(조사원의 진행 미숙) 기출 – 조사자는 주관적 해석을 자제해야 한다. – 조사원 교육을 철저히 하며, 조사를 잘 하는 경우에는 인센티브를 부여하면 오차는 감소한다. • 원인3. 조사설계 및 조사표 작성의 오류 – 커뮤니케이션 도구인 설문지를 잘 설계하면 오차는 감소한다. – 자료를 상세히 점검하면 이 과정에서 생기는 오차는 감소한다.
처리 오차	• 처리 오차는 정확한 응답이나 행동을 한 결과를 조사자가 잘못 기록하거나 기록된 설문지나 면접지가 분석을 위하여 처리되는 과정에서 틀리게 처리되는 오류이다. • 코딩·입력·대체(Imputation)와 관련된 오차
불포함 오차	• 과소포함·과대포함과 관련된 오차(표본프레임 오류) – 표본체계가 완전하지 않아 발생하는 조사 설계상의 오차이다. 기출 – 과소포함 오류는 표본프레임에 포함되지 않은 모집단의 일부가 있는 경우, 과대포함 오류는 표본프레임에 포함되지 않아야 할 모집단의 일부가 포함된 경우 발생한다. – 특정 모집단 구성원이 표본프레임에 포함되지 않아서 발생하는 오류이며, 표본조사 시 표본체계가 완전하지 않아 발생하는 오류이다. 예 A보험사에 가입한 고객을 대상으로 만족도 조사를 시행하려고 한다. 만약 A보험사에 최근 1년 동안 가입한 고객 명단을 표본틀로 사용하여 표본을 추출하는 경우는 '표본틀이 모집단 내에 포함되는 경우'로 표본틀 오류가 발생할 수 있다. 기출 – 표본틀은 최근 1년 동안 가입한 고객에만 한정되어 있으므로, 이 고객들만을 대상으로 한다면 모집단 전체를 대표하지 않을 수 있다. 즉, 최근 1년 동안 가입한 고객들은 특정 시기나 이벤트에 영향을 받았을 수 있고, 전체 고객을 대상으로 한 만족도 조사 결과와 다를 수 있다. '표본틀이 모집단 내에 포함되는 경우'는 모집단의 일부(최근 1년 동안 가입한 고객)만을 표본틀로 삼는다는 뜻이다.

(3) 전체 오차

① 전체오차는 표본추출 오차와 비표본추출 오차로 구성된다.
   - 두 개의 오차는 상호 독립적 관계이다.

② 둘 중 하나라도 지나치게 크면, 전체 오차는 커진다.
   - 전체 오차가 클 경우, 표본의 대표성에 문제가 발생한다.

③ 전체 오차를 극소화하기 위해서는 표본추출오차와 비표본추출오차를 동시에 극소화해야 한다.
   - 표집방법이 이상적이고, 표본의 크기가 적절하면 표본추출오차를 극소화할 수 있으나, 비표본추출오차가 클 경우 전체오차는 커진다.

더블체크

정답률 약 60%

Q 비표본오차의 원인으로 가장 거리가 먼 것은? [11년 3회, 19년 1회 기출]

① 표본선정의 오류
② 조사설계상 오류
③ 조사표 작성 오류
④ 조사자의 오류

해설 비표본오차(비표본추출오차)는 일반적인 측정상의 오차이며, 표집과 관계없이 자료수집 과정(조사자, 조사설계상, 조사표 작성 등)에서 발생한다. '표본선정의 오류(오차)'는 모집단 중 일부를 표본으로 선정하여 조사하는 과정 중 발생하는 오류(오차)로써 표본오차의 원인에 해당한다.

정답 : ①

더블체크

정답률 약 30%

Q 표집오차를 줄이기 위한 방법과 가장 거리가 먼 것은? [14년 3회, 21년 2회 기출]

① 가능한 한 표본으로 추출될 동등한 기회를 부여한다.
② 가능한 한 표본 크기를 크게 한다.
③ 조사자의 주관적 해석을 삼간다.
④ 동질적인 모집단은 이질적인 모집단보다 오차를 줄일 수 있다.

해설 측정 오차 중 조사자의 오차에서 조사자는 주관적 해석을 자제해야 함을 다루었다. 따라서 '조사자의 주관적 해석을 삼간다.'는 비표본오차를 줄이기 위한 방법이다.

정답 : ③

03 표본크기 결정

1 표본의 크기 결정

(1) 표본의 크기 중요성

① 표집과정에서 표본의 크기 결정에 영향을 미치는 것은 신뢰구간의 크기, 비용·시간의 제약, 유의수준으로 대변되는 정확도, 모집단 인구의 특성 등이 있다. `기출`

② 표본의 크기는 모집단에서의 표집단위 수를 몇 개로 해야 적절한가를 고려해야 한다.
  - 추출되는 표본은 모집단에서 한 개의 표본추출단위만을 제외한 전 표본추출단위로 구성될 수도 있고, 오직 한 개의 표본추출단위로 구성될 수도 있다.

③ 표본 크기가 커질수록 모수와 통계치의 유사성이 커진다. `기출`
  - 적은 비용으로 표준통계량의 모수를 정확하게 추론하는 것이 중요하다.
  - 표본 크기가 커질수록 대표성은 커지지만, 비용·시간이 많이 소모되어 경제성은 떨어진다. `기출`

④ 표본 크기가 커질수록↑ 표본오차의 크기는 감소한다.↓ `기출`
  - 동일한 표집오차를 가정한다면, 사용하고자 하는 변수의 수가 많을수록 표본수가 커져야 한다. `기출`
  - 부분집단별 분석이 필요한 경우에 표본의 수를 늘려 표본오차의 크기를 감소시킨다.

⑤ 비확률표집법의 경우 표본의 크기는 예산과 시간을 고려하여 조사자가 결정할 수 있다.
  - 비확률표집법의 경우 표본의 크기와 표본오차와는 무관하다. `기출`

⑥ 표본의 크기가 커야 하는 경우는 아래와 같으며 자주 출제되므로 반드시 학습하도록 하자. `기출`

추정치에 대한 높은 신뢰수준이 요구될수록	
허용오차가 작을수록 ↓	
모집단의 규모가 작을수록 ↓	
모집단의 이질성이 클수록 ↑	표본의 크기는 커야 한다. ↑ `기출`
조사하고자 하는 변수의 분산값이 클수록 ↑	
조사에 포함된 변수가 많을수록 ↑	
사용하고자 하는 변수의 수가 많을수록 ↑	
독립변수의 범주(카테고리)가 세분화될수록	

더블체크

Q 표본의 크기에 관한 설명으로 틀린 것은? [12년 3회, 16년 3회 기출]

① 모집단의 동질성이 높으면 표본의 크기는 작아진다.
② 독립변수의 카테고리가 세분화될수록 표본의 크기는 커진다.
③ 사용하고자 하는 변수의 수가 많을수록 표본수가 커져야한다.
④ 표본의 크기가 같을 경우 단순무작위표본추출방법보다 층화표본추출방법을 사용하면 표본오차가 커진다.

해설 표본의 크기 n이 같다면, 표본오차의 크기는 군집(집락)표본추출＞단순무작위표본추출＞층화표본추출이다. `기출`

정답 : ④

(2) 표본의 크기 결정 요인

- 표본의 크기를 결정하는 내적 요인과 외적 요인은 아래와 같다.

내적 요인	• 정확성 • 신뢰도(혹은 신뢰구간) `기출`

외적 요인	• 모집단의 크기, 집단별 통계치의 필요성, 통계분석의 기법, 자료수집방법, 표본추출방법 `기출`
	• 조사자의 능력, 조사결과의 분석방법, 조사목적, 조사가설의 내용(이론) `기출`
	  − 잘 구성된 이론과 조사 설계를 개발 및 활용하는 경우, 작은 크기의 표본으로도 유효한 결과를 도출할 수 있다.
	• 모집단의 동질성 `기출`
	  − 모집단이 동질적일수록 표본의 크기를 작게 할 수 있다. `기출`
	• 카테고리의 다양성(분석변수의 범주의 수 ; 수집된 자료가 분석되는 범주의 수) `기출`
	  − 각 변수의 카테고리가 다양할수록 표본의 크기는 커야 한다. `기출`
	• 가용한 자원(비용 · 시간 · 인력)
	  − 지리적 여건이나 조사자의 수는 해당하지 않으므로 주의해야 한다.
	• 오차의 한계(허용오차가 클수록 표본의 크기는 작아짐)
	• 위험성
	  − 위험성은 추정치가 조사에서 요구된 정확성의 수준에 어느 정도 벗어났는가에 대한 것이다. 즉, 표본을 근거로 한 추정치의 정확성에 대한 조사의 불확실의 정도이다.

(3) 표본의 크기 결정 방법

- 표본추출오차의 크기는 표본크기의 제곱근에 반비례한다. `기출`

구분	수식		구분	수식
표본의 크기 n	$n = \left(\dfrac{Z\sigma}{e}\right)^2 = \left(\dfrac{Z^2\sigma^2}{e^2}\right)$	→	허용오차 e	$e = \dfrac{Z\sigma}{\sqrt{n}}$

Z : 표준정규분포 값(신뢰수준과 관련)
σ^2 : 모분산 → 대표본이면서 모분산이 알려져 있지 않은 경우 S^2(표본분산)로 대체
e : 최대허용오차(표본추출오차)

2. 표본오차의 크기 결정

(1) 표본오차에 영향을 미치는 요인

① 모집단의 특성 : 모집단 분산이 크다면 표본의 분산도 클 가능성이 높기 때문에 표본오차가 커진다.
② 표본크기 : 표본크기가 커지면 표본오차는 작아진다. `기출`
③ 관심 추정량, 응답률, 표본추출방법 등 `기출`

(2) 표본오차 계산

- 확률추출방법에 따른 모평균을 추정할 때의 표본오차 비교
  ① 표본의 크기 n가 같다면, 표본오차의 크기는? `기출`
    → 군집(집락)표본추출 > 단순무작위표본추출 > 층화표본추출 `암기` 군단층
  ② 군집(집락)표본추출에서는 군집 단계의 수가 많아질수록 표본오차가 커질 가능성이 높다. `기출`
  ③ 층화표본추출에서는 동질적인 모집단일수록 이질적인 모집단보다 표본오차가 적다. `기출`

더블체크

Q 종교와 계급이라는 2개의 변수와 각 변수에는 4개의 범주를 두고 표를 만들 때 칸들이 만들어진다. 각 칸마다 10가지 사례가 있다면, 표본크기는? [20년 3회 기출]

① 8
② 16
③ 80
④ 160

해설 머릿속으로 단순하게 상상해서 산출하면 2개의 변수×4개의 범주×10가지 사례=80개로 잘못 계산할 수 있다. 따라서 문제에 기재된 것처럼 '표를 만들 때'라는 키워드를 활용하여 아래와 같은 표를 생각해보아야 한다. 표를 보면, 각 칸에 10가지 사례가 입력되며, 이를 통해 표본크기가 160이라는 것을 확인할 수 있다.

계급 \ 종교	A	B	C	D
1	10	10	10	10
2	10	10	10	10
3	10	10	10	10
4	10	10	10	10

정답 : ④

더블체크

정답률 약 60%

Q 다음 중 1,500명의 표본을 대상으로 국민들의 소비성향 조사를 하려할 때, 최소의 비용으로 표집오차를 가장 효과적으로 감소시킬 수 있는 방법은? [10년 1회, 18년 1회 기출]

① 표본수를 10배로 증가시킨다.
② 모집단의 동질성 확보를 위한 연구를 한다.
③ 조사요원을 증원하고 이들에 대한 훈련을 철저히 한다.
④ 전 국민을 대상으로 철저한 단순무작위표집을 실행한다.

해설 최소의 비용으로 표집오차를 감소시키려면, 모집단의 동질성을 확보해야 한다.
① 표본크기를 증가시키면 표집오차는 줄어들지만, 표본크기를 10배로 늘리는 것은 비용이 매우 많이 들기 때문에 '최소 비용'이라는 조건에 부합하지 않는다.
③ 조사요원을 증원하고 이들에 대한 훈련을 철저히 한다는 방법은 조사 자체의 품질을 높일 수 있지만, 표집오차와 직접적으로 관련된 조치는 아니며, 오히려 비용이 증가할 수 있다.
④ 전 국민을 대상으로 철저한 단순무작위표집을 실행한다는 것은 전 국민을 대상으로 조사를 하면 표집오차는 사라지지만, 비용이 매우 크기 때문에 '최소 비용'이라는 조건에 맞지 않는다.

정답 : ②

더블체크

정답률 약 30%

Q 표본의 크기를 결정하는 데 고려해야 하는 요인과 가장 거리가 먼 것은? [13년 2회, 20년 1·2회 통합 기출]

① 신뢰도
② 조사대상 지역의 지리적 여건
③ 모집단의 동질성
④ 수집된 자료가 분석되는 범주의 수

해설 조사대상 지역이 넓을수록 표본추출의 비용이 증가하고, 표본추출의 효율성이 떨어질 수 있으므로, 표본추출방법을 적절하게 선택하는 것이 중요하다.
그러나, 조사대상 지역의 지리적 여건은 표본의 크기를 결정하는 직접적인 요인은 아니다.

정답 : ②

CHAPTER 02 표본설계

기출 및 예상문제

01 [02년 1회, 19년 2회 기출]
모집단 전체의 특성치를 요약한 수치를 뜻하는 용어는?

① 평균(Mean)
② 모수(Parameter)
③ 통계치(Statistics)
④ 표집틀(Sampling Frame)

해설 모수(Parameter)는 모집단 전체의 특성치를 요약한 수치이다. 예를 들어, 모평균, 모분산, 모비율 등이 모수에 해당한다.

02 [15년 1회, 18년 2회 기출]
모든 요소의 총체로서 조사자가 표본을 통해 발견한 사실들을 토대로 하여 일반화하는 궁극적인 대상을 지칭하는 것은?

① 표본추출단위(Sampling Unit)
② 표본추출분포(Sampling Distribution)
③ 표본추출 프레임(Sampling Frame)
④ 모집단(Population)

해설 모집단(Population)은 조사자가 조사 수행 시 관심을 가지는 모든 요소의 총체이다. 조사자는 표본을 통해 얻은 결과를 모집단에 일반화하기 위해 조사와 분석을 수행한다.

03 [08년 1회, 15년 3회 기출]
표본추출과 관련된 용어 설명으로 틀린 것은?

① 통계치(Statistic) : 모집단 내 변수의 값
② 모집단(Population) : 연구하고자 하는 이론상의 전체집단
③ 표본(Sample) : (연구)모집단 중 연구대상으로 추출된 일부
④ 표본오차(Sampling Error) : 표본 수치와 모집단 수치의 차이

해설 통계치(Statistic)는 표본의 수치적 특성이며 표본에서 얻은 변수의 값을 요약하고 묘사한 표본들의 함수이다. 대표적인 통계량으로는 표본평균 $\overline{X}$, 표본분산 S^2, 표본표준편차 S가 있다.

04 [09년 1회, 12년 1회, 19년 1회, 22년 2회 기출]
표집틀(Sampling Frame)과 모집단 간의 관계로 가장 이상적인 경우는?

① 표집틀과 모집단이 일치할 때
② 표집틀이 모집단 내에 포함될 때
③ 모집단이 표집틀 내에 포함될 때
④ 모집단과 표집틀의 일부분만이 일치할 때

해설 표본추출틀과 모집단이 일치하면 가장 이상적이며, 이 경우에는 표집틀 오류가 발생하지 않는다.

정답 : 01 ② 02 ④ 03 ① 04 ①

05 [14년 1회, 18년 3회 기출]

표본추출을 위한 모집단의 구성요소나 표본추출단위가 수록된 목록은?

① 요소(Element)
② 표집틀(Sampling Frame)
③ 분석단위(Unit of Analysis)
④ 표본추출분포(Sampling Distribution)

해설 표본추출틀(표집틀 ; Sampling Frame)은 모집단의 구성요소와 표본추출 단계별로 표본추출단위가 수록된 목록이다. 표집틀은 모집단의 각 요소를 식별하고 목록화한 목록이나 데이터베이스를 의미한다. 표집틀은 표본을 추출하는 데 있어 필수적인 도구이다.

06 [11년 1회, 13년 2회, 19년 1회 기출]

다음 중 불포함 오류에 관한 설명으로 옳은 것은?

① 표본조사를 할 때 표본체계가 완전하게 되지 않아서 발생하는 오류이다.
② 표본추출과정에서 선정된 표본 중 일부가 연결되지 않거나 응답을 거부했을 때 생기는 오류이다.
③ 면접이나 관찰과정에서 응답자나 조사자 자체의 특성에서 생기는 오류와 양자 간의 상호관계에서 생기는 오류이다.
④ 정확한 응답이나 행동을 한 결과를 조사자가 잘못 기록하거나 기록된 설문지나 면접지가 분석을 위하여 처리되는 과정에서 틀리게 처리되는 오류이다.

해설 불포함 오류는 표본조사를 할 때 표본체계가 완전하게 되지 않아서 발생하는 오류이다. 모집단의 일부가 표본틀에 포함되지 않는 경우 발생하는 불포함 오류가 생길 수 있다.
② 무응답 오차의 설명이다.
③ 측정 오차의 설명이다.
④ 처리 오차의 설명이다.

07 [14년 2회, 19년 3회 기출]

A보험사에 가입한 고객을 대상으로 만족도 조사를 시행하려고 한다. 만약 A보험사에 최근 1년 동안 가입한 고객 명단을 표본틀로 사용하여 표본을 추출한다면 이 때의 표본틀 오류는 무엇인가?

① 모집단이 표본틀에 포함되는 경우
② 표본틀이 모집단 내에 포함되는 경우
③ 모집단과 표본틀이 동일한 경우
④ 모집단과 표본틀이 전혀 일치하지 않는 경우

해설 이 예시는 모집단의 일부가 표본틀에 포함되지 않는 경우 발생하는 불포함 오류가 생기는 대표적인 사례이다. A보험사의 전체 고객을 대상으로 한 만족도 조사가 목표라면, 최근 1년 동안 가입한 고객 명단만을 표본틀로 사용하는 것은 모집단의 일부만을 반영하는 것이다. 따라서 최근 1년 동안 가입한 고객만을 포함하면, 그 이전에 가입한 고객들의 의견이 조사에 반영되지 않는다. 이러한 불포함 오류로 인해 전체 고객의 만족도를 정확히 반영하지 못하게 된다.

08 [12년 1회, 16년 3회, 20년 1·2회 통합 기출]

A항공사에서 자사의 마일리지 사용자 중 최근 1년 동안 10만 마일 이상 사용자들을 모집단으로 하면서 자사 마일리지 카드 소지자 명단을 표본프레임으로 사용하여 전체에서 표본추출을 할 때의 표본프레임 오류는?

① 모집단이 표본프레임 내에 포함되는 경우
② 표본프레임이 모집단 내에 포함되는 경우
③ 모집단과 표본프레임의 일부분만이 일치하는 경우
④ 모집단과 표본프레임이 전혀 일치하지 않는 경우

해설 표집틀이 모집단보다 큰 경우이다.
모집단(최근 1년 동안 10만 마일 이상 사용자)<표집틀(자사 마일리지 카드 소지자 명단)

정답 : 05 ② 06 ① 07 ② 08 ①

09 [13년 1회, 18년 3회 기출]
표본추출에 관련된 용어 설명으로 틀린 것은?

① 관찰단위 : 직접적인 조사대상
② 모집단 : 연구하고자 하는 이론상의 전체집단
③ 표집률 : 모집단에서 개별요소가 선택될 비율
④ 통계량(Statistic) : 모집단에서 어떤 변수가 가지고 있는 특성을 요약한 통계치

해설 통계량(Statistic)은 표본의 수치적 특성이며 표본에서 얻은 변수의 값을 요약하고 묘사한 표본들의 함수이다. 대표적인 통계량으로는 표본평균 $\overline{X}$, 표본분산 S^2, 표본표준편차 S가 있다.

10 [10년 1회, 13년 1회, 18년 1회 기출]
총 학생 수가 2,000명인 학교에서 800명을 표집할 때의 표집률은?

① 25% ② 40%
③ 80% ④ 100%

해설 표집률은 모집단에서 개별요소가 선택될 비율이며, 공식은 다음과 같다.

$$\text{표집률} = \frac{\text{표본의 크기}}{\text{모집단의 크기}} \times 100\% = \frac{n}{N} \times 100\%$$

$$= \frac{800}{2,000} \times 100\% = 40\%$$

11 [11년 1회, 13년 2회, 16년 1회 기출]
표본추출률 또는 표집비율(Sampling Fraction)이란?

① 실험집단의 크기에 대한 통제집단의 크기
② 모집단의 크기에 대한 표본 집단의 크기
③ 두 개 표본 집단 간의 동질성을 비교한 것
④ 현지실험과 현지조사의 차이를 비교한 것

해설 모집단의 크기에 대한 표본 집단의 크기는 표본추출률 또는 표집비율(Sampling Fraction)이라고 한다.

12 [18년 2회, 22년 2회 기출]
전수조사와 비교한 표본조사의 특징에 관한 설명으로 옳은 것은?

① 시간과 노력이 많이 든다.
② 조사기간 동안에 발생하는 변화를 반영하지 못한다.
③ 비표본오차를 줄일 수 있다.
④ 항상 정확한 자료를 수집할 수 있다.

해설 전수조사는 모든 단위를 조사하기 때문에 조사 항목이 많고 과정이 복잡하여, 이 과정에서 비표본오차가 발생할 가능성이 높다.
반면 표본조사는 모집단에서 일부 표본을 추출하여 조사하는 방법으로 조사과정을 보다 잘 통제할 수 있어 전수조사보다 더 정확한 자료를 얻을 수 있다. 즉, 전수조사와 비교하였을 때 표본조사는 비표본오차를 줄일 수 있는 조사이다.
① 표본조사는 전수조사에 비해서 시간과 비용이 적게 든다.
② 표본조사는 조사기간 동안 발생하는 변화를 반영할 수 있다.
④ 전수조사와 표본조사를 실시할 때는 표집과정 및 처리 과정에서 오차가 발생하게 된다. 그러므로 항상 정확한 자료를 수집한다고 할 수 없다.

13 [13년 2회, 21년 1회 기출]
전수조사와 비교한 표본조사의 장점으로 틀린 것은?

① 시간과 비용을 절약할 수 있다.
② 단시간 내에 많은 정보를 얻을 수 있다.
③ 표본오류가 줄어든다.
④ 조사과정을 보다 잘 통제할 수 있어서 정확한 자료를 얻을 수 있다.

해설 표본오류는 표본조사의 단점이다. 전수조사는 표본오류가 없으나, 표본조사는 표본추출하는 과정에서 발생할 수 있는 표본오류가 존재한다.

정답 : 09 ④ 10 ② 11 ② 12 ③ 13 ③

14 [10년 3회, 16년 2회 기출]

표본추출과 관계없이 자료를 수집하는 과정에서 발생하는 오차는?

① 표본틀오차 ② 비표본오차
③ 표준오차 ④ 확률적인 오차

해설 비표본오차는 표본조사와 전수조사 과정에서 모두 발생할 수 있다. 비표본오차는 표본추출과 관계없이 자료를 수집하는 과정에서 발생하는 오차이며, 발생원인으로는 무응답오차, 측정오차, 처리오차, 불포함 오차가 존재한다.

15 [20년 4회 기출]

표집오차에 대한 설명으로 옳지 않은 것은?

① 표집오차는 통계량과 모집단의 모수 간 오차이다.
② 표집오차는 표본추출과정에서 발생하는 오차이다.
③ 표본의 크기가 크면 표집오차는 감소한다.
④ 비확률표집오차를 줄이면 표집오차도 줄어든다.

해설 비확률표집오차(Non-sampling Error ; 비표본오차)는 표본추출과 무관하게 자료 수집 과정에서 발생하는 오류로, 무응답오차, 측정오차, 처리오차, 불포함 오차로 인해 발생한다. 따라서 이 오차를 줄인다고 해서 표집오차가 줄어들지는 않는다.

16 정답률 약 40% [16년 3회, 20년 1·2회 통합 기출]

표본크기와 표집오차에 관한 옳은 설명을 모두 고른 것은?

> ㄱ. 자료수집 방법은 표본크기와 관련 있다.
> ㄴ. 표본크기가 커질수록 모수와 통계치의 유사성이 커진다.
> ㄷ. 표집오차가 커질수록 표본이 모집단을 대표하는 정확성이 낮아진다.
> ㄹ. 동일한 표집오차를 가정한다면, 분석변수가 적어질수록 표본크기는 커져야 한다.

① ㄱ, ㄴ, ㄷ ② ㄱ, ㄷ
③ ㄴ, ㄹ ④ ㄱ, ㄴ, ㄷ, ㄹ

해설 ㄹ. 분석변수가 적어진다고 해서 표본의 크기가 반드시 커져야 하는 것은 아니다.

17 정답률 약 30% [06년 3회, 17년 3회, 21년 1회 기출]

표집과 관련된 용어에 대한 설명으로 틀린 것은?

① 모집단이란 우리가 규명하고자 하는 집단의 총체이다.
② 표집단위란 표집과정의 각 단계에서의 표집대상을 지칭한다.
③ 관찰단위란 직접적인 조사대상을 의미한다.
④ 표집간격이란 표본을 추출할 때 추출되는 표집단위와 단위 간의 간격을 의미한다.

해설 표집간격은 표본을 주기적으로 추출할 때, 표집 시 추출되는 요소 사이의 간격이다. 만약 표집간격이 5이면, 첫 번째 표본을 선택한 후 5번째 간격마다 다음 표본을 추출하게 된다.

$$표집간격 = \frac{모집단의\ 크기}{표본의\ 크기} = \frac{N}{n}$$

즉, 표집간격은 추출된 표집단위 간의 간격이 아니다.

> ※ 용어 : 표집단위(Sampling Unit)
> 표집단위란 표본 추출 과정에서 개별적으로 선택되는 대상이며, 조사대상이 될 수 있는 사람, 사물 등 다양한 형태로 존재할 수 있다.
> **예** 어떤 조사에서 전국의 가구를 대상으로 설문조사를 할 때, 개별 가구가 표집단위가 될 수 있다.

18 [20년 3회 기출]

표집과 관련된 용어에 대한 설명으로 틀린 것은?

① 모수(Parameter)는 표본에서 어떤 변수가 가지고 있는 특성을 요약한 통계치이다.
② 표집률(Sampling Ratio)은 모집단에서 개별요소가 선택될 비율이다.
③ 표집간격(Sampling Interval)은 모집단으로부터 표본을 추출할 때 추출되는 요소와 요소간의 간격을 의미한다.
④ 관찰단위(Observation Unit)는 직접적인 조사대상을 의미한다.

해설 모수(Parameter)는 모집단 전체의 특성치를 요약한 수치이다. 모평균, 모분산, 모비율 등이 모수에 해당한다. 표본에서 어떤 변수가 가지고 있는 특성을 요약한 통계치는 통계량(Statistic)이다.

정답 : 14 ② 15 ④ 16 ① 17 ④ 18 ①

19 [04년 3회, 18년 3회 기출]
표집(Sampling)의 대표성에 대한 의미와 가장 거리가 먼 것은?

① 표본을 이용한 분석결과가 일반화될 수 있는가의 문제
② 표본자료가 계량 통계분석기법을 적용하기에 적합한가의 문제
③ 표본의 통계적 특성이 모집단의 통계적 특성에 어느 정도 근접하느냐의 문제
④ 표본이 모집단이 지닌 다양한 성격을 고루 반영하느냐의 문제

해설 표본자료가 계량 통계분석기법을 적용하기에 적합한가의 문제는 표본자료가 통계분석 방법에 적합한지 여부에 관한 문제이다.
즉, 표본이 모집단을 잘 반영하는가에 대한 표집의 대표성과 직접적인 관련이 없다.

20 정답률 약 40% [19년 2회, 21년 3회 기출]
표본추출에 관한 설명으로 옳은 것은?

① 분석단위와 관찰단위는 항상 일치한다.
② 표본추출요소는 자료가 수집되는 대상의 단위이다.
③ 통계치는 모집단의 특정변수가 갖고 있는 특성을 요약한 값이다.
④ 표본추출단위는 표본이 실제 추출되는 연구대상 목록이다.

해설 표본추출요소는 조사자가 자료를 수집하는 개별적인 대상인 실제 조사대상이 되는 단위(Unit)이다. 어떤 조사에서 전국의 가구를 대상으로 설문조사를 한다면, 각 가구가 표본추출요소가 된다.
① 분석단위와 관찰단위가 일치하는 경우도 있지만, 항상 그런 것은 아니다.
③ 통계치는 표본의 수치적 특성이다.
④ 표본추출단위는 조사에서 표본을 구성하기 위해 선택되는 개별 단위이며, 조사에 따라 가구, 학교, 기업, 개인 등이 표본추출단위가 된다.

21 [15년 2회 기출]
표본조사와 전수조사의 관계에 대한 설명으로 틀린 것은?

① 표본조사의 전제가 되는 가정은 표본이 모집단을 적절히 대표한다는 것이다.
② 모수는 표본으로부터 얻어지는 양이고 통계량이란 모집단의 특성을 나타내는 양이다.
③ 통계적인 모수추정이란 모수와 통계량을 연결하기 위한 절차이다.
④ 전수조사는 표본조사보다 많은 비용과 시간을 필요로 한다.

해설 모수(Parameter)는 모집단 전체의 특성치를 요약한 수치이다. 반면, 통계량(Statistic)은 표본에서 어떤 변수가 가지고 있는 특성을 요약한 통계치이다.

22 [15년 2회, 19년 2회 기출]
표본추출(Sampling)에 대한 설명으로 틀린 것은?

① 표본추출이란 모집단에서 표본을 선택하는 행위를 말한다.
② 표본을 추출할 때는 모집단을 분명하게 정의하는 것이 중요하다.
③ 일반적으로 표본이 모집단을 잘 대표하기 위해서는 가능한 확률표본추출을 하는 것이 바람직하다.
④ 확률표본추출을 할 경우 표본오차는 없으나 비표본오차는 발생할 수 있다.

해설 확률표본추출을 하더라도 표본오차는 존재할 수 있다. 이는 표본이 모집단 전체를 완벽하게 반영하지 못할 가능성 때문에 발생하는 오차이다.

23 [16년 3회, 19년 3회 기출]
다음 중 표본추출과정에서 가장 먼저 해야 할 것은?

① 모집단의 확정   ② 표본크기의 결정
③ 표본프레임의 선정   ④ 표본추출방법의 결정

해설 암기: 모틀방크추
일반적인 표본추출과정은 모집단 확정 → 표집틀 선정 → 표집방법 결정 → 표집크기 결정 → 표본추출 순서를 가지므로, 가장 먼저 해야 할 것은 '모집단의 확정'이다.

정답: 19 ② 20 ② 21 ② 22 ④ 23 ①

24 [12년 3회, 18년 2회 기출]
일반적인 표본추출과정을 바르게 나열한 것은?

① 표본크기 결정 → 모집단 확정 → 표본틀 결정 → 표본추출방법 결정 → 표본추출
② 모집단 확정 → 표본크기 결정 → 표본틀 결정 → 표본추출방법 결정 → 표본추출
③ 모집단 확정 → 표본틀 결정 → 표본추출방법 결정 → 표본크기 결정 → 표본추출
④ 표본틀 결정 → 모집단 확정 → 표본크기 결정 → 표본추출방법 결정 → 표본추출

> 해설 　암기 : 모틀방크추
> 일반적인 표본추출과정은 모집단 확정 → 표집틀 선정 → 표집방법 결정 → 표집크기 결정 → 표본추출 순서를 가진다.

25 [00년 1회, 12년 1회, 16년 1회, 19년 1회 기출]
서울지역의 전화번호부를 이용하여 최초의 101번째 사례를 임의로 결정한 후 계속 201, 301, 401번째의 순서로 뽑는 표집방법은?

① 층화표집　　② 집락표집
③ 계통표집　　④ 편의표집

> 해설 　계통표집에 관한 설명이다. 계통표집법은 최초의 표본집단을 무작위로 선정한 다음에 K번째마다 표본을 추출하는 방법이다.

26 [04년 3회, 18년 3회, 22년 2회 기출]
선거예측조사에서 출구조사를 할 경우, 주로 사용되는 표집방법은?

① 할당표집(Quota Sampling)
② 체계적 표집(Systematic Sampling)
③ 군집표집(Cluster Sampling)
④ 층화표집(Stratified Random Sampling)

> 해설 　체계적 표집(계통표본추출)은 최초의 표본 집단을 무작위로 선정한 다음에 K번째마다 표본을 추출하는 방법이며, 선거예측조사의 출구조사에 주로 사용된다.

27 [07년 3회, 15년 1회, 18년 2회 기출]
사회조사에서 비확률표본추출이 많이 사용되는 이유는?

① 표본추출오차가 적게 나타난다.
② 모집단에 대한 추정이 용이하다.
③ 표본설계가 용이하고 시간과 비용을 절약할 수 있다.
④ 모집단 본래의 특성과 차이가 나지 않는 결과를 얻을 수 있다.

> 해설 　비확률표본추출방법은 확률표본추출방법에 비해 시간과 비용을 절감할 수 있어 경제적이다. 사회조사에서 비확률표본추출이 많이 사용되는 이유는 표본설계가 용이하고 시간과 비용을 절약할 수 있기 때문이다.

28 [01년 3회, 14년 3회, 20년 3회 기출]
확률표집방법에 해당하지 않는 것은?

① 체계적 표집　　② 군집표집
③ 할당표집　　　④ 층화표집

> 해설 　할당표집은 비확률표집방법에 해당한다.
> 암기 : 단층집연계
> • 확률표본추출방법 : 단순무작위표본추출, 층화표본추출, 집락표본추출, 연속표본추출, 계통표본추출
> 암기 : 누할임유
> • 비확률표본추출방법 : 누적(눈덩이)표본추출, 할당표본추출, 임의표본추출, 유의(판단)표본추출

정답 : 24 ③　25 ③　26 ②　27 ③　28 ③

29 [13년 1회 기출]
정답률 약 40%

표본의 크기에 관한 설명으로 틀린 것은?

① 표본의 크기는 전체적인 조사목적, 비용 등을 감안하여 결정한다.
② 부분집단별 분석이 필요한 경우에는 표본의 수를 작게 하는 대신 무응답을 줄이려고 노력한다.
③ 일반적으로 표본의 크기가 증가할수록 표본오차의 크기는 감소한다.
④ 비확률표본추출법의 경우, 표본의 크기와 표본오차와는 무관하다.

해설 부분집단별 분석이 필요한 경우에는 무응답을 줄이는 것도 중요하지만, 각 부분집단에서 충분한 표본의 수를 확보하는 것이 더 중요하다.

30 [16년 2회, 20년 3회 기출]

다음 사례에서 사용한 표집방법은?

> 앞으로 10년간 우리나라의 경제상황을 예측하기 위하여, 경제학 전공교수 100명에게 설문조사를 실시하였다.

① 할당표집　② 판단표집
③ 편의표집　④ 눈덩이표집

해설 판단표본추출(판단표집)은 조사자가 주관적으로 판단하여, 모집단을 가장 잘 대표한다고 생각되는 사례들을 표본으로 선정한다.

31 [03년 1회, 09년 3회, 16년 1회 기출]

어느 대학교 학생들의 환경보호에 대한 여론을 조사하기 위해 그 대학 내 학생 정원 가운데 각 학년별 학생 수를 고려하여 학년별 표본크기를 우선 정하고 표본추출을 행하였다면 이는 무슨 방법에 의한 것인가?

① 집락표본추출
② 계통표본추출
③ 단순무작위표본추출
④ 층화표본추출

해설 대학생(1, 2, 3, 4)학년별로 구성을 반영해야 하므로 모집단인 학생들을 학년별로 층을 구성해야 한다. 모집단을 보다 동질적인 몇 개의 층으로 나눈 후, 이러한 각 층으로부터 단순무작위표본추출을 하는 방법은 층화표집방법이다.

32 [20년 4회 기출]

A대학 경상학부의 학생들을 대상으로 학과 만족도를 조사하려고 한다. 남학생이 800명, 여학생 200명일 때 층화를 성별에 따라 남자 80%, 여자 20%가 되게 표집하는 방법은?

① 비례층화표집
② 단순무작위표집
③ 할당표집
④ 집락표집

해설 비례층화표집은 모집단을 특정 기준(성별)으로 나누고, 각 층의 비율에 맞춰 표본을 추출하는 방법이다.

정답 : 29 ② 　30 ② 　31 ④ 　32 ①

33 [19년 1회 기출]

층화표집(Stratified Random Sampling)에 대한 설명으로 틀린 것은?

① 중요한 집단을 빼지 않고 표본에 포함시킬 수 있다.
② 동질적 대상은 표본의 수를 줄이더라도 정확도를 제고할 수 있다.
③ 단순무작위표본추출보다 시간, 노력, 경비를 절약할 수 있다.
④ 층화 시 모집단에 대한 지식이 없어도 된다.

해설 암기 : 층간이질
층화표집은 모집단을 보다 동질적인 몇 개의 층으로 나눈 후, 이러한 각 층으로부터 단순무작위표본추출을 하는 방법이며 모집단으로부터 층에 대한 정확한 정보(지식)를 필요로 한다.

34 정답률 약 40% [05년 3회, 08년 3회, 12년 1회 기출]

다단계집락표집에 대한 설명으로 틀린 것은?

① 최초의 집락수가 많으면 그 이후의 집락 수는 작아진다.
② 표본의 대표성을 높이기 위해서는 최초의 집락수를 작게 하는 것이 좋다.
③ 다단계집락표집을 할 때 층화표집을 병행하는 것은 표본의 대표성을 높이기 위한 한 방법이다.
④ 규모비례확률표집(PPS)은 다단계집락표집에 속한다.

해설 다단계집락표집은 전국 또는 광활한 지역을 대상으로 하는 대규모 조사에서 주로 사용되며, 표본의 대표성을 높이기 위해서는 최초의 집락수를 크게 하는 것이 좋다.

35 정답률 약 30% [20년 4회 기출]

다음 중 비비례층화표집(Disproportionate Stratified Sampling)이 가장 적합한 경우는?

① 미국시민권자의 민족적(Ethnic) 특성을 비교하고 싶을 때
② 유권자 지지율 조사 시 모집단의 주거형태별 구성비율을 정확히 반영하고 싶을 때
③ 연구자의 편의에 따라 표본을 추출하고 싶을 때
④ 대규모 조사에서 최종표집단위와는 다른 군집별로 1차 표집하고 싶을 때

해설 문항을 비비례층화표집법으로 표본 추출하는 방법은 다음과 같다.
• 모집단 정의 : 미국 시민권자 전체
• 층화 변수 선택 : 다민족(백인, 흑인, 아시아인, 히스패닉, 기타)
• 층화 : 각 민족 그룹별로 시민들을 층으로 분리
• 표본추출 : 각 민족 그룹(층)에서 동일한 수의 시민을 무작위로 선택(백인 50명, 흑인 50명, 아시아인 50명, 히스패닉 50명, 기타 50명)
• 데이터 수집 및 분석 : 선택된 시민들의 데이터를 수집하여 민족별 특성을 분석하고 비교

36 [13년 2회, 16년 1회, 19년 1회 기출]

도박중독자의 심리적 상태를 파악하기 위해 처음 알게 된 도박중독자로부터 다른 대상을 소개받고, 다시 소개받은 대상으로부터 제3의 대상자를 소개받는 절차로 이루어지는 표본추출방법은?

① 판단표집(Judgement Sampling)
② 군집표집(Cluster Sampling)
③ 눈덩이표집(Snowball Sampling)
④ 비비례층화표집(Disproportionate Stratified Sampling)

해설 누적표본추출(눈덩이표본추출)은 표집대상이 되는 소수의 응답자들을 찾아내어 면접하고, 이들을 정보원으로 다른 응답자를 소개받는 절차를 반복하는 표집방법이다.

정답 : 33 ④ 34 ② 35 ① 36 ③

37 [12년 3회, 16년 3회 기출]

1,000명으로 구성된 모집단에서 100명을 뽑아 연구를 하고자 할 때 첫 번째 사람은 무작위로 추출하고 그다음부터는 목록에서 매 10번째 사람을 뽑아 표본을 구성한 것은 어떤 표본추출방법에 해당하는가?

① 단순무작위표집(Simple Random Sampling)
② 체계적 표집(Systematic Sampling)
③ 층화표집(Stratified Random Sampling)
④ 편의표집(Convenience Sampling)

해설 계통표본추출(체계적 표집)은 최초의 표본 집단을 무작위로 선정한 다음에 K번째마다 표본을 추출하는 방법이다.

38 [02년 3회, 09년 3회, 12년 3회 기출]

집락표본추출(Cluster Sampling)에 관한 설명으로 틀린 것은?

① 확률표본추출(Probability Sampling)의 하나로써 표본오차의 크기를 계산할 수 있다.
② 완전한 표본틀(Sampling Frame)이 없는 경우에도 사용 가능하며, 비교적 비용이 적게 든다는 장점이 있기 때문에 전국규모의 조사에 많이 사용된다.
③ 집락 내에서는 동질성이 크고 집락 간에는 이질성이 크도록 집락을 설정하면, 표본오차(Sampling Error)와 조사비용을 동시에 줄일 수 있다.
④ 조사자의 필요에 따라서는 집락을 2개 이상의 단계에서 설정할 수도 있다.

해설 암기 : 집간동
집락표본추출은 집락 내에서는 이질성이 크고 집락 간에는 동질성이 크도록 집락을 설정하는 것이 유리하다.

39 [13년 1회, 15년 2회, 17년 3회 기출]

층화(Stratified)표본추출법에 관한 설명으로 틀린 것은?

① 모집단을 일정 기준에 따라 서로 상이한 집단들로 재구성한다.
② 동질적인 집단에서의 표집오차가 이질적인 집단에서의 오차보다 작다는데 논리적인 근거를 둔다.
③ 비례층화추출법과 불비례층화추출법으로 구분할 수 있다.
④ 집단 간에 이질성이 존재하는 경우 무작위표본추출보다 정확하게 모집단을 대표하지 못하는 단점이 있다.

해설 암기 : 층간이질
층화표본추출법은 모집단을 특정한 기준에 따라 서로 다른 소집단으로 나누고 이들 각각의 소집단들로부터 빈도에 따라 적절한 일정수의 표본을 무작위로 추출하는 방법으로 집단 내 동질적, 집단 간 이질적인 특징이 있다.
그러므로 집단 간에 이질성이 존재하는 경우 무작위표본추출보다 정확하게 모집단을 대표한다.

40 [16년 3회 기출]

비확률표본추출방법과 비교한 확률표본추출방법에 관한 설명으로 틀린 것은?

① 무작위적 표본추출을 한다.
② 표본분석결과의 일반화에 제약이 있다.
③ 비용과 시간이 많이 든다.
④ 표본오차 추정이 가능하다.

해설 확률표본추출은 무작위로 표본을 선택하기 때문에, 표본의 분석결과를 모집단으로 일반화할 수 있는 장점이 있다. 따라서 비확률표본추출과 달리, 확률표본추출은 통계적으로 모집단을 대표할 가능성이 높다.

정답 : 37 ② 38 ③ 39 ④ 40 ②

41 [19년 3회 기출]

인구통계학적, 경제적, 사회·문화·자연 요인 등의 분류기준에 따라 전체 표본을 여러 집단으로 구분하여 집단별로 필요한 대상을 사전에 정해진 크기만큼 추출하는 표본추출방법은?

① 할당표본추출법(Quota Sampling)
② 편의표본추출법(Convenience Sampling)
③ 층화표본추출법(Stratified Random Sampling)
④ 단순무작위표본추출법(Simple Random Sampling)

해설 할당표본추출법은 조사자가 설정한 기준에 따라 필요한 만큼 표본을 할당하기 때문에, 모집단의 특정 특성을 반영할 수 있도록 조정이 가능하다.

42 [10년 3회, 16년 3회 기출]

할당표집(Quota Sampling)에 관한 설명으로 틀린 것은?

① 모집단이 갖는 특성의 비율에 맞추어 표본을 추출하는 방법이다.
② 선거와 관련된 조사나 일반적인 여론조사에서 많이 활용되고 있다.
③ 명확한 표본 프레임이 없어도 사용할 수 있다.
④ 표본추출과정에서 조사자의 편견이 개입될 수 있는 여지가 없다.

해설 할당표집은 할당표집은 조사자들이 조사하기 쉬운 사례들을 선택하는 경향이 있다. 즉, 할당표집은 모집단의 분류 과정에서 조사자의 편견이 개입될 수 있다.

43 정답률 약 40% [13년 2회, 16년 1회 기출]

층화표본추출방법에 관한 설명으로 틀린 것은?

① 모집단을 특정한 기준에 따라 서로 상이한 소집단으로 나누고 이들 각각의 소집단들로부터 빈도에 따라 적절한 일정수의 표본을 무작위로 추출하는 방법이다.
② 무작위로 표본을 추출할 때보다 표본의 대표성을 높일 수 있는 방법이다.
③ 확률표본추출방법 중 가장 많은 시간, 비용, 및 노력을 절약할 수 있다.
④ 모집단을 일정한 분류기준에 따라 소집단들로 분류한 후 각 소집단별로 표본을 추출한다는 점에서 할당표본추출방법과 유사하다.

해설 암기: 층간이질
층화표본추출방법은 모집단이 서로 상이한 특성에서 이루어져 있을 경우에 모집단을 유사한 특성으로 묶은 여러 부분집단에서 단순무작위추출법에 의하여 표집하는 방법이다.
따라서 층화표본추출방법은 표집 전에 층 구분 기준으로 활용할 성별·연령·소득 등의 모집단 정보 및 지식이 필요하다.
즉, 모집단에 대한 지식이 없으면, 소요되는 시간·비용이 클 수 있고, 층화목록이 없는 경우 그것을 만들어 내는데 많은 시간과 비용이 요구된다.

44 정답률 약 40% [13년 1회, 19년 3회 기출]

군집표본추출법(Cluster Sampling)에 관한 설명으로 옳지 않은 것은?

① 소집단을 이용하여 표본을 추출하는 방식이다.
② 전체 모집단의 목록이 없는 경우에 매우 유용하다.
③ 단순무작위표본추출법에 비해서 시간과 비용 면에서 효율적이다.
④ 군집 단계의 수가 많을수록 표본오차(Sampling Error)가 작아지게 된다.

해설 군집단계의 수가 많을수록 표본오차(Sampling Error)가 커질 가능성이 높다.

정답: 41 ① 42 ④ 43 ③ 44 ④

45 [13년 3회, 19년 1회 기출]

확률표집(Probability Sampling)에 관한 설명으로 옳은 것은?

① 표본이 모집단에 대해 갖는 대표성을 추정하기 어렵다.
② 모집단이 무한하게 클 경우에 적용할 수 있는 표집방법이다.
③ 표본의 추출확률을 알 수 있다.
④ 모집단 전체에 대한 구체적 자료가 없는 경우 사용된다.

> 해설 확률표집의 중요한 장점은 모집단의 대표성을 확보하고, 추출확률을 통해 표본오차를 계산할 수 있다는 것이다.
> ① 확률표집은 표본의 대표성 확보가 가능하다.
> ② 확률표집은 모집단의 크기와 관계없이 적용 가능하다.
> ④ 비확률표집은 모집단 전체에 대한 구체적 자료가 없는 경우에 사용된다.

46 정답률 약 40% [11년 1회, 13년 2회, 20년 3회 기출]

다음 ( ) 안에 들어갈 알맞은 것은?

체계적표집(계통표집)을 이용하여 5,000명으로 구성된 모집단으로부터 100명의 표본을 구하기 위해서는 먼저 1과 (A)사이에서 무작위로 한 명의 표본을 선정한 후 첫 번째 선정된 표본으로부터 모든 (B)번째 표본을 선정한다.

① A : 50, B : 50
② A : 10, B : 50
③ A : 100, B : 50
④ A : 100, B : 100

> 해설 먼저, 계통적 표집에서 표집간격은 아래와 같다.
> $$\text{표집간격}(K) = \frac{\text{모집단의 크기}}{\text{표본의 크기}} = \frac{N}{n} = \frac{5,000}{100} = 50$$
> 그러므로 표집간격 (K)=50을 간격으로 표본을 추출해야 하므로 1과 50 사이에서 표본을 선정해야 한다.

47 [06년 3회, 08년 3회, 19년 2회 기출]

표집구간 내에서 첫 번째 번호만 무작위로 뽑고 다음부터는 매 K번째 요소를 표본으로 선정하는 표집방법은?

① 단순무작위 표집   ② 계통표집
③ 층화표집   ④ 집락표집

> 해설 계통표집은 최초의 표본 집단을 무작위로 선정한 다음에 K번째마다 표본을 추출하는 방법이다.

48 [17년 3회 기출]

다음 중 표집오차(Sampling Error)에 관한 설명으로 틀린 것은?

① 전체 표본의 크기가 같다고 했을 때, 단순무작위표본 추출법에서보다 층화표본추출법에서 표집오차가 작게 나타난다.
② 전체 표본의 크기가 같다고 했을 때, 단순무작위표본 추출법에서보다 집락표본추출법에서 표집오차가 크게 나타난다.
③ 단순무작위표본추출법에서 표집오차는 표본의 크기가 클수록 커진다.
④ 단순무작위표본추출법에서 표집오차는 분산의 크기가 클수록 커진다.

> 해설 일반적으로 표본의 크기와 표집오차는 반비례 관계이며 표본의 크기가 커질수록 표집오차는 작아진다.

49 [13년 2회, 18년 1회, 21년 1회 기출]

다음 중 표본의 대표성이 가장 큰 표본추출방법은?

① 편의표본추출법   ② 판단표본추출법
③ 군집표본추출법   ④ 할당표본추출법

> 해설 암기 : 단층집연계 , 암기 : 누할임유
> 군집표본추출법은 확률표본추출방법의 한 종류로 표본이 대표성을 가진다.

정답 : 45 ③ 46 ① 47 ② 48 ③ 49 ③

50 [14년 2회, 17년 3회, 20년 3회 기출]
다음 표집방법 중 표집오차의 추정이 확률적으로 가능한 것은?

① 할당표집
② 유의표집
③ 눈덩이표집
④ 단순무작위표집

해설 단순무작위표집은 확률표본추출방법의 한 종류로 표집오차를 추정할 수 있다.
암기 : 단층집연계
- 확률표본추출방법 : 단순무작위표본추출, 층화표본추출, 집락표본추출, 연속표본추출, 계통표본추출

암기 : 누할임유
- 비확률표본추출방법 : 누적(눈덩이)표본추출, 할당표본추출, 임의표본추출, 유의(판단)표본추출

51 [14년 2회 기출]
층화표본추출에 대한 설명으로 바르지 않은 것은?

① 확률표본추출방법이다.
② 표본 층 간은 동질적이고, 표본 층 내에서는 이질적이다.
③ 층화한 모든 부분집단에서 표본을 추출한다.
④ 모집단의 각 층에 대한 정확한 정보가 필요하다.

해설 암기 : 층간이질
층화표본추출방법은 집단 내에는 동질적이고 집단 간에는 이질적이다.

52 정답률 약 60% [14년 3회, 20년 3회 기출]
단순무작위표집에 대한 설명으로 틀린 것은?

① 표본이 모집단으로부터 추출된다.
② 모든 요소가 동등한 확률을 가지고 추출된다.
③ 구성요소가 바로 표집 단위가 되는 것은 아니다.
④ 표집 시 보편적인 방법은 난수표를 사용하는 것이다.

해설 단순무작위표집법은 모집단의 전체 구성요소(표집단위)를 파악한 다음 개별요소에 대해 일련번호를 부여하여 표본을 추출하는 방법이다. 그러므로 ③ 구성요소는 표집 단위가 된다.

53 정답률 약 50% [14년 3회, 21년 1회 기출]
계통표집(Systematic Sampling)의 장점과 가장 거리가 먼 것은 무엇인가?

① 각 층위별 정보를 얻을 수 있다.
② 단순무작위표집의 대용으로 사용될 수 있다.
③ 표집틀에 주기성이 없는 경우 모집단을 잘 반영할 수 있다.
④ 최초의 표본 집단을 무작위로 선정한 다음에 K번째마다 표본을 추출하는 것을 의미한다.

해설 계통표집은 무작위로 시작점을 정하고 일정한 간격(K)을 유지하며 표본을 선택하는 방법이다. 하지만 계통표집은 층화표집처럼 층위별로 정보를 제공하지 않으므로, 층위별 정보 획득과는 거리가 있다.

54 [00년 1회, 08년 3회, 11년 1회, 17년 1회, 19년 2회 기출]
다음 중 단순무작위표집을 통하여 자료를 수집하기 어려운 조사는?

① 신용카드 이용자의 불편사항
② 조세제도 개혁에 대한 중산층의 찬반 태도
③ 새 입시제도에 대한 고등학생의 찬반 태도
④ 국가기술자격 시험문제에 대한 시험응시자의 만족도

해설 단순무작위표집은 모집단에 대한 정확한 정의와 완전한 목록의 구비를 전제 조건으로 한다. 따라서 ② 조세제도 개혁에 대한 중산층의 찬반 태도에서 모집단인 '중산층'은 정확하게 정의하기 어려우므로 목록을 구비하기 어렵고 그러므로 단순무작위표집이 어렵다.

정답 : 50 ④   51 ②   52 ③   53 ①   54 ②

55 [14년 3회, 20년 4회 기출]

층화표집과 집락(군집)표집에 관한 설명으로 옳은 것은?

① 층화표집은 모든 부분집단에서 표본을 선정한다.
② 집락(군집)표집은 모집단을 하나의 집단으로만 분류한다.
③ 집락(군집)표집은 부분집단 내에 동질적인 요소로 이루어진다고 전제한다.
④ 층화표집은 부분집단 간에 동질적인 요소로 이루어진다고 전제한다.

해설 층화표집은 모든 부분집단에서 표본을 선정한다는 것은 옳은 설명이다.
② 집락(군집)표집은 모집단 목록에서 구성요소에 대해 여러 가지 이질적인 구성요소를 포함하는 여러 개의 집단으로 구분한 후, 그 집락(소집단)을 표집단위로 하여 무작위로 몇 개의 집락을 표본으로 추출한 다음 표본으로 추출된 집락에 대해 그 구성요소를 전수 조사하는 방법이다.
③ 집락(군집)표집은 집락 내 이질적, 집락 간 동질적이다.
④ 층화표집은 집단 내 동질적, 집단 간 이질적이다.

56 정답률 약 50%
[06년 3회, 09년 3회, 21년 3회 기출]

확률표집의 논리를 적용하면서, 필요에 따라 표집률을 달리하는 표집방법은?

① 층화표집 ② 계통표집
③ 집락표집 ④ 가중표집

해설 가중표집은 각 개체가 표본에 포함될 확률을 다르게 설정하여 표본을 추출하는 방법이며, 특정 개체나 그룹의 중요성이 높을 경우에 그들의 확률을 높게 설정하여 표본에 반영할 수 있다. 따라서 필요에 따라 표집률을 달리하는 표집방법으로 적합하다.

57 [17년 1회 기출]

체계적 표집(Systematic Sampling)에 대한 설명으로 옳은 것을 모두 고른 것은?

ㄱ. 체계적 오차의 개입 가능성이 있다.
ㄴ. 모집단에서 무작위 표집 이후 K번째마다 표본을 추출한다.
ㄷ. 추출간격이 되는 K는 모집단의 크기를 표본의 크기로 나눈 값이다.
ㄹ. 모집단의 배열이 주기성을 보일 때는 중대한 오류를 범할 수 있다.

① ㄱ, ㄴ   ② ㄱ, ㄴ, ㄷ
③ ㄷ, ㄹ   ④ ㄱ, ㄴ, ㄷ, ㄹ

해설 ㄱ, ㄴ, ㄷ, ㄹ는 모두 계통표본추출(체계적 표집)에 대한 설명이다.
ㄱ. 체계적 표집은 표집 간격에 따라 주기적으로 표본을 추출하는 방식이기 때문에, 표집틀에 주기성이 있을 경우 체계적 오차가 발생할 수 있다.
ㄴ. 체계적 표집은 첫 번째 표본을 무작위로 선택한 후, 그 후에는 일정 간격(K번째)마다 표집한다.
ㄷ. K는 표집 간격을 나타내며, 일반적으로 모집단의 크기÷표본의 크기로 계산된다.
ㄹ. 모집단의 배열에 주기성이 있으면 체계적 표집의 간격과 주기가 맞물려 특정 패턴이 반복적으로 선택될 수 있어, 표본이 대표성을 잃게 된다.

58 [11년 1회, 17년 1회 기출]

대학생을 대상으로 여론조사를 할 때, 모집단 학생들의 학년별 구성을 가장 잘 반영할 수 있는 표집방법은?

① 계통표집(Systematic Sampling)
② 층화표집(Stratified Sampling)
③ 단순무작위표집(Simple Random Sampling)
④ 눈덩이표집(Snowball Sampling)

해설 대학생(1, 2, 3, 4)학년별로 구성을 반영해야 하므로 모집단인 학생들을 학년별로 층을 구성해야 한다.
모집단을 보다 동질적인 몇 개의 층으로 나눈 후, 이러한 각 층으로부터 단순무작위표본추출을 하는 방법은 층화표집방법이다.

정답 : 55 ① 56 ④ 57 ④ 58 ②

59 [정답률 약 30%] [04년 3회, 20년 3회]
다음에서 사용한 표집방법은?

> 580개 초등학교 모집단에서 5개 학교를 임의 표집하였다. 선택된 학교마다 2개씩의 학급을 임의 선택하고, 또 선택된 학급마다 5명씩의 학생들을 임의 선택하여 학생들이 학원에 다니는지 조사하였다.

① 단순무작위표집 ② 층화표집
③ 군집표집 ④ 할당표집

해설 이 사례는 580개의 초등학교(모집단)에서 일부인 5개의 학교(군집)를 선택하고, 선택된 학교에서 2개씩 학급(하위 군집)을 임의 선택하여, 학생들을 표본으로 조사하는 군집표집에 해당한다.

60 [11년 1회, 17년 2회 기출]
모집단에 대한 정보를 담은 명부를 표집틀로 해서 일정한 순서에 따른 표본을 추출하는 표집방법은?

① 단순무작위표집(Simple Random Sampling)
② 체계적 표집(Systematic Sampling)
③ 유의표집(Purposive Sampling)
④ 층화표집(Stratified Sampling)

해설 계통표본추출(체계적 표집)은 모집단을 구성하고 있는 구성요소들이 자연적인 순서 또는 일정한 질서에 따라 배열된 목록에서 매 K번째의 구성요소를 추출하여 표본을 형성하는 표집방법이다.

61 [정답률 약 50%] [08년 3회, 11년 3회, 17년 2회 기출]
다음 중 표본의 크기가 같다고 했을 때 표집오차가 가장 작은 표집방법은?

① 층화표집(Stratified Random Sampling)
② 단순무작위표집(Simple Random Sampling)
③ 군집표집(Cluster Sampling)
④ 체계적 표집(Systematic Sampling)

해설 암기: 군단층
표본의 크기(n)가 같을 때 표집오차는 군집(집락)표본추출 > 단순무작위표본추출 > 층화표본추출이다.

62 [17년 2회 기출]
A대학에서 학생들을 대상으로 사회조사를 할 때, 전체 학생들의 전공별 분포와 표본에 추출된 학생들의 전공별 분포가 일치하도록 표본추출을 하고 싶을 때 가장 적합한 방법은?

① 층화표집(Stratified Random Sampling)
② 체계적 표집(Systematic Sampling)
③ 군집표집(Cluster Sampling)
④ 유의표집(Purposive Sampling)

해설 암기: 층간이질
대학생(1, 2, 3, 4)학년별로 구성을 반영해야 하므로 모집단인 학생들을 학년별로 층을 구성해야 한다.
모집단을 보다 동질적인 몇 개의 층으로 나눈 후, 이러한 각 층으로부터 단순무작위표본추출을 하는 방법은 층화표집방법이다.

63 [09년 3회, 17년 3회 기출]
어떤 공정으로부터 제품이 생산되어 나오는 경우 일정 시간 간격마다 하나의 표본을 뽑는다거나, 수입품 검사에 있어서 선창이나 창고에서 표본을 뽑게 되면 내부나 밑에서 표본이 뽑히는 것이 어렵기 때문에 운송 중에 일정 시간마다 표본을 뽑는다고 하였을 때, 이에 해당되는 표본추출방법은?

① 편의표본추출(Convenience Sampling)
② 계통표본추출(Systematic Sampling)
③ 층화표본추출(Stratified Sampling)
④ 눈덩이표본추출(Snowball Sampling)

해설 일정한 시간 간격마다 표본을 추출하는 방식은 계통표본추출에 해당한다. 계통표본추출은 처음 표본을 무작위로 선정한 후 일정한 간격에 따라 표집하는 방법이며, 제시된 상황에서 시간 간격을 기준으로 표본을 추출하는 것이 계통표본추출의 특징이다.

정답: 59 ③ 60 ② 61 ① 62 ① 63 ②

64 [정답률 약 30%] [18년 1회 기출]

군집표집(Cluster Sampling)에 대한 설명으로 틀린 것은?

① 군집이 동질적이면 오차의 가능성이 낮다.
② 전체 모집단의 목록표를 작성하지 않아도 된다.
③ 단순무작위표집에 비해 시간과 비용을 절약할 수 있다.
④ 특정 집단의 특성을 과대 혹은 과소하게 나타낼 위험이 있다.

해설 암기 : 집간동
군집표집(집락표집)은 집락 내 이질적, 집락 간 동질적이며, 집락 내 구성요소를 가급적이면 이질적인 요소로 구성한다. 즉, 집락 내에서는 이질성이 크고 집락 간에는 동질성이 크도록 집락을 설정하면, 표본오차와 조사비용을 동시에 줄일 수 있다.
따라서 군집(집락) 내 구성원들이 서로 이질적이면 오차의 가능성이 낮다.

65 [18년 1회, 21년 1회 기출]

다음 중 군집표집의 추정 효율이 가장 높은 경우는?

① 집락 간 평균이 서로 다른 경우
② 각 집락이 모집단의 축소판일 경우
③ 각 집락 내 관측 값들이 비슷할 경우
④ 각 집락마다 집락들의 특성이 서로 다른 경우

해설 군집표집에서 추정 효율이 가장 높은 경우는 각 집락이 모집단의 축소판일 경우이다.
이 경우에 각 집락이 모집단의 성격을 충분히 반영할수록 모집단을 잘 추정하게 된다.

66 [03년 3회, 18년 2회 기출]

체계적 표집에서 집단의 크기가 100만 명이고 표본의 크기가 1,000명일 때, 다음 중 가장 적합한 표집방법은?

① 먼저 단순무작위로 1,000명을 뽑아 그중에서 편중된 표본은 제거하고, 그것을 대체하는 표본을 다시 뽑는다.
② 최초의 사람을 무작위로 선정한 후 매 1,000번째 사람을 고른다.
③ 모집단이 너무 크기 때문에 100만 명을 1,000개의 집단으로 나누어야 한다.
④ 모집단을 1,000개의 하위집단으로 나누고, 그 하위집단에서 1명씩 고르면 된다.

해설 체계적 표집은 최초의 표본 집단을 무작위로 선정한 다음에 K번째마다 표본을 추출하는 방법이다.
이때, 표집간격(K)은 아래와 같다.
$$K = \frac{모집단의\ 크기}{표본의\ 크기} = \frac{N}{n} = \frac{1,000,000}{1,000} = 1,000$$
따라서 표집간격에 의해 최초의 사람을 무작위로 선정한 후 매번 1,000번째 사람을 고른다.

67 [07년 3회, 15년 1회 기출]

모집단이 서로 상이한 특성으로 이루어져 있을 경우에 모집단을 유사한 특성으로 묶은 여러 부분집단에서 단순무작위추출법에 의하여 표본을 추출하는 방법은?

① 할당표본추출법 ② 편의표본추출법
③ 층화표본추출법 ④ 군집표본추출법

해설 암기 : 층간이질
층화표본추출법은 모집단을 동질적인 특성을 가진 몇 개의 집단으로 구분하고 각 집단별로 표본을 추출하는 방법이며, 집단 내 동질적, 집단 간 이질적이다.

정답 : 64 ① 65 ② 66 ② 67 ③

68 [15년 1회, 22년 1회 기출]
정답률 약 40%

단순무작위표본추출법에 대한 설명으로 옳은 것은?

① 모집단의 평균에 가까운 요소가 평균에 멀리 떨어진 요소보다 표본으로 추출될 확률이 더 크다.
② 비확률표집방법이다.
③ 난수표 또는 할당표를 이용할 수 있다.
④ 표본이 모집단의 전체에서 추출된다.

해설 표본이 모집단의 전체에서 추출된다는 것은 단순무작위표본추출법에 대한 옳은 설명이다. 단순무작위표본추출법은 가장 기본적인 확률표본추출방법이며, 표집 시 보편적인 방법은 난수표 등을 이용하는 표본추출방법이다. 단순무작위표본추출법은 모집단의 전체 구성요소(표집단위)를 파악한 다음 개별요소에 대해 일련번호를 부여하여 표본을 추출하는 방법이다.
① 모집단을 구성하는 각 요소에 대해 동등한 선택의 기회를 부여하는 과정을 수반한다. 즉, 모든 요소가 동등한 확률을 가지고 추출된다.
② 단순무작위표집은 확률표본추출방법이다.
③ 할당표(Quota)는 할당표본추출에서 사용한다.

69 [15년 1회, 20년 3회 기출]

일반적으로 표집방법들 간의 표집효과를 계산할 때 준거가 되는 표집방법은?

① 군집표집
② 체계적 표집
③ 층화표집
④ 단순무작위표집

해설 먼저, 표집효과(Sampling Efficiency)는 특정 표집방법이 단순무작위표집과 비교하여 얼마나 효율적인지를 나타내는 지표이다.
단순무작위표집은 모든 표본이 동일한 확률로 선택될 수 있도록 설계된 가장 기본적인 표집방법으로, 다른 표집방법들의 표집효과를 비교하는 기준(준거)이 된다.

70 [15년 1회 기출]

표집방법에 관한 설명으로 옳은 것은?

① 계통표집(Systematic Sampling)에서는 표집요소들이 주기적 형태를 띠는 것이 바람직하다.
② 군집표집(Cluster Sampling)은 내부적으로 이질적인 군집을 추출하는 것이 유리하다.
③ 일반적으로 군집표집(Cluster Sampling)은 층화표집(Stratified Sampling)보다 더욱 정확한 추정을 할 수 있다.
④ 층화표집(Stratified Sampling)은 모집단을 내부적으로 이질적인 계층으로 층화하여 표본을 추출함으로 표본오차를 감소시킨다.

해설 암기: 집간동
군집표집은 집락 내에서는 이질성이 크고 집락 간에는 동질성이 크도록 집락을 설정하는 것이 유리하다.
① 계통표집 시 표집을 위한 명단 배열에 일정한 주기성과 특정 경향성을 보이는 경우 편견이 개입되어 대표성 문제가 발생하고, 편중된 표본을 추출할 위험이 있다.
③ 암기: 군단층
표본의 크기가 같다면, 표본오차의 크기는 군집(집락)표본추출 > 단순무작위표본추출 > 층화표본추출 이다.
④ 암기: 층간이질
층화표집(Stratified Sampling)은 집단 내 동절적, 집단 간 이질적인 특성을 보인다.

71 [15년 3회 기출]

모집단을 여러 가지 이질적인 구성요소를 포함하는 여러 개의 집단으로 구분한 다음, 이를 표집단위로 표집하는 방법은?

① 단순무작위표집
② 층화표집
③ 집락표집
④ 계통표집

해설 암기: 집간동
집락표집은 집락 내 이질적, 집락 간 동질적이며, 집락 내 구성요소를 가급적이면 이질적인 요소로 구성한다.

정답 : 68 ④ 69 ④ 70 ② 71 ③

72 [09년 3회, 15년 3회 기출]

단순무작위표집법 대신에 집락표집법을 사용하는 가장 중요한 이유는?

① 표본표집을 좀 더 용이하게 하기 위해
② 비표본오차를 줄이기 위해
③ 표본오차를 줄이기 위해
④ 사전조사비용을 줄이기 위해

해설 집락표집법을 사용하는 중요한 이유는 표본표집 과정을 더 간단하고 용이하게 하기 위해서이다.
특히 모집단이 넓은 지역에 퍼져 있거나 목록화하기 어려운 경우, 집락(군집) 단위로 표본을 추출하면 효율적으로 조사할 수 있다.
예를 들어, 학교를 군집으로 설정하고 몇 개의 학교만을 선정한 후, 그 학교의 모든 학생을 조사하는 방식이 더 쉽고 비용도 절감할 수 있다.
반면 단순무작위표집법은 모집단에 대한 정확한 정의와 완전한 목록의 구비를 전제 조건으로 하므로 표본표집 과정에서 시간과 비용이 집락표집법에 비해 많이 소요된다.

73 [15년 3회 기출]

단순무작위표집(Simple Random Sampling)에 대한 설명으로 틀린 것은?

① 연구자의 사전지식을 바탕으로 표본 집단을 선정한다.
② 모집단의 모든 조사단위에 표본으로 뽑힐 기회를 동등하게 부여한다.
③ 모집단의 구성요소를 정확히 파악하여 명부를 작성하여야 한다.
④ 이 방법은 시행하기 어렵다는 단점이 있다.

해설 단순무작위표집의 장점은 모집단에 대한 사전지식을 필요로 하지 않는다는 것이다. 단순무작위표집에서 모집단의 명부를 작성하는 것은 필수적이지만, 이는 특정 구성원의 특성에 대한 사전지식(성별·연령·소득 등)이 아니라, 그저 모든 구성원을 포함하는 리스트를 의미한다.
조사자가 모집단과 구성요소에 대한 풍부한 사전지식을 갖고 있어야 하는 것은 유의표본추출(판단표본추출)이다.

74 [08년 3회, 15년 3회 기출]

확률표집에 대한 설명으로 틀린 것은?

① 확률표집에 기본이 되는 것은 단순무작위표집이다.
② 확률표집에서는 모집단의 모든 요소가 뽑힐 확률이 '0'이 아닌 확률을 가진다는 것을 전제한다.
③ 확률표집은 항상 불완전한 것이어서 표본으로부터 모집단의 특성을 추론하는 데 제약이 있기 마련이다.
④ 확률표집의 종류로 할당표집이 있다.

해설 할당표집은 비확률표집방법 중 하나이다.
암기 : 단층집연계
• 확률표본추출방법 : 단순무작위표본추출, 층화표본추출, 집락표본추출, 연속표본추출, 계통표본추출
암기 : 누할임유
• 비확률표본추출방법 : 누적(눈덩이)표본추출, 할당표본추출, 임의표본추출, 유의(판단)표본추출

75 [04년 3회, 15년 3회 기출]

다음에서 설명하고 있는 표본추출방법은?

> 남학생 300명, 여학생 200명이 재학 중인 어떤 고등학교에서 남녀학생들의 컴퓨터 사용 정도와 그 요인들을 살펴보기 위해 설문조사를 실시하고자 한다. 연구자는 이미 남녀학생 간의 컴퓨터 사용 정도에 차이가 큰 것을 알고 전체 학생을 남녀학생별로 나눈 후 각 집단에서 남학생 100명, 여학생 100명을 단순무작위로 추출하였다.

① 할당(Quota)표집
② 집락(Cluster)표집
③ 층화(Stratified)표집
④ 의도적(Purposive) 표집

해설 층화표집은 모집단을 특정 기준(성별)으로 여러 층으로 나눈 뒤, 각 층에서 표본을 무작위로 추출하는 방식이다. 따라서 남학생과 여학생이 각각의 층이 되며, 그 안에서 무작위로 100명씩을 추출한 것이다.

정답 : 72 ① 73 ① 74 ④ 75 ③

76 [02회 1회, 16년 1회 기출]

집락표본추출법(Cluster Sampling)에 관한 설명으로 틀린 것은?

① 집락표본추출법에서는 일차적인 표집단위(Primary Sampling Unit)를 개인이 아닌 집락(Cluster)으로 주로 구한다.
② 집락표본추출법에서는 집락은 가급적이면 동질적인 요소로 구성되는 게 바람직하다.
③ 집락표본추출은 단일단계 집락표본추출법과 다단계 집락표본추출법이 있다.
④ 집락표본추출법은 때에 따라서는 단순무작위추출법보다 훨씬 더 경제적이고, 신빙성도 뒤떨어지지 않는다.

해설 암기 : 집간동
집락표집은 집락 내 이질적, 집락 간 동질적이며, 집락 내 구성요소를 가급적이면 이질적인 요소로 구성한다. 따라서 집락표본추출법에서는 집락은 가급적이면 이질적인 요소로 구성되는 게 바람직하다.

77 [16년 2회 기출]

확률표집에 관한 설명과 가장 거리가 먼 것은?

① 표집오차(Sampling Error)를 추정 가능하다.
② 표본의 크기가 커질수록 대표성이 높아진다.
③ 표본구성요소들을 추출하기 위해 무작위적인 방법을 사용한다.
④ 표본의 크기가 커질수록 표집오차는 정비례적으로 증가한다.

해설 일반적으로 표본의 크기가 커질수록 표본오차의 크기는 감소한다.

78 [12년 1회, 18년 3회 기출]

다음 사례와 같이 조사대상자들로부터 정보를 얻어 다른 조사대상자를 구하는 표집방법은?

> 한 연구자가 마약사용과 같은 사회적 일탈 행위를 연구하기 위해 알고 있는 마약 사용자 한 사람을 조사하고, 이 사람을 통해 다른 마약 사용자들을 알게 되어 또 다른 마약 사용자들에 대한 조사를 실시하였다.

① 눈덩이표집(Snowball Sampling)
② 판단표집(Judgment Sampling)
③ 할당표집(Quota Sampling)
④ 편의표집(Convenience Sampling)

해설 누적표본추출(눈덩이표본추출)은 표집대상이 되는 소수의 응답자들을 찾아내어 면접하고, 이들을 정보원으로 다른 응답자를 소개받는 절차를 반복하는 표집방법이다.

79 [06년 3회, 12년 1회, 18년 1회 기출]

4년제 대학에 다니는 대학생의 정치의식을 조사하기 위해 학년(Grade)과 성(Sex)에 따라 할당표집을 할 때 표본추출을 위한 할당범주는 몇 개인가?

① 2개 ② 4개
③ 8개 ④ 16개

해설 할당범주(Quota Category)는 조사자가 설정한 기준에 따라 구분되는 범주들의 수이므로, 할당범주는 4개의 학년×2개의 성별=8개가 된다.

정답 : 76 ② 77 ④ 78 ① 79 ③

80 [12년 3회, 17년 1회 기출]

표본의 하위집단 분포를 의도적으로 정하여 표본을 임의로 추출하는 방법은?

① 편의표집(Convenience Sampling)
② 군집표집(Cluster Sampling)
③ 눈덩이표집(Snowball Sampling)
④ 할당표집(Quota Sampling)

해설 할당표집은 조사자가 모집단의 특성에 따라 하위집단(성별, 연령대 등)을 설정하고, 각 하위집단에서 정해진 수만큼 표본을 추출한다. 이때 각 요소가 표본에 포함될 확률이 균등하지 않으며, 조사자의 판단에 따라 임의로 표본을 선택하는 비확률표집방법이다.

82 [13년 1회 기출]

다음 중 모집단의 모든 표집단위가 표본에 선정될 수 있는 확률을 명확히 규정할 수 없고, 각 표집단위의 추출확률 또한 동일하지 않은 표집방법은?

① 단순무작위(Simple Random Sampling)
② 할당표집(Quota Sampling)
③ 체계적 표집(Systematic Sampling)
④ 층화표집(Stratified Sampling)

해설 할당표집은 비확률표집 방법 중 하나로, 조사자가 사전에 정한 기준에 따라 각 집단에서 임의로 표본을 할당한다. 이 방법에서는 모집단의 모든 표집단위가 표본에 선정될 확률을 명확히 규정할 수 없고, 각 표집단위가 추출될 확률도 동일하지 않다.

81 [12년 3회, 15년 2회 기출]

모집단을 동질적인 특성을 가진 몇 개의 집단으로 구분하고 각 집단별로 표본을 추출하는 방법으로 모두 짝지은 것은?

A. 층화표본추출법
B. 계통표본추출법
C. 할당표본추출법
D. 판단표본추출법

① A, B
② A, C
③ B, D
④ A, B, C

해설
A. 층화표본추출법
암기 : 층간이질
층화표본추출법은 모집단을 동질적인 특성을 가진 몇 개의 집단으로 구분하고 각 집단별로 표본을 추출하는 방법이며, 집단 내 동질적, 집단 간 이질적이다.
C. 할당표본추출법
할당표본추출법은 조사자가 미리 정한 기준에 따라 각 집단에서 필요한 수만큼 표본을 할당하여 추출하는 방법이다.

83 [13년 2회 기출]

다음은 어떤 표본추출방법에 관한 설명인가?

- 조사문제를 잘 알고 있거나 모집단의 의견을 효과적으로 반영할 수 있을 것으로 판단되는 특정 집단을 표본으로 선정하여 조사하는 방법
- 예를 들어 휴대폰 로밍 서비스에 대한 전문지식을 가진 표본을 임의로 선정하는 경우

① 편의표본추출방법
② 판단표본추출방법
③ 할당표본추출방법
④ 이론적 표본추출방법

해설 판단표본추출방법(유의표본추출방법)은 조사자가 조사의 목적과 대상에 대해 잘 알고 있을 때, 가장 적절하다고 판단되는 특정 집단을 의도적으로 선택하여 표본을 추출하는 방법이다.
예를 들어, 특정 제품에 대한 전문가의 의견을 수집하기 위해 그 제품에 대한 전문지식을 가진 사람들을 표본으로 선택하는 경우가 이에 해당한다.

정답 : 80 ④ 81 ② 82 ② 83 ②

84 [02년 1회, 18년 3회 기출]
확률표본추출법과 비확률표본추출법에 대한 설명으로 틀린 것은?

① 확률표본추출법은 연구대상이 표본으로 추출될 확률이 알려져 있으며, 비확률표본추출법은 표본으로 추출될 확률이 알려져 있지 않은 경우의 추출법이다.
② 확률표본추출법은 표본분석 결과의 일반화가 가능하고 비확률표본추출법은 일반화가 제약된다.
③ 확률표본추출법은 표본오차의 추정이 불가능하고, 비확률표본추출법은 표본오차의 추정이 가능하다.
④ 일반적으로 확률표본추출법은 시간과 비용이 많이 들고, 비확률표본추출법은 시간과 비용이 적게 든다.

해설 확률표본추출법은 표집오차 추정이 가능하고 비확률표본추출법은 표본오차 추정이 불가능하다.

85 [10년 3회, 18년 1회 기출]
표집오차(Sampling Error)에 대한 일반적인 설명으로 틀린 것은?

① 일반적으로 표본의 크기가 클수록 표집오차는 작아진다.
② 일반적으로 표본의 분산이 작을수록 표집오차는 작아진다.
③ 표본의 크기가 같을 때 할당표집에서보다 층화표집인 경우 표집오차가 더 크다.
④ 표본의 크기가 같을 때 단순무작위표집에서보다 집락표집인 경우 표집오차가 더 크다.

해설 암기 : 단층집연계 , 암기 : 누할임유
표본의 크기가 동일할 때 확률표집에 해당하는 층화표집은 비확률표집에 해당하는 할당표집보다 표집오차가 더 작다.
할당표집은 조사자가 미리 정한 기준에 따라 각 그룹에서 임의로 표본을 할당하는 비확률표집 방법이다. 즉, 표본이 무작위로 추출되지 않기 때문에, 표집오차를 정확히 계산할 수 없다.

86 [13년 3회, 16년 1회 기출]
다음에 사용된 표집방법은?

A 지역에 위치한 도서관을 이용하는 남녀 청소년의 비율이 6 : 4임을 감안하여, 어느 하루를 정하여 그곳을 방문한 청소년들을 대상으로 남학생 60명, 여학생 40명을 선착순으로 설문조사를 실시하였다.

① 단순무작위표집(Simple Random Sampling)
② 계통표집(Systematic Sampling)
③ 층화표집(Stratified Sampling)
④ 할당표집(Quota Sampling)

해설 할당표집은 모집단을 일정한 범주(카테고리)로 나눈 다음, 이들 카테고리에서 정해진 요소수를 작위적으로 추출하는 방법이다.

87 [13년 3회, 21년 3회 기출]
다음 사례의 표본추출방법은?

불법체류 이주노동자의 취업실태를 조사하려는 경우, 모집단을 찾을 수 없어 일상적인 표집절차로는 조사수행이 어려웠다. 그래서 첫 단계에서는 종교단체를 통해 소수의 응답자를 찾아 면접하고, 다음 단계에서는 첫 번째 응답자의 소개로 면접 조사하였으며, 계속 다음 단계의 면접자를 소개받는 방식으로 표본수를 충족시켰다.

① 할당표집(Quota Sampling)
② 군집표집(Cluster Sampling)
③ 눈덩이표집(Snowball Sampling)
④ 편의표집(Convenience Sampling)

해설 누적표본추출(눈덩이표본추출)은 표집대상이 되는 소수의 응답자들을 찾아내어 면접하고, 이들을 정보원으로 다른 응답자를 소개받는 절차를 반복하는 표집방법이다. 즉, 불법체류 이주노동자의 취업실태를 조사하려는 경우, 모집단을 찾을 수 없어 일상적인 표집절차로는 조사수행이 어려운 상황에서 사용하는 표집방법이다.

정답 : 84 ③   85 ③   86 ④   87 ③

88 [22년 2회 기출]
표본추출방법에 관한 설명으로 틀린 것은?

① 비확률표본추출방법은 표본추출오차를 구하기 쉽다.
② 확률표본추출방법은 통계치로부터 모수치를 추정할 수 있다.
③ 확률표본추출방법은 모집단의 구성요소가 표본으로 추출될 확률을 알 수 있다.
④ 비확률표본추출방법은 모집단의 구성요소가 표본으로 선정될 확률이 동일하지 않다.

해설 비확률표본추출방법에서는 표본이 무작위로 선택되지 않기 때문에, 표본이 모집단을 얼마나 잘 대표하는지에 대한 확률을 계산할 수 없다.
따라서, 표본오차(Sampling Error)를 정확하게 추정하기 어렵다.

89 [14년 1회 기출]
연구자가 알고 있는 사람들로부터 소개받은 방법으로 면접대상자를 확보하는 표집방법은?

① 눈덩이표집　② 유의표집
③ 층화표집　　④ 할당표집

해설 눈덩이표집에 관한 설명이다. 눈덩이표집은 처음에 소수의 인원을 표본으로 추출하여 조사하고, 그 소수인원을 조사원으로 활용하여 그 조사원의 주위 사람들을 조사하는 방법이다. 이 방법은 표집대상이 되는 소수의 응답자들을 찾아내어 면접하고, 이들을 정보원으로 다른 응답자를 소개받는 절차를 반복하는 표집방법이다.

90 [14년 3회, 18년 2회 기출]
표본오차(Sampling Error)에 관한 설명으로 옳은 것은?

① 표본의 크기가 커지면 늘어난다.
② 모집단의 표본의 차이에 의해 발생하는 오류를 말한다.
③ 조사연구의 모든 과정에서 확산되어 발생한다.
④ 조사원의 훈련부족으로 인해 각기 다른 성격의 자료가 수집되는 경우에 발생한다.

해설 표본오차란 표본조사를 실시함에 따라 발생되는 오차이다. 즉, 모집단 중 일부를 표본으로 선정하여 조사함에 따라 발생하며, 표집 과정에서 모집단의 모수와 표본의 통계량 간의 차이에 의해 발생하는 오차이다.
① 표본의 크기가 클수록 표본오차는 줄어든다.
③ 비표본오차는 설문 설계, 데이터 수집, 조사자의 실수 등 조사 과정 전반에서 발생할 수 있다.
④ 조사원의 훈련부족으로 인해 각기 다른 성격의 자료가 수집되는 경우에 발생하는 것은 비표본오차이며, 이는 조사원의 오류나 편향으로 인해 발생한다.

91 [10년 1회, 17년 2회 기출]
할당표집(Quota Sampling)의 문제점과 가장 거리가 먼 것은?

① 조사자들이 조사하기 쉬운 사례들을 선택하는 경향이 있다.
② 조사과정에서 조사자의 편견이 개입될 여지가 충분히 있다.
③ 확률표집이 아니기 때문에 특정 할당표집의 정확성을 평가하는 것은 어렵다.
④ 확률표집에 비해서 시간과 경비가 많이 드는 편이다.

해설 할당표집은 비확률표집방법으로, 확률표집에 비해 시간과 비용이 적게 든다. 이는 조사자가 미리 정해진 기준에 따라 빠르게 표본을 선택할 수 있기 때문이다.

정답 : 88 ①　89 ①　90 ②　91 ④

92 정답률 약 30% [13년 3회, 16년 1회, 21년 2회 기출]

표본추출오차와 비표본추출오차에 관한 설명으로 틀린 것은?

① 표본추출오차의 크기는 표본의 크기가 증가함에 따라 감소한다.
② 표본추출오차의 크기는 표본크기의 제곱근에 반비례한다.
③ 비표본추출오차는 표본조사와 전수조사에서 모두 발생할 수 있다.
④ 전수조사의 경우 비표본추출오차는 없으나 표본추출오차는 상당히 클 수 있다.

해설 비표본추출오차는 표본추출을 제외한 조사 설계 · 수행, 자료 집계 · 분석 과정에서 발생하는 오차이며 표본조사와 전수조사 과정에서 모두 발생할 수 있다.
①, ②는 표본평균의 표준오차가 $SE(\overline{X}) = \dfrac{S}{\sqrt{n}}$ 임을 활용하면 옳은 설명임을 알 수 있다.

93 [02년 1회, 09년 3회, 12년 1회 기출]

표집오차(Sampling Error)에 대한 설명으로 틀린 것은?

① 표본의 분산이 작을수록 표집오차는 작아진다.
② 표본의 크기가 클수록 표집오차는 작아진다.
③ 표집오차란 통계량들이 모수 주위에 분산되어있는 정도를 말한다.
④ 집락표집에서는 표본의 크기가 같을 때 단순무작위표집에서 보다 표집오차가 작아진다.

해설 암기 : 군단층
표본의 크기 n이 같을 때 표본오차는 군집(집락)표본추출 > 단순무작위표본추출 > 층화표본추출이다.

94 [15년 1회, 21년 3회 기출]

비확률표본추출방법에 관한 설명으로 틀린 것은?

① 표집오류를 확인하기 어렵다.
② 확률표본추출방법에 비해 시간과 비용이 많이 소요된다.
③ 조사결과를 일반화하기 어렵다.
④ 표본의 대표성을 확보하기 어렵다.

해설 비확률표본추출방법은 확률표본추출방법에 비해 시간과 비용을 절감할 수 있어 경제적이다. 사회조사에서 비확률표본추출이 많이 사용되는 이유는 표본설계가 용이하고 시간과 비용을 절약할 수 있기 때문이다.

95 [09년 3회, 16년 1회, 21년 1회 기출]

무작위표집과 비교할 때 할당표집(Quota Sampling)의 장점이 아닌 것은?

① 비용이 적게 든다.
② 표본오차가 적을 가능성이 높다.
③ 신속한 결과를 원할 때 사용 가능하다.
④ 각 집단을 적절히 대표하게 하는 층화의 효과가 있다.

해설 비확률표집방법은 확률표본추출방법보다 표본오차 발생 가능성이 비교적 높다.

정답 : 92 ④ 93 ④ 94 ② 95 ②

96 [13년 3회, 20년 1·2회 통합 기출]

표본의 크기에 관한 설명으로 옳은 것은?

① 변수의 수가 증가할수록 표본의 크기는 커야 한다.
② 모집단의 이질성이 클수록 표본의 크기는 작아야 한다.
③ 소요되는 비용과 시간은 표본의 크기에 영향을 미치지 않는다.
④ 분석변수의 범주의 수는 표본의 크기를 결정하는 요인이 아니다.

해설 변수가 많을수록 모집단의 복잡성을 반영하기 위해 더 많은 정보가 필요하다. 따라서 변수가 많을수록 표본의 크기가 커져야 통계적 추론의 정확성을 유지할 수 있다.
② 모집단의 이질성이 클수록 표본의 크기는 커야 한다.
③ 표집과정에서 표본의 크기 결정에 영향을 미치는 것은 신뢰구간의 크기, 비용·시간의 제약, 유의수준으로 대변되는 정확도 등이 있다.
④ 분석변수의 범주의 수는 표본의 크기를 결정하는 외적 요인에 해당한다.

97 [14년 1회, 17년 1회, 19년 3회 기출]

표본의 크기를 결정하는 요소와 가장 거리가 먼 것은?

① 연구자의 수
② 모집단의 동일성
③ 조사비용의 한도
④ 조사가설의 내용

해설 연구자의 수는 표본의 크기를 결정하는 요소에 해당하지 않는다.
- 내적 요인 : 정확성, 신뢰도(혹은 신뢰구간)
- 외적 요인 : 모집단의 동질성(혹은 모집단의 변이성·모집단의 표준편차), 조사목적, 조사자의 능력, 모집단의 동질성(혹은 모집단의 변이성·모집단의 표준편차), 카테고리의 다양성(분석변수의 범주의 수), 오차의 한계(허용오차가 클수록 표본의 크기는 작아짐) 등

98 [20년 1·2회 통합 기출]

표본의 크기를 결정할 때 고려하는 사항과 가장 거리가 먼 것은?

① 모집단의 동질성
② 모집단의 크기
③ 척도의 유형
④ 신뢰도

해설 암기 : 명서등비
척도는 명목척도, 서열척도, 등간척도, 비율척도가 존재한다. 이러한 척도의 유형은 표본의 크기를 결정할 때 고려하는 사항에 해당하지 않는다.
즉, 척도의 유형은 표본의 크기 결정 요인의 내적 요인 및 외적 요인 중 어디에도 해당하지 않는다.

99 [18년 2회, 21년 3회 기출]

표본의 크기에 관한 설명으로 틀린 것은?

① 허용오차가 클수록 표본의 크기가 커야 한다.
② 조사하고자 하는 변수의 분산 값이 클수록 표본의 크기는 커야 한다.
③ 추정치에 대한 높은 신뢰수준이 요구될수록 표본의 크기는 커야 한다.
④ 비확률표본추출의 경우 표본의 크기는 예산과 시간을 고려하여 조사자가 결정할 수 있다.

해설 허용오차 공식은 $e = \dfrac{Z\sigma}{\sqrt{n}}$ 이므로, 허용오차가 클수록 표본의 크기는 작아진다.

100 [15년 3회 기출]

표본에 대한 설명으로 옳은 것은?

① 표본은 오차가 없다.
② 표본은 대표성을 가져야 한다.
③ 표본은 표본 집단에서 추출해야 한다.
④ 표본은 확률표집에 의해서만 추출해야 한다.

해설 표본은 대표성을 가져야 한다는 것은 표본에 대한 옳은 설명이다.
① 표본 추출 시 표본오차와 비표본오차가 발생한다.
③ 표본은 모집단에서 특정한 방법에 따라 선택된 일부 요소나 사례이다.
④ 표본의 추출방법에는 확률표집방법과 비확률표집방법이 있다.

정답 : 96 ① 97 ① 98 ③ 99 ① 100 ②

CHAPTER 03 설문설계

제1과목_ 조사방법과 설계

01 분석설계

1 설명적/기술적 조사 설계의 개념과 유형

- 조사목적에 의해 분류하는 설명적 조사와 기술적 조사에 대해 다뤄본다.

(1) 설명적 조사 설계

1) 의의 및 특징

① 설명적 조사(Explanatory Research)는 미래를 예측하거나, 어떤 현상이나 문제의 원인과 결과(인과관계)를 규명하기 위해 수행되는 조사이다.
② <u>설명적 조사를 수행하기 위해서는 변수가 둘 또는 그 이상이 되는 경우가 많다.</u> 기출
  - 변수가 두 개 이상이라는 것은 한 변수(원인)가 다른 변수(결과)에 어떤 영향을 미치는지 살펴본다는 의미이다.
    - 예 '학생의 학습 시간이 성적에 어떤 영향을 미치는가?'에 대한 설명적 조사
      - 학생들이 얼마나 공부했는지(원인)가 성적(결과)에 어떤 영향을 미치는지 분석한다.
      - 이를 통해 공부 시간이 성적에 영향을 준다는 결론을 도출할 수 있다.

2) 설명적 조사의 유형

① 예측적 조사(Predictive Research)
  - 축적된 과거의 자료를 바탕으로 미래에 발생할 수 있는 사건이나 경향을 예측하는 조사이다.
    - 예 경제 데이터를 분석하여 다음 해의 경제 성장률을 예측하는 조사

② 인과적 조사(Causal Research)
  - 어떤 사실과의 관계를 파악하여 '왜(Why)'에 대한 대답을 제공하거나 인과관계를 규명하는 조사이다.
    - 현상에 대한 단순한 기술이 아니며, 인과론적 설명을 전개한다는 점에서 기술적 조사와 다르다.
      - 예 광고 캠페인이 매출에 미치는 영향을 조사

③ 가설 검증적 조사(Hypothesis Testing Research)
  - 특정한 가설을 설정하고 이를 검증하기 위한 조사이다.
    - <u>가설은 설명적 조사에 있어서 필수적이다.</u> 기출
      - 예 새로운 교육 프로그램이 학생들의 성적 향상에 효과적인지 검증하는 조사

(2) 기술적 조사 설계

1) 의의 및 특징

① 기술적 조사(Descriptive Research)는 탐색적 조사에서 얻은 지식과 자료를 바탕으로 수행된다.
  • 탐색적 조사와 달리, 조사문제와 가설을 설정한 후 진행되어 계획적이고 체계적이다.

② 기술적 조사는 현상에 대한 탐구와 명료화를 주목적으로 한다. 기출
  • 조사 집단에 대한 정확한 정보가 필요할 때 주로 활용된다.
  • 계획, 모니터링, 평가에 필요한 자료를 산출하기 위하여 자주 사용된다.

③ 기술적 조사는 주로 현상의 특성 파악, 변수 간에 상관관계 파악, 상황 변화에 대한 각 변수 간의 반응을 파악·예측에 사용된다. 기출
④ 기술적 조사는 설명적 조사의 기초자료를 제공한다. 기출
⑤ 기술적 조사는 표준화된 문항을 사용하여 측정의 일관성을 유지할 수 있다. 기출
⑥ 사회적 문제에 대해 정확한 실태를 파악하여 정책적 대안을 마련하기 위한 목적에서 실시한다.
  • 행정실무자와 정책분석가들에게 가장 기본적인 조사 도구이다. 기출
    예 물가조사, 국제조사 등 기출

2) 기술적 조사의 유형

① 기술적 조사는 대표적으로 횡단조사와 종단조사로 분류된다. 기출
② 기술적 조사이면서 표본조사인 서베이조사(설문조사)가 존재한다.
③ 기술적 조사의 예시로는 신문의 구독률 조사, 신문 독자의 연령대 조사, 신문 구독률과 구독자의 소득이나 직업 사이의 관련성 조사 등이 있다. 기출
  예 대도시 인구의 연령별 분포는 어떠한가?/아동복지법 개정에 찬성하는 사람의 비율은 얼마인가?/어느 도시의 도로확충이 가장 시급한가? 기출

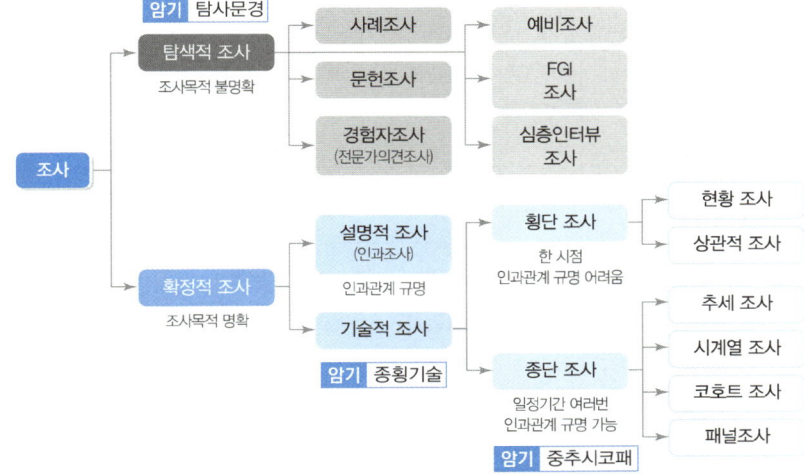

더블체크

Q 과학적 조사를 목적에 따라 탐색조사, 기술조사, 인과조사로 분류할 때 기술조사에 해당하는 것은?

[19년 3회 기출]

① 종단조사 ② 문헌조사
③ 사례조사 ④ 전문가의견조사

해설 기술적 조사는 대표적으로 횡단적 조사와 종단적 조사로 분류된다.

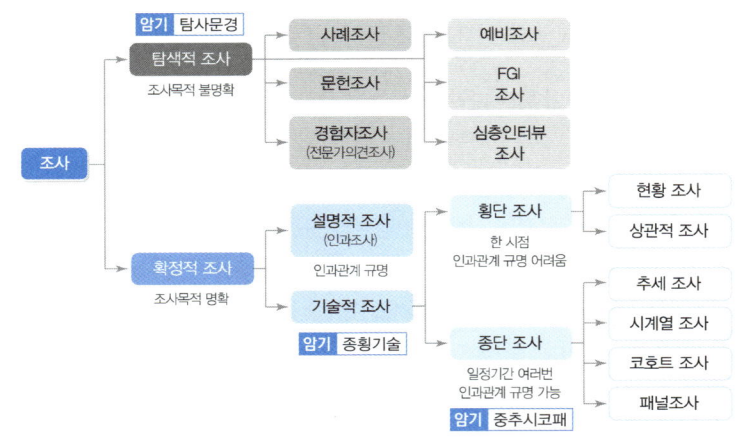

정답 : ①

더블체크

Q 기술적 조사의 조사문제로 적합하지 않은 것은?

[13년 2회, 16년 1회, 21년 1회 기출]

① 대도시 인구의 연령별 분포는 어떠한가?
② 아동복지법 개정에 찬성하는 사람의 비율은 얼마인가?
③ 어느 도시의 도로확충이 가장 시급한가?
④ 가족 내 영유아 수와 의료지출은 어떤 관계를 가지는가?

해설 '가족 내 영유아 수와 의료지출은 어떤 관계를 가지는가?'는 변수 간의 상관관계 및 인과관계 등의 관계를 파악하려는 것이므로, 인과관계를 규명하는 설명적 조사가 적합하다.

정답 : ④

더블체크

Q 사회과학에서 조사를 실시하기에 적합한 주제가 아닌 것은?

[14년 2회, 18년 3회 기출]

① 지능지수와 학업성적은 상관성이 있는가?
② 기업복지의 수준과 노사분규의 빈도와의 관계는?
③ 여성들은 직장에서 차별대우를 받고 있는가?
④ 개기일식은 왜 일어나는가?

해설 '개기일식은 왜 일어나는가?'라는 주제는 사회과학의 조사 대상이 아니라 천문학적 현상을 설명하는 자연과학적 조사의 범주에 속한다.

정답 : ④

2 횡단적/종단적 조사 설계의 개념과 유형

- 시간적 방법에 의해 분류하는 횡단적 조사와 종단적 조사에 대해 다뤄본다.
- 두 가지 모두 기술적 조사에 해당함을 상기하며 학습해야 한다. `암기` `종횡기술`

(1) 횡단적 조사 설계

1) 의의 및 특징

① 횡단적 조사(Cross-Sectional Research)는 '단면 조사'라고도 하며, 대부분의 사회과학 조사가 해당된다.
- **횡단조사는 한 시점에서 이루어진 관찰을 통해 얻은 자료를 바탕으로 하는 조사이다.** `기출`

② 특정 시점에서 다른 특성을 가지고 있는 집단 간 차이를 조사하는 기술적 조사방법이다.
- **여러 조사대상(혹은 현상)을 정해진 한 시점에서 주의 깊게 분석·관찰하는 방법이다.** `기출`

③ 목적은 한 집단 또는 사례들의 특징을 일정 시점에서 나타내는 것이다.

④ 지리적으로 넓게 분포된 조사대상, 수가 많거나 다양한 변수를 다룰 필요성이 있는 경우에 적용한다.
예 (통계청) 인구·주택센서스 `기출`

⑤ **횡단조사로 인과적 관계를 규명하려는 가설검증이 가능하다.** `기출`
- 횡단조사에서도 통계적 방법을 통해 인과적 관계에 대한 추론을 시도할 수는 있다. 특히 이론적 기반이 튼튼한 경우, 횡단 데이터를 통해 가설적 인과관계를 검증하려는 시도는 가능하다. 그러나 이러한 인과관계는 확정적이지 않으며, 더 깊은 인과적 검증을 위해서는 종단 데이터가 필요하다.

2) 횡단적 조사의 유형

① 현황(Status) 조사

목적	• 어떤 사건과 관련된 상태나 상황을 정확하게 파악하여 기술하는 것
방법	• 개인이나 조직에 대한 질문지·면접을 통한 서베이 또는 각종 통계연감에서의 2차 자료 조사
문제점	• 현황조사에 대한 인식 부족으로, 특정 현상에 대한 기술 및 해석 결과가 조사자의 의견으로 오인될 수 있음

② 상관적(Relational) 조사

목적	• 변수들 간의 관련성 파악
방법	• 상관계수를 통해 둘 또는 그 이상의 변수들 간의 관계 확인
문제점	• 독립변수의 통제·조작 불가, 인과관계 확증 불가

더블체크

Q 횡단조사(Cross-Sectional Research)에 관한 설명으로 옳은 것은? [13년 3회, 16년 3회, 19년 3회 기출]

① 정해진 조사대상의 특정 변수 값을 여러 시점에 걸쳐 조사한다.
② 패널조사에 비하여 인과관계를 더 분명하게 밝힐 수 있다.
③ 여러 조사 대상들을 정해진 한 시점에서 조사·분석하는 방법이다.
④ 집단으로 구성된 패널에 대하여 여러 시점에 걸쳐 조사한다.

해설 횡단조사는 여러 조사 대상들을 정해진 한 시점에서 조사·분석하는 방법이다.
①은 종단조사, ②는 설명적 조사, ④는 패널조사(종단조사의 유형)에 대한 설명이다.

정답 : ③

(2) 종단적 조사 설계

1) 의의 및 특징

① 종단적 조사(Longitudinal Research)는 일정 기간 동안 여러 번 관찰하여 얻은 자료를 이용한다. 기출
- 정해진 조사대상의 특정 변수 값을 여러 시점에 걸쳐 조사한다. 기출

② 동일한 집단(분석단위)을 대상으로 일정 기간 동안 '둘 이상의 시점에서' 여러 번의 조사 및 관찰을 통해 '그 대상의 시간에 따른 변화를 분석하는 것에 초점'을 두고 조사한다.
- 어떤 조사대상의 동태적 변화·발전 과정의 계속적 조사에 적합하다.
- 일정 기간 동안 '둘 이상의 시점에서' 여러 번의 조사 및 관찰하므로 비용이 많이 든다.

2) 종단적 조사의 유형 암기 종추시코패

- 추세조사(추이조사), 시계열조사, 코호트조사(동년배 조사), 패널조사 등이 해당한다. 기출

조사 유형	조사 대상	조사 시기
추세조사	일정조건 내의 동일집단(혹은 대상)	여러 시점에서 반복조사
시계열조사	동일집단(혹은 대상)	일정한 시간 간격(매월, 매년)
코호트조사	동기생·동시경험집단	다른 시기
패널조사	동일집단(혹은 대상)	서로 다른 시점에 지속적 반복측정

① 추세조사(Trend Study)

정의·특징	• 어떤 광범위한 조사대상의 특정 속성을 여러 시기 동안 지속적으로 관찰·비교하는 방법으로, 동일한 전체 모집단 내의 변화를 여러 시기에 걸쳐 표본을 추출하여 조사하는 조사방법이다.
	• 다른 시점에서 반복측정을 통해 얻은 시계열 자료를 이용하는 방법이다. 기출
	  - 추세조사는 일정 기간 동안 같은 집단이나 대상을 여러 시점에서 반복적으로 조사하여 얻은 데이터를 분석하여 시간에 따른 변화나 추이를 분석하고 예측하는 방법이다.
	  - 즉, 동일한 집단이나 대상을 다른 시기에 반복적으로 조사하여 시간에 따른 변화를 분석하고 추이를 예측하는 방법이다.
	• 추세 예측 기법을 통해 과거·현재의 역사적 자료를 토대로 미래의 사회적 변화를 투사한다. 즉, 과거와 현재의 자료를 토대로 미래의 변화량·변화율을 측정한다.

예시	• 인구센서스(※ 횡단조사에도 인구센서스 존재함) 기출 - 종단조사는 결과들을 모두 수집하여 미래예측과 변화관찰을 목적으로 수행한다. • 물가경향조사, 선거기간의 여론조사 등 • A연구원에서는 3년마다 범죄의 피해를 측정하기 위해서 규모비례집락표집을 이용하여 범죄피해 조사를 시행하고 있다. 기출

② 시계열조사(Time-Series Study)

정의	• 동일한 주제나 대상에 대해 일정한 시간 간격을 두고 연속적으로 데이터를 수집하는 방법이다.
	  - 이를 통해 시간의 흐름에 따른 변화를 분석하거나 예측하는 데 사용된다.
	  - 매 월, 매 분기, 매 년 등 일정한 주기로 시계열 데이터를 수집한다.
	• 조사 대상은 일반적으로 동일한 정보나 주제에 대해 연속적으로 조사한다.
	  예 특정 기업의 매출 데이터를 매월 수집하여 분석하는 경우, 이 기업이 조사 대상이 된다.

③ 코호트조사(Cohort Study) = 동년배(동질성) 집단조사

정의 · 특징 기출	• 동일한 특성을 가진 집단이 시간이 경과함에 따라 어떻게 변화하는지를 조사하는 것이다. 　- 특정한 시기에 태어났거나 동일 시점에 특정 사건을 경험한 사람들을 대상으로 이들이 시간이 지남에 따라 어떻게 변화하는지를 조사하는 방법이다. • 동시경험집단을 연구하는 것으로 일정한 기간 동안에 어떤 한정된 부분의 모집단을 연구하는 것이다.
예시 기출	• 소위 386세대라고 일컬어지는 사회집단이 가진 정치의식이 1990년 이후 5년 단위로 어떠한 변화를 보이고 있는지에 대해 종단분석을 실시했다. • 베이비부머(Baby-Boomers)의 정치성향의 변화를 파악하기 위해 이들이 성년이 된 후 10년마다 50명씩 새로운 표집을 대상으로 조사하여 그 결과를 비교하여 보았다. • 특수목적 고등학교에 입학한 학생들을 대상으로 2012년에서 2017년까지 자존감 변화를 조사하기 위해 전집(전체집단)으로부터 매년 다른 표본을 추출하였다. • 2017년 특정한 3개 고등학교(A, B, C)의 졸업생들을 모집단으로 하여 향후 10년간 매년 일정 시점에 표본을 추출하여 조사

④ 패널조사(Panel Study)

정의 · 특징	• 특정 응답자 집단인 '패널(Panel)'을 조사대상자로 사전에 선정해 놓고, 상당히 긴 시간 동안 지속적·반복적으로 필요로 하는 정보를 조사하는 방법이다. 　- 특정 조사대상을 사전에 선정하고 이들을 대상으로 반복조사를 하는 방식이다. 기출 • 동일한 대상에게 동일한 현상에 대해 서로 다른 시점에 걸쳐 지속적으로 반복 측정하는 '동일대상 반복조사' 방법이다. 기출 • 특정 조사대상이 시간이 지남에 따라 의견이나 태도가 변하는 경우에 사용하는 조사기법으로 조사대상을 구성하는 동일한 단위집단에 대하여 상이한 시점에서 반복하여 조사하는 방법이다. 기출
장점	• 패널조사는 시계열적 자료의 획득이 어려운 서베이·리서치의 단점을 보완하는 방법이다. • 패널조사는 조사대상자로부터 추가적인 자료를 얻기가 비교적 쉽다. 기출 • 패널조사는 조사대상자의 행동·태도 변화에 대한 정확한 분석이 가능하다. 기출
단점	• 동일한 응답자가 반복적으로 조사에 참여하다 보면, 응답자가 피로감을 느끼거나 관심을 잃게 되어 부정확한 정보를 제공할 가능성이 높다. • 패널조사는 초기 조사비용이 비교적 많이 드는 조사방법이다. 기출 • 반복적인 조사 과정에서 성숙효과, 시험효과가 나타날 수 있다. 기출 　- 응답자가 조사의 의도를 파악하여 조사결과가 왜곡될 수 있다. 기출 　- 장기간의 조사과정으로 조사자와 친밀해져 부정확한 자료를 제공할 수 있다. 기출 • 패널조사는 측정기간 동안 패널이 이탈될 수 있는 단점이 있다. 기출 　- 탈락된 패널구성원은 조사결과에 영향을 미친다. 즉, 패널소멸(원 조사대상이 이사를 가거나 사망하는 경우)이 일어날 경우 조사결과가 왜곡될 수 있다. 기출
예시 기출	• 공공기관의 행정서비스 만족도를 알아보기 위해 동일한 시민들을 표본으로 6개월 단위로 10년간 조사 • 대학 졸업생을 대상으로 체계적 표집을 통해 응답집단을 구성한 후 매년 이들을 대상으로 졸업 후의 진로와 경제활동 및 노동시장 이동 상황을 조사

(3) 조사 설계 비교 암기 종횡기술

구분	횡단적 조사	종단적 조사
공통점	둘 다 기술적 조사이다. (엄밀한 인과관계 검증에 유리하지 않다.)	
성격 기출	정태적	동태적
목적	집단 간 특성비교	시간의 흐름에 따른 변화 분석
조사	표본조사	현장조사
측정 횟수	측정 1회	반복 측정
표본의 크기	표본의 크기가 클수록 좋음	표본의 크기가 작을수록 좋음
비용 기출	일반적으로 비용이 적게 소요됨	비교적 비용이 많게 소요됨
왜곡 가능성 기출	검사효과로 인한 왜곡 가능성 낮음 ↓	검사효과로 인한 왜곡 가능성 높음 ↑
사생활 침해 기출	조사대상자에 대한 사생활 침해 우려 낮음 ↓	조사대상자에 대한 사생활 침해 우려 높음 ↑

더블체크

Q 다음 4가지 조사 가운데 시간적 범위가 다른 것은? [10년 1회, 14년 2회, 16년 1회 기출]

① 추이조사(Trend Study)
② 동류집단조사(Cohort Study)
③ 패널조사(Panel Study)
④ 횡단적 조사(Cross-Sectional Study)

해설 암기: 종추시코패 종단적 조사에는 추세조사(추이조사), 시계열조사, 코호트조사(동년배 조사), 패널조사 등이 있다.

정답 : ④

더블체크

Q 다음 중 종단적 조사가 아닌 것은? [12년 1회, 17년 3회, 21년 1회 기출]

① 시계열조사(Time Series Study)
② 동질성 집단조사(Cohort Study)
③ 패널조사(Panel Study)
④ 단면조사(Cross-Sectional Study)

해설 암기: 종추시코패 종단적 조사에는 추세조사(추이조사), 시계열조사, 코호트조사(동년배 조사), 패널조사 등이 있다.

정답 : ④

더블체크

Q 종단조사와 비교한 횡단조사의 장점과 가장 거리가 먼 것은? [13년 1회, 17년 1회 기출]

① 일반적으로 비용이 적게 든다.
② 엄밀한 인과관계의 검증에 유리하다.
③ 검사효과로 인해 왜곡될 가능성이 낮다.
④ 조사대상자에 대한 사생활침해의 우려가 낮다.

해설 횡단조사는 한 시점에서의 자료를 수집하여 분석하는 방식으로, 주로 현재 상태나 특정 시점의 관계를 확인하는 데 사용된다. 반면 종단조사는 일정기간 동안 동일한 대상의 변화를 추적하는 조사 방식으로, 시간의 흐름에 따른 변화를 파악할 수 있고, 주로 인과관계의 검증에 사용된다. 따라서 엄밀한 인과관계의 검증에 유리한 것은 종단조사이다.

정답 : ②

3 양적/질적 연구의 의미와 목적

(1) 질적 조사 설계

1) 질적 조사의 개념

① 수집되는 자료는 행위자들의 말·글·몸짓·행동, 상호작용 상황, 환경적 요소를 포함한다.
- 소규모 분석에 유리하고 자료 분석 시간이 많이 소요된다. `기출`

② 질적 조사에서 조사자는 조사 도구로서 조사자가 가진 자질이 중요하다. `기출`
③ 질적 조사에서는 성과·결과보다는 주로 절차에 관심을 둔다. `기출`
- 조사에 필요한 절차나 단계를 엄격하게 결정하지 않으며, 조사과정에서 자료를 분석해가면서 범주화한다. `기출`
- 수집된 자료는 타당성이 있고 실질적이나 신뢰성이 낮고 일반화는 곤란하다. `기출`

2) 질적 조사의 특징

현상학적 · 주관적	• 현상학적 접근법은 사물이나 현상을 있는 그대로 경험하는 방식에 초점을 맞추며, 현장 중심의 사고를 할 수 있다. `기출` - 정보의 출처나 자료수집 방법을 다양하게 하며, 사회현상에 대해 폭넓고 다양한 정보를 얻어낸다. `기출` - 유용한 정보의 유실을 줄일 수 있다. `기출` • 개방형 질문을 통해 정보의 심층적 의미를 파악할 수 있다. `기출` - 어떤 현상에 대해 깊은 이해를 하고 주관적인 의미를 찾고자 한다. `기출` - 이 과정에서 비공식적인 언어를 사용하며, 심층규명(Probing)을 한다. `기출` • 현실 인식의 주관성(주관적 의식·경험·인지·해석)을 중요시하며, 모두 정당한 자료로 간주한다. • 질적 조사는 주관적·해석적 조사방법이다. `기출` - 조사자와 조사 대상자의 주관적인 인지나 해석 등을 모두 정당한 자료로 간주한다. `기출` - 일반적으로 상호작용의 과정에 보다 많은 관심을 둔다. `기출`
해석학적 패러다임 · 상대주의적	• 해석학적 패러다임은 현상의 원인을 개인의 경험과 사회적 행위의 주관적 의미를 해석하고 이해하는 데 중점을 둔다. - 질적 조사는 주관적 동기의 이해와 의미해석을 하는 현상학적·해석학적 입장이다. `기출` - 인간 행위의 동기나 의도를 문화적 코드와 사회 규범 속에서 파악하려 하며, 주로 언어와 사회적 맥락을 분석한다. • 양적도구가 아니므로 신뢰도가 낮고 평가하거나 일반화하기가 어렵다. - 따라서 해석주의에서는 신뢰성과 일반화보다는 타당성을 강조한다. `기출` • 적용 가능한 보편적 분석 도구가 없음을 주장하므로 상대주의적이다.
비조작적	• 조사자가 조사대상에 인위적으로 개입하지 않고, 자연스러운 상태에서 관찰하고 이해하려는 접근을 의미한다. - 관찰행위 자체가 조사대상에 영향을 준다고 본다. `기출` - 자료의 수집 단계와 분석 단계가 분명하게 구별되지 않는다. `기출`
사례기술적 `기출`	• 사례기술적 이해를 추구한다. • 사례 기록을 분석하여 핵심적인 개념을 추출한다. • 이를 통해 개별 사례 과정과 결과의 의미, 사회적 맥락을 규명하고자 한다.

> **개념특강** 패러다임(Paradigm)
> • 패러다임은 특정 분야에서 공식적으로 인정받고 있는 이론, 방법론, 가치관, 그리고 조사 방식 등을 포괄적으로 의미하는 개념이다. 주로 과학적 조사나 학문적 분야에서 사용되며, 사회적 실정 속에서 특정 시기에 도달한 합의된 사고의 틀을 의미한다.

3) 질적 조사의 유형

• 질적 조사 설계는 현지조사, 불개입·무반응법, 다원적 방법론 등에도 사용된다.

① 심층사례조사·심층적 면접·비구조적 면접 : 사례조사의 기록을 분석하여 핵심적 개념을 추출한다. `기출`
② 관찰조사·비통제적 관찰 `기출`
  예 노숙인과 함께 2주간 생활하면서 참여 관찰한다.
③ 초점집단면접(포커스그룹 면접 ; FGI) `기출`
  • 그룹으로 구성된 참여자들과 특정 주제에 대해 심층적인 토론을 하는 방식이다.
④ 근거이론(Ground Theory)조사 `기출`
  • 근거이론조사는 특정 현상에 대한 데이터를 체계적으로 수집하고 분석하면서 귀납적으로 이끌어진 근거이론을 생성·발전해 나가는 접근법을 특징으로 한다.
  • 근거이론조사는 데이터를 바탕으로 이론을 생성하는 질적 조사 방법이다.
    - 즉, 데이터를 체계적으로 코딩하고 분석하여 이론적 모델을 개발하는 것이 주요 목표이다. 따라서 코딩 과정, 인과조건, 전략, 결과 등의 키워드가 등장하면, 근거이론 조사의 특징에 해당한다.
⑤ 브레인스토밍 : 창의적인 아이디어를 모으고 발전시키는 과정을 통해 미래 가능성을 탐색하는 방법이다.
⑥ 델파이(Delphi)기법 : 전문가들의 견해를 물어, 종합적인 상황을 파악하거나 미래의 가능성 및 불확실한 상황을 예측할 때 주로 이용되는 방법이다. `기출`
⑦ 정책델파이기법 : 정책 제정 과정에서 전문가들이 함께 협력하여 미래 사건에 대한 정책적 영향을 예측하고 평가하는 방법이다.

더블체크

Q 다음 설명에 가장 적합한 조사 방법은? [14년 3회, 18년 3회 기출]

> 이 질적 조사는 11명의 여성들이 아동기의 성학대 피해 경험을 극복하고 대처해 나가는 과정을 조사한 것이다. 포커스 그룹에 대한 10주간의 심층면접을 통하여 160개가 넘는 개인적인 전략들이 코딩되고 분석되어 1) 극복과 대처전략을 만들어내는 인과조건, 2) 그런 인과조건들로부터 발생한 현상, 3) 전략을 만들어내는 데 영향을 주는 맥락, 4) 중재조건들, 5) 그 전략의 결과들을 설명하기 위한 이론적 모델이 개발되었다.

① 현상학적 조사　　　　　　　　② 근거이론조사
③ 민속지학적 조사　　　　　　　④ 내용분석조사

해설 근거이론조사는 특정 현상에 대한 데이터를 체계적으로 수집하고 분석하면서 귀납적으로 이끌어진 근거이론을 생성·발전해 나가는 접근법을 특징으로 한다.
근거이론조사는 데이터를 바탕으로 이론을 생성하는 질적 연구 방법이다. 즉, 데이터를 체계적으로 코딩하고 분석하여 이론적 모델을 개발하는 것이 주요 목표이다. 따라서 코딩 과정, 인과조건, 전략, 결과 등의 키워드가 등장하면, 근거이론 조사의 특징에 해당한다.
근거이론조사는 데이터를 체계적으로 수집하고 분석하면서, 이 데이터에서 패턴과 테마를 발견하여 이론을 형성하고 발전시키는 접근법이다. 주어진 설명에서는 10주간의 심층면접을 통해 160개 이상의 개인적 전략을 분석하고, 이를 바탕으로 극복과 대처 전략을 만들어내는 인과조건, 그로부터 발생한 현상, 영향을 주는 맥락, 중재조건들, 그리고 전략의 결과들을 설명하기 위한 이론적 모델이 개발되었다고 설명되어 있다.

정답 : ②

(2) 양적 조사 설계

1) 양적 조사의 개념

① 양적(Quantitative) 조사는 사회현상의 사실이나 원인들을 탐구하는 <u>논리적·실증주의적 입장이다.</u> `기출`
- 즉, <u>양적조사는 확인 지향적·확증적 조사방법이다.</u> `기출`

② <u>조사대상의 관계를 통계적으로 분석을 통하여 밝히는 조사이다.</u> `기출`
- 통계적으로 분석 가능한 수치자료를 산출하므로 측정기술이나 표집방법 등이 중요하다.
- 변수 간의 관계 검증, 이론 검증에 유용하게 활용될 수 있다.

2) 양적 조사의 특징

① 표본으로부터 수집된 정보를 토대로 모집단으로의 일반화를 추구한다.
② <u>양적 조사는 가치중립성과 편견의 배제를 강조한다.</u> `기출`

실증주의적	• 실증주의적 패러다임은 확률적 법칙을 기반으로 일반적 인간 행동 형태를 예측하고 인과관계를 설명하기 위해 논리적 추론과 경험적 관찰을 사용하여 조사하는 방법이다. – <u>실용주의는 인간 행위를 예측할 수 있는 확률적 법칙을 강조한다.</u> `기출` – <u>사회현상을 조사할 때는 실험과 같은 자연과학적 원리를 적용한다.</u> `기출` • <u>실증주의는 과학과 비과학을 철저히 구분하려 한다.</u> `기출` – <u>실증주의에서 지식은 직접관찰할 수 있는 현상에 토대를 둔다.</u> `기출` – <u>실증주의는 관찰 결과의 일반화 가능성을 강조한다.</u> `기출`
과학적 `기출`	• <u>과학적 지식은 객관성(Objectivity), 재생가능성(Reproducibility), 반증가능성(Falsifiability) 특징을 갖는다.</u>
객관적	• 객관적 실재가 독립적으로 존재한다고 보며, 현상의 원인을 객관적으로 측정한다. – <u>조사자와 조사대상이 독립적이라는 인식론에 기초한다.</u> `기출` – 조사자와 조사 대상을 분리하고 가치중립성을 유지함으로써 사회적 현상을 이해할 수 있다고 본다.

3) 양적 조사의 유형

① <u>단일사례조사</u> `기출`

    예 청소년들의 흡연횟수를 3개월 동안 주기적으로 기록한다.

② 실험(실험설계·준실험설계 등)
- 실험법 : 실험법은 인위적으로 만든 실험 상황에서 어떤 변수를 의도적으로 조작하고 그 변수에 의해 초래된 변화를 관찰하여 자료를 수집하는 방법이다.
- 실험법의 기출 예시 `기출`
    – '<u>교수법의 차이가 아동의 문장 독해 능력에 어떤 영향을 미치는가를 알아보기 위해 초등학교 아동 50명을 대상으로 조사를 하려고 한다.</u>' 이때, 가장 좋은 조사방법은 실험방법이다.
    – '<u>폭력적 비디오 시청이 아동의 폭력성에 미치는 영향을 알아보기 위하여 아동들을 무작위적으로 두 집단으로 나누어 한 집단에게는 폭력적인 장면이 주로 포함된 비디오를 보여주고 다른 집단에게는 서정적인 장면이 주로 포함된 비디오를 보여준 후, 일주일 동안 두 집단의 아동들이 폭력적인 행동을 얼마나 하는지를 관찰하였다.</u>'

③ 서베이(횡단적 조사 설계와 시계열설계 등)
- 사회과학 조사에서 일반적으로 사용되는 양적 조사이다.
- 대상자들에게 질문지를 배포하거나 구조화된 인터뷰를 실시하여 데이터를 수집하는 방법이며, 서베이는 크게 횡단적 조사설계와 시계열설계 두 가지로 구분된다.

(3) 질적 조사와 양적 조사 비교 기출

① 조사주제에 따라서는 질적 조사과 양적 조사를 동시에 진행할 수 있다.
② 조사절차는 질적 조사가 양적 조사에 비해 유연하고 직관적이다.

구분	질적 조사	양적 조사
개념 기출	• 행위자의 준거 틀에 근거하여 인간의 행태를 이해하려는 해석학적 입장	• 사회현상의 사실이나 원인을 탐구하는 논리 실증주의적 입장
성격 기출	• 총체론적 · 현상학적 · 주관적 • 탐색적 · 확장주의적 · 서술적 · 귀납적 • 발견지향적 · 과정지향적	• 특정적 · 객관적 • 확증적 · 축소주의적 · 추론적 · 연역적 • 확인지향적 · 결과지향적
조사 방법	• 자연주의적 · 비통제적 관찰을 이용	• 강제된 측정과 통제된 측정을 이용
사례조사	• 단일사례조사	• 복수사례조사
일반화 기출	• 일반화를 하기 어렵다	• 일반화할 수 있으며 일반화를 위해 노력한다
현상 가정	• 동태적 현상을 가정	• 안정적 현상을 가정
분석규모	• 소규모 분석에 유리	• 대규모 분석에 유리
조사절차	• 조사절차가 융통적	–
현상의 측면 기출	• 현상의 과정적 측면에 주력	• 현상의 결과적 측면에 주력
분석 자료	• 타당성이 있는 실질적이고 풍부하며 깊이 있는 자료(신뢰성이 낮고, 일반화가 어렵다)	• 신뢰성 있는 경성의 반복 가능한 자료 대상들의 관계를 통계적으로 분석
객관성 기출	• 관찰자로부터 독립된 객관적 현상이 존재한다고 보지 않는다.	• 관찰자로부터 독립된 객관적 현상이 존재한다고 본다.

(4) 혼합조사 설계

① 최근 질적 조사 설계와 양적 조사 설계의 장점을 혼합하는 혼합조사 설계(Mixed Method) 접근방법이 최적이라고 알려진다.
  • 질적 조사와 양적 조사를 수행할 때, 주제에 따라 방법의 비중은 상이할 수 있다. 기출
  • 질적 조사와 양적 조사의 결과는 상반될 수 있다. 기출
  • 다양한 패러다임을 수용할 수 있어야 한다. 기출

> **더블체크**
>
> **Q** 양적 조사와 비교한 질적 조사에 관한 설명으로 옳은 것은? [16년 3회 기출]
>
> ① 일반화의 가능성이 높다.
> ② 연역적 방법으로 자료를 분석한다.
> ③ 변수 간의 관계 검증, 이론 검증에 유용하게 활용될 수 있다.
> ④ 자료수집 단계와 자료 분석 단계가 분명히 구별되지 않는다.
>
> **해설** 질적 조사에서는 자료를 수집하면서 동시에 분석을 진행하는 경우가 많다. 즉, 질적 조사는 자료수집과 자료분석이 동시적으로 이루어지는 특징을 갖는다.
> ①, ②, ③은 모두 양적 조사의 특징이다.
>
> 정답 : ④

더블체크

Q 일반적으로 질적 조사(Qualitative Research)를 위해 많이 이용하는 방법은? [14년 2회 기출]

① 관찰조사
② 전화조사
③ 질문지조사
④ 실험조사

해설 관찰조사는 일반적으로 질적 조사를 위해 많이 이용하는 방법이다.
질적 조사(Qualitative Research)에는 심층사례조사 · 심층적 면접 · 비구조적 면접, 관찰조사 · 비통제적 관찰, 초점집단면접(포커스그룹 면접), 근거이론(Ground Theory) 조사, 브레인스토밍, 델파이(Delphi)기법, 정책델파이기법 등이 존재함을 다루었다.

정답 : ①

더블체크

Q 실증주의에 관한 설명으로 틀린 것은? [22년 2회 기출]

① 관찰결과의 일반화 가능성을 강조한다.
② 과학과 비과학을 철저히 구분하려 한다.
③ 인간 행위를 예측할 수 있는 확률적 법칙을 강조한다.
④ 인간 행위의 사회적 의미를 행위자의 입장에서 이해하려 한다.

해설 실증주의는 인간 행위의 사회적 의미를 이해하기보다는 실험 또는 자연과학의 원리를 사용하여 객관적으로 측정하고 설명하는 데에 중점을 둔다.

정답 : ④

02 개별 설문항목 작성

1 개별 질문항목과 응답항목의 작성

(1) 개별 질문항목 작성

1) 질문항목의 작성 원칙

- 질문 작성 원칙으로는 간결성, 명확성, 가치중립성, 규범적 응답의 억제 등이 있다. `기출`

① 간결성
- 간결하고! 짧고 쉽게! 최소한의 문장과 단어로!
  - 질문은 짧을수록 좋고, 부연설명이나 단어의 중복 사용은 피한다. `기출`
  - 질문은 쉽고 단문의 형태로 짧고 간단명료하게 작성한다.
  - 응답자의 수준에 맞는 언어를 사용해야 하며, 편견에 치우친 항목과 용어를 지양한다. `기출`
  - 쉽게 알아들을 수 있는 말을 써야 한다. `기출`
  - 가능한 한 쉽고 의미가 명확하게 전달 및 구분되는 단어를 사용해야 한다. `기출`
- 정말 필요한 항목만!
  - 설문조사 방법 및 질문을 통해 측정하려는 변수가 무엇인지를 결정한다.
  - '질문이 반드시 필요한가?', '하나의 질문으로 충분한가?'를 고려한다. `기출`

② 명확성
- 모호한 질문 No!
  - 응답항목들은 서로 명확하게 구분되어야 한다. `기출`
  - 질문은 그 자체로서 의미가 명확히 전달 될 수 있도록 구성하고 모호한 질문은 피해야 한다. `기출`
  - 이중적으로 해석될 수 있는 질문은 피하도록 한다. `기출`
  - 애매모호한 개념으로 다양하게 해석될 수 있는 용어나 응답자들이 이해하지 못하는 전문적인 용어는 가급적 피하며, 동의어의 중복 사용도 피한다.
  - 용어는 응답자 모두가 이해할 수 있도록 이해력이 낮은 사람의 수준에 맞춰야 한다. `기출`
  - 질문문항은 명료하고 적절한 언어를 사용하여야 한다. `기출`
- 직접적·명시적으로 작성!
  - 한 질문항목에는 한 가지 내용만 포함되도록 한다. `기출`
  - 질문은 항목들이 명확해야 하기 때문에, 명시적이면서 직접적으로 작성한다.
  - 특정한 대답을 암시하거나 유도해서는 안 된다. `기출`

> **개념특강** 간결성·명확성 예시 `기출`
> - 질문은 의미가 명확하고 간결해야 한다. → 간결성·명확성
>   - "당신의 국적은 어디입니까?"와 같은 질문은 간결하고 명확하다.
>   - "당신은 올해 X-ray 검진을 받은 적이 있습니까?"와 같은 질문은 질문지의 개별문항으로 가장 적합한 예시이다. 이 질문에는 Yes/No로 명확하게 응답이 가능하다.

③ 가치중립성
- 질문들이 편견적이거나 어떤 방향으로 반응을 유도하면 안 된다.
  - <u>편견에 치우친 항목과 용어를 지양한다.</u> `기출`
  - 질문은 응답자의 편향을 최소화하고, 객관적으로 작성되어야 한다.
- 질문항목 및 응답범주에 질문자의 주관이나 임의적 가정이 개입되면 안 된다.
  - <u>조사자가 임의로 응답자에 대한 가정을 해서는 안 된다.</u> `기출`
- **지방이나 계층 등에 따라 의미가 다른 용어는 삼간다.** `기출`

④ 규범적 응답의 억제
- 응답자가 사회적으로 바람직한 방향으로 답변하는 경향을 줄이기 위한 것이다.
  - 도덕적이나 사회적 규범이 내재된 문항은 솔직한 반응을 얻기 어렵다.
- **규범적 응답의 억제에 유의한다.** `기출`
  - '규범성'은 질문지 작성원칙에 해당하지 않지만, '규범적 응답의 억제'는 중요한 질문지 작성의 원칙이다.

⑤ 균형성 : 각 카테고리 간 용어의 양이 어느 정도 균형이 이루어져야 한다.

⑥ 신축성 : 응답 형식의 다양성
- 다양한 응답 형식을 수용할 수 있어야 한다(예 객관식, 주관식, 척도 평가 등).

⑦ 유사응답세트 : 일련의 질문들이 내용에 관계없이 일정한 방향으로 응답하는 경향을 보이는 질문 세트이다.
- 유사응답세트를 변화 있게 구성하면 응답자의 반응을 정확하게 평가할 수 있다.
- 이는 응답자가 유사한 방식으로 여러 질문에 답변하는 것을 의미한다.

> 예 ① 유사응답세트 문항 : "다음 문장에 대해 얼마나 동의하십니까?"
>   → 특정 정책에 대한 동의 정도를 평가하는 질문이다.
>   Q. "우리 회사는 환경 보호를 위해 지속 가능한 정책을 시행해야 한다고 생각한다."
>   A. 매우 동의한다 | 동의한다 | 중립적이다 | 동의하지 않는다 | 전혀 동의하지 않는다
>
> ② 유사응답세트 문항 : "다음 문장에 대해 얼마나 중요하다고 생각하십니까?"
>   → 특정 문제나 가치에 대한 중요도를 평가하는 질문이다.
>   Q. "사회적 평등은 사업 전략의 중요한 요소여야 한다고 생각한다."
>   A. 매우 중요하다 | 중요하다 | 보통이다 | 중요하지 않다 | 전혀 중요하지 않다

더블체크

Q 다음 중 질문지 작성 시 요구되는 원칙이 아닌 것은? [00년 1회, 16년 1회, 20년 3회 기출]

① 규범성 ② 간결성
③ 명확성 ④ 가치중립성

해설 규범성은 규범에 따르는 성격이나 상태로, 질문지 작성 원칙과는 관련이 없다. 주의할 점은 규범적 응답의 억제는 질문지 작성의 원칙이지만, 규범성은 아니라는 것이다.
즉, 질문지를 작성할 때는 응답자가 규범적인 응답을 피할 수 있도록 하는 것도 중요하지만, 응답 자체가 규범성을 갖추지 않아도 된다는 것이다.

정답 : ①

2) 질문항목의 유형

① 쉬운 질문 VS 어려운 질문
- 쉬운 건 앞으로, 어려운 건 뒤로!
  - <u>응답자가 쉽게 응답할 수 있는 질문은 앞부분에 둔다.</u> `기출`
- 전문용어(혹은 학술적 단어·외래어) 사용 지양!
  - <u>어렵고 불필요한 전문 용어의 사용을 삼가도록 한다.</u> `기출`
  - 되도록 쉽게 이해할 수 있는 쉬운 용어를 써야 한다.
  - 응답자의 수준 및 특성에 맞게 적절한 용어를 선택해야 한다.

② 유도질문
- 응답자가 특정 응답을 하도록 유도하는 질문은 사용에 유의한다.
  - 조사자는 본인의 의도 및 주관을 개입하여 <u>특정한 대답을 암시하거나 유도해서는 안 된다.</u> `기출`

③ 민감한 질문
- <u>응답자가 응답 시 피로를 느끼지 않도록, 심각하고 골치 아픈 질문은 분산시킨다.</u> `기출`
  - 응답자가 곤혹스러워할 질문은 분산한다거나, 아예 분석에서 제외할 필요도 있다.
- 민감한 사항은 간접적으로 질문하고, <u>응답자가 응답할 수 있는 질문인가?</u>를 고려한다. `기출`
  - 사회적·개인적으로 민감한 질문은 제3자의 입장에서 답할 수 있도록 구성해야 한다.
- <u>개인 사생활에 관한 질문 혹은 응답자가 심각하게 고려하여 응답해야 하는 질문과 같이 민감한 질문은 가급적 뒤로 배치하는 것이 좋다.</u> `기출`

④ 위협적인 질문
- 위협적인 질문을 처리하는 방법은 다음 3가지가 존재한다.
  - 방법1. <u>질문배열의 순서를 조정한다.</u> `기출`
  - 방법2. <u>솔직한 응답의 필요성을 강조한다.</u> `기출`
  - 방법3. <u>비밀과 익명성의 보장을 강조한다.</u> `기출`

⑤ 이중질문
- 이중질문은 하나의 질문 문항 안에 두 개 이상의 내용이 동시에 내포된 경우이다.
  - 이는 응답자에게 혼란을 줄 수 있고, 정확한 응답을 얻기 어렵게 만든다.
- <u>복합적인 질문을 피하고, 두 개의 이상의 질문을 하나로 묶지 말아야 한다.</u> `기출`
  - <u>한 질문에 한 가지 내용(요소)만 포함되도록 한다.</u> `기출`

⑥ 연상 질문
- 연상 작용은 간격을 멀리!
  - <u>앞의 질문이 다음 질문에 연상 작용을 일으켜 응답에 영향을 미칠 수 있다면 질문들 사이의 간격을 멀리 떨어뜨린다.</u> `기출`

(2) 응답항목의 유형

1) 개방형

① 정의 및 특징

정의 기출	• 개방형 질문은 자유응답형 질문으로 응답자가 할 수 있는 응답의 형태에 제약을 가하지 않고 자유롭게 표현하는 방식이다. – 응답자에게 자기표현의 기회를 줌으로써 응답자의 의견을 존중하는 느낌을 준다.
특징 기출	• 개방형 질문은 복잡한 현상에 대한 응답유형을 알아보기 위해 탐색적 예비조사(pilot study)에서 유용한 질문형식이다. – 복잡한 현상에 대한 응답유형을 알아보기 위한 탐색적 예비조사에서 유용하다. – 새로운 아이디어나 요인 간의 관계를 파악하기 위한 탐색적 조사에 가장 적합하다. • 개방형 질문은 특정 견해에 대한 탐색적 질문방법으로 적합하다. – 예기치 않은 응답을 발견할 수 있고, 자세하고 풍부한 응답 내용을 얻을 수 있다.

② 장점 및 단점

장점 기출	• 개방형 질문은 다음의 경우에 이용하기 적합하다. – 응답자에 대한 사전지식의 부족으로 응답을 예측할 수 없는 경우 – 응답자들의 지식수준이 높아 면접자의 도움 없이 독자적으로 응답할 수 있는 경우 – 특정 행동에 대한 동기조성과 같은 깊이 있는 내용을 다루고자 하는 경우 • 응답자의 의견에 대해 정확하고 심층적인 정보를 획득할 수 있다. – 응답 가능한 모든 응답의 범주를 모를 때 적합하다. – 조사자가 알지 못했던 정보나 문제점을 발견하는데 유용하다. • 응답범주의 수적 제한을 받지 않는다. – 몇 개의 범주로 압축시킬 수 없을 정도로 쟁점이 복합적일 때 적합하다. – 강제성이 없으며, 다양한 응답 및 예기치 않은 응답을 얻거나 발견할 수 있다.
단점 기출	• 응답자들에게 심적 부담을 주기 쉽다. – 개방형 질문은 무응답과 불성실한 응답이 나올 가능성이 더 많다. – 상대적으로 응답 거부율이 높다. • 응답에 대한 분류·표준화·코딩·통계적 분석의 어려움이 있다. – 응답 내용의 분류가 어려워 자료의 많은 부분이 분석에서 제외되기도 한다. – 자료처리에 많은 시간과 노력이 든다.

더블체크

Q 개방형 질문의 특징에 관한 설명으로 틀린 것은? [11년 1회, 18년 1회 기출]

① 응답자들의 모든 가능한 의견을 얻어낼 수 있다.
② 탐색조사를 하려는 경우 특히 유용하게 이용될 수 있다.
③ 응답 내용의 분류가 어려워 자료의 많은 부분이 분석에서 제외되기도 한다.
④ 질문에 대해 중립적인 입장을 가진 사람만을 대상으로 조사하더라도 극단적인 결론이 얻어진다.

해설 질문에 대해 중립적인 입장을 가진 사람들은 일반적으로 극단적인 의견을 제시하지 않는다. 오히려 다양한 의견을 폭넓게 얻을 수 있다.

정답 : ④

2) 폐쇄형

① 정의 및 특징

정의	• 응답자가 사전에 제공된 응답범주 중에서 선택하도록 하는 '구조화된 형식'의 질문이며, 응답범주의 명료성·간결성이 만족되는 응답을 유도하는 방법이다. – <u>질문의 의미가 명확하게 전달된다.</u> 기출
특징	• 양자택일형(예/아니오) 혹은 다지선다형 질문이 일반적이다. – 응답자의 응답이 예상되는 경우에 사용된다. 응답자가 응답항목 중 하나를 선택하는 방식이므로, 응답자가 선택할 수 있는 답변(내용)이 제한적·한정적이다. • <u>폐쇄형 질문에서는 가능한 응답을 모두 제시해야 한다.</u> 기출 – 양자택일형 질문은 2개의 선택지인 '예/아니오' 외에 '해당 사항 없음', '모르겠음' 등의 항목을 추가하여 응답 선택 항목을 확장할 수 있다. • <u>폐쇄형 질문의 응답범주들이 갖추어야 할 조건은 응답범주 간의 상호배타성, 응답범주들의 포괄성, 응답범주의 명료성 등이 있다.</u> 기출 – <u>상호배타성은 응답지의 각 항목(범주)은 상호배타적이어야 한다는 것이며, 응답항목 간의 내용은 중복되면 안 된다는 것이다.</u> 기출

② 장점 및 단점

장점	• 응답 처리·코딩·통계적 분석이 비교적 쉽다. – <u>수집된 자료의 수량적 분석이 가능하며, 대답이 표준화되어 비교가 가능하다.</u> 기출 – 폐쇄형은 응답이 분류 및 구조화되어 있어 자료입력이 쉽고 코딩 등의 분석이 용이하다. • 개방형 질문보다 시간 소요가 적고, 응답률이 상대적으로 높다. – <u>분석이 용이하여 시간과 경비를 절약할 수 있다.</u> 기출 • <u>개인 사생활과 관련되거나 민감한 질문일수록 폐쇄형 질문이 개방형 질문보다 적합하다.</u> 기출
단점	• 범주형 질문만 분석하는 경우 교차분석 외의 통계 분석을 적용하기는 어렵다. • <u>응답자들이 말하고자 하는 내용을 보다 구체적으로 도출해 낼 수 없다.</u> 기출 • <u>개별 응답자들의 특색있는 응답 내용을 보다 생생하게 기록해 낼 수가 없다.</u> 기출 • 편의 발생 가능성이 있다. – 응답범주 간의 내용은 중복되면 안 되며, 상호배타성을 반드시 만족해야 한다. – 응답범주들이 모든 케이스를 포함하는 포괄성을 만족해야 편의가 발생하지 않는다. – <u>폐쇄형 질문은 각각 다른 내용의 응답이라도 미리 제시된 응답항목이 한 가지로 제한된 경우 동일한 응답으로 잘못 처리될 위험성이 있다.</u> 기출

③ 유형

- <u>다항선택 질문(Multiple Choice Questions ; 다지선다형 질문)</u> 기출
  – 하나의 질문에 대해 5~6개 내외의 항목 중 선택하여 응답할 수 있도록 하는 방식이다.
  – 응답범주들은 모든 가능한 응답을 포괄해야 하고, 내용을 총망라해야 한다.
  – 응답범주 간에는 서로 상호배타적이어야 하며, <u>각 응답항목은 논리적이어야 한다.</u> 기출
- 체크리스트형 질문(Checklist Questions ; 다중선택형 질문)
  – 선다형 질문의 한 유형이며, 응답자의 태도 및 의견에 대해 객관적으로 기록하는 방법이다.
  – 이 방법은 하나의 문제에 대해 충분한 문항을 제작하여 실시해야 효과적이다.
  – 응답자가 체크한 사항들을 수량화하여 통계적인 결과를 얻을 수 있다.

> **사례 중심 예시**   여행 선호도 조사
>
> 다음 중 여행을 계획할 때 중요하게 생각하는 요소는 무엇입니까? 해당 항목의 □에 체크✓를 표시해주십시오.
> ☐ 저렴한 항공권   ☐ 고급 숙소   ☐ 여행 안전
> ☐ 현지 문화 체험   ☐ 쇼핑 가능성   ☐ 다양한 음식 체험

(3) 기타 유형

① 어의차형 질문
- 평가질문의 유형으로, 사물이나 개념에 대한 평가자의 반응을 평가하는 것이다. 즉, 하나의 개념을 여러 가지 의미의 차원에서 평가하도록 하는 방식이다.
- 서로 반대되는 형용사를 양극에 두고 '5개 혹은 7개 이내의 응답범주'를 제시하는 형태를 갖는다.

② 서열식 질문(Ranking Questions)
- 모든 가능한 응답 항목을 '일반적으로 10개 이내로' 나열하고, 응답자에게 중요도나 선호도에 따라 순서(순위)대로 나열하도록 하는 폐쇄형 질문 방식이다.
- 일반적으로 응답자는 명확한 서열을 결정하기 위해 주어진 항목들을 모두 순서대로 나열해야 하며, 동일한 순위를 두 번 선택할 수 없는 제한이 있다.
  예 영화장르를 선호하는 순으로 나열해 주세요. 액션·코미디·공포·SF·로맨스

③ 평정식 질문(Rating Questions)
- 주로 5점 혹은 7점 형태의 리커트척도(총화평정척도) 등의 형태로 구성되며, 응답자가 주관적인 경험을 수치화하여 응답의 강도(Intensity)를 통해 의견을 표현할 수 있도록 하는 질문 방식이다.
  예 이 영화에 대한 만족도를 1부터 5까지의 점수로 표현해 주세요.
  1 매우 불만족 – 불만족 – 3 보통 – 4 만족 – 5 매우 만족
- (※ 어의차이척도 및 평정척도 중 리커트척도 관련 상세한 내용은 '제2과목 조사관리와 자료처리 → CH04. 측정의 타당성과 신뢰성 → 측정도구와 척도의 구성' 참고)

④ 행렬 질문(Matrix Question ; 매트릭스 질문)

정의	• 여러 질문 문항들이 동일한 응답범주를 갖고 있을 경우 사용하는 질문기법이다. **기출** – 응답범주가 동일한 여러 개의 질문들을 체계적으로 묶은 하나의 질문세트
장점	• 질문을 그룹화해 설문을 간단히 만들기 때문에, 신속하게 응답할 수 있다. – 격자구조는 지면을 경제적·효율적으로 활용할 수 있고, 높은 집중도를 유도한다. 또한 응답문항 간에 시각적으로 패턴 발견 및 비교가 용이하다.
단점	• 응답문항들이 한곳에 배치되어 있으므로, 유사한 응답경향을 발생시킨다. – 응답자들이 질문 내용을 상세히 확인하지 않고 응답할 가능성이 크다. – 또한 후광효과로 인해, 배열순서에 따라서 차이가 발생할 가능성도 크다. ※ 후광효과(Halo Effect) : 어떤 대상이나 사람에 대한 일반적인 견해가 그 대상이나 사람의 구체적인 특성을 평가하는데 영향을 미치는 현상이 발생하는 이유는 후광효과에 기인한 것이다. **기출** • 행렬 질문에서 응답자들의 특정응답패턴이 없도록 할 수 있는 방법은 문항의 배열순서를 고려하여 질문순서의 무작위화 같은 방법을 사용하거나, 문항 간 범위 명확화 및 구체화를 통해 유도된 응답 패턴을 방지하는 것이다.

사례 중심 예시 항공사 만족도 조사

A항공사 이용 경험에 대해 아래 항목들을 평가해주세요.

	매우불만족	불만족	보통	만족	매우 만족
예약 과정의 편리함				✓	
탑승 절차의 효율성					✓
승무원의 친절도					✓
기내 청결도				✓	

2 질문항목과 응답항목 간의 일관성 검토

(1) 일관성 검토 의의
- 개별 설문항목 작성의 질문항목과 응답항목 간의 일관성 검토는 왜 수행하는지 알아야 한다.
  - 설문지의 품질을 평가하고 개선하는 중요한 단계이다.
  - 설문지가 응답자에게 목적에 맞게 일관된 방식으로 질문하고 있는지, 응답항목이 질문항목과 일치하며 충분히 포괄적인지를 확인하는 것을 목표로 한다.

(2) 일관성 검토 절차

Step 1. 질문항목과 응답항목의 일치 여부 확인
① 명확성
- 각 질문이 명확하고 해석하기 쉬운지 확인해야 한다.
- 응답자가 질문을 이해하고 적절하게 답변할 수 있도록 질문의 명확성을 확인한다.

② 포괄성
- 각 질문에 대해 모든 가능한 응답 옵션이 포함되어 있는지 확인한다.
- 필요한 경우 추가적인 응답항목을 고려하여 응답항목의 포괄성을 확인한다.

③ 상호배타성
- 각 응답항목이 다른 항목과 중복되지 않고 서로 배타적인지 확인한다.
- 응답자가 하나의 항목만을 선택해야 할 경우 이를 보장한다.

Step 2. 응답항목의 일관성 검토
① 원활한 매칭
- 각 응답항목이 질문항목과 일관성 있게 매칭 되는지를 평가한다.
- 일관성 없는 항목이나 질문항목과 관련이 없는 항목은 제거하거나 수정해야 한다.

② 응답항목의 문맥 적합성
- 응답항목이 질문의 문맥 속에서 적절하게 위치하고 있는지를 확인한다.
- 특정 질문에 대한 응답이 다른 질문과 혼동되지 않도록 한다.

Step 3. 전문가의 검토
① 설문지작성 전문가나 해당 분야의 전문가들이 설문지를 검토하고 피드백을 제공한다.
- 이들의 의견은 설문항목과 응답항목의 일관성 평가에 중요한 역할을 한다.

② 전문가의 관점을 통해 설문지의 품질을 향상시킬 수 있는 다양한 제안을 수렴하고 반영한다.

03 설문지 작성

1 설문항목의 구조화

(1) 설문항목 구조화 방법

1) 배치 및 배열

① 정의
- 배열이란 객체를 '정해진 순서에 따라' 배치하는 것을 의미한다.
  - 설문항목의 배치는 자료수집의 형태에 따라 달라질 수 있다. `기출`

② 특징 `기출`
- 포괄적 질문부터 배치하고 세부적인 질문은 나중에 배치한다. (포괄 → 세부)
- 단순한 내용의 질문은 복잡한 내용의 질문보다 먼저 배치한다. (단순 → 복잡)
- 질문은 논리적인 순서에 따라 자연스럽게 배치하는 것이 좋다.
  - 논리적인 순서에 따라 배열함으로써 응답자 자신도 조사의 의미를 찾을 수 있도록 한다.

③ 방법
- 서로 연결되는 질문은 적합한 순서대로 배치한다. `기출`
- 비슷한 형태로 질문을 계속하면 응답에 정형이 발생하기 때문에 이를 피하도록 한다. `기출`
- 응답자가 응답 시 피로를 느끼지 않도록 심각하고 골치 아픈 질문은 분산시킨다. `기출`
- 여과질문은 적절하게 배열하여 사용한다.

> **개념특강 여과질문**
> - 여과질문은 어떤 질문을 하고 나면 다음 질문이 필요한지의 여부를 판별할 수 있도록 일련의 관련 질문들을 배열하는 질문이다. `기출`
> - "당신은 지난 6개월 동안 자주 휴가를 다녀오셨나요?"와 같은 질문에 '예'를 선택한 경우에만 "어떤 종류의 휴가를 자주 다녀오시나요?"와 같은 추가 질문이 이어질 수 있다. 반면 '아니오'를 선택한 경우에는 다음 질문으로 넘어가지 않거나 다른 경로의 질문이 이어질 수 있다.

2) 유의사항

① 연상 작용 : 앞의 질문이 다음 질문에 연상 작용(이전 효과)을 일으켜 응답에 영향을 미칠 수 있다면 질문들 사이의 간격을 멀리 떨어뜨린다. `기출`

② 신뢰도 기준 문항 분리
- 응답의 신뢰도를 묻는 문항은 다른 문항들과 분리시켜야 한다.
  - 응답의 신뢰도를 묻는 질문을 설문지의 끝부분에 배치하면, 일반 문항들과 신뢰도 관련 문항들이 명확하게 구분되어 응답자가 질문에 대해 정확하게 답변할 수 있다.

③ 동일척도 그룹화 : 각 카테고리별로 일관된 척도(예 5점 혹은 7점 리커트척도)로 쉽게 답변할 수 있도록, 동일한 척도항목은 함께 묶어 배열한다.

(2) 설문항목 위치별 배치

도입부	• <u>시작하는 질문은 쉽게 응답할 수 있고 흥미를 유발할 수 있어야 한다.</u> `기출`
	• 도입질문의 직접성과 명확성
	  – 도입부의 질문이나 문구는 직접적이고 명확해야 한다.
	  – 응답자가 첫 번째 질문을 이해하고 쉽게 대답할 수 있어야 한다.
	  – 첫 질문이 어려우면 응답자들이 설문을 거절할 가능성이 있고, 심지어 응답을 시작해도 거부감이 발생하여 무응답이 많이 발생할 수 있다.
	• 문항의 일반적인 성격
	  – <u>응답자들의 관심을 끌 수 있는 일반적인 내용의 질문은 앞부분에 제시되어야 한다.</u> `기출`
	  – 응답자가 일반적인 질문을 통해 설문의 의도를 이해하고, 면접자와 대화를 나누면서 친밀감과 신뢰를 쌓을 수 있게 하는 역할을 한다.
	  – 일반적인 설문을 통해 설문의 주제와 관련된 지식을 활성화하여 이어지는 설문에 보다 편하게 응답할 수 있도록 한다.
	• 응답자의 관심 유도
	  – 응답자가 응답하는 데 있어서 피로를 느끼지 않도록 도입부 질문은 설문에 참여하게 할 수 있는 흥미 요소를 포함해야 한다.
	  – 첫 번째 질문이나 도입문구는 응답자에게 설문의 목적을 명확하게 전달해야 하며, 응답자가 왜 이 설문에 참여해야 하는지를 간결하게 설명해야 한다.

전반부	• 지속적인 기억이 필요한 질문들은 설문지의 전반부에 배치한다. • <u>응답자의 관심을 끌 수 있는 일반적인 내용의 질문은 앞부분에 제시한다.</u> `기출`

후반부	• <u>다른 문항에 영향을 미칠 수 있는 질문은 뒤쪽에 배치한다.</u> `기출`
	  – <u>응답자가 심각하게 고려하여 응답해야 하는 질문은 뒤쪽에 둔다.</u> `기출`
	• <u>개인 사생활과 같이 민감한 질문이나 개방형 질문(주관식 질문)은 가급적 후반부에 배치한다.</u> `기출`
	  – <u>즉, 응답자의 인적사항에 대한 질문은 가능한 한 나중에 한다.</u> `기출`
	  – <u>간단한 내용의 질문이라도 응답자들이 응답하기를 주저하는 내용의 질문은 가급적 마지막에 배치해야 한다.</u> `기출`
	• 중요하고 민감한 질문을 포함
	  – <u>일반적인 내용을 먼저 묻고 다음에 구체적인 것을 묻도록 한다.</u> `기출`
	  – 응답자가 설문의 마지막에도 집중하여 정확한 답변을 제공할 수 있도록 해야 한다.

마지막	• 인구통계학적 질문을 배열한다.
	  – 인구통계학적 질문은 민감한 정보를 포함할 수 있기 때문에, 설문지의 끝에 배열하거나 조사 목적에 필요하지 않다면 질문을 생성하지 않는 것이 좋다.
	  – <u>응답자의 인적사항은 가능한 한 나중에 한다.</u> `기출`
	    예) <u>성별, 연령대, 직업군, 소득수준 등</u>

더블체크

Q 질문 문항의 배열에 관한 설명으로 옳은 것은? [13년 1회, 19년 3회 기출]

① 특수한 것을 먼저 묻고 일반적인 것은 나중에 질문한다.
② 개인의 사생활에 대한 것이나 민감한 내용은 먼저 묻는다.
③ 시작하는 질문은 흥미를 유발하는 것으로 쉽게 응답할 수 있는 것으로 한다.
④ 비슷한 형태로 질문을 계속하여 응답에 정형이 생기게 한다.

해설 응답자들의 관심을 끌 수 있는 일반적인 내용의 질문은 앞부분에 제시되어야 한다.
① 일반적인 질문을 먼저 배치하여 설문의 주제와 관련된 지식을 활성화하고 후반부에 특수한 질문을 배치한다.
② 사생활과 같이 민감한 질문이나 개방형 질문은 가급적 후반부에 배치한다.
④ 비슷한 형태의 질문을 계속하면 응답자가 패턴을 인식하고, 자동으로 반복 응답을 하여 응답의 정형이 생길 수 있다. 이 경우 다양한 응답을 얻지 못하고, 응답의 질을 떨어뜨릴 수 있다.

정답 : ③

(3) 설문항목 배열 유형

1) 깔대기식 배열(Funnel Sequence)

정의	• 깔대기식 배열은 설문지의 질문순서를 일반적 · 포괄적이며 광범위한 주제에서부터 점차 구체적 · 특정적이고 세부적인 주제로 좁혀가는 방식으로 배열이다. – 일반적이고 범위가 큰 질문을 먼저하고, 특정적으로 구체적인 질문을 뒤쪽으로 배열하는 유형이다.
특징	• 응답자로부터 깊이 있는 세부적인 정보나 예상치 못한 정보를 수집하고자 할 때 매우 효과적인 방법이다.

예시	• 직장 만족도 조사 설문구성 방법(※ 구체적인 질문을 뒤쪽으로 배열)
	– 도입부 질문(주제와 관련된 일반적인 질문)
	    "본 설문은 귀하의 직장 만족도와 관련된 의견을 수집하기 위해 마련되었습니다. 모든 답변은 익명으로 처리되며, 조사 결과는 직장 환경 개선을 위한 참고 자료로 사용될 것입니다."
	    Q. "귀하는 현재 직장에서 얼마나 오랫동안 근무하고 계십니까?"
	    A. 1년 미만 ǀ 1년 이상 3년 미만 ǀ 3년 이상 5년 미만 ǀ 5년 이상
	– 일반적 질문
	    Q. 귀하의 직무는 무엇입니까?
	    A. 관리직 ǀ 기술직 ǀ 사무직 ǀ 영업직 ǀ 기타(구체적으로 작성해 주세요)
	– 구체적 질문
	    Q. 귀하는 직장에서 가장 개선이 필요하다고 생각하는 부분은 무엇입니까? (복수 선택 가능)
	    A. 급여 ǀ 복지 혜택 ǀ 근무 환경 ǀ 직장 동료와의 관계 ǀ 업무 내용 ǀ 승진 기회 ǀ 기타(구체적으로 작성해 주세요)
	– 인구통계학적 질문 (응답자의 배경 정보 수집)
	    Q. "귀하의 연령대는 어떻게 되십니까?"
	    A. 10대 ǀ 20대 ǀ 30대 ǀ 40대 ǀ 50대 ǀ 60대 이상

2) 역깔대기식 배열(Inverted Funnel Sequence)

정의	• 역깔대기식 배열은 깔대기식 배열의 반대 개념이며, 설문이나 조사에서 초기에 구체적이고 세부적인 질문부터 시작하여 점차 더 일반적이고 포괄적인 주제로 이동하는 배열이다. – 세부적인 문항부터 질문하고, 일반적이고 광범위한 질문들을 뒤로 배열하는 유형이다. – 전체적인 답을 먼저 하면, 구체적인 답에 영향을 미칠 수 있는 상황에서 역깔대기식 배열을 사용한다.
특징	• 구체적 질문부터 시작하여 응답자가 구체적 질문에 더 쉽게 답할 수 있도록 동기를 유발한다. – 응답자가 자신의 경험과 관점을 더 구체적으로 기억하고 답변할 수 있게 한다. – 응답자가 경험 부족으로 구체적 질문을 먼저 인지해야 답변이 가능한 경우에도 사용한다. • 응답자 입장에서 진행한다. – 응답자는 초기에 구체적인 질문에 답변하면서 자신의 생각을 정리하고 이해하기 쉬운 방식으로 설문을 시작할 수 있다. – 응답자가 질문의 주제에 관심이 적거나 기억이 오래된 경우에 사용한다.

예시	• 직장 만족도 조사 설문구성 방법
	– 구체적 질문(세부적인 직장 환경 평가)
	    "귀하는 현재 직장의 근무 환경(예 사무 공간, 시설, 근무 조건)에 대해 어떻게 평가하십니까?"
	– 넓은 주제 질문(일반적인 직장 환경 평가)
	    "귀하는 현재 직장에서의 전반적인 만족도를 어떻게 평가하십니까?" (1~5점 척도)
	    "귀하는 현재 상사와의 관계와 지원에 대해 어떻게 평가하십니까?" (1~5점 척도)
	– 인구통계학적 질문(응답자의 배경 정보 수집)
	    Q. "귀하의 연령대는 어떻게 되십니까?"
	    A. 10대 ǀ 20대 ǀ 30대 ǀ 40대 ǀ 50대 ǀ 60대 이상

2 설문지 작성

(1) 설문지 작성 절차

1) 설문지 작성의 일반적인 과정

① 심플 버전(시험용) `기출`

필요한 정보 결정 → 개별항목 내용 결정 → 질문형태 결정 → 질문의 순서 결정 → 설문지 완성

② 세부 버전(시험용) `기출` `암기` 자내형개순

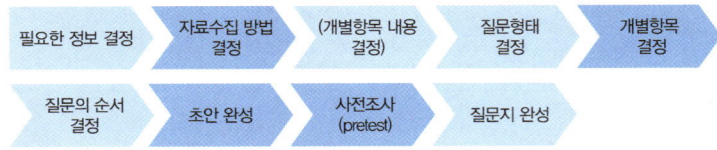

필요한 정보 결정 → 자료수집 방법 결정 → (개별항목 내용 결정) → 질문형태 결정 → 개별항목 결정 → 질문의 순서 결정 → 초안 완성 → 사전조사(pretest) → 질문지 완성

Step 1. 필요한 정보 결정 : 이 단계에서 설문지 작성자는 조사의 명확한 방향성을 설정하고, 필요한 정보를 체계적으로 수집할 수 있는 기반이 마련된다.

Step 2. 자료수집 방법 결정 : 온라인 설문, 전화면접법, 현장 인터뷰 등 여러 자료수집 방법을 비교 후 결정한다.

Step 3. 개별항목 내용 결정 : 각 질문이 어떤 정보를 정확히 확인할 수 있는지, 꼭 필요한 질문인지 등을 결정한다.

Step 4. 질문형태 결정 : 각 항목별로 질문 형태 및 유형(자유응답형·양자택일형·다지선다형)을 결정한다.

Step 5. 개별항목 결정 : 다지선다형 응답은 항목 간 내용 중복 없이 가능한 응답을 모두 제시해야 하고, 2개의 내용을 함께 질문하면 안 되는 점 등을 주의하여 개별항목을 완성 및 결정한다.

Step 6. 질문 순서 결정 : 도입부, 전반부, 후반부, 마지막에 어떤 질문들을 제시할지 순서를 결정한다.

Step 7. 초안 완성 : 문법적 오류나 불명확한 문구를 수정하여 질문지의 초기 버전(초안)을 완성한다.

Step 8. 사전조사(Pre-test) : 작성된 질문지를 작은 그룹에 사전 조사하여 문제점을 발견하고, 응답자들의 이해도와 피드백을 수집하여 개선점 도출한다.

Step 9. 질문지 완성 : 사전조사 결과를 반영하여 최종 질문지 완성 후 인쇄 및 전자적 배포 준비를 완료한다.

더블체크

Q 질문지 작성의 일반적인 과정을 바르게 나열한 것은? [18년 2회, 21년 2회 기출]

㉠ 필요한 정보의 결정	㉡ 자료수집 방법 결정
㉢ 개별항목 결정	㉣ 질문형태 결정
㉤ 질문의 순서 결정	㉥ 초안 완성
㉦ 사전조사(pretest)	㉧ 질문지 완성

① ㉠ → ㉡ → ㉢ → ㉣ → ㉤ → ㉥ → ㉦ → ㉧
② ㉠ → ㉤ → ㉡ → ㉣ → ㉢ → ㉥ → ㉦ → ㉧
③ ㉠ → ㉣ → ㉢ → ㉡ → ㉤ → ㉥ → ㉦ → ㉧
④ ㉠ → ㉡ → ㉣ → ㉢ → ㉤ → ㉥ → ㉦ → ㉧

해설 암기 : 자내형개순 ㉠ 필요한 정보의 결정 → ㉡ 자료수집 방법 결정 → ㉣ 질문형태 결정 → ㉢ 개별항목 결정 → ㉤ 질문의 순서 결정 → ㉥ 초안 완성 → ㉦ 사전조사(Pre-test) → ㉧ 질문지 완성의 순서이다.

정답 : ④

더블체크

Q 다음의 질문 문항의 문제점은? [19년 3회 기출]

> 지난 3년 동안 귀댁의 가계지출 중 식생활비와 문화생활비는 각각 얼마였습니까?
> - 식생활비 : 주식비 (　　)원, 부식비 (　　)원, 외식비 (　　)원, 기타 (　　)원
> - 문화생활비 : 신문·잡지 구독비 (　　)원, 전문 서적비 (　　)원, 영화·연극비 (　　)원, 기타 (　　)원

① 대답을 유도하는 질문을 하였다.
② 조사자가 임의로 응답자에 대한 가정을 하였다.
③ 응답자에게 지나치게 자세한 응답을 요구했다.
④ 응답자가 정확한 대답을 모르는 경우에는 중간값을 선택하는 경향을 간과했다.

해설 지난 3년 동안의 세부적인 가계지출 항목(주식비, 부식비, 외식비, 신문·잡지 구독비 등)을 묻고 있는데, 이러한 항목에 대한 구체적인 금액을 기억하고 답하기는 매우 어렵다. 따라서 응답자에게 지나치게 정확하고 자세한 정보를 요구하는 것이 문제이다.

정답 : ③

더블체크

정답률 약 50%

Q 질문지 작성방법에 관한 설명으로 가장 적합한 것은? [09년 3회, 21년 1회 기출]

① 질문지는 한 번 실시되면 돌이킬 수 없으므로 가능한 한 많은 양의 정보가 실릴 수 있도록 작성한다.
② 필요한 정보의 종류, 측정방법, 분석할 내용, 분석의 기법까지 모두 미리 고려된 상황에서 질문지를 작성한다.
③ 질문지 작성에는 일정한 원리와 이론이 적용되는 것이므로 이에 대한 내용을 숙지한 후 상당한 시간과 노력을 들여 신중하게 작성한다.
④ 동일한 양의 정보를 담고 있어도 설문지의 분량은 가급적 적어야 하므로, 필요한 정보의 획득을 위한 질문 문항 외에 다른 요소들은 설문지에 포함하지 않아야 한다.

해설 ① 질문지는 사전검사 등의 단계에서 개선이 가능하다.
③ 모든 질문지 작성에 일정한 원리와 이론이 적용되지는 않는다.
④ 설문지의 분량은 질문의 목적과 필요성에 따라 다르다.

정답 : ②

더블체크

Q 다음 중 질문지의 구성요소로 볼 수 없는 것은? [19년 2회 기출]

① 식별자료
② 지시사항
③ 필요정보 수집을 위한 문항
④ 응답에 대한 강제적 참여조항

해설 응답에 대한 강제적 참여조항은 질문지의 구성요소에 해당되지 않는다.
① 식별자료는 조사대상 정보(성별, 나이 등)이며, 이는 질문지의 구성요소이다.
② 지시사항은 질문지 작성 및 답변 방법을 의미하며, 이는 질문지의 구성요소이다.
③ 필요정보 수집을 위한 문항은 조사목적에 필요한 정보를 수집하는 문항을 의미하며, 이는 질문지의 구성요소이다.

정답 : ④

3 설문지 점검 및 보완

(1) 예비조사

1) 예비조사의 의의 및 특징

① 예비조사(Pilot Test ; 파일럿 조사)는 조사나 실험을 실시하기 전에 작은 규모로 필수적으로 진행되는 시험적인 조사이다.

② 예비조사는 조사하려고 하는 문제의 핵심적인 요소들을 분명히 알지 못할 때, 질문지 작성 전 단계에서 실시하는 비지시적 방식의 조사이다. 기출

③ 예비조사는 '기초조사'에 속하며, 일정한 조사 문제에 대한 다각적이고 전문적인 관계 정보를 준비하기 위한 과정이다.

④ 예비조사는 '조사표 작성을 위한 기초자료 제공'에 목적이 있다.
- 특정 조사에 대한 사전지식이 부족할 때, 혹은 복잡한 현상에 대한 응답유형을 알아보기 위해 탐색적 예비조사에서 사용하기 적합한 질문유형은 '개방형 질문'이다.

(2) 사전조사

1) 사전조사의 의의 및 특징

① 사전조사(사전검사 ; Pre-test)는 본조사와 동일한 절차와 방법으로 질문지가 잘 구성되었는지 시험하는 조사이다.
- 즉, 사전검사는 본조사의 조사방법과 같아야 한다. 기출

② 사전조사는 '질문지 작성 후 본 조사를 시작하기 전에' 모집단 유사하다고 판단되는 소규모 표본을 대상으로 조사 도구(질문지)의 문제점(타당성 등)을 검토하기 위해 소규모로 실시하는 조사이다.
- 질문지 초안 작성 후 마지막 단계에서 질문지의 문제점을 찾아내기 위한 작업이다. 기출

③ 조사방법은 본조사와 Same!
- 사전검사는 본조사에서 사용하고자 하는 방법과 동일하게 한다. 기출

④ 확률추출과정은 없음!
- 사전조사는 일반화가 목적이 아니다. 즉, 사전조사의 결과는 본 조사처럼 전체 모집단에 대한 일반화를 목적으로 하지 않으므로, 확률추출과정을 수행하지 않는다.

⑤ 문제점 및 수정 포인트 찾기! 기출
- 주된 목적은 '질문들이 갖고 있는 문제들을 파악'하고 '명료하게 수정하는 것'이다.
- 설문조사에서 사전조사는 응답자들이 조사내용을 분명히 이해할 수 있는지를 확인하기 위해 시행되는 조사이다.
- 질문순서가 바뀌었을 때 응답에 실질적 변화가 일어나는지 확인하기 위해서 수행한다.
- 무응답, 기타 응답이 많은 경우를 확인하기 위해서 수행한다.

⑥ 응답자는 소규모도 OK!
- 소규모 표본이 대상이므로, 반드시 많은 수의 응답자를 상대로 실시할 필요는 없다. 기출
- 사전조사에서 조사대상은 모집단과 유사하게 이질적인 집단으로 구성되어야 조사 도구와 절차의 유효성과 신뢰성을 충분히 평가할 수 있다.

2) 사전조사의 목적

① **설문지의 확정** 기출
- 응답 내용의 일관성을 검토하고, 응답이 한쪽으로 치우치지 않았는지 확인한다. 기출
- 질문순서 변경 시 응답 변화가 크면 질문 구성을 재검토한다.
- 사전조사의 결과는 질문문항 보완에 사용한다.

② **실제 조사관리의 사전점검 및 조사업무량의 조정** 기출
- 면접시간, 질문지 상의 각 질문항목에 소요되는 단위시간
- 응답자의 이동률(이동 거리 및 시간, 이동의 불편 정도 등), 응답자의 장소 및 분위기
- 현지 관서와의 관계(허가 및 협조, 지원 요청 등)

3) 사전조사의 고려사항

① '질문이 적절하지 않거나 문제가 있다고 판단하는 경우'에 대한 원인을 파악하고 조정한다.
② 응답자체의 거부 여부를 검토한다.
- 응답거부나 '모른다' 혹은 '기타'라는 항목에 표시한 경우가 많은 지 검토한다. 기출
- 무응답이 많거나, 익명 요구가 많거나, 응답 거절률이 5% 이상인 경우도 확인한다.

③ 응답에 일관성이 있는지의 여부를 검토한다. 기출
④ 한쪽에 치우치는 응답이 나오는가의 여부를 검토한다. 기출
- 한쪽으로 치우치는 응답이 나오거나 질문순서의 변화에 따른 반응의 변화를 검토한다. 기출

> **더블체크**
>
> **Q** 질문지 초안 작성 후 사전검사(Pre-test)에서 고려해야 할 사항과 가장 거리가 먼 것은?
>
> [04년 3회, 17년 2회 기출]
>
> ① 응답자의 거부 여부
> ② 응답에 일관성이 있는지
> ③ 한쪽에 치우치는 응답이 나오는가의 여부
> ④ 사전조사와 본조사의 응답자 규모가 동일한지의 여부
>
> **해설** 사전검사는 본검사 달리 모집단 유사하다고 판단되는 소규모 표본을 대상으로 진행하므로, 본조사와 응답자의 규모가 반드시 같지 않아도 된다.
>
> 정답 : ④

(3) 예비조사와 사전조사 비교

구분	예비조사(Pilot Test)	사전조사(Pre-test)
조사 시기	설문지 작성 전	설문지 작성 후 본조사 전
조사 목적	가설의 명확화 문제의 핵심요소를 명확히 확인	설문지 타당성 및 신뢰성 검증 질문들이 갖고 있는 문제 파악
조사 방법	비조직적 조사 (탐색 · 문헌 · 전문가 조사)	조직적 조사 (본조사와 동일하게 수만 축소 조사)

(4) 설문지 완성

1) 표지편지 및 안내문·지시문 작성

① 개념 및 특징
- 표지편지(안내문·지시문) 작성은 질문지 작성의 마지막 작업 과정이며, 질문지와 함께 우송된다.
- 질문지 완성 후에는 1페이지가 넘지 않는 '간결하고 설득력 있는' 표지편지나 안내문을 통해 조사자와 응답자에 대한 지시사항을 작성한다. 이는 응답자에게 조사의 목적 및 당위성, 중요성을 설명하며 협조를 유도하고 응답률을 제고시키는 역할을 한다.

② 작성 시 유의사항
- **조사자나 조사의 후원기관에 대한 신분 밝히기**
  - 설문조사의 신뢰성과 투명성을 높이기 위해 조사를 실시하는 조직이나 조사 및 후원기관의 신분을 명확히 밝혀야 한다.
- **조사의 목적·중요성 및 응답의 필요성 설명**
  - 설문조사의 목적과 그 중요성을 설명함으로써 응답자가 참여의 필요성을 이해하고 긍정적으로 반응할 수 있도록 한다.
  - 각 질문에 대한 응답이 조사의 결과에 어떻게 기여하게 되는지 설명하여 응답자가 질문에 성실히 응답하도록 유도한다. 이때, 응답자가 추출되지 않은 많은 사람들의 견해를 대표한다는 점을 표현한다.
- **응답자의 신분 및 비밀보장**
  - 응답자가 제공하는 정보 및 신분에 대한 엄격한 비밀보장 및 개인정보 보호를 안내한다.

개념특강 　표지편지 및 안내문·지시문 예시

안녕하십니까? ○○○은 스마트폰 이용과 관련된 사회적 현상을 파악하기 위해 '지능정보화기본법 제12조, 제66조(지표조사)'에 의거 스마트폰 과의존 실태에 대한 조사를 실시하고 있습니다.
국가승인통계(승인번호 : 000000호)인 본 조사는 전국적인 규모로 실시되는 통계조사로 스마트폰 과의존 예방·해소 정책 수립 및 추진을 위한 기초자료로 활용됩니다.
바쁘시더라도 면접원의 안내와 기입요령에 따라 각 조사항목에 성의껏 응답해 주시면 감사하겠습니다.

　　　　　　　　　　　　　　　　　　　책임담당자 : A팀 ***조사원(연락처 : 02-000-0000)
　　　　　　　　　　　　　　　　　※ 출처 : 2022년 스마트폰 과의존 실태조사(주관기관 과학기술정보통신부)

더블체크

정답률 약 40%

Q 설문지의 지시문에 들어갈 내용과 가장 거리가 먼 것은 무엇인가?　　　　[14년 2회, 17년 3회 기출]

① 조사목적　　　　　　　　　　　② 조사자 신분
③ 응답자 특성　　　　　　　　　　④ 표집방법

해설 응답자 특성은 보통 설문조사의 첫 부분이나 끝부분에 있는 개인정보 수집 목적을 위해 묻거나, 설문조사 결과를 분석할 때 사용되는 부분이다. 따라서 설문지의 지시문에 포함되는 내용이 아니다.
①, ② 조사목적과 조사자 신분은 설문지의 지시문에 일반적으로 들어가는 내용이다.
④ 표집 방법을 지시문에 포함하는 것은 선택 사항이지만, 응답자에게 신뢰와 조사에 대한 이해를 높이는 데 긍정적인 영향을 미칠 수 있다.

　　　　　　　　　　　　　　　　　　　　　　　　　　　　　　　　　정답 : ③

CHAPTER 03 설문설계

기출 및 예상문제

01 [정답률 약 50%] [14년 3회 기출]

질적 조사에 관한 설명과 가장 거리가 먼 것은 무엇인가?

① 조사절차에 유연성이 있다.
② 조사 도구로서 조사자가 가진 자질이 중요하다.
③ 조사자의 주관성이 개입될 수 있다.
④ 개방형 질문과 구조화 면접으로 심층 정보를 얻는다.

> **해설** 질적 조사에서는 개방형 질문을 사용하지만, 일반적으로 비구조화 혹은 반구조화 면접을 통해 심층 정보를 얻는다. 비구조화 면접은 사전에 준비된 질문이 없거나 매우 적으며, 면접자의 재량에 따라 질문이 자유롭게 이루어진다. 따라서 비구조화 면접은 주로 질적조사에서 사용되어 응답자의 심층적인 견해와 경험을 탐구한다.

02 [08년 1회, 13년 2회 기출]

질적 조사에 관한 설명으로 옳지 않은 것은?

① 정보의 출처나 자료수집방법을 다양하게 한다.
② 개방형 질문을 통해 심층적인 정보를 얻어낸다.
③ 조사 초기에 설정한 분석틀을 도중에 변경해서는 안 된다.
④ 조사과정에서 자료를 분석해가면서 자료를 반복적으로 범주화한다.

> **해설** 질적 조사는 조사에 필요한 절차나 단계를 엄격하게 결정하지 않으며, 조사 초기에 설정한 분석틀이 중간에 변경될 수 있다.

03 [16년 2회 기출]

질적 조사에 대한 설명으로 틀린 것은?

① 자료처리를 위해 컴퓨터프로그램을 사용하지 않는다.
② 사례 기술적 이해를 추구한다.
③ 신뢰도에 있어서 문제가 있을 수 있다.
④ 포커스그룹면접도 질적 조사에 해당한다.

> **해설** 질적 데이터도 자료 처리 및 분석 관련 소프트웨어를 통해 인터뷰나 텍스트 데이터를 코드화하고, 패턴을 분석하는 일련의 텍스트 마이닝을 수행할 수 있다.
> 따라서 질적 조사에서도 컴퓨터 프로그램이 적극적으로 활용된다.

04 [20년 4회 기출]

질적 조사에 관한 설명과 가장 거리가 먼 것은?

① 조사자와 조사대상자의 주관적인 인지나 해석 등을 모두 정당한 자료로 간주한다.
② 조사 결과를 폭넓은 상황에 일반화하기에 유리하다.
③ 조사절차가 양적 조사에 비해 유연하고 직관적이다.
④ 일반적으로 상호작용의 과정에 더욱 많은 관심을 둔다.

> **해설** 질적 조사는 특정한 상황이나 맥락을 깊이 있게 이해하는 것을 목표로 하므로, 일반화하기에는 한계가 있다. 즉, 질적 조사는 주로 작은 규모의 표본을 심층적으로 조사하기 때문에, 결과를 모집단 전체에 일반화하는 데 어려움이 있다.

정답 : 01 ④ 02 ③ 03 ① 04 ②

05 정답률 약 50% [15년 3회 기출]
다음 질문문항과 가장 관련이 없는 것은?

> 당신의 종교는 무엇입니까?
> A. 불교 B. 개신교 C. 카톨릭 D. 기타

① 폐쇄형 질문 ② 선다형 질문
③ 사실질문   ④ 평가질문

해설 평가질문은 응답자가 자신의 감정, 태도, 의견을 표현하도록 하는 질문이며, "당신의 종교에 대한 만족도는 어떻습니까?"와 같은 예시가 해당된다. 따라서 위 질문문항과 관련이 없다.
① 폐쇄형 질문은 응답자가 미리 정해진 선택지 중에서 답을 선택하는 질문이므로, 위 질문문항과 관련이 있다.
② 선다형 질문은 여러 선택지를 제공하고 그중 하나를 선택하도록 하는 질문이므로, 위 질문문항과 관련이 있다.
③ 사실질문은 응답자가 자신의 종교(사실)에 기반하여 답변하는 질문이므로, 위 질문문항과 관련이 있다.

06 [13년 3회, 18년 2회 기출]
다음의 조사유형으로 옳은 것은?

> 베이비부머(Baby-Boomers)의 정치성향의 변화를 파악하기 위해 이들이 성년이 된 후 10년마다 50명씩 새로운 표집을 대상으로 조사하여 그 결과를 비교하여 보았다.

① 횡단(Cross-Sectional)조사
② 추세(Trend)조사
③ 코호트(Cohort)조사
④ 패널(Panel)조사

해설 코호트(Cohort) 조사의 예시이다. 코호트 조사는 동일한 특성을 가진 집단이 시간이 지남에 따라 어떻게 변화하는지를 조사하는 연구이다. 해당 지문에서 동일한 특성을 가진 집단은 베이비붐 세대(Baby-Boomers)에 태어난 사람이며 해당 대상자들을 10년마다 조사한다고 하였으므로 이는 코호트조사에 해당한다.

07 정답률 약 50% [14년 1회, 19년 3회 기출]
다음은 어떤 형태의 조사에 해당하는가?

> A 연구원에서는 3년마다 범죄의 피해를 측정하기 위해서 규모비례집락표집을 이용하여 범죄피해 조사를 시행하고 있다.

① 회상(Recall)조사 ② 패널(Panel)조사
③ 추세(Trend)조사 ④ 코호트(Cohort)조사

해설 추세(Trend)조사의 예시이다. 추세조사는 어떤 광범위한 조사대상의 특정 속성을 여러 시기 동안 지속해서 관찰·비교하는 방법으로, 동일한 전체 모집단 내의 변화를 여러 시기에 걸쳐 표본을 추출하여 연구하는 조사방법이다.

08 [20년 4회 기출]
다음에서 설명하고 있는 조사방법은?

> 소위 386 세대라고 일컬어지는 사회집단이 가진 정치의식이 1990년 이후 5년 단위로 어떠한 변화를 보이고 있는지에 대해 종단분석을 시행했다.

① 추세조사 ② 패널조사
③ 현장조사 ④ 코호트조사

해설 코호트(Cohort)조사의 예시이다. 코호트 조사는 동일한 특성을 가진 집단이 시간이 지남에 따라 어떻게 변화하는지를 조사하는 연구이다.

정답 : 05 ④ 06 ③ 07 ③ 08 ④

09 정답률 약 60% [15년 2회 기출]

다음 중 탐색조사(Exploratory Research)의 조사목적을 반영하고 있는 것으로만 짝지어진 것은?

> A. 더욱 정교한 문제와 기회의 파악
> B. 광고비지출에 따른 매출액의 변화 파악
> C. 조사주제와 관련된 변수에 대한 통찰력 제고
> D. 특정 시점에서 집단 간 차이의 조사

① A, C   ② B, C
③ B, D   ④ C, D

해설 암기 : 탐사문경

탐색적 조사의 유형은 사례조사, 문헌조사, 경험자조사(전문가의견조사)가 있다. 이러한 탐색조사는 주로 조사 주제를 명확히 하거나, 더 구체적인 문제를 정의하고 기회를 탐색하기 위해 실시한다.

반면 확정적조사는 설명적조사와 기술적조사로 구분된다.

B. 설명적 조사(인과조사)는 특정 현상이나 문제의 인과관계를 규명하기 위해 수행되는 조사이며, 광고비지출이 원인변수이고 매출액이 결과변수이다.

D. 암기 : 종횡기술

횡단적 조사는 특정 시점에서 다른 특성이 있는 집단 간 차이를 조사하는 기술적 조사방법이다.

10 정답률 약 50% [04년 3회, 14년 1회, 17년 3회 기출]

기술적(Descriptive) 조사에 대한 설명으로 틀린 것은?

① 현상에 관한 탐구와 명료화를 주목적으로 한다.
② 계획, 모니터링, 평가에 필요한 자료를 산출하기 위하여 자주 사용한다.
③ 사회현상이 야기된 원인과 결과를 밝혀 정확히 기술하는 것이다.
④ 행정실무자와 정책분석가들에게 가장 기본적인 조사 도구이다.

해설 사회현상이 야기된 원인과 결과를 밝혀 정확히 기술하는 것은 설명적 조사에 해당한다.

반면, 기술적 조사는 어떤 현상에 관한 탐구와 명료화 및 현상에 대한 정확한 기술(설명)을 주목적으로 한다.

11 정답률 약 60% [14년 3회, 22년 2회 기출]

기술적 조사의 특성과 거리가 가장 먼 것은?

① 연구의 반복이 어렵다.
② 설명적 조사의 기초자료를 제공한다.
③ 패널조사(Panel Study)도 여기에 속한다.
④ 표준화된 문항을 사용하여 측정의 일관성을 유지할 수 있다.

해설 기술적 조사는 현상에 대한 탐구와 명료화를 주목적으로 하며, 조사 집단에 대한 정확한 정보가 필요할 때 주로 활용된다.

즉, 기술적 조사는 조사 대상의 특성이나 환경이 변하지 않는 한 반복할 수 있다.

12 정답률 약 60% [17년 1회, 19년 2회, 21년 3회 기출]

기술조사에 적합한 조사주제를 모두 고른 것은?

> ㄱ. 신문의 구독률 조사
> ㄴ. 신문 구독자의 연령대 조사
> ㄷ. 신문 구독률과 구독자의 소득이나 직업 사이의 관련성 조사

① ㄱ, ㄴ   ② ㄴ, ㄷ
③ ㄱ, ㄷ   ④ ㄱ, ㄴ, ㄷ

해설 기술적 조사는 관련 상황의 특성 파악, 변수 간에 상관관계 파악, 상황 변화에 대한 각 변수 간의 반응을 파악·예측에 사용된다. 그러므로 ㄱ, ㄴ, ㄷ 전부 기술적 조사의 조사주제에 적합하다. 이때, 주의해야 하는 것은 ㄷ을 설명적조사의 인과관계로 파악하는 오류이다.

ㄷ. 신문 구독률과 구독자의 소득 및 직업 사이의 관련성을 조사하는 것은 두 변수 간의 상관관계를 파악하는 것이며, 해당 선지의 내용만을 통해 명확한 인과관계를 파악할 수 없다.

정답 : 09 ① 10 ③ 11 ① 12 ④

13 [정답률 약 60%] [01년 3회, 15년 3회 기출]
기술적(Descriptive) 조사의 목적으로 가장 적합한 것은?

① 가설의 검증 ② 이론의 확인
③ 현상의 정확한 묘사 ④ 인과관계의 규명

> **해설** 기술적 조사는 특정 현상이나 상황을 정확하고 체계적으로 묘사하는 데 목적이 있다. 이를 통해 어떤 일이 어떻게 발생하고 있는지를 파악할 수 있다. 반면에 가설의 검증, 이론의 확인, 인과관계의 규명 등은 설명적 조사의 목적에 더 가깝다.

14 [정답률 약 60%] [08년 3회, 20년 1·2회 통합 기출]
다음 중 조사유형에 대한 설명으로 옳지 않은 것은?

① 순수조사 – 이론을 구성하거나 경험적 자료를 토대로 이론을 검증하는 조사
② 평가조사 – 응용조사의 특수형태로 진행 중인 프로그램의 의도한 효과를 가져왔는가를 평가하는 조사
③ 탐색적 조사 – 선행조사가 빈약하여 조사를 통해 조사해야 할 속성을 개념화하는 조사
④ 기술적 조사 – 축적된 자료를 토대로 특정된 사실관계를 파악하여 미래를 예측하는 조사

> **해설** 기술적 조사는 현재의 상태를 정확하게 묘사하는 것이 목적이다. 미래 예측은 기술적 조사의 주된 목적이 아니라, 예측조사(Forecasting Research)의 영역이다.

15 [13년 1회, 18년 2회 기출]
양적 조사와 질적 조사의 사례로 틀린 것은?

① 질적 조사 – 사례조사의 기록을 분석하여 핵심적 개념을 추출함
② 양적 조사 – 초점집단면접을 통해 문제해결방안을 도출함
③ 질적 조사 – 노숙인과 함께 2주간 생활하면서 참여관찰함
④ 양적 조사 – 단일사례조사로 청소년들의 흡연횟수를 3개월 동안 주기적으로 기록함

> **해설** 초점집단면접(포커스그룹면접)은 질적 조사유형에 해당하며 그룹으로 구성된 참여자들과 특정 주제에 대해 심층적인 토론을 하는 방식이다.

16 [12년 3회, 14년 2회 기출]
양적 조사와 질적 조사에 대한 설명으로 틀린 것은?

① 양적 조사는 조사대상의 관계를 통계적으로 분석을 통하여 밝히는 조사이다.
② 질적 조사는 주관적·해석적 조사방법이다.
③ 질적 조사는 강제적 측정과 통제된 측정을 이용하는 방법이다.
④ 양적 조사는 확인 지향적 또는 확증적 조사방법이다.

> **해설** 질적 조사는 조사자가 조사대상에 인위적으로 개입하지 않고, 자연스러운 상태에서 관찰하고 이해하려는 비조작적 특징을 가지며 개방형 질문을 통해 정보의 심층적 의미를 얻어낸다. 또한, 조사에 필요한 절차나 단계를 엄격하게 결정하지 않으며, 조사 초기에 설정한 분석 틀이 중간에 변경될 수 있다.

정답 : 13 ③ 14 ④ 15 ② 16 ③

17 [정답률 약 50%] [02년 3회, 11년 1회, 13년 3회 기출]
질적 조사방법과 양적 조사방법의 차이점에 관한 설명으로 틀린 것은?

① 양적 방법은 관찰자로부터 독립된 객관적 현상이 존재한다고 보는 데 비하여 질적 방법은 그렇지 않다.
② 양적 방법은 현상의 결과적 측면에 주력한다면 질적 방법은 현상의 과정적 측면을 이해하려 주력한다.
③ 양적 방법은 조사절차가 유연하고 객관적이지만 질적 방법은 그렇지 못하다.
④ 양적 방법은 일반화(Generalization)를 위해 노력하지만, 질적 방법은 그렇지 못하다.

해설 양적 조사방법은 사회현상의 사실이나 원인을 탐구하는 논리 실증주의적 입장이며, 확인지향적·확증적 조사방법으로 강제된 측정과 통제된 측정을 이용한다. 반면, 질적 조사방법은 행위자의 준거 틀에 근거하여 인간의 행태를 이해하려는 해석학적 입장으로 자연주의적·비통제적 관찰을 이용한다. 따라서 조사절차가 유연한 것은 질적 방법이다.

18 [13년 2회, 19년 2회 기출]
양적 조사와 질적 조사를 통합한 혼합조사방법(Mixed Method)에 관한 설명으로 틀린 것은?

① 질적 조사 결과에서 양적 조사가 시작될 수 없다.
② 주제에 따라 두 가지 조사방법의 비중은 다를 수 있다.
③ 다양한 패러다임을 수용할 수 있어야 한다.
④ 질적 조사 결과와 양적 조사 결과는 상반될 수 있다.

해설 혼합조사방법은 질적 조사와 양적 조사를 결합하여 사용하는 방법으로, 조사의 목적에 따라 질적 조사 결과를 바탕으로 양적 조사가 시작될 수 있다. 예를 들어, 질적 조사를 통해 가설을 도출한 후, 양적 조사를 통해 이를 검증하는 방식이 가능하다.

19 [15년 2회, 21년 3회 기출]
횡단조사(Cross-Sectional Study)에 관한 설명으로 틀린 것은?

① 추세조사는 횡단조사의 일종이다.
② 인구센서스 조사는 횡단조사의 대표적인 예이다.
③ 어느 한 시점에서 어떤 현상을 주의 깊게 조사하는 방법이다.
④ 횡단조사로 인과적 관계를 규명하려는 가설검증이 가능하다.

해설 암기 : 종추시코패
추세조사는 종단적 조사 설계의 대표적인 예이다.

20 [15년 1회, 20년 1·2회 통합 기출]
횡단조사와 종단조사에 관한 설명으로 틀린 것은?

① 횡단조사는 한 시점에서 이루어진 관찰을 통해 얻은 자료를 바탕으로 하는 조사이다.
② 종단조사는 일정 기간에 여러 번의 관찰을 통해 얻은 자료를 이용하는 조사이다.
③ 횡단조사는 동태적이며, 종단조사는 정태적인 성격이다.
④ 종단조사에는 코호트조사, 패널조사, 추세조사 등이 있다.

해설 횡단조사는 정태적이며, 종단조사는 동태적인 성격이다.

21 [20년 3회 기출]
전문가의 견해를 물어 종합적인 상황을 파악하거나 미래의 불확실한 상황을 예측할 때 주로 이용되는 조사기법은?

① 이차적 조사(Secondary research)
② 코호트(Cohort)설계
③ 추세(Trend)설계
④ 델파이(Delphi)기법

해설 델파이기법은 전문가들에게 의견을 수집 분석하고, 그 결과를 다시 보내어 만족스러운 결과를 얻을 때까지 반복적으로 의견을 물어보는 방법이다.

정답 : 17 ③ 18 ① 19 ① 20 ③ 21 ④

22 [10년 3회, 16년 1회 기출]
동시경험집단을 조사하는 것으로 일정한 기간 동안에 어떤 한정된 부분의 모집단을 조사하는 것은?

① 추세조사(Trend Study)
② 코호트조사(Cohort Study)
③ 패널조사(Panel Study)
④ 사례조사(Case Study)

해설 코호트조사는 동년배(동질성) 집단조사이며, 동일한 특성을 가진 집단이 시간이 경과함에 따라 어떻게 변화하는지를 조사하는 것이다.

23 [03년 3회, 15년 2회 기출]
코호트조사(Cohort Study)의 의미로 가장 적합한 것은?

① 시점조사를 통하여 여러 변수의 차이를 분석할 때 적용하는 조사
② 다양한 특성이 있는 인구 집단 속에서 특정 사건이 시간에 따라 발생시키는 변화를 조사하는 조사
③ 동일한 특성을 가진 집단이 시간이 지남에 따라 어떻게 변화하는지를 조사하는 조사
④ 본 조사(Main Study) 이전에 특정 사건의 빈도를 예측하는 조사

해설 코호트조사는 동년배(동질성) 집단조사이다.

24 [12년 1회, 18년 2회, 21년 3회 기출]
질적 방법으로 수집된 자료에 관한 설명으로 틀린 것은?

① 현장 중심의 사고를 할 수 있다.
② 자료의 표준화를 도모하기 쉽다.
③ 유용한 정보의 유실을 줄일 수 있다.
④ 정보의 심층적 의미를 파악할 수 있다.

해설 질적 조사에서는 인터뷰 등을 통해 복잡하고 다양한 자료를 수집하는데, 이 과정에서 자료는 비정형적이고 복잡하여 표준화하기 어렵다.

25 [19년 2회 기출]
질적 조사에 관한 설명과 가장 거리가 먼 것은?

① 질적 조사에서는 어떤 현상에 대해 깊은 이해를 하고 주관적인 의미를 찾고자 한다.
② 질적 조사는 개별 사례 과정과 결과의 의미, 사회적 맥락을 규명하고자 한다.
③ 질적 조사는 양적 조사에 비해 대상자를 정확히 이해할 수 있는 더 나은 조사방법이다.
④ 조사주제에 따라서는 질적 조사와 양적 조사를 동시에 진행할 수 있다.

해설 질적 조사와 양적 조사는 조사목적과 상황에 따라 결정된다. 질적 조사가 양적 조사보다 더 나은 조사방법이라고 할 수 없다.

26 정답률 약 50% [13년 3회 기출]
다음 사례에서 가장 적합한 연구방법은?

> 교수법의 차이가 아동의 문장해독능력에 어떤 영향을 미치는가를 알아보기 위해 초등학교 아동 50명을 대상으로 연구를 하려고 한다.

① 참여관찰법 ② 내용분석법
③ 실험법 ④ 조사연구법

해설 실험법은 조사자가 특정 변수를 조작하여 그 변수가 다른 변수에 미치는 영향을 관찰하고 분석하는 방법이다. 즉, 교수법이라는 독립 변수를 조작하여 아동의 문장해독능력이라는 종속 변수에 어떤 영향을 미치는지를 살펴보려는 것이다.

정답 : 22 ② 23 ③ 24 ② 25 ③ 26 ③

27
[18년 1회, 21년 2회 기출]

질적 조사에 관한 설명으로 틀린 것은?

① 소규모 분석에 유리하고 자료 분석 시간이 많이 소요된다.
② 주관적 동기의 이해와 의미해석을 하는 현상학적·해석학적 입장이다.
③ 수집된 자료는 타당성이 있고 실질적이나 신뢰성이 낮고 일반화는 곤란하다.
④ 조사 참여자와 조사자 간에 상호작용을 통해 조사가 진행되므로 가치 지향적이지 않고 편견이 개입되지 않는다.

해설 질적 조사는 행위자의 준거 틀에 근거하여 인간의 행태를 이해하려는 해석학적 입장이며 조사과정에서 편견이 개입될 가능성이 있다.

28 정답률 약 50%
[18년 3회, 22년 2회 기출]

양적 – 질적 조사방법의 비교에서 질적 조사방법에 대한 옳은 설명을 모두 고른 것은?

ㄱ. 심층규명(Probing)을 한다.
ㄴ. 조사자의 주관성을 활용한다.
ㄷ. 조사 도구로 조사자의 자질이 중요하다.
ㄹ. 선(先)이론 후(後)조사의 방법을 활용한다.

① ㄴ, ㄹ
② ㄱ, ㄴ, ㄷ
③ ㄱ, ㄷ, ㄹ
④ ㄱ, ㄴ, ㄷ, ㄹ

해설 ㄹ. 질적 조사는 상향식 귀납법의 특징을 가진다. 즉, 기존 이론이나 가설에 의존하지 않고, 조사자가 직접 현장이나 생활세계의 상황에서 자료를 수집하며 그 맥락을 깊이 이해하려고 하므로, 선(先)조사 후(後)이론의 방법을 활용한다.

29
[19년 3회 기출]

특정 조사대상이 시간이 지남에 따라 의견이나 태도가 변하는 경우에 사용하는 조사기법으로 조사대상을 구성하는 동일한 단위집단에 대하여 상이한 시점에서 반복하여 조사하는 방법은?

① 패널조사
② 횡단조사
③ 인과조사
④ 집단조사

해설 패널조사는 특정 응답자 집단인 '패널(Panel)'을 조사대상자로 사전에 선정해 놓고, 상당히 긴 시간 동안 지속적·반복적으로 필요로 하는 정보를 조사하는 방법이다. 이는 동일한 대상에게 동일한 현상에 대해 서로 다른 시점에 걸쳐 지속적으로 반복 측정하는 '동일대상 반복조사' 방법이다.

30
[11년 3회, 18년 1회 기출]

2017년 특정한 3개 고등학교(A, B, C)의 졸업생들을 모집단으로 하여 향후 10년간 매년 일정 시점에 표본을 추출하여 조사한다면 어떤 조사에 해당하는가?

① 횡단조사
② 서베이 리서치
③ 코호트조사
④ 사례조사

해설 코호트조사는 동일한 특성을 가진 집단이 시간이 지남에 따라 어떻게 변화하는지를 조사하는 것이다. 여기서 동일한 특성을 가진 집단은 특정한 시기에 태어났거나 동일 시점에 특정 사건을 경험한 사람들을 지칭하며 이 지문에서는 1990년 졸업생들을 의미한다. 이러한 대상자들을 대상으로 10년간 매년 일정 시점에 조사한다고 하였으므로 이 지문은 코호트조사에 해당한다.

정답 : 27 ④ 28 ② 29 ① 30 ③

31 정답률 약 60% [20년 1·2회 통합 기출]

사회조사의 유형에 관한 설명으로 옳은 것을 모두 고른 것은?

ㄱ. 탐색, 기술, 설명적 조사는 조사의 목적에 따른 구분이다.
ㄴ. 패널조사와 동년배 집단(Cohort)조사는 동일 대상인에 대한 반복측정을 원칙으로 한다.
ㄷ. 2차 자료 분석조사는 비관여적 조사방법에 해당한다.
ㄹ. 탐색적 조사의 경우에도 명확한 조사가설과 구체적 조사계획이 사전에 수립되어야 한다.

① ㄱ, ㄴ, ㄷ
② ㄱ, ㄷ
③ ㄴ, ㄹ
④ ㄹ

해설 ㄴ, ㄹ이 옳지 않은 이유는 아래와 같다.
ㄴ. 패널조사는 동일한 개인을 반복 측정하는 것이 맞지만, 코호트 조사는 특정 연령대나 사건을 경험한 집단을 대상으로 하며, 반드시 동일한 사람을 반복 측정하는 것은 아니다.
ㄹ. 탐색적 조사는 일반적으로 명확한 가설이 없는 상태에서 문제를 파악하거나 개념을 정립하기 위해 수행되며, 사전에 구체적인 가설이나 조사계획이 확립되지 않는 경우가 많다.

32 [11년 3회, 17년 1회 기출]

동일한 대상에게 동일한 현상에 대해 서로 다른 시점에 걸쳐 지속적으로 반복측정하는 조사방법은?

① 패널(Panel)조사
② 인서트(Insert)조사
③ 콜인(Call In)조사
④ 출구조사(Exit Poll)

해설 패널조사는 특정 조사대상이 시간이 지남에 따라 의견이나 태도가 변하는 경우에 사용하는 조사기법으로 조사대상을 구성하는 동일한 단위집단에 대하여 상이한 시점에서 반복하여 조사하는 방법이다.

33 [17년 2회, 20년 1·2회 통합 기출]

다음에서 설명하고 있는 조사방법은?

> 대학교 졸업생을 대상으로 체계적 표집을 통해 응답집단을 구성한 후 매년 이들을 대상으로 졸업 후의 진로와 경제활동 및 노동시장 이동 상황을 조사하였다.

① 집단면접조사
② 파일럿조사
③ 델파이조사
④ 패널조사

해설 패널조사는 동일한 대상에게 동일한 현상에 대해 서로 다른 시점에 걸쳐 지속적으로 반복 측정하는 '동일대상 반복조사' 방법이다.

34 [18년 1회 기출]

패널조사에 관한 설명으로 틀린 것은?

① 특정 조사대상자들을 선정해 놓고 반복적으로 실시하는 조사방법을 의미한다.
② 종단적 조사의 성격을 지닌다.
③ 반복적인 조사과정에서 성숙효과, 시험효과가 나타날 수 있다.
④ 패널 운영 시 자연 탈락한 패널 구성원은 조사 결과에 크게 영향을 미치지 않는다.

해설 패널소멸(조사대상이 이사하거나 사망하는 경우)이 일어나는 경우 조사 결과가 왜곡될 수 있다.

35 정답률 약 60% [08년 3회, 11년 1회, 13년 2회 기출]

패널조사의 단점에 대한 설명으로 틀린 것은?

① 원 조사대상이 이사하거나 사망하여 패널소멸이 일어나는 경우 조사 결과가 왜곡될 수 있다.
② 반복되는 조사를 통하여 응답자가 조사의 의도를 파악하여 조사 결과가 왜곡될 수 있다.
③ 장기간의 조사과정으로 조사자와 친밀해져서 부정확한 자료를 제공할 수 있다.
④ 다른 조사방법에 비해 변화를 감지할 수 있는 가능성이 비교적 낮다.

해설 패널조사는 동일한 조사 대상에게 반복적으로 자료를 수집하므로 시간에 따른 변화를 감지하는 데 유리하다.

정답: 31 ② 32 ① 33 ④ 34 ④ 35 ④

36 [14년 3회 기출]

다음 중 패널(Panel)조사의 특징과 가장 거리가 먼 것은 무엇인가?

① 패널조사는 초기 조사비용이 비교적 많이 드는 조사방법이다.
② 패널조사는 최초 패널을 다소 잘못 구성하더라도 장기간에 걸쳐 수정이 가능하다는 장점이 있다.
③ 패널조사는 조사대상자의 태도 및 행동 변화에 대한 정확한 분석이 가능하다.
④ 패널조사는 조사대상자로부터 추가적인 자료를 얻기가 비교적 쉽다.

해설 패널조사는 처음 구성된 조사대상자 집단을 지속적으로 추적하면서 자료를 수집하는 방식이다. 따라서 초기 패널 구성이 매우 중요하며, 장기간에 걸쳐 수정하는 것은 어렵다.

37 [12년 1회 기출]

다음 중 탐색적 조사(Exploratory Research)에 관한 설명으로 옳은 것은?

① 조사문제의 발견, 변수의 규명, 가설의 도출을 위해서 실시하는 조사로서 예비적 조사로 시행한다.
② 시간의 흐름에 따라 일반적인 대상 집단의 변화를 관찰하는 조사이다.
③ 동일한 표본을 대상으로 일정한 시간 간격을 두고 반복적으로 측정하는 조사이다.
④ 어떤 현상을 정확하게 기술하는 것을 주목적으로 하는 조사이다.

해설 ②, ③, ④가 옳지 않은 이유는 아래와 같다.
② 종단적 조사의 내용이다. 종단적 조사는 동일한 집단을 대상으로 일정 기간 동안 '둘 이상의 시점에서' 여러 번의 조사 및 관찰을 통해 '그 대상의 시간에 따른 변화를 분석하는 것에 초점을 두고 조사한다.
③ 패널조사의 내용이다. 패널조사는 특정 응답자 집단인 '패널'을 조사대상자로 사전에 선정해 놓고, 상당히 긴 시간 동안 지속적·반복적으로 필요로 하는 정보를 조사하는 방법이다.
④ 기술적 조사의 내용이다. 기술적 조사는 어떤 현상에 대한 탐구와 명료화, 즉 현상에 대한 정확한 기술(설명)을 주목적으로 한다.

38 [17년 1회 기출]

양적 조사와 비교한 질적 조사에 대한 설명으로 틀린 것은?

① 성과나 결과보다 주로 절차에 관심을 둔다.
② 관찰행위 자체가 조사대상에 영향을 준다고 본다.
③ 도출되는 조사 결과는 잠정적이라기보다 결정적이라는 특성을 갖는다.
④ 조사에 필요한 절차나 단계를 엄격하게 결정하지 않는다.

해설 질적 조사는 특정 현상을 깊이 이해하고 맥락을 탐구하는 것을 목표로 하며, 결과가 잠정적이고 맥락에 따라 유연하게 해석될 수 있다는 특성을 가진다. 따라서 조사 결과가 상황이나 맥락에 따라 달라질 수 있으며, 결정적이기보다는 탐색적이고 유동적이다.

39 [17년 2회, 19년 3회 기출]

양적 조사와 비교한 질적 조사의 특징에 해당하지 않는 것은?

① 비공식적인 언어를 사용한다.
② 주관적 동기의 이해와 의미해석을 하는 현상학적·해석학적 입장이다.
③ 비통제적 관찰, 심층적·비구조적 면접을 시행한다.
④ 자료 분석에 소요되는 시간이 짧아 소규모 분석에 유리하다.

해설 질적 조사는 데이터를 심층적으로 분석하고 해석하는 과정이 필요하기 때문에 시간이 많이 소요되는 경우가 많다.

정답 : 36 ② 37 ① 38 ③ 39 ④

40 [21년 1회 기출]

어떤 대상이나 사람에 대한 일반적인 견해가 그 대상이나 사람의 구체적인 특성을 평가하는 데 영향을 미치는 현상이 발생하는 이유는 어떤 효과에 기인한 것인가?

① 후광효과(Halo Effect)
② 동조효과(Conformity Effect)
③ 위신향상효과(Self-lifting Effect)
④ 체면치레효과(Ego-threat Effect)

해설 후광효과는 어떤 대상이나 사람에 대한 일반적인 긍정적 또는 부정적 인상이 그 대상의 구체적인 특성을 평가할 때 영향을 미치는 현상이다. 예를 들어, 특정 사람이 친절하다고 생각하면 그 사람의 다른 특성도 긍정적으로 평가하려는 경향이 있다.

41 [01년 3회, 18년 1회 기출]

다음 질문 문항의 주된 문제점에 해당하는 것은?

> 여러 백화점 중에서 귀하가 특정 백화점만을 고집하여 간다고 한다면 그 주된 이유는 무엇입니까?

① 단어들의 뜻이 명확하지 않다.
② 하나의 항목에 두 가지의 질문내용이 포함되어 있다.
③ 지나치게 자세한 응답을 요구하고 있다.
④ 임의로 응답자들에 대한 가정을 두고 있다.

해설 이 문항은 '특정 백화점만을 고집하여 간다고 한다면'이라는 임의의 가정을 두고 있다. 이는 응답자에게 해당 행동을 강제하는 효과를 가져올 수 있고, 정확한 정보나 의견을 얻기 어려워지게 된다.

42 [10년 3회, 21년 1회 기출]

설문조사의 질문항목 배치에 대한 설명으로 틀린 것은?

① 민감한 질문이나 주관식 질문은 가능한 한 앞에 배치한다.
② 서로 연결되는 질문은 적합한 순서대로 배치한다.
③ 질문은 논리적인 순서에 따라 배열함으로써 응답자 자신도 조사의 의미를 찾을 수 있도록 한다.
④ 비슷한 형태로 질문을 계속하면 응답에 정형이 발생하기 때문에 이를 피하도록 한다.

해설 민감한 질문이나 주관식 질문은 가능한 한 앞에 배치하면 안 된다. 사생활과 같이 민감한 질문이나 개방형 질문은 될 수 있으면 후반부에 배치한다. 즉, 응답자의 인적사항에 대한 질문은 가능한 한 나중에 한다. 즉, 간단한 내용의 질문이라도 응답자들이 응답하기를 주저하는 내용의 질문은 될 수 있으면 후반부에 배치해야 한다.

43 [18년 1회 기출]

개별적인 질문이 결정된 이후 응답자에게 제시하는 질문순서에 관한 설명으로 틀린 것은?

① 특수한 것을 먼저 묻고 그 다음에 일반적인 것을 질문하도록 하는 것이 좋다.
② 연상 작용이 가능한 질문들의 간격은 멀리 떨어뜨리는 것이 좋다.
③ 사생활에 관한 질문과 같이 민감한 질문은 가급적 뒤로 배치하는 것이 좋다.
④ 질문은 논리적인 순서에 따라 자연스럽게 배치하는 것이 좋다.

해설 일반적인 질문을 먼저 배치하여 설문의 주제와 관련된 지식을 활성화하고 후반부에 후반부에는 중요하거나 특수한 심층적인 질문을 배치해야 한다.

정답 : 40 ① 41 ④ 42 ① 43 ①

44 [18년 2회 기출]

질문지를 작성할 때 고려해야 할 사항과 가장 거리가 먼 것은?

① 관련 있는 질문의 경우 한 문항으로 묶어서 문항 수를 줄인다.
② 특정한 대답을 암시하거나 유도해서는 안 된다.
③ 모호한 질문을 피한다.
④ 응답자의 수준에 맞는 언어를 사용한다.

해설 하나의 질문에 하나의 내용만 포함하도록 하기 위해, 이중질문 작성은 배제한다.

45 [18년 3회 기출]

질문지 작성 시 개별질문 내용을 결정할 때 고려해야 할 사항과 가장 거리가 먼 것은?

① 그 질문이 반드시 필요한가?
② 하나의 질문으로 충분한가?
③ 응답자가 응답할 수 있는 질문인가?
④ 조사자가 응답의 결과를 예측할 수 있는가?

해설 질문의 목적은 응답자가 자신의 의견이나 정보를 정확하게 표현할 수 있도록 하는 것이지, 조사자가 결과를 미리 예측하는 것이 아니다.

46 [12년 1회 기출]

설문지 작성 시 질문순서에 관한 설명으로 틀린 것은?

① 흥미나 관심을 끌 수 있는 질문부터 배치한다.
② 다른 문항에 영향을 미칠 수 있는 질문은 뒤쪽에 배치한다.
③ 포괄적 질문부터 시행하고 세부적인 질문은 나중에 배치한다.
④ 인구 통계적 변수나 개인적 질문(성별, 학력 등)은 앞에 배치한다.

해설 인구 통계적 변수나 개인적 질문은 설문지의 후반부에 배치하는 것이 좋다. 전반부에 개인적인 질문을 하면 응답자가 부담을 느끼거나 흥미를 잃을 수 있다.

47 [13년 1회, 18년 3회 기출]

질문지 문항 작성 원칙에 부합하는 질문을 모두 고른 것은?

> ㄱ. 정장과 캐주얼 의상을 파는 상점들은 경쟁이 치열합니까?
> ㄴ. 무상의료제도를 시행한다면, 그 비용은 시민들이 추가로 부담해야 한다고 생각하십니까, 아니면 다른 분야의 예산을 줄여 충당해야 한다고 생각하십니까?
> ㄷ. 귀하는 작년 여름에 해외로 해수욕장이 가 보신 적이 있으십니까?
> ㄹ. 귀하는 귀하의 직장에서 받는 임금수준에 대하여 만족하십니까?

① ㄱ, ㄴ
② ㄴ, ㄷ
③ ㄷ, ㄹ
④ ㄱ, ㄹ

해설 ㄱ. 응답항목들은 서로 명확하게 구분되어야 한다. 해당 지문은 정장과 캐주얼 의상을 모두 파는 상점인지, 정장을 파는 상점과 캐주얼 의상을 파는 상점들인지 이중적 해석이 될 수 있다. 또한, 어떤 경쟁이 치열한지 모호하다.
ㄴ. (무상의료제도를 시행한다면) "시민들이 추가로 부담해야 한다고 생각하십니까?"와 "다른 분야의 예산을 줄여 충당해야 한다고 생각하십니까?"라는 서로 다른 두 질문을 하나로 묶고 있는 이중 질문에 해당한다.

48 [03년 3회, 18년 2회 기출]

다음 중 질문 문항의 배열에 관한 설명으로 틀린 것은?

① 시작하는 질문은 응답자의 흥미를 유발하는 것으로 쉽게 대답할 수 있는 것으로 한다.
② 개인의 사생활과 같이 민감한 질문은 가급적 뒤로 돌린다.
③ 특수한 것을 먼저 묻고, 일반적인 것을 그다음에 질문한다.
④ 논리적인 순서에 따라 배열함으로써 응답자 자신도 조사의 의미를 찾을 수 있도록 한다.

해설 질문 문항의 배열 원칙은 일반적인 질문을 먼저 묻고, 특수한 질문을 나중에 묻는 것이다.

정답 : 44 ① 45 ④ 46 ④ 47 ③ 48 ③

49 [18년 3회 기출]
일반적인 질문지 작성 원칙과 가장 거리가 먼 것은?

① 질문은 의미가 명확하고 간결해야 한다.
② 한 질문에 한 가지 내용만 포함되도록 한다.
③ 응답지의 각 항목은 상호배타적이어야 한다.
④ 과학적이고 학문적인 용어를 선택해서 사용해야 한다.

해설 질문은 쉽고 단문의 형태로 짧고 간단명료하게 작성해야 하고 용어는 응답자 모두가 이해할 수 있도록 이해력이 낮은 사람의 수준에 맞춰야 한다.

50 [05년 3회, 08년 3회, 10년 1회, 13년 3회 기출]
다음 중 개방형 질문의 장점이 아닌 것은?

① 응답 가능한 모든 응답의 범주를 모를 때 적합하다.
② 응답자가 어떻게 응답하는가를 탐색적으로 살펴보고자 할 때 적합하다.
③ 개인의 사생활이나 소득수준과 같이 밝히기를 꺼리는 민감한 주제에 보다 적합하다.
④ 몇 개의 범주로 압축시킬 수 없을 정도로 쟁점이 복합적일 때 적합하다.

해설 개방형 질문은 민감한 주제에 대해 응답자가 더 자유롭게 표현할 기회를 제공할 수는 있지만, 응답자가 민감한 정보를 기꺼이 밝히려 하지 않을 수 있다. 따라서 오히려 민감한 주제에 대해서는 명확한 답변을 얻기 어렵고, 응답자가 답변을 피하거나 왜곡할 가능성이 있는 단점이 있다.

51 [04년 3회, 12년 1회 기출]
다음 중 설문지의 질문으로 가장 적합한 것은?

① "미친 사람에 대한 당신의 반응은 어떻습니까?"
② "당신 아버지의 수입은 얼마입니까?"
③ "어묵과 붕어빵을 파는 노점상들 간에는 경쟁이 치열합니까?"
④ "당신의 국적은 어디입니까?"

해설 질문지 작성 원칙은 간결성, 명확성, 가치중립성, 규범적 응답의 억제이다.
① '미친 사람'은 비하적이고 명확하지 않다.
② 개인적이고 민감한 질문이며, 부담을 줄 수 있다.
③ 특정한 상황 등을 제공하지 않아 명확하지 않다.

52 [08년 1회, 17년 1회 기출]
성(Sex)전환에 대한 일반 국민의 의식을 조사하는 설문지를 작성할 때 가장 주의해야 할 사항은?

① 규범적 응답의 억제
② 복잡한 질문의 회피
③ 평이한 언어의 사용
④ 즉각적 응답 유도

해설 성(sex)전환은 사회적으로 여전히 타당성이 논쟁 되는 문제이기 때문에, 설문조사를 할 때는 규범적인 응답의 억제가 가장 중요하다. 규범적 응답의 억제는 응답자가 사회적으로 바람직한 방향으로 답변하는 경향을 줄이기 위한 것이다.

정답 : 49 ④ 50 ③ 51 ④ 52 ①

53 [17년 1회, 20년 4회 기출]
질문지 문항 배열에 대한 고려사항으로 적합하지 않은 것은?

① 시작하는 질문은 쉽게 응답할 수 있고 흥미를 유발할 수 있어야 한다.
② 앞의 질문이 다음 질문에 연상 작용을 일으켜 응답에 영향을 미칠 수 있다면 질문들 사이의 간격을 멀리 떨어뜨린다.
③ 응답자의 인적사항에 대한 질문은 가능한 한 나중에 한다.
④ 질문이 담고 있는 내용의 범위가 좁은 것에서부터 점차 넓어지도록 배열한다.

해설 질문항목을 배열할 때 포괄적 질문부터 배치하고 세부적인 질문은 나중에 배치한다.

54 [03년 3회, 08년 3회, 10년 3회, 17년 2회 기출]
"최근 텔레비전 프로그램에 등장하고 있는 폭력적 장면과 선정적 장면에 대해서 어떻게 생각하십니까?"라는 질문은 주로 어떤 오류를 범하고 있는가?

① 부적절한 언어의 사용
② 비윤리적 질문
③ 전문용어의 사용
④ 이중적 질문

해설 '폭력적 장면'과 '정적 장면'이라는 두 가지 다른 주제를 하나의 질문으로 묶어서 묻고 있기 때문에, 응답자가 어느 부분에 대해 대답하는지 명확하지 않을 수 있다. 예를 들어, 응답자가 폭력적 장면에 대해서는 부정적이지만 선정적 장면에 대해서는 긍정적인 의견을 가질 수도 있는데, 이런 경우 하나의 질문으로는 명확한 답변을 얻기 어렵다.

55 [11년 3회, 17년 3회 기출]
다음 질문항목의 문제점을 지적한 것으로 가장 적합한 것은?

> Q. 귀하께서는 현금서비스 받으신 돈을 주로 어떤 용도로 사용하십니까? (   )
> 1. 생활비
> 2. 교육비
> 3. 의료비
> 4. 신용카드 대금
> 5. 부채상환
> 6. 기타

① 가능한 응답을 모두 제시해 주어야 한다.
② 응답항목 간의 내용이 중복되어서는 안 된다.
③ 하나의 항목으로 2가지 내용의 질문을 해서는 안 된다.
④ 대답을 유도하는 질문을 해서는 안 된다.

해설 '신용카드 대금'과 '부채상환'은 서로 중복될 가능성이 있다. 신용카드 대금도 일종의 부채 상환으로 간주될 수 있기 때문에, 응답자가 혼란스러워할 수 있다.

56 [08년 3회, 11년 3회, 17년 3회 기출]
다음 중 질문지 작성의 원칙이 아닌 것은?

① 명확성
② 부연설명
③ 가치중립성
④ 규범적 응답의 억제

해설 질문지 작성의 일반적인 원칙에는 간결성, 명확성, 가치중립성, 규범적 응답의 억제가 있다. 질문은 짧을수록 좋고, 부연설명이나 단어의 중복 사용은 피해야 한다. 그러므로 부연설명은 질문지 작성의 원칙이 아니다.

정답 : 53 ④ 54 ④ 55 ② 56 ②

57 [12년 3회, 17년 2회 기출]

설문지에서 폐쇄형 질문과 비교한 개방형 질문에 관한 설명으로 틀린 것은?

① 개방형 질문은 자료처리가 더 용이하다.
② 개방형 질문은 예비조사 시에 더 유용하다.
③ 개방형 질문을 통해 생각하지 못한 의견을 더 얻을 수 있다.
④ 개방형 질문은 무응답과 불성실한 응답이 나올 가능성이 더 많다.

> **해설** 개방형 질문은 다양하고 복잡한 형식의 응답이 수집되고, 폐쇄형 질문은 사전에 분류 및 구조화된 응답으로 수집된다. 그러므로 개방형 질문보다 폐쇄형 질문이 자료처리(코딩 및 분석 등)가 더 용이하다.

58 [14년 1회 기출]

질문지 작성 시 유의사항으로 틀린 것은?

① 가능한 한 명확하고 쉬운 단어를 사용한다.
② 폐쇄적 질문에서는 가능한 응답을 모두 제시해야 한다.
③ 하나의 문항에 두 가지 이상의 내용을 물어봐야 한다.
④ 조사자 임의로 응답자에 대해 가정을 해서는 안 된다.

> **해설** 이중질문은 하나의 질문 문항 안에 두 개 이상의 내용이 동시에 내포된 경우를 말한다. 이는 응답자에게 혼란을 줄 수 있고, 정확한 응답을 얻기 어렵게 만든다. 즉, 두 개 이상의 질문을 하나로 묶지 말아야 한다.

59 [13년 3회 기출]

다음 질문 문항에서 가장 문제시될 수 있는 것은?

> Q. 현재 검찰청장 부인에 대한 옷 로비 사건은 수사가 진행 중입니다. 검찰청장은 어떻게 처신해야 한다고 생각하십니까?
> 1. 검찰청장이 사퇴해야 한다.
> 2. 검찰청장이 사퇴할 필요가 없다.
> 3. 수사결과를 본 후 사퇴 여부를 결정해야 한다.

① 문항의 포괄성
② 위협적 질문
③ 유도 질문
④ 이중질문

> **해설** '검찰청장 부인의 옷 로비 사건'이라는 특정 사건에 대해 언급하며, '검찰청장은 어떻게 처신해야 한다고 생각하십니까?'라고 물으면서 이미 응답자에게 특정한 답변을 유도하는 성향이 있다. 특히 첫 번째 응답 항목인 '검찰청장이 사퇴해야 한다'와 같은 선택지는 응답자의 생각을 특정 방향으로 이끌 수 있어 유도 질문의 특성을 갖고 있다.

60 정답률 약 60% [20년 4회 기출]

설문 조사에서 사전조사에 관한 설명으로 옳은 것은?

① 기초적인 자료가 확보되지 않은 상태에서 이루어지는 조사이다.
② 응답자들이 조사내용을 분명히 이해할 수 있는지를 확인하기 위해 시행되는 조사이다.
③ 검증해야 할 가설을 찾아내기 위해 실시하는 조사이다.
④ 사전조사에 참여한 응답자들이 실제 조사에 참여해도 된다.

> **해설** ① 사전조사는 기초적인 자료를 바탕으로 조사 설계가 어느 정도 이루어진 후, 그 설계를 점검하기 위해 시행된다.
> ③ 사전조사는 가설을 검증하기보다는 질문지의 적합성을 확인하기 위해 시행된다.
> ④ 사전조사에 참여한 응답자들이 본 조사에 참여하는 것은 바람직하지 않으며, 중복 응답으로 인해 결과의 왜곡이 발생할 수 있다.

정답 : 57 ① 58 ③ 59 ③ 60 ②

61 [09년 3회, 14년 2회 기출]
질문지를 작성할 때의 질문의 순서에 관한 설명으로 틀린 것은?

① 첫 번째 질문은 가능한 한 쉽게 응답할 수 있고 흥미를 유발할 수 있는 것이 좋다.
② 응답자의 연령이나 소득과 같이 개인적인 질문은 뒷부분에서 하는 것이 좋다.
③ 산업에 관련된 질문 시, 특정 품목에 대한 문항에서 산업 전체에 관련된 문항으로 배열하는 것이 좋다.
④ 질문 간에 연상 작용을 일으켜 다음 응답에 영향을 미칠 경우에는 이러한 질문들 사이의 간격을 멀리 떨어뜨리는 것이 좋다.

해설 산업 전체에 관련된 문항을 먼저 배열하고, 특정 품목에 대한 특수한 문항을 배열하는 것이 좋다.

62 정답률 약 50% [20년 4회 기출]
설문지 작성의 일반적인 과정으로 가장 적합한 것은?

① 필요한 정보의 결정 → 개별항목의 내용 결정 → 질문형태의 결정 → 질문순서의 결정 → 설문지의 완성
② 필요한 정보의 결정 → 질문형태의 결정 → 개별항목의 내용 결정 → 질문순서의 결정 → 설문지의 완성
③ 개별항목의 내용 결정 → 필요한 정보의 결정 → 질문형태의 결정 → 질문순서의 결정 → 설문지의 완성
④ 개별항목의 내용 결정 → 질문형태의 결정 → 질문순서의 결정 → 필요한 정보의 결정 → 필요한 정보의 결정 → 설문지의 완성

해설
• 설문지작성의 일반적인 과정
  필요한 정보의 결정 → 개별항목의 내용 결정 → 질문형태의 결정 → 질문순서의 결정 → 설문지의 완성
• 세부적인 설문지작성 절차 암기 : 자내형개순
  필요한 정보의 결정 → 자료수집 방법 결정 → (개별 항목 내용의 결정) → 질문형태 결정 → 개별항목 결정 → 질문의 순서 결정 → 초안 완성 → 사전조사 (Pre-test) → 질문지 완성

63 [14년 2회 기출]
질문지 작성원칙으로 틀린 것은?

① 질문은 간결하게 한다.
② 질문은 명확하게 한다.
③ 응답자의 수준에 맞는 언어를 사용한다.
④ 질문은 가치 판단적이어야 한다.

해설 질문지는 객관적이고 중립적이어야 하며, 응답자가 편견 없이 자신의 의견을 표현할 수 있도록 구성해야 한다. 가치 판단적인 질문은 응답자를 특정 방향으로 유도할 수 있으므로 바람직하지 않다.

64 [15년 1회 기출]
질문지 작성원칙과 가장 거리가 먼 것은?

① 질문은 짧을수록 좋고 부연설명이나 단어의 중복 사용은 피해야 한다.
② 질문은 그 자체로서 의미가 명확히 전달될 수 있도록 구성하고 모호한 질문은 피해야 한다.
③ 조사자의 가치관이나 의견이 반영된 문장을 사용한다.
④ 복합적인 질문은 피하고, 두 개 이상의 질문을 하나로 묶지 말아야 한다.

해설 조사자는 본인의 의도 및 주관을 개입하여 특정 응답을 유도 혹은 암시하는 질문을 하지 말아야 한다.
①은 간결성, ②와 ④는 명확성에 대한 설명이다.

65 [02년 1회, 09년 3회, 11년 1회, 15년 1회 기출]
응답자들이 일반적으로 응답을 꺼리는 위협적인 질문을 처리하는 방법과 가장 거리가 먼 것은?

① 질문배열의 순서를 조정한다.
② 질문을 솔직하게 표현한다.
③ 솔직한 응답의 필요성을 강조한다.
④ 비밀과 익명성의 보장을 강조한다.

해설 위협적인 질문을 처리할 때는 '솔직하지 않게' 우회적으로 표현하는 것이 좋다.

정답 : 61 ③ 62 ① 63 ④ 64 ③ 65 ②

66 [15년 2회, 19년 2회 기출]
다음 질문항목의 문제점으로 가장 적합한 것은?

> Q. 귀하의 고향은 어디입니까?
> 서울특별시 (   )   부산광역시 (   )
> 대구광역시 (   )   인천광역시 (   )
> 광주광역시 (   )   대전광역시 (   )
> 울산광역시 (   )   경기도   (   )
> 충청남도   (   )   충청북도   (   )
> 경상남도   (   )   경상북도   (   )
> 전라남도   (   )   전라북도   (   )
> 강원도   (   )   제주도   (   )
> 외국   (   )   기타   (   )

① 간결성　　　　　② 명확성
③ 상호배제성　　　④ 포괄성

해설 '고향'이라는 단어는 어떤 사람에게 출생지일 수 있고, 어떤 사람에게는 오랜 기간 거주한 곳일 수 있다. 즉, 응답자마다 다르게 해석할 수 있고, 혼란을 느낄 수 있다.

67 [15년 2회 기출]
설문지에 사용하는 용어 선택 시 고려해야 할 사항을 모두 고른 것은?

> ㄱ. 쉽게 알아들을 수 있는 말을 써야 한다.
> ㄴ. 용어의 모호성을 피해야 한다.
> ㄷ. 지방이나 계층 등에 따라 의미가 다른 용어는 삼간다.

① ㄱ, ㄴ　　　　　② ㄱ, ㄷ
③ ㄴ, ㄷ　　　　　④ ㄱ, ㄴ, ㄷ

해설 ㄱ, ㄴ, ㄷ 모두 용어 선택 시 고려해야 할 사항이다.

68 [15년 2회 기출]
설문지 내에서 개별질문들을 배치할 때 고려할 사항으로 틀린 것은?

① 응답자의 인적사항에 대한 질문은 설문지의 표지에 둔다.
② 응답자가 심각하게 고려하여 응답해야 하는 질문은 뒤쪽에 둔다.
③ 앞의 질문이 다음 질문에 연상작용을 일으키는 질문은 서로 떨어뜨려 놓는다.
④ 응답자가 쉽게 응답할 수 있는 질문은 앞부분에 둔다.

해설 응답자의 인적사항에 대한 질문은 가능한 한 나중에 한다.

69 [09년 3회, 16년 1회 기출]
다음 중 질문지의 개별 문항으로 가장 적합한 것은?

① 당신의 월수입은 얼마가 됩니까?
② 당신은 이번에 X-ray 검진을 받은 적이 있습니까?
③ 당신은 극장에 가끔 가십니까 아니면 규칙적으로 가십니까?
④ 당신은 당신 회사의 구내식당에 대해 만족합니까 아니면 불만입니까?

해설 질문지의 개별 문항은 명확하고 구체적이며, 예/아니오로 간단하게 응답할 수 있는 형태이면 가장 적합하다.

70 [12년 3회, 21년 3회 기출]
질문지에 사용되는 질문이나 진술을 작성하는 원칙과 가장 거리가 먼 것은?

① 항목들이 명확해야 한다.
② 질문항목들은 되도록 짧아야 한다.
③ 부정어가 포함된 질문은 반드시 포함한다.
④ 편견에 치우친 항목과 용어를 지양한다.

해설 질문지는 부정어를 사용한 질문은 가능한 피하고, 질문을 명확하고 긍정적인 형태로 작성한다.

정답 : 66 ②　67 ④　68 ①　69 ②　70 ③

71 정답률 약 60% [16년 3회, 20년 1·2회 통합 기출]

획득하고자 하는 정보의 내용을 대략 결정한 이후 이루어져야 할 질문지 작성과정을 바르게 나열한 것은?

> ㄱ. 자료수집방법의 결정 ㄴ. 질문내용의 결정
> ㄷ. 질문형태의 결정 ㄹ. 질문순서의 결정

① ㄱ → ㄴ → ㄷ → ㄹ
② ㄴ → ㄷ → ㄹ → ㄱ
③ ㄴ → ㄹ → ㄷ → ㄱ
④ ㄷ → ㄱ → ㄴ → ㄹ

해설 암기 : 자내형개순
질문지 작성과정은 아래와 같다.
필요한 정보의 결정 → 자료수집 방법 결정(ㄱ) → 개별항목 내용의 결정(ㄴ) → 질문형태 결정(ㄷ) → 개별항목 결정 → 질문의 순서 결정(ㄹ) → 초안 완성 → 사전조사(pretest) → 질문지 완성

72 [16년 3회 기출]

질문지 작성 시 고려해야 할 사항을 모두 고른 것은?

> ㄱ. 불필요한 전문용어의 사용을 삼가도록 한다.
> ㄴ. 응답항목들은 서로 명확하게 구분되어야 한다.
> ㄷ. 하나의 질문으로 두 가지 내용을 동시에 질문해서는 안 된다.
> ㄹ. 조사자가 원하는 대답을 유도하는 질문을 해서는 안 된다.

① ㄱ, ㄴ
② ㄱ, ㄴ, ㄷ
③ ㄱ, ㄴ, ㄹ
④ ㄱ, ㄴ, ㄷ, ㄹ

해설 ㄱ, ㄴ, ㄷ, ㄹ 모두 질문지 작성 시 고려해야 할 사항이다.
ㄱ : 전문용어 사용 지양
ㄴ : 명확성
ㄷ : 상호배타성, 이중질문 사용 지양
ㄹ : 유도질문 사용 지양

73 [13년 2회, 18년 1회 기출]

다음 중 설문지 사전검사(Pre-test)의 주된 목적은?

① 응답자의 분포를 확인한다.
② 질문들이 가진 문제들을 파악한다.
③ 본조사의 결과와 비교할 수 있는 자료를 얻는다.
④ 조사원들을 훈련한다.

해설 사전검사는 본조사를 시작하기 전에 설문지의 질문들이 제대로 작동하는지, 응답자들이 질문을 명확하게 이해할 수 있는지, 문항의 순서나 표현이 적절한지 등을 미리 점검하고 수정하기 위해 시행된다.

74 정답률 약 60% [13년 1회, 19년 1회 기출]

설문지 작성과정 중 사전검사(Pre-test)를 실시하는 이유와 가장 거리가 먼 것은?

① 조사하려는 문제의 핵심적인 요소가 무엇인지 확인한다.
② 응답이 한쪽으로 치우치지 않는지 확인한다.
③ 질문순서가 바뀌었을 때 응답에 실질적 변화가 일어나는지 확인한다.
④ 무응답, 기타 응답이 많은 경우를 확인한다.

해설 사전검사는 설문지를 실제 조사 전에 소규모로 실시하여 질문의 명확성, 응답의 일관성, 질문 순서의 영향, 무응답 등을 확인하기 위한 것이다.
그러나 조사하려는 문제의 핵심적인 요소를 확인하는 것은 사전검사 이전에 조사설계에서 이루어져야 한다.

75 [07년 3회, 13년 1회 기출]

복잡한 현상에 대한 응답유형을 알아보기 위해 탐색적 예비조사(Pilot Study)에 적합한 질문형식은?

① 개방형 질문
② 폐쇄형 질문
③ 부호화 질문
④ 범주형 질문

해설 탐색적 예비조사는 개방형 질문을 사용하면 응답자들의 생각이나 의견을 자유롭게 표현할 수 있도록 하여, 다양한 응답유형을 파악할 수 있다.

정답 : 71 ① 72 ④ 73 ② 74 ① 75 ①

76 [03년 1회, 08년 3회, 14년 1회, 22년 2회 기출]

질문지 초안 완성 후 실시하는 사전검사(Pre-test)에 관한 설명으로 옳은 것은?

① 사전검사는 가설을 보다 명확히 하기 위한 조사이다.
② 사전검사는 본조사의 조사방법과 같아야 한다.
③ 사전검사 결과는 본 조사에 포함해 분석하여야 한다.
④ 사전검사 표본의 수는 본조사와 비슷해야 한다.

> **해설**
> ① 예비조사의 설명이다. 예비조사는 '가설의 명확화'에 목적이 있다.
> ③ 사전검사는 조사와 동일한 절차와 방법으로 질문지가 잘 구성되었는지 시험하는 조사이므로 사전검사 결과를 본 조사에 포함해 분석하지 않아도 된다.
> ④ 소규모 표본이 대상이므로, 반드시 많은 수의 응답자를 상대로 실행할 필요는 없다.

77 [10년 3회, 18년 3회 기출]

다음 중 폐쇄형 질문의 단점과 가장 거리 먼 것은?

① 응답이 끝난 후 코딩이나 편집 등의 번거로운 절차를 거쳐야 한다.
② 응답자들이 말하고자 하는 내용을 보다 구체적으로 도출해 낼 수가 없다.
③ 개별 응답자들의 특색 있는 응답 내용을 보다 생생하게 기록해 낼 수가 없다.
④ 각각 다른 내용의 응답이라도 미리 제시된 응답항목이 한가지로 제한된 경우 동일한 응답으로 잘못 처리될 위험성이 있다.

> **해설** 폐쇄형 질문은 미리 정해진 응답항목을 제공하므로, 응답 후 코딩이나 편집이 간단하고 체계적이기 때문이다. 오히려 폐쇄형 질문의 장점 중 하나가 분석이 용이하다는 점이다.

78 정답률 약 60% [01년 3회, 16년 1회 기출]

사전검사(Pre-test)에 대한 설명으로 틀린 것은?

① 본 조사에서 사용하고자 하는 방법과 동일하게 한다.
② 응답 대상자는 반드시 대표성을 가져야 한다.
③ 질문들이 갖는 문제점을 찾아내어 명료하게 수정하기 위한 목적으로 한다.
④ 반드시 많은 수의 응답자를 상대로 시행할 필요는 없다.

> **해설** 사전검사는 본 조사를 준비하기 위해 설문지의 오류나 문제점을 확인하고 수정하기 위한 과정이다. 이 과정에서는 반드시 대표성을 가진 응답자를 대상으로 할 필요가 없으며, 오히려 설문지의 문제를 찾아내기 위해 소규모의 비대표적인 표본을 선택해 시행하는 것이 일반적이다.

79 [22년 2회 기출]

개방형 질문에 대한 설명으로 틀린 것은?

① 강제성이 없으며, 다양한 응답을 얻을 수 있다.
② 특정 견해에 대한 탐색적 질문방법으로 적합하다.
③ 표현상의 차이는 있으나 응답에 대한 동일한 해석이 가능하므로 응답의 일관성을 유지할 수 있다.
④ 자유 응답형 질문으로 응답자가 할 수 있는 응답의 형태에 제약을 가하지 않고 자유롭게 표현하는 방식이다.

> **해설** 개방형 질문은 응답자가 자유롭게 자신의 생각을 표현할 수 있도록 하기 때문에, 응답의 표현 방식이 다양하게 나타나며 동일한 해석을 보장하기 어렵고, 일관성을 유지하기 어렵다.

정답 : 76 ② 77 ① 78 ② 79 ③

80 [20년 3회 기출]

다음 중 개방형 질문의 특징이 아닌 것은?

① 자료처리를 위한 코딩이 쉬운 장점을 갖는다.
② 예기치 않은 응답을 발견할 수 있다.
③ 자세하고 풍부한 응답 내용을 얻을 수 있다.
④ 탐색조사에서 특히 유용한 질문형태이다.

해설 개방형 질문의 특징은 예기치 않은 응답을 발견할 수 있고, 자세하고 풍부한 응답 내용을 얻을 수 있으며, 탐색조사에서 특히 유용하다. 반면, 이러한 유형의 질문은 답변의 처리와 분석이 상대적으로 복잡할 수 있어, 자료처리 과정에서 일부 어려움을 겪을 수 있다.

81 [05년 3회, 22년 2회 기출]

질문지를 설계할 때 폐쇄형 응답식으로 할 때의 장점은?

① 심층적인 정보를 얻기가 용이하다.
② 수집된 자료의 수량적 분석이 용이하다.
③ 응답자로부터 포괄적인 응답을 얻을 수 있다.
④ 연구를 시작할 때 기초정보 수집에 적절하다.

해설 폐쇄형 질문은 양자택일형(예·아니오) 혹은 다지 선다형 질문이 일반적이며 자료수집이 간편하고 응답이 사전에 분류 및 구조화되어 있어 자료입력이 쉽고 코딩 등의 분석이 용이하다는 장점이 있다.
①, ③, ④는 개방형 질문에 대한 장점이다.

82 [19년 2회 기출]

질문지 개별항목의 내용 결정 시 고려해야 할 사항으로 옳지 않은 것은?

① 응답 항목들 간의 내용이 중복되어서는 안 된다.
② 가능한 한 쉽고 의미가 명확하게 구분되는 단어를 사용해야 한다.
③ 연구자가 임의로 응답자에 대한 가정을 해서는 안 된다.
④ 하나의 항목으로 두 가지 이상의 질문을 하여 최대한 문항수를 줄여야 한다.

해설 질문지 작성 시에는 하나의 문항에 두 가지 이상의 질문을 포함하는 이중 질문을 피해야 한다. 이중 질문은 응답자가 혼란스러워할 수 있으며, 명확한 응답을 얻기 어렵게 만든다. 따라서 질문 항목은 가능한 한 단일한 주제나 개념만을 다루어야 한다.

83 [21년 1회 기출]

다음에 해당하는 조사 형태는?

> 특수목적 고등학교에 입학한 학생들을 대상으로 2016년에서 2020년까지 자존감 변화를 조사하기 위해 전집으로부터 매년 다른 표본을 추출하였다.

① 패널조사
② 횡단적 조사
③ 동질집단분석
④ 경향성 분석

해설 동질집단분석(코호트조사)은 동일한 특성을 가진 집단이 시간이 지남에 따라 어떻게 변화하는지를 조사하는 것이다.

정답: 80 ① 81 ② 82 ④ 83 ③

84 [20년 3회 기출]

양적 조사와 질적 조사에 관한 설명으로 옳지 않은 것은?

① 양적 조사는 조사자와 조사대상이 독립적이라는 인식론에 기초한다.
② 질적 조사는 현실 인식의 주관성을 강조한다.
③ 질적 조사는 연역적 과정에 기초한 설명과 예측을 목적으로 한다.
④ 양적 조사는 가치중립성과 편견의 배제를 강조한다.

해설 질적 조사는 일반적으로 귀납적인 접근 방식을 통해 현상을 이해하고 해석하는 것을 목적으로 한다. 따라서 질적 조사에 대한 설명으로 옳지 않다.
① 양적 조사는 보통 주로 양적 자료를 수집하고 분석하는 과정에서 조사자와 조사대상이 독립적인 관계에 있어야 한다는 전제를 가진다.
② 질적 조사는 현상을 심층적으로 이해하기 위해 조사자와 조사대상의 주관적 관점을 중시하고, 현실 인식의 다양성을 인정한다.
④ 양적 조사는 가능한 한 가치중립성을 유지하고, 편향이나 외부적 영향을 최소화하여 조사 결과를 객관적으로 분석하려고 노력한다.

85 [16년 1회, 20년 4회 기출]

조사에서 관찰은 단 한 번에 이루어지기도 하며 경우에 따라서는 상당 기간 동안 이루어지기도 한다. 다음 중 시간적 범위가 다른 것은?

① 추이조사(Trend Study)
② 패널조사(Panel Study)
③ 코호트조사(Cohort Study)
④ 횡단조사(Cross-Sectional study)

해설 암기 : 종추시코패
종단적 조사에는 ① 추세조사(추이조사), 시계열조사, ③ 코호트조사(동년배 조사), ② 패널조사가 있다. 이러한 종단적 조사와 시간적 범위가 다른 것은 횡단적 조사이다.

86 [10년 3회, 15년 1회 기출]

기술적 조사(Descriptive Research)와 설명적 조사(Explanatory Research)에 관한 설명으로 틀린 것은?

① 기술적 조사는 물가조사와 국세조사 등 어떤 현상에 관한 탐구와 명백화가 주목적이다.
② 설명적 조사는 두 변수 간의 시간적 선행성과는 무관하게 진행되는 경우가 많다.
③ 기술적 조사는 관련 상황의 특성 파악, 변수 간에 상관관계 파악 및 상황 변화에 대한 각 변수 간의 반응을 예측할 수 있다.
④ 설명적 조사를 수행하기 위해서는 변수의 수가 둘 또는 그 이상이 되는 경우가 많다.

해설 설명적 조사는 두 변수 간의 인과관계를 규명하기 위한 연구로, 일반적으로 변수 간의 시간적 선행성이 중요하다. 즉, 원인과 결과의 관계를 파악하기 위해 원인 변수가 결과 변수보다 시간적으로 앞서 발생해야 한다는 조건이 필요하다.

87

새로운 아이디어나 요인간의 관계를 파악하기 위한 탐색적 조사에 가장 적합한 질문유형은?

① 개방형 질문
② 다지선다형 질문
③ 서열식 질문
④ 어의차이형 질문

해설 개방형 질문은 응답자가 제한 없이 자신의 의견을 기술할 수 있도록 하여, 새로운 아이디어나 다양한 요인 간의 관계를 심층적으로 탐색하는 데 유리하다.

정답 : 84 ③ 85 ④ 86 ② 87 ①

88 [17년 1회 기출]

폐쇄형 질문과 비교한 개방형 질문에 대한 설명으로 틀린 것은?

① 자료처리에 많은 시간과 노력이 든다.
② 개인 사생활과 관련되거나 민감한 질문일수록 적합하다.
③ 연구자가 알지 못했던 정보나 문제점을 발견하는 데 유용하다.
④ 응답자에게 자기표현의 기회를 줌으로써 응답자의 의견을 존중하는 느낌을 준다.

해설 폐쇄형 질문의 장점에 해당한다. 폐쇄형 질문은 양자택일형(예/아니오) 혹은 다지선다형 질문이 일반적이며, 간단하고 명확한 응답을 유도하므로 응답자가 선택할 수 있는 답변이 제한적인 방법이다. 그러므로 개인의 사생활과 관련된 민감한 주제에 적합한 질문은 개방형 질문보다 폐쇄형 질문이 더 적합하다.

89 [20년 3회 기출]

설문지 작성에서 질문의 순서를 결정할 때 고려할 사항이 아닌 것은?

① 시작하는 질문은 쉽고 흥미를 유발할 수 있어야 한다.
② 인적사항이나 사생활에 대한 질문은 가급적 처음에 묻는다.
③ 일반적인 내용을 먼저 묻고, 다음에 구체적인 것을 묻도록 한다.
④ 연상 작용을 일으키는 문항들은 간격을 멀리 떨어뜨려 놓는다.

해설 사생활과 같이 민감한 질문은 가급적 후반부에 배치한다. 즉, 응답자의 인적사항에 대한 질문은 가능한 한 나중에 한다.

90 정답률 약 60% [18년 1회 기출]

질문지 설계 시 고려할 사항과 가장 거리가 먼 것은?

① 지시문의 내용
② 자료수집방법
③ 질문의 유형
④ 표본추출방법

해설 표본추출방법은 조사의 대상인 표본을 어떻게 선정할 것인지에 대한 방법론적인 문제를 다루는 것이며, 질문지 설계 과정에서 직접적으로 관련이 없다.

91 정답률 약 50% [15년 1회, 21년 2회 기출]

어떤 질문을 하고 나면 다음 질문이 필요한지 아닌지를 판별할 수 있도록 일련의 관련 질문들을 배열하는 질문 방식은?

① 유도질문
② 탐사질문
③ 여과질문
④ 열린 질문

해설 여과질문은 특정 조건에 따라 응답자를 적절한 다음 질문으로 안내하거나, 불필요한 질문을 건너뛰게 하는 방식이다. 이를 통해 설문이 더 효율적이고 정확하게 진행될 수 있도록 한다.

92 [00년 1회, 09년 3회, 20년 1·2회 통합 기출]

다음 중 특정 조사에 대한 사전지식이 부족할 때 예비조사 또는 사전조사(Pre-test)에서 사용하기에 가장 적절한 질문유형은?

① 개방형 질문
② 폐쇄형 질문
③ 가치중립적 질문
④ 유도성 질문

해설 특정 조사에 대한 사전지식이 부족할 때, 혹은 복잡한 현상에 대한 응답유형을 알아보기 위해 탐색적 예비조사에서 사용하기 적합한 질문유형은 '개방형 질문'이다.

정답 : 88 ② 89 ② 90 ④ 91 ③ 92 ①

93 [15년 3회 기출] 정답률 약 50%

사전검사(Pre-test)의 목적과 가장 거리가 먼 것은?

① 설문지의 확정
② 실제 조사관리의 사전점검
③ 사후조사결과와 비교
④ 조사업무량의 조정

해설 사전검사는 설문 조사나 조사 도구의 완성도를 높이기 위한 목적으로 진행되며, 사후조사결과와 비교되지 않는다. 사후조사는 조사가 완료된 후 데이터를 분석하고 결과를 평가하는 단계이며, 사전검사와는 목적과 시기가 다르다.

94 [15년 3회 기출]

질문지 초안이 작성된 후 마지막 단계에서 질문지의 문제점을 찾아내기 위한 작업은?

① 전수조사   ② 사전검사
③ 표본조사   ④ 사후검사

해설 사전검사는 '질문지 작성 후 본 조사를 시작하기 전에' 모집단 유사하다고 판단되는 소규모 표본을 대상으로 조사 도구(질문지)의 문제점(타당성 등)을 검토하기 위해 소규모로 실시하는 조사이다.

95 [16년 3회 기출]

폐쇄형 질문의 응답범주들이 갖추어야 할 조건과 가장 거리가 먼 것은?

① 응답범주 간의 상호배타성
② 응답범주의 사회규범성
③ 응답범주들의 포괄성
④ 응답범주의 명료성

해설 폐쇄형 질문의 특징에는 간결성·계측의 통일성·명료성·상호배타성·포괄성이 있다. 따라서, 폐쇄형 질문의 응답범주들이 갖추어야 할 조건과 가장 거리가 먼 것은 사회규범성이다.

96 [12년 3회, 15년 3회 기출]

다음 질문문항이 가지고 있는 가장 큰 문제점은?

> 본인의 월 평균소득을 선택해 주십시오.
> A. 100만 원 이상~200만 원 미만
> B. 200만 원 이상~300만 원 미만
> C. 300만 원 이상~400만 원 미만
> D. 400만 원 이상~500만 원 미만

① 응답 범주들의 의미가 불분명하다.
② 응답 범주들의 간격이 일정하지 않다.
③ 응답 범주들 간의 관계가 상호배타적이지 않다.
④ 응답 가능한 상황들을 모두 포함하고 있지 않다.

해설 질문에서 제시된 소득 구간은 '100만 원 미만' 혹은 '500만 원 이상'을 선택할 수 있는 옵션이 없다. 따라서 월평균 소득이 500만 원 이상인 사람들은 적절한 응답 항목을 선택할 수 없게 되어 있다. 이와 같이, 모든 가능한 응답 상황을 포함하지 않는 것이 가장 큰 문제점이다.

97 [18년 2회 기출]

다음에 제시된 설문지 질문유형의 특징이 아닌 것은?

> 귀하가 이번 대통령 선거에서 특정 후보를 선택하는 이유를 자유롭게 작성해주시기 바랍니다.
> (   )

① 탐색적인 연구에 적합하다.
② 질문내용에 대한 연구자의 사전지식을 많이 필요로 하지 않는다.
③ 응답자에게 창의적인 자기표현의 기회를 줄 수 있다.
④ 응답자의 어문능력에 관계없이 이용이 가능하다.

해설 개방형 질문은 응답자의 어문능력에 따라 답변의 질과 내용이 크게 달라질 수 있다. 즉, 어문능력이 부족한 응답자는 자신의 생각을 충분히 표현하지 못할 수 있고, 응답자의 어문능력에 관계없이 이용 가능하다고 볼 수 없다.

정답 : 93 ③ 94 ② 95 ② 96 ④ 97 ④

98 [09년 1회, 20년 3회 기출]

다음 기업조사 설문의 응답항목이 가지고 있는 문제점은?

> Q. 귀사는 기업이윤의 몇 퍼센트를 재투자하십니까?
> ① 0% ② 1~10%
> ③ 11~40% ④ 41~50%
> ⑤ 100% 이상

① 간결성 ② 명확성
③ 포괄성 ④ 상호배제성

해설 응답항목은 가능한 응답 내용을 모두 포함해야 하는 포괄성의 원칙을 가진다. 해당 설문지의 응답항목에서는 기업이윤의 51~99%를 답할 수 있는 문항이 존재하지 않는다. 그러므로 응답범주의 포괄성을 만족하지 않는다.

99 [11년 1회, 21년 1회 기출]

다음 질문항목의 문제점은?

> Q. 환경오염에 대한 일차적 책임은 개인, 기업, 정부 중 어디에 있다고 생각하십니까?
> ① 개인
> ② 기업
> ③ 정부

① 응답항목 간의 내용이 중복되어 있다.
② 대답 가능한 응답을 모두 제시해 주지 않았다.
③ 의미가 명확하게 구분되는 단어를 사용하지 않았다.
④ 조사가 임의로 응답자들에 대해 가정을 하고 있다.

해설 응답항목은 가능한 응답 내용을 모두 포함해야 하는 포괄성의 원칙을 가진다. 해당 설문지의 응답항목에서는 개인, 기업, 정부 3가지의 제한적인 답변만 할 수 있어 단체, 가구, 시민단체 등의 답변을 하지 못한다. 즉, 응답항목의 포괄성을 만족하지 못한다.

100 [17년 1회 기출]

다음 질문의 응답으로 가장 적합한 것은?

> Q. 당신의 연령은 만으로 몇 세입니까?

① 1) 30세 미만 2) 30~40세 3) 40~50세 4) 50세 이상
② 1) 30세 이하 2) 30~40세 3) 40~50세 4) 50세 이상
③ 1) 30세 미만 2) 30~39세 3) 40~49세 4) 50세 이상
④ 1) 30세 이하 2) 30~39세 3) 40~49세 4) 50세 이상

해설 응답항목은 가능한 응답 내용을 모두 포함하는지(포괄성), 각 응답항목이 다른 항목과 중복되지 않고 서로 배타적인지(상호배타성)를 확인해야 한다. ③은 포괄성과 상호배타성을 모두 만족하는 응답 문항이다.
① '30~40세'와 '40~50세' 문항에서 40세가 중복되어 상호배타성을 만족하지 못하는 응답 문항이다.
② '30세 이하'와 '30~40세'에서는 30세가 중복되고 '30~40세'와 '40~50세' 문항에서 40세가 중복되어 상호배타성을 만족하지 못하는 응답 문항이다.
④ '30세 이하'와 '30~40세'에서 30세가 중복되어 상호배타성을 만족하지 못하는 응답 문항이다.

정답 : 98 ③ 99 ② 100 ③

CHAPTER 04 FGI 정성조사

제1과목_ 조사방법과 설계

01 FGI 정성조사의 이해

1 FGI의 개념

(1) FGI의 의의

① FGI(Focus Group Interview)는 초점집단면접, 표적집단면접, 집단심층면접, 좌담회라고 부른다.
② FGI는 전문 진행자가 제품 개발, 시장 조사, 정책 평가 등에 대한 소비자나 이용자의 의견을 수집하기 위해, 성별, 연령대, 직업 등이 유사한 소규모의 집단을 대상으로 하여 대략 6~12명 내외(보통 8명)의 동질적인 소수 응답자와 특정 주제에 대해 자유롭게 토론하여 필요한 정보를 얻는 심층 인터뷰 방법 및 질적조사 방법이다. 기출
③ FGI는 진행자(Moderator)가 동질의 소수의 집단을 대상으로 특정한 주제에 대해 자유롭게 토론하여 필요한 정보를 얻는 방법이다. 기출
   - 초점집단조사는 집단구성원 간의 활발한 토의와 상호작용을 강조하는데 그 과정에서 어떤 논의가 드러나고 진전되는지 파악하는 것이 중요한 자료가 된다. 기출
④ FGI는 조사자가 소수의 응답자 집단이나 전문적 지식을 가진 집단에게 특정 주제에 대해 자유롭게 토론하게 한 다음, 필요한 정보를 수집하는 자료 수집 방법이다. 기출
   - FGI는 조사자가 제공한 주제에 근거해서 참가자 간의 의사 표현활동이 수행된다. 기출
⑤ FGI는 지역, 계층, 성 등으로 구분하여 소수로 각 범주별 조사대상을 뽑아 특정 주제를 중심으로 대상자의 의견을 수집하는 방법이다. 기출

(2) FGI의 특징

① FGI의 조사목적은 참가자들의 동기, 태도, 가치관, 욕구 등을 심층적으로 탐색하고 이해하여 '내용타당도를 높이는 것'이다.
   - 초점집단조사는 내용타당도를 높이는 목적으로 사용될 수 있다. 기출
     (※ 내용타당도 관련 상세한 내용은 '제2과목 조사관리와 자료처리 → CHAPTER 04. 측정의 타당성과 신뢰성 → 5. 타당성의 의미' 참고)
② FGI는 전문적인 지식을 가진 집단으로 하여금 특정한 주제에 대하여 자유롭게 토론하도록 한 다음, 토론 과정을 분석하여 필요한 정보를 추출하는 방법이다. 기출
③ FGI는 대면(Face-to-Face) 집단의 상호작용을 통해 도출된 자료를 분석한다. 기출
④ FGI는 심층면접법을 응용한 방법으로 조사자가 소수의 응답자를 한 장소에 모이게 한 후 관련된 주제에 대하여 대화와 토론을 통해 정보를 수집하는 방법이다. 기출

(3) FGI의 장·단점

1) FGI의 장점

시너지 효과	• FGI는 특정 공통점이 있는 구성원의 그룹으로 구성되기 때문에 인터뷰 대상자들이 동질성을 느끼고 더 편안하게 의견을 표현할 수 있다. – 참가자들 간의 상호작용을 통해 개별 인터뷰에서는 얻기 어려운 집단 동향이나 공통된 이슈를 파악할 수 있다. • 다른 참가자들의 의견 발표에 자극을 받아 자신도 적극적으로 참여할 수 있는 분위기가 자연스럽게 조성될 수 있다.
심층적 정보수집	• 복잡한 문제를 총체적으로 파악하고 분석할 수 있다. • 응답자들이 자유롭게 의견을 표현하고 다른 응답자들의 의견에 반응하는 자연스러운 대화를 통해 다양한 관점 및 <u>실제 상황에 대한 구체적인 정보를 얻을 수 있다.</u> `기출` • <u>사회환경에서 일어나는 실제의 생활을 포착하는 사회지향적 조사방법이다.</u> `기출` – 현재 시점에 실제 사용하는 단어나 표현도 수집할 수 있다. • 면접대상자가 전문가일 경우 전문화된 정보 수집이 가능하다.
다양한 관점	• 다양한 배경과 경험을 가진 사람들의 의견을 수집할 수 있다. • 예상하지 못한 새로운 의견이나 아이디어를 도출하는 데 유용하다. • 자유로운 의견교환 및 독창적인 아이디어 도출이 가능하다.
유연성 ↑ 타당도 ↑	• <u>높은 유연성과 타당도를 가진다.</u> `기출` – <u>초점집단조사는 내용타당도를 높이는 목적으로 사용될 수 있다.</u> `기출` • 진행자는 응답자들의 반응에 따라 질문을 보완·수정하거나 즉각적인 추가질문을 통해 더 구체적인 정보를 얻을 수 있다. • <u>응답자는 응답을 강요당하지 않기 때문에 솔직하고 정확히 자신의 의견을 표명할 수 있다.</u> `기출`

신속성
경제성
	• <u>빠른 결과를 보여준다.</u> `기출`
	  – 응답 중이나 완료 직후 바로 자료를 활용하여 신속한 해답을 구할 수 있다.
	• FGI는 규모에 따라 비용이 유동적이다.
	  – <u>자료수집 시간을 단축하고 시행하기 용이하다.</u> `기출`

2) FGI의 단점

대표성 ↓
체계성 ↓
`기출`
	• 표본이 특정 집단이기 때문에, FGI 조사결과의 일반화가 어려운 단점이 있다.
	  – <u>초점집단조사는 참여자 수가 제한적인 것으로 인한 일반화의 제한성 및 집단소집의 어려움 등이 단점으로 지적된다.</u>
	  – <u>초점집단면접은 참여자 수가 제한적이고, 집단소집이 어렵다.</u>
	• 자료의 통계적 분석 및 해석이 어렵다.
	• 조사 결과가 비체계적이므로, 분석 및 해석이 어렵다.

통제 어려움	• 자유롭게 토론하는 방식이므로 <u>개인면접 보다 통제하기 어렵다.</u> `기출` – 집단 전체를 대상으로 하기 때문에 개인의 특성에 맞는 질문이나 개별 반응에 직접적으로 대응하거나 추가 질문을 하기 어렵다. • 목소리가 큰 참가자나 특정 성향을 가진 사람들이 토론을 지배할 수 있는 참가자 편향이 발생할 수 있다.
주관적	• 조사 과정에서는 조사 진행자(모더레이터)의 능력에 따라 결과물이 영향을 받을 수 있어, 수집된 자료는 불완전하고 주관적으로 분석될 수 있다. – <u>조사자는 대부분 과정에서 질문자보다는 조정자 및 관찰자에 가깝다.</u> `기출` • 진행자의 질문 방식이나 태도가 결과에 영향을 미칠 수 있다. • <u>조사진행자의 역량이 부족하면 신뢰성에 문제가 생길 수 있다.</u> `기출` • 응답자는 사회적으로 바람직하게 보이기 위해 진짜 의견을 숨길 수 있다.

(4) FGI 모더레이터

1) 모더레이터의 필요성
① 모더레이터(Moderator)는 FGI나 심층인터뷰를 진행하는 '진행자' 역할을 한다.
- FGI 정성조사 진행자(사회자), 중재자, 토론 프로그램의 사회자를 일컫는 말이다.
  - 모더레이터는 조사방법 및 통계분석 관련 전문지식을 갖추어야 한다.

② 의견 취합 및 조율
- 모더레이터는 조사대상자(인터뷰 참여자)들의 의견 및 발언을 통합하고 토론을 조정하면서도, 이견 발생 시에는 조율하기도 한다.

2) 모더레이터의 업무
① 분석 및 보고
- 모더레이터는 FGI 결과를 분석하거나, 의뢰주에게 소비자의 의견을 취합하여 보고한다.
  - 따라서 FGI 과정을 심도있게 관찰하고, 조사대상자(인터뷰 참여자)들의 대화흐름을 잘 파악해야 한다.

② 분위기 및 질문 전환
- 모더레이터는 조사대상자(인터뷰 참여자)들의 대화 맥락을 이해하며 적절한 시점에 질문을 수정한다.
  - 혹은 토론 분위기 파악 후 새로운 관점을 제시하며 대화의 퀄리티를 높이고자 노력한다.

3) 모더레이터의 태도
① 경계심 허물기(라포 형성)
- 모더레이터는 상대방 말 언급하기(재확인), 맞장구치기, 눈 마주치기, 구체적으로 파고들기 등을 잘 수행하는 것이 인터뷰 기술이다.

② 적극 참여 독려
- 모더레이터는 열정적이며 정중한 태도를 가져야 한다.
  - 모더레이터는 응답내용을 경청하고 주의 깊게 관찰하는 태도를 가져야 하며, 조사대상자들의 적극적인 참여를 독려해야 한다. 이 과정에서 모더레이터는 조사대상자(인터뷰 참여자)들이 이해하기 쉬운 질문을 명확히 제기해야 한다.

더블체크

Q 다음 (   ) 안에 알맞은 것은? [13년 2회, 16년 3회 기출]

(   )은(는) 집단구성원 간의 활발한 토의와 상호작용을 강조하는데, 그 과정에서 어떤 논의가 드러나고 진전되는지 파악하는 것이 중요한 자료가 된다. 조사자가 제공한 주제에 근거해서 참가자 간의 의사 표현활동이 수행되고, 연구자는 대부분의 과정에서 질문자라기보다는 조정자 관찰자에 가깝다.
(   )은(는) 자료수집시간을 단축시키고 시행하기 용이한 측면도 있지만, 참여자 수가 제한적인 것으로 인한 일반화의 제한성, 집단소집의 어려움 등이 단점으로 지적된다.

① 델파이조사   ② 초점집단조사
③ 사례연구조사   ④ 집단실험설계

해설 초점집단조사에 대한 장점과 단점이 기술된 내용이다.

정답 : ②

(5) FGD

1) FGD 의의 · 목적 · 특징

① FGD의 의의
- FGD(Focus Group Discussion ; 표적집단 심층좌담)는 특정 주제에 대해 다양한 의견과 인사이트를 얻기 위해 소규모의 그룹을 대상으로 진행하는 질적 조사 방법이다.
- FGI(집단심층면접)와 FGD(표적집단 심층좌담)는 둘 다 집단토론을 포함하는 조사방법이다.
  - 차이점은 FGI에서는 조사자(혹은 진행자)가 중심이 되어 질문을 던지고 토론을 이끌지만, FGD에서 조사자는 토론의 흐름만을 조절한다.

② FGD의 목적
- FGD(표적집단 심층좌담)는 주로 집단 토론을 통해 참여자들의 의견, 태도, 경험을 이해하고자 할 때 사용되며, 집단 내 상호작용을 촉진하여 다양한 관점을 듣게 하면서 태도의 변화를 파악한다.

③ FGD의 특징
- FGD는 참여자들이 자유롭게 의견을 교환하며 상호작용할 수 있는 환경을 제공한다.
- 새롭고 혁신적인 제품이나 서비스의 콘셉트 개발 과정에서 유용하게 활용될 수 있다.
- FGD는 참여자들의 의견이 다양하여 조사 결과를 일반화하기 어려울 수 있다.
- 초점집단토론(Focus Group Discussion)의 기법을 구성하는 필수적인 요소에는 토론 참석자, 기록수단(녹음기 또는 캠코더), 사회자가 있다.

(6) Delphi

1) Delphi(델파이) 의의 · 목적 · 특징

① 델파이기법의 의의 [기출]
- 델파이조사는 조사대상에 대한 사전정보가 거의 없는 상태에서 탐색적인 조사를 위해 이용될 수 있는 가장 유용한 자료수집 방법이다.

② 델파이기법의 목적 [기출]
- 델파이기법은 전문가들에게 의견을 수집 분석하고, 그 결과를 다시 전문가들에게 보내어 만족스러운 결과를 얻을 때까지 반복적으로 의견을 물어보는 방법으로써 주로 불확실한 사항에 대하여 전문가들의 합의를 얻고자 할 때 적용한다.
  - 전문가의 견해를 물어 종합적인 상황을 파악하거나 미래의 불확실한 상황을 예측할 때 주로 이용되는 조사기법이다.

③ 델파이기법의 특징
- 익명 집단의 상호작용을 통해 도출된 자료를 분석한다. [기출]
  - 델파이조사의 익명성 구조는 '시류편승의 효과(Groupthink Effect)'나 '후광효과(Halo Effect)'를 최소화한다.
- 델파이기법은 효과적인 집단예측 기법이며, 집단사고에 의한 편향을 줄이고 장기적인 수요나 판매 예측에 활용되는 탐색적 · 정성적 조사 방법이다.
- 델파이기법은 조사 내용이 정해진 구조화 방식이다. [기출]
  - 델파이기법은 전문가나 관리자들로부터 우편으로 의견이나 정보를 수집하고, 그 결과를 분석한 후 다시 응답자들에게 보내어 만족스러운 결과를 얻을 때까지 반복적으로 의견을 묻는 방법을 사용한다.

2 FGI의 설계

(1) FGI의 설계 요건

1) 고려사항

① 활용적·효율적 설계
- FGI 설계는 효과적인 집단 인터뷰를 계획하고 실행하기 위한 과정이며, 조사 목적에 맞게 활용적이며 효율적으로 철저하게 설계를 진행해야 한다.
- FGI를 통해 제품이나 브랜드의 포지셔닝을 정확히 이해하고, 이미지의 강점과 약점을 파악할 수 있으며, 이는 제품 개발이나 마케팅 전략 수립에 필수적인 정보를 제공한다.
  - 다양한 참여자들의 의견을 모으고, 이를 바탕으로 창의적인 브레인스토밍과 아이디어 도출을 촉진할 수 있는 중요한 도구로 활용한다.
- 조사 실행 전에 '의뢰주'와 '진행자' 간의 합의를 이루는 것이 중요하다.

> **개념특강 의뢰주**
> - 의뢰주는 특정 조사나 프로젝트를 요청하고 자원을 제공하는 주체이다.
> - 의뢰주는 일반적으로 조사를 진행하기 위해 조사를 의뢰하고, 조사 목적이나 방법, 예산 등을 결정하며 프로젝트를 지원하는 역할을 한다.

② 질문의 개수 및 중요도 선정
- 적당한 개수의 질문을 구성해야 하며, 일반적으로 핵심질문은 5~10개 내외로 선정한다.
- 주제별로 중요도에 따라 세부 질문을 작성하면서 적절히 시간을 배분한다.
  - 질문의 중요도를 고려하여 반드시 질문해야 하는 것에 우선순위를 둔다.

③ 프로빙(Probing) 기출
- 프로빙(캐어묻기 ; Probing)은 응답자의 대답이 불충분하거나 모호할 때, 추가 질문을 통해 정확한 응답을 유도하거나 응답이 지엽적으로 흐르는 것을 막기 위해 추가 질문을 행하여 정확한 대답을 끌어내는 면접조사 기술이다.
  - 정확한 답을 얻기 위해 방향을 지시하는 기법이며, 답변 정확도를 판단하는 방법이다.
  - 일종의 폐쇄식 질문에 답을 하고 이에 관련된 의문을 탐색하는 보조방법이다.

2) FGI의 가이드라인

① FGI 가이드라인(Guide line)은 효과적인 집단 인터뷰를 위해 질문을 준비하고 진행할 때 참고할 수 있는 중요한 도구이며, 이는 진행자가 FGI에서 사용할 질문 등을 정리한 내용이다.
- FGI 가이드라인에는 조사의 목적이나 배경, 주제 및 핵심, 조사대상자의 속성이 포함된다.

② FGI 가이드라인을 잘 설계하여 최대한의 정보를 얻어내야지만, 너무 많은 내용은 조사 대상자를 피곤하게 하거나 흥미를 떨어뜨릴 수 있으므로 주의해야 한다.
- 주제 및 인터뷰의 양을 결정하기 위해, FGI 가이드라인은 의뢰주와 진행자가 공동으로 설계하는 것이 바람직하다.

3 FGI 실시

(1) FGI 수행 절차

1) 1단계 : 인터뷰 소개
① 도입 인터뷰를 통해 참석자와 라포(친밀한 관계)를 형성하여 긴장과 부담을 해소한다.
  • 이 단계에서 진행자는 FGI에 대해 규정짓는 발언이나 위협적인 질문을 하지 않도록 한다.
② 조사자는 이 단계에서 참석자들에게 간략하게 주의사항에 대해 설명한다.
  • 이 단계에서 FGI는 진행자와 토의가 아닌 참석자들 간의 의사소통임을 확실하게 안내한다.

2) 2단계 : 본격 토의
① 참석자들에게 말할 기회를 동등하게 주어 자신의 의견을 표현하게 한다.
② 진행자는 구체적이고 서술적인 문제부터 시작하여 추상적이고 생각을 요구하는 문제 순서로 진행하도록 유도한다.
  • 자료의 신뢰성 및 타당성을 확보하기 위해 노력하며, 필요시 전문가 검토 등을 추가로 수행한다.
    - FGI 결과해석 시 논리적 일관성을 확인하는 자세를 갖는다.
③ 진행자(모더레이터)는 '조사 면접의 일반적인 지침'을 숙지하고 수행한다.

> **개념특강 조사 면접의 일반적인 지침**
>
> • 차림새와 (언행)태도 [기출]
>   - 면접자의 복장은 깨끗하고 응답자가 이질감을 느끼지 않도록 해야 한다.
>   - 면접자는 응답자가 이질감을 느끼지 않도록 복장이나 언어사용에 유의하여야 한다.
> • 유도질문 및 추가 질문
>   - 지침 하에서 다양한 각도로 유도질문을 하되, 필요하면 추가 질문도 실시한다.
>   - 특정 질문에 대한 심층 규명은 중립적이어야 한다. [기출]
> • 응답자의 반응 관찰 : 응답자의 표정과 반응을 주의 깊게 관찰하여 진행 방향을 조정한다.
> • 참가자 응답 조절
>   - 소극적인 참가자가 적극적으로 참여할 수 있도록 격려해야 한다.
>   - 적극적인 참가자가 심하게 주도적인 경우 그들의 참여를 제한(자제)해야 한다.
> • 토의 방향 유지 : 토의 내용이 조사 주제를 중심으로 이탈되지 않도록 유의하되, 대화내용이 다소 이탈되더라도 모두 필요 없다고 판단하면 안 된다.
> • 질문지 숙지 [기출]
>   - 설문지를 충분히 숙달하도록 하여 설문 안내를 매끄럽게 하도록 한다. [기출]
>   - 모더레이터는 질문지 숙지하여 단어와 문장을 정확하게 사용하고, 필요시 반복 질문하여 정확한 응답을 얻도록 한다.
>   - 참석자의 응답이 불완전하거나 명확하지 않다면, 다시 한번 질문한다.
>   - 재질문 시, 비지시적으로 응답자들의 체면을 손상하지 않으면서 답을 얻는다.

3) 3단계 : 마무리
① 도출된 응답자들의 답변을 요약해보고, 확실한 입장 표현 기회도 부여한다.
② 심층면접 종료 후 사회자와 참관자들이 모여 결과를 논의하고 잠정적 결론을 도출한다.
  • 이 결론은 단일 그룹의 결과로 정하지 않고, 복수의 그룹을 통해 교차로 확인한다.
③ 다음 심층면접을 위해 추가 사항이나 수정 및 보완할 질문 내용을 논의하며 회의 결과를 가이드라인에 반영한다.
  • 면접이 모두 끝난 후, 영상 및 음성으로 녹음된 내용을 타이핑하고 분석하여 조사 보고서를 작성한다.

4 FGI 자료 분석

(1) 자료 분석 요건

1) 준비물

① FGI 시나리오
- FGI 시나리오는 FGI 진행 시 모더레이터가 따라가야 하는 가이드 문서이다.
- 이 문서에는 질문의 순서, 유도 질문, 예상 대응 방안 등이 포함되어 있어, 모더레이터가 참가자들과 원활하게 상호작용하고 목표를 달성할 수 있도록 한다.

② FGI 계획서
- FGI 착수 시 전반적인 계획(조사 목적, 방법론, 참여자 선정 기준, 일정 등)을 문서화 한 것이다.
  - FGI 계획서는 조사를 어떻게 진행할 것인지에 대한 체계적인 계획을 제시한다.

③ 기밀 유지 서약서
- 기밀 유지 서약서는 FGI 진행 시 발생할 수 있는 정보 유출을 방지하고, 보안상의 문제를 예방을 위한 문서이다. 이 문서는 참여자가 FGI에서 얻은 정보를 비밀로 유지하고 외부에 노출하지 않도록 강제한다.

2) 산출물

① FGI 녹취록
- FGI 녹취록은 조사 진행 시 녹취된 전체 내용을 담고 있다.
  - 이 녹취록은 나중에 조사 결과를 분석하거나 보고서를 작성할 때 참고 자료로 활용된다.

② FGI 결과 보고서
- FGI 결과 보고서는 조사의 주요 결과와 분석 내용을 정리한 문서이다.
  - 이 보고서는 FGI 목적 달성 여부를 평가하고 다음 단계의 전략 수립에 기여한다.
  - 보고서는 주로 조사목적, 방법, 주요 발견, 추천 사항 등을 포함하며, 이를 통해 조사에서 얻은 인사이트를 결정적으로 제시한다.

(2) 자료 분석 심화요건

1) FGI의 데이터 분석 도구

① 코딩(Coding) : FGI 녹취록에서 핵심 주제나 패턴을 식별하기 위한 질적 분석 기법이다.

② 내용 분석(Content Analysis) : 대화 내용에서 주요 주제를 도출하고 정량적 데이터로 변환한다.

③ 주제 분석(Theme Analysis)
- 참여자의 응답을 바탕으로 반복적으로 나타나는 주제를 분류한다.
  - 주제는 조사의 목적 및 질문과의 연관성을 기준으로 분류하며, 하위 주제로 세분화할 수 있다.

④ 텍스트 마이닝(Text Mining)
- 자연어 처리 도구를 활용하여 대규모 FGI 데이터를 효율적으로 분석한다.
  - 워드 클라우드(Word Cloud)를 생성하여 주요 키워드와 그 중요도를 시각적으로 나타낸다.
  - 감정 분석(Sentiment Analysis)을 통해 참여자들의 정서적 반응(긍정, 부정, 중립)을 파악한다.

(3) 자료 분석 과정

1) 자료 처리 및 정리
① FGI 조사 실시 후에는 녹음된 자료를 분석하여 일정한 표본화된 형식에 맞게 구체적으로 정리한다.
② 조사목적에 부합하는 정보를 분류하기 위해, 결과를 분석하기 위한 범주화 기준을 설정한다.
③ 수집된 자료의 신뢰도 검토, 코딩 수행, 통계적 처리 등을 수행하며, 조사결과에 대해 해석한다.

2) 결과 분석 및 정리
① 조사 결과에 대해서는 조사자의 주관적 판단에 따라 임의로 해석하지 않도록 해야 한다.
  - 이 과정에서 응답자들의 소수 의견에 대해서도 주의 깊게 인터뷰 결과를 분석한다.
    - 다양한 상반된 의견들이 나오기 때문에 조사 결과를 해석하고 결론을 내리기 어렵다.

② 자료 분석은 조사 의뢰주와 협의 후 시작한다.
③ 조사 목표에 맞는 자료를 수집하고, 이를 편집 및 기호화하여 요약표로 정리한다.

3) 인사이트 도출
① 조사 결과는 단일 그룹에서 도출된 것으로 단정하면 안 되며, 복수의 그룹을 거쳐 교차분석을 수행한 후 해석하여 최종적으로 정리한다.
② 수집된 자료를 적절한 통계적 기법으로 분석한 후, 조사자는 분석 결과에서 조사 목적에 활용할 수 있는 시사점을 도출한다.
③ 분석 결과에서 적절한 시사점을 도출하여, 전략적으로 통합하기 위해 기술통계분석 방법을 활용한다.
④ 분석된 정보와 자료를 바탕으로 유의미한 결과를 도출하고, 전문 모니터가 그룹별로 녹음된 내용을 자세히 분석하여 결과 분석보고서와 제안을 작성한다.

제1과목_ 조사방법과 설계

CHAPTER 05 심층인터뷰 정성조사

01 심층인터뷰 정성조사의 이해

1 심층인터뷰의 개념

(1) 심층인터뷰의 의의

① 심층인터뷰는 축약하여 IDI(In-Depth Interview, 심층면접 ; 심층인터뷰)라고 한다.
- 응답자의 생각과 느낌을 자유롭게 이야기하게 하여 욕구와 태도를 파악하는 면접조사를 심층인터뷰 (IDI)라고 하며, IDI는 탐색 조사, 구매동기 조사, 상품 계획 등에 이용된다.
- 주로 질적 데이터(언어적 자료 등)를 수집하며, 인터뷰 내용은 녹음하거나 필기하여 나중에 분석한다.

② FGI(집단심층면접)와 달리 IDI(심층면접)은 대상이 '집단'이 아닌 '개인'이다.
- IDI는 한 명의 응답자와 일대일 면접을 통해 응답자의 심리를 조사하는 방법이다.
- IDI는 FGI방식으로는 모집이 어려운 특수 계층의 응답자들에게 심층적 의견을 구하는 경우 사용된다.
  - 그러나, FGI와 같이 집단 내 응답자들 간의 상호작용에 의한 의견 도출이 어렵다.

③ 전문적인 면접원이 응답자와의 1:1 면접을 통해 개방형 질문을 중심으로 자유롭게 이야기하도록 하여, 특정 주제에 대한 깊이 있는 정보를 수집하여 응답자의 심리를 조사 및 파악하는 질적 조사 방법이다.

(2) 심층인터뷰의 특징

① <u>비밀보장, 안전성 등 피면접자가 편안한 분위기를 느낄 수 있도록 해야 한다.</u> 기출
② <u>피면접자의 대답을 주의 깊게 경청하여야 하며 이전의 응답과 연결해 생각하는 습관을 가져야 한다.</u> 기출
③ 전문직(의사, 교수, R&D 전문가 등) 혹은 전문가 대상 심층 면접조사는 여러 명을 한 장소에 모으기 어려워 조사원이 각 전문가를 직접 찾아가 심층 면접조사를 진행한다.
- 기업은 파악해둔 전문가 목록을 제공하고, 조사회사는 이들과 연락해 약속을 잡아 조사를 진행한다.

④ <u>피면접자와 친밀한 관계(Rapport)를 형성해야 한다.</u> 기출
- 면접자는 응답자와 친숙한 분위기를 형성하도록 노력해야 한다. 기출
- 1:1 방식이므로 인터뷰 시작 전에 응답자와의 친밀한 관계(라포)를 형성하여 편안한 분위기를 조성한다.

> **개념특강 라포(Rapport)**
> - 정의 : 정신 분석 치료를 할 때, 의사와 환자 사이의 신뢰관계의 기본이 되는 친밀도
> - 개념 : 라포(Rapport)는 신뢰와 친근감을 바탕으로 형성된 인간관계를 통해 상호적 신뢰도를 형성하는 것이다. 즉, <u>면접조사의 원활한 자료수집을 위해 조사자가 응답자와 인간적인 친밀 관계를 형성하는 것이다.</u> 기출

(3) 심층인터뷰의 장단점

1) 심층인터뷰의 장점

① 일대일 집중조사
- 1:1 심층면접이므로 응답자 한 명에 집중해 구체적 답변과 추가 질문이 가능하다.
  - FGI(표적집단면접)은 참가자들 간의 영향을 배제하기 어렵지만, IDI(심층면접)은 집단면접에서 발생하는 영향이 없으므로 개인의 고유한 의견을 청취할 수 있다.

② 심도 있는 질문, 심층적 자료 수집
- 응답자에 대한 심층적인 자료 수집이 쉽다.
  - 본 조사를 보완하는 보충 자료의 수집이 쉽다.
- <u>질문의 순서와 내용은 조사자가 조정할 수 있어 좀 더 자유롭고 심도 깊은 질문을 할 수 있다.</u> `기출`

③ 조사 내용의 융통성과 유연성
- 진행자는 미리 준비한 지침서에 따라 면접을 진행하되, 편의에 따라 질문의 순서와 내용을 유동적으로 조정할 수 있어 심도 있는 질문이 가능하다.

④ 타당도
- <u>조사자가 필요하다고 생각되면, 응답자에게 반복 질문을 수행하여 타당도가 높은 자료를 수집할 수 있다.</u> `기출`

2) 심층인터뷰의 단점

① 면접원 조사 중 편향이 가장 큼
- <u>면접원을 활용하는 조사 중 상이한 특성의 면접원에 의해 발생하는 편향(Bias)이 가장 클 것으로 추정되는 조사이다.</u> `기출`
- <u>조사자의 면접 능력과 분석 능력에 따라 조사 결과의 신뢰도가 달라진다.</u> `기출`
- 고도의 전문성을 가진 면접 진행자가 필요하다.

② 조사비용 및 시간 소요가 큼
- <u>같은 표본 규모의 전화조사에 비해 대체로 비용이 많이 든다.</u> `기출`
  - <u>면접자 개인별 차이에서 오는 영향이나 오류는 통제하기 어렵다.</u> `기출`
- 개별 인터뷰를 진행하고 분석하는 데 많은 시간과 비용이 소요된다.
  - 만약 100명의 전문가를 조사하는 경우 조사비용(예산)은 약 2,000~3,000만원이다.
  - 또한 실사 및 자료 수집과정에 2주 이상 걸리며, 설문지에 비해 시간이 많이 소모된다.

③ 객관성이 낮음
- 조사자의 편견이 개입되어 자료의 객관성이 문제될 수 있다.
- 진행자와 응답자의 주관이 개입될 수 있어, 결과의 객관성이 떨어질 수 있다.

④ 자료 분석과 해석이 어려움
- 심층면접 자체가 표준화되어 있지 않다.
- 면접 지침이 있더라도 응답자의 특성에 맞춰 모든 응답자에게 각기 다른 질문을 하기 때문에 설문지 분석과 비교하면 자료 분석과 해석이 어렵다.
- 응답 내용이 방대하고 통일성이 없어 결과 분석과 보고서 작성이 매우 어렵다.

2 심층인터뷰 설계

(1) 심층인터뷰의 설계 목적 설정

1) 문제 탐색과 이해
① 심층인터뷰는 특정 주제나 문제에 대해 깊이 있는 이해를 돕기 위해 사용된다.
② 예를 들어, 새로운 제품이나 서비스 개발 전에 소비자들의 필요와 요구를 탐색하거나, 시장의 문제점을 이해하기 위해 사용될 수 있다.

2) 프로젝트 계획의 지원
① 프로젝트나 전략의 계획을 세우기 전에, 관련 이해 관계자들의 의견과 생각을 수집하기 위해 심층인터뷰가 사용될 수 있다.
② 향후 전략을 구체화하고, 필요한 조정을 할 수 있는 정보를 제공받을 수 있다.

3) 사용자 경험의 이해
① 제품이나 서비스의 사용자가 실제로 어떻게 제품을 사용하고 있는지, 그들의 경험과 관점을 이해하기 위해 심층인터뷰가 설계될 수 있다.
② 이는 제품 혁신 및 개선에 중요한 데이터를 제공할 수 있다.

(2) 심층인터뷰의 가이드라인

1) 공동 설계
① 가이드라인은 조사를 의뢰한 측과 담당 조사자가 공동으로 설계하고 작성해야 한다.
② 이는 다뤄야 할 주제나 문제의 범위를 명확히 하고, 조사 목적에 부합하는 질문을 포함할 수 있도록 도와준다.

2) 적절한 주제 선정
① 충분히 다양한 주제를 포함하여 최대한의 정보를 얻을 수 있도록 해야 한다.
② 너무 많은 주제나 질문은 조사 대상자를 지치게 할 수 있으므로 주의가 필요하다.

3) 자연스러운 분위기 유지
① 인터뷰 진행 순서를 자연스럽게 설정하고, 친밀감이 형성된 후에 좀 더 깊이 있는 질문을 진행하는 것이 좋다.
② 이는 조사 대상자가 더 개방적이고 정직하게 의견을 나눌 수 있도록 돕는다.

4) 피드백과 수정
① 가이드라인은 초기에 작성 후 조사 과정에서 발생하는 상황에 따라 유동적으로 수정할 수 있어야 한다.
② 조사 진행 중 발생하는 새로운 인사이트나 중요한 주제를 반영하여 가이드라인을 업데이트하는 것이 중요하다.

5) 전문성과 윤리
① 전문적인 접근과 동시에 피면접자의 개인 정보 보호와 안전을 고려해야 한다.
② 인터뷰 과정에서 발생할 수 있는 윤리적 문제나 민감한 주제에 대한 처리 방안도 가이드라인에 명확히 포함되어야 한다.

3 심층인터뷰 실시

(1) 심층인터뷰 준비

① 조사 목적 설정
- 인터뷰를 통해 얻고자 하는 주요 목표와 질문을 명확히 정의한다.
  - 조사의 초점이 되는 문제를 식별하고, 이를 해결하기 위한 가설을 수립한다.
- 조사 결과를 활용할 최종 목적(정책 개발, 사용자 경험 개선)을 사전에 명확히 설정한다.

② 대상자 선정
- 조사 목적에 부합하는 인터뷰 대상자(잠재 고객, 사용자, 전문가 등)를 정의한다.
  - 선정 기준(나이, 성별, 직업, 관심사 등)을 세부적으로 설정하여 조사 목적과의 적합성을 보장한다.
- 대상자의 모집 경로(이메일 초청, 소셜 미디어 공지, 기존 고객 데이터베이스 활용 등)를 구체적으로 계획한다.
  - 대상자 그룹의 다양성과 대표성을 고려하여 표본 편향을 방지한다.

③ 설문방법 및 질문지 설계
- 개방형 질문을 중심으로 작성하여 심층적이고 풍부한 답변을 유도한다.
  - 질문은 구체적이고 명확하게 작성하여 대상자가 혼란 없이 답변할 수 있도록 한다.
- 인터뷰 시나리오와 진행 흐름을 설계하고, 질문의 우선순위와 논리적 연결성을 고려한다.
  - 핵심 질문과 보조 질문을 분류하여 흐름을 방해하지 않고 인터뷰 시간을 효율적으로 관리한다.

④ 시간 및 비용 계획
- 인터뷰당 소요 시간을 예측하고, 전체 일정(날짜 및 시간)을 조율한다.
  - 구체적인 일정을 대상자와 사전에 공유하고 조정 가능한 시간을 확보한다.
- 예산 항목(장소 대여비, 교통비, 인센티브 등)을 세분화하고 예상 비용 초과를 대비한 예비 자금을 마련한다.
  - 인센티브(금전적 보상 또는 비금전적 보상)의 지급 기준과 방법을 명확히 결정한다.

⑤ 인터뷰 장소 및 환경 설정
- 조용하고 방해받지 않는 장소를 선정하며, 녹음 및 녹화 장비와 기타 필요 장비를 사전에 준비한다.
  - 장소는 대상자의 접근성이 높은 위치를 선정하고, 편안하고 안전한 분위기를 조성한다.
- 온라인 인터뷰의 경우 안정적인 인터넷 연결, 적절한 플랫폼(Zoom, Google Meet 등), 카메라 및 오디오 품질을 사전에 점검한다.
  - 사전에 테스트를 진행하여 장비 오류 가능성을 최소화한다.

(2) 심층인터뷰 운영

1) 운영 방식

① 인터뷰 및 핵심 질문 탐구
- 인터뷰 목적과 절차를 간략히 설명하여 참여자가 인터뷰의 맥락을 이해하도록 한다.
  - 참여자와 신뢰를 구축하기 위해 비공식적인 대화를 통해 긴장을 완화한다.
- 준비된 개방형 질문을 통해 심층적인 답변을 유도하며, 필요에 따라 후속 질문을 즉석에서 추가한다.
  - 응답자의 관점을 명확히 이해하기 위해 사례나 추가 설명을 요청한다.

② 응답 기록
- 면접원이 자유 응답식 질문에 대한 응답을 기록할 때 지켜야 할 원칙은 아래와 같다. `기출`
  - 질문과 관련된 모든 것을 기록에 포함한다. `기출`
  - 응답자가 사용한 어휘를 원래 그대로 기록한다. `기출`
  - 같은 응답이 반복되더라도 가감 없이 있는 그대로 기록한다. `기출`

③ 명확한 안내
- 조사 참여에 따른 위험과 더불어 혜택도 고지되어야 한다. `기출`
  - 참여 수당 등 금전적 보상의 금액, 지급 방법, 시점을 명확히 안내한다.
  - 모든 참여자에게 동일한 기준으로 혜택을 제공하며, 참여 여부와 무관하게 차별이 없도록 한다.

2) 운영 윤리

- 사회조사의 실시과정에서 지켜져야 할 윤리적 기준은 조사자의 가치중립, 조사대상자의 사전동의, 조사대상자의 비밀보장이다.
  - 윤리적 원칙은 조사결과의 보고에도 적용된다. `기출`

① 조사자의 가치중립
- 조사자는 개인적인 가치나 선입견을 배제하고, 객관적이고 중립적인 태도로 조사에 임해야 한다.

② 조사대상자의 사전동의
- 조사자는 조사대상자에게 조사 목적, 방법, 예상 소요 시간, 기밀 유지 방침 등을 명확히 설명하고 동의를 얻어야 한다.
  - 고지된 동의는 조사자를 보호하기 위해 활용될 수 있다. `기출`

③ 조사대상자의 비밀보장
- 조사자는 조사 의뢰자의 사업 정보 및 조사결과에 관한 정보를 비밀로 한다. `기출`
  - 단, 조사 의뢰자가 그 정보의 배포를 명시적으로 승인하였을 경우 또는 조사윤리위원회가 본 강령의 위반 여부를 판단하기 위하여 공식적으로 자료를 요구하는 경우는 예외로 한다.
  (※ 한국조사연구학회 조사윤리강령 제5조 제1호)

4 심층인터뷰 자료분석

(1) 자료분석 절차

1) 데이터 정리

① 녹취록 작성
- 인터뷰 내용을 녹취하여 응답자의 언어와 맥락을 그대로 보존한다.
  - 녹취록은 응답자의 말투, 반복 표현, 강조점을 포함하여 정리한다.

② 메모 및 관찰 내용 정리
- 조사 과정에서 기록한 메모와 비언어적 요소(표정, 억양, 제스처 등)를 보완 자료로 정리한다.
  - 인터뷰 당시의 맥락과 분위기를 설명할 수 있는 배경 정보를 포함한다.

③ 데이터 익명화
- 응답자의 개인정보를 철저히 보호하며, 익명 처리된 형태로 데이터를 관리한다.
  - 자료는 조사 목적 외의 용도로 사용되지 않도록 제한한다.

2) 데이터 코딩 및 분류

① 코딩(Coding)
- 인터뷰 내용에서 주요 개념, 키워드, 패턴을 식별하고 이를 코딩한다.
  - 코딩 체계는 조사 목적에 따라 사전 정의하거나, 데이터에서 자연스럽게 도출(데이터 주도 코딩)될 수 있다.

② 주제 분류 및 그룹화
- 응답 내용을 주제별로 그룹화하여 주요 패턴과 경향성을 파악한다.
  - 상위 주제(만족도, 문제점)와 하위 주제(서비스 응대, 대기 시간 등)를 계층적으로 분류한다.

(2) 자료분석 후 결과 보고

1) 결과 요약

① 보고서 작성
- 인터뷰에서 도출된 주요 주제와 인사이트를 요약하여 간단한 보고서를 작성한다.
  - 조사의 가설 검증 결과 및 새로운 발견점을 포함한다.

② 시각화
- 도출된 데이터를 바탕으로 주제 맵, 워드 클라우드, 빈도 차트 등 시각 자료를 활용하여 조사 결과를 직관적으로 전달한다.

2) 결과 보고
- 분석 결과를 바탕으로 조사 목적과 관련된 구체적인 결론과 실질적인 제안을 작성한다.
  - 제안 내용은 정책 수립, 서비스 개선, 제품 개발 등에 활용될 수 있도록 명확히 기술한다.

CHAPTER 04 FGI 정성조사 ~ 05 심층인터뷰 정성조사

기출 및 예상문제

01 [12년 3회, 15년 2회, 19년 2회 기출]
표적집단면접법(Focus Group Interview)에 관한 설명으로 가장 적합한 것은?

① 전문적인 지식을 가진 집단으로 하여금 특정한 주제에 대하여 자유롭게 토론하도록 한 다음, 이 과정에서 필요한 정보를 추출하는 방법이다.
② 응답자가 조사의 목적을 모르는 상태에서 다양한 심리적 의사소통법을 이용하여 자료를 수집하는 방법이다.
③ 조사자가 한 단어를 제시하고 응답자가 그 단어로부터 연상되는 단어들을 순서대로 나열하도록 하여 조사하는 방법이다.
④ 응답자에게 이해하기 난해한 그림을 제시한 다음, 그 그림이 무엇을 묘사하는지 물어 응답자의 심리상태를 파악하는 방법이다.

해설 표적집단면접은 조사자가 소수의 응답자 집단이 특정 주제를 토론하게 한 다음 필요한 정보를 알아내는 자료수집 방법이다.

02 [10년 3회, 14년 2회 기출]
소수의 집단을 대상으로 특정 주제에 대하여 자유롭게 토론하여 필요한 정보를 얻는 방법은?

① 집단조사법　　② 표적집단면접법
③ 대인 면접법　　④ 사례조사법

해설 표적집단면접법은 소수의 사람들이 모여 특정 주제에 대해 자유롭게 의견을 나누도록 유도하여, 다양한 관점과 심층적인 정보를 수집하는 방법이다.

03 [19년 3회 기출]
표적집단면접법(Focus Group Interview)에 대한 설명으로 옳지 않은 것은?

① 표본이 특정 집단이기 때문에 조사 결과의 일반화가 어려운 단점이 있다.
② 조사자의 개입이 미비하므로 조사자의 주관이나 편견이 개입되지 않는다.
③ 응답자는 응답을 강요하지 않기 때문에 솔직하고 정확한 자신의 의견을 표명할 수 있다.
④ 심층면접을 응용한 방법으로 조사자가 소수의 응답자를 한 장소에 모이게 한 후 관련된 주제에 관하여 대화와 토론을 통해 정보를 수집하는 방법이다.

해설 조사 과정에서는 조사 진행자(Moderator)의 능력에 따라 결과물이 영향을 받을 수 있어, 수집된 자료는 불완전하고 주관적으로 분석될 수 있다.

04 [05년 3회, 08년 1회 기출]
지역, 계층, 성 등으로 구분하여 소수로 범주별 조사대상을 뽑아 특정 주제를 중심으로 대상자의 의견을 수집하는 방법은?

① 현지조사법　　② 비지시적 면접
③ 표적집단면접법　　④ 델파이 조사

해설 표적집단면접법은 소수의 사람들을 특정 기준(지역, 계층, 성별)으로 선정하여 그룹 인터뷰를 진행하는 방법으로, 특정 주제에 대해 심층적인 의견을 수집하는 데 사용된다.

정답 : 01 ①　02 ②　03 ②　04 ③

05 [15년 1회 기출]

사회조사의 실시과정에서 지켜져야 할 윤리적 기준과 가장 거리가 먼 것은?

① 연구자의 가치중립
② 연구대상자의 사전동의
③ 연구대상자의 비밀보장
④ 연구대상자의 복지보장

해설 ①, ②, ③ 문항은 조사 과정에서 조사 대상자의 권리와 안전을 보호하는 기준이다.
하지만 ④ 조사대상자의 복지보장은 조사결과에 대한 대가로 조사대상자에게 혜택을 제공하는 의미이며, 이는 조사자의 사회조사의 실시과정에서 윤리적 기준과 가장 거리가 멀다.

06 [00년 1회, 02년 3회, 17년 3회 기출]

조사자가 소수의 응답자 집단이 특정 주제에 관하여 토론하게 한 다음 필요한 정보를 알아내는 자료수집방법은?

① 현지조사법(Field Survey)
② 비지시적 면접(Non-Directive Interview)
③ 표적집단면접법(Focus Group Interview)
④ 델파이 서베이(Delphi Survey)

해설 표적집단면접법은 소수의 사람들을 모아 특정 주제에 대해 토론을 유도하고, 이를 통해 심층적인 정보와 다양한 관점을 얻는 방법이다.

07 [02년 1회, 20년 3회 기출]

정당 공천에 앞서 당선 가능성이 높은 후보를 알아보고자 할 때 가장 적합한 조사방법은?

① 단일사례관찰조사   ② 델파이조사
③ 표본집단설문조사   ④ 초점집단면접조사

해설 표본집단 설문조사(Sample Survey)는 전체 유권자를 대표할 수 있는 표본을 대상으로 설문을 실시하여, 후보자에 대한 지지율이나 선호도를 파악하는 데 효과적이다.

08 [13년 1회 기출]

초점집단면접(Focus Group Interview)에 관한 설명으로 틀린 것은?

① 자료의 통계적 분석이 어렵다.
② 높은 유연성과 타당도를 가진다.
③ 개인 면접보다 통제하기 수월하다.
④ 실제상황에 대한 구체적인 정보를 얻을 수 있다.

해설 초점집단면접(FGI)은 여러 사람이 모여 의견을 교환하는 방식이기 때문에 개인 면접보다 통제하기 어렵다.

09 정답률 약 50% [09년 1회, 12년 1회, 18년 3회 기출]

질적 현장조사 중 초점집단조사가 주는 이점으로 틀린 것은?

① 빠른 결과를 보여준다.
② 높은 타당도를 가진다.
③ 개인 면접에 비해 조사대상을 통제하기 수월하다.
④ 사회환경에서 일어나는 실제의 생활을 포착하는 사회 지향적 조사방법이다.

해설 초점집단조사는 여러 사람이 함께 토론하는 방식으로 진행되기 때문에, 개인 면접에 비해 참가자들의 반응을 통제하기 어렵다.

10 [13년 1회, 18년 2회 기출]

양적 조사와 질적 조사의 사례로 틀린 것은?

① 질적 조사 – 사례조사의 기록을 분석하여 핵심적 개념을 추출함
② 양적 조사 – 단일사례조사로 청소년들의 흡연 횟수를 3개월 동안 주기적으로 기록함
③ 질적 조사 – 노숙인과 함께 2주간 생활하면서 참여 관찰함
④ 양적 조사 – 초점집단면접을 통해 문제 해결 방안을 도출함

해설 초점집단면접(Focus Group Interview)은 질적 조사이다.

정답 : 05 ④   06 ③   07 ③   08 ③   09 ③   10 ④

11 [16년 1회, 22년 2회 기출]
정답률 약 50%

초점집단(Focus Group)조사에 관한 설명으로 맞는 것은?

① 조사 결과가 체계적이기 때문에 결과의 분석과 해석에 용이하다.
② 초점집단조사는 내용타당도를 높이는 목적으로 사용될 수 있다.
③ 초점집단조사의 자료수집 과정에서는 조사자의 주관적 개입이 불가능하다.
④ 초점집단조사에서는 익명 집단의 상호작용을 통해 도출된 자료를 분석한다.

해설 내용타당도(Content Validity)란 조사자가 측정하고자 하는 주제나 개념이 설문이나 조사 도구에서 얼마나 잘 포착되고 있는지를 의미하며, 조사 주제를 다루기 위해 필요한 모든 중요한 내용을 잘 포함하고 있는지를 평가하는 것이다.
초점집단조사는 소수의 사람들이 특정 주제에 대해 자유롭게 토론하면서 다양한 의견을 제시하는 방식으로 진행된다.
즉, 초점집단조사는 조사자가 주제의 다양한 측면을 깊이 이해하고, 이를 바탕으로 조사도구(설문지)를 만들 때 중요한 내용들을 포함시킬 수 있게 해주어 내용타당도를 높이는 데 도움이 된다.

12 [11년 3회, 17년 2회 기출]

진행자(Moderator)가 동질의 소수 응답자 집단을 대상으로 특정한 주제에 대하여 자유롭게 토론하는 가운데 필요한 정보를 수집하는 방법은?

① 문헌 조사 ② 전문가 의견조사
③ 표적집단면접법 ④ 사례조사

해설 표적집단면접법은 특정 주제에 대해 소수의 응답자들이 모여 자유롭게 의견을 나누도록 하며, 진행자가 이를 이끌어 필요한 정보를 수집하는 방법이다.

13 [05년 3회, 08년 1회 기출]

다음 중 초점집단토론(Focus Group Discussion)의 기법을 구성하는 필수적인 요소가 아닌 것은?

① 토론 참석자
② 기록 수단(녹음기 또는 캠코더)
③ 사회자
④ 이해관계가 없는 청중

해설 이해관계가 없는 청중은 토론의 진행이나 결과에 직접적인 영향을 미치지 않으며, 토론의 질적 데이터를 수집하는 과정에 필요하지 않기 때문에 필수 요소로 간주되지 않는다.
① 토론 참석자 – 주제에 대해 다양한 의견과 경험을 제공할 수 있는 사람들이 필요하다.
② 기록 수단(녹음기 또는 캠코더) – 토론 내용을 정확하게 기록하고 분석하기 위해 필요하다.
③ 사회자 – 토론을 진행하고, 논의를 이끌며, 참석자들이 자유롭게 의견을 나눌 수 있도록 돕는 역할을 한다.

14 [12년 3회 기출]

다음은 어떤 조사방법에 관한 설명인가?

> 전문가들에게 의견을 수집 분석하고, 그 결과를 다시 전문가들에게 보내어 만족스러운 결과를 얻을 때까지 반복적으로 의견을 물어보는 방법으로써 주로 불확실한 사항에 대하여 전문가들의 합의를 얻고자 할 때 적용한다.

① 심층면접법 ② 표적집단조사
③ 사회지표 분석 ④ 델파이기법

해설 델파이기법은 전문가 의견을 반복적으로 수집하고 피드백하여 합의를 이끌어내는 방법으로, 주로 불확실한 주제에서 사용된다.

정답 : 11 ② 12 ③ 13 ④ 14 ④

15 [20년 3회 기출]

전문가의 견해를 물어 종합적인 상황을 파악하거나 미래의 불확실한 상황을 예측할 때 주로 이용되는 조사기법은?

① 이차적 조사(Secondary Research)
② 코호트(Cohort)설계
③ 추세(Trend)설계
④ 델파이(Delphi)기법

해설 델파이기법은 전문가 패널을 활용하여 전문가들의 견해를 묻고, 반복적으로 수렴하여 종합적인 상황을 파악하거나 합의점을 찾아가는 방법을 통해 미래의 가능성 및 불확실한 상황을 예측하는 방법이다.

16 정답률 약 50% [16년 2회, 20년 3회 기출]

초점집단(Focus Group)조사와 델파이 조사에 관한 설명으로 옳은 것은?

① 초점집단조사에서는 익명 집단의 상호작용을 통해 도출된 자료를 분석한다.
② 초점집단조사는 내용 타당도를 높이는 목적으로 사용할 수 있다.
③ 델파이조사는 비구조화 방식으로 정보의 흐름을 제어한다.
④ 델파이조사는 대면(Face to Face) 집단의 상호작용을 통해 도출된 자료를 분석한다.

해설 ①, ③, ④가 옳지 않은 이유는 아래와 같다.
① 초점집단조사에서는 익명이 아닌 대면 상호작용을 통해 데이터를 수집한다.
③ 델파이조사는 구조화된 질문을 사용하여 반복적으로 의견을 수렴하는 방식이다.
④ 델파이조사는 대면 방식이 아닌 익명성을 유지하면서 전문가 간 상호작용 없이 독립적으로 의견을 수집하고 분석한다.

17 [12년 1회, 16년 3회, 19년 3회 기출]

면접조사의 원활한 자료수집을 위해 조사자가 응답자와 인간적인 친밀 관계를 형성하는 것은?

① 라포(Rapport)
② 사회화(Socialization)
③ 조작화(Operationalization)
④ 개념화(Conceptualization)

해설 라포(Rapport)는 인터뷰나 상담, 면접 등의 상황에서 조사자와 응답자 사이에 형성되는 신뢰와 친밀감을 의미한다. 이러한 라포(Rapport)는 특히 심층 인터뷰, 상담 등에서 매우 중요하며, 조사자와 응답자 간의 관계를 긍정적으로 만들어주며, 더 신뢰할 수 있는 데이터를 수집할 수 있게 도와주는 역할을 한다.

18 [11년 3회, 19년 1회 기출]

심층면접법(Depth Interview)에 관한 설명으로 틀린 것은?

① 질문의 순서와 내용을 조사자가 조정할 수 있어 좀 더 자유롭고 깊이 있는 질문을 할 수 있다.
② 조사자의 면접 능력과 분석 능력에 따라 조사 결과의 신뢰도가 달라진다.
③ 초점집단면접과 비교하여 자유롭게 개인적인 의견을 교환할 수 없다.
④ 조사자가 필요하다고 생각되면 반복 질문을 통해 타당도가 높은 자료를 수집한다.

해설 심층면접법(Depth Interview)은 전문면접원이 개인과의 1:1 면접을 통해 응답자가 자유롭게 이야기하도록 하여 내면 깊숙이 자리 잡은 욕구, 태도, 감정 등을 발견하는 심층적 탐구 조사이다.

정답 : 15 ④ 16 ② 17 ① 18 ③

19 [12년 3회, 17년 1회, 20년 4회 기출]

심층면접 시 중요하게 고려해야 할 사항으로 틀린 것은?

① 피면접자와 친밀한 관계(Rapport)를 형성해야 한다.
② 비밀보장, 안전성 등 피면접자가 편안한 분위기를 느낄 수 있도록 해야 한다.
③ 피면접자의 대답은 주의 깊게 경청하여야 하며 이전의 응답과 연결해 생각하는 습관을 지녀야 한다.
④ 피면접자가 대답하는 도중에 응답 내용에 대한 평가적인 코멘트를 자주 해 주는 것이 좋다.

해설 심층면접에서는 피면접자가 자유롭고 솔직하게 이야기할 수 있는 분위기를 조성하는 것이 중요하다. 따라서 조사자는 피면접자의 대답을 평가하거나 판단하는 코멘트를 자제해야 한다. 평가적인 발언은 피면접자가 위축되거나 솔직한 답변을 하지 못하게 만들 수 있다.

20 [04년 3회, 14년 3회 기출]

면접조사의 성패를 좌우하는 것으로서, 면접자와 응답자 사이에 친밀한 관계가 성립되는 것은?

① 래포(Rapport) ② 프로빙
③ 신뢰도 ④ 심층면접

해설 래포(Rapport ; 라포)에 관한 설명이다. 심층인터뷰를 진행할 때 1:1 방식의 인터뷰이므로 면접 시작 전, 피면접자와 친밀한 관계(Rapport)를 통해 신뢰도를 높이고 친근감을 형성하여 편안한 분위기를 조성 후 면접을 진행한다.

21 [04년 3회, 20년 1·2회 통합 기출]

면접원을 활용하는 조사 중 상이한 특성의 면접원에 의해 발생하는 편향(Bias)이 가장 클 것으로 추정되는 조사는?

① 전화 인터뷰조사
② 심층인터뷰조사
③ 구조적인 질문지를 사용하는 인터뷰조사
④ 집단면접조사

해설 심층인터뷰조사는 면접원이 피면접자와 깊이 있는 대화를 통해 질적 데이터를 수집하는 방식이다. 이때, 면접원의 질문 방식, 태도, 반응 등이 응답자에게 큰 영향을 미칠 수 있다. 즉, 면접원의 특성(성별, 연령, 성격, 배경지식 등)에 따라 피면접자가 응답하는 내용이 달라질 가능성이 커, 면접원 편향이 발생하기 쉽다.
반면, 전화 인터뷰조사나 구조적인 질문지를 사용하는 인터뷰조사는 질문이 정해져 있어 면접원 간의 편향이 상대적으로 적게 나타난다.

22 [21년 1회 기출]

심층면접법(IDI ; In-Depth Interview)에 대한 설명으로 틀린 것은?

① 대체로 대규모 조사에 적합하다.
② 같은 표본 규모의 전화 조사보다 대체로 비용이 많이 든다.
③ 면접자는 응답자와 친숙한 분위기를 형성하도록 해야 한다.
④ 면접자 개인별 차이에서 오는 영향이나 오류를 통제하기 어렵다.

해설 심층면접법(IDI)은 전문면접원이 개인과의 1:1 면접을 통해 특정 주제에 대한 깊이 있는 정보를 수집하여 응답자의 심리를 파악하는 질적 조사방법이며, 소규모 조사에 적합하다.

정답 : 19 ④ 20 ① 21 ② 22 ①

23 [20년 3회 기출]

정확한 응답을 유도하거나 응답이 지엽적으로 흐르는 것을 막기 위해 추가 질문을 행하는 것은?

① 캐어묻기(Probing)
② 맞장구치기(Reinforcement)
③ 라포(Rapport)
④ 단계적 이행(Transition)

해설 캐어묻기(Probing)에 관한 설명이다. 캐어묻기는 응답자의 대답이 불충분하거나 모호할 때 추가 질문을 통해 정확한 대답을 끌어내는 면접 조사상의 기술이다.

24 정답률 약 50% [15년 2회, 21년 3회 기출]

프로빙(Probing)에 대한 설명으로 틀린 것은?

① 정확한 답을 얻기 위해 방향을 지시하는 기법이다.
② 답변의 정확도를 판단하는 방법으로 활용되기도 한다.
③ 개방형 질문에 대한 답을 비교하는 절차로써 활용된다.
④ 일종의 폐쇄식 질문에 답을 하고 이에 관련된 의문을 탐색하는 보조방법이다.

해설 프로빙(Probing)은 인터뷰나 설문조사에서 응답자가 더 구체적으로 답변할 수 있도록 유도하거나, 추가적인 정보를 얻기 위해 사용하는 기법이다.
일반적으로 응답을 명확하게 하고 더 깊은 이해를 돕기 위해 사용되며, 개방형 질문에 대한 답을 비교하는 절차가 아니라, 응답의 내용이나 맥락을 확장하거나 명확히 하는 데 중점을 둔다.

25 [20년 3회 기출]

사회조사의 윤리적 원칙으로 옳지 않은 것은?

① 윤리적 원칙은 조사 결과의 보고에도 적용된다.
② 고지된 동의는 조사자를 보호하기 위해 활용될 수 있다.
③ 조사 참여에 따른 위험과 더불어 혜택도 고지되어야 한다.
④ 조사대상의 익명성은 조사 결과를 읽는 사람에게만 해당한다.

해설 조사대상의 익명성은 조사 결과를 읽는 사람뿐만 아니라 조사 과정에 참여하는 모든 사람에게 보장되어야 한다. 익명성은 개인정보 보호와 관련된 중요한 원칙으로 조사 결과의 신뢰성을 높이고 법적 요구사항을 지키기 위해 꼭 지켜져야 하는 사항이다.

26 정답률 약 50% [16년 1회 기출]

다음 중 조사대상에 대한 사전정보가 거의 없는 상태에서 탐색적인 연구를 위해 이용될 수 있는 가장 유용한 자료수집 방법은?

① 우편조사
② 전화면접조사
③ 구조화된 대면적 면접조사
④ 델파이조사

해설 델파이조사는 조사대상에 대한 사전정보가 거의 없는 상태일 때, 전문가들의 의견을 조정하고 통합하여 결론 및 해결 방법을 도출할 때 사용한다. 델파이조사는 익명 집단의 상호 작용을 통해 도출된 자료를 분석하여 후광효과를 최소화할 수 있다는 특징이 있다.

정답: 23 ① 24 ③ 25 ④ 26 ④

27 [18년 2회 기출]

면접원이 자유 응답식 질문에 대한 응답을 기록할 때 지켜야 할 원칙과 가장 거리가 먼 것은?

① 면접조사를 진행한 이후 최종응답을 기록한다.
② 응답자가 사용한 어휘를 원래 그대로 기록한다.
③ 질문과 관련된 모든 것을 기록에 포함한다.
④ 같은 응답이 반복되더라도 가감 없이 있는 그대로 기록한다.

해설 면접을 진행하는 면접원은 면접조사를 진행하는 도중에 인터뷰 내용을 기록하며 면접을 진행해야 한다.

28 [03년 1회, 17년 2회 기출]

응답자의 대답이 불충분하거나 모호할 때 추가 질문을 통해 정확한 대답을 끌어내는 면접 조사상의 기술은?

① 심층면접(IDI ; In-Depth Interview)
② 래포(Rapport)
③ 투사법(Projective Method)
④ 프로빙(Probing)

해설 프로빙(Probing)에 관한 설명이다. 프로빙(Probing)은 조사목적과 관련된 기대 응답 요소나 가설은 미리 가이드라인에 명시한다. 만약 참석자들에게서 자발적으로 이를 언급되지 않으면, 모더레이터(조사 진행자)가 추가적인 연결질문을 할 수 있도록 진행방법 관련 지시문을 구체화하는 방법이다.

29 [09년 3회 기출]

면접조사에서 면접원의 역할수행 시 주의사항과 가장 거리가 먼 것은?

① 면접자의 복장은 깨끗하고 응답자가 이질감을 느끼지 않도록 해야 한다.
② 개방형 질문의 경우 응답자의 응답을 요약하거나 재해석하여 기록한다.
③ 설문지를 충분히 숙달하도록 하여 설문 안내를 매끄럽게 하도록 한다.
④ 특정 질문에 대한 심층 규명은 중립적이어야 한다.

해설 응답자의 원래 답변을 그대로 기록하는 것이 중요하며, 면접원이 응답을 요약하거나 재해석하는 것은 정보의 왜곡을 초래할 수 있으므로 지양해야 한다.

30 [11년 1회, 17년 1회 기출]

면접조사에서 조사자가 준수해야 할 일반적인 원칙으로 틀린 것은?

① 질문지를 숙지하고 있어야 한다.
② 응답자와 친숙한 분위기를 형성하여야 한다.
③ 개방형 질문의 경우에는 응답 내용을 해석하고 요약하여 기록하여야 한다.
④ 면접자는 응답자가 이질감을 느끼지 않도록 복장이나 언어사용에 유의하여야 한다.

해설 개방형 질문은 응답자는 본인의 생각·감정·경험을 자유롭게 표현할 수 있고, 조사자는 이에 대해 깊이 있게 탐구하는 방법이다. 이러한 개방형 질문의 답변을 조사자가 해석하고 요약하면 조사자의 주관이 개입될 수 있으므로 응답 내용을 원문 그대로 기록하는 것이 좋다.

정답 : 27 ① 28 ④ 29 ② 30 ③

암기 키워드 모음

■제1과목 조사방법과 설계 : CH01. 통계조사계획

암기	연이가조관	**연**역법 : **이**론 설정 → **가**설 설정 → 조작화 → **관**찰 및 실험 → 가설 검증 → 이론 형성
암기	귀주관유임	**귀**납법 : **주**제 설정 → **관**찰 → **유**형의 발견 → **임**시 결론 → 이론 형성
암기	문가설수분보	조사과정의 단계 : **문**제정립(문제제기 ; 주제선정) → **가**설형성 → 조사**설**계 → 자료**수**집 → 자료**분**석 후 해석 및 이용 → **보**고서 작성
암기	생태집합단위	**생태**학적 오류(생태주의적 오류)는 조사의 단위를 혼동하여 **집합단위**의 자료를 바탕으로 개인의 특성을 추리할 때 저지를 수 있는 오류이다.
암기	내인과외일반	**내**적 타당도는 **인과**조건의 충족 정도이고, **외**적타당도는 조사결과의 **일반**화 가능성에 관한 것이다.
암기	진준전사	실험설계 순수실험설계(**진**실험설계), 유사실험설계(**준**실험설계), 원시실험설계(**전**실험설계), **사**후실험설계가 존재한다.
암기	순진통솔요	실험설계 중 **순**수실험설계(**진**실험설계)의 종류로는 **통**제집단 전후 비교설계, **통**제집단 후비교설계, **솔**로몬 4집단설계, **요**인설계가 있다.
암기	유준비귀단복	실험설계 중 **유**사실험설계(**준**실험설계)의 종류로는 **비**동일 통제집단설계, 회**귀**불연속설계, **단**순시계열설계, **복**수시계열설계가 있다.
암기	전원단정	실험설계 중 **전**실험설계(**원**시실험설계)는 **단**일사례 설계, **단**일집단 사전사후검사 설계, **정**태적 집단비교 설계가 있다.
암기	명서등비	척도(Scale)의 종류로는 **명**목척도, **서**열척도, **등**간척도, **비**율척도가 있다.

■제1과목 조사방법과 설계 : CH02. 표본설계

암기	경유정신	표본추출의 장점은 **경**제성, **유**연성, **정**확성, **신**속성
암기	추포효	표본추출틀 구성의 평가요소는 **추**출확률, **포**괄성, **효**율성이다.
암기	단층집연계	확률표본추출(확률표집)에는 **단**순무작위 표본추출, **층**화표본추출, **집**락표본추출, **연**속표본추출, **계**통적 표본추출이 있다.
암기	층간이질	**층**화표본추출의 중요한 특징은 집단 내 동질적, 집단 **간 이질**적이라는 것이다.
암기	집간동	**집**락표본추출(군집표본추출)은 집락 내 이질적, 집락 **간 동**질적이다.
암기	누할임유	비확률표본추출(비확률표집)에는 **누**적표본추출(눈덩이표본추출), **할**당표본추출, **임**의표본추출(편의표본추출), **유**의표본추출(판단표본추출)이 있다.
암기	모틀방크추	일반적인 표본추출과정은 **모**집단의 확정 → 표본프레임의 결정 → 표본추출**방**법의 결정 → 표본**크**기의 결정 → 표본**추**출이다.
암기	군단층	표본의 크기(n)가 같다면, 표본추출오차는 **군**집(집락)표본추출 > **단**순무작위표본추출 > **층**화표본추출이다.

■제1과목 조사방법과 설계 : CH03. 설문설계

암기	종횡기술	대표적으로 **종**단조사와 **횡**단조사는 **기술**적 조사 분류된다.
암기	종추시코패	**종**단적 조사의 유형에는 **추**세조사(추이조사), **시**계열조사, **코**호트조사(동년배 조사), **패**널조사가 있다.
암기	자내형개순	질문지 작성의 일반적인 과정은 필요한 정보의 결정 → **자**료수집 방법 결정 → 개별항목 **내**용결정 → 질문**형**태 결정 → **개**별항목 결정 → 질문의 **순**서 결정 → 초안 완성 → 사전조사(Pre-test) → 질문지 완성의 순서이다.
암기	탐사문경	**탐**색적 조사의 유형은 **사**례조사, **문**헌조사, **경**험자조사(전문가의견조사)가 있다.

MEMO

조사관리와 자료처리

CHAPTER 01_ 자료수집방법

CHAPTER 02_ 실사관리

CHAPTER 03_ 2차 자료 분석

CHAPTER 04_ 측정의 타당성과 신뢰성

CHAPTER 05_ 자료처리

사회조사분석사 2급 1차 필기

제 2 과 목

제2과목 조사관리와 자료처리(30문제) 출제기준

주요항목	세부항목	세세항목
1. 자료수집방법	1. 자료의 종류와 수집방법의 분류	1. 자료의 종류 2. 자료수집방법의 분류
	2. 질문지법의 이해	1. 질문지법의 의의 2. 질문지법의 구성 3. 질문지법의 적용방법
	3. 관찰법의 이해	1. 관찰법의 이해 2. 관찰법의 유형 3. 관찰법의 장단점
	4. 면접법의 이해	1. 면접법의 의미 2. 면접법의 종류
2. 실사관리	1. 실사준비	1. 조사방법별 조사원 선발 2. 조사원의 유형별 직무 교육 3. 조사원의 유형별 직무범위와 역할
	2. 실사진행 관리	1. 실사 진행 시 점검사항 2. 점검 결과에 따른 필요조치
	3. 실사품질 관리	1. 수집된 자료 정합성 점검
3. 2차 자료 분석	1. 2차 자료의 이해	1. 2차 자료의 종류 및 유형 2. 2차 자료의 수집방법 3. 실사자료와 2차 자료의 특성
4. 측정의 타당성과 신뢰성	1. 개념과 측정	1. 변수의 개념 및 종류 2. 개념적 정의 3. 조작적 정의
	2. 변수의 측정	1. 측정의 개념 2. 측정의 수준과 척도
	3. 측정도구와 척도의 구성	1. 측정도구 및 척도의 의미 2. 척도구성방법 3. 척도분석의 방법
	4. 측정오차의 의미	1. 측정오차의 개념 2. 측정오차의 종류
	5. 타당성의 의미	1. 타당성의 개념 2. 타당성의 종류
	6. 신뢰성의 의미	1. 신뢰성의 개념 2. 신뢰성 추정방법 3. 신뢰성 제고방법
5. 자료처리	1. 부호화	1. 자료값 범위의 설정 2. 무응답 처리 방법 3. 응답내용의 부호화
	2. 자료입력 및 검토	1. 자료의 입력 2. 입력된 자료의 정합성 판단 3. 입력된 자료의 오류 값 수정

※ 사회조사분석사 2급 출제기준(2023.1.1.~2026.12.31.)
출처 : 관련부처 통계청 | 시행기관 한국산업인력공단 큐넷(https://www.q-net.or.kr/)

CHAPTER 01 자료수집방법

제2과목_ 조사관리와 자료처리

01 자료의 종류와 수집방법의 분류   TOPIC

1 자료의 종류

구분	1차 자료(신규 자료들)			2차 자료(기존 자료들)		
유형	질문지	관찰	면접	문헌자료	기업 내·외부자료	통계자료
	질문지	관찰	면접	문헌자료	기업 내·외부자료	통계자료
특징	조사자가 직접 수집하는 자료			이미 수집·생성되어 있는 자료		
경제성	자료수집에 비용·시간·인력이 많이 소요된다!			자료수집에 비용·시간·인력이 덜 소요된다!		

(1) 1차 자료

1) 정의 및 특징

정의 기출	• <u>1차 자료는 조사자가 현재 수행 중인 의사결정 문제를 해결하기 위해 직접 수집하는 자료이다.</u>

특징	• <u>1차 자료는 조사목적에 적합한 정보를 필요한 시기에 제공한다.</u> 기출
	  − 조사자가 직접 수집하기 때문에 조사목적에 정확히 맞는 정보를 얻을 수 있다.
	  − 따라서 1차 자료는 필요한 시기에 정확한 의사결정을 지원한다.

2) 장·단점

장점	• 최신성·독창성
	  − 1차 자료는 현재 진행 중인 조사에서 수집된 자료이므로 최신 정보를 제공한다.
	  − 이미 수집된 2차 자료와 비교하면, 1차 자료는 독창적이며 새로운 자료이다.
	• 신뢰성·정확성
	  − 조사자가 직접 자료를 수집·검증하므로, 자료의 신뢰성·정확성을 높일 수 있다.
	  − 자료수집과정에서 발생할 수 있는 오류를 직접 통제하고 수정할 수 있다.
	  − 1차 자료를 수집하는 경우, 조사자의 철저한 사전 준비가 필요하다.

단점	• <u>1차 자료는 자료수집에 시간·비용·인력이 많이 소요된다.</u> 기출
	  − 2차 자료부터 우선 수집하고, 2차 자료가 부족한 경우에는 1차 자료를 수집한다.
	  − 1차 자료를 수집한 후에 2차 자료를 확인하는 방식은 거의 사용하지 않는다.
	  − 2차 자료는 이미 존재하는 자료이기 때문에 조사 목적과 맞다면 이를 우선적으로 사용하는 것이 시간과 비용을 절감할 수 있다. 따라서 1차 자료를 얻기 전에 2차 자료를 먼저 확인 및 수집하는 것이 경제적이다.

(2) 2차 자료

1) 정의 및 특징

정의	• 2차 자료는 집단, 조직, 기관, 개인 등에 의해 이미 만들어진 방대한 자료이며 **조사상황을 파악하기 위하여 사용한다.** 기출 - 조사목적을 위해 사용하는 '1차 자료를 제외한' 기존의 모든 자료를 포함한다.
특징	• **조사목적의 적합성, 자료의 정확성, 일치성 등을 기준으로 평가될 수 있다.** 기출 - 조사목적의 적합성 : 조사자가 설정한 조사목적과 2차 자료가 얼마나 일치하는지 평가한다. 따라서 **자료의 적합성을 평가하여 조사에 활용해야 한다.** 기출 - 자료의 정확성 : 2차 자료가 얼마나 정확하게 수집되었는지를 평가한다. - 일치성 : 2차 자료가 다양한 출처에서 얻어지므로, 이 자료들이 서로 얼마나 일치하는지를 평가한다. • **2차 자료는 경우에 따라 당면한 조사 문제를 평가할 수도 있다.** 기출 - 다양한 출처에서 얻은 자료들을 비교하거나, 여러 조사 결과를 검토하여 동일한 결과를 지지하는지 여부를 확인하는 데 사용될 수 있다. - **2차 자료는 다른 방법에 의해 수집된 자료를 보충하고 타당성을 검토하기 위해 사용한다.** 기출

2) 장·단점 및 자료유형

장점	• 시간·비용 효율성 - 이미 수집된 자료를 사용하므로, **상대적으로 시간과 비용을 절약할 수 있다.** 기출 - **1차 자료에 비해, 비교적 적은 비용으로 대규모 사례 분석이 가능하다.** 기출 - 계속적인 자료수집이 가능하며, **기존 데이터를 수정·편집해 분석할 수 있다.** 기출 - **자료를 계속 수집하지 않아도 된다.** 기출
단점	• 신뢰도와 타당도가 낮다. - [신뢰도 측면] 자료의 출처나 수집 방법이 명확하지 않거나, 자료가 충분히 검증되지 않았을 경우 조사 결과의 신뢰도가 낮아질 수 있다. - [타당도 측면] **조사자가 원하는 개념을 마음대로 측정할 수 없으므로 척도의 타당도가 문제될 수 있다.** 기출
자료 유형	• 다양한 출처 - **각종 통계자료, 조사기관의 정기·비정기 간행물, 기업에서 수집한 자료** 기출 - 학술 논문, (정부) 시장 조사 보고서, **문헌 자료, POS 데이터, 상업용 자료, 연구간행물** 기출

(3) 3차 자료

1) 정의 및 특징

정의	• 3차 자료는 여러 2차 자료들을 종합하여 분석한 결과이다. - 주로 메타분석이나 종합적인 리뷰 조사를 통해 동일한 주제에 대한 다양한 조사 결과를 통합하고, 보다 심층적인 이해와 일반화 가능한 종합적인 결론을 도출한다.
특징	• 종합적 분석 - 3차 자료는 여러 개별 조사(주로 2차 자료)를 종합하여 보다 큰 그림을 그리기 위해 사용된다. 이를 통해 개별 조사들 간의 일관성과 차이를 파악할 수 있다. • 메타분석 - 메타분석은 여러 조사 결과를 통계적으로 통합하여 전체적인 효과 크기나 경향을 분석한다. 이는 개별 조사들이 가지는 제한적인 결과를 극복하고 보다 신뢰성 있는 결론을 제공하는 데 도움이 된다. • 일반화 가능한 결론 - 3차 자료를 통해 도출된 결과는 다양한 조사에서 얻은 데이터를 기반으로 하기 때문에 보다 일반화된 결론을 도출할 수 있다. 이는 특정 주제나 현상에 대한 폭넓은 이해를 가능하게 한다.

더블체크

Q 2차 자료의 특징이 아닌 것은? [15년 3회 기출]

① 상대적으로 수집에 드는 시간과 비용이 적게 든다.
② 현재의 연구와 직접적인 연관이 있어 분석결과를 바로 사용할 수 있다.
③ 자료의 적합성을 평가하여 연구에 활용해야 한다.
④ POS 데이터, 상업용 자료, 연구간행물 등이 2차 자료에 해당한다.

해설 2차 자료는 기존에 다른 목적이나 조사를 위해 수집된 자료이므로, 현재의 조사(연구)와 직접적인 연관이 없을 수 있다. 따라서 자료의 적합성을 평가하고 수정하거나 보완하여 사용해야 할 경우가 많다.

정답 : ②

더블체크

Q 2차 자료의 이용에 관한 설명으로 틀린 것은? [18년 2회 기출]

① 2차 자료의 이점은 시간과 비용을 절약할 수 있다.
② 2차 자료는 조사목적의 적합성, 자료의 정확성, 일치성 등을 기준으로 평가될 수 있다.
③ 조사목적을 달성하기 위해서는 2차 자료가 반드시 필요하다.
④ 2차 자료는 경우에 따라 당면한 조사 문제를 평가할 수도 있다.

해설 조사목적에 따라 1차 자료(직접 수집한 데이터)를 사용할 수도 있고, 2차 자료를 사용할 수도 있으며, 둘을 병행할 수도 있다. 따라서 2차 자료는 반드시 필요한 것이 아니라, 상황에 따라 선택적으로 사용할 수 있다.
① 이미 수집된 자료를 사용하므로, 상대적으로 시간과 비용을 절약할 수 있다.
② 2차 자료는 조사목적의 적합성, 자료의 정확성, 일치성 등을 기준으로 평가될 수 있다.
④ 2차 자료는 경우에 따라 당면한 조사 문제를 평가할 수도 있다. 다양한 출처에서 얻은 자료들을 비교하거나, 여러 조사 결과를 검토하여 동일한 결과를 지지하는지 여부를 확인하는 데 사용될 수 있다. 즉, 2차 자료는 다른 방법에 의해 수집된 자료를 보충하고 타당성을 검토하기 위해 사용하기도 한다.

정답 : ③

더블체크

Q 다음 중 2차 자료가 아닌 것은? [20년 4회 기출]

① 각종 통계자료
② 연구자가 직접 응답자에게 질문해서 얻은 자료
③ 조사기관의 정기, 비정기 간행물
④ 기업에서 수집한 자료

해설 2차 자료는 다른 사람이 이미 수집해 놓은 자료이며, 1차 자료는 조사자가 직접 수집한 자료이다. 따라서 '연구자가 직접 응답자에게 질문해서 얻은 자료'는 1차 자료에 해당한다.

정답 : ②

2. 자료수집방법의 분류

(1) 자료수집방법 비교

1) 1차 자료 VS 2차 자료

1차 자료수집방법			2차 자료수집방법
질문지법 (서베이의 한 형태)	관찰법	면접법	문헌조사법
기술적 조사방법	기술적 조사방법	탐색적 조사방법	탐색적 조사방법
직접질문/간접질문	참여관찰/준참여관찰/비참여관찰	조사면접법(자료수집목적)/ 상담면접법(진단·치료목적)	
	통제관찰/비통제관찰		
조직적/비조직적 폐쇄적/개방적	인간직접관찰/기계이용관찰	구조화된 면접/ 비구조화된 면접	CH03. 2차 자료분석 참고 내용분석법
	직접관찰/간접관찰		
사실질문/태도질문	자연적 관찰/인위적 관찰	표준화/비표준화/반표준화	
	공개적 관찰/비공개적 관찰		

2) 반응적 VS 비반응적

구분	반응적 자료수집방법	비반응적 자료수집방법
상호작용	• 조사자와 응답자의 상호작용 있음	• 조사자와 응답자의 상호작용 없음

자료수집	• 조사자의 존재가 영향을 미침	• 조사자의 영향을 최소화
		  – 응답자의 자연스러운 행동과 반응
		  – 수집 가능한 데이터의 범위나 깊이에 한계가 존재

예시	• 실험 • 질문지법 • 면접법 • 관찰법 중 참여적 관찰	• 2차 문헌자료(신문기사, 출판된 책) • **문서분석(일기, 편지 등 사적인 문서)** 기출 • 내용분석(텍스트, 영상, 이미지) • 관찰법 중 비참여적 관찰(CCTV 영상)

더블체크

Q 다음 중 2차 자료를 이용하는 조사방법은?   [11년 3회, 19년 3회 기출]

① 현지조사
② 패널조사
③ 실험
④ 문헌조사

해설 2차 자료는 다른 조사자나 기관이 과거에 수집한 자료를 사용하는 것으로, 주로 기존에 수집된 문서나 기록을 활용한다. 이에 해당하는 조사방법은 문헌조사이다.
①, ②, ③은 주로 1차 자료를 수집하는 방법이다.

정답 : ④

> **더블체크**

Q 비반응적(Nonreactive) 자료수집방법으로 가장 적합한 것은? [13년 2회, 16년 2회 기출]
① 참여적 관찰을 하는 것
② 일기, 편지 등 사적인 문서를 수집하는 것
③ 조사대상자를 심층면접하는 것
④ 자기기입식 설문조사를 하는 것

해설 일기, 편지 등 사적인 문서는 대상자가 일상적으로 기록한 자료를 조사자가 나중에 수집하는 것이므로, 조사자가 자료수집과정에서 대상자에게 영향을 주지 않는다. 따라서 비반응적 자료수집방법이다.
①, ③, ④의 참여적 관찰, 심층면접, 자기기입식 설문조사 등은 조사자가 직접 참여하면서 관찰하는 방법이거나, 대상자가 조사자와의 상호작용을 통해 영향을 받을 수 있거나, 대상자가 조사에 참여하고 있다는 사실을 인식하게 되므로 비반응적 방법이 아니다.

정답 : ②

> **더블체크**

Q 2차 문헌자료를 활용할 때 주의해야 할 사항이 아닌 것은? [18년 3회 기출]
① 샘플링의 편향성(Bias)
② 반응성(Reactivity) 문제
③ 자료 간 일관성 부재
④ 불완전한 정보의 한계

해설 반응성은 조사자가 조사대상에 영향을 미치거나, 조사대상이 조사사실을 인지하고 행동을 변화시키는 것을 의미한다. 이는 주로 1차 자료수집 시 발생하는 문제이다. 2차 자료는 이미 수집된 자료이기 때문에 '반응성(Reactivity) 문제'와는 직접적인 관련이 없다.
① 2차 자료는 이미 수집된 자료이므로, 데이터 수집과정에서 '샘플링의 편향성(Bias)'이 있다.
③ 서로 다른 출처에서 수집된 2차 자료들 사이에 일관성이 없을 수 있다. 따라서 분석 결과에 영향을 미칠 수 있기 때문에 '자료 간 일관성 부재'에 대해 주의해야 한다.
④ 2차 자료는 원래 수집 목적에 따라 특정 정보가 부족하거나 불완전할 수 있다. 조사자가 필요로 하는 정보를 포함하지 않을 수 있어서 '불완전한 정보의 한계'에 대해 주의해야 한다.

정답 : ②

02 질문지법의 이해

1 질문지법의 의의

(1) 질문지법의 특징

1) 정보 수집의 체계성
① 질문지법은 체계적으로 설계된 질문지를 통해 일관된 방법으로 정보를 수집할 수 있다.
   - 따라서 질문지법은 1차 자료 수집 방법에 해당한다. `기출`

② 질문지법은 추상적인 개념에 대해 조작적 정의가 필요하다. `기출`
   > 예 '행복'이라는 추상적인 개념을 '지난 한 달 동안 얼마나 자주 웃었는지'와 같은 구체적인 질문으로 변환하는 것이다.

2) 응답자의 의견과 태도 파악
① 질문지를 사용하여 응답자의 의견, 태도, 행동 등을 구체적으로 파악할 수 있으며, 다양한 주제나 목적에 따라 설문지를 설계하여 원하는 정보를 얻을 수 있다.
② 질문지법은 간결하고 명료한 문장을 사용해야 한다. `기출`

3) 대규모 데이터 수집의 효율성
① 질문지법을 통해 수집된 데이터는 정량적 분석이 가능하다.
   - 질문지법에서는 다양한 통계적 기법을 활용하여 데이터를 분석하고 인사이트를 도출할 수 있다.

② 다양한 방법론을 통해 대규모의 데이터를 효율적으로 수집할 수 있는 장점이 있다.
   - 대면조사, 전화조사, 온라인조사 등 다양한 방법을 통해 넓은 범위의 응답자들로부터 데이터를 수집한다.

4) 결정 과정 및 정책 수립 지원
① 질문지는 조사 문제에 대한 해답을 구할 수 있도록 형성된 하나의 조사도구이다.
② 기업 전략, 정부 정책 등 다양한 분야에서 중요한 의사결정을 도울 수 있다.
   - 질문지법은 서베이조사를 포함한 다양한 조사에서 중요하게 사용되며, 정보를 체계적으로 수집하고 분석하여 사회적 현상을 이해하고 해석하는 데 기여한다.

(2) 질문지법의 장·단점

- 질문지법은 측정의 신뢰도는 높은 반면, 응답의 신뢰도는 다양한 요인들로 인해 낮아질 수 있다.

1) 장점

경제성	• 인력 측면 : 현장조사원이 필요 없다. - 조사자가 직접 현장에 나가지 않아도 되므로 인력 비용이 절감된다. • 공간적 측면 : 보다 넓은 범위에서 쉽게 응답자에게 접근할 수 있다. - 응답자는 편한 시간과 장소에서 설문에 응답할 수 있어 참여율이 높다. - 우편, 온라인 등 다양한 방법을 통해 지리적 제한 없이 넓은 범위의 응답자에게 접근할 수 있다. • 시간·비용 측면 : 시간(time)과 비용(cost)이 절약된다. - 대면조사에 비해 경제적이며, 대규모 조사도 비교적 쉽게 수행할 수 있다.
익명성	• 익명성이 보장되어 응답자가 안심하고 응답할 수 있다. - 응답자가 신원을 밝히지 않고도 응답할 수 있으므로 민감한 질문에 대해 솔직한 답변을 얻기 쉽다.
결과의 일관성↑	• 표준화된 언어 구성으로 모든 응답자에게 동일하게 적용된다. - 질문이 표준화되어 있어, 모든 응답자가 동일한 질문을 받게 되므로 결과의 일관성을 유지할 수 있다.
응답의 객관성↑	• 조사자의 주관적인 편견이 설문에 개입될 가능성이 적으므로, 응답의 객관성을 확보할 수 있다.
측정의 신뢰도↑	• 질문지법은 구조화된 방식으로 동일한 질문을 여러 응답자에게 제시하기 때문에, 측정의 신뢰도(Reliability)는 일반적으로 높다. - 질문지의 형식과 일관된 질문으로 인해 측정의 일관성을 유지할 수 있다.

2) 단점

통제불가	• 질문지를 어떻게 작성했는지, 어떤 환경에서 응답했는지 통제할 수 없다.
맥락↓	• <u>조사대상자의 삶에 대한 전체적인 맥락을 다루지 못한다.</u> `기출` - 응답자의 삶 전체를 이해하기 어렵고, 맥락 정보를 수집하기 힘들다. - 비언어적 행위나 특성(응답자의 태도·감정)을 기록하거나 파악하기 어렵다.
융통성↓	• 질문의 요지를 설명할 수 있는 융통성이 낮다. - 응답자가 질문을 이해하지 못할 경우, 현장에서 즉시 설명하거나 보충할 수 없어 오해가 발생할 수 있다. • 복합적인 질문지 형식이나 상호작용이 필요한 질문을 구성하기 어렵다. - <u>최소한으로 적합한 질문들을 만듦으로써 가장 적절한 선택지를 빠뜨릴 수 있다.</u> `기출`
응답률↓ 회수율↓	• 질문에 대한 무응답률이 높으며, 질문지의 회수율이 매우 낮다. - 관심도가 낮은 질문의 내용에는 대충 답하거나, 응답하지 않을 수 있다.
응답의 신뢰도↓	• 응답자들의 응답에 대한 신뢰성 문제가 제기되고 있다. - 응답자의 진정성을 확인할 수 없으므로, 신뢰성 문제가 발생할 수 있다. - <u>인위성의 문제가 있어서 특정 설문에 편견이 심한 응답을 하더라도 반드시 응답자의 편견이 강하다고 할 수 없다.</u> `기출` 예 교육 수준이나 연봉 등의 응답 항목이 정확하지 않을 수 있다. • 우편조사 등에서 응답해야 할 사람이 응답했는지가 확실하지 않다. - 실제 대상자가 아닌 다른 사람이 응답했을 가능성을 배제할 수 없다.

2 질문지법의 구성

(1) 표현 및 답변 방식 비교

- 질문의 표현 방식 및 답변 방식에 따라 **직접질문**과 **간접질문**으로 구분된다.

1) 직접질문(Direct Question)

① 직접질문의 정의 · 장점 · 단점

정의	• 특정 상황이나 내용에 대한 정보를 얻기 위해 응답자에게 명확하고 직접적으로 질문하는 유형이다.
	  - 일반적으로 응답자에게 직접 정보를 요구하거나, 사실에 관한 태도 및 의견을 직접 질문할 때 사용된다.
	  - 응답자는 질문에 명확하게 답할 수 있는 형태로 설계된다.
	• 직접질문은 상황과 주제에 따라 신중하게 사용되어야 하며, 필요에 따라 간접질문이나 다른 방법을 병행하여 응답자의 편안함과 정확성을 높일 수 있다.

장점	• 직접질문은 특정 상황이나 내용에 대한 정보를 직접적으로 얻기 위해 간편하고 효과적으로 사용할 수 있는 방법이다.

단점	• 응답자를 당황하게 할 수 있음
	  - 직접적이고 명확한 질문은 때로는 응답자가 불편함을 느끼거나 당황하게 만들 수 있다. 특히 개인적이거나 민감한 주제에 대한 질문일 경우 주의해야 한다.
	• 응답자의 불충분한 기억
	  - 응답자가 질문에 대한 기억이 불확실하거나 불충분할 경우, 정확한 답변을 제공하지 못할 수 있다. 이로 인해 수집된 정보의 신뢰성이 낮아질 수 있다.

예시	• "당신은 현재 대학생입니까?" • "최근에 얼마나 자주 영화를 보십니까?"

2) 간접질문(Indirect Question)

① 간접질문 정의 · 장점 · 단점

정의	• 간접질문은 응답자가 직접적인 의견을 표현하기 어려운 경우, 간접적이고 주관적인 방식으로 정보를 수집하려는 질문하는 유형이다. • 간접질문은 응답자가 사회적 압박, 체면, 또는 기타 이유로 인해 직접적인 질문에 진실하게 답변하지 않거나 거짓말을 할 가능성이 있는 상황에서, 응답자로부터 더 솔직하고 정확한 정보를 얻기 위해 사용되는 질문 방식이다.

장점	• 진실한 응답 유도
	  - 사회적 압력이나 체면 등을 의식하여 진실한 응답을 회피할 가능성이 있는 경우에도 보다 정확한 정보를 얻을 수 있다.
	  - 응답자의 직접적인 감정 · 의견 · 태도를 더 잘 파악할 수 있다.
	• 응답자의 편안함
	  - 민감한 주제나 개인적인 질문에 대해 불편함을 덜 느끼고 답변할 수 있다.

단점	• 복잡한 해석
	  - 결과를 해석하는 데 시간이 많이 걸리고, 전문적인 지식이 필요할 수 있다.
	• 응답자의 의도 파악 어려움
	  - 응답자가 질문 의도를 잘못 이해할 수 있고, 이에 따라 응답이 왜곡될 수 있다.
	• 높은 비용과 시간
	  - 간접질문은 설계와 분석에 있어 직접질문보다 더 많은 비용과 시간이 소요된다.
	• 응답 일관성 부족
	  - 응답자들이 질문을 다르게 해석할 수 있어, 일관성 있는 데이터를 얻기 어렵다.

예시	• "다른 사람들이 당신의 일상 활동을 어떻게 평가할 것 같습니까?" • "최근에 경험한 스트레스 요소들에 대해 이야기해 주실 수 있나요?"

② 간접질문의 유형 `암기` `오토투간접`

- 간접질문의 유형으로는 오류선택법, 토의완성법, 투사법이 있다. `기출`

오류선택법	• 오진선택법(오류선택법 ; Error-Choice Method)은 특정 질문에 대한 응답자의 태도나 지식수준을 평가하기 위한 방법으로, 여러 가지 오류 또는 잘못된 답변을 선지로 제시하여 응답자가 그중에서 선택하도록 하는 방법이다. – 이 방법은 응답자가 실제로 질문의 내용을 이해하고 있는지, 잘못된 정보를 식별하고 선택할 수 있는지를 평가하는 데 사용될 수 있다. **사례 중심 예시** `오류선택법` Q. 다음 중 지구 온난화를 방지하기 위한 잘못된 방법은? ① 대규모 산림 파괴를 멈추는 것 ② 친환경 자동차의 생산을 늘리는 것 ③ **온실가스 배출을 증가시키는 것** ← 반대되는 방향의 잘못된 정보! ④ 재활용을 적극적으로 실천하는 것

토의완성법	• 토의완성법(Argument Completion)은 응답자의 태도나 의견을 조사하여 개인의 무의식적인 생각을 평가하는 방법이다. 이는 투사법의 일종이라 여겨지기도 한다.
	예 환경 보호에 대한 의견 조사
	    응답자에게 미완성된 문장 제시
	    → "환경을 보호하기 위해 우리는 …"(빠르게 답을 완성하도록 안내)

투사법	• 투사법(Projective Method)은 응답자가 직접 말할 수 없거나 말하고 싶지 않은 대상/행동을 보다 잘 이해하기 위해, 직접적인 질문을 하는 대신 가상의 상황으로 응답자를 자극하여 진실한 응답을 이끌어 내는 방법이다. `기출` `암기` `투사자극` • 직접적으로 조사하기 어려운 내적인 요소를 파악하기 위해 사용된다. – 투사법은 특히 심리학적, 사회과학적 조사에서 사용되며, 응답자의 심리적, 감정적 반응을 측정하고 이해하는 데 유용한 도구로 활용된다. – 인간의 무의식 속에 내재된 동기, 가치, 태도 등을 알아내기 위해 모호한 자극을 응답자에게 제시하여 응답자의 반응을 알아보는 방법이다. `기출` – 단어 연상법, 문장 완성법, 그림 묘사법, 만화 완성법 등과 같은 다양한 심리적인 동기 유발 방법을 이용하여 조사한다. `기출` • 투사법은 조사자가 미완성의 문장을 제시하면 응답자가 이 문장을 완성시키는 방법이다. `기출` 예 감정적 반응을 살펴보는 질문 : "당신이 가장 사랑하는 사람에게 받은 선물이 있나요? 그 선물을 받았을 때 느꼈던 감정을 알려주세요." • 단어 연상법, 문장 완성법, 그림 묘사법, 만화 완성법 등과 같은 다양한 심리적인 동기 유발 방법을 이용하여 조사한다. – '단어연상법'은 비체계적-비공개적 의사소통으로 다양한 동기유발 방법을 사용하여 응답자 내면의 신념이나 태도 등을 조사하는 자료수집 방법이다. `기출` – '문장 완성법'은 응답자가 미완성된 문장을 스스로 완성하면서 자신의 무의식적 생각이나 감정을 투사하게 하는 기법이다. 즉, **자료수집방법 중 조사자가 미완성의 문장을 제시하면 응답자가 이 문장을 완성시키는 방법은 투사법이다.** `기출` • 가상의 상황 제시 및 우회적으로 응답 얻기 – 정확한 응답에 대한 장애 요인을 피하여 피조사자에게 자극(Stimulus)을 줌으로써 우회적으로 응답을 얻어내는 방법이다. 이 질문은 다른 사람의 의견을 묻는 것이나 실제로 응답에는 자신의 의견을 반영하게 된다. `기출`

(2) 질문형태 및 응답자유도 비교

- 질문의 형태와 응답의 자유도에 따라 <u>조직적 폐쇄적 질문</u>과 <u>비조직적 개방적 질문</u>으로 구분된다.

1) 비조직적 개방적인 질문
- 응답자가 자신의 생각을 자유롭게 서술할 수 있도록 하는 질문이다.
  - 응답의 범위가 넓고 다양하며, 응답자의 깊은 의견이나 태도를 파악하는 데 유용하다.

2) 조직적 폐쇄적인 질문
① 응답자가 미리 정해진 선택지 중 하나를 선택하도록 하는 질문이다.
  - 응답 범위가 제한되어 있고, 응답자의 선택을 체계적으로 수집할 수 있어 분석이 용이하다.

② 폐쇄형 질문으로는 양자택일형, 다지선다형, 서열식 질문, 평정식 질문, 체크리스트형 질문, 행렬질문 등이 있다.

(※ 응답항목의 유형 중 개방형, 폐쇄형 관련 상세한 내용은 '제1과목 조사방법과 설계→CHAPTER 03. 설문설계→2. 개별 설문항목 작성' 참고)

사례 중심 예시 　**조직적 폐쇄적인 질문**

- 양자택일형 질문 : "귀하는 영화와 드라마 중 보는 것 중 무엇을 더 좋아하십니까?"
- 다지선다형 질문 : "<u>당신의 학력은 다음 중 어디에 해당합니까?</u>" **기출**
  ㉮ 무학　㉯ 초졸　㉰ 중졸　㉱ 고졸　㉲ 대졸　㉳ 대학원 이상
- 서열식 질문 : "귀하가 제품을 구매할 때 고려하는 중요도 순서대로 나열해주세요"
  가격　　품질　　서비스　　브랜드　　리뷰
- 평정식 질문 : "귀하의 건강 상태를 평가할 때, 1부터 10까지의 점수를 매겨주세요."
- 체크리스트형 질문 : "귀하의 취미 생활에 해당하는 것을 모두 선택해주세요"
  ☐ 등산　☐ 요리　☐ 음악 감상　☐ 도보 산책　☐ 수영
- 행렬질문 : "귀하의 A항공사 이용 경험에 대해 아래 항목들을 평가해주세요."

구분	매우불만족	불만족	보통	만족	매우 만족
예약 과정의 편리함				✓	
탑승 절차의 효율성					✓

더블체크

Q 다음과 같은 질문의 형태는?　　　　　　　　　　　　　[21년 1회 기출]

> Q. 당신의 학력은 다음 중 어디에 해당합니까? (　　　)
> ㉮ 무학　㉯ 초졸　㉰ 중졸　㉱ 고졸　㉲ 대졸　㉳ 대학원 이상

① 개방형　　　　　　　　　　　② 양자택일형
③ 다지선다형　　　　　　　　　④ 자유답변형

해설 학력을 물어보는 질문에 관해서 6개의 항목을 제시하여 선택하도록 하는 형태이므로 다지선다형 질문이다.

정답 : ③

(3) 질문내용 비교

- 질문의 내용에 따라 <u>사실질문</u>과 <u>태도질문</u>으로 구분된다.

1) 사실질문
- 응답자의 개인적인 사실적 정보나 경험에 대해 묻는 질문이다.
  - 응답자의 나이, 성별, 학력 수준, 직업, 경력, 가족 구성원 수 등과 같은 정보를 수집하기 위해 사용될 수 있다.
  - 사실질문은 객관적이고 구체적인 데이터를 수집하는 데 목적이 있고, 조사 결과를 분석하거나 판단하는 데 도움이 된다.

2) 태도질문(혹은 견해질문)
① 응답자의 특정 주제에 대한 태도나 견해를 조사하기 위해 설계된다.
  - 응답자의 선호도, 선입견, 찬성 VS 반대와 같은 주관적인 견해를 파악하는 데 사용된다.
  - 태도질문은 응답자의 태도와 가치관을 이해하고 분석하는 데 도움을 준다.

② 태도질문은 사실질문보다 질문의 구성이 더 복잡하고 어렵다.

사실질문	태도질문(혹은 견해질문)
• "당신의 나이는 몇 살입니까?" • "당신의 최종 학력은 무엇입니까?" • "당신의 현재 직업은 무엇입니까?"	• "기후 변화에 대해 어떻게 생각하십니까?" • "정부의 교육 정책에 대한 의견을 말해주세요." • "귀하가 가장 중요하게 생각하는 가치관은 무엇입니까?"

3 질문지법의 적용방법

(1) 온라인조사법

1) 온라인조사의 개념

① 온라인조사는 인터넷(웹사이트·앱·전자메일)을 이용하여 응답자들에게 설문조사를 실시하므로 **컴퓨터 통신망 상에서 이루어지는 형태의 사회조사이다.** 기출
  - **온라인 사회조사에는 전자우편조사, 전자설문조사 등이 포함된다.** 기출
  - 컴퓨터와 인터넷 사용이 필수적이므로 유지 관리에 고정적인 비용이 필요하며, 개인정보 보호와 통신 예절에 대한 주의가 필요하다.

② 응답자는 신원을 숨기고 익명으로 답변할 수 있으므로, **민감한 주제를 다룰 수 있다.** 기출
  - 따라서 특수계층을 포함한 다양한 응답자에게 접근이 가능하고 **면접원의 편향(Bias)이 통제된다.** 기출

2) 온라인조사의 장·단점

장점	• **신속성(빠른 조사 진행)** 기출 　- 신속하게 대규모 데이터를 수집할 수 있으며, 실시간으로 응답을 확인할 수 있다. 　- 시공간상 제약이 적으므로 효율적이고, 언제 어디서든 접근이 가능하여 편리하다. • 저렴한 비용 　- **우편조사, 전화조사, 면접조사 등의 전통적인 방법에 비해 짧은 시일 내에 비교적 저렴한 비용으로 실시할 수 있다.** 기출 　- **현재로서는 설문발송과 회수에 비용이 거의 들지 않는다.** 기출 • 다양한 조사 형태 　- 조사자는 다양한 온라인 플랫폼을 이용하여 설문을 만들고 배포할 수 있다. 　- **멀티미디어 자료(그림·음성·동영상)를 활용할 수 있다.** 기출 　- 다양한 형식의 설문지를 구축할 수 있고, 응답자의 이해도를 높일 수 있다. • 구조화된 설문지 작성 　- 질문을 체계적으로 정리하고 관리하기 용이하므로, 정확한 데이터 수집이 가능하다. 　- **실시간 리포팅이 가능하며, 설문 응답과 동시에 코딩할 수 있다.** 기출 • 응답여부 확인·후속조치 가능 　- **응답 여부를 확인할 수 있고 늦어질 경우, 독촉 메일 등의 후속 조치를 할 수 있다.** 기출
단점	• 중복 조사 가능성·복수응답의 가능성 　- 응답률과 회수율이 낮을 수 있고, 응답자의 본인 확인이 어려워 중복 응답 등이 발생할 수 있다. • **복수응답의 가능성을 배제할 수 없다.** 기출 　- 따라서 **한 사람이 여러 차례 응답할 가능성을 차단해야 한다.** 기출 　- **응답자의 신분을 확인할 방법이 제한되어 있어 응답자 적격성 문제가 발생할 수 있다.** 기출 • 모집단 규정 어려움·표본의 대표성 문제 　- **모집단이 특정 연령층·성별로 편중되어 편향된 응답이 도출될 위험성이 있다.** 기출 　- 인터넷을 사용한 방법이므로, 모집된 표본의 모집단을 명확히 규정하기 어렵다. 　- 응답자는 인터넷 사용 가능자로 한정되며, **표본의 대표성을 확보하기 어렵다.** 기출

3) 온라인조사 유형별 의의 및 특징

① **전자설문조사(Electronic Survey)** 기출
- 전자설문조사는 인터넷을 통해 설문조사를 진행하는 모든 형태의 방법을 포괄하는 개념으로, 회원조사와 방문자조사의 중간 유형이다.
  - 온라인 가입자 데이터베이스(DB)에 있는 사람을 조사대상으로 하는 방식이다. → 회원조사
  - 주로 웹 기반의 플랫폼을 이용하여 설문지를 작성하고, 이를 인터넷을 통해 게시하고 대상자들에게 전송하여 응답을 받는 방법이다. → 방문자조사

② **전자우편조사(E-mail Survey)** 기출
- 전자우편(이메일 주소록)으로 설문 링크를 전송하여 자발적 응답을 유도한다. → 방문자조사
  - 응답자는 직접 이메일을 통해 설문에 참여한다. → 회원조사
  - 그러나 이메일 주소록을 확보하기가 어려운 경우가 많다.
- 전자우편조사도 전자설문조사와 같이 회원조사와 방문자조사의 중간 유형이다.
- <u>이메일을 활용한 온라인조사는 신속성, 저렴한 비용, 면접원 편향 통제가 장점이다.</u> 기출
  - 면접원이 직접적으로 응답을 유도하거나 특정 응답을 선호하는 경우가 줄어들게 된다.

③ **회원조사(Member Survey)**
- 회원들에게 전자우편 등을 통해 조사 참여를 요청하고 응답을 받는 방식이다.
  - 일반적으로 웹 기반의 설문지를 이용하므로, 웹브라우저를 통해 질문에 대한 답변을 입력하고 제출할 수 있다.
- 미리 확보된 회원 데이터베이스(DB)를 표본추출틀로 사용하며, DB가 없다면 조사가 어렵다.
- 회원조사는 특정 서비스나 사이트의 가입자들을 대상으로 하기 때문에 응답자의 대표성에 대한 논란이 있을 수 있다.

④ **방문자조사(Visitor Survey)**
- 특정 웹사이트에 설문을 게시하고, 방문자들이 자발적으로 참여하도록 하는 방식이다.
  - 주로 온라인 광고를 통해 방문자들의 관심을 끌어내고 방문자들을 모집한다.
- 설문에 대한 자발적 참여율을 높이기 위해 적절한 마케팅 전략이 필요하다.
  - 웹 방문자들이 본인 의사에 따라 설문에 참여하므로, 의견이 자발적이고 진솔하다.
- 그러나 특정 주제나 사이트에 대해 높은 관심이나 강한 반대 의사를 가진 집단이 설문에 일방적으로 참여할 경우, 설문 결과의 '신뢰성 문제'가 생길 수 있다.
- 특정 사이트의 방문자들이 전체 인구 집단을 대표하지 못할 수 있으므로 '대표성 문제'가 생길 수 있고, 이로 인해 설문 결과의 '일반화 가능성'이 제한될 수 있다.

⑤ **웹조사(Html Form Survey)** 기출
- 웹페이지나 앱을 통해 제공되는 HTML 폼을 이용하여 설문조사를 진행하는 방식이며, 설문조사에 참여하는 사용자들이 직접 웹 페이지를 통해 응답을 입력하게 된다.
- 데이터는 실시간으로 수집되며, 간단하고 직관적인 설문을 만들 때 사용된다.

⑥ **다운로드 조사(Downloadable Survey)** 기출
- 설문조사 양식을 다운로드하여 오프라인 환경에서 응답자가 작성 후 이를 다시 업로드하여 데이터를 제공하는 방식이다.
- 오프라인 환경에서 응답자가 설문지를 작성할 수 있어, 인터넷 연결이 제한된 경우에 유용하게 사용된다. 데이터의 업로드 과정에서는 보안과 정확성이 중요한 요소이다.

더블체크

Q 이메일을 활용한 온라인조사의 장점과 가장 거리가 먼 것은? [10년 3회, 11년 1회, 19년 3회 기출]

① 신속성
② 저렴한 비용
③ 면접원 편향 통제
④ 조사 모집단 규정의 명확성

해설 이메일을 활용한 온라인조사는 전자우편(이메일 주소록)으로 설문 링크를 전송하여 자발적 응답을 유도하는데, 이 과정에서 주소록을 확보하기가 어려운 경우가 많다. 따라서 '조사 모집단 규정의 명확성'은 장점과 가장 거리가 멀다.
① 신속성 : 이메일을 통한 온라인조사는 매우 신속하게 수행될 수 있다. 설문지를 작성한 후 한 번에 여러 사람에게 동시에 배포할 수 있으며, 응답도 즉시 수집된다.
② 저렴한 비용 : 온라인조사는 전통적인 오프라인 조사와 비교했을 때 비용이 저렴하다. 인쇄비, 우편비, 면접원 인건비 등 물리적인 비용이 거의 들지 않기 때문에 저비용으로 많은 사람에게 접근할 수 있다.
③ 면접원 편향 통제 : 온라인조사는 면접원이 개입하지 않으므로 조사 과정에서 면접원에 의해 발생할 수 있는 편향(bias)을 통제할 수 있다. 이는 전화 인터뷰나 대면 인터뷰에서 발생할 수 있는 면접원 효과를 제거하는 장점이다.

정답 : ④

더블체크

Q 온라인 사회조사에 대한 설명으로 틀린 것은? [17년 1회 기출]

① 응답 여부를 확인할 수 있고 늦어질 경우, 독촉 메일과 같은 후속조치를 할 수 있다.
② 응답자의 신분을 확인할 방법이 제한되어 있어 응답자 적격성 문제가 발생할 수 있다.
③ 온라인 사회조사에는 전자우편조사, 전자설문 조사 등이 포함된다.
④ 표본편중의 문제를 쉽게 해결할 수 있다.

해설 온라인 사회조사는 인터넷 접근성, 디지털 기기 사용 능력, 특정 응답자의 관심도 등에 따라 특정 그룹이 과대 또는 과소 대표될 수 있는 표본편중 문제가 있다. 이러한 문제는 온라인조사에서 중요한 한계로 지적된다.

정답 : ④

더블체크

Q 온라인조사방법에 해당하지 않는 것은? [08년 1회, 19년 2회 기출]

① 전자우편조사(E-mail Survey)
② 웹조사(Html Form Survey)
③ 데이터베이스 조사(Database Survey)
④ 다운로드 조사(Downloadable Survey)

해설 데이터베이스(DB)는 데이터를 저장하고 관리하는 시스템이다.
데이터베이스 조사는 SQL 쿼리, 데이터 구조, 인덱스 설정 등의 기술적 요소를 포함하는 조사이며, 이 자체로는 온라인 조사 방법으로 분류되지 않는다.
이 문제에서 주의해야 하는 것은, 온라인조사 중 ① 전자우편조사(E-mail Survey)의 경우 이메일 주소록 DB를 활용하고, 회원 조사(Member Survey)도 사전에 확보된 회원 데이터베이스(DB)를 표본추출틀로 사용한다. 그러나 이런 조사들은 데이터베이스(DB)의 역할이 회원 정보 관리, 효율적인 조사 진행에 있으므로 데이터베이스 조사와는 데이터베이스(DB)의 역할이 다르다.

정답 : ③

(2) 우편조사법

1) 우편조사의 개념

① 질문지를 추출된 조사대상자에게 우송하여 응답자로 하여금 스스로 응답하게 한 다음, 응답자가 질문지를 다시 조사자에게 우송하도록 하여 자료를 수집하는 방법이다.
- **취지문(표지)에는 반드시 조사(실시)기관, 조사목적, 조사자의 연락처, 응답에 대한 비밀유지보장 등을 포함한다.** 기출

② 면접법이나 전화조사법과 달리 면접자나 질문하는 사람이 없으므로, 응답자가 질문 내용에 대해 이해하지 못하는 경우 정확한 응답을 얻기 어렵다.
- 따라서 조사설계, 질문지의 작성, 자료수집활동에 있어서 세심한 주의를 필요로 한다.

2) 우편조사에서 응답률 · 회수율을 높이는 방법

사전접촉 사전예고	• <u>설문지를 발송하기 전에 응답자에게 우편을 보내거나 전화를 하여 사전에 접촉한다.</u> 기출 – 조사에 대한 사전예고를 하고, 조사목적과 응답의 중요성을 인식시킨다. – 이타적 동기에 호소하는 등의 유인책을 사용하기도 한다.
비밀보장	• 겉표지에 설문내용의 중요성, 응답내용에 대한 비밀보장 메시지를 표현한다. – 응답자의 이름을 밝히지 않고 비밀로 한다고 언급한다. – 익명성이 보장되면 응답자는 진실한 응답을 제공할 가능성이 높아진다.
후원기관 홍보	• <u>공신력 있는 기관을 조사 후원자로 명확히 밝히고 홍보해야 한다.</u> 기출 – 공신력 있는 기관이나 지원단체가 후원자로 참여할 경우 응답자는 조사의 신뢰성을 더 높게 평가하고, 이에 따라 응답률이 상승할 가능성이 크다. – <u>조사 주관기관과 지원 단체의 성격이 중요하므로, 조사 주체와 조사 주관기관을 명확히 제시한다.</u> 기출
보상 제공 동기부여	• 응답자에게 적절한 보상 및 인센티브를 제공하여 응답에 대한 동기를 부여한다. 즉, **질문지를 발송할 때 기념품(선물 · 현금 · 상품권)을 같이 발송한다.** 기출 – 참여 가치를 느낄 수 있도록 <u>응답에 대한 동기부여를 하는 것이 중요하다.</u> 기출
회수용 봉투 동봉	• 설문지와 함께 <u>반송 우표가 부착된 회수용 반송 봉투를 동봉하여 발송한다.</u> 기출 – 반송주소를 미리 기재하여, 응답자가 쉽게 설문지를 다시 발송하도록 한다. • 독촉장을 보내거나 질문지를 추가적으로 우송하는 등 지속적인 노력을 한다. – <u>질문지 발송 후 추가 서신을 발송한다.</u> 기출
우송 방법 개선	• <u>우편조사의 응답률은 질문지의 양식이나 우송 방법에 따라 다를 수 있다.</u> 기출 – 우송 방법을 신중하게 고려하여 <u>빠른우편을 사용한다.</u> 기출 – 응답자가 편리하고 빠르게 응답할 수 있도록 한다.
디자인	• 질문지 디자인을 신중하게 고려하고, 가급적 간단명료화 한다. – 질문지는 매력적인 형식으로 제작하고, 가독성이 높은 서체를 사용한다. – 종이의 질, 문항 간격, 종이 색깔, 표지 설명의 길이와 유형 등을 유의한다.
응답집단 동질성	• 응답집단이 동질적일수록 설문조사의 응답률이 높아진다. – 동질적인 집단은 동일한 관심사와 이해를 바탕으로 응답에 참여할 확률이 높으므로, 이런 집단에 대해 모집단과 표본추출방법에 대해 세심하게 검토한다.

3) 우편조사의 장·단점

장점	• 광범위한 지역 대상 조사 가능 [기출] 　– 최소의 경비와 노력으로 광범위한 지역과 대상을 표본으로 삼을 수 있다. [기출] 　– 지리적으로 멀리 떨어져 있는 응답자에게도 접근할 수 있다. 　– 면접조사에 비해 경비와 노력이 적게 들며, 조사비용을 절감할 수 있다. • 쉽게 접근할 수 없는 대상 조사 가능 [기출] 　– 우편조사는 면접조사에서 쉽게 접근할 수 없는 다양한 대상도 포함시킬 수 있다. 　– 이로 인해 포괄적이고 다양한 응답을 얻을 수 있고, 넓은 지역을 조사할 수 있다. [기출] 　예 정치지도자나 대기업경영자 등 대상자의 명단은 구할 수 있으나, 그들을 직접 만나기는 어려운 경우 가장 적합한 자료수집방법이다. [기출] • 응답자의 익명성 보장 　– 개인적인 비밀이나 말하기 곤란한 주제에 대해 솔직한 응답을 유도할 수 있다. 　[비교] 면접조사에 비해 응답자에게 익명성에 대한 확신을 부여할 수 있다. [기출] • 응답자의 시간적 여유 보장 　– 우편조사는 자기기입식 조사이다. [기출] 　– 따라서 응답자는 시간적인 여유를 가지고 더 정확하고 신중하게 응답을 작성할 수 있으므로 개방형 질문을 활용할 수 있다. [기출] • 면접자에 의한 편향(Bias)이 없음 [기출] 　– 우편조사는 응답자가 독립적으로 설문에 응답하기 때문에 면접자의 태도, 행동, 외모 등의 영향을 받지 않는다. 이는 응답의 객관성을 높이는 데 기여한다. 　– 우편조사는 자료수집방법 중 조사자의 특성에 따른 영향이 가장 적다. [기출] 　– 우편조사는 조사자의 개인차에서 오는 영향을 배제 시킬 수 있다. [기출]
단점	• 낮은 응답률·회수율 　– 우편조사의 최대 문제점은 낮은 응답률이다. [기출] 　– 회수율이 낮으므로 서면 또는 전화로 협조를 구하는 것이 좋다. [기출] • 응답자 통제의 어려움 　– 응답자가 설문에 응답하는 주위 환경과 시기를 통제하기 어렵다. 　– 응답 대상자 자신이 직접 응답했는지에 대한 통제가 어렵다. [기출] 　– 무자격자의 응답에 대한 통제가 어렵다. • 오류 및 응답 확인 불가 　– 설문지 작성 및 회수 과정에서 오기나 불기 같은 오류가 발생할 수 있다. 　– 응답내용이 불분명하거나 모호한 경우, 응답자에게 추가 설명을 요청하거나 해명할 기회가 없다. 　– 따라서, 우편조사는 모호한 응답에 대해 확인할 수 없다. [기출] 　– 응답자의 비언어적인 정보(표정, 몸짓 등)를 수집할 수 없어 응답의 심리적 맥락을 파악하기 어렵다. • 융통성 부족 　– 융통성이 부족하며, 상황에 따라 즉각적으로 대응하거나 질문을 수정하기 어렵다.

더블체크

Q 우편조사의 응답률에 영향을 미치는 요인과 가장 거리가 먼 것은? [10년 1회, 15년 2회, 19년 1회 기출]

① 응답집단의 동질성
② 응답자의 지역적 범위
③ 질문지의 양식 및 우송 방법
④ 연구주관기관 및 지원단체의 성격

해설 우편조사는 최소의 경비와 노력으로 광범위한 지역과 대상을 표본으로 삼을 수 있다. 따라서 지리적으로 멀리 떨어져 있는 응답자에게도 접근할 수 있으므로, '응답자의 지역적 범위'는 응답률에 영향을 미치는 주요 요인과 가장 거리가 멀다.
① 응답집단이 동질적일수록 설문조사의 응답률이 높아진다. 동질적인 집단은 동일한 관심사와 이해를 바탕으로 응답에 참여할 확률이 높다.
③ 우편조사의 응답률은 질문지의 양식이나 우송 방법에 따라 다를 수 있다. 따라서 우송 방법을 신중하게 고려하여 빠른우편을 사용한다.
④ 공신력 있는 기관을 조사 후원자로 명확히 밝히고 홍보해야 한다. 공신력 있는 기관이나 지원단체가 후원자로 참여할 경우 응답자는 조사의 신뢰성을 더 높게 평가하고, 이에 따라 응답률이 상승할 가능성이 크다.

정답 : ②

더블체크

Q 우편조사에 대한 설명으로 틀린 것은? [20년 3회 기출]

① 비용이 적게 든다.
② 자기기입식 조사이다.
③ 면접원에 의한 편향(Bias)이 없다.
④ 조사대상 지역이 제한적이다.

해설 우편조사는 광범위한 지역 대상 조사 가능하며, 지리적으로 멀리 떨어져 있는 응답자에게도 접근할 수 있다.
① 우편조사는 최소의 경비와 노력으로 광범위한 지역과 대상을 표본으로 삼을 수 있다.
② 우편조사는 자기기입식 조사이므로, 응답자는 시간적인 여유를 가지고 더 정확하고 신중하게 응답을 작성할 수 있다.
③ 우편조사는 면접자에 의한 편향(Bias)이 없고, 조사자의 특성에 따른 영향이 가장 적다.

정답 : ④

더블체크

Q 다음 자료수집방법 중 조사자의 특성에 따른 영향이 가장 적은 것은? [11년 1회, 16년 1회 기출]

① 면접조사
② 전화조사
③ 우편조사
④ 집단조사

해설 우편조사는 응답자가 독립적으로 설문에 응답하기 때문에 면접자의 태도, 행동, 외모 등의 영향을 받지 않는다. 따라서 자료수집방법 중 조사자의 특성에 따른 영향이 가장 적다.

정답 : ③

(3) 전화조사법

1) 전화조사의 개념

① 추출된 조사대상자에게 전화를 걸어 질문 문항을 읽어주고, 응답자가 전화상으로 답변한 것을 조사자가 기록하여 자료를 수집하는 방법이다.
- 음성 통화를 통해 이루어지므로 시각적 보조자료(사진, 그림 등)를 활용할 수 없는 조사방법이다. 기출
- 일반적인 질문지와는 달리 응답자가 직접 쓰는 대신 조사자가 대신 기록한다.

② 신속한 정보 획득이 가능하여 여론조사에 많이 사용된다.
- 조사에 소요되는 시간이 면접조사에 비해 짧다. 기출
- 투표와 관련된 정치여론조사를 신속하게 수행할 때, 가장 적합한 자료수집 방법이다. 기출
  예 대통령 후보간 TV 토론에 대한 국민들의 반응을 조사하는 방법으로 가장 적합하다. 기출

③ 전화조사에서는 질문을 복잡하지 않고 간단하게 '예/아니요' 형식으로 구성한다.
- 응답의 편리성 : 전화로는 시각적 자료를 제공하기 어려우므로, 응답자가 이해하기 쉽고 빠르게 대답할 수 있는 질문 형식이 필요하다.
- 응답의 정확성 : 간단한 형식으로 질문을 구성하면 응답자가 오해 없이 정확하게 응답할 가능성이 높아진다.
- 응답률 향상 : 직관적이고 간결한 질문 형식은 응답자의 부담을 줄이고, 응답을 더 쉽게 유도할 수 있어 응답률이 높아질 수 있다.
- 데이터 수집의 효율성 : 간단한 형식의 질문은 조사자가 쉽게 기록하고 분석할 수 있어 데이터 수집과 분석의 효율성을 높일 수 있다.

④ 전화조사는 개방형 질문도 활용할 수 있다. 기출
- 개방형 질문은 단순한 질문으로는 얻기 어려운 다양한 응답을 수집할 때 사용한다.
- 개방형 질문은 세부적인 설명이 필요한 경우, 주제에 대한 깊이 있는 이해를 얻기 위해 응답자의 개인적인 경험과 생각을 듣고 싶을 때 사용한다.

2) 전화조사 사용 케이스

① 질문 내용이 단순하거나 쉽게 응답 가능한 경우 기출
② 어떤 시점에 순간적으로 무엇을 하며, 무슨 생각을 하는가를 알아내고자 하는 경우 기출
③ 단시간에 개략적인 여론을 빠르게 확인하고자 하는 경우 기출
④ 다른 조사방법으로 접근이 어려운 경우, 다른 방법으로 조사한 응답자를 재추적하는 경우
⑤ 면접조사의 보조수단으로 사용하는 경우 기출
- 면접조사 전에 미리 소재확인 및 사전약속이 필요한 경우
- 면접조사의 효과를 측정하는 경우

⑥ 질문지 우송관련 안내가 필요한 경우
- 발송 시 발송 안내 혹은 발송 후 작성된 질문지에 대한 반송을 요청하는 경우

3) 전화조사의 장·단점

장점	• 경제적(비용·시간 절약) 　– <u>전화조사는 단시간에 광범위한 지역을 조사할 수 있어 신속·용이하며, 비용 측면에서도 경제적이다.</u> `기출` 　– <u>빠른 시간 안에 개략적인 여론을 확인하는 데 적합하다.</u> `기출` 　[비교] <u>전화조사는 면접조사에 비해 비용이 적게 든다.</u> `기출` • 표본 추출의 용이성 및 응답률↑ 　– <u>무작위표본추출이 가능하다.</u> `기출` 　– 전화조사는 지리적 한계를 넘어설 수 있기 때문에, 넓은 지역을 커버해야 하는 경우 현지조사 대신 사용하기에 효율적이다. 　– <u>조사하기 어려운 사람에게 쉽게 접근할 수 있으며, 높은 응답률을 보장할 수 있다.</u> `기출` • 자동화 및 효율성 　– <u>컴퓨터에 의한 완전 자동화를 통해 응답자 추출, 질문, 응답 등이 자동 처리될 수 있다.</u> `기출` 　– 면접자(조사자)들이 일반적으로 동일한 장소(특정 사무실, 콜센터)에서 작업하기 때문에 <u>면접자에 대한 감독이 용이하다.</u> `기출`
단점	• 소요 시간 및 분량 제한 　– 대인면접에 비해 소요 시간이 짧으며, <u>질문의 길이와 내용을 제한받는다.</u> `기출` 　– <u>질문 내용이 어렵고 시간이 길어지면, 응답률이 떨어진다.</u> `기출` 　– 많은 조사내용에 관한 자료를 수집하기 어렵다. • 표본의 불완전성 및 대표성 문제 　– 전화번호부의 부정확성과 미등재 전화번호로 인해 응답자가 선정된 표본인지를 확인하기 어렵다. 따라서 전화조사는 표본의 대표성을 확보하기 어렵다.

더블체크

Q 다음 중 전화조사가 가장 적합한 경우는? [11년 1회, 16년 1회, 19년 1회, 21년 3회 기출]

① 자세하고 심층적인 정보를 얻기 위한 조사
② 어떤 시점에서 순간적으로 무엇을 하며, 무슨 생각을 하는가를 알아내기 위한 조사
③ 저렴한 가격으로 면접자 편의(Bias)를 줄일 수 있으며 대답하는 요령도 동시에 자세히 알려줄 수 있는 조사
④ 넓은 범위의 지리적인 영역을 조사대상 지역으로 하여 비교적 복잡한 정보를 얻으면서, 경비를 절약할 수 있는 조사

해설 전화조사는 응답자의 순간적인 생각·의견을 알아내야 하는 경우에 가장 적합하다.

정답 : ②

더블체크

Q 전화조사의 장점과 가장 거리가 먼 것은? [15년 1회, 20년 4회 기출]

① 비용을 줄일 수 있다.
② 높은 응답률을 보장할 수 있다.
③ 응답자 추출, 질문, 응답 등이 자동 처리될 수 있다.
④ 복잡한 문제들에 대한 의견을 파악하기 용이하다.

해설 전화조사는 질문에 대해 '예/아니요'로 단순한 응답이 가능한 경우에 용이하다.
① 전화조사는 단시간에 광범위한 지역을 조사할 수 있어 신속·용이하며, 경제적이다.
② 전화조사는 면접이 어려운 사람에게도 접근이 용이하며, 높은 응답률을 보장할 수 있다.
③ 전화조사는 컴퓨터에 의한 완전 자동화를 통해 처리가능하며, 효율성을 극대화할 수 있다.

정답 : ④

(4) 집단조사법

1) 집단조사의 개념

① 집단조사는 조사대상자들을 집단적으로 한 장소에 모아서 조사목적을 설명하고 질문지를 배부하고, 응답자가 직접 응답을 기입하도록 하여 회수하는 방식의 조사방법이다.
- '집합조사법'이며, 개인을 개별적으로 접촉하기 어려운 경우에 사용한다.
- 집단조사는 응답상황에 대한 통제가 용이하지 않다.

② <u>조사대상에 따라서 집단을 대상으로 한 면접방식과 자기기입방식을 조합하여 실시한다.</u> 기출
- 집단조사는 응답자가 질문지를 잘못 기입한 경우에 시정하기 어려우므로 주의해야 한다.

③ 조사를 효율적으로 진행하기 위해서 <u>조사기관으로부터 협력을 얻어야 한다.</u> 기출
- <u>학교나 기업체, 군대 등의 조직체 구성원을 조사할 때 유용하다.</u> 기출

2) 집단조사의 장·단점

장점	• 경제적(비용·시간 절약) 기출 　- 조사목적에 부합하는 응답자들이 집합되어 있으면 조사가 간편하고 빠르다. 　- <u>집단조사는 대규모 횡단조사에 비해 시간과 비용이 적게 든다.</u> 기출 • 동일성 확보 기출 　- <u>집단조사는 비용과 시간을 절약하고 조사조건을 표본화하여 응답 조건의 동일성을 확보할 수 있다.</u> 　- 동일성이 확보되면 조사의 신뢰성이 높아진다. • 응답 누락 감소 　- <u>조사자와 응답자 간에 직접 대화할 기회가 있어, 질문 문항에 대한 오해를 줄일 수 있다.</u> 기출 　- 따라서 정확한 정보를 얻을 수 있고, 응답의 누락을 감소시킬 수 있다.
단점	• 장소 집합의 어려움 　- <u>피조사자를 한 장소에 모으는 것이 쉽지 않은 경우가 있다.</u> 기출 　- 피조사자에게 교통비(혹은 일당)를 지급해야 하는 경우 비용이 발생한다. • 집단상황의 왜곡 가능성(동조효과) 　- <u>집단상황이 개인의 응답을 왜곡시킬 가능성이 있다.</u> 기출 　- <u>집단으로 조사되므로 주변 사람이 응답자에 영향을 미칠 가능성이 높다.</u> 기출 • 수준 동일성 가정 오류 　- <u>피조사자의 수준이 동일하다고 가정하는 오류를 범할 수 있다.</u> 기출 　- 각각의 응답자들이 다른 배경과 경험을 가질 수 있는데, 개인별 차이를 무시하고 조사할 경우 조사 자체의 결과 타당성이 낮아지기 쉽다. • 대표성 문제 　- 응답자가 확률표본추출이 아닌 판단표본추출에 의해 선정된다. 즉, 응답집단이 모집단을 적절하게 대표하지 못할 가능성이 있고, '일반화 가능성'이 제한된다. 　- <u>집단조사를 승인한 당국에 의해 결과가 이용될 것이라고 인식될 가능성이 있다.</u> 기출 　- <u>일반적으로 집단조사를 승인한 조직체나 단체에 유리한 쪽으로 응답할 가능성이 높다.</u> 기출

(5) 배포조사법

1) 배포조사(자기기입식 조사)의 개념

① 배포조사는 '자기기입식 조사'라고도 한다.
- 자기기입식 조사방법의 유형으로는 온라인조사, 우편조사, 집단조사가 있다. 기출

② 배포조사는 질문지를 배포하여 응답자가 독립적으로 기입하고, 나중에 회수하는 방법이다.
- 조사자가 응답자와 함께 있지 않고, 응답자가 자신의 시간과 장소에서 조사를 진행한다.

2) 배포조사의 장·단점

장점	• 경제적(비용·시간 절약) – 면접조사보다 비용 및 시간이 덜 소요된다. 기출 – 회수 과정이 비교적 간단하고 재방문의 횟수가 적으며, 회수율이 높다. • 익명성 보장·객관성↑ – 응답자가 신원을 드러내지 않을 수 있고, 익명성이 보장되기 때문에 민감한 쟁점 및 주제를 다루는 경우 면접조사보다 유리하다. 기출 – 응답자는 자신의 편안한 환경에서 응답할 수 있어 조사의 객관성이 증가할 수 있다.
단점	• 응답률 저하 – 응답자가 질문지를 작성하지 않거나 회수하지 않는 경우 응답률이 낮아질 수 있다. • 오류 수정 어려움 – 질문지를 잘못 기입한 경우 기입 오류에 대한 시정이 어려울 수 있다. • 제3자 영향(응답의 신뢰성↓) – 응답자가 실제로 질문에 답한 것이 본인인지, 아니면 다른 사람의 개입이 있었는지 확인하기 어렵다. – 응답자 본인의 의견이나 태도가 외부 영향을 받았는지 여부를 알 수 없다. • 문해력 필요 – 응답자는 질문지의 내용을 이해하고 응답할 수 있어야 하므로, 글자를 읽고 쓸 수 있는 사람에게만 적용된다.

더블체크

Q 어떤 대학의 학생생활지도연구소에서는 해마다 신입생에 대한 인성검사를 실시하고 있다. 이 경우 시간과 비용 면에서 효율적으로 조사를 하는데 가장 적합하다고 생각되는 조사양식은?

[02년 1회, 05년 3회, 21년 3회 기출]

① 우편조사
② 대면적인 면접조사
③ 자기기입식 집단설문조사
④ 개별적으로 접근되는 질문지 조사

해설 자기기입식 집단설문조사는 질문지를 배포하여 응답자가 독립적으로 기입하고, 나중에 회수하는 방법이다. 응답자는 본인이 가장 편한 환경에서 자신의 신원을 드러내지 않으며 기입할 수 있고, 익명성이 보장되기 때문에 인성검사에 가장 적합한 방법이다.

정답 : ③

03 관찰법의 이해

1 관찰법의 이해

(1) 관찰법의 의의

1) 관찰법의 개념

① 관찰법은 조사자가 감각기관을 이용하여 사물 대상·현상을 인식하는 기본적인 방법이다.
  - <u>관찰법은 양적 조사와 질적 조사에 모두 활용될 수 있다.</u> 기출
  - 관찰법 수행 시에는 관찰대상을 명확하게 해야 하며, 그 대상이 전체를 대표할 수 있어야 한다.
  - <u>관찰은 의사소통능력이 없는 대상자에게도 활용될 수 있다.</u> 기출

② 관찰법은 조사자가 피관찰자의 행동·태도를 관찰하여 자료를 수집하는 귀납적 방법이다.
  - <u>관찰자는 피관찰자(관찰대상)의 집단에 동화되지 않아야 한다.</u> 기출
  - <u>관찰자는 인내심이 있어야 하고, 주관성을 배제하며 객관성을 유지해야 한다.</u> 기출

2) 관찰법의 특징

① 맥락 포착 기출
  - <u>조사대상의 행태에서 발생하는 사회적 맥락까지 포착할 수 있다.</u>
    - <u>사회적 관계에 영향을 미치는 사건을 이해하도록 해준다.</u>
    - <u>관찰은 피조사자가 느끼지 못하는 행위까지 조사할 수 있다.</u>

② 심층적 이해 기출
  - <u>관찰은 복잡한 사회적 맥락이나 상호작용을 조사하는데 적절한 방법이다.</u>

③ 비교와 대조
  - 특정 조사에서 얻은 자료를 다른 조사에서 얻은 자료와 비교, 대조함으로써 사회생활의 규칙성과 재발 가능성을 확인할 수 있다. 이러한 <u>다른 조사와의 비교는 규칙성을 확인시켜 준다.</u> 기출

④ 체계적 기획과 기록
  - 관찰법 수행 시, 체계적이고 과학적인 방법으로 관찰하고 관찰자는 객관적인 태도를 유지해야 한다.
    - 체계적으로 기획 및 기록되어야 하며, 타당도 및 신뢰도의 검증이 가능해야 한다.

> **더블체크**
>
> **Q** 자료수집방법 중 관찰에 관한 설명으로 틀린 것은? [18년 2회 기출]
>   ① 복잡한 사회적 맥락이나 상호작용을 연구하는데 적절한 방법이다.
>   ② 피조사자가 느끼지 못하는 행위까지 조사할 수 있다.
>   ③ 양적 연구와 질적 연구에 모두 활용될 수 있다.
>   ④ 의사소통능력이 없는 대상자에게는 활용될 수 없다.
>
> **해설** 관찰은 언어와 문자의 제약 때문에 측정하기 어려운 사실이나 비언어적 자료에 대해서도 조사가 가능하다. 따라서 표현능력이 부족한 대상에게 적용할 경우 효과적이다. 예를 들면, 유아나 동물 등 행위나 감정을 언어로 표현하지 못하는 대상에게도 유용하다.
>
> 정답 : ④

(2) 관찰에서 발생하는 오류

1) 지각과정상의 오류

정의	• 관찰자가 가진 고유한 지각·감각·상상력의 차이에 의해 발생하는 오류이다.
발생 원인	• 관찰자 개인의 차이 　− 관찰대상에 대한 통제에도 불구하고, 각각의 관찰자의 지각·감각 능력으로 인해 동일한 현상을 다르게 지각하는 것이다. • 관찰대상의 과다 　− 많은 관찰대상으로 인해 관찰자가 오히려 압도되면 정확한 관찰이 어렵다. 　− 이질적이고 혼합된 관찰대상인 경우, 복잡한 현상 자체가 관찰을 방해한다.
감소 방법	• **객관적 관찰 도구 사용** 기출 　− 표준화된 도구(설문지·기록 장비·측정도구)로 주관적 오류를 줄인다. 　− 외부 환경변수(소음·조명·온도)를 최소화하여, 혼란을 초래하는 영향을 통제한다. • 관찰 단위 명세화 및 일관성 확보 　− **가능한 한 관찰 단위를 명확하게 정의하여 '명세화(Specification)'한다.** 기출 　− 개별 행동보다 전반적인 패턴 및 흐름 등 '**보다 큰 단위**'의 관찰을 한다. 기출 • 짧은 관찰 기간 　− 짧은 기간에 집중해서 관찰하여, 관찰자의 피로와 주의력 감소를 방지한다. • 관찰자 기술 향상 및 다수 투입 　− 체계적인 훈련을 통해 관찰 기술 및 능력을 개발하거나 향상시킨다. 　− 복수의 관찰자가 관찰하면, 여러 관찰자의 독립적 관찰로 편견이 감소된다.

2) 인식과정상의 오류

정의	• 관찰자가 사실을 인식·해석하는 과정에서 발생하는 오류이다. 　− 관찰자가 사용하는 준거틀(프레임 워크)의 차이, 과거 경험, 지적 능력, 그리고 개별적인 인식과 추리 방식 등에 의해 발생할 수 있다.
발생 원인	• 관찰자의 준거틀 차이 　− 각자의 문화적 배경, 교육, 사회적 환경 등에 의해 형성된 준거틀이 다르다. • 관찰자의 과거 경험 　− 과거 성공·실패 경험이 새로운 상황을 인식 및 평가하는 데 영향을 미친다. • 관찰자의 지적 능력 차이 　− 관찰자의 지적 능력(교육 수준)에 따라 이해 및 분석하는 능력이 다르다. • 관찰자의 개인적 성향과 특성 　− 성격(낙관적·긍정적), 가치관 등 개인적 특성이 인식 과정에 영향을 준다.
감소 방법	• 이론적 개념 명확화 및 경험적 정의 　− 개념들 간의 관계를 명확히 한정하여 '사고의 규칙성'을 부여한다. 　− 개념을 경험적으로 정의하여 일관성을 높이고, 체계적인 이해를 수행한다. • 관찰부터 기록까지의 시간 단축 　− 시간을 최대한 짧게 하여 중간에 발생할 수 있는 오류 및 장애를 줄인다. • 관찰자의 자기인식 　− 관찰자가 자신의 사고방식을 명확히 인식하고, 지적 자기인식 훈련을 통해 주관적 개입을 배제한다. • 다양한 자료수집 방법 병행 　− 면접, 설문지 등 다양한 자료수집 방법을 병행하여 신뢰성·타당성을 높인다.

(3) 관찰자와 참여자

- 관찰법에서는 관찰자와 참여자의 주된 행위 및 신분 공개 여부에 따라 아래와 같이 구분한다.

주된 행위 신분공개	주된 행위 '관찰'	주된 행위 '참여'
조사자 신분공개×	완전관찰자	완전참여자
조사자 신분공개○	참여자적 관찰자	관찰자적 참여자

1) 완전관찰자(Complete Observer)

① 완전관찰자에서 관찰자는 조사대상자들의 활동에 전혀 참여하지 않고 관찰만 하는 역할을 수행한다.
② <u>조사대상에 영향을 미칠 가능성이 가장 적은 '영향 최소화' 관찰 방식이다.</u> `기출`

특징	설명
조사자 신분공개×	• 조사대상에게 자신의 존재 및 신분을 알리지 않은 채 관찰한다. 　- 자연스럽게 일어나는 사회적 과정을 관찰한다.
객관성↑	• 완전관찰자는 주로 조사의 객관성을 높이기 위해 사용된다. 　- 조사대상에 대한 깊이 있는 이해를 얻는 데는 제한이 있다.
관찰의 한계 `기출`	• <u>완전관찰자의 관찰은 피상적이고 일시적일 수 있다.</u> 　- <u>완전참여자보다 조사대상을 충분히 이해할 가능성이 낮다.</u>

2) 참여자적 관찰자(Observer as Participant)

- 참여자적 관찰자는 참여보다는 관찰이 주를 이루는 방법이다.
  - 참여자적 관찰자는 조사자의 신분을 밝히고 조사대상자들의 활동공간에 들어가 심층적으로 관찰한다.

3) 완전참여자(Complete Participant) `암기` 완참윤리

- 완전참여자는 참여관찰의 한 유형이며, <u>조사자는 자신의 신분을 밝히지 않은 채 자연스럽게 일어나는 사회적 과정에 참여하는 관찰자 역할을 수행한다.</u> `기출`

특징	설명
조사자 신분공개×	• 조사자가 신분을 공개하지 않으며, 조사대상자들에게 의도를 숨기고 활동에 참여하므로, 대상자들의 진정한 행동과 태도를 파악할 수 있다. 　- 조사대상자들의 일상 활동에 완전히 참여하며, 내부자 시각에서 현상을 관찰하고 심층적으로 이해한다.
객관성↓ 신뢰성↓ 타당성↓	• <u>참여관찰의 유형 중 가장 객관성을 유지하기 어렵다.</u> `기출` 　- 조사자가 조사대상에 영향을 미칠 가능성이 크다. • 조사자의 개입으로 인해 자료의 신뢰성·타당성이 저하될 수 있다.
윤리적 문제 과학적 문제	• 조사대상자들에게 조사 사실을 알리지 않으며, 조사자의 주관이 개입되므로, <u>조사과정에서 윤리적·과학적 문제를 발생시킬 수 있다.</u> `기출` 　- <u>참여관찰에서 윤리적 문제를 겪을 가능성이 가장 높은 관찰자 유형이다.</u> `기출`

4) 관찰자적 참여자(Participant as Observer)

- 관찰자적 참여자는 관찰보다는 참여가 주를 이루는 방법이며, 조사자의 신분을 밝히고 조사대상자들의 활동공간에 자연스럽게 참여한다.
  - 기본적으로 관찰자의 위치에 있으나, 필요한 경우에 제한적으로 참여하는 것이다.

> **더블체크**

Q 관찰자의 유형에 관한 설명으로 틀린 것은? [13년 3회, 20년 1·2회 통합 기출]

① 완전참여자는 연구 과정에서 윤리적 문제를 발생시킬 수 있다.
② 연구자가 완전참여자일 때는 연구대상에 영향을 미치지 않는다.
③ 완전관찰자의 관찰은 피상적이고 일시적이 될 수 있다.
④ 완전관찰자는 완전참여자보다 연구대상을 충분히 이해할 수 있는 가능성이 낮다.

해설 암기 : 완참윤리
완전참여자는 참여관찰의 한 유형이며, 조사자는 자신의 신분을 밝히지 않은 채 자연스럽게 일어나는 사회적 과정에 참여하는 관찰자 역할을 수행한다. 따라서 참여관찰의 유형 중 가장 객관성을 유지하기 어렵고, 조사대상에 영향을 미칠 수 있다.

정답 : ②

> **더블체크**

Q 다음 중 연구대상에 영향을 미칠 가능성이 가장 적은 것은? [20년 3회 기출]

① 완전관찰자
② 관찰자로서의 참여자
③ 참여자로서의 관찰자
④ 완전참여자

해설 완전관찰자는 조사대상에 영향을 미칠 가능성이 가장 적은 '영향 최소화' 관찰 방식이다. 관찰자는 조사대상자들의 활동에 전혀 참여하지 않고 관찰만 하는 역할을 수행한다.

정답 : ①

> **더블체크**

Q 참여관찰에서 윤리적인 문제를 겪을 가능성이 가장 높은 관찰자 유형은?

[14년 1회, 18년 1회, 21년 2회 기출]

① 완전관찰자(Complete Observer)
② 완전참여자(Complete Participant)
③ 관찰자로서의 참여자(Participant as Observer)
④ 참여자로서의 관찰자(Observer as Participant)

해설 암기 : 완참윤리
완전참여자(Complete Participant)는 조사대상자들에게 조사 사실을 알리지 않으며, 조사자의 주관이 개입되므로, 윤리적·과학적 문제를 발생시킨다.

정답 : ②

2 관찰법의 유형

[관찰법 유형별 비교] 기출

비교1	조사대상과의 상호작용 정도·방식에 따라	참여관찰	준참여관찰	비참여관찰
비교2	관찰조건이 표준화되어 있는지에 따라	통제관찰 (체계적 관찰)	비통제관찰 (비체계적 관찰)	
비교3	관찰주체·도구가 무엇인가에 따라	인간직접관찰	기계이용관찰	
비교4	관찰시기와 행동발생이 일치하는지 여부	직접관찰	간접관찰	
비교5	관찰상황이 인공적인지 여부	자연적 관찰	인위적 관찰	
비교6	피관찰자가 관찰사실을 알고 있는지 여부	공개적 관찰	비공개적 관찰	

(1) 참여유형별 비교

- 조사대상과의 상호작용 정도 및 방식에 따라 참여관찰·준참여관찰·비참여관찰로 구분된다.

1) 참여관찰(Participant Observation)

정의 기출	• <u>참여관찰은 조사자가 관심을 가지고 있는 변수들 간의 관계를 현실 상황에서 체계적으로 관찰하는 조사방법이다.</u> - 복잡한 사회적 맥락이나 상호작용을 조사하는데 적절한 방법이다. • 참여관찰은 독립변수를 조작하지 않고, 자연 상태에서 조사대상을 관찰해 그들의 관계를 규명한다. 이 과정에서 조사자는 상황에 대한 통제를 할 수 없다.

장점	• 깊이 있는 관찰 기출
	   - 조사자가 관심을 갖는 변수들 간의 관계를 현실 상황에서 체계적으로 관찰한다.
	• 심층 이해 기출
	   - <u>자연스러운 상태에서 현상을 파악할 수 있어 미묘한 어감 차이, 시간상의 변화 등 심층의 차원을 이해할 수 있다.</u>
	• 현실 상황 관찰
	   - 현장에서의 상황이나 발생하는 사건에 따라 조사내용을 즉각적으로 변경할 수 있으므로 '조사과정의 유연성'이 있다.

단점	• 객관성·일관성·정확성 저하↓
	   - 동조현상으로 인해 객관적인 판단이 어렵게 되면, 수집한 자료의 표준화가 어렵다.
	   - 관찰자의 주관적 가치개입·해석으로 인해 관찰 결과가 변질될 수 있다.
	• 대규모 모집단 기술 어려움
	   - <u>때때로 객관적인 판단을 그르칠 수 있으며 대규모 모집단에 대한 기술이 어렵다.</u> 기출
	   - <u>조사결과의 일반화 가능성이 낮다.</u> 기출
	• 관찰대상 누락
	   - 조사자는 오랫동안 특정 집단에 노출되면서 집단의 일상적인 활동에 익숙해진다.
	   - 이로 인해 관찰대상을 누락하거나 중요한 세부 사항을 놓칠 수 있다.

더블체크

Q 참여관찰의 단점과 가장 거리가 먼 것은? [11년 3회, 15년 1회 기출]

① 객관성을 잃기 쉽다.
② 수집한 자료의 표준화가 어렵다.
③ 자연스러운 상태를 관찰하기 어렵다.
④ 집단상황에 익숙해지면 관찰대상을 놓칠 수 있다.

해설 참여관찰은 자연스러운 상태에서 현상을 파악할 수 있어 미묘한 어감 차이, 시간상의 변화 등 심층의 차원을 이해할 수 있다. 따라서 '자연스러운 상태를 관찰하기 어렵다'는 것은 참여관찰에 대한 설명이 아니다.

정답 : ③

더블체크 [키워드 : 제조업 공장]

제조업 공장 키워드 + 참여관찰인 현장조사 조합은 정답률이 매우 낮으므로 주의!

정답률 약 40%

Q 어느 제조업 공장에 근무하는 현장 사원들과 관리자들 간에 유지되고 있는 사회적 관계의 특성을 규명하기 위해 참여관찰인 현장 조사를 실시할 경우의 장점이 아닌 것은? [22년 2회 기출]

① 조사과정의 유연성
② 가설도출이 가능한 인과적 연구
③ 조사결과의 높은 일반화 가능성
④ 현장상황에 따라 조사내용 변경 가능

해설 일반적으로 현장조사는 특정한 현장에서 얻은 결과를 그대로 다른 모든 곳에 일반화하기 어렵다. 따라서 조사결과의 일반화 가능성이 높다고 할 수 없다.

정답 : ③

정답률 약 30%

Q 어느 제조업 공장에 근무하는 현장 사원들과 관리자들 간에 유지되고 있는 사회적 관계의 특성을 규명하기 위해 참여 관찰인 현장조사를 실시할 경우 다음 중 이러한 연구의 장점이 아닌 것은?

[03년 3회, 03년 1회 기출]

① 조사과정의 유연성
② 조사결과의 신뢰성
③ 가설도출의 탐색적 연구
④ 조사비용의 저렴

해설 현장조사는 실제 상황을 반영하여 직접적인 데이터를 얻을 수 있지만, 결과의 신뢰성은 조사자의 주관적 판단에 따라 달라질 수 있고, 외부적인 요인에도 영향을 받을 수 있다.

정답 : ②

2) 준참여관찰

정의	• 준참여관찰은 관찰자가 관찰대상 집단에 부분적으로 참여하는 방법이다. – 관찰자가 관찰대상의 일부 활동에만 참여하고, 그 외의 생활 전반에는 참여하지 않는 관찰 방법이다.
장점	• 자연스러운 상황 관찰 – 관찰자가 특정 활동에만 직접 참여하면서도 조사대상의 자연스러운 상황을 관찰할 수 있다. • 참여관찰 단점 극복 : 윤리적 문제해결 – 참여관찰에서 발생하는 윤리적 문제를 최소화하여 단점을 극복할 수 있다. – 준참여관찰은 보통 관찰대상(피관찰자)이 자신이 관찰을 받고 있음을 알고 있기 때문에, 관찰자는 완전한 참여자일 때보다 더 자연스럽게 행동할 수 있다. • 비참여관찰 단점 극복 : 자연성 문제해결 – 관찰자의 노출이 자연성을 해칠 우려가 있을 경우, 관찰자를 관찰대상에게 노출 시키지 않을 수 있다. 이는 관찰대상에게 관찰되고 있음을 숨길 수 있다.
단점	• 정보 부족 – 준참여관찰은 완전한 참여관찰과는 달리 관찰대상의 일부 활동에 집중하기 때문에 전체적인 맥락 이해에 제약이 있으며, 얻을 수 있는 정보가 부족할 수 있다. – 관찰대상의 다양한 상황과 행동을 파악하기 위해 더 많은 데이터가 필요하다. • 일관성 문제 – 관찰자가 일부만 참여하므로 관찰 데이터의 일관성을 유지하기 어려울 수 있다. • 대표성 문제 – 특정 활동에 집중하면서 발생하는 데이터는 그 활동에 대한 특정한 관점을 반영할 수 있으며, 이로 인해 전체적인 집단의 특성을 대표하지 못할 가능성이 있다.

3) 비참여관찰(Non - Participant Observation)

정의	• 비참여관찰은 관찰자가 관찰 사실과 내용을 대상 집단에게 밝히고 관찰한다. – 따라서 **비참여관찰과 완전참여자관찰과 반대되는 개념이다.** 기출 • 이 방법에서는 관찰자가 관찰대상의 일부가 아니다. – 관찰자는 외부에서 관찰하므로 관찰대상에게 직접적으로 영향을 주지 않는다. 예 **위장관찰, 완전관찰자, 관찰, CCTV를 이용한 관찰** 기출
장점	• 관찰자의 객관적 관찰 – 비조직 구성원이므로 객관적인 입장에서 전체를 정확하게 관찰할 수 있다.
단점	• 자연성 해침 – 관찰을 당한다는 사실로 인하여 관찰대상의 행위가 자연스럽지 않을 수 있다.

> **더블체크**
>
> **Q** 비참여관찰(Non – Participant Observation)과 가장 거리가 먼 것은? [16년 3회 기출]
> ① 위장관찰
> ② 완전참여자 관찰
> ③ 완전관찰자 관찰
> ④ CCTV를 이용한 관찰
>
> 해설 완전참여자 관찰에서 조사자는 자신의 신분을 밝히지 않은 채 자연스럽게 일어나는 사회적 과정에 참여하는 관찰자 역할을 수행한다. 이 과정에서 조사자가 조사대상자들과 동일한 활동을 하며 내부자로서 조사를 진행한다. 따라서 완전 참여자 관찰이 비참여관찰과 가장 거리가 멀다.
>
> 정답 : ②

(2) 통제유무별 비교

- 관찰조건이 표준화되어 있는지에 따라 혹은 <u>표준관찰 기록양식의 사전 결정 등 체계의 정도에 따라 통제관찰(체계적 관찰)·비통제관찰(비체계적 관찰)로 구분된다.</u> 기출

1) 통제관찰(체계적 관찰 ; Structured Observation)

정의	• **통제관찰(체계적 관찰)은 관찰내용이 미리 명확히 결정되고, 준비된 표준양식에 관찰 사실을 기록하는 것이다.** 기출
	  - 이 방법은 관찰을 위한 절차와 조건을 사전에 계획하고 표준화하여 진행된다.
	• 통제관찰은 사전에 계획된 절차에 따라 관찰조건을 표준화하는 것이다.
	  - 따라서 질문지나 조사표 등을 사용하는 비참여관찰에 주로 사용한다.
	• 관찰내용은 조사목적에 부합하도록 기획된 카테고리에 따라 분류되어 기록된다.
	  - 관찰기록은 관찰표를 이용하여 부호로 기록한다.

장점	• 일관성과 신뢰성
	  - 관찰조건이 사전에 계획되어 있어, 일관된 관찰 결과를 얻을 수 있다.
	  - 사전에 정해진 절차와 표준화된 기록 방식을 통해 관찰 데이터의 일관성과 신뢰성을 유지할 수 있다.
	• 비교 가능성
	  - 표준화된 방법을 사용하므로 다양한 상황에서의 관찰 결과의 비교가 가능하다.

단점	• 융통성 부족
	  - 사전 계획에 따라 관찰이 진행되므로 특정 상황에 대응하기 어려울 수 있다.
	• 관찰자의 주관 개입
	  - 관찰자의 주관이 관찰 과정에 영향을 미치며, 데이터의 객관성을 해칠 수 있다.

2) 비통제관찰(비체계적 관찰 ; Unstructured Observation)

정의	• 비통제관찰은 관찰조건을 표준화하지 않고, 조사목적에 부합하는 다양한 자료를 수집한다.
	  - 관찰 내용에 대한 통제가 없기 때문에 방대하고 다양한 데이터가 수집될 수 있다.
	• 비통제관찰(비체계적 관찰)은 관찰대상자의 성별·나이와 같은 인적사항, 사회적·경제적 배경, 특정 행동의 목적·동기·시간·빈도 등을 고려해야 한다.
	  - 다양한 요소를 고려하면, 포괄적이고 깊이 있는 데이터를 수집할 수 있다.

장점	• 탐색적 조사에 유리
	  - 초기 단계에서 다양한 변수와 현상을 탐색할 수 있어, 조사주제나 가설을 설정하는 데 도움이 되므로 주로 탐색적 조사에 많이 사용된다.
	• 포괄적인 정보 수집
	  - 다양한 자료를 수집할 수 있어, 복잡한 현상에 대한 깊이 있는 이해가 가능하다.

단점	• 객관성 부족
	  - 관찰자의 주관이 개입될 가능성이 높아, 데이터의 객관성이 저하될 수 있다.
	• 데이터의 비일관성
	  - 표준화된 절차가 없기 때문에 데이터의 일관성과 비교 가능성이 떨어질 수 있다.
	• 분석의 어려움
	  - 방대한 데이터와 다양한 변수로 인해 체계적인 분석이 어려울 수 있다.

(3) 관찰주체별 비교

- 관찰주체 · 도구가 무엇인가에 따라 인간의 (직접적)관찰 · 기계를 이용한 관찰로 구분된다. 기출

1) 인간의 관찰
- 조사자가 직접 참여하거나 비참여적으로 관찰대상의 행동이나 현상을 관찰 및 기록한다.

2) 기계적 관찰
① 퓨필로미터(Pupilometer) 기출
- <u>어떠한 자극을 보여주고 피관찰자의 눈동자 크기를 측정하는 것으로, 동공의 크기 변화를 통해 응답자의 반응을 측정한다.</u>
  ※ Pupil(동공 : 홍채의 중앙에 위치하며, 눈으로 들어오는 빛의 양을 조절)+meter(기계)

② 사이코갈바노미터(Psychogalvanometer)
- 응답자의 생체 변화를 측정하는 장치로, 심리적 변동에 따른 피부 전기의 변화를 측정하는 정신분석 전류 기계이다.
  ※ Psycho(정신분석)+galvanometer(검류계 : 전류를 측정하는 전기 기계)

③ 오디미터(Audimeter)
- TV 시청률을 조사하기 위해 사용되는 자동 장치로 TV 시청 시간 및 채널을 조사한다.

④ 모션 픽처 카메라(Motion Picture Camera)
- 영화를 촬영하기 위해 사용되는 카메라이며, 연속적인 프레임을 빠른 속도로 촬영한다.

(4) 직접 · 간접별 비교 암기 직간시행
- <u>관찰시기와 행동발생이 일치하는지 여부에 따라 직접관찰 · 간접관찰로 구분된다.</u> 기출

1) 직접관찰(Direct Observation)
① 정의 : 관찰 시기와 행동 발생이 일치하는 경우의 관찰 기법이다.
② 특징 : 관찰자가 실시간으로 행동을 직접관찰하고 기록한다.
  예 청소년의 인터넷 이용 실태를 조사하기 위해 PC방을 방문하여 상황을 옆에서 직접관찰 기출

2) 간접관찰(Indirect Observation)
① 정의 : 관찰 시기와 행동 발생이 일치하지 않는 경우의 관찰 기법이다.
② 특징 : 행동이 발생한 후에 그 행동에 대한 자료를 분석하여 관찰한다.
  예 CCTV 녹화 영상을 통해 과거의 행동을 관찰

(5) 인공유무별 비교

- 관찰상황이 실제 상황인지 조사자가 만들어 놓은 인위적인 상황인지를 기준으로 자연적 관찰 · 인위적 관찰로 구분된다. 기출

1) 자연적(Natural setting) 관찰
- 관찰자가 조사대상이 처한 실제상황이나 환경에서 그들의 행동을 관찰하는 방법이다.

2) 인위적(Contrived setting) 관찰
- 조사자가 만들어 놓은 인위적인 상황에서 조사대상의 행동을 관찰하는 방법이다.

(6) 공개여부별 비교

- 피관찰자가 관찰사실을 알고 있는지 여부에 따라 공개적 관찰 · 비공개적 관찰로 구분된다. 기출

1) 공개적 관찰(Undisguised Observation)
- 응답자에게 자신이 관찰된다는 사실을 알려주고 관찰하는 방법이다.

2) 비공개적 관찰(Disguised Observation)
- 응답자에게 관찰 사실을 알리지 않고 비밀리에 관찰하는 방법이다.

> **더블체크**
>
> **Q** 다음 설명에 해당하는 기계를 통한 관찰도구는? [17년 2회, 20년 1·2회 통합 기출]
>
> 어떠한 자극을 보여주고 피관찰자의 눈동자 크기를 측정하는 것으로, 동공의 크기 변화를 통해 응답자의 반응을 측정한다.
>
> ① 오디미터(Audimeter)
> ② 사이코갈바노미터(Psychogalvanometor)
> ③ 퓨필로미터(Pupilometer)
> ④ 모션 픽처 카메라(Motion Picture Camera)
>
> **해설** 퓨필로미터(Pupilometer)는 Pupil(동공, 홍채의 중앙에 위치하며, 눈으로 들어오는 빛의 양을 조절)+meter(기계)의 합성어이다. 즉, 어떠한 자극을 보여주고 피관찰자의 눈동자 크기를 측정하는 것으로, 동공의 크기 변화를 통해 응답자의 반응을 측정하는 것은 퓨필로미터(Pupilometer)이다.
>
> 정답 : ③

> **더블체크**
>
> **Q** 직접관찰과 간접관찰을 분류하는 기준으로 옳은 것은? [19년 1회 기출]
>
> ① 상황배경이 인위적인가 자연적인가
> ② 관찰대상자가 관찰사실을 아는가
> ③ 관찰대상의 체계화 정도
> ④ 관찰시기와 행동발생의 일치여부
>
> **해설** 암기 : 직간시행 관찰시기와 행동발생이 일치하는지 여부에 따라 직접관찰 · 간접관찰로 구분된다. 직접관찰(Direct Observation)은 관찰 시기와 행동 발생이 일치하는 경우의 관찰 기법이다. 반면 간접관찰(Indirect Observation)은 관찰 시기와 행동 발생이 일치하지 않는 경우의 관찰 기법이다.
>
> 정답 : ④

3 관찰법의 장단점

(1) 관찰법의 장점

1) 즉각적 자료수집 가능 [기출]
① 조사자가 현재 상태를 생생하게 기록할 수 있고, 현장에서 상황을 즉시 포착할 수 있다. [기출]
- 자연스러운 조사환경의 확보가 용이하다. [기출]

② 조사대상의 무의식적인 행동이나 인식하지 못한 문제도 관찰할 수 있다.
- 응답과정에서 발생하는 오차를 감소할 수 있다.

2) 비언어적 자료수집에 효과적 [기출]
- 언어와 문자의 제약 때문에 측정하기 어려운 사실이나 비언어적 자료에 대해서도 조사가 가능하다. 따라서 표현능력이 부족한 대상에게 적용할 경우 효과적이다.
  예) 유아나 동물 등 행위나 감정을 언어로 표현하지 못하거나 의사소통능력이 없는 대상에게 유용하다. [기출]

3) 비협조적 대상에 효과적
- 조사대상자가 조사에 비협조적이거나 면접을 거부할 경우에 효과적이다. [기출]

4) 종단분석 가능 [기출]
- 특정 대상을 장기간에 걸쳐 반복적으로 관찰하여 변화를 추적하는 장기적인 조사를 할 수 있다. [기출]

(2) 관찰법의 단점

1) 수집 및 관찰의 한계
① 대상자의 내면적인 특성이나 사적인 문제, 과거 사실에 대한 자료는 수집할 수 없다.
- 조사대상의 특성상 관찰할 수 없는 문제가 있다. [기출]

② 관찰자의 제한적인 감각 능력 또는 시간, 공간 등의 한계로 인해 대상의 모든 면을 관찰하는 것이 불가능하다.
③ 관찰 결과에 대한 자료처리가 어렵다. [기출]

2) 왜곡 가능성
- 조사대상자가 관찰을 당하고 있다는 사실을 알고 있을 경우 혹은 알게 되는 경우, 평소와는 다른 행동 양식을 보일 수 있다.
  - 피관찰자가 관찰사실을 아는 경우 조사반응성으로 인한 왜곡이 있을 수 있다. [기출]

3) 일반화의 제약
- 관찰자가 선택적으로 관찰하게 되는 경우가 있고, 조사대상의 변화 양상을 포착할 수 없어 결과를 일반화하는 데 제약이 있다.
  - 관찰 결과의 해석에 대한 객관성이 확보되기 어렵다. [기출]

4) 경제성 ↓
- 행위를 현장에서 포착해야 하므로 행위가 발생할 때까지 기다려야 하므로, 시간·비용·노력이 많이 소요된다.

더블체크

> 정답률 약 60%

Q 경험적 연구방법에 관한 설명으로 틀린 것은? [09년 3회, 14년 1회, 21년 1회 기출]

① 참여관찰의 결과는 일반화의 가능성이 높다.
② 내용분석은 질적인 내용을 양적 자료로 전환하는 방법이다.
③ 조사연구는 대규모의 모집단 특성을 기술하는 데 유용하다.
④ 실험은 외생변수들의 영향을 배제할 수 있다는 장점을 가지고 있다.

해설 경험적 조사방법은 현상을 직접 경험하거나 관찰하여 그 특성과 패턴을 이해하고 설명하는 방법론이다. 주로 실제 상황에서 데이터를 수집 및 분석하여 이론을 검증하거나 새로운 이론 개발에 사용되며, 주요 방법으로는 참여관찰, 실험 등이 있다. 이 중 참여관찰은 일반적으로 소규모 집단이나 사건을 중심으로 진행되기 때문에 조사 결과는 일반화하기 어렵다.

정답 : ①

더블체크

Q 관찰기법 분류에 관한 설명으로 틀린 것은? [11년 3회, 14년 2회, 19년 3회 기출]

① 응답자에게 자신이 관찰된다는 사실을 알려주고 관찰하는 것은 공개적 관찰이다.
② 관찰할 내용이 미리 명확히 결정되어, 준비된 표준양식에 관찰 사실을 기록하는 것은 체계적 관찰이다.
③ 청소년의 인터넷 이용실태를 조사하기 위해 PC방을 방문하여 이용 상황을 옆에서 직접 지켜본다면 직접관찰이다.
④ 컴퓨터브랜드 선호도 조사를 위해 판매매장과 비슷한 상황을 만들어 표본으로 선발된 소비자로 하여금 제품을 선택하게 하여 행동을 관찰한다면 자연적 관찰이다.

해설 인위적 관찰에 대한 설명이다. 인위적 관찰은 조사자가 만들어 놓은 인위적인 상황에서 조사대상의 행동을 관찰하는 방법이다.
① 피관찰자가 관찰사실을 알고 있는지 여부에 따라 공개적 관찰/비공개적 관찰로 구분된다.
② 관찰조건이 표준화되어 있는지에 따라 혹은 표준관찰 기록양식의 사전 결정 등 체계의 정도에 따라 통제관찰(체계적 관찰)/비통제관찰(비체계적 관찰)로 구분된다.
③ 관찰시기와 행동발생이 일치하는지 여부에 따라 직접관찰·간접관찰로 구분된다. 직접관찰은 관찰 시기와 행동발생이 일치하는 경우의 관찰 기법이며, 관찰자가 실시간으로 행동을 직접 관찰하고 기록한다.

정답 : ④

더블체크

Q 관찰법의 장점과 가장 거리가 먼 것은? [14년 3회, 17년 3회, 21년 3회 기출]

① 조사자가 현장에서 즉시 포착할 수 있다.
② 관찰 결과의 해석에 대한 객관성이 확보된다.
③ 조사에 비협조적이거나 면접을 거부할 경우에 효과적이다.
④ 행위나 감정을 언어로 표현하지 못하는 유아나 동물이 조사대상인 경우 유용하다.

해설 '관찰 결과의 해석에 대한 객관성이 확보된다.' 혹은 '관찰 결과에 대하여 객관성이 확보된다.'는 설명은 관찰법의 장점과 가장 거리가 멀다. 관찰법은 객관성을 확보하기 위해 노력하지만, 해석 과정에서는 여전히 조사자의 주관적 판단이 일부 반영될 수 있기 때문에 객관성을 보장하기 어렵다.

정답 : ②

04 면접법의 이해

1 면접법의 의미

(1) 면접법의 의의 및 특징

① 면접법은 조사자가 조사대상자와 직접 대면하여 질문을 하고, 응답을 기록하는 자료수집 방법이다.
- 면접법은 질문지법과 달리, 대면 상황에서 조사자가 대상자의 반응을 직접 관찰하고 추가 질문을 통해 더 깊은 정보를 얻을 수 있다.
- 여러 명의 면접자를 고용하여 조사할 경우 이들을 조정하고 통제하는 것이 필요하다. `기출`

② 응답자에게 면접조사에 참여하고자 하는 동기부여 요인으로 면접자를 돕고 싶은 이타적 충동, 물질적 보상 같은 혜택에 대한 기대, 자신의 의견을 표현하고 싶은 욕망 등이 있다. `기출`

(2) 면접법의 원칙

1) 면접 자체의 원칙

① 면접 시에 제3자가 개입하지 못하도록 한다. `기출`
- 면접원에 대한 사전교육은 면접원에 의한 편향(Bias)을 줄일 수 있다.
- 면접기간 동안에도 면접원에 대한 철저한 통제가 이루어져야 한다. `기출`

② 면접조사에서 조사의 질을 높이기 위해 지도원의 면접지도, 지도원의 완성된 질문지 심사, 조사원의 질문지 내 응답의 일관성 검정 등을 수행해야 한다. `기출`
- 면접 시 발생할 수 있는 예외적인 상황에 대해 면접원 교육과정에서 언급해줌으로써 이상 상황 발생 시 대처할 수 있도록 하는 것이 바람직하며, 면접지침은 면접원에게 배포한다.

더블체크

정답률 약 60%

Q 면접조사에서 면접 과정의 관리에 대한 설명으로 옳은 것은? [07년 3회, 17년 3회, 21년 1회 기출]

① 면접지침을 작성하여 응답자들에게 배포한다.
② 면접기간 동안에도 면접원에 대한 철저한 통제가 이루어져야 한다.
③ 면접원 교육과정에서 예외적인 상황은 언급하지 않도록 주의한다.
④ 면접원에 대한 사전교육은 면접원에 의한 편향(Bias)을 크게 할 수 있다.

해설 면접원이 지침에 맞게 일관되게 면접을 진행할 수 있도록 면접기간 동안에도 지속적인 관리와 감독이 필요하다. 이를 통해 조사과정에서 발생할 수 있는 오류나 편향을 최소화할 수 있다.
① 면접지침은 응답자들이 아닌, 면접원에게 배포하는 것이다.
③ 면접 시 발생할 수 있는 예외적인 상황에 대해 면접원 교육과정에서 언급해줌으로써 이상 상황 발생 시 대처할 수 있도록 하는 것이 바람직하다.
④ 면접원에 대한 사전교육은 면접원에 의한 편향(Bias)을 줄일 수 있다.

정답 : ②

2) 응답자의 원칙

- 응답자에 의한 오류는 '동조효과', '최근효과', '응답순서효과', '1차 정보효과'가 존재한다.

① **동조효과(Conformity Effect)** 기출
- 어떤 집단의 압력에 의해 개인의 태도와 행동을 변화시키는 효과이다.
  - 면접조사 시 비교적 인지수준이 낮은 응답자들이 면접자의 생각이나 지시를 비판 없이 수용하여 응답하게 될 가능성이 높아진다. 기출

② **최근효과(Recent Effect ; 최근정보효과 ; Recency Effect)** 기출
- 정보를 받거나 제공받은 시점이 최근일수록 그 정보에 더 큰 비중을 두는 현상이다.
- 면접조사에서 응답내용의 신빙성을 저해하는 최근효과(Recent Effect)는 질문지(questionnaire)를 사용하는 사회조사 보다는 조사표(interview schedule)를 사용하는 면접조사에서 자주 발생한다. 기출
  - 면접조사과정에서는 응답자가 최근에 받거나 들은 정보에 기반하여 답변을 하게 될 가능성이 크며, 이러한 최근효과(Recent Effect)는 응답내용의 신빙성을 저해한다. 기출

③ **응답순서효과(Order Effect)**
- 응답자에게 둘 이상의 질문을 할 때, 질문의 순서에 따라 응답이 달라지는 현상이다.
  - 질문 순서에 따라 응답자의 주관적 반응이나 행동이 변할 수 있다.
- 응답자에게 둘 이상의 질문을 할 때 어떤 질문을 먼저 했느냐에 따라 생길 수 있는 반응에서의 효과이다.

④ **1차 정보효과(Primacy Effect)** 기출
- 응답의 배치와 관련되어 있으며, 비슷한 응답 항목이 지나치게 많아 어떤 질문이건 첫 번째 응답 항목을 선택하는 위험성이 있는 효과이다.
  - 면접조사 시 어려운 질문항목에 부딪히게 될 때, 가능한 한 응답에서 비롯되는 심리적 부담감을 덜기 위해서, 어떤 질문항목이건 여러 개의 응답이 제시되어 있다면 무조건 제일 첫 번째 응답을 올바른 응답으로 기재하는 것이다. 기출

> **더블체크**
>
> 정답률 약 30%
>
> **Q** 면접조사에서 응답내용의 신빙성을 저해하는 최근효과(Recent Effect)에 관한 설명으로 맞는 것은?
> [02년 3회, 13년 2회, 21년 3회 기출]
>
> ① 질문지(Questionnaire)를 사용하는 사회조사보다는 조사표(Interview Schedule)를 사용하는 면접조사에서 자주 발생한다.
> ② 무학이나 저학력 응답자들은 제일 먼저 들었던 응답내용을 그 다음에 들은 응답내용에 비해 훨씬 정확하게 기억하게 된다.
> ③ 무학이나 저학력 응답자들은 면접 직전에 면접자로부터 접하게 된 면접자의 생각이나 조언을 거의 무비판적으로 따라서 응답하는 경향이 있다.
> ④ 무학이나 저학력 응답자들은 아무리 최근에 입수한 정보나 직결된 내용일지라도 어려운 질문 내용은 잘 이해할 수 없어 조사의 실효성을 감소시킨다.
>
> **해설** 최근효과는 정보를 받거나 제공받은 시점이 최근일수록 그 정보에 더 큰 비중을 두는 현상이다. 질문지를 사용하는 사회조사보다는 조사표를 사용하는 면접조사에서 자주 발생한다. 이는 면접조사 과정에서 응답자가 최근에 받거나 들은 정보에 기반하여 답변을 하게 될 가능성이 크기 때문이다.
>
> 정답 : ①

3) 면접원 평가 기준

- 면접을 시행하는 면접원의 평가 기준은 응답 성공률, 면접 소요시간, 라포(Rapport) 형성 능력 등이 있다. 기출

응답 성공률↑ 기출	• 응답 성공률이 높다는 것은 면접원이 질문을 명확하게 전달하고 응답자의 협조를 잘 이끌어냈다는 것을 의미한다.
라포 형성 능력 (Rapport) 기출	• 면접자(조사자)는 응답자가 면접에 대해 공포감이나 불안감을 가지지 않도록 주의를 기울여야 하며, 응답자의 협력을 얻는 기술을 익혀야 한다. • <u>조사자는 응답자와 '친숙한 분위기(라포 ; Rapport)'를 형성해야 한다.</u> 기출 – 면접조사 시, 조사대상자가 가능한 비공식적인 분위기에서 편안한 자세로 대답할 수 있어야 한다.
면접 소요 시간 기출	• <u>되도록 면접은 간략히 한다.</u> 기출 • 조사자는 응답자에게 응답에 필요한 일정한 시간을 주어야 하며, <u>응답자가 질문 내용을 이해하지 못하는 경우에는 간단한 부연 설명을 추가한다.</u> 기출 – '모른다'는 대답은 다른 이유가 있는지 주의 깊게 파악하여 대처한다.
명확한 신분	• 면접자는 신분을 소개하고 면접의 목적을 밝히는 동의 과정을 수행한다. – 이 과정에서 <u>면접대상자에게 신분을 알리기 위해 신분증을 제시한다.</u> 기출
정확성↑ 숙련도↑	• 조사자는 질문지를 숙지하고, 주관을 배제한 채 정확하게 질문해야 한다. – <u>조사자는 조사에 임하기 전에 스스로 질문 내용에 대해 숙지한다.</u> 기출 – <u>면접조사 시 문항은 하나도 빠짐없이 물어야 하고, 질문지에 있는 말 그대로 질문해야 한다.</u> 기출 – 조사자는 면접 결과의 기록을 위해 녹음기 등을 사용할 수 있으며, 이 경우 면접상황에 대한 구체적인 묘사를 담는 것도 고려한다. • 응답자의 응답을 면접하는 도중에 즉시 기입하여 두는 것이 바람직하다. – 면접 결과의 오차를 줄이기 위해 가능한 한 면접의 상황이나 면접자와 응답자의 상호작용을 충분히 고려하여 기록해야 한다. • 응답자는 조사자(면접자)의 자질에 큰 영향을 받으므로 전문지식과 숙련도를 갖춰야 한다. – 표준화 질문인 경우 조사표의 내용 및 그 순서에 따라 면접을 수행한다.
태도 · 외모	• 면접자에게서 기인한 오류는 면접자의 '외모', '태도'가 존재하며, **면접자는 응답자가 이질감을 느끼지 않도록 복장이나 언어사용에 유의하여야 한다.** 기출 – 외모 : 면접자의 성별이나 연령이 응답자의 응답에 상당한 차이를 가져온다. – 태도 : 면접자의 적극적 · 긍정적인 태도 또는 소극적 · 부정적인 태도에 따라 응답에 상당한 차이를 가져온다. **개념특강** 면접 종결 시 면접자의 태도 • 면접자는 면접에 대한 보다 완전한 결과를 제시하기 위해 면접이 끝난 다음 즉시 보다 자세하고 정확한 보고서를 작성하여 제출한다. • 면접이 끝나면, 면접자는 응답자에게 친절하고 정중하게 감사의 인사를 전해야 한다. • 면접이 끝나면, 면접자는 응답자의 응답이 조사에 크게 기여했음을 밝힐 필요가 있다. • 면접이 끝나면, 면접자는 응답자와 상호 긍정적인 감정을 유지하도록 하며, 친밀감을 가진 채 헤어져야 한다.

(3) 면접법의 장점

무응답↓ 오류율↓ 응답률↑	• 면접자(조사자)가 자료를 직접 기입하므로 **응답률이 비교적 높다.** `기출` 　– 일반적으로 가장 높은 응답률을 확보할 수 있는 조사방법이다. 　– 질문 내용을 응답자가 잘 이해하지 못하는 경우에 면접자가 설명해줄 수 있다. 　– 응답자의 응답이 분명하지 않으면 면접자가 응답의 내용을 점검할 수 있다. • 오기나 불기를 예방할 수 있으므로, 응답의 오류를 줄일 수 있다. 　– 무응답 문항도 줄일 수 있으므로, 응답률이 다른 조사에 비해 비교적 높다. 　[비교] <u>우편조사 · 전화조사 · 전자조사와 비교하면, 면접조사는 같은 조건하에서 응답률이 가장 높다.</u> `기출` 　[비교] <u>자기기입식 조사와 비교하면, 면접조사는 응답의 결측치를 최소화한다.</u> `기출` 　[비교] <u>자기기입식 조사와 비교하면, 면접조사는 무응답 항목을 최소화한다.</u> `기출`
신뢰성↑ `기출`	• 질문의 내용에 대한 면접자와 응답자의 상호작용이 가능하여 <u>보다 신뢰성 있는 대답을 얻을 수 있다.</u> 　[비교] <u>우편조사와 비교하면, 대인면접법은 대리응답의 가능성이 낮다.</u> 　[비교] <u>우편조사와 비교하면, 면접조사는 신뢰성 있는 대답을 얻을 수 있다.</u> 　[비교] <u>자기기입식 조사와 비교하면, 면접조사는 답변의 맥락을 이해할 수 있다.</u>
관찰도↑ 상세도↑	• 면접자가 응답자와 주변 상황을 관찰할 수 있는 '관찰 병행'이 가능하다. 　– 면접조사에서는 조사자는 <u>질문순서, 정보의 흐름을 통제할 수 있다.</u> `기출` 　– 질문 내용 외에도 조사에 필요한 기타 관련 정보들을 수집할 수 있다. 　[비교] <u>우편조사에 비해, 응답자와 그 주변의 상황을 직접관찰할 수 있다.</u> `기출` 　[비교] <u>우편조사 및 전화조사에 비해, 대면면접조사는 어린이나 노인에게 가장 적절하다.</u> `기출` • 다양한 조사내용을 비교적 장기간에 걸쳐서 상세하게 조사할 수 있다. 　– 면접일자, 시간, 장소 등을 기록할 수 있고, 복잡한 질문지를 사용할 수 있다. 　[비교] <u>우편조사 및 전화조사에 비해, 면접조사는 복잡한 질문을 다루는 데에 가장 적합하다.</u> `기출` 　[비교] <u>우편설문법에 비해 대인면접법은 비언어적 행위의 관찰도 가능하다.</u> `기출`
유연성↑ 융통성↑ 신축성↑	• 개방형 질문을 활용할 수 있고, <u>신축성 있게 자료를 얻을 수 있다.</u> `기출` 　– 적절한 질문을 현장에서 결정할 수 있는 융통성이 있다. 　– 비언어적 행위를 직접관찰할 수 있다. 　[비교] <u>자기기입식 조사와 비교하면, 면접조사는 개방형 질문에 유리하다.</u> `기출` 　[비교] <u>우편조사에 비해 대인면접법은 설문과정에서의 유연성이 높다.</u> `기출`
면접환경 조성	• <u>대인면접법은 응답 환경을 표준화 · 구조화할 수 있다.</u> `기출` 　– 조사자가 모든 응답자와 직접 대면하므로, 유사한 환경제공이 가능하다. 　– 면접에 대한 동기부여와 함께 면접에 응할 수 있는 분위기 조성이 가능하다. • <u>자료수집 상황의 통제가 가능하다.</u> `기출` 　– 여러 명의 면접원을 고용하여 조사할 때는 이들을 조정하고 통제하는 것이 요구된다. `기출`

(4) 면접법의 단점

오류·편의 발생↑	• 면접자에 의한 편의(Bias)가 발생할 수 있다. 기출 　- 면접자의 개인별 차이에서 오는 영향이나 오류를 피하기 어렵다. 　- 대인면접조사는 면접자와 응답자 사이에 친숙한 분위기가 형성되지 않거나 '**상호 이해 부족**'으로 인해 외적 요인들로부터 오류가 개입될 가능성이 있다. 기출 • 응답자에 의해서도 편의(Bias)가 발생할 수 있다. 　① <u>예의를 찾는 데서 오는 편의</u> 기출 　　- 응답자가 면접자에게 예의를 지키기 위해 진실을 말하지 않고 긍정적이거나 상대방이 듣기 좋아하는 답변을 하는 경우 발생하는 편의이다. 　② <u>고의적 오도로 인한 편의</u> 기출 　　- 응답자가 의도적으로 잘못된 정보를 제공하는 경우 발생하는 편의이다. 이는 응답자가 특정한 이유로 정보를 숨기거나 왜곡하려고 할 때 나타난다. 응답자가 자신의 나이나 수입을 부풀리거나, 실제로는 사용하지 않는 제품을 사용한다고 말하는 경우이다. 　③ <u>사회적으로 바람직한 대답을 하려는 데서 오는 편의</u> 기출 　　- 응답자가 사회적으로 바람직하거나 받아들여지는 답변을 하려고 할 때 발생하는 편의이다. 응답자가 자신의 이미지를 좋게 보이게 하려는 경향에서 비롯된다.
시간·비용 경제성↓	• 비용과 시간이 많이 소요된다. 기출 　- 방문시각을 항상 고려해야 하며, 방문계획시간을 엄수해야 한다. 　[비교] <u>대인면접조사는 전화조사나 우편조사보다 비용이 많이 든다.</u> 기출
익명성↓ 정확성↓	• 응답자의 익명성이 결여되어 정확한 내용을 도출하기 어렵다. 　- 특수층의 사람에 대해 면접이 곤란한 경우가 있다. 　- 가구소득, 가정폭력, 성적 경향 등 민감한 사안의 조사 시 정확한 결과를 도출하기 힘들다.
주관 개입도↑ 기출	• 면접자와 응답자가 직접 대면하여 조사하는 방식이므로 **면접자의 주관이 개입될 가능성이 매우 높다.** 　- <u>조사원이 응답자의 응답에 영향을 미칠 수 있다.</u> 　[비교] <u>온라인조사, 우편조사, 전화조사에 비해, 면접조사는 조사자의 주관이 개입될 가능성이 가장 높은 자료수집방법이다.</u>

더블체크

Q 조사자의 주관이 개입될 가능성이 가장 높은 자료수집방법은?　　　　[10년 3회, 20년 3회 기출]

① 면접조사
② 온라인조사
③ 우편조사
④ 전화조사

해설 면접조사는 면접자와 응답자가 직접 대면하여 조사하는 방식이므로 면접자의 주관이 개입될 가능성이 매우 높다. ②, ③, ④의 다른 자료수집 방법들(온라인조사, 우편조사, 전화조사)은 면접조사보다는 면접자의 주관이 개입될 가능성이 적다.

정답 : ①

2 면접법의 종류

(1) 표준화면접

1) 의의 및 특징
- 표준화면접(구조화된 면접)은 면접자가 면접조사를 만들어서 상황에 구애됨이 없이 모든 응답자에게 동일한 질문 순서와 동일한 질문 내용에 따라 면접을 수행하는 방법이다.
  - <u>표준화면접은 정확하고 체계적인 자료를 얻고자 할 때 가장 적합하다.</u> `기출`

2) 유의사항
① 상호작용의 질
  - <u>응답자로 하여금 면접자와의 상호작용이 유쾌하며 만족스러운 것이 될 것이라고 느끼도록 해야 한다.</u> `기출`
  - 면접 시작 전에는 따뜻한 인사말을 통해 편안한 분위기를 조성하고, 면접 진행 중에는 응답자의 말을 경청하고 눈 맞춤과 긍정적인 몸짓으로 응답자를 존중하는 태도를 보인다.

② 조사의 가치 인식
  - <u>응답자로 하여금 그 조사가 가치 있는 것으로 생각하도록 해야 한다.</u> `기출`
  - 면접 시작 전에 조사의 목적과 중요성을 명확하게 설명하여, 응답자가 제공하는 정보가 큰 기여를 한다는 점을 강조하여 참여 의욕을 높인다.

③ 질문의 명확성·일관성 유지
  - <u>조사표에 담긴 질문 내용에서 벗어나는 질문을 해서는 안 된다.</u> `기출`
  - 면접자는 미리 준비된 질문지에 따라 정확한 순서와 내용으로 질문을 진행한다.

3) 장·단점

장점	신뢰도 ↑ `기출`	• <u>표준화면접은 신뢰도가 높다.</u> [비교] <u>비표준화된 면접에 비해 표준화면접은 응답 결과의 신뢰도가 상대적으로 높다.</u>
	계량화 ↑ 반복 가능 `기출`	• <u>표준화면접은 계량화가 용이하다.</u> - 따라서 <u>조사표에 담긴 질문 내용에서 벗어나는 질문을 하면 안 된다.</u> [비교] <u>비표준화된 면접에 비해 표준화면접은 상대적으로 면접 결과의 계량화·수치화가 쉽고, 정보의 비교가 용이하다.</u> • 일관된 방법을 통해 <u>반복적인 면접조사가 가능하다.</u>
단점	타당도 ↓	• 각 개인의 고유한 상황을 충분히 반영하지 못해 타당도가 낮을 수 있다. - 모든 응답자에게 동일한 질문을 동일한 순서로 수행하므로, 각 개인의 상황이나 맥락을 반영하기 어렵다. [비교] 비표준화된 면접에 비해 응답 결과의 타당도가 상대적으로 낮다.
	자율성 ↓	• 면접의 신축성·유연성이 낮아 깊이 있는 측정을 도모할 수 없다. - 면접자가 사전에 준비된 질문지에 따라 면접을 진행해야 하므로 면접자의 자율성이 제한되며, <u>구조화면접은 자율성이 매우 적은 유형이다.</u> `기출` - 면접자는 질문 순서나 내용을 임의로 변경할 수 없고, 추가적인 질문을 통해 응답자의 답변을 더 깊이 탐구하기 어렵다.

(2) 비표준화면접

1) 의의 및 특징

① 비표준화면접(비구조화된 면접)은 면접자가 면접조사표의 질문 내용, 형식, 순서를 미리 정하지 않은 채 면접 상황에 따라 자유롭게 응답자와 상호작용을 통해 자료를 수집하는 방법이다.

② <u>비구조화 면접은 심층규명(Probing)을 하고자 할 때 가장 적합한 조사방법이다.</u> 기출
- 우편 설문조사, 온라인 설문조사, 간접관찰 조사보다 유연성과 심층적인 질문이 가능하여 미개척 분야의 개발에 특히 유용하다.
- 표준화된 면접에 비해 응답 결과에 있어서 상대적으로 타당도가 높지만↑ 신뢰도는 낮다.↓
- ※ 심층규명(Probing) 관련 내용은 제1과목 조사방법과 설계 → CHAPTER 04 FGI 정성조사 내용 참고

③ 비표준화면접 유형으로는 '비지시면접'이 있다.
- 비지시면접은 면접자가 응답자를 특정한 방법이나 절차에 따라 면접하는 것이 아니라, 응답자가 공포감 없이 자유롭게 응답할 수 있는 분위기를 조성하여 면접하는 방법이다.
  - 이 면접 방식은 주로 비표준화된 면접 방법을 사용한다.

2) 유의사항

① 응답자와의 상호작용
- 면접자가 응답자와 원활한 상호작용을 통해 신뢰를 형성하고, 응답자가 자유롭게 의견을 표현할 수 있도록 해야 한다.

② 일관성 유지
- 면접 상황이 자유롭지만, 주제 관련 핵심 사항에 대해 일관성을 유지하도록 노력해야 한다.

3) 장·단점

장점	타당도↑	• 비표준화면접에서는 면접자가 응답자의 개별적인 상황과 맥락을 반영한 질문을 할 수 있다. - 응답자가 자신의 경험과 관점을 더 정확하게 표현할 수 있도록 도와주어, 응답 결과의 타당도를 높인다. [비교] 표준화된 면접에 비해 응답 결과의 타당도가 높다.
	자율성↑ 융통성↑	• 신축성·유연성·융통성이 높아 다양한 상황에 맞추어 수행가능하다. - <u>미개척 분야 개발에 유용하다.</u> 기출 - <u>표준화면접에서 필요한 변수 발견을 위해 유용한 자료를 제공한다.</u> 기출
단점	경제성↓	• 면접자의 숙련도에 따라 시간이 많이 걸리고 비용이 높아질 수 있다. - 면접자의 편의(Bias)가 개입될 가능성이 높다.
	신뢰도↓	• 비표준화면접은 면접 결과의 신뢰도가 상대적으로 낮다. - 동일한 조건에서 동일한 결과를 얻기 어려워, 조사 결과의 반복성과 재현성이 낮아진다. 이는 조사 결과의 신뢰도를 떨어뜨린다.
	계량화↓	• <u>결과자료의 부호화가 어렵다.</u> 기출 - 면접결과자료의 수량화·부호화·계량화가 어려워 통계처리가 상대적으로 어렵다.
	반복 어려움	• 반복적인 면접이 불가능하며, 면접 결과에 대한 비교가 어렵다.

> **더블체크**

Q 다음 중 표준화면접의 사용이 가장 적합한 것은? [09년 1회, 12년 1회, 16년 1회, 19년 1회 기출]

① 새로운 사실을 발견하고자 할 때
② 정확하고 체계적인 자료를 얻고자 할 때
③ 피면접자로 하여금 자유연상을 하게 할 때
④ 보다 융통성 있는 면접분위기를 유도하고자 할 때

해설 표준화면접(구조화된 면접)은 면접자가 면접조사를 만들어서 상황에 구애됨이 없이 모든 응답자에게 동일한 질문 순서와 동일한 질문 내용에 따라 면접을 수행하는 방법이다. 표준화면접은 정확하고 체계적인 자료를 얻고자 할 때 수행한다.

정답 : ②

> **더블체크**

Q 다음 중 심층규명(Probing)을 하고자 할 때 가장 적합한 조사방법은? [18년 3회 기출]

① 우편 설문조사
② 온라인 설문조사
③ 간접관찰 설문조사
④ 비구조화면접조사

해설 비구조화면접조사는 자유롭게 심층규명(Probing)을 하고자 할 때 가장 적합한 조사방법이다. 비표준화면접은 응답자의 답변에 따라 추가 질문을 통해 심층적인 정보를 끌어내야 한다. 따라서 비구조화면접조사는 우편 설문조사, 온라인 설문조사, 간접관찰 조사보다 유연성과 심층적인 질문이 가능하여 미개척 분야의 개발에 특히 유용하다.

정답 : ④

> **더블체크**

Q 비표준화(비구조화)면접의 장점을 모두 짝지은 것은? [13년 1회, 15년 3회, 22년 2회 기출]

A. 융통성이 있다.
B. 면접 결과의 신뢰도가 높다.
C. 면접 결과자료의 수량화 및 통계처리가 용이하다.
D. 표준화면접에서 필요한 변수를 찾아내는데 유용한 자료를 제공한다.

① A, B
② B, C
③ C, D
④ A, D

해설 A, D가 비표준화(비구조화)면접의 장점이다.
A : 비표준화(비구조화)면접은 신축성·유연성·융통성이 높아 다양한 상황에 맞추어 수행가능하다.
B : 비표준화(비구조화)면접은 면접 결과의 신뢰도가 상대적으로 낮다.
C : 비표준화(비구조화)면접은 결과자료의 수량화·부호화·계량화가 어렵고, 면접 결과자료의 통계처리가 상대적으로 어렵다.
D : 비표준화(비구조화)면접은 '미개척 분야 개발'과 새로운 주제에 대한 자료수집에 유용하다. 즉, 표준화면접에서 필요한 변수 발견을 위해 유용한 자료를 제공한다.

정답 : ④

(3) 반표준화면접

1) 의의 및 특징
① 반표준화면접(반구조화된 면접)은 중요한 질문들을 표준화된 형태로 설정하되, 면접자가 필요에 따라 상황에 맞게 추가 질문이나 변형 질문을 제시할 수 있는 면접 방법이다.
② 표준화된 면접과 비표준화된 면접의 장점을 결합한 형태이다.
   - 일정한 수의 중요한 질문을 표준화하고, 그 외의 질문은 비표준화하는 방법이다.

2) 반표준화면접 유형
① 초점집단면접법(FGI ; Focus Group Interview ; 표적집단면접)
   - FGI는 진행자(moderator)가 동질의 소수의 집단을 대상으로 특정한 주제에 대해 자유롭게 토론하여 필요한 정보를 얻는 방법이다.
   (※ FGI 관련 상세한 내용은 '제1과목 조사방법과 설계 → CHAPTER 04. FGI 정성조사' 참고)

② 임상면접법(Clinical Interview)
   - **임상면접은 광범위한 개인의 감정이나 생활경험을 알아보고자 할 경우 많이 활용하는 조사방법이다.** 기출
     – 이 방법은 주로 심리학, 정신의학, 상담 등의 분야에서 사용되며, 면접자가 피면접자의 감정과 경험을 탐색하고 평가하기 위해 다양한 질문을 던진다.
   - 임상면접은 초기에 신경정신과 환자들에게만 심리학적 평가로 실시하다가 현재는 일반인에게도 적용하고 있으며, 환자를 대상으로 임상면접 시 탐색되는 내용은 환자의 현 상태와 증상 및 과거병력이다.

3) 장 · 단점

장점	유연성	면접자가 응답자의 상황에 맞게 질문을 조정 및 변형할 수 있어, 응답자로부터 더 깊이 있고 풍부한 정보를 얻을 수 있다.
	탐색적	새로운 가설이나 사실을 발견하는 데 유용하며, 예측하지 못한 응답을 통해 조사 범위를 확장할 수 있다.
단점	일관성↓	면접자에 따라 질문의 형태나 깊이가 달라질 수 있어, 같은 주제에 대해서도 응답의 일관성이 떨어질 수 있다. 이는 조사결과의 신뢰성에 영향을 미칠 수 있다.

> **더블체크**
>
> **Q** 광범위한 개인의 감정이나 생활경험을 알아보고자 할 경우 많이 활용하는 조사방법은?
> [02년 3회, 20년 4회 기출]
>
> ① 집중면접(Focused Interview)
> ② 임상면접(Clinical Interview)
> ③ 비지시적 면접(Nondirective Interview)
> ④ 구조식 면접(Structured Interview)
>
> **해설** 임상면접은 광범위한 개인의 감정이나 생활경험을 알아보고자 할 경우 많이 활용하는 반표준화면접의 유형이다.
>
> 정답 : ②

CHAPTER 02 실사관리

제2과목_ 조사관리와 자료처리

01 실사준비

1 조사방법별 조사원 선발

(1) 조사원의 개념

1) 조사원의 의의 및 특징

① 조사원(Interviewer or Fieldworker)은 조사자(Researcher)가 설계한 연구 계획에 따라, 실제로 자료를 수집하는 현장 작업을 수행한다.
② 조사원은 교육을 수료해야 하며, <u>조사원 교육은 조사자나 실사 감독관이 수행한다.</u> 기출

2) 조사원의 역할단계

- 조사원은 조사수행 전/중/후의 단계에 따라 아래와 같은 역할을 담당한다.

조사수행 전	• (현장)조사를 위해 조사교육훈련 참가에 참가한다. • 조사원은 조사지역 내 대상자 명부(표본틀)를 구성 및 작성하거나, 대상 가구 중에서 응답표본 선정한다. • 조사원은 표본인 조사대상(응답자)와 접촉하고 참여 협조를 구한다.

조사수행 중	• 조사원은 응답자에게
	   – 솔직하고 성실한 응답을 위한 동기부여를 하거나
	   – 응답질문에 대한 설명을 해주거나
	   – 응답이 애매하면 프로빙(캐어묻기)을 수행한다.

조사 완료 후	• 조사원은 응답내용검수 및 응답자에 관한 관찰결과를 기록한다. – 응답내용에 관한 모든 객관적인 기술을 포함하여 응답자의 외모(모습) 및 가족관계, 이웃의 진술 등 직접 관찰한 내용을 모두 기록한다.

(2) 조사원의 선발기준

1) 역량 및 행태

① 조사원의 업무 중요성을 인식하며 업무를 수행하려는 자
② 조사절차를 정확히 이해하고 실행하고, 조사업무에 대한 협력의 열의가 있는 자
③ 보안 사항 및 지침을 준수하는 자

2) 조사별 경력 및 자격

- 일반적으로 조사수행 범위 인근 거주자, 시간적으로 여유가 있는 자, 출장 가능자가 우대된다.
① 온라인조사법 : 인터넷 조사 경력 1년 이상, 컴퓨터활용능력 자격 보유자
② 우편조사법 : 유사 조사 경력 1년 이상인 자
③ 전화조사법 : 응답 기입이 원활한 자, 발음이 정확하고 의사전달 능력이 뛰어난 자

(3) 조사수행 체계

프로젝트 연구원	• 조사원 교육 및 조사표 생성 – 조사원에게 조사목적을 교육시키고, 적합한 자료가 수집되도록 모든 인력들을 연계·통제·관리한다. – <u>교육은 별도의 자료나 매뉴얼을 작성하여 실시한다.</u> 기출 – 조사를 전체적으로 기획·설계하고 조사표를 만든다.
조사원	• 매일 조사 상황을 보고하기 – 조사원은 보고 체계에 기반하여 조사기획자에게 브리핑을 수행한다. – <u>교육을 통해 조사목적, 설문 내용 및 조사 진행 과정 등을 숙지한다.</u> 기출 – 조사원은 완성된 조사표에 대해 내용을 확인받는다. • 중간자 역할 수행하기 – 조사원은 응답자가 조사의 목적을 잘 이해하도록 중간자 역할을 한다. – 응답자, 조사원, 조사관리자 모두 용어를 같은 의미로 해석해야 한다. – 조사원들은 검증원들에게 검증절차에 대해 설명을 해준다.
검증원	• 교육 수료하기 및 인력 중복 주의하기 – 검증원은 조사원들과 한 자리에서 대면하여 교육을 받는다. – 검증원 인력과 조사원 인력은 중복될 수 없다. – 인원 부족의 상황에서는 조사지도원이 검증 작업에 투입된다. • 검증하기 – 조사원들이 표준 진행 절차를 준수하여 자료를 수집했는지를 검증한다. – 회수된 질문지를 임의추출하여 응답자 선정의 적정성을 검증한다.
조사기획자 · 조사지도원 · 조사관리자	• 조사원 선발 및 교육하기 – 총괄자로서, 실질적 현장조사의 조사원 및 자료를 책임지고 관리한다. – 조사원의 서약서를 확인하고, 원활한 연락을 위해 조사원의 자택주소 및 지인 연락처 등의 정보를 미리 수집해두어야 한다. • 매일 조사상황 파악하기 – 조사원들의 진행률·출퇴근 상황 등을 상세히 확인한다. – 회수된 질문지 검토하여 검토기준에 맞지 않는 경우 조사원에게 추가 면접을 실시하게 하거나 때로는 응답내용을 폐기한다. – 조사관리자는 대규모 조사인 경우 투입되며, 전반적인 상황을 파악한다.
부호기입원	• 전문적인 코딩을 통해 목적에 맞게 범주화하여 숫자나 부호로 변환한다. – '입력원'은 조사표의 내용을 전산처리가 가능하도록 숫자나 부호로 입력한다.

더블체크

Q 조사원 교육 및 관리에 대한 설명으로 틀린 것은? [12년 1회 기출]

① 조사원 교육은 연구자나 실사 감독관이 한다.
② 교육은 별도의 자료나 매뉴얼을 작성하여 실시한다.
③ 조사원이 조사목적, 설문내용 및 조사 진행 과정 등을 숙지하도록 한다.
④ 조사과정에서 발생하는 문제는 조사원 스스로가 해결하도록 유도한다.

해설 일반적으로 조사과정에서 발생하는 문제는 조사원이 스스로 해결하는 것이 아니라, 조사를 지원하는 다른 전문가나 조사 감독자의 지원이 필요할 수 있다. 조사원들은 문제가 발생했을 때 이를 신속하게 보고하고, 문제해결을 위해 조사의 책임자나 전문가의 지시를 받는 것이 바람직하다.

정답 : ④

2 조사원의 유형별 직무 교육

(1) 공통 직무 교육

1) 직무 교육 필요성
- 조사원 직무 교육은 조사 목표를 달성할 능력과 자세를 갖추도록 하는 것이다.
  - 교육을 통해 조사업무의 전문적인 성격을 이해하고, 조사원의 역할과 중요성을 깊이 인식하여 정체성 및 자부심을 확립한다.

2) 직무 교육 목표

① 이해력 및 커뮤니케이션 능력 향상
- 조사원들이 현장조사에 대한 이해력을 높이고 커뮤니케이션 능력을 향상시켜, 응답대상자를 효과적으로 설득할 수 있도록 한다.

② 동기부여 및 사명감 향상
- 정책 수립에 가장 기본이 되는 '통계 작성'에 대한 자부심과 책임감을 수립하는 것이 가장 중요하다.
- 조사원들에게 긍정적 동기를 부여하고 사명감을 높여, 윤리적 자질을 향상시킨다.
- 조사원이 관심이 없던 분야라도 그 쓰임새를 이해하면 스스로 조사에 흥미를 갖고 헌신하도록 유도한다.

③ 조사과정의 이해
- 조사와 조사과정에 관한 내용을 교육하여, 대상자에게 조사의 목적과 용도를 설명해 신뢰를 얻고 협조를 이끌어낼 수 있도록 한다.
- 조사과정에서 나타날 수 있는 부정적인 영향을 미치는 요인들을 사전에 인식하고 대처할 수 있도록 한다.

3) 직무 교육 내용

① 조사방법 및 절차 교육
- 조사원은 조사관리자의 지시에 따를 것을 반드시 명심하도록 교육한다.
- 신분을 밝히는 조사원 명찰을 항상 착용하며, 명찰을 착용한 상태로 개인 업무를 보지 않도록 교육을 받는다.

② 응답자 대응 교육
- 원칙에 따라 응답자에게 협조·응답·동의를 얻거나 설득하는 기술에 대해 교육을 받는다.
- 응답자에게 조사에 대한 설명을 하거나, 통계법을 안내하는 방법에 대해 교육을 받는다.

③ 자료입력 및 검토 교육
- 조사표를 정확하게 입력·기록·검토하는 방법에 대해 교육을 받는다.
- 대답이 불분명할 때, 프로빙하여 적절한 답을 얻는 방법에 대해 교육을 받는다.

④ 보안 및 윤리 교육
- 조사과정에서의 개인정보 보호와 윤리적인 응답 유도 방법에 대한 교육을 받는다.
- 조사관리자와 긴밀하게 연락하는 방법에 대한 교육을 받는다.

(2) 유형별 직무 교육

1) 온라인조사원의 직무 교육
① 온라인조사 도구 활용 : 인터넷 조사 도구 및 소프트웨어 활용 방법에 대한 교육을 받는다.
② 데이터 관리 : 온라인조사 데이터를 정확하게 수집하고 관리하는 방법에 대해 교육을 받는다.
③ 인터넷 에티켓 : 온라인상에서 응답자와 소통할 때의 에티켓과 보안 사항에 대해 교육을 받는다.
④ 기술 문제 대응 : 인터넷 조사 중 발생할 수 있는 기술적 문제에 대한 대응 방법을 배우는 교육을 받는다.

2) 우편조사원의 직무 교육
① 우편조사절차 : 우편조사과정, 설문지 발송 및 회수 절차 등에 대한 교육을 받는다.
② 응답률 향상 기술 : 응답자가 설문지를 성실하게 작성하고 회수하도록 유도하는 기술에 대해 교육을 받는다.
③ 자료 관리 : 회수된 설문지를 정확하게 관리하고 입력하는 방법에 대해 교육을 받는다.
④ 조사표 검토 : 회수된 설문지의 응답내용을 검토하고 오류를 찾아내는 방법에 대해 교육을 받는다.

3) 전화조사원의 직무 교육
① 전화 인터뷰 기술 : 전화상에서 명확하게 질문을 전달하고 응답을 유도하는 기술에 대한 교육을 받는다.
② 언어 및 발음 교육 : 명확한 발음과 상냥한 언어 사용, 적절한 억양 조절 등에 대한 교육을 받는다.
③ 의사소통 기술 : 전화상에서 응답자와 효과적으로 소통하는 방법에 대한 교육을 받는다.
④ 스트레스 관리 : 전화조사 중 발생할 수 있는 스트레스를 관리하는 방법에 대해 교육을 받는다.

4) 면접조사원의 직무 교육
① 인터뷰 기술 : 대면 인터뷰 기술, 신뢰와 친밀감을 형성하는 방법 등에 대해 심화 교육을 받는다.
- 조사원의 태도나 말투가 응답자의 대답에 영향을 미칠 수 있어 면접자의 편향이 개입될 위험도 존재한다.

② 응답자 설득 및 동기부여 : 응답자가 성실히 응답하도록 동기를 부여하는 기술에 대한 교육을 받는다.
③ 관찰 및 기록 : 응답자 및 응답 환경에 대한 관찰 기술과 정확하게 기록하는 방법에 대한 교육을 받는다.
- 질문에 대한 해석 차이 및 응답자의 사회적 바람직성 편향으로 인해 조사원과 응답자의 상호 이해 부족이 발생하면, 오류가 개입될 가능성이 높다.

④ 시간 및 비용 관리 : 대인면접법은 조사원이 응답자와 직접 대면하여 질문하고 응답을 받는 방식이며, 이 방법은 시간과 비용이 많이 소요된다.

더블체크

Q 시간과 비용이 많이 들며, 조사원과 응답자의 상호 이해 부족으로 오류가 개입될 가능성이 높고, 질문과정에서 조사원이 응답자의 응답에 영향을 미칠 수 있는 자료수집 방법은? [21년 1회 기출]

① 대인면접법 ② 전화면접법
③ 우편조사법 ④ 인터넷조사법

해설 직접적으로 조사원이 응답자와 대면하여 질문을 하고 응답을 기록하는 방법이다. 이 방법은 조사원과 응답자 간의 상호작용이 많이 발생하기 때문에 조사원의 태도나 응답자의 반응에 따라 결과가 영향을 받을 수 있다.

정답 : ①

5) 현장조사원의 직무 교육

① 조사표류 준비
- 조사표류란 설문조사나 면접조사와 같은 자료 수집 과정에서 사용하는 질문지(설문지)이며, 이 질문지에는 조사자가 원하는 정보를 얻기 위해 설계한 질문 목록이 포함되어 있다.
  - 즉, 조사와 관련된 조사표류에는 (예비)조사표, 지침서, 별도 응답기록지 등이 있다.

② 조사표류 교육
- 조사표 내용 설명하기
  - 조사표의 모양 및 구성 등 각 항목 설명하기
  - 조사지침서(책자)를 사용한 조사표 용어 설명하기
- 조사표 숙지하기 혹은 조사원끼리 역할놀이로 익히기
  - 시간을 소요하여 내용을 숙지하고, 내용을 숙지하지 못하는 경우 현장조사 불가
  - 응답자 역할을 하는 조사원은 본인의 경험에 비추어 응답하기
  - 의심이 발생하는 부분에서는 해결 후 다음 과정을 수행하도록 하기
- 평가하기
  - 조사표 내용을 잘 숙지했는지 평가하고, 결과가 좋지 않은 경우 재교육 실시하기

개념특강 현장조사 운영지침

[시행 2015. 12. 7.] [통계청 훈령 제442호, 2015. 12. 7., 일부개정]

제9조(조사표류 제출 의무) 현장조사 직원은 조사지침서 등에 정해진 조사표류를 제출기한까지 제출하여야 하며, 소관부서가 인정한 경우 이외에는 제출기한을 넘겨 조사표류를 개인이 보유하거나 소관부서에 제출을 거부할 수 없다.

제13조(인계인수) ① 현장조사 직원은 업무의 재분장 등에 따라 인계인수를 할 때에는 다음 각 호의 사항을 준수하여야 한다.
1. 조사와 관련된 조사표류, 기록부, 지침서, 명부 등을 인계인수
(중략)

더블체크

Q 면접조사에서 조사의 질을 높이기 위한 방법이 아닌 것은? [05년 3회, 21년 2회 기출]

① 지도원의 면접지도
② 지도원의 완성된 질문지 심사
③ 조사항목별 부호화 작업 및 검토
④ 조사원의 질문지 내 응답의 일관성 검정

해설 부호화 작업은 수집된 데이터 분석을 위해 필요한 과정이지만 이는 주로 데이터 분석 단계에서 이루어지며, 이 작업 자체는 면접조사의 질을 직접적으로 높이는 방법이 아니다.

①, ②, ④ 면접조사에서는 조사의 질을 높이기 위해 지도원의 면접지도, 지도원의 완성된 질문지 심사, 조사원의 질문지 내 응답의 일관성 검정 등을 수행해야 한다.

① 지도원은 면접자들에게 면접 방법과 기술을 지도하여 면접조사의 질을 높이는 데 중요한 역할을 한다. 이를 통해 면접자들이 일관되게 면접을 진행할 수 있다.
② 지도원이 완성된 질문지를 심사하여 질문지가 정확하게 작성되었는지 확인하는 과정은 조사의 질을 높이는 데 필수적이다. 이를 통해 오류를 최소화할 수 있다.
④ 조사원이 질문지 내 응답의 일관성을 검정하여 응답의 신뢰성과 정확성을 높이는 과정은 면접조사의 질을 높이는 데 중요한 역할을 한다.

정답 : ③

3 조사원의 유형별 직무범위와 역할

(1) 공통 직무범위와 역할

- 모든 조사원은 다음과 같은 기본적인 직무범위와 역할을 수행한다.
  ① **자료수집** : 다양한 방법을 통해 정확하고 신뢰성 있는 데이터를 수집한다.
  ② **응답자 접촉** : 응답자와의 접촉을 통해 조사에 협조하도록 유도한다.
  ③ **질문 제시** : 설문지나 조사표의 질문을 응답자에게 제시한다.
  ④ **응답 기록** : 응답내용을 정확하게 기록한다.
  ⑤ **자료 검토 및 입력** : 수집한 자료를 검토하고 전산 시스템에 입력한다.
  ⑥ **응답자 설득 및 동기부여** : 응답자가 성실히 응답하도록 동기를 부여하고 설득한다.

(2) 유형별 직무범위와 역할

- 조사원들은 조사방법에 따라 다양한 역할과 직무를 수행하며, 각 방법에 특화된 기술과 능력을 갖추고 있다.

1) 온라인조사원
① **온라인 설문지 관리** : 인터넷을 통해 설문지를 배포하고, 응답을 수집한다.
② **데이터 처리** : 수집한 데이터를 정확하게 입력하고 관리한다.
③ **기술적 문제해결** : 온라인조사 과정에서 발생할 수 있는 기술적 문제를 해결한다.
④ **응답자 지원** : 응답자가 온라인 설문지 작성에 어려움을 겪는 경우에 지원을 제공한다.

2) 우편조사원
① **설문지 발송 및 회수** : 우편으로 설문지를 발송하고, 회수된 설문지를 관리한다.
② **데이터 입력** : 회수된 설문지의 응답내용을 정확하게 입력한다.
③ **응답자 설득** : 응답자가 설문지를 성실하게 작성하고 회수할 수 있도록 설득한다.
④ **자료 검토** : 회수된 설문지의 응답내용을 검토하고, 오류를 찾아내어 수정한다.

3) 전화조사원
① **전화 인터뷰** : 전화로 응답자에게 질문을 제시하고, 응답을 기록한다.
② **의사소통 기술 활용** : 명확하고 정확한 발음·언어·억양 사용을 통해 응답자를 설득한다.
③ **응답 데이터 입력** : 전화로 받은 응답내용을 정확하게 기록하고 전산 시스템에 입력한다.
④ **응답자 대응** : 다양한 응답자의 반응에 신속하고 효과적으로 대응한다.

4) 면접조사원
① **직접 대면조사** : 응답자와 직접 대면하여 질문을 제시하고, 응답을 기록한다.
② **응답자 신뢰 구축** : 응답자와 신뢰를 구축하고, 솔직하고 정확하게 답변하도록 유도한다.
③ **관찰 및 기록** : 응답자의 반응과 주변 환경을 관찰하고, 필요한 경우 이를 기록한다.
④ **현장조사 수행** : 필요한 경우 긴 시간 동안 현장에서 직접 조사를 수행한다. 현장조사를 하지 않고 기존 자료를 이용하는 탁상조사를 해서는 안 된다.

02 실사진행 관리

1. 실사 진행 시 점검 사항

(1) 점검 내용

1) 보고 체계 및 점검 내용
- 조사의 응답현황, 목표·실제 조사량, 문제점·개선점·특이사항 등에 대해 보고한다.
  - 조사원은 매일 현황을 보고하고, 조사관리자는 진행 상황을 상세히 파악한다.

2) 결측치 및 응답패턴 점검
- 응답 누락 항목 및 오류 확인 후 조사원을 통해 응답자에게 재확인을 요청한다.
- 조사원별 상이한 응답패턴을 확인하고, 적격 응답자 여부에 대한 품질관리를 수행한다.

3) 조사일정 관리
- 조사원의 보고 내용을 기반으로 조사 속도를 파악하고 방법에 문제가 있으면 개선한다.

4) 설문지 점검
- 지침서와 교육내용 준수 여부 확인 후 현장에서 수거한 설문지 결과를 꼼꼼히 살펴본다.
- 회수 즉시 점검하고, 조사원이 누락한 항목이나 알아볼 수 없는 글씨를 확인한다.

5) 조사 초기 집중 점검
- 조사기간 초기에 집중 점검을 통해 오류 발생가능성을 확실하게 감소시킨다.
- 조사원 현장 애로사항은 취합하여 다른 조사원들에게 재교육할 때 활용한다.

2. 점검 결과에 따른 유형별 필요 조치

(1) 유형별 조치방법

1) 조사원 관련
- 조사원의 수행방법 미준수 상황이 발생하면 재교육 후 문제 지속 시 조사원을 대체한다.

2) 조사 일정 관련
- 진행 지연 및 진행률 저조 시, 추가 조사원을 투입·대체한다.

3) 응답누락 및 폐기 관련
- 조사원은 설문지의 기입 오류 및 논리적 오류에 대해 현장검증을 실시하여 점검한다.
- 조사원은 수행 과정에서 오류 발견 시 응답자에게 즉시 재확인 후 폐기 및 재조사한다.
- 폐기로 누락된 대상자는 동일한 특성의 표본집단(조사대상자)을 선정한다.

03 실사품질 관리

1. 수집된 자료 정합성 점검

(1) 정합성 의의 및 특징

① 정합성의 의의
- 정합성은 영어로 Consistency 또는 Logical Consistency라고 표현한다.
  - 이 용어는 자료나 정보가 일관성 있게 맞아떨어지며, 논리적인 오류나 모순이 없는지 확인하는 과정을 의미한다. 데이터 수집 과정에서는 Data Consistency라고 하기도 한다.

② 정합성의 특징
- 실사품질 관리 단계는 정확한 조사 결과 도출에 있어 매우 중요하다.
  - 정확한 정보 수집이 이루어지지 않거나 실사가 적합한 방법으로 진행되지 않으면, 조사 결과의 신뢰도가 떨어진다.

(2) 정합성 점검 단계별 수행

1차 검증
(현장검증)
	• 현장검증 대상 : 설문조사 완료 후 회수된 설문지
	• 현장검증 담당 : 조사를 직접 수행한 조사원
	  - 오류에 대한 재확인이 어렵거나 심각한 오류 발생 시 설문지를 폐기하고 재조사를 실시한다.
	• 현장검증 내용 : 정합성 점검
	  ① 응답에는 누락이 없는가?
	  ② 조사원에게 할당된 응답자 배당량이 일치하는가?
	  ③ 오류 확인 후 수정작업을 진행하였는가?

2차 검증
(에디팅)
	• 에디팅 대상 : 조사원으로부터 회수된 설문지
	• 에디팅 담당 : 실사 관리자
	  - 오류 발견 시 조사원에게 연락하여 설문 결과를 확인 및 수정해야 하며, 3차 검증(전화 검증)을 위해 별도로 표기한다.
	  - 1차 검증과 마찬가지로 심각한 오류는 설문지 폐기 및 재조사한다.
	• 에디팅 내용 : 정합성 점검
	  - 부적합 응답여부, 오류 내용 확인, 응답의 신뢰성 및 충실성

3차 검증
(전화검증)
	• 전화검증 대상 : 2차 검증이 완료된 설문지
	• 전화검증 담당 : 실사 담당자
	  - 1차·2차 검증과 마찬가지로 응답 결과의 신뢰도가 크게 문제가 있는 경우에는 설문을 폐기하고 재조사한다.
	• 전화검증 내용 : 신뢰성 점검
	  - 적격대상자 및 응답내용의 진위여부를 확인한다.
	  - 조사원이 적합한 방법으로 실사를 수행하였는지 확인한다.

제2과목_ 조사관리와 자료처리

CHAPTER 03 2차 자료 분석

01 2차 자료의 이해

1. 2차 자료의 종류 및 유형

- 2차 자료의 종류 및 유형으로는 문서 자료(Documents), 통계 자료(Statistical Data) 등이 존재한다. 이때, 문헌자료는 학술적, 연구적 목적을 위해 작성된 다양한 종류의 문서 자료이다.

(1) 문헌조사 및 자료

1) 문헌조사의 의의

① 문헌조사는 특정 주제에 대해 기존 자료를 체계적으로 수집하고 분석하는 과정이다.
  - 조사자는 문헌조사를 통해 현재까지 이루어진 조사의 현황을 파악한다.

② 문헌조사는 논문이나 보고서 작성 시 필수적인 부분으로, 철저한 문헌조사는 조사의 신뢰성과 타당성을 높이는 데 중요한 역할을 한다.
  - 문헌조사를 통해 얻은 자료는 2차 자료이므로, 시간과 비용 측면에서 경제적이다.

③ 문헌조사는 그 자체로도 조사이고, 때로는 다른 조사를 위한 보조 조사로도 활용한다.
  - 따라서 <u>문헌고찰은 조사(연구)의 과정에서 매우 중요한 위치를 차지한다.</u> 기출

2) 문헌조사의 목적

① 기존 조사 파악
  - 조사주제와 관련된 이미 발표된 기존 자료들과 그 결과를 확인하여 새로운 조사의 방향을 설정하고 분석을 수행한다.
    - <u>문헌고찰을 통해 기존 연구 문제와 관련된 새로운 아이디어를 얻을 수 있다.</u> 기출
  - <u>문헌고찰을 통해 해당 조사 주제에 대한 과거 관련 연구(조사)들의 결과를 학습할 수 있다.</u> 기출
    - 그러나 문헌의 신뢰도에 문제가 있는 경우, 조사 자체가 손상될 수 있다.
  - 기존 조사와의 차별성을 명확히 하여 조사의 독창성을 강조할 수 있다.

② 조사 문제 구체화
  - 문헌조사는 조사의 가설을 설정하고 조사 문제를 구체화하는 데 도움이 된다.
    - 따라서 <u>문헌고찰은 가능한 연구 초기에 해야 한다.</u> 기출
  - 문헌조사는 조사자의 주관적 판단이 개입될 우려가 있으므로 주의해야 한다.
  - 문헌조사는 조사를 수행하는 데 필요한 이론적 틀을 구축하고, 조사 결과를 해석하는 데 필요한 배경지식을 제공한다.

3) 문헌자료의 종류

책(단행본)	• 특정 주제에 대한 종합적인 정보를 제공하며, 일반적으로 조사자가 오랜 기간 동안 수집한 자료와 조사 결과를 집대성한 것이다. 　- 학문적인 깊이와 광범위한 배경지식을 제공한다.
학술 논문 리뷰 논문 학위 논문	• 학술 논문은 학술지에 발표된 논문으로, 특정 주제에 대한 최신 결과와 이론을 제시하며, 동료 평가(preview)를 거쳐 출판되므로 신뢰성이 높다. • 리뷰 논문은 특정 주제에 대한 기존 조사를 종합적으로 정리하고 분석한 논문으로, 동향을 파악하는 데 유용하다. • 학위 논문은 석사나 박사 학위를 받기 위해 작성된 논문으로, 심도 있는 결과를 포함하고 있다.
보고서	• 정부 기관, 조사기관, 비영리 단체 등이 특정 주제에 대해 조사하고 작성한 보고서로, 실용적이고 정책적인 정보를 제공한다.
학회 발표자료	• 학술 대회나 학회에서 발표된 결과로, 최신 동향과 새로운 발견을 빠르게 파악할 수 있다.
특허 문헌자료	• 발명과 관련된 기술적 정보를 포함하고 있는 특허 문서로, 산업 기술 조사에 유용하다.
데이터베이스	• 조사에 필요한 데이터를 제공하는 온라인 또는 오프라인 데이터베이스로, 다양한 주제에 대한 통계자료, 실험 데이터, 설문조사 결과 등을 포함한다.
인터넷 자료	• 인터넷 자료는 인터넷에 공개된 정보로, 접근성과 최신성을 갖지만, 신뢰성과 정확성을 검증하는 것이 중요하다. 　- 웹사이트(블로그 등), 소셜미디어(SNS ; 페이스북, 인스타그램 등)
언론미디어 자료	• 언론미디어 자료는 다양한 미디어 채널을 통해 제공되는 정보이다. 　- 시사 문제, 사회 현상, 경제 동향, 문화, 스포츠 등 다양한 주제에 대한 최신 정보를 제공하며, 조사와 분석에 유용한 자료를 제공한다. 　- 뉴스 기사 : 신문, 잡지, 온라인 뉴스 포털 등 　- 방송 자료 : TV 방송, 라디오 프로그램 등 　- 인터뷰 : 특정 주제에 대한 심층 분석 및 인터뷰 자료 등

(2) 통계자료

① 통계 자료(Statistical Data)는 수집된 데이터를 수치화하여 특정 패턴이나 경향을 분석할 수 있도록 정리된 데이터이다.
　• 통계 자료는 양적(quantitative) 데이터를 기반으로 하며, 분석을 통해 의미 있는 결론을 도출하는 데 중요한 역할을 한다.

② 2차 자료로서 통계 자료는 이미 수집되고 정리된 데이터를 활용하는 것이며, 다양한 출처에서 제공된다.
　• 예를 들어, 정부 통계(Government Statistics)로는 인구 통계, 경제 통계, 사회 통계 등이 있다.

더블체크

Q 문헌고찰에 관한 설명으로 틀린 것은?　　　　　　　　　　　　　　　[20년 3회 기출]
　① 문헌고찰은 연구의 과정에서 매우 중요한 위치를 차지한다.
　② 문헌고찰은 가능한 연구 초기에 해야 한다.
　③ 문헌고찰을 통해 해당 연구 주제에 대한 과거 관련 연구들의 결과를 학습할 수 있다.
　④ 문헌고찰을 통해 기존 연구 문제와 관련된 새로운 아이디어를 얻기는 어렵다.

해설 문헌고찰은 조사자가 조사주제와 관련된 새로운 아이디어를 얻고, 조사의 방향성을 설정하는 데 중요한 역할을 한다.
정답 : ④

2 2차 자료의 수집방법

(1) 내용분석법

1) 내용분석법의 의의 및 특징

① 다양한 문서화된 매체를 중심으로 조사대상에 필요한 자료를 수집·분석하는 방법이다.
- 기존에 존재하는 자료를 분석하므로, 조사대상에 직접적인 영향을 미치지 않는다는 점에서 비개입적 조사 방법이다. `기출`
- 내용분석은 인간의 의사소통기록물을 대상으로 분석하며, 메시지를 조사대상으로 할 수도 있다. `기출`
  - 메시지의 현재적 내용뿐만 아니라 잠재적 내용도 분석대상으로 한다. `기출`
- **예** 최근 유행하는 드라마에서 주로 다루는 주제가 무엇인지 알아낸다. `기출`

② 문헌조사의 일종으로 비개입적 조사이며, 조사반응성을 일으키지 않는다. `기출`

③ 내용분석법은 주로 질적인 자료를 분석하여 이를 양적인 측정 기준에 맞게 전환하는 데 사용될 수 있다.
- 코딩을 위해서는 개념화 및 조작화가 이루어져야 한다. `기출`
- 내용분석법은 질적인 자료를 양적으로 전환하는 방법이다. `기출`
- 서적을 내용분석할 때 분석 단위는 페이지, 단락, 줄 등이 가능하다. `기출`

(2) 내용분석법의 장·단점

장점	• 경제성↑ 　- 시간과 비용 측면에서 경제성이 있다. `기출` • 유연성·융통성·다양성 　- 조사 진행 중에 조사계획의 부분적인 수정이 가능하다. `기출` 　- 심리적 변수를 측정할 수 있고, 다양한 기록자료 유형을 분석할 수 있다. `기출` • 분석의 용이함 　- 일정한 기간 동안 진행되는 지속적 과정에 대한 분석이 용이하다. `기출` 　- 장기간 과정의 조사가 가능하며, 필요한 경우 재분석이 가능하다. `기출` • 안정성 　- 다른 조사방법에 비해 실패 시 위험 부담이 적다.
단점	• 객관성·신뢰성·타당성↓ 　- 내용분석은 조사자가 텍스트를 읽고 해석하여 코드나 범주를 만들기 때문에, 조사자의 주관적 판단이 개입될 가능성이 크다. 　- 분석에 있어서 신뢰도 유지가 힘들고, 분류 범주의 타당도 확보가 어렵다. 　- 이 문제를 최소화하기 위해서는 신중한 설계와 일관된 기준 적용이 필요하다.

더블체크

`정답률 약 60%`

Q 내용분석에 관한 설명으로 틀린 것은? [09년 1회, 18년 1회, 20년 3회 기출]

① 조사대상에 영향을 미친다.
② 시간과 비용 측면에서 경제성이 있다.
③ 일정기간 진행되는 과정에 대한 분석이 용이하다.
④ 연구 진행 중에 연구계획의 부분적인 수정이 가능하다.

해설 내용분석은 기존에 존재하는 자료를 분석하는 방법이므로, 조사대상에 직접적인 영향을 미치지 않는다.

정답 : ①

더블체크

Q 다음과 같은 특징을 지닌 연구방법은? [18년 2회 기출]

- 질적인 정보를 양적인 정보로 바꾼다.
- 예를 들어, 최근 유행하는 드라마에서 주로 다루는 주제가 무엇인지 알아낸다.
- 메시지를 연구대상으로 할 수도 있다.

① 투사법 ② 내용분석법
③ 질적 연구법 ④ 사회성측정법

해설 내용분석법은 질적 조사에서 얻은 텍스트나 자료를 분석하여 양적 데이터(주제의 빈도나 패턴)로 요약할 수 있다.

정답 : ②

더블체크

정답률 약 60%

Q 내용분석에 관한 설명으로 틀린 것은? [12년 3회, 15년 2회, 21년 3회 기출]

① 비개입적 연구이다.
② 표본추출은 하지 않는다.
③ 코딩을 위해서는 개념화 및 조작화가 이루어져야 한다.
④ 서적을 내용분석할 때 분석 단위는 페이지, 단락, 줄 등이 가능하다.

해설 내용분석은 분석할 자료를 선정하기 위해 표본추출을 하기도 한다. 특히 대규모 문서나 데이터베이스에서 일부를 선택하여 분석할 때는 표본추출 과정이 필요할 수 있다.

정답 : ②

더블체크

정답률 약 50%

Q 내용분석에 관한 설명으로 틀린 것은? [14년 1회 기출]

① 일정한 기간 동안 진행되는 지속적 과정에 대한 분석이 용이하다.
② 분석대상에 영향을 미치지 않는 점에서 비개입적 조사방법이다.
③ 잠재적 내용을 분석대상으로 할 경우, 객관성이 확보되는 장점이 있다.
④ 양적 분석뿐만 아니라 질적 분석 방법도 사용한다.

해설 내용분석은 주로 텍스트를 분석하여 특정 주제를 이해하고 설명하기 때문에, 잠재적 내용을 분석할 때도 조사자의 해석과 판단이 개입될 수 있고 객관성 확보가 어렵다.

정답 : ③

3 실사 자료와 2차 자료의 특성

(1) 실사 자료와 2차 자료의 특징

1) 실사 자료의 특징
- 실사 자료(1차 자료)는 조사자가 직접 수집한 원시 데이터이다.
- 예 설문조사, 인터뷰, 실험 데이터, 현장 관찰, 일기나 기록

① 직접성 : 목적에 맞게 직접 수집한 데이터이며, 조사자의 필요에 맞춰 설계된 자료이다.
② 독창성 : 특정 조사 문제를 해결하기 위해 맞춤형으로 수집한 자료이다.
③ 최신성 : 데이터가 수집된 시점의 최신 정보를 반영한다.
④ 제어 가능성 : 데이터 수집과정, 변수 선택, 측정 방법을 조사자가 직접 제어할 수 있다.

2) 2차 자료의 특징
- 2차 자료는 이미 다른 조사자나 기관이 수집한 데이터 및 자료이며, 특성은 아래와 같다.
① 간접성 : 다른 목적을 위해 수집된 데이터를 재활용하는 것이다.
  - 누가 설문조사를 시행했느냐에 따라 최고 수준의 전문가들이 한 작업의 혜택을 받을 수 있다. 기출

② 범용성 : 다양한 조사목적에 사용될 수 있는 일반적인 데이터이다.
③ 경제성 : 이미 수집된 데이터를 사용함으로써 시간과 비용 절감 측면에서 효율적이다.

(2) 성질 비교

1) 목적 적합성
① 실사 자료는 조사자가 의도한 대로 맞춤형 데이터를 수집할 수 있다.
② 2차 자료는 이미 수집된 데이터가 조사자의 목적이 일치하는지 확인이 필요하다.

2) 시간과 비용
① 실사 자료는 수집과정에 시간과 비용이 많이 소요된다.
② 2차 자료는 실사 자료보다 시간과 비용이 적게 들어서 더 경제적이다. 기출

3) 데이터의 신뢰성
① 실사 자료는 조사자가 수집과정을 제어하므로 2차 자료에 비해 신뢰성이 보장된다.
② 2차 자료는 데이터 출처의 신뢰성을 반드시 검토해야 한다.

4) 데이터의 가용성
① 실사 자료는 조사자가 직접 수집해야 하므로 접근성에 제한이 있을 수 있다.
② 2차 자료는 공공 데이터베이스나 출판물 등을 통해 쉽게 접근 가능하다.

5) 범위와 일반화
① 실사 자료는 특정 조사에 특화된 데이터를 제공한다.
② 2차 자료는 더 광범위한 데이터를 제공할 수 있어 일반화가 용이하다.

기출 및 예상문제

CHAPTER 01 자료수집방법~CHAPTER 03 2차 자료 분석

01 [17년 1회, 19년 2회 기출]

조사자가 필요로 하는 자료를 1차 자료와 2차 자료로 구분할 때 1차 자료에 대한 설명으로 틀린 것은?

① 조사목적에 적합한 정보를 필요한 시기에 제공한다.
② 자료수집에 인력과 시간, 비용이 많이 소요된다.
③ 현재 수행 중인 의사결정 문제를 해결하기 위해 직접 수집한 자료이다.
④ 1차 자료를 얻은 후 조사목적과 일치하는 2차 자료의 존재 및 사용 가능성을 확인하는 것이 경제적이다.

해설 1차 자료는 자료 수집에 시간·비용·인력이 많이 소요된다. 따라서 2차 자료부터 우선 수집하고, 2차 자료가 부족한 경우에는 1차 자료를 수집한다. 2차 자료는 이미 존재하는 자료이기 때문에 조사 목적과 맞다면 이를 우선적으로 사용하는 것이 시간과 비용을 절감할 수 있다. 따라서 1차 자료를 얻기 전에 2차 자료를 먼저 확인 및 수집하는 것이 경제적이다.

02 [21년 3회 기출]

2차 자료 분석의 특징과 가장 거리가 먼 것은?

① 자료의 결측값을 추적할 수 있다.
② 자료를 직접 수집하지 않아도 된다.
③ 기존 데이터를 수정·편집해 분석할 수 있다.
④ 비교적 적은 비용으로 대규모 사례 분석이 가능하다.

해설 2차 자료는 이미 만들어진 방대한 자료이다. 따라서 2차 자료 분석 시, 조사자가 결측값을 직접 추적하거나 확인하기 어려운 경우가 많다.
②, ④ 2차 자료는 집단, 조직, 기관, 개인 등에 의해 이미 만들어진 방대한 자료이다. 따라서 자료를 직접 수집하지 않아도 되며, 비교적 적은 비용으로 대규모 사례 분석이 가능하다.
③ 2차 자료는 계속적인 자료수집이 가능하며, 기존 데이터를 수정·편집해 분석할 수 있다.

03 [15년 1회, 22년 2회 기출]

2차 자료에 대한 설명으로 옳은 것은?

① 조사자가 현재 수행 중인 연구의 목적을 달성하기 위해 적절한 조사설계를 통하여 직접 수집한 자료이다.
② 현재 연구 중인 조사목적에 따른 정확도, 신뢰도, 타당도를 평가할 수 있다.
③ 1차 자료에 비해 비용과 시간을 절약할 수 있다.
④ 1차 자료에 비해 조사목적에 적합한 정보를 의사결정이 필요한 시기에 적절히 이용하기 쉽다.

해설 1차 자료는 자료수집에 시간·비용·인력이 많이 소요된다. 반면에 2차 자료는 이미 수집된 자료를 사용하므로, 상대적으로 시간과 비용을 절약할 수 있다.
① '조사자가 현재 수행 중인 연구의 목적을 달성하기 위해 적절한 조사설계를 통하여 직접 수집한 자료'는 1차 자료이다.
② 2차 자료는 이미 만들어진 방대한 자료이며, 조사자가 이를 직접 수집하지 않았기 때문에 신뢰도와 타당도가 낮다. 따라서 정확도, 신뢰도, 타당도를 평가하는 것이 어렵다.
④ 2차 자료는 현재 연구의 목적에 정확하게 맞지 않을 수 있으며, 수집 시기나 맥락이 다를 수 있다. 따라서 1차 자료보다 조사목적에 적합한 정보를 제공하는 데 한계가 있을 수 있다.

정답 : 01 ④ 02 ① 03 ③

04 [11년 1회, 21년 1회 기출]

2차 자료(Secondary Data) 사용에 관한 설명으로 틀린 것은?

① 자료수집에 걸리는 시간과 노력을 줄일 수 있다.
② 2차 자료는 가설의 검증을 위해서는 사용할 수 없다.
③ 다른 방법에 의해 수집된 자료를 보충하고 타당성을 검토하기 위해 사용한다.
④ 연구자가 원하는 개념을 마음대로 측정할 수 없으므로 척도의 타당도가 문제될 수 있다.

해설 2차 자료도 가설 검증에 사용할 수 있다. 조사자가 기존에 수집된 데이터를 사용하여 새로운 조사 질문에 답하거나 가설을 검증하는 것은 매우 일반적인 조사방법이다. 다만, 2차 자료가 조사 목적에 맞는지, 데이터의 신뢰성과 타당성이 확보되는지 평가하는 것이 중요하다.

05 [21년 2회 기출]

다음 중 질문지법의 단점이 아닌 것은?

① 측정의 신뢰도에 있어서 약점이 있다.
② 조사대상자의 삶에 대한 전체적인 맥락을 다루지 못한다.
③ 최소한으로 적합한 질문들을 만듦으로써 가장 적절한 선택지를 빠뜨릴 수 있다.
④ 인위성의 문제가 있어서 특정 설문에 편견이 심한 응답을 하더라도 반드시 응답자의 편견이 강하다고 할 수 없다.

해설 질문지법은 일반적으로 측정의 신뢰도는 높고↑, 응답의 신뢰도는 낮다↓. 질문지법은 구조화된 방식으로 동일한 질문을 여러 응답자에게 제시하기 때문에, 측정의 신뢰도(Reliability)는 일반적으로 높은 편이다.
그러나 응답의 신뢰도는 다양한 요인들로 인해 낮아질 수 있다. 예를 들어, 응답자가 질문의 의미를 정확히 이해하지 못하거나, 솔직하게 대답하지 않거나, 피로, 무관심, 혹은 사회적 바람직성에 영향을 받아 왜곡된 응답을 할 수 있다.

06 [19년 2회 기출]

다음 설명에 해당하는 자료수집 방법은?

> 응답자가 직접 말할 수 없거나 말하고 싶지 않은 대상/행동을 보다 잘 이해하기 위해, 직접적인 질문을 하는 대신 가상의 상황으로 응답자를 자극하여 진실한 응답을 끌어내는 방법이다.

① 투사법(Projective Method)
② 정보검사법(Information Test)
③ 오진선택법(Error-Choice Method)
④ 표적집단면접법(Focus Group Interview)

해설 암기 : 오토투간접
투사법(Projective Method)은 간접질문의 한 유형이며, 직접적으로 조사하기 어려운 내적인 요소를 파악하기 위해 사용된다. 특히 투사법은 심리학적, 사회과학적 조사에서 사용되며, 응답자의 심리적, 감정적 반응을 측정하고 이해하는 데 유용한 도구로 활용된다. 투사법은 주로 인간의 무의식 속에 내재된 가치, 태도, 동기 등을 알아내기 위해 모호한 자극을 제시하여 응답자의 반응을 관찰한다.

07 [03년 3회, 09년 3회, 19년 1회 기출]

다음 자료수집방법 중 조사자가 미완성의 문장을 제시하면 응답자가 이 문장을 완성시키는 방법은?

① 투사법   ② 면접법
③ 관찰법   ④ 내용분석법

해설 암기 : 오토투간접
간접질문의 유형 중 투사법은 직접적으로 조사하기 어려운 내적인 요소를 파악하기 위해 사용된다.
투사법 중 '문장 완성법'은 조사자가 미완성의 문장을 제시하고 응답자가 이를 완성시키는 방법이다.
투사법은 응답자의 내면적 사고나 감정을 드러내기 위해 다양한 방법을 사용하는데, 감정적 반응을 살펴 보는 질문의 예시로는 "당신이 가장 사랑하는 사람에게 받은 선물이 있나요? 그 선물을 받았을 때 느꼈던 감정을 알려주세요." 등이 있다.
응답자는 이러한 미완성된 문장을 스스로 완성하면서 자신의 무의식적 생각이나 감정을 투사한다.

정답 : 04 ② 05 ① 06 ① 07 ①

08
[19년 3회 기출]

질문지법에 관한 내용으로 옳지 않은 것은?

① 1차 자료수집방법에 해당한다.
② 간결하고 명료한 문장을 사용해야 한다.
③ 추상적인 개념에 대해 조작적 정의가 필요하다.
④ 응답자가 조사의 목적을 모르는 상태일 때 사용해야 결과에 신뢰성이 높다.

해설 질문지법에서는 응답자가 조사의 목적을 알고 있는 것이 일반적으로 더 바람직하다. 응답자가 조사의 목적을 이해하고 있을 때, 질문의 의도를 파악하고 성실하게 응답할 가능성이 커진다. 조사의 목적을 모르는 상태에서 응답하면 질문의 의미를 오해하거나 성의 없이 답변할 수 있어 결과의 신뢰성을 저해할 수 있다.

09
[20년 1·2회 통합 기출]

질문지의 형식 중 간접질문의 종류가 아닌 것은?

① 투사법(Projective Method)
② 오류선택법(Error-Choice Method)
③ 컨틴전시법(Contingence Method)
④ 토의완성법(Argument Completion)

해설 암기 : 오토투간접
컨틴전시법(Contingence Method)은 주로 설문조사에서 특정 조건이 충족될 때만 다음 질문으로 넘어가는 형식의 필터 질문으로 사용되는 질문지 구성 방법이며, 간접질문의 종류에 해당하지 않는다.
①, ②, ④ 간접질문의 유형으로는 오류선택법, 토의완성법, 투사법, 단어연상법, 정보검사법 등이 있다.

10
[03년 1회, 15년 3회, 20년 4회 기출]

인간의 무의식 속에 내재되어 있는 동기, 가치, 태도 등을 알아내기 위하여 모호한 자극을 응답자에게 제시하여 반응을 알아보는 자료수집 방법은?

① 관찰법(Observational Method)
② 면접법(Depth Interview)
③ 투사법(Projective Technique)
④ 내용분석법(Content Analysis)

해설 암기 : 투사자극
투사법(Projective Technique)은 특히 심리학적, 사회과학적 조사에서 사용되며, 응답자의 심리적, 감정적 반응을 측정하고 이해하는 데 유용한 도구로 활용된다. 투사법은 응답자에게 직접적인 질문을 하지 않고, 가상의 상황을 제시하여 자극(Stimulus)을 주고 응답자의 반응을 우회적으로 얻어 진실하고 정직한 반응 및 의향을 유도하거나 파악한다.

11
[20년 3회 기출]

온라인조사의 특징과 관계가 없는 내용은?

① 응답자에 대한 접근이 용이하다.
② 응답자의 익명성이 보장되기 어렵다.
③ 현장조사에 비해서 경비를 절감할 수 있다.
④ 표본의 대표성 확보가 용이하다.

해설 온라인조사는 모집단이 특정 연령층·성별로 편중되어 편향된 응답이 도출될 위험성이 있다. 또한, 인터넷을 사용한 방법이므로, 모집된 표본의 모집단을 명확히 규정하기 어렵다. 응답자는 인터넷 사용 가능자로 한정되며, 표본은 모집단을 대표하지 못할 수 있다.

정답 : 08 ④　09 ③　10 ③　11 ④

12 [16년 2회 기출]

다음 설명에 해당하는 질문의 종류는?

> 정확한 응답에 대한 장애 요인을 피하여 피조사자에게 자극(Stimulus)을 줌으로써 우회적으로 응답을 얻어내는 방법이다. 이 질문은 다른 사람의 의견을 묻는 것이나 실제로 응답에는 자신의 의견을 반영하게 된다.

① 투사법(Projective Method)
② 오진선택법(Error-Choice Method)
③ 정보검사법(Information Test)
④ 단어연상법(Word Association)

해설 암기 : 투사자극

투사법(Projective Technique)은 특히 심리학적, 사회과학적 조사에서 사용되며, 응답자의 심리적, 감정적 반응을 측정하고 이해하는 데 유용한 도구로 활용된다. 투사법은 응답자에게 직접적인 질문을 하지 않고, 가상의 상황을 제시하여 자극(Stimulus)을 주고 응답자의 반응을 우회적으로 얻어 진실하고 정직한 반응 및 의향을 유도하거나 파악한다.

13 [13년 1회 기출]

다음 중 온라인(On-line)조사의 장점과 가장 거리가 먼 것은?

① 시각적 자료를 활용할 수 있다.
② 민감한 주제를 다룰 수 있다.
③ 응답자가 광범위하여, 표본의 대표성을 확보할 수 있다.
④ 조사비용을 절감할 수 있다.

해설 온라인조사는 모집단이 특정 연령층이나 성별로 편향되어 편향된 응답이 도출될 위험성이 있다. 즉, 인터넷을 사용한 방법이므로, 모집된 표본의 모집단을 명확히 규정하기 어렵다. 인터넷 접근이 가능한 응답자에 한정되므로 표본은 모집단을 대표하지 못할 수 있으므로, 표본의 대표성 문제가 제기될 수 있다.

14 [16년 2회 기출]

전자서베이(On-line or Electronic Survey)에 관한 설명으로 옳은 것은?

① 모집단의 특성에 관계없이 표본추출이 자유롭다.
② 현재로서는 설문 발송과 회수에 비용이 거의 들지 않는다.
③ 전자메일을 통한 추적독촉이 쉽지 않다는 단점이 있다.
④ 설문 결과를 데이터로 처리하여 입력하기 힘들다는 문제가 있다.

해설 온라인조사는 우편조사, 전화조사, 면접조사 등의 전통적인 방법에 비해 짧은 시일 내에 비교적 저렴한 비용으로 실시할 수 있고, 조사기간도 비교적 짧다. 즉, 온라인 조사는 전통적인 방법에 비해 조사비용이 적게 들며, 설문 발송, 회수, 응답자 추가 모집에 비용이 거의 들지 않는다.

15 [05년 3회, 08년 1회, 13년 3회 기출]

On-line 조사에 대한 설명으로 틀린 것은?

① 표본의 대표성이 아주 높은 편이다.
② 복수 응답의 가능성을 배제할 수 없다.
③ 컴퓨터 통신망 상에서 이루어지는 형태의 사회조사이다.
④ 면접조사, 우편조사, 전화조사 등의 전통적인 방법에 비해 짧은 시일 내에 비교적 저렴한 비용으로 실시할 수 있다.

해설 온라인조사는 모집단이 특정 연령층이나 성별로 편향되어 편향된 응답이 도출될 위험성이 있다. 즉, 인터넷을 사용한 방법이므로, 모집된 표본의 모집단을 명확히 규정하기 어렵다. 인터넷 접근이 가능한 응답자에 한정되므로 표본은 모집단을 대표하지 못할 수 있으므로, 표본의 대표성 문제가 제기될 수 있다.

정답 : 12 ① 13 ③ 14 ② 15 ①

16 [18년 1회 기출]
인터넷 서베이조사에 관한 설명으로 틀린 것은?

① 실시간 리포팅이 가능하다.
② 개인화된 질문과 자료 제공이 용이하다.
③ 설문 응답과 동시에 코딩할 수 있다.
④ 응답자의 지리적 위치에 따라 비용이 발생한다.

해설 인터넷 서베이조사(온라인조사)는 시공간상 제약이 적으므로 효율적이고, 언제 어디서든 접근이 가능하여 편리하다. 즉, 응답자의 지리적 위치에 따라 비용이 발생하는 것은 특징이 아니다.

17 [17년 3회 기출]
온라인조사에 대한 설명과 가장 거리가 먼 것은?

① 방문조사나 특정 웹사이트를 우연히 찾은 사람을 대상으로 한 조사의 경우 표본의 대표성을 확인하기 용이하다.
② 전통적인 현장조사에 비해 짧은 기간에 적은 비용으로 조사를 실시할 수 있다.
③ 표본의 대표성을 확보하기 어렵고, 특정 연령층이나 성별에 따른 편중된 응답이 도출될 위험성이 있다.
④ 한 사람이 여러 차례 응답할 가능성을 차단해야 한다.

해설 온라인조사는 인터넷을 사용한 방법이므로, 모집된 표본의 모집단을 명확히 규정하기 어렵다. 즉, 응답자는 인터넷 사용 가능자로 한정되며, 표본은 모집단을 대표하지 못할 수 있다.

18 [15년 3회, 19년 3회 기출]
우편조사의 응답률에 영향을 미치는 주요 요인과 가장 거리가 먼 것은?

① 응답에 대한 동기부여
② 응답자의 지역적 범위
③ 질문지의 양식이나 우송 방법
④ 연구주관기관과 지원단체의 성격

해설 우편조사는 최소의 경비와 노력으로 광범위한 지역과 대상을 표본으로 삼을 수 있다. 따라서 지리적으로 멀리 떨어져 있는 응답자에게도 접근할 수 있으므로, '응답자의 지역적 범위'는 응답률에 영향을 미치는 주요 요인과 가장 거리가 멀다.

19 [15년 1회, 21년 2회 기출]
우편조사를 실시하는 이유와 가장 거리가 먼 것은?

① 지리적으로 멀리 떨어져 있을 경우 조사비용을 줄일 수 있다.
② 쉽게 접근할 수 없는 대상을 조사할 수 있다.
③ 응답자에게 익명성에 대한 확신을 줄 수 있다.
④ 조사를 신속하게 완료할 수 있다.

해설 우편조사는 우편 주소록을 작성하고 설문지를 발송 후 회수까지 많은 시간이 필요하다. 따라서 '조사를 신속하게 완료할 수 있다'는 것은 우편조사를 실시하는 이유와 가장 거리가 멀다.

20 [04년 3회, 12년 1회 기출]
우편조사 시 취지문이나 질문지 표지에 반드시 포함되지 않아도 되는 사항은?

① 조사기관   ② 조사목적
③ 표본 수   ④ 비밀유지보장

해설 표본 수는 질문지의 표지나 취지문에 반드시 포함되어야 하는 사항은 아니다. 표본 수는 조사 방법론이나 설계에 따라 결정되는 구체적인 내용으로, 일반 대중에게는 필요하지 않은 정보일 수 있다.
①, ②, ④ 우편조사에서 취지문(표지)에는 반드시 실시기관, 조사목적, 조사자 연락처, 비밀유지보장 등을 포함한다.

정답 : 16 ④   17 ①   18 ②   19 ④   20 ③

21 [12년 3회 기출]

다음 중 우편조사의 특성과 가장 거리가 먼 것은?

① 면접자로 인한 편향이 적다.
② 넓은 지역을 조사할 수 있다.
③ 모호한 응답에 대해 확인할 수 없다.
④ 조사대상이 아닌 사람의 응답을 통제하기 용이하다.

해설 우편조사는 응답자가 설문에 응답하는 주위 환경과 시기를 통제하기 어려우며, 따라서 직접 응답했는지 여부를 확인하기도 어렵다.
① 우편조사는 응답자가 독립적으로 설문에 응답하기 때문에 면접자의 태도, 행동, 외모 등의 영향을 받지 않는다. 이는 응답의 객관성을 높이는 데 기여한다.
② 우편조사는 면접조사에서 쉽게 접근할 수 없는 다양한 대상도 포함시킬 수 있고, 이로 인해 보다 포괄적이고 다양한 응답을 얻을 수 있다.
③ 우편조사는 응답내용이 불분명하거나 모호한 경우, 응답자에게 추가 설명을 요청하거나 해명할 기회가 없다.

22 [14년 1회, 21년 1회 기출]

우편조사에 관한 설명으로 틀린 것은?

① 응답자의 익명성을 보장하기 어렵다.
② 접근하기 편리하고 광범위한 지역에 걸쳐 조사가 가능하다.
③ 응답 대상자 자신이 직접 응답했는지에 대한 통제가 어렵다.
④ 회수율이 낮으므로 서면 또는 전화로 협조를 구하는 것이 좋다.

해설 우편조사는 일반적으로 응답자의 익명성이 보장되는 방식으로 진행된다. 설문지를 통해 수집된 응답은 익명으로 처리될 수 있으며, 응답자의 신원이 드러나지 않도록 할 수 있기 때문에 익명성을 보장하는 것이 가능하다.
우편조사에서 우편 표지에 이름이나 주소를 기재하는 경우가 있지만, 이는 설문지를 발송하고 회수하는 과정에서 필요한 정보일 뿐, 실제 응답 내용은 익명으로 처리되기 때문이다.

23 [20년 1·2회 통합 기출]

우편조사 시 취지문이나 질문지 표지에 반드시 포함되지 않아도 되는 사항은?

① 조사기관　　　② 조사목적
③ 자료분석방법　④ 비밀유지보장

해설 우편조사 시 취지문(표지)에는 반드시 실시기관, 조사목적, 조사자 연락처, 비밀유지보장 등을 포함한다. 그러나 '자료분석방법'은 응답자들에게 필요하지 않은 정보이므로 포함되지 않아도 된다.

24 [10년 3회, 13년 3회 기출]

다음 중 우편조사의 회수율을 높이기 위한 방법과 가장 거리가 먼 것은?

① 질문지 발송 후 추가 서신을 발송한다.
② 질문지를 발송할 때 기념품을 같이 발송한다.
③ 연구 주체와 조사기관을 명확히 제시한다.
④ 반송용 봉투에 우표는 물론 응답자의 주소와 성명을 기재해 둔다.

해설 반송용 봉투에 우표를 부착하는 것은 회수율을 높이기 위한 좋은 방법이지만, 응답자의 주소와 성명을 기재하는 것은 익명성을 침해할 수 있어 응답자들이 설문에 응하지 않을 가능성을 높일 수 있다.

25 [06년 3회, 18년 2회 기출]

다음 중 정치지도자나 대기업경영자 등 조사대상자의 명단은 구할 수 있으나 그들을 직접 만나기는 매우 어려운 경우 가장 적합한 자료수집방법은?

① 면접조사　　　② 집단조사
③ 전화조사　　　④ 우편조사

해설 우편조사는 쉽게 접근할 수 없는 대상에 대한 조사가 가능하고, 응답자의 익명성이 보장된다. 따라서 면접조사에서 쉽게 접근할 수 없는 다양한 대상을 포함시킬 수 있다.

정답 : 21 ④　22 ①　23 ③　24 ④　25 ④

26 [14년 2회 기출]
우편조사의 응답률을 높이는 방법과 가장 거리가 먼 것은?

① 응답 독촉은 단 한 번 정중하게 한다.
② 공신력 있는 기관을 연구 후원자로 밝힌다.
③ 응답에 대해 적절한 보상(선물, 현금 등)을 한다.
④ 우표를 직접 붙인 회수용 봉투를 우편 설문지와 함께 응답자에게 발송한다.

해설 응답 독촉을 한 번만 하는 것보다는 여러 차례 정중하게 독촉하는 것이 응답률을 높이는 데 더 효과적이다.

27 [11년 1회, 17년 2회 기출]
다음 중 우편조사의 특징과 가장 거리가 먼 것은?

① 최소의 경비와 노력으로 광범위한 지역과 대상을 표본으로 삼을 수 있다.
② 다른 조사에 비해 응답률이 높다.
③ 면접조사에 비해 응답자에게 익명성에 대한 확신을 부여할 수 있다.
④ 조사자의 개인차에서 오는 영향을 배제 시킬 수 있다.

해설 우편조사의 최대 문제점은 낮은 응답률·회수율이다. 따라서 회수율을 높이기 위해 서면 또는 전화로 협조를 구하는 것이 좋다.

28 [08년 3회, 17년 3회 기출]
우편조사의 응답률에 영향을 미치는 요인에 대한 설명으로 틀린 것은?

① 대상자의 범위가 극히 제한된 동질집단의 경우 회수율이 낮다.
② 질문지의 양식이나 우송 방법에 따라 다를 수 있다.
③ 응답에 대한 동기부여가 중요하다.
④ 연구주관기관과 지원단체의 성격이 중요하다.

해설 응답집단이 동질적일수록 설문조사의 응답률이 높아진다. 동질적인 집단은 동일한 관심사와 이해를 바탕으로 응답에 참여할 확률이 높으므로, 이런 집단에 대해 모집단과 표본추출방법에 대해 세심하게 검토한다.

29 [16년 2회 기출]
다음 중 우편조사를 위한 질문지의 조사안내문에 포함해야 할 내용과 가장 거리가 먼 것은?

① 연구자(또는 조사자)의 연락처
② 실시기관
③ 응답에 대한 비밀유지
④ 표본의 규모와 응답자의 범위

해설 표본의 규모와 응답자의 범위는 질문지의 조사안내문에 포함될 필요가 없다. 이는 조사 자체의 세부사항으로 다루어질 수 있지만, 조사안내문에서는 일반적으로 다루지 않는다.

30 [08년 1회, 15년 3회 기출]
우편조사를 실시할 때 설문지의 회수율을 높이기 위해 사용되는 방법으로 틀린 것은?

① 설문지를 발송하기 전에 응답자와 우편을 보내거나 전화 통화를 통해 사전에 접촉한다.
② 표지에 조사를 실시하는 기관에 관한 정보는 포함하지 않는다.
③ 반송용 봉투와 우표를 사용한다.
④ 빠른우편을 사용한다.

해설 우편조사를 실시할 때는 공신력 있는 기관을 조사 후원자로 명확히 밝히고 홍보해야 한다. 공신력 있는 기관이나 지원단체가 후원자로 참여할 경우 응답자는 조사의 신뢰성을 더 높게 평가하고, 이에 따라 응답률이 상승할 가능성이 크다.

정답 : 26 ① 27 ② 28 ① 29 ④ 30 ②

31 [19년 3회 기출]

질문지를 이용한 자료수집방법의 결정 시 조사 속도가 빠르고 일반적으로 비용이 적게 드는 장점이 있으나 질문의 내용이 어렵고 시간이 길어질수록 응답률이 떨어지는 단점을 가진 자료수집방법은?

① 전화조사　　② 면접조사
③ 집합조사　　④ 우편조사

해설 전화조사는 단시간에 광범위한 지역을 조사할 수 있어 신속·용이하며, 비용 측면에서도 경제적이다. 따라서 빠른 시간 안에 개략적인 여론을 확인하는 데 적합하다. 다만, 질문의 내용이 어렵고 시간이 길어질수록 응답률이 떨어지는 단점이 있다. 따라서 전화 조사에서는 질문을 복잡하지 않고 간단하게 '예/아니요' 형식으로 구성한다.

32 [18년 2회, 21년 2회 기출]

전화조사의 장점과 가장 거리가 먼 것은?

① 신속한 조사가 가능하다.
② 표본의 대표성을 확보하기 쉽다.
③ 면접자에 대한 감독이 용이하다.
④ 광범한 지역에 대한 조사가 용이하다.

해설 전화조사는 표본의 대표성을 확보하기 어렵다. 전화번호가 없는 사람이나 전화를 받지 않는 사람, 특정 시간대에만 전화를 받을 수 있는 사람 등 다양한 이유로 대표성에 문제가 발생할 수 있다.
①, ④ 전화조사는 단시간에 광범위한 지역을 조사할 수 있어 신속·용이하며, 비용 측면에서도 경제적이다. 따라서 빠른 시간 안에 개략적인 여론을 확인하는 데 적합하다.
③ 전화조사는 면접자(조사자)들이 일반적으로 동일한 장소(특정 사무실, 콜센터)에서 작업하기 때문에 감독과 관리가 비교적 쉽다.

33 [09년 1회, 12년 1회, 17년 3회 기출]

대통령 후보간 TV 토론에 대한 국민들의 반응을 조사하는 방법으로 가장 적합한 것은?

① 전화여론조사　　② 우편조사
③ 면접조사　　　　④ 참여관찰

해설 전화여론조사는 신속한 정보 획득이 가능하여 여론조사에 많이 사용된다. 이는 투표와 관련된 정치여론조사를 신속하게 수행할 때, 가장 적합한 자료수집 방법이다.

34 [07년 3회, 09년 3회, 17년 1회 기출]

다음 중 투표와 관련된 정치여론조사를 신속하게 실시해야 할 경우 가장 적합한 자료수집 방법은?

① 면접조사　　② 전화조사
③ 우편조사　　④ 집단조사

해설 전화조사는 신속한 정보 획득이 가능하여 여론조사에 많이 사용된다. 전화조사는 조사에 소요되는 시간이 면접조사에 비해 짧아 투표와 관련된 정치 여론조사를 신속하게 수행할 때, 가장 적합한 자료수집방법이다. 예를 들어, 대통령 후보 간 TV 토론에 대한 국민들의 반응을 조사하는 방법으로 가장 적합하다.

35 [12년 1회 기출]

다음 중 시각적 보조 자료를 활용할 수 없는 조사 방법은?

① 우편조사　　② 전화조사
③ 면접조사　　④ 온라인조사

해설 전화조사는 추출된 조사대상자에게 전화를 걸어 질문문항을 읽어주고, 응답자가 전화상으로 답변한 것을 조사자가 기록하여 자료를 수집하는 방법이다. 전화조사는 음성 통화를 통해 이루어지기 때문에 응답자에게 시각적 보조 자료를 활용할 수 없는 조사방법이다.

정답 : 31 ①　32 ②　33 ①　34 ②　35 ②

36 [16년 3회 기출]
다음 중 빠른 시간 안에 개략적인 여론을 확인하는 데 가장 적합한 조사방법은?

① 면접조사 ② 우편조사
③ 집단조사 ④ 전화조사

해설 전화조사는 신속한 정보 획득이 가능하여 여론조사에 많이 사용된다. 전화조사는 조사에 소요되는 시간이 면접조사에 비해 짧아 여론조사를 신속하게 수행할 때, 가장 적합한 자료수집 방법이다.

37 [15년 3회 기출]
전화조사의 장점과 가장 거리가 먼 것은?

① 신뢰도가 높다.
② 조사가 간단하고 신속하다.
③ 조사하기 어려운 사람에게 쉽게 접근할 수 있다.
④ 무작위 표본추출이 가능하다.

해설 전화조사는 일부 응답자가 실제로 그 자신이 아닌 다른 사람이 대신 응답할 수 있으며, 이로 인해 응답의 신뢰성이 낮아질 수 있다.
② 단시간에 광범위한 지역을 조사할 수 있어 신속·용이하며, 비용 측면에서도 경제적이다.
③ 직접 면접이 어려운 사람에게도 접근이 용이하며, 높은 응답률이 보장된다.
④ 전화번호부(무작위번호 다이얼링)를 이용해 무작위 표본추출이 가능하다.

38 [15년 2회 기출]
전화조사를 사용해야 할 때와 가장 거리가 먼 것은?

① 질문의 내용이 단순할 때
② 질문의 내용에 쉽게 응답할 수 있을 때
③ 응답해야 할 문항이 많을 때
④ 면접조사의 보조 수단으로 사용할 때

해설 전화조사는 시간 제약이 있을 수 있으며, 응답해야 할 문항이 많을 경우 전화를 통한 조사가 적합하지 않을 수 있다.

39 [12년 1회, 18년 1회 기출]
다음 중 집단조사에 대한 설명으로 틀린 것은?

① 비용과 시간을 절약하고 동일성을 확보할 수 있다.
② 주위의 응답자들과 의논할 수 있어 왜곡된 응답을 줄일 수 있다.
③ 학교나 기업체, 군대 등의 조직체 구성원을 조사할 때 유용하다.
④ 조사대상에 따라서는 집단을 대상으로 한 면접방식과 자기기입방식을 조합하여 실시하기도 한다.

해설 집단조사에서 응답자들이 주위 사람들과 의논할 수 있다면, 오히려 독립적인 응답을 방해하고 왜곡된 응답이 발생할 가능성이 높아진다.

40 [10년 3회, 15년 1회 기출]
집단조사법에 관한 설명과 가장 거리가 먼 것은?

① 조사가 간편하여 시간과 비용을 절약할 수 있다.
② 조사조건을 표본화하여 응답 조건이 동등해진다.
③ 응답자의 통제가 용이하여 타인의 영향을 배제할 수 있다.
④ 응답자들을 동시에 직접 대화할 기회가 있어 질문에 대한 오해를 줄일 수 있다.

해설 집단조사법은 조사대상자들을 집단적으로 한 장소에 모아서 조사목적을 설명하고 질문지를 배부하고, 응답자가 직접 응답을 기입하도록 하여 회수하는 방식의 조사방법이다. 따라서 집단으로 조사되므로 주변 사람이 응답자에 영향을 미칠 가능성이 높으므로, '응답자의 통제가 용이하여 타인의 영향을 배제할 수 있다'는 것은 집단조사법에 관한 설명이 아니다.

정답 : 36 ④ 37 ① 38 ③ 39 ② 40 ③

41 [09년 3회, 14년 1회, 22년 2회 기출]
집단조사(Group Questionnaire Survey)의 특징과 가장 거리가 먼 것은?

① 집단조사는 집단이 속한 조직을 연구하는 데에만 사용할 수 있다.
② 집단으로 조사되므로 주변 사람이 응답자에 영향을 미칠 가능성이 높다.
③ 일반적으로 집단조사를 승인한 조직체나 단체에 유리한 쪽으로 응답할 가능성이 높다.
④ 집단이 속한 조직으로부터 적절한 협조가 있으면 비용과 시간을 절약할 수 있는 조사기법이다.

> **해설** 집단조사는 집단이 속한 조직뿐만 아니라 다양한 주제에 대해 여러 집단을 대상으로 사용할 수 있다. 즉, 특정 조직을 조사하는 데만 국한되지 않고, 여러 상황에서 집단을 대상으로 한 설문조사를 진행할 수 있다.
> 예 회사 내 직원 만족도 조사
> 한 회사가 직원들의 직무 만족도를 알아보기 위해 팀 단위로 설문지를 배포하고 회수하는 경우. 팀이라는 집단이 조사대상이 된다. 이 경우 조사 목적은 직원들의 직무 만족도를 파악하는 것이므로, 집단조사가 특정 조직을 연구하는 데만 사용되는 것은 아니다.

42 [13년 2회, 16년 1회 기출]
다음 중 집단조사의 단점과 가장 거리가 먼 것은?

① 피조사자를 한 장소에 모으는 것이 쉽지 않은 경우가 있다.
② 집단상황이 응답을 왜곡시킬 가능성이 있다.
③ 피조사자의 수준이 동일하다고 가정하는 오류를 범할 수 있다.
④ 응답의 누락이 많다.

> **해설** 집단조사는 조사대상자들을 집단적으로 한 장소에 모아서 조사목적을 설명하고 질문지를 배부하고, 응답자가 직접 응답을 기입하도록 하여 회수하는 방식의 조사방법이다. 따라서 응답자들과 동시에 대화하면서, 상호작용을 통해 문항에 대한 오해를 줄일 수 있다. 즉, 집단조사를 통해서 정확한 정보를 얻을 수 있고, 응답의 누락을 감소시킬 수 있다.

43 [11년 3회, 16년 3회 기출]
다음 중 집단조사의 장점과 가장 거리가 먼 것은?

① 비용과 시간을 절약하고 동일성을 확보할 수 있다.
② 조사자와 응답자 간에 직접 대화할 기회가 있어 질문지에 대한 오해를 최소로 줄일 수 있다.
③ 면접방식과 자기기입방식을 조합하여 실시할 수 있다.
④ 중립적인 응답의 가능성을 높일 수 있고, 집단을 위해 바람직하다고 생각되는 응답을 할 수 있다.

> **해설** 집단조사는 주변 사람들의 영향을 받기 쉬워 응답자들이 집단 내에서 바람직하다고 여겨지는 응답을 할 가능성이 있다. 이는 중립적인 응답보다는 집단의 분위기나 기대에 맞춰 응답할 가능성을 높인다.

44 [17년 3회 기출]
집단조사를 실시할 때 일반적으로 유의해야 할 사항과 가장 거리가 먼 것은?

① 응답자들에 대한 통제가 용이하다.
② 조사기관으로부터 협력을 얻어야 한다.
③ 집단상황이 응답을 왜곡시킬 가능성이 있다.
④ 집단조사를 승인해 준 당국에 의해 조사 결과가 이용될 것이라고 인식될 가능성이 있다.

> **해설** 집단조사는 많은 응답자를 한 장소에서 동시에 조사하기 때문에 개별 응답자에 대한 통제가 어렵고, 응답자들 간의 상호작용을 통제하는 것도 쉽지 않다.

45 [15년 2회 기출]
집단조사의 특성에 대한 설명으로 틀린 것은?

① 자기기입식 조사의 일종이다.
② 집단상황이 응답을 왜곡시킬 수 있다.
③ 대규모 횡단조사에 비해 시간과 비용이 적게 든다.
④ 응답상황에 대한 통제가 용이하다.

> **해설** 집단조사는 조사대상자들을 집단적으로 한 장소에 모아서 조사목적을 설명하고 질문지를 배부하고, 응답자가 직접 응답을 기입하도록 하여 회수하는 방식의 조사 방법이다. 따라서 응답상황에 대한 통제가 용이하지 않다.

정답 : 41 ① 42 ④ 43 ④ 44 ① 45 ④

46 [08년 1회, 12년 3회, 21년 1회 기출]
참여관찰(Participant Observation)에 대한 설명으로 틀린 것은?

① 연구자는 상황에 대한 통제를 할 수 없다.
② 양적 자료이기 때문에 대규모 모집단에 대한 기술이 쉽다.
③ 연구자가 관심을 가지고 있는 변수들 간의 관계를 현실 상황에서 체계적으로 관찰하는 연구조사방법이다.
④ 독립변수를 조작하는 현장시험과는 다르며, 자연 상태에서 연구대상을 관찰해 그들의 관계를 규명하는 것이다.

> **해설** 참여관찰은 일반적으로 소규모 집단이나 사건을 중심으로 진행되기 때문에 대규모 모집단에 대한 조사는 기술적으로 어렵다.

47 [10년 3회, 15년 3회, 22년 2회 기출]
관찰법(Observation Method)의 분류기준에 관한 설명으로 틀린 것은?

① 관찰이 일어나는 상황이 인공적인지 여부에 따라 자연적/인위적 관찰로 나누어진다.
② 관찰 시기가 행동 발생과 일치하는지 여부에 따라 체계적/비체계적 관찰로 나누어진다.
③ 피관찰자가 관찰 사실을 알고 있는지 여부에 따라 공개적/비공개적 관찰로 나누어진다.
④ 관찰 주체 또는 도구가 무엇인지에 따라 인간의 직접적/기계를 이용한 관찰로 나누어진다.

> **해설** 암기 : **직간시행**
> 관찰 시기가 행동 발생과 일치하는지 여부에 따라 직접/간접관찰로 구분한다. 직접관찰은 관찰 시기와 행동 발생이 일치하는 경우의 관찰 기법이며, 간접관찰은 관찰 시기와 행동 발생이 일치하지 않는 경우의 관찰 기법이다.
> 관찰조건이 표준화되어 있는지에 따라 통제관찰(체계적 관찰)/비통제관찰(비체계적 관찰)로 구분한다.

48 [21년 2회 기출]
자기기입식 조사방법이 아닌 것은?

① 전화조사   ② 집단조사
③ 우편조사   ④ 온라인조사

> **해설** 전화조사는 자기기입식 조사방법이 아니다. 자기기입식 조사방법의 유형으로는 온라인조사, 우편조사, 집단조사가 있다.

49 [14년 1회, 20년 4회 기출]
관찰의 세부 유형에 관한 설명으로 틀린 것은?

① 관찰이 일어나는 상황이 실제상황인지 연구자가 만들어 놓은 인위적인 상황인지를 기준으로 자연적 관찰과 인위적 관찰로 구분한다.
② 피관찰자가 자신의 행동이 관찰된다는 사실을 알고 있는지 모르고 있는지를 기준으로 공개적 관찰과 비공개적 관찰로 구분한다.
③ 표준관찰기록양식의 사전 결정 등 체계화의 정도에 따라 체계적 관찰과 비체계적 관찰로 구분한다.
④ 관찰에 사용하는 도구에 따라 직접관찰과 간접관찰로 구분한다.

> **해설** 암기 : **직간시행**
> 직접관찰·간접관찰 구분은 관찰시기와 행동발생이 일치하는지 여부에 따른다.
> 관찰 주체 및 도구가 무엇인가에 따라 인간직접관찰과 기계이용관찰로 구분한다.
> ① 관찰상황이 인공적인지 여부에 따라 자연적 관찰과 인위적 관찰로 구분한다.
> ② 피관찰자가 관찰사실을 알고 있는지 여부에 따라 공개적 관찰과 비공개적 관찰로 구분한다.
> ③ 관찰조건이 표준화되어 있는지에 따라 체계적 관찰과 비체계적 관찰로 구분한다.

정답 : 46 ② 47 ② 48 ① 49 ④

50 [10년 2회, 12년 1회, 19년 1회 기출]
관찰을 통한 자료수집 시 지각과정에서 나타나는 오류를 감소시키려는 방안과 가장 거리가 먼 것은?

① 보다 큰 단위의 관찰을 한다.
② 객관적인 관찰 도구를 사용한다.
③ 관찰 기간을 될 수 있는 한 길게 잡는다.
④ 가능한 한 관찰 단위를 명세화해야 한다.

해설 지각과정에서 나타나는 오류를 감소시키기 위해, 짧은 기간에 집중해서 관찰하여 관찰자의 피로와 주의력 감소를 방지해야 한다.

51 [20년 4회 기출]
다음 중 관찰자에게 필요한 사항으로 거리가 먼 것은?

① 관찰자는 인내심이 있어야 한다.
② 관찰자는 연구하는 집단에 참여해서는 안 된다.
③ 주관성을 배제하고 객관성을 유지해야 한다.
④ 관찰자는 집단에 동화되지 않아야 한다.

해설 관찰법에서는 관찰자와 참여자의 주된 행위 및 신분 공개 여부에 따라 아래와 같이 구분한다. 따라서 관찰자는 연구하는 집단에 참여하는 경우에 대해 고려해야 한다.

주된 행위 신분공개	주된 행위 '관찰'	주된 행위 '참여'
조사자 신분공개×	완전관찰자	완전참여자
조사자 신분공개○	참여자적 관찰자	관찰자적 참여자

52
[09년 1회, 10년 1회, 17년 1회, 19년 2회, 21년 3회 기출]
자신의 신분을 밝히지 않은 채 자연스럽게 일어나는 사회적 과정에 참여하는 관찰자의 역할은?

① 완전관찰자 ② 참여자적 관찰자
③ 완전참여자 ④ 관찰자적 참여자

해설 암기: 완참윤리
완전참여자는 관찰대상에게 자신의 신분을 밝히지 않고, 관찰 대상의 일상적인 활동에 자연스럽게 참여하면서 자료를 수집하는 역할을 한다. 따라서 완전참여자는 조사과정에서 윤리적 문제를 발생시킬 수 있다.

53 [02년 3회, 15년 1회 기출]
다음 참여관찰 유형 중 가장 객관성을 유지하기 어려운 것은?

① 완전한 참여자 ② 관찰자로서의 참여자
③ 참여자로서의 관찰자 ④ 완전한 관찰자

해설 암기: 완참윤리
완전참여자는 참여관찰의 한 유형이며, 조사자는 자신의 신분을 밝히지 않은 채 자연스럽게 일어나는 사회적 과정에 참여하는 관찰자 역할을 수행한다. 따라서 참여관찰의 유형 중 가장 객관성을 유지하기 어렵고, 조사 과정에서 윤리적·과학적 문제를 발생시킬 수 있다.

54 [02년 3회, 13년 1회, 17년 2회 기출]
다음의 특성을 가진 연구방법은?

- 자연스러운 상태에서 현상을 파악할 수 있기 때문에 미묘한 어감차이, 시간상의 변화 등 심층의 차원을 이해할 수 있다.
- 때때로 객관적인 판단을 그르칠 수 있으며 대규모 모집단에 대한 기술이 어렵다.

① 참여관찰(Participant Observation)
② 유사실험(Quasi-Experiment)
③ 내용분석(Contents Analysis)
④ 우편조사(Mail Survey)

해설 참여관찰(Participant Observation)은 관찰자가 관찰대상 집단 내부로 침투하여 구성원 중 하나가 되어 함께 생활하거나 활동하면서 관찰하는 방법이다. 자연스러운 상태에서 현상을 파악할 수 있어 심층 이해가 가능하지만, 관찰자의 주관적인 가치 개입 및 해석으로 인해 관찰 결과가 변질될 수 있다.

정답: 50 ③ 51 ② 52 ③ 53 ① 54 ①

55 [13년 2회, 16년 1회, 21년 2회 기출]

관찰 시기와 행동 발생의 일치 여부를 기준으로 관찰기법을 분류한 것은?

① 직접(Direct)/간접(Indirect)관찰
② 체계적(Structured)/비체계적(Unstructured) 관찰
③ 공개적(Undisguised)/비공개적(Disguised) 관찰
④ 자연적(Natural setting)/인위적(Contrived setting) 관찰

해설 암기: 직간시행
관찰 시기와 행동 발생이 일치하는지 여부에 따라 직접관찰·간접관찰로 구분된다. 직접관찰은 관찰 시기와 행동 발생이 일치하는 경우의 관찰 기법이며, 간접관찰은 관찰 시기와 행동 발생이 일치하지 않는 경우의 관찰 기법이다.

56 [17년 3회, 21년 1회 기출]

관찰대상자가 관찰사실을 아는지에 대한 여부를 기준으로 관찰기법을 분류한 것은?

① 직접/간접관찰
② 자연적/인위적 관찰
③ 공개적/비공개적 관찰
④ 체계적/비체계적 관찰

해설 피관찰자가 관찰사실을 알고 있는지 여부에 따라 공개적 관찰·비공개적 관찰로 구분된다.
공개적 관찰(Undisguised Observation)은 응답자에게 자신이 관찰된다는 사실을 알려주고 관찰하는 방법이다. 반면 비공개적 관찰(Disguised Observation)은 응답자에게 관찰 사실을 알리지 않고 비밀리에 관찰하는 방법이다.

57 [14년 2회 기출]

설문조사를 직접 실시하지 않고, 2차 자료를 사용할 때의 장점으로 바르지 않은 것은?

① 1차 자료에 비해 신뢰도와 타당성이 보장된다.
② 설문조사를 시행하는 것보다 시간이 적게 든다.
③ 설문조사를 시행하는 것보다 비용이 적게 든다.
④ 누가 설문조사를 시행했느냐에 따라 최고 수준의 전문가들이 한 작업의 혜택을 받을 수 있다.

해설 2차 자료는 이미 존재하는 자료를 사용하므로, 수집된 방법이나 출처에 따라 신뢰도와 타당성이 다를 수 있다. 즉, 1차 자료보다 신뢰도와 타당성이 보장된다고 할 수 없다.

58 [04년 3회, 10년 3회, 14년 2회, 20년 3회 기출]

관찰조사방법의 장점으로 옳지 않은 것은?

① 비언어적 자료를 수집하는데효과적이다.
② 장기적인 연구조사를 할 수 있다.
③ 환경변수를 완벽하게 통제할 수 있다.
④ 자연스러운 연구 환경의 확보가 용이하다.

해설 관찰법은 조사자가 연구 환경을 완벽하게 통제할 수 없다. 특히 자연스러운 상황에서 관찰하는 경우, 환경변수를 통제하는 것은 매우 어렵다. 따라서 이는 관찰조사의 장점이 아니다.
① 언어와 문자의 제약 때문에 측정하기 어려운 사실이나 비언어적 자료에 대해서도 조사가 가능하다. 이 때문에 표현능력이 부족한 대상에게 적용할 경우 효과적이다. 따라서 비언어적 자료를 수집하는데효과적이다.
② 특정 대상을 장기간에 걸쳐 반복적으로 관찰하여 변화를 추적하는 장기적인 조사가 가능하다.
④ 현재의 상태를 생생하게 기록할 수 있고, 조사자가 현장에서 상황을 즉시 포착할 수 있다. 따라서 자연스러운 연구 환경의 확보가 용이하다.

정답: 55 ① 56 ③ 57 ① 58 ③

59 [14년 1회, 18년 3회 기출]
다음 중 관찰의 단점과 가장 거리가 먼 것은?

① 피관찰자가 관찰사실을 아는 경우 조사반응성으로 인한 왜곡이 있을 수 있다.
② 표현능력이 부족한 대상에게 적용이 어렵다.
③ 연구대상의 특성상 관찰할 수 없는 문제가 있다.
④ 자료처리가 어렵다.

해설 관찰은 언어와 문자의 제약 때문에 측정하기 어려운 사실이나 비언어적 자료에 대해서도 조사가 가능하다. 따라서 표현능력이 부족한 대상에게 적용할 경우 효과적이다.

60 [13년 2회, 18년 3회 기출]
관찰자료수집의 장점에 해당하지 않은 것은?

① 관찰자의 주관성 개입방지
② 즉각적 자료수집 가능
③ 비언어적 자료수집 가능
④ 종단분석 가능

해설
① 관찰은 본질적으로 관찰자의 주관적 해석이 개입될 수 있는 방법이다. 관찰자의 해석이나 편견이 자료에 영향을 미칠 가능성이 있으며, 관찰자료수집 방법에서 주관성을 완전히 배제하는 것은 어렵다.
② 현재의 상태를 생생하게 기록할 수 있고, 조사자가 현장에서 상황을 즉시 포착할 수 있다. 따라서 '즉각적 자료수집 가능'은 장점에 해당한다.
③ 언어와 문자의 제약 때문에 측정하기 어려운 사실이나 비언어적 자료에 대해서도 조사가 가능하다. 이 때문에 표현능력이 부족한 대상에게 적용할 경우 효과적이다. 따라서 '비언어적 자료수집 가능'은 장점에 해당한다.
④ 특정 대상을 장기간에 걸쳐 반복적으로 관찰하여 변화를 추적하는 장기적인 조사가 가능하다. 따라서 '종단분석 가능'은 장점에 해당한다.

61 [09년 1회, 12년 1회 기출]
다음 조사에서 나타날 수 있는 현상과 가장 거리가 먼 것은?

> 행정개혁을 실행하는 과정에서 공무원들의 사기가 저하되는 양상이 나타났다. 이에 대해 공무원들의 사기가 떨어지는 이유를 면접을 통해 알아보는 조사를 하려고 한다.

① 우편조사보다 응답률이 낮다.
② 보충적인 정보수집이 가능하다.
③ 전화 조사보다 비용이 많이 든다.
④ 자료수집 상황의 통제가 가능하다.

해설 면접을 통해 알아보는 조사를 하는 경우이므로, 우편조사보다는 응답률이 높다. 면접조사는 일반적으로 가장 높은 응답률을 확보할 수 있는 조사방법이다.

62 [18년 3회 기출]
면접을 시행하는 면접원의 평가 기준과 가장 거리가 먼 것은?

① 응답 성공률
② 면접 소요시간
③ 라포(Rapport) 형성 능력
④ 무응답 문항의 편집 능력

해설 무응답 문항의 편집 능력은 면접을 시행하는 면접원의 평가 기준과 직접적인 연관이 적다. 면접원의 역할은 면접 과정에서 면접자에게 질문을 하고 그에 대한 평가를 진행하는 것이 주된 목표이기 때문에, 면접자가 질문을 편집하거나 수정하는 능력과는 거리가 멀다.

정답 : 59 ② 60 ① 61 ① 62 ④

63 [12년 3회 기출]

다음 중 면접의 바람직한 요령과 가장 거리가 먼 것은?

① 되도록 면접은 간략히 한다.
② 면접 시에 제3자가 개입하지 못하도록 한다.
③ 면접대상자에게 신분을 알리기 위해 신분증을 제시한다.
④ 면접자는 면접표의 정리된 순서에 구애받지 않고 자유롭게 하는 것이 좋다.

해설 면접 과정에서는 구조화된 면접 질문을 통해 일관성 있는 평가를 위해 면접표의 순서에 따라 진행하는 것이 권장된다.

64 [12년 3회 기출]

다음 중 일반적으로 가장 높은 응답률을 확보할 수 있는 조사방법은?

① 우편설문법 ② 직접면접법
③ 전화설문법 ④ 전자서베이

해설 직접면접법은 일반적으로 가장 높은 응답률을 확보할 수 있는 조사방법이다. 질문 내용을 응답자가 잘 이해하지 못하는 경우에 면접자가 설명해줄 수 있고, 오기나 불기를 예방할 수 있으므로, 응답의 오류도 줄일 수 있다. 이를 통해 무응답 문항도 줄일 수 있으므로, 응답률이 다른 조사에 비해 높다.

65 [10년 1회, 12년 3회, 17년 2회 기출]

다음 중 표준화 면접의 장점과 가장 거리가 먼 것은?

① 신뢰도가 높다.
② 타당도가 높다.
③ 면접결과의 수치화가 용이하다.
④ 정보의 비교가 용이하다.

해설 표준화면접은 신뢰도가 높고, 계량화가 용이하다. 반면, 타당도는 조사하려는 개념을 얼마나 잘 측정하는가를 의미하는데, 표준화 면접은 응답자의 다양한 생각이나 예상치 못한 정보를 충분히 반영하지 못할 가능성이 있기 때문에 타당도는 낮아질 수 있다.

66 [19년 1회 기출]

비표준화면접에 비해, 표준화면접의 장점이 아닌 것은?

① 새로운 사실, 아이디어의 발견 가능성이 높다.
② 면접결과의 계량화가 용이하다.
③ 반복적 연구가 가능하다.
④ 신뢰도가 높다.

해설 표준화면접은 면접자가 면접조사를 만들어서 상황에 구애됨이 없이 모든 응답자에게 동일한 질문순서와 동일한 질문 내용에 따라 면접을 수행하는 방법이다. 따라서 면접자는 질문순서나 내용을 임의로 변경할 수 없고, 추가적인 질문을 통해 응답자의 답변을 더 깊이 탐구하기 어렵다.

67 [14년 1회, 17년 1회 기출]

비구조화(비표준화)면접에 관한 옳은 설명을 모두 고른 것은?

A. 부호화가 어렵다.
B. 심층적인 질문이 가능하다.
C. 미개척 분야의 개발에 적합하다.
D. 면접자의 편의(Bias)가 개입될 가능성이 적다.

① A, B ② C, D
③ A, B, C ④ B, C, D

해설 A, B, C가 비표준화(비구조화)면접에 관한 옳은 설명이다.
A : 비표준화(비구조화)면접은 결과자료의 수량화·부호화·계량화가 어렵고, 면접 결과자료의 통계처리가 상대적으로 어렵다.
B : 비표준화(비구조화)면접은 자유롭게 심층규명(Probing)을 하고자 할 때 가장 적합한 조사 방법이다.
C : 비표준화(비구조화)면접은 '미개척 분야 개발'과 새로운 주제에 대한 자료수집에 유용하다. 즉, 표준화 면접에서 필요한 변수 발견을 위해 유용한 자료를 제공한다.
D : 비표준화(비구조화)면접은 면접자의 숙련도에 따라 시간이 많이 걸리고 비용이 높아질 수 있다. 즉, 면접자의 편의(Bias)가 개입될 가능성이 높다.

정답 : 63 ④ 64 ② 65 ② 66 ① 67 ③

68 [21년 2회 기출]
면접조사에서 면접자에게 일반적으로 허용되는 사항은?

① 피면접자가 아닌 다른 사람의 조언을 받아 면접 내용을 수정한다.
② 선정된 피면접자가 부재중일 때 다른 사람으로 대체해 면접한다.
③ 피면접자가 질문 내용을 이해하지 못할 때 간단한 부연 설명을 추가한다.
④ 2회 이상 방문하여 대상자를 만나지 못할 경우, 전화조사로 대체하여 조사한다.

해설 피면접자가 질문을 제대로 이해할 수 있도록 돕는 것은 면접자의 역할 중 하나이다. 간단한 부연 설명을 추가하는 것은 응답의 정확성을 높일 수 있으므로 허용된다.
① 면접 내용은 일관성을 유지해야 하며, 사전에 정해진 질문을 그대로 사용해야 한다. 따라서 다른 사람의 조언을 받아 면접 내용을 수정하는 것은 허용되지 않는다.
② 면접 대상자는 사전에 선정된 인원이어야 하며, 부재중이라고 다른 사람으로 대체하는 것은 조사 결과의 신뢰성을 떨어뜨릴 수 있으므로 허용되지 않는다.
④ 면접조사는 대면을 원칙으로 하며, 이를 전화조사로 대체하는 것은 조사 방법의 변경을 의미하므로 일반적으로 허용되지 않는다.

69 [09년 1회, 13년 1회, 18년 3회 기출]
다음 중 면접원의 자율성이 가장 적은 면접 유형은?

① 초점집단면접   ② 심층면접
③ 구조화면접   ④ 임상면접

해설 표준화면접(구조화된 면접)은 면접자가 면접조사를 만들어서 상황에 구애됨이 없이 모든 응답자에게 동일한 질문순서와 동일한·질문 내용에 따라 면접을 수행하는 방법이다. 따라서 면접원의 자율성이 가장 적다.

70 [14년 1회, 17년 3회 기출]
면접조사 시 비교적 인지수준이 낮은 응답자들이 면접자의 생각이나 지시를 비판 없이 수용하여 응답하게 될 가능성이 높은 것은 어떤 효과 때문인가?

① 1차 정보효과   ② 응답순서효과
③ 동조효과   ④ 최근 정보효과

해설 동조효과(Conformity Effect)는 어떤 집단의 압력에 의해 개인의 태도와 행동을 변화시키는 효과이다. 이는 주변 환경이나 상황에 따라 사람들이 자신의 의견이나 행동을 조정하는 현상을 설명하는 심리학적 효과이다. 즉, 면접조사 시 비교적 인지수준이 낮은 응답자들이 면접자의 생각이나 지시를 비판 없이 수용하여 응답하게 될 가능성이 높아진다.

71 [14년 2회, 19년 2회 기출]
응답자에게 면접조사에 참여하고자 하는 동기를 부여하는 요인과 가장 거리가 먼 것은?

① 면접자를 돕고 싶은 이타적 충동
② 물질적 보상과 같은 혜택에 대한 기대
③ 사생활 침해에 대한 오인과 자기방어 욕구
④ 자신의 의견이나 식견을 표현하고 싶은 욕망

해설 응답자가 사생활 침해를 우려하거나 자기방어적으로 면접 참여를 꺼리는 경우는 면접조사에서 응답자에게 면접에 참여하라고 하는 동기를 부여하는 (긍정적) 요인이 아닌 참여를 억제하는 요인이다.

72 [19년 2회, 22년 2회 기출]
면접법의 장점으로 틀린 것은?

① 관찰을 병행할 수 있다.
② 신축성 있게 자료를 얻을 수 있다.
③ 질문순서, 정보의 흐름을 통제할 수 있다.
④ 익명성이 높아 솔직한 의견을 들을 수 있다.

해설 면접법은 응답자의 익명성이 결여되어 정확한 내용을 도출하기 어렵고, 특수층의 사람에 대해 면접이 곤란한 경우가 있다. 따라서 가구소득, 가정폭력, 성적 경향 등 민감한 사안의 조사 시 정확한 결과를 도출하기 힘들다.

정답 : 68 ③   69 ③   70 ③   71 ③   72 ④

73 [20년 4회 기출]

의사소통을 통한 자료수집방법에서 비체계적-비공개적 의사소통 방법에 해당하는 것은?

① 우편조사 ② 표적집단면접법
③ 대인면접법 ④ 역할 행동법

해설 역할행동법은 이 문제를 통해 다뤄보자. 역할행동법(Role Playing Method)은 연구 참여자들이 특정 상황에서 주어진 역할을 수행하면서 의사소통하는 과정을 관찰하고 분석하는 방법이다. 이 과정은 종종 자연스럽게 이루어지며, 구조화된 질문이나 사전에 설정된 규칙 없이 진행될 수 있어 비체계적이라고 볼 수 있다. 또한 역할수행 자체가 연구 외부에 공개되지 않는 경우가 많아 비공개적일 수 있다.
반면, 나머지 우편조사, 표적집단면접법, 대인면접법은 체계적-공개적 방식에 해당한다.

74 [06년 3회, 14년 3회 기출]

면접조사의 장점과 가장 거리가 먼 것은 무엇인가?

① 우편조사보다 응답률이 높다.
② 신뢰성 있는 대답을 얻을 수 있다.
③ 응답자와 그 주변의 상황들을 직접관찰할 수 있다.
④ 면접자의 개인별 차이에서 오는 영향이나 오류를 피할 수 있다.

해설 면접조사는 면접자(조사자)에 의한 편의(Bias)가 발생할 수 있다. 또한, 면접자와 응답자 사이에 친숙한 분위기가 형성되지 않거나 '상호 이해 부족'으로 인해 외적 요인들로부터 오류가 개입될 가능성이 있다.
① 우편조사·전화조사·전자조사와 비교하면, 면접조사는 같은 조건하에서 응답률이 가장 높다.
② 질문의 내용에 대한 면접자와 응답자의 상호작용이 가능하여 보다 신뢰성 있는 대답을 얻을 수 있다.
③ 면접조사는 면접자가 응답자와 주변 상황을 관찰할 수 있는 '관찰 병행'이 가능하다.

75 [18년 3회 기출]

서베이(Survey)에서 우편 설문법과 비교한 대인면접법의 특성으로 틀린 것은?

① 비언어적 행위의 관찰이 가능하다.
② 대리 응답의 가능성이 낮다.
③ 설문과정에서의 유연성이 높다.
④ 응답 환경을 구조화하기 어렵다.

해설 대인면접법은 조사자가 모든 응답자와 직접 대면하므로, 유사한 환경제공이 가능하다. 따라서 응답 환경을 표준화 및 구조화할 수 있다.

76 [18년 2회 기출]

대인면접조사의 특성으로 옳은 것은?

① 연구 문제에 대한 사전지식이 부족할수록 구조화된 대인 면접조사방법을 사용하는 것이 좋다.
② 대인 면접조사는 우편 설문조사에 비해 질문과정의 유연성이 상대적으로 높다.
③ 대인 면접조사는 우편 설문조사에 비해 환경 차이에 의한 설문 응답의 무작위적 오류를 증가시킨다.
④ 대인 면접조사는 우편 설문조사에 비해 응답률이 낮다.

해설 대인 면접조사는 조사원이 실시간으로 질문을 조정하거나 응답자의 반응에 따라 추가 질문을 할 수 있어 질문과정의 유연성이 높다. 반면, 우편 설문조사는 고정된 질문지를 사용하여 유연성이 낮다.
① 연구 문제에 대한 사전지식이 부족할 경우, 비구조화된 면접이 더 유리할 수 있다. 비구조화된 면접은 응답자가 자유롭게 답변을 할 수 있게 하여, 더 깊이 있는 정보를 얻을 수 있다. 구조화된 면접은 이미 연구 문제에 대한 명확한 이해가 있을 때 효과적이다.
③ 대인 면접조사는 조사원이 동일한 환경을 제공하여 조사할 수 있기 때문에 환경 차이에 의한 무작위적 오류를 줄일 수 있다. 반면, 우편 설문조사는 응답자가 각자 다른 환경에서 설문에 응답하므로 무작위적 오류가 증가할 수 있다.
④ 대인 면접조사는 직접 대면하여 진행되기 때문에 응답률이 높아질 가능성이 크다. 반면, 우편 설문조사는 응답자가 설문지를 무시하거나 반송하지 않을 수 있어 응답률이 낮을 수 있다.

정답: 73 ④ 74 ④ 75 ④ 76 ②

77 [14년 3회, 20년 4회 기출]

자기기입식 설문조사에 비해 면접 설문조사가 갖는 장점이 아닌 것은?

① 답변의 맥락을 이해할 수 있다.
② 무응답 항목을 최소화한다.
③ 조사대상 1인당 비용이 저렴하다.
④ 개방형 질문에 유리하다.

해설 자기기입식 설문조사와 비교하면, 면접조사는 비용과 시간이 많이 소요된다. 면접조사는 방문시각을 항상 고려해야 하며, 방문계획시간을 엄수해야 한다.
① 면접 설문조사는 면접자(조사자)가 문제에 대한 적절한 해답을 구하기 위해 응답자와 직접 대면하여 질문하는 상호 간의 직접적인 역할상황이다. 따라서 답변의 맥락을 이해할 수 있다.
② 면접 설문조사는 면접자(조사자)가 자료를 직접 기입하므로 응답률이 매우 높다. 또한, 오기나 불기를 예방할 수 있으므로, 응답의 오류도 줄일 수 있다.
④ 자기기입식 설문조사와 비교하면, 면접조사는 개방형 질문에 유리하며, 신축성 있게 자료를 얻을 수 있다. 면접조사는 적절한 질문을 현장에서 결정할 수 있는 융통성이 있다.

78 [13년 3회, 19년 1회 기출]

자기기입식 설문조사와 비교한 면접 설문조사의 장점으로 옳은 것은?

① 자료입력이 편리하다.
② 응답의 결측치를 최소화한다.
③ 조사대상 1인당 비용이 저렴하다.
④ 폐쇄형 질문에 유리하다.

해설 자기기입식 설문조사와 비교하면, 면접조사는 응답의 결측치 및 무응답 항목을 최소화할 수 있다.
① 자기기입식 설문조사와 비교하면, 면접조사는 조사원이 응답자의 답변을 듣고 기록하기 때문에, 자기기입식 설문조사보다 자료입력이 더 번거로울 수 있다.
③ 자기기입식 설문조사와 비교하면, 면접조사는 비용과 시간이 많이 소요된다. 면접조사는 방문시각을 항상 고려해야 하며, 방문계획시간을 엄수해야 한다.
④ 자기기입식 설문조사와 비교하면, 면접조사는 개방형 질문에 유리하며, 신축성 있게 자료를 얻을 수 있다. 면접조사는 적절한 질문을 현장에서 결정할 수 있는 융통성이 있다.

79 [20년 1·2회 통합 기출]

설문조사에 관한 설명으로 옳지 않은 것은?

① 일반적으로 자기기입식 설문조사는 면접설문조사보다 비용이 적게 들고 시간이 덜 걸린다.
② 자기기입식 설문조사는 익명성이 보장되기 때문에 면접설문조사보다 민감한 쟁점을 다루는데 유리하다.
③ 자기기입식 설문조사는 면접설문조사보다 복잡한 쟁점을 다루는 데 더 효과적이다.
④ 면접설문조사에서는 면접원이 질문에 대한 대답 외에도 중요한 관찰을 할 수 있다.

해설 자기기입식 설문조사에서 응답자는 자신의 편안한 환경에서 응답할 수 있어 조사의 객관성이 증가할 수 있다. 즉, 응답자가 신원을 드러내지 않을 수 있고, 익명성이 보장되기 때문에 민감한 쟁점 및 주제를 다루는 경우 면접조사보다 유리하다.
① 자기기입식 설문조사와 비교하면, 면접조사는 비용과 시간이 많이 소요된다. 따라서 경제적 측면에서는 자기기입식 설문조사가 비용이 적게 들고 시간이 덜 걸린다.
② 자기기입식 설문조사는 응답자가 신원을 드러내지 않을 수 있고, 익명성이 보장되기 때문에 민감한 쟁점 및 주제를 다루는 경우 면접조사보다 유리하다.
④ 면접설문조사에서는 면접원이 질문에 대한 대답 외에도 중요한 관찰을 할 수 있다. 즉, 응답자와 주변 상황을 관찰할 수 있는 '관찰 병행'이 가능하다.

80 [15년 1회, 18년 1회 기출]

면접조사에 관한 설명과 가장 거리가 먼 것은?

① 면접 시 조사자는 질문뿐만 아니라 관찰도 할 수 있다.
② 같은 조건하에서 우편 설문에 비하여 높은 응답률을 얻을 수 있다.
③ 여러 명의 면접원을 고용하여 조사할 때는 이들을 조정하고 통제하는 것이 요구된다.
④ 가구소득, 가정폭력, 성적 경향 등 민감한 사안의 조사 시 유용하다.

해설 면접조사는 응답자의 익명성이 결여되어 정확한 내용을 도출하기 어렵다. 따라서 가구소득, 가정폭력, 성적 경향 등 민감한 사안의 조사 시 정확한 결과를 도출하기 힘들다.

정답 : 77 ③ 78 ② 79 ③ 80 ④

81 [15년 2회 기출]
응답자의 잘못으로 생길 수 있는 편의(Bias)와 가장 거리가 먼 것은?

① 예의를 찾는 데서 오는 편의
② 고의적 오도로 인한 편의
③ 사회적으로 바람직한 대답을 하려는 데서 오는 편의
④ 질문방식에서 오는 편의

해설 질문방식에서 오는 편의는 응답자의 잘못이 아닌, 조사자가 질문을 어떻게 구성하고 제시하는가에 따른 문제이다. 이는 조사 방법이나 질문 설계상의 문제로 발생하는 편의로, 응답자와 직접적인 관련이 없다.

82 [15년 1회, 21년 3회 기출]
면접조사 시 질문의 일반적인 원칙과 가장 거리가 먼 것은?

① 문항은 하나도 빠짐없이 물어야 한다.
② 질문지에 있는 말 그대로 질문해야 한다.
③ 조사대상자가 대답을 잘 하지 못할 경우 필요한 대답을 유도할 수 있다.
④ 조사대상자가 가능한 비공식적인 분위기에서 편안한 자세로 대답할 수 있어야 한다.

해설 면접자는 중립적인 태도를 유지해야 하며, 응답을 유도하거나 영향을 미치지 않아야 한다. 필요한 대답을 유도하는 것은 조사 결과의 신뢰성을 해칠 수 있다.

83 [15년 3회 기출]
면접조사에 대한 설명과 가장 거리가 먼 것은?

① 우편조사에 비해서 응답률이 높다.
② 무응답 문항을 줄일 수 있다.
③ 면접자에 의한 편의(Bias)가 발생할 수 있다.
④ 전화조사에 비해 조사자에 대한 감독이 용이하다.

해설 면접조사는 온라인조사, 우편조사, 전화조사에 비해 조사자의 주관이 개입될 가능성이 가장 높은 자료수집방법이다. 따라서 전화조사에 비해 조사자에 대한 감독이 용이하지 않다.
① 면접조사는 면접자(조사자)가 자료를 직접 기입하므로 응답률이 매우 높다. 즉, 면접조사는 우편조사 · 전화조사 · 전자조사에 비해 같은 조건하에서 응답률이 가장 높다.
② 면접조사는 일반적으로 가장 높은 응답률을 확보할 수 있는 조사방법이다. 질문 내용을 응답자가 잘 이해하지 못하는 경우에 면접자가 설명해줄 수 있고, 오기나 불기를 예방할 수 있으므로, 응답의 오류도 줄일 수 있다. 이를 통해 무응답 문항도 줄일 수 있고, 응답률도 다른 조사에 비해 높다.
③ 면접조사는 면접자의 개인별 차이에서 오는 영향이나 오류를 피하기 어렵다. 따라서 면접자에 의한 편의(Bias)가 발생할 수 있다.

84 [20년 1·2회 통합 기출]
다음과 같은 특성을 가진 자료수집방법은?

- 응답률이 비교적 높다.
- 질문의 내용에 대한 면접자와 응답자의 상호작용이 가능하여 보다 신뢰성 있는 대답을 얻을 수 있다.
- 면접자가 응답자와 그 주변 상황을 관찰할 수 있는 이점이 있다.

① 면접조사   ② 전화조사
③ 우편조사   ④ 집단조사

해설 면접조사는 응답자가 직접 면접자와 대면하여 응답하므로 응답률이 높다. 또한, 면접조사에서는 면접자와 응답자 간의 상호작용이 가능하여, 응답자가 질문의 내용을 잘 이해할 수 있고, 면접자가 필요시 질문을 설명하거나 재구성할 수 있어 신뢰성 있는 대답을 얻을 수 있다. 마지막으로 면접조사를 통해 면접자는 응답자의 신체 언어, 표정, 주변 환경 등을 직접관찰할 수 있어 보다 풍부한 데이터를 수집할 수 있다.

정답 : 81 ④ 82 ③ 83 ④ 84 ①

85 [10년 2회, 20년 3회 기출]
면접조사 시 유의해야 할 사항으로 틀린 것은?

① 응답의 내용은 조사자가 해석하여 요약·정리해 둔다.
② 응답자와 친숙한 분위기(Rapport)를 형성한다.
③ 조사자는 응답자가 이질감을 느끼지 않도록 복장이나 언어사용에 유의한다.
④ 조사자는 조사에 임하기 전에 스스로 질문 내용에 대해 숙지한다.

해설 면접조사에서는 응답자의 의견이나 답변을 왜곡하지 않고 그대로 기록해야 한다. 즉, 조사자가 응답을 해석하거나 요약하는 것은 데이터의 왜곡을 초래할 수 있다.

86 [18년 3회 기출]
일반적으로 실행되는 면접조사, 전화조사, 우편조사를 비교한 설명으로 틀린 것은?

① 익명성을 보장하려면 면접조사보다는 우편조사를 실시한다.
② 복잡한 질문을 다루는 데는 면접조사가 가장 적합하다.
③ 조사자의 영향을 가장 적게 받는 것은 전화조사이다.
④ 3가지 방법 모두 개방형 질문을 활용할 수 있다.

해설 조사자의 영향을 가장 적게 받는 것은 3가지 방법 중에서는 우편조사이다.

87 [19년 3회 기출]
집단면접에 의한 설문조사의 설명과 가장 거리가 먼 것은?

① 조사가 간편하여 시간과 비용을 절약할 수 있다.
② 조사조건을 표본화하여 응답 조건이 동등해진다.
③ 응답자의 통제가 용이하여 타인의 영향을 배제할 수 있다.
④ 응답자들과 동시에 직접 대화할 기회가 있어 질문에 대한 오해를 줄일 수 있다.

해설 집단면접은 여러 응답자가 함께 모이는 상황에서 진행되기 때문에 각 응답자가 타인의 영향을 받을 수 있다. 따라서 응답자의 통제가 용이하다고 보기 어렵다.

88 [10년 1회, 18년 3회 기출]
표준화된 면접조사를 시행함에 있어 유의해야 할 사항과 가장 거리가 먼 것은?

① 응답자로 하여금 면접자와의 상호작용이 유쾌하며 만족스러운 것이 될 것이라고 느끼도록 해야 한다.
② 응답자로 하여금 그 조사를 가치 있는 것으로 생각하도록 해야 한다.
③ 응답자에게 연구자의 가치와 생각을 알려준다.
④ 조사표에 담긴 질문 내용에서 벗어나는 질문을 해서는 안 된다.

해설 면접조사에서는 연구자의 개인적인 가치나 생각을 응답자에게 알리는 것은 부적절하다. 조사자는 중립적인 태도를 유지하여 응답자의 응답이 왜곡되지 않도록 해야 한다.

정답: 85 ① 86 ③ 87 ③ 88 ③

89 [09년 3회, 13년 3회 기출]
우편조사와 비교했을 때 면접조사가 가지는 장점이 아닌 것은?

① 응답자에게 익명성에 대한 확신을 부여할 수 있다.
② 응답률이 높다.
③ 보다 신뢰성 있는 대답을 얻을 수 있다.
④ 응답자와 그 주변의 상황들을 직접관찰할 수 있다.

해설 면접조사는 면접자와 응답자가 직접 대면하여 조사하는 방식이므로, 응답자의 익명성이 결여되어 정확한 내용을 도출하기 어렵다.
반면 우편조사는 응답자의 익명성이 보장되는 것에 확신을 줄 수 있고, 개인적인 비밀이나 말하기 곤란한 주제에 대해 솔직한 응답을 유도할 수 있다.

91 [14년 3회, 18년 3회 기출]
내용분석에 관한 설명과 가장 거리가 먼 것은?

① 분석대상에 영향을 미치지 않는다.
② 필요한 경우 재분석이 가능하다.
③ 양적 내용을 질적 자료로 전환한다.
④ 다양한 기록자료 유형을 분석할 수 있다.

해설 내용분석법은 2차자료의 수집방법으로 기존에 존재하는 자료를 분석하므로, 조사대상에 직접적인 영향을 미치지 않는다는 점에서 비개입적 조사방법이다.
따라서 내용분석법은 질적 조사에서 얻은 텍스트나 자료를 분석하여 양적 데이터로 요약 및 전환할 수 있다.

90 [08년 1회, 18년 1회 기출]
자료수집방법에 대한 비교설명으로 옳은 것은?

① 인터넷 조사는 우편조사에 비하여 비용이 많이 소요된다.
② 전화조사는 면접조사에 비해서 시간이 많이 소요된다.
③ 인터넷 조사는 다른 조사에 비해 시각 보조 자료의 활용이 곤란하다.
④ 면접조사는 다른 조사에 비해 라포(Rapport)의 형성이 용이하다.

해설 면접조사는 대면으로 이루어지기 때문에 면접자와 응답자 사이에 신뢰관계(라포)를 형성하기가 상대적으로 쉽다.
① 인터넷 조사는 일반적으로 우편조사에 비해 비용이 덜 소요된다. 인터넷 조사는 인쇄비, 우편비 등이 들지 않으며, 응답 데이터가 디지털 형식으로 바로 수집되어 데이터 입력 비용도 절감된다.
② 전화조사는 일반적으로 면접조사보다 시간이 덜 소요된다. 전화로 설문을 진행하는 것이 실제로 만나서 하는 면접조사보다 더 신속하게 끝날 수 있다.
③ 인터넷 조사는 시각 보조 자료의 활용이 용이하다. 다양한 멀티미디어 요소를 활용할 수 있고, 응답자에게 그래프, 이미지, 비디오 등을 쉽게 제공할 수 있다.

92 [20년 1·2회 통합 기출]
다음에 열거한 속성을 모두 충족하는 자료수집방법은?

- 비용이 저렴하다.
- 조사기간이 짧다.
- 그림·음성·동영상 등을 이용할 수 있어 응답자의 이해도를 높일 수 있다.
- 모집단이 편향되어 있다.

① 면접조사 ② 우편조사
③ 전화조사 ④ 온라인조사

해설 열거한 속성은 모두 온라인조사에 대한 설명이다.
- 온라인조사는 전통적인 방법에 비해 '비용이 저렴하다.' 이는 인쇄 및 우편 비용이 없고, 조사자와 응답자 간의 직접적인 접촉이 필요하지 않기 때문이다.
- 온라인조사는 데이터 수집과 처리 과정이 자동화되어 있어 '조사기간이 짧다.' 응답자는 언제든지 접근 가능하며, 데이터의 처리 속도도 빠르다.
- 온라인조사는 다양한 멀티미디어 자료를 포함할 수 있어 응답자가 질문이나 주제에 대해 더 잘 이해하고 적절하게 답변할 수 있도록 도와준다.
- 온라인조사는 특정 인터넷 사용자나 온라인 커뮤니티 회원들에게 초점을 맞출 수 있으므로, '모집단이 편향되어 있다.'

정답: 89 ① 90 ④ 91 ③ 92 ④

93 [16년 2회, 19년 2회 기출]

우편조사, 전화조사, 대면면접조사에 관한 비교설명으로 옳은 것은?

① 우편조사의 응답률이 가장 높다.
② 대면면접조사에서는 추가질문하기가 가장 어렵다.
③ 우편조사와 전화조사는 자기기입식 자료수집 방법이다.
④ 어린이나 노인에게는 대면면접조사가 가장 적절하다.

해설 어린이나 노인은 문제 이해나 조사과정에 어려움을 겪을 수 있으므로, 직접 대면하여 상황에 맞게 설명하고 도움을 줄 수 있는 대면면접조사가 3가지 방법 중 가장 적절하다.
① 우편조사의 최대 문제점은 낮은 응답률·회수율이다.
② 대면면접조사에서는 적절한 질문을 현장에서 결정할 수 있는 융통성이 있다. 추가 질문하기가 가장 어려운 것은 우편조사이다.
③ 우편조사와 전화조사는 응답자가 직접 조사지를 작성하거나 전화로 대화하면서 응답을 기록하는 자기기입식 자료수집 방법이다.

94 정답률 약 50% [08년 3회, 14년 2회 기출]

내용분석에 적합한 주제로 바르지 않은 것은?

① 유명작가의 문체 분석
② 알코올이 운전 행동에 미치는 영향 분석
③ 한국 전래 동화에서 다루었던 주제 분석
④ 1960년대 영국과 독일의 사회풍자 대중가요 가사 분석

해설 내용분석법은 기존에 존재하는 텍스트, 문서, 영상, 음성 자료 등의 2차 자료를 분석하는 데 적합한 방법이다. 즉, 글, 말, 이미지 등의 내용을 분석하여 특정 패턴이나 주제를 도출하는 것이 주된 목적이다. 반면, '알코올이 운전 행동에 미치는 영향 분석'은 실험적이거나 관찰적인 연구가 필요하며, 텍스트나 문헌 분석보다는 실험적 자료 수집이나 행동 분석이 요구되는 주제이다.

95 [19년 1회 기출]

사회조사에서 내용분석을 실시하기에 적합한 경우를 모두 고른 것은?

ㄱ. 자료 원천에 대한 접근이 어렵고, 자료가 문헌인 경우
ㄴ. 실증적 자료에 대한 보완적 연구가 필요할 경우, 무엇을 자료로 삼을 것인가 검토하는 경우
ㄷ. 연구대상자의 언어, 문체 등을 분석할 경우
ㄹ. 분석자료가 방대할 때 실제 분석자료를 일일이 수집하기 어려운 경우
ㅁ. 정책, 매스미디어 내용의 경향이나 변천 등이 필요한 경우

① ㄱ, ㄷ, ㄹ
② ㄱ, ㄴ, ㅁ
③ ㄴ, ㄷ, ㄹ, ㅁ
④ ㄱ, ㄴ, ㄷ, ㄹ, ㅁ

해설 내용분석은 문헌, 문서, 미디어 콘텐츠 등의 자료를 분석하는 방법으로, 위의 모든 경우에 적합하다.

96 [10년 3회, 17년 3회, 20년 4회 기출]

다음의 사례에서 활용한 연구방법은?

웰스(Ida B. Wells)는 1891년에 미국 남부지방의 흑인들이 집단폭행을 당한 이유가 백인 여성을 겁탈한 것 때문이라는 당시 사람들의 믿음이 사실인지를 확인할 목적으로 이전 10년간 보도된 728건의 집단폭행 관련 기사들을 검토하였다. 그 결과 보도 사례들 가운데 단지 1/3의 경우에만 강간으로 정식기소가 이루어졌으며 나머지 대부분의 사례들은 흑인들이 분수를 모르고 건방지게 행동한 것이 죄라면 죄였던 것으로 확인되었다.

① 투사법
② 내용분석법
③ 질적 연구법
④ 사회성 측정법

해설 내용분석법은 문서, 기사, 서적 등의 텍스트 자료를 체계적으로 분석하여 특정 주제나 패턴을 파악하는 조사 방법이다. 이 사례에서 웰스는 문헌 자료인 기사들을 분석하여 집단폭행의 실제 원인을 밝혀냈다.

정답: 93 ④ 94 ② 95 ④ 96 ②

97   [16년 2회 기출]

다음과 같은 조사방법의 특징으로 옳은 것은?

> 대북정책에 대한 한국사회의 인식변화를 알아보고자 과거 10년간 한국의 주요 일간지 기사를 분석하고자 한다.

① 표본추출(Sampling)이 불가능하다.
② 인간의 모든 형태의 의사소통 기록물을 활용할 수 있다.
③ 사전조사가 필요하지 않아 경제적이다.
④ 수량적 분석이 불가능하다.

해설 내용분석법은 신문 기사, 서적, 방송, 온라인 콘텐츠 등 인간의 다양한 의사소통 기록물을 분석하는 방법이다. 따라서 인간의 모든 형태의 의사소통 기록물을 활용할 수 있다.
   ① 내용분석에서도 표본추출이 가능하며, 모든 기사를 분석할 필요 없이 대표적인 기사들만 선택하여 분석할 수 있다.
   ③ 내용분석법도 철저한 사전조사가 필요할 수 있으며, 분석대상과 범위를 설정하는 데 신중한 계획이 필요하다.
   ④ 내용분석법은 질적 자료를 양적으로 전환하여 분석할 수 있으므로, 수량적 분석이 충분히 가능하다.

98 정답률 약 60% [13년 1회 기출]

2000년부터 2012년까지 주요 일간신문에 나타난 기사를 분석하여, 대북정책 경향을 파악하는 연구를 하였다. 여기서 사용한 연구방법에 관한 설명으로 틀린 것은?

① 조사반응성을 일으키지 않는다.
② 다양한 기록자료 유형을 분석대상으로 할 수 있다.
③ 연구에 오류가 있을 때 재시행이 용이하지 않다.
④ 대상자에 대한 직접 조사가 어려울 때 사용한다.

해설 내용분석법은 비개입적 조사방법으로, 이미 존재하는 2차 자료(신문 기사)를 분석하는 방식이기 때문에, 조사 과정에서 오류가 발생하더라도 원 자료에 접근하여 재시행이 용이하다. 따라서 조사자는 기존의 문서나 기록을 다시 검토하거나 분석할 수 있기 때문에 반복적인 연구가 가능하다.

99   [05년 3회, 13년 2회 기출]

면접조사와 비교하여 전화조사의 장점이 아닌 것은?

① 면접자의 영향을 통제할 수 있다.
② 표본오차의 통제에 유용하다.
③ 조사에 소요되는 시간이 짧다.
④ 비용이 적게 든다.

해설 면접조사와 비교하여 전화조사는 표본오차의 통제에 유용하지 않다. 표본오차는 표본 추출 방법과 크기에 의해 결정된다. 전화조사는 무작위번호 다이얼링 방식 등으로 표본을 추출하는 경우가 많으므로, 표본이 충분히 대표성을 가지도록 보장하는 데 한계가 있을 수 있다. 예를 들어, 전화번호 목록이 최신이 아니거나 특정 인구집단이 전화 조사에 응답하지 않는 경우, 표본오차가 증가할 수 있다.
   ① 면접조사와 비교하여 전화조사는 응답자가 면접자와 직접 대면하지 않으므로, 면접자의 영향을 통제할 수 있다. 즉, 면접자의 외모나 태도 등으로 인해 발생할 수 있는 편향을 줄일 수 있다.
   ③ 면접조사와 비교하여 전화조사는 시간이 덜 소요된다. 전화로 설문을 진행하는 것이 실제로 만나서 하는 면접조사보다 더 신속하게 끝날 수 있다.
   ④ 면접조사와 비교하여 전화조사는 비용이 적게 든다. 주로 이동 시간과 비용, 조사원의 수당 등이 절감되기 때문이다.

100 정답률 약 30% [13년 3회 기출]

내용분석에 관한 설명으로 틀린 것은?

① 질적인 자료를 양적으로 전환하는 방법이다.
② 군집표집법이 표집방법으로 활용될 수 있다.
③ 인간의 의사소통 기록물을 대상으로 분석한다.
④ 내용분석은 조사반응성으로 인하여 활용의 한계점을 가지고 있다.

해설 내용분석은 조사자의 개입을 최소화하고, 조사대상의 자연스러운 텍스트나 문서를 분석하는 비개입적인 조사방법이다. 따라서 조사반응성을 일으키지 않는다.

정답 : 97 ② 98 ③ 99 ② 100 ④

제2과목_ 조사관리와 자료처리

CHAPTER 04 측정의 타당성과 신뢰성

01 개념과 측정

1 변수의 개념 및 종류

(1) 변수의 의의 및 특징

1) 변수의 의의 기출
- 변수는 조사와 분석의 기본 단위이며, 조사대상의 경험적 속성을 나타내는 개념이다.
  - 하나의 변수에 대한 관찰 값은 동시에 두 가지 속성을 지닐 수 없다.

2) 변수의 특징
- 변수의 속성은 경험적 현실의 전제, 계량화, 속성의 연속성 등이 있다. 기출
① 경험적 속성
  - 변수는 두 가지 이상의 값으로 경험적 분류가 가능한 개념이다.
    - 경험적 분류 : 이론적인 개념이 아닌, 경험적으로 측정 가능한 연구대상의 속성을 나타낸다. 기출
② 계량적 속성
  - 변수는 어떤 사상에 대한 계량적 수치가 부여된 속성 또는 상징이다. 기출
    - 계량적 수치 부여 : 특정 사상이나 현상에 대해 숫자나 양적 값을 부여할 수 있는 속성이다.
③ 연속적 속성
  - 변수는 연속적인 값을 가지며 측정될 수 있고, 이를 통해 다양한 분석이 가능하다.
    - 예 '키' 변수는 0cm부터 특정 최댓값까지의 측정될 수 있고, 소수점 단위 측정도 가능하다.

3) 변수의 관계 기출
- 인과적 관계의 검정요인은 외적변수(허위변수), 매개변수, 선행변수이다.

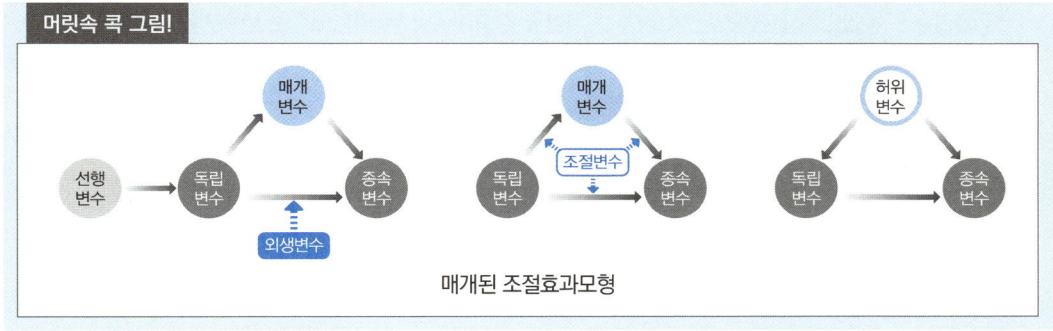

(2) 기능적 관계에 의한 구분

1) 독립변수(Independent Variable) 기출
① 독립변수는 조사나 분석에서 <u>다른 변수(종속변수)에 영향을 미치는 변수이다.</u>
② <u>독립변수는 실험에서 인과관계 추론을 위해 서로 다른 값을 갖도록 처치하는 변수이다.</u>
  • 독립변수는 가설적 변수 혹은 <u>원인변수라고도 부른다.</u>
③ 인과적 관계가 성립할 때, <u>독립변수는 종속변수보다 이론적으로 선행한다.</u>
  • <u>인과적 조사에서 독립변수란 종속변수의 원인으로 추정되는 변수이다.</u>

2) 종속변수(Dependent Variable)
① 종속변수는 하나 이상의 독립변수의 변화에 따라 영향을 받는 변수이다.
  • 종속변수는 반응변수 혹은 <u>결과변수라고도 부른다.</u> 기출
② 실험에서 종속변수는 독립변수의 변화에 따라 변하므로 결과적 예측변수라고도 부른다.
  예) <u>1인당 국민소득GNP(독립변수)가 올라가면 1,000명당 신생아의 수인 출생률(종속변수)은 감소한다.</u> 기출

3) 외생변수(Exogenous Variable ; Extraneous Variable)
① 외생변수는 조사과정에서 독립변수와 종속변수 사이의 관계를 왜곡시킬 수 있는 변수이다.
  • 외생변수는 독립변수와 종속변수 사이의 관계를 잘못 이해하게 만들 수 있는 변수이며, 실제로는 인과관계가 없지만 두 변수 간의 관계를 거짓으로 보이게 할 수 있다.
② 실험설계 시에는 가능한 모든 외생변수를 고려하고 통제하는 것이 중요하다.
  • 외생변수 통제는 조사의 신뢰성과 유효성을 보장하는 데 필수적이다.
  예) <u>종업원이 친절할수록 패밀리 레스토랑의 매출액이 증가한다는 가설을 검증하고자 할 경우, 레스토랑의 음식 맛 역시 매출에 영향을 미친다면 음식의 맛은 외생변수에 해당한다.</u> 기출

4) 허위변수(Spurious Variables ; 외적변수 ; 외재적변수) 기출
① <u>허위변수는 독립변수와 종속변수와의 관계에 개입하면서 그 관계에 영향을 미칠 수 있는 제3의 변수이다.</u>
② <u>외재적 변수의 종류로는 통제변수(Control Variable)가 존재하며, 통제변수는 그 영향을 검토하지 않기로 한 변수이다.</u>

5) 조절변수(Moderating Variable)
• <u>조절변수는 독립변수가 종속변수에 미치는 영향을 강화해 주거나 약화해주는 변수이다.</u> 기출
  – 조절변수는 독립변수와 함께 종속변수에 영향을 미치며, 이로 인해 두 변수 간의 관계를 잘못된 방향으로 해석하게 할 수 있으므로 주의해야 한다.

6) 매개변수(Intervening Variable)

① 매개변수는 독립변수의 결과인 동시에 종속변수의 원인이 되는 변수로 두 변수의 관계를 중간에서 설명해주는 변수이다. 기출
  - 매개변수는 개입변수라고도 부르며, 종속변수에 일정한 영향을 주는 변수로 독립변수에 의하여 설명되지 못하는 부분을 설명해주는 변수를 말한다. 기출

② 매개변수는 독립변수와 종속변수 사이에서의 직접적인 관련은 없지만, 두 변수 간의 간접적인 관계를 매개하여 설명하는 중간변수이다.
  - 예 노인의 사회참여가 높을수록 자아존중감이 향상되고, 자아존중감(매개변수)의 향상으로 생활만족도가 높아진다. 기출

7) 선행변수(Antecedent Variable)

① 선행변수는 인과관계에서 독립변수에 앞서며 독립변수에 유효한 영향력을 행사하는 변수이다.
  - 선행변수는 매개변수와는 달리 독립변수와 종속변수 간의 관계를 설명하는 것이 아니라, 그 관계에 미치는 영향을 명확히 하고자 할 때 도입한다. 기출

② 선행변수를 통제하는 것은 조사 결과의 신뢰성을 높이고, 독립변수와 종속변수 사이의 관계를 더 정확하게 분석할 수 있도록 한다.
  - 선행변수를 통제하더라도 독립변수와 종속변수 사이의 관계는 유지되지만, 독립변수를 통제하는 경우에는 선행변수와 종속변수 사이 관계는 사라진다.

8) 구성변수(Component Variable)

- 구성변수는 여러 변수들이 모여서 하나의 개념이나 척도를 형성하는 변수이다.
  - 예 '사회적 지위' 변수는 직업으로 측정되기도 하고, 소득수준으로 측정되기도 한다.

> **개념특강 검정변수의 종류** 기출
> - 두 변수 간의 관계를 보다 정확하고 명료하게 이해할 수 있도록 밝혀주는 역할을 하는 검정변수의 종류로는 매개변수, 선행변수, 구성변수가 존재한다.

9) 억압변수(Suppressor Variable ; 억제변수)

① 억압변수는 종속변수와 독립변수 사이의 관계에서 다른 변수의 영향을 줄여주거나 제거함으로써 관계를 더 명확하게 해준다.

② 억압변수에서는 어떤 변수가 검정요인으로 통제되면 원래 관계가 없는 것으로 나타났던 두 변수가 유관하게 나타난다. 기출
  - 예 교육 수준은 소득수준에 영향을 미치지 않지만, 연령을 통제하면 두 변수 사이의 상관관계가 매우 유의미하게 나타난다. 이때 연령과 같은 검정요인을 억제변수라고 한다. 기출

10) 왜곡변수(Distorter Variable)

- 왜곡변수는 실제 관계가 표면적으로 나타난 관계와는 정반대임을 밝혀주는 검정요인이다. 기출
  - 두 변수 간의 관계를 왜곡시키거나 오해하게 만드는 제3의 변수이다.

더블체크

Q 다음 사례에서 성적은 어떤 변수에 해당하는가?   [12년 1회, 15년 1회, 19년 1회 기출]

> 대학교 3학년 학생인 A, B, C 군은 학기말 시험에서 모두 A⁺를 받았다. 3명의 학생은 수업 시간에 맨 앞자리에 앉는 공통점이 있다. 따라서 학생들의 성적은 수업 시간 중 좌석 위치와 중요한 관련성을 가지고 있다고 생각하게 되었다. 이것이 사실인가 확인하기 위해 더 많은 학생들을 관찰하기로 하였다.

① 독립변수
② 통제변수
③ 매개변수
④ 종속변수

해설 이 문제에서 수업 시간에 맨 앞자리에 앉는 것과 관련된 '좌석 위치'는 '성적'에 영향을 미칠 수 있다고 가정하고 있으므로 '독립변수'이다. 이런 경우에 '성적'은 독립변수인 '좌석 위치'에 의해 영향을 받는 변수가 되므로, 종속변수에 해당한다.

정답 : ④

더블체크

Q 3가지의 변수가 다음과 같은 순서로 영향을 미칠 때 사회적 통합을 무슨 변수라고 하는가?
   [10년 3회, 14년 2회, 19년 1회 기출]

> 종교 → 사회적 통합 → 자살률

① 외적변수
② 매개변수
③ 구성변수
④ 선행변수

해설 위 예시에서 종교는 '독립변수'이고, 자살률은 '종속변수'이다. 사회적 통합은 종교와 자살률 사이에 위치하며, 종교가 사회적 통합을 통해 자살률에 영향을 미친다고 가정할 수 있다. 즉, 독립변수와 종속변수 관계를 매개하는 역할을 하므로, 이는 매개변수이다.

정답 : ②

더블체크

Q 전문직에 종사하는 남성 근로자를 대상으로 하는 사회조사에서 변수가 될 수 없는 것은?
   [10년 1회, 13년 1회, 18년 2회 기출]

① 연령
② 성별
③ 직업 종류
④ 근무시간

해설 대상이 '전문직에 종사하는 남성 근로자'로 한정되어 있다. 따라서 모든 대상이 남성이므로, 성별은 변하지 않기 때문에 변수가 될 수 없다.

정답 : ②

(3) 속성의 정도에 의한 구분

자료의 구분	변수의 종류
질적 자료 ; 정성적 자료 (Qualitative Data)	질적 변수 ; 범주형 변수(Categorical Variable)
양적 자료 ; 정량적 자료 (Quantitative Data)	양적 변수 ; 수치형 변수(Numerical Variable) ① 이산 변수(Discrete Variable) ② 연속 변수(Non-discrete Variable ; Continuous Variable)

1) 질적 변수(Qualitative Variable)

① 질적 변수는 '범주형 변수'이며, 속성의 값을 나타내는 수치의 크기가 의미 없는 변수이다. 기출
  - 질적 변수에서 양적 변수로의 변환은 거의 불가능하다. 기출
  - 예 성별, 종교, 직업, 학력, 3단계(상·중·하)의 계층적 지위 등 기출

② 이분변수(Binary Variable)는 질적 변수를 다변량분석에 포함하기 위해 변환할 때 사용한다. 기출
  - 이분변수는 사상의 극단적 특성을 강조할 때 사용하며, 특정 속성의 유무에 따라 분류된다. 기출
  - 예 '성별' 변수는 특성이 여자와 남자 두 개의 성질로 구분된다.

③ 더미변수(Dummy Variable)는 질적 변수를 분석에 포함하기 위해 숫자로 변환한 변수이다.

2) 양적 변수(Quantitative Variable)

① 양적 변수는 측정한 속성값을 연산이 가능한 의미 있는 수치로 나타낼 수 있다. 기출
  - 양적 변수는 계량적 변수 혹은 메트릭(Metric) 변수라고도 부른다. 기출

② 양적 변수는 이산변수와 연속변수로 구분된다. 기출
  - 이산변수(Discrete Variable)
    - 이산변수는 불연속적인 값으로 나타나는 변수이며, 보통 셀 수 있는 값 또는 **정수값으로 구성된다.** 기출
    - 예 학급 학생 수, 주사위 던지기 결과, 가구당 자동차 대수
  - 연속변수(Continuous Variable) 기출
    - 연속변수는 측정한 값들이 척도상에서 무한대로 미분해도 가능하리만큼 연속성을 띤 것으로 거의 무한개의 값을 가질 수 있다.
    - 연속변수는 사람 대상물 또는 사건을 그들 속성의 크기나 양에 따라 분류하는 것이다.
    - 예 소득, 범죄율, 거주기간

3) 잠재변수(Latent Variable) 기출

- 잠재변수는 구성개념에 대한 측정이나 직접 관찰이 불가능한 변수이다.
  - 예 지능, 태도, 직무만족도

4) 관찰변수(Observed Variable)

① 관찰변수는 직접적으로 관찰되는 측정변수로써 잠재변수에 대한 조작적 정의이다.
  - 예 대학생의 성적을 평점 평균으로 나타낸 것 기출

② 하나의 잠재변수를 측정하기 위해 여러 개의 관찰변수를 사용하는 것이 바람직하다. 기출

2 개념적 정의

※ 조사대상 정의방법에서의 개념적 정의 및 조작적 정의 관련 상세한 내용은 '제1과목 조사방법과 설계 → CHAPTER 01 통계조사계획 → 1. 통계조사목적 수립' 참고

(1) 개념의 의의 및 특징

1) 개념의 의의 기출
① 개념은 일정한 관계 사실에 대한 추상적인 표현이다.
  • 개념은 특정한 여러 현상들을 일반화함으로써 나타내는 추상적인 용어이다.

② 조사에 있어 주요 개념은 조사의 출발점을 가르쳐 주고, 조사 방향을 제시해준다.

2) 개념의 특징 및 역할
① 개념은 이론(Theory)의 핵심적 구성요소이며, 특정 대상의 속성을 나타낸다. 기출
  • 개념은 언어나 기호로 나타내어 지식의 축적과 확장을 가능하게 해준다. 기출

② 개념은 현상을 예측 설명하고자 하는 명제(Proposition) 및 이론(Theory)의 전개에서 그 바탕을 이루는 역할이다. 기출

③ 개념은 연역적 결과를 가져온다. 기출
  • 개념들 사이의 이론적 관계를 분명히 하고 이해함으로써, 과거 사건들에 대한 체계적인 이해를 얻을 수 있을 뿐만 아니라 미래에 대한 예측도 가능하게 된다.
  • 과학은 현상을 이해하고 설명하기 위해 개념과 이론을 사용하며, 이 개념들은 서로 연결되어 있고, 논리적으로 일관성 있는 구조를 형성한다.
    예 물리학에서 중력에 대한 개념을 이해하고 이론적으로 구성한다면, 사물의 낙하 · 행성 궤도 · 달의 움직임에 대한 예측이 가능하다.

3) 개념의 구체화 과정
① 개념의 구체화는 개념을 경험적 수준으로 구체화하는 과정이다.
  [개념의 구체화 과정] '개념 → 개념적 정의(개념화) → 조작적 정의(조작화) → 변수의 측정'

개념의 구체화 과정	
1. 개념	• 개념은 '행복' 혹은 '스트레스'와 같이 일정한 관계 사실에 대한 추상적인 표현이다.
2. 개념적 정의(개념화)	• 개념적 정의는 추상적 수준의 정의이다. – 조작적 정의(조작화) 전, 행복은 추상적인 개념이므로 사람마다 다르게 느낄 수 있다.
3. 조작적 정의(조작화)	• 이론적 개념을 측정가능한 수준의 변수로 전환시키는 작업과정을 조작화라고 한다. – '행복'을 관찰하거나 측정할 수 있는 방법으로 변환한다. 이때, 개인이 자신의 삶에 대해 얼마나 만족하는지를 1점(전혀 만족하지 않음)에서 10점(매우 만족함)까지의 척도로 평가하는 방식을 도입한다. – '행복'을 측정하는 구체적인 지표는 '삶의 만족도 점수', '하루에 웃는 횟수' 등이 될 수 있다.
4. 변수의 측정	• 조작적 정의에 따라 실제로 데이터를 수집하고 측정하는 단계이다. – 조사자가 설문조사를 사용해 각 참가자가 자신의 행복도를 1~10까지 평가한 데이터를 수집한다.

(2) 개념의 구성요소

- 개념의 구성요소로는 일반적 합의, 정확한 정의, 경험적 준거틀이 있다. `기출`

1) 일반적 합의 `기출`
- 개념은 사회적 또는 학문적 맥락에서 일반적으로 합의된 내용을 반영한다.

2) 정확한 정의 `기출`
- 개념은 명확한 정의가 중요하며, 일관되게 사용되고 오해 없이 전달될 수 있도록 해야 한다.

3) 경험적 준거틀 `기출`
① 개념은 경험적 관찰을 통해 이해되고 측정될 수 있는 준거틀을 제공한다.
② 과학적 관찰의 객관성 원칙은 경험적 준거틀의 핵심적인 부분으로, 같은 조건 하에서 누구나 동일한 결과를 관찰할 수 있도록 해야 한다.

(3) 개념의 재개념화

1) 재개념화의 의의
① 재개념화는 주어진 개념을 보다 명확하게 정리하고 재정의하는 과정이다.
② 재개념화(Reconceptualization)는 개념을 명확하게 정의하고, 측정 가능성을 높이며, 조사의 신뢰성을 확보하는 데 필수적이다.
- 이 과정은 개념의 한정성을 높이고, 관찰 및 측정 가능성을 향상시키며, 자기 개념의 보편성과 일반성을 이해하게 한다.

2) 재개념화의 특징
① 명확한 정의
- 사회조사에서 사용되는 개념은 일상생활에서 통상적으로 사용되는 상투어와는 그 의미가 다를 수 있기 때문에, 정확한 정의를 통해 개념을 명확히 해야 한다. `기출`
  - 동일한 개념이라도 사회가 변함에 따라 원래의 뜻이 변할 수 있다. `기출`
  - 재개념화가 필요한 이유는 한 가지 개념이라도 두 가지 또는 그 이상의 다양한 의미를 가지고 있을 가능성이 많으므로, 이들 각기 다른 의미 중에서 어떤 특정의 의미를 조사대상으로 삼을 것인가를 밝히기 위해서다. `기출`
  - 예) 상투어와 다른 의미라는 것은 '행복'의 일상적 의미는 개인이 기분 좋고 즐거운 상태이지만, 사회조사에서의 정의는 '행복'을 특정 기간 동안의 삶의 만족도 점수, 긍정적 감정 경험 빈도 등으로 측정한다는 것이다.

② 측정 가능성
- 재개념화는 개념의 한정성을 높여 관찰 및 측정을 가능하게 하고, 주된 개념적 요소를 명확히 할 수 있다.
  - 예) '사용자 만족도'의 재개념화에서는 단순히 긍정적 혹은 부정적 반응이 아닌, '제품의 성능에 대한 만족도', '서비스의 신속성에 대한 만족도'처럼 구체적인 차원으로 분석할 수 있다.

(4) 개념적 정의의 의의 및 특징

1) 개념적 정의의 의의
① 개념적 정의(Conceptual Definition)는 '개념화'라고도 부른다.
② 개념적 정의(개념화)는 조사대상의 행동과 속성, 사회적 현상을 개념적으로 정의하는 것이다.
③ 개념의 구체화 순서가 '개념 → 개념적 정의(개념화) → 조작적 정의(조직화) → 변수의 측정'인 이유는 개념적 정의를 통해 개념의 의미가 분명해져야 개념에 대한 관찰 및 측정이 가능하기 때문이다.

2) 개념적 정의의 특징
① 개념적 정의는 하나의 개념을 정의하기 위해 다른 개념을 사용함으로써, 그 자체로 추상적·일반적·주관적인 양상을 보인다.
- 개념적 정의는 추상적 수준의 정의이다. `기출`

② 단정적이고 중의성이 없어야 한다.
- 개념적 정의는 정의하려는 대상이 무엇이든 그것만의 특유한 요소나 성질을 적시해야 하고, 뜻이 분명해서 누구나 알아들을 수 있는 의미를 공유하는 용어를 써야 한다. `기출`

③ 개념적 정의는 적극적 혹은 긍정적인 표현을 써야 한다. `기출`
  예 자유 정의 : "자유는 개인의 창의성과 잠재력을 최대화하는 중요한 요소이다."

④ 개념적 정의와 조작적 정의가 반드시 일치하는 것은 아니다. `기출`

더블체크

Q 개념적 정의의 예로 적합하지 않은 것은? [16년 3회, 19년 3회 기출]
① 무게 → 물체의 중량
② 불안 → 주관화된 공포
③ 지능 → 추상적 사고능력 또는 문제해결 능력
④ 결혼 만족 → 배우자에게 아침을 차려준 횟수

해설 결혼만족은 주관적인 감정이나 관계의 질에 대한 평가인데, 이를 '배우자에게 아침을 차려준 횟수'로 정의하는 것은 개념을 구체화하여 측정하려는 조작적 정의에 해당한다.

정답 : ④

더블체크

정답률 약 60%

Q 개념적 정의에 대한 설명으로 옳은 것은? [18년 3회 기출]
① 측정 가능성과 직결된 정의이다.
② 조작적 정의를 현실 세계의 현상과 연결시켜주는 역할을 수행한다.
③ 거짓과 진실을 밝히기 위해 정의하는 것이다.
④ 어떤 개념을 보다 명확하고 정확하게 표현하기 위하여 다른 개념을 사용하여 정의하는 것이다.

해설 개념적 정의는 개념이나 용어의 의미를 다른 개념이나 용어를 사용하여 정의하여 더욱 명확하게 만드는 과정이다.

정답 : ④

3 조작적 정의

(1) 조작적 정의의 의의 및 특징

1) 조작적 정의의 의의
① 조작적 정의(Operational Definition)는 '조작화'라고도 부른다.
- 이론적 개념을 측정 가능한 수준의 변수(척도)로 전환시키는 작업과정을 조작화라고 한다. 기출
② 조작적 정의는 연구 또는 연구가설에 포함된 변수들이 구체적으로 어떻게 측정될 것인가를 서술하는 것이다. 즉, 조작적 정의는 실제 측정의 전(前) 단계다. 기출

2) 조작적 정의의 특징
① 조직적 정의(조작화)는 추상적인 개념들을 경험적이고 실증적으로 측정 가능하게 구체화한 것이다.
- 추상적인 개념을 구체적인 경험 세계와 연결시키는 과정이다. 기출
- 조사에서 설정한 개념을 실제 현상에서 측정이 가능하도록 관찰 가능한 형태로 표현하는 것은 조작적 정의이다. 조작적 정의는 관찰 가능성 여부가 중요하다. 기출
② 개념을 경험적 수준으로 구체화하는 과정 순서가 '개념적 정의 → 조작적 정의 → 변수의 측정'인 이유는 조작적 정의는 추상적 구성개념이나 잠재변수의 값을 측정하기 위해, 측정할 내용이나 측정 방법을 구체적으로 정확하게 표현하고 의미를 부여하는 것으로, 추상적 개념을 관찰 가능한 형태로 표현해 놓은 것이기 때문이다. 기출
   - 예 사람들이 동정심을 측정하기 위해, 동정심을 지하도 입구의 거지에게 자선을 베푸는 정도로 정의하였다. 기출
③ 조작적 정의는 개념적 정의에 최대한으로 일치하도록 정의해야 한다. 기출
- 조작적 정의는 측정을 위하여 불가피하다. 즉, 적절한 조작적 정의는 정확한 측정의 전제조건이다. 기출
④ 한 개념이 여러 조작적 정의를 가질 수 있다.
- 다만, 구성개념에 대한 조작적 정의가 조사마다 다를 경우 조사결과가 달라질 수 있다. 기출

> **더블체크**
>
> 정답률 약 50%
> **Q** 청소년의 비행에 관하여 연구할 때 조작적 정의(Operational Definition)단계에 해당하는 것은?
> [16년 3회, 20년 4회 기출]
>
> ① 사전(dictionary)을 참고하여 비행을 명확히 정의한다.
> ② 청소년의 비행에 대한 기존 연구 결과를 정리한다.
> ③ 비행 관련 척도를 탐색한 후 선정한다.
> ④ 비행청소년의 현황을 파악한다.
>
> **해설** 개념의 구체화 순서가 '개념 → 개념적 정의(개념화) → 조작적 정의(조작화) → 변수의 측정'임을 활용하여 풀어야 한다. 조작적 정의(조작화) 단계에서는 조사주제와 관련된 측정도구나 척도(변수)를 탐색하고 그 중에서 사용할 것을 선정하는 과정을 포함한다.
> 즉, 비행 빈도와 같은 청소년의 비행 관련 척도(변수)를 조사하고, 그 중에서 조사목적에 맞는 척도(변수)를 선택하는 것이 이 단계에 해당한다.
> ①은 개념적 정의(개념화). ②은 개념적 정의(개념화)의 이전 단계에 수행할 내용. ④는 변수의 측정에 해당한다.
> 정답 : ③

(2) 조작적 정의의 핵심요소

측정의 타당성	• 조작적 정의는 측정의 타당성(Validity)과 관련이 있다. 기출 　− 조작적 정의가 제대로 이루어지지 않으면 타당성이 낮아진다. 　− 측정을 위한 조작적 정의는 변수의 측정 방법을 제시해야 한다. • 측정을 위해 추상적인 개념을 보다 구체화하는 과정이라고 할 수 있다. 기출
추상적 개념화	• 조작적 정의가 필요한 이유는 개념을 가시적이고 경험적으로 표현하기 위해서이다. 기출 　− 동일한 개념을 측정하기 위한 조작적 정의 사이에는 측정의 일관성을 유지해야 한다. • 개념의 조작화는 추상화 세계와 경험적 세계를 연결하는 역할을 한다. 기출
수량화 기출	• 개념의 조작화는 개념을 수량화하여 측정 가능하도록 해준다. • 개념의 조작화 과정에서 조작화 과정의 최종 결과물은 수량화이다. 　− 조작적 정의는 숫자로 측정될 수 있는 항목들을 추출한다. • 개념의 조작화는 실증주의 패러다임에서 강조된다.
구체화 기출	• 정의된 변수는 그것을 관찰과 측정의 단계가 분명히 밝혀져 있을 때 조작적으로 정의될 수 있다. • 용어의 지시물을 식별하는 데 사용되는 관찰 가능한 개념의 구체화이다.

더블체크

정답률 약 50%

Q 조작화와 관련하여 다음은 무엇에 대한 예에 해당하는가? [14년 1회, 20년 4회 기출]

> 신앙심을 측정하기 위해 사용된 일주일간 성경책 읽은 횟수

① 개념적 정의　　　　　　　　　② 지표
③ 개념　　　　　　　　　　　　④ 지수

해설 조작화는 추상적인 개념을 구체적으로 측정할 수 있는 방식으로 변환하는 과정이며, '횟수'와 같은 지표(Indicator)는 그 과정에서 중요한 역할을 하는 요소이다.
지표(Indicator)란 어떤 개념을 측정하거나 나타내기 위해 사용되는 구체적인 측정 항목이며, 이 문제에서 '신앙심'이라는 개념을 측정하기 위한 지표는 '일주일간 성경책 읽은 횟수'이다.
① 개념적 정의(개념화), ③ 개념은 모두 조작적 정의(조작화) 전에 완료되는 과정이다.
④ 지수(Index)는 여러 지표(Indicator)를 합친 수치화된 값이므로 주의하자.

정답 : ②

더블체크

정답률 약 40%

Q 조작적 정의에 관한 설명으로 옳은 것은? [13년 3회, 17년 3회 기출]

① 현실 세계에서 검증할 수 없다.
② 개념적 정의에 앞서 사전에 이루어진다.
③ 경험적 지표를 추상적으로 개념화하는 것이다.
④ 개념적 정의에 최대한으로 일치하도록 정의해야 한다.

해설 조작적 정의는 개념적 정의에서 설명된 추상적인 개념을 현실적으로 측정할 수 있는 방식으로 변환하는 것이기 때문에, 개념적 정의에 최대한 일치하는 방식으로 이루어져야 한다.
즉, 조작적 정의는 개념적 정의에 근거하여 구체적이고 측정 가능한 변수를 설정하는 것이므로, 개념적 정의와 일치하도록 정의하는 것이 중요하다.

정답 : ④

02 변수의 측정

1 측정의 개념

(1) 측정의 의의 기출

① 측정이란 관찰된 현상의 경험적인 속성에 대해 일정한 규칙에 따라 수치를 부여하는 것이다.
  - 측정(Measurement)이란 경험의 세계와 추상적인 관념의 세계를 연결시켜주는 수단으로서 일정한 법칙에 따라 사물이나 사건의 속성에 숫자(수치)를 부여하는 과정이다.

② 측정은 사람, 사건, 상태 또는 대상에게 미리 정해놓은 일정한 규칙에 따라서 숫자를 부여하는 것이며, 과학적 조사에서 필수적이다.
  - 사회과학에서는 대상이 갖는 속성 자체보다는 속성의 지표를 측정하는 경향이 있다.
  - 측정은 변수에 대한 조작적 정의에 입각해 이루어진다.

(2) 측정의 특징 기출

① 측정은 질적 속성을 양적 속성으로 전환하는 작업이다.
  - 측정은 통계분석에 활용할 수 있는 정보를 제공해준다.
  - 측정이란 사물이나 사건의 속성에 수치나 기호를 부여하는 것이다.

② 측정은 추상적 · 이론적 · 개념적 · 관념적 세계를 경험적 세계와 연결시키는 교량역할을 한다.
  - 측정은 관찰된 현상의 경험적인 속성에 대해 일정한 규칙에 따라 수치를 부여하는 것이다.
  - 이론과 경험적 사실을 연결시켜줌으로써 이론을 경험적으로 검증해주는 수단이다.
  - 이론과 현실을 연결시켜주는 매개체이다.
  - 이론을 구성하는 개념들을 현실 세계에서 관찰이 가능한 자료와 연결해주는 과정이다.

③ 측정값은 참값, 체계적 오차, 비체계적 오차(확률오차 ; 무작위오차)의 합과 같다.

(3) 측정의 종류 : 추론측정(Derived Measurement) 기출

- 추론측정은 측정 방법에 따라 측정을 구분할 때, 밀도(Density)와 같이 어떤 사물이나 사건의 속성을 측정하기 위해 관련된 다른 사물이나 사건의 속성을 측정하는 것이다.
  - 예 밀도(Density)는 어떤 사물의 부피와 질량의 비율로 정의하며, 이 경우 밀도는 부피와 질량 사이의 비율을 통해 간접적으로 측정하게 된다.
    - 질량 및 부피는 각각 독립적으로 직접 측정할 수 있는 속성이다.
    - 그러나 밀도라는 속성은 직접 측정할 수 없는 속성이다.
    - 따라서 밀도는 질량을 부피로 나누는 공식인 밀도 $= \dfrac{질량}{부피}$을 통해 간접적으로 추론된다.

2 측정의 수준과 척도 [암기] 명서등비

(1) 명목척도

1) 명목척도의 의의
① 명목척도(Nominal Scale)는 데이터를 단순히 분류하고 식별하는 데 사용되는 측정 수준이다.
② 통계분석의 제약이 많은 측정 수준이며, 일반적으로 가장 적은 정보를 제공한다. [기출]
③ 명목척도에서는 분류적인 개념만을 내포하며, 변수 간의 사칙연산이 의미가 없다. [기출]
  예 주민등록번호, 성별, 종교, 국적, 운동선수의 등 번호 [기출]

2) 명목척도의 특징
① 명목척도는 관찰하는 대상의 속성에 따라 그 값을 숫자로 나타낸다.
  - 대상을 구분·분류·식별할 목적으로 숫자를 사용하지만, 숫자 자체가 가지고 있는 의미가 없다.
  - 수치로 표시되어 있더라도 양적 의미를 갖지 않으므로, 등가인지 아닌지(=, ≠)만 판단한다.
  예 축구·야구 '운동선수의 등 번호'를 표현하는 측정 수준은 명목수준의 측정이다. [기출]
② 명목수준의 측정에서 한 범주 내의 모든 대상은 서로 동등하다. [기출]
  예 혈액형이 A형인 사람들은 모두 같은 범주에 속하며 순서나 크기의 차이가 없다.
③ 명목척도의 측정범주들에 대한 기본 원칙은 논리적 연관성, 상호배타성, 포괄성이다. [기출]
  - 논리적 연관성은 각 범주는 분류의 목적에 맞고 논리적으로 연관성이 있어야 한다는 것이다.

상호배타성 [기출]	• 명목척도는 측정대상을 '상호배타적 범주'로 분할한다. – 측정의 각 응답범주들이 한 그룹에 속하면 다른 그룹에 속하지 않는 상호배타적 특성을 가지며, 하나의 측정대상이 두 개의 값을 가질 수 없다. 예 성별의 남자 1, 여자 2는 측정대상의 특성을 분류하거나 확인할 목적으로만 숫자를 부여한 것이다. 예 '상경계열에 다니는 대학생이 이공계열에 다니는 대학생보다 물가변동에 대한 관심이 더 높을 것이다.'라는 가설에서 '상경계열학생 유무'라는 변수를 척도를 나타낼 때 이 척도의 성격은 명목척도이다.
포괄성	• 모든 가능한 데이터가 적어도 하나의 범주에 포함되어야 한다. – 명목척도는 관찰대상의 속성에 따라 상호배타적이고 포괄적인 범주로 구분하여 수치를 부여하는 도구이다. [기출]

> **더블체크**
>
> **Q** 다음과 같은 질문지의 성별(sex) 변수에 대한 설명으로 틀린 것은? [17년 1회 기출]
>
> > Q. 당신의 성별은?
> > 1) 남성   2) 여성
>
> ① 성별은 명목척도(Nominal Scale)이다.
> ② 여성만을 대상으로 한 조사에서 성별 변수는 포함시킬 필요가 없다.
> ③ 성별 변수는 다른 변수(예 : 교육 수준)와 종합하여 하나의 새로운 변수로 만들 수 있다.
> ④ 남성에게 1점, 여성에게 2점을 부여한 다음 그 평균을 계산하면 남성비를 구할 수 있다.
>
> **해설** 명목척도에서는 수치가 양적 의미를 갖지 않기 때문에, 단순히 남성과 여성에게 1점과 2점을 부여하고 그 평균을 계산하는 방식으로 남성비를 구할 수 없다.
>
> 정답 : ④

(2) 서열척도 〔암기〕 서리순비중

1) 서열척도의 의의
- 서열척도(Ordinal Scale)는 관찰하는 대상의 특성을 측정해서 그 값을 순위로 나타낸다.
  - 숫자가 가지고 있는 의미가 있어서 높은지 낮은지 등 대상끼리의 '상대적 순위(Rank)' 평가는 가능하지만, 등급 간에 어느 정도의 차이인지 알 수 없다.
    [예] <u>생활수준, 후보자 선호도, 교육수준, 학급 석차(등수), 사회계층</u> 〔기출〕

2) 서열척도의 특징
① <u>서열척도는 응답자들을 순서대로 구분할 수 있다.</u> 〔기출〕
  - <u>서열척도는 특정한 성격을 갖는 정도에 따라 범주를 서열화한다.</u> 〔기출〕
    [예] 리커트척도(5점·7점) : [매우 동의한다 - 다소 동의한다 - 중립이다 - 다소 비동의한다 - 매우 비동의한다]는 사회조사 분야의 대표적인 서열척도이다.
    [예] <u>선호도 조사 척도(4점)</u> : [아주 좋아한다 - 좋아한다 - 싫어한다 - 아주 싫어한다] 〔기출〕

② <u>서열척도를 이용한 측정 방법에는 순위법(Ranking Method)이 있다.</u> 〔기출〕
  - 즉, 서열척도는 명목척도의 기능을 포함하면서, 추가로 순서나 서열을 부여하는 척도이다.

③ 서열척도는 각 범주 간에 등가인지 아닌지(=, ≠)와 <u>크고 작음(>, <)의 관계를 판단할 수 있다.</u> 〔기출〕
  - 서열척도는 명목척도와 마찬가지로 가감(±)과 같은 수학적 조작은 가능하지 않다.
  - <u>서열척도로 산출 가능한 통계치는 중앙값(Median)이 있다.</u> 〔기출〕
    [예] 대학교에서 학점·성적에 대해 A, B, C, D, F 등급(Grade)을 나눠 성적을 매기는 경우
      - A학점과 B학점을 받은 사람을 비교할 때, 학점은 비교가 가능하지만 A학점을 받은 사람의 점수와 B학점을 받은 사람의 점수는 전혀 알 수 없다.

④ 서열척도를 통해 분석될 수 있는 통계기법은 대부분 <u>비모수통계가 적용된다.</u> 〔기출〕
  - 대표적으로는 교차분석(카이자승분석)을 포함하여, 연속성 검증, <u>순위상관관계분석 등이 있다.</u> 〔기출〕

더블체크

〔정답률 약 60%〕
Q 설문에 응한 응답자들을 가구당 소득에 따라 100만 원 이하, 100~200만 원, 200~300만 원, 300만 원 이상 등 네 개의 집단으로 구분하였다면 어떤 문제가 발생하는가? 　　[04년 3회, 19년 2회 기출]
① 순환성　　　　　　　　② 포괄성
③ 신뢰성　　　　　　　　④ 상호배타성

〔해설〕 가구당 소득 구간은 순서가 있는 범주형 데이터이므로 서열척도이다. 이 예시에서는 상호배타성 문제가 발생하는데, 그 이유는 정확히 100만 원, 200만 원, 300만 원의 소득을 가진 가구는 양옆 구간에 동시에 속하게 되기 때문이다. 상호배타성은 각 값이 정확히 하나의 범주에만 속하는지 여부이며, 이는 측정범주들에 대한 기본 원칙에 속하는 특징이다.

정답 : ④

(3) 등간척도

1) 등간척도의 의의

- 등간척도(Interval Scale)는 관찰대상의 속성을 상대적 크기로 나타내는 척도로, 어느 정도 큰지 숫자간의 의미가 있는 경우이다. 따라서 등간척도부터는 가감(±)이 가능하다.
  - 등간척도는 명목척도와 서열척도가 갖는 수준은 모두 포함하면서 범주 간의 간격 정도를 명기할 수 있다.
  - <u>등간측정은 측정단위 간 등간성이 유지되며, 등수 및 서열관계를 알 수 있다.</u> `기출`

  예 <u>온도(체온, 기온 등)</u> : 섭씨온도, 화씨온도
  - 섭씨온도(1도, 2도, 3도)는 같은 간격으로 나누어져 있으므로 속성 간의 상대적 차이를 가감(±)하는 것이 가능하다. 단, 섭씨온도의 0도는 기준점처럼 생각할 수 있으나, 0도는 수많은 물질 중 물이 어는점의 기준일 뿐 절대영점이 아니다. 따라서 비율척도가 아니므로 ×, ÷는 불가하여 영상 40도가 영상 20도의 2배라고 할 수 없다.

2) 등간척도의 특징

① 등급 간의 간격이 같은 척도로, 등급 간의 간격이 일정하여 척도의 수량화가 가능하다.
   - 변수 간 카테고리 사이의 거리가 동일할 경우, 등간척도 수준의 측정이 가능하다.
   - 각 범주 간에 등가인지 아닌지(=, ≠)와 크고 작음(>, <)의 관계에 더해, 가감(±)도 가능하다.

② 등간척도로 산출 가능한 통계치는 최빈값(Mode), 중앙값(Median), 산술평균(Mean), 표준편차(Standard Deviation)가 있다.
   - <u>등간척도에서는 각 대상 간의 거리나 크기를 표준화된 척도로 표시할 수 있다.</u> `기출`

③ 등간척도를 통해 분석될 수 있는 통계기법은 대부분 모수통계가 적용된다.
   - 대표적으로는 t-검정, F-검정(분산분석), 상관관계분석 등이 있다.

④ <u>등간척도를 이용한 측정 방법은 등급법(Rating Method), 어의차이척도(Sematic Differential Scale), 스타펠척도(Stapel Scale)가 있다.</u> `기출`

더블체크

> `정답률 약 40%`
>
> **Q** 다음 설명에 해당되는 척도는? [03년 1회, 21년 1회 기출]
>
> > 현직 대통령의 인기도를 측정하기 위해 0부터 100까지의 값 가운데 하나를 제시하도록 하였다. 가장 싫은 경우는 0, 가장 만족한 경우는 100으로 정하였다.
>
> ① 명목척도　　　　　　　　　　② 등간척도
> ③ 서열척도　　　　　　　　　　④ 비율척도
>
> **해설** 인기도를 0부터 100까지의 값으로 측정하는 경우, 각 수치는 인기도의 정도를 나타내며, 값들 간의 차이를 의미 있게 해석할 수 있다. 또한, 각 값은 순서를 가지고 있고, 값들 사이의 간격이 일정하다. 그러나 절대영점이 없으므로 등간척도이다.
>
> 정답 : ②

(4) 비율척도

1) 비율척도의 의의

- 비율척도(Ratio Scale)는 등간측정의 성격을 모두 가지고 있으면서, 동시에 실제적인 의미가 있는 절대영점(Absolute Zero) 혹은 자연적인 0(Natural Zero)을 갖춘 측정의 수준이다. `기출`
  - 속성이 전혀 존재하지 않는 상태인 영점(0)이 존재하는 척도는 비율척도이다. `기출`
    - **예** 체중, 키(신장), 교통사고 횟수, 저축금액, 출산율, 투표율, GNP(국민총생산), 시험 원점수, 청년실업자 수, 졸업생 수, 자녀의 수, 각 나라의 국방예산, 각 나라의 일 인당 평균 소득 등 `기출`
    - **예** 교육 연수는 비율척도이며, 절대영점의 의미는 교육을 전혀 받지 않음을 의미한다.
    - **예** 소득·소득금액은 비율척도이며, 절대영점의 의미는 소득이 전혀 없음을 의미한다.

2) 비율척도의 특징

① 가장 많은 정보를 제공해주는 측정의 수준은 비율측정이다. `기출`
  - 가장 다양한 통계기법을 적용할 수 있는 측정 수준은 비율측정이다. `기출`

② 비율척도는 측정 수준 중 가장 발전된 형태로, 비례적인 관계를 가진다.
  - 비율척도는 명목척도의 범주 분류, 서열척도의 순위 선정, 등간척도의 거리 측정이 가능하다.

③ 절대적인 기준을 가지고 속성의 상대적 크기 비교 및 절대적 크기까지 측정할 수 있도록 비율의 개념이 추가된 척도이다. `기출`
  - 어떤 응답자의 특성이 다른 응답자의 특성보다 몇 배가 높은지 알 수 있다. `기출`

④ 각 범주 간에 등가 유무(=, ≠), 크고 작음(>, <), 가감(±), 곱셈 나눗셈(×, ÷) 모두 가능하다.
  - 수치상 가감승제와 같은 모든 산술적인 사칙연산이 가능하다. `기출`
  - 사칙연산이 가능하고 모든 통곗값의 산출이 가능하다. `기출`

⑤ 비율척도로 산출 가능한 통계치는 전부 가능하다.
  - 가장 다양한 통계기법을 적용할 수 있는 측정 수준이다. `기출`
  - 비율척도를 통해 분석될 수 있는 통계기법은 모든 모수통계가 적용된다.

> **더블체크**
>
> **정답률 약 60%**
>
> **Q** 직장인들을 대상으로 설문조사를 실시할 때, 다음 각 문항에 사용되는 측정 수준 (A)~(E)를 순서대로 옳게 나열한 것은? (단, 직무 만족과 이직 의도 문항은 리커트척도로 제시함) [15년 1회 기출]
>
> | 직위-(A) | 근무부서-(B) | 근무연수-(C) | 직무 만족-(D) | 이직 의도-(E) |
> |---|---|---|---|---|
>
> ① 명목-명목-비율-비율-서열
> ② 서열-명목-비율-서열-서열
> ③ 명목-서열-등간-비율-비율
> ④ 서열-등간-등간-등간-비율
>
> **해설** 암기 : 서리순비중
> 직위는 범주+순위(서열), 근무부서는 범주(명목), 근무연수는 범주+순위+등간+절대영점(비율)이고, 직무 만족과 이직 의도는 리커트척도로 제시했으므로 범주+순위(서열)이다.
>
> 정답 : ②

(5) 척도의 비교

① 자료에 대한 통계분석 방법 결정 시 가장 중요하게 고려해야 할 측정의 요소는 측정 수준이다. 기출
② 측정의 4가지 수준에서 얻어질 수 있는 정보들을 비교하면 아래와 같다.
- 비율측정>등간측정>서열측정>명목측정 순서대로 얻어진 자료가 담고 있는 정보의 양이 많으며, 보다 정밀한 분석 방법이 적용될 수 있다. 기출

명목척도(수준)	= ≠	범주			
서열척도(수준)	> <	범주	순서		
등간척도(수준)	+ −	범주	순서	등간	
비율척도(수준)	× ÷	범주	순서	등간	절대영점

③ 측정의 4가지 수준에 따라 사용가능한 기술 통계(Descriptive Statistics)는 아래와 같다.

구분	분석 가능한 통계기법	
명목척도(수준)	비모수통계	교차분석
서열척도(수준)	대부분 비모수통계	교차분석, 순위상관관계분석
등간척도(수준)	대부분 모수통계	t-검정, F-검정(분산분석), 상관관계분석
비율척도(수준)	모수통계	전부 가능

구분	산출 가능한 통계치 기출
명목척도(수준)	• 범주별 빈도수, 상대 빈도 • 최빈값(Mode)
서열척도(수준)	+범위(Range), 중앙값(Median)
등간척도(수준)	+산술평균(Mean) +분산(Variance), 표준편차(Standard Deviation)
비율척도(수준)	+조화평균(Harmonic Mean), 기하평균(Geometric Mean) +변동계수(Coefficient Variation)

더블체크

정답률 약 50%

Q 측정의 수준에 따라 사용할 수 있는 통계기법이 달라지는데 다음 중 측정의 수준과 사용 가능한 기술 통계(Descriptive Statistics)를 잘못 짝지은 것은? [02년 3회, 19년 3회 기출]

① 명목수준 – 중앙값(Median)
② 서열수준 – 범위(Range)
③ 등간수준 – 최빈값(Mode)
④ 비율수준 – 표준편차(Standard Deviation)

해설 암기: 서리순비중

중앙값(Median)은 데이터를 순서대로 정렬했을 때 중앙에 위치하는 값이다. 따라서 데이터가 순서를 가져야 하므로, 명목수준에서는 계산할 수 없다.
② 범위(Range)는 데이터의 최댓값과 최솟값 사이의 차이를 나타내는 통계량이다. 예를 들어, 서열수준인 학점에서 A 등급과 F 등급 사이의 범위는 100 − 0 = 100점이다.
③ 최빈값(Mode)은 데이터 집합에서 가장 자주 나타나는 값이다. 예를 들어, 한 시간 동안의 온도 측정 데이터가 22℃, 22℃, 23℃, 22℃, 25℃, 23℃이면, 최빈값은 22℃이다.
④ 표준편차(Standard Deviation)는 데이터의 분포와 데이터 포인트들이 평균값으로부터 얼마나 떨어져 있는지를 나타내는 측정 지표이다. 비율수준의 데이터에서는 표준편차를 사용하여 데이터의 분포와 변동성을 평가할 수 있다.

정답: ①

03 측정도구와 척도의 구성

1 측정도구 및 척도의 의미

(1) 척도의 구성 이해

1) 척도의 이해

① 척도(Scale)는 일정한 규칙에 따라 측정대상에 표시하는 기호나 숫자의 배열이다. `기출`
- 척도의 종류에는 앞서 다룬 **명목척도, 서열척도, 등간척도, 비율척도 4개**가 있다. `기출`
- 척도의 표시는 반드시 숫자일 필요는 없다.

② 척도는 '계량화'를 위한 측정도구이다. `기출`
- 척도를 구성하는 방법은 측정하려는 변수의 구조적 성격에 따라 결정된다. `기출`
  - 예) 사람의 키, 몸무게, 체온, 혈압을 정확하게 측정할 수 있는 줄자, 저울, 온도계, 혈압계

③ 척도는 하나의 문항에서 연루될 수 있는 왜곡된 측정을 막기 위해 구성한다. `기출`
  - 예) '나는 항상 정직하다'라는 문항이 있을 때, 응답자는 본인의 이미지를 고려하여 과장된 답변을 할 수 있다. → 이런 왜곡을 막기 위해, "나는 지난 한 주 동안 한 번도 거짓말을 하지 않았다"와 같이 구체적인 문항을 사용하거나, 척도를 구성할 때 문항의 명확성과 일관성 및 응답범주의 중립성을 고려한다.

④ 척도는 변수에 대한 양적 측정치를 제공하여 통계적인 활용을 쉽게 한다. `기출`

2) 척도의 특징

연속성	• 연속성은 척도의 중요한 속성이다. `기출` 예) 온도를 측정할 때 섭씨온도 척도는 연속적인 값을 가지며, 각 온도 값이 다음 온도 값과 연속적으로 이어지는 것처럼 측정될 수 있다.
일관성	• 척도 구성에서 척도의 일부를 이루는 개별문항들에 대한 기본적인 가정은 '**개별문항은 하나의 연속체를 이루어야 하며, 이 연속체는 단 하나의 개념을 반영하여야 한다**'는 것이다. `기출` − 척도는 내적 일관성을 높여준다.
단순성 `기출`	• 복합적인 자료를 분석하기 위한 단순한 측정치로 요약하기 위해서 척도 구성을 한다. • 척도는 하나의 문항이나 지표로는 제대로 측정하기 어려운 복합적인 개념들을 측정할 수 있도록 한다. • 척도는 여러 개의 지표를 하나의 점수로 나타내어 자료의 복잡성을 덜어주고, 자료를 단순화한다. • 조사자는 다양한 문항들이 동일한 차원을 다루는 하나의 척도를 구성하는지 보기 위해 척도법을 사용한다.
신뢰성 타당성 `기출`	• 복수의 지표로 구성된 척도를 사용하게 되면 단일문항의 불안정성을 줄일 수 있고, 측정의 신뢰도를 높일 수 있다. − 척도는 측정의 신뢰성을 높여준다. • 측정치 또는 측정 수준의 오류를 줄이고 그 타당성과 신뢰성을 높이는 하나의 기법이 곧 척도법이다.
단일차원성	• 하나의 척도는 단일차원성을 전제로 구성하는데, 복수의 측정 지표를 사용하여 단일차원성 여부를 분석할 수 있다. − 척도의 구성 항목은 단일한 차원을 반영해야 한다. `기출`

3) 척도(점수)와 지수(점수) 비교

① **지수의 개념**
- 지수(Index)는 보통 여러 변수의 결합 및 조합하여 얻어지거나 계산된 측정치 결과이다.
  - 지수는 특정 현상이나 상황을 종합적으로 평가하는 데 사용된다.
    - **예** GDP 성장률 : 여러 경제 지표를 결합하여 경제의 성장을 나타내는 지수

② **지수의 특징** [기출]
- 지수는 개별적인 속성들에 할당된 점수들을 합산하여 구한다.
  - 반면 척도는 속성들 간에 존재하고 있는 강도(Intensity) 구조를 이용한다. 척도는 동일한 변수의 속성들 가운데서 그 강도의 차이를 이용하여 구별되는 응답유형을 밝혀낸다.

③ **척도와 지수 비교**

공통점 [기출]	• 척도와 지수 모두 변수에 대한 서열측정이다. • 척도와 지수 모두 둘 이상의 자료 문항에 기초한 '변수의 합성측정'이다. 　- 합성측정(Composite Measures)을 이용하는 이유로 가장 타당한 것은 하나의 개념이 갖는 다양한 의미에 대하여 포괄적인 측정을 할 수 있기 때문이다.
차이점	• 척도점수는 지수점수보다 더 많은 정보를 전달한다. [기출] 　- 척도는 각 문항에 대한 개별 점수를 제공하므로, 특정 항목에 대한 세부적인 응답 정보를 얻을 수 있다. 이는 지수점수가 제공하는 단일 종합 점수보다 더 많은 세부 정보를 포함할 수 있다.

④ **척도점수와 지수점수 예시**

한 회사에서 직원들의 직무만족도를 평가하기 위해 설문조사를 시행했다고 가정해보자. 설문은 다음과 같은 5개의 문항으로 구성되어 있다. 각 문항은 1점에서 5점 사이로 응답할 수 있으며, 각각의 문항에 대한 점수를 따로 기록한다. (단, 지수점수는 이러한 5개의 항목에 대한 응답을 종합하여 하나의 점수로 산출한다.)

5개의 질문항목	척도점수	지수점수
Q. 업무 환경에 만족하십니까?	4	4 (평균)
Q. 보상과 급여에 만족하십니까?	2	
Q. 동료들과의 관계에 만족하십니까?	5	
Q. 승진 기회에 만족하십니까?	5	
Q. 업무와 생활의 균형에 만족하십니까?	4	

더블체크

정답률 약 40%

Q 지수와 척도에 관한 설명으로 틀린 것은?　　　　　　[10년 1회, 14년 2회, 21년 3회 기출]

① 지수와 척도 모두 변수의 합성측정이다.
② 척도와 지수 모두 변수에 대한 서열측정이다.
③ 지수점수는 척도점수보다 더 많은 정보를 전달한다.
④ 척도는 동일한 변수의 속성들 가운데서 그 강도의 차이를 이용하여 구별되는 응답유형을 밝혀낸다.

해설 척도점수는 지수점수보다 더 많은 정보를 전달하므로, 반대의 서술이다.
　　　이는 앞서 제시한 직무만족도 예시를 통해 직관적인 이해가 가능하다.

정답 : ③

2 척도구성방법 `암기` 서스일등긍부

(1) 서스톤척도

1) 서스톤척도의 의의

① 서스톤척도는 응답자가 특정 주제나 개념에 대한 다양한 진술을 평가함으로써 응답자들의 태도를 측정하는 방식이며, 대부분 11점 척도로 구성되어 있다. `기출`

② 유사등간척도(Equal-Appearing Interval Scale ; 등현등간척도)는 서스톤척도의 다른 이름이다.
  - 최종적으로 구성된 척도는 동일한 간격을 지닐 수 있고, 등간척도에 해당한다. `기출`

③ 가장 긍정적(우호적)인 태도와 가장 부정적(비우호적)인 태도를 나타내는 태도의 양극단을 등간적으로 구분하고 수치를 부여하여 척도를 구성하는 방법이다. 따라서 측정의 수준으로 볼 때 등간척도에 해당한다. `기출`

2) 서스톤척도의 특징 `기출`

① 서스톤척도는 문항선정 후, 각 문항이 11개의 카테고리(척도) 상 어디에 위치할 것인가를 평가자들로 하여금 판단케 한 다음, 이를 바탕으로 대표적인 문항들을 선정하여 척도를 구성하는 방법이다.
  - 평가자 편견 개입 가능성 문제를 고려하여 가능하면 많은 수의 평가자를 선정하면 좋다.
  - 리커트척도법이나 거트만척도법에 비해 서스톤척도법은 척도 구성 개발에 있어서 상당한 비용과 시간이 걸린다는 단점을 가지고 있다. 따라서, 서스톤척도는 개발하기 위하여 시간과 노력이 많이 든다. `기출`

② 구성 절차는 문항 개발(진술 수집) → 전문가 평가(평가자 판단) → 일치도 분석 → 최종문항선정이다.
  - 각 문항에 대한 전문 평가자들의 의견 일치도가 높은 항목들을 골라서 척도를 구성한다.
  - 문항의 선정 과정에서 평가자 간에 이견이 큰 문항은 제외한다.
  - 처음 문장을 분류하는 평가자들의 성격에 따라 분포가 달라질 수 있다.

③ 척도용으로 선정된 문장들이 평균값은 같으나 분산도가 다를 수 있다. 또한 응답자의 점수가 같더라도 그가 선택하는 문항의 종류와 내용이 다를 수 있다. `기출`

개념특강 환경 보호에 대한 서스톤척도 구성(11점 척도)

문항	찬성 여부	척도값(비공개)
나는 재활용을 항상 실천한다.(가장 환경보호에 긍정적이고 적극적인 태도)		1
환경 오염에 대해 심각하게 걱정한다.		2
지속 가능한 자원 사용을 적극 지지한다.	✓	3
환경 보호 활동에 참여하는 것이 중요하다.		4
재활용을 실천하는 것은 개인적으로 중요하다.	✓	5
환경 오염 문제를 해결하기 위해 노력해야 한다.	✓	6
자연 생태계를 보호하는 것이 인류의 책무이다.		7
지구 온난화 문제는 심각한 문제이다.		8
환경 보호 정책에 더 많은 투자가 필요하다.		9
환경 오염을 줄이기 위해 기업들이 책임져야 한다.		10
개인적인 생활에서 환경에 대한 영향을 고려해야 한다.	✓	11

해석 : 이 응답자의 평균값은 (3+5+6+11)/4=6.25이다. 이 값은 전체 척도의 중앙값인 6(중립적인 태도)보다 조금 크기 때문에 해당 응답자가 환경보호에 대해 약간 소극적인 태도를 가지고 있다고 볼 수 있다.

(2) 평정척도

1) 평정척도의 의의

- 평정척도(Rating Scale)는 설문조사나 평가 도구에서 응답자가 특정 항목에 대해 자신의 생각이나 태도를 수치적으로 표현할 수 있도록 고안된 척도이다.
  - 평정척도는 주로 심리학, 교육학, 마케팅 조사 등 다양한 분야에서 사용된다.
  - 평정척도는 응답자의 반응을 정량적으로 측정하고 비교할 수 있게 해준다.

  [사전] Rating : (상대적인 인기·중요성 등의) 순위(평가), (영화의) 등급

2) 평정척도의 특징

① 평정척도는 평가자의 주관적인 판단을 수량화하여 데이터를 체계적으로 수집하고 분석할 수 있게 한다.
- 평정척도는 관찰 자료를 수량화할 수 있어 개체 간 비교를 가능하게 하므로, 다른 관찰법의 보조도구로써 유용하게 사용될 수 있다.
- 평정척도를 사용할 때는 관찰자의 역할과 그들의 평정 능력, 태도가 결과의 신뢰성과 타당성에 중요한 영향을 미친다는 점을 인지해야 한다.

② 평정척도는 구체적이고 명확하며 모든 평가자가 동일하게 이해할 수 있는 특성으로 구성되어야 한다.
- 평정척도는 평가가 용이하며, 관찰자가 편리한 시간에 기록 및 작성하기도 쉽다.

③ 평정척도의 척도의 주요 특징은 연속성, 내적일관성, 단일차원성이다.

연속성	• 평정척도는 측정대상의 연속성을 전제로 일정한 등급방식에 의해 평가하여 대상의 속성을 구별한다. - 평정척도를 반복하여 사용함으로써 시간의 흐름에 따라 생기는 행동 변화에 대한 정보를 얻을 수 있다. 이는 장기적인 변화를 추적하고, 특정 개입이나 교육 프로그램의 효과를 평가하는 데 매우 유용하다.
내적 일관성 기출	• 내적 일관성 검증을 통해 신뢰도가 낮은 항목은 삭제할 필요가 있다. - 예비적 문항으로 응답 카테고리를 결정해 내적 일관성 여부에 따라 최종척도를 구성한다. - 예비적 문항의 선정 단계를 거쳐서 최종의 척도를 구성하는 이중단계를 거친다.
단일차원성 기출	• 척도가 단일차원을 측정하고 있는가를 검토하기 위하여 인자분석(Factor Analysis)을 사용하기도 한다. - 리커트(Likert)척도에서 문항들이 단일차원을 이루는지를 확인할 수 있는 방법은 요인분석이다.

④ 평정척도의 측정범주들에 대한 기본 원칙은 상호배타성, 포괄성, 논리적 연관성이다.

상호배타성 기출	• 평정척도는 응답범주들이 상호배타적이어야 하며, 찬반의 응답범주 수가 균형을 이뤄야 한다.
포괄성	• 평정척도는 응답범주들이 응답 가능한 상황을 다 포함하고 있어야 한다. - 그러나 평정척도를 개발할 때, 관찰자가 나타내고자 하는 것을 정확하고 객관적으로 모두 포함한 항목을 개발하기는 쉽지 않다.
논리적 연관성	• 평정척도는 응답범주들이 논리적 연관성을 가지고 있어야 한다. 기출 - 평정척도는 각 행동의 수준만을 기록하므로 행동이 관찰되는 상황에 대한 설명이나 행동의 원인과 전후 사정을 제공하지 못하는 단점이 있다.

3) 평정척도 중 리커트척도 `암기` 리총평반합요

① 리커트척도의 의의
- 리커트척도는 서스톤척도, 거트만의 누적척도처럼 인간의 태도를 측정하는 태도척도이다.
  - 응답자들에게 태도 점수를 부여하며, 태도를 나타내는 여러 개의 진술문들로 구성된다. `기출`
  - 평정척도이며 총화평정기법(Summated Rating Technique ; 총화평정척도)이라고 불린다. `기출`
- 리커트척도는 태도척도에서 부정적인 극단에는 1점을, 긍정적인 극단에는 5점을 부여한 후, 전체 문항의 총점 또는 평균을 가지고 태도를 측정하는 척도이다. `기출`

② 리커트척도의 특징
- 리커트척도는 실용성·효율성이 높다고 인정받는다. `기출`
  - 사용하기 쉽고, 직관적인 이해가 가능하기 때문에 사회조사에서 널리 사용된다. `기출`
- 리커트척도는 서열측정을 위한 방법으로 '단순합산법'을 사용하는 대표적인 척도이다. `기출`
  - 각 문항별 응답점수의 총합이 측정하고자 하는 개념을 대표한다는 가정에 근거한다. `기출`
  - 각 문항이 하나의 척도이며 전체 문항의 총점을 태도의 측정치로 본다. `기출`
  - 전체 문항에 대한 응답의 총 평점이 태도의 측정치가 된다. `기출`
- 리커트척도는 각 문항별 응답범주가 상호 대칭되는 서열척도에 해당한다.
  - 각각의 문항은 측정하고자 하는 개념의 속성에 대해 동일한 기여를 한다. `기출`
- 리커트척도는 척도의 신뢰도와 타당도를 높이기 위해 일련의 수 개 문항들을 하나의 척도로 사용하는 다문항척도이다.
  - 리커트척도는 척도검수에 대한 신뢰성을 검토하기 위해 반분법을 이용할 수 있다. `기출`
  - 리커트척도에서 문항들이 단일차원을 이루는지를 확인할 수 있는 방법은 요인분석이다. `기출`

③ 리커트척도의 절차 `기출`
Step 1. 응답자 선정과 <u>척도 문항의 선정</u> : 모집단을 잘 대표할 수 있게 선정하는 것이 핵심이다.
Step 2. 응답 카테고리 작성 : 문항선정 후 각 문항에 대해 찬성 VS 반대 카테고리를 작성한다.
Step 3. <u>응답범주에 대한 배점</u> : 평점은 보통 가장 찬성(5점)부터 반대(1점)까지로 배점을 부여한다.
Step 4. <u>응답자들의 총점순위에 따른 배열 및 척도의 서열화</u>
  - 각 응답자의 전체 문항 총점을 합계하고, 비교 배열한다.
Step 5. <u>상위응답자와 하위응답자 간 각 문항에 대한 판별력 계산</u>
  - 상위와 하위에서 일정 비율에 해당하는 응답자를 대상으로 각 문항의 응답점수의 차이를 계산하여 판별력을 확인한다.
Step 6. 척도 문항 분석
  - 가장 찬성(5점)~가장 반대(1점)로 배점한 경우 차이는 최대 4점이며, 같은 문항 분석에 있어 상위 VS 하위응답자의 응답 평균 차이가 최대배점 차이의 절반인 2점 이상이면 판별력이 있다고 판단한다.
Step 7. 척도 구성
  - 판별력이 있다고 확인된 문항들을 최종적인 척도로 구성한다.
Step 8. 내적 일관성 측정
  - 내적 일관성 측정은 문항 간 상관계수를 구하는 등의 방법을 수행한 후, 신뢰도가 낮은 경우 해당 항목은 삭제한다.

④ 리커트척도의 장·단점

장점	경제성	• 가장 큰 장점은 매우 경제적이라는 것이다. – 서스톤척도에 비해 동일한 신뢰도를 얻기 위해 훨씬 적은 문항이 요구된다. – <u>적은 문항으로도 높은 타당도를 얻을 수 있어서 매우 경제적이다.</u> 기출
	정밀성	• 리커트척도는 체계적인 응답 카테고리를 통해 평가자의 주관 개입을 최소화하려는 목적이 있으므로, 평가자의 주관이 개입될 가능성이 낮다. – <u>한 항목에 대한 응답의 범위에 따라 측정의 정밀성을 확보할 수 있다.</u> 기출
	서열화 기출	• 리커트척도는 서스톤척도나 의미분화 척도(어의구별척도)에 비교하면 <u>5개의 응답 카테고리가 확실하게 서열화되어 있다.</u> – <u>응답 카테고리가 명백하게 서열화되어 응답자에게 혼란을 주지 않는다.</u>
	신뢰도↑	• 리커트척도는 지표 구성이 매우 단순하며, 하나의 변수를 측정하기 위해 여러 개의 지표들을 동일한 응답 카테고리를 사용하여 일관성 있게 측정한다. – 내적 일관성 검증을 통해 신뢰도가 낮은 항목은 삭제하기도 하며, 일관성이 있는 문항들에 대해 응답자들에게 일정한 방향으로 태도를 질문하기 때문에 신뢰도가 높은 방법이다.
단점	응답 항목 일치성↓	• 동일한 태도이더라도 응답 항목이 항상 정확히 일치한다고 볼 수 없다. – 어떤 문항에 대해 "매우 동의한다"라는 응답범주가 있는 경우, 이를 선택하는 응답자들이 모두 동일한 정도로 그 문항에 동의한다고 보장할 수는 없다.
	강도의 명확성↓	• <u>리커트척도는 각 문항의 점수를 더한 총점으로는 각 문항에 대한 응답의 강도를 정확히 알 수 없다.</u> 기출 – <u>리커트척도는 척도가 측정하고자 하는 개념을 제대로 측정하고 있는지의 문제가 여전히 남는다.</u> 기출 – "약간 동의함"과 "매우 동의함" 사이의 정확한 강도 차이를 수치적으로 정확하게 측정하기 어렵다.

더블체크

정답률 약 30%

Q 리커트척도를 작성하는 기본절차와 가장 거리가 먼 것은? [01년 3회, 20년 3회 기출]

① 척도 문항의 선정과 척도의 서열화
② 응답자의 진술문항선정과 각 문항에 대한 응답자들의 서열화
③ 응답범주에 대한 배점과 응답자들의 총점순위에 따른 배열
④ 상위응답자들과 하위응답자들의 각 문항에 대한 판별력의 계산

해설 리커트척도에서 각 문항이 아닌, 전체 문항의 총점을 태도의 측정치로 본다.
또한 리커트척도에서는 응답자들이 각 문항에 대해 평가하지만, 응답자가 직접 문항을 선정하거나 서열화하지 않는다. 리커트척도의 문항의 '서열화'는 응답자가 아니라 조사자 또는 설문조사 설계자가 수행한다.
① 리커트척도는 서열척도이므로, '척도 문항의 선정과 척도의 서열화'가 필요하다.
③ 응답범주에 대한 배점은 보통 "매우 불만족"에 1점을 "매우 만족"에 5점을 부여하고, 응답자들의 총점순위에 따라 만족도(태도)가 높은 순서대로 배열한다.
④ 상위응답자들이 특정 문항에 대해 더 높은 점수를 부여하거나 하위응답자들이 더 낮은 점수를 부여할수록, 해당 문항이 더 잘 구별되고 있는 것으로 평가된다.

정답 : ②

(3) 거트만척도

1) 거트만척도의 의의

① 거트만척도는 재생 가능한 계층에서 순서에 따라 정렬이 가능한 경우 항목의 집합에 따라 형성되는 누적척도이다.

② 기본구상은 척도 구성 문항들의 강도가 다르기 때문에 이를 서열화 시킬 수 있다는 것이다. 기출
- 강도가 가장 높은 문항 응답을 바탕으로 다른 문항에 대한 응답을 예측 및 유추할 수 있다. 기출
- 거트만척도는 일단 자료가 수집된 이후에 구성될 수 있다. 기출
- 서열척도의 일종이며, 측정에 동원된 개별 항목 자체에 서열성을 미리 부여한다. 기출

2) 거트만척도의 특징

① 거트만척도(Guttman Scale)는 누적 스케일링(Cumulative Scaling)의 대표적인 형태이며, 단일차원적이고 누적적이다. 기출
- 누적척도(Cumulative Scale)는 거트만척도의 다른 이름이다. 기출
- 일정 점수에 이르기 위해서는 낮은 단계에서부터 점차적으로 올라가야 한다.
- 거트만척도는 문항 내용을 강도에 따라 누적적으로 일관성 있게 작성한다는 것이 쉽지 않다는 것이 단점이다.

② 거트만척도는 척도를 누적적으로 구성하는 과정에서 질문 문항들이 단일차원을 이루는지를 검증할 수 있는 척도이다. 기출
- 척도를 구성하는 과정에서 문항들의 단일차원성을 경험적으로 검증하도록 설계된 것이다. 기출
- 거트만척도는 두 개 이상의 변수를 동시에 측정하는 다차원적 척도로서는 사용될 수 없다.

③ 거트만척도는 합성측정(Composite Measurements)의 유형 중 하나이다. 기출
- 거트만척도는 '척도도식법(Scalogram Method)'을 사용한다.

④ 거트만척도는 문항들이 측정대상의 속성에 따라 누적적으로 되어 있으므로, 강도가 가장 높은 문항에 대한 응답을 바탕으로 다른 문항들에 대한 응답을 예측할 수 있다. 기출
- 거트만척도는 일반적으로 다섯 단계로 구성된 척도이며, 측정에 동원된 특정 문항이 다른 지표보다 더 극단적인 지표가 될 수 있다는 점에 근거한다. 기출

개념특강 | 직업 만족도에 대한 거트만척도 구성

질문	예 (찬성)	아니오 (반대)
나는 현재 직장의 근로 환경에 대해 매우 만족한다.		
나는 현재 직장에서 제공하는 급여와 복리후생에 대해 만족한다.		
나는 직장 동료들과의 관계에 대해 매우 만족한다.		
나는 현재 직장의 업무 복잡도에 대해 만족한다.		
나는 현재 직장에서의 승진 기회에 대해 매우 만족한다.		

각 문항이 응답자의 직업 만족도를 서열화하여 측정하며, 응답자가 한 문항에 동의할 때 다음 문항에 대해서도 동의 가능성이 크다는 가정을 기반으로 설계된다.

3) 거트만척도의 재생계수

① 재생계수의 의의 및 특징
- 거트만척도에서 응답자의 응답이 이상적인 패턴에 얼마나 가까운가를 측정하는 것은 재생계수이다. 기출
  - 재생가능성 계수(재사용가능 계수 ; Coefficient of Reproducibility ; CR)라고도 부른다. 기출
  - 재생계수는 각 응답자의 척도점수를 파악하여 그 응답자의 각 문항에 대한 응답을 알아낼 수 있다.

② 재생계수의 공식
- 거트만척도는 재생가능성을 통해 척도의 질을 판단한다. 기출
  - 재생계수가 1일 경우, 이상적인 거트만척도에 접근하여 완벽한 척도 구성 가능성을 갖는다. 기출
  - 일반적으로 재생계수가 0.9 이상이면 적절한 척도로 판단한다. 기출

$$재생계수 = 1 - \frac{응답유형의\ 오차}{응답자\ 수 \times 전체항목\ 수}$$

4) 거트만척도의 절차

① 개념결정 : 모집단 정의 후 척도화 할 수 있는 개념을 정해야 한다.
② 문항선정 : 모집단과 개념 확정 후, 단일차원적이고 누적적인 문항을 선정한다.
③ 누적적 배열 : 문항을 내용의 강도에 따라 누적적이면서 서열적으로 배열한다.
④ 응답획득 : 문항선정 후, 응답자들에게 응답을 획득하여 응답도 서열적으로 배열한다.
⑤ 오류발견 : 응답의 누적 여부 확인 후, 오류가 있는지 확인한다.
⑥ 재생계수 산출 : 계수의 수치로 거트만척도의 적절성과 유용성을 판단하는 과정이다.
⑦ 척도구성 : 오류 수가 많은 문항을 제외하며, 최종적으로 거트만척도를 구성한다.

더블체크

Q 다음 설명에 해당하는 척도는? [18년 2회 기출]

- 합성측정(Composite Measurements)의 유형 중 하나이다.
- 누적 스케일링(Cumulative Scaling)의 대표적인 형태이다.
- 측정에 동원된 특정 문항이 다른 지표보다 더 극단적인 지표가 될 수 있다는 점에 근거한다.
- 측정에 동원된 개별 항목 자체에 서열성을 미리 부여한다.

① 크루스칼(Kruskal)척도
② 서스톤(Thurstone)척도
③ 보가더스(Borgadus)척도
④ 거트만(Guttman)척도

해설 위 설명들은 전형적인 거트만(Guttman)척도에 대한 서술이다.

정답 : ④

(4) 보가더스 사회적 거리척도

1) 보가더스 사회적 거리척도의 의의
① 보가더스 사회적 거리척도(Bogardus Social Distance Scale)는 사람들이 특정 사회집단에 대해 느끼는 친밀도나 거리감을 측정하기 위해 개발된 척도이다.
② **척도 구성방법 중 인종, 사회계급과 같은 여러 가지 형태의 사회집단에 대한 사회적 거리를 측정하기 위한 척도이다.** 기출
   예 **상류층과 하류층 간의 소득 격차, 상류층과 중류층 간의 거주지역의 차이, 사회계층 간 교육 수준의 차이** 기출

[비교] 보가더스 사회적 거리 척도는 특정 집단에 대한 개인의 사회적 거리감을 측정하며, 반면 시오메트리(Sociometry)는 집단 내에서의 개인 간의 관계를 측정한다.

2) 보가더스 사회적 거리척도의 특징
① 보가더스 사회적 거리척도는 서열척도의 일종이며, 7개의 서열화된 척도를 하나의 사회적 거리라는 연속성의 순서에 따라 연속체상에 배열한다.
   • 서스톤척도와 마찬가지로 다수의 판정자들의 판정에 의해 척도가 결정된다.
② 이 척도는 사회적 거리감을 정량화하여 다양한 집단 간의 편견과 차별 정도를 평가한다.
   • **집단 상호 간의 거리를 측정하는 데 유용하다.** 기출
   • **적용 범위가 넓고 예비조사에 적합한 면이 있다.** 기출
   • **집단뿐 아니라 개인 또는 추상적인 가치에 관해서도 적용할 수 있다.** 기출
③ 보가더스 사회적 거리척도의 신뢰도 평가에는 재검사법만 사용 가능하다.
   • 재검사법은 동일한 척도를 일정한 시간 간격을 두고 동일한 집단에 반복 실시하여 일관성을 평가하는 방법이다.
   • 단, 재검사법은 신뢰도 측정에 있어서 고유의 문제가 존재하므로, 제한적으로 사용된다.
④ 보가더스 사회적 거리척도의 타당도 평가에는 집단비교법을 사용한다.
   • 집단비교법은 서로 다른 집단 간의 반응을 비교하여 척도의 타당성을 평가한다.

더블체크

Q 사회계층 간 사회적 거리(Social Distance)의 측정변수로 가장 부적합한 것은?
[05년 3회, 11년 3회, 15년 3회 기출]

① 상류층과 하류층 간의 소득 격차
② 사회계층 간 교육 수준의 차이
③ 상류층과 중류층 간의 거주지역의 차이
④ A기업과 B기업에서 사용하는 언어의 차이

해설 기업 간 사용하는 언어의 차이는 주로 조직문화나 업무환경에 관련된 변수이며, 사회적 거리 측정에는 부적합하다. ①, ②, ③ 사회적 거리를 측정하기 위해서는 사회적 관계나 상호작용의 정도를 평가할 수 있는 변수들이 적합하다.

정답 : ④

(5) 소시오메트리

1) 소시오메트리의 의의

① 소시오메트리(Sociometry)는 제이콥 레비 모레노(Jacob L. Moreno)가 개발한 척도이며, 사회적 상호작용의 패턴과 구조를 측정하고 분석한다.
- 적용 범위가 넓으며, 주로 <u>리더십 조사와 집단 내의 갈등, 응집에 관한 조사에서 사용된다.</u> `기출`

② 소시오메트리는 사회성 측정법이라고도 부른다.
- 사회성 측정법은 집단구성원들 간의 인간관계를 분석하고 그 강도나 빈도를 측정하여 집단 자체의 구조를 파악하고자 할 때 적합한 방법이다.
- 즉, 집단 내에 있어서의 개인들 간의 친근 관계인 '<u>집단결속력의 정도'를 저울질하는 데 사용된다.</u> `기출`

2) 소시오메트리의 특징

① <u>소시오메트리는 사람들의 대인관계에 관한 조사방법이며, 네트워크 분석과 관련이 있다.</u> `기출`
- <u>조사대상 인원이 소수일 때 적용이 용이하며, 통계학의 '조합의 원리'가 적용된다.</u> `기출`

② <u>집단구성원 상호 간에 존재하는 사회적 거리의 강도를 측정하기 위해 개발된 척도이다.</u> `기출`
- <u>주관적 경험을 통한 현상학적 접근으로 집단의 구조를 이해하려 한다.</u> `기출`

③ 소시오메트리는 소시오메트릭행렬이나 소시오그램을 활용하여 표현할 수 있다.
- 소시오메트릭행렬(Sociometric Matrix)은 그룹 내 구성원들 간의 상호작용을 행렬 형태로 나타낸 것이다.
- 소시오그램(Sociogram)은 소시오메트릭 행렬을 노드(Node)와 링크(Link)를 활용하여 사회적 네트워크를 직관적으로 이해할 수 있도록 시각화한 것이다.

더블체크

정답률 약 60%

Q 소시오메트리 척도에 관한 설명과 가장 거리가 먼 것은? [09년 1회, 10년 3회, 16년 2회 기출]
① 집단결속력의 정도를 저울질하는 데 사용된다.
② 조사대상 인원이 소수일 때 적용이 용이하다.
③ 통계학에서 다루는 조합의 원리가 적용된다.
④ 조사대상 집단 구성원 모두 동질성을 띠어야 한다.

해설 소시오메트리 척도는 사회적 상호작용과 관계를 측정하는 도구로, 그룹 내 구성원들 간의 상호작용 패턴을 이해하는 데 사용된다. 즉, 다양한 사람들 사이의 관계를 분석하므로, 구성원들이 다양한 배경과 특성을 가질 수 있으며, 동질성이 요구되지 않는다.
① 소시오메트리는 집단 내 상호작용 및 관계를 분석하는 데 사용되며, 집단결속력과 같은 사회적 구조를 이해하는 데 유용하다.
② 소시오메트리는 작은 집단에서도 효과적으로 적용할 수 있다. 그러나 집단이 너무 작으면 결과가 신뢰성 있게 나타나기 어려울 수 있으므로 주의해야 하며, 일반적으로 소규모 집단에서 적용이 가능하다.
③ 소시오메트리는 관계망을 분석하는 데 조합의 원리가 사용될 수 있다. 예를 들어, 어떤 개인이 서로를 선택하거나 선택받는 방식의 패턴을 분석할 때 조합적 접근이 필요하다.

정답 : ④

(6) 의미분화척도 암기 의형오프요

1) 의미분화척도의 의의

① 의미분화척도(Semantic Differential Scale)는 어의차이척도라고도 한다.
- 의미분화척도는 오스굿(Charles Osgood)에 의해 개발되었으며, 하나의 개념을 주고 응답자들로 하여금 여러 가지 의미의 차원에서 그 개념을 평가하도록 한다. 기출
- 이 척도는 어떠한 개념에 함축되어 있는 의미를 평가하기 위한 방법으로 고안되었다. 기출

② 의미분화척도의 일반적인 형태는 척도의 양극단에 서로 상반되는 형용사를 배치하여 그 문항들을 응답자에게 제시한다. 즉, 대립적인 형용사의 쌍을 이용한다. 기출
- 일련의 대립되는 양극의 형용사로 구성된 척도를 이용하여 응답자의 감정 혹은 태도를 측정하는 데 이용된다. 기출
- 다만, 형용사 의미(어의) 차이가 애매한 경우는 평가자 집단 선별의 어려움이 있다.

③ 의미분화척도를 작성할 때 고려할 사항은 응답자의 평가, 평가도구의 작성, 차원과 대극점의 용어 선정이 있다. 기출

2) 의미분화척도의 특징

① 의미분화척도는 의미적 공간에 어떤 대상을 위치시킬 수 있다는 이론적 가정에 기초한다. 기출
- 하나의 개념을 주고 응답자들로 하여금 여러 가지 의미의 차원에서 그 개념을 평가하도록 한다. 기출

② 의미분화척도를 통해 측정된 자료는 요인분석 등과 같은 다변량 분석의 적용이 가능하다. 기출
- 양적판단법으로 다변량 분석에 적용이 용이하도록 자료를 얻을 수 있게 해주는 방법이다. 기출

③ 의미분화척도는 조사대상에 대한 프로파일분석에 유용하게 사용한다. 기출
- 프로파일 분석이란 한 개체나 그룹의 여러 측면을 동시에 분석하여 그들의 특성이나 행동 패턴을 이해하는 분석 기법이다.
- 마케팅 조사에서 기업이나 브랜드, 광고에 대한 이미지, 태도 등의 방향과 정도를 알기 위해 널리 이용된다. 기출

> **더블체크**
>
> 정답률 약 50%
>
> **Q** 민주주의에 대해서 다음 4가지 차원에 응답자들에게 평가하도록 하는 질문지를 구성하였다면 어떠한 척도기법에 해당하는가? [10년 1회, 17년 2회 기출]
>
> | 차원 | 응답 | 매우 | 약간 | 보통 | 약간 | 매우 | 응답 |
> |---|---|---|---|---|---|---|---|
> | 평가 | 좋다 | 1 | 2 | 3 | 4 | 5 | 나쁘다 |
> | 체제능력 | 강하다 | 1 | 2 | 3 | 4 | 5 | 약하다 |
> | 평등도 | 평등하다 | 1 | 2 | 3 | 4 | 5 | 불평등하다 |
> | 권력분산도 | 집중되다 | 1 | 2 | 3 | 4 | 5 | 분산되다 |
>
> ① 리커트척도(Likert Scale) ② 거트만척도(Guttman Scale)
> ③ 서스톤척도(Thurston Scale) ④ 의미분화척도(Semantic Differential Scale)
>
> **해설** 의미분화척도의 일반적인 형태는 일직선으로 도표화된 척도의 양극단에 서로 상반되는 형용사를 배치하여 그 문항들을 응답자에게 제시한다. 의미분화척도는 하나의 개념을 주고 응답자들로 하여금 여러 가지 의미의 차원에서 그 개념을 평가하도록 한다.
>
> 정답 : ④

(7) 스타펠척도

1) 스타펠척도의 의의
① 스타펠척도(Stapel Scale)는 양극단의 상반된 수식어 대신 하나의 수식어(Unpolar Adjective)만을 평가 기준으로 제시하는 척도이다. 기출
② 스타펠척도는 주로 타당성과 신뢰성을 검증하기 위해 사용된다.
- 특히 감정, 태도, 혹은 주관적 의견을 측정하는 데 유용하다.

2) 스타펠척도의 특징
① 스타펠척도는 총 10점 척도로 보통 −5에서 +5 또는 0에서 +10 사이의 척도로 되어 있다.
- 응답자는 본인의 태도나 감정을 해당 척도에서 하나의 숫자로 표현한다.

② 스타펠척도는 보통 중립적인 응답 옵션이 없으므로 '중립점의 부재'의 특징을 갖는다.
- 응답자가 강도를 갖고 평가하도록 유도하여, 태도나 의견의 일관성을 더 잘 측정하게 한다.

(8) 7개의 척도 비교

기준	구분		특징
평정 논리를 따르는	(1) 서스톤척도	암기 서스일등긍부	다양한 진술 평가 +11점 척도로 구성
	(2) 평정척도 (리커트척도)	암기 리총평반합요	각 문항별 응답범주가 상호 대칭 +5점 혹은 7점 척도로 구성
누적 논리를 따르는	(3) 거트만척도	암기 거누단합재	가장 높은 문항 응답 기준 타문항 유추 +재생계수 활용
	(4) 보가더스 사회적 거리척도		7개의 서열화된 척도의 연속체
네트워크에 기초한	(5) 소시오메트리	암기 의형오프요	집단구성원들 간 관계의 강도
형용사 기반의	(6) 의미분화척도		연속 선상에 양극단에 위치한 상반된 형용사를 배치
	(7) 스타펠척도		하나의 수식어 +총 10점 척도로 구성(−5에서 +5 사이)

더블체크

정답률 약 50%

Q 오스굿(Charles Osgood)에 의하여 개발되기 시작한 의미분화척도(意味分化尺度 : Semantic Differential Scale)의 작성 시 고려해야 하는 사항이 아닌 것은? [05년 3회, 21년 3회 기출]

① 응답자의 평가
② 평가 도구의 작성
③ 매개변수의 도입
④ 차원과 대극점(對極點)의 용어 선정

해설 암기 : 의형오프요 매개변수는 실험설계에서 사용되는 용어이며, 의미분화척도의 고려사항이 아니다.
① 응답자의 평가는 응답자가 특정 개념이나 대상에 대해 어떤 반대 개념 쌍을 사용하여 평가할 것인지를 고려해야 한다는 것이다.
② 평가 도구의 작성은 의미분화척도의 항목들을 어떻게 구성할 것인지, 각 항목들이 어떤 의미를 전달할 것인지를 결정해야 한다는 것이다.
④ 차원과 대극점(對極點)의 용어 선정은 각 항목이 어떤 반대 개념 쌍을 표현할 것인지를 명확히 하고, 이를 위해 적절한 용어를 선택해야 한다는 것이다.

정답 : ③

더블체크

정답률 약 60%

Q 다음과 같이 양극단의 상반된 수식어 대신 하나의 수식어(Unpolar Adjective)만을 평가 기준으로 제시하는 척도는?

[16년 2회, 19년 2회 기출]

※AA백화점은

5 · · 2 1	5 · · 2 1	5 · · 2 1
고급이다	서비스가 부족하다	상품이 다양하다
−1 · · −4 −5	−1 · · −4 −5	−1 · · −4 −5

① 스타펠척도(Stapel Scale)
② 리커트척도(Likert Scale)
③ 거트만척도(Guttman Scale)
④ 서스톤척도(Thurstone Scale)

해설 스타펠척도는 양극단의 상반된 수식어 대신 하나의 수식어(고급이다, 서비스가 부족하다, 상품이 다양하다)만을 평가 기준으로 제시하는 척도이며, 총 10점으로 −5에서 +5 사이로 제시된다.

정답 : ①

더블체크

정답률 약 50%

Q 거트만척도에서 응답자의 응답이 이상적인 패턴에 얼마나 가까운가를 측정하는 것은?

[05년 3회, 10년 1회, 12년 1회·3회, 15년 2회 기출]

① 스캘로그램
② 단일차원계수
③ 최소오차계수
④ 재생계수

해설 재생계수는 거트만척도에서 사용되는 측정 지표로, 응답자의 답변이 정확한 순서로 배열되었는지를 평가한다. 응답자가 척도의 모든 항목에 일관된 패턴으로 응답했을 때 높은 값을 가진다.

정답 : ④

더블체크

정답률 약 50%

Q 일상적인 삶에서 야기되는 스트레스를 측정하기 위하여 여러 개의 문항들을 바탕으로 하나의 척도를 만들려고 한다. 이 문항들은 모두 등간척도로 구성되었으며, 전문가들로 하여금 각 문항들의 등급을 지워서 11개의 문항을 선택하여 점수의 범위를 나타내게 하였다. 이 절차를 거쳐서 만들어진 척도는?

[07년 3회, 21년 2회 기출]

① 거트만척도
② 리커트척도
③ 서스톤척도
④ 보가더스의 사회적 거리 척도

해설 암기 : 서스일등급부 서스톤척도는 대부분 11점 척도로 구성되어 있다. 이러한 서스톤척도는 응답자가 특정 주제나 개념에 대한 다양한 진술을 평가함으로써 응답자들의 태도를 측정하는 방식이다. 이 과정에서 각 문항이 척도 상 어디에 위치할 것인가를 평가자들로 하여금 판단케 하고, 이를 토대로 조사자가 대표적 문항을 선정하여 척도를 구성한다.

정답 : ③

더블체크

정답률 약 60%

Q 다음 설문 문항은 어떤 척도를 활용한 것인가? [13년 1회 기출]

※ 각 집단에 대해 귀하는 어느 수준까지 받아들일 수 있는지 선택하여 주십시오.

문항	영국인	스위스인	일본인
1. 결혼하여 가족으로 받아들임			
2. 개인적 친구로 받아들임			
⋮			
6. 방문객으로 받아들임			
7. 우리나라에서 추방함			

① 총화평정(Summated Rating)척도 ② 사회적 거리감(Social Distance)척도
③ 서스톤(Thurstone)척도 ④ 리커트(Likert)척도

해설 문항에서 각 집단에 대해 여러 수준의 수용 가능성을 묻는 방식은 전형적인 사회적 거리감 척도의 형태이다. 이 문항들은 사람들이 특정 집단에 대해 얼마나 가까이 느끼는지를 측정하기 위해 사용되며, 이를 사회적 거리감(Social Distance)척도라고 한다.

정답 : ②

더블체크

Q A후보와 B 후보의 이미지 비교 프로파일을 보여주는 아래의 그림에서 사용된 척도는?
[03년 3회, 06년 3회, 15년 3회, 21년 2회 기출]

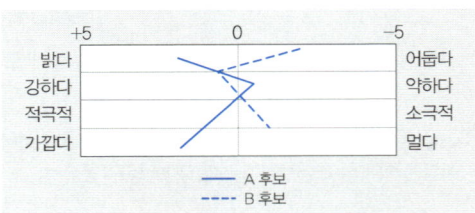

① 리커트척도(Likert Scale)
② 거트만척도(Guttman Scale)
③ 서스톤척도(Thurston Scale)
④ 의미분화척도(Semantic Differential Scale)

해설 암기 : 의형오프요

의미분화척도의 일반적인 형태는 일직선으로 도표화된 척도의 양극단에 서로 상반되는 형용사를 배치하여 그 문항들을 응답자에게 제시한다. 의미분화척도는 하나의 개념(후보의 이미지)을 주고 응답자들로 하여금 여러 가지 의미의 차원에서 그 개념을 평가하도록 한다.

정답 : ④

(9) 비교와 비비교 척도 구성 기출

1) 비교척도 암기 비쌍순고비

- 비교척도(Comparative Scaling)는 응답자가 여러 대안이나 항목을 서로 비교하여 평가한다.

쌍대비교법 (Paired Comparison Method)	• 두 항목을 비교하여 상대적 우수성을 평가한다. 예 다양한 제품 중 어떤 제품이 가장 선호되는지 비교
순위법 (Ranking Method)	• 응답자가 여러 제시된 항목을 순서대로 나열한다. 예 선호하는 제품을 1위부터 마지막까지 순위 매기기
고정총합척도법 (Constant Sum Method)	• 응답자에게 주어진 총점을 항목들에 분배하도록 한다. 예 예산을 여러 프로젝트에 배분할 때 사용
비율분할법 (Fractionation Method)	• 응답자가 직접 각 속성의 상대적인 중요도를 결정한다. 예 선호하는 제품을 평가할 때 안정성을 100으로 두고, 효능을 150으로, 가격을 30으로 평가하는 방식

2) 비비교척도

- 비비교척도(Non-Comparative Scaling)는 각 항목을 독립적으로 평가하거나 점수화한다.

단일평정법 (Rating Method)	• 각 항목에 대해 응답자가 개별적인 점수·등급을 부여한다. 예 만족도를 1(매우 불만족)부터 5(매우 만족)까지 평가
연속평정법 (Continuous Rating Method)	• 응답자가 연속적인 스케일 상에서 점수를 부여한다. 예 제품의 품질을 0에서 100까지의 점수로 평가
항목평정법 (Itemized Rating Method)	• 사전에 정해진 범주나 등급 중 하나를 선택하도록 한다. 예 만족도를 "매우 불만족"~"매우 만족"중에서 선택

비교척도 구성 기출	비비교척도 구성 기출
• **쌍대비교법**(Paired Comparison Method) • **순위법**(Ranking Method) • **고정총합척도법**(Constant Sum Method) • 비율분할법(Fractionation Method)	• 단일평정법(Rating Method) • **연속평정법**(Continuous Rating Method) • 항목평정법(Itemized Rating Method)

더블체크

정답률 약 30%

Q 다음 예와 같이 응답자에게 한 속성의 보유 정도를 기준으로 다른 속성의 보유 정도를 판단하도록 하는 척도법은? [16년 2회 기출]

> (예) 자동차 선택 시 고려하는 요인 중 자동차 가격의 중요성을 100점이라고 한다면, 다음의 요인은 몇 점에 해당한다고 생각하십니까?
> - 가격 100점　　　• 디자인 (　　)점　　　• 성능 (　　)점

① 고정총합척도법(Constant Sum Method)　　② 연속평정법(Continuous Rating)
③ 항목평정법(Itemized Rating)　　④ 비율분할법(Fractionation Method)

해설 비율분할법은 다른 척도법과 달리 각 속성의 중요도를 고려하지 않고, 응답자가 직접 각 속성의 상대적인 중요도를 결정할 수 있다. 위 예시에서 가격의 중요성을 100점이라고 했기 때문에, 해당 속성을 기준으로 다른 속성(디자인, 성능)을 판단하여 점수를 부여할 수 있다. 디자인을 120점, 성능을 80점이라고 기재하면 상대적 중요도를 평가할 수 있다.

정답 : ④

3 척도분석의 방법

(1) 스캘로그램 분석

① 스캘로그램 분석(Scalogram Analysis)은 다차원 척도 분석(Multidimensional Scaling, MDS)의 일종으로, 여러 개의 개체 또는 대상들 간의 유사성을 측정하고 시각화하는 방법이다.
② 거트만척도의 신뢰성을 검증하기 위해서 스캘로그램 분석을 사용할 수 있다.
- 스캘로그램 분석은 거트만척도에 포함된 여러 문항에 대한 응답 패턴이 얼마나 일관성 있게 나타나는지를 평가하는 도구로 활용될 수 있다.

(2) 문항 분석

① 문항 분석(Item Analysis)은 특정 평가나 설문지의 각 문항이나 항목이 평가 도구로서 유효성과 신뢰성을 갖추었는지를 평가하는 과정이다.
② 문항 분석에서 내적 일관성(Internal Consistency)은 평가 도구를 구성하는 각 문항들이 얼마나 서로 관련이 있는지를 평가하는 지표이다.
- 일반적으로 크론바하 알파α(Cronbach's alpha) 값을 사용하여 평가하며, 크론바하 값이 높을수록 문항들이 서로 일관성 있게 측정되며, 평가 도구의 신뢰성이 높다고 본다.

(3) 요인분석

① 요인분석(Factor Analysis)은 다변량 분석 방법 중 하나로, 관측된 다수의 변수들 간에 내재된 구조를 파악하는 통계적 기법이며, 주로 변수들 사이의 패턴이나 상호 관계를 이해하고 설명하는 데 사용된다.
② 요인분석은 데이터의 차원축소, 구조 발견 및 변수 간 상관성 분석 등의 목적으로 활용된다.
- 요인분석에서 문항들 간의 상관관계가 높은 것끼리 하나의 요인으로 분류하여 하나의 개념을 측정하는 것을 '<u>문항들 간의 관련성 분석</u>'이라고 한다. 기출
- 요인분석은 '<u>척도의 구성요인 확인</u>'에 사용된다. 기출
  - 구성 요인은 서로 연관된 문항들의 집합으로, 이들이 함께 척도를 구성하고 있는 주요 요소들을 나타낸다.
  예 직무 만족도 측정 척도의 요인 구성(자아 존중감, 업무 동료와의 관계, 보상 만족 등)
- 요인분석은 각 요인이 서로 관련된 문항들을 포함하고 있는지, 척도가 단일한 개념이나 차원을 잘 반영하고 있는지를 평가하기 위해 '<u>척도의 단일차원성에 대한 검증</u>'을 한다. 기출

더블체크

정답률 약 30%
Q 척도 제작 시 요인분석(Factor Analysis)의 활용과 가장 거리가 먼 것은? [09년 3회, 18년 1회 기출]

① 문항들 간의 관련성 분석 ② 척도의 구성요인 확인
③ 척도의 신뢰성 계수 산출 ④ 척도의 단일차원성에 대한 검증

해설 '척도의 신뢰성 계수 산출'은 주로 내적 신뢰성을 평가하기 위해 사용되며, 주로 크론바하 알파를 사용하여 각 문항이 전체 척도에서 얼마나 일관성 있게 측정되는지 평가한다.

정답 : ③

04 측정오차의 의미

1 측정오차의 개념

(1) 측정오차의 의의 및 특징

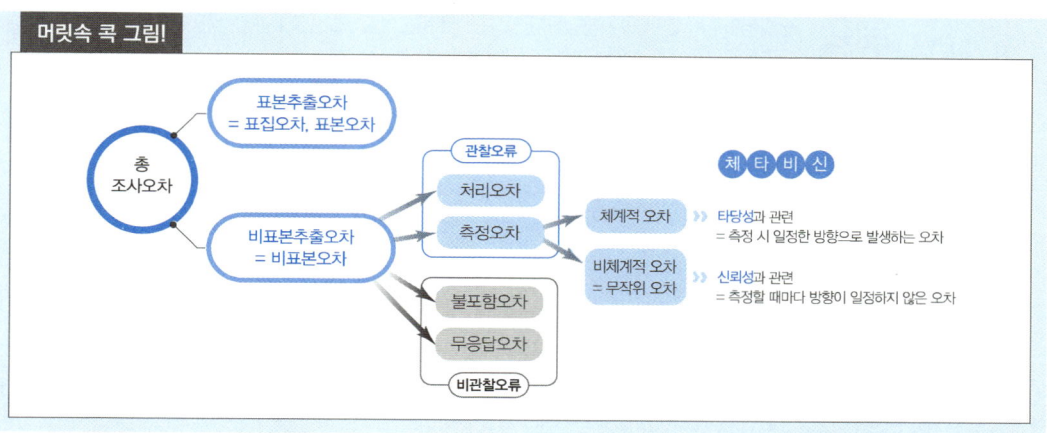

1) 측정오차의 의의
① 측정오차(Measurement Error)는 측정 과정에서 발생할 수 있는 모든 형태의 정확도 손실이다.
② 측정오차는 주로 체계적 오차와 비체계적 오차로 구분되고, <u>측정오차(오류)는 신뢰도 및 타당도에 관련이 있다.</u> 기출

2) 측정오차의 특징
① <u>측정오차(측정오류)는 일관되지 않게 나타날 수 있다.</u> 기출
  • <u>측정이 이루어지는 환경적 요인의 변화에 따라 측정오류가 발생할 수 있다.</u> 기출
② 측정오차는 실제 값과 측정된 값 사이의 차이를 나타내며, 측정의 정밀도 손실이다.
  • 측정이 완벽하지 않아 발생하는 오차이므로, 측정도구의 정밀도 한계나 측정자의 주관적 판단 등 여러 요인에 의해 발생할 수 있다.

더블체크

> **정답률 약 50%**
> **Q 측정오차에 관한 설명으로 틀린 것은?** [13년 3회, 17년 1회 기출]
> ① 체계적 오차는 신뢰도와 관련된다.
> ② 측정오차는 일관되지 않게 나타날 수 있다.
> ③ 체계적 오차는 자료수집방법이나 수집과정에 개입될 수 있다.
> ④ 측정이 이루어지는 환경적 요인의 변화에 따라 측정오차가 발생할 수 있다.
>
> **해설** 암기: 체타비신 체계적 오차는 일관되게 같은 방향으로 발생하는 오차로, 주로 측정도구나 방법의 문제로 인해 발생한다. 이는 측정의 정확도(타당도)에 영향을 미치지만, 신뢰도(일관성)과는 직접적인 관련이 없다.
>
> 정답 : ①

(2) 측정오차의 발생 원인

측정자 · 측정대상자 기출	• 측정오차는 측정자의 잘못으로 발생할 수 있다.
	  – 측정자나 피측정자가 지니는 지적 사고력이나 판단력에 기인한다.
	• 측정오차는 측정 시점에 따른 측정대상자의 상태 변화로 인해서 발생한다.
	  – 측정대상들의 편견(고정반응 편견, 사회적 적절성 편견, 문화적 차이 편견)에 의해 발생하기도 한다.

측정도구	• 측정도구와 측정대상자 (상호작용), 측정 방법 자체의 문제로 인해 발생한다. 기출
	  – 측정도구가 일관되게 작동하지 않으면 '일관성 부족'으로 인해 발생한다.
	  – 측정도구의 정확도와 정밀도가 떨어질 때 발생할 수 있다.
	  – 설문지가 조사목적의 일부를 빠뜨리면, 데이터 수집이 완전하지 않다.
	• 측정오차는 질문이 명확하지 않거나 여러 가지로 해석될 수 있는 경우 '문항의 모호성'으로 인해 발생할 수 있다.

문화적 차이 기출	• 측정오차는 문화적 차이나 인구 사회학적 차이의 개입으로 인해 발생한다. – 이는 측정도구가 다른 문화적 배경을 가진 사람들에게 동일한 의미로 받아들여지지 않을 때 발생할 수 있는 오차이다.
고정반응	• 고정반응은 응답자가 설문지의 문항에 대해 무비판적으로 '예' 또는 '동의한다' 등 특정한 방식으로 일관되게 응답하는 경향이다. – 주로 설문지의 모든 문항에 긍정적으로 응답하거나 부정적으로 응답하는 습관적인 반응을 의미한다.
사회적 바람직성	• 사회적 바람직성 편향은 응답자가 사회적으로 바람직하게 여겨지는 방향으로 응답하는 경향을 의미한다. – 응답자가 자신의 실제 감정이나 태도와는 다르게, 사회적 기대나 규범에 부합하는 방식으로 답변하는 것이다.
환경요인 시공간 제약 기출	• 측정 시점의 환경요인의 변화로 인해 발생한다. • 측정오차는 측정소재와 관련되거나 시 · 공간에 제약 때문에도 발생한다.

더블체크

Q 성인에 대한 우울증 검사 도구를 청소년들에게 그대로 적용할 때 가장 우려되는 측정오류는?

[14년 1회, 19년 2회, 21년 3회 기출]

① 고정반응　　　　　　　　　　② 무작위 오류
③ 문화적 차이　　　　　　　　　④ 사회적 바람직성

해설 성인에 대한 우울증 검사 도구를 청소년들에게 그대로 적용할 때 가장 우려되는 측정오류는 문화적 차이(연령에 따른 심리적, 사회적, 발달적 차이 등)이다.
청소년과 성인은 심리적 발달 단계, 사회적 경험, 언어사용 방식 등이 다르기 때문에, 성인을 대상으로 개발된 우울증 검사 도구가 청소년들에게 정확하게 적용되지 않을 수 있다. 예를 들어, 문항의 내용이 청소년에게 적합하지 않거나, 성인과 청소년이 우울증을 표현하는 방식이 다를 수 있다. 이러한 차이는 측정 결과에 큰 영향을 미칠 수 있다.

정답 : ③

(3) 측정오차의 감소 방법

- 측정오차를 줄이는 방법은 다양한 전략과 접근법을 포함하며, 이는 측정의 정확성과 신뢰성을 높이는 데 필수적이다.

① 방법 1. 측정자 사전훈련
- 측정자에게 충분한 교육과 훈련을 제공하여 측정 과정에서의 오류를 최소화한다.
- 측정자가 측정도구를 정확하게 사용할 수 있도록 한다.

② 방법 2. 측정도구 내용의 명확화
- 측정도구의 질문이나 항목을 명확하고 구체적으로 작성하며, 모호한 표현을 피하고 질문의 의도가 명확하게 전달되도록 한다. <U>즉, 문장을 간단하고 명료하게 구성한다.</U> `기출`
- 검증되고 신뢰할 수 있는 측정도구를 사용하여 측정의 신뢰성을 확보한다.

③ 방법 3. 측정 항목 수 증가
- <U>측정 항목의 수를 가능한 한 늘려 다각적으로 측정한다.</U> `기출`
- 다양한 질문을 통해 특정 개념을 보다 정확하게 평가한다.
- 충분하지 않은 질문 수는 조사하려는 내용을 충분히 수집하지 못할 수 있다.

④ 방법 4. 일관성 유지
- 동일한 조건과 방식으로 측정을 수행하여 '측정 방식의 일관성'을 유지하며, 표준화된 절차를 따른다.
- 응답자가 일관성 있게 답변할 수 있도록 '응답의 일관성'이 만족되는 질문을 구성하며, 중요한 질문은 2회 이상 동일하거나 유사하게 반복하여 물어본다.

⑤ 방법 5. 분위기 조성
- 응답자가 편안하게 응답할 수 있는 환경을 조성하며, 프라이버시와 편안함을 보장하여 솔직한 응답을 유도한다.
- 응답자(조사대상자)가 모르는 내용이나 경험하지 않은 사항에 대해 질문하지 않으며, 측정하지 않는다.

⑥ 방법 6. 피드백
- <U>측정의 오류를 피하기 위해 간과했을 수도 있는 편견이나 모호함을 찾아내기 위해 동료들의 피드백을 얻는다.</U> `기출`
  - 즉, 동료 평가를 통해 도구의 타당성을 높일 수 있다.

⑦ 방법 7. 다각도 검증
- <U>다각도 검증(Triangulation ; 다각적 측정 방법, 다각화)을 수행한다.</U> `기출`
  - 이는 질적조사의 타당성을 확보하는 가장 일반적인 방법 중 하나이다.
- 다각도 검증은 조사에서 여러 관점이나 방법을 통해 동일한 현상을 다양한 각도에서 검토하고 확인하는 방법론적 접근이다.
  - <U>즉, 하나의 개념을 측정하기 위해 두 개 이상의 다른 관련 자료를 수집하거나 측정하는 방법이다.</U> `기출`

더블체크

> 정답률 약 60%
>
> **Q** 측정오차의 발생원인과 가장 거리가 먼 것은? [10년 1회, 11년 3회, 21년 1회 기출]
>
> ① 통계분석기법
> ② 측정 시점의 환경요인
> ③ 측정 방법 자체의 문제
> ④ 측정 시점에 따른 측정대상자의 변화
>
> **해설** 측정오차(=체계적 오차+비체계적 오차)는 측정 과정에서 발생하는 오차이다.
> 반면, 통계분석기법은 이미 수집된 데이터를 분석·해석하는 과정에서 사용되는 방법이다.
> 따라서 통계분석기법은 측정 과정에서 직접적인 오차를 발생시키지 않으므로, 측정오차의 원인과는 거리가 멀다.
>
> 정답 : ①

더블체크

> 정답률 약 60%
>
> **Q** 측정오차의 원인에 대한 설명과 가장 거리가 먼 것은? [01년 3회, 06년 3회, 08년 1회, 11년 1회, 15년 3회 기출]
>
> ① 측정자의 잘못으로 발생할 수 있다.
> ② 측정자나 피측정자가 지니는 지적 사고력이나 판단력에 기인한다.
> ③ 측정소재와 관련되거나 시·공간에 제약 때문에 발생한다.
> ④ 사회과학에서 측정오차 발생은 예외적 현상이다.
>
> **해설** 사회과학에서 측정오차는 흔히 발생하는 현상이다. 사회과학 조사에서는 사람의 행동, 심리, 사회적 요인 등을 측정하는데, 이는 자연과학에 비해 더 많은 변동성을 포함하고 있다. 즉, 사회과학에서 측정오차는 예외적이기보다는 일반적인 현상이다.
>
> 정답 : ④

더블체크

> **Q** 사회조사에서 발생하는 측정오차의 원인과 가장 거리가 먼 것은? [14년 3회, 17년 2회, 20년 3회 기출]
>
> ① 조사의 목적
> ② 측정대상자의 상태 변화
> ③ 환경적 요인의 변화
> ④ 측정도구와 측정대상자의 상호작용
>
> **해설** 조사의 목적은 조사가 왜 수행되는지를 설명하며, 조사과정에서 발생하는 측정오차의 직접적인 원인이 아니다. 조사의 목적은 조사설계와 관련이 있을 수는 있으나, 실제 측정 과정에서 발생하는 오차와는 직접적인 관련이 없다.
> ② 측정대상자의 상태 변화(심리적, 신체적 상태 변화)는 측정오차의 주요 원인이다.
> ③ 환경적 요인의 변화(소음, 온도, 조명)는 대표적인 측정오차의 원인 중 하나이다.
> ④ 측정도구와 측정대상자의 상호작용(질문지의 이해도, 측정도구 사용의 편리성) 등은 측정 결과에 영향을 미칠 수 있다. 이 역시 측정오차의 원인 중 하나이다.
>
> 정답 : ①

2 측정오차의 종류

• 측정오차는 체계적 오차(Systematic Error)와 비체계적 오차(Random Error)로 구분한다. 기출

(1) 체계적 오차

1) 체계적 오차의 의의
① 체계적 오차(Systematic Error)는 측정 과정에서 발생하는 일관된 방향의 오차이다.
  • 체계적 오차는 오차가 일정하거나 또는 치우쳐져 있으며, 편향(Bias)에 의해 발생한다. 기출
② 체계적 오차는 측정도구나 방법 자체의 문제로 인해 주로 발생한다.
  • 표준화된 측정도구를 사용하면 체계적 오차를 줄일 수 있다.

2) 체계적 오차의 특징 기출
① 체계적 오차는 자료수집방법이나 수집과정에 개입될 수 있다.
② 체계적 오차는 무작위 오차와는 달리 항상 일정한 방향으로 작용하는 편향(Bias)이다.
  • 체계적 오차는 사회적 바람직성 편견, 문화적 편견과 관련이 있다.
③ 체계적 오차는 측정의 타당도(타당성)와 관련되어 있다.
  • 측정오차가 체계적인 패턴을 띠면, 측정도구에 타당도의 문제가 있을 것으로 예상된다.

> **더블체크**
>
> 정답률 약 50%
>
> **Q** 측정오차 중 체계적 오차(Systematic Error)와 관련된 것은? [15년 1회, 18년 3회, 19년 1회 기출]
>
> ① 통계적 회귀 ② 생태학적 오류
> ③ 환원주의적 오류 ④ 사회적 바람직성 편향
>
> **해설** 체계적 오차는 사회적 바람직성 편견, 문화적 편견과 관련이 있다.
> ① 통계적 회귀는 회귀분석에서 발생하는 자연스러운 통계적 현상이다. 이는 극단적인 값들이 시간이 지남에 따라 평균에 가까워지는 경향이며, 비체계적 오차(무작위 오차)와 관련이 있다.
> ② 생태학적 오류는 집단 수준의 데이터를 개인 수준으로 일반화할 때 발생하는 오류이며, 분석의 수준 불일치에서 발생하는 오류이다.
> ③ 환원주의적 오류는 복잡한 현상을 지나치게 단순화하거나 개별적인 구성 요소로만 설명하려는 경향에서 발생하는 오류이다.
>
> 정답 : ④

> **더블체크**
>
> 정답률 약 50%
>
> **Q** 체계적 오류의 주요 발생원인에 해당하는 것은? [13년 3회, 16년 1회 기출]
>
> ① 설문지 문항 수 ② 사회적 바람직성
> ③ 복잡한 응답 절차 ④ 응답자의 기분
>
> **해설** 사회적 바람직성은 응답자가 사회적으로 바람직하다고 여겨지는 방식으로 자신을 표현하려고 하는 경향이며, 측정 결과에 일관된 편향을 초래하는 체계적 오류의 원인이다.
>
> 정답 : ②

(2) 비체계적 오차

1) 비체계적 오차의 의의
① 비체계적 오차(Non-Systematic Error)는 무작위 오차(Random Error)라고도 한다.
- 무작위 오차는 오차의 값이 다양하게 분산되어 있으며 상호 상쇄하는 경향도 있다. 기출

② 비체계적 오차는 측정 과정에서 우연히 일시적으로 발생하는 무작위적인 오차이다.
- 측정오차의 종류 중 측정상황, 측정과정, 측정대상 등에서 우연적이며 가변적인 일시적 형편에 의해 측정 결과에 대한 영향을 미치는 오차는 무작위적 오차이다. 기출
- 즉, 무작위 오차는 측정대상, 측정과정, 측정환경, 측정자 등에 따라 일관성 없이 일시적으로 영향을 미침으로써 발생한다. 기출

2) 비체계적 오차의 특징
① 비체계적 오차는 통제하기 어려운 상황에서 우연적으로 예측이 불가능하게 발생하므로, 일관된 방향으로 편향(Bias)되지 않는다.
- 무작위적 오류는 일관적 영향 패턴을 가지지 않고 측정을 일관성 없게 만든다. 기출
- 인위적이지 않아 오차의 값이 다양하게 분산되어 있다. 기출

② 비체계적 오차(Random Error)는 상호상쇄(Self-compensation)되는 경향도 있다. 기출
③ 비체계적 오차는 측정의 신뢰도(신뢰성)와 관련성이 크다.
- 설문지가 모든 응답자에게 같은 방식으로 이해 및 해석되도록 설계되어 있다면, 여러 번 조사를 하더라도 대체로 유사한 응답이 나오며, 이는 신뢰도가 높다는 것을 의미한다.

④ 조사자나 응답자의 실수로 인해서도 발생한다.
- 조사자 혹은 응답자가 조사 도구를 사용하는 과정에서 실수를 하는 경우이다.

⑤ 환경적 요인으로 인해서도 발생한다.
- 설문을 진행하는 동안의 외부 환경 변화(소음, 시간 압박, 응답자의 피로)가 해당된다.

더블체크

Q 측정오차(Error Of Measurement)에 관한 설명으로 옳은 것은? [12년 1회, 16년 1회, 19년 1회 기출]

① 체계적 오차(Systematic Error)의 값은 상호상쇄되는 경향이 있다.
② 신뢰성은 체계적 오차(Systematic Error)와 관련된 개념이다.
③ 타당성은 비체계적 오차(Random Error)와 관련된 개념이다.
④ 비체계적 오차(Random Error)는 인위적이지 않아 오차의 값이 다양하게 분산되어 있다.

해설 비체계적 오차는 통제하기 어려운 상황에서 예측 불가능하게 발생하므로, 일관된 방향으로 편향되지 않는다. 따라서 인위적이지 않아 오차의 값이 다양하게 분산되어 있다.
① 상호상쇄(Self-compensation)되는 경향이 있는 것은 비체계적 오차이다.
②, ③ 신뢰성은 비체계적 오차와 관련된 개념이고, 타당성은 체계적 오차와 관련된 개념이다.

정답 : ④

05 타당성의 의미

1 타당성의 개념

(1) 타당도의 의의 및 특징

1) 타당도의 의의

① 측정의 타당도(Validity ; 타당성)는 측정도구가 실제로 '측정하고자 하는 개념을 정확하게 측정하고 있는지'에 대한 '측정의 정확성'의 정도이다. [기출]
② 측정도구 : 설문지, 시험지(검사지), 체중계 등

2) 타당도의 특징 [기출]

① 타당성은 문항 구성이 측정하고자 하는 개념을 얼마나 잘 반영하고 있는가, 조사자가 관찰하려고 하는 것을 어느 정도 제대로 관찰하였는가에 대한 개념이다.
  - 타당도란 측정한 값과 진정한 값과의 일치 정도를 의미한다.
  - 일반적으로 측정의 타당성을 경험적으로 검증하는 일은 신뢰성을 검증하는 것보다 어렵다.

② 측정의 타당성을 높이기 위해서는 측정하고자 하는 개념에 대하여 적절한 조작적 정의(Operational Definition)를 갖는 것이 중요하다.
  - 여러 가지 조작적 정의를 이용해 측정을 하고, 각 측정값 사이의 상관관계를 조사하여 타당도를 평가한다. 이는 특정 측정치를 기준으로 다른 측정치와의 상관관계를 추정하는 방식이다.

③ 전문가의 의견을 듣고 문항을 만들면 타당도를 높일 수 있다.

더블체크

Q 일본에서 동경대학교 학생들의 지능검사를 하는데 중국어로 된 검사지를 사용하였을 경우 제기될 수 있는 측정상의 가장 큰 문제점은? [07년 3회, 16년 3회 기출]

① 신뢰성 훼손   ② 일관성 훼손
③ 대표성 훼손   ④ 타당성 훼손

해설 중국어로 된 검사지(측정도구)를 사용한다면, 일본어를 사용하는 동경대학교 학생들이 질문을 이해하지 못할 가능성이 크다. 이로 인해 학생들의 실제 지능을 정확하게 측정하지 못하고, 결과적으로 타당성이 훼손된다.

정답 : ④

더블체크

Q 다음에 나타나는 측정상의 문제점은? [09년 1회, 10년 3회, 13년 2회, 19년 3회 기출]

> 아동 100명의 몸무게를 실제 몸무게보다 항상 1kg이 더 나오는 불량 체중계를 사용하여 측정한다.

① 타당성이 없다.   ② 대표성이 없다.
③ 안정성이 없다.   ④ 일관성이 없다.

해설 측정도구(체중계)가 측정하려는 개념(실제 몸무게)을 정확하게 측정하지 못하고 있는 타당성의 문제이다.

정답 : ①

2 타당성의 종류

※ 조사설계의 타당도 2가지 내적타당도, 외적타당도 관련 상세한 내용은 '제1과목 조사방법과 설계 → CHAPTER 01 통계조사계획 → 1. 통계조사목적 수립' 참고

(1) 타당성 종류 구분

- 측정의 타당성을 평가하는 방법은 크게 내용타당도, 기준타당도, 개념타당도로 구분된다.

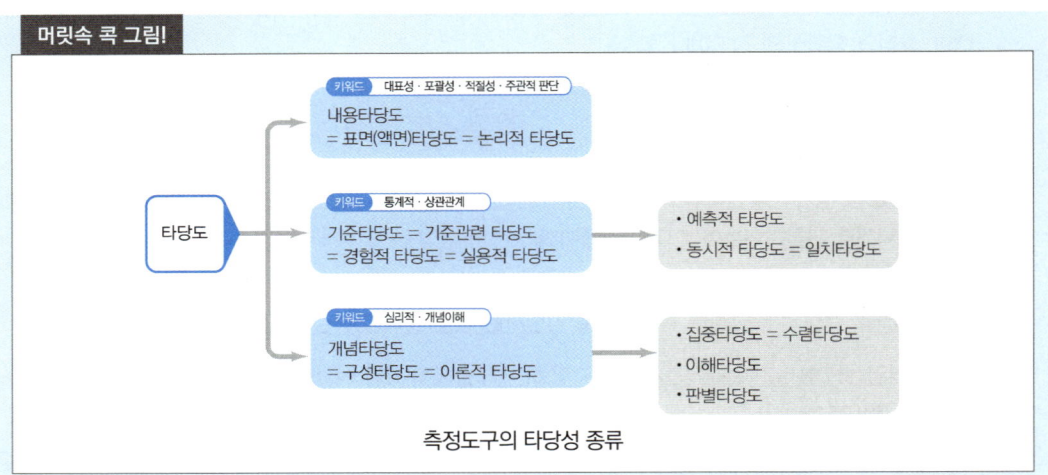

측정도구의 타당성 종류

더블체크

정답률 약 40%

Q 기준관련 타당도(Criterion-related Validity)와 가장 거리가 먼 것은? [10년 3회, 21년 1회 기출]

① 경험적 타당도　　② 이론적 타당도
③ 예측적 타당도　　④ 동시적 타당도

해설 ② 이론적 타당도(이론적 구성개념)는 개념타당도의 측정 방법 중 하나이다.
①, ③, ④의 기준관련 타당도는 경험적 타당도라고도 부르며, 유형으로는 예측적 타당도, 동시적 타당도가 있다.

정답 : ②

더블체크

정답률 약 50%

Q 측정도구 자체가 측정하고자 하는 속성이나 개념을 얼마나 대표할 수 있는지를 평가하는 것은?

[20년 1·2 통합 기출]

① 실용적 타당도 (Pragmatic Validity)
② 내용타당도(Content Validity)
③ 기준관련 타당도(Criterion-related Validity)
④ 구성체타당도(Construct Validity)

해설 문제의 내용은 '대표성'과 관련이 있으며, '대표성'은 내용타당도(Content Validity)와 관련이 있다.

정답 : ②

(2) 내용타당성 → 키워드 : 대표성 · 포괄성 · 적절성 · 주관적 판단 `암기` 내연논대전문

1) 내용타당성의 의의

① 내용타당도(내용타당성 ; Content Validity)는 표면 · 액면타당도(Face Validity), 논리적 타당도(Logical Validity)라고도 불린다. 내용타당도는 측정도구 자체가 측정하고자 하는 속성이나 개념을 얼마나 대표할 수 있는지를 평가하는 것이다. `기출`

② 내용타당도는 통계적 검증이 아닌 전문가의 판단에 기초하므로, 전문가의 견해를 통해 판단할 수 있다. `기출`

③ 조사자가 개발 및 설계한 측정도구가 측정하려는 대상의 개념이나 속성값을 얼마나 잘 측정하는지 '적절성', 제대로 대표하고 있는지 '대표성', 얼마나 포괄적으로 포함하고 있는지 '포괄성'을 나타낸다. `기출`

- 측정도구가 측정대상이 가진 많은 속성 중 일부를 대표성 있게 포함한다면, 이 측정도구는 '포괄성'을 만족하므로 내용타당성이 높다고 할 수 있다. `기출`

2) 내용타당성의 특징 `기출`

① 객관적인 측정 지표가 없으므로, 조사자의 주관적 해석과 판단에 의해 결정되기 쉽다.
- 측정목적에 기초하여 측정 항목들의 적합성을 결정한다.

② 내용타당도를 평가하는 방법은 관련 분야 전문가들의 자문을 구하거나, 패널토의나 워크숍 등을 통하여 타당도에 관한 의견을 수렴하는 것이다.
- 내용타당도 평가 방법으로 측정대상과 관련된 이론들을 판단기준으로 사용하기도 한다.

더블체크

> **정답률 약 40%**
> **Q** 내용타당도(Content Validity)에 관한 설명으로 옳은 것은? [18년 1회 기출]
> ① 통계적 검증이 가능하다.
> ② 특정대상의 모든 속성들을 파악할 수 있다.
> ③ 조사자의 주관적 해석과 판단에 의해 결정되기 쉽다.
> ④ 다른 측정 결과와 비교하여 관련성 정도를 파악한다.
>
> **해설** '조사자의 주관적 해석과 판단에 의해 결정되기 쉽다.'는 내용타당도의 특징이다.
> ① 내용타당도는 통계적 검증보다는 전문가의 평가와 피드백을 통해 이루어진다.
> ② 내용타당도는 측정도구가 측정하려는 개념을 충분히 반영하는지를 평가하는 것이다.
> ④ 수렴타당도(Convergent Validity)나 다른 유형의 타당도 평가에 더 적합한 설명이다.
>
> 정답 : ③

더블체크

> **정답률 약 50%**
> **Q** 대학 수능시험 출제를 위해 대학교수들이 출제하고 현직 고등학교 교사들이 검토하여 부적절한 문제를 제외하는 절차를 거친다면 이러한 과정은 무엇을 높이기 위한 것인가? [19년 3회 기출]
> ① 집중타당성
> ② 내용타당성
> ③ 동등형 신뢰도
> ④ 검사-재검사 신뢰도
>
> **해설** 내용타당성은 측정도구가 측정하고자 하는 개념의 모든 중요한 측면을 적절히 포함하고 있는지를 평가하는 것이다. 교수들이 출제하고 교사들이 검토하여 부적절한 문제를 제외하는 과정은 바로 내용타당성을 높이기 위한 과정이다.
>
> 정답 : ②

(3) 기준타당성 → 키워드 : 통계적 · 상관관계 `암기` 기경실통동예

1) 기준타당성의 의의
① 기준타당도(Criterion Validity)는 기준관련 타당도(Criterion-related Validity), 경험적 타당도(Empirical Validity), 실용적 타당도(Pragmatic Validity)라고도 한다.
② <u>기준관련 타당도는 통계적으로 유의성을 평가하는 것으로, 속성을 측정해줄 것으로 알려진 기준과 측정도구의 측정 결과인 점수 간의 관계를 비교하는 타당도이다.</u> `기출`
 - <u>측정도구의 결과와 기준 측정도구의 결과 간의 '상관관계' 분석을 통해 타당도를 평가한다.</u> `기출`
   > 예 <u>기준관련 타당도는 대학수학능력시험의 타당도를 평가하기 위해 대학수학능력시험 점수와 대학 진학 후 학업성적과의 상관관계를 조사하는 방법이다.</u> `기출`

2) 기준타당성의 특징
① 기준타당도는 경험적 근거에 의해 타당도를 확인하는 방법이다.
 - <u>기준관련 타당도는 내용타당도보다 경험적 검증이 용이하다.</u> `기출`
② 전문가가 이미 검증한 신뢰도·타당도가 있는 측정도구와 비교하는 것이 핵심이다.
③ 기준타당도는 측정도구의 유용성을 평가하는 데 사용된다.
 - <u>특정 기준에 대한 측정도구의 예측이 얼마나 정확한지 평가한다.</u> `기출`

> **더블체크**
>
> `정답률 약 60%`
> **Q** 기준관련 타당도(Criterion-related Validity)에 관한 설명으로 틀린 것은? [17년 1회 기출]
> ① 통계적 유의성을 평가한다.
> ② 심리학적 특성의 측정과 관련된 개념이다.
> ③ 특정 기준에 대한 측정도구의 예측이 얼마나 정확한지 평가한다.
> ④ 입사성적이 우수한 신입사원이 업무능력이 뛰어나다면 기준관련 타당도가 높다고 할 수 있다.
>
> **해설** `암기` : 기경실통동예 심리학적 특성의 측정과 관련된 개념은 추상적 개념(자아존중감, 스트레스) 등이 있으며, 이를 평가할 수 있는 외부 기준을 찾기가 어려우므로 기준타당도를 찾기 어렵다.
>
> 정답 : ②

> **더블체크**
>
> `정답률 약 60%`
> **Q** A기업에서 공개채용시험의 타당성을 평가하려는 계획을 세웠다. 우선 입사 시험성적과 그 직원의 채용된 후 근무성적을 비교하여 타당성을 평가한다면 이는 무슨 타당성인가? [09년 1회, 18년 3회 기출]
> ① 기준관련 타당성(Criterion-related Validity)
> ② 내용타당성(Content Validity)
> ③ 구성타당성(Construct Validity)
> ④ 논리적 타당성(Logical Validity)
>
> **해설** 기준관련 타당성은 속성을 측정해줄 것으로 알려진 기준(입사 시험성적)과 측정도구의 측정 결과(채용된 후 근무성적)인 점수 간의 (상관)관계를 비교하는 타당도이다.
>
> 정답 : ①

3) 기준타당성의 종류 암기 기경실통동예

- 기준타당도의 유형으로는 예측적 타당도, 동시적 타당도가 있다. 기출

구분	동시측정 유무	시점
예측타당도	동시측정이 불가능한 경우	미래의 상태를 예측하기 위해 설계
동시타당도	동시측정이 가능한 경우	현재의 상태를 평가하기 위해 설계

① 예측타당도
- 예측 타당도(Predictive Validity)는 측정도구의 결과가 미래의 특정 기준이나 결과를 얼마나 잘 예측하는지를 평가하는 방법이다.
  - 예측타당도는 검사 점수가 미래의 행위를 얼마나 잘 예측하는지를 측정하는 것이다.
- 동시측정이 불가능하며, 측정도구의 결과와 미래의 결과를 비교하기 위해 시간적 여유가 필요하다. 따라서 타당도 계수를 확인하기 위해서 오랜 시간이 필요하다.
  - <u>채용·선발에 사용되며, 대학 입학성적(실제값)을 입학 후 성적(예측값)과 비교한다.</u> 기출

② 동시타당도
- 동시적 타당도(Concurrent Validity)는 일치타당도(=일치적 타당도)라고도 부른다.
- 동시타당도는 측정도구의 결과와 이미 타당성이 검증된 기존 검사의 결과를 동시에 비교하여 타당성을 평가하는 방법이다.
  - <u>동시타당도는 신뢰할 수 있는 다른 측정도구와 비교하는 것이다. 즉, 작성한 측정도구를 이미 존재하고 있는 신뢰할만한 측정도구와 비교하여 검증한다.</u> 기출
  - 동시타당도는 계량화된 객관적 정보를 제공하며 타당도의 정도를 제시할 수 있다.
- 동시타당도는 타당도가 입증된 기존 검사에 의존해야 한다는 한계가 있다.
  예 의료 검사에서 새로운 혈당 측정기를 기존의 검증된 혈당 측정기와 동시에 사용하여, 두 기기의 측정 결과가 얼마나 일치하는지 평가하는 방식이다.
- 타당도가 이미 입증된 검사가 없는 경우에는 동시타당도를 추정할 수 없다.
  - 타당도가 이미 입증된 검사의 관계를 기반으로 동시타당도가 검정되므로 의존도가 높다.
- 응답자 집단이 이질적이면 타당도 계수가 높아지고, 동질적이면 타당도 계수는 낮아진다.

더블체크

정답률 약 50%

Q 입사성적이 높은 사람이 회사에 대한 공헌도가 매우 높고 근무성적 또한 우수하다면 입사시험이라는 측정도구는 어떤 타당성이 높다고 할 수 있는가? [10년 1회, 22년 1회 기출]

① 내용타당성(Content Validity)　　② 예측타당성(Predictive Validity)
③ 집중타당성(Convergent Validity)　④ 안면타당성(Face Validity)

해설 앞서 다룬 기준관련 타당성의 더블체크(공개채용시험 타당성 평가)와 함께 학습하는 것을 추천하는 기출 예시이다. 기준관련 타당성에는 예측타당도, 동시타당도가 있으며, 예측타당성(Predictive Validity)은 측정도구(입사 시험성적)가 미래의 성과나 행동을 얼마나 잘 예측할 수 있는지를 평가하는 타당성이다. 따라서 입사시험 성적이 높은 사람들이 실제로도 높은 근무성적을 보인다면, 입사 시험이 직무 성과를 잘 예측하고 있다는 것을 의미하므로 예측타당성이 높다고 할 수 있다.

정답 : ②

(4) 개념타당성 → 키워드 : 심리적 · 개념이해 `암기` 개구요통다이

1) 개념타당성의 정의
① 개념타당도는 구성타당도(구성체타당도 ; Construct Validity)라고도 부른다.
- 개념타당도는 특정 개념의 이해와 관련된 타당도이며, 측정하고자 하는 개념이 실제로 적절하게 측정되었는가를 의미한다. `기출`

② 개념타당도는 측정도구가 실제로 측정하고자 하는 추상적 · 심리적 개념이나 이론적 구성을 얼마나 잘 반영하는지를 평가하는 '구성타당도'이다.

2) 개념타당성의 특징
① 개념타당도는 측정에 의해 얻는 측정값 자체보다는 측정하고자 하는 속성에 초점을 맞춘 타당성이며, 이론과 관련하여 측정도구의 타당도를 검증한다. `기출`
- 이론적 틀 내에서 측정도구의 타당성을 경험적으로 검증한다. `기출`

② 측정 방법에는 요인분석 외에도 다중속성-다중측정 방법, 이론적 타당도(이론적 구성개념) 등이 있다. `기출`
③ 일반적으로 구성타당도는 요인분석(Factor Analysis)을 실시하여 검토 및 평가한다.
- 요인분석은 관찰된 변수들 사이의 상관관계를 분석하여, 이들 변수를 설명할 수 있는 잠재적인 요인(Factor)을 도출하는 통계적 방법이다. 즉, 개념타당도는 통계적 검증을 수행할 수 있다. `기출`

④ 요인 내의 항목들에는 수렴타당도가 적용되며, 요인 간에는 판별타당도가 적용된다.
- '수렴타당도'는 동일한 요인에 속하는 항목들이 서로 높은 상관관계를 보여야 한다는 개념이고, '판별타당도'는 서로 다른 요인들이 서로 명확하게 구분되어야 한다는 개념이다.

3) 개념타당성의 예시
① '우울증 척도의 구성타당도 평가'
- 심리적 개념 분석 및 조작적 정의
  - 심리적 개념 : 우울증
  - 조작적 정의 : 우울증을 여러 심리적 특성으로 정의
    (증상 : 지속적인 슬픔이나 기분 저하, 흥미나 즐거움 상실, 집중력 저하 등)
- 측정도구 개발
  - 우울증을 측정하기 위해 다양한 문항을 포함한 설문지를 개발한다.
  - "지난 2주 동안, 거의 매일 슬픔이나 기분 저하를 느꼈습니까?" (기분 저하)
  - "지난 2주 동안, 식욕이 증가하거나 감소했습니까?" (식욕 변화)
- 데이터 수집 및 분석
  - 다양한 인구 집단에서 우울증 척도를 사용하여 데이터를 수집한다.
  - 요인분석(Factor Analysis)을 통해 우울증 척도의 각 문항들이 우울증의 하위 요소들(예 기분 저하, 식욕 변화 등)과 어떻게 그룹화되는지를 분석한다. 이는 척도가 우울증의 다양한 측면을 잘 반영하고 있는지를 평가한다.

4) 개념타당성의 종류 [암기] 개수집상이판

- 개념타당성의 종류로는 집중타당성(수렴타당성 ; Convergent Validity), 이해타당성(Nomological Validity), 판별타당성(Discriminant Validity)이 있다. [기출]

① 집중타당성(수렴타당성 ; Convergent Validity) [기출]
- 집중타당도는 타당도를 평가하는 데 있어, 동일한 속성에 대한 두 측정은 서로 다른 방법을 사용하더라도 각각 높은 상관관계를 가져야 한다는 것이며, 이를 수렴원리라고 한다.
- 동일한 개념을 서로 상이한 측정도구를 이용해서 측정한 결과값들 간의 상관관계가 높을수록 집중타당성이 높다고 평가한다.
  - 예 창의성을 측정하기 위해, 새롭게 개발된 측정 도구와 기존의 측정 도구로 측정된 점수 간의 상관관계가 높은 경우 두 개의 측정 도구는 동일한 개념을 잘 측정함을 의미한다.

  상관계수 ↑ ➡ 집중타당성 ↑

② 이해타당성(Nomological Validity)
- 이해타당성은 심리측정에서 사용되는 다양한 타당성 개념 중 하나로, 특정 심리적 개념이 이론적으로 연관된 다른 개념들과의 관계에서 타당성을 가지는지를 평가하는 것이다.
  - 이해타당성은 측정도구가 해당 개념의 이론적 네트워크(이론적 모델) 내에서 예측된 방식으로 작동하는지를 확인하는 데 중점을 둔다.
- 서로 유사한 여러 개념들을 모두 측정할 수 있는 측정도구일수록 이해타당성이 높다고 평가한다. [기출]
  - 예 새로운 행복감 측정도구를 개발했다고 가정하고, 이 도구의 이해타당성을 평가하기 위해 행복감이 이론적으로 연결된 다른 개념들과의 관계를 확인해본다.
    - 개념 1. '스트레스 수준' : 행복감이 높을수록 스트레스 수준이 낮을 것으로 예상된다.
    - 개념 2. '생활 만족도' : 행복감이 높을수록 생활에 대한 만족도가 높을 것으로 예상된다.
    - 개념 3. '사회적 지원' : 행복감이 높을수록 사회적 지원을 많이 받는다고 느낄 것으로 예상된다.
    - 행복감 측정도구가 스트레스 수준, 생활 만족도, 사회적 지원 등과 예측된 관계를 잘 반영할 때, 이 도구의 이해타당성이 높다고 평가한다.

③ 판별타당성(Discriminant Validity) [기출]
- 판별타당성은 서로 다른 개념을 측정했을 때 얻어진 측정치들 간의 상관관계가 낮게 형성되어야 하는 타당성의 유형이다.
- 서로 다른 두 개의 개념을 측정한 측정값의 상관계수가 낮게 나왔다면 그 측정 방법은 판별타당성이 높다고 할 수 있다.
  - 즉, 서로 상이한 개념을 동일한 측정도구를 사용해서 측정한 결과값들 간에 상관관계가 낮으면 낮을수록 판별타당성이 높다고 평가한다.

  상관계수 ↓ ➡ 판별타당성 ↑

더블체크

정답률 약 30%

Q 암기력을 측정하기 위해 암기한 것들을 모두 종이 위에 쓰도록 하는 방법과 암기한 것을 모두 말하도록 하는 방법을 사용하는 경우, 서로 다른 두 가지의 측정 방법을 측정한 결과값들 간에 상관관계의 정도를 나타내는 타당성은? [11년 1회, 13년 3회, 17년 2회 기출]

① 내용타당성(Content Validity)
② 기준에 의한 타당성(Criterion-related Validity)
③ 예측타당성(Predictive Validity)
④ 집중타당성(Convergent Validity)

해설 암기 : 개수집판이상 암기력을 측정하는 두 가지 방법(암기한 것들을 모두 종이 위에 쓰도록 하는 방법 VS 암기한 것을 모두 말하도록 하는 방법)의 결과값들 간의 상관관계 정도는 집중타당성(수렴타당성)에 대한 것이다.

정답 : ④

더블체크

Q 창의성을 측정하기 위해 새롭게 개발된 측정도구의 수렴타당도(Convergent Validity)가 높은 경우는? [11년 3회, 14년 3회, 17년 1회 기출]

① 새로운 창의성 측정도구와 기존의 창의성 측정도구로 측정된 점수들 간의 상관이 높은 경우
② 새로운 창의성 측정도구와 지능검사로 측정된 점수들 간의 상관이 높은 경우
③ 새로운 창의성 측정도구와 예술성 측정도구로 측정된 점수들 간의 상관이 높은 경우
④ 새로운 창의성 측정도구와 신체적 능력 측정도구로 측정된 점수들 간의 상관이 높은 경우

해설 암기 : 개수집판이상 수렴타당도는 동일한 개념(창의성)을 서로 상이한 측정도구를 이용해서 측정한 결과값들 간의 상관관계가 높을수록 집중타당성이 높다고 평가한다.

정답 : ①

더블체크

정답률 약 60%

Q 개념타당성(Construct Validity) 종류 중 다음 ( )안에 들어갈 내용으로 옳은 것은? [13년 2회, 16년 1회 기출]

- 서로 유사한 여러 개념들을 모두 측정할 수 있는 측정도구일수록 (ㄱ)이 높다고 평가한다.
- 동일한 개념을 서로 상이한 측정도구를 이용해서 측정한 결과값들 간의 상관관계가 높을수록 (ㄴ)이 높다고 평가한다.
- 서로 상이한 개념을 동일한 측정도구를 사용해서 측정한 결과값들 간에 상관관계가 낮으면 낮을수록 (ㄷ)이 높다고 평가한다.

① ㄱ : 이해타당성, ㄴ : 집중타당성, ㄷ : 판별타당성
② ㄱ : 집중타당성, ㄴ : 판별타당성, ㄷ : 이해타당성
③ ㄱ : 판별타당성, ㄴ : 이해타당성, ㄷ : 집중타당성
④ ㄱ : 이해타당성, ㄴ : 판별타당성, ㄷ : 집중타당성

해설 개념타당성 종류는 집중타당성, 이해타당성, 판별타당성이 존재하며, 키워드로 집중타당성은 '상관관계가 높을수록', 이해타당성은 '서로 유사한 여러 개념들을 모두 측정할 수 있는 측정도구일수록', 판별타당성은 '상관관계가 낮을수록'으로 외워두면 좋다.

정답 : ①

> 더블체크

> 정답률 약 40%

Q 다음 사례에 해당하는 타당성은? [18년 2회 기출]

> 새로 개발된 주관적인 피로감 측정도구를 사용하여 측정한 결과와 이미 검증되고 통용 중인 주관적인 피로감 측정도구의 결과를 비교하여 타당도를 확인하였다.

① 내용타당성(Content Validity)
② 동시타당성(Concurrent Validity)
③ 예측타당성(Predictive Validity)
④ 판별타당성(Discriminant Validity)

해설 새로 개발된 피로감 측정도구의 결과를 이미 검증된 피로감 측정도구(기존 검사)의 결과와 비교하여 타당성을 확인하는 과정은 동시타당성을 평가하는 것이다.

정답 : ②

> 더블체크

> 정답률 약 30%

Q 다음 중 개념타당성(Construct Validity)에 관한 설명으로 틀린 것은? [09년 1회, 17년 3회 기출]

① 특정 개념의 이해와 관련된 타당도이다.
② 타당도의 개념을 가장 잘 나타내는 것이다.
③ 다른 개념과는 상관관계가 판이하게 낮아야 한다는 타당도이다.
④ 특정한 측정도구의 대표성에 관한 개념으로 측정도구가 갖추어야 할 최소한의 타당도이다.

해설 암기 : 내용논대전문 특정한 측정도구의 대표성에 관한 개념으로 측정도구가 갖추어야 할 최소한의 타당도는 '내용타당도'이다.
① 개념타당성은 특정 심리적 개념을 제대로 이해하고 측정하고 있는지 평가한다.
② 개념타당성은 타당도의 개념을 가장 잘 나타내는 것이므로 '개념타당도'라고 부른다.
③ 개념타당성 중 판별타당성에 관련된 설명이다.

정답 : ④

> 더블체크

Q 측정의 타당성(Validity)에 대한 설명으로 옳지 않은 것은? [04년 3회, 19년 3회 기출]

① 동일한 대상의 속성을 반복적으로 측정할 때 동일한 측정 결과를 가져올 수 있는 정도를 말한다.
② 측정의 타당성을 평가하는 방법으로는 표면타당성(Face Validity), 내용타당성(Content Validity), 개념타당성(Construct Validity) 등이 있다.
③ 일반적으로 측정의 타당성을 경험적으로 검증하는 일은 측정의 신뢰성(Reliability)을 검증하는 것보다 어렵다.
④ 측정의 타당성을 높이기 위해서는 측정하고자 하는 개념에 대하여 적절한 조작적 정의(Operational Definition)를 갖는 것이 중요하다.

해설 측정의 신뢰성(Reliability)에 대한 설명이므로 옳지 않다. 측정의 타당성은 측정도구가 실제로 측정하고자 하는 개념을 얼마나 잘 측정하고 있는지를 평가하는 것이다.

정답 : ①

06 신뢰성의 의미

1 신뢰성의 개념

(1) 신뢰성의 의의 및 특징

1) 신뢰성의 의의 기출

① 신뢰성(신뢰도 ; Reliability)은 측정도구가 현상을 일관성 있게 측정하는 것이며, 사회과학조사에서는 같은 개념을 반복측정하였을 때 같은 측정값을 얻게 될 가능성을 신뢰도라고 한다.
- 신뢰도의 개념과 유사한 의미표현으로는 안정성(Stability), (내적) 일관성(Consistency), 예측 가능성(Predictability)이 있다.

② 신뢰도란 반복측정 결과의 '일관성'과 관련이 있으며, 시간에 구애받지 않고 일관된 측정치를 가져야 한다. 즉, 신뢰도는 과학적 조사의 요건 중 '반복 가능성(Replicability)'과 가장 관련이 깊다.
- 어떤 측정 수단을 같은 조사자가 두 번 이상 사용하거나, 둘 이상의 서로 다른 조사자들이 사용한다고 할 때, 그 측정 수단을 가지고 측정한 결과가 안정되고 일관성이 있는가를 확인하려고 한다면 '신뢰성'을 고려해야 한다.

2) 신뢰성의 특징

① 같은 개념을 측정하는 유사한 척도를 적용하여 측정하여도 같은 결과를 가져와야 한다. 기출
- 반복해서 측정하였을 때 동일한 결과가 나오면 신뢰도가 높다. 기출

② 측정값들 간에 비체계적 오차가 적으면 신뢰성이 높은 측정 결과이다. 기출 암기 체타비신
- 비체계적 오차란 측정 과정에서 발생하는 일시적이고 우연적인 오류이며, 이 오차가 적으면 측정값이 더 일관되고 신뢰할 수 있는 결과를 제공한다.

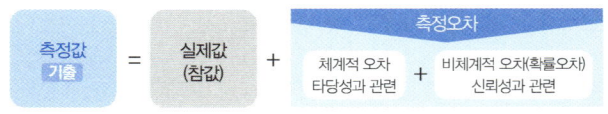

> **더블체크**
>
> 정답률 약 60%
>
> **Q** 측정의 비체계적 오차와 체계적 오차를 신뢰도, 타당도의 개념과 연결시켜 생각할 때, 타당도는 높으나 신뢰도가 낮은 경우는? [13년 1회, 15년 2회 기출]
> ① 비체계적 오차와 체계적 오차가 모두 작을 경우
> ② 비체계적 오차가 크고 체계적 오차가 작을 경우
> ③ 비체계적 오차가 작고 체계적 오차가 클 경우
> ④ 비체계적 오차와 체계적 오차가 모두 클 경우
>
> **해설** 암기 : 체타비신
> 체계적 오차는 타당성과 관련되며, 비체계적 오차는 신뢰성과 관련된다.
> 타당도는 높으면 체계적 오차가 작고, 신뢰도가 낮으면 비체계적 오차는 크다.
>
> 정답 : ②

(2) 신뢰도 계수와 유형

1) 신뢰도 계수

① 신뢰도 계수(Reliability Coefficient)는 측정의 신뢰성을 나타내는 지표이다.
  - **신뢰도 계수는 실제값의 분산에 대한 참값의 분산 비율로 나타낸다.**

$$\text{신뢰도 계수 } \rho = \frac{\text{참값의 분산}}{\text{실제값의 분산}} \quad \text{기출}$$

  - 참값의 분산 : 측정하고자 하는 실제 현상의 분산이다.
  - 실제값의 분산 : 측정값의 총 분산이며, 참값의 분산과 측정오차의 분산 합으로 구성된다.

② 신뢰도 계수는 $0 \leq \rho \leq 1$값을 갖는다.
  - 신뢰도 계수의 값이 1에 가까울수록 측정값의 분산이 전적으로 참값의 분산에 의해 설명되며, 오차가 없음을 의미하므로 측정을 신뢰할 수 있다.

③ 어느 검사의 신뢰도가 $\rho = 1$로 나왔다면 측정의 표준오차 값은 0이다. 기출

$$SEM = SD \times \sqrt{1 - \rho}$$

  - SEM : 측정의 표준오차(standard error of measurement ; SEM)
  - SD : 검사 점수의 표준편차(Standard Deviation ; SD)
  - ρ : 신뢰도 계수(Reliability Coefficient)

2) 신뢰도 유형 : 평가자 간 신뢰도 (Inter-rater Reliability)

- 평가자 간 신뢰도는 동일한 대상이나 사건을 평가하는 여러 평가자 간의 평가 결과의 일치성과 일관성을 측정하는 신뢰도 유형이며, 측정 방법으로는 피어슨(Pearson)·스피어만(Spearman)의 상관계수(Correlation Coefficient)가 존재한다.

더블체크

Q 일주일의 시간 간격을 두고 동일한 문제지를 가지고 같은 반 학생들을 대상으로 EQ 검사를 두 차례 실시하였더니 그 결과가 매우 상이하게 나타났다. 이 문제지가 가지는 문제점은? [08년 3회, 18년 3회 기출]
  ① 타당성   ② 예측성
  ③ 대표성   ④ 신뢰성

해설 신뢰성은 검사가 일관성 있게 측정하는 능력이다. 만약 동일한 문제지를 동일한 대상에게 다시 실시했을 때 결과가 매우 다르게 나온다면 이 문제지는 신뢰성이 낮다.

정답 : ④

더블체크

정답률 약 50%

Q 경제민주화에 대한 신문 사설의 입장을 평가하기 위해 다수의 인원이 각 신문 사설의 내용을 분류한다고 가정할 때, 같은 입장의 사설을 다르게 분류할 경우 나타날 수 있는 문제는? [13년 2회, 21년 2회 기출]
  ① 타당도   ② 신뢰도
  ③ 유의도   ④ 후광효과

해설 여러 명의 평가자가 같은 사설을 일관되게 동일하게 분류하지 못한다면, 이는 신뢰도가 낮다는 것을 의미한다.

정답 : ②

2 신뢰성 추정방법

- 신뢰성 추정·측정 방법에는 재검사법, 내적 일관성법, 반분법, 복수양식법 등이 있다. [암기] 재내복반 [기출]

(1) 재검사법

1) 재검사법 의의 [기출]

① 재검사법(Retest Method)은 동일한 측정대상에 대하여 동일한 측정도구를 통해 일정 시간 간격을 두고 반복적으로 측정하여 서로 다른 시간에 측정한 측정 결과의 결과값을 비교·분석하는 방법이다.
  - 재검사법은 측정대상이 동일하며, 동일한 문항을 반복해서 측정하는 것이다.

② 재검사법은 서로 다른 측정도구들을 비교하거나 실제 현상에 적용시키는 데 매우 용이하다.
  - 이는 재검사법은 동일한 상황에서 동일한 측정도구를 사용하여 동일한 대상을 일정한 간격을 두고 두 번 이상 측정하여 그 결과를 비교하여 신뢰성을 측정하는 방법이기 때문이다.

2) 재검사법 특징

① 반복측정을 통해 신뢰도를 추정하는 방법은 검사-재검사 신뢰도(Test-Retest Reliability)이다.
  - 동일한 측정을 두 번 이상 수행했을 때 결과가 얼마나 일관되는지를 평가하는 방법이며, 이 방법의 핵심은 두 번의 측정 결과 간의 상관관계를 계산하여 신뢰도를 추정하는 것이다.
    - 예) 100명의 학생들이 오늘 어떤 검사를 받고 한 달 후에 동일한 검사를 다시 받았는데 두 번의 검사에서 각 학생의 점수가 동일했다면 검사-재검사 신뢰도는 +1.00이다. [기출]

② 안정성 계수(Coefficient of Stability)가 사용되는 검사 신뢰도는 재검사법의 검사-재검사 신뢰도이다. [기출]
  - 안정성 계수의 값은 0부터 1 사이의 값을 가지며, 이 값이 높으면 검사의 신뢰도가 높다.

③ 재검사법은 시간이 지남에 따라 실제값이 변화하는 것을 통제할 수 없다. [기출]
  - 동일한 측정도구를 두 번 사용함으로써 처음에 이루어진 측정이 두 번째 측정에 영향을 미쳐 신뢰도가 실제보다 높게 추정될 가능성이 있다. [기출]
  - 이로 인해, 외생변수의 영향을 파악하기 어렵다는 단점이 있다. [기출]

④ 재검사법의 문제를 해결하기 위해서는 척도의 항목 수를 늘리거나, 첫 검사와 두 번째 검사 사이의 기간은 응답자의 변화가 없을 만큼은 짧되, 첫 검사의 내용을 잊을 수는 있게 설정한다.

더블체크

정답률 약 40%

Q 안정성 계수(Coefficient of Stability)가 사용되는 검사 신뢰도는? [15년 3회 기출]

① 검사-재검사 신뢰도 ② 내적 일관성
③ 동형검사 신뢰도 ④ 내용타당도

해설 안정성 계수는 검사-재검사 신뢰도를 측정하는 데 사용된다. 검사-재검사 신뢰도는 동일한 검사 도구를 두 번 이상 시행하여 측정 결과의 일관성을 평가하는 방법이다.

정답 : ①

(2) 내적 일관성법

1) 내적 일관성법 의의 및 특징 [기출]

- 내적 일관성법은 다양한 조사 분야에서 설문지, 테스트, 척도 등 측정 도구의 신뢰도를 평가하기 위해 사용되는 방법이다.
  - 이 방법은 측정 도구 내의 여러 항목들이 동일한 개념을 일관되게 측정하는지를 확인하는 데 중점을 둔다.
- <u>내적 일관성법(Internal Consistency Method)은 크론바하 알파계수를 사용하여 측정 항목이 가질 수 있는 모든 조합의 상관관계의 평균값을 산출해 신뢰도를 측정하는 방법이다.</u>

2) 크론바하 알파계수

① 계수의 공식
- 크론바하 알파계수(Cronbach's Alpha Coefficient)는 내적 일관성법에 따라 <u>내적 일관성 신뢰도를 측정하는 척도이며, 표준화된 알파라고도 한다.</u> [기출]
- <u>척도를 구성하는 항목 간의 내적 일관성을 측정한다.</u> [기출]

$$\alpha = \frac{K}{K-1} \times \left(1 - \frac{\Sigma_{i=1}^{K}\sigma_{X_i}^2}{\sigma_T^2}\right) = \frac{N \times \bar{c}}{1+(N-1) \times \bar{c}}$$

  - K는 도구의 측정 문항의 수
  - $\sigma_{X_i}^2$는 각 문항의 분산
  - σ_T^2는 전체 측정 문항의 분산
  - $\bar{c}$는 상관계수들의 평균값

② 계수의 특징
- <u>(표준화된) 크론바하 알파계수는 0에서 1 사이의 값을 갖는다. $0 \leq \alpha \leq 1$</u> [기출]
  - 크론바하 알파계수가 0.7 이상이면 만족할만한 수준이다.
- <u>알파계수 값이 높을수록 신뢰도가 높다고 인정된다.</u> [기출]
- <u>문항의 수(K)가 많을수록, 크론바하의 알파값이 커진다.</u> [기출]
- <u>척도를 구성하는 항목들 간에 나타난 상관관계 값을 평균처리한 것이며, 문항 간의 평균 상관계수가 높을수록 크론바하의 알파 값도 커진다.</u> [기출]
  - <u>신뢰도가 낮을 경우 신뢰도를 낮게 하는 문항을 찾아낼 수 있다. 즉, 척도를 구성하는 항목 중 신뢰도를 저해하는 항목을 발견해 낼 수 있다.</u> [기출]

> **더블체크**
>
> 정답률 약 50%
>
> **Q** 크론바하 알파값(Cronbach α)에 대한 설명으로 틀린 것은? [08년 3회, 10년 1회, 21년 2회 기출]
> ① 문항의 수가 적을수록 크론바하의 알파값은 커진다.
> ② 크론바하의 알파값이 클수록 신뢰도가 높다고 인정된다.
> ③ 표준화된 크론바하의 알파값은 0에서 1에 이르는 값으로 존재한다.
> ④ 문항 간의 평균 상관계수가 높을수록 크론바하의 알파값도 커진다.
>
> **해설** 문항의 수(K)가 많을수록, 크론바하의 알파값이 커진다. 크론바하 알파값은 항목 간의 상관계수와 항목 수에 의존한다. 문항 수가 많을수록 평균 상관계수에 의한 신뢰도 효과가 증가하여 크론바하 알파 값이 높아지는 경향이 있다.
>
> 정답 : ①

(3) 복수양식법

1) 복수양식법 의의 및 특징

① <u>복수양식법(평행양식법 ; Parallel-forms Technique)은 대등한 두 가지 형태의 측정도구를 이용하여 동일한 측정대상을 동시에 측정한 뒤, 두 측정값의 상관관계를 분석하여 신뢰도를 측정하는 방법이다.</u> 기출
- 동일한 조작적 정의에 대한 측정도구를 두 개씩 만들어 동일한 측정대상에게 각각 응답하도록 하는 방법이며, 측정도구 간 유사성이 매우 높으면 신뢰도를 측정할 수 있는 수단으로 본다.

② 복수양식법은 재검사법에서 나타나는 외생변수의 영향 문제를 극복할 수 있는 장점이 있다.
- 두 가지 형태의 측정도구를 이용하여 동일 표본 집단에 동시에 측정하여 시행하므로, 주시험효과의 영향을 받지 않는다는 장점이 있다.

③ 복수양식법은 두 개의 동등한 측정도구를 개발하는 것이 쉽지 않다는 단점이 있다.
- 이는 복수양식법에서 신뢰도가 낮다는 결과가 도출되었을 때, 그 결과가 측정도구의 신뢰성 문제인지 혹은 동등한 측정도구 개발에 실패한 것인지를 알 수 없다는 것이다.

(4) 반분법

1) 반분법 의의 및 특징 기출

① <u>반분법(Split-half Method)은 설문지(시험지)의 문항들을 임의로 반으로 나누어서 각 부분에서 얻은 측정값들을 두 번의 조사에서 얻어진 것처럼 간주하여 그 사이의 상관계수를 구하여 검사하는 방법이다.</u>
- 측정도구를 임의로 반으로 나누어서 각각 독립된 두 개의 척도로 사용하는 것이다.
- 예 홀수 문항과 짝수 문항의 응답을 비교하는 방식으로 수행하기도 한다. 기출

② 반분법은 측정도구가 '단일성'을 가져야 한다.
- 측정도구의 항목들은 동일한 개념(특성)을 측정하도록 구성되어야 하며, 유사한 성격을 지녀야 한다.

③ 반분법은 측정도구의 문항을 '양분'하므로, **측정도구의 '동질성'이 확보되어야 한다.** 기출
- 반분된 측정도구들에 대한 동질성 여부를 판단할 수 있으므로, 측정도구의 내적 일관성을 측정할 수 있다.
  - 양분된 각 측정도구의 문항 수는 충분히 많아야 하며, 매우 적은 경우에는 사용이 어렵다.
- 반분법은 어떻게 반분하느냐에 따라 상관계수가 달라질 수 있다. 기출

2) 스피어만-브라운 예측 공식

① 예측 공식의 개념
- <u>스피어만-브라운(Spearman-Brown)예측 공식은 주로 반분신뢰도로 전체 신뢰도를 추정하는 경우에 사용한다.</u> 기출
  - 이 공식의 가정은 '질문지 전체가 반쪽보다 신뢰도가 높다'는 것이다. 기출

② 예측공식의 수식

$$전체\ 신뢰도 = \frac{2 \times 반분신뢰도}{1 + 반분신뢰도}$$

예 반분신뢰도가 0.7이면 전체 신뢰도 $= \frac{2 \times 0.7}{1 + 0.7} = 0.823$이다.

더블체크

Q 다음에서 설명하는 신뢰성 측정 방법은? [19년 3회 기출]

> 대등한 두 가지 형태의 측정도구를 이용하여 동일한 측정대상을 동시에 측정한 뒤, 두 측정값의 상관관계를 분석하여 신뢰도를 측정하는 방법이다.

① 반분법(Split-half Method)
② 재검사법(Test-Retest Method)
③ 맥니마 기법(McNemar Test)
④ 복수양식법(Parallel-forms Technique)

해설 위 문제의 설명은 복수양식법(Parallel-forms Technique)에 대한 정의이다.
① 반분법(Split-half Method)은 같은 측정도구를 반으로 나누어 각 절반의 결과를 비교하여 신뢰도를 측정하는 방법이다. 항목 간의 내적 일관성을 평가하는 데 사용된다.
② 재검사법(Test-retest Method)은 동일한 측정도구를 동일한 대상에게 두 번 이상 측정하여 결과 간의 상관관계를 분석하여 신뢰도를 측정하는 방법이다.
③ 맥니마 기법(McNemar Test)은 주로 범주형 데이터를 분석할 때 사용되는 통계적 검정 방법이며, 신뢰도 측정 방법이 아니다.

정답 : ④

더블체크

정답률 약 60%

Q 측정도구의 신뢰도 검사방법에 관한 설명으로 옳지 않은 것은? [17년 2회, 20년 3회 기출]

① 검사-재검사법(Test-Retest Method)은 측정대상이 동일하다.
② 복수양식법(Parallel-forms Method)은 측정도구가 동일하다.
③ 반분법(Split-half Method)은 측정도구의 문항을 양분한다.
④ 크론바하 알파(Cronbach's alpha) 계수는 0에서 1 사이의 값을 가지며, 값이 높을수록 신뢰도가 높다.

해설 복수양식법은 대등한 두 가지 형태의 측정도구를 이용하여 동일한 측정대상을 동시에 측정한 후 두 측정값의 상관관계를 분석하여 신뢰도를 측정하며, 측정도구가 동일하지 않다.

정답 : ②

더블체크

정답률 약 50%

Q 척도의 신뢰도를 파악하는 방법이 아닌 것은? [13년 1회, 19년 3회, 22년 2회 기출]

① 하나의 척도를 동일인에 대하여 두 번 이상 반복하여 측정한다.
② 여러 평가자들을 통해 얻은 측정 결과들 간의 일치도를 비교한다.
③ 측정점수를 몇 가지 다른 기준과 비교하여 일치되는 정도를 측정한다.
④ 한 측정도구의 전체 문항들을 반씩 나누어 두 부분 간의 상관성을 측정한다.

해설 측정점수를 몇 가지 다른 기준과 비교하여 일치되는 정도를 측정하는 것은 기준타당도에 대한 설명이다.
- 기준(준거) : 기존에 널리 사용되고 신뢰받는 공인된 수학 시험
- 비교 : 새로 개발된 수학 능력 검사에서 학생들이 받은 점수와 기존의 공인된 수학 시험에서 받은 점수를 비교
- 결과 : 만약 두 시험에서 나온 점수의 상관관계가 높다면, 이는 새로운 수학 능력 검사가 실제로 수학 실력을 정확히 측정하고 있다는 것을 의미하며, 이 측정 도구가 타당도가 높다고 판단할 수 있다.
① 재검사법, ② 평가자 간 신뢰도, ④ 반분법에 대한 설명이다.

정답 : ③

3 신뢰성 제고방법

(1) 관점별 제고방법

1) 측정항목 관점

측정항목 명확화
 기출
	• 모호한 측정 항목은 상이한 해석을 야기하므로 **측정항목의 모호성을 제거해야 한다.**
	    - 모두에게 동일하게 이해될 수 있도록 명확하게 구성해야 한다.
	    - 측정도구를 구성하는 문항의 개념을 명확히 작성한다.

측정항목 추가 기출	• 측정 항목의 수를 늘리거나, 중요한 질문의 경우 동일하거나 유사한 질문을 2회 이상 한다. - 동일개념이나 속성을 측정하기 위해 가능한 측정 항목 수를 늘린다.

2) 측정상황 관점

측정상황 일관성	• 측정상황을 분석하고 일관성 유지해야 한다. - 조사자의 면접방식과 태도에 일관성을 확보해야 한다. 또한, 자료수집과정에서도 측정의 일관성을 보장할 수 있도록 해야 한다. 기출

3) 측정도구 관점

기존 측정도구 기출	• 이전의 조사에서 신뢰성이 있다고 인정된 측정도구를 이용한다. - 측정 지표에 대하여 사전검사 또는 예비조사를 실시한다. • 측정자에게 측정도구에 대한 사전교육을 충분히 한다.

4) 조사자 관점

주관성 배제	• 조사자는 주관을 배제해야 하며, **조사자가 임의로 응답자에 대한 가정을 해서는 안 된다.** 기출 • 조사자(사회조사의 관찰자)의 수가 많아지면 그들 간의 상호주관적인 신뢰성 확보가 어렵다.

5) 조사대상자 관점

관심도 확인 기출	• **조사대상자(응답자)가 잘 모르거나 관심 없는 내용에 대한 측정을 하지 않는 것이 좋다.** - 조사대상자(응답자)를 배려한 환경, 분위기를 조성하고, 면접자들은 일관된 태도로 면접을 해야 한다.

(2) 타당도와 신뢰도의 관계 활용 [기출]

① 신뢰성 제고방법으로 타당도와의 관계를 활용하기도 한다.
- 타당도(정확성)와 신뢰도(일관성)는 비대칭적 관계이다.
- 측정도구의 타당도는 신뢰도에 비해 확보하기가 어렵다. [기출]
- 신뢰도가 높아진다고 해서 타당도가 높아지는 것은 아니나, 타당도가 높아지면 신뢰도는 높아지게 된다. [기출]
  - 측정도구의 높은 신뢰성이 측정의 타당성을 보증하지 않는다. [기출]

타당도가 높은 측정은 [기출]	→	항상 신뢰도가 높다. 타당도가 완전한 측정도구는 신뢰도도 완전하다. 즉, 타당도가 있는 측정은 항상 반드시 신뢰도가 있다.
타당도가 낮다고 해서	→	반드시 신뢰도가 낮지는 않다. [기출] 즉, 타당도가 없어도 신뢰도를 가질 수 있다.
신뢰도가 높다고 해서 [기출]	→	반드시 타당도가 높지는 않다. 신뢰도가 있는 측정은 타당도가 있을 수도 있고 없을 수도 있다. 즉, 측정도구의 높은 신뢰도가 측정의 타당도를 보증하지 않는다.
신뢰도가 낮은 측정은	→	항상 타당도가 낮다. [기출] 따라서 타당도가 높기 위해서는 신뢰도가 높아야 한다.

② 표적을 통해 타당도(정확성)와 신뢰도(일관성)의 관계를 파악하기도 한다. [기출]

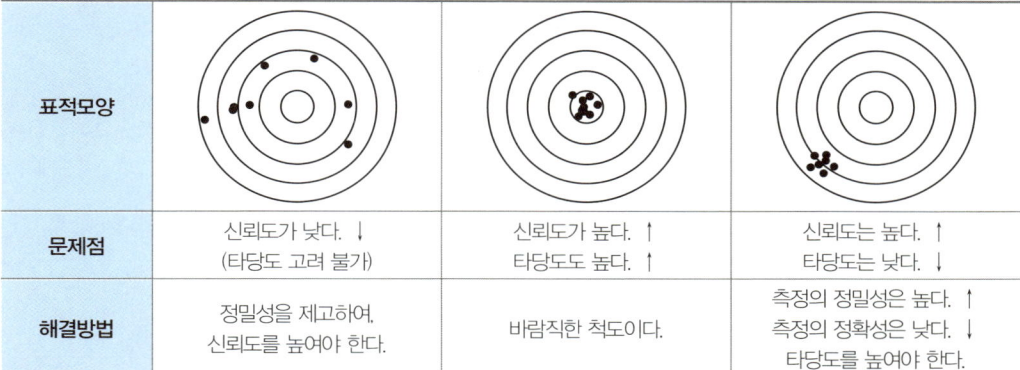

표적모양			
문제점	신뢰도가 낮다. ↓ (타당도 고려 불가)	신뢰도가 높다. ↑ 타당도도 높다. ↑	신뢰도는 높다. ↑ 타당도는 낮다. ↓
해결방법	정밀성을 제고하여, 신뢰도를 높여야 한다.	바람직한 척도이다.	측정의 정밀성은 높다. ↑ 측정의 정확성은 낮다. ↓ 타당도를 높여야 한다.

더블체크

Q 척도의 신뢰도와 타당도의 관계를 표적과 탄착에 비유한 그림이다. 그림에 해당하는 척도의 특성은?

[14년 3회, 17년 1회, 19년 3회 기출]

① 타당하나 신뢰할 수 없다.
② 신뢰할 수 있으나 타당하지 않다.
③ 타당하고 신뢰할 수 있다.
④ 신뢰할 수 없고 타당하지도 않다.

해설 점들이 모두 표적의 한 부분에 몰려 있지만 중심에서 벗어나 있는 것을 볼 수 있다.
즉, 일관성(신뢰도)은 높지만, 정확성(타당도)은 낮으므로, 신뢰할 수 있으나 타당하지 않다.

정답 : ②

더블체크

Q 신뢰도와 타당도에 영향을 미치는 요인과 가장 거리가 먼 것은? [18년 3회, 20년 4회 기출]

① 조사도구
② 조사환경
③ 조사목적
④ 조사대상자

해설 조사목적은 신뢰도와 타당도 자체를 직접적으로 결정짓는 요인이 아니다.
① 조사도구 : 잘 설계된 도구는 높은 신뢰도와 타당도를 가질 수 있다.
② 조사환경 : 소음이나 방해가 있는 환경에서는 신뢰도는 낮아지고, 운동 능력을 측정할 때 적절한 운동 공간을 제공하는 등 환경이 측정도구와 관련이 있으면 타당도가 높아진다.
④ 조사대상자 : 응답자가 일관되게 반응하지 않으면 신뢰도가 낮아질 수 있고, 대상자가 측정도구의 개념을 이해하지 못하면 타당도가 낮아질 수 있다.

정답 : ③

더블체크

Q 다음 사례의 측정에 대한 설명으로 옳은 것은? [18년 2회 기출]

> A초등학교 어린이들의 발달 상태를 조사하기 위해 체중계를 이용하여 몸무게를 측정했는데 항상 2.5kg이 더 무겁게 측정되었다.

① 타당도는 높지만 신뢰도는 낮다.
② 신뢰도는 높지만 타당도는 낮다.
③ 신뢰도도 높고 타당도도 높다.
④ 신뢰도도 낮고 타당도도 낮다.

해설 신뢰도는 측정도구가 일관되게 측정 결과를 제공하는 정도이며, 체중계가 항상 일정한 오차(2.5kg)를 발생시키면 신뢰도는 높다. 타당도는 측정도구가 실제로 측정하고자 하는 개념을 정확히 측정하는 정도이며, 체중계가 실제 몸무게보다 항상 2.5kg 더 무겁게 측정된다면 타당도는 낮다.

정답 : ②

더블체크

정답률 약 60%

Q 다음 ( ) 안에 들어갈 알맞은 것은? [09년 3회, 18년 1회 기출]

> 사회조사에서 측정을 할 때 두 가지의 문제를 고려해야 한다. 첫째, 측정하고자 하는 내용을 제대로 측정하고 있는가에 관한 (㉠)의 문제이고, 둘째, 반복적으로 측정했을 때 같은 결과를 얻을 수 있는가에 관한 (㉡)의 문제이다.

① ㉠ : 타당성, ㉡ : 신뢰성
② ㉠ : 신뢰성, ㉡ : 타당성
③ ㉠ : 신뢰성, ㉡ : 동일성
④ ㉠ : 동일성, ㉡ : 타당성

해설 타당성은 측정도구가 실제로 측정하고자 하는 개념을 정확하게 측정하고 있는지, 신뢰성은 측정도구가 일관되게 측정 결과를 제공하는지에 관한 개념이다.

정답 : ①

제2과목_ 조사관리와 자료처리

CHAPTER 05 자료처리

01 부호화

1 자료값 범위의 설정

(1) 부호화 과정

1) 부호화 의의
- 부호화는 조사과정에서 수집된 데이터인 정성적인 데이터 등을 숫자나 기호 등으로 변환하여 정량적으로 분석할 수 있도록 하는 과정이며, 인코딩(Encoding)이라고 부른다.

2) 자료처리 단계

① 1단계 : 데이터 수집
- 설문조사, 인터뷰, 관찰 등 다양한 방법을 통해 데이터를 수집한다.

② 2단계 : 데이터 전처리 및 범주화
- 데이터 전처리는 클리닝(Cleaning) 과정을 통해 데이터의 결측값 처리, 중복 제거, 정리 작업을 수행하고 수집된 데이터를 의미 있는 범주로 나누어 분류하는 단계이다.

③ 3단계 : 부호화(인코딩)
- 부호화는 컴퓨터가 이해하고 실행할 수 있는 명령어를 작성하는 단계이다.
 - 응답자의 자유로운 텍스트 답변을 분석 가능한 데이터로 변환하는 과정을 포함한다.

④ 4단계 : 데이터 입력
- 부호화된 데이터를 데이터베이스(DB) 등에 입력하여 분석 준비를 마치는 단계이다.
 - 펀칭(Punching) 과정을 통해 응답을 엑셀과 같은 스프레드시트를 이용하여 입력한다.

⑤ 5단계 : 데이터 분석 및 보고서 작성
- 부호화된 데이터를 이용해 통계적 '데이터 분석(Data Analysis)'을 수행하는 단계이다.
 - 다양한 통계기법을 활용하여 데이터를 해석하고 의미 있는 결론을 도출하고 보고서를 작성한다.

(2) 자료값 범위 설정

① 자료값 범위 설정은 데이터 분석의 기초 단계로, 데이터의 특성을 이해하기 위해 데이터의 최소값과 최대값을 파악하여 그 사이의 범위를 설정하는 과정이다.
② 분석목적에 맞게 범위(Range)를 설정하는 것이며, 때로는 사분위범위(IQR ; Interquartile Range) 혹은 백분위 수(Percentiles) 등도 사용한다.

2 무응답 처리 방법

(1) 무응답 의의 및 특징

① 설문조사나 데이터수집 시, 무응답(결측치 ; Missing Value) 항목이 발생할 수 있고 데이터 분석 및 모델링의 정확성을 저해할 수 있기 때문에 결측치 처리가 필요하다.
② 결측치가 너무 많은 변수는 데이터의 신뢰성을 크게 저하시킬 수 있으며, 데이터 분석의 정확성을 해칠 수 있다.
  - 무응답 이유를 알 수 없는 경우에는 '9', '99', '999'(모름·무응답) 등으로 별도 처리한다.

(2) 무응답 제거

① 수집한 데이터의 양이 분석하기에 충분한 경우나 결측치가 무작위로 발생한 경우에는 결측치를 제거하는 것이 일반적이다. 그러나 결측치가 중요 변수를 포함하는 경우에는 제거가 쉽지 않다.
② 결측치 제거에는 행 삭제(Row Deletion)와 열 삭제(Column Deletion)가 존재한다.
  - 행 삭제(Row Deletion)는 결측치가 포함된 행을 삭제하는 방법으로, 데이터의 양이 충분할 때 사용하며, 이 방법은 데이터 손실을 초래할 수 있다.
  - 열 삭제(Column Deletion)는 결측치가 많은 열을 삭제하는 방법으로, 이 열이 분석에 중요하지 않거나 다른 방법으로 대체할 수 없는 경우에 사용한다.

(3) 무응답 대체

1) 평균대체법(Mean Imputation)

① 평균대체법은 결측치가 있는 변수를 해당 변수의 평균값으로 대체하는 방법이다. 기출
  - 평균치삽입법(Inserting Means Approach)이라고도 부른다.
② 평균대체법은 오차가 무작위로 분포되어 있는 경우에 사용한다.
③ 평균대체법은 50% 이상 미수집 자료가 있는 사례를 이미 삭제한 경우에 사용한다.
  - 결측치 비율이 너무 높은 변수는 이미 데이터셋에서 제외했다고 전제하고, 남아있는 데이터에서 결측치가 있는 경우 평균치삽입법을 적용할 수 있다.

2) 평가치추정법(Estimating Values Approach)

- 결측치를 단순히 평균값으로 대체하는 것이 아니라, 원래의 데이터 분포와 특성을 최대한 유지하면서 더 정교한 방법을 사용하여 원래의 값을 추정하는 기법이다.
  - 회귀대체법(Regression Imputation), 다중대체법(Multiple Imputation), 최근접이웃대체법(K-Nearest Neighbors Imputation) 등이 해당된다.

3) 보삽법(보간법 ; Interpolation Method)

- 데이터 포인트 사이의 값을 추정하거나 예측하는 방법이며, 특히 연속적인 데이터나 시간의 흐름에 따른 데이터 처리에 유용하다.
  - 가장 간단한 보간법은 선형 보간법(Linear Interpolation)으로, 두 데이터 포인트를 연결하는 직선을 사용하여 사이의 값을 추정한다.

(4) 무응답 처리

1) 원인 및 처리 방법

무응답 원인	처리 방법
응답범주 부족	• 응답 문항에 체크 가능한 응답범주가 없는 경우의 응답누락이다. – 이 경우에는 무응답은 '98. 없음' 등으로 별도 처리한다.
단순 응답실수	• 응답자가 해당 문항에 대한 응답을 못한 경우의 응답누락이다. – 누락된 문항이 있는 응답자에게 후속 연락을 취하여, 해당 문항에 대한 응답을 다시 요청하여 무응답을 처리한다.
의도적 응답거부	• 의도적으로 응답자가 응답을 하지 않은 경우의 응답누락이다. – 무응답 이유를 알 수 없다면, '99. 무응답' 등으로 별도 처리한다.

2) 누락응답범위에 따른 분류

• 누락응답범위에 따른 분류는 단순무응답과 항목무응답으로 구분된다.

① 단순무응답(Unit Non-response)
- 단순무응답은 응답자가 전체 설문조사에 응답하지 않는 경우이다.
  – 해결방법 : 응답자 추적 및 재접촉, 응답자의 편의 증진 및 보상 제공
  예 100명의 대상자에게 설문지를 배포했는데, 30명이 아예 설문에 응답하지 않은 경우
- 단순무응답 보정 방법으로 무응답 가중치조정(Non-response Weighting Adjustment) 등이 존재한다.
  – 특정 집단에서 응답률이 불균형할 때, 그 집단의 비율을 맞추기 위해 각 응답자에게 가중치를 부여하여 모집단의 특성과 일치하도록 보정하는 과정이다.
  예 성별 가중치 조정은 설문조사에서 남성 응답자가 많고 여성 응답자가 적은 경우, 여성 응답자에게 더 높은 가중치를 부여하여 성별 비율을 맞추는 방법이다.

② 항목무응답(Item Non-response)
- 항목무응답은 조사대상자가 '문항 이해가 어렵거나 민감한 질문으로 인해' 특정 문항에 대해서만 응답하지 않는 경우이다.
- 항목무응답의 보정 방법으로는 단순대체법, 다중대체법, 예측대체법 등이 있다.

단순대체법 (Simple Imputation)	• 평균대체법(Mean Imputation) : 결측값을 해당 변수의 평균값으로 대체한다. • 중앙값대체법(Median Imputation) : 결측값을 해당 변수의 중앙값으로 대체한다. • 최빈값대체법(Mode Imputation) : 범주형 변수의 경우, 가장 빈도가 높은 값으로 누락된 값을 대체한다.
다중대체법 (Multiple Imputation)	• 다중대체법은 결측값을 대체하는 여러 가지 추정값을 생성하고, 이를 바탕으로 최종 분석 결과를 도출하는 방법이다.
예측대체법 (Predictive Imputation)	• 회귀대체법(Regression Imputation) : 회귀분석의 회귀 적합모형(Fitting Model)을 사용하여 예측값을 계산하여 결측값을 대체하는 방법이다. • 핫덱 대체법(Hot Deck Imputation) : 비슷한 응답 패턴을 가진 응답자의 값을 사용하여 결측값을 대체하는 방법이다. • 최근접이웃방법(Nearest Neighbor Method)을 사용하는 경우에는 결측값이 있는 데이터 포인트와 가장 유사하고 가까운 데이터 포인트를 찾아서 결측값을 대체한다. • 콜드덱 대체법(Cold Deck Imputation) : 기존 조사, 외부 데이터 소스, 공식 통계 데이터 등의 유사 항목 응답 값을 사용하여 결측값을 대체하는 방법이다.

더블체크

Q 다음 중 결측 자료(Missing Data)의 처리 방법으로 가장 적절한 것은?

[03년 3회, 07년 3회, 14년 3회 기출]

① 유사사례를 추출하여 그 사례에 기재된 내용을 대체해 사용한다.
② 결측된 변수의 평균값을 대체해 사용한다.
③ 난수표에서 번호를 추출하여 그 점수를 대체해 사용한다.
④ 결측 자료가 50% 이상이 된다 하더라도 원래 수집된 사례 수는 유지해야 하기 때문에 그대로 사용한다.

해설 주어진 문항 중 평균대체법은 결측 자료(결측치) 처리 방법 중 가장 적절하다.
① 유사사례를 추출하여 그 사례에 기재된 내용을 대체해 사용하는 방법이 유용할 수 있지만, 데이터의 패턴과 상황에 따라 적절히 적용해야 한다. 즉, 데이터가 잘 정제되고 유사 사례가 명확히 정의될 때 유용한 방법이므로, 가장 적절한 방법은 될 수 없다.
③ 난수표를 이용하여 데이터를 대체하면 데이터의 일관성과 구조를 왜곡할 수 있다.
④ 결측 자료가 50% 이상인 경우, 해당 변수를 그대로 사용하는 것은 데이터의 신뢰성과 분석 결과를 심각하게 저하시킬 수 있다.

정답 : ②

더블체크

Q 만약 연구자가 한 척도를 구성하고 있는 문항들에서 많은 결측 자료를 가지고 있을 경우 각 사례로부터 얻을 정보의 양을 극대화하기를 원한다면 결측 자료를 처리하기 위해서 어떤 방법을 선택해야 하는가?

[03년 1회 기출]

① 결측 자료를 가진 사례들을 분석에서 제외시킨다.
② 응답자들이 답한 항목들로부터 얻은 평균 점수로 결측 자료를 대체한다.
③ 결측 자료에 대해서는 총체적 자료로부터 얻은 평균 점수를 준다.
④ 어떠한 수정없이 결측 자료를 분석에 포함시킨다.

해설 결측 자료를 가진 사례의 정보 손실을 최소화하고 데이터 분석의 신뢰성을 높이기 위해서는 각 응답자의 답한 항목들로부터 얻은 평균 점수로 결측 자료를 대체하는 방법이 가장 적절하다.

정답 : ②

3 응답내용의 부호화

(1) 응답내용의 부호화 방법

1) 폐쇄형 응답내용의 부호화

① 폐쇄형 응답내용의 경우에는 응답의 범위를 사전에 부호화하여 설정하였기 때문에 별도의 부호화 작업이 필요 없으므로 사전에 정의된 부호를 그대로 사용한다.
- 단, 폐쇄형 응답내용에 '기타(　　)'와 같은 개방형 보기가 포함되어 있는 경우에는 개방형 응답의 부호화 방식을 참고하여 별도의 부호화 작업을 실시해야 한다.

② 폐쇄형 응답내용의 부호화 시, 사전에 설정한 부호가 서로 중복되는 경우 수정해야 한다.

2) 개방형 응답내용의 부호화

① 개방형 질문은 코드를 입력하는 사람(코더 ; Coder)이 개방형 질문에 대한 응답을 읽고 해석하여 숫자 코드로 변환한다.
- 개방형 응답내용은 사전에 다양한 응답이 분류될 수 있도록 해야 하고, 범주를 지나치게 많이 구분하지 않도록 해야 한다.

② 개방형 질문의 부호화는 응답을 읽고 해석한 후, 이를 몇 가지 범주로 나누고, 각 범주에 대해 숫자 코드를 부여하는 과정이다.
- 이 과정에서 코더(Coder)의 해석능력과 일관된 부호화 처리가 매우 중요하다.

> **사례 중심 예시** **개방형 응답내용의 부호화**
>
> Q. 질문 : "A제품을 구매한 이유는 무엇인가요?"
> A. 응답 : "친구가 추천해줬다", "가격이 저렴하다", "품질이 좋다"
> Step 1. 각 응답내용의 주제 파악 후 이를 범주로 구분하는 '범주화' 작업을 수행한다.
> - 핵심어 목록 또는 참조자료가 확보되어야 '범주화' 작업이 수월하다.
>   예 "친구 추천"은 범주 1, "가격"은 범주 2, 품질은 범주 3으로 범주화한다.
> Step 2. 각 범주에 숫자 코드를 부여하는 '코드화' 작업을 수행한다.
> - 코더(Coder)들은 코딩의 정확성과 일관성을 확보를 위해, 응답지를 코딩한 후 결과를 비교하고 차이를 줄이도록 훈련한다.
>   예 "친구 추천"은 코드 1, "가격"은 코드 2, 품질은 코드 3으로 코드화한다.

3) 부호화 지침

① 부호화 지침서는 각 설문 항목이 어떻게 부호화되었는지, 그리고 각 부호화된 값이 어떤 의미를 가지는지에 대한 정보를 문서화한 것이다.
- 이러한 지침서는 데이터의 일관성을 유지하고, 분석 및 모델링 작업에서 오류를 방지하는 데 중요한 역할을 한다.

② 부호화된 값과 설문 항목 간의 대응 관계를 명확하게 파악하기 위해 부호화 지침서를 작성하는 것은 매우 유용하다.
- 부호화 지침서 작성 시 변수의 실제 가치를 반영하고 일관된 부호를 사용하며, 응답이 모두 적절히 부호화되도록 신중하게 범주를 설정하고 사례를 검토해야 한다.

02 자료입력 및 검토

1 자료의 입력

(1) 자료입력 및 검토 프로세스

1) 1단계 : 자료수집
① 출처 확인 : 자료의 출처가 신뢰할 수 있는지를 먼저 확인한다.
② 형식 결정 : 수집된 자료의 형식(종이 설문, 온라인 설문, 인터뷰 녹음)을 결정하고, 디지털화가 필요한 경우 적절한 방법을 선택한다.

2) 2단계 : 자료입력 준비
① 구조 설계 : 데이터베이스(DB)나 스프레드시트에서 사용할 데이터 구조(변수명, 데이터 형식, 범위 등)를 설계한다.
② 양식 준비 : 자료를 입력할 때 사용할 양식이나 스프레드시트 템플릿 등의 인터페이스를 준비한다.

3) 3단계 : 자료입력
- 데이터 입력 : 수집된 자료를 준비된 양식에 맞춰서 정확히 입력한다.
  - 자료의 입력은 실제 데이터를 수집하여 통계분석 소프트웨어(R, SPSS, EXCEL) 혹은 데이터베이스(DB)에 기록하는 데이터 분석의 기초 과정이다.
  - 가능한 경우 데이터 입력 자동화 도구(데이터 추출 프로그램, OCR 소프트웨어 등)를 활용하여 입력 오류를 최소화하고 효율성을 높여야 한다.

4) 4단계 : 자료 검토
① 오류 확인 : 입력된 데이터의 정확성을 검토하며, 입력 오류나 누락된 데이터가 없는지 확인한다.
② 검증 절차 : 데이터 검토를 위한 절차를 마련하여 정확성을 보장한다.

5) 5단계 : 자료 수정 및 보정
① 수정 : 검토 과정에서 발견된 오류를 수정한다. 이때, 원본 자료와 비교하여 수정 사항을 확인한다.
② 보정 : 데이터 입력 과정에서 발생할 수 있는 체계적인 오류를 수정하고 보정한다.

6) 6단계 : 자료 저장 및 백업
① 저장 : 입력 완료된 데이터를 안전한 저장소에 저장한다. 이 과정에서 데이터베이스, 클라우드 저장소, 백업 시스템 등을 활용한다.
② 백업 : 데이터의 손실을 방지하기 위해 정기적인 백업을 수행한다.

7) 7단계 : 문서화
- 입력 과정 기록 : 자료입력 과정과 사용된 방법론, 검토 절차 등을 문서화하여 후속 작업이나 분석 과정에서 참조할 수 있도록 한다.

2 입력된 자료의 정합성 판단

(1) 정합성 판단의 주요 항목

- 입력된 자료의 정합성 판단은 데이터의 품질을 보장하고 분석 결과의 신뢰성을 높이기 위해 필수적인 과정이며, 이를 통해 데이터의 정확성, 일관성, 완전성을 검토할 수 있다.

1) 정확성
① 정확성 검토 : 입력데이터가 실제 응답자의 의도와 일치하는지 검토 및 확인한다.
② 정확성 검증 : 입력데이터를 원본 설문지나 데이터와 비교하여 오류가 없는지 검증한다.

2) 일관성
① 내부 일관성 : 동일한 응답자의 여러 응답이 논리적으로 일관되어 있는지를 확인한다.
② 데이터 포맷 일관성 : 동일한 변수에 대해 일관된 포맷(날짜 형식, 숫자 범위)을 사용하고 있는지 확인한다.

3) 완전성
① 결측치 확인 : 응답자가 모든 필수 문항에 답변했는지 확인하고, 결측치가 있는 경우 적절한 대체 방법을 고려한다.
② 응답의 완성도 : 개방형 질문에서 응답이 불완전하거나 모호하지 않은지 검토한다.

(2) 정합성 판단 절차

1) 데이터 입력 검토
① 자동화된 검증 : 데이터 입력 과정에서 검증 도구를 사용하여 오류를 사전에 감지한다.
② 수동 검토 : 자동화 도구로 검증할 수 없는 논리적 오류 등은 수동으로 검토한다.

2) 데이터의 범위와 포맷 검증
① 범위 검토 : 입력된 값이 미리 설정한 범위 내에 있는지 확인한다.
② 형식 검토 : 날짜, 전화번호 등의 형식이 올바른지 확인한다.

3) 통계적 분석
① 기술 분석 : 평균, 표준편차, 분포 등을 분석하여 비정상적인 값이나 오류를 발견한다.
② 상관 분석 : 변수 간의 상관관계를 분석하여 예상치 못한 상관관계나 패턴을 발견한다.

4) 데이터 검증 및 확인
① 샘플 검토 : 전체 데이터에서 무작위로 샘플을 추출하여 검토한다.
② 데이터 비교 : 유사한 조사나 데이터셋과 비교하여 일관성을 확인한다.

5) 결측치 처리
① 결측치 분석 : 패턴을 분석하여 무작위 결측인지, 특정 패턴이 있는지 확인한다.
② 결측치 대체 : 평균값 대체, 중위수 대체 등 적절한 결측치 대체 방법을 사용한다.

3 입력된 자료의 오류값 수정

(1) 오류값 의의 및 유형

① 오류값은 데이터셋 내에 존재하는 비정상적이거나 예상치 못한 값이다.
- 오류값은 데이터 분석 및 해석에 부정적인 영향을 미칠 수 있다.
- 오류값은 분석 결과에 영향을 미칠 수 있기 때문에 정확하게 수정하는 것도 중요하다.

② 오류값은 아래와 같은 유형이 있으며, 다양한 원인으로 발생할 수 있다.

결측값 (Missing Values)	• 값이 존재하지 않는 경우이며, NA(Not Available)라고 부른다. - 응답자가 해당 항목에 응답을 건너뛴 경우이다. - 데이터를 입력하는 과정에서 값이 누락된 경우이다.
이상치 (Outliers)	• 데이터 분포에서 극단적으로 벗어난 경우이다. - 나이라는 변수 값에 150이라는 수치가 입력된 경우이다.
중복값 (Duplicate Values)	• 동일한 데이터가 중복되어 있는 경우이다. - 동일한 값이나 동일한 행이 여러 번 반복되는 경우이다.

(2) 오류값 수정 절차

1) 오류값 확인
① 결측값(Missing Values ; NA ; Not Available), 이상치(Outlier) 등의 오류값을 확인한다.
② 논리적 오류(나이가 음수로 입력된 경우)도 확인 대상이다.

2) 오류값 탐지
① 기술통계(Descriptive Statistics)를 활용하여 평균, 표준편차, 최댓값, 최솟값 등을 통해 이상치를 탐지한다.
② 시각화 혹은 EDA(Exploratory Data Analysis)를 활용하여 박스플롯, 히스토그램 등을 통해 이상치를 탐지한다.
③ 조건문을 활용하여 논리적 오류를 탐지한다.

3) 오류값 처리
① 오류값 제거를 통해 분석에 방해가 되는 오류값을 데이터에서 삭제한다.
② 오류값 대체를 통해 평균값, 중앙값, 최빈값 등으로 오류값을 대체한다.
③ 오류값 예측에는 회귀분석, 최근접 이웃 등의 기법을 사용한다.

4) 오류값 변환
- 오류값 변환(Transformation)은 스케일링(Scaling)이나 정규화(Normalization) 등이 있다.
  - 스케일링(Scaling) : 데이터의 스케일을 조정하여 분석에 적합하도록 변환한다.
  - 정규화(Normalization) : 데이터의 범위를 일정한 범위로 변환한다.
    예 Z-score 정규화 또는 Min-Max 정규화를 사용할 수 있다.

기출 및 예상문제

CHAPTER 04 측정의 타당성과 신뢰성~CHAPTER 05 자료처리

01 [20년 1·2회 통합 기출]

변수에 대한 설명으로 틀린 것은?

① 경험적으로 측정 가능한 연구대상의 속성을 나타낸다.
② 독립변수는 결과변수를, 종속변수는 원인의 변수를 말한다.
③ 변수의 속성은 경험적 현실의 전제, 계량화, 속성의 연속성 등이 있다.
④ 변수의 기능에 따른 분류에 따라 독립변수, 종속변수, 매개변수로 나눈다.

해설 독립변수는 원인변수 혹은 가설적 변수, 종속변수는 결과변수 혹은 반응변수라고 말한다.

02 정답률 약 50% [15년 1회, 20년 3회 기출]

변수에 관한 설명으로 가장 거리가 먼 것은?

① 변수는 연구대상의 경험적 속성을 나타내는 개념이다.
② 인과적 조사연구에서 독립변수란 종속변수의 원인으로 추정되는 변수이다.
③ 외재적 변수는 독립변수와 종속변수와의 관계에 개입하면서 그 관계에 영향을 미칠 수 있는 제3의 변수이다.
④ 잠재변수와 측정변수는 변수를 측정하는 척도의 유형에 따른 것이다.

해설 잠재변수와 측정변수는 척도의 유형에 따른 것이 아니라, 변수의 관찰 가능성에 따라 구분된다. 잠재변수는 직접적으로 측정할 수 없고, 이를 추론하기 위해 여러 측정변수를 사용한다.

03 [08년 3회, 11년 1회, 17년 3회, 21년 3회 기출]

여성 근로자를 대상으로 하는 사회조사에서 변수가 될 수 없는 것은?

① 성별
② 직업 종류
③ 연령
④ 근무시간

해설 대상이 '여성 근로자'로 한정되어 있다. 따라서 모든 대상이 여성이므로, 성별은 변하지 않으므로 변수가 될 수 없다.

04 [19년 3회 기출]

독립변수와 종속변수에 대한 설명으로 옳지 않은 것은? (단, 일반적인 경우라고 가정한다.)

① 독립변수가 변하면 종속변수에 영향을 미친다.
② 독립변수는 종속변수보다 이론적으로 선행한다.
③ 독립변수는 원인변수, 종속변수를 결과변수라고 할 수 있다.
④ 종속변수는 독립변수보다 시간적으로 선행한다.

해설 일반적으로 독립변수는 먼저 변화하고 그 결과로 종속변수가 변화한다. 따라서 독립변수가 시간적으로 먼저 발생하고, 그 결과로 종속변수가 뒤따르는 것이 일반적인 조사설계이다. 이러한 이유로 독립변수는 원인변수라고 하고, 종속변수는 결과변수라고 한다.

05 [10년 3회, 12년 3회, 18년 3회, 20년 3회 기출]

실험설계를 통해 인과관계를 추론하기 위해서 서로 다른 값을 갖도록 처치를 하는 변수는?

① 외적변수
② 종속변수
③ 이산변수
④ 독립변수

해설 실험설계에서 독립변수는 인과관계를 추론하기 위해 처치를 달리하는 변수이며, 원인변수라고도 부른다.

정답: 01 ② 02 ④ 03 ① 04 ④ 05 ④

06 [08년 1회, 21년 1회 기출]

다음의 가설을 검증하기 위해 국가별 통계자료를 수집한다고 할 때, '출생률'은 어떤 변수인가?

> 1인당 국민소득(GNP)이 올라가면 출생률, 즉 인구 1,000명당 신생아의 수는 감소한다.

① 매개변수 ② 독립변수
③ 외적변수 ④ 종속변수

해설 1인당 국민소득(GNP)는 원인에 해당하는 변수이므로 독립변수이고, 출생률은 그로 인해 영향을 받는 결과이므로 종속변수이다.

08 [12년 3회, 18년 1회 기출]

매개변수(Intervening Variable)에 관한 설명으로 옳은 것은?

① 원인변수 혹은 가설변수라고 하는 것으로서 사전에 조작되지 않은 변수를 의미한다.
② 결과변수라고 하며, 독립변수의 원인을 받아 일정하게 변화된 결과를 나타내는 기능을 하는 변수를 의미한다.
③ 결과변수에 영향을 미치면서도 그 이유를 제대로 설명하지 못하는 변수를 의미한다.
④ 개입변수라고도 불리며, 종속변수에 일정한 영향을 주는 변수로 독립변수에 의하여 설명되지 못하는 부분을 설명해주는 변수를 말한다.

해설 ①, ②, ③은 아래와 같은 이유로 옳지 않다.
① 원인변수 혹은 가설변수는 독립변수이다.
② 결과변수라고 하며, 독립변수의 원인을 받아 일정하게 변화된 결과를 나타내는 기능을 하는 변수는 종속변수이다.
③ 외생변수에 관한 설명이다.

07 [12년 3회, 22년 2회 기출]

다음 중 가급적 적은 수의 변수로 보다 많은 현상을 설명하고자 하는 것은?

① 간결성의 원칙(principle of parsimony)
② 관료제의 철칙(iron law of bureaucracy)
③ 배제성의 원칙(principle of exclusiveness)
④ 포괄성의 원칙(principle of exhaustiveness)

해설 간결성의 원칙은 가능한 적은 수의 변수나 가정을 사용해 더 많은 현상이나 문제를 설명하고자 하는 개념이다. 이 원칙은 조사나 이론 개발에서 복잡성을 줄이고, 간단한 설명을 추구하는 데 중요한 역할을 한다.

09 [13년 2회, 17년 3회 기출]

"노인의 사회참여가 높을수록 자아존중감이 향상되고, 자아존중감의 향상으로 생활 만족도가 높아진다."에서 자아존중감은 어떤 변수인가?

① 종속변수 ② 매개변수
③ 외생변수 ④ 통제변수

해설 매개변수는 독립변수와 종속변수 사이의 관계를 설명해주는 중간 변수이다. 해당 지문에서 '자아존중감'은 '노인의 사회참여(독립변수)'와 '생활 만족도(종속변수)' 사이의 관계를 설명해주는 매개변수에 해당한다.

정답 : 06 ④ 07 ① 08 ④ 09 ②

10 [정답률 약 50%] [11년 1회, 18년 1회, 21년 2회 기출]

종업원이 친절할수록 패밀리 레스토랑의 매출액이 증가한다는 가설을 검증하고자 할 경우, 레스토랑의 음식의 맛 역시 매출에 영향을 미친다면 음식의 맛은 어떤 변수인가?

① 종속변수 ② 매개변수
③ 외생변수 ④ 조절변수

해설 '종업원 친절도(독립변수)'가 높을수록 '레스토랑 매출액(종속변수)'이 증가한다는 가설을 검증하고자 한다. 가설을 검증할 때에는 독립변수와 종속변수 간의 관계를 검증해야 하는데 '음식의 맛'이라는 변수가 개입하여 '레스토랑의 매출액(종속변수)'에 영향을 미친다고 하였으므로 여기서 '음식의 맛'은 외생변수가 된다.
외생변수는 조사과정에서 독립변수와 종속변수 사이의 관계를 왜곡시킬 수 있는 변수이다.

12 [20년 4회 기출]

변수의 종류에 관한 설명으로 옳은 것을 모두 고른 것은?

㉠ 매개변수는 독립변수와 종속변수 사이에서 독립변수의 결과인 동시에 종속변수의 원인이 되는 변수이다.
㉡ 억제변수는 두 변수 X, Y의 사실상의 관계를 정반대의 관계로 나타나게 하는 제3의 변수이다.
㉢ 왜곡변수는 두 변수 X, Y가 서로 관계가 있는 데도 관계가 없는 것으로 나타나게 하는 제3의 변수이다.
㉣ 통제변수는 외재적 변수의 일종으로 그 영향을 검토하지 않기로 한 변수이다.

① ㉠, ㉡ ② ㉡, ㉢
③ ㉢, ㉣ ④ ㉠, ㉣

해설 ㉠, ㉣은 옳은 설명이다.
㉡, ㉢ 왜곡변수(Distorter Variable)에 대한 설명이다. 왜곡변수는 실제 관계가 표면적으로 나타난 관계와는 정반대임을 밝혀주는 검정요인이다. 즉, 두 변수 간의 관계를 왜곡시키거나 오해하게 만드는 제3의 변수이다. 단, 왜곡변수는 서로 관계가 있는 데도 관계가 없는 것으로 나타나게 하는 것은 아니다.

11 [15년 2회, 17년 3회, 20년 1·2회 통합 기출]

다음 (   )에 알맞은 변수를 순서대로 나열한 것은?

(   )는 독립변수의 결과인 동시에 종속변수의 원인이 되는 변수로 두 변수의 관계를 중간에서 설명해주는 것이고, (   )는 독립변수가 종속변수에 미치는 영향을 강화시키거나 약화시키는 변수를 의미한다.

① 조절변수 – 억제변수
② 매개변수 – 구성변수
③ 매개변수 – 조절변수
④ 조절변수 – 매개변수

해설 독립변수의 결과인 동시에 종속변수의 원인이 되는 변수로 두 변수의 관계를 중간에서 설명해주는 변수는 매개변수이고, 독립변수가 종속변수에 미치는 영향을 강화시키거나 약화시키는 변수는 조절변수이다.

13 [19년 2회 기출]

다음 (   )에 공통으로 들어갈 변수는?

• (   )는 인과관계에서 독립변수에 앞서면서 독립변수에 대해 유효한 영향력을 행사하는 변수를 의미한다.
• (   )는 매개변수와는 달리 독립변수와 종속변수 간의 관계를 설명하는 것이 아니라 그 관계에 미치는 영향을 명확히 하고자 할 때 도입한다.

① 선행변수 ② 구성변수
③ 조절변수 ④ 외생변수

해설 선행변수에 관한 설명이다. 선행변수(Antecedent Variable)는 인과관계에서 독립변수에 앞서며 독립변수에 유효한 영향력을 행사하는 변수이다. 선행변수를 통제하더라도 독립변수와 종속변수 사이의 관계는 유지되지만, 독립변수를 통제하는 경우에는 선행변수와 종속변수 사이 관계는 사라진다.

정답 : 10 ③ 11 ③ 12 ④ 13 ①

14 정답률 약 50%
[07년 3회, 13년 2회, 17년 1회, 19년 2회, 21년 3회 기출]

다음은 어떤 변수에 대한 설명인가?

> 어떤 변수가 검정요인으로 통제되면 원래 관계가 없는 것으로 나타났던 두 변수가 유관하게 나타난다.

① 예측변수　　② 억제변수
③ 왜곡변수　　④ 종속변수

해설 억제변수(억압변수)는 종속변수와 독립변수 사이의 관계에서 다른 변수의 영향을 줄여주거나 제거함으로써 관계를 더 명확하게 해준다.

15 정답률 약 50% [11년 1회, 13년 3회, 17년 3회 기출]

연속변수(Continuous Variable)와 이산변수(Discrete Variable)에 관한 설명으로 틀린 것은?

① 연속변수는 사람·대상물 또는 사건을 그들 속성의 크기나 양에 따라 분류하는 것이다.
② 연속변수는 측정한 값들이 척도상에서 무한대로 미분해도 가능하리만큼 연속성을 띤 것으로 거의 무한개의 값을 가질 수 있다.
③ 이산변수는 정수값으로 구성된다.
④ 등간척도·비율척도는 이산변수와 관련되어 있다.

해설 암기 : 명서등비
이산변수는 셀 수 있는 값(사람 수, 사건 횟수 등)이고, 연속변수는 연속적으로 측정할 수 있는 값(무게, 온도 등)이다. 즉, 등간척도와 비율척도는 주로 연속변수와 관련되어 있다.

16 정답률 약 20% [06년 3회 기출]

인과적 관계의 검정요인에 속하지 않는 것은?

① 외적변수　　② 매개변수
③ 선행변수　　④ 잠재변수

해설 잠재변수는 구성개념에 대한 측정이나 직접 관찰이 불가능한 변수이며, 태도 및 직무만족도 등이 해당된다. 즉, 인과적 모형의 설명에는 사용되지만, 직접적으로 인과적 관계의 검정 요인으로 기능하는 것은 아니다.

17 정답률 50% [03년 1회, 20년 1·2회 통합 기출]

교육수준은 소득수준에 영향을 미치지 않지만, 연령을 통제하면 두 변수 사이의 상관관계가 매우 유의미하게 나타난다. 이때 연령과 같은 검정요인을 무엇이라 부르는가?

① 억제변수(Suppressor Validity)
② 왜곡변수(Distorter Validity)
③ 구성변수(Component Validity)
④ 외재적 변수(Extraneous Validity)

해설 억압변수(억제변수)에서는 어떤 변수('연령')가 검정요인으로 통제되면 원래 관계가 없는 것으로 나타났던 두 변수 '교육수준'과 '소득수준'이 유관하게 나타난다.

18 정답률 약 60% [06년 3회, 21년 2회 기출]

두 변수 간의 관계를 보다 정확하고 명료하게 이해할 수 있도록 밝혀주는 역할을 하는 검정요인으로만 짝지어진 것은?

① 매개변수, 왜곡변수　　② 선행변수, 억제변수
③ 구성변수, 매개변수　　④ 외적변수, 구성변수

해설 두 변수 간의 관계를 보다 정확하고 명료하게 이해할 수 있도록 밝혀주는 역할을 하는 검정변수의 종류로는 매개변수, 선행변수, 구성변수가 존재한다.

19 정답률 약 40% [16년 3회, 19년 3회 기출]

두 변수 간의 관계를 보다 정확하고 명료하게 이해할 수 있도록 밝혀주는 역할을 하는 검정변수가 아닌 것은?

① 예측변수　　② 구성변수
③ 선행변수　　④ 매개변수

해설 예측변수는 두 변수 간의 관계를 명확히 하는 것보다는 종속변수의 값을 예측하는 역할을 하며, 관계를 명확히 밝혀주는 역할과는 거리가 있다.

정답 : 14 ②　15 ④　16 ④　17 ①　18 ③　19 ①

20 [12년 1회 기출]

실제 관계가 표면적으로 나타난 관계와는 정반대임을 밝혀주는 검정요인은?

① 외적변수(Extraneous Variable)
② 외생변수(Exogenous Variable)
③ 억제변수(Suppressor Variable)
④ 왜곡변수(Distorter Variable)

해설 왜곡변수는 실제 관계가 표면적으로 나타난 관계와는 정반대임을 밝혀주는 검정요인이며, 두 변수 간의 관계를 왜곡시키거나 오해하게 만드는 제3의 변수이다.

21 정답률 약 60% [11년 3회, 14년 2회, 17년 2회 기출]

잠재변수와 관찰변수에 관한 설명으로 틀린 것은?

① 잠재변수란 직접 관찰이 불가능한 변수를 의미한다.
② 대학생의 성적을 평점 평균으로 나타낸 것은 관찰변수에 해당한다.
③ 하나의 잠재변수를 측정하기 위해 하나의 관찰변수를 사용하는 것이 바람직하다.
④ 지능, 태도, 직무만족도는 잠재변수에 해당한다.

해설 잠재변수는 구성개념에 대한 측정이나 직접 관찰이 불가능한 변수이므로 관찰변수(측정변수)를 통해 간접적으로 측정할 수 있는데 일반적으로 잠재변수는 복잡한 현상을 나타내므로 하나의 관찰변수를 사용하는 것보다 두 개 이상의 관찰변수를 사용하는 것이 바람직하다.

22 정답률 약 50% [15년 2회 기출]

이분변수(Dichotomous Variables)에 대한 설명과 가장 거리가 먼 것은?

① 특정한 속성의 유무에 따라 분류된다.
② 사상(事象)의 극단적 특성을 강조할 때 사용한다.
③ 질적 변수를 다변량분석(Multivariate Analysis)에 포함하기 위하여 변환할 때 사용한다.
④ 연속변수(Continuous Variable)의 일종이다.

해설 이분변수는 두 개의 명확한 범주로만 구분되므로, 연속변수가 아니다.

23 [21년 1회 기출]

다음 중 범주형 변수(Categorical Variable)인 것은?

① 자녀 수
② 지능지수(IQ)
③ 원화로 나타낸 연간소득
④ 3단계(상, 중, 하)로 나눈 계층적 지위

해설 상, 중, 하와 같이 계층적 지위를 구분하는 것은 각 범주를 나타내는 서열형 범주형 변수이다. 계층적인 순서가 있지만, 연속적인 수치가 아닌 범주로 구분된다.

24 [16년 1회, 18년 2회 기출]

질적 변수와 양적 변수에 관한 설명으로 틀린 것은?

① 질적 변수는 속성의 값을 나타내는 수치의 크기가 의미 없는 변수이다.
② 양적 변수는 측정한 속성값을 연산이 가능한 의미 있는 수치로 나타낼 수 있다.
③ 양적 변수는 이산변수와 연속변수로 구분된다.
④ 몸무게가 80kg 이상인 사람을 1로, 이하인 사람을 0으로 표시하는 것은 질적 변수를 양적 변수로 변화시킨 것이다.

해설 몸무게는 양적 변수이고, 몸무게를 80kg을 기준으로 범주화하여 1과 0으로 표시하는 것은 양적 변수를 질적 변수로 변환시키는 것이다.

25 [19년 2회 기출]

연속변수(Continuous Variable)로 구성하기 어려운 것은?

① 인종   ② 소득
③ 범죄율   ④ 거주기간

해설 연속변수는 측정한 값들이 척도상에서 무한대로 미분해도 가능하리만큼 연속성을 띤 것으로 거의 무한개의 값을 가질 수 있다. 인종은 백인, 황인, 흑인 등 연속적이지 않고 인종을 셀 수 있으므로 이산변수(Discrete Variable)에 해당한다.

정답 : 20 ④ 21 ③ 22 ④ 23 ④ 24 ④ 25 ①

26 정답률 약 40% [10년 1회, 13년 2회, 20년 3회 기출]

질적 변수(Qualitative Variable)와 양적 변수(Quantitative Variable)에 관한 설명으로 틀린 것은?

① 성별, 종교, 직업, 학력 등을 나타내는 변수는 질적 변수이다.
② 질적 변수에서 양적 변수로의 변환은 거의 불가능하다.
③ 계량적 변수 혹은 메트릭(metric) 변수라고 불리는 것은 양적변수이다.
④ 양적 변수는 몸무게나 키와 같은 이산변수(Discrete Variable)와 자동차의 판매 대수와 같은 연속변수(Continuous Variable)로 나누어진다.

해설 몸무게나 키와 같은 것은 양적 변수 중 연속변수에 해당하고 자동차의 판매 대수는 이산변수에 해당한다.

27 [09년 3회, 12년 1회, 17년 2회 기출]

다음 (   )에 알맞은 것은?

> 연속적 변수든 불연속적 변수든 간에 이 변수들을 측정하기 위해서는 반드시 다음 두 가지를 고려해야 한다. 첫째는 (㉠)인데, 이는 각 관찰지가 변수의 단 하나의 범주에만 해당되도록 해야 하는 것을 말한다. 둘째는 (㉡)인데, 이는 모든 관찰지가 빠짐없이 변수의 어느 한 범주에 속하도록 범주를 만들어야 한다는 뜻이다.

① ㉠ 포괄성, ㉡ 상호배타성
② ㉠ 독립성, ㉡ 상호배타성
③ ㉠ 상호배타성, ㉡ 포괄성
④ ㉠ 상호배타성, ㉡ 독립성

해설 ㉠ 상호배타성은 측정의 각 응답범주들이 한 그룹에 속하면 다른 그룹에 속하지 않는 특성을 가지며, 하나의 측정대상이 두 개의 값을 가질 수 없다는 것이다.
㉡ 포괄성은 모든 가능한 데이터가 적어도 하나의 범주에 포함되어야 한다는 것이다.
연속적 변수든 불연속적 변수든 간에 상호배타성과 포괄성의 조건을 반드시 고려해야 한다.

28 [13년 2회, 16년 3회, 21년 1회 기출]

개념(Concept)에 관한 설명으로 틀린 것은?

① 개념은 이론의 핵심적 구성 요소이다.
② 개념은 특정 대상의 속성을 나타낸다.
③ 개념 자체를 직접 경험적으로 측정할 수 있다.
④ 개념의 역할은 실제 연구에서 연구 방향을 제시해 준다.

해설 개념은 일정한 관계 사실에 대한 추상적인 표현으로 직접 경험적으로 측정할 수 없다.

29 정답률 약 50% [11년 3회, 18년 2회, 22년 2회 기출]

개념(Concept)의 정의와 가장 거리가 먼 것은?

① 일정한 관계 사실에 대한 추상적 표현
② 사실과 사실 간의 관계에 논리의 연관성을 부여하는 것
③ 특정한 여러 현상을 일반화함으로써 나타내는 추상적인 용어
④ 현상을 예측 설명하고자 하는 명제, 이론의 전개에서 그 바탕을 이루는 역할

해설 사실과 사실 간의 관계에 논리의 연관성을 부여하는 것은 추론에 대한 설명이다.

정답 : 26 ④ 27 ③ 28 ③ 29 ②

30 정답률 약 50%

[13년 1회, 3회, 15년 3회, 20년 3회 기출]

개념적 정의에 대한 설명으로 틀린 것은?

① 순환적인 정의를 해야 한다.
② 적극적 혹은 긍정적인 표현을 써야 한다.
③ 정의하려는 대상이 무엇이든 그것만의 특유한 요소나 성질을 적시해야 한다.
④ 뜻이 분명해서 누구나 알아들을 수 있는 의미를 공유하는 용어를 써야 한다.

> **해설** 개념적 정의(개념화)는 조사대상의 행동과 속성, 사회적 현상을 개념적으로 정의하는 것이다.
> 반면, 순환적인 정의(Circular Definition)는 정의가 자기 자신을 참조하여 설명되는 경우이다. 순환적인 정의는 '불명확성'과 '정의의 무효성'의 단점을 가지므로, 이를 사용하면 개념의 명확성을 저해할 수 있다.

31 정답률 약 40%

[02년 3회, 17년 2회, 20년 1·2회 통합 기출]

개념의 구성 요소가 아닌 것은?

① 일반적 합의
② 정확한 정의
③ 가치중립성
④ 경험적 준거틀

> **해설** 개념의 구성 요소로는 일반적 합의, 정확한 정의, 경험적 준거틀이 있다.
> - 일반적 합의 : 개념은 사회적 또는 학문적 맥락에서 일반적으로 합의된 내용을 반영한다.
> - 정확한 정의 : 개념은 명확한 정의가 중요하며, 일관되게 사용되고 오해 없이 전달될 수 있도록 해야 한다.
> - 경험적 준거틀 : 개념은 경험적 관찰을 통해 이해하고 측정될 수 있는 준거틀을 제공한다. 과학적 관찰의 객관성 원칙은 경험적 준거틀의 핵심적인 부분으로, 같은 조건으로 누구나 동일한 결과를 관찰할 수 있도록 해야 한다.

32

[10년 1회, 12년 1회, 17년 1회, 19년 2회 기출]

개념이 사회과학 및 기타 조사방법에 기여하는 역할과 가장 거리가 먼 것은?

① 개념은 연역적 결과를 가져다준다.
② 조사연구에 있어 주요 개념은 연구의 출발점을 가르쳐 준다.
③ 개념은 언어나 기호로 나타내어 지식의 축적과 확장을 가능하게 해준다.
④ 인간의 감각에 의해 감지될 수 있는 현상에 대해서만 이해할 수 있는 방법을 제시해 준다.

> **해설** 개념은 감각을 통해 직접 경험할 수 있는 것뿐만 아니라, 추상적이고 복잡한 현상도 이해할 수 있는 틀을 제공한다. 그러므로 인간의 감각으로 감지될 수 있는 현상에 대해서만 이해할 수 있는 방법을 제시해 준다는 말은 틀린 말이다.

33 정답률 약 30%

[14년 3회 기출]

개념의 조작화에 관한 설명으로 거리가 가장 먼 것은?

① 개념을 수량화하여 측정 가능하도록 해준다.
② 실증주의 패러다임에서 강조된다.
③ 사회 현상을 보편적 언어로 정의하는 과정이다.
④ 추상적 세계와 경험적 세계를 연결하는 역할을 한다.

> **해설** 개념의 조작화(조작적 정의)는 추상적인 개념을 구체적이고 측정 가능한 형태로 변환하는 과정이며, 개념을 수량화하여 측정 가능하도록 해준다.
> 반면, 사회 현상을 보편적 언어로 정의하는 과정은 개념화(개념적 정의)에 해당한다.

정답 : 30 ① 31 ③ 32 ④ 33 ③

34 [14년 2회, 18년 2회, 21년 2회 기출]

사회조사에서 개념의 재정의(Reconceptualization)가 필요한 이유와 가장 거리가 먼 것은?

① 개념과 개념 간의 상관관계가 아닌 인과관계를 밝혀야 하기 때문이다.
② 동일한 개념이라도 사회가 변함에 따라 원래의 뜻이 변할 수 있기 때문이다.
③ 사회조사에서 사용되는 개념은 일상생활에서 통상적으로 사용되는 상투어와는 그 의미가 다를 수 있기 때문이다.
④ 한 가지 개념이라도 두 가지 또는 그 이상의 다양한 의미를 가지고 있을 가능성이 많으므로 이들 각기 다른 의미 중에서 어떤 특정의 의미를 조사연구 대상으로 삼을 것인가를 밝혀야 하기 때문이다.

해설 개념의 재정의는 개념의 명확성을 높이고, 조사자가 새로운 관점에서 사회 현상을 탐구할 수 있게 해주는 중요한 작업이다. 하지만 이는 상관관계나 인과관계를 직접적으로 분석하거나 밝히기 위한 과정과는 직접적인 관련이 없다.

35 [04년 3회, 14년 1회, 18년 1회 기출]

연구에서 설정한 개념을 실제 현상에서 측정이 가능하도록 관찰 가능한 형태로 표현하는 것은?

① 개념적 정의
② 조작적 정의
③ 이론적 정의
④ 구성적 정의

해설 연구(조사)에서 설정한 개념을 실제 현상에서 측정이 가능하도록 관찰 가능한 형태로 표현하는 것은 조작적 정의에 관한 설명이다. 조작적 정의는 측정을 위하여 불가피하며, 적절한 조작적 정의는 정확한 측정의 전제조건이다.

36 [16년 2회, 20년 1·2회 통합 기출]

조작적 정의의 예시로 적절하지 않은 것은?

① 빈곤 – 물질적인 결핍 상태
② 소득 – 월 (　　)만 원
③ 서비스 만족도 – 재이용 의사 유무
④ 신앙심 – 종교행사 참여 횟수

해설 '빈곤'은 물질적인 결핍 상태를 의미하며, 이는 비교적 추상적이고 개념적인 정의이다. 빈곤을 조작적으로 정의하기 위해서는 더욱 구체적인 측정 기준이나 변수가 필요하다.

37 [12년 3회, 21년 3회 기출]

조작적 정의에 관한 설명으로 틀린 것은?

① 실제 측정의 전(前) 단계다.
② 관찰 가능성 여부가 중요하다.
③ 특정 개념은 한 가지의 조작적 정의를 갖는다.
④ 추상적인 개념을 구체적인 경험 세계와 연결시키는 과정이다.

해설 조작적 정의는 조사자가 특정 개념을 측정하기 위해 구체화하는 방법이기 때문에, 조사의 목적과 상황에 따라 다양하게 정의될 수 있다.

정답 : 34 ① 35 ② 36 ① 37 ③

38

연구자들의 가설에 포함된 변수들에 관한 옳은 설명 〈보기〉에서 모두 고른 것은?

> 연구자들은 학생들의 학업 부진이 비행 친구와 사귀도록 만들고 이것이 비행으로 이어진다고 본다. 그러나 학업이 부진한 학생이라도 학교 선생님의 관심을 받으면 비행가능성이 줄어들 수 있다고 본다. 그런데 학생들의 어릴 적 가정환경이 비행을 설명하는 가장 중요한 요인일 것이라는 또 다른 연구자들의 가설이 있다.

〈보기〉
ㄱ. 학업 부진은 독립변수이고 비행은 종속변수이다.
ㄴ. 비행 친구와의 사귐은 매개변수이다.
ㄷ. 선생님의 관심은 조절변수이다.
ㄹ. 어릴 적 가정환경은 외생변수이다.

① ㄴ, ㄹ
② ㄱ, ㄴ, ㄷ
③ ㄱ, ㄷ, ㄹ
④ ㄱ, ㄴ, ㄷ, ㄹ

해설 ㄱ, ㄴ, ㄷ, ㄹ은 모두 옳은 설명이다.
ㄱ. 학업부진은 독립변수, 비행은 종속변수: 학업부진이 비행을 유발한다고 가정하므로 맞다.
ㄴ. 비행친구와의 사귐은 매개변수 : 학업부진이 비행으로 이어지는 경로를 매개하므로 맞다.
ㄷ. 선생님의 관심은 조절변수 : 학업부진과 비행 간의 관계를 약화시키는 조절 역할을 하므로 맞다.
ㄹ. 어릴 적 가정환경은 외생변수: 가설 외부의 중요한 영향 요인으로 작용하므로 맞다.

39 정답률 약 50% [09년 3회, 16년 1회 기출]

다음 중 조작적 정의의 의미로 가장 적합한 것은?

① 변수가 항상 동일한 측정치를 낼 것인가를 미리 살펴보는 것이다.
② 변수가 측정하고자 하는 것을 측정하고 있는지를 밝혀보는 것이다.
③ 연구 또는 연구가설에 포함된 변수들이 구체적으로 어떻게 측정될 것인가를 서술하는 것이다.
④ 다른 연구에서 사용된 개념을 현재 연구에서 사용하기 위해 조작하여 다시 정의하는 것이다.

해설 개념의 구체화 순서는 개념 → 개념적 정의(개념화) → 조작적 정의(조작화) → 변수의 측정이다.
즉, 조작적 정의는 실제 측정의 이전 단계에서 변수들이 구체적으로 어떻게 측정될 것인가를 서술한다.

40 [18년 1회 기출]

다음에서 설명하고 있는 것은?

> 추상적 구성개념이나 잠재변수의 값을 측정하기 위해, 측정할 내용이나 측정 방법을 구체적으로 정확하게 표현하고 의미를 부여하는 것으로, 추상적 개념을 관찰 가능한 형태로 표현해 놓은 것이다.

① 조작적 정의(Operational Definition)
② 구성적 정의(Constitutive Definition)
③ 기술적 정의(Descriptive Definition)
④ 가설 설정(Hypothesis Definition)

해설 개념의 구체화 순서는 개념 → 개념적 정의(개념화) → 조작적 정의(조작화) → 변수의 측정이다.
즉, 조작적 정의는 추상적인 개념을 구체적인 경험 세계와 연결시키는 과정이다.

정답 : 38 ④ 39 ③ 40 ①

41 [12년 3회, 15년 3회 기출]

사람들이 동정심을 측정하기 위해, 동정심을 지하도 입구의 거지에게 자선을 베푸는 정도로 정의하였다면, 이러한 정의는 무엇이라고 하는가?

① 개념적 정의
② 실제적 정의
③ 조작적 정의
④ 사전적 정의

> 해설 동정심이라는 추상적인 개념을 지하도 입구의 거지에게 자선을 베푸는 정도로 정의하여, 동정심을 측정할 수 있게 하였으므로 이는 조작적 정의이다.

42 [13년 1회, 17년 1회 기출]

조작적 정의(Operational Definition)에 관한 설명으로 옳은 것은?

① 연구자마다 특정 구성개념에 대한 조작적 정의는 동일해야 한다.
② 구성개념에 대한 이론적이고 추상적인 정의를 일컫는다.
③ 구성개념의 조작적 정의가 구체적일수록 후속 연구에서 재현하기가 어렵다.
④ 구성개념에 대한 조작적 정의가 연구마다 다를 경우 연구 결과가 달라질 수 있다.

> 해설 조작적 정의는 특정 개념을 어떻게 측정할지를 구체적으로 규정하는 것이기 때문에, 같은 구성개념이라도 조사자가 설정한 조작적 정의에 따라 측정 방법, 데이터 수집 방법, 해석 결과가 달라질 수 있다.
> 예를 들면, '행복'이라는 개념을 어떤 조사에서는 설문 점수로, 다른 조사에서는 생리적 반응(호르몬 수치 등)으로 측정할 경우, 서로 다른 결과가 나올 수 있다.

43 [10년 3회, 18년 2회 기출]

개념적 정의와 조작적 정의에 관한 설명으로 틀린 것은?

① 개념적 정의는 추상적 수준의 정의이다.
② 조작적 정의는 인위적이기 때문에 가급적 피해야 한다.
③ 개념적 정의와 조작적 정의가 반드시 일치하는 것은 아니다.
④ 조작적 정의는 측정을 위하여 불가피하다.

> 해설 조작적 정의는 추상적인 개념을 구체적으로 측정할 수 있도록 만드는 중요한 과정이므로, 반드시 필요하다.

44 [13년 2회, 20년 4회 기출]

조작적 정의에 관한 설명으로 틀린 것은?

① 추상적인 개념을 구체적인 경험 세계와 연결시키는 과정이다.
② 특정 개념은 반드시 한 가지의 조작적 정의만을 갖는다.
③ 조사목적과 관련하여 실용주의적인 측면을 포함한다.
④ 실행 가능성, 관찰 가능성이 중요하다.

> 해설 특정 개념은 조사의 목적, 측정 방식에 따라 여러 가지 조작적 정의를 가질 수 있다. 예를 들어, '사회적 지위'라는 개념은 소득 수준, 학력, 직업 등 다양한 방식으로 조작적 정의될 수 있다.

45 [08년 1회, 17년 2회, 21년 3회 기출]

조작적 정의가 필요한 이유로 가장 적합한 것은?

① 연구 결과를 조작하기 위해
② 이론의 구체성을 줄이기 위해
③ 개념의 의미를 풍부하게 하기 위해
④ 개념을 가시적이고 경험적으로 표현하기 위해

> 해설 조작적 정의는 추상적인 개념을 연구에서 구체적이고 측정 가능한 형태로 표현하기 위해 필요하다. 이를 통해 조사자는 개념을 가시적이고 경험적으로 측정할 수 있게 되고, 데이터를 수집하고 분석할 수 있는 기반을 마련한다.

정답 : 41 ③ 42 ④ 43 ② 44 ② 45 ④

46 정답률 약 50% [12년 1회, 14년 2회, 18년 3회 기출]
다음 중 조작적 정의에 관한 설명으로 틀린 것은?

① 주어진 단어가 이미 정립된 의미를 가진 다른 표현과 동의적일 때에 사용된다.
② 용어의 지시물을 식별하는 데 사용되는 관찰 가능한 개념의 구체화이다.
③ 변수는 그것을 관찰과 측정의 단계가 분명히 밝혀져 있을 때 조작적으로 정의될 수 있다.
④ 추상적 개념을 측정 가능한 수치로 변환하는 과정을 의미한다.

해설 조작적 정의는 주어진 단어가 이미 정립된 의미를 가진 다른 표현과 동의적일 때 사용되는 것이 아니라, 추상적 개념을 측정 가능하도록 구체화하는 것이다.

47 [09년 1회, 15년 1회, 19년 1회 기출]
조작적 정의(Operational Definition)에 관한 설명과 가장 거리가 먼 것은?

① 측정의 타당성(Validity)과 관련이 있다.
② 적절한 조작적 정의는 정확한 측정의 전제 조건이다.
③ 조작적 정의는 무작위로 기계적으로 이루어지기 때문에 논란의 여지가 없다.
④ 측정을 위해 추상적인 개념을 보다 구체화하는 과정이라고 할 수 있다.

해설 조작적 정의 과정에서 조사자는 개념을 어떻게 이해하고 측정할지를 명확히 규정한다. 이는 무작위로 기계적으로 이루어지는 것이 아니라 조사자의 판단과 논리적 근거에 기반한다. 따라서 동일한 개념이라도 조작적 정의가 다를 수 있으며, 논란이 있을 수 있다.

48 [16년 2회, 19년 3회 기출]
개념을 경험적 수준으로 구체화하는 과정을 바르게 나열한 것은?

A. 조작적 정의
B. 개념적 정의
C. 변수의 측정

① A → B → C
② B → A → C
③ C → A → B
④ C → B → A

해설 개념의 구체화 순서는 개념 → B 개념적 정의(개념화) → A 조작적 정의(조작화) → C 변수의 측정이다.

49 정답률 약 60% [00년 1회, 07년 3회, 21년 1회 기출]
이론적 개념을 측정가능한 수준의 변수로 전환하는 작업 과정은?

① 서열화
② 수량화
③ 척도화
④ 조작화

해설 개념의 조작화(조작적 정의)는 추상적인 아이디어를 구체적이고 측정 가능한 형식으로 변환하여, 조사의 범위와 주요 변수를 명확하게 하고 조사대상을 가시적이고 측정가능하게 만든다.

50 정답률 약 50% [06년 3회, 13년 2회 기출]
경험의 세계와 추상적인 관념의 세계를 연결시켜주는 수단으로서 일정한 법칙에 따라 사물이나 사건의 속성에 숫자를 부여하는 과정은?

① 측정
② 척도
③ 조작적 정의
④ 부호화

해설 측정은 추상적인 관념뿐만 아니라 이론적 · 개념적 세계와 경험적 세계를 연결시키는 교량 역할을 한다.

정답 : 46 ① 47 ③ 48 ② 49 ④ 50 ①

51 정답률 약 60%
[10년 1회, 11년 1회, 15년 2회, 20년 3회 기출]

특정한 구성개념이나 잠재변수의 값을 측정하기 위해 측정할 내용이나 측정 방법을 구체적으로 정확하게 표현하고 의미를 부여하는 것은?

① 구성적 정의(Constitutive Definition)
② 조작적 정의(Operational Definition)
③ 개념화(Conceptualization)
④ 패러다임(Paradigm)

해설 조작적 정의(조직화)에 대한 명확한 특징이다.

52 정답률 약 50% [03년 3회, 14년 2회, 19년 1회 기출]

관찰된 현상의 경험적인 속성에 대해 일정한 규칙에 따라 수치를 부여하는 것은?

① 척도(Scale)
② 지표(Indicator)
③ 변수(Variable)
④ 측정(Measurement)

해설 측정이란 관찰된 현상의 경험적인 속성에 대해 일정한 규칙에 따라 수치를 부여하는 것이다.

53 [13년 3회, 16년 3회 기출]

사회조사에서 측정에 관한 설명으로 옳은 것은?

① 측정이란 사물이나 사건 등의 속성에 수치를 부과하는 것이다.
② 객관적으로 파악될 수 없는 태도변수는 측정이 불가능하다.
③ 반복해서 측정하여도 동일한 결과를 얻을 수 없다는 가정을 전제한다.
④ 측정하고자 하는 개념이 연구자에 따라 정의가 달라질 수 없다.

해설 측정이란 사물이나 사건의 속성에 수치나 기호를 부여하는 것으로 경험의 세계와 추상적인 관념의 세계를 연결시켜주는 수단이다.

54 정답률 약 50% [02년 1회, 20년 4회 기출]

사람, 사건, 상태, 또는 대상에게 미리 정해놓은 일정한 규칙에 따라서 숫자를 부여하는 것은 무엇인가?

① 측정
② 척도
③ 개념
④ 가설

해설 측정은 개념 및 특성을 숫자로 나타낼 수 있도록 규칙을 정해 값을 부여한다. 예를 들면, 체온계로 사람의 정상 상태 여부를 측정할 때, 36.5도와 같은 숫자로 표현한다. 이는 체온이라는 상태에 일정한 규칙인 온도 단위를 적용하여 숫자를 부여한 것이다.

55 [21년 3회 기출]

측정의 개념에 대한 맞는 설명을 모두 고른 것은?

㉠ 추상적·이론적 세계와 경험적 세계를 연결시키는 수단이라고 할 수 있다.
㉡ 개념 또는 변수를 현실 세계에서 관찰 가능한 자료와 연결시키는 과정이다.
㉢ 질적 속성을 양적 속성으로 전환하는 작업이다.
㉣ 측정대상이 지니고 있는 속성에 수치를 부여하는 것이다.

① ㉠, ㉡, ㉢
② ㉢, ㉣
③ ㉠, ㉡, ㉣
④ ㉠, ㉡, ㉢, ㉣

해설 ㉠, ㉡, ㉢, ㉣ 모두 측정의 개념에 해당한다.

56 [21년 1회 기출]

측정에 대한 설명으로 틀린 것은?

① 질적 속성을 양적 속성으로 전환하는 작업이다.
② 경험의 세계와 개념적·추상적 세계를 연결하는 수단이다.
③ 조사대상의 속성을 추상적 개념으로 전환시키는 과정이다.
④ 이론을 구성하는 개념들을 현실 세계에서 관찰이 가능한 자료와 연결해주는 과정이다.

해설 측정은 조사대상의 속성을 구체적인 수치나 양적 데이터로 전환하는 과정이지, 추상적 개념으로 전환시키는 과정은 아니다.

정답 : 51 ② 52 ④ 53 ① 54 ① 55 ④ 56 ③

57 정답률 약 50% [04년 3회 기출]
측정에 대한 설명으로 틀린 것은?

① 조작화 과정
② 측정대상자나 대상물 자체를 측정하는 것
③ 질적 속성을 양적 속성으로 전환하는 작업
④ 추상적·이론적 세계와 경험적 세계를 연결시켜주는 수단

해설 측정은 대상물 자체를 측정하는 것이 아니라 관찰된 현상의 경험적인 속성에 대해 일정한 규칙에 따라 수치를 부여하는 것이다. 즉, 대상의 특정 속성을 측정하는 것이다.

58 [15년 3회, 20년 1·2회 통합 기출]
측정(Measurement)에 대한 설명과 가장 거리가 먼 것은?

① 변수에 대한 조작적 정의에 입각해 이루어진다.
② 하나의 변수에 대한 관찰값은 동시에 두 가지 속성을 지닐 수 없다.
③ 이론과 현실을 연결시켜주는 매개체이다.
④ 경험적으로 관찰 가능한 것을 추상적 개념으로 바꾸어 놓는 과정이다.

해설 측정은 변수에 대한 조작적 정의에 입각해 이루어지며, 사물이나 사건의 속성에 수치나 기호를 부여하여 구체화하는 과정이다. 따라서 경험적으로 관찰 가능한 것을 추상적 개념으로 바꾸어 놓는 과정이 아니다.

59 [12년 3회, 18년 3회 기출]
다음 중 측정에 관한 설명으로 틀린 것은?

① 측정이란 사물이나 사건의 속성에 수치를 부여하는 작업이다.
② 측정에서는 연구자의 주관적인 판단이 중요한 기능을 한다.
③ 경험의 세계와 추상적인 관념의 세계를 연결하는 기능을 가진다.
④ 측정은 과학적 연구에서 필수적이다.

해설 측정은 연구자의 주관적인 판단이 개입되지 않도록 객관적인 규칙에 따라 이루어져야 한다.

60 [03년 1회, 15년 2회 기출]
측정에 대한 설명과 가장 거리가 먼 것은?

① 관찰된 현상의 경험적인 속성에 대해 일정한 규칙에 따라 수치를 부여하는 것이다.
② 이론과 경험적 사실을 연결시켜줌으로써 이론을 경험적으로 검증해주는 수단이다.
③ 사회과학에서는 대상이 갖는 속성 자체보다는 속성의 지표를 측정하는 경향이 있다.
④ 사회과학에서 태도와 동기 등은 직접 관찰 가능하기 때문에 측정하기가 용이하다.

해설 태도나 동기 같은 추상적 개념은 직접 관찰하기 어려운 속성이다. 따라서 이를 측정하기 위해서는 설문지, 척도, 면접 등 다양한 간접적인 방법을 사용해야 하며, 측정이 용이하다고 할 수 없다.

61 정답률 약 50% [12년 3회, 17년 2회, 19년 3회 기출]
측정 방법에 따라 측정을 구분할 때, 밀도(Density)와 같이 어떤 사물이나 사건의 속성을 측정하기 위해 관련된 다른 사물이나 사건의 속성을 측정하는 것은?

① 추론측정(Derived Measurement)
② 임의측정(Measurement by Fiat)
③ 본질측정(Fundamental Measurement)
④ A급 측정(Measurement of A Magnitude)

해설 추론측정은 '밀도'와 같이 직접 측정이 어려운 속성을 다른 관련된 속성들(질량 및 부피)을 측정하거나 간접적으로 계산 및 유추하여 측정하는 방법이다.

정답: 57 ② 58 ④ 59 ② 60 ④ 61 ①

62 [18년 1회, 21년 2회 기출]

다음에서 설명하고 있는 측정의 종류는?

> 어떤 사물이나 사건의 속성을 측정하기 위해 관련된 다른 사물이나 사건의 속성을 측정하려는 것이다. 대표적인 예로 밀도(Density)는 어떤 사물의 부피와 질량의 비율로 정의하며, 이 경우 밀도는 부피와 질량 사이의 비율을 통해 간접적으로 측정하게 된다.

① 임의측정(Measurement by Fiat)
② 추론측정(Derived Measurement)
③ 본질측정(Fundamental Measurement)
④ A급 측정(Measurement of A Magnitude)

해설 질량 및 부피는 각각 독립적으로 직접 측정할 수 있는 속성이다.
그러나 밀도라는 속성은 직접 측정할 수 없는 속성이다. 따라서 밀도는 질량을 부피로 나누는 공식인

$$밀도 = \frac{질량}{부피}$$

을 통해 간접적으로 추론된다.
이를 추론측정이라고 한다.

63 [18년 1회 기출]

측정에 관한 설명으로 틀린 것은?

① 관념적 세계와 추상적 세계 간의 교량 역할을 한다.
② 통계분석에 활용할 수 있는 정보를 제공해준다.
③ 측정수준에 관계없이 통계기법의 적용은 동일하다.
④ 측정대상이 지니고 있는 속성에 수치나 기호를 부여하는 것이다.

해설 암기 : 명서등비
측정에서는 측정의 4가지 수준에 따라 사용 가능한 통계기법이 다르다.

구분	분석 가능한 통계기법	
명목척도 (수준)	비모수통계	교차분석
서열척도 (수준)	대부분 비모수통계	교차분석, 순위상관관계분석
등간척도 (수준)	대부분 모수통계	T검정, F검정(분산분석), 상관관계분석
비율척도 (수준)	모수통계	전부 가능

64 [14년 1회 기출]

명목변수로 적합하지 않은 것은?

① 종교
② 성별
③ 소득
④ 국적

해설 명목수준의 측정은 데이터를 단순히 분류하고 식별하는 데 사용되는 측정수준이며, 범주의 특징만 갖는다. 그러나 소득은 숫자로 표현되며 순서+등간+절대영점이 모두 존재하므로 비율척도이다.

65 [19년 1회 기출]

축구선수의 등번호를 표현하는 측정 수준은?

① 비율수준의 측정수
② 명목수준의 측정
③ 등간수준의 측정
④ 서열수준의 측정

해설 명목수준의 측정은 관찰하는 대상의 속성에 따라 그 값을 숫자로 나타내는 것이다. 대상을 구분 및 분류할 목적으로 숫자를 사용하지만 숫자 자체가 가지고 있는 의미가 없다. 그러므로 축구선수의 등번호는 명목수준의 측정에 해당한다.

정답 : 62 ② 63 ③ 64 ③ 65 ②

66 [20년 3회 기출]

다음은 어떤 척도에 관한 설명인가?

- 관찰대상의 속성에 따라 관찰대상을 상호배타적이고 포괄적인 범주로 구분하여 수치를 부여하는 도구
- 변수 간의 사칙연산은 의미가 없음
- 운동선수의 등 번호, 학번 등이 있음

① 명목척도 ② 서열척도
③ 등간척도 ④ 비율척도

해설 암기 : 명서등비

운동선수의 등 번호, 학번 등은 범주의 특징만 갖으므로 명목척도이며, 변수 간의 사칙연산은 의미가 없다.

명목척도 (수준)	= ≠	범주			
서열척도 (수준)	> <	범주	순서		
등간척도 (수준)	+ −	범주	순서	등간	
비율척도 (수준)	× ÷	범주	순서	등간	절대영점

67 [09년 3차, 17년 3회 기출]

주민등록번호, 도서 분류번호, 자동차 번호 등과 같은 수치는 어떤 수준의 척도를 의미하는가?

① 명목척도 ② 서열척도
③ 등간척도 ④ 비율척도

해설 주민등록번호, 도서 분류번호, 자동차 번호의 수치는 각각 사람, 도서, 자동차를 분류하는 의미만을 갖는다. 즉, 변수가 갖는 범주들 간의 순위(순서가 없고 변수 간의 사칙연산이 의미가 없으므로 명목척도에 해당한다.

68 [07년 3회, 13년 1회, 19년 3회 기출]

야구선수의 등 번호를 표현하는 측정의 수준은?

① 비율수준의 측정 ② 등간수준의 측정
③ 서열수준의 측정 ④ 명목수준의 측정

해설 명목수준의 측정은 관찰하는 대상의 속성에 따라 그 값을 숫자로 나타내는 것이다. 대상을 구분 및 분류할 목적으로 숫자를 사용하지만, 숫자 자체가 가지고 있는 의미가 없다.

69 [02년 1회, 15년 1회 기출]

아래의 질문에서 사용된 척도는?

Q. 당신의 출신 지역은 다음 중 어디에 해당합니까?
  가. 서울/경기   나. 충청
  다. 호남   라. 영남
  마. 기타

① 명목척도 ② 서열척도
③ 등간척도 ④ 비율척도

해설 출신 지역은 순위(순서)가 부여될 수 없으므로, 명목척도가 갖는 범주의 특징만 가질 수 있다.

70 [18년 2회, 22년 2회 기출]

"상경계열에 다니는 대학생이 이공계열에 다니는 대학생보다 물가 변동에 대한 관심이 더 높을 것이다."라는 가설에서 '상경계열 학생 유무'라는 변수를 척도로 나타낼 때 이 척도의 성격은?

① 순위척도 ② 서열척도
③ 비율척도 ④ 명목척도

해설 '상경계열 학생 유무'라는 변수는 '상경계열 학생이다/상경계열 학생이 아니다'로 나눌 수 있고 이는 분류적인 개념만을 내포하므로 명목척도에 해당한다.

정답 : 66 ① 67 ① 68 ④ 69 ① 70 ④

71 [14년 3회 기출]
명목수준의 측정에 관한 설명으로 바르지 않은 것은?

① 한 범주 내의 모든 대상은 서로 동등하다.
② 이 측정에서 사용하는 숫자는 크기를 나타내거나 계산에 사용된다.
③ 측정대상을 상호배타적인 범주로 분할한다.
④ 운동선수의 등 번호를 표현하는 측정의 수준이다.

해설 명목척도는 데이터를 단순히 분류하고 식별하는 데 사용되는 측정수준으로 분류적인 개념만을 내포하며, 변수 간의 사칙연산이 의미가 없다.

72 정답률 약 50%
[09년 3회, 18년 3회, 22년 2회 기출]
명목척도 구성을 위한 측정범주들에 대한 기본 원칙과 가장 거리가 먼 것은?

① 배타성
② 포괄성
③ 논리적 연관성
④ 선택성

해설 선택성은 특정 범주를 선택할 수 있는 자유를 나타낼 수 있지만, 명목척도 구성에 있어 중요한 측정 범주의 기준이 아니다. 명목척도는 정확한 분류와 식별을 목적으로 하기 때문에 선택의 자유보다는 배타적이고 포괄적이며 논리적인 분류가 중요하다.

73 [20년 1·2회 통합 기출]
명목척도(Nominal Scale)에 관한 설명으로 옳지 않은 것은?

① 측정의 각 응답범주들이 상호배타적이어야 한다.
② 측정대상의 특성을 분류하거나 확인할 목적으로 숫자를 부여하는 것이다.
③ 하나의 측정대상이 두 개의 값을 가질 수는 없다.
④ 절대영점이 존재한다.

해설 절대영점이 존재하는 척도는 비율척도이다.

74 [08년 1회, 13년 3회, 21년 1회 기출]
대상자들의 종교를 불교, 기독교, 가톨릭, 기타의 범주로 나누어 조사한 경우 측정수준은?

① 서열척도
② 명목척도
③ 등간척도
④ 비율척도

해설 명목수준의 측정은 데이터를 단순히 분류하고 식별하는 데 사용되는 측정수준이며, 범주의 특징만 갖는다.

75 [13년 1회, 18년 2회 기출]
서열측정의 특징을 모두 고른 것은?

> ㉠ 응답자들을 순서대로 구분할 수 있다.
> ㉡ 절대영점(Absolute Zero Score)을 지니고 있다.
> ㉢ 어떤 응답자의 특성이 다른 응답자의 특성보다 몇 배가 높은지 알 수 있다.

① ㉠
② ㉠, ㉡
③ ㉡, ㉢
④ ㉠, ㉡, ㉢

해설
㉠ 서열측정(서열척도)은 범주+순위(순서)의 특징을 갖으므로, 응답자들을 순서대로 구분할 수 있다.
㉡ 절대영점을 지닌 측정은 4가지 측정 중 오직 비율측정의 특징이다.
㉢ 어떤 응답자의 특성이 다른 응답자의 특성보다 몇 배가 높은지 알 수 있는 측정은 사칙연산이 모두 가능한 비율측정의 특징이다.

76 [08년 3회, 12년 3회, 18년 1회, 21년 2회 기출]
어떤 제품의 선호도를 조사하기 위하여 '아주 좋아한다, 좋아한다, 싫어한다, 아주 싫어한다'와 같은 선택지를 사용하였다. 이는 어떤 척도로 측정된 것인가?

① 서열척도
② 명목척도
③ 등간척도
④ 비율척도

해설 제품의 선호도에 따라서 '아주 좋아한다 - 좋아한다 - 싫어한다 - 아주 싫어한다'로 범주화하고 상대적 순위를 부여하였으므로 서열척도에 해당한다.

정답 : 71 ② 72 ④ 73 ④ 74 ② 75 ① 76 ①

77 [21년 1회 기출]
서열척도를 이용한 측정 방법은?

① 등급법 ② 고정총합척도법
③ 순위법 ④ 어의차이척도법

해설 암기: 서리순비중
서열척도를 이용한 측정 방법에는 순위법(Ranking Method)이 있다. 서열척도는 명목척도의 기능을 포함하면서, 추가로 순서나 서열을 부여하는 척도이다.

78 정답률 약 50% [20년 1·2회 통합 기출]
중앙값, 순위상관관계, 비모수통계검증 등의 통계방법에 주로 활용되는 척도 유형은?

① 명목측정 ② 서열측정
③ 등간측정 ④ 비율측정

해설 암기: 서리순비중
서열척도는 범주+순위(순서)의 특징을 갖으므로, 산출 가능한 통계치로는 중앙값(Median)이 존재한다. 서열척도에서 통계기법은 대부분 비모수통계가 적용되며 대표적으로는 순위상관관계분석 등이 있다.

79 [15년 1회 기출]
다음 질문에서 사용한 척도는?

> Q. ○○님께서는 ×××대통령이 지난 1년 동안 대통령으로서의 직무를 얼마나 잘 수행했다고 생각하십니까?
> 1) 아주 잘 수행했다.
> 2) 약간 잘 수행했다.
> 3) 약간 잘못 수행했다.
> 4) 아주 잘못 수행했다.

① 명목척도 ② 서열척도
③ 비율척도 ④ 등간척도

해설 '직무 수행도'가 서열척도인 이유는 범주+순서(순위)의 특징을 갖지만, 각 항목 간의 간격의 크기나 정확한 차이는 알 수 없는 특징이 있기 때문이다.

80 [10년 3회, 18년 3회 기출]
온도계의 눈금을 나타내는 수치의 측정수준은?

① 명목측정 ② 서열측정
③ 비율측정 ④ 등간측정

해설 온도계의 눈금은 대표적인 등간척도이다. 온도가 비율척도가 될 수 없는 이유는 절대영점이 존재하지 않기 때문이다. 섭씨 0도는 단순히 물이 어는 온도를 나타내며, 절대적인 기준점이 아니라는 것이다.

81 정답률 약 50% [02년 1회, 15년 1회 기출]
섭씨로 온도를 측정할 때 다음 설명 중 옳은 것은?

① 0℃는 온도가 없다는 것을 의미한다.
② 10℃와 20℃의 차이는 30℃와 40℃의 차이와 같다.
③ 40℃는 20℃보다 두 배 뜨겁다.
④ 100℃는 100%로 뜨겁다는 것을 의미한다.

해설 등간척도(Interval Scale)는 관찰대상의 속성을 상대적 크기로 나타내는 척도로, 범주 간의 간격 정도를 명기할 수 있다. 따라서 20℃ − 10℃ = 10℃, 40℃ − 30℃ = 10℃로 두 구간의 차이가 동일하기 때문에 '10℃와 20℃의 차이는 30℃와 40℃의 차이와 같다.'는 옳은 설명이다.

82 정답률 약 50% [20년 4회 기출]
등간척도를 이용한 측정 방법을 모두 고른 것은?

> ㉠ 등급법(Rating Method)
> ㉡ 순위법(Ranking Method)
> ㉢ 어의차이척도법(Sematic Differential Scale)
> ㉣ 스타펠척도(Stapel Scale)

① ㉠, ㉡ ② ㉡, ㉣
③ ㉠, ㉢, ㉣ ④ ㉡, ㉢, ㉣

해설 등간척도를 이용한 측정 방법은 ㉠ 등급법(Rating Method), ㉢ 어의차이척도(Sematic Differential Scale), ㉣ 스타펠척도(Stapel Scale)가 있다. 반면 서열척도를 이용한 측정 방법에는 ㉡ 순위법(Ranking Method)이 있다.

정답: 77 ③ 78 ② 79 ② 80 ④ 81 ② 82 ③

83 [16년 3회, 21년 3회 기출]
측정의 수준에 관한 설명으로 틀린 것은?

① 비율측정은 절대영점이 존재한다.
② 등간측정은 측정단위 간 등간성이 유지된다.
③ 서열측정과 등간측정은 등수, 서열관계를 알 수 있다.
④ 등간측정은 측정치 간의 유의미한 비율계산이 가능하다.

해설 등간측정에는 절대적인 영점이 존재하지 않는다. 그러므로 비율계산이 의미가 없다.

84 [11년 3회, 21년 3회 기출]
우리나라 100대 기업의 연간 순수익을 '원(₩) 단위'로 조사하고자 할 때 측정의 수준은?

① 비율측정   ② 명목측정
③ 서열측정   ④ 등간측정

해설 비율수준의 측정은 절대적인 0의 값을 가진다. 연간 순수익은 전혀 존재하지 않는다는 0원(₩), 즉 절대영점이 존재하므로 비율수준의 측정에 해당한다.

85 [01년 3회, 15년 1회, 21년 2회 기출]
속성이 전혀 존재하지 않는 상태인 영점(0)이 존재하는 척도는?

① 서열척도   ② 명목척도
③ 비율척도   ④ 등간척도

해설 속성이 전혀 존재하지 않는 상태인 절대영점이 존재하는 척도는 비율척도이며, 체중, 키 등이 해당된다.

86 [16년 3회 기출]
다음 사례의 측정수준에 관한 설명으로 옳은 것은?

> 서울에 있는 10개 고등학교 재학생을 대상으로 대학수학능력시험 대비 모의고사 점수(원점수)를 조사하였다.

① 중앙값보다 평균값이 크다.
② 덧셈과 뺄셈 연산만이 가능하다.
③ 사칙연산이 가능하고 모든 통계값의 산출이 가능하다.
④ 측정값은 수량의 의미를 갖고 있지 않으며 일정한 특성을 대표하는 값을 임의로 부여한 것이다.

해설 모의고사 점수(원점수)는 비율척도이다. 따라서 사칙연산이 가능하고 모든 통계값의 산출이 가능하며, 가장 다양한 통계기법을 적용할 수 있는 측정수준이다.

87 [09년 3회, 16년 2회 기출]
등간측정의 성격을 모두 가지고 있으면서 동시에 실제적인 의미가 있는 절대 0(Absolute Zero) 혹은 자연적인 0(Natural Zero)을 갖춘 측정의 수준은?

① 비율측정   ② 서열측정
③ 명목측정   ④ 독립측정

해설 비율측정(비율척도)은 범주＋순위＋등간＋절대영점을 모두 갖는 측정의 수준이다.

88 [21년 1회 기출]
다음 중 비율척도가 아닌 것은?

① 온도   ② 투표율
③ 소득금액   ④ 몸무게

해설 비율척도는 범주＋순위＋등간＋절대영점을 모두 갖는 측정의 수준이며, 투표율, 소득금액, 몸무게가 해당된다.
그러나 온도는 0도가 수많은 물질 중 물이 어는점의 기준일 뿐 절대영점이 아니므로, 등간척도에 해당한다.

정답 : 83 ④   84 ①   85 ③   86 ③   87 ①   88 ①

89 [10년 3회, 13년 1회, 16년 1회, 19년 3회 기출]

다음 중 비율척도로 측정하기 어려운 것은?

① 각 나라의 국방예산
② 각 나라의 평균 기온
③ 각 나라의 일 인당 평균 소득
④ 각 나라의 일 인당 교육 연수

해설 비율척도는 범주+순위+등간+절대영점을 모두 갖는 측정의 수준이다. 따라서 국방예산, 1인당 평균 소득, 1인당 교육연수는 모두 비율척도에 해당한다. 그러나 평균 기온(온도)은 0도가 수많은 물질 중 물이 어는점의 기준일 뿐 절대영점이 아니므로, 등간척도에 해당한다.

90 [14년 3회 기출]

비율척도로서 의미를 가진다고 보기 어려운 것은 무엇인가?

① A 자동차가 시속 100km로 달리고, B 자동차는 시속 150km 달리고 있다면, B 자동차가 A 자동차보다 1.5배 빠르다.
② A 학생이 받은 용돈이 20만 원이고 B 학생이 받은 용돈이 10만 원이라면, A 학생의 용돈이 B 학생보다 2배 많다.
③ A 주전자의 온도가 섭씨 100℃이고 B 주전자의 온도가 섭씨 50℃라면, A 주전자는 B 주전자보다 2배 더 뜨겁다.
④ A 드라마의 시청률이 20%이고, B 드라마의 시청률이 10%라면, A 드라마의 시청률이 B 드라마보다 2배 높다.

해설 온도는 대표적인 등간척도이며, 사칙연산 중 덧셈·뺄셈은 가능하지만, 곱셈·나눗셈은 수행할 수 없다.

91 [13년 2회, 20년 1·2회 통합 기출]

척도의 종류 중 비율척도에 관한 설명으로 틀린 것은?

① 절대적인 기준을 가지고 속성의 상대적 크기 비교 및 절대적 크기까지 측정할 수 있도록 비율의 개념이 추가된 척도이다.
② 수치상 가감승제와 같은 모든 산술적인 사칙연산이 가능하다.
③ 비율척도로 측정된 값들이 가장 많은 정보를 포함하고 있다고 볼 수 있다.
④ 월드컵 축구 순위 등이 대표적인 예이다.

해설 월드컵 축구 순위는 서열척도에 해당하는 예시이다. 서열척도는 관찰하는 대상의 특성을 측정해서 그 값을 순위로 나타내며, 숫자가 가지고 있는 의미가 있어서 높은지 낮은지 등 대상끼리의 '상대적 순위(Rank)' 평가가 가능하지만, 등급 간의 어느 정도의 차이인지 알 수 없는 특징이 있다.

92 [15년 1회, 21년 3회 기출]

측정수준과 예가 잘못 짝지어진 것은?

① 명목측정 – 성별, 인종
② 비율측정 – 소득, 직업
③ 등간측정 – 온도, IQ 지수
④ 서열측정 – 후보자 선호, 사회계층

해설 비율측정은 절대영점을 갖춘 측정의 수준이다. 소득은 비율측정에 해당하지만, 직업은 명목측정에 해당한다. 명목측정은 분류적인 개념만을 내포하여, 변수 간의 사칙연산이 의미가 없는 측정이다.

정답 : 89 ② 90 ③ 91 ④ 92 ②

93 [17년 3회 기출]
변수와 측정수준의 연결이 옳은 것은?

① 빈곤율 – 명목변수
② 직업분류 – 서열변수
③ 청년실업자 수 – 비율변수
④ 야구선수의 등 번호 – 등간변수

해설 빈곤율은 절대영점을 가지므로 비율변수에 해당하고, 직업분류와 야구선수의 등 번호는 명목변수에 해당한다.

94 [15년 2회 기출]
변수와 측정수준의 연결이 옳은 것은?

① 직업분류 – 등간변수
② 회사 근무연수 – 명목변수
③ 사회학과 졸업생 수 – 비율변수
④ 복지지출의 국가 간 순위 – 명목변수

해설 사회학과 졸업생 수는 졸업생 수(속성)가 아예 없는 절대영점을 가지므로 비율변수에 해당한다.
① 직업분류는 명목변수. ② 회사 근무연수는 비율변수. ④ 복지지출의 국가 간 순위는 서열변수에 해당한다.

95 [14년 1회 기출]
측정수준과 그 예가 서로 맞지 않는 것은?

① 등간측정 : 온도
② 비율측정 : 지능지수(IQ)
③ 명목측정 : 주민등록번호
④ 서열측정 : 학급 석차(등수)

해설 지능지수(IQ)는 간격은 일정하지만, 절대영점이 없기 때문에 등간척도로 분류된다. IQ에서 0은 지능의 '없음'을 의미하지 않기 때문에 비율척도가 아니다.

96 [02년 1회, 17년 1회 기출]
다음 사례에서 측정의 수준은?

> ㉠ 부부에게 현재 자녀 수에 대해 '1) 적음, 2) 적당함, 3) 많음'이라는 세 가지 응답범주로 답하도록 하였다.
> ㉡ 부부에게 그들의 실제 자녀 수를 적도록 하였다. 자녀가 없는 부부의 경우 자녀 수를 0으로 처리한다.

① ㉠ 명목측정, ㉡ 서열측정
② ㉠ 서열측정, ㉡ 비율측정
③ ㉠ 등간측정, ㉡ 비율측정
④ ㉠ 서열측정, ㉡ 등간측정

해설 ㉠ 자녀 수를 '1) 적음, 2) 적당함, 3) 많음'이라는 세 가지 응답범주로 분류한 것은 범주 + 순서(순위)의 특징을 갖는 서열측정이다.
㉡ 부부에게 그들의 실제 자녀 수를 적도록 하고, 자녀가 없는 부부의 경우 자녀 수를 0으로 처리하는 것은 절대영점이 존재하는 비율측정이다.

97 [16년 3회, 19년 2회 기출]
측정의 수준이 바르게 짝지어진 것은?

> ㉠ 교육 수준 – 중졸 이하, 고졸, 대졸 이상
> ㉡ 교육 연수 – 정규교육을 받은 기간(년)
> ㉢ 출신 고등학교 지역

① ㉠ 명목측정, ㉡ 서열측정, ㉢ 등간측정
② ㉠ 등간측정, ㉡ 서열측정, ㉢ 비율측정
③ ㉠ 서열측정, ㉡ 등간측정, ㉢ 명목측정
④ ㉠ 서열측정, ㉡ 비율측정, ㉢ 명목측정

해설 ㉠ 교육 수준을 가장 낮은 수준을 중졸 이하, 중간을 고졸, 가장 높은 수준을 대졸 이상으로 설정하여 상대적인 서열을 부여하였으므로 서열측정에 해당한다.
㉡ 교육 연수를 정규교육을 받은 기간(년)은 정규교육을 아예 받지 않은 절대영점이 있으므로 비율측정에 해당한다.
㉢ 출신 고등학교 지역은 지역별로 출신 고등학교를 분류 가능하므로 명목측정에 해당한다.

정답 : 93 ③ 94 ③ 95 ② 96 ② 97 ④

98 [11년 1회, 17년 1회 기출]
다음 중 측정의 수준이 다른 하나는?

① GNP(국민총생산) ② 생활 수준
③ 도시화율 ④ 출산율

해설 생활 수준은 수준에 따라 순서를 지정할 수 있으므로 서열척도이다. 반면, GNP(국민총생산), 도시화율, 출산율은 절대영점을 가지므로 비율척도이다.

99 정답률 약 60% [20년 1·2회 통합 기출]
다음의 사항을 측정할 때 측정수준이 다른 것은?

① 교통사고 횟수 ② 몸무게
③ 온도 ④ 저축금액

해설 온도는 절대영점이 없는 대표적인 등간척도이다. 반면, 교통사고 횟수, 몸무게, 저축금액은 절대영점을 가지므로 비율척도이다.

100 정답률 약 50% [03년 3회, 17년 3회 기출]
측정수준에 따른 척도에 대한 설명으로 틀린 것은?

① 명목척도는 성별과 종교처럼 분류적인 개념만을 내포한다.
② 서열척도는 특정한 성격을 갖는 정도에 따라 범주를 서열화한다.
③ 등간척도는 IQ 점수처럼 대상 자체가 갖는 속성의 실제값을 나타낸다.
④ 비율척도는 소득과 성비처럼 0이라는 절대적 의미를 갖는 값이 존재한다.

해설 IQ 점수는 등간척도로서 점수 간 차이는 일정하지만, 그 점수가 의미하는 '실제값'을 나타내지는 않는다. 따라서 IQ 120인 사람이 IQ 60인 사람보다 두 배 더 '지능적'이라고 말할 수 없으며, 사칙연산 중 곱셈·나눗셈을 수행할 수 없다.

101 [00년 1회, 18년 1회 기출]
측정수준에 대한 설명으로 틀린 것은?

① 서열척도는 각 범주 간에 크고 작음의 관계를 판단할 수 있다.
② 비율척도에서 0의 값은 자의적으로 부여되었으므로 절대적 의미를 가질 수 없다.
③ 명목척도에서는 각 범주에 부여되는 수치가 계량적 의미를 가지지 못한다.
④ 등간척도에서는 각 대상 간의 거리나 크기를 표준화된 척도로 표시할 수 있다.

해설 비율척도는 절대영점의 특징을 가지며, 0은 절대적 의미를 갖는다. 이때, 0은 '없음'을 나타내므로 무게가 0kg이면 물체의 무게가 없는 것이다.

102 정답률 약 20% [07년 3회, 20년 3회 기출]
자료에 대한 통계분석 방법 결정 시 가장 중요하게 고려해야 할 측정의 요소는?

① 신뢰도 ② 타당도
③ 측정 방법 ④ 측정수준

해설 자료가 명목, 서열, 등간, 비율 중 어느 측정수준에 속하는지에 따라 적용 가능한 통계분석 방법이 다르며, 이를 결정할 때 가장 중요한 요소는 '측정수준'이다. 따라서, 가장 낮은 수준의 명목척도는 교차분석 등의 비모수통계가 가능하며, 가장 높은 수준의 비율척도는 회귀분석 등 모든 다양한 통계분석이 가능하다.

103 [09년 1회, 12년 3회 기출]
다음 중 가장 많은 정보를 제공해주는 측정의 수준은?

① 서열측정 ② 비율측정
③ 등간측정 ④ 명목측정

해설 암기 : 명서등비
측정의 4가지 수준에서 가장 많은 정보를 제공해주는 측정은 비율측정이다. 비율측정은 범주 + 순위 + 등간 + 절대영점을 모두 특징으로 가지며, 사칙연산이 가능하다.

정답 : 98 ② 99 ③ 100 ③ 101 ② 102 ④ 103 ②

104 [14년 1회 기출]

측정의 수준과 사용 가능한 통계기법이 바르게 짝 지어진 것은?

① 명목척도 – 중앙값(Median)
② 서열척도 – 분산(Variance)
③ 등간척도 – 기하평균(Geometric Mean)
④ 비율척도 – 변동계수(Coefficient Variation)

해설 비율척도는 모든 통계량을 산출할 수 있는 가장 높은 수준의 척도이다. 수준이 높아짐에 따라 산출 가능한 통계치는 아래와 같이 추가된다.

구분	산출 가능한 통계치
명목척도 (수준)	• 범주별 빈도수, 상대 빈도 • 최빈값(Mode)
서열척도 (수준)	+범위(Range), 중앙값(Median)
등간척도 (수준)	+산술평균(Mean) +분산(Variance) +표준편차(Standard Deviation)
비율척도 (수준)	+조화평균(Harmonic Mean) +기하평균(Geometric Mean) +변동계수(Coefficient Variation)

105 [16년 2회 기출]

일반적으로 가장 적은 정보를 제공해주는 측정수준은?

① 서열척도   ② 비율척도
③ 명목척도   ④ 등간척도

해설 암기 : [명서등비]
일반적으로 가장 적은 정보를 제공하는 측정수준은 명목척도이다.

106 [19년 1회 기출]

다음 중 가장 다양한 통계기법을 적용할 수 있는 측정수준은?

① 명목측정   ② 서열측정
③ 비율측정   ④ 등간측정

해설 암기 : [명서등비]
비율척도는 범주+순위+등간+절대영점을 모두 가지며, 사칙연산을 모두 적용할 수 있고, 평균, 분산, 표준편차, 회귀분석, 상관분석 등 모든 통계기법을 적용할 수 있다.

107 [12년 1회, 18년 3회 기출]

다음 (   )에 알맞은 것은?

> (   ) 순으로 얻어진 자료가 담고 있는 정보의 양이 많으며, 보다 정밀한 분석방법이 적용될 수 있다.

① 서열측정 > 명목측정 > 비율측정 > 등간측정
② 명목측정 > 서열측정 > 등간측정 > 비율측정
③ 등간측정 > 비율측정 > 서열측정 > 명목측정
④ 비율측정 > 등간측정 > 서열측정 > 명목측정

해설 측정의 수준은 정보의 양이나 정밀한 분석방법 기준으로, 비율측정>등간측정>서열측정>명목측정이다.

정답 : 104 ④   105 ③   106 ③   107 ④

108 정답률 약 50% [00년 1회, 20년 4회 기출]

측정수준의 특성상 지역별로 측정된 실업률의 사칙연산 가능 범위는?

① 사칙연산이 불가능
② 덧셈과 뺄셈만 가능
③ 곱셈과 나눗셈만 가능
④ 사칙연산이 모두 가능

해설 실업률은 절대영점을 가진 비율척도에 해당하므로 모든 사칙연산이 가능하다.

명목척도 (수준)	= ≠	범주			
서열척도 (수준)	> <	범주	순서		
등간척도 (수준)	+ −	범주	순서	등간	
비율척도 (수준)	× ÷	범주	순서	등간	절대영점

109 [17년 1회, 21년 2회 기출]

척도에 관한 설명으로 틀린 것은?

① 척도는 계량화를 위한 도구이다.
② 불연속은 척도의 중요한 속성이다.
③ 척도의 구성 항목은 단일한 차원을 반영해야 한다.
④ 척도를 구성하는 방법은 측정하려는 변수의 구조적 성격에 따라 결정된다.

해설 명목척도나 서열척도는 불연속일 수도 있으며, 이는 특정한 척도 수준에 따라 불연속은 척도의 중요한 속성에 해당하지 않을 수 있다는 것을 의미한다.
반면, 등간척도나 비율척도는 연속성이 중요한 속성 중 하나이다. 예를 들어, 섭씨온도는 등간척도로서 연속적인 값을 가지며, 온도 값 사이의 간격이 균등하고, 두 온도 사이의 값을 세밀하게 측정할 수 있다.

110 정답률 약 60% [21년 1회 기출]

사회조사에서 척도에 대한 설명으로 틀린 것은?

① 불연속성은 척도의 중요한 속성이다.
② 척도는 변수에 대한 양적인 측정치를 제공한다.
③ 척도는 여러 개의 지표를 하나의 점수로 나타낸다.
④ 척도를 통하여 하나의 지표로서 제대로 측정하기 어려운 복합적인 개념을 측정할 수 있다.

해설 척도는 변수의 양적인 측정을 통해 데이터의 연속성을 나타낼 수 있는 중요한 속성 중 하나이다. 즉, 척도는 연속성을 띠는 데이터도 포함할 수 있으며, 명목척도처럼 불연속적인 데이터도 포함할 수 있다. 그러나 불연속성 자체가 척도의 중요한 속성으로 정의되지는 않는다.

111 [05년 3회, 15년 1회 기출]

척도에 관한 설명으로 틀린 것은?

① 척도는 계량화를 위한 측정도구이다.
② 척도의 표시는 반드시 숫자이어야 한다.
③ 연속성은 척도의 중요한 속성이다.
④ 척도의 종류에는 명목척도, 서열척도, 등간척도, 비율척도가 있다.

해설 척도의 표시는 반드시 숫자일 필요는 없다. 명목척도와 같은 경우에는 범주를 나타내기 위해 문자나 기호를 사용할 수도 있다. 예를 들어, 성별을 "남"과 "여"로 표시하거나, 혈액형을 "A", "B", "AB", "O"로 범주화하는 것이 가능하다.

112 정답률 약 50% [17년 3회 기출]

척도에 관한 설명으로 틀린 것은?

① 척도는 계량화를 위한 도구이다.
② 척도의 중요한 속성은 연속성이다.
③ 척도를 통해 모든 사물을 모두 측정할 수 있다.
④ 척도는 일정한 규칙에 따라 측정대상에 표시하는 기호나 숫자의 배열이다.

해설 척도가 모든 사물을 측정할 수 있는 것은 아니다. 추상적 개념이나 감정 등은 척도로 측정하기 어려울 수 있다.

정답 : 108 ④ 109 ② 110 ① 111 ② 112 ③

113 정답률 약 50%

[09년 3회, 13년 2회, 16년 1회 기출]

다음 중 척도에 대한 설명으로 틀린 것은?

① 복합적인 자료를 분석하기 위한 단순한 측정치로 요약하기 위해서 척도 구성을 한다.
② 연구자는 다양한 문항들이 동일한 차원을 다루는 하나의 척도를 구성하는지 보기 위해 척도법을 사용한다.
③ 측정치 또는 측정수준의 오류를 줄이고 그 타당성과 신뢰성을 높이는 하나의 기법이 곧 척도법이다.
④ 개별문항들을 집약하지 않고 모두 지표로 인정함으로써 보다 효율적으로 주어진 현상을 측정할 수 있다.

해설 척도법에서는 개별문항들을 집약하여 하나의 지표로 만드는 것이 일반적이다. 이는 개별문항의 응답을 단순히 나열하는 것이 아니라, 복합적인 개념을 측정하기 위해 여러 문항을 종합하여 하나의 점수나 척도를 구성하는 과정이다.

114 정답률 약 50%

[05년 3회, 10년 3회, 16년 2회 기출]

척도 구성에서 척도의 일부를 이루는 개별문항들에 대한 기본적인 가정으로 가장 적합한 것은?

① 개별문항은 양적 속성을 가지지만, 그것은 결국 질적 속성으로 변환될 수 있어야 한다.
② 개별문항은 다차원적이어야 하며, 이들이 논리적으로나 경험적으로 연결된 다수의 개념을 반영하여야 한다.
③ 개별문항은 하나의 연속체를 이루어야 하며, 이 연속체는 단 하나의 개념을 반영하여야 한다.
④ 개별문항은 둘 이상의 개념을 별도로 점수화하는 데 적합하여야 하며, 이들 개념은 통계적으로 조작이 불가능한 질적 개념이어야 한다.

해설 척도구성에서 개별문항들은 보통 하나의 개념을 중심으로 연속적인 값을 나타내도록 설계된다. 이를 통해 개별문항들이 동일한 개념을 반영하는지 확인하는 것이 척도구성의 중요한 요소이다.

115

[18년 2회 기출]

사회과학에서 척도를 구성하는 이유와 가장 거리가 먼 것은?

① 측정의 신뢰성을 높여준다.
② 변수에 대한 질적인 측정치를 제공한다.
③ 하나의 지표로 측정하기 어려운 복합적인 개념들을 측정한다.
④ 여러 개의 지표를 하나의 점수로 나타내어 자료의 복잡성을 덜어준다.

해설 척도는 변수에 대한 양적 측정치를 제공하여 통계적인 활용을 쉽게 해준다.

116

[02년 3회, 09년 1회, 12년 3회 기출]

사회과학에서 척도를 사용하는 이유와 가장 거리가 먼 것은?

① 하나의 지표로는 측정하기 어려운 복합적인 개념을 측정 가능하다.
② 변수에 대한 양적 측정치를 제공함으로 통계적 조작이 가능하다.
③ 여러 개의 지표를 하나의 점수로 나타내어 자료를 단순화한다.
④ 척도는 양적인 속성을 질적인 계열로도 전환 가능하다.

해설 척도를 사용하는 이유는 양적 측정을 통해 복합적인 개념을 수량화하고, 이를 통계적으로 분석할 수 있게 하는 것이다.

정답 : 113 ④ 114 ③ 115 ② 116 ④

117 [01년 3회, 19년 1회 기출]

어떤 개념을 측정하기 위해 여러 개의 문항으로 이루어진 척도(Scale)를 사용하는 이유를 모두 고른 것은?

> ㉠ 하나의 지표로서는 제대로 측정하기 어려운 복합적인 개념들을 측정하는 데 유용하다.
> ㉡ 측정의 신뢰도를 높여주기도 한다.
> ㉢ 여러 개의 지표를 하나의 점수로 나타내주어 자료의 복잡성을 덜어주기도 한다.
> ㉣ 척도에 의한 양적인 측정치는 통계적인 활용을 쉽게 한다.

① ㉠, ㉡
② ㉠, ㉢, ㉣
③ ㉡, ㉢, ㉣
④ ㉠, ㉡, ㉢, ㉣

해설 모든 문항이 척도를 사용하는 이유에 관한 설명이며, 각 이유는 척도의 단순성(㉠, ㉢), 신뢰성(㉡), 활용성(㉣)이다.

118 정답률 약 40% [11년 3회, 20년 3회 기출]

척도와 지수에 관한 설명으로 옳지 않은 것은?

① 지수는 개별적인 속성들에 할당된 점수들을 합산하여 구한다.
② 척도는 속성들 간에 존재하고 있는 강도(Intensity) 구조를 이용한다.
③ 지수는 척도보다 더 많은 정보를 제공해준다.
④ 척도와 지수 모두 변수에 대한 서열측정이다.

해설 척도점수가 지수점수보다 더 많은 정보를 전달한다. 척도는 각 문항에 대한 개별 점수를 제공하므로, 특정 항목에 대한 세부적인 응답 정보를 얻을 수 있는데, 이는 지수점수가 제공하는 단일 종합 점수보다 더 많은 세부 정보를 포함할 수 있다.

119 정답률 약 40% [11년 1회, 18년 3회 기출]

지수(Index)와 척도(Scale)에 관한 설명으로 틀린 것은?

① 지수와 척도 모두 변수에 대한 서열측정이다.
② 척도점수는 지수점수보다 더 많은 정보를 전달한다.
③ 지수와 척도 모두 둘 이상의 자료 문항에 기초한 변수의 합성 측정이다.
④ 지수는 동일한 변수의 속성들 가운데서 그 강도의 차이를 이용하여 구별되는 응답 유형을 밝혀낸다.

해설 동일한 변수의 속성들 가운데서 그 강도의 차이를 이용하여 구별되는 응답 유형을 밝혀내는 것은 '척도'이며, 이는 리커트척도 5점 척도를 통해 이해해도 좋다.

120 정답률 약 50% [21년 3회 기출]

지수나 척도와 같이 합성 측정(Composite Measures)을 이용하는 이유로 가장 타당한 것은?

① 측정오차를 줄일 수 있기 때문이다.
② 타당도 계수를 높일 수 있기 때문이다.
③ 외적 타당도를 높일 수 있기 때문이다.
④ 하나의 개념이 갖는 다양한 의미에 대하여 포괄적인 측정을 할 수 있기 때문이다.

해설 합성 측정은 복잡한 개념을 다양한 측면에서 평가하기 위해 여러 개의 문항을 결합하여 하나의 지표로 만드는 방식이며, 가장 중요한 목적은 다양한 문항을 통해 개념을 다각도로 포괄적으로 측정하는 것이다.

121 [13년 1회, 18년 1회 기출]

서스톤(Thurstone)척도는 척도의 수준으로 볼 때 어느 척도에 해당하는가?

① 등간척도
② 서열척도
③ 명목척도
④ 비율척도

해설 암기: 서스일등긍부
서스톤척도는 유사등간척도(등현등간척도)이다. 따라서 측정의 수준으로 볼 때, 등간척도에 해당한다.

정답: 117 ④ 118 ③ 119 ④ 120 ④ 121 ①

122 정답률 약 60%   [19년 3회 기출]

다음 (   )에 알맞은 것은?

> 서스톤(Thurstone)척도는 어떤 사실에 대하여 가장 우호적인 태도와 가장 비우호적인 태도를 나타내는 양극단을 구분하여 수치를 부여하는 척도이며, 측정의 수준으로 볼 때 (   )에 해당한다.

① 명목척도 ② 서열척도
③ 등간척도 ④ 비율척도

해설 암기 : 서스일등긍부
서스톤척도는 유사등간척도(등현등간척도)라고도 부른다. 즉, 최종적으로 구성된 척도는 동일한 간격을 지닐 수 있고, 등간척도에 해당한다.

123 정답률 약 40%
[00년 1회, 02년 3회, 13년 3회, 15년 2회, 19년 2회 기출]

각 문항이 척도상의 어디에 위치할 것인가를 평가자들로 하여금 판단케 한 다음 조사자가 이를 바탕으로 하여 대표적인 문항들을 선정하여 척도를 구성하는 방법은?

① 서스톤척도   ② 리커트척도
③ 거트만척도   ④ 의미분화척도

해설 서스톤척도는 11점 척도이며, 가장 긍정적인 태도와 가장 부정적인 태도를 나타내는 태도의 양극단을 등간적으로 구분하고 수치를 부여하여 척도를 구성하는 방법이다.

124 [15년 3회, 22년 2회 기출]

연구 주제와 관련된 가능한 한 많은 진술을 수집하여 평가자들로 하여금 판단토록 한 다음 그 결과를 바탕으로 문항을 선정하는 척도는?

① 거트만척도   ② 서스톤척도
③ 리커트척도   ④ 총화평정척도

해설 서스톤척도는 문항을 개발하고 평가하는 과정이 매우 복잡하고, 전문가들의 의견을 수집하는 단계가 포함되어 있기 때문에 개발하기 위하여 시간과 노력이 많이 든다.

125 정답률 약 50%   [16년 1회 기출]

각 문항에 대한 전문 평가자들의 의견 일치도가 높은 항목들을 골라서 척도를 구성하는 것은?

① 서스톤척도(Thurstone Scale)
② 거트만척도(Guttman Scale)
③ 리커트척도(Likert Scale)
④ 의미분화척도(Semantic Differential Scale)

해설 서스톤척도는 문항에 대해 전문가들이 각 항목의 측정 수준에 대해 평가한 후, 의견 일치도가 높은 항목들을 채택하여 구성된다.

126 정답률 약 50%   [01년 3회, 20년 4회 기출]

서스톤척도(Thurstone Scale)에 대한 설명으로 틀린 것은?

① 리커트척도법나 거트만척도법에 비해 서스톤척도법은 상당한 비용과 시간이 걸린다는 단점을 가지고 있다.
② 리커트척도법나 거트만척도법의 경우는 구간 수준(Interval Level)의 측정이 가능하지만, 서스톤척도법은 서열수준(Ordinal Level)의 측정만이 가능하다.
③ 평가자의 편견이 개입될 가능성이 있으며, 이 문제를 완화하기 위해서는 가능하면 많은 수의 평가자를 선정하는 것이 좋다.
④ 문항의 선정 과정에서 평가자 간에 이견이 큰 문항은 제외한다.

해설 암기 : 서스일등긍부
서스톤척도는 유사등간척도(등현등간척도)이며, 목적은 각 진술이 나타내는 태도의 강도가 등간 간격을 갖도록 하는 것으로 등간척도에 해당한다.

정답 : 122 ③   123 ①   124 ②   125 ①   126 ②

127 [11년 3회, 14년 1회 기출]
서스톤척도(Thurstone Scale)에 대한 설명으로 틀린 것은?

① 처음 문장을 분류하는 평가자들의 성격에 따라 분포가 달라질 수 있다.
② 절차가 다른 척도보다 단순하고 문장이나 평가자의 수가 적어도 된다.
③ 척도용으로 선정된 문장들이 평균값은 같으나 분산도가 다를 수 있다.
④ 응답자의 점수가 같더라도 그가 선택하는 문항의 종류와 내용이 다를 수 있다.

> **해설** 서스톤척도는 대부분 11점 척도로 구성되어 있으며, 구성 절차는 문항 개발(진술 수집) → 전문가 평가(평가자 판단) → 일치도 분석 → 최종문항 선정이다.
> 즉, 서스톤척도는 문항을 개발하고 평가하는 과정이 매우 복잡하고, 전문가들의 의견을 수집하는 단계가 포함되어 있기 때문에 개발하기 위하여 시간과 노력이 많이 든다.

128 정답률 약 40% [02년 1회, 19년 1회 기출]
다음 설명에 해당하는 척도 구성기법은?

> 특정 개념을 측정하기 위해 연구자가 수집한 여러 가지의 관련 진술에 대하여 평가자들이 판단을 내리도록 한 후 이를 토대로 각 진술에 점수를 부여한다. 이렇게 얻어진 진술을 실제 측정하고자 하는 척도의 구성 항목으로 포함시킨다.

① 서스톤척도(Thurstone Scale)
② 리커트척도(Likert Scale)
③ 거트만척도(Guttman Scale)
④ 의미분화척도(Semantic Differential Scale)

> **해설** 암기: 서일등긍부
> 서스톤척도의 구성 절차는 문항 개발(진술 수집) → 전문가 평가(평가자 판단) → 일치도 분석 → 최종문항선정이다.

129 정답률 약 60% [14년 2회, 18년 3회 기출]
다음은 어떤 척도의 특징인가?

> • 대체적으로 11점 척도로 구성되어 있다.
> • 개발하기 위하여 시간과 노력이 많이 든다.
> • 최종적으로 구성된 척도는 동일한 간격을 지닐 수 있다.

① 리커트척도(Likert Scale)
② 서스톤척도(Thurstone Scale)
③ 보가더스척도(Bogardus Scale)
④ 오스굿(Osgood)척도

> **해설** 암기: 서스일등긍부
> 서스톤척도는 대부분 11점 척도로 구성되어 있으며, 유사등간척도(등현등간척도)라고도 부른다. 이러한 서스톤척도는 문항을 개발하고 평가하는 과정이 매우 복잡하고, 전문가들의 의견을 수집하는 단계가 포함되어 있기 때문에 개발하기 위하여 시간과 노력이 많이 든다.

130 [17년 2회 기출]
평정척도(Rating Scale)의 구성에 관한 옳은 설명을 모두 고른 것은?

> ㉠ 응답범주들이 상호배타적이어야 한다.
> ㉡ 찬반의 응답범주 수가 균형을 이루어야 한다.
> ㉢ 응답범주들이 논리적 연관성을 가지고 있어야 한다.
> ㉣ 응답범주의 수를 가능한 한 많게 한다.

① ㉠, ㉡
② ㉢, ㉣
③ ㉠, ㉡, ㉢
④ ㉠, ㉢, ㉣

> **해설** ㉠, ㉡, ㉢는 모두 옳은 설명이다.
> ㉣ 응답범주의 수는 응답자가 명확하게 차이를 인식할 수 있는 수준에서 적절히 설정해야 하며, 지나치게 많으면 오히려 혼란을 줄 수 있다.

정답: 127 ② 128 ① 129 ② 130 ③

131 [정답률 약 50%] [12년 3회, 20년 3회 기출]

서열측정을 위한 방법으로 단순합산법을 사용하는 대표적인 척도는?

① 거트만(Guttman)척도
② 서스톤(Thurstone)척도
③ 리커트(Likert)척도
④ 보가더스(Bogardus)척도

해설 암기 : 리총평반합요
리커트척도는 서열측정을 위한 방법으로 '단순합산법'을 사용하는 대표적인 척도이다. 각 문항이 하나의 척도이며 전체 문항의 총점을 태도의 측정치로 본다.

132 [정답률 약 50%]
[00년 1회, 03년 1회, 08년 1회, 17년 3회 기출]

태도척도에서 부정적인 극단에는 1점을, 긍정적인 극단에는 5점을 부여한 후, 전체 문항의 총점 또는 평균을 가지고 태도를 측정하는 척도는?

① 서스톤척도 ② 리커트척도
③ 거트만척도 ④ 의미분화척도

해설 암기 : 리총평반합요
리커트척도는 총화평정척도로서 5점 혹은 7점 척도가 사용되며, 서열측정을 위한 방법으로 '단순합산법'을 사용하는 대표적인 척도이다. 이는 각 문항별 응답점수의 총합이 측정하고자 하는 개념을 대표한다는 가정에 근거한다.

133 [03년 1회 기출]

리커트(Likert)척도와 같은 의미로 사용되는 것은 다음 중 어느 것인가?

① 총화평정척도 ② 누적척도
③ 비율척도   ④ 단일차원척도

해설 암기 : 리총평반합요
리커트척도는 총화평정척도로도 불리며, 여러 문항의 응답 점수를 합산하여 하나의 총합 점수로 개념을 측정한다.

134 [정답률 약 30%] [01년 3회, 21년 3회 기출]

리커트(Likert)척도법에 대한 설명으로 적절하지 않은 것은?

① 각 문항에 대한 가중치를 다르게 부여할 수 없다는 단점이 있다.
② 척도검수에 대한 신뢰성을 검토하기 위해 반분법을 이용할 수 있다.
③ 사용하기 쉽고, 직관적인 이해가 가능하기 때문에 사회조사에서 널리 사용된다.
④ 척도가 단일차원을 측정하고 있는가를 검토하기 위하여 인자분석(Factor Analysis)을 사용하기도 한다.

해설 암기 : 리총평반합요
리커트척도에서는 보통 모든 문항에 동일한 가중치를 부여하고, 그 점수를 평균하여 태도를 측정한다. 이 방식은 리커트척도의 특징이지, 단점이라고 볼 수 없다. 정리하면, 리커트척도는 모든 문항이 동일한 중요성을 가진다는 점에서 일관성이 있으며, 이 때문에 신뢰성이 상승한다는 장점도 있다.

135 [정답률 약 50%] [16년 2회, 21년 1회 기출]

리커트(Likert)척도의 장점이 아닌 것은?

① 적은 문항으로도 높은 타당도를 얻을 수 있어서 매우 경제적이다.
② 한 항목에 대한 응답의 범위에 따라 측정의 정밀성을 확보할 수 있다.
③ 응답 카테고리가 명백하게 서열화되어 응답자에게 혼란을 주지 않는다.
④ 항목의 우호성 또는 비우호성을 평가하기 위해 평가자를 활용하므로 객관적이다.

해설 리커트척도는 응답자가 각 문항에 대해 직접 자신의 의견을 선택하는 방식이므로, 특정 평가자를 활용하여 우호성 및 비우호성을 평가하지 않는다.

정답 : 131 ③ 132 ② 133 ① 134 ① 135 ④

136 정답률 약 40% [06년 3회, 17년 2회 기출]
리커트척도의 단점에 해당하지 않는 것은?

① 엄격한 의미에서의 등간척도가 될 수 없다.
② 각 문항의 점수를 더한 총점으로는 각 문항에 대한 응답의 강도를 정확히 알 수 없다.
③ 척도가 측정하고자 하는 개념을 제대로 측정하고 있는지의 문제가 여전히 남는다.
④ 문항 간의 내적 일관성을 확인할 수 없다.

해설 리커트척도에서는 문항 간의 내적 일관성을 확인하기 위해 신뢰도 분석을 사용할 수 있다. 이러한 내적 일관성 검증을 통해 신뢰도가 낮은 항목을 삭제하여 척도의 신뢰성을 높일 수 있다. 즉, 일관성 있는 문항들에 대해 응답자들에게 일정한 방향으로 태도를 질문함으로써 신뢰도를 높이는 데 기여한다.

137 정답률 약 60% [13년 1회, 17년 1회 기출]
다음 내용에서 설명하고 있는 척도는?

- 각각의 문항은 측정하고자 하는 개념의 속성에 대해 동일한 기여를 한다.
- 내적 일관성 검증을 통해 신뢰도가 낮은 항목은 삭제할 필요가 있다.
- 문항별 응답점수의 총합이 측정하고자 하는 개념을 대표한다는 가정에 근거한다.

① 리커트척도(Likert Scale)
② 거트만척도(Guttman Scale)
③ 서스톤척도(Thurstone Scale)
④ 의미분화척도(Semantic Differential Scale)

해설 암기 : 리총평반합요
리커트척도는 문항별 응답점수의 총합이 측정하고자 하는 개념을 대표한다는 가정에 근거하며 문항별 응답범주가 상호 대칭되는 서열척도에 해당한다. 그러므로 각각의 문항은 측정하고자 하는 개념의 속성에 동일한 기여를 하고 내적 일관성을 위해 신뢰도가 낮은 항목은 삭제할 필요가 있다.

138 정답률 약 50% [10년 1회, 13년 2회 기출]
리커트(Likert)척도에서 문항들이 단일차원을 이루는지를 확인할 수 있는 방법은?

① 요인분석
② 회귀분석
③ 구조방적식모형
④ 재생계수 계산

해설 리커트척도가 단일차원을 측정하고 있는가를 검토하기 위하여 요인분석(Factor Analysis)을 사용한다.

139 정답률 약 60% [11년 1회, 13년 2회 기출]
다음 중 실용성과 효율성이 높다고 인정되며, 총화평정기법(Summated Rating Technique) 이라고도 불리는 척도는?

① 서스톤척도(Thurstone Scale)
② 리커트척도(Likert Scale)
③ 거트만척도(Guttman Scale)
④ 어의차이척도(Semantic Differential Scale)

해설 리커트척도는 총화평정척도로서 5점 혹은 7점 척도가 사용되며, 실용성 및 효율성이 높고, 직관적인 이해가 가능하기 때문에 사회조사에서 널리 사용된다.

140 정답률 약 40% [15년 3회 기출]
총화평정척도에 대한 설명과 가장 거리가 먼 것은?

① 일반적으로 예비적 문항의 선정 단계를 거쳐서 최종의 척도를 구성하는 이중단계를 거친다.
② 평가자의 주관이 개입될 가능성이 크다.
③ 리커트척도라고도 한다.
④ 전체 문항에 대한 응답의 총 평점이 태도의 측정치가 된다.

해설 총화평정척도(리커트척도)는 응답자가 각 문항에 대해 직접 점수를 매기는 방식이기 때문에 평가자의 주관이 개입되는 것이 아니라, 응답자의 주관적인 응답을 바탕으로 점수가 부여된다.

정답 : 136 ④ 137 ① 138 ① 139 ② 140 ②

141 정답률 약 50% [14년 3회 기출]

리커트척도에 관한 설명과 가장 거리가 먼 것은 무엇인가?

① 평정척도의 하나이다.
② 태도를 나타내는 여러 개의 진술문들로 구성된다.
③ 응답자들에게 태도 점수를 부여한다.
④ 개개인을 등급화하는 방법으로써 등급 간의 간격이 거의 동일하도록 조정한다.

해설 리커트척도는 서열측정의 성격을 가지므로 각 항목에 대한 응답을 서열화하고, 그 응답 점수를 단순히 합산하여 태도를 측정한다. 반면 등급 간의 간격이 거의 동일하도록 조정하는 것은 등간측정에 해당한다.

142 정답률 약 60% [20년 4회 기출]

한국인이 중국인을 어느 정도 받아들이는지에 대한 조사 결과, 100명 중 30명은 ⑩번을, 70명은 ⑪번을 각각 응답하였다. 이때의 인종 간 거리계수는?

> ㉠ 결혼해서 가족으로 받아들인다. – 1점
> ㉡ 개인적 친구로 받아들인다. – 2점
> ㉢ 이웃에서 같이 산다. – 3점
> ㉣ 같은 직장에서 일한다. – 4점
> ㉤ 우리나라 국민으로 받아들인다. – 5점
> ㉥ 방문객으로만 받아들인다. – 6점

① 1.5
② 4.2
③ 5.5
④ 5.7

해설 인종 간 거리계수를 구하는 것으로, 주어진 응답의 점수를 평균하여 계산하는 방식이다. 30명은 5점인 ㉤번을 선택했고, 70명은 6점인 ㉥번을 선택했다. 이를 바탕으로 거리계수를 산출하면 다음과 같다.

$$평균점수 = \frac{(30 \times 5) + (70 \times 6)}{100} = \frac{570}{100} = 5.7$$

143 정답률 약 40% [09년 3회, 16년 1회, 20년 4회 기출]

척도를 구성하는 과정에서 질문 문항들이 단일차원을 이루는지를 검증할 수 있는 척도는?

① 의미분화 척도(Semantic Differential Scale)
② 서스톤척도(Thurstone Scale)
③ 리커트척도(Likert Scale)
④ 거트만척도(Guttman Scale)

해설 암기: 거누단합재
거트만척도는 '단일차원성'을 중요한 전제 조건으로 설정하며, 척도를 누적적으로 구성하는 과정에서 질문 문항들이 단일차원을 이루는지를 검증할 수 있다.

144 정답률 약 30% [07년 3회, 18년 3회 기출]

거트만척도(Guttman Scale)에 대한 설명으로 틀린 것은?

① 누적척도(Cumulative Scale)라고도 한다.
② 단일차원의 서로 이질적인 문항으로 구성되며 여러 개의 변수를 측정한다.
③ 재생가능성을 통해 척도의 질을 판단한다.
④ 일단 자료가 수집된 이후에 구성될 수 있다.

해설 거트만척도는 단일 차원(하나의 개념)을 측정하기 위해 설계된 척도이며, 서로 동질적인 문항으로 구성된다. 거트만척도는 누적성을 가진다는 점에서, 더 높은 수준의 항목에 응답한 사람은 그보다 낮은 수준의 모든 항목에도 응답할 것으로 예상된다.

정답 : 141 ④ 142 ④ 143 ④ 144 ②

145 정답률 약 50% [16년 3회, 19년 3회 기출]
척도에 관한 설명으로 옳은 것은?

① 리커트척도는 등간-비율수준의 척도이다.
② 서스톤척도는 모든 문항에 대해 동일한 척도 값을 부여한다.
③ 소시오메트리(Sociometry)는 집단 간의 심리적 거리를 측정한다.
④ 거트만척도에서는 일반적으로 재생계수가 0.9 이상이면 적절한 척도로 판단한다.

해설 거트만척도에서 응답자의 응답이 이상적인 패턴에 얼마나 가까운가를 측정하는 것은 재생계수이다. 거트만척도에서 응답자의 응답이 이상적인 패턴에 얼마나 가까운가를 측정하는 것은 재생계수이다. 재생계수가 1이면, 이상적인 거트만척도에 접근하여 완벽한 척도 구성 가능성을 갖는다. 또한 일반적으로 재생계수가 0.9 이상이면 적절한 척도로 판단한다.

146 정답률 약 40% [01년 3회, 13년 3회 기출]
거트만척도(Guttman Scale)에 관한 설명으로 틀린 것은?

① 거트만척도의 기본구상은 척도 구성 문항들의 강도가 다르기 때문에 이를 서열화 시킬 수 있다는 것이다.
② 척도를 구성하는 과정에서 문항들의 단일차원성을 경험적으로 검증하도록 설계된 것이다.
③ 강도가 가장 높은 문항에 대한 응답을 바탕으로 다른 문항에 대한 응답을 예측할 수 있다.
④ 거트만척도를 구성하는 과정에서 응답 조사자료가 필요하지 않아 간편한 장점이 있다.

해설 거트만척도를 구성하려면 응답 조사자료가 필요하다. 실제로 응답자들의 답변 데이터를 바탕으로 문항 간의 누적성을 검토하고, 척도가 단일 차원을 잘 측정하는지 확인하는 과정이 필요하므로 조사자료가 필수적이다.

147 정답률 약 40% [14년 2회 기출]
거트만척도에 관한 설명으로 바르지 않은 것은?

① 척도를 구성하는 과정에서 문항들의 단일차원성이 경험적으로 검증되도록 설계된 척도이다.
② 재생계수가 1일 경우에는 이상적인 거트만척도에 접근하여 완벽한 척도 구성 가능성을 갖는다.
③ 거트만척도는 단일차원적이고 누적적이다.
④ 문항 분석 시 제1사분위 이하 집단의 평균과 제3사분위 이상 집단의 평균 간의 차이가 클수록 판별력이 좋은 문항이다.

해설 암기 : 거누단합재
거트만 척도에서는 문항들이 누적적인 패턴을 따르는지를 중점적으로 평가한다.
제1사분위 이하 집단의 평균과 제3사분위 이상 집단의 평균 간의 차이로 판별력을 논하는 것은 거트만척도의 특성과 관련이 없다.

148 정답률 약 60% [13년 3회, 18년 1회 기출]
척도 구성 방법 중 인종, 사회계급과 같은 여러 가지 형태의 사회집단에 대한 사회적 거리를 측정하기 위한 척도는?

① 서스톤척도(Thurston Scale)
② 보가더스척도(Bogardus Scale)
③ 거트만척도(Guttman Scale)
④ 리커트척도(Likert Scale)

해설 보가더스 사회적 거리척도는 사람들이 특정 사회집단에 대해 느끼는 친밀도나 거리감을 측정하기 위해 개발된 척도이며, 집단 상호 간의 거리를 측정하는 데 유용하다.

정답 : 145 ④ 146 ④ 147 ④ 148 ②

149 정답률 약 30% [19년 2회, 21년 3회 기출]

보가더스(Bogardus)의 사회적 거리척도의 특징으로 틀린 것은?

① 적용 범위가 넓고 예비조사에 적합한 면이 있다.
② 집단 상호 간의 거리를 측정하는 데 유용하다.
③ 신뢰성 측정에는 양분법이나 복수양식법이 매우 효과적이다.
④ 집단뿐 아니라 개인 또는 추상적인 가치에 관해서도 적용할 수 있다.

해설 보가더스의 사회적 거리척도는 집단 간의 사회적 거리를 측정하는 데 유용하며, 특정 집단에 대한 개인의 태도나 사회적 거리감을 파악하는 데 적합하다. 하지만 신뢰성 측정에서 양분법이나 복수양식법이 특히 효과적이라는 특징은 없다.

150 정답률 약 50%

[03년 3회, 09년 3회, 13년 2회 기출]

집단구성원 상호 간에 존재하는 사회적 거리의 강도를 측정하기 위해 개발된 척도는?

① 보가더스척도 ② 소시오매트리
③ 서스톤척도   ④ 리커트척도

해설 소시오메트리는 사람들의 대인관계에 관한 조사방법이며, 네트워크 분석과 관련이 있다. 이는 '집단결속력의 정도'를 저울질하는 데 사용된다.

151 정답률 약 50% [16년 3회, 21년 3회 기출]

소시오메트리(Sociometry)에 관한 설명으로 틀린 것은?

① 델파이조사방법을 준용한다.
② 네트워크 분석과 관련이 있다.
③ 사람들의 대인관계에 관한 조사연구방법이다.
④ 주관적 경험을 통한 현상학적 접근으로 집단의 구조를 이해하려 한다.

해설 소시오메트리는 집단 내 구성원 간의 대인관계와 상호작용을 분석하는 방법으로, 델파이조사와는 관련이 없다. 델파이조사방법은 전문가들의 의견을 수렴하고 합의에 도달하기 위해 사용되는 조사 방법으로, 소시오메트리와는 다른 목적과 접근 방식을 갖는다.

152 정답률 약 50% [14년 3회, 21년 2회 기출]

소시오메트리에 관한 설명으로 맞는 것은?

① 사회적 거리 척도로서 집단 간 거리를 측정하는 척도이다.
② 리더십 연구와 집단 내의 갈등, 응집에 관한 연구에서 사용된다.
③ Moreno를 중심으로 발전한 인간과 친환경 관계의 측정에 관한 방법이다.
④ 소시오메트리의 분석 방법에는 소시오메트릭 행렬, 지니지수, 집단확장지수가 있다.

해설 소시오메트리(Sociometry)는 사회적 상호작용의 패턴과 구조를 측정하고 분석하는 것으로 리더십 연구와 집단 내의 갈등, 응집에 관한 연구에서 사용된다.
① 소시오메트리는 집단 내에 있어서의 개인 간의 관계를 측정하는 것이다.
③ Moreno(모레노)를 중심으로 발전한 인간과 사회적 관계(집단 내 상호작용)의 측정에 관한 방법이다.
④ 소시오메트리 분석방법에서 흔히 사용되는 것은 소시오메트릭행렬이나 소시오그램이다.

정답 : 149 ③ 150 ② 151 ① 152 ②

153 정답률 약 50% [04년 3회, 20년 3회 기출]

의미분화척도(Semantic Differential Scale)의 특성으로 옳지 않은 것은?

① 언어의 의미를 측정하기 위한 것으로, 응답자의 태도를 측정하는 데 적당하지 않다.
② 양적 판단법으로 다변량 분석에 적용이 용이하도록 자료를 얻을 수 있게 해주는 방법이다.
③ 척도의 양극단에 서로 상반되는 형용사나 표현을 이용해서 측정한다.
④ 의미적 공간에 어떤 대상을 위치시킬 수 있다는 이론적 가정을 사용한다.

해설 의미분화척도는 하나의 개념을 주고 응답자들로 하여금 여러 가지 의미의 차원에서 그 개념을 평가하도록 한다. 이 척도는 일련의 대립되는 양극의 형용사로 구성된 척도를 이용하여 응답자의 감정 혹은 태도를 측정하는 데 이용된다.

154 정답률 약 50% [14년 3회, 20년 1·2회 통합 기출]

의미분화척도(Semantic Differential Scale)에 관한 설명과 가장 거리가 먼 것은?

① 어떠한 개념에 함축되어있는 의미를 평가하기 위한 방법으로 고안되었다.
② 하나의 개념을 주고 응답자들로 하여금 여러 가지 의미의 차원에서 그 개념을 평가하도록 한다.
③ 일반적인 형태는 척도의 양극단에 서로 상반되는 형용사를 배치하여 그 문항들을 응답자에게 제시한다.
④ 자료의 분석과정에서 다변량분석과 같은 통계적 처리 과정에 적용하는 것이 용이하지 않다.

해설 의미분화척도를 통해 측정된 자료는 요인분석 등과 같은 다변량 분석의 적용이 가능하다. 의미분화척도는 양적판단법으로 다변량 분석에 적용이 용이하도록 자료를 얻을 수 있게 해주는 방법이다.

155 정답률 약 40% [19년 2회 기출]

어의차이척도(Semantic Differential Scale)에 관한 설명으로 옳지 않은 것은?

① 측정된 자료는 요인분석 등과 같은 다변량분석의 적용이 가능하다.
② 측정대상들을 직접 비교하는 형태인 비교척도(Comparative Scale)에 해당한다.
③ 마케팅 조사에서 기업이나 브랜드, 광고에 대한 이미지, 태도 등의 방향과 정도를 알기 위해 널리 이용된다.
④ 일련의 대립되는 양극의 형용사로 구성된 척도를 이용하여 응답자의 감정 혹은 태도를 측정하는 데 이용된다.

해설 어의차이척도는 "좋다"-"나쁘다"와 같이 대립되는 형용사 쌍을 사용하여 단일 대상을 독립적으로 평가하게 하므로, 비비교척도(Non-Comparative Scale)에 속한다. 반면, 비교척도(Comparative Scale)는 두 개 이상의 대상을 서로 비교하여 평가하는 방식이다.

156 [18년 2회 기출]

다음 설명에 해당하는 척도는?

- 대립적인 형용사의 쌍을 이용
- 의미적 공간에 어떤 대상을 위치시킬 수 있다는 이론적 가정에 기초
- 조사대상에 대한 프로파일분석에 유용하게 사용

① 의미분화척도(Semantic Differential Scale)
② 서스톤척도(Thrustone Scale)
③ 스타펠척도(Staple Scale)
④ 거트만척도(Guttman Scale)

해설 암기 : 의형오프요
의미분화척도의 일반적인 형태는 척도의 양극단에 서로 상반되는 형용사를 배치하여 그 문항들을 응답자에게 제시한다. 이런 의미분화척도는 조사대상에 대한 프로파일분석에 유용하게 사용한다.

정답 : 153 ① 154 ④ 155 ② 156 ①

157 [14년 1회, 19년 1회 기출]
다음 설문 문항에서 사용한 척도는?

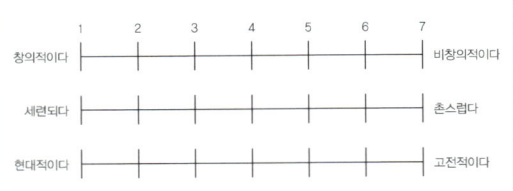

① 리커트척도(Likert Scale)
② 거트만척도(Guttman Scale)
③ 서스톤척도(Thurston Scale)
④ 의미분화척도(Semantic Differential Scale)

해설 의미분화척도의 일반적인 형태는 일직선으로 도표화된 척도의 양극단에 상반되는 형용사를 배치하여 그 문항들을 응답자에게 제시한다. 의미분화척도는 하나의 개념(로고에 대한 느낌)을 주고 응답자들로 하여금 여러 가지 의미의 차원에서 그 개념을 평가하도록 한다.

158 [18년 1회 기출]
다음은 어떤 척도를 활용한 것인가?

학원에 다니는 수강생의 만족도를 측정하기 위한 방법으로 '긍정적 – 부정적, 능동적 – 수동적' 등과 같은 대칭적 형용사를 제시하고 응답자들이 각 문항에 대해 1부터 7까지의 연속 선상에서 평가하도록 하였다.

① 거트만척도(Guttman Scale)
② 리커트척도(Likert Scale)
③ 서스톤척도(Thurstone Scale)
④ 의미분화척도(Semantic Differential Scale)

해설 의미분화척도의 일반적인 형태는 일직선으로 도표화된 척도의 양극단에 상반되는 형용사를 배치하여 그 문항들을 응답자에게 제시한다. 해당 보기에서는 양극단에 '긍정적 – 부정적', '능동적 – 수동적'처럼 반대되는 형용사를 배치하여 응답자들에게 응답하도록 하였으므로 의미분화척도를 사용한 예시이다.

159 정답률 약 60% [17년 3회 기출]
다음 척도의 종류는?

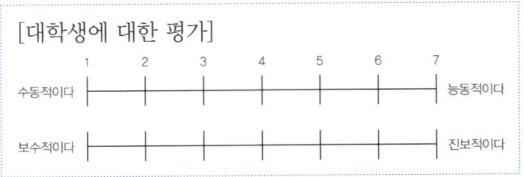

① 서스톤척도
② 리커트척도
③ 거트만척도
④ 의미분화척도

해설 의미분화척도의 일반적인 형태는 일직선으로 도표화된 척도의 양극단에 상반되는 형용사를 배치하여 그 문항들을 응답자에게 제시한다. '수동적이다/능동적이다', '보수적이다/진보적이다'와 같이 양극단에 상반되는 형용사를 배치하여 응답자들에게 평가하도록 하였으므로 의미분화척도이다.

160 [12년 3회 기출]
다음 사례에서 사용한 척도는?

지역주민이 인식하는 주민센터의 이미지를 조사하려고 한다. 응답범주의 양극단에 반대가 되는 형용사(예 비합리적 – 합리적, 폐쇄적 – 개방적 등)를 짝지어 여러 개 배치하여 그 사이에서 응답하도록 척도를 만들었다.

① 이미지(Image) 척도
② 거트만(Guttman) 척도
③ 서스톤(Thurstone) 척도
④ 의미분화(Semantic Differential) 척도

해설 의미분화척도의 일반적인 형태는 일직선으로 도표화된 척도의 양극단에 서로 상반되는 형용사를 배치하여 그 문항들을 응답자에게 제시한다. 해당 보기에서는 양극단에 '비합리적 – 합리적', '폐쇄적 – 개방적'처럼 반대되는 형용사를 배치하여 응답자들에게 응답하도록 하였으므로 의미분화척도를 사용한 예시이다.

정답 : 157 ④ 158 ④ 159 ④ 160 ④

161 [10년 3회, 13년 1회, 16년 3회, 19년 3회 기출]
다음은 어떤 척도에 관한 설명인가?

> 우리나라의 특정 정치지도자에 대한 국민의 생각을 측정하기 위한 방법으로 '정직-부정직, 긍정적-부정적, 약하다-강하다, 능동적-수동적' 등과 같은 대칭적 형용사를 제시한 후 응답자들로 하여금 이들 각각의 문항에 대해 1부터 7까지의 연속선상에서 평가하도록 하였다.

① 서스톤척도
② 거트만척도
③ 리커트척도
④ 의미분화척도

해설 양극단에 서로 반대되는 형용사를 배치하여 응답자들에게 응답하도록 하였으므로 의미분화척도에 해당한다.

162 정답률 약 50% [13년 1회, 19년 1회 기출]
척도 구성 방법을 비교척도 구성(Comparative Scaling)과 비비교척도 구성(Non-Comparative Scaling)으로 구분할 때 비교척도 구성에 해당하는 것은?

㉠ 쌍대비교법(Paired Comparison)
㉡ 순위법(Rank-order)
㉢ 고정총합법(Constant Sum)
㉣ 연속평정법(Continuous Rating)
㉤ 항목평정법(Itemized Rating)

① ㉠, ㉡, ㉢
② ㉠, ㉢, ㉤
③ ㉣, ㉤
④ ㉠, ㉡, ㉢, ㉣, ㉤

해설 암기: 비쌍순고비
비교척도와 비비교척도의 종류는 다음의 표와 같이 나누어진다.

비교척도 구성	비비교척도 구성
• 쌍대비교법 • 순위법 • 고정총합척도법 • 비율분할법	• 단일평정법 • 연속평정법 • 항목평정법

163 정답률 약 50% [12년 3회, 18년 2회, 20년 4회 기출]
척도 구성 방법을 비교척도 구성(Comparative Scaling)과 비비교척도 구성(Non-Comparative Scaling)으로 구분할 때 비비교척도 구성에 해당하는 것은?

① 쌍대비교법(Paired Comparison)
② 순위법(Rank-order)
③ 연속평정법(Continuous Rating)
④ 고정총합법(Constant Sum)

해설 암기: 비쌍순고비
연속평정법은 응답자가 연속적인 스케일 상에서 점수를 부여하는 방법으로 비비교척도에 해당한다.

164 [16년 3회, 20년 3회 기출]
측정오차에 관한 설명으로 틀린 것은?

① 체계적 오차는 사회적 바람직성 편견, 문화적 편견과 관련이 있다.
② 비체계적 오차는 일관적 영향 패턴을 가지지 않고 측정을 일관성 없게 만든다.
③ 측정의 신뢰도는 체계적 오차와 관련성이 크고, 측정의 타당도는 비체계적 오차와 관련성이 크다.
④ 측정의 오차를 피하기 위해 간과했을 수도 있는 편견이나 모호함을 찾아내기 위해 동료들의 피드백을 얻는다.

해설 암기: 체타비신
비표본오차 중 측정오차는 체계적오차와 비체계적오차로 구분된다. 이 중 체계적 오차는 타당성과 관련이 있고, 비체계적 오차는 신뢰성과 관련이 있다.

정답: 161 ④ 162 ① 163 ③ 164 ③

165 [12년 3회, 15년 1회, 17년 2회 기출]
측정오차(Error of Measurement)에 관한 설명으로 틀린 것은?

① 비체계적 오차는 상호상쇄(Self-Compensation)되는 경향도 있다.
② 체계적 오차는 항상 일정한 방향으로 작용하는 편향(Bias)이다.
③ 비체계적 오차는 측정대상, 측정 과정, 측정 수단 등에 따라 일관성 없이 영향을 미침으로써 발생한다.
④ 측정의 오차를 신뢰성 및 타당성과 관련지었을 때 신뢰성과 타당성은 정도의 개념이 아닌 존재개념이다.

> **해설** 신뢰성과 타당성은 정도의 개념으로, 각각 측정의 일관성과 정확성을 평가하는 척도이다. 따라서 둘 다 '존재개념'이 아닌 '정도의 개념'이다.

166 정답률 약 60% [15년 3회, 20년 1·2회 통합 기출]
측정 시 발생하는 오차에 대한 설명으로 틀린 것은?

① 신뢰도는 체계적 오차(Systematic Error)와 관련된 개념이다.
② 비체계적 오차(Random Error)는 오차의 값이 다양하게 분산되며, 상호 상쇄되는 경향도 있다.
③ 체계적 오차는 오차가 일정하거나 또는 치우쳐 있다.
④ 비체계적 오차는 측정대상, 측정 과정, 측정 수단, 측정자 등에 일시적으로 영향을 미쳐 발생하는 오차이다.

> **해설** 암기: 체타비신
> 신뢰도는 비체계적 오차와 관련된 개념이다.

167 [19년 2회 기출]
측정오차(Measurement Error)의 종류 중 측정 상황, 측정 과정, 측정대상 등에서 우연적이며 가변적인 일시적 형편에 의해 측정 결과에 대한 영향을 미치는 오차는?

① 계량적 오차
② 작위적 오차
③ 체계적 오차
④ 무작위적 오차

> **해설** 무작위적 오차(Random Error)는 비체계적 오차(Non-Systematic Error)와 같은 개념이다. 이 오차는 특정한 방향성 없이, 우연히 발생하는 일시적이고 예측할 수 없는 오차이다.

168 정답률 약 50% [17년 3회 기출]
다음 중 측정 과정에서 발생할 수 있는 오류는?

① 비체계적 오류
② 생태학적 오류
③ 환원주의적 오류
④ 결정주의 오류

> **해설** 측정오차는 체계적 오차와 비체계적 오차로 구분한다.
> ② 생태학적 오류는 집단 수준의 데이터를 개인 수준으로 일반화할 때 발생하는 오류이며, 분석의 수준 불일치에서 발생하는 오류이다.
> ③ 환원주의적 오류는 복잡한 현상을 지나치게 단순화하거나 개별적인 구성 요소만 설명하려는 경향에서 발생하는 오류이다.
> ④ 결정주의 오류는 인간의 행동이나 사회 현상을 단순히 하나의 요인으로 설명하려는 오류이다.

169 [16년 2회 기출]
측정오차를 최소화하는 방법과 가장 거리가 먼 것은?

① 측정 항목 수를 가능한 한 늘린다.
② 문장을 간단하고 명료하게 구성한다.
③ 다각도 검증(Triangulation)을 수행한다.
④ 응답자가 관심이 없는 내용도 설득하여 응답하게 한다.

> **해설** 응답자가 관심이 없는 내용을 억지로 답변하게 하면 응답의 질이 떨어질 수 있으며, 오히려 비체계적 오차를 증가시킬 수 있다. 이는 측정오차를 줄이는 방법과 거리가 멀다.

정답 : 165 ④ 166 ① 167 ④ 168 ① 169 ④

170 정답률 약 50% [18년 2회, 22년 2회 기출]
측정의 오류에 관한 설명으로 옳은 것은?

① 편향에 의해 체계적 오류가 발생한다.
② 무작위 오류는 측정의 타당도를 저해한다.
③ 표준화된 측정도구를 사용하더라도 체계적 오류를 줄일 수 없다.
④ 측정자, 측정대상자 등에 일관성이 없어 생기는 오류를 체계적 오류라 한다.

해설 체계적 오차는 무작위 오차와는 달리 항상 일정한 방향으로 작용하는 편향(Bias)이다.
② 무작위 오류는 비체계적 오류의 다른 말로, 측정의 신뢰도와 관련이 있다.
③ 체계적 오류는 표준화된 측정도구를 사용하면 줄일 수 있다.
④ 비체계적 오류에 관한 설명이다.

171 정답률 약 50% [00년 1회 기출]
측정오차가 체계적인 패턴을 띠게 될 때는 무엇이 문제가 되는가?

① 신뢰도   ② 타당도
③ 검증도   ④ 일반화

해설 암기 : 체타비신
측정오차가 체계적인 패턴을 띠면, 측정도구에 타당도가 문제가 된다.

172 [14년 1회 기출]
하나의 개념을 측정하기 위해 두 개 이상의 다른 관련 자료를 수집하거나 측정하는 방법은?

① 재검사법
② 반구조화면접법
③ 소시오메트리(Sociometry)
④ 다각적 측정 방법(Triangulation)

해설 다각적 측정 방법은 조사에서 여러 관점이나 방법을 통해 동일한 현상을 다양한 각도에서 검토하고 확인하는 방법론적 접근이다.

173 [17년 3회 기출]
측정대상들의 편견에 의해서 발생하는 측정오류와 가장 거리가 먼 것은?

① 고정반응   ② 사회적 적절성 편견
③ 문화적 차이 편견   ④ 무작위적 오류

해설 측정오류는 측정 시점에 따른 측정대상자의 상태 변화 및 편견(고정반응 편견, 사회적 적절성 편견, 문화적 차이 편견)에 의해 발생하기도 한다.
반면, 무작위적으로 발생하는 오류는 특정한 방향성을 가지지 않고 일관되지 않은 방식으로 나타난다.

174 정답률 약 50% [02년 1회, 21년 2회 기출]
연구자가 관찰하려고 하는 것을 어느 정도 제대로 관찰하였는가는 어떤 개념과 관계를 갖는가?

① 신뢰성   ② 유의성
③ 인과성   ④ 타당성

해설 타당성은 측정도구가 실제로 '측정하고자 하는 개념을 정확하게 측정하고 있는지'에 대한 '측정의 정확성'의 정도이다.

175 정답률 약 40%
[01년 3회, 14년 2회, 19년 2회 기출]
사회조사에서는 어떤 태도를 측정하기 위해 단일지표보다 여러 개의 지표를 사용하는 경우가 많다. 그 이유로서 바르지 않은 것은?

① 신뢰도를 높이기 위해
② 타당도를 높이기 위해
③ 내적 일관성을 높이기 위해
④ 측정도구의 안정성을 높이기 위해

해설 여러 개의 지표를 사용하는 경우에 잘못된 지표들이라면 타당도가 오히려 낮아질 수 있다. 따라서 무작정 지표의 수를 늘리는 것만으로는 타당도를 높일 수 없고, 올바르고 적절한 지표들을 선정해야 한다.

정답 : 170 ①   171 ②   172 ④   173 ④   174 ④   175 ②

176 정답률 약 50% [13년 3회, 20년 4회 기출]

타당도에 관한 설명으로 틀린 것은?

① 측정도구가 측정하고자 하는 현상을 일관성 있게 측정하였는가를 말해준다.
② 측정도구가 실제로 측정하고자 하는 개념을 측정하였는가를 말해준다.
③ 타당도는 그 개념이 정확히 측정되었는가를 말해준다.
④ 문항 구성이 측정하고자 하는 개념을 얼마나 잘 반영하고 있는가를 말해준다.

해설 측정도구가 측정하고자 하는 현상을 '일관성' 있게 측정하였는가를 말하는 것은 신뢰성의 개념에 관한 설명이다. 타당도는 측정하고자 하는 개념을 정확하게 측정하였는지에 대한 개념이다.

177 [20년 3회 기출]

타당도에 대한 설명으로 옳지 않은 것은?

① 조사자가 측정하고자 하는 것을 어느 정도 하였는가의 문제이다.
② 같은 대상의 속성을 반복적으로 측정할 때 같은 측정 결과를 가져올 수 있는 정도를 말한다.
③ 여러 가지 조작적 정의를 이용해 측정을 하고, 각 측정값 사이의 상관관계를 조사하여 타당도를 평가한다.
④ 외적 타당도란 연구 결과를 일반화시킬 수 있는 정도를 의미한다.

해설 같은 대상의 속성을 반복적으로 측정할 때 같은 측정 결과를 가져올 수 있는 정도는 '신뢰도'이다.

178 정답률 약 50% [14년 2회 기출]

타당성에 관한 설명으로 옳은 것을 모두 고른 것은?

ㄱ. 타당성은 측정하고자 하는 바를 얼마나 정확하게 측정하였는가에 대한 개념이다.
ㄴ. 내적 타당성은 측정된 결과가 과연 실험변수의 변화 때문에 일어난 것인가에 관한 문제이다.
ㄷ. 외적 타당성은 연구 결과의 일반화 가능성에 대한 것이다.
ㄹ. 일반적으로 내적 타당성을 높이고자 하면 외적 타당성이 낮아지고, 외적 타당성을 높이고자 하면 내적 타당성이 낮아진다.

① ㄱ
② ㄱ, ㄴ
③ ㄱ, ㄴ, ㄷ
④ ㄱ, ㄴ, ㄷ, ㄹ

해설 암기: 내인과외일반
ㄱ, ㄴ, ㄷ, ㄹ 모두 타당성에 관한 옳은 설명이다.

179 [09년 1회, 12년 1회 기출]

다음 (   )안에 알맞은 것은?

측정의 (   )는 측정도구가 실제로 측정하고자 하는 개념을 정확하게 측정하고 있는가를 반영하는 것이다.

① 타당도
② 신뢰도
③ 유의도
④ 독립도

해설 측정의 타당도는 측정도구가 실제로 측정하고자 하는 개념을 정확하게 측정하고 있는가를 반영하는 것이다. 예를 들면, 체중계(측정도구)가 정확하게 몸무게를 측정한다면, 타당도가 높은 것이다.

정답: 176 ① 177 ② 178 ④ 179 ①

180 [12년 3회 기출]

인간의 지능을 머리의 크기로 측정하였다면 머리의 크기라는 측정도구는 어떤 문제가 있는가?

① 신뢰도　　② 타당도
③ 내적 일관성　　④ 무작위적 오류

해설 타당도는 측정 도구가 실제로 측정하고자 하는 개념(지능)을 정확하게 측정하는지를 의미한다. 그러나 머리의 크기는 지능과 직접적인 관련이 없으므로, 이를 사용하여 지능을 평가하려는 시도는 타당하지 않다.

181 [19년 2회 기출]

토익점수와 실제 영어 회화와의 관련성을 분석한 결과, 토익점수가 높다고 해서 영어 회화를 잘한다는 가설에 대한 통계적 유의성은 없었다고 가정하면 토익점수라는 측정도구에는 어떤 문제가 있는가?

① 신뢰도　　② 타당도
③ 유의도　　④ 내적 일관성

해설 측정도구(토익점수)가 측정하려는 개념(영어 회화)을 정확하게 측정하지 못하고 있는 타당성의 문제이다.

182 [17년 2회 기출]

다음 사례에서 발생하는 측정상의 문제는?

> 경제발전을 평가하기 위해 식생활 개선에 주목하였다. 이를 위해 미국, 일본, 인도, 한국 등 4개국을 대상으로, 쇠고기 소비량을 측정하여 경제 개발 정도를 비교하였다.

① 안정성　　② 타당성
③ 신뢰성　　④ 일관성

해설 경제발전을 평가하기 위한 요소로 식생활 개선뿐만 아니라 다른 요소들의 측정도 필요하다. 또한, 식생활 개선을 '4개국의 쇠고기 소비량을 측정'하는 것으로 설명할 수 없다. 그러므로 측정도구(4개국의 쇠고기 소비량)가 측정하려는 개념(경제 개발 정도)을 정확하게 측정하지 못하고 있는 타당성의 문제를 가진다고 볼 수 있다.

183 정답률 약 40%
[08년 1회, 10년 1회, 20년 4회 기출]

측정도구의 타당도 평가 방법에 대한 설명으로 틀린 것은?

① 한 측정치를 기준으로 다른 측정치와의 상관관계를 추정한다.
② 크론바하 알파값을 산출하여 문항 상호 간의 일관성을 측정한다.
③ 내용타당도는 점수 또는 척도가 일반화하려고 하는 개념을 어느 정도 잘 반영해 주는가를 의미한다.
④ 개념타당도는 측정하고자 하는 개념이 실제로 적절하게 측정되었는가를 의미한다.

해설 크론바하 알파값을 산출하여 문항 상호 간의 일관성을 측정하는 것은 신뢰도 평가 방법에 해당한다.

184 [09년 3회, 14년 1회 기출]

측정도구의 타당도를 측정하는 방법이 아닌 것은?

① 재조사법　　② 내용타당도
③ 기준관련 타당도　　④ 구성체타당도

해설 암기: 재내복반
신뢰성 추정 및 측정 방법에는 재검사법, 내적 일관성법, 반분법, 복수양식법 등이 있다.
따라서 주어진 선지 중 재조사법은 측정도구의 신뢰도를 측정하는 방법이다.

정답: 180 ②　181 ②　182 ②　183 ②　184 ①

185 [19년 1회, 22년 2회 기출]

측정을 위해 개발한 도구가 측정하고자 하는 대상의 정확한 속성값을 얼마나 포괄적으로 포함하고 있는가를 나타내는 타당도는?

① 내용타당성(Content Validity)
② 기준관련 타당성(Criterion-related Validity)
③ 집중타당성(Convergent Validity)
④ 예측타당성(Predictive Validity)

해설 내용타당성은 조사자가 개발 및 설계한 측정도구가 측정하려는 대상의 개념이나 속성값을 얼마나 잘 측정하는지 '적절성', 제대로 대표하고 있는지 '대표성', 얼마나 포괄적으로 포함하고 있는지 '포괄성'을 나타낸다.

186 정답률 약 60% [08년 1회, 13년 2회 기출]

입사 시험의 타당도를 시험점수와 합격 후, 업무 수행 우수성 간의 관계에 의해 파악할 경우 이는 어떤 유형의 타당도에 해당하는가?

① 내용타당도   ② 구성타당도
③ 동시타당도   ④ 예측타당도

해설 암기: 기경실통동예
기준관련 타당성에는 동시타당도와 예측타당도가 있다. 예측타당도는 측정도구(입사 시험성적)가 미래의 성과나 행동을 얼마나 잘 예측할 수 있는지를 평가한다. 따라서 입사 시험성적이 높은 사람들이 실제로도 업무 수행의 우수성을 보인다면, 입사 시험이 직무 성과를 잘 예측하고 있다는 것을 의미하므로 예측타당성이 높다고 할 수 있다.

187 정답률 약 50% [19년 2회 기출]

다음 ( )에 공통적으로 알맞은 것은?

> ( )은 측정도구 자체가 측정하고자 하는 속성이나 개념을 얼마나 대표할 수 있는지를 평가하는 것으로 측정도구가 측정대상이 가진 많은 속성 중 일부를 대표성 있게 포함한다면 그 측정도구는 ( )이 높다고 할 수 있다.

① 내용타당성(Content Validity)
② 개념타당성(Construct Validity)
③ 집중타당성(Convergent Validity)
④ 이해타당성(Nomological Validity)

해설 암기: 내면논대전문
내용타당성의 키워드인 대표성·포괄성·적절성·주관적 판단 중에서 대표성을 중심으로 설명한 것이다.

188 [07년 3회, 21년 2회 기출]

내용타당도(Content Validity)의 의미로 맞는 것은?

① 측정하고자 하는 현상을 일관되게 측정하는 능력
② 측정목적에 기초하여 측정 항목들의 적합성을 결정
③ 두 명 이상의 관찰자들이 관찰 후 얼마나 일관성이 있는지를 확인
④ 같은 측정도구를 사용하여 측정을 두 번 하여 그 상관관계를 확인

해설 암기: 내면논대전문
내용타당도는 전문가들이 평가하며 측정 도구가 적절하게 구성되었는지, 모든 관련된 항목이 포함되어 있는지 판단한다. 이 과정에서 측정항목들이 조사목적에 맞게 적합하게 선정되었는지 적합성을 결정한다.

정답: 185 ① 186 ④ 187 ① 188 ②

189 [12년 3회, 18년 3회 기출]
측정도구의 내용타당도를 평가하는 방법과 가장 거리가 먼 것은?

① 관련 분야 전문가들의 자문을 구한다.
② 측정대상과 관련된 이론들을 판단기준으로 사용한다.
③ 패널토의나 워크숍 등을 통하여 타당도에 관한 의견을 수렴한다.
④ 측정도구를 반복하여 측정하고 그 관계를 알아본다.

해설 측정도구를 반복하여 측정하고 그 관계를 알아보는 방법은 신뢰도를 검증하는 재검사법에 관한 설명이다.

190 정답률 약 60%
[03년 3회, 14년 1회, 22년 2회 기출]
사용하고 있는 측정도구의 측정값과 기준이 되는 측정도구의 측정값과의 상관관계로 측정되는 타당도는?

① 액면타당도
② 구성체타당도
③ 기준관련 타당도
④ 다차원타당도

해설 암기 : 기경실통동예
기준관련 타당도는 통계적으로 유의성을 평가하는 것으로, 속성을 측정해줄 것으로 알려진 기준과 측정도구의 측정 결과인 점수 간의 관계를 비교하는 타당도이다.

191 정답률 약 40%
[11년 1회, 16년 1회 기출]
하나의 개념을 측정하기 위한 측정도구에 다수의 문항을 포함시키는 목적과 가장 거리가 먼 것은?

① 측정의 신뢰도를 높여준다.
② 측정의 타당도를 높여준다.
③ 복합적 개념을 측정 가능하게 한다.
④ 추상적 개념을 수량화할 수 있다.

해설 만약 측정도구의 타당도가 이미 낮게 측정되었다면, 다수의 문항을 포함시키더라도 측정의 타당도는 낮게 측정된다.

192 [13년 1회 기출]
다음 (   )에 알맞은 것은?

> 지식경제부 산하 공공기관 채용시험에서의 A의 성적은 높았고 B의 성적은 낮았지만 두 사람 모두 같은 공공기관에 입사했다. 입사 후에 B가 A보다 업무능력이 뛰어난 것으로 나타난다면, 이 기관에서 사용한 채용시험의 (   )타당도는 낮다고 할 수 있다.

① 내용(Content)
② 수렴(Convergent)
③ 판별(Discriminant)
④ 예측(Predictive)

해설 예측타당도는 측정도구(공공기관 채용시험)가 미래의 성과나 행동을 얼마나 잘 예측할 수 있는지를 평가하는 타당성이다. 여기서 채용시험 성적이 높은 사람(A)이 실제로는 채용시험 성적이 낮은 사람(B)보다 낮은 업무 성과를 보였다면, 공공기관 채용시험이 업무 성과를 잘 예측하지 못한다는 것을 의미하므로 예측타당성이 낮다고 할 수 있다.

193 [20년 1·2회 통합 기출]
통계적인 유의성을 평가하는 것으로, 속성을 측정해줄 것으로 알려진 기준과 측정도구의 측정 결과인 점수 간의 관계를 비교하는 타당도는?

① 표면타당도(Face Validity)
② 기준관련 타당도(Criterion-related Validity)
③ 구성체타당도(Construct Validity)
④ 내용타당도(Content Validity)

해설 암기 : 기경실통동예
기준관련 타당도는 경험적 타당도, 실용적 타당도라고 하며, 종류로는 동시타당도, 예측타당도가 있다. 이 타당도는 통계적으로 유의성을 평가한다.

정답 : 189 ④ 190 ③ 191 ② 192 ④ 193 ②

194 정답률 약 50% [02년 1회, 21년 1회 기출]

대학수학능력시험의 타당도를 평가하기 위해 대학수학능력시험 점수와 대학 진학 후 학업성적과의 상관관계를 조사하는 방법은?

① 내용타당도 ② 논리적 타당도
③ 내적 타당도 ④ 기준관련 타당도

해설 기준관련 타당도는 통계적으로 유의성을 평가하는 것으로, 속성을 측정해줄 것으로 알려진 기준과 측정도구의 측정 결과인 점수 간의 관계를 비교하는 타당도이며 즉, 측정도구의 결과와 기준 측정도구의 결과 간의 '상관관계' 분석을 통해 타당도를 평가한다. 대학수학능력시험 점수와 대학 진학 후 학업 성적과의 상관관계를 조사한다고 하였으므로 기준관련 타당도 방법을 사용하는 것이 적절하다.

195 정답률 약 50%
[12년 3회, 16년 3회, 19년 2회 기출]

개념타당성(Construct Validity)에 관한 옳은 설명을 모두 고른 것은?

㉠ 측정에 의해 얻는 측정값 자체보다는 측정하고자 하는 속성에 초점을 맞춘 타당성이다.
㉡ 이론과 관련하여 측정도구의 타당성을 검증한다.
㉢ 개념타당성 측정 방법으로 요인분석 등이 있다.
㉣ 통계적 검증을 할 수 있다.

① ㉠, ㉣ ② ㉡, ㉢, ㉣
③ ㉠, ㉡, ㉢ ④ ㉠, ㉡, ㉢, ㉣

해설 암기 : 개구요통다이
㉠, ㉡, ㉢, ㉣ 모두 개념타당성에 대한 옳은 설명이다.

196 정답률 약 50% [17년 2회, 21년 2회 기출]

개념타당성(Construct Validity)에 해당하지 않는 것은?

① 내용타당성(Content Validity)
② 집중타당성(Convergent Validity)
③ 이해타당성(Nomological Validity)
④ 판별타당성(Discriminant Validity)

해설 암기 : 개수집상이판
개념타당성의 종류로는 집중타당성(수렴타당성 ; Convergent Validity), 이해타당성(Nomological Validity), 판별타당성(Discriminant Validity)이 있다.

197 정답률 약 40%
[03년 3회, 15년 1회, 17년 3회 기출]

개념타당성(Construct Validity)와 관련된 개념이 아닌 것은?

① 다중속성-다중측정 방법
② 요인분석
③ 이론적 구성개념
④ 예측적 타당도

해설 암기 : 개구요통다이
개념타당도의 측정 방법에는 요인분석 및 통계적 검증을 수행할 수 있고, 이외에도 다중속성-다중측정 방법과 이론적 구성개념(이론적 타당도)가 존재한다.

정답 : 194 ④ 195 ④ 196 ① 197 ④

198 [정답률 약 30%] [14년 2회, 21년 3회 기출]

구성타당도(Construct Validity)에 대한 설명으로 틀린 것은?

① 이론과 관련하여 측정도구의 타당도를 검증한다.
② 구성타당도를 측정할 수 있는 방법으로 요인분석 등이 있다.
③ 측정값 자체보다 측정하고자 하는 속성에 초점을 맞춘 타당성이다.
④ 측정도구의 측정치와 기준이 되는 측정도구의 측정치와의 상관관계를 나타낸다.

> **해설** 암기 : 개구요통다이
> 개념타당도는 구성타당도(구성체타당도)라고도 부른다. 반면, 측정도구의 측정치와 기준이 되는 측정도구의 측정치와의 상관관계를 나타내는 것은 기준타당도에 해당하는 설명이다.

199 [20년 4회 기출]

다음에서 설명하고 있는 타당도의 원리는?

> 타당도를 평가하는 데 있어, 동일한 속성에 대한 두 측정은 서로 다른 방법을 사용하더라도 각각 높은 상관관계를 가져야 한다.

① 수렴원리
② 차별원리
③ 독단주의
④ 요인분석

> **해설** 보기의 내용은 수렴원리에 관한 설명이다. 이는 개념타당성의 종류 중 집중타당성(수렴타당성 ; Convergent Validity)을 검증할 때 사용되며, 동일한 개념을 서로 상이한 측정도구를 이용해서 측정한 결과값들 간의 상관관계가 높을수록 집중타당성이 높다고 평가한다.

200 [19년 1회 기출]

서로 다른 개념을 측정했을 때 얻어진 측정치들 간의 상관관계가 낮게 형성되어야 하는 타당성의 유형은?

① 집중타당성(Convergent Validity)
② 판별타당성(Discriminant Validity)
③ 표면타당성(Face Validity)
④ 이해타당성(Nomological Validity)

> **해설** 개념타당성의 종류 중 판별타당성(Discriminant Validity)에 관한 설명으로 서로 상이한 개념을 동일한 측정도구를 사용해서 측정한 결과값들 간에 상관관계가 낮으면 낮을수록 판별타당성이 높다고 평가한다.

201 [18년 1회 기출]

다음 (   )에 알맞은 것은?

> 서로 다른 개념을 측정했을 때 얻은 측정값들 간에는 상관관계가 낮아야만 한다는 것이다. 즉, 서로 다른 두 개의 개념을 측정한 측정값의 상관계수가 낮게 나왔다면 그 측정 방법은 (   )타당성이 높다고 할 수 있다.

① 예측(Predictive)
② 동시(Concurrent)
③ 판별(Discriminant)
④ 수렴(Convergent)

> **해설** 판별타당성(Discriminant Validity)은 개념타당성의 종류 중 하나로 서로 다른 개념을 측정했을 때 얻어진 측정치들 간의 상관관계가 낮게 형성되어야 하는 타당성의 유형이다.

정답 : 198 ④ 199 ① 200 ② 201 ③

202 정답률 약 40% [13년 3회, 21년 3회 기출]
측정의 타당도에 관한 설명으로 틀린 것은?

① 내용타당도는 전문가의 견해를 통해 판단할 수 있다.
② 기준타당도는 수렴타당도, 판별타당도로 구분된다.
③ 개념구성타당도는 이론적 틀 내에서 측정도구의 타당성을 경험적으로 검증한다.
④ 동시타당도는 작성한 측정도구를 이미 존재하고 있는 신뢰할 만한 측정도구와 비교하여 검증한다.

해설 암기: **기경실통동예**
기준타당도는 예측타당도와 동시타당도로 구분된다.
암기: **개수집상이판**
반면, 개념타당성의 종류로는 집중타당성(수렴타당성), 이해타당성, 판별타당성이 있다.

203 [17년 2회, 19년 3회 기출]
어떤 측정 수단을 같은 연구자가 두 번 이상 사용하거나, 둘 이상의 서로 다른 연구자들이 사용한다고 할 때, 그 측정 수단을 가지고 측정한 결과가 안정되고 일관성이 있는가를 확인하려고 한다면 어떤 것을 고려해야 하는가?

① 신뢰성   ② 타당성
③ 독립성   ④ 적합성

해설 신뢰성은 반복 측정 결과의 일관성과 관련이 있다. 신뢰성이 높다는 것은 시간이나 상황에 관계없이 일관된 결과를 얻을 수 있다는 것이다.

204 [19년 2회 기출]
신뢰성에 대한 설명으로 옳지 않은 것은?

① 측정하고자 하는 개념을 정확히 측정했는지를 의미한다.
② 측정된 결과치의 일관성, 정확성, 예측 가능성과 관련된 개념이다.
③ 신뢰성 측정법에는 재검사법, 복수양식법, 반분법 등이 있다.
④ 측정값들 간에 비체계적 오차가 적으면 신뢰성이 높은 측정 결과이다.

해설 측정하고자 하는 개념을 정확히 측정했는지에 관한 개념은 타당성과 관련이 있다. 신뢰성(신뢰도 ; Reliability)은 측정도구가 현상을 일관성 있게 측정하는 것이다.

205 [01년 3회, 08년 3회, 14년 3회 기출]
사회과학연구에서 같은 개념을 반복측정하였을 때 같은 측정값을 얻게 될 가능성은 무엇인가?

① 신뢰도   ② 타당도
③ 정확도   ④ 효과성

해설 신뢰도란 측정 도구가 동일한 현상을 반복해서 측정했을 때, 결과가 일관되게 나오는 정도이다.

206 정답률 약 50% [14년 2회 기출]
신뢰도에 관한 설명으로 바르지 않은 것은?

① 예측 가능성을 가져야 한다.
② 신뢰도 계수의 범위는 −1.00에서 +1.00 사이의 값을 갖는다.
③ 시간에 구애받지 않고 일관된 측정치를 가져야 한다.
④ 같은 개념을 측정하는 유사한 척도를 적용하여 측정하여도 같은 결과를 가져와야 한다.

해설 신뢰도 계수는 0에서 +1.00 사이의 값을 가진다.

정답 : 202 ② 203 ① 204 ① 205 ① 206 ②

207 정답률 약 40% [11년 3회, 16년 2회 기출]

신뢰성 측정 방법인 검사 – 재검사법(Test – Retest Method)에 관한 설명으로 가장 적합한 것은?

① 홀수 문항과 짝수 문항의 응답을 비교하는 방식으로 수행하기도 한다.
② 내적 일치도를 측정하는 신뢰성 측정 방법이다.
③ 검사 재검사 간격이 너무 짧으면 기억 효과 때문에 신뢰성이 낮아진다.
④ 동일한 문항을 반복해서 측정하는 것이다.

해설 검사 – 재검사법은 동일한 측정대상에 대하여 동일한 측정도구를 통해 일정 시간 간격을 두고 반복적으로 측정하여 서로 다른 시간에 측정한 측정 결과의 결괏값을 비교 및 분석하는 방법이다.

208 [12년 3회, 13년 3회, 17년 3회, 18년 1회 기출]

신뢰도 추정방법 중 동일측정도구를 동일상황에서 동일대상에게 서로 다른 시간에 측정한 측정 결과를 비교하는 것은?

① 재검사법
② 복수양식법
③ 반분법
④ 내적 일관성 분석

해설
① 재검사법(Retest Method)은 동일한 측정대상에 대하여 동일한 측정도구를 통해 일정 시간 간격을 두고 반복적으로 측정하여 서로 다른 시간에 측정한 측정 결과의 결과값을 비교·분석하는 방법이다.
② 복수양식법(평행양식법 ; Parallel – forms Technique)은 대등한 두 가지 형태의 측정도구를 이용하여 동일한 측정대상을 동시에 측정한 뒤, 두 측정값의 상관관계를 분석하여 신뢰도를 측정하는 방법이다.
③ 반분법(Split – half Method)은 설문지(시험지)의 문항들을 임의로 반으로 나누어서 각 부분에서 얻은 측정값들을 두 번의 조사에서 얻어진 것처럼 간주하여 그 사이의 상관계수를 구하여 검사하는 방법이다.
④ 내적 일관성법(Internal Consistency Method)은 측정 항목이 가질 수 있는 모든 조합의 상관관계의 평균값을 산출해 신뢰도를 측정하는 방법이다.

209 정답률 약 50% [13년 2회, 19년 1회 기출]

신뢰성 측정 방법 중 재검사법(Test – Retest Method)에 관한 설명으로 틀린 것은?

① 동일한 측정대상에 대하여 동일한 측정도구를 통해 일정 시간 간격을 두고 반복적으로 측정하여 그 결과값을 비교, 분석하는 방법이다.
② 측정도구 자체를 직접 비교할 수 있고 실제 현상에 적용시키는데 매우 용이하다.
③ 측정 시간의 간격이 크면 클수록 신뢰성은 높아진다.
④ 외생변수의 영향을 파악하기 어렵다.

해설 재검사법을 시행할 때 검사 사이의 기간이 너무 짧으면 첫 검사내용을 기억할 수 있고, 너무 길면 측정의 대상이 심경의 변화를 일으켜 측정상의 변화가 나타날 수 있다. 이로 인해, 외생변수의 영향을 파악하기 어렵다는 단점이 있다. 재검사법의 문제를 해결하기 위해서는 척도의 항목 수를 늘리거나, 첫 검사와 두 번째 검사 사이의 기간은 응답자의 변화가 없을 만큼은 짧되, 첫 검사의 내용을 잊을 수는 있게 설정해야 한다.

210 [18년 2회 기출]

측정의 신뢰성(Reliability)과 가장 거리가 먼 개념은?

① 유연성(Flexibility)
② 안정성(Stability)
③ 일관성(Consistency)
④ 예측 가능성(Predictability)

해설 측정의 신뢰성은 신빙성, 안정성(Stability), (내적) 일관성(Consistency), 예측 가능성(Predictability)과 같은 개념등과 관련이 있다.

211 정답률 약 50% [12년 1회, 18년 1회 기출]

다음 중 신뢰성의 개념과 가장 거리가 먼 것은?

① 안정성
② 일관성
③ 동시성
④ 예측 가능성

해설 측정의 신뢰성은 안정성, (내적) 일관성, 예측 가능성과 같은 개념들과 관련이 있다.

정답 : 207 ④   208 ①   209 ③   210 ①   211 ③

212 [10년 3회, 13년 1회, 17년 1회 기출]

신뢰도는 과학적 연구의 요건 중 어느 것과 가장 관련이 깊은가?

① 논리성 ② 검증가능성
③ 반복가능성 ④ 일반성

해설 신뢰도가 높은 측정도구는 동일한 조건에서 반복측정 해도 일관된 결과를 제공해야 하므로, 일관성 및 반복 가능성과 가장 관련이 깊다.

213 정답률 약 40% [20년 4회 기출]

신뢰도에 관한 기술 중 옳은 것은?

① 오차분산이 작으면 작을수록 그 측정의 신뢰도는 낮아진다.
② 신뢰도 계수는 -1과 1 사이를 움직인다.
③ 신뢰도에 관한 오차는 체계적 오차를 말한다.
④ 신뢰도 계수는 실제값의 분산에 대한 참값의 분산의 비율로 나타낸다.

해설 신뢰도 계수 $\rho = \dfrac{\text{참값의 분산}}{\text{실제값의 분산}}$
① 오차분산이 작으면 작을수록 그 측정의 신뢰도는 높아진다.
② 신뢰도 계수는 $0 \leq \rho \leq 1$ 값을 갖는다.
③ 신뢰도에 관한 오차는 비체계적 오차를 말한다.

214 정답률 약 50% [05년 3회, 08년 1회 기출]

어느 검사의 신뢰도가 1로 나왔다면 측정의 표준오차는?

① 검사점수의 표준편차와 같다.
② 표준편차의 제곱근과 같다.
③ 0이다.
④ 1이다.

해설 먼저, 신뢰도계수와 측정의 표준오차의 공식은 $SEM = SD \times \sqrt{1-\rho}$ 이다.
어느 검사의 신뢰도가 1로 나왔다면 $\rho = 1$이므로, 측정의 표준오차는 $SEM = 0$ 이다.

215 [21년 1회 기출]

신뢰도 측정 방법의 유형으로 틀린 것은?

① 복수양식법 ② 재검사법
③ 내적 일관성법 ④ 다속성다측정 방법

해설 암기 : 재내복반
신뢰성 추정·측정 방법에는 재검사법, 내적 일관성법, 반분법, 복수양식법 등이 있다.

216 [12년 1회 기출]

다음과 같은 특징을 가지는 신뢰성 측정 방법은?

- 동일한 측정도구를 두 번 사용함으로써 처음에 이루어진 측정이 두 번째 측정에 영향을 미쳐 신뢰도가 실제보다 높게 추정될 가능성이 있다.
- 시간의 지남에 따라 실제값이 변화하는 것을 통제할 수 없다.

① 재검사법(Test-Retest Method)
② 복수양식법(Parallel-Forms Technique)
③ 반분법(Split-Half Method)
④ 내적 일관성법(Internal Consistency Analysis)

해설 재검사법은 동일한 측정대상에 대하여 동일한 측정도구를 통해 일정 시간 간격을 두고 반복적으로 측정하여 서로 다른 시간에 측정한 측정 결과의 결괏값을 비교·분석하는 방법이다. 이때, 사람의 태도나 신체 상태는 시간에 따라 달라질 수 있으며, 이를 통제하기가 어렵다.

217 정답률 약 60% [15년 1회, 21년 3회 기출]

신뢰도를 측정하는 방법으로 틀린 것은?

① 반분법 ② 내용검사법
③ 검사-재검사법 ④ 복수양식법

해설 암기 : 재내복반
신뢰성 추정·측정 방법에는 재검사법, 내적 일관성법, 반분법, 복수양식법 등이 있다.

정답 : 212 ③ 213 ④ 214 ③ 215 ④ 216 ① 217 ②

218 [10년 3회, 12년 3회 기출]
동일한 상황에서 동일한 측정도구를 사용하여 동일한 대상을 일정한 간격을 두고 두 번 이상 측정하여 그 결과를 비교하여 신뢰성을 측정하는 방법은?

① 재검사법(Test-Retest Method)
② 복수양식법(Parallel-Forms Technique)
③ 반분법(Split-Half Method)
④ 내적 일관성법(Internal Consistency Method)

해설 재검사법은 상황 및 측정대상이 동일하며, 동일한 문항(측정도구)을 반복해서 측정하는 것이다.

219 정답률 약 60% [14년 2회 기출]
100명의 학생들이 오늘 어떤 검사를 받고 한 달 후에 동일한 검사를 다시 받았는데 두 번의 검사에서 각 학생의 점수는 동일했다. 이 경우의 검사-재검사 신뢰도는 얼마인가?

① 0.00
② +1.00
③ -1.00
④ 주어진 정보로는 알 수 없다.

해설 안정성 계수의 값은 0부터 1 사이의 값을 가지며, 이 값이 높으면 검사의 신뢰도가 높다. 주어진 정보를 보면 검사-재검사법을 시행했을 때, 두 번의 검사 결과가 모두 동일하다고 하였으므로 검사-재검사 신뢰도는 1 값을 가진다.

220 [16년 1회, 20년 1·2회 통합 기출]
측정 항목이 가질 수 있는 모든 조합의 상관관계의 평균값을 산출해 신뢰도를 측정하는 방법은?

① 재검사법(Test-Retest Method)
② 복수양식법(Parallel form Method)
③ 반분법(Split-half Method)
④ 내적 일관성법(Internal Consistency Method)

해설 내적 일관성법에 대한 설명이며, 크론바흐 알파 계수 공식은 측정 항목이 가질 수 있는 모든 조합의 상관관계의 평균값을 산출해 신뢰도를 측정하는 방법이다.

221 [14년 3회, 17년 3회 기출]
크론바하의 알파계수(Cronbach's Alpha)는 다음 중 어떤 것을 나타내는 값인가?

① 동등형 신뢰도
② 내적 일관성 신뢰도
③ 검사-재검사 신뢰도
④ 평가자 간 신뢰도

해설 내적 일관성법에 따라 내적 일관성의 신뢰도를 측정하는 척도는 크론바하의 알파계수(Cronbach's Alpha)이며, 표준화된 알파라고도 한다.

222 정답률 약 60% [08년 1회 기출]
신뢰도 측정 방법 중 크론바하 알파(Cronbach's Alpha)에 관한 설명으로 옳은 것은?

① 한 척도에 여러 개의 크론바하 알파 값이 있다.
② 문항 수가 적을수록 크론바하 알파 값은 커진다.
③ 각 문항들이 서로 상관관계가 없다는 논리에 근거하고 있다.
④ 신뢰도가 낮을 경우 신뢰도를 낮게 하는 문항을 찾아낼 수 있다.

해설
① 크론바하 알파는 한 척도의 내적 일관성을 측정하는 지표로, 하나의 값만 계산된다.
② 문항의 수(K)가 많을수록, 크론바하의 알파값이 커진다.
③ 크론바하 알파계수는 내적 일관성법에 따라 내적 일관성 신뢰도를 측정하는 척도이다. 내적 일관성은 문항들의 상관관계가 주요 요인이므로 '문항들이 서로 상관관계가 없다는 논리에 근거를 하고 있다'는 문장은 옳지 않다.

정답 : 218 ① 219 ② 220 ④ 221 ② 222 ④

223 정답률 약 60%
[01년 3회, 06년 3회, 20년 1·2회 통합 기출]

크론바하 알파(Cronbach's Alpha)에 관한 설명으로 틀린 것은?

① 표준화된 알파라고도 한다.
② 값의 범위는 -1에서 +1까지이다.
③ 문항 간 평균 상관관계가 증가할수록 값이 커진다.
④ 문항의 수가 증가할수록 값이 커진다.

해설   크론바하 알파계수는 0에서 1 사이의 값을 갖는다.

224
[21년 1회 기출]

신뢰도 측정 방법 중 설문지 혹은 시험지의 문항들을 두 부분으로 나누어서 각 부분에서 얻은 측정값들을 두 번의 조사에서 얻어진 것처럼 간주하여 그 사이의 상관계수를 구하여 검사하는 방법은?

① 반분법   ② 재검사법
③ 동형방법   ④ 상관분석법

해설   반분법(Split-half Method)은 측정도구가 단일성을 가져야 하며, 측정도구의 문항을 '양분'하므로 측정도구의 동질성이 확보되어야 한다.

225
[15년 2회, 22년 2회 기출]

신뢰도 측정 방법의 하나인 반분법(Split-halves Method)에 관한 스피어만-브라운(Spearman-Brown) 공식의 가정으로 맞는 것은?

① 질문지 전체가 반쪽보다 신뢰도가 높다.
② 측정도구가 경험적으로 다차원적이어야 한다.
③ 측정도구를 반으로 나누어 각각 종속적인 두 개의 척도를 사용한다.
④ 질문의 수가 짝수 개인 질문지가 홀수 개인 질문지보다 신뢰도가 낮다.

해설   스피어만-브라운(Spearman-Brown) 공식은 '질문지 전체가 반쪽보다 신뢰도가 높다.'라는 가정을 기반으로 신뢰도를 추정한다.

226
[14년 1회 기출]

척도의 신뢰도 측정 방법인 반분법에 관한 설명으로 옳은 것은?

① 첫 번째 조사가 두 번째 조사에 영향을 미칠 수 있다.
② 신뢰도가 낮을 경우 어떤 문항을 제거해야 할지 알 수 있다.
③ 시간이 지남에 따라 실제 값이 변화하는 것을 통제할 수 없다.
④ 어떻게 반분하느냐에 따라 상관계수가 달라질 수 있다.

해설   한 검사를 홀수 문항과 짝수 문항으로 나눈다면, 두 부분이 비교적 비슷한 특성을 가질 수 있어서 상관계수가 높게 나올 가능성이 있다. 하지만 앞쪽 절반의 문항이 쉬운 문제로, 뒤쪽 절반의 문항이 어려운 문제로 이루어져 있다면, 이 두 부분은 다른 난이도를 가진 두 검사처럼 보일 수 있어서 상관계수가 낮아질 수 있다.
① 반분법은 '단일검사 수행'으로, 하나의 검사 도구를 단 한 번만 시행하여 결과를 분석하는 방법이다. 즉, 첫 번째 조사가 두 번째 조사에 영향을 미칠 수 있다는 것은 재검사법의 특징에 해당한다.
② 내적 일관성법의 특징에 해당한다.
③ 재검사법의 특징에 해당한다.

227 정답률 약 50%
[02년 3회, 07년 3회, 09년 1회, 12년 3회, 18년 3회 기출]

스피어만-브라운(Spearman-Brown) 공식은 주로 어떤 경우에 사용되는가?

① 동형검사 신뢰도 추정
② Kuder-Richardson 신뢰도 추정
③ 반분신뢰도로 전체 신뢰도 추정
④ 범위의 축소로 인한 예언타당도에 대한 교정

해설   스피어만-브라운 공식은 반분법(Split-half Method)에서 반분신뢰도로 전체 신뢰도를 추정하는 경우에 사용한다.

정답 : 223 ②   224 ①   225 ①   226 ④   227 ③

228 정답률 약 50% [17년 1회 기출]

측정의 신뢰도 평가 방법에 관한 설명으로 옳은 것은?

① 내적 일관성 분석에서 크론바하 알파값은 낮을수록 신뢰도가 높다.
② 반분법은 측정도구의 동질성이 확보되어야 한다.
③ 재검사법은 성장, 우연한 사건 등 외생변수의 영향을 쉽게 통제할 수 있다.
④ 복수양식법은 동일한 측정도구를 서로 다른 대상의 속성에 대해 측정한다.

해설 반분법은 측정도구의 문항을 '양분'하므로 측정도구의 동질성이 확보되어야 한다.
① 내적 일관성 분석에서 크론바하 알파값은 높을수록 신뢰도가 높다.
③ 재검사법은 외생변수의 영향을 파악하기 어렵다는 단점이 있다.
④ 복수양식법은 대등한 두 가지 형태의 측정도구를 이용하여 동일한 측정대상을 동시에 측정한 뒤, 두 측정값의 상관관계를 분석하여 신뢰도를 측정하는 방법이다.

229 정답률 약 50%
[09년 1회, 13년 3회, 18년 1회 기출]

다음 중 신뢰성을 높일 수 있는 방법으로 틀린 것은?

① 측정 항목의 수를 줄인다.
② 측정 항목의 모호성을 제거한다.
③ 중요한 질문의 경우 동일하거나 유사한 질문을 2회 이상 한다.
④ 조사대상자가 잘 모르거나 관심이 없는 내용은 측정하지 않는다.

해설 신뢰성을 높이기 위해서는 측정 항목의 수를 줄이기보다는 적절한 수의 항목을 유지하거나 늘리는 것이 좋다. 측정 항목의 수가 충분하지 않으면 다양한 측면에서 일관성 있는 측정을 하기 어렵기 때문에 신뢰성이 낮아질 수 있다.

230 정답률 약 40% [13년 2회, 20년 3회 기출]

측정의 신뢰성을 향상시킬 수 있는 방법으로 가장 거리가 먼 것은?

① 측정도구에 포함된 내용이 측정하고자 하는 내용을 대표할 수 있도록 한다.
② 응답자가 모르는 내용은 측정하지 않는다.
③ 측정 항목의 모호성을 제거한다.
④ 측정 항목의 수를 늘린다.

해설 '측정도구에 포함된 내용이 측정하고자 하는 내용을 대표할 수 있도록 한다.'는 것은 타당성을 높이는 방법이다. 타당성은 측정도구가 실제로 측정하고자 하는 개념을 얼마나 정확하게 측정하는지에 관한 것이다.

231 [20년 4회 기출]

측정의 신뢰도를 높이기 위한 방법으로 거리가 먼 것은?

① 측정 항목의 내용을 명확하게 한다.
② 측정 항목의 수를 늘린다.
③ 가능한 범위에서 측정의 시점을 최대한 길게 정하여 측정한다.
④ 응답자를 배려한 환경, 분위기를 조성한다.

해설 측정의 시점이 길어지면 변동하는 요소들이 많아져 정확한 평가가 어려워질 수 있다.

232 [18년 2회 기출]

측정 과정에서 신뢰성을 높이기 위한 방법에 관한 설명으로 틀린 것은?

① 응답자에 따라 다양한 면접방식을 적용한다.
② 측정 항목의 모호성을 제거한다.
③ 측정 항목의 수를 늘린다.
④ 응답자가 모르는 내용은 측정하지 않는다.

해설 조사자의 면접방식과 태도는 일관성을 확보해야 한다.

정답 : 228 ② 229 ① 230 ① 231 ③ 232 ①

233 [02년 1회, 18년 3회, 21년 1회 기출]

측정의 신뢰도를 높이는 방법으로 틀린 것은?

① 측정도구의 모호성을 제거한다.
② 면접자들은 일관된 태도로 면접을 한다.
③ 가능하면 단일 항목을 이용하여 개념이나 속성을 측정한다.
④ 조사대상자가 관심 없거나 너무 어려워하는 내용은 제외한다.

해설 신뢰도를 높이기 위해서는 하나의 개념이나 속성을 여러 항목을 통해 측정하는 것이 좋다. 단일 항목으로 측정하면 일관성 있는 결과를 얻기 어려워 신뢰도가 낮아질 수 있다.

234 [04년 3회, 16년 2회 기출]

다음 척도에 관한 설명으로 옳은 것은?

> A유통업체에서 고객만족도에 관한 척도를 개발했다. 이 척도를 계속적으로 사용해 본 결과 언제나 비슷한 결과를 얻었다. 그러나 고객만족도에 관한 또 다른 기존의 대표적인 척도와의 연관성을 검정한 결과 그 관계는 상당히 낮은 것으로 판명되었다.

① 신뢰성은 있지만 타당성은 없다.
② 타당성은 있지만 신뢰성은 없다.
③ 신뢰성과 타당성이 모두 낮다.
④ 신뢰성과 타당성의 유무를 알 수 없다.

해설 보기에서 고객만족도에 관한 척도를 계속적으로 사용했을 때, 언제나 비슷한 결과를 얻었다고 하였으므로 '일관성'을 보이므로 신뢰성이 높다고 볼 수 있다. 하지만 기존의 대표적인 척도와 관계가 상당히 낮다고 하였으므로 기준관련 타당성이 낮다고 볼 수 있다. 그러므로 신뢰성은 있지만 타당성은 없다.

235 정답률 약 50%

[11년 3회, 17년 1회, 22년 2회 기출]

측정에 있어서 신뢰성을 높이는 방법과 가장 거리가 먼 것은?

① 측정 항목의 수를 늘린다.
② 측정 항목의 모호성을 제거한다.
③ 전문가의 의견을 듣고 문항을 만든다.
④ 중요한 질문의 경우 유사한 문항을 반복하여 물어본다.

해설 전문가의 의견을 듣고 문항을 만드는 것은 측정의 타당성을 높이기 위한 방법이다.

236 [17년 3회, 21년 2회 기출]

신뢰도와 타당도 간의 관계를 보여주는 다음 그림 중에서 신뢰도는 있으나 타당도가 떨어지는 것은?

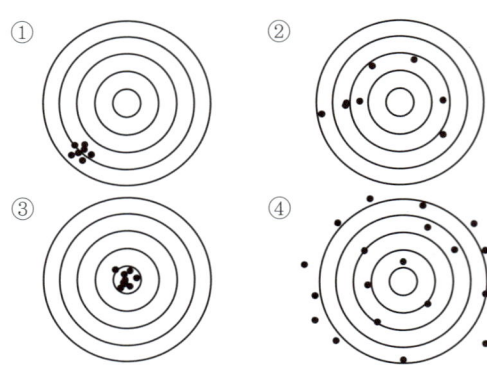

해설 그림은 표적을 벗어났지만, 탄착이 일정한 부분에 몰려 있다. 그러므로 신뢰도(일관성)는 있으나 타당도(정확도)가 떨어지는 그림이다.

정답 : 233 ③   234 ①   235 ③   236 ①

237 정답률 약 50% [13년 3회, 21년 3회 기출]

용수철이 고장 난 체중계가 있어서 체중을 잴 때마다 항상 실제와 다르게 체중이 일정하게 나타난다면, 이 체중계의 타당도와 신뢰도는?

① 신뢰도와 타당도 모두 높다.
② 신뢰도와 타당도 모두 낮다.
③ 신뢰도는 높고 타당도는 낮다.
④ 신뢰도는 낮고 타당도는 높다.

해설 항상 실제와 다르게 측정이 되므로 '정확도'가 떨어지므로 타당도는 낮지만, 틀린 값으로 일정하게 '일관성' 있게 값이 측정되므로 신뢰성은 높다. 즉, 신뢰도는 높고 타당도는 낮다.

238 정답률 약 40%
[08년 3회, 10년 3회, 21년 2회 기출]

어느 교사가 50문항으로 구성된 독해력을 측정하기 위한 질문지를 만들었다. 자료수집 후 확인해 본 결과 10개의 문항은 독해력이 아닌 어휘력을 측정하는 것으로 나타났다. 따라서 이 10개의 문항을 제외하고 40문항으로 질문지를 재구성하였다. 이 교사는 어떤 결과를 기대할 수 있겠는가?

① 신뢰도와 타당도 모두를 증가시킬 것이다.
② 신뢰도와 타당도 모두를 저하시킬 것이다.
③ 신뢰도를 저하시키고 타당도를 증가시킬 것이다.
④ 신뢰도를 증가시키고 타당도를 저하시킬 것이다.

해설 독해력이 아닌 어휘력을 측정하는 문항을 제거하여 40문항으로 질문지를 재구성하였으므로 정확도가 높아져 타당도가 증가하고, 측정 문항이 줄어들었으므로 신뢰도는 저하될 것이다.

239 [11년 3회, 18년 3회 기출]

어떤 선생님이 학생들의 지능지수(IQ)를 측정하기 위해 정확하기로 소문난 전자저울(체중계)을 사용했을 때, 측정의 신뢰도와 타당도에 관한 설명으로 옳은 것은?

① 신뢰도와 타당도 모두 낮다.
② 신뢰도와 타당도 모두 높다.
③ 신뢰도는 낮지만 타당도는 높다.
④ 신뢰도는 높지만 타당도는 낮다.

해설
- 신뢰도 측면 : 정확한 전자저울은 측정값이 일관되게 측정되므로 신뢰도는 높다.
- 타당도 측면 : 전자저울은 체중을 측정하는 도구이지 지능지수(IQ)를 측정하기 위한 적절한 도구가 아니므로 타당도는 낮다.

240 정답률 약 50% [15년 1회, 20년 3회 기출]

신뢰도와 타당도 간의 관계에 관한 설명으로 가장 거리가 먼 것은?

① 신뢰도가 높은 측정은 항상 타당도가 높다.
② 타당도가 높은 측정은 항상 신뢰도가 높다.
③ 신뢰도가 낮은 측정은 항상 타당도가 낮다.
④ 타당도가 낮다고 해서 반드시 신뢰도가 낮은 것은 아니다.

해설 신뢰도가 높아진다고 해서 타당도가 높아지는 것은 아니나, 타당도가 높아지면 신뢰도는 높아지게 된다. 즉, 측정도구의 높은 신뢰성이 측정의 타당성을 보증하지 않는다.

241 [20년 1·2회 통합 기출]

신뢰도와 타당도에 관한 설명 중 옳지 않은 것은?

① 신뢰도가 높다고 해서 반드시 타당도가 높다는 것을 의미하지는 않는다.
② 타당도가 신뢰도에 비해 확보하기가 용이하다.
③ 신뢰도가 낮으면 타당도를 말할 수가 없다.
④ 신뢰도가 있는 측정은 타당도가 있을 수도 있고 없을 수도 있다.

해설 측정도구의 타당도는 신뢰도에 비해 확보하기가 어렵다.

정답 : 237 ③ 238 ③ 239 ④ 240 ① 241 ②

242 정답률 약 50% [14년 2회 기출]
신뢰도와 타당도에 관한 설명 중 바르지 않은 것은?

① 타당도가 있는 측정은 항상 신뢰도가 있다.
② 타당도가 신뢰도에 비해 확보하기가 용이하다.
③ 타당도가 완전한 측정도구는 신뢰도도 완전하다.
④ 신뢰도가 있는 측정은 타당도가 있을 수도 있고 없을 수도 있다.

해설 측정도구의 타당도는 신뢰도에 비해 확보하기가 어렵다.

243 정답률 약 20% [01년 3회, 21년 1회 기출]
측정도구의 타당도와 신뢰도에 대한 설명으로 맞는 것은?

① 측정값은 참값, 확률오차, 체계오차의 합과 같다.
② 측정오차는 체계오차의 부분도 포함하는데 이는 신뢰도와 관계가 있다.
③ 확률오차=0, 체계오차≠0인 경우, 측정도구는 타당하지만 신뢰할 수 없다.
④ 체계오차=0, 확률오차≠0인 경우, 측정도구는 신뢰할 수 있지만 타당하지 않다.

해설 암기: 체타비신
측정값은 실제값(참값)+측정오차(체계적 오차+비체계적 오차) 이다.
② 체계오차는 타당도와 관계가 있다.
③ 확률오차는 비체계오차(무작위오차)의 다른 말로 신뢰도와 관련이 있다. 확률오차=0, 체계오차≠0인 경우, 측정도구는 신뢰할 수 있지만 타당하지 않다.
④ 체계오차=0, 확률오차≠0인 경우, 측정도구는 타당하지만 신뢰할 수 없다.

244 [16년 3회, 19년 2회 기출]
측정의 신뢰도와 타당도에 관한 설명으로 옳은 것은?

① 동일인이 한 체중계로 여러 번 몸무게를 측정하는 것은 체중계의 타당도와 관련되어 있다.
② 측정도구의 높은 신뢰성이 측정의 타당성을 보증하지 않는다.
③ 측정도구의 타당도를 검사하기 위해 반분법을 활용한다.
④ 기준관련 타당도는 측정도구의 대표성에 관한 것이다.

해설 신뢰도가 높아진다고 해서 타당도가 높아지는 것은 아니나, 타당도가 높아지면 신뢰도는 높아지게 된다. 이는 측정도구의 높은 신뢰성이 측정의 타당성을 보증하지 않는다는 것을 의미한다.

245 정답률 약 50% [02년 1회 기출]
다음은 신뢰도와 타당도 간의 관계에 대한 것이다. 옳은 것은 어느 것인가?

① 신뢰도가 높아진다고 해서 타당도가 높아지는 것은 아니나, 타당도가 높아지면 신뢰도는 높아지게 된다.
② 신뢰도가 높아지면 타당도도 높아지고, 따라서 타당도가 높아지면 신뢰도도 높아진다.
③ 신뢰도가 높아진다고 해서 타당도가 높아지는 것은 아니며, 타당도가 높아지더라도 신뢰도는 높아지지 않는다.
④ 신뢰도가 낮아져도 타당도가 높아지는 것은 아니나, 타당도가 낮아지면 신뢰도는 높아지게 된다.

해설 신뢰도가 높다고 해서 반드시 타당도가 높지는 않다. 반면, 타당도가 높은 측정은 항상 신뢰도가 높다.
이는 타당도가 높은 도구는 일관성 있게도 그 목적을 정확히 반영하기 때문이다. 즉, 측정도구의 타당도는 신뢰도에 비해 확보하기가 어렵다.

정답 : 242 ② 243 ① 244 ② 245 ①

246 정답률 약 40% [20년 4회 기출]

측정의 신뢰도와 타당도에 관한 설명으로 옳지 않은 것은?

① 반분법은 신뢰도 측정 방법이다.
② 내적 타당도는 측정의 정확성이다.
③ 신뢰도가 높지만 타당도는 낮을 수 있다.
④ 측정오류는 신뢰도 및 타당도와 관련이 있다.

해설 암기 : 내인과외일반

내적 타당도는 각 변수 사이의 인과관계를 추론하여 그것이 실험에 의한 진정한 변화에 의한 것인지를 판단하는 인과조건의 충족 정도를 말한다.
반면, 측정의 정확성은 측정도구가 의도한 개념이나 특성을 얼마나 정확하게 측정하는지를 나타낸다.
즉, 내적 타당도와 측정의 정확성(타당도)은 서로 다른 개념을 내포한다.

247 [19년 1회 기출]

다음 그림에 대한 설명으로 옳은 것은?

① 신뢰성은 높으나 타당성이 낮은 경우
② 신뢰성은 낮으나 타당성이 높은 경우
③ 신뢰성과 타당성이 모두 낮은 경우
④ 신뢰성과 타당성이 모두 높은 경우

해설 그림을 보면, 표적의 중심에서 벗어나지만 일정한 위치에 모여 있다. 이 경우 측정값들이 일정하게 반복되고 있으나 중심과는 거리가 먼 상태이므로, 신뢰성은 높으나 타당성이 낮다.

248 [21년 1회 기출]

과녁의 가운데를 조준하고 쏜 화살 5개 모두 제일 가장자리의 동일한 위치에 집중되었을 때 신뢰도와 타당도의 개념에 관한 설명으로 맞는 것은?

① 신뢰도와 타당도가 모두 높다.
② 신뢰도와 타당도가 모두 낮다.
③ 신뢰도는 높지만 타당도는 낮다.
④ 타당도는 높지만 신뢰도는 낮다.

해설 과녁의 가운데와 멀어진 가장자리에 집중되었으므로 정확성의 개념인 타당도는 낮지만, 동일한 위치에 집중되었으므로 신뢰도는 높다고 볼 수 있다. 즉, 신뢰도는 높지만 타당도는 낮다.

249 [12년 3회 기출]

신뢰도와 타당도에 관한 설명으로 틀린 것은?

① 문항의 질과 관계없이 문항 수가 많을수록 신뢰도는 증가한다.
② 신뢰도가 높다고 해서 반드시 타당도가 높은 것은 아니다.
③ 타당도란 측정한 값과 진정한 값과의 일치 정도를 의미한다.
④ 신뢰도란 반복측정 결과의 일관성과 관련이 있다.

해설 문항 수가 많아지면 일반적으로 신뢰도가 증가할 가능성이 높지만, 문항의 질이 낮다면 오히려 신뢰도를 떨어뜨릴 수 있다.

정답 : 246 ② 247 ① 248 ③ 249 ①

250 [14년 1회 기출]

측정에서 신뢰도와 타당도에 관한 설명으로 옳은 것은?

① 반복해서 측정하였을 때 동일한 결과가 나오면 신뢰도가 높다.
② 측정하고자 하는 대상의 속성을 정확하게 측정하였을 때 신뢰도가 높다.
③ 반복해서 측정하였을 때 동일한 결과가 나오면 타당도가 높다.
④ 신뢰도가 높은 측정은 반드시 타당도가 높다.

해설 반복해서 측정했을 때 동일한 결과가 나오면 신뢰도가 높다고 할 수 있다.
② 속성을 정확하게 측정하였을 때는 타당도가 높다.
③ 반복해서 측정하였을 때 동일한 결과가 나오는 것은 신뢰도가 높은 것이다.
④ 신뢰도가 높다고 해서 반드시 타당도가 높은 것은 아니다.

정답 : 250 ①

암기 키워드 모음

■ 제2과목 조사관리와 자료처리 : CH01. 자료수집방법

암기	오토투간접	**오**류선택법, **토**의완성법, **투**사법은 간**접**질문(Indirect Question)의 유형이다.
암기	투사자극	**투사**법은 가상의 상황으로 응답자를 **자극**하여 진실한 응답을 이끌어 낸다.
암기	완참윤리	**완전참**여자는 조사과정에서 **윤리**적·과학적 문제를 발생시킬 수 있다.
암기	직간시행	**직**접관찰·**간**접관찰을 관찰**시**기와 **행**동발생이 일치하는지 여부에 따라 구분된다.

■ 제2과목 조사관리와 자료처리 : CH04. 측정의 타당성과 신뢰성

암기	명서등비	척도(Scale)의 종류로는 **명**목척도, **서**열척도, **등**간척도, **비**율척도가 있다.
암기	서리순비중	**서**열척도의 대표적 척도는 **리**커트척도이다. 서열척도를 이용한 측정방법에는 **순**위법이 있고, 통계기법에는 순위상관관계분석과 **비**모수통계가 있으며, 산출통계치에는 **중**앙값 등이 존재한다.
암기	서스일등긍부	**서**스톤척도는 등현등간척도 혹은 유사등간척도라고도 부르며, 대부분 **11**점 척도로 구성되어 있다. 서스톤척도는 가장 **긍**정적(우호적)인 태도와 가장 **부**정적(비우호적)인 태도를 나타내는 태도의 양극단을 **등**간적으로 구분하고 수치를 부여하여 척도를 구성하는 방법이다.
암기	리총평반합요	**리**커트척도는 **총**화**평**정척도이며, 서열측정을 위한 방법으로 '단순**합**산법'을 사용하는 대표적인 척도이다. 리커트척도는 척도검수에 대한 신뢰성을 검토하기 위해 **반**분법을 이용할 수 있다. 또한 척도가 단일차원을 측정하고 있는가를 검토하기 위하여 인자분석(**요**인분석)을 사용하기도 한다.
암기	거누단합재	**거**트만척도는 **누**적 스케일링의 대표적인 형태이며, **단**일차원적이고 누적적이다. 또한 **합**성측정의 유형 중 하나이다. 이러한 거트만척도는 **재**생가능성 계수(**재**생계수 ; CR)를 통해 척도의 질을 판단한다.
암기	의형오프요	**의**미분화척도의 일반적인 형태는 척도의 양극단에 서로 상반되는 **형**용사를 배치하여 그 문항들을 응답자에게 제시한다. 즉, 대립적인 형용사의 쌍을 이용한다. 이런 의미분화척도는 **오**스굿(Charles Osgood)에 의해 개발되었으며, 조사대상에 대한 **프**로파일분석에 유용하게 사용한다. 또한 의미분화척도를 통해 측정된 자료는 **요**인분석 등과 같은 다변량분석의 적용이 가능하다.
암기	비쌍순고비	**비**교척도에는 **쌍**대비교법, **순**위법, **고**정총합척도법, **비**율분할법이 있다.
암기	체타비신	비표본오차중 측정오차는 체계적 오차와 비체계적 오차로 구분된다. **체**계적 오차는 **타**당성과 관련되며, **비**체계적 오차는 **신**뢰성과 관련된다.
암기	재내복반	신뢰성 추정·측정 방법에는 **재**검사법, **내**적 일관성법, **복**수양식법,**반**분법 등이 있다.
암기	내면논대전문	**내**용타당성은 표**면**·액면타당성, **논**리적 타당성(LogicalValidity)이라고도 불린다. 주로 내용타당성은 조사자가 개발 및 설계한 측정도구가 측정하려는 대상의 개념이나 속성값을 제대로 대표하고 있는지 '**대**표성'과 이외에도 '적절성 및 '포괄성'을 나타낸다. 내용타당도를 평가하는 방법은 관련 분야 **전문**가들의 자문을 구하거나, 패널토의나 워크숍 등을 통하여 타당도에 관한 의견을 수렴하는 것이다.
암기	기경실통동예	**기**준관련 타당도는 **경**험적 타당도, **실**용적 타당도라고도한다. 기준관련 타당도는 **통**계적으로 유의성을 평가하는 것이며, 유형으로는 **동**시적 타당도와 **예**측적 타당도가 있다.
암기	개구요통다이	**개**념타당도는 **구**성타당도(**구**성체타당도)라고 부르며, 측정 방법에는 **요**인분석 및 **통**계적 검증을 수행할 수 있다. 이외에도 **다**중속성-다중측정방법, **이**론적 타당도(**이**론적 구성개념) 등이 있다.
암기	개수집상이판	**개**념타당성의 3가지 종류의 첫 번째는 **수**렴타당성(**집**중타당성)이며, 이 수렴타당성(집중타당성)에서 동일한 개념을 서로 상이한 측정도구를 이용해서 측정한 결과값들 간의 **상**관관계가 높을수록 집중타당성이 높다고 평가한다. 개념타당성의 두 번째는 **이**해타당성, 세 번째는 **판**별타당성이 있다.

MEMO

통계분석과 활용

CHAPTER 01_ 확률분포

CHAPTER 02_ 기술통계분석

CHAPTER 03_ 회귀분석

사회조사분석사 2급 1차 필기

제 3 과목

제3과목 통계분석과 활용(40문제) 출제기준

주요항목	세부항목	세세항목
1. 확률분포	1. 확률분포의 의미	1. 확률변수와 확률분포 2. 이산확률변수와 연속확률변수 3. 확률분포의 기댓값과 분산
	2. 이산확률분포의 의미	1. 이항분포의 개념
	3. 연속확률분포의 의미	1. 정규분포의 개념 2. 표준정규분포의 개념
	4. 표본분포의 의미	1. 평균의 표본분포 2. 비율의 표본분포
2. 기술통계분석	1. 추정·가설검정	1. 모평균, 모비율, 모분산의 추정 2. 모평균, 모비율, 모분산의 구간추정 3. 평균차의 추정 4. 표본크기의 결정 5. 가설검정의 개념 6. 모평균, 모비율, 모분산의 가설검정
	2. 기술통계량 산출	1. 중심경향값의 이해 2. 산포의 정도 3. 분포의 모양과 평균, 분산, 비대칭도
	3. 평균차이 분석	1. 두 모집단 평균차의 가설검정 2. 대응 모집단의 평균차의 가설검정 3. 두 모집단 비율의 가설검정 4. 분산분석의 기본가정 5. 일원분산분석의 의의 6. 일원분산분석의 결과해석
	4. 교차분석	1. 교차분석의 가설 설정 2. 교차분석의 가설 검정 3. 교차분석의 결과해석
3. 회귀분석	1. 회귀분석의 개념	1. 회귀모형 2. 회귀식
	2. 상관분석	1. 상관계수의 의미 2. 상관계수의 산출 3. 상관계수의 검정
	3. 단순회귀분석	1. 단순회귀분석의 가설 설정 2. 단순회귀분석의 가설 검정 3. 단순회귀분석의 적합도 검정 4. 단순회귀분석의 결과해석
	4. 중회귀분석	1. 중회귀분석의 가설 설정 2. 중회귀분석의 가설 검정 3. 중회귀분석의 적합도 검정 4. 중회귀분석의 결과해석

※ 사회조사분석사 2급 출제기준(2023.1.1.~2026.12.31.)
출처 : 관련부처 통계청 | 시행기관 한국산업인력공단 큐넷(https://www.q-net.or.kr/)

CHAPTER 01 확률분포

제3과목_ 통계분석과 활용

(출제기준 변경으로 인하여, 더블 체크 내용 중 '연구'라는 단어는 '조사'라는 단어와 동일한 단어로 간주하면 됩니다.)

01 확률분포의 의미

1 확률변수와 확률분포

(1) 표본공간

1) 표본공간 S의 정의
- 표본공간(Sample Space)은 통계적 실험에서 발생 가능한 모든 결과들의 집합(Set)이다.

> **개념특강 | 집합(Set)**
> - 집합(Set)의 의의
>   - 특정 조건에 맞는 원소(Element)들의 모임이며, 대문자로 표기한다.
> - 집합(Set)의 종류
>   - 공집합 $\emptyset$, 유한집합, 무한집합, 전체 집합 U
>   - 부분집합 A, B, 여집합 A^c, B^c, 합집합 $A \cup B$, 교집합 $A \cap B$, 차집합 $A - B$

2) 표본공간 S의 표기
- 표본공간의 표기는 대부분 S(혹은 Ω)로 수행한다.
  - 이때, 표본공간 S을 구성하고 있는 각 원소(Element)는 표본점(Sample Point)이다.
  - 표본공간 S도 집합(Set)이므로, 집합의 특성을 갖기 때문에 $S = \{\ \ \}$ 방식으로 표기 가능하며, 중괄호 $\{\ \ \}$ 안에는 표본점을 기재한다.

> **개념특강 | 원소(Element)**
> - 원소(Element)의 의의
>   - 집합(Set)을 구성하는 객체이며, 원소는 소문자로 표기한다.
>   - 예 b가 집합 B의 원소이면, $b \in B$로 표기한다.
> - 원소(Element)의 서술방법
>   - 원소나열법 : 집합을 중괄호 $\{\ \ \}$ 와 원소를 이용하여 서술하는 방법이다.
>   - 예 집합 B의 원소가 1, 2, 3, 4, 5, 6인 것을 '원소나열법'을 사용하면, $B = \{1, 2, 3, 4, 5, 6\}$이다.
>   - 조건제시법 : 집합을 집합에 포함되는 원소의 조건을 이용하여 서술하는 방법이며, {원소|원소의 특성}으로 표기한다.
>   - 예 집합 B의 원소가 1, 2, 3, 4, 5, 6인 것을 '조건제시법'을 사용하면, 다음과 같이 표기한다.
> $B = \{n \in N | N$은 자연수의 집합, $1 \leq n \leq 6\}$
> $B = \{n | n$은 1보다 크거나 같고 6보다 작거나 같은 자연수$\}$

3) 표본공간 S의 종류

① 이산형 표본공간 예시

동전 던지기	※ 동전의 앞면은 H, 동전의 뒷면은 T로 표기한다. • 동전을 2번 던지는 실험에서의 표본공간 　$S = \{HH, HT, TH, TT\}$ • <u>1개의 동전을 3번 던지는 실험에서의 표본공간</u> 기출 　$S = \{HHH, HHT, HTH, HTT, THH, THT, TTH, TTT\}$ • 1개의 동전을 3번 던져서 앞면이 나오는 횟수를 실험할 때의 표본공간 　$S = \{0, 1, 2, 3\}$ • 1개의 동전을 던져서 앞면이 나오면 다시 동전을 던지고, 뒷면이 나오면 주사위 1개를 던지는 실험에서의 표본공간 　$S = \{HH, HT, T1, T2, T3, T4, T5, T6\}$
주사위 던지기	• 1개의 주사위를 던지는 실험에서의 표본공간 　$S = \{1, 2, 3, 4, 5, 6\}$
불량품	※ 정상품(Normal Product)은 N, 불량품(Defective Product)은 D로 표기한다. • 휴대폰 제조공장의 생산제품에서 2개의 제품을 추출하여 검사한 뒤 정상품 or 불량품을 분류하는 실험에서의 표본공간 　$S = \{NN, ND, DN, DD\}$

② 연속형 표본공간 예시

- 중심이 원점이고, 반지름이 5인 원의 원주 및 원 내부의 모든 점에 대한 표본공간 S

$$S = \{(x,y) | x^2 + y^2 \leq 25\}$$

- 전구 제조공장의 생산제품에서 1개를 추출하여 측정한 전구의 수명에 대한 표본공간 S

$$S = \{0 \leq x < \infty\}$$

더블체크

Q 3개의 공정한 동전을 던질 때 적어도 앞면이 하나 이상 나올 확률은? [11년 1회, 18년 3회 기출]

① $\frac{7}{8}$　　② $\frac{6}{8}$　　③ $\frac{5}{8}$　　④ $\frac{4}{8}$

해설 3개의 공정한 동전을 던지는 실험에서의 표본공간 S는
$S = \{HHH, HHT, HTH, HTT, THH, THT, TTH, TTT\}$이므로, $n(S) = 8$이다.
따라서 3개의 공정한 동전을 던질 때 나올 수 있는 모든 경우의 수는 $2^3 = 8$가지이다.
이때, 적어도 앞면이 하나 이상 나올 확률은 전체 확률 1에서 모두 뒷면이 나올 확률을 빼면 되므로,
$1 - P(TTT) = 1 - \frac{1}{8} = \frac{7}{8}$이다.

더 쉽게 풀이하면, 1개의 동전을 던질 때 뒷면이 나올 확률이 $P(T) = \frac{1}{2}$임을 활용하여

전체 확률1에서 3개의 공정한 동전이 모두 뒷면이 나올 확률을 빼면 $1 - \frac{1}{2} \times \frac{1}{2} \times \frac{1}{2} = \frac{7}{8}$이다.

정답 : ①

(2) 사건

1) 사건의 종류

① 사건(Event) : 사건(사상)이란 표본공간 S의 부분집합이다.

② 전체 사건(Total Event) : 표본공간 S의 모든 원소를 포함하고 있는 사건이다.

$$P(S) = 1$$

③ 공사건(Null Event) : 표본공간 S의 어떤 원소도 갖고 있지 않은 사건이다.

$$P(\emptyset) = 0$$

④ 여사건(Complementary Event) : 표본공간 S의 사상 A에 속하지 않는 표본공간 S의 모든 원소들의 집합인 사건으로, 여사건을 A^C로 표기한다.

기출
$$P(A) + P(A^C) = P(S) = 1$$

⑤ 합사건(Union Event) : 두 사건 A와 B 중 적어도 한쪽은 일어나는 사건이다.

기출
$$A \cup B = \{x | x \in A \text{ or } x \in B\}$$
$$P(A \cup B) = P(A) + P(B) - P(A \cap B) = P(A) + P(B) - P(A)P(B|A)$$

⑥ 곱사건(Intersection Event) : 두 사건 A와 B가 동시에 일어나는 사건이다.

$$A \cap B = \{x | x \in A \text{ and } x \in B\}$$

⑦ 배반사건(Exclusive Event) : 두 사건 A와 B에 대해 A와 B 중에서 하나가 발생하면 다른 하나는 발생하지 않으므로, 두 사건 A와 B는 동시에 일어날 수 없다.

기출
$$A \cap B = \emptyset \text{ 이면 } A \text{와 } B \text{는 서로 배반사건이다.}$$
$$P(A \cup B) = P(A) + P(B)$$

⑧ 독립사건(Independent Event) : 두 사건 A와 B가 서로 영향을 미치지 않는다. **암기 독곱!**

기출
$$P(A \cap B) = P(A) \times P(B)$$

2) 사건의 도식화

• 위 사건의 종류에서 다룬 여사건, 합사건, 곱사건, 배반사건에 대해 아래와 같이 도식화할 수 있다.

여사건	합사건	곱사건	배반사건
S A^c A	S A B (겹침)	S A B (겹침)	S A B

(3) 확률

1) 확률의 정의
- 확률(Probability)은 어떤 일이 일어날 가능성이며, 비율이나 빈도로 측량해 나타낼 수 있다.

2) 확률의 종류

① **선험적 확률(Priori Probability)**
- 선험적 확률(사전확률)은 경험하지 않고도 '이론적으로' 알 수 있는 확률이며, 고전적 확률이다.
- 발생하는 모든 경우의 수가 n개($e_1, e_2, \cdots, e_n$)일 때, 각 경우 e_i의 확률은 $p_1, p_2, \cdots, p_n$이다.
  - 이때, 총 n개의 표본점(Sample Point)을 갖는 유한한 표본공간 $S = \{e_1, e_2, \cdots, e_n\}$이다.
  - 이를 표기하면, $P(e_i) = p_i \, (0 \leq p_i \leq 1, i = 1, 2, 3, \cdots, n)$이고, $\sum_{1}^{n} p_i = 1$이다.
- 표본공간 S에서 정의된 사건 A가 n개 중 a개의 표본점을 갖는다고 하자.
  - 이때 $P(A)$의 공식은 아래와 같다.

> **기출**
> $$P(A) = \frac{\text{사건 } A \text{가 발생하는 경우의 수}}{\text{표본공간 } S \text{에서 발생하는 모든 경우의 수}} = \frac{A \text{의 원소의 개수}}{\text{표본공간 } S \text{의 원소의 개수}} = \frac{n(A)}{n(S)} = \frac{a}{n}$$

> **개념특강** 주사위, 꼭 던져봐야 알까?!
>
>
>
> - 누구든 주사위를 던지기도 전에 '이론적으로' 정육면체 주사위의 특정한 면이 나올 확률은 $\frac{1}{6}$임을 알 수 있는데, 이를 선험적 확률 혹은 수학적 확률(Mathematical Probability)이라고 한다.
>
> **예** 주사위 2개를 던져서 두 눈의 총합이 4 이하일 확률은?
> 표본공간 S는 앞면의 경우의 수×뒷면의 경우의 수인 $6 \times 6 = 36$개의 원소가 있다. 두 눈의 총합이 4 이하인 사건 A는 $A = \{(1, 1), (1, 2), (1, 3), (2, 1), (2, 2), (3, 1)\}$이고, 사건 A가 발생할 확률은 $P(A) = \frac{6}{36} = \frac{1}{6}$이다.

② **경험적 확률(Posteriori Probability)**
- 경험적 확률은 (오랜 기간에 걸쳐) 동일한 상황 및 조건하에서 사건이 일어나는 확률이며, 이를 통계적 확률(Statistical Probability)이라고도 한다.
  - 경험적 확률이란 실험을 무한대로 반복 진행하면 어떤 일정한 값에 도달하는 확률을 의미한다. 따라서 경험적 확률은 어떤 사건이 일어나는 상대적인 비율(혹은 상대도수)로 확률을 해석하는 것을 의미하며, 상대빈도 확률이라고도 부른다.
- 전체 수행 횟수를 n이라 하고, 사건 A의 발생 횟수가 $n(A)$이면, 사건 A의 상대도수는 $\frac{n(A)}{n}$이다.
  - 사건 A에 대한 실험을 동일한 조건하에서 무한 반복하면 $n \to \infty$이고, 사건 A가 발생할 경험적 확률은 상대도수의 극한으로 정의되며, $P(A) = \lim_{n \to \infty} \frac{n(A)}{n}$로 표기한다.

3) 조건부확률과 베이즈정리

① 조건부확률 [기출]

- 조건부확률은 어떤 사건이 일어나는 경우에 다른 사건이 일어날 확률이다. 즉, 사건 B가 발생했다고 가정할 때 사건 A가 일어날 확률을 조건부확률 $P(A|B)$라고 한다. [기출]

[기출]
$$P(A|B) = \frac{P(A \cap B)}{P(B)} = \frac{\frac{n(A \cap B)}{n(S)}}{\frac{n(B)}{n(S)}} = \frac{n(A \cap B)}{n(B)}$$

- 사건 A와 사건 B가 서로 독립이면 $P(A|B) = P(A), P(B|A) = P(B)$이다. [기출]

[기출]
$$P(A|B) = \frac{P(A \cap B)}{P(B)} = \frac{P(A) \times P(B)}{P(B)} = P(A)$$

② 베이즈정리 [기출] [암기] [배배]

- 베이즈정리(Bayes'Theorem)는 어떤 사건이 서로 배반하는 원인(사건)들 $A_1, A_2, \cdots, A_n$에 의해 일어난다고 할 때, 실제 사건이 이 원인 중에서 하나로 인해 일어난 확률을 구하는 정리이다.

- 이때, 표본공간 S 내의 n개의 사건이 $A_i \cap A_j = \emptyset$ (단, $i \neq j$), $\bigcup_{i=1}^{n} A_i = S$ 조건을 만족한다.

- 본 시험에서 출제되는 형태는 아래 2가지 **Case**이므로 이에 포커스를 맞춰 공부하자.

Case 1 사건이 A와 A^C으로 존재하는 경우

- 어떤 사건이 서로 배반하는 원인 2개 사건 A와 사건 A^C에 의해 일어난다고 하자. [기출]

$$P(A|B) = \frac{P(B|A) \times P(A)}{P(A)P(B|A) + P(A^C)P(B|A^C)}$$

[증명] 위 공식에 대해 아래와 같이 증명한다.

$$P(A|B) = \frac{P(A \cap B)}{P(B)} = \frac{P(B|A) \times P(A)}{P(B)} = \frac{P(B|A) \times P(A)}{P(A \cap B) + P(A^C \cap B)}$$
$$= \frac{P(B|A) \times P(A)}{P(A)P(B|A) + P(A^C)P(B|A^C)}$$

Case 2 사건이 A_1와 A_2로 존재하는 경우

- 어떤 사건이 서로 배반하는 원인 2개 사건 A_1와 사건 A_2에 의해 일어난다고 하자. [기출]
  - 만약 실제 사건 B가 발생했을 때, 사건 A_1와 A_2 둘 중 하나의 원인으로 인해 발생했을 확률은?

$$\underbrace{P(A_2|B)}_{\substack{\text{[조건부확률]}\\\text{직접 구할 수 없는 경우라고 가정}}} = \frac{P(B|A_2) \times P(A_2)}{P(B)} = \frac{P(B|A_2) \times P(A_2)}{P(A_1 \cap B) + P(A_2 \cap B)} = \underbrace{\frac{P(B|A_2) \times P(A_2)}{P(A_1) \times P(B|A_1) + P(A_2) \times P(B|A_2)}}_{\substack{\text{[베이즈정리]}\\\text{사전확률 기반 산출가능}}}$$

4) 큰 수의 법칙(Law of Large Numbers ; 대수의 법칙)

- 선험적 확률(Priori Probability)과 경험적 확률(Posteriori Probability)의 관계에 관한 법칙이다.
  - 대수의 법칙은 실험 횟수가 늘어날수록 실제 측정확률(경험적 확률)이 수학적으로 예측된 확률(수학적 확률 ; 선험적 확률)에 수렴할 확률이 1에 가까워 짐을 의미한다.

    예) 주사위를 더 많이 던질수록 특정 눈이 나온 비율은 $\frac{1}{6}$에 가까워지며, 실제로 주사위를 1000번 이상 던지는 경우 $\frac{1}{6}$에 가까운 결과를 보인다.

5) 확률의 성질

- 표본공간 $S = \{e_1, e_2, \ldots, e_n\}$에서 임의의 부분집합 사건 A에 대한 확률의 성질은 아래와 같다.
  - 성질 1. 표본공간 S에 대해서는 $P(S) = 1$이고, 공사상에 대해서는 $P(\emptyset) = 0$이다.
  - 성질 2. 모든 사상 A에 대해 $0 \leq P(A) \leq 1 (A \subset S)$이다.
  - 성질 3. <u>사건 A와 사건 A^C가 배반사건이면, $P(A) = 1 - P(A^C)$이다.</u> [기출]

더블체크

정답률 약 40%

Q 두 사건 A, B에 대해 $P(A) > 0, P(B) > 0, P(B^C) > 0$ 일 때 다음 중 성립하지 않는 것은?

[15년 3회 기출]

① $A \subset B$ 이면 $P(A) \leq P(B)$이다.
② $A \cap B = \emptyset$ 이면 A와 B는 서로 배반사건이다.
③ $P(A|B) = P(A)$ 이면 A와 B는 서로 독립사건이다.
④ $P(A|B) + P(A|B^C) = 1$이다.

해설 $P(A|B) + P(A|B^C) = \frac{P(A \cap B)}{P(B)} + \frac{P(A \cap B^C)}{P(B^C)}$ 을 기재한 후, 분모가 동일하게 $P(B)$이고 분자는 서로 배반 관계인 $P(A \cap B)$와 $P(A^C \cap B)$여야 1이 됨을 깨달아야 한다. 따라서 $P(A|B) + P(A|B^C)$ 이 아닌 $P(A|B) + P(A^C|B) = 1$이다.

①, ②, ③은 기본적으로 성립하는 공식 및 개념이다.
① $A \subset B$이면 $P(A) \leq P(B)$이다. 사건 A가 사건 B의 부분집합일 경우, A가 발생하면 B도 반드시 발생하기 때문에 $P(A) \leq P(B)$가 성립한다.
② $A \cap B = \emptyset$이면 A와 B는 서로 배반사건이다. 사건 A가 사건 B의 교집합이 공집합 $\emptyset$일 경우, 두 사건은 동시에 발생할 수 없으므로 서로 배반사건이다.
③ $P(A|B) = \frac{P(A \cap B)}{P(B)} = P(A)$ 이면, $P(A \cap B) = P(A)P(B)$이므로 사건 A와 사건 B는 서로 독립이다.

정답 : ④

더블체크

정답률 약 50%

Q 상자 A에는 2개의 붉은 구슬과 3개의 흰 구슬이 있고, 상자 B에는 4개의 붉은 구슬과 5개의 흰 구슬이 있다. 상자 A에서 무작위로 하나를 꺼내 상자 B에 넣은 후 상자 B에서 무작위로 하나의 구슬을 꺼낼 때, 꺼낸 구슬이 붉은 구슬일 확률은? [16년 1회 기출]

① 0.08 ② 0.44 ③ 0.38 ④ 0.20

해설

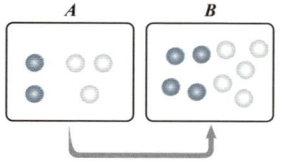
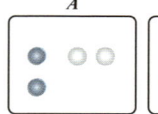

CASE 1 상자 A에서 꺼낸 구슬이 붉은 구슬
CASE 2 상자 A에서 꺼낸 구슬이 흰 구슬

상자 A, B에서 무작위로 하나를 꺼냈을 때, 붉은 구슬인 사건은 각각 R_A, R_B, 흰 구슬인 사건은 각각 W_A, W_B이다.

Case 1 상자 A에서 꺼낸 구슬이 붉은 구슬인 경우

상자 A에서 붉은 구슬을 꺼낸 확률은 $P(R_A) = \frac{2}{5}$, 그 구슬을 상자 B에 넣은 후 상자 B에서도 붉은 구슬을 꺼낸 확률은 $P(R_B|R_A) = \frac{5}{10}$이므로, $P(R_A) \times P(R_B|R_A) = \frac{2}{5} \times \frac{5}{10} = \frac{1}{5}$이다.

Case 2 상자 A에서 꺼낸 구슬이 흰 구슬인 경우

상자 A에서 흰 구슬을 꺼낸 확률은 $P(W_A) = \frac{3}{5}$, 그 구슬을 상자 B에 넣은 후 상자 B에서 붉은 구슬을 꺼낼 확률은 $P(R_B|W_A) = \frac{4}{10}$이며, $P(W_A) \times P(R_B|W_A) = \frac{3}{5} \times \frac{4}{10} = \frac{6}{25}$이다.

결론적으로 구하고자 하는 것은 아래와 같다.

$P(R_B) = P(R_A) \times P(R_B|R_A) + P(W_A) \times P(R_B|W_A) = \frac{1}{5} + \frac{6}{25} = \frac{11}{25} = 0.44$이다.

정답 : ②

더블체크

정답률 약 30%

Q 어느 경제신문사의 조사에 따르면 모든 성인의 30%가 주식투자를 하고 있고, 그중 대학졸업자는 70%라고 한다. 우리나라 성인의 40%가 대학졸업자라고 가정하고 무작위로 성인 한 사람을 뽑았을 때, 그 사람이 대학은 졸업하였으나 주식투자를 하지 않을 확률은? [19년 3회 기출]

① 12% ② 19% ③ 21% ④ 49%

해설 대학 졸업은 사건 A, 주식투자를 하는 것은 사건 B라고 하자. 모든 성인의 30%가 주식투자를 하고 있으므로 $P(B) = 0.3$이고, 그중 대학졸업자가 70%이므로, $P(A|B) = 0.7$이다. 따라서, 대학을 졸업했고 주식투자를 하고 있을 확률은 $P(A \cap B) = P(A|B) \times P(B) = 0.7 \times 0.3 = 0.21$이다. 또한, 우리나라 성인의 40%가 대학졸업자라고 가정하므로 $P(A) = 0.4$이다. 이런 경우에 무작위로 성인 한 사람을 뽑았을 때, 그 사람이 대학은 졸업하였으나 주식투자를 하지 않을 확률을 구하면 $P(A \cap B^C) = P(A) - P(A \cap B) = 0.4 - 0.21 = 0.19$이다.

구분	주식투자를 함 B	주식투자를 하지 않음 B^C	전체
대졸 A	$P(A \cap B) = 0.21$	$P(A \cap B^C) = 0.19$	0.4
대졸 외 A^C	$P(B) - P(A \cap B) = 0.09$	$P(B^C) - P(A \cap B^C) = 0.51$	0.6
전체	$P(B) = 0.3$	$P(B^C) = 0.7$	1

정답 : ②

6) 확률의 법칙

① 확률의 덧셈법칙(Addition Rule of Probability) 기출

- 확률의 덧셈법칙은 사건 A와 사건 B의 합집합 확률 $P(A \cup B)$이며, 사건 A의 발생확률 $P(A)$과 사건 B의 발생확률 $P(B)$의 합에서 두 사건의 결합확률(Joint Probability)인 $P(A \cap B)$을 뺀다.

> 기출
> 배반이 아니면, $P(A \cup B) = P(A) + P(B) - P(A \cap B)$

- 만약 사건 A와 사건 B가 배반사건이면 $A \cap B = \varnothing$ 이므로 $P(A \cap B) = 0$이다.

> 기출
> 배반이면, $P(A \cup B) = P(A) + P(B)$

② 확률의 곱셈법칙(Multiplication Rule of Probability) 기출

- 확률의 곱셈법칙은 사건 A와 B의 교집합 확률 $P(A \cap B)$이며, 3가지 **Case**를 학습한다.

Case 1 종속인 경우

- 만약 사건 A와 사건 B가 서로 종속이면, 사건 A와 사건 B에서 한 사건의 결과가 다른 사건에 영향을 미치는 경우이다. 따라서 $P(A \cap B) \neq P(A) \times P(B)$이다.

> 기출
> 종속이면, $P(A \cap B) = P(A|B) \times P(B) = P(B|A) \times P(A)$

Case 2 독립인 경우 암기 독곱!

- 만약 사건 A와 사건 B가 서로 독립이면, 확률의 곱셈법칙은 $P(A \cap B) = P(A) \times P(B)$이다.
  - 독립사건이란? 사건 A와 사건 B에서 한 사건의 결과가 다른 사건에 영향을 주지 않는 경우이다.

> 기출
> 독립이면, $P(A \cap B) = P(A) \times P(B)$ (단, $P(A) > 0, P(B) > 0$)
> 독립이면, $P(A \cup B) = P(A) + P(B) - P(A \cap B) = P(A) + P(B) - P(A)P(B)$

  - <u>사건 A와 사건 B가 서로 독립이면, A와 B^C, B와 A^C, A^C와 B^C도 모두 독립이다.</u> 기출
- 총 3개의 사건 A, B, C가 상호 독립이려면, 다음의 조건을 모두 만족해야 한다. 기출
  - $P(A \cap B) = P(A)P(B)$, $P(A \cap C) = P(A)P(C)$, $P(B \cap C) = P(B)P(C)$
  - $P(A \cap B \cap C) = P(A)P(B)P(C)$

Case 3 배반인 경우 기출

- 만약 사건 A와 사건 B가 서로 배반이면 $P(A \cap B) = P(\varnothing) = 0$이므로, A와 B는 독립이 아니다. 기출

개념특강 비복원추출과 복원추출 [기출]

예 주머니에 흰색 공이 4개, 검은색 공이 3개 있다고 하자. 이 중에서 한 개씩 2차례 공을 꺼낼 때, 2개의 공이 모두 흰색 공일 확률은?

문제에서 사건(Event)을 정의하면 사건 A는 첫 시도에서 흰색 공을 뽑은 사건, 사건 B는 두 번째 시도에서 흰색 공을 뽑은 사건이다.

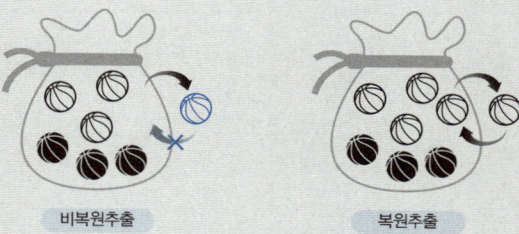

비복원추출　　　　　복원추출

Case 1 비복원추출(Sampling without Replacement)인 경우 [기출]
- 비복원추출은 한번 추출한 표본은 다시 모집단에 포함시키지 않는 추출방법이다.
- 따라서 비복원추출의 경우 사건 A와 사건 B가 서로 종속이다.
- 두 사건이 종속이면 확률의 곱셈법칙에 의해 $P(A \cap B) = P(B|A) \times P(A) = \frac{3}{6} \times \frac{4}{7} = \frac{2}{7}$ 이다.

Case 2 복원추출(Sampling with Replacement)인 경우 [기출]
- 복원추출은 한번 추출한 표본을 모집단에 다시 포함시켜 추출대상에 포함시키는 추출방법이다.
- 따라서 복원추출의 경우 사건 A와 사건 B가 서로 독립이다.
- 두 사건이 독립이면 확률의 곱셈법칙에 의해 $P(A \cap B) = P(A) \times P(B) = \frac{4}{7} \times \frac{4}{7} = \frac{16}{49}$ 이다.

더블체크

Q 두 사건 A와 B에 대한 확률의 법칙 중 일반적으로 성립하지 않는 것은? [15년 2회 기출]

① $P(A) = P(A \cap B) + P(A \cap B^c)$
② $P(A \cup B) = P(A) + P(B) - P(A)P(B|A)$
③ $P(A \cup A^c) = 1$
④ $P(A \cap B) = P(A)P(B)$

해설 사건 A와 사건 B가 서로 독립인 경우에만 $P(A \cap B) = P(A) \times P(B)$가 성립하며, 일반적으로 성립하는 확률의 법칙은 아니다.

① $P(A) = P(A \cap B) + P(A \cap B^c)$는 아래 그림을 통해 쉽게 이해할 수 있다.

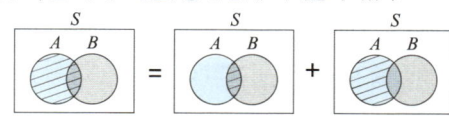

② $P(A) + P(B) - P(A) \times \dfrac{P(A \cap B)}{P(A)} = P(A) + P(B) - P(A \cap B) = P(A \cup B)$

③ A와 여사건 A^C는 서로 배반이며, $A \cap A^C = \varnothing$ 이므로 교집합 확률은 $P(A \cap A^C) = 0$이다.
따라서 $P(A) + P(A^C) = 1$이며, $P(A \cup A^C) = P(A) + P(A^C) - P(A \cap A^C) = 1$이다.

정답 : ④

(4) 순열과 조합

1) 순열(Permutation)

① 순열 $_nP_r$

- 순열은 서로 다른 n개의 원소에서 r개$(0 \leq r \leq n)$를 선택하여 배열 순서를 정하여 나열하는 것이다.

$$_nP_r = n(n-1)(n-2)\cdots(n-r+1) = \frac{n!}{(n-r)!} \text{ (단, } 0 \leq r \leq n)$$

$$_nP_n = \frac{n!}{(n-n)!} = n!, \quad _nP_0 = \frac{n!}{(n-0)!} = 1 \text{ (※ } 0! = 1)$$

② 중복순열

- 중복순열은 서로 다른 n개에서 중복을 허락하여 r개를 택하는 순열이며, $_n\Pi_r$이다.

기출
$$_n\Pi_r = n \times n \times \cdots \times n = n^r$$

2) 조합(Combination)

① 조합

- 조합은 서로 다른 n개의 원소에서 배열 순서를 생각하지 않고 비복원으로 r개$(0 \leq r \leq n)$를 선택하는 방법이며, $_nC_r$ 혹은 $\binom{n}{r}$로 표기한다. **기출**

기출
$$_nC_r = \frac{_nP_r}{r!} = \frac{n(n-1)(n-2)\cdots(n-r+1)}{r!} = \frac{n!}{r!(n-r)!} \text{ (단, } 0 \leq r \leq n)$$

$$_nC_r = {_nC_{n-r}} = {_{n-1}C_r} + {_{n-1}C_{r-1}}$$

$$_nC_n = {_nC_0} = 1, \quad _nC_1 = n$$

② 중복조합

- 중복조합은 서로 다른 n개에서 중복을 허락하여 r개를 택하는 조합이며, $_nH_r$이다.

기출
$$_nH_r = {_{n+r-1}C_r}$$

- 중복조합 문제는 아래 2가지 **Case**에 대해 출제된다.

  Case 1 서로 다른 n개의 원소로부터 중복을 허락하여 r개를 선택하는 조합의 수 **기출**

  Case 2 r개의 물건을 서로 다른 n개의 상자에 분배하는 방법의 수 **기출**

3) 순열과 조합 총정리

[케이스분류] **기출**

구분	복원추출인 경우	비복원추출인 경우
배열 순서를 고려하는 경우	중복순열 $_n\Pi_r = n \times n \times \cdots \times n = n^r$	순열 $_nP_r = \dfrac{n!}{(n-r)!}$
배열 순서를 무시하는 경우	중복조합 $_nH_r = {_{n+r-1}C_r}$	조합 $_nC_r = \dfrac{n!}{r!(n-r)!}$

> **더블체크**

정답률 약 40%

Q 10개의 전구가 들어있는 상자가 있다. 그중 2개의 불량품이 포함되어 있다. 이 상자에서 전구 4개를 비복원으로 추출하여 검사할 때, 불량품이 1개 포함될 확률은? [06년 3회, 18년 1회 기출]

① 0.076 ② 0.25 ③ 0.53 ④ 0.8

해설 10개의 전구가 들어있는 상자 중 2개가 불량품, 8개가 양호품이다. 이 상자에서 전구 4개를 비복원으로 추출하여 검사할 때, 불량품이 1개 포함될 확률은 아래와 같다.

Case 1 정상품 → 정상품 → 정상품 → 불량품 순서로 뽑힐 확률은 $\frac{8}{10} \times \frac{7}{9} \times \frac{6}{8} \times \frac{2}{7}$ 이다.

Case 2 정상품 → 정상품 → 불량품 → 정상품 순서로 뽑힐 확률은 $\frac{8}{10} \times \frac{7}{9} \times \frac{2}{8} \times \frac{6}{7}$ 이다.

Case 3 정상품 → 불량품 → 정상품 → 정상품 순서로 뽑힐 확률은 $\frac{8}{10} \times \frac{2}{9} \times \frac{7}{8} \times \frac{6}{7}$ 이다.

Case 4 불량품 → 정상품 → 정상품 → 정상품 순서로 뽑힐 확률은 $\frac{2}{10} \times \frac{8}{9} \times \frac{7}{8} \times \frac{6}{7}$ 이다.

모든 Case의 확률을 더하면 $\left(\frac{8 \times 7 \times 6 \times 2}{10 \times 9 \times 8 \times 7}\right) \times 4 = 0.5333\cdots (\approx 0.53)$ 이다.

[심플버전 해설] '배열 순서를 무시하는 경우' & '비복원추출인 경우'이며, 조합 $_nC_r = \frac{n!}{r!(n-r)!}$ 에 해당한다.

4개 중 1개가 불량품인 확률은 $\frac{_8C_3 \times _2C_1}{_{10}C_4} = \frac{\frac{8!}{5!3!} \times \frac{2!}{1!1!}}{\frac{10!}{6!4!}} = 0.5333\cdots (\approx 0.53)$ 이다.

정답 : ③

> **더블체크**

정답률 약 50%

Q 다음 설명 중 틀린 것은? [19년 2회 기출]

① 사건 A와 B가 배반사건이면 $P(A \cup B) = P(A) + P(B)$ 이다.
② 사건 A와 B가 독립사건이면 $P(A \cap B) = P(A) \times P(B)$ 이다.
③ 5개의 서로 다른 종류 물건에서 3개를 복원추출하는 경우의 가지 수는 60가지이다.
④ 붉은색 구슬이 2개, 흰색 구슬이 3개, 모두 5개의 구슬이 들어 있는 항아리에서 임의로 2개의 구슬을 동시에 꺼낼 때, 꺼낸 구슬이 모두 붉은색일 확률은 $\frac{1}{10}$ 이다.

해설 5개의 서로 다른 종류 물건에서 3개를 복원추출하는 경우의 가지 수는 '배열 순서를 고려하는 경우'&'복원추출인 경우'이므로 [중복순열] 공식을 활용하면 $_n\Pi_r = 5^3 = 5 \times 5 \times 5 = 125$가지이다.

① 사건 A와 B가 배반사건이면 $P(A \cap B) = P(\emptyset) = 0$이므로, $P(A \cup B) = P(A) + P(B)$ 이다.
② 사건 A와 B가 독립사건이면 $P(A \cap B) = P(A) \times P(B)$ 이다. 암기: [독곱!]
④ 붉은색 구슬이 2개, 흰색 구슬이 3개, 모두 5개의 구슬이 들어 있는 항아리에서 임의로 2개의 구슬을 동시에 꺼낼 때, 꺼낸 구슬이 모두 붉은색일 확률은 '배열 순서를 무시하는 경우' & '비복원추출인 경우'에 해당하므로, 조합 $_nC_r = \frac{n!}{r!(n-r)!}$ 으로 구하면 된다.

5개의 구슬 중에서 2개의 구슬을 선택하는 전체 경우의 수는 $_5C_2 = \frac{5!}{2!3!} = 10$이고, 꺼낸 구슬이 모두 붉은색일 경우의 수는 $_2C_2 = 1$이다. 따라서 구하고자 하는 확률은 $\frac{_2C_2}{_5C_2} = \frac{1}{10}$ 이다.

정답 : ③

(5) 확률변수

1) 확률변수의 의의
- 확률변수 X는 표본공간 S를 실수로 바꾸어 주는 함수이며, 확률적인 결과에 따라 결과값이 바뀌는 변수이다. 따라서 $X: S \to R$로 표기한다.
  - 즉, 확률변수(Random Variables)란 확률실험에서 나타나는 결과에 특정한 수치를 부여한 것이다.

2) 확률변수의 종류
① 독립변수와 종속변수
- 원인과 결과 관계를 갖는 경우에 독립변수와 종속변수로 구분되며, 회귀분석(Regression Analysis)과 같이 독립변수와 종속변수로 구성되는 경우에는 $Y \sim X$ 구조를 갖는다.

독립변수 X (Independent Variable)	• 독립변수는 다른 변수에 영향을 주는 변수이다. 기출 — 다른 변수의 영향을 받지는 않는 독립적인 변수로서 원인이 되는 변수이다. • 독립변수는 종속변수보다 시간적으로 선행하여 발생하면서 종속변수에 영향을 미치는 변수이다. 기출 — 설명변수(Explanatory Variable), 예측변수(Predictor Variable)라고도 부른다.
종속변수 Y (Dependent Variable)	• 종속변수는 다른 변수(독립변수)로부터 영향을 받는 변수이다. 기출 — 이는 예측 분석에 따라 설명이 되는 결과가 되는 변수이며, 반응변수(Response Variable), 표적변수(Target Variable), 결과변수(Outcome Variable)라고도 부른다. 기출

② 범주형 변수(질적 자료) VS 수치형 변수(양적 자료)
- 모든 확률변수는 인과관계 여부와 관계없이 범주형 변수이거나 수치형 변수에 해당한다.
- 자료의 종류에 따라 질적 자료와 양적 자료로 구분된다.
  - 질적 자료이면 범주형 확률변수라고 한다.
  - 양적 자료에 해당하는 양적 변수는 이산변수와 연속변수로 구분된다. 기출

(6) 확률분포 기출 암기 이베이기포초

- 확률분포는 확률변수 X가 특정한 값을 가질 확률을 나타내는 함수이며, 크게 이산형 확률분포와 연속형 확률분포로 구분된다.

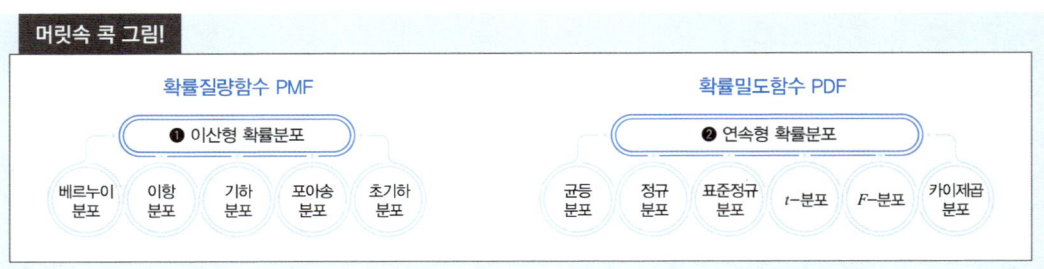

2 이산확률변수와 연속확률변수

(1) 이산확률변수

1) 이산확률변수의 의의

- 이산확률변수(Discrete Random Variables)는 확률변수 X가 셀 수 있는 집합으로부터 값을 취하는 경우이다. 한마디로, 이산확률변수는 확률변수 X가 가질 수 있는 값이 이산값인 확률변수이다.

  예 동전을 2번 던지는 실험에서 앞면이 나오는 횟수를 확률변수 X로 정의하는 경우

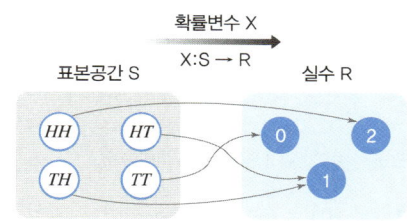

2) 이산확률변수의 확률질량함수(PMF ; Probability Mass Function)

- 함수 $p(x)$는 이산확률변수 X에 대한 확률질량함수(PMF)라고 하며 다음을 만족한다.

  기출

  $$P(X=x_i) = p(x) = p_i = f_x(x_i) \, (단, x=0,1,2,\cdots)$$
  $$0 \leq P(X=x_i) \leq 1$$
  $$\sum_{i=1}^{n} P(X=x_i) = 1$$
  $$P(a \leq X \leq b) = \sum_{a \leq x \leq b} p(x)$$

3) 이산확률변수의 누적분포함수(CDF ; Cumulative Distribution Function)

- 함수 $F(x)$는 이산확률변수 X에 대한 누적분포함수(CDF)라고 하며 다음을 만족한다.

  $$F(X) = P(X \leq x) = \sum_{X \leq x_i} P(x_i)$$

더블체크

정답률 약 50%

Q 다음 중 이산확률변수에 해당하는 것은? [08년 1회, 20년 3회 기출]

① 어느 중학교 학생들의 몸무게
② 습도 80%의 대기 중에서 빛의 속도
③ 장마 기간 동안 A도시의 강우량
④ 어느 프로야구 선수가 한 시즌 동안 친 홈런의 수

해설 '어느 프로야구 선수가 한 시즌 동안 친 홈런의 수'는 0, 1, 2, 3과 같이 셀 수 있는 유한한 값이므로 이산확률변수이다.
① '어느 중학교 학생들의 몸무게'는 특정 값 사이에도 무한한 값이 존재하며, 55.3kg, 55.4kg 등의 값이므로 연속확률변수이다.
② '습도 80%의 대기 중에서 빛의 속도'는 특정한 물리 상수이며 측정할 때 연속적인 값을 가지므로 연속확률변수이다.
③ '장마 기간 동안 A도시의 강우량'은 특정 시간 동안 측정되는 값이며, 50.5mm, 50.6mm 등의 값이므로 연속확률변수이다.

정답 : ④

4) 이산확률변수의 대표적 예시

• 동전을 2번 던지는 실험에서 동전 던지기 결과로 발생한 앞면의 수를 확률변수 X로 할 때의 확률질량함수 PMF와 누적분포함수 CDF를 구하여라.
  - 이 예시를 통해 표본공간 S와 실수 R의 관계에 대해 명확하게 이해해보자.

Step 1. 동전을 2번 던지는 실험은 왜 이산형 확률분포인지 서술하라.
  - '확률변수 X가 셀 수 있는 집합으로부터 값을 취하는 경우'는 이산형확률변수이기 때문이다.

Step 2. 표본공간 S에 대해 서술하라.
  - 동전을 2번 던지는 실험에서의 표본공간 $S = \{HH, HT, TH, TT\}$
  (※ 동전의 앞면은 H, 동전의 뒷면은 T로 표기한다.)

Step 3. 이산형확률분포의 확률질량함수 PMF를 구하여라.

$$-P(X=0) = p(0) = f_x(0) = P(\{TT\}) = \frac{1}{4},$$

$$P(X=1) = p(1) = f_x(1) = P(\{TH, HT\}) = \frac{2}{4},$$

$$P(X=2) = p(2) = f_x(2) = P(\{HH\}) = \frac{1}{4}$$

Step 4. 이산형확률분포의 누적분포함수 CDF를 구하고, 그림으로 표현하시오.

$$-F(0) = P(X \leq 0) = P(X=0) = \frac{1}{4},$$

$$F(1) = P(X \leq 1) = P(0 \leq X \leq 1) = \frac{3}{4},$$

$$F(2) = P(X \leq 2) = 1$$

⬇

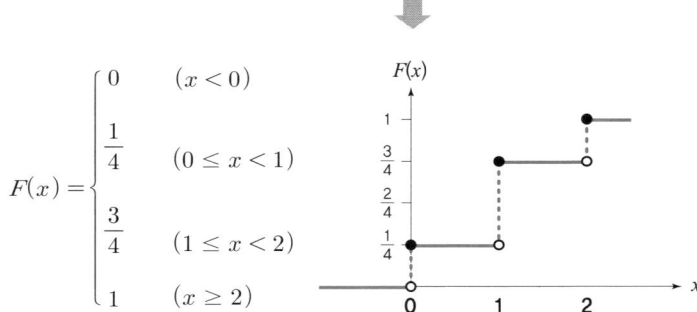

$$F(x) = \begin{cases} 0 & (x < 0) \\ \frac{1}{4} & (0 \leq x < 1) \\ \frac{3}{4} & (1 \leq x < 2) \\ 1 & (x \geq 2) \end{cases}$$

(2) 연속확률변수

1) 연속확률변수의 의의

- 연속확률변수(Continuous Random Variables)는 모든 실수에 대해 함수 $f(x)$가 존재하며, 확률변수 X가 취할 수 있는 값이 무한대인 경우이다.
  - 연속확률변수는 확률변수 X가 셀 수 없는 무한개의 실수값을 갖는다.

2) 연속확률변수의 확률밀도함수(PDF ; Probability Density Function)

- 함수 $f(x)$는 연속확률변수 X에 대한 확률밀도함수(PDF)라고 하며 다음을 만족한다.

> **기출**
>
> $$0 \leq f(x) \leq 1$$
>
> $$\int_{-\infty}^{\infty} f(x)dx = 1$$
>
> $$\int_{a}^{b} f(x)dx = P(a \leq X \leq b)$$

개념특강   **확률밀도함수(PDF)**

- 확률변수 X가 어떤 범위(구간)에 속하는 모든 실수의 값을 가질 때, X를 연속확률변수라고 한다.
  - 확률밀도함수 $f(x)$는 일반적으로 $\alpha \leq X \leq \beta$에서 모든 실수의 값을 가질 수 있는 연속확률변수 X에 대해, $\alpha \leq X \leq \beta$에서 정의된 함수 $f(x)$가 다음 3가지 성질을 만족할 때, 함수 $f(x)$를 연속확률변수 X의 확률밀도함수라 한다(단, $\alpha \leq a \leq X \leq b \leq \beta$이고, α와 β는 정의역의 끝점이다).

[확률밀도함수의 성질 3가지]

① <u>모든 실수값 x에 대해 확률밀도함수 $f(x) \geq 0$</u> **기출**

② <u>$\int_{a}^{b} f(x)dx = P(a \leq X \leq b)$(단, $a < b$) 이다.</u> **기출**
  - $P(a \leq X \leq b)$는 함수 $f(x)$의 그래프와 x축 및 두 직선 $x = a, x = b$로 둘러싸인 부분의 넓이와 같으며,
    $\int_{a}^{b} f(x)dx = P(\alpha \leq X \leq b) - P(\alpha \leq X \leq a) = P(a \leq X \leq b)$이다.
  - <u>확률밀도함수 $f(x)$에서 $a \leq b$이면, $P(X \leq a) \leq P(X \leq b)$이다.</u> **기출**

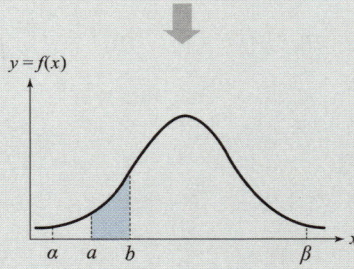

③ 함수 $f(x)$에서 x축 및 정의역의 양 끝점 $x = \alpha, x = \beta$로 둘러싸인 부분의 넓이는 1이다.
  따라서 $\int_{\alpha}^{\beta} f(x)dx = P(\alpha \leq X \leq \beta) = 1$이며, 범위지정이 없다면 $\int_{-\infty}^{\infty} f(x)dx = 1$이다.
  - <u>연속확률분포의 확률밀도함수 $f(x)$와 x축으로 둘러싸인 부분의 면적은 항상 1이다.</u> **기출**

3) 연속확률변수의 누적분포함수(CDF ; Cumulative Distribution Function)

확률밀도함수 $f(x)$ $\xrightarrow{\text{적분}}$ 누적분포함수 $F(x)$

$f(x) = \dfrac{d}{dx} F(x)$ $\xleftarrow{\text{미분}}$ $F(x) = \int_{-\infty}^{x} f(t)\,dt$

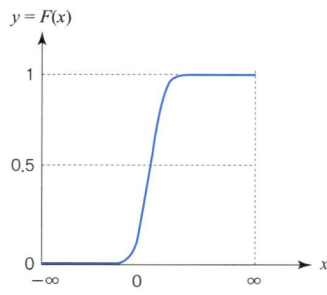

- 확률변수 X의 확률분포는 $(-\infty, x)$ 형태를 가지는 구간의 확률에 의해 결정된다.
  - 따라서, 확률변수의 확률분포를 나타내기 위해서 확률변수 구간 $(-\infty, x)$에 속할 확률인 누적분포함수 $F(x)$를 나타낸다. <u>이때, 누적분포함수 $F(x)$를 미분하면 확률밀도함수 $f(x)$가 되므로 $F(x)$를 활용해 PDF(Probability Density Function)를 구할 수도 있다.</u> 기출
- 확률변수 X에 대한 확률분포가 정의되면, 누적분포함수(CDF)를 구할 수 있다.
  - 누적분포함수 $F(x)$는 확률변수 X가 특정 값보다 작거나 같은 확률을 나타내는 함수이며, '누적'이라는 이름에서 알 수 있듯이 특정 값보다 작은 값들의 확률을 모두 누적한다는 의미를 갖는다.
- 누적분포함수는 $F_X(x) = P_X(X \le x)$ 라고도 표기하며, $F(x)$는 아래의 조건을 만족한다.
  - 조건1 : $\lim\limits_{x \to -\infty} F(x) = 0$, $\lim\limits_{x \to \infty} F(x) = 1$
  - 조건2 : 증가함수(Increasing Function)이므로, $x \le y$일 때, $F(x) \le F(y)$이다.
  - 조건3 : 우연속 함수(Right-Continuous Function)

  $$\lim_{x \to a-} F(x) = F(a),\ \lim_{x \to \infty} F\!\left(x + \dfrac{1}{n}\right) = F(x)$$

개념특강 적분용어 기출

인티그랄(Integral) → $\int f(x)\,dx = F(x) + C$, $\int x^n dx = \dfrac{x^{n+1}}{n+1} + C\,(n \ne -1)$, $\int_a^b x^n dx = \left[\dfrac{x^{n+1}}{n+1}\right]_a^b$

- 피적분함수 $f(x)$
- (부정)적분 상수 C
- 원시함수(= 부정적분) $F(x)$

4) 연속확률변수의 대표적 예시

예 $f(x)$가 어떤 확률변수에 대한 확률밀도함수가 되는 조건을 만족하도록 상수 c를 결정하라.

$$f(x) = \frac{3}{16}x^2 \, (-c \leq x \leq c)$$

$\int_{-c}^{c} f(x)dx = P(-c \leq X \leq c) = 1$이려면,

$\int_{-c}^{c} \frac{3}{16}x^2 dx = \left[\frac{3}{16} \times \frac{1}{3}x^3\right]_{-c}^{c} = \left(\frac{3}{16} \times \frac{1}{3}c^3\right) - \left(-\frac{3}{16} \times \frac{1}{3}c^3\right) = \frac{1}{8}c^3 = 1$이므로 $c = 2$이다.

$$\therefore c = 2$$

예 확률변수 X의 확률밀도함수가 $f(x) = 4x, 0 \leq x \leq 1$일 때, X의 누적분포함수를 구하여라.

$F(x) = P(X \leq x) = \int_{-\infty}^{x} f(t)dt$이고, 주어진 함수가 $0 \leq x \leq 1$에서만 정의되어 있으므로, 누적분포함수는 $F(x) = P(X \leq x) = \int_{-\infty}^{x} f(t)dt = \int_{0}^{x} f(t)dt = \int_{0}^{x} 4t\,dt = \left[4 \times \frac{1}{2}t^2\right]_{0}^{x} = 2x^2$이다.

$$\therefore F(x) = 2x^2 \, (0 \leq x \leq 1)$$

더블체크

<정답률 약 30%>

Q 연속확률변수 X의 확률밀도함수를 $f(x)$라 할 때, 다음 설명 중 틀린 것은? [15년 1회 기출]

① $f(x) \geq 0$

② $P(a \leq X \leq b) = \int_{a}^{b} f(x)dx$ (단, $a < b$)

③ $\sum_{i} f(x_i) = 1$

④ $a \leq b$이면, $P(X \leq a) \leq P(X \leq b)$

해설 공식을 보면 $\sum_{i} f(x_i) = 1$ 형태이며, 이는 이산확률변수 X의 확률질량함수(PMF)에 관한 설명이므로, 연속확률변수에 관한 설명이 아니다.

①, ②, ④ 연속확률변수 X의 확률밀도함수 $f(x)$는 아래 그림이 전형적인 모양이므로 기억해두어야 한다.

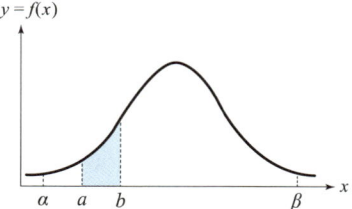

정답 : ③

3 확률분포의 기댓값과 분산

(1) 확률분포의 기댓값

1) 기댓값의 의의
- 확률변수 X의 기댓값(Expected Value)은 확률변수가 가질 수 있는 모든 값에 대해 그 값이 나타날 확률을 가중치로 하여 계산한 평균이며, $E(X)$로 표기한다.
- 기댓값 $E(X)$은 확률변수의 중심 경향을 나타내며, 어떤 사건이 일어날 것으로 예상하는 평균적인 결과이다.
  - 기댓값 $E(X)$은 실험을 반복 수행했을 때 평균적으로 기대할 수 있는 값이므로 평균(Mean)이라고도 한다.

2) 기댓값의 수식

① 이산확률분포의 경우
- 이산확률변수 X가 가질 수 있는 가능한 값들이 $x_1, x_2, \cdots, x_n$이고, 각각의 값이 일어날 확률이 $P(X=x_i)$로 주어졌을 때, 기댓값 $E(X)$는 다음과 같다.

$$E(X) = \sum_{i=1}^{n} x_i \times P(X=x_i) = \sum x p(x)$$

② 연속확률분포의 경우
- 연속확률변수 X의 확률밀도함수 $f(x)$가 주어졌을 때, 기댓값 $E(X)$는 다음과 같다.

$$E(X) = \int_{-\infty}^{\infty} x f(x) dx$$

③ 기댓값의 성질 [암기] 기대상수툭튀 [기출]
- 아래 공식에서 a, b는 상수이고, X, Y는 확률변수이다.

$E(a) = a$ [기출]	$E(aX) = aE(X)$ [기출]
$E(X \pm b) = E(X) \pm b$ [기출]	$E(aX+b) = aE(X) + b$ [기출]
$E(X+Y) = E(X) + E(Y)$ [기출]	$E(X-Y) = E(X) - E(Y)$ [기출]
$E(XY) = E(X)E(Y)$ (X, Y는 독립) [기출]	$E(\overline{X}) = \mu$

더블체크

정답률 약 50%

Q 다음 중 기댓값에 관한 성질로 틀린 것은? [16년 1회 기출]

① $E(C) = C$, C는 상수
② $E(X \pm Y) = E(X) \pm E(Y)$
③ $E(XY) = E(X)E(Y)$, X, Y는 독립
④ $E[X - E(X)] = 1$

해설 $E[X - E(X)]$에서 $E(X) = a$라고 하면, $E[X - E(X)] = E[X - a] = E(X) - E(a) = a - a = 0$이다.
① 기댓값과 관련된 성질 중 중요한 것은 [암기] : 기대상수툭튀 이므로, $E(C) = C$이다.
② $E(X \pm Y) = E(X) \pm E(Y)$는 중요한 성질 중 하나이다.
③ $E(XY) = E(X)E(Y) + Cov(XY)$인데, 만약 X, Y가 독립이면 공분산 $Cov(X, Y) = 0$이므로 $E(XY) = E(X)E(Y)$이다.

정답 : ④

(2) 확률분포의 분산

1) 분산의 의의

- 확률변수 X의 분산(Variance)은 확률변수가 평균으로부터 얼마나 떨어져 있는지를 측정하는 값으로, $Var(X)$ 혹은 $V(X)$로 표기한다. 즉, 분산은 확률변수의 값들이 평균을 중심으로 얼마나 흩어져 있는지를 나타내는 지표로, 데이터의 변동성 또는 변이를 수량화한 것이다.
  - 따라서 분산은 '편차 제곱의 평균'이라고도 하며, $E\big[(X-E[X])^2\big]$라고 표기한다. 기출
    이때 편차는 각 데이터 값이 평균에서 얼마나 떨어져 있는지를 의미한다.

    표본분산은 $S^2 = \dfrac{\sum_{i=1}^{n}(X_i - \overline{X})^2}{n-1}$으로 표기한다. 기출

- 확률변수의 산포도는 분산과 표준편차로 나타낸다.
  - 이때, 표준편차(Standard Deviation ; SD)는 분산에 양의 제곱근을 취한 것이며, 항상 양(+)의 값을 갖는다.

2) 분산의 수식

① 이산확률분포의 경우

- 이산확률변수 X의 확률질량함수 $P(X=x_i)$가 주어졌을 때, 분산 $Var(X)$는 다음과 같이 계산한다.

  기출
  $$V(X) = E[(X-\mu)^2] = E[(X-E(X))^2] = \sum_{i=1}^{n}(x_i - \mu)^2 \times P(X=x_i)$$
  $$= \sum_{i=1}^{n} x_i^2 P(X=x_i) - \left\{\sum_{i=1}^{n} x_i P(X=x_i)\right\}^2 = E(X^2) - \{E(X)\}^2$$

② 연속확률분포의 경우

- 연속확률변수 X의 확률밀도함수 $f(x)$가 주어졌을 때, 분산 $Var(X)$는 다음과 같이 적분으로 계산한다.

  기출
  $$Var(X) = E[(X-\mu)^2] = E[(X-E(X))^2] = \int_{-\infty}^{\infty}(x-\mu)^2 \times f(x)dx$$
  $$= \int_{-\infty}^{\infty} x^2 f(x)dx - \left\{\int_{-\infty}^{\infty} x f(x)dx\right\}^2 = E(X^2) - \{E(X)\}^2$$

③ 분산의 성질 기출

확률변수 X, Y의 공분산(Covariance)은 $Cov(X, Y)$이며, 확률변수 X, Y가 독립이면 $Cov(X, Y) = 0$이다. 기출

$Var(a) = 0$ 기출	$Var(aX) = a^2 Var(X)$ 기출
$Var(X+b) = Var(X)$ 기출 $Var(X-b) = Var(X)$	$Var(aX+b) = a^2 Var(X)$ 기출 $Var(aX-b) = a^2 Var(X)$ 기출
$Var(X+Y) = Var(X) + Var(Y) + 2Cov(X, Y)$ 기출 $Var(X-Y) = Var(X) + Var(Y) - 2Cov(X, Y)$	$Var(X) = E(X^2) - \{E(X)\}^2$ 기출 $Var(\overline{X}) = E(\overline{X}^2) - \{E(\overline{X})\}^2$
$sd(X) = \sigma(X) = \sqrt{Var(X)}$ 기출 $sd(aX+b) = \sigma(aX+b) = \sqrt{Var(aX+b)} = \sqrt{a^2 Var(X)} = |a|\sigma(X)$ 기출	

> **더블체크**

Q 확률변수 X의 확률분포가 다음과 같다. 평균과 분산으로 맞는 것은? [21년 2회 기출]

X	0	1	2	계
$P(X=x)$	0.2	0.6	0.2	1

① $E(X)=0.8$, $V(X)=0.2$ ② $E(X)=0.8$, $V(X)=0.4$
③ $E(X)=1.0$, $V(X)=0.2$ ④ $E(X)=1.0$, $V(X)=0.4$

해설 평균은 $E(X)=\sum_{i=1}^{n}x_i\times P(X=x_i)=0\times 0.2+1\times 0.6+2\times 0.2=1.00$이며, 분산은
$V(X)=\sum_{i=1}^{n}x_i^2 P(X=x_i)-\left\{\sum_{i=1}^{n}x_i P(X=x_i)\right\}^2=0^2\times 0.2+1^2\times 0.6+2^2\times 0.2-1^2=0.4$이다.

정답 : ④

> **더블체크**

정답률 약 30%

Q 표본크기가 3인 자료 X_1, X_2, X_3의 평균 $\overline{X}=10$, 분산 $S^2=100$이다. 관측값 10이 추가되었을 때, 4개 자료의 분산 S^2은? (단, 표본분산 S^2은 불편분산이다.) [20년 1·2회 통합 기출]

① $\dfrac{100}{3}$ ② 50 ③ 55 ④ $\dfrac{200}{3}$

해설 X_1, X_2, X_3의 표본평균이 $\overline{X}=10=\dfrac{X_1+X_2+X_3}{3}$이면, $X_1+X_2+X_3=30$이다.

이때, 관측값 10이 추가되면 4개 자료의 표본평균은 $\overline{X}'=\dfrac{X_1+X_2+X_3+10}{4}=\dfrac{30+10}{4}=10$이다.

X_1, X_2, X_3의 분산이 $S^2=100$이면, 표본분산 공식 $S^2=\dfrac{\sum_{i=1}^{n}(X_i-\overline{X})^2}{n-1}$에 의해

$S^2=\dfrac{\sum_{i=1}^{3}(X_i-\overline{X})^2}{n-1}=\dfrac{(X_1-10)^2+(X_2-10)^2+(X_3-10)^2}{2}=100$이며 분자는 200이다.

따라서 관측값 10이 추가되었을 때, 4개 자료의 분산 S'^2은

$S'^2=\dfrac{\sum_{i=1}^{4}(X_i-\overline{X})^2}{n-1}=\dfrac{(X_1-10)^2+(X_2-10)^2+(X_3-10)^2+(10-10)^2}{3}=\dfrac{200}{3}$이다.

정답 : ④

> **더블체크**

정답률 약 40%

Q 자료 $x_1, x_2, \cdots, x_n$의 표준편차가 3일 때, $-3x_1, -3x_2, \cdots, -3x_n$의 표준편차는? [14년 2회, 18년 3회 기출]

① -3 ② 9 ③ 3 ④ -9

해설 자료 $x_1, x_2, \cdots, x_n$의 표준편차가 3이면, $sd(X)=3$임을 의미한다. 이 과정에서는 $Var(aX)=a^2 Var(X)$이며 $sd(aX)=\sqrt{a^2 Var(X)}=|a|\times\sqrt{Var(X)}=|a|\times sd(X)$임을 기억해야 한다. 이때, $-3x_1, -3x_2, \cdots, -3x_n$의 표준편차는 $sd(-3X)=|-3|\times sd(X)=3\times 3=9$이다.

정답 : ②

(3) 체비셰프 부등식

1) 체비셰프 부등식의 의의
- 체비셰프 부등식(Chebyshev's Inequality)은 확률분포의 평균 μ과 분산(혹은 표준편차)에 관련된 부등식이다.
  - 이 부등식은 주어진 확률변수가 평균에서 얼마나 떨어져 있는지에 대한 상한·하한을 제공한다. 특히 기출에서는 상한과 하한을 구하라는 문제가 자주 출제되므로 공식을 외우자.

> **체비셰프 부등식** [기출]
> $$P(|X-\mu| \leq k\sigma) \geq 1 - \frac{1}{k^2} \quad \text{혹은} \quad P(|X-\mu| \geq k\sigma) \leq \frac{1}{k^2}$$
> - X는 확률변수, μ는 X의 기댓값(평균), σ는 X의 표준편차, k는 양수인 실수이다.

2) 체비셰프 부등식의 특징
- 체비셰프 부등식은 분포에 대한 정보가 거의 없더라도 사용이 가능하다.
  - 이 부등식은 확률변수의 분포에 대한 구체적인 정보(이항분포, 정규분포 등)가 없어도 적용할 수 있는 일반적인 결과이며, 분포의 모양에 상관없이 사용이 가능하다.
  - 이 부등식은 확률변수의 평균과 분산(혹은 표준편차)만으로 그 확률변수가 평균으로부터 특정 거리 이상 떨어질 확률의 상한·하한을 제공한다.

더블체크

> [정답률 약 20%]
>
> **Q** 어느 공장에서 일주일 동안 생산되는 제품의 수 X는 평균이 50, 분산이 15인 확률분포를 따른다. 이 공장의 일주일 동안의 생산량이 45개에서 55개 사이일 확률의 하한을 구하면? [18년 2회 기출]
>
> ① 1/5　　② 2/5　　③ 3/5　　④ 4/5
>
> **해설** 생산되는 제품의 수 X는 평균이 50, 분산이 15인 확률분포를 따르므로 $\mu=50, \sigma^2=15$이며, 생산량이 45개에서 55개 사이일 확률의 하한은 체비셰프 부등식 $P(|X-\mu| \leq k\sigma) \geq 1 - \frac{1}{k^2}$ 을 통해 구할 수 있다. 체비셰프 부등식에 $\mu=50, \sigma^2=15$를 대입하면 $P(|X-50| \leq k\sqrt{15}) \geq 1 - \frac{1}{k^2}$ 이고, 이는 $P(-k\sqrt{15}+50 \leq X \leq k\sqrt{15}+50) \geq 1 - \frac{1}{k^2}$ 이다.
>
> 따라서 생산량 X가 45개에서 55개 사이인 경우는 $k\sqrt{15}=5$을 만족하며, 이를 정리하면 $k=\frac{5}{\sqrt{15}}$이므로 $P(45 \leq X \leq 55) \geq 1 - \frac{1}{\left(\frac{5}{\sqrt{15}}\right)^2} = 1 - \frac{1}{\frac{25}{15}} \left(=\frac{2}{5}\right)$ 이다. 결론적으로 생산량이 45개에서 55개 사이일 확률의 하한은 $\frac{2}{5}$ 이다.
>
> 정답 : ②

더블체크

정답률 약 20%

Q 어느 고등학교 1학년생 280명에 대한 국어성적의 평균이 82점, 표준편차가 8점이었다. 66점부터 98점 사이에 포함된 학생들은 몇 명 이상인가? [13년 2회, 18년 1회 기출]

① 211명
② 220명
③ 230명
④ 240명

해설 ※ 정답률이 20%인 이유는 이 문제를 표준화 Z를 활용하여 풀면 안 되기 때문이다.
'(최소)몇 명 이상인가?'와 '몇 명인가?'를 명확하게 구분하여 풀 수 있는지를 묻는 것이다. 따라서, 잘못된 풀이를 먼저 제공하므로 이 문제가 시험에 출제되는 경우 반드시 주의해야 한다.

[오답 예시]
어느 고등학교 1학년생 280명에 대한 국어성적(확률변수 X)의 평균이 82점, 표준편차가 8점이라면, $X \sim N(82, 8^2)$이다. 표준화된 점수 $Z = \frac{X-\mu}{\sigma}$를 활용하면 66점부터 98점 사이에 포함될 확률은
$$P(66 \leq X \leq 98) = P\left(\frac{66-82}{8} \leq Z \leq \frac{98-82}{8}\right) = P(-2 \leq Z \leq 2) = 0.9544$$이다.
먼저 위 풀이부터 의심해야 한다. 많은 학습자가 $P(-2 \leq Z \leq 2) = 0.9544$임을 외우고 있기 때문인데, 이 문제에서 최소한의 Z-분포에 대한 정보도 주어져 있지 않다는 사실을 깨달아야 한다. 이를 통해 280명 × 0.9544 = 267.232로 계산하여, 66점부터 98점 사이에 포함된 학생들은 최소 267명 이상일 것으로 산출한 후 선지 중 이 값과 가장 가까운 '④ 240명'을 고른 경우가 가장 많은 오답 사례였다.

[정답 풀이]
이 문제는 체비셰프 부등식 $P(|X-\mu| \leq k\sigma) \geq 1 - \frac{1}{k^2}$을 활용한다.
먼저, 국어성적의 평균이 82점, 표준편차가 8점이라는 정보가 주어져 있으므로 $\mu = 82, \sigma = 8$이다.
이를 부등식에 대입하면 $P(|X-82| \leq 8k) \geq 1 - \frac{1}{k^2}$이고, 정리하면 $P(-8k+82 \leq X \leq 8k+82) \geq 1 - \frac{1}{k^2}$
이다.
문제에서 66점부터 98점 사이에 포함된 학생들을 구하고자 하므로, $-8k+82 = 66, 8k+82 = 98$인 k를 구하면 $k = 2$이다.
따라서 $P(66 \leq X \leq 98) \geq 1 - \frac{1}{2^2}\left(= \frac{3}{4}\right)$이며, 280명 × $\frac{3}{4}$ = 210명이므로 66점부터 98점 사이에 포함된 학생들은 211명 이상이다.

→ 1. "몇 명인가?"를 묻는 문제라면 'Z-분포'를 활용하여 풀어야 한다.
   Z-분포를 사용하면, 정규분포 가정하에 특정 구간에 포함되는 비율을 정확하게 계산할 수 있다. 이 방법을 통해 나온 267명은 실제로 이 구간에 포함된 학생 수의 추정치이다. 그러나 이 문제에서 요구하는 것이 아니다.
→ 2. "최소 몇 명 이상인가?"를 묻는 문제라면 '체비셰프 부등식'을 활용하여 풀어야 한다.
   '체비셰프 부등식'은 데이터의 분포에 관계없이 평균에서 일정 거리 내에 최소한의 값이 포함된다는 것을 보장한다. 따라서 해당 범위 내에 포함될 최소한의 비율을 구할 수 있다.
   따라서 이 문제에서는 최소한 210명 정도의 인원이 포함된다는 것을 보장한다.

정답 : ①

02 이산확률분포의 의미

1 이항분포의 개념

(1) 베르누이시행

1) 베르누이 시행의 의의

① 베르누이 시행의 정의
- 베르누이 시행(Bernoulli Trial)은 이항실험(Binomial Trial)이라고도 하며, 확률론과 통계학에서 임의의 결과가 '성공(YES)' 또는 '실패(NO)'의 두 가지 중 하나인 실험을 뜻한다.
- 표본공간이 오직 2개의 상호 배반인 원소로 구성된 경우의 시행을 베르누이 시행이라고 한다.
  - 베르누이 시행에서 성공을 1, 실패를 0으로 대응시키는 확률변수를 베르누이 확률변수 X라고 한다.

2) 베르누이 시행의 조건 3가지 `기출`

① 각 시행이 독립 : 반복되는 각 시행은 독립적으로 수행된 것이어야 한다. `기출`
② 두 가지 결과 : 각 시행에서 발생 가능한 결과는 '성공' 혹은 '실패' 2가지이다. `기출`
- 각 시행의 결과는 상호배타적인 두 사건(성공 VS 실패)으로 구분된다.
  - 이때, 성공확률을 p라고 하고 실패확률을 $1-p=q$라고 하면 $p+q=1$이다.

③ 성공확률 p는 일정 : 매 시행에서 성공확률 p과 실패확률 q은 항상 일정하다. `기출`

(2) 베르누이분포

1) 베르누이분포 의의

① 베르누이분포의 정의 및 표기
- 베르누이분포(Bernoulli Distribution)는 매 시행이 오직 두 가지의 가능한 결과만 일어나는 베르누이 시행이라고 할 때, 이러한 실험을 1회 시행하여 일어난 두 가지 결과에 의해 그 값이 각각 0과 1로 결정되는 확률변수 X는 베르누이분포를 따른다.
  - 베르누이분포는 $X \sim Bernoulli(p)$ 혹은 $X \sim B(1, p)$으로 표기한다.

2) 베르누이분포의 확률변수

① 확률변수의 확률질량함수(PMF)는?

$P(X=x) = f(x) = p^x(1-p)^{(1-x)}$ (단, $x=0$ 혹은 $x=1$이며, $0 \leq p \leq 1$)

구분	$X=0$	$X=1$	합계
$P(X=x)$	$P(X=0)=f(0)=q=1-p$	$P(X=1)=f(1)=p$	1

예 동전 던지기 실험에서 확률변수 X는 동전 뒷면이 나오는 경우이며, $X \sim Bernoulli\left(\dfrac{1}{2}\right)$이다. 이때, 확률질량함수는 $P(X=x) = f(x) = \left(\dfrac{1}{2}\right)^x \left(\dfrac{1}{2}\right)^{(1-x)}$ $(x=0, 1)$이다.

② 확률변수의 기댓값과 분산은?

구분	수식	증명
기댓값 $E(X)$	$E(X) = p$	$E(X) = \sum_{i=1}^{n} x_i f(x_i) = 0 \times q + 1 \times p = p$
$E(X^2)$	$E(X^2) = p$	$E(X^2) = \sum_{i=1}^{n} x_i^2 f(x_i) = 0^2 \times q + 1^2 \times p = p$
분산 $V(X)$	$V(X) = pq$	$V(X) = E(X^2) - \{E(X)\}^2 = p - p^2 = p(1-p) = pq$

(3) 이항분포

1) 이항정리와 이항계수

① 이항정리(Binomial Theorem)
- 두 개의 항으로 이루어진 $(a+b)$의 거듭제곱인 $(a+b)^n$을 전개하는 것을 이항정리라고 한다.
  - 이항정리 $(a+b)^n = {}_nC_0 a^n + {}_nC_1 a^{n-1}b + \cdots + {}_nC_r a^{n-r}b^r + \cdots + {}_nC_n b^n$ (단, n은 자연수)

② 이항계수(Binomial Coefficient)
- $(a+b)^n$꼴의 다항식 전개식에서, $a^{n-r}b^r$의 계수인 ${}_nC_0, {}_nC_1, \cdots, {}_nC_r, \cdots, {}_nC_n (0 \le r \le n)$를 이항계수라고 한다.
  - 조합론에서 이항계수는 이항식을 이항정리로 전개했을 때 각 항의 계수이며, 주어진 크기의 '배열순서가 없는' 조합(Combination)의 가짓수이다.
  - 자연수 n과 정수 k가 주어졌을 때, 이항계수 ${}_nC_k = \binom{n}{k} = \frac{n!}{k!(n-k)!}$ 이다. 이때, !는 계승이며, 팩토리얼(Factorial)이라고 읽는다.
- 이항계수의 값을 삼각형 모양으로 나열한 것을 파스칼의 삼각형(Pascal's Triangle)이라고 한다.
  - 파스칼의 삼각형은 $n = 1, 2, 3, \cdots$일 때, 다항식 $(a+b)^n$의 전개식에서 각 항의 계수를 아래와 같은 삼각형 모양으로 나타낼 수 있다.

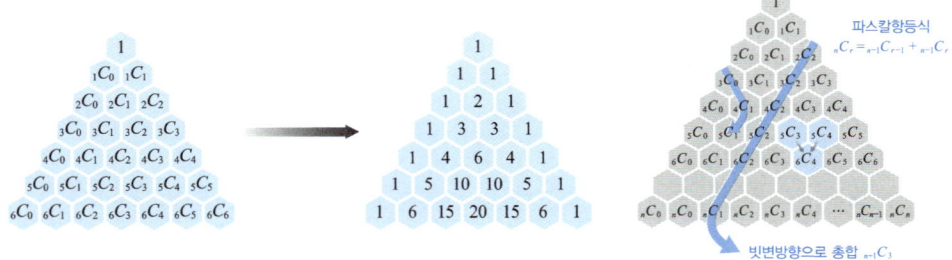

- 아래 그림을 통해 빗변 방향으로 총합을 구하는 방법과 파스칼항등식 이용 방법을 확인하자.
  - 파스칼항등식은 n, r이 음이 아닌 정수이고, $1 \le r \le n-1$일 때, ${}_nC_r = {}_{n-1}C_{r-1} + {}_{n-1}C_r$이다.

$$\binom{n-1}{r-1} + \binom{n-1}{r} = \frac{(n-1)!}{(r-1)!(n-r)!} + \frac{(n-1)!}{r!(n-r-1)!} = \frac{(n-1)! \times r}{r!(n-r)!} + \frac{(n-1)! \times (n-r)}{r!(n-r)!}$$

$$= \frac{(n-1)! \times \{r + (n-r)\}}{r!(n-r)!} = \frac{n!}{r!(n-r)!} = \binom{n}{r}$$

2) 이항분포의 의의 및 특징

① 이항분포의 정의 및 표기
- 성공확률이 p인 베르누이 시행을 독립적으로 n번 반복할 때 나오는 '성공 횟수'로 정의된 확률변수 X가 '이항확률변수'이다. 따라서 이항분포(Binomial Distribution)는 연속된 n번의 독립적 시행에서 각 시행이 확률 p를 가질 때의 이산형 확률분포이다. 기출
- 이항분포는 $X \sim B(n, p)$로 표기한다. 기출
  - 이항분포는 베르누이 시행을 전제로 하며, $X \sim B(n, p)$에서 $n = 1$일 때의 이항분포는 베르누이분포이며, $X \sim B(1, p)$라고 표기한다. 기출

② 이항분포의 특징
- 성공확률(혹은 사건발생 확률)이 p인 베르누이 시행을 독립적으로 n번 반복할 때 나오는 '성공한 횟수'로 정의된 확률변수는 '이항확률변수'이다.
  - 반복시행횟수가 n이면, X가 취할 수 있는 가능한 값은 0부터 n까지이다. 기출
  - n개의 베르누이 시행(Bernoulli's Trial)에서 성공의 개수를 X라 하면 X의 분포는 이항분포이다. 기출
- $X_1, X_2, \cdots, X_n$은 서로 독립이고, 성공확률이 p(실패확률은 $q = 1 - p$)인 동일한 베르누이분포를 따를 때, $Y = \sum_{i=1}^{n} X_i = X_1 + X_2 + \cdots + X_n$는 $Y \sim B(n, p)$를 따른다. 기출

③ 이항분포의 조건 4가지 기출
- 조건 1, 2, 3은 베르누이분포의 조건이며 + 조건 4까지 만족해야 이항분포가 된다.
  - 조건 1. 각 시행이 독립 : 반복되는 각 시행은 독립적으로 수행된 것이어야 한다.
  - 조건 2. 두 가지 가능한 결과 : 각 시행에서 발생 가능한 결과는 '성공' 혹은 '실패' 2가지이다. 즉, 각 시행의 결과는 상호배타적인 두 사건(성공 VS 실패)으로 구분된다.
  이때, 성공확률을 p라고 하고 실패확률을 $1 - p = q$라고 하면 $p + q = 1$이다.
  - 조건 3. 성공확률 p는 일정 : 매 시행에서 성공확률 p와 실패확률 q은 항상 일정하다.
  - 조건 4. 고정된 시행 수 : 시행이 고정된 횟수 n번 만큼 반복되어야 한다.
  즉, 반복시행횟수가 n이면, X가 취할 수 있는 가능한 값은 0부터 n까지 이다.

④ 베르누이 시행과 이항분포의 예시 비교
- 베르누이 시행은 결과가 두 가지 중 하나(성공 또는 실패)로 나올 수 있는 단일 시행이며, 이항분포는 n번의 독립적인 베르누이 시행에서 '성공'이 나타나는 횟수를 다루는 분포이므로 아래와 같이 비교한다.

베르누이 시행 예시 기출	이항분포의 예시 기출
• 한 개의 동전 혹은 주사위를 던지는 시행 • 각종 시험의 합격 결과(합격 VS 불합격) • 제품의 불량품 여부(불량품 VS 정상품) • 농구선수의 자유투 성공 여부(성공 VS 실패) • 자동차 보험금 청구 여부(청구 VS 미청구) • 복권 당첨 여부(당첨 VS 무효(미당첨)) • 여론 조사에서의 찬성 여부(찬성 VS 반대)	• 주사위를 10번 던졌을 때 짝수의 눈의 수가 나타난 횟수 • 어떤 기계에서 만든 5개의 제품 중 불량품의 개수 • 한 농구선수가 던진 3개의 자유투 중에서 성공한 자유투의 수 • 어느 프로야구 선수가 한 시즌 동안 친 홈런의 수

3) 이항분포의 확률변수

① 확률변수의 확률질량함수(PMF)는?

$P(X=x) = f(x) = {}_nC_x p^x q^{n-x}$ (단, $x = 0, 1, 2, \cdots, n, q = 1-p$) 기출

- 독립시행의 횟수가 n고 성공확률이 p인 이항분포에서 성공이 k번 이상 발생할 확률 기출

$$- P(X \geq k) = \sum_{i=k}^{n} \binom{n}{i} p^i (1-p)^{n-i}$$ 기출

② 확률변수의 기댓값과 분산은?

- 반복시행횟수가 n이고, 성공확률이 p이면 X의 평균은 $E(X) = np$, 분산은 $V(X) = npq$이다.
(단, $q = 1-p$) 기출

기출	기댓값	분산	표준편차
	$E(X) = np$	$V(X) = npq$	$\sqrt{Var(X)} = \sqrt{npq} = \sqrt{np(1-p)}$

$- E\left(\dfrac{X}{n}\right) = \dfrac{1}{n} E(X) = \dfrac{1}{n} \times np = p$ 이다. 기출

③ 이항분포의 왜도(Skewness) 공식은?

$$\dfrac{1-2p}{\sqrt{np(1-p)}}$$ 기출

기출	$p = \dfrac{1}{2}$	$p = \dfrac{1}{4}$	$p = \dfrac{3}{4}$
	왜도가 0인 분포이다.	왜도가 0이 아니다.	
	좌우대칭의 형태가 된다.	왜도가 양수(+)인 분포이다.	왜도가 음수(−)인 분포이다.

더블체크

정답률 약 60%

Q 어느 농구선수의 자유투 성공률은 90%이다. 이 선수가 한 시즌에 20번의 자유투를 시도한다고 할 때 자유투의 성공 횟수에 대한 기댓값은? [14년 2회, 18년 1회 기출]

① 17　　　② 18　　　③ 19　　　④ 20

해설 4년에 1회 정도의 빈도로 성공률 %만 변경하여 출제되므로 반드시 풀어보자.
확률변수 X는 어느 농구선수의 자유투 성공 횟수이며, 이항분포의 4가지 조건을 모두 만족하므로 이항분포를 따른다.
조건 1. 각 시행이 독립(각 자유투 시도는 다른 시도와 독립)
조건 2. 두 가지 가능한 결과(자유투가 성공하면 '성공' 혹은 실패하면 '실패'로 구분)
조건 3. 성공확률 p가 일정(각 자유투 시도에서 성공할 확률 p는 0.9로 동일)
조건 4. 고정된 시행 수(자유투 시도 횟수가 20회로 고정)
확률변수 X는 $X \sim B(20, 0.9)$를 따르고 이항분포는 $X \sim B(n, p)$일 때, $E(X) = np$, $V(X) = npq$이므로,
확률변수 X의 평균과 분산을 구하면 $E(X) = 20 \times 0.9 = 18$, $V(X) = 20 \times 0.9 \times 0.1 = 1.8$이다.

정답 : ②

4) 이항분포의 근사

① <u>이항분포의 정규근사</u> 기출
- <u>이항분포는 적절한 조건하에서 정규분포로 근사될 수 있다.</u> 기출
- <u>이항분포 $X \sim B(n,p)$가 $np \geq 5, n(1-p) \geq 5$ 조건을 만족하면, 확률변수 X는 평균이 np이고 분산이 $np(1-p)$인 정규분포 $X \sim N(np, npq)$으로 근사한다.</u> 기출
  - 성공확률 p가 1/2에 가까워짐에 따라 그래프는 좌우대칭의 산 모양 곡선이 된다.
- 이항분포의 시행횟수 n이 커지면 이항분포는 정규분포와 모양이 유사해진다.
  - 따라서 시행횟수 n이 클 때는 정규분포를 이용하여 이항확률의 근사치를 구한다.

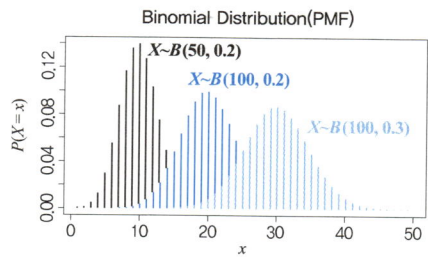

② <u>연속성 수정(Continuity Correction)</u> 기출
- 이항분포를 정규분포로 근사할 때, 연속성 수정을 적용하여 정규분포로 변환하는 근사 공식은 이항분포의 확률변수 X값에 ± 0.5를 도입하여, 근사 오차를 줄이고 정확도를 높인다.
  - 이산형 분포에서는 확률변수가 정수값을 가지지만, 정규분포는 연속적인 값들을 가지기 때문에 두 분포를 비교할 때 오차가 발생할 수 있기 때문이다. 즉, 연속성 수정은 이항분포의 확률변수를 정규분포로 근사할 때 정수값을 구간으로 변형하여 발생할 수 있는 근사 오차를 보정하는 방법이다.

기출
$$Z = \frac{X \pm 0.5 - np}{\sqrt{npq}}$$

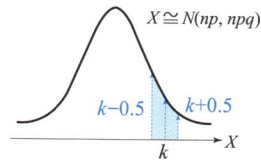

③ 이항분포의 포아송근사
- 이항분포의 포아송근사는 이항분포를 계산하기 어려운 상황에서 포아송분포를 사용하여 이항분포를 근사하는 방법이며, 이 근사는 이항분포의 시행횟수 n이 매우 크고, 성공확률 p가 매우 작아 np가 비교적 작은 값을 가질 때 사용된다.
  - 근사 조건으로 $n \geq 50$와 $p \leq 0.1$를 활용한다.
  - 이항분포에서 확률변수 X가 $X \sim B(n,p)$일 때, $n \uparrow p \downarrow$이고 포아송분포의 모수 λ가 $\lambda = np$이면, 확률변수 X는 포아송분포 $Poisson(\lambda)$로 근사한다.

$$P(X=k) \approx \frac{\lambda^k \times e^{-\lambda}}{k!}$$

더블체크

> 정답률 약 40%

Q 어떤 시스템은 각각 독립적으로 작동하는 n개의 성분으로 구성되어 있다. 이 시스템은 그 성분 중, 반 이상 작동을 하면 효과적으로 작동을 한다. 각 성분의 작동확률을 p라고 하면 5개의 성분으로 구성된 시스템이 3개의 성분으로 구성된 시스템보다 더 효과적으로 작동을 하기 위한 p값의 조건은?

[01년 3회, 08년 3회, 21년 2회 기출]

① $p > \dfrac{1}{2}$ ② $p > \dfrac{1}{3}$ ③ $p > \dfrac{1}{4}$ ④ $p > \dfrac{1}{5}$

해설 이항분포는 다음 4가지 조건을 충족해야 한다.
조건 1. 각 시행이 독립(시스템은 각각 독립적으로 작동하는 n개의 성분으로 구성.)
조건 2. 두 가지 가능한 결과(각 시행은 두 가지 결과 '성공' 혹은 '실패'만 존재)
  – 이 시스템은 그 성분 중, 반 이상 작동을 하면 효과적으로 작동을 한다.
조건 3. 성공확률 p가 일정(각 성분의 작동확률 p는 동일)
조건 4. 고정된 시행 수(5개 또는 3개의 성분으로 구성된 시스템을 분석할 때 n은 고정)
5개의 성분으로 구성된 시스템이 3개의 성분으로 구성된 시스템보다 더 효과적으로 작동하려면,
5개의 성분으로 구성된 시스템의 작동확률 p_5과 3개의 성분으로 구성된 시스템의 작동확률 p_3을 각각 구한 후,
$p_5 > p_3$가 성립하는 조건을 찾으면 된다.

Step 1 5개의 성분으로 구성된 시스템은 최소 3개 이상이 작동해야 하며, $X \sim B(5, p)$이다.
$P(X \geq 3) = P(X=3) + P(X=4) + P(X=5) = {}_5C_3 p^3 q^{5-3} + {}_5C_4 p^4 q^{5-4} + {}_5C_5 p^5 q^{5-5}$

Step 2 3개의 성분으로 구성된 시스템은 최소 2개 이상이 작동해야 하며, $X \sim B(3, p)$이다.
$P(X \geq 2) = P(X=2) + P(X=3) = {}_3C_2 p^2 q^{3-2} + {}_3C_3 p^3 q^{3-3}$

구하고자 하는 것은 ${}_5C_3 p^3 q^{5-3} + {}_5C_4 p^4 q^{5-4} + {}_5C_5 p^5 q^{5-5} > {}_3C_2 p^2 q^{3-2} + {}_3C_3 p^3 q^{3-3}$인 p를 찾는 것이다. 이 부등식은 $10 \times p^3 \times q^2 + 5 \times p^4 \times q^1 + 1 \times p^5 \times q^0 > 3 \times p^2 \times q^1 + 1 \times p^3 \times q^0$이므로, $q = 1 - p$임을 활용하면 $10p^3 - 20p^2 + 10p + 5p^2 - 5p^3 + p^3 > 3 - 3p + p$이다. 따라서 $2p^3 - 5p^2 + 4p - 1 > 0$이고, 정리하면 $\left(p - \dfrac{1}{2}\right)(2p^2 - 4p + 2) > 0$이므로 $p > \dfrac{1}{2}$가 p값의 조건이다.

정답 : ①

더블체크

> 정답률 약 30%

Q 어떤 산업제약의 제품 중 10%는 유통과정에서 변질되어 부적합품이 발생한다고 한다. 이를 확인하기 위하여 해당 제품 100개를 추출하여 실험하였다. 이때 10개 이상이 부적합품일 확률은?

[13년 1회, 17년 2회, 19년 3회, 22년 2회 기출]

① 0.1 ② 0.3 ③ 0.5 ④ 0.7

해설 확률변수 X는 부적합품의 개수이며, 이항분포의 4가지 조건을 만족하므로 $X \sim B(100, 0.1)$를 따른다.
조건1. 각 제품이 부적합품 여부는 서로 독립 + 조건2. 두 가지 가능한 결과(부적합품이면 '성공')
조건3. 각 부품이 불량품일 확률 p는 0.1로 일정 + 조건4. 품의 총 개수는 100개로 고정
$X \sim B(n, p)$가 $np \geq 5$, $n(1-p) \geq 5$를 만족하면, 확률변수 X는 $N(np, npq)$인 정규분포로 근사한다.
$np = 100 \times 0.1 = 10 \geq 5$이고 $n(1-p) = 100 \times 0.9 = 90 \geq 5$이므로 이항분포의 정규근사가 가능하다.
따라서 확률변수 X는 평균이 $np = 100 \times 0.1 = 10$, 분산이 $npq = 100 \times 0.1 \times 0.9 = 9$인 정규분포로 근사하며,
10개 이상이 부적합품일 확률은 $P(X \geq 10) = P\left(\dfrac{X - \mu}{\sigma} \geq \dfrac{10 - 10}{3}\right) = P(Z \geq 0) = 0.50$이다.

정답 : ③

(4) 기하분포

1) 기하분포의 의의 및 특징

① 기하분포의 정의 및 표기
- 기하분포(Geometric Distribution)는 성공확률이 p인 베르누이 시행에서 첫 성공이 나오기까지 반복 시행할 때, 시행한 횟수를 확률변수 X로 하는 확률분포이다.
  - 기하분포는 $X \sim Geometric(p)$라고 표기한다.

② 기하분포의 특징
- 기하분포의 무기억성(Memoryless Property ; 비기억성)
  - 무기억성은 지나온 시간에 의해 앞으로 일어날 일이 영향을 받지 않는 성질이다.
  - **예** 주사위의 눈의 수가 6이 나타날 때까지(성공할 때까지) 주사위를 던지는 시행을 반복한다. 주사위를 100번 던지든, 1000번 던지든 만약 주사위의 눈이 6이 나오지 않았다고 하더라도, 맨 처음 주사위를 던진 것보다 주사위의 눈이 6이 나올 확률이 더 높거나 낮아지지 않는다.

2) 기하분포의 확률변수

Case 1 실행횟수 관점
- 베르누이 시행(=이항실험)에서 처음 성공까지 시도한 횟수 X의 분포이다.

$$\underbrace{1 \qquad 2 \qquad 3 \qquad \cdots \qquad x-1}_{\text{All 실패}} \qquad \underset{\uparrow \text{첫 성공}}{x}$$

① 확률변수의 확률질량함수(PMF)는? $P(X=x) = f(x) = p^1(1-p)^{x-1}\ (x=1,2,3,\cdots)$

② 확률변수의 기댓값과 분산은? $E(X) = \dfrac{1}{p},\ V(X) = \dfrac{q}{p^2},\ (q=1-p)$ **기출**

Case 2 실패횟수 관점
- 베르누이 시행에서 처음 성공할 때까지 실패한 횟수 $Y = X-1$의 분포이다.

① 확률변수의 확률질량함수(PMF)는? $P(Y=y) = f(y) = p^1(1-p)^y\ (y=0,1,2,\cdots)$

② 확률변수의 기댓값과 분산은? $E(Y) = \dfrac{1-p}{p},\ V(Y) = \dfrac{1-p}{p^2}$

더블체크

> **정답률 약 30%**
>
> **Q** 눈의 수가 3이 나타날 때까지 계속해서 공정한 주사위를 던지는 실험에서 주사위를 던진 횟수를 확률변수 X라고 할 때, X의 기댓값은? [11년 3회, 19년 3회 기출]
>
> ① 3.5 ② 5 ③ 5.5 ④ 6
>
> **해설** 기하분포는 베르누이 시행에서 첫 성공이 나오기까지 시행한 횟수를 확률변수 X로 하는 확률분포이며, 2가지 Case로 구분한다. 이 문제는 그중에서 **Case 1** 실행횟수 관점에 해당한다. 주사위에서 눈의 수 3이 나타날 때까지 주사위를 던진 횟수를 확률변수 X라고 할 때, $X \sim Geometric\left(\dfrac{1}{6}\right)$이다.
>
> $E(X) = \dfrac{1}{p},\ V(X) = \dfrac{q}{p^2},\ (q=1-p)$이므로, X의 기댓값은 $E(X) = \dfrac{1}{p} = \dfrac{1}{\frac{1}{6}} = 6$이다.
>
> 정답 : ④

(5) 포아송분포

1) 포아송분포의 의의 및 특징

① 포아송분포의 정의 및 표기
- 포아송분포(Poisson Distribution)는 확률론에서 단위시간(혹은 공간) 안에 어떤 사건이 몇 번 발생할 것인지를 표현하는 이산확률분포이며, 희귀현상에 대한 분포로 여겨진다.
  - 포아송분포는 람다(Lambda) λ를 모수로 가지며, $X \sim Poi(\lambda)$라고 표기한다.
  - **특정 제품의 단위면적당 결점의 수 또는 단위 시간당 사건 발생 수에 대한 확률분포로 적합하다.** 기출

② 포아송분포의 조건 암기 포독비비
- 독립성 : 사건은 서로 중복되지 않는 다른 시간(혹은 영역)에서 발생한다.
- 비례성 : 짧은 시간(혹은 영역)에서 사건이 한번 발생할 확률은 시간 길이 또는 영역의 면적에 비례한다.
- 비집락성(희귀한 발생률) : 짧은 시간(혹은 영역)에서 사건이 2번 이상 발생할 확률은 매우 작으므로 무시가 가능하다.

2) 포아송분포의 확률변수

① 확률변수의 확률질량함수(PMF)는?
- $X \sim Poi(\lambda)$일 때, $P(X=x) = f(x) = \dfrac{e^{-\lambda}\lambda^x}{x!}$ $(x=0, 1, 2, \cdots)$ 기출
  - λ : 단위시간·공간 내에서 발생하는 사건의 평균값, e : 약 2.718…인 자연로그의 밑

② 확률변수의 기댓값과 분산은?
- $X \sim Poi(\lambda)$일 때, $E(X) = \lambda$, $V(X) = \lambda$ 기출
  - 포아송분포의 평균과 분산은 동일하다. 기출

> **더블체크**
>
> 정답률 약 40%
>
> **Q** 10m당 평균 1개의 흠집이 나타나는 전선이 있다. 이 전선 10m를 구입하였을 때, 발견되는 흠집 수의 확률분포는?   [17년 2회, 21년 1회 기출]
>
> ① 이항분포　　② 초기하분포　　③ 기하분포　　④ 포아송분포
>
> **해설** 포아송분포는 일정한 시간(공간) 내에서 희소한 사건이 발생하는 빈도를 구할 때 사용한다. 확률변수 X는 전선 10m를 구입하였을 때, 발견되는 흠집 수이므로 $X \sim Poi(\lambda)$를 따르면 확률질량함수(PMF)는 $P(X=x) = f(x) = \dfrac{e^{-\lambda}(\lambda)^x}{x!}$ $(x=0, 1, 2, \cdots)$이다. (단, λ는 사건 발생 평균횟수) 문제에서 구하고자 하는 것은 10m당 평균 1개의 흠집이 나타나는 전선 10m를 구입하는 경우에 발견되는 흠집 수의 확률분포이다.
>
> 따라서 주어진 구간(10m) 동안의 평균 사건 발생 횟수 $\lambda = 1$이며, 확률질량함수는 $P(X=x) = f(x) = \dfrac{e^{-1}(1)^x}{x!}$ $(x=0, 1, 2, \cdots)$이다.
>
> 이를 구체적으로 계산하면, 흠집이 하나도 발견되지 않을 확률은 $P(X=0) = \dfrac{e^{-1}(1)^0}{0!}$이고, 흠집이 1개 발견될 확률은 $P(X=1) = \dfrac{e^{-1}(1)^1}{1!}$이다.
>
> 정답 : ④

(6) 초기하분포

1) 초기하분포의 의의 및 특징 [암기] 초기유비

① 초기하분포의 정의 및 표기
- 초기하분포(Hypergeometric Distribution)는 〈유한 모집단〉에서 비복원추출을 통해 표본을 추출할 때, 나타나는 확률분포이다.
  - 초기하분포는 모집단의 크기가 N개이고, 그 중 특정한 속성을 가진 원소가 M개 있을 때, 크기가 n개인 표본을 추출하여 그 속성을 가진 원소의 개수를 확률변수 X로 갖는 이산확률분포이다.
  - 따라서, 초기하분포는 $X \sim HyperGeo(N, M, n)$ 라고 표기한다.

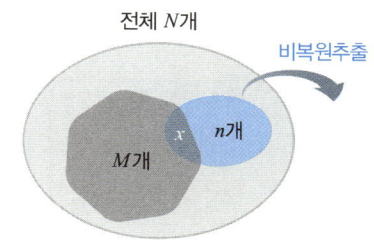

② 초기하분포의 특징
- 같은 조건에서 비복원추출을 할 때는 초기하분포를 따르며, 복원추출을 할 때는 이항분포를 따른다.
  - <u>즉, 초기하분포는 유한모집단으로부터의 비복원추출을 전제로 한다.</u> [기출]
- 매 시행이 종속적이고, 성공확률 p가 변한다.
  - 초기하분포는 비복원추출을 수행하므로, 각 표본의 추출 과정은 독립이 아니다.
  - 반면, 이항분포는 매 시행이 독립적이고, 성공확률 p가 변하지 않는다는 특징을 갖는다.
- <u>초기하분포는 모집단의 크기가 충분히 크면 이항분포로 근사될 수 있다.</u> [기출]

2) 초기하분포의 확률변수

① 확률변수의 확률질량함수(PMF)는?

$$P(X=x) = f(x) = \frac{{}_M C_x \times {}_{N-M} C_{n-x}}{{}_N C_n} \quad (단, x = \max(0, n+M-N), \cdots, \min(n, M))$$

- X : 표본 내 특정 속성을 갖는 원소의 개수(Number of Successes in Sample)
- N : 전체 개수(Number of Population) $N = 1, 2, \cdots$
- M : 모집단 내 특정 속성을 갖는 원소의 개수(Number of Successes in Population) $M = 0, 1, 2, \cdots, N$
- n : 비복원추출로 추출한 개수(Number of Sample) $n = 1, 2, \cdots, N$

② 확률변수의 기댓값과 분산은?

$X \sim HyperGeo(N, M, n)$일 때, $E(X) = \dfrac{nM}{N} = np, \ V(X) = \dfrac{N-n}{N-1} \times npq$

더블체크

정답률 약 60%

Q 다음 중 X의 확률분포가 대칭이 아닌 것은? [19년 2회 기출]

① 공정한 주사위 2개를 차례로 굴릴 때, 두 주사위에 나타난 눈의 합 X의 분포
② 공정한 동전 1개를 10회 던질 때, 앞면이 나타난 횟수 X의 분포
③ 불량품이 5개 포함된 20개의 제품 중 임의로 3개의 제품을 구매하였을 때, 구매한 제품 중에 포함되어 있는 불량품의 개수 X의 분포
④ 완치율이 50%인 약품으로 20명의 환자를 치료하였을 때 완치된 환자 수 X의 분포

해설 불량품이 5개 포함된 20개의 제품 중 임의로 3개의 제품을 구매하였을 때, 구매한 제품 중에 포함되어 있는 불량품의 개수 X의 분포는 아래와 같다. 결론적으로, 이 분포는 초기하분포의 예시이며, 일반적으로 불량품이 1개일 확률이 가장 높다.

구분	3개 모두 정상품	1개 불량품, 2개 정상품	2개 불량품, 1개 정상품	3개 모두 불량품
X	0	1	2	3
$P(X)$	$\dfrac{{}_5C_0 \times {}_{15}C_3}{{}_{20}C_3} = \dfrac{455}{1140}$	$\dfrac{{}_5C_1 \times {}_{15}C_2}{{}_{20}C_3} = \dfrac{525}{1140}$	$\dfrac{{}_5C_2 \times {}_{15}C_1}{{}_{20}C_3} = \dfrac{150}{1140}$	$\dfrac{{}_5C_3 \times {}_{15}C_0}{{}_{20}C_3} = \dfrac{10}{1140}$

① 공정한 주사위 2개를 차례로 굴릴 때, 두 주사위에 나타난 눈의 합 X의 분포는 주사위 두 개를 굴릴 때 가능한 눈의 합은 2에서 12까지이므로 아래와 같다.
두 주사위의 합이 7이 되는 경우의 수가 가장 많아서 가장 높은 확률을 가지며, 2 또는 12가 되는 경우는 가장 적은 경우의 수를 가지므로 가장 낮은 확률을 갖는다. 이 분포는 대칭적인 분포를 가지며, 합이 7을 중심으로 대칭적이다.

X	2	3	4	5	6	7	8	9	10	11	12
$P(X)$	$\dfrac{1}{36}$	$\dfrac{2}{36}$	$\dfrac{3}{36}$	$\dfrac{4}{36}$	$\dfrac{5}{36}$	$\dfrac{6}{36}$	$\dfrac{5}{36}$	$\dfrac{4}{36}$	$\dfrac{3}{36}$	$\dfrac{2}{36}$	$\dfrac{1}{36}$

② 공정한 동전 1개를 10회 던질 때, 앞면이 나타난 횟수 X의 분포는 $X \sim B(10, 0.5)$이다. 이항분포의 왜도는 $\dfrac{1-2p}{\sqrt{np(1-p)}}$ 이고 $p=0.5$이면 분자가 0이므로, 이 경우는 왜도가 0인 좌우 대칭 형태의 분포가 된다.

④ 완치율이 50%인 약품으로 20명의 환자를 치료하였을 때 완치된 환자 수 X의 분포는 $X \sim B(20, 0.5)$이다. 이항분포의 왜도는 $\dfrac{1-2p}{\sqrt{np(1-p)}}$ 이고 $p=0.5$이면 분자가 0이므로, 이 경우는 왜도가 0인 좌우 대칭 형태의 분포가 된다.

정답 : ③

(7) 이산확률분포 총정리 기출

- 이산확률분포는 본 교재에서 다룬 (1) 베르누이분포, (2) 이항분포, (3) 기하분포, (4) 포아송분포, (5) 초기하분포 외에도 (6) 음이항분포, (7) 다항분포가 존재한다.
  - 다만, 출제빈도가 적은 포아송분포, 음이항분포, 다항분포는 아래 표를 통해 제시하지 않는다.

구분	정의
베르누이분포 $X \sim Bernoulli(p)$ $X \sim B(1, p)$	• 베르누이 시행을 1번 시행하여 일어난 두 가지 결과가 성공(1) 혹은 실패(0)를 확률변수 X로 하는 확률분포이다. **※ 3가지 조건 성립 확인!!** - 조건 1. 반복되는 각 시행은 독립적으로 수행한다. - 조건 2. 상호배타적 사건 '성공' 혹은 '실패'에 의해 2개의 결과만 존재하며, 성공확률 p와 실패확률 q는 $p+q=1$이다. - 조건 3. 매 시행에서 성공확률 p과 실패확률 q은 일정하다.
이항분포 $X \sim B(n, p)$	• 성공확률이 p인 베르누이 시행을 독립적으로 n번 반복할 때 나오는 '성공 횟수'를 확률변수 X로 하는 확률분포이다. **※ 4가지 조건 성립 확인!!** - 조건 1. 반복되는 각 시행은 독립적으로 수행한다. - 조건 2. 상호배타적 사건 '성공' 혹은 '실패'에 의해 2개의 결과만 존재하며, 성공확률 p와 실패확률 q는 $p+q=1$이다. - 조건 3. 매 시행에서 성공확률 p과 실패확률 q은 일정하다. - 조건 4. 시행이 고정된 횟수 n번 만큼 반복된다.
기하분포 $X \sim Geometric(p)$	• 성공확률이 p인 베르누이 시행에서 첫 성공이 나오기까지 반복시행할 때, 시행횟수를 확률변수 X로 하는 확률분포이다.
포아송분포 $X \sim Poi(\lambda)$	• 확률론에서 단위시간(혹은 공간) 안에 어떤 사건이 몇 번 발생할 것인지를 표현하는 확률분포이다.

구분	확률질량함수(PMF)	평균	분산
베르누이분포	$P(X=x) = f(x) = p^x (1-p)^{1-x}$ (단, $x=0$ 또는 1이며, $0 \leq p \leq 1$)	$E(X) = p$	$V(X) = pq$
이항분포	$P(X=x) = f(x) = {}_nC_x p^x q^{n-x}$ (단, $x=0, 1, 2, \cdots, n$, $q=1-p$)	$E(X) = np$	$V(X) = npq$
기하분포	$P(X=x) = f(x) = p^1(1-p)^{x-1}$ ($x=1, 2, 3, \cdots$)	$E(X) = \dfrac{1}{p}$	$E(X) = \dfrac{q}{p^2}$
포아송분포	$P(X=x) = f(x) = \dfrac{e^{-\lambda}\lambda^x}{x!}$ ($x=0, 1, 2, \cdots$)	$E(X) = \lambda$	$V(X) = \lambda$

03 연속확률분포의 의미

1 정규분포의 개념

(1) 균등분포

1) 균등분포의 의의 및 특징

① 균등분포의 정의 및 표기
- 균등분포는 균일분포 또는 연속균등분포(Continuous Uniform Distribution)라고 한다.
  - 균등분포는 $X \sim U(a,b)$라고 표기하며, 분포가 특정 범위 내에서 균등하게 나타난다.

② 균등분포의 특징
- X가 연속형 균일분포를 따르는 확률변수일 때, $P(X=x)$는 모든 x에서 영(0)이다. `기출`
- $X \sim U(0,1)$인 경우를 표준연속균등분포라고 부른다.

2) 균등분포의 확률변수

① 확률변수의 확률밀도함수(PDF)는?
- 두 개의 매개변수 a, b를 가지며, 폐구간 $[a, b]$ 범위에서 균등한 확률을 가진다.

> `기출`
> $$y = f(x) = \frac{1}{b-a} (a \leq x \leq b)$$

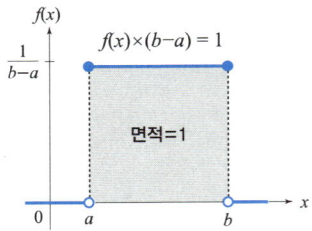

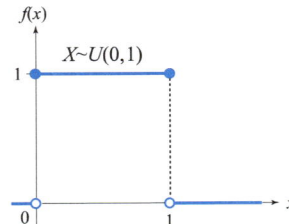

② 확률변수의 기댓값과 분산은?

$X \sim U(a,b)$ 일 때, $E(X) = \dfrac{a+b}{2}$, $V(X) = \dfrac{(b-a)^2}{12}$

(2) 정규분포

1) 정규분포의 의의 및 특징

① 정규분포의 정의 및 표기
- 정규분포(Normal Distribution)는 가우스 분포(Gaussian Distribution)라고도 한다.
  - 정규분포는 $X \sim N(\mu, \sigma^2)$라고 표기하며, 대표적인 연속확률분포이다. `기출`
  - 이산확률분포인 이항분포의 확률 근사치를 계산할 때 정규분포가 유용하게 사용된다.
- 정규분포는 2개의 모수인 평균 μ와 표준편차 σ를 가지고 있다. `기출`

② 정규분포의 특징
- 정규분포는 중심인 평균 μ와 산포인 표준편차 σ(혹은 분산 σ^2)에 의해 위치와 모양이 결정된다.
  - 평균 μ의 변화는 단지 분포의 중심위치만 이동시킬 뿐 분포의 형태에는 변화를 주지 않는다. `기출`
  - 표준편차 σ(혹은 분산 σ^2)이 클수록 곡선은 꼬리부분이 두꺼워지며, 가로축에 가깝게 평평해진다. `기출`
- 정규분포에서 분산이 클수록 정규분포곡선은 양옆으로 퍼지는 모습을 한다. `기출`
  - 표준편차 σ(혹은 분산 σ^2)가 작을수록 평균 μ 근처의 확률이 커진다. `기출`
- 확률변수 X의 범위는 $-\infty < X < \infty$이고, 정규분포곡선은 수평축에 닿지 않는다. `기출`
  - 정규분포곡선과 x축 사이인 분포 곡선 아래의 전체 밑면적은 1이다. `기출`
- 정규분포는 평균 μ를 기준으로 좌우대칭인 종 모양의 분포이며, 평균 μ에서 최댓값을 가진다. `기출`
  - 평균(Mean), 중위수(Median), 최빈수(Mode)가 모두 같다는 특징을 갖는다. `암기 3M` `기출`
  - 정규분포는 왜도(Skewness)는 0이고, 첨도(Kurtosis)는 3인 특징을 갖는다. `기출`

2) 정규분포의 확률변수

① 확률변수의 확률밀도함수(PDF)는?

$$y = f(x) = \frac{1}{\sqrt{2\pi\sigma^2}} e^{-\frac{(x-\mu)^2}{2\sigma^2}} \quad (-\infty < x < \infty)$$

② 확률변수의 기댓값과 분산은?

$X \sim N(\mu, \sigma^2)$일 때, $E(X) = \mu, V(X) = \sigma^2$

더블체크

Q 다음 중 정규분포의 정규곡선을 설명한 것으로 맞는 것은 모두 몇 개인가? [22년 2회 기출]

- 정규곡선은 중앙값을 중심으로 좌우대칭을 이룬다.
- 정규곡선의 형태와 위치는 평균과 표준편차에 의해 결정된다.
- 정규곡선 밑의 면적은 1이다.
- 정규곡선이 그려지는 확률변수의 범위는 $-\infty$에서 $+\infty$까지이다.

① 1개   ② 2개   ③ 3개   ④ 4개

해설 4개 모두 전형적인 정규분포의 정규곡선의 특징에 대한 설명이다.

정답 : ④

3) 정규분포의 분포 형태 [기출]

- 모집단의 확률분포가 정규분포를 따른다고 할 때, 이 모집단으로부터 표본을 취할 때 표본의 관측값이 모평균으로부터 표준편차의 2배 거리 이내의 범위에서 관측될 확률은 약 95%이다.
  - 모집단의 확률분포는 모평균에 대해 대칭인 분포이다.
  - 모집단의 확률분포는 모평균과 모분산에 의해서 완전히 결정된다.

분포 형태	확률
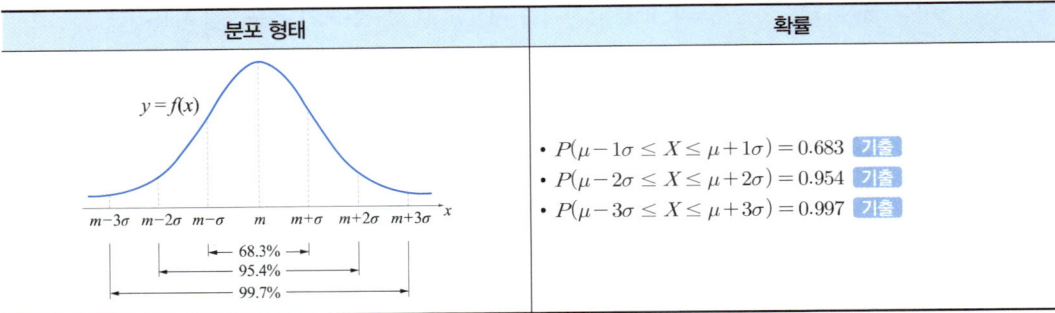	• $P(\mu - 1\sigma \leq X \leq \mu + 1\sigma) = 0.683$ [기출] • $P(\mu - 2\sigma \leq X \leq \mu + 2\sigma) = 0.954$ [기출] • $P(\mu - 3\sigma \leq X \leq \mu + 3\sigma) = 0.997$ [기출]

더블체크

[정답률 약 60%]

Q 평균이 μ이고 표준편차가 σ인 정규모집단으로부터 표본을 관측할 때, 관측값이 $\mu + 2\sigma$와 $\mu - 2\sigma$ 사이에 존재할 확률은 약 몇 %인가? [19년 3회 기출]

① 33% ② 68% ③ 95% ④ 99%

해설 $P(\mu - 2\sigma \leq X \leq \mu + 2\sigma) = 0.954$임을 알고 있는지 묻는 문제이다.

정답 : ③

더블체크

[정답률 약 60%]

Q 평균이 μ이고 표준편차가 $\sigma(>0)$인 정규분포 $N(\mu, \sigma^2)$에 대한 설명으로 틀린 것은? [19년 2회 기출]

① 정규분포 $N(\mu, \sigma^2)$은 평균 μ에 대하여 좌우대칭인 종 모양의 분포이다.
② 평균 μ의 변화는 단지 분포의 중심위치만 이동시킬 뿐 분포의 형태에는 변화를 주지 않는다.
③ 표준편차 σ의 변화는 σ값이 커질수록 μ 근처의 확률은 커지고, 꼬리 부분의 확률은 작아지는 모양으로 분포의 형태에 영향을 미친다.
④ 확률변수 X가 정규분포 $N(\mu, \sigma^2)$을 따르면, 표준화된 확률변수 $Z = \left(\dfrac{X - \mu}{\sigma}\right)$는 $N(0, 1)$을 따른다.

해설 정규분포에서 모표준편차 σ값이 커질수록 μ근처의 확률은 작아지고, 꼬리부분이 두꺼워지므로 확률은 커진다.

정답 : ③

2 표준정규분포의 개념

(1) 표준정규분포

1) 표준정규분포의 의의 및 특징

① 표준정규분포의 정의 및 표기
- 표준정규분포(Standard Normal Distribution)는 정규분포를 평균은 0, 표준편차는 1이 되도록 표준화(Standardization)를 수행한 분포이며, $Z-$분포라고 부른다.
  - 확률변수 X가 정규분포 $N(\mu, \sigma^2)$을 따를 때, $Z = \dfrac{X-\mu}{\sigma}$는 표준정규분포 $Z \sim N(0,1)$을 따른다. 기출

② 표준정규분포의 특징
- 서로 다른 평균 μ과 표준편차 σ를 가지는 2개 이상의 정규분포를 비교하거나, 특정 값이 전체 분포에서 어느 위치에 있는지 알기 위해서는 표준화 과정이 필요하다.
- $X \sim N(\mu, \sigma^2)$에 대해 표준화를 수행한 확률변수 $Z = \dfrac{X-\mu}{\sigma}$는 표준정규분포를 따른다. 기출

2) 표준정규분포의 확률변수

① 확률변수의 확률밀도함수(PDF)는?
- 표준정규분포의 PDF는 정규분포의 PDF에서 $\mu=0$, $\sigma=1$을 대입한 것이다.

$$y = f(z) = \dfrac{1}{\sqrt{2\pi}} e^{-\dfrac{z^2}{2}} \quad (-\infty < z < \infty)$$

- 관측값 X는 표준화된 Z값이 음수이면 평균 μ 이하의 값이며, 양수이면 평균 μ 이상이다.

정규분포		표준정규분포
$X \sim N(\mu, \sigma^2)$	표준화공식 $Z = \dfrac{X-\mu}{\sigma}$	$Z \sim N(0, 1^2)$

② 확률변수의 기댓값과 분산은?
  $Z \sim N(0,1)$ 일 때, $E(Z)=0, V(Z)=1$

③ 확률변수의 표준화 공식
- $X \sim N(\mu, \sigma^2)$일 때, 확률 $P(a \leq X \leq b)$는 표준화에 의해 아래와 같이 표현한다.

> 기출
> $$P(a \leq X \leq b) = P\left(\dfrac{a-\mu}{\sigma} \leq \dfrac{X-\mu}{\sigma} \leq \dfrac{b-\mu}{\sigma}\right) = P\left(\dfrac{a-\mu}{\sigma} \leq Z \leq \dfrac{b-\mu}{\sigma}\right)$$

3) 표준정규분포의 누적확률분포표

• 표준정규분포의 누적확률분포표를 통해 $P(Z \leq z)$ 확률을 구할 수 있어야 한다.

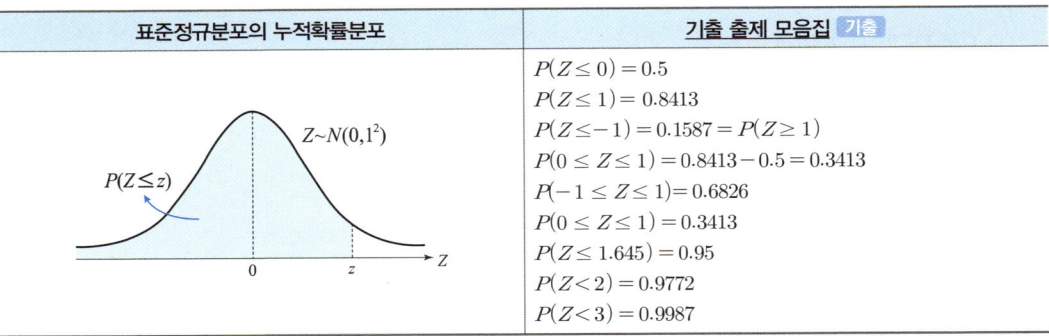

표준정규분포의 누적확률분포	기출 출제 모음집 [기출]
$Z \sim N(0, 1^2)$, $P(Z \leq z)$	$P(Z \leq 0) = 0.5$ $P(Z \leq 1) = 0.8413$ $P(Z \leq -1) = 0.1587 = P(Z \geq 1)$ $P(0 \leq Z \leq 1) = 0.8413 - 0.5 = 0.3413$ $P(-1 \leq Z \leq 1) = 0.6826$ $P(0 \leq Z \leq 1) = 0.3413$ $P(Z \leq 1.645) = 0.95$ $P(Z < 2) = 0.9772$ $P(Z < 3) = 0.9987$

Z	.00	.01	.02	.03	.04
⋮	⋮	⋮	⋮	⋮	⋮
0.8	0.7881	0.7910	0.7939	0.7967	0.7995
0.9	0.8159	0.8186	0.8212	0.8238	0.8264
1.0	0.8413	0.8438	0.8461	0.8485	0.8508
1.1	0.8643	0.8665	0.8686	0.8708	0.8729
1.2	0.8849	0.8869	0.8888	0.8907	0.8925
1.3	0.9032	0.9049	0.9666	0.9082	0.9099
1.4	0.9192	0.9207	0.9222	0.9236	0.9251
1.5	0.9332	0.9345	0.9357	0.9370	0.9382
1.6	0.9452	0.9463	0.9474	0.9484	0.9495
1.7	0.9554	0.9564	0.9573	0.9582	0.9591
1.8	0.9641	0.9649	0.9656	0.9664	0.9671
1.9	0.9713	0.9719	0.9726	0.9732	0.9738
⋮	⋮	⋮	⋮	⋮	⋮

더블체크

<정답률 약 40%>

Q 어떤 자격시험의 성적은 평균 70, 표준편차 10인 정규분포를 따른다고 한다. 상위 5%까지를 1등급으로 분류한다면, 1등급이 되기 위해서는 최소한 몇 점을 받아야 하는가? (단, $P(Z \leq 1.645) = 0.95$, $Z \sim N(0, 1)$)

[20년 1·2회 통합 기출]

① 86.45 ② 89.60 ③ 90.60 ④ 95.0

해설 자격시험 성적을 확률변수 X라고 하면, X는 평균 70, 표준편차 10인 정규분포를 따르므로 $X \sim N(70, 10^2)$이다. 이때, 1등급이 되기 위한 최소점수를 k라고 하면, 상위 5%까지를 1등급으로 분류하므로 $P(X \geq k) = 0.05$이다. 이를 표준화하면 $P(X \geq k) = P\left(\frac{X-70}{10} \geq \frac{k-70}{10}\right) = P\left(Z \geq \frac{k-70}{10}\right) = 0.05$이며, 문제에서 주어진 $P(Z \leq 1.645) = 0.95$를 활용하면 $P(Z \geq 1.645) = 0.05$이므로 $\frac{k-70}{10} = 1.645$이다. 따라서 $k = 1.645 \times 10 + 70 = 86.45$이므로, 1등급이 되기 위해서는 최소 86.45(점)을 받아야 한다.

정답 : ①

> **더블체크**

> **정답률 약 50%**
>
> **Q** 확률분포에 대한 설명으로 틀린 것은? [20년 3회 기출]
> ① X가 연속형 균일분포를 따르는 확률변수일 때, $P(X=x)$는 모든 x에서 영(0)이다.
> ② 포아송분포의 평균과 분산은 동일하다.
> ③ 연속확률분포의 확률밀도함수 $f(x)$와 x축으로 둘러싸인 부분의 면적은 항상 1이다.
> ④ 정규분포의 표준편차 σ는 음의 값을 가질 수 있다.
>
> **해설** 확률변수 X가 정규분포 $N(\mu, \sigma^2)$을 따를 때, 정규분포의 표준편차 σ는 분산 σ^2의 제곱근이므로 $\sigma = \sqrt{\sigma^2}$이며, 이 값은 음의 값을 가질 수 없다.
> ① X가 연속형 균일분포를 따르는 경우, 확률변수 $X \sim U(a, b)$으로 표기하며 확률밀도함수 $f(x)$는 주어진 구간에서 일정한 값을 가지며 $f(x) = \dfrac{1}{b-a}$ $(a \le x \le b)$, 그 외의 구간에서는 0의 값을 갖는다. 연속형 확률분포의 특정 값에서, 확률변수 X가 정확히 x값을 가질 확률은 0이다. 이는 연속형 확률변수의 특징이며, 어떤 특정한 하나의 점에서 확률을 구하면 그 값이 항상 0임을 의미한다. 이러한 특징을 연속형 균일분포에서는 이를 $P(X=x) = 0$ for any $x \in [a, b]$라고 표기한다.
> ② 포아송분포 $X \sim Poi(\lambda)$에서 X의 평균과 분산은 $E(X) = \lambda$, $V(X) = \lambda$이므로, 포아송분포의 평균과 분산은 동일하다.
> ③ 확률밀도함수는 $\int_{\alpha}^{\beta} f(x)dx = 1$ (α와 β는 정의역의 끝점)이다. 따라서 연속확률분포의 확률밀도함수 $f(x)$와 x축으로 둘러싸인 부분의 면적은 항상 1이다.
>
> 정답 : ④

> **더블체크**
>
> **Q** 확률변수 X가 정규분포 $N(\mu, \sigma^2)$을 따를 때, $Z = \dfrac{X-\mu}{\sigma}$는 어떤 분포를 따르는가? [22년 1회]
> ① $Z \sim N(0, 1)$ ② $Z \sim N(1, 1)$ ③ $Z \sim N(\mu, 1)$ ④ $Z \sim N(\mu, \sigma^2)$
>
> **해설** $X \sim N(\mu, \sigma^2)$일 때, 표준화공식 $Z = \dfrac{X-\mu}{\sigma}$에 의해 $Z \sim N(0, 1^2)$인 것을 알고 있는지 묻는 기본적인 문제이다. 평균과 분산에 대해 다음과 같이 검증할 수도 있다.
> $E(Z) = E\left(\dfrac{X-\mu}{\sigma}\right) = \dfrac{1}{\sigma}(E(X) - \mu) = 0 \, (\because E(X) = \mu)$
> $V(Z) = V\left(\dfrac{X-\mu}{\sigma}\right) = \dfrac{1}{\sigma^2} V(X) = \dfrac{1}{\sigma^2} \times \sigma^2 = 1 \, (\because V(X) = \sigma^2)$
>
> 정답 : ①

> **더블체크**
>
> **정답률 약 60%**
>
> **Q** 평균이 100, 표준편차가 10인 정규분포에서 110 이상일 확률은 어느 것과 같은가? (단, Z는 표준정규분포를 따르는 확률변수이다.) [09년 3회, 20년 4회 기출]
> ① $P(Z \le -1)$ ② $P(Z \le 1)$ ③ $P(Z \le -10)$ ④ $P(Z \le 10)$
>
> **해설** $X \sim N(100, 10^2)$일 때, 정규분포에서 110 이상일 확률은 표준화를 통해 구하면,
> $P(X \ge 110) = P\left(\dfrac{X-100}{10} \ge \dfrac{110-100}{10}\right) = P(Z \ge 1) = P(Z \le -1)$이다.
>
> 정답 : ①

> **더블체크**

> 정답률 약 20%

Q 확률변수 X와 Y는 서로 독립이며, $X \sim N(1, 1^2)$ 이고, $Y \sim N(2, 2^2)$ 이다. $P(X+Y \geq 5)$를 표준정규분포의 누적분포함수 $\phi(x)$를 이용하여 나타내면? [21년 3회 기출]

① $\phi\left(-\dfrac{2}{3}\right)$ ② $\phi\left(-\dfrac{2}{\sqrt{5}}\right)$ ③ $\phi\left(\dfrac{2}{3}\right)$ ④ $\phi\left(\dfrac{3}{\sqrt{5}}\right)$

해설 확률변수 X와 Y는 서로 독립이며, $X \sim N(1, 1^2)$이고, $Y \sim N(2, 2^2)$임이 주어져 있으므로, $X+Y \sim N(1+2, 1^2+2^2)$이다. 따라서, $Z = X+Y$라고 하면 $Z \sim N(3, 5)$이다.

이때, 문제에서 구하고자 하는 것은 $P(X+Y \geq 5) = P(Z \geq 5)$이므로,

Z에 대해 표준화를 수행하면 $Z' = \dfrac{Z - \mu_Z}{\sigma_Z} \sim N(0, 1^2)$임을 활용한다.

$P(Z \geq 5) = P\left(\dfrac{Z-3}{\sqrt{5}} \geq \dfrac{5-3}{\sqrt{5}}\right) = P\left(Z' \geq \dfrac{2}{\sqrt{5}}\right) = P\left(Z' \leq -\dfrac{2}{\sqrt{5}}\right) = \phi\left(-\dfrac{2}{\sqrt{5}}\right)$이다.

누적분포함수는 CDF(Cumulative Distribution Function)이라고 부르며, $F(x)$ 혹은 $\phi(x)$으로 표기한다.

따라서 $\phi(x) = F(x) = \int_{-\infty}^{x} f(t)dt$임을 기억해두자.

확률변수 X와 Y가 서로 독립이며, $X \sim N(\mu_X, \sigma_X^2)$이고, $Y \sim N(\mu_Y, \sigma_Y^2)$로 주어졌을 때, $Z = X+Y$의 분포는 아래와 같다.

1) $Z = X+Y$인 경우, 독립인 두 정규분포 $X \sim N(\mu_X, \sigma_X^2)$와 $Y \sim N(\mu_Y, \sigma_Y^2)$의 합은 정규분포를 따른다.
   Z의 평균은 $\mu_Z = \mu_X + \mu_Y$이고, 분산은 $\sigma_Z^2 = \sigma_X^2 + \sigma_Y^2$이다.

2) 표준정규분포의 누적분포함수(CDF)인 $\phi(Z)$를 이용하면, $Z \sim N(\mu_X + \mu_Y, \sigma_X^2 + \sigma_Y^2)$이므로 다음과 같다.

$P(Z \leq z) = P\left(\dfrac{Z - \mu_Z}{\sigma_Z} \leq \dfrac{z - \mu_Z}{\sigma_Z}\right) = \phi\left(\dfrac{z - \mu_Z}{\sigma_Z}\right) = \phi\left(\dfrac{z - (\mu_X + \mu_Y)}{\sqrt{\sigma_X^2 + \sigma_Y^2}}\right)$이다.

정답 : ②

> **더블체크**

> 정답률 약 40%

Q 20대 성인 여자의 키의 분포가 정규분포를 따르고 평균값은 160cm이고 표준편차는 10cm라고 할 때, 임의의 여자의 키가 175cm보다 클 확률은 얼마인가? (※표준정규분포의 누적확률분포표 참고) [19년 2회 기출]

① 0.0668 ② 0.0655 ③ 0.9332 ④ 0.9345

해설 확률변수 X를 20대 성인 여자의 키라고 하면, 키의 분포는 정규분포를 따르므로 $X \sim N(160, 10^2)$이다. 여자의 키가 175cm보다 클 확률을 표준화하면 $P(X \geq 175) = P\left(\dfrac{X-160}{10} \geq \dfrac{175-160}{10}\right) = P(Z \geq 1.5) = 1 - P(Z < 1.5)$
$= 1 - 0.9332 = 0.0668$이다.

정답 : ①

(2) t - 분포

1) t - 분포의 의의 및 특징

① t - 분포의 정의 및 표기

- 확률변수 $Z = \dfrac{\overline{X} - \mu}{\dfrac{\sigma}{\sqrt{n}}}$ 가 표준정규분포 $Z \sim N(0, 1^2)$ 이고, 확률변수 $U = \dfrac{(n-1)s^2}{\sigma^2}$ 가 자유도가 $n-1$인 카이제곱분포 $U \sim \chi^2_{n-1}$ 이며 Z와 U가 독립일 때, $t = \dfrac{Z}{\sqrt{\dfrac{U}{n-1}}} \sim t_{n-1}$ 가 가지는 분포를 자유도가 $n-1$인 t - 분포 혹은 스튜던트 t - 분포(Student's t - Distribution)라고 부른다.
  - 이를 $X \sim t(n-1)$로 표기하며, $n-1$은 자유도(df ; Degree of Freedom)이다.

② t - 분포의 특징

- t - 분포는 $n < 30$ 인 소표본이면서 모집단의 분포가 정규분포인지 모르거나 모분산 σ^2을 모르는 경우에 모평균 및 회귀계수 추정 및 검정에 사용된다.
- Z - 분포와 t - 분포의 차이점은 Z - 분포는 모표준편차 σ를 알고 있다고 가정하고, t - 분포는 표본표준편차 S를 근거로 한다는 것이다.

2) t-분포의 분포 형태

① 자유도 df

- t - 분포는 표본 수 n에 따라 결정되는 자유도(df)인 $n-1$이 t - 분포의 모양을 결정한다.
  - t - 분포는 평균 $t = 0$을 중심으로 좌우대칭인 종 모양을 갖으므로 표준정규분포와 유사한 모양이다.
  - 표본 수 n이 ∞로 커지면, 자유도(df)인 $n-1$역시 커지므로 t - 분포는 중심인 $t = 0$가 더 높게 솟은 모양이 되며, 표준정규분포에 더욱 가까워진다.

② 분포 형태의 특징

- Z는 표준정규분포를 따르고 X는 t - 분포를 따를 때, **자유도 v가 아주 커지면, $t_\alpha(v)$값은 z_α값과 거의 같아지고, v에 관계없이, $Z_{0.05} < t_{0.05}(v)$이다.** 기출
- t - 분포는 정규분포보다 꼬리가 두꺼우므로 첨도(Kurtosis)는 3보다 크다.

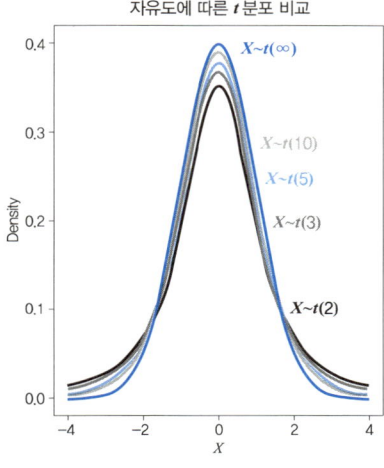

자유도에 따른 t 분포 비교

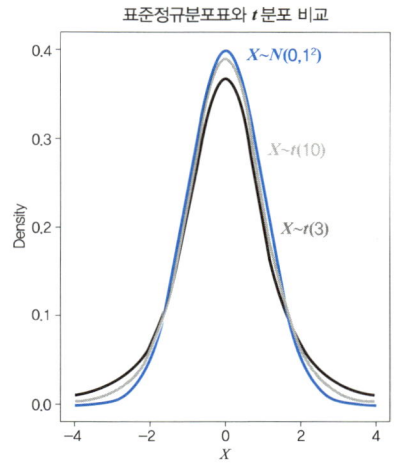

표준정규분포표와 t 분포 비교

(3) F-분포

1) F-분포의 의의 및 특징

① F-분포의 정의 및 표기
- F-분포는 '정규모집단'에서 독립적으로 추출한 표본들의 분산(비율)을 비교할 때 사용하는 분포이다.
  - F-검정이나 분산분석(ANOVA)에 주로 사용되며, $X \sim F(v_1, v_2)$ 라고 표기한다.

② F-분포의 특징
- <u>F-분포는 두 집단의 '분산의 동일성 검정'에 사용되는 검정통계량의 분포이다.</u> 기출
  - F-분포는 '독립인 두 정규모집단의 모분산의 비에 대한 검정'에 사용되며, 2개 이상 표본집단의 분산을 비교하여 두 모분산을 비교할 때 쓰인다.
- 두 확률변수 V_1, V_2가 각각 자유도(df)가 v_1, v_2이고 서로 독립인 카이제곱분포를 따른다고 할 때, 확률변수 F는 자유도가 v_1, v_2이며, $F = \dfrac{V_1/v_1}{V_2/v_2} \sim F(v_1, v_2)$를 따른다.

2) F-분포의 분포 형태

① 자유도 df
- F-분포는 독립적인 카이제곱분포를 따르는 두 변수의 비율을 각각의 자유도로 나눈 표본분포이다.
  - F-분포의 자유도(df)는 분자에 해당하는 카이제곱분포의 자유도 v_1과 분모에 해당하는 카이제곱분포의 자유도 v_2에 의해 결정된다.
- 분모와 분자의 자유도가 서로 바뀐 두 F-분포는 다음과 같은 성질이 성립한다.
  - <u>$F_\alpha(v_1, v_2) = \dfrac{1}{F_{1-\alpha}(v_2, v_1)}$ 이므로, $X \sim F(v_1, v_2)$이면 $\dfrac{1}{X} \sim F(v_2, v_1)$이다.</u> 기출

② 분포 형태의 특징
- F-분포 항상 양의 값을 가지며, 오른쪽으로 꼬리가 긴 비대칭분포 형태를 이루고 있다.

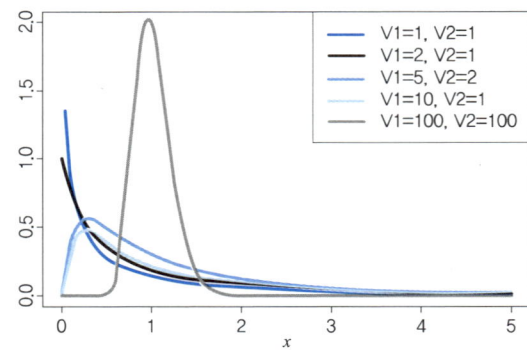

(4) 카이제곱분포

1) 카이제곱분포의 의의 및 특징

① 카이제곱분포의 정의 및 표기
- 카이제곱분포(Chi-Squared Distribution)는 확률변수의 제곱으로 (표본)분산이 퍼진 정도를 나타내며, 적합도 검정 및 <u>두 범주형 변수(집단) 간 독립성 검정에 사용된다.</u> 기출
  - 카이제곱분포는 χ^2분포라고 표기하며, 자유도가 k인 경우 $X \sim \chi^2(k)$를 따른다.

② 카이제곱분포의 특징 기출
- 카이제곱분포는 $X \sim \chi^2(k)$이면, 평균은 $E(X) = k$이고, 분산은 $Var(X) = 2k$이다.
- 표준정규분포를 따르는 확률변수의 제곱은 카이제곱분포를 따른다.

> 기출 $Z_1, Z_2, \cdots, Z_n$는 n개의 서로 독립이고 표준정규분포 $Z_i \sim N(0,1)$를 따르는 확률변수라고 하자. 이러한 확률변수들을 제곱한 뒤 합한 $Q = \sum_{i=1}^{k} Z_i^2 = Z_1^2 + Z_2^2 + \cdots + Z_k^2$이며, 이때 Q는 자유도가 k인 카이제곱분포 $Q \sim \chi^2(k)$를 따른다.

2) 카이제곱분포의 분포 형태

① 자유도 df 기출
- <u>확률변수 V_1, V_2가 서로 독립이며 각각 자유도가 k_1, k_2인 카이제곱분포를 따를 때, $V_1 + V_2$는 자유도가 $k_1 + k_2$인 카이제곱분포를 따르므로 $V_1 + V_2 \sim \chi^2(k_1 + k_2)$이다.</u>

② 분포 형태의 특징
- 카이제곱분포는 자유도의 크기에 따라 분포의 모양이 변한다.
  - 카이제곱분포는 왼쪽으로 치우쳐있고, 오른쪽으로 꼬리가 긴 연속형의 분포이다.

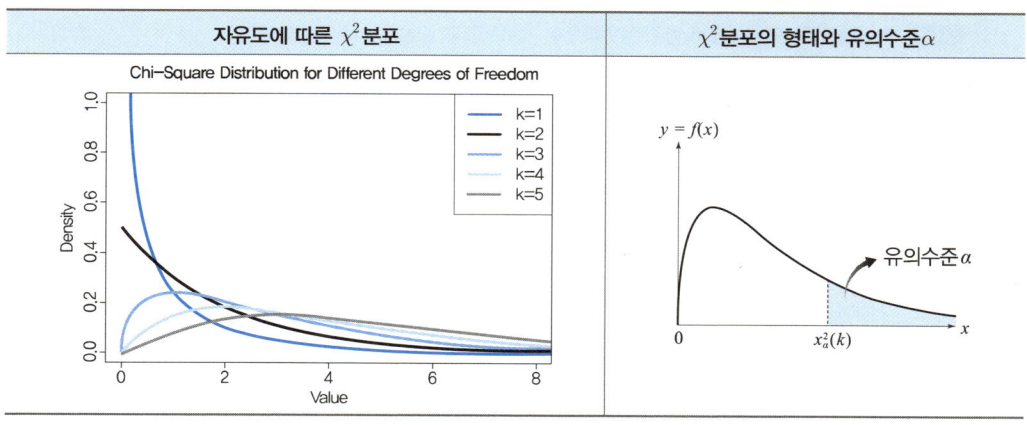

더블체크

정답률 약 40%

Q 확률변수 X의 분포가 자유도가 각각 a와 b인 $F(a,b)$를 따른다면 확률변수 $Y=\dfrac{1}{X}$의 분포는?

[02년 3회, 10년 1회, 17년 3회, 21년 1회 기출]

① $F(a,b)$
② $F\left(\dfrac{1}{a}, \dfrac{1}{b}\right)$
③ $F(b,a)$
④ $F\left(\dfrac{1}{b}, \dfrac{1}{a}\right)$

해설 F-분포는 $X \sim F_\alpha(v_1, v_2)$이면 $\dfrac{1}{X} \sim F_\alpha(v_2, v_1)$임이 자주 출제되므로 꼭 외우자.

정답 : ③

더블체크

정답률 약 30%

Q 카이제곱분포에 대한 설명으로 틀린 것은?

[15년 1회, 20년 4회 기출]

① 자유도가 k인 카이제곱분포의 평균은 k이고, 분산은 $2k$이다.
② 카이제곱분포의 확률밀도함수는 오른쪽으로 치우쳐져 있고, 왼쪽으로 긴 꼬리를 갖는다.
③ V_1, V_2가 서로 독립이며 각각 자유도가 k_1, k_2인 카이제곱분포를 따를 때 $V_1 + V_2$는 자유도가 $k_1 + k_2$인 카이제곱분포를 따른다.
④ $Z_1, \cdots, Z_k$가 서로 독립이며 각각 표준정규분포를 따르는 확률변수일 때 $Z_1^2 + \cdots + Z_k^2$은 자유도가 k인 카이제곱분포를 따른다.

해설 카이제곱분포의 확률밀도함수는 왼쪽으로 치우쳐있고, 오른쪽으로 꼬리가 길다.

정답 : ②

04 표본분포의 의미

1 평균의 표본분포

(1) 표본분포

1) 표본분포의 의의

- 표본분포는 '표본통계량(Sample Statistic)'의 확률분포이다.
  - 표본통계량이란 표본평균 $\overline{X}$ 혹은 표본분산 S^2처럼 표본의 특성을 나타내는 대푯값이다.
- 모집단의 특성을 나타내는 대푯값인 모수(Parameter)는 일정한 값을 갖지만, 알 수 없는 경우가 대부분이 므로, 표본통계량을 통해 모수를 추론한다.
  - 다만 표본통계량은 표본추출을 수행할 때마다 다른 값이 나올 수 있는 불확실한 확률변수이므로, 표본통계량을 통해 모수를 100% 정확히 알 수는 없다.

2) 표본분포의 특징

- 평균이 μ, 분산이 σ^2인 임의의 모집단에서 단순임의복원추출(무작위추출)을 통해 크기가 n인 표본을 추출하면, 표본 $X_1, X_2, X_3, \cdots, X_n$는 서로 독립이며 동일한 분포를 따른다.
  - 이를 통계학에서 i.i.d(Independent and Identically Distributed)라고 표기한다.
- 단순랜덤복원추출로 뽑은 표본 $X_1, X_2, \cdots, X_n$ 사이에는 아무런 확률적 관계가 없다. `기출`
  - 즉, $X_1, X_2, \cdots, X_n$은 서로 독립이다. `기출`
- 단순랜덤복원추출로 뽑은 표본을 $X_1, X_2, \cdots, X_n$이라고 할 때, 각각의 분포는 모집단의 분포와 같다. `기출`
  각 표본 X_i는 모집단에서 독립적으로 추출되며, 모집단의 분포와 동일한 분포를 따른다.
- 표본의 크기가 충분히 큰 경우 표본의 평균인 $\overline{X} = \dfrac{\sum_{i=1}^{n} X_i}{n}$는 정규분포에 근사한다. `기출`

(2) 표본평균의 표본분포

1) 의의 및 특징 `기출`

- 평균 μ, 분산 σ^2인 임의의 모집단에서 표본 $X_1, X_2, \cdots, X_n$을 추출할 때, 표본평균 $\overline{X}$는 $E(\overline{X}) = \mu$이고, $V(\overline{X}) = \dfrac{\sigma^2}{n}$이다. 이때, n이 충분히 크면, $Z = \dfrac{\overline{X} - \mu}{\sigma/\sqrt{n}}$의 근사분포는 $N(0, 1)$이다.
  - 평균 μ, 표준편차 σ인 모집단으로부터 크기가 n인 확률표본을 취할 때, 표본평균의 분포는 표본의 크기가 커짐에 따라 점근적으로 평균이 μ이고 표준편차가 $\dfrac{\sigma}{\sqrt{n}}$인 정규분포를 따른다.
- 표본평균의 분포 평균은 모집단의 평균과 동일하고, 표본평균의 분포 분산은 표본의 크기에 따라 달라진다.
  - 표본평균의 기댓값은 표본의 크기 n에 관계없이 항상 모평균 μ와 같으나 표본평균의 표준편차는 표본의 크기 n이 커짐에 따라 점점 작아져 0으로 가까이 가게 된다.

2) 정규모집단 유무에 따른 표본평균 $\overline{X}$의 분포 비교

Case 1 모집단이 정규모집단인 경우의 표본평균의 분포

- 모집단분포가 $X \sim N(\mu, \sigma^2)$일 때, 복원추출에 의한 표본평균 $\overline{X}$의 분포도 정규분포를 따른다.
  - 즉, 표본평균 $\overline{X}$를 표준화시킨 확률변수 $Z = \dfrac{\overline{X} - \mu}{\sigma/\sqrt{n}}$는 표준정규분포 $Z \sim N(0, 1^2)$을 따른다. 기출

- 정규모집단 $N(\mu, \sigma^2)$에서 추출한 크기 n의 임의표본 $X_1, X_2, \cdots, X_n$에 근거한 표본분포 특징은? 기출
  - 표본평균 $\overline{X}$는 정규분포를 따르며 평균은 $E(\overline{X}) = \mu$이고, 분산은 $V(\overline{X}) = \dfrac{\sigma^2}{n}$이다. 기출
  - 표본평균 $\overline{X}$과 표본분산 S^2이 서로 확률적으로 독립이다. 기출
  - 스튜던트화된 확률변수 $T = \dfrac{\overline{X} - \mu}{S/\sqrt{n}}$는 자유도가 $n-1$인 t-분포를 따른다. 기출
  - $\dfrac{(n-1)S^2}{\sigma^2}$는 자유도 $n-1$인 카이제곱분포를 따르므로 $\dfrac{(n-1)S^2}{\sigma^2} \sim \chi^2_{n-1}$로 표기한다. 기출

모집단분포	→	표본평균 $\overline{X}$의 분포
$X \sim N(\mu, \sigma^2)$	표준화공식 $Z = \dfrac{\overline{X} - \mu}{\sigma/\sqrt{n}}$	$Z \sim N(0, 1^2)$

Case 2 모집단이 정규모집단이 아닌 경우의 표본평균의 분포 기출

- 모집단분포가 정규분포가 아닌 경우 모집단의 분포와 관계없이 '표본의 크기가 충분히 크면($n \geq 30$)' 대표본으로 간주하므로, 표본평균 $\overline{X}$의 분포는 중심극한정리(Central Limit Theorem)에 의해 정규분포를 따르며 $\overline{X} \sim N\left(\mu, \dfrac{\sigma^2}{n}\right)$로 표기한다. 기출
  - 따라서 중심극한정리는 '표본의 평균'의 분포에 관한 정리(Theorem)이라고 한다. 기출
  - 중심극한정리는 '임의의 분포를 따르는 독립이고 동일한 분포(i.i.d.)에서 추출한 표본의 평균 분포가 표본 크기가 커짐에 따라 정규분포에 근사하게 된다'는 것이다.

- 평균이 μ이고, 분산이 σ^2인 임의의 모집단으로부터 추출한 크기 n인 랜덤표본의 표본평균 $\overline{X}$의 확률분포는 n이 충분히 크면 근사적으로 정규분포 $N\left(\mu, \dfrac{\sigma^2}{n}\right)$을 따른다. 기출
- 모집단의 분포는 연속형, 이산형 모두 가능하다. 기출
- 표본의 크기가 충분히 큰 경우 모집단의 분포의 형태에 관계없이 성립한다. 기출

더블체크

정답률 약 40%

Q 중심극한정리(Central Limit Theorem)는 어느 분포에 관한 것인가?

[02년 1회, 09년 1회, 11년 1회, 20년 3회 기출]

① 모집단　　② 표본　　③ 모집단의 평균　　④ 표본의 평균

해설 중심극한정리(CLT)는 '표본의 평균'의 분포에 관한 것임을 반드시 기억해야 한다.

정답 : ④

더블체크

> 정답률 약 20%

Q $N(\mu, \sigma^2)$인 모집단에서 표본을 임의추출할 때 표본평균이 모평균으로부터 0.5σ 이상 떨어져 있을 확률이 0.3174이다. 표본의 크기를 4배로 할 때, 표본평균이 모평균으로부터 0.5σ 이상 떨어져 있을 확률은? (단, z가 표준정규분포를 따르는 확률변수일 때, 확률 $P(Z>z)$은 다음과 같다.)

[17년 3회, 20년 1·2회 통합 기출]

z	$P(Z>z)$
0.5	0.3085
1.0	0.1587
1.5	0.0668
2.0	0.0228

① 0.0456　　　　② 0.1336
③ 0.6170　　　　④ 0.6348

해설 문제를 보면 $N(\mu, \sigma^2)$인 모집단에서 표본을 임의추출할 때 표본평균이 모평균으로부터 0.5σ 이상 떨어져 있을 확률이 0.3174이다. 이를 확률로 표현하면 아래와 같다.

$P(\overline{X} < \mu - 0.5\sigma) + P(\overline{X} > \mu + 0.5\sigma) = 2 \times P(\overline{X} > \mu + 0.5\sigma) = 0.3174$

$2 \times P(\overline{X} > \mu + 0.5\sigma) = 0.3174$ 는 $P(\overline{X} > \mu + 0.5\sigma) = 0.1587$이며, 표준화하면 아래와 같다.

$P\left(\dfrac{\overline{X} - \mu}{\sqrt{\dfrac{\sigma^2}{n}}} > \dfrac{\mu + 0.5\sigma - \mu}{\sqrt{\dfrac{\sigma^2}{n}}}\right) = P(Z > 0.5\sqrt{n}) = 0.1587$

표에서 관련된 수를 찾아보면, $P(Z > 1.0) = 0.1587$이므로 $0.5\sqrt{n} = 1.0$이므로 $n = 4$이다.
구하고자 하는 것은 표본의 크기를 4배로 할 때, 표본평균이 모평균으로부터 0.5σ 이상 떨어져 있을 확률이므로, 이러한 경우에 $P(\overline{X} < \mu - 0.5\sigma) + P(\overline{X} > \mu + 0.5\sigma) = 2 \times P(\overline{X} > \mu + 0.5\sigma)$를 구해보면 다음과 같다.

$2 \times P(\overline{X} > \mu + 0.5\sigma) = 2 \times P\left(\dfrac{\overline{X} - \mu}{\sqrt{\dfrac{\sigma^2}{4n}}} > \dfrac{\mu + 0.5\sigma - \mu}{\sqrt{\dfrac{\sigma^2}{4n}}}\right) = 2 \times P(Z > 2) = 2 \times 0.0228 = 0.0456$

정답 : ①

더블체크

Q $X_1, X_2, \cdots, X_n$이 정규분포 $N(\mu, \sigma^2)$에서 얻은 확률표본일 때의 설명으로 맞는 것은? [22년 2회 기출]

① $\dfrac{\overline{X} - \mu}{\sigma/\sqrt{n}}$는 $N(0, 1)$에 따른다.　　② $\dfrac{\overline{X} - \mu}{\sigma/\sqrt{n}}$는 $N(\mu, 1)$에 따른다.

③ $\dfrac{\overline{X} - \mu}{\sigma/\sqrt{n}}$는 $N(\mu, \sigma^2)$에 따른다.　　④ $\dfrac{\overline{X} - \mu}{\sigma/\sqrt{n}}$는 $N(0, \sigma^2)$에 따른다.

해설 모집단분포가 $X \sim N(\mu, \sigma^2)$인 정규분포를 따를 때, 복원추출에 의한 표본평균 $\overline{X}$의 분포도 정규분포를 따른다. 이때, 표본평균 $\overline{X}$를 표준화시킨 확률변수 $Z = \dfrac{\overline{X} - \mu}{\sigma/\sqrt{n}}$는 표준정규분포 $Z \sim N(0, 1^2)$을 따른다.

정답 : ①

(3) 표본평균의 표준편차

Case 1 복원추출인 경우 `기출`

- 복원추출인 경우 표본평균 $\overline{X}$의 표준편차는 $sd(\overline{X}) = \dfrac{\sigma}{\sqrt{n}}$ 이고, 분산은 $V(\overline{X}) = \dfrac{\sigma^2}{n}$ 로 계산된다.

Case 2 비복원추출인 경우 `기출`

- 비복원추출인 경우에는 보정이 필요하며, 표본평균 $\overline{X}$의 분산은 $V(\overline{X}) = \dfrac{N-n}{N-1} \times \dfrac{\sigma^2}{n}$ 로 계산된다. `기출`
  - 이때 $\dfrac{N-n}{N-1}$는 '유한 모집단 수정계수'라고 부르며, 이는 모집단에서 표본을 비복원으로 추출할 때 모집단의 크기가 표본의 크기에 비해 충분히 클 때 나타나는 효과를 보정한다. (단, N은 모집단의 크기, n은 표본의 크기)

(4) 표본평균의 표준오차

1) 의의 및 특징

① 표준오차(SE)
  - 추정량의 표준편차를 표준오차(SE ; Standard Error)라 부른다. `기출`
    - 표본평균 $\overline{X}$의 표준오차(SE)는 SEM(Standard Error of the Mean)이라고도 하며, 표본평균의 표준오차는 표본평균이 모집단 평균을 얼마나 정확하게 추정할 수 있는지를 나타내는 척도이다.
    - 표준오차는 모평균을 추정할 때, 표본평균의 오차에 대하여 설명한다. `기출`
    - 표준오차는 모집단의 분산 및 표본의 크기에 영향을 받는다. `기출`
    - 모표준편차 σ의 값이 상대적으로 작을 때 표본평균 값의 대표성은 '대표성이 크다'고 해석된다. `기출`
  - 모표준편차 σ이고 표본의 크기가 n일 때, $SE(\overline{X}) = \dfrac{\sigma}{\sqrt{n}}$ 로 계산된다. `기출`
    - 모집단 정보가 없다면, 표본 크기 n과 표본표준편차 S에 의존하여 $SE(\overline{X}) = \dfrac{S}{\sqrt{n}}$ 로 계산된다. `기출`

2) 표본의 크기와 표준오차 관계

① 표본의 크기 n이 커질수록 표준오차는 작아진다. `기출`
  - 표본이 커질수록 표본평균의 분포는 정규분포에 가까워지므로, 표본평균도 모평균에 가까워진다.
  - 표본표준편차 S가 커질수록 표준오차도 커진다. 이는 데이터의 분산이 클수록 평균 추정이 더 불확실함을 의미한다.
  - 중심극한정리(CLT)에 따라 표본 크기 n이 충분히 크면, 표본평균의 분포가 정규분포에 근사하게 되며, 이때 정규분포의 표준편차는 표본평균의 표준오차와 같다.

② 표준오차는 항상 0 이상이다. `기출`

더블체크

정답률 약 40%

Q LCD패널을 생산하는 공장에서 출하 제품의 질적 관리를 위하여 패널 100개를 임의 추출하여 실제 몇 개의 결점이 있는가를 세어본 결과 평균은 5.88개, 표준편차 2.03개이다. 모평균 추정량의 표준오차 추정치는 얼마인가? [14년 1회, 22년 2회 기출]

① 0.203　　② 0.103　　③ 0.230　　④ 0.320

해설 패널 100개를 임의 추출했을 때의 결점 개수를 확률변수 X라고 하면, '모평균 추정량'인 '표본평균'은 $\overline{X} = 5.88$이고, 표본표준편차는 $sd(X) = s = 2.03$이다. 그러므로 모평균 추정량(표본평균)의 표준오차 추정치는 $SE(\overline{X}) = \dfrac{s}{\sqrt{n}} = \dfrac{2.03}{\sqrt{100}} = 0.203$이다.

정답 : ①

더블체크

정답률 약 40%

Q 표본의 크기가 $n = 10$에서 $n = 160$으로 증가한다면, 평균의 표준오차는 $n = 10$에서 얻은 경우와 비교할 경우 값의 변화는? [11년 3회, 21년 3회 기출]

① $\dfrac{1}{4}$배　　② $\dfrac{1}{2}$배　　③ 2배　　④ 4배

해설 표본의 크기가 $n = 10$에서 $n = 160$으로 증가하면, 표본평균의 표준오차는 $\dfrac{\sigma}{\sqrt{10}}$에서 $\dfrac{\sigma}{\sqrt{160}} = \dfrac{\sigma}{4\sqrt{10}}$이 되므로, $\dfrac{1}{4}$배가 된다.

정답 : ①

더블체크

정답률 약 50%

Q 표본평균에 대한 표준오차의 설명으로 틀린 것은? [17년 3회, 20년 1·2회 통합 기출]

① 표본평균의 표준편차를 말한다.
② 모집단의 표준편차가 클수록 작아진다.
③ 표본크기가 클수록 작아진다.
④ 항상 0 이상이다.

해설 표준오차는 $\dfrac{\sigma}{\sqrt{n}}$이므로, 모집단의 표준편차 σ가 클수록 표준오차도 커진다.
① 표본평균의 표준오차는 표본평균의 표준편차를 의미한다.
③ 표준오차는 $\dfrac{\sigma}{\sqrt{n}}$이므로, 표본크기 n이 클수록 표준오차는 작아진다.
④ 표준오차는 표준편차이므로 음수가 될 수 없으며 항상 0 이상이다.

정답 : ②

2 비율의 표본분포

(1) 표본비율의 분포

1) 표본비율의 의의 및 특징

① 표본비율의 정의 및 표기
- 표본비율은 전체 모집단에서 특정 속성을 가진 개체의 비율을 추정하기 위해 표본에서 해당 속성을 가진 개체의 비율을 계산한 것이다.
  - 표본비율 $\hat{p}$은 $\hat{p} = \dfrac{X}{n}$ 으로 표기한다. 기출

② 표본비율의 특징
- 표본비율 $\hat{p}$의 분포는 표본 크기 n이 커질수록 중심극한정리에 의해 점점 정규분포에 가까워진다.
- 표본비율의 정규근사
  표본크기 n이 충분히 크고, $np \geq 5$이고 $n(1-p) \geq 5$를 만족한다면, 표본비율 $\hat{p}$은 평균이 p이고 표준편차가 $\sqrt{\dfrac{p(1-p)}{n}}$ 인 정규분포로 근사한다.

$$\hat{p} \sim N\left(p, \dfrac{p(1-p)}{n}\right)$$

2) 표본비율의 평균과 표준편차

① 표본비율의 평균
- 표본비율 $\hat{p}$의 평균(Expected Value)은 $E(\hat{p}) = p$이다.
  - 이는 표본비율의 평균이 실제 모집단의 비율과 같음을 의미하며, 표본비율 $\hat{p}$이 모비율 p의 불편추정량임을 알 수 있다.

② 표본비율의 표준편차
- 표본비율 $\hat{p}$의 표준편차(Standard Deviation of the Sample Proportion)는 모집단 비율 p를 알고 있을 때 이론적으로 다음과 같이 계산된다.
  - 이 공식은 모집단에서 표본을 추출할 때 표본비율의 변동성을 측정하는 데 사용된다.

$$\sqrt{\dfrac{p(1-p)}{n}}$$

③ 표본비율의 표준오차
- 표준오차(Standard Error)는 실제로 모집단의 비율을 알지 못하는 상황에 표본에서 추정한 비율 $\hat{p}$을 사용하여 계산된다.

$$SE(\hat{p}) = \sqrt{\dfrac{\hat{p}(1-\hat{p})}{n}}$$

- 표본의 크기 n이 충분히 크면, 표본비율 $\hat{p}$의 분포는 $\hat{p} \sim N\left(p, \dfrac{p(1-p)}{n}\right)$를 따른다.

표준화하면 $Z = \dfrac{\hat{p} - p}{\sqrt{\dfrac{p(1-p)}{n}}} \sim N(0, 1^2)$

더블체크

Q 버스전용차로를 유지해야 하는 것에 대해 찬반 비율을 조사하기 위하여 서울에 거주하는 성인 1000명을 임의로 추출하여 조사한 결과 700명이 찬성한다고 응답하였다. 서울에 거주하는 성인 중 버스전용차로제에 찬성하는 사람의 비율의 추정치는? [15년 1회, 18년 3회 기출]

① 0.4　　② 0.5　　③ 0.6　　④ 0.7

해설 서울에 거주하는 성인 중 버스전용차로제에 찬성하는 사람의 비율을 추정하기 위해서, 찬성한다고 응답한 사람에 대한 모비율 p의 추정치를 표본 1000명을 통해 계산하면 표본비율 $\hat{p}$은 $\hat{p} = \dfrac{X}{n} = \dfrac{\text{찬성한 사람의 수}}{\text{전체 조사 인원}} = \dfrac{700}{1000} = 0.7$ 이다.

정답 : ④

더블체크

정답률 약 30%

Q 다음 중 앞면이 나올 확률이 0.5인 동전을 n번 던질 때 앞면이 나타난 비율 p_n에 대한 설명으로 틀린 것은? [14년 1회 기출]

① $p_{100} = p_{1000}$이다.

② np_n의 분포는 이항분포 $B\left(n, \dfrac{1}{2}\right)$을 따른다.

③ p_n의 분산은 $\dfrac{1}{4n}$이다.

④ n이 커짐에 따라 p_n의 확률분포는 근사적으로 정규분포를 따른다.

해설 앞면이 나올 확률이 0.5인 동전의 확률변수 X는 동전을 한 번 던졌을 때 앞면이 나오는 사건이다. $X_1, X_2, \cdots, X_n$이 서로 독립이고 성공률이 p인 동일한 베르누이분포를 따르므로, $X_i \sim Bernoulli(p)$이다. 즉, 성공의 확률이 $p = 0.5$인 베르누이 시행을 독립적으로 n번 반복할 때 나오는 '성공한 횟수'로 정의된 확률변수는 '이항확률변수'이다. 따라서 확률변수 Y는 $Y = X_1 + X_2 + \cdots + X_n$이고 동전을 n회 던져서 앞면이 나타난 횟수이며, $Y \sim B(n, p)$를 따른다.

① p_{100}은 동전을 100번 던질 때 앞면이 나타난 비율이며, p_{1000}은 동전을 1000번 던질 때 앞면이 나타난 비율이다. n에 대한 정보가 없는 상태에서는 $p_n = \dfrac{X}{n}$로 정의하기 때문에 $p_{100} \neq p_{1000}$이다. n이 커질수록 p_n이 0.5에 더 가까워지긴 하지만, 특정한 n에 대한 p_n의 값은 다르다. 이를 이해하기 위해서 선험적 확률과 경험적 확률에 대해 공부하는 것을 추천한다.

② $np_n = n \times \dfrac{X}{n} = X$의 분포는 이항분포 $B\left(n, \dfrac{1}{2}\right)$을 따른다.

③ $np_n = n \times \dfrac{X}{n} = X$에 대해 분산을 구하면 p_n의 분산은 $\dfrac{1}{4n}$임을 알 수 있다.
$Var(X) = npq = n \times \dfrac{1}{2} \times \dfrac{1}{2} = Var(np_n)$이고, $n^2 Var(p_n) = \dfrac{1}{4} \times n$이므로 $Var(p_n) = \dfrac{1}{4n}$이다.

④ n이 커짐에 따라 p_n의 확률분포는 근사적으로 정규분포를 따른다는 것은 이항분포의 정규근사에 대한 설명이다.

정답 : ①

CHAPTER 01 확률분포

기출 및 예상문제

※ 정답률이 매우 낮은 CHAPTER이므로 세부항목 및 세세항목을 제시합니다.

01 확률분포의 의미　　　　TOPIC

1 확률변수와 확률분포

01 [15년 2회 기출]

항아리에 파란 공이 5개, 빨간 공이 4개, 노란 공이 3개 들어있다. 이 항아리에서 임의로 1개의 공을 꺼낼 때 빨간 공일 확률은?

① 1/3　　② 1/4
③ 1/5　　④ 1/6

해설 총 12개의 공이 들어 있는 항아리에서 임의로 1개의 공을 꺼내는 상황이다. 이 공이 빨간 공(A)일 확률은
$P(A) = \dfrac{\text{사건 }A\text{가 발생하는 경우의 수}}{\text{표본공간 }S\text{에서 발생하는 모든 경우의 수}}$
$= \dfrac{n(A)}{n(S)} = \dfrac{n}{N} = \dfrac{4}{12} = \dfrac{1}{3}$ 이다.

02 [08년 1회, 16년 2회 기출]

사건 A가 일어날 확률이 0.5, 사건 B가 일어날 확률이 0.6, A 또는 B가 일어날 확률이 0.8일 때, 사건 A와 B가 동시에 일어나는 확률은?

① 0.3　　② 0.4
③ 0.5　　④ 0.6

해설 $P(A) = 0.5$, $P(B) = 0.6$, $P(A \cup B) = 0.8$이다. 이때, 사건 A와 B가 동시에 일어나는 확률은 $P(A \cap B) = P(A) + P(B) - P(A \cup B) = 0.5 + 0.6 - 0.8 = 0.3$ 이다.

03 정답률 약 40%　　　[14년 2회 기출]

8개의 붉은 구슬과 2개의 푸른 구슬이 들어 있는 주머니가 있다. 10명이 차례로 주머니에서 구슬을 하나씩 꺼내 가질 때, 2번째 사람이 푸른 구슬을 꺼내 가지게 될 확률은 얼마인가?

① 1/4　　② 1/5
③ 2/5　　④ 3/5

해설 이런 문제는 Case 분류를 통해 풀면 된다. 두 번째 사람은 첫 번째 사람의 뽑는 행위에만 영향을 받는다.
Case 1 첫 번째 사람이 붉은 구슬을 꺼냈을 때, 두 번째 사람은 푸른 구슬을 꺼내게 될 확률은 $\dfrac{8}{10} \times \dfrac{2}{9}$ 이다.
Case 2 첫 번째 사람이 푸른 구슬을 꺼냈을 때, 두 번째 사람도 푸른 구슬을 꺼내게 될 확률은 $\dfrac{2}{10} \times \dfrac{1}{9}$ 이다.
두 가지 **Case**를 모두 고려하면,
$\dfrac{8}{10} \times \dfrac{2}{9} + \dfrac{2}{10} \times \dfrac{1}{9} = \dfrac{18}{90} = \dfrac{1}{5}$ 이다.

04 정답률 약 30%　　　[13년 1회 기출]

4개의 불량품과 3개의 양호품이 들어 있는 상자에서 2개의 제품을 비복원으로 꺼낼 때, 불량품이 적어도 1개일 확률은?

① 9/42　　② 21/42
③ 1/7　　④ 6/7

해설 상자에서 2개의 제품을 비복원으로 꺼낼 때 불량품이 적어도 1개일 확률은 전체 확률 1에서 꺼낸 2개의 제품이 모두 양호품일 확률을 빼면 된다.
따라서 첫 번째로 뽑을 때 양호품일 확률 $\dfrac{3}{7}$ 과 두 번째로 뽑을 때 양호품일 확률 $\dfrac{2}{6}$ 를 곱하면 $\dfrac{3}{7} \times \dfrac{2}{6} = \dfrac{1}{7}$ 이므로 구하고자 하는 확률은 $1 - \dfrac{1}{7} = \dfrac{6}{7}$ 이다.

정답 : 01 ①　02 ①　03 ②　04 ④

05 [정답률 약 50%] [21년 3회 기출]

지수의 필통에는 형광펜 4자루와 볼펜 3자루가 들어있고, 동환이의 필통에는 볼펜 4자루와 형광펜 3자루가 들어있다. 임의로 선택된 한 필통에서 펜을 한 자루 꺼낼 때 그 펜이 형광펜일 확률은?

① $\frac{1}{5}$ ② $\frac{1}{4}$
③ $\frac{1}{3}$ ④ $\frac{1}{2}$

해설 지수의 필통에는 형광펜 4자루와 볼펜 3자루(총 7자루)가 들어있고 동환이의 필통에는 볼펜 4자루와 형광펜 3자루(총 7자루)가 들어있다. 필통은 임의로 선택하므로 지수의 필통과 동환이의 필통 중 동환이의 필통이 선택될 확률은 $\frac{1}{2}$이다.

지수의 필통에서 형광펜을 한 자루 꺼내는 경우를 사건 A라고 할 때 지수의 필통에서 형광펜을 한 자루 꺼내는 확률은 $P(A) = \frac{1}{2} \times \frac{4}{7} = \frac{2}{7}$이다. 그리고 동환이의 필통에서 형광펜을 한 자루 꺼내는 경우를 사건 B라고 할 때 동환이의 필통에서 형광펜을 한 자루 꺼내는 확률은 $P(B) = \frac{1}{2} \times \frac{3}{7} = \frac{3}{14}$이다.

따라서 임의로 선택된 한 필통에서 펜을 한 자루 꺼낼 때 그 펜이 형광펜일 확률은 $\frac{2}{7} + \frac{3}{14} = \frac{7}{14} = \frac{1}{2}$이다.

06 [17년 1회 기출]

$P(A) = \frac{1}{3}$, $P(B|A) = \frac{1}{5}$일 때, $P(A \cap B)$는?

① $\frac{1}{15}$ ② $\frac{3}{15}$
③ $\frac{5}{15}$ ④ $\frac{8}{15}$

해설 조건부확률 공식에 의하면 $P(B|A) = \frac{P(A \cap B)}{P(A)} = \frac{1}{5}$

이므로, $P(A \cap B) = \frac{1}{5} \times P(A) = \frac{1}{5} \times \frac{1}{3} = \frac{1}{15}$이다.

07 [정답률 약 50%] [17년 2회 기출]

어떤 전기제품의 내부에는 부품 3개가 병렬로 연결되어 있다. 적어도 하나가 정상적으로 작동하면 전기제품은 정상적으로 작동한다. 각 부품이 고장 날 사건은 서로 독립이며, 각 부품이 정상적으로 작동할 확률은 모두 0.85로 알려져 있다. 이 전기제품이 정상적으로 작동할 확률은 얼마인가?

① 0.6141 ② 0.9966
③ 0.0034 ④ 0.3859

해설 먼저 부품이 정상 작동하는 경우를 사건 A라고 하면 $P(A) = 0.85$이고, 부품이 고장 나는 경우는 사건 A^C로 $P(A^C) = 0.15$이다.

적어도 하나만 정상 작동하면 제품도 정상 작동하므로, 이 전기제품이 정상적으로 작동할 확률은 전체 확률 1에서 3개의 부품이 모두 비정상일 확률을 빼면 된다. 이를 계산하면 아래와 같다.

$1 - (0.15 \times 0.15 \times 0.15) = 1 - 0.003375$
$= 0.996625 (\approx 0.9966)$이다.

이 전기제품이 정상적으로 작동할 확률은 0.9966이다.

08 [정답률 약 20%] [13년 3회 기출]

$P(A) = P(B) = \frac{1}{2}$, $P(A|B) = \frac{2}{3}$일 때, $P(A \cup B)$를 구하면?

① $\frac{1}{3}$ ② $\frac{1}{2}$
③ $\frac{2}{3}$ ④ 1

해설 $P(A \cup B) = P(A) + P(B) - P(A \cap B)$이므로, $P(A \cap B)$에 대한 값이 필요하다.

조건부확률 공식에 의해
$P(A|B) = \frac{P(A \cap B)}{P(B)} = \frac{2}{3}$ 이므로
$P(A \cap B) = \frac{2}{3} \times P(B) = \frac{2}{3} \times \frac{1}{2} = \frac{1}{3}$이다.

따라서 $P(A \cup B)$를 계산하면 아래와 같다.
$P(A \cup B) = P(A) + P(B) - P(A \cap B)$
$= \frac{1}{2} + \frac{1}{2} - \frac{1}{3} = \frac{2}{3}$

정답 : 05 ④ 06 ① 07 ② 08 ③

09 정답률 약 30% [18년 3회 기출]

양의 확률을 갖는 사건 A, B, C의 독립성에 대한 설명으로 틀린 것은?

① A와 B가 독립이면, A와 B^C 또한 독립이다.
② A와 B가 독립이면, A^C와 B^C 또한 독립이다.
③ A와 B가 배반사건이면, A와 B는 독립이 아니다.
④ A와 B가 독립이고 A와 C가 독립이면, A와 $B \cap C$ 또한 독립이다.

해설 A와 B가 독립이면 $P(A \cap B) = P(A) \times P(B)$이며, A와 C가 독립이면 $P(A \cap C) = P(A) \times P(C)$이다. 그러나 '$A$와 B가 독립이고 A와 C가 독립이면, A와 $B \cap C$ 또한 독립이다'라는 것이 항상 성립하는 것은 아니다.
사건 A : 주사위의 눈이 1, 2 중 하나가 나온다.
→ $A = \{1, 2\}$이며, $P(A) = \dfrac{2}{6}$이다.
사건 B : 주사위의 눈이 짝수이다.
→ $B = \{2, 4, 6\}$이며, $P(B) = \dfrac{3}{6}$이다.
사건 C : 주사위의 눈이 1, 3, 6 중 하나가 나온다.
→ $C = \{1, 3, 6\}$이며, $P(C) = \dfrac{3}{6}$이다.
$A \cap B = \{2\}$이고,
$P(A \cap B) = \dfrac{1}{6} = P(A) \times P(B) = \dfrac{2}{6} \times \dfrac{3}{6}$이므로 A와 B가 독립이다.
$A \cap C = \{1\}$이고,
$P(A \cap C) = \dfrac{1}{6} = P(A) \times P(C) = \dfrac{2}{6} \times \dfrac{3}{6}$이므로 A와 C가 독립이다.
$B \cap C = \{6\}$이므로,
$P(B \cap C) = \dfrac{1}{6}$일 때, $A \cap (B \cap C) = \varnothing$이므로
$P(A \cap (B \cap C)) = P(\varnothing) = 0$이다.
따라서 $P(A \cap (B \cap C)) \neq P(A) \times P(B \cap C)$이므로, A와 B가 독립이고 A와 C가 독립이면, A와 $B \cap C$ 또한 독립이라고 볼 수 없다.

10 정답률 약 60% [03년 3회, 09년 3회, 18년 2회 기출]

$P(A) = 0.4$, $P(B) = 0.2$, $P(B|A) = 0.4$일 때, $P(A|B)$는?

① 0.4 ② 0.5
③ 0.6 ④ 0.8

해설 조건부확률 공식에 의해 $P(A|B) = \dfrac{P(A \cap B)}{P(B)}$이므로 $P(A \cap B)$에 대한 값이 필요하다.
$P(B|A) = \dfrac{P(A \cap B)}{P(A)} = 0.4$이므로
$P(A \cap B) = 0.4 \times P(A) = 0.4 \times 0.4 = 0.16$이다.
따라서 조건부확률을 활용하여 계산하면
$P(A|B) = \dfrac{P(A \cap B)}{P(B)} = \dfrac{0.16}{0.2} = 0.80$이다.

11 정답률 약 60% [20년 4회 기출]

취업을 위한 특별교육프로그램을 시행한 결과 통계가 다음과 같이 집계되었다. 특별교육을 이수한 어떤 사람이 취업할 확률은?

구분	미취업	취업	합계
특별교육 이수	200	300	500
특별교육 이수 안 함	280	220	500
합계	480	520	1,000

① 48% ② 50%
③ 52% ④ 60%

해설 구분 1은 특별교육 이수(사건 A), 특별교육 이수 안 함(사건 A^C)이다.
구분 2는 미취업(사건 B), 취업(사건 B^C)이다.
구하고자 하는 것은 특별교육을 이수한 어떤 사람(사건 A)이 취업(사건 B^C)할 확률이므로, 조건부확률 공식을 활용하면 아래와 같다.

$$P(B^C|A) = \dfrac{P(A \cap B^C)}{P(A)} = \dfrac{\frac{n(A \cap B^c)}{n(S)}}{\frac{n(A)}{n(S)}} = \dfrac{\frac{300}{1000}}{\frac{500}{1000}}$$
$$= \dfrac{300}{500} = 0.6$$

정답: 09 ④ 10 ④ 11 ④

12 정답률 약 60% [19년 2회 기출]

어떤 학생이 통계학 시험에 합격할 확률은 2/3이고, 경제학 시험에 합격할 확률은 2/5이다. 또한, 두 과목 모두에 합격할 확률이 3/4이라면 적어도 한 과목에 합격할 확률은?

① $\frac{17}{60}$
② $\frac{18}{60}$
③ $\frac{19}{60}$
④ $\frac{20}{60}$

해설 통계학 시험에 합격하는 경우를 사건 A, 경제학 시험에 합격하는 경우를 사건 B라고 하자.
문제에 주어진 정보로 통계학 시험에 합격할 확률은 $P(A) = \frac{2}{3}$, 경제학 시험에 합격할 확률은 $P(B) = \frac{2}{5}$.
두 과목 모두에 합격할 확률은 $P(A \cap B) = \frac{3}{4}$이다.
구하고자 하는 것은 두 개의 과목 중 적어도 한 과목에 합격할 확률이고 이는 합집합 확률을 구해야 한다.
따라서 $P(A \cup B)$을 구하면 아래와 같다.
$P(A \cup B) = P(A) + P(B) - P(A \cap B)$
$= \frac{2}{3} + \frac{2}{5} - \frac{3}{4} = \frac{40 + 24 - 45}{60} = \frac{19}{60}$

13 정답률 약 40% [13년 2회 기출]

10명의 사람 중 4명이 남자이고, 6명이 여자일 때, 이 중 3명을 뽑을 때 적어도 1명이 남자일 확률은?

① 5/6
② 1/6
③ 1/10
④ 1/30

해설 여자가 뽑히는 경우를 사건 A라고 하면, $P(A) = \frac{6}{10}$
이다. 10명의 사람 중에서 3명을 뽑을 때 전체 경우의 수는 $_{10}C_3 = 120$이고, 이 중 3명을 뽑을 때 모두 여자인 경우의 수는 $_6C_3 = 20$이다.
따라서 10명 중 3명을 뽑을 때, 적어도 1명이 남자일 확률은 $1 - \frac{20}{120} = 1 - \frac{1}{6} = \frac{5}{6}$이다.

14 정답률 약 50% [12년 1회 기출]

1개의 주사위와 1개의 동전을 던질 때 A는 동전의 앞면이, B는 주사위의 5가 나오는 사건으로 정의할 때 $P(A|B)$의 값은?

① 1/6
② 1/2
③ 1/12
④ 5/6

해설 동전의 앞면이 나오는 경우를 사건 A라고 하고, 주사위의 5가 나오는 경우를 사건 B라고 할 때 동전의 앞면이 나오는 확률은 $P(A) = \frac{1}{2}$이고, 주사위의 5가 나오는 확률은 $P(B) = \frac{1}{6}$이다.
조건부확률을 활용하여 $P(A|B) = \frac{P(A \cap B)}{P(B)}$를 구하기 위해서는 추가적으로 $P(A \cap B)$를 알아야 한다.
$P(A \cap B)$는 동전의 앞면이 나오면서 주사위는 5가 나올 확률이며, 두 사건 A, B는 서로 독립이므로
$P(A \cap B) = P(A) \times P(B) = \frac{1}{2} \times \frac{1}{6} = \frac{1}{12}$이다.
따라서 $P(A|B) = \frac{P(A \cap B)}{P(B)} = \frac{\frac{1}{12}}{\frac{1}{6}} = \frac{6}{12} = \frac{1}{2}$이다.

15 정답률 약 30% [05년 3회, 13년 3회 기출]

다음 확률분포 중 확률변수의 성질상 다른 분포와 구별되는 것은?

① 정규분포
② 이항분포
③ 포아송분포
④ 다항분포

해설 암기 : 이베이기포초
이산형확률분포에는 베르누이분포, 이항분포, 기하분포, 포아송분포, 초기하분포 등이 있다.
반면, 연속형 확률분포에는 균등분포, 정규분포, 표준정규분포, t분포, F분포, 카이제곱분포 등이 있다.

정답 : 12 ③ 13 ① 14 ② 15 ①

16 정답률 약 50% [20년 3회 기출]

시험을 친 학생 중 국어합격자는 50%, 영어합격자는 60%이며, 두 과목 모두 합격한 학생은 15%라고 한다. 이때 임의로 한 학생을 뽑았을 때, 이 학생이 국어에 합격한 학생이라면 영어에도 합격했을 확률은?

① 10%   ② 20%
③ 30%   ④ 40%

해설 시험을 친 학생 중 국어합격자가 50%, 영어합격자는 60%이면, $P(A)=0.5$, $P(B)=0.60$이다. 또한, 두 과목 모두 합격한 학생은 15%이므로 $P(A \cap B)=0.15$이다. 구하고자 하는 것은 임의로 한 학생을 뽑았을 때, 이 학생이 국어에 합격한 학생이라면 영어에도 합격했을 확률이므로 조건부확률을 활용하여 다음과 같이 계산한다.

$$P(B|A) = \frac{P(A \cap B)}{P(A)} = \frac{0.15}{0.5} = 0.3$$

따라서 임의로 한 학생을 뽑았을 때, 이 학생이 국어에 합격한 학생일 때 영어에도 합격할 확률은 0.30이고 백분율로 나타내면 30%이다.

17 정답률 약 50% [09년 3회, 19년 3회 기출]

항아리 속에 흰 구슬 2개, 붉은 구슬 3개, 검은 구슬 5개가 들어있다. 이 항아리에서 임의로 구슬 3개를 꺼낼 때, 흰 구슬 2개와 검은 구슬 1개가 나올 확률은?

① 1/24   ② 9/40
③ 3/10   ④ 1/5

해설 총 10개의 구슬이 들어 있는 항아리에서 임의로 구슬 3개를 꺼내는 상황이다. 이 항아리에서 임의로 구슬 3개를 꺼낼 때, 흰 구슬 2개와 검은 구슬 1개가 나올 확률은 '배열 순서를 무시하는 경우'&'비복원추출인 경우'에 해당하므로, 조합 $_nC_r = \frac{n!}{r!(n-r)!}$ 으로 구한다. 전체 경우의 수는 $_{10}C_3 = \frac{10!}{7!3!} = \frac{10 \times 9 \times 8}{3 \times 2 \times 1} = 120$이다. 총 3개의 구슬을 꺼낼 때, 흰 구슬 2개와 검은 구슬 1개가 나오는 경우의 수는 $_2C_2 \times _5C_1 = 5$이다.

따라서, 답은 $\frac{5}{120} = \frac{1}{24}$이다.

18 정답률 약 50% [21년 3회 기출]

한 학생이 경영학 과목에서 합격점수를 받을 확률은 $\frac{2}{3}$이고, 경영학과 통계학 두 과목에 모두 합격점수를 받을 확률은 $\frac{1}{2}$이다. 만일 이 학생이 경영학 과목에 합격했음을 알고 있다면, 통계학 과목에서 합격점수를 받았을 확률은 얼마인가?

① 20%   ② 25%
③ 50%   ④ 75%

해설 경영학 과목에서 합격점수를 받을 사건을 A, 통계학 과목에서 합격점수를 받을 사건을 B라고 하자.
이때, 경영학 과목에서 합격점수를 받을 확률은 $P(A) = \frac{2}{3}$, 경영학과 통계학 두 과목에 모두 합격점수를 받을 확률은 $P(A \cap B) = \frac{1}{2}$이다.

구하고자 하는 것은 이 학생이 경영학 과목에 합격했음을 알고 있다면, 통계학 과목에서 합격점수를 받았을 확률이므로 조건부확률을 활용하면 다음과 같다.

$$P(B|A) = \frac{P(A \cap B)}{P(A)} = \frac{\frac{1}{2}}{\frac{2}{3}} = \frac{3}{4} = 0.75$$

따라서 이 학생이 경영학 과목에 합격했음을 알고 있다면, 통계학 과목에서 합격점수를 받았을 확률은 0.75이고 백분율로 나타내면 75%이다.

정답 : 16 ③   17 ①   18 ④

19 [정답률 약 50%] [20년 3회 기출]

비가 오는 날은 임의의 한 여객기가 연착할 확률이 $\frac{1}{10}$이고, 비가 안 오는 날은 여객기가 연착할 확률이 $\frac{1}{50}$이다. 내일 비가 올 확률이 $\frac{2}{5}$일 때, 비행기가 연착할 확률은?

① 0.06 ② 0.056
③ 0.052 ④ 0.048

해설 마지막 문장에서 '비가 온다(사건 A)면, 비행기가 연착(사건 B)할 확률은?'이라는 형식의 문제이므로, 조건부 확률을 생각해야 한다.

- 비가 오는 날은 여객기가 연착할 확률이 $\frac{1}{10}$이므로,
$$P(B|A) = \frac{P(A \cap B)}{P(A)} = 0.1 \text{이다.}$$

- 비가 안 오는 날은 여객기가 연착할 확률이 $\frac{1}{50}$이므로, $P(B|A^C) = \frac{P(A^C \cap B)}{P(A^C)} = 0.02$이다.

구하고자 하는 것은 내일 비가 올 확률이 $P(A) = \frac{2}{5} = 0.4$일 때, 비행기가 연착할 확률 $P(B)$이므로 다음과 같이 계산한다.
$$P(B) = P(B|A) \times P(A) + P(B|A^C) \times P(A^C)$$
$$= 0.1 \times 0.4 + 0.02 \times 0.6 = 0.052$$

20 [16년 1회, 21년 2회 기출]

구분되지 않는 n개의 공을 서로 다른 r개의 항아리에 넣는 방법의 수는? (단, $r \leq n$이고, 모든 항아리에는 최소한 1개 이상의 공이 들어가야 한다.)

① $\binom{n}{r}$ ② r^n
③ $\binom{n-1}{r}$ ④ $\binom{n-1}{r-1}$

해설 [중복조합] 문제라는 것을 바로 깨달아야 한다.
만약 모든 항아리에 최소 1개 이상의 공이 들어가야 한다는 조건이 없다면, $_rH_n$이다.
그러나 '모든 항아리에 최소한 1개 이상의 공이 들어가야 한다'라는 조건으로 인해 총 n개의 공 중 r개에 대한 분배는 고려하지 않아도 된다.
따라서 $_rH_{n-r}$이며, 공식은 아래와 같다.
$$_rH_{n-r} = {_{r+(n-r)-1}C_{r-1}} = {_{n-1}C_{r-1}} = \binom{n-1}{r-1}$$

21 [정답률 약 60%] [16년 3회 기출]

기계 A에서 제품의 40%를, 기계 B에서 제품의 60%를 생산한다. 기계 A에서 생산된 제품의 불량률은 1%이고 기계 B에서 생산된 제품의 불량률은 2%라면, 전체 불량률은?

① 1.5% ② 1.6%
③ 1.7% ④ 1.8%

해설 기계 A에서 제품을 생산하는 경우를 사건 A, 불량품이 생산되는 경우를 사건 E라고 하자.
이때, 기계 A에서 제품을 생산하는 확률은 $P(A) = 0.4$이고 기계 A에서 생산된 제품이 불량일 확률은 1%이므로 $P(E|A) = 0.01$이다. 반대로 사건 A^C는 기계 B에서 제품을 생산하는 경우이며, $P(A^C) = 0.6$이고 기계 B에서 생산하는 제품이 불량일 확률은 2%이므로 $P(E|A^C) = 0.02$이다.
구하고자 하는 것은 전체 불량률이고 이는 다음과 같이 계산할 수 있다.
$$P(E) = P(A) \times P(E|A) + P(A^C) \times P(E|A^C)$$
$$= 0.4 \times 0.01 + 0.6 \times 0.02 = 0.016$$
따라서 전체 불량률은 0.016이고 이를 백분율로 나타내면 1.6%이다.

22 [정답률 약 40%] [18년 2회, 21년 1회 기출]

똑같은 크기의 사과 10개를 5명의 어린이에게 나누어주는 방법의 수는? (단, $\binom{n}{r}$은 n개 중에서 r개를 선택하는 조합의 수이다.)

① $\binom{14}{5}$ ② $\binom{15}{5}$
③ $\binom{14}{10}$ ④ $\binom{15}{10}$

해설 [중복조합] 문제라는 것을 바로 깨달아야 한다.
'배열 순서를 무시하는 경우'&'복원추출인 경우'이므로, 중복조합 $_nH_r = {_{n+r-1}C_r}$이다.
즉, 총 5명의 어린이($n=5$)에게 나눠줄 수 있는 사과는 총 사과의 개수인 10개($r=10$)까지 가능하다.
따라서 각 어린이에게 나눠줄 사과의 개수를 나열한 후, 이를 조합하는 중복조합에 해당한다.
이를 산출하면 아래와 같다.
$$_nH_r = {_5H_{10}} = {_{5+10-1}C_{10}} = {_{14}C_{10}} = \binom{14}{10}$$

정답: 19 ③ 20 ④ 21 ② 22 ③

23 정답률 약 50% [15년 1회, 17년 3회 기출]

어떤 공장에서 두 대의 기계 A, B를 사용하여 부품을 생산하고 있다. 기계 A는 전체 생산량의 30%를 생산하며 기계 B는 전체 생산량의 70%를 생산한다. 기계 A의 불량률은 3%이고 기계 B의 불량률은 5%이다. 임의로 선택한 1개의 부품이 불량품일 때, 이 부품이 기계 A에서 생산되었을 확률은?

① 10%   ② 20%
③ 30%   ④ 40%

해설 이 문제는 [조건부확률 및 베이즈정리]를 활용한다.
사건 A는 기계 A로 생산하는 경우이며,
사건 E는 불량이 발생한 경우이다.
기계 A는 전체 생산량의 30%이므로 $P(A) = 0.3$이고, 기계 A의 불량률은 $P(E|A) = 0.03$이다.
구하고자 하는 것은 임의로 선택한 1개의 부품이 불량품일 때, 이 부품이 기계 A에서 생산되었을 확률이므로, 베이즈정리에 의해서 서로 배반인 사건 A와 A^C에 대해 다음과 같이 계산한다.

$$P(A|E) = \frac{P(A \cap E)}{P(E)}$$
$$= \frac{P(E|A) \times P(A)}{P(E|A) \times P(A) + P(E|A^C) \times P(A^C)}$$
$$= \frac{0.03 \times 0.3}{0.03 \times 0.3 + 0.05 \times 0.7}$$
$$= \frac{9}{44} = 0.204545\ldots (\approx 0.20)$$

이를 백분율로 나타내면 약 20%이다.

24 정답률 약 50% [19년 1회 기출]

어떤 공장에 같은 길이의 스프링을 만드는 3대의 기계 A, B, C가 있다. 기계 A, B, C에서 각각 전체 생산량의 50%, 30%, 20%를 생산하고, 기계의 불량률이 각각 5%, 3%, 2%라고 한다. 이 공장에서 생산된 스프링 하나가 불량품일 때, 기계 A에서 생산되었을 확률은?

① 0.5   ② 0.66
③ 0.87   ④ 0.33

해설 이 문제는 [조건부확률 및 베이즈정리]를 활용한다.
공장에서 생산된 스프링이 각각 3대의 기계 A, B, C에서 생산된 사건을 각각 사건 A, B, C라고 하면 이는 서로 배반인 사건이다.
이때, 이 공장에서 생산된 스프링 하나가 불량품인 사건은 사건 D라고 하자.
기계 A, B, C에서 각각 전체 생산량의 50%, 30%, 20%를 생산하고, 기계의 불량률이 각각 5%, 3%, 2%이므로 $P(A \cap D), P(B \cap D), P(C \cap D)$는 조건부확률에 의해서 다음과 같이 산출된다.
$P(A \cap D) = P(A) \times P(D|A) = 0.5 \times 0.05 = 0.025$
$P(B \cap D) = P(B) \times P(D|B) = 0.3 \times 0.03 = 0.009$
$P(C \cap D) = P(C) \times P(D|C) = 0.2 \times 0.02 = 0.004$
문제에서 구하고자 하는 것은 공장에서 생산된 스프링 하나가 불량품일 때, 기계 A에서 생산되었을 확률이므로, 베이즈정리에 의해서 $P(A|D)$는 다음과 같이 계산된다.

$$P(A|D) = \frac{P(A \cap D)}{P(D)}$$
$$= \frac{P(A \cap D)}{P(A \cap D) + P(B \cap D) + P(C \cap D)}$$
$$= \frac{0.025}{0.025 + 0.009 + 0.004}$$
$$= \frac{25}{38} = 0.657\cdots (\approx 0.66)$$

따라서 이 공장에서 생산된 스프링 하나가 불량품일 때, 기계 A에서 생산되었을 확률은 0.66이다.

정답 : 23 ②   24 ②

25 정답률 약 50% [09년 3회, 12년 3회, 17년 1회 기출]

어느 지역 주민의 3%가 특정 풍토병에 걸려있다고 한다. 이 병의 검진 방법에 의하면 감염자의 95%가 (+)반응을, 나머지 5%가 (-)반응을 나타내며 비감염자의 경우는 10%가 (+)반응을, 90%가 (-)반응을 나타낸다고 한다. 주민 중 한 사람을 검진한 결과 (+)반응을 보였다면 이 사람이 감염자일 확률은?

① 0.105
② 0.227
③ 0.885
④ 0.950

해설 이 문제는 [조건부확률 및 베이즈정리]를 활용한다.
검진 결과가 양성(+)반응을 보이는 것을 사건 A라고 하자.
그리고 감염자인 경우를 사건 B라고 하면,
사건 B와 사건 B^C는 서로 독립이며
$P(B) = 0.03$, $P(B^C) = 0.97$임을 알 수 있다.
먼저, 감염자일 때 검진 결과가 양성(+)인 확률과 감염자일 때 검진 결과가 음성(-)인 확률은 각각
$P(A|B) = 0.95$, $P(A^C|B) = 0.05$이다.
그다음 비감염자일 때 검진 결과가 양성(+)인 확률과 비감염자일 때 검진 결과가 음성(-)인 확률은 각각
$P(A|B^C) = 0.1$, $P(A^C|B^C) = 0.9$이다.
구하고자 하는 것은 주민 중 한 사람을 검진한 결과 양성(+)반응을 보였을 때 이 사람이 감염자일 확률이므로, 베이즈정리에 의해서 서로 배반인 사건 B와 B^C에 대해 다음과 같이 계산한다.

$$P(B|A) = \frac{P(A \cap B)}{P(A)}$$
$$= \frac{P(A|B) \times P(B)}{P(A|B) \times P(B) + P(A|B^C) \times P(B^C)}$$
$$= \frac{0.95 \times 0.03}{0.95 \times 0.03 + 0.1 \times 0.97} \approx 0.22709$$

따라서 주민 중 한 사람을 검진한 결과 양성반응을 보였을 때, 이 사람이 감염자일 확률은 0.227이다.

26 정답률 약 40% [14년 2회, 22년 2회 기출]

전체 인구의 2%가 어느 질병을 앓고 있다고 한다. 이 질병을 검진하기 위해 사용되고 있는 어느 진단 시약은 질병에 걸린 사람 중 80%, 질병에 걸리지 않은 사람 중 10%에 대해 양성반응을 보인다. 어떤 사람의 진단 테스트 결과가 양성반응일 때, 이 사람이 질병에 걸렸을 확률은 얼마인가?

① $\frac{7}{57}$
② $\frac{8}{57}$
③ $\frac{10}{57}$
④ $\frac{11}{57}$

해설 이 문제는 [조건부확률 및 베이즈정리]를 활용한다.
먼저, 검진 결과가 양성(+)반응을 보이는 경우를 사건 A라고 하자.
그리고 질병에 걸린 경우를 사건 B라고 하면 사건 B와 질병에 걸리지 않은 경우인 사건 B^C는 서로 독립이며, 전체 인구의 2%가 질병을 앓고 있다는 정보를 통해
$P(B) = 0.02$, $P(B^C) = 0.98$임을 알 수 있다.
이 질병을 검진하기 위해 사용되고 있는 어느 진단 시약은 질병에 걸린 사람 중 80%, 질병에 걸리지 않은 사람 중 10%에 대해 각각 양성반응을 보이므로
$P(A|B) = 0.8$, $P(A|B^C) = 0.1$임을 알 수 있다.
구하고자 하는 것은 진단 테스트 결과가 양성반응일 때, 이 사람이 질병에 걸렸을 확률이므로, 베이즈정리에 의해서 서로 배반인 사건 B와 B^C에 대해 다음과 같이 계산한다.

$$P(B|A) = \frac{P(A \cap B)}{P(A)}$$
$$= \frac{P(A|B) \times P(B)}{P(A|B) \times P(B) + P(A|B^C) \times P(B^C)}$$
$$= \frac{0.8 \times 0.02}{0.8 \times 0.02 + 0.1 \times 0.98} = \frac{16}{114} = \frac{8}{57}$$

따라서 어떤 사람의 진단 테스트 결과가 양성반응일 때, 이 사람이 질병에 걸렸을 확률은 $\frac{8}{57}$이다.

정답 : 25 ② 26 ②

27 [정답률 약 30%] [16년 1회 기출]

선다형 시험문제에서 수험생은 정답을 알거나 추측한다. 수험생이 정답을 알고 있을 확률이 0.6이고 시험문제에서 보기의 수는 5개이다. 수험생이 정답을 맞혔을 때 답을 알고 있었을 확률은?

① $\frac{15}{17}$ ② $\frac{16}{17}$
③ $\frac{15}{18}$ ④ $\frac{17}{18}$

해설 이 문제는 [조건부확률과 베이즈정리]를 활용한다.
사건 K는 수험생이 정답을 알고 있는 경우이고, 사건 C는 수험생이 정답을 맞힌 경우이다.
따라서, 수험생이 정답을 알고 있을 확률은 $P(K) = 0.6$이고,
반대로 수험생이 정답을 추측할 확률은
$1 - P(K) = 1 - 0.6 = 0.4 = P(K^C)$이다.
수험생이 정답을 알고 있는 경우에 정답을 맞힐 확률은 1이므로 $P(C|K) = 1$이고,
수험생이 정답을 추측하는 경우에 정답을 맞힐 확률은 시험문제에서 보기의 수가 5개임을 고려하면
$P(C|K^C) = \frac{1}{5} = 0.2$이다.
구하고자 하는 것은 수험생이 정답을 맞혔을 때 답을 알고 있었을 확률이므로, 베이즈정리에 의해서 서로 배반인 사건 K와 K^C에 대해 다음과 같이 계산한다.

$$P(K|C) = \frac{P(K \cap C)}{P(C)}$$
$$= \frac{P(C|K) \times P(K)}{P(C|K) \times P(K) + P(C|K^C) \times P(K^C)}$$
$$= \frac{1 \times 0.6}{1 \times 0.6 + 0.2 \times 0.4} = \frac{60}{68} = \frac{15}{17}$$

따라서 수험생이 정답을 맞혔을 때 답을 알고 있었을 확률은 $\frac{15}{17}$이다.

28 [11년 1회, 19년 1회 기출]

우리나라 사람들 중 왼손잡이 비율은 남자가 2%, 여자가 1%라 한다. 남학생 비율이 60%인 어느 학교에서 왼손잡이 학생을 선택했을 때 이 학생이 남자일 확률은?

① 0.75 ② 0.012
③ 0.25 ④ 0.05

해설 이 문제는 [조건부확률과 베이즈정리]를 활용한다.
먼저 왼손잡이인 경우 사건 A라고 하고, 남학생인 경우를 사건 B라고 하자.
남학생 비율이 60%(여학생 비율은 40%)인 어느 학교라면 $P(B) = 0.6, P(B^C) = 0.4$이다.
우리나라 사람의 왼손잡이 비율이 남자면 2%, 여자이면 1%이므로 $P(A|B) = 0.02, P(A|B^C) = 0.01$이다.
구하고자 하는 것은 왼손잡이 학생을 선택했을 때, 이 학생이 남자일 확률이므로,
베이즈정리에 의해서 서로 배반인 사건 B와 B^C에 대해 다음과 같이 계산한다.

$$P(B|A) = \frac{P(A \cap B)}{P(A)} = \frac{P(B) \times P(A|B)}{P(A)}$$
$$= \frac{P(B) \times P(A|B)}{P(B) \times P(A|B) + P(B^C) \times P(A|B^C)}$$
$$= \frac{0.6 \times 0.02}{0.6 \times 0.02 + 0.4 \times 0.01} = \frac{12}{16} = 0.75$$

따라서 왼손잡이 학생을 선택했을 때, 이 학생이 남자일 확률은 0.75이다.

정답 : 27 ① 28 ①

29 [09년 1회, 22년 2회 기출]

골동품 시장에서 거래되는 그림의 20%가 위조품이라고 가정한다. 오래된 그림의 진위를 감정하는 감정사들이 진품 그림을 진품으로 감정할 확률은 85%이고, 위조 그림을 진품으로 감정할 확률은 15%이다. 한 고객이 감정사가 진품이라고 감정한 그림을 샀을 때, 구입한 그림이 진품일 확률은? (※ 소수점 셋째 자리에서 반올림하라.)

① 0.85
② 0.90
③ 0.95
④ 0.96

해설 이 문제는 [조건부확률 및 베이즈정리]를 활용한다.
먼저, 진품이라고 감정하는 경우를 사건 A라고 하고, 구입한 그림이 진품인 경우를 사건 B라고 하자. 시장에서 거래되는 그림의 20%가 위조품이라고 가정하므로, 진품일 사건 B와 위조품일 사건 B^C는 서로 배반이며, $P(B) = 0.8$, $P(B^C) = 1 - 0.8 = 0.2$이다.
진품 그림을 진품으로 감정할 확률은 85%, 위조 그림을 진품으로 감정할 확률은 15%이다.
P(진품으로 감정|진품 그림) $= P(A|B) = 0.85$,
P(진품으로 감정|위조 그림) $= P(A|B^C) = 0.15$
구하고자 하는 것은 감정사가 진품이라고 감정한 그림을 샀을 때 구입한 그림이 진품일 확률이므로, 베이즈정리에 의해서 서로 배반인 사건 B와 B^C에 대해 다음과 같이 계산한다.

$$P(B|A) = \frac{P(A \cap B)}{P(A)}$$
$$= \frac{P(A|B) \times P(B)}{P(A|B) \times P(B) + P(A|B^C) \times P(B^C)}$$
$$= \frac{0.85 \times 0.8}{0.85 \times 0.8 + 0.15 \times 0.2}$$
$$= \frac{0.68}{0.71} = 0.957746\cdots$$

이를 소수점 셋째 자리에서 반올림하면 ($0.957746\cdots \approx 0.96$)이다.
따라서 한 고객이 감정사가 진품이라고 감정한 그림을 샀을 때 구입한 그림이 진품일 확률은 0.96이다.

30 정답률 약 30% [13년 2회, 21년 2회 기출]

어느 학생은 버스 또는 지하철을 이용하여 등교하는데 버스를 이용하는 경우가 40%, 지하철을 이용하는 경우가 60%라고 한다. 또한 버스로 등교하면 교통 체증으로 인하여 지각하는 경우가 10%이고, 지하철로 등교하면 지각하는 경우가 4%라고 한다. 이 학생이 어느 날 지각하였을 때 버스로 등교하였을 확률은?

① 4%
② 40%
③ 62.5%
④ 64.5%

해설 이 문제는 [조건부확률 및 베이즈정리]를 활용한다.
먼저 지각을 하는 경우를 사건 A라고 하고 교통수단으로 버스를 이용하는 것을 사건 B라고 하자.
버스로 등교하는 경우는 40%로 $P(B) = 0.4$이고 반대로 교통수단으로 지하철을 이용한 사건은 B^C이며, 지하철로 등교하는 경우는 60%로 $P(B^C) = 0.6$이다.
문제에 주어진 정보를 통해 버스로 등교 시 지각하는 확률은 $P(A|B) = 0.1$이고, 지하철로 등교 시 지각하는 확률은 $P(A|B^C) = 0.04$임을 알 수 있다.
구하고자 하는 것은 이 학생이 어느 날 지각했을 때 버스로 등교했을 확률이므로, 베이즈정리에 의해서 서로 배반인 사건 B와 B^C에 대해 다음과 같이 계산한다.

$$P(B|A) = \frac{P(A \cap B)}{P(A)}$$
$$= \frac{P(A|B) \times P(B)}{P(A|B) \times P(B) + P(A|B^C) \times P(B^C)}$$
$$= \frac{0.1 \times 0.4}{0.1 \times 0.4 + 0.04 \times 0.6} = \frac{5}{8} = 0.625$$

따라서 이 학생이 어느 날 지각하였을 때 버스로 등교하였을 확률은 0.625이고, 백분율로 변환하면 62.5%이다.

정답 : 29 ④ 30 ③

2 이산확률변수와 연속확률변수

31 정답률 약 30% [21년 3회 기출]

연속형 확률변수 X의 확률밀도함수가 다음과 같을 때 상수 k값과 $P(|X|>1)$을 순서대로 구하면?

$$f(x) = \begin{cases} -\frac{1}{4}|x|+k, & |x| \leq 2 \text{인 경우} \\ 0, & \text{그 외} \end{cases}$$

① $\frac{1}{4}, \frac{1}{4}$ ② $\frac{1}{2}, \frac{1}{4}$
③ $\frac{1}{2}, \frac{1}{2}$ ④ $\frac{1}{4}, \frac{1}{2}$

해설 상수 k값과 $P(|X|>1)$을 순서대로 구해보자.
확률밀도함수는 $\int_\alpha^\beta f(x)dx = 1$(단, α와 β는 정의역의 끝점)이다.
이 문제는 절댓값으로 인해 어렵게 느껴질 수 있으므로, $x \geq 0$인 경우는 $|x|=x$이며, $x<0$인 경우는 $|x|=-x$으로 구분하여 풀도록 하자.
$|x| \leq 2$이면, $f(x) = -\frac{1}{4}|x|+k$이므로 $0 \leq x \leq 2$이면,
$f(x) = -\frac{1}{4}x+k$이고, $-2 \leq x \leq 0$이면,
$f(x) = \frac{1}{4}x+k$이다.
$\int_\alpha^\beta f(x)dx = 1$임을 이용하면, $\int_{-2}^{0}\left(\frac{1}{4}x+k\right)$
$+ \int_0^2 \left(-\frac{1}{4}x+k\right)dx = 1$이다.
이를 계산하면
$\left[\frac{1}{8}x^2+kx\right]_{-2}^0 + \left[-\frac{1}{8}x^2+kx\right]_0^2 = \left(-\frac{1}{2}+2k\right) +$
$\left(-\frac{1}{2}+2k\right) = -1+4k = 1$이고, $k = \frac{1}{2}$이다.
상수 k값은 구했으므로 $|x| \leq 2$인 경우에 $P(|X|>1)$값도 아래와 같이 산출해보자.
$P(|X|>1) = \int_{-2}^{-1}\left(\frac{1}{4}x+\frac{1}{2}\right)dx + \int_1^2\left(-\frac{1}{4}x+\frac{1}{2}\right)dx = \left[\frac{1}{8}x^2+\frac{1}{2}x\right]_{-2}^{-1} + \left[-\frac{1}{8}x^2+\frac{1}{2}x\right]_1^2 = \frac{1}{4}$

3 확률분포와 기댓값의 분산

32 정답률 약 20% [13년 1회 기출]

다음 중 의미가 다른 것은?

① $E(X) - E(X^2)$
② $\sum_x x^2 p(x) - \left(\sum_x x p(x)\right)^2$
③ $\int x^2 f(x)dx - \left[\int x f(x)dx\right]^2$
④ $E[(X-E[X])^2]$

해설 분산은 한마디로 변량 X와 산술평균 $E(X)$의 차이 값에 대한 제곱의 평균이다. 즉, 확률변수 X의 분산은 확률변수가 기댓값으로부터 얼마나 떨어진 곳에 분포하는지를 가늠하는 수이다.
대표적인 분산 공식은 $Var(X) = E[(X-E(X))^2]$
$= E(X^2) - \{E(X)\}^2$이 있다.
② 이산형확률변수의 분산 공식이다.
③ 연속형확률변수의 분산 공식이다.
④ $E[(X-E[X])^2]$는 분산이 '편차 제곱의 평균'임을 의미한다.

33 [16년 3회 기출]

확률변수 X의 기댓값이 5이고, 확률변수 Y의 기댓값이 10일 때, 확률변수 $X+2Y$의 기댓값은?

① 10 ② 15
③ 20 ④ 25

해설 $E(X) = 5$, $E(Y) = 10$이면, $E(X+2Y) = E(X) + 2E(Y) = 5+20 = 25$이다.
기댓값에서는 $E(aX+bY) = aE(X)+bE(Y)$이므로
암기: 기대상수톡튀 라고 기억하자.

정답: 31 ② 32 ① 33 ④

34 [20년 3회 기출]

이산확률변수 X의 확률분포가 다음과 같을 때, 확률변수 X의 기댓값은?

X	0	1	2	3	4
$P(X=x)$	0.15	0.30	0.25	0.20	( )

① 1.25 ② 1.40
③ 1.65 ④ 1.80

해설 이산확률변수 X에 대한 확률질량함수(PMF)는 다음을 만족하므로, 빈칸은 0.1이다.

$$\sum_{i=1}^{n} P(X=x_i) = 0.15 + 0.30 + 0.25 + 0.20 + (\quad) = 1$$

따라서, 이산확률변수 X의 기댓값인 $E(X)$는 아래와 같다.

$$E(X) = \sum_{i=1}^{n} x_i P(X=x_i)$$
$$= 0 \times 0.15 + 1 \times 0.30 + 2 \times 0.25 + 3 \times 0.20 + 4 \times 0.1$$
$$= 1.80$$

35 정답률 약 50% [19년 2회 기출]

구간 [0, 1]에서 연속인 확률변수 X의 확률누적분포함수가 $F(x) = x$일 때, X의 평균은?

① 1/3 ② 1/2
③ 1 ④ 2

해설 연속확률누적분포함수 $F(x)$를 미분하면 연속확률밀도함수 $f(x)$가 된다.
연속확률변수 X의 확률누적분포함수가 $F(x) = x$일 때, 이를 미분하면 아래와 같다.

$$f(x) = \frac{d}{dx}F(x) = F'(x) = \frac{d}{dx} \times x = 1$$

따라서 구간 [0,1]에서 확률변수 X의 평균 $E(X)$는 다음과 같다.

$$E(X) = \int_0^1 x f(x)dx = \int_0^1 x \times 1 dx = \left[\frac{1}{2}x^2\right]_0^1$$
$$= \frac{1}{2}$$

36 정답률 약 30% [21년 3회 기출]

연속확률변수 X의 확률밀도함수가 다음과 같을 때 X의 기댓값은?

$$f(x) = \begin{cases} kx(1-x), & 0 \le x \le 1 \\ 0, & x < 0 \text{ 또는 } x > 1 \end{cases}$$

① 0.25 ② 0.5
③ 0.75 ④ 1

해설 확률변수 X가 어떤 범위(구간)에 속하는 모든 실수의 값을 가질 때, X를 연속형 확률변수라고 한다.
연속확률변수 X의 확률밀도함수(PDF ; Probability Density Function)는 $f(x)$이다.
확률밀도함수 $f(x)$는 일반적으로 $\alpha \le X \le \beta$에서 모든 실수의 값을 가질 수 있는 연속확률변수 X에 대해 $\alpha \le X \le \beta$에서 정의된 함수 $f(x)$가 다음 3가지 성질을 만족시킬 때, 함수 $f(x)$를 연속확률변수 X의 확률밀도함수라 한다.
단, $\alpha \le a \le X \le b \le \beta$이고, α와 β는 정의역의 끝점이다.
확률밀도함수는 $\int_\alpha^\beta f(x)dx = 1$이므로,

$$\int_0^1 kx(1-x)dx$$
$$= \int_0^1 (kx - kx^2)dx = k \times \left[\frac{1}{2}x^2 - \frac{1}{3}x^3\right]_0^1$$
$$= k \times \left(\frac{1}{2} - \frac{1}{3}\right) = 1\text{이다.}$$

따라서 $k = 6$이며, X의 기댓값을 구하면 아래와 같다.

$$E(X) = \int_0^1 x f(x)dx = \int_0^1 x \times 6x(1-x)dx$$
$$= 6 \times \int_0^1 (x^2 - x^3)dx = 6 \times \left[\frac{1}{3}x^3 - \frac{1}{4}x^4\right]_0^1$$
$$= 6 \times \frac{1}{12} = \frac{1}{2} = 0.5$$

정답 : 34 ④ 35 ② 36 ②

37 [15년 1회, 18년 3회 기출]

공정한 주사위 1개를 굴려 윗면에 나타난 수를 X라 할 때, X의 기댓값은?

① 3 ② 3.5
③ 6 ④ 2.5

해설 주사위를 굴렸을 때, 윗면에 나타난 수를 X라고 하면 아래와 같다.

X	1	2	3	4	5	6
$P(X=x)$	$\frac{1}{6}$	$\frac{1}{6}$	$\frac{1}{6}$	$\frac{1}{6}$	$\frac{1}{6}$	$\frac{1}{6}$

$$E(X) = \sum_{i=1}^{n} x_i P(X=x_i) = 1 \times \frac{1}{6} + 2 \times \frac{1}{6} + 3 \times \frac{1}{6}$$
$$+ 4 \times \frac{1}{6} + 5 \times \frac{1}{6} + 6 \times \frac{1}{6} = \frac{1+2+3+4+5+6}{6}$$
$$= \frac{21}{6} = 3.5$$

38 [15년 2회 기출]

흰색 공 2개, 검은색 공 3개가 들어있는 상자에서 2개의 공을 임의로 선택할 때, 확률변수 X를 선택된 2개 중에서 흰색 공의 수라 하자. X의 기댓값은?

① $\frac{3}{5}$ ② $\frac{4}{5}$
③ 1 ④ $\frac{6}{5}$

해설 이 문제에서 확률변수 X를 선택된 2개의 공 중에서 흰색 공의 수이다. 먼저, 총 5개의 공에서 2개의 공을 임의로 선택할 때, 나타낼 수 있는 경우는 아래와 같다.

경우 (CASE)	흰색 공 2개	흰색 공 1개, 검은 공 1개	검은색 공 2개
X (흰색 공의 수)	2	1	0
$P(X=x)$	$\frac{_2C_2}{_5C_2} = \frac{1}{10}$	$\frac{_2C_1 \times _3C_1}{_5C_2} = \frac{6}{10}$	$\frac{_3C_2}{_5C_2} = \frac{3}{10}$

따라서 X의 기댓값은 $E(X) = \sum_{i=1}^{n} x_i P(X=x_i) =$
$2 \times \frac{1}{10} + 1 \times \frac{6}{10} + 0 \times \frac{3}{10} = \frac{8}{10} = \frac{4}{5}$ 이다.

39 정답률 약 50% [16년 1회 기출]

어느 자동차 정비업소에서 최근 1년 동안의 기록을 근거로 하루 동안에 찾아오는 손님의 수에 대한 확률분포를 다음과 같이 얻었다. 이 확률분포에 근거할 때, 하루에 몇 명 정도의 손님이 이 정비업소를 찾아올 것으로 기대되는가?

손님의 수	0	1	2	3	4	5
확률	0.05	0.2	0.3	0.25	0.15	0.05

① 2.0 ② 2.4
③ 2.5 ④ 3.0

해설 위의 표는 하루 동안에 찾아오는 손님의 수 X에 대한 확률분포이다. 하루에 몇 명 정도의 손님이 정비업소를 찾을지에 대한 기댓값은 다음과 같다.

$$E(X) = \sum_{i=1}^{n} x_n P(X=x_i)$$
$$= 0 \times 0.05 + 1 \times 0.2 + 2 \times 0.3 + 3 \times 0.25 + 4 \times 0.15$$
$$+ 5 \times 0.05 = 2.4$$

따라서 하루에 2.4명 정도의 손님이 이 정비업소를 찾아올 것으로 기대된다.

40 [12년 1회 기출]

x의 확률 함수 $f(x)$가 다음과 같을 때 $(x-1)$의 기댓값은?

x	−1	0	1	2	3
$f(x)$	$\frac{1}{8}$	$\frac{1}{8}$	$\frac{2}{8}$	$\frac{2}{8}$	$\frac{2}{8}$

① 0 ② 3/8
③ 5/8 ④ 11/8

해설 먼저 $E(X)$를 구하고 나면 $E(X-1) = E(X) - 1$이므로 산출하기 쉽다.
$E(X)$를 계산하면 $E(X) = \sum_{i=1}^{n} x_i f(x_i) = -1 \times \frac{1}{8}$
$+ 0 \times \frac{1}{8} + 1 \times \frac{2}{8} + 2 \times \frac{2}{8} + 3 \times \frac{2}{8} = \frac{11}{8}$ 이고, 여기서 1을 빼면 된다.
따라서 구하고자 하는 $(x-1)$의 기댓값은 $E(X-1)$
$= E(X) - 1 = \frac{11}{8} - 1 = \frac{3}{8}$ 이다.

정답 : 37 ② 38 ② 39 ② 40 ②

41 [18년 3회 기출]

퀴즈 게임에서 우승한 철수는 주사위를 던져서 그 나온 숫자에 100,000원을 곱한 상금을 받게 되었다. 그런데 그 주사위에는 홀수가 없이 짝수만이 있다. 즉 2가 2면, 4가 2면, 6이 2면인 것이다. 그 주사위를 던졌을 때 받게 될 상금의 기댓값은 얼마인가?

① 300,000원   ② 400,000원
③ 350,000원   ④ 450,000원

해설 먼저 짝수만 2면씩 있는 주사위를 던졌을 때 나오는 숫자를 확률변수 X라고 하자. 이를 표로 나타내면 다음과 같다.

X	2	4	6
$P(X=x)$	$\frac{2}{6}$	$\frac{2}{6}$	$\frac{2}{6}$

이 주사위를 던졌을 때 받게 될 상금을 확률변수 Y라고 하면, $Y=100,000(원) \times X$이다. 따라서 문제에서 구하고자 하는 것은 $E(Y)=E(100,000X)=100,000 \times E(X)$이다.

따라서 $E(X)=\sum_{i=1}^{n} x_i \times P(X=x_i) = 2 \times \frac{2}{6} + 4 \times \frac{2}{6} + 6 \times \frac{2}{6} = \frac{24}{6} = 4$이고 $E(Y)$는 상금 100,000(원)을 곱하여, $E(Y)=100,000 \times 4 = 400,000(원)$이다.

42 정답률 약 60% [18년 2회 기출]

확률변수 X의 평균은 10, 분산은 5이다. $Y=5+2X$의 평균과 분산은?

① 20, 15   ② 20, 20
③ 25, 15   ④ 25, 20

해설 평균 및 분산의 성질에 대한 공식 $E(aX+b)=aE(X)+b$, $Var(aX+b)=a^2 Var(X)$을 활용한다.
$Y=5+2X$의 평균과 분산은 $E(Y)=E(5+2X)$
$=5+2E(X)=5+2\times 10 = 25$
$V(Y)=V(5+2X)=4V(X)=4\times 5 = 20$이다.

43 정답률 약 40% [12년 3회, 21년 2회 기출]

500원짜리 동전 3개와 100원짜리 동전 2개를 동시에 던져 앞면이 나오는 동전을 갖기로 할 때, 기댓값은?

① 550   ② 650
③ 750   ④ 850

해설 500원짜리 동전 3개와 100원짜리 동전 2개가 있으므로, 500원짜리와 100원짜리 동전에서 앞면이 나오는 횟수를 각각 확률변수 X, Y라고 하자. 확률변수 X에 대해서 표로 나타내면 다음과 같다.

X	0	1	2	3
$P(X=x)$	$\frac{1}{8}$	$\frac{3}{8}$	$\frac{3}{8}$	$\frac{1}{8}$

$E(X)=\sum_{i=1}^{n} x_i P(X=x_i)$
$=0 \times \frac{1}{8} + 1 \times \frac{3}{8} + 2 \times \frac{3}{8} + 3 \times \frac{1}{8} = \frac{12}{8}$

따라서 가지기로 한 금액은 이 기댓값의 확률에 동전 금액인 500(원)을 곱한 것이므로 $500 \times \frac{12}{8} = 750(원)$이다. 확률변수 Y에 대해서 표로 나타내면 다음과 같다.

Y	0(모두 뒷면)	1	2
$P(Y=y)$	$\frac{1}{4}$	$\frac{2}{4}$	$\frac{1}{4}$

$E(Y)=\sum_{i=1}^{n} y_i P(Y=y_i)$
$=0 \times \frac{1}{4} + 1 \times \frac{2}{4} + 2 \times \frac{1}{4} = \frac{4}{4} = 1$

따라서 가지기로 한 금액은 이 기댓값에 동전 금액인 100(원)을 곱한 것이므로 $100 \times 1 = 100(원)$이다. 결론적으로 총 기댓값은 750(원)+100(원)=850(원)이다.

정답 : 41 ②   42 ④   43 ④

44 정답률 약 30% [04년 3회, 18년 1회, 21년 1회 기출]

다음 설명 중 틀린 것은? (단, S_X, S_Y는 각각 X와 Y의 표준편차이다.)

① $Y=-2X+3$일 때 $S_Y=4S_X$이다.
② 상자 그림(Box plot)은 여러 집단의 분포를 비교하는 데 많이 사용한다.
③ 상관계수가 0이라 하더라도 두 변수의 관련성이 있는 경우도 있다.
④ 변이계수(Coefficient Of Variation)는 여러 집단의 분산을 상대적으로 비교할 때 사용된다.

해설 ① $V(Y) = V(-2X+3) = 4V(X)$이므로 $S_Y^2 = 4S_X^2$이다.
② 상자 그림(Box plot)은 X축에 범주형 변수를 Y축에는 수치형 변수를 둔다. 이는 여러 집단의 분포를 비교하기 위함이며, 상자 그림에는 많은 기술통계량이 녹아있다.
③ 상관계수는 두 변수 간의 선형관계가 없다는 것을 의미한다. 따라서 비선형 관계 등의 관련성이 있는 경우도 있다.
④ 변이계수는 평균에 대한 표준편차의 비율이며, $CV=\dfrac{\sigma}{n}$ 혹은 $CV=\dfrac{s}{\bar{x}}$로 표기한다. 이를 통해 여러 집단의 분산을 상대적으로 비교할 수 있다.

45 정답률 약 40% [15년 3회 기출]

서로 독립인 확률변수 X와 Y의 분산이 각각 2와 1일 때, $X+5Y$의 분산은?

① 0 ② 7
③ 17 ④ 27

해설 $V(X)=2$, $V(Y)=1$이며 확률변수 X와 Y는 서로 독립이다.
먼저 $V(aX+bY) = a^2V(X)+b^2V(Y)+2abCov(X,Y)$임을 알아야 한다. 독립임을 모른다면 $V(X+5Y) = V(X)+5^2V(Y)+2\times 5\times Cov(X,Y)$이다. 그러나 독립임을 안다면 $Cov(X,Y)=0$이므로 $V(X+5Y) = V(X)+25V(Y) = 2+25\times 1 = 27$이다.
따라서 $X+5Y$의 분산은 27이다.

46 정답률 약 40% [14년 1회, 22년 2회 기출]

자료 $X_1, X_2, \cdots, X_n$을 $Z_i = aX_i+b, i=1,2,\cdots,n$ (a, b는 상수)으로 변환할 때, 평균과 분산에 있어서 변환한 자료와 원자료 사이에 성립하는 관계식은? (단, 원자료의 평균과 분산은 각각 $\overline{X}, S_X^2$이고 변환한 자료의 평균과 분산은 각각 $\overline{Z}, S_Z^2$이다.)

① $\overline{Z}=a\overline{X}, S_Z^2=a^2S_X^2$
② $\overline{Z}=a\overline{X}+b, S_Z^2=a^2S_X^2$
③ $\overline{Z}=a\overline{X}+b, S_Z^2=a^2S_X^2+b$
④ $\overline{Z}=a\overline{X}, S_Z^2=a^2S_X^2+b$

해설 $Z_i=aX_i+b, i=1,2,\cdots,n$일 때,
$\overline{Z}$에 대해 상세히 풀이하면 아래와 같다.
$$\overline{Z}=\frac{Z_1+Z_2+\cdots+Z_n}{n}$$
$$=\frac{(aX_1+b)+(aX_2+b)+\cdots+(aX_n+b)}{n}$$
$$=\frac{a\times(X_1+X_2+\cdots+X_n)+n\times b}{n}$$
$$=a\times\frac{X_1+X_2+\cdots+X_n}{n}+b=a\overline{X}+b$$

분산은 편차제곱의 평균이므로 S_Z^2에 대해 상세히 풀이하면 아래와 같다.
$$S_Z^2=\frac{1}{n-1}\times\sum_{i=1}^{n}(Z_i-\overline{Z})^2$$
$$=\frac{(Z_1-\overline{Z})^2+(Z_2-\overline{Z})^2+\cdots+(Z_n-\overline{Z})^2}{n-1}$$
$$=\frac{(aX_1+b-(a\overline{X}+b))^2+\cdots+(aX_n+b-(a\overline{X}+b))^2}{n-1}$$
$$=\frac{(a\times(X_1-\overline{X}))^2+(a\times(X_2-\overline{X}))^2+\cdots+(a\times(X_n-\overline{X}))^2}{n-1}$$
$$=a^2\times\frac{1}{n-1}\times\sum_{i=1}^{n}(X_i-\overline{X})^2=a^2S_X^2$$

정답: 44 ① 45 ④ 46 ②

47 [정답률 약 30%] [18년 3회 기출]

주머니 안에 6개의 공이 들어있다. 그중 1개에는 1, 2개에는 2, 3개에는 3이라고 쓰여 있다. 주머니에서 공 하나를 무작위로 꺼내 나타난 숫자를 확률변수 X라 하고, 다른 확률변수 $Y = 3 \times X + 5$라 할 때, 다음 중 틀린 것은?

① $E(X) = 7/3$
② $Var(X) = 5/9$
③ $E(Y) = 12$
④ $Var(Y) = 15/9$

해설 확률변수 X는 주머니에서 무작위로 꺼낸 공의 숫자이다. 이를 표로 나타내면 다음과 같다.

X	1	2	3
$P(X=x)$	$\frac{1}{6}$	$\frac{2}{6}$	$\frac{3}{6}$

① $E(X) = \sum_{i=1}^{n} x_i P(X=x_i)$
$= 1 \times \frac{1}{6} + 2 \times \frac{2}{6} + 3 \times \frac{3}{6} = \frac{14}{6} = \frac{7}{3}$

② $Var(X) = E(X^2) - \{E(X)\}^2$
$= \sum x_i^2 P(X=x_i) - \left(\frac{7}{3}\right)^2$
$= \left\{1^2 \times \frac{1}{6} + 2^2 \times \frac{2}{6} + 3^2 \times \frac{3}{6}\right\} - \left(\frac{7}{3}\right)^2$
$= \frac{36}{6} - \left(\frac{7}{3}\right)^2 = 6 - \frac{49}{9} = \frac{5}{9}$

③ $E(Y) = E(3X+5) = 3E(X) + 5 = 3 \times \frac{7}{3} + 5$
$= 12$

④ $Var(Y) = Var(3X+5) = 9Var(X) = 9 \times \frac{5}{9}$
$= 5$

48 [정답률 약 40%] [13년 1회 기출]

n개의 자료 $x_1, x_2, x_3, \cdots, x_n$의 분산이 10일 때, 각 자료에 5를 더한 자료들의 분산은?

① 10
② 20
③ 40
④ 50

해설 $x_1, x_2, x_3, \cdots, x_n$의 분산이 10이면 $V(X) = 10$이다. 각 자료에 5를 더하면 $x_1+5, x_2+5, x_3+5, \cdots, x_n+5$이며 이 더한 자료들의 분산은 $V(X+5) = V(X)$이다. 따라서 n개의 자료 $x_1, x_2, x_3, \cdots, x_n$에 각각 5를 더한 자료들의 분산은 10이다.

49 [정답률 약 50%] [14년 1회 기출]

다음은 확률변수 X에 대한 확률분포일 때 $2X-5$의 분산은?

x	$P(X=x)$
0	0.2
1	0.6
2	0.2

① 0.4
② 0.6
③ 1.6
④ 2.4

해설 $V(X) = E(X^2) - \{E(X)\}^2$임을 이용하여 문제를 풀어야 한다. 먼저, $E(X)$를 구해보면 아래와 같다.
$E(X) = \sum_{i=1}^{n} x_i P(X=x_i)$
$= 0 \times 0.2 + 1 \times 0.6 + 2 \times 0.2 = 1$
다음으로 $E(X^2)$를 구해보면,
$E(X^2) = \sum_{i=1}^{n} x_i^2 P(X=x_i)$
$= 0^2 \times 0.2 + 1^2 \times 0.6 + 2^2 \times 0.2 = 1.4$이다.
이를 정리하여 분산을 구하면
$V(X) = E(X^2) - \{E(X)\}^2 = 1.4 - (1)^2 = 0.4$이다.
따라서 $2X-5$의 분산은
$V(2X-5) = 4V(X) = 4 \times 0.4 = 1.6$이다.

정답 : 47 ④ 48 ① 49 ③

50 정답률 약 40% [17년 1회 기출]

5와 6의 눈이 없는 대신 4의 눈이 세 개인 공정한 주사위가 있다. 이 주사위를 던져서 나오는 눈의 수를 X라 하면, X의 분산은?

① 1
② 4/3
③ 8/5
④ 3

해설 공정한 주사위지만, 총 6개의 면에서 5와 6의 눈이 없는 {1, 2, 3, 4, 4, 4}로 구성된 특수 주사위라고 생각하자. 이 주사위를 던져서 나오는 눈의 수를 X라고 할 때, 다음과 같이 표를 그릴 수 있다.

X	1	2	3	4
$P(X=x)$	$\frac{1}{6}$	$\frac{1}{6}$	$\frac{1}{6}$	$\frac{3}{6}$

$E(X)$를 구하면, 아래와 같다.

$E(X) = \sum_{i=1}^{n} x_i P(X=x_i)$
$= 1 \times \frac{1}{6} + 2 \times \frac{1}{6} + 3 \times \frac{1}{6} + 4 \times \frac{3}{6} = \frac{18}{6} = 3$

다음으로 $E(X^2)$를 구해보면 아래와 같다.

$E(X^2) = \sum_{i=1}^{n} x_i^2 P(X=x_i)$
$= 1^2 \times \frac{1}{6} + 2^2 \times \frac{1}{6} + 3^2 \times \frac{1}{6} + 4^2 \times \frac{3}{6} = \frac{62}{6} = \frac{31}{3}$

결론적으로 X의 분산은 $V(X) = E(X^2) - \{E(X)\}^2$ 공식을 활용하여 계산하면 다음과 같다.

$V(X) = E(X^2) - \{E(X)\}^2 = \frac{31}{3} - (3)^2 = \frac{4}{3}$

51 정답률 약 30% [21년 3회 기출]

어떤 연속확률변수 X의 평균이 0이고, 분산이 4이다. 체비셰프(Chebyshev) 부등식을 이용하여 $P(-4 \leq X \leq 4)$의 범위를 구하면?

① $P(-4 \leq X \leq 4) \leq 0.5$
② $P(-4 \leq X \leq 4) \geq 0.75$
③ $P(-4 \leq X \leq 4) \geq 0.95$
④ $P(-4 \leq X \leq 4) \leq 0.99$

해설 체비셰프 부등식인 $P(|X-\mu| \leq k\sigma) \geq 1 - \frac{1}{k^2}$를 활용하면, 연속확률변수 X의 평균이 0이고, 분산이 4인 경우 $P(|X-0| \leq 2k) \geq 1 - \frac{1}{k^2}$이다.

정리하면 $P(|X| \leq 2k) \geq 1 - \frac{1}{k^2}$이고, 문제에서 구하고자 하는 $P(-4 \leq X \leq 4)$의 범위를 구하는 것이므로 $k = 2$이다.

따라서 $P(|X| \leq 4) \geq 1 - \frac{1}{2^2}$이므로,
$P(-4 \leq X \leq 4)$의 범위는 $P(-4 \leq X \leq 4) \geq 0.75$이다.

정답: 50 ② 51 ②

02 이산확률분포의 의미

1 이항분포의 개념

52 정답률 약 40%   [12년 1회 기출]

$X_1, X_2, \cdots, X_n$은 서로 독립이고, 성공률이 p인 동일한 베르누이분포를 따른다. 이때, $X_1 + X_2 + \cdots + X_n$은 어떤 분포를 따르는가? (단, B는 이항분포를, $Poisson$은 포아송분포를 나타냄)

① $B(n/2, p)$ ② $B(n, p)$
③ $Poisson(p)$ ④ $Poisson(np)$

해설 성공의 확률이 p인 베르누이 시행을 독립적으로 n번 반복할 때 나오는 '성공한 횟수'로 정의된 확률변수는 '이항확률변수'이다. 베르누이분포에서는 확률변수를 $X_i \sim Bernoulli(p)$ 혹은 $X_i \sim B(1, p)$로 표기하지만, 이항분포에서는 확률변수를 $X \sim B(n, p)$로 표기한다. 따라서 $X_1, X_2, \cdots, X_n$가 서로 독립이고, 성공확률이 p인 동일한 베르누이분포를 따른다면 $X = \sum_{i=1}^{n} X_i = X_1 + X_2 + \cdots + X_n$는 $X \sim B(n, p)$를 따른다.

53   [17년 1회 기출]

성공의 확률이 p인 베르누이 시행을 n회 반복하여 시행했을 때, 이항분포에 대한 설명으로 틀린 것은?

① n회 베르누이 시행 중 성공의 횟수는 이항분포를 따른다.
② 평균은 np이고, 분산은 $npq(q = 1-p)$이다.
③ 베르누이 시행을 n번 반복시행 했을 때, 각 시행은 배반이다.
④ n번의 베르누이 시행에서 성공의 확률 p는 모두 같다.

해설 $X_1, X_2, \cdots, X_n$가 서로 독립이고, 성공률이 p인 동일한 베르누이분포를 따르면, n회 반복하여 시행한 $Y = \sum_{i=1}^{n} X_i = X_1 + X_2 + \cdots + X_n$는 $Y \sim B(n, p)$를 따른다. 즉, 베르누이 시행을 n번 반복시행 했을 때, 각 시행은 '독립'이다.

54 정답률 약 40%   [20년 1·2회 통합 기출]

다음 중 이항분포에 관한 설명으로 틀린 것은?

① $p = \frac{1}{2}$이면 좌우대칭의 형태가 된다.
② $p = \frac{3}{4}$이면 왜도가 음수(−)인 분포이다.
③ $p = \frac{1}{4}$이면 왜도가 0이 아니다.
④ $p = \frac{1}{2}$이면 왜도는 양수(+)인 분포이다.

해설 이항분포의 왜도(Skewness)는 $\frac{1-2p}{\sqrt{np(1-p)}}$이다.
따라서 $p = \frac{1}{2}$이면 이항분포의 왜도 수식의 분자인 $1 - 2p = 0$이며, 왜도가 0인 분포이다.
① $p = \frac{1}{2}$이면 이항분포의 왜도 수식의 분자인 $1 - 2p = 0$이며, 좌우대칭의 형태가 된다.
② $p = \frac{3}{4}$이면 이항분포의 왜도 수식의 분자인 $1 - 2p = 1 - 2 \times \frac{3}{4} = -0.5$이며, 왜도가 음수(−)인 분포이다.
③ $p = \frac{1}{4}$이면 이항분포의 왜도 수식의 분자인 $1 - 2p = 1 - 2 \times \frac{1}{4} = 0.5$이며, 왜도가 양수(+)인 분포이므로 왜도가 0이 아니다.

55   [19년 1회 기출]

n개의 베르누이 시행(Bernoulli's Trial)에서 성공의 개수를 X라 하면 X의 분포는?

① 기하분포   ② 음이항분포
③ 초기하분포   ④ 이항분포

해설 성공확률이 p인 베르누이 시행을 독립적으로 n번 반복할 때 나오는 '성공 횟수'로 정의된 확률변수 X가 '이항확률변수'이다. 따라서 이항분포(Binomial Distribution)는 연속된 n번의 독립적 시행에서 각 시행이 확률 p를 가질 때의 이산형확률분포이다.

정답 : 52 ② 53 ③ 54 ④ 55 ④

56 정답률 약 50% [17년 3회, 20년 3회 기출]

성공확률이 0.5인 베르누이 시행을 독립적으로 10회 반복할 때, 성공이 1회 발생할 확률 A와 성공이 9회 발생할 확률 B 사이의 관계는?

① $A < B$
② $A = B$
③ $A > B$
④ $A + B = 1$

해설 각 베르누이 시행을 X_i로 정의하면, X_i는 성공(1) 혹은 실패(0)를 나타낸다. $X_1, X_2, \cdots, X_n$가 서로 독립이면 $X_i \sim Bernoulli(p)$이다. 이러한 베르누이 시행을 독립적으로 10회 반복한 $Y = \sum_{i=1}^{10} X_i$는 $Y \sim B(n, p)$를 따른다.
이항분포의 확률질량함수(PMF)는 $P(X = x) = f(x) = {}_nC_x p^x q^{n-x} = {}_{10}C_x (0.5)^x (0.5)^{10-x}$이다. 성공확률이 0.5인 베르누이 시행을 독립적으로 10회 반복할 때 성공이 1회 발생할 확률 A는 $P(X = 1) = f(1) = {}_{10}C_1 (0.5)^1 (0.5)^{10-1} = 10 \times (0.5)^1 \times (0.5)^9$이고, 성공확률이 0.5인 베르누이 시행을 독립적으로 10회 반복할 때 성공이 9회 발생할 확률 B는 $P(X = 1) = f(1) = {}_{10}C_9 (0.5)^9 (0.5)^{10-9} = 10 \times (0.5)^9 \times (0.5)^1$이다. 따라서 $A = B = 10 \times (0.5)^1 \times (0.5)^9 = 10 \times (0.5)^9 \times (0.5)^1$이므로, 확률 A와 확률 B의 관계는 $A = B$이다.

57 정답률 약 50% [18년 2회 기출]

확률변수 X는 시행횟수가 n이고, 성공할 확률이 p인 이항분포를 따를 때, 옳은 것은?

① $E(X) = np(1-p)$
② $V(X) = \dfrac{p(1-p)}{n}$
③ $E\left(\dfrac{X}{n}\right) = p$
④ $E\left(\dfrac{X}{n}\right) = \dfrac{p(1-p)}{n^2}$

해설 $X \sim B(n, p)$일 때, X의 평균과 분산은 $E(X) = np$, $V(X) = npq = np(1-p)$이다.
따라서 $E\left(\dfrac{X}{n}\right) = \dfrac{1}{n} E(X) = \dfrac{1}{n} \times np = p$이다.

58 정답률 약 20% [13년 3회 기출]

Y는 20세 이상의 한국 국적을 가지고 있는 성인의 신장이 160cm와 180cm 사이에 있으면 1, 그렇지 않으면 0의 값을 갖는 성인 집단에서 크기가 20인 확률표본 $y_1, y_2, \cdots, y_{20}$을 추출하여 얻은 통계량 $Z = \sum_{i=1}^{20} y_i$의 분포는?

① 정규분포
② 포아송분포
③ 이항분포
④ 초기하분포

해설 이 문제에서 확률변수 Y는 0 혹은 1의 값을 가지며, 각 성인의 신장이 160cm와 180cm 사이에 있을 확률을 p라고 하면 $Y_i \sim Bernoulli(p)$이다.
즉, $Y_1, Y_2, \cdots, Y_n$가 서로 독립이고 $Y_i \sim Bernoulli(p)$이면, 성인 집단에서 크기 20인 확률표본을 추출하여 얻은 통계량 $Z = \sum_{i=1}^{20} y_i = Y_1 + Y_2 + \cdots + Y_{20}$는 $Z \sim B(20, p)$이므로 이항분포를 따른다.

59 정답률 약 40% [14년 1회, 20년 3회 기출]

성공률이 p인 베르누이 시행을 4회 반복하는 실험에서 성공이 일어난 횟수 X의 표준편차는?

① $2\sqrt{p(1-p)}$
② $2p(1-p)$
③ $\sqrt{p(1-p)}/2$
④ $p(1-p)/2$

해설 성공률이 p인 베르누이 시행을 4회 반복하는 실험에서 성공이 일어난 횟수를 확률변수 X라고 하면 $X \sim B(4, p)$를 따른다.
따라서 X의 평균과 분산은 $E(X) = np = 4p$, $V(X) = npq = np(1-p) = 4p(1-p)$이고, 문제에서 구하고자 하는 확률변수 X의 표준편차는 $sd(X) = \sqrt{4p(1-p)} = 2 \times \sqrt{p(1-p)}$이다.

정답 : 56 ② 57 ③ 58 ③ 59 ①

60 정답률 약 30% [12년 1회 기출]

확률변수 X가 이항분포 $B(25, 1/5)$을 따를 때, 확률변수 Y의 표준편차는? (단, $Y=4X-3$)

① 4
② 8
③ 12
④ 16

해설 확률변수 Y의 분산은
$V(Y) = V(4X-3) = 4^2 \times V(X) = 16 \times npq$
$= 16 \times 25 \times \frac{1}{5} \times \frac{4}{5} = 640$이다.
이때, 확률변수 Y의 표준편차는 $sd(Y) = \sqrt{V(Y)}$
$= \sqrt{64} = 8$이다.

61 정답률 약 40% [20년 3회 기출]

확률변수 X가 이항분포 $B\left(36, \frac{1}{6}\right)$을 따를 때, 확률변수 $Y = \sqrt{5}X + 2$의 표준편차는?

① $\sqrt{5}$
② $5\sqrt{5}$
③ 5
④ 6

해설 확률변수 Y의 분산을 구한 후, 양의 제곱근을 취하면 표준편차가 산출된다. 먼저, 확률변수 Y의 분산은
$V(Y) = V(\sqrt{5}X+2) = (\sqrt{5})^2 V(X) = 5 \times npq =$
$5 \times 36 \times \frac{1}{6} \times \frac{5}{6} = 25$이다.
문제에서 구하고자 하는 확률변수 Y의 표준편차는
$sd(Y) = \sqrt{Var(Y)} = \sqrt{25} = 5$이다.

62 [13년 1회, 18년 3회 기출]

확률변수 X는 이항분포 $B(n, p)$를 따른다고 하자. $n=10, p=0.5$일 때, 확률변수 X의 평균과 분산은?

① 평균 2.5, 분산 5
② 평균 2.5, 분산 2.5
③ 평균 5, 분산 5
④ 평균 5, 분산 2.5

해설 $X \sim B(n, p)$일 때, X의 평균과 분산은 $E(X)=np$, $V(X)=npq=np(1-p)$이다.
따라서 $n=10, p=0.5$일 때, 확률변수 X의 평균과 분산은 아래와 같다.
$E(X) = 10 \times 0.5 = 5, V(X) = 10 \times 0.5 \times 0.5 = 2.5$이다.

63 정답률 약 50% [18년 1회 기출]

이항분포를 따르는 확률변수 X에 관한 설명으로 틀린 것은?

① 반복시행횟수가 n이면, X가 취할 수 있는 가능한 값은 0부터 n까지다.
② 반복시행횟수가 n이고, 성공률이 p이면 X의 평균은 np이다.
③ 반복시행횟수가 n이고, 성공률이 p이면 X의 분산은 $np(1-p)$이다.
④ 확률변수 X는 0 또는 1만을 취한다.

해설 확률변수 X는 0 또는 1만을 취한다는 것은 반복시행 횟수가 1인 경우의 베르누이분포에 해당하는 설명이다. 이항분포에서 확률변수 X는 n번의 시행 중 성공한 횟수이다. 따라서 이항분포를 따르는 확률변수 X는 0부터 n까지의 정수값을 가질 수 있다.
① 이항분포에서 확률변수 X는 n번의 시행 중 성공한 횟수를 나타낸다. 반복시행횟수가 n이면, 확률변수 X는 0부터 n까지의 정수값을 가질 수 있다.
②, ③ 확률변수 X가 $X \sim B(n, p)$를 따를 때, X의 평균과 분산은 $E(X) = np$, $V(X) = npq = np(1-p)$이다.

64 [15년 3회, 21년 2회 기출]

4지 택일형 문제가 10개 있다. 각 문제에 임의로 답을 써넣을 때 정답을 맞힌 개수 X의 분포는?

① 이항분포
② t-분포
③ 정규분포
④ F-분포

해설 확률변수 X는 10개의 문제에서 정답을 맞힌 개수이며, 이항분포의 4가지 조건을 모두 만족하므로 확률변수 X는 $X \sim B(10, 0.25)$를 따른다.
조건 1. 각 시행이 독립(한 문제를 맞히는 것이 다른 문제를 맞힐 확률에 영향을 미치지 않음)
조건 2. 두 가지 가능한 결과(문제를 맞히는 경우는 '성공' 혹은 틀리는 경우는 '실패'로 구분)
조건 3. 성공확률 p가 일정(문제를 맞힐 확률 p는 4개의 선택지 중 1개가 정답이므로 0.25로 동일)
조건 4. 고정된 시행 수(문제의 수는 10개로 고정)

정답: 60 ② 61 ③ 62 ④ 63 ④ 64 ①

65 [18년 1회 기출]

사건 A의 발생확률이 1/5인 임의실험을 50회 반복하는 독립시행에서 사건 A가 발생한 횟수의 평균과 분산은?

① 평균 : 10, 분산 : 8 ② 평균 : 8, 분산 : 10
③ 평균 : 7, 분산 : 11 ④ 평균 : 11, 분산 : 7

해설 확률변수 X는 50회의 임의실험에서 사건 A가 발생한 횟수이며, 이항분포의 4가지 조건을 모두 만족하므로 이항분포를 따른다.
조건 1. 각 시행이 독립(각 임의실험은 독립적으로 수행)
조건 2. 두 가지 가능한 결과(사건 A가 발생하면 '성공' 혹은 발생하지 않으면 '실패'로 구분)
조건 3. 성공확률 p가 일정(각 임의실험에서 사건 A가 발생할 확률 p는 $\frac{1}{5}$로 동일)
조건 4. 고정된 시행 수(임의실험은 50회로 고정)
확률변수 X는 $X \sim B(50, \frac{1}{5})$을 따르고 이항분포는 $X \sim B(n, p)$일 때, $E(X) = np$, $V(X) = npq$이므로 확률변수 X의 평균과 분산을 계산하면 다음과 같다.
$E(X) = 50 \times \frac{1}{5} = 10$, $V(X) = 50 \times \frac{1}{5} \times \frac{4}{5} = 8$

66 정답률 약 60% [19년 1회 기출]

A, B, C 세 지역에서 금맥이 발견될 확률은 각각 20%라고 한다. 이들 세 지역에 대하여 금맥이 발견될 수 있는 지역의 수에 대한 기댓값은?

① 0.60 ② 0.66
③ 0.72 ④ 0.75

해설 확률변수 X는 A, B, C 세 지역 중 금맥이 발견될 수 있는 지역의 수이며, 이항분포의 4가지 조건을 모두 만족하므로 이항분포를 따른다.
조건 1. 각 시행이 독립(A, B, C 세 지역에서 금맥이 발견될 확률은 서로 독립)
조건 2. 두 가지 가능한 결과(금맥이 발견되면 '성공' 혹은 발견되지 않으면 '실패'로 구분)
조건 3. 성공확률 p가 일정(A, B, C 각 지역에서 금맥이 발견될 확률 p는 0.2로 동일)
조건 4. 고정된 시행 수(금맥을 찾는 시도 횟수는 A, B, C세 지역으로 3회로 고정)
확률변수 X는 $X \sim B(3, 0.2)$를 따르고 이항분포는 $X \sim B(n, p)$일 때, $E(X) = np$, $V(X) = npq$이므로, 확률변수 X의 기댓값은 $E(X) = 3 \times 0.2 = 0.60$이다.

67 정답률 약 60% [14년 2회 기출]

어느 농구선수의 자유투 성공률은 70%라고 알려져 있다. 이 선수가 자유투를 20회 던진다면 몇 회 정도 성공할 것으로 기대되는가?

① 7 ② 8
③ 16 ④ 14

해설 확률변수 X는 어느 농구선수의 자유투 성공 횟수이며, 이항분포의 4가지 조건을 모두 만족하므로 이항분포를 따른다.
조건 1. 각 시행이 독립(각 자유투 시도는 다른 시도와 독립)
조건 2. 두 가지 가능한 결과(자유투가 성공하면 '성공' 혹은 실패하면 '실패'로 구분)
조건 3. 성공확률 p가 일정(각 자유투 시도에서 성공할 확률 p는 0.7로 동일)
조건 4. 고정된 시행 수(자유투 시도 횟수가 20회로 고정)
확률변수 X는 $X \sim B(20, 0.7)$를 따르고 이항분포는 $X \sim B(n, p)$일 때.
$E(X) = np$, $V(X) = npq$이므로, 확률변수 X의 평균과 분산을 구하면 $E(X) = 20 \times 0.7 = 14$, $V(X) = 20 \times 0.7 \times 0.3 = 4.2$이다. 따라서 이 선수가 자유투를 20회 던진다면 총 14회 성공할 것으로 기대된다.

68 정답률 약 50% [13년 2회, 17년 3회 기출]

다음 중 이항분포의 특징이 아닌 것은?

① 시험은 n개의 동일한 시행으로 이루어진다.
② 각 시행의 결과는 상호배타적인 두 사건으로 구분된다.
③ 성공할 확률 p는 매 시행마다 일정하다.
④ 각 시행은 서로 독립적이 아니라도 가능하다.

해설 이항분포의 중요한 조건 중 하나는 각 시행이 서로 독립적이어야 한다는 것이다.
①, ③ 이항분포는 n번의 각 시행이 독립이고 성공확률 p가 동일한 시행으로 구성된다.
② 이항분포의 각 시행은 두 가지 결과(성공 또는 실패) 중 하나로만 구분된다.

정답 : 65 ① 66 ① 67 ④ 68 ④

69 정답률 약 50% [15년 2회, 20년 4회 기출]

자동차 보험의 가입자가 보험금 지급을 청구할 확률은 0.2라 한다. 200명의 가입자 중 보험금 지급을 청구하는 사람의 수를 X라 할 때, X의 평균과 분산은?

① 평균 : 40, 분산 : 16 ② 평균 : 40, 분산 : 32
③ 평균 : 16, 분산 : 40 ④ 평균 : 16, 분산 : 32

해설 확률변수 X는 200명의 가입자 중 보험금 지급을 청구하는 사람의 수이며, 이항분포의 4가지 조건을 모두 만족하므로 이항분포를 따른다.
조건 1. 각 시행이 독립(한 가입자의 보험금 청구 여부는 다른 가입자에게 영향을 주지 않음)
조건 2. 두 가지 가능한 결과(각 가입자가 보험금 지급을 청구하면 '성공' 혹은 청구하지 않으면 '실패'로 구분)
조건 3. 성공확률 p가 일정(모든 가입자의 보험금 청구 확률 p는 0.2로 동일)
조건 4. 고정된 시행 수(시행 수는 200명으로 고정)
확률변수 X는 $X \sim B(200, 0.2)$를 따르고 이항분포는 $X \sim B(n, p)$일 때, $E(X) = np$, $V(X) = npq$이므로, 확률변수 X의 평균과 분산을 계산하면 $E(X) = 200 \times 0.2 = 40$, $V(X) = 200 \times 0.2 \times 0.8 = 32$이다.

70 정답률 약 30% [16년 2회 기출]

독립시행의 횟수가 n이고 성공률이 p인 이항분포에서 성공이 k번 이상 발생할 확률을 바르게 표현한 것은?

① $\binom{n}{k}(1-p)^k p^{n-k}$ ② $\binom{n}{k}p^k(1-p)^{n-k}$

③ $\sum_{i=k}^{n}\binom{n}{i}(1-p)^i p^{n-i}$ ④ $\sum_{i=k}^{n}\binom{n}{i}p^i(1-p)^{n-i}$

해설 이항분포의 확률질량함수(PMF)는 $P(X=x) = f(x) = {}_nC_x p^x q^{n-x}$ ($q = 1-p$)이다. 이 문제에서 구하고자 하는 것은 독립시행의 횟수가 n이고 성공률이 p인 이항분포에서 성공이 k번 이상 발생할 확률이므로 $P(X \geq k) = \sum_{i=k}^{n}\binom{n}{i}p^i(1-p)^{n-i}$이다.

71 정답률 약 40% [10년 1회 20년 1·2회 통합 기출]

명중률이 75%인 사수가 있다. 1개의 주사위를 던져서 1 또는 2의 눈이 나오면 2번 쏘고, 그 이외의 눈이 나오면 3번 쏘기로 한다. 1개의 주사위를 한 번 던져서 이에 따라 목표물을 쏠 때, 오직 한 번만 명중할 확률은?

① $\dfrac{3}{32}$ ② $\dfrac{5}{32}$

③ $\dfrac{7}{32}$ ④ $\dfrac{9}{32}$

해설 확률변수 X는 명중 횟수이며, 이항분포의 4가지 조건을 모두 만족하므로 이항분포를 따른다.
조건 1. 각 시행이 독립(각 발사 시도의 결과는 다른 발사 시도의 결과와 독립)
조건 2. 두 가지 가능한 결과(목표물을 명중하면 '성공' 혹은 명중하지 않으면 '실패'로 구분)
조건 3. 성공확률 p가 일정(각 발사 시도의 명중 확률 p는 0.75로 동일)
조건 4. 고정된 시행 수(주사위 결과에 따라 고정된 횟수 2번 또는 3번으로 시도가 고정)
이 문제에서는 주사위의 눈에 따라 쏘는 횟수 n이 달라지므로 2가지 **Case**를 생각해야 한다.

Case 1 1개의 주사위를 던져서 {1, 2}의 눈이 나오는 경우
1개의 주사위를 던져서 {1, 2}의 눈이 나오면 2번 쏘기 때문에 확률변수 X는 $X \sim B(2, 0.75)$를 따른다. 이때, 이항분포의 확률질량함수(PMF)는 $P(X=x) = f(x) = {}_2C_x (0.75)^x (0.25)^{2-x}$이다.

Case 2 1개의 주사위를 던져서 {3, 4, 5, 6}의 눈이 나오는 경우
1개의 주사위를 던져서 {3, 4, 5, 6}의 눈이 나오면 3번 쏘기 때문에 확률변수 X는 $X \sim B(3, 0.75)$를 따른다. 이때, 이항분포의 확률질량함수(PMF)는 $P(X=x) = f(x) = {}_3C_x (0.75)^x (0.25)^{3-x}$이다.

구하고자 하는 것은 1개의 주사위를 한 번 던져서 이에 따라 목표물을 쏠 때, 오직 한 번만 명중할 확률이므로 **Case 1**과 **Case 2**를 고려하여 계산하면 다음과 같다.

$\dfrac{2}{6} \times {}_2C_1(0.75)^1(0.25)^{2-1} + \dfrac{4}{6} \times {}_3C_1(0.75)^1(0.25)^{3-1} = \dfrac{2}{6} \times 2 \times \dfrac{3}{4} \times \dfrac{1}{4} + \dfrac{4}{6} \times 3 \times \dfrac{3}{4} \times \left(\dfrac{1}{4}\right)^2$

$= \dfrac{7}{32}$

정답 : 69 ② 70 ④ 71 ③

72 정답률 약 50% [16년 1회, 22년 2회 기출]

어느 조사에서 응답자가 조사에 응답할 확률이 0.4라고 알려져 있다. 1,000명을 조사할 때, 응답자 수의 기댓값과 분산은?

① 기댓값=400, 분산=120
② 기댓값=400, 분산=240
③ 기댓값=600, 분산=120
④ 기댓값=600, 분산=240

해설 확률변수 X는 1,000명의 조사대상 중 응답한 사람의 수이며, 이항분포의 4가지 조건을 모두 만족하므로 이항분포를 따른다.
조건 1. 각 시행이 독립(각 응답자의 응답 여부는 다른 응답자의 응답 여부에 영향을 주지 않음)
조건 2. 두 가지 가능한 결과(조사자가 응답하면 '성공' 혹은 응답하지 않으면 '실패'로 구분)
조건 3. 성공확률 p가 일정(각 응답자가 조사에 응답할 확률 p는 0.4로 동일)
조건 4. 고정된 시행 수(조사하는 사람의 수는 1,000명으로 고정)
확률변수 X는 $X \sim B(1,000, 0.4)$를 따르고 이항분포는 $X \sim B(n,p)$일 때 $E(X)=np$, $V(X)=npq$이므로, 확률변수 X의 평균과 분산을 계산하면 다음과 같다.
$E(X) = 1,000 \times 0.4 = 400$,
$V(X) = 1,000 \times 0.4 \times 0.6 = 240$

73 정답률 약 40% [15년 3회 기출]

공정한 동전을 5회 던질 때, 앞면이 적어도 1회 이상 나타날 확률은?

① 1/32
② 5/32
③ 15/32
④ 31/32

해설 5개의 공정한 동전을 던질 때 나올 수 있는 모든 경우의 수는 $2^5 = 32$가지이다. 동전을 던질 때 앞면이 나오는 사건을 H라고 하면, $P(H) = \frac{1}{2}$이다.
5개의 공정한 동전을 던질 때 적어도 앞면이 하나 이상 나올 확률을 구할 때는 '적어도'라는 키워드에 집중하면, 전체 확률 1에서 모두 뒷면이 나올 확률을 빼면 된다.
$1 - P(T,T,T,T,T) = 1 - \left(\frac{1}{2} \times \frac{1}{2} \times \frac{1}{2} \times \frac{1}{2} \times \frac{1}{2}\right)$
$= 1 - \frac{1}{32} = \frac{31}{32}$

74 [02년 3회, 10년 3회, 17년 2회 기출]

어느 백화점에서는 물품을 구입한 고객의 25%가 신용카드로 결제한다고 한다. 금일 40명의 고객이 이 매장에서 물건을 구입하였다면, 몇 명의 고객이 신용카드로 결제하였을 것이라 기대되는가?

① 5명
② 8명
③ 10명
④ 20명

해설 확률변수 X는 40명의 고객 중 신용카드로 구입한 고객의 수이며, 이항분포의 4가지 조건을 모두 만족하므로 이항분포를 따른다.
조건 1. 각 시행이 독립(각 고객의 결제 방식은 다른 고객의 결제 방식에 영향을 미치지 않음)
조건 2. 두 가지 가능한 결과(고객이 신용카드로 결제하면 '성공' 혹은 신용카드로 결제하지 않으면 '실패'로 구분)
조건 3. 성공확률 p가 일정(각 고객이 신용카드로 결제할 확률 p는 0.25로 동일)
조건 4. 고정된 시행 수(금일 이 매장에서 물건을 구입한 고객은 40명으로 고정)
확률변수 X는 $X \sim B(40, 0.25)$를 따르고 이항분포는 $X \sim B(n,p)$일 때, $E(X) = np$, $V(X) = npq$이므로, 확률변수 X의 기댓값은 $E(X) = 40 \times 0.25 = 10$이다. 따라서 금일 40명의 고객이 이 매장에서 물건을 구매했을 때, 신용카드로 결제한 고객의 수는 10명이라고 기대된다.

75 정답률 약 40% [15년 2회 기출]

이항분포 $B(n,p)$의 정규 근사 조건으로 옳은 것은?

① $n \leq 30$
② $np \leq 5, n(1-p) \geq 5$
③ $np \geq 5, n(1-p) \geq 5$
④ $np \geq np(1-p)$

해설 이항분포는 베르누이 시행을 n번 독립적으로 반복 시행하며 각 시행이 (성공)확률 p를 가진다고 할 때, (성공)횟수를 확률변수 X로 하는 이산형확률분포이다. 이항분포 $B(n,p)$가 $np \geq 5, n(1-p) \geq 5$ 조건을 만족하면, 확률변수 X는 $N(np, npq)$인 정규분포로 근사한다.

정답 : 72 ② 73 ④ 74 ③ 75 ③

76 [09년 1회, 11년 1회, 16년 2회 기출]

다음 중 이항분포를 따르지 않는 것은?

① 주사위를 10번 던졌을 때 짝수의 눈의 수가 나타난 횟수
② 어떤 기계에서 만든 5개의 제품 중 불량품의 개수
③ 1시간 동안 전화교환대에 걸려 오는 전화 횟수
④ 한 농구선수가 던진 3개의 자유투 중에서 성공한 자유투의 수

해설 이항분포는 4가지 조건을 모두 충족해야 한다.
조건 1. 각 시행이 독립(각 시행이 서로 독립)
조건 2. 두 가지 가능한 결과(각 시행은 두 가지 결과 '성공' 혹은 '실패'만 존재)
조건 3. 성공확률 p가 일정(각 시행에서 성공할 확률 p는 동일)
조건 4. 고정된 시행 수(실험이 반복적으로 고정된 횟수만큼 시행됨)
이를 만족하지 않는 것은 '③ 1시간 동안 전화교환대에 걸려 오는 전화 횟수'이며, 이항분포의 조건인 '고정된 시행 수'부터 충족되지 않는다. 즉, ③은 포아송분포에 해당하며 포아송분포는 단위시간(공간) 안에 어떤 사건이 몇 번 발생할 것인지에 대한 이산확률분포이다.

77 정답률 약 50%   [15년 3회 기출]

5개의 동전을 던져서 앞면이 나타날 개수를 X라 할 때 X의 평균과 분산은?

① 2.5, 1.25   ② 2.5, 1.25^2
③ 3.0, 1.25   ④ 3.0, 1.25^2

해설 확률변수 X는 5개의 동전을 던져서 앞면이 나타날 개수이며, 이항분포의 4가지 조건을 모두 만족하므로 이항분포를 따른다.
조건 1. 각 시행이 독립(각 동전을 던지는 시도는 다른 시도와 독립)
조건 2. 두 가지 가능한 결과(앞면이 나오면 '성공' 혹은 뒷면이 나오면 '실패'로 구분)
조건 3. 성공확률 p가 일정(동전이므로, 앞면이 나올 확률 p는 0.5로 동일)
조건 4. 고정된 시행 수(동전을 던지는 횟수는 5회로 고정)
확률변수 X가 $X \sim B(5, 0.5)$를 따르고 이항분포는 $X \sim B(n, p)$일 때, $E(X) = np$, $V(X) = npq$이므로, 확률변수 X의 평균과 분산을 계산하면 다음과 같다.
$E(X) = 5 \times 0.5 = 2.5$, $V(X) = 5 \times 0.5 \times 0.5 = 1.25$

78 정답률 약 40%   [14년 2회, 22년 2회 기출]

어떤 사람이 즉석 당첨복권을 5일 연속하여 구입한다고 하자. 어느 날 당첨될 확률은 $\frac{1}{5}$이고, 어느 날 구입한 복권의 당첨 여부가 그다음 날 구입한 복권의 당첨 여부에 영향을 미치지 않는다면, 2장이 당첨되고 3장이 당첨되지 않은 복권을 구매할 확률은?

① $10 \times \left(\frac{1}{5}\right)^2 \times \left(\frac{4}{5}\right)^3$

② $2 \times \left(\frac{1}{5}\right)^2 \times \left(\frac{4}{5}\right)^3$

③ $5 \times \left(\frac{1}{5}\right)^2 \times \left(\frac{4}{5}\right)^3$

④ $3 \times \left(\frac{1}{5}\right)^2 \times \left(\frac{4}{5}\right)^3$

해설 확률변수 X는 5일 동안 당첨된 복권의 개수이며, 이항분포의 4가지 조건을 모두 만족하므로 확률변수 X는 $X \sim B\left(5, \frac{1}{5}\right)$를 따른다.
조건 1. 각 시행이 독립(어느 날의 복권 당첨 여부가 다른 날의 당첨 여부에 영향을 미치지 않음)
조건 2. 두 가지 가능한 결과(당첨이면 '성공' 혹은 당첨되지 않으면 '실패'로 구분)
조건 3. 성공확률 p가 일정(복권이 당첨될 확률 p는 0.2로 동일)
조건 4. 고정된 시행 수(복권 구입은 총 5일로 고정)
이항분포의 확률질량함수(PMF)는 $P(X=x) = f(x) = {}_nC_x p^x q^{n-x} = {}_5C_x \left(\frac{1}{5}\right)^x \left(\frac{4}{5}\right)^{5-x}$이다.
2장이 당첨되고 3장이 당첨되지 않은 복권을 구매할 확률은 쉽게 말해 총 5장 중에서 2장은 당첨복권이고 3장은 무효복권이라는 것이다.
따라서 구하고자 하는 확률은 다음과 같다.
$$P(X=2) = f(2) = {}_5C_2 \left(\frac{1}{5}\right)^2 \left(\frac{4}{5}\right)^{5-2}$$
$$= 10 \times \left(\frac{1}{5}\right)^2 \times \left(\frac{4}{5}\right)^3$$

정답: 76 ③   77 ①   78 ①

79 정답률 약 60% [12년 3회 기출]

어느 대리점에서 제품을 팔기 위하여 고객들을 면담하고 있다. 면담을 실시한 고객이 제품들을 구입할 확률은 0.2이고 고객들 사이에 물품구입 여부는 독립적이다. 3명의 사람이 면담하였을 때, 적어도 한 사람이 제품을 구매할 확률은?

① 0.800   ② 0.512
③ 0.488   ④ 0.160

해설 확률변수 X는 3명의 면담 고객 중에서 제품을 구매한 고객의 수이며, 이항분포의 4가지 조건을 모두 만족하므로 확률변수 X는 $X \sim B(3, 0.2)$를 따른다.
조건 1. 각 시행이 독립(각 고객이 제품을 구매할 여부는 다른 고객의 구매 여부와 독립)
조건 2. 두 가지 가능한 결과(고객이 제품을 구매하면 '성공' 혹은 제품을 구매하지 않으면 '실패'로 구분)
조건 3. 성공확률 p가 일정(각 고객이 제품을 구매할 확률 p는 0.2로 동일)
조건 4. 고정된 시행 수(총 3명의 고객)
이항분포의 확률질량함수(PMF)는 $P(X=x) = f(x) = {_n}C_x p^x q^{n-x} = {_3}C_x (0.2)^x (0.8)^{3-x}$ 이다.
따라서 3명의 사람이 면담하였을 때, 적어도 한 사람이 제품을 구매할 확률은 다음과 같다.
$$P(X \geq 1) = 1 - P(X=0)$$
$$= 1 - {_2}C_0 (0.2)^0 (0.8)^{3-0}$$
$$= 1 - \{1 \times 1 \times (0.8)^3\}$$
$$= 1 - 0.512 = 0.488$$

80 [16년 3회, 19년 3회 기출]

특정 제품의 단위 면적당 결점의 수 또는 단위 시간당 사건 발생수에 대한 확률분포로 적합한 분포는?

① 이항분포   ② 포아송분포
③ 초기하분포   ④ 지수분포

해설 포아송분포(Poisson Distribution)는 단위시간(혹은 공간) 안에 어떤 사건이 몇 번 발생할 것인지를 표현하는 이산확률분포이다. 즉, 포아송분포는 단위시간(혹은 단위공간) 안에 발생한 사건의 발생횟수를 확률변수로 하는 확률분포이며, 이항분포에서 시행횟수가 아주 많아지고, 발생확률이 아주 작은 경우이다.
따라서 단위시간당 발생하는 사건의 수 확률변수 X가 $X \sim Poi(\lambda)$를 따를 때 t시간 동안 발생하는 사건의 수 확률변수 X는 $X \sim Poi(\lambda t)$를 따른다.

81 정답률 약 50% [09년 3회, 19년 2회 기출]

특정 질문에 대해 응답자가 답해줄 확률은 0.5이며, 매 질문 시 답변 여부는 상호독립적으로 결정된다. 5명에게 질문하였을 경우, 3명이 답해줄 확률과 가장 가까운 값은?

① 0.50   ② 0.31
③ 0.60   ④ 0.81

해설 확률변수 X는 5명에게 질문했을 때 응답하는 사람의 수이며, 이항분포의 4가지 조건을 모두 만족하므로 확률변수 X는 $X \sim B(5, 0.5)$를 따른다.
조건 1. 각 시행이 독립(각 사람의 응답 : 여부는 다른 사람의 응답 : 여부와 상관없이 독립)
조건 2. 두 가지 가능한 결과(응답자가 답해줌은 '성공' 혹은 답 안 해줌은 '실패'로 구분)
조건 3. 성공확률 p가 일정(각 사람에게 질문했을 때 그 사람이 답해줄 확률 p는 0.5로 동일)
조건 4. 고정된 시행 수(5명에게 질문을 하므로 시행횟수는 고정)
이항분포의 확률질량함수(PMF)는 $P(X=x) = f(x) = {_n}C_x p^x q^{n-x} = {_5}C_x (0.5)^x (0.5)^{5-x}$ 이다.
5명에게 질문하였을 경우, 3명이 답해줄 확률은 아래와 같다.
$$P(X=3) = f(3) = {_5}C_3 (0.5)^3 (0.5)^{5-3}$$
$$= 10 \times (0.5)^3 (0.5)^2 = 10 \times (0.5)^5 = 0.3125 \text{이다.}$$
따라서 주어진 선지에서 이 값과 가장 가까운 값은 0.31이다.

정답 : 79 ③   80 ②   81 ②

82 정답률 약 20%   [16년 3회 기출]

어느 공장에서는 전자제품의 부품을 생산하는데 생산하는 부품의 약 10%가 불량품이라고 한다. 이 공장에서 생산하는 부품 10개를 임의로 추출하여 검사할 때, 불량품이 2개 이하일 확률을 다음 누적확률분포표를 이용하여 구하면?

	c	p				
		⋯	0.80	0.90	0.95	⋯
	⋮	⋮	⋮	⋮	⋮	
$n=10$	7	⋯	0.322	0.070	0.012	⋯
	8	⋯	0.624	0.264	0.086	⋯
	9	⋯	0.893	0.651	0.401	⋯
	⋮		⋮	⋮	⋮	

① 0.070
② 0.264
③ 0.736
④ 0.930

[해설] 확률변수 X는 전자제품의 부품을 검사할 때 불량품의 개수이며, 이항분포의 4가지 조건을 모두 만족하므로 $X \sim B(10, 0.1)$이다.

조건 1. 각 시행이 독립(각 부품이 불량인지 여부는 서로 독립)
조건 2. 두 가지 가능한 결과(불량품이면 '성공'이면 혹은 양품이면 '실패'로 구분)
조건 3. 성공확률 p가 일정(각 부품이 불량품일 확률 p는 0.1로 동일)
조건 4. 고정된 시행 수(부품을 검사하는 총횟수는 10개로 고정)

이항분포의 확률질량함수(PMF)는 $P(X=x) = f(x) = {}_nC_x p^x q^{n-x} = {}_{10}C_x (0.1)^x (0.9)^{10-x}$이다.

이 공장에서 생산하는 부품 10개를 임의로 추출하여 검사할 때, 불량품이 2개 이하일 확률을 구하는 것이므로 아래와 같은 공식으로 구할 수 있다.

$P(X \leq 2) = P(X=0) + P(X=1) + P(X=2)$
$= {}_{10}C_0 (0.1)^0 (0.9)^{10-0} + {}_{10}C_1 (0.1)^1 (0.9)^{10-1} + {}_{10}C_2 (0.1)^2 (0.9)^{10-2}$
$= 0.9^{10} + 10 \times 0.1^1 \times 0.9^9 + 45 \times 0.1^2 0.9^8$
$= 0.9298 (\approx 0.930)$

그러나, 표를 보면 확률 p가 0.8, 0.9, 0.95인 경우만 제시되어 있다. 이 점이 문제의 정답률을 매우 낮추는 부분인데, 당황하지 않고 반대의 경우로 생각을 전환하면 된다. 즉, 이항분포의 조건 중 2번과 3번을 아래와 같이 반대로 생각해보자.

> 조건 2. 두 가지 가능한 결과(양품이면 '성공' 혹은 불량품이면 '실패'로 구분)
> 조건 3. 성공확률 p가 일정(각 부품이 양품일 확률 p는 0.9로 동일)

이 문제는 불량품이 2개 이하일 확률을 구하는 것이므로, 양품이 8개 이상인 경우와 같다. 이항분포의 확률질량함수(PMF)는 $P(X=x) = f(x) = {}_nC_x p^x q^{n-x} = {}_{10}C_x 0.9^x 0.1^{10-x}$이다.

따라서 구하고자 하는 것은 $P(X \geq 8) = 1 - P(X \leq 7) = 1 - 0.070 = 0.930$이다.

정답 : 82 ④

83 정답률 약 40% [12년 1회, 14년 3회 기출]

사회현안에 대한 찬반 여론조사를 실시한 결과 찬성률이 0.8이었다면 3명을 임의 추출했을 때 2명이 찬성할 확률은 얼마인가?

① 0.096
② 0.384
③ 0.533
④ 0.667

해설 확률변수 X는 임의 추출한 3명 중 사회현안에 대해 찬성하는 사람의 수이며, 이항분포의 4가지 조건을 모두 만족하므로 확률변수 X는 $X \sim B(3, 0.8)$를 따른다.
조건 1. 각 시행이 독립(각 조사 참여자는 독립적으로 찬성 여부를 결정함)
조건 2. 두 가지 가능한 결과(조사자가 찬성하면 '성공' 혹은 반대하면 '실패'로 구분)
조건 3. 성공확률 p가 일정(각 응답자가 찬성할 확률 p는 0.8로 동일)
조건 4. 고정된 시행 수(총 3명의 응답자를 조사)
이항분포의 확률질량함수(PMF)는 $P(X=x) = f(x) = {_nC_x}p^x q^{n-x} = {_3C_x}(0.8)^x(0.2)^{3-x}$이다.
따라서 3명을 임의 추출했을 때 2명이 찬성할 확률은
$P(X=2) = {_3C_2}(0.8)^2(0.2)^{3-2} = 3 \times (0.8)^2 \times (0.2)^1 = 0.384$이다.

84 정답률 약 20% [13년 3회, 17년 3회 기출]

어느 공정에서 생산된 제품 10개 중 평균적으로 2개가 불량품이라고 알려져 있다. 그 공정에서 임의로 제품 7개를 선택하여 검사한다고 할 때 불량품의 수를 Y라고 하자. Y의 분산은?

① 1.4
② 1.02
③ 1.12
④ 0.16

해설 확률변수 Y는 생산된 제품 중 불량품의 개수이며, 이항분포의 4가지 조건을 모두 만족하므로 이항분포를 따른다.
조건 1. 각 시행이 독립(각 부품의 불량품 여부는 다른 부품에 영향을 미치지 않음)
조건 2. 두 가지 가능한 결과(불량품이면 '성공' 혹은 정상품이면 '실패'로 구분)
조건 3. 성공확률 p가 일정(각 부품이 불량품일 확률 p는 0.2로 동일)
조건 4. 고정된 시행 수(검사하는 제품의 수는 7개로 고정)
확률변수 Y가 $Y \sim B(7, 0.2)$를 따르고 이항분포는 $Y \sim B(n, p)$일 때 $E(Y) = np$, $V(Y) = npq$이므로 확률변수 Y의 분산은 $V(Y) = 7 \times 0.2 \times 0.8 = 1.12$이다.

85 정답률 약 40% [14년 1회, 18년 1회, 21년 1회 기출]

어느 대형마트 고객관리팀에서는 다음과 같은 기준에 따라 매일 고객을 분류하여 관리한다. 어느 특정한 날 마트를 방문한 고객들의 자료를 분류한 결과 A그룹이 30%, B그룹이 50%, C그룹이 20%인 것으로 나타났다. 이날 마트를 방문한 고객 중 임의로 4명을 택할 때, 이들 중 3명만이 B그룹에 속할 확률은?

구분	구매 금액
A 그룹	20만원 이상
B 그룹	10만원 이상~20만원 미만
C 그룹	10만원 미만

① 0.25
② 0.27
③ 0.37
④ 0.39

해설 확률변수 X는 마트에 방문한 고객 중 B그룹에 속하는 고객의 수이며, 이항분포의 4가지 조건을 모두 만족하므로 확률변수 X는 $X \sim B(4, 0.5)$를 따른다.
조건 1. 각 시행이 독립(각 고객이 B그룹에 속할 여부는 다른 고객의 결과와 독립)
조건 2. 두 가지 가능한 결과(각 고객이 B그룹에 속하면 '성공' 혹은 각 고객이 B그룹에 속하지 않으면 '실패'로 구분)
조건 3. 성공확률 p가 일정(각 고객이 B그룹에 속할 확률 p는 0.5로 동일)
조건 4. 고정된 시행 수(분석대상이 총 4명의 고객으로 고정)
이항분포의 확률질량함수(PMF)는 $P(X=x) = f(x) = {_nC_x}p^x q^{n-x} = {_4C_x}(0.5)^x(0.5)^{4-x}$이다.
따라서 마트를 방문한 고객 중 임의로 4명을 택할 때, 이들 중 3명만이 B그룹에 속할 확률은 아래와 같다.
$P(X=3) = {_4C_3}(0.5)^3(0.5)^{4-3} = 4 \times (0.5)^3 \times (0.5)^1 = 0.25$

정답: 83 ② 84 ③ 85 ①

86 정답률 약 50% [01년 3회, 12년 3회, 16년 2회 기출]

어느 회사원이 승용차로 출근하는 길에 신호등이 5개 있다고 한다. 각 신호등에서 빨간등에 의해 신호대기 할 확률을 0.2이고, 각 신호등에서 신호대기 여부는 서로 독립적이라고 가정한다. 어느 날 이 회사원이 5개의 신호등 중 1개의 신호등에서만 빨간등에 의해 신호대기에 걸리고 출근할 확률을 구하는 식은?

① $(0.2)^1$ ② $1-(0.8)^5$
③ $(0.2)^1(0.8)^4$ ④ $5(0.2)^1(0.8)^4$

해설 확률변수 X는 5개의 신호등에서 빨간불에 의해 신호대기에 걸리는 수이며, 이항분포의 4가지 조건을 모두 만족하므로 확률변수 X는 $X \sim B(5, 0.2)$를 따른다.
조건 1. 각 시행이 독립(각 신호등은 독립적으로 작동됨)
조건 2. 두 가지 가능한 결과(신호대기를 하면 '성공' 혹은 신호대기를 안 하면 '실패'로 구분)
조건 3. 성공확률 p가 일정(각 신호등에서 빨간불에 의해 신호대기 할 확률 p는 0.2로 동일)
조건 4. 고정된 시행 수(신호등은 총 5개로 고정)
이항분포의 확률질량함수(PMF)는 $P(X=x) = f(x) = {}_nC_x p^x q^{n-x} = {}_5C_x (0.2)^x (0.8)^{5-x}$ 이다.
따라서 어느 날 이 회사원이 5개의 신호등 중 1개의 신호등에서만 빨간불에 의해 신호대기에 걸리고 출근할 확률은 아래와 같다.
$P(X=1) = f(1) = {}_5C_1 (0.2)^1 (0.8)^4 = 5(0.2)^1 (0.8)^4$

87 정답률 약 40% [14년 2회 기출]

창수는 공정한 동전 1개를 3회 던져, 나타나는 앞면의 횟수 당 10만 원의 상금을 받는 게임을 하기로 하였다. 게임을 한 번 할 때마다 10만 원을 내고 한다면, 이 게임을 한 번 할 때마다 얼마의 금액을 벌 것으로 기대되는가?

① 3만 원   ② 4만 원
③ 5만 원   ④ 6만 원

해설 확률변수 X는 동전 3개를 던져서 앞면이 나타난 횟수이며, 이항분포의 4가지 조건을 모두 만족하므로 $X \sim B(3, 0.5)$이다.
조건 1. 각 시행이 독립(각 동전을 던지는 시도는 다른 시도와 독립)
조건 2. 두 가지 가능한 결과(앞면이 나오면 '성공' 혹은 뒷면이 나오면 '실패'로 구분)
조건 3. 성공확률 p가 일정(앞면이 나올 확률 p는 0.5로 동일)
조건 4. 고정된 시행 수(동전을 던지는 횟수는 3번으로 고정된 상태)
이항분포의 확률질량함수(PMF)는 $P(X=x) = f(x) = {}_nC_x p^x q^{n-x} = {}_3C_x 0.5^x 0.5^{3-x}$ 이다.

앞면의 횟수 X	0	1
확률 $P(X=x)$	${}_3C_0(0.5)^0(0.5)^{3-0}$ $=0.125$	${}_3C_1(0.5)^1(0.5)^{3-1}$ $=0.375$
상금 $10X$(만 원)	0만 원	10만 원
앞면의 횟수 X	2	3
확률 $P(X=x)$	${}_3C_2(0.5)^2(0.5)^{3-2}$ $=0.375$	${}_3C_3(0.5)^3(0.5)^{3-3}$ $=0.125$
상금 $10X$(만 원)	20만 원	30만 원

구하고자 하는 것은 상금 $10X$(만 원)의 기댓값이며, 게임 참여비용으로 10만 원을 내야 하므로 $E(10X)$(만 원)의 값에서 10만 원을 빼면 된다.

$E(10X) = 10 \times \sum_{i=1}^{n} x_i P(X=x_i)$
$= 10 \times (0 \times 0.125 + 1 \times 0.375 + 2 \times 0.375 + 3 \times 0.125)$
$= 10 \times 1.5 = 15$

즉, $E(10X) = 15$(만 원)이므로 게임 참여비용 10만 원을 빼면, 이 게임을 한 번 할 때마다 벌 수 있는 기댓값은 5만 원이다.

정답 : 86 ④   87 ③

88 [15년 2회 기출]

공정한 1개의 동전을 6회 던져서 앞면이 나타난 횟수를 X라 할 때, X의 평균과 분산은?

① 평균 : 3.0, 분산 : 1.25
② 평균 : 3.0, 분산 : 1.50
③ 평균 : 2.5, 분산 : 1.25
④ 평균 : 2.5, 분산 : 1.50

해설 확률변수 X는 동전을 6회 던져서 앞면이 나타난 횟수이며, 이항분포의 4가지 조건을 모두 만족하므로 이항분포를 따른다.
조건 1. 각 시행이 독립(각 동전을 던지는 시도는 다른 시도와 독립)
조건 2. 두 가지 가능한 결과(앞면이 나오면 '성공' 혹은 뒷면이 나오면 '실패'로 구분)
조건 3. 성공확률 p가 일정(공정한 동전이므로, 앞면이 나올 확률 p는 0.5로 동일)
조건 4. 고정된 시행 수(동전을 던지는 횟수는 6회)
확률변수 X가 $X \sim B(6, 0.5)$를 따르고 이항분포는 $X \sim B(n, p)$일 때, $E(X) = np$, $V(X) = npq$이므로, 확률변수 X의 평균과 분산을 계산하면 아래와 같다.
$E(X) = 6 \times 0.5 = 3.0$, $V(X) = 6 \times 0.5 \times 0.5 = 1.50$

89 [10년 3회, 22년 2회 기출]

부적합품률이 0.05인 제품을 20개씩 한 박스에 넣어서 포장하였다. 10개의 박스를 구입했을 때, 기대되는 부적합품의 총개수는?

① 1개   ② 5개
③ 10개   ④ 15개

해설 확률변수 X는 부적합품에 해당하는 제품의 개수이며, 이항분포의 4가지 조건을 모두 만족하므로 이항분포를 따른다.
조건 1. 각 시행이 독립(각 부품의 부적합품 여부는 다른 부품에 영향을 미치지 않음)
조건 2. 두 가지 가능한 결과(부적합품이면 '성공' 혹은 적합품이면 '실패'로 구분)
조건 3. 성공확률 p가 일정(각 부품이 부적합품일 확률 p는 0.05로 동일)
조건 4. 고정된 시행 수(박스 당 제품은 20개씩이고, 10개의 박스 구입이므로 총 200개로 고정)
따라서 확률변수 X가 $X \sim B(200, 0.05)$를 따르고 이항분포는 $X \sim B(n,p)$일 때, $E(X) = np$, $V(X) = npq$이므로 10개의 박스를 구입했을 때 기대되는 부적합품의 총개수를 계산하면 $E(X) = 200 \times 0.05 = 10$이다.

90 정답률 약 50% [13년 3회, 21년 3회 기출]

앞면과 뒷면이 나올 확률이 동일한 동전을 10번 독립적으로 던질 때 앞면이 나오는 횟수를 X라고 하면 X의 기댓값과 분산은?

① $E(X) = 2.5$, $Var(X) = 5$
② $E(X) = 5$, $Var(X) = \sqrt{5}$
③ $E(X) = 5$, $Var(X) = \sqrt{2.5}$
④ $E(X) = 5$, $Var(X) = 2.5$

해설 확률변수 X는 동전을 10회 던져서 앞면이 나타난 횟수이며, 이항분포의 4가지 조건을 모두 만족하므로 이항분포를 따른다.
조건 1. 각 시행이 독립(각 동전을 던지는 시도는 다른 시도와 독립)
조건 2. 두 가지 가능한 결과(앞면이 나오면 '성공' 혹은 뒷면이 나오면 '실패'로 구분)
조건 3. 성공확률 p가 일정(공정한 동전이므로, 앞면이 나올 확률 p는 0.5로 동일)
조건 4. 고정된 시행 수(동전을 던지는 횟수는 10회로 고정된 상태)
확률변수 X가 $X \sim B(10, 0.5)$를 따르고 이항분포는 $X \sim B(n, p)$일 때, $E(X) = np$, $V(X) = npq$이므로, 확률변수 X의 기댓값과 분산을 계산하면 아래와 같다.
$E(X) = 10 \times 0.5 = 5$, $V(X) = 10 \times 0.5 \times 0.5 = 2.5$

정답 : 88 ② 89 ③ 90 ④

91 [정답률 약 30%] [19년 3회 기출]

동전을 3회 던지는 실험에서 앞면이 나오는 횟수를 X라고 할 때, 확률변수 $Y=(X-1)^2$의 기댓값은?

① $\dfrac{1}{2}$ ② 1

③ $\dfrac{3}{2}$ ④ 2

해설 확률변수 X는 동전을 3회 던져서 앞면이 나타난 횟수이며, 이항분포의 4가지 조건을 모두 만족하므로 이항분포를 따른다.
조건 1. 각 시행이 독립(각 동전을 던지는 시도는 다른 시도와 독립)
조건 2. 두 가지 가능한 결과(앞면이 나오면 '성공' 혹은 뒷면이 나오면 '실패'로 구분)
조건 3. 성공확률 p가 일정(공정한 동전이므로, 앞면이 나올 확률 p는 0.5로 동일)
조건 4. 고정된 시행 수(동전을 던지는 횟수는 3회로 고정)
따라서 확률변수 X가 $X \sim B(3, 0.5)$를 따른다.
이항분포는 $X \sim B(n, p)$일 때,
$E(X) = np$, $V(X) = npq$이므로, 기댓값과 분산은 아래와 같다.
$E(X) = 3 \times 0.5 = 1.5$, $V(X) = 3 \times 0.5 \times 0.5 = 0.75$
이때, 분산 공식인 $E(X^2) - \{E(X)\}^2$를 활용하면
$E(X^2) = V(X) + \{E(X)\}^2 = 0.75 + 1.5^2 = 3$이다.
따라서 확률변수 $Y = (X-1)^2$의 기댓값은 아래와 같다.
$E(Y) = E\{(X-1)^2\} = E(X^2 - 2X + 1)$
$= E(X^2) - 2E(X) + 1 = 3 - 2 \times 1.5 + 1 = 1$

92 [14년 1회, 17년 2회 기출]

공정한 동전 10개를 동시에 던질 때, 앞면이 정확히 1개만 나올 확률은?

① 3/1024 ② 9/1024
③ 10/1024 ④ 15/1024

해설 확률변수 X는 동전 10개를 동시에 던져서 앞면이 나타난 횟수이며, 이항분포의 4가지 조건을 모두 만족하므로 확률변수 X는 $X \sim B(10, 0.5)$를 따른다.
조건 1. 각 시행이 독립(각 동전을 던지는 시도는 다른 시도와 독립)
조건 2. 두 가지 가능한 결과(앞면이 나오면 '성공' 혹은 뒷면이 나오면 '실패'로 구분)
조건 3. 성공확률 p가 일정(공정한 동전이므로, 앞면이 나올 확률 p는 0.5로 동일)
조건 4. 고정된 시행 수(동전을 던지는 횟수는 10회로 고정된 상태)
이항분포의 확률질량함수(PMF)는 $P(X=x) = f(x)$
$= {}_n C_x p^x q^{n-x} = {}_{10}C_x (0.5)^x (0.5)^{10-x}$이다.
앞면이 정확히 1개만 나올 확률은 아래와 같다.
$P(X=1) = f(1)$
$= {}_{10}C_1 (0.5)^1 (0.5)^{10-1} = 10 \times (0.5)^{10} = 10 \times \left(\dfrac{1}{2}\right)^{10}$
$= \dfrac{10}{1024}$

정답 : 91 ② 92 ③

93 정답률 약 60% [20년 1·2회 통합 기출]

동전을 던질 때 앞면이 나올 확률을 0.4라고 할 때 동전을 세 번 던져서 두 번은 앞면이, 한 번은 뒷면이 나올 확률은?

① 0.125
② 0.192
③ 0.288
④ 0.375

해설 확률변수 X는 동전을 3번 던져서 앞면이 나타난 횟수이며, 이항분포의 4가지 조건을 모두 만족하므로 확률변수 X는 $X \sim B(3, 0.4)$를 따른다.
- 조건 1. 각 시행이 독립(각 동전을 던지는 시도는 다른 시도와 독립)
- 조건 2. 두 가지 가능한 결과(앞면이 나오면 '성공' 혹은 뒷면이 나오면 '실패'로 구분)
- 조건 3. 성공확률 p가 일정(앞면이 나올 확률 p는 0.4로 동일)
- 조건 4. 고정된 시행 수(동전을 던지는 횟수는 3번으로 고정된 상태)

이항분포의 확률질량함수(PMF)는 $P(X=x) = f(x) = {}_nC_x p^x q^{n-x} = {}_3C_x (0.4)^x (0.6)^{3-x}$ 이다.

따라서 동전을 세 번 던져서 두 번은 앞면이, 한 번은 뒷면이 나올 확률은 아래와 같다.

$P(X=2) = f(2) = {}_3C_2 (0.4)^2 (0.6)^{3-2}$
$= 3 \times (0.4)^2 \times (0.6)^1 = 0.288$

94 정답률 약 40% [15년 3회, 20년 4회 기출]

어느 공장에서 생산되는 나사못의 10%가 불량품이라고 한다. 이 공장에서 만든 나사못 중 400개를 임의로 뽑았을 때 불량품 개수 X의 평균과 표준편차는?

① 평균 : 30, 표준편차 : 6
② 평균 : 40, 표준편차 : 36
③ 평균 : 30, 표준편차 : 36
④ 평균 : 40, 표준편차 : 6

해설 확률변수 X는 400개의 나사못 중 불량품의 개수이며, 이항분포의 4가지 조건을 모두 만족하므로 이항분포를 따른다.
- 조건 1. 각 시행이 독립(각 나사못의 불량 여부는 다른 나사못의 불량 여부에 영향을 주지 않음)
- 조건 2. 두 가지 가능한 결과(불량품이면 '성공' 혹은 정상품이면 '실패'로 구분)
- 조건 3. 성공확률 p가 일정(각 나사못이 불량품일 확률 p는 0.1로 동일)
- 조건 4. 고정된 시행 수(시행 수는 400명으로 고정)

확률변수 X가 $X \sim B(400, 0.1)$를 따르고 이항분포는 $X \sim B(n, p)$일 때, $E(X) = np$, $V(X) = npq$이므로, 확률변수 X의 평균과 분산, 표준편차를 계산하면 $E(X) = 400 \times 0.1 = 40$, $V(X) = 400 \times 0.1 \times 0.9 = 36$, $sd(X) = \sqrt{V(X)} = \sqrt{36} = 6$이다.

따라서 문제에서 구하고자 한 확률변수 X의 평균과 표준편차는 각각 40, 6이다.

정답 : 93 ③ 94 ④

95 정답률 약 40%   [15년 3회, 21년 1년 기출]

자동차부품을 생산하는 회사에서 품질을 관리하기 위하여 생산된 제품 가운데 100개를 추출하여 조사하였다. 그중 부적합품 수를 X라 할 때, X의 기댓값이 5이면, X의 분산은?

① 0.05
② 0.475
③ 4.75
④ 9.5

해설 확률변수 X는 생산된 제품 중 부적합품의 개수이며, 이항분포의 4가지 조건을 모두 만족하므로 이항분포를 따른다.
조건 1. 각 시행이 독립(각 부품의 부적합품 여부는 다른 부품에 영향을 미치지 않음)
조건 2. 두 가지 가능한 결과(부적합품이면 '성공' 혹은 적합품이면 '실패'로 구분)
조건 3. 성공확률 p가 일정(각 부품이 부적합품일 확률 p는 동일)
조건 4. 고정된 시행 수(조사하는 제품의 수는 100개로 고정)
이 문제가 다른 문제와 다른 점은 각 부품이 부적합품일 확률 p가 명시되어 있지 않다는 것이다. 이 p값에 대해서는 X의 기댓값이 5라는 점을 기반으로 도출해야 한다.
$X \sim B(n, p)$일 때, X의 평균과 분산은 $E(X) = np$, $V(X) = npq$이고 문제에서 기댓값은 5라고 주어져 있으므로, $E(X) = 100 \times p = 5$이면 $p = \frac{1}{20} = 0.05$이다.
따라서 확률변수 X는 $X \sim B(100, 0.05)$를 따르므로 분산은 $V(X) = 100 \times 0.05 \times 0.95 = 4.75$이다.

96 정답률 약 50%   [03년 3회, 14년 3회, 20년 4회 기출]

어느 공정에서 생산되는 제품의 약 40%가 불량품이라고 한다. 이 공정의 제품 4개를 임의로 추출했을 때, 4개가 불량품일 확률은?

① $\frac{16}{125}$
② $\frac{64}{625}$
③ $\frac{62}{625}$
④ $\frac{16}{625}$

해설 확률변수 X는 생산된 제품 중 불량품의 개수이며, 이항분포의 4가지 조건을 모두 만족하므로 확률변수 X는 $X \sim B(4, 0.4)$를 따른다.
조건 1. 각 시행이 독립(각 부품의 불량품 여부는 다른 부품에 영향을 미치지 않음)
조건 2. 두 가지 가능한 결과(불량품이면 '성공' 혹은 정상품이면 '실패'로 구분)
조건 3. 성공확률 p가 일정(각 부품이 불량품일 확률 p는 0.4로 동일)
조건 4. 고정된 시행 수(제품 4개를 임의로 추출했으므로 시행횟수는 4개로 고정)
이항분포의 확률질량함수(PMF)는 $P(X = x) = f(x) = {}_nC_x p^x q^{n-x} = {}_4C_x (0.4)^x (0.6)^{4-x}$이다.
따라서 이 공정의 제품 4개를 임의로 추출했을 때 4개가 모두 불량품일 확률은 $P(X = 4) = f(4) = {}_4C_4 (0.4)^4 (0.6)^{4-4} = (0.4)^4 = \frac{256}{10,000}$이며, 분자와 분모를 16으로 나누면 $\frac{16}{625}$이다.

정답 : 95 ③ 96 ④

97 정답률 약 40% [14년 1회, 21년 1회 기출]

어떤 공장에서 생산된 전자제품 중 5개의 표본에서 1개 이상의 부적합품이 발견되면, 그날의 생산된 전 제품을 불합격으로 처리하고 그렇지 않으면 합격으로 처리한다. 이 공장의 생산공정의 실제 불량률이 0.1일 때, 어느 날 생산된 전 제품이 불합격 처리될 확률은? (단, $9^5 = 59049$이다.)

① 0.10745 ② 0.28672
③ 0.40951 ④ 0.42114

해설 구하고자 하는 것은 어느 날 생산된 전 제품이 불합격 처리될 확률은 공장에서 생산된 전자제품 중 5개의 표본에서 1개 이상의 부적합품(불량품)이 발견되는 확률이며, 즉 $P(X \geq 1) = 1 - P(X=0)$이다.
이때 확률변수 X는 5개의 표본 중 부적합품의 개수이며, 이항분포의 4가지 조건을 모두 만족하므로 확률분포 X는 $X \sim B(5, 0.1)$를 따른다.
조건 1. 각 시행이 독립(각 제품이 불량품인지 여부는 다른 제품의 상태에 영향을 미치지 않음)
조건 2. 두 가지 가능한 결과(불량품이면 '성공' 혹은 정상품이면 '실패'로 구분)
조건 3. 성공확률 p가 일정(각 전자제품이 불량일 확률 p는 0.1로 동일)
조건 4. 고정된 시행 수(5개의 표본으로 고정)
이항분포의 확률질량함수(PMF)는 $P(X=x) = f(x)$
$= {}_nC_x p^x q^{n-x} = {}_5C_x (0.1)^x (0.9)^{5-x}$ 이다.
따라서 어느 날 생산된 전 제품이 불합격 처리될 확률은 아래와 같다.
$P(X \geq 1) = 1 - P(X=0)$
$= 1 - \{{}_5C_0 (0.1)^0 (0.9)^{5-0}\} = 1 - \{1 \times 1 \times (0.9)^5\}$
$= 1 - 0.59049 = 0.40951$

98 정답률 약 30% [08년 3회, 21년 3회 기출]

어떤 회사에서 생산되는 제품이 부적합품일 확률은 서로 독립적으로 0.01이라 한다. 이 회사는 한 상자에 10개씩 포장해서 판매를 하는데, 만일 한 상자에 부적합품이 2개 이상이면 돈을 환불해준다. 판매된 한 상자가 환불될 확률은 약 얼마인가?

① 0.1% ② 0.4%
③ 9.1% ④ 9.6%

해설 구하고자 하는 것은 한 상자에 10개씩 포장해서 판매하는데, 만일 한 상자에 부적합품이 2개 이상이면 돈을 환불해주는 시스템하에서, 판매된 상자가 환불될 확률이다. 확률변수 X는 한 상자에 포함된 부적합품의 수이며, 이항분포의 4가지 조건을 모두 만족하므로 확률변수 X는 $X \sim B(10, 0.01)$를 따른다.
조건 1. 각 시행이 독립(각 제품이 부적합품일 확률이 서로 독립)
조건 2. 두 가지 가능한 결과(부적합품이면 '성공' 혹은 적합품이면 '실패'로 구분)
조건 3. 성공확률 p가 일정(각 제품이 부적합품일 확률 p는 0.01로 동일)
조건 4. 고정된 시행 수(상자당 제품 수가 10개로 고정)
이항분포의 확률질량함수(PMF)는 $P(X=x) = f(x)$
$= {}_nC_x p^x q^{n-x} = {}_{10}C_x (0.01)^x (0.99)^{10-x}$ 이다. 이때 한 상자에 10개씩 포장해서 판매하는데 이때 부적합품이 2개 이상이면 돈을 환불해주므로, 판매된 한 상자가 환불될 확률은 $P(X \geq 2)$이다.
$P(X \geq 2) = 1 - P(X=0) - P(X=1)$
$= 1 - {}_{10}C_0 (0.01)^0 (0.99)^{10-0}$
$- {}_{10}C_1 (0.01)^1 (0.99)^{10-1}$
$= 1 - \{(0.99)^{10}\} - \{10 \times (0.01)^1 \times (0.99)^9\}$
$= 0.0042662 \approx 0.004$
이를 백분율로 변환하면 0.4%이다.

정답 : 97 ③ 98 ②

99 정답률 약 30% [17년 1회 기출]

국내 어느 항공회사에서는 A 노선의 항공편을 예약한 사람 중 20%가 예정 시간에 공항에 도착하지 못하여 탑승하지 못하거나 사전에 예약을 취소 또는 변경한다는 사실을 알고, 여석 발생으로 인한 손실을 줄이기 위해 300석의 좌석이 마련되어 있는 이 노선의 특정 항공편에 360건의 예약을 접수 받았다. 이 항공편을 예약하고 예정 시간에 공항에 나온 사람들 모두가 탑승하여 좌석에 앉을 수 있을 확률을 아래 확률분포표를 이용하여 구한 값은? (단, 연속성 수정을 이용하고, 소수의 계산은 소수점 이하 셋째 자리에서 반올림한다.)

〈표준정규분포표〉
$P(Z \leq z), Z \sim N(0, 1)$

z	...	0.05	0.06	0.07	0.08
⋮	⋮	⋮	⋮	⋮	⋮
1.4	...	0.9279	0.9292	0.9306	0.9319
1.5	...	0.9406	0.9418	0.9429	0.9441
1.6	...	0.9515	0.9525	0.9535	0.9545
⋮	⋮	⋮	⋮	⋮	⋮

① 0.9515
② 0.9406
③ 0.9418
④ 0.9429

해설

확률변수 X는 A 노선의 항공편을 예약한 사람 중 탑승한 사람의 수이며, 이항분포의 4가지 조건을 모두 만족하므로 이항분포를 따른다.

조건 1. 각 시행이 독립(각 승객이 탑승할지 여부는 다른 승객의 탑승 여부와 독립)
조건 2. 두 가지 가능한 결과(승객이 탑승하면 '성공' 혹은 승객이 탑승하지 않으면 '실패'로 구분)
조건 3. 성공확률 p가 일정(각 승객이 탑승할 확률 p는 $\frac{80}{100} = 0.8$로 동일)
조건 4. 고정된 시행 수(총 360명의 승객에 대해 탑승 여부를 확인하므로, 시행횟수는 고정)

확률변수 X가 $X \sim B(360, 0.8)$를 따르고 이항분포가 $X \sim B(n, p)$일 때, $E(X) = np$, $V(X) = npq$이므로, 확률변수 X의 기댓값과 분산은 $E(X) = 360 \times 0.8 = 288$, $V(X) = 360 \times 0.8 \times 0.2 = 57.6$이다. 이항분포 $B(n, p)$가 $np \geq 5$, $n(1-p) \geq 5$ 조건을 만족하면, 확률변수 X는 $N(np, npq)$인 정규분포로 근사한다. 확률변수 X가 $X \sim B(360, 0.8)$를 따르고 이항분포의 정규근사에 대한 조건인 $np \geq 5$, $n(1-p) \geq 5$를 만족하는지 확인해보면 $np = 360 \times 0.8 = 288$이고, $n(1-p) = 360 \times (1-0.8) = 72$이다. 이항분포의 정규근사 조건이 만족되므로, 확률변수 X는 $N(np, npq)$인 정규분포로 근사하고 $X \sim N(288, 57.6)$인 정규분포로 근사한다. 이항분포를 정규분포로 근사할 때, 연속성 수정을 적용하여 정규분포로 변환하는 근사 공식은 $Z = \frac{X \pm 0.5 - np}{\sqrt{npq}}$ 이다.

따라서 구하고자 하는 확률은 이 항공편을 예약하고 예정 시간에 공항에 나온 사람들 모두가 탑승하여 좌석에 앉을 수 있을 확률인 $P(X \leq 300)$이다.

$P(X \leq 300) = P\left(\frac{X + 0.5 - np}{\sqrt{npq}} \leq \frac{300 + 0.5 - np}{\sqrt{npq}}\right)$
$= P\left(Z \leq \frac{300 + 0.5 - 288}{\sqrt{57.6}}\right) = P(Z \leq 1.647\cdots)$

이를 주어진 표준정규분포표를 활용하여 계산하면, $P(X \leq 300) = P(Z \leq 1.647\cdots) \approx P(Z \leq 1.65) = 0.9515$이다.

정답: 99 ①

100 정답률 약 50%   [15년 1회, 19년 3회 기출]

공정한 동전 두 개를 던지는 시행을 1,200회 하여 두 개 모두 뒷면이 나온 횟수를 X라고 할 때, $P(285 \leq X \leq 315)$의 값은? (단, $Z \sim N(0,1)$일 때, $P(Z<1) = 0.84$)

① 0.35
② 0.68
③ 0.95
④ 0.99

해설 확률변수 X는 공정한 동전 두 개를 던지는 시행을 1,200회 하여 두 개 모두 뒷면이 나온 횟수이며, 이항분포의 4가지 조건을 모두 만족하므로 이항분포를 따른다.
조건 1. 각 시행이 독립(한 번 동전을 던지는 결과는 다음 결과에 영향을 주지 않음)
조건 2. 두 가지 가능한 결과(2개의 동전이 모두 뒷면이 나오면 '성공' 혹은 그 외는 '실패'로 구분)
조건 3. 성공확률 p가 일정(두 동전이 모두 뒷면이 나올 확률 p는 각 시행마다 동일하게 0.25로 동일)
조건 4. 고정된 시행 수(동전을 던지는 횟수는 1,200회로 시행횟수 고정)
확률변수 X가 $X \sim B(1200, 0.25)$를 따르고 이항분포는 $X \sim B(n, p)$일 때, $E(X) = np$, $V(X) = npq$이므로, 확률변수 X의 기댓값과 분산은 아래와 같다.
$E(X) = 1200 \times 0.25 = 300$,
$V(X) = 1200 \times 0.25 \times 0.75 = 225 = 15^2$
이항분포 $B(n,p)$가 $np \geq 5$, $n(1-p) \geq 5$조건을 만족하면, 확률변수 X는 $N(np, npq)$인 정규분포로 근사한다. 확률변수 X가 $X \sim B(1200, 0.25)$를 따르므로 이항분포의 정규근사 조건을 만족하는지 확인해보면 아래와 같다.
$np = 1200 \times 0.25 = 300$
$n(1-p) = 1200 \times (1-0.25) = 900$
정규근사 조건이 만족되면 확률변수 X는 $N(np, npq)$인 정규분포로 근사하므로 $X \sim N(300, 15^2)$인 정규분포로 근사하고 $P(285 \leq X \leq 315)$를 정규화하여 나타내면 다음과 같다.
$P(285 \leq X \leq 315)$
$= P\left(\dfrac{285-300}{15} \leq \dfrac{X-300}{15} \leq \dfrac{315-300}{15}\right)$
$= P(-1 \leq Z \leq 1)$
문제에서 주어진 정보인 $P(Z<1) = 0.84$를 활용하면, $P(Z<-1) = P(Z>1) = 0.16$임을 알 수 있다.
따라서 구하고자 하는 확률은 아래와 같다.
$P(-1 \leq Z \leq 1) = 1 - 2 \times P(Z>1) = 1 - 2 \times 0.16$
$= 0.68$

101 정답률 약 50%   [13년 1회, 19년 3회 기출]

어떤 산업제약의 제품 중 10%는 유통과정에서 변질되어 부적합품이 발생한다고 한다. 이를 확인하기 위하여 해당 제품 100개를 추출하여 실험하였다. 이때 10개 이상이 부적합품일 확률은?

① 0.1
② 0.3
③ 0.5
④ 0.7

해설 확률변수 X는 한 상자에 포함된 부적합품의 수이며, 이항분포의 4가지 조건을 모두 만족하므로 확률변수 X는 $X \sim B(100, 0.1)$를 따른다.
조건 1. 각 시행이 독립(각 제품이 부적합품일 확률이 서로 독립)
조건 2. 두 가지 가능한 결과(부적합품이면 '성공' 혹은 적합품이면 '실패'로 구분)
조건 3. 성공확률 p가 일정(각 제품이 부적합품일 확률 p는 0.1로 동일)
조건 4. 고정된 시행 수(추출한 제품 수는 100개로 고정)
이항분포의 확률질량함수(PMF)는 아래와 같다.
$P(X=x) = f(x) = {}_nC_x p^x q^{n-x}$
$= {}_{100}C_x (0.1)^x (0.9)^{100-x}$
이때, 확률변수 X의 기댓값과 분산은 아래와 같다.
$E(X) = np = 100 \times 0.1 = 10$,
$V(X) = npq = 100 \times 0.1 \times 0.9 = 9$
정리하면, $np \geq 5$, $n(1-p) \geq 5$이므로 이항분포는 정규분포로 근사하며 $X \sim N(10, 9)$이다.
구하고자 하는 것은 10개 이상이 부적합품일 확률인 $P(X \geq 10)$이며, 정규분포가 좌우대칭형 분포임을 활용하면 $P(X \geq 10) = 0.50$이다.

정답 : 100 ②　101 ③

102 정답률 약 20% [09년 1회, 20년 1·2회 통합 기출]

어떤 공장에서 생산하고 있는 진공관은 10%가 불량품이라고 한다. 이 공장에서 생산되는 진공관 중에서 임의로 100개를 취할 때, 표본 불량률의 분포는 근사적으로 어느 것을 따르는가? (단, N은 정규분포를 의미한다.)

① $N(0.1, 9 \times 10^{-4})$ ② $N(10, 9)$
③ $N(10, 3)$ ④ $N(0.1, 3 \times 10^{-4})$

해설 확률변수 X는 100개의 진공관 중에서 불량품의 개수이며, 이항분포의 4가지 조건을 모두 만족하므로 이항분포를 따른다.
조건 1. 각 시행이 독립(각 진공관이 불량인지 아닌지는 다른 진공관과 독립)
조건 2. 두 가지 가능한 결과(진공관이 불량품이면 '성공' 혹은 정상품이면 '실패'로 구분)
조건 3. 성공확률 p가 일정(각 진공관이 불량일 확률 p는 모든 진공관에 대해 0.1로 동일)
조건 4. 고정된 시행 수(100개의 진공관을 추출한다고 명시되어 있으므로, 시행횟수는 고정)

확률변수 X는 $X \sim B(100, 0.1)$를 따르고 이항분포는 $X \sim B(n, p)$일 때, $E(X) = np$, $V(X) = npq$이므로, 확률변수 X의 기댓값과 분산은 아래와 같다.
$E(X) = np = 100 \times 0.1 = 10$,
$V(X) = npq = 100 \times 0.1 \times 0.9 = 9$

이항분포 $B(n, p)$가 $np \geq 5$, $n(1-p) \geq 5$ 조건을 만족하면, 확률변수 X는 $N(np, npq)$인 정규분포로 근사한다.

확률변수 X가 $X \sim B(100, 0.1)$를 따르고 이항분포의 정규근사에 대한 조건인 $np \geq 5$, $n(1-p) \geq 5$를 만족하는지 확인해보면 아래와 같다.
$np = 100 \times 0.1 = 10$,
$n(1-p) = 100 \times 0.9 = 90$

따라서 이항분포의 정규근사 조건이 만족되므로 확률변수 X는 $X \sim N(10, 9)$를 따르는 정규분포로 근사한다. 문제에서 구하고자 하는 것이 표본불량률이므로, 표본불량률 $\hat{p}$은 $\hat{p} = \dfrac{X}{100}$이고 평균과 분산은 다음과 같다.

$E(\hat{p}) = E\left(\dfrac{X}{100}\right) = \dfrac{1}{100} \times E(X) = 0.1$,

$V(\hat{p}) = V\left(\dfrac{X}{100}\right) = \left(\dfrac{1}{100}\right)^2 \times V(X)$
$= \left(\dfrac{1}{100}\right)^2 \times 9 = 9 \times 10^{-4}$

103 정답률 약 50% [18년 1회 기출]

홈쇼핑 콜센터에서 30분마다 전화를 통해 주문이 성사되는 건수는 $\lambda = 6.7$인 포아송분포를 따른다고 할 때의 설명으로 틀린 것은?

① 확률변수 X는 주문이 성사되는 주문 건수를 말한다.
② X의 확률함수는 $\dfrac{e^{-6.7}(6.7)^x}{x!}$ 이다.
③ 1시간 동안의 주문 건수 평균은 13.4이다.
④ 분산 $\lambda^2 = 6.7^2$이다.

해설 포아송분포에서 확률변수 X는 단위시간 동안 발생하는 사건의 수이다. 따라서, 이 문제에서의 확률변수 X는 주문이 성사되는 주문 건수이다.
② 포아송분포에서 단위시간(공간) 동안 발생하는 사건의 수인 확률변수 X의 확률질량함수(PMF)는 $P(X = x) = f(x) = \dfrac{e^{-\lambda}(\lambda)^x}{x!}$ 이며, λ는 사건이 발생하는 평균횟수이다. 따라서 단위시간(30분) 동안 발생하는 사건의 수인 확률변수 X의 확률질량함수(PMF)는 $\dfrac{e^{-6.7}(6.7)^x}{x!}$ 이다.
③ 만약 30분 동안의 평균 주문 건수가 λ라면 1시간 동안의 평균 주문 건수는 2λ이다. 즉, 30분 동안의 평균 주문 건수가 6.7이면 1시간 동안의 평균 주문 건수는 13.4가 된다.
④ 포아송분포 $X \sim Poi(\lambda)$에서 X의 평균과 분산은 $E(X) = \lambda$, $V(X) = \lambda$ 이다. 즉, 이 문제에서 분산은 $V(X) = \lambda = 6.7$이다.

104 [18년 2회 기출]

확률변수 X는 포아송분포를 따른다고 하자. X의 평균이 5라고 할 때 분산은 얼마인가?

① 1 ② 3
③ 5 ④ 9

해설 확률변수 X가 $X \sim Poi(\lambda)$를 따를 때, X의 평균과 분산은 $E(X) = \lambda$, $V(X) = \lambda$이다.
문제에서 X의 평균이 5라고 하였으므로 X의 분산 역시 동일하게 5이다.

정답 : 102 ① 103 ① 104 ③

105 정답률 약 20% [13년 1회 기출]

A 도시에 새벽 1시부터 3시 사이 일어나는 범죄 건수는 시간당 평균 0.2건이다. 범죄 발생 건수의 분포가 포아송분포를 따른다면, 오늘 새벽 1시와 2시 사이에 범죄 발생이 전혀 없을 확률은?

① 약 62%   ② 약 72%
③ 약 82%   ④ 약 92%

해설 범죄 발생 건수의 분포가 포아송분포를 따른다는 것을 활용하여 풀어야 한다. 확률변수 X는 새벽 1시와 2시 사이에 범죄가 발생한 횟수이며, $X \sim Poi(\lambda)$를 따른다.

확률질량함수(PMF)는 $P(X=x) = f(x) = \dfrac{e^{-\lambda}(\lambda)^x}{x!}$

이다. (λ는 사건 발생 평균횟수) 제공된 정보를 보면, 새벽 1시부터 3시 사이 일어나는 범죄 건수는 시간당 평균 0.2건이므로, 사건 발생 평균횟수 $\lambda = 0.2$이다. 오늘 새벽 1시와 2시 사이에 범죄 발생이 전혀 없을 확률은 아래와 같다.

$P(X=0) = f(0) = \dfrac{e^{-0.2}(0.2)^0}{0!} = e^{-0.2}$
$= 0.81873 (\approx 0.82) (\because e^1 = 2.71828182846)$

따라서 오늘 새벽 1시와 2시 사이에 범죄 발생이 전혀 없을 확률은 약 82%이다.

106 정답률 약 30% [08년 3회, 20년 1·2회 통합 기출]

초기하분포와 이항분포에 대한 설명으로 틀린 것은?

① 초기하분포는 유한모집단으로부터의 복원추출을 전제로 한다.
② 이항분포는 베르누이 시행을 전제로 한다.
③ 초기하분포는 모집단의 크기가 충분히 큰 경우 이항분포로 근사될 수 있다.
④ 이항분포는 적절한 조건하에서 정규분포로 근사될 수 있다.

해설 암기 : 초기유비

초기하분포는 $X \sim HyperGeo(N, M, n)$라고 표기하는데, 〈유한모집단〉에서 비복원추출을 통해 표본을 추출할 때 나타나는 확률분포이다. 초기하분포는 모집단의 크기가 N개이고, 그 중 특정한 속성을 가진 원소가 M개 있을 때, 크기가 n개인 표본을 추출하여 그 속성을 가진 원소의 개수를 확률변수 X로 갖는 이산확률분포이다. 즉, 초기하분포는 유한모집단에서 비복원추출을 전제로 한다.

03 연속확률분포의 의미 TOPIC

1 정규분포의 개념

107 정답률 약 40% [13년 2회, 16년 3회 기출]

어느 버스 정류장에서 매시 0분, 20분에 각 1회씩 버스가 출발한다. 한 사람이 우연히 이 정거장에 와서 버스가 출발할 때까지 기다릴 시간의 기댓값은?

① 15분 20초   ② 16분 40초
③ 18분 00초   ④ 19분 20초

해설

0분 출발   20분 출발   60분 출발

확률변수 X를 승객이 버스 정류장에 오는 시간(분)이라고 하자.

Case 1 승객이 0~20분 사이에 도착하는 경우
확률변수 X의 범위는 $0 \leq X \leq 20$이고, 승객의 대기 시간은 $20 - X$(분)이다. 이때 확률변수 X는 0과 20 사이의 실수를 취하는 균등분포의 확률변수이며 $f(x) = \dfrac{1}{20}$이다. 즉, 기댓값은 아래와 같다.

$E(20-X) = 20 - E(X) = 20 - \int_0^{20} \dfrac{x}{20} dx$
$= 20 - \dfrac{1}{20} \left[\dfrac{1}{2} x^2 \right]_0^{20} = 20 - 10 = 10$분

Case 2 승객이 20~60분 사이에 도착하는 경우
확률변수 X의 범위는 $20 \leq X \leq 60$이고, 승객의 대기 시간은 $60 - X$(분)이다. 이때 확률변수 X는 20과 60 사이의 실수를 취하는 균등분포의 확률변수이며 $f(x) = \dfrac{1}{40}$이다. 즉, 기댓값은 아래와 같다.

$E(60-X) = 60 - E(X) = 60 - \int_{20}^{60} \dfrac{x}{40} dx$
$= 60 - \dfrac{1}{40} \left[\dfrac{1}{2} x^2 \right]_{20}^{60} = 60 - 40 = 20$분

Case 1 + **Case 2** 를 정리하면 아래와 같다.
$E(Y) = \dfrac{20}{60} E(20-X) + \dfrac{40}{60} E(60-X)$
$= \dfrac{20}{60} \times 10 + \dfrac{40}{60} \times 20 \approx 16.67$(분)

따라서 한 사람이 우연히 이 정거장에 와서 버스가 출발할 때까지 기다릴 시간의 기댓값은 약 16분 40초 ($\because 0.67 \times 60$초 ≈ 40초)이다.

정답 : 105 ③   106 ①   107 ②

108 [정답률 약 50%] [16년 1회 기출]

정규분포에 관한 설명으로 옳은 것은?

① 정규분포는 비대칭분포이다.
② 평균(μ)과 표준편차(σ)의 2가지 모수를 갖고 있다.
③ 정규분포곡선의 곡선 아래 면적은 0.5이다.
④ 표준정규확률변수 Z는 -4에서 $+4$까지의 값을 갖는다.

해설 정규분포는 평균 μ와 표준편차 σ라는 두 개의 모수로 완전히 정의되며, 평균 μ는 분포의 중심위치를 나타내고, 표준편차 σ는 분포의 퍼짐 정도를 나타낸다.
① 정규분포는 대칭분포로, 평균을 중심으로 좌우가 대칭을 이루는 특징을 가지고 있다.
③ 정규분포곡선 아래 전체 면적은 1이다.
④ 표준정규분포의 경우 평균이 0, 표준편차가 1인 정규분포입니다. Z값은 이론적으로 무한대에서 무한대까지의 값을 가질 수 있지만, 표준정규분포표를 보면 전체 데이터 중 99.87%의 데이터는 약 -3에서 $+3$ 이내에 분포된다. 따라서 표준정규확률변수 Z는 $-\infty$에서 $+\infty$까지의 값을 갖는다고 표현한다.

109 [정답률 약 40%] [14년 1회 기출]

정규분포에 관한 설명으로 틀린 것은?

① 종 모양의 좌우대칭인 분포이다.
② 평균, 중위수, 범위는 모두 같다.
③ 분포 곡선 아래의 전체 면적은 항상 1이다.
④ 표준편차의 값이 작을수록 평균 근처의 확률이 커지고, 표준편차의 값이 커짐에 따라 분포곡선은 가로축에 가깝게 평평해진다.

해설 정규분포는 대칭적이므로 평균(Mean), 중위수(Median), 최빈수(Mode)가 모두 동일하다. 이 책에서는 이를 암기 : 3M 이라고 외우자. 다만, 범위(Range)는 데이터에서 가장 큰 값과 가장 작은 값의 차이이므로, 3M에 해당하지 않으므로 주의해야 한다.
① 정규분포는 종 모양이며, 평균을 중심으로 좌우가 대칭이다.
③ 정규분포곡선 아래 전체 면적은 1이다.
④ 분포 모양을 떠올리면 이해하기가 쉽다. 표준편차 σ의 값이 작을수록 데이터가 평균 근처에 더 집중되며, 정규분포의 곡선은 좁고 높게 나타난다. 즉, 표준편차 σ의 값이 작을수록 평균 μ에 가까운 값들이 많고, 평균 μ에서 멀어질수록 데이터가 급격히 줄어든다. 따라서, 평균 μ 근처의 확률이 커지게 된다.

110 [정답률 약 50%] [13년 2회, 20년 4회 기출]

정규분포에 관한 설명으로 틀린 것은?

① 정규분포곡선은 자유도에 따라 모양이 달라진다.
② 정규분포는 평균을 기준으로 대칭인 종 모양의 분포를 이룬다.
③ 평균, 중위수, 최빈수가 동일하다.
④ 정규분포에서 분산이 클수록 정규분포곡선은 양옆으로 퍼지는 모습을 한다.

해설 정규분포는 평균과 표준편차에 의해 결정된다. 즉, 정규분포는 자유도와 관련이 없다. 자유도 df(Degree of Freedom)은 주로 t-분포, χ^2-분포, F-분포에서 중요하다.

111 [정답률 약 30%] [12년 1회 기출]

정규분포의 일반적인 성질이 아닌 것은?

① 정규분포는 평균에 대하여 대칭이다.
② 평균과 표준편차가 같은 두 개의 다른 정규분포가 존재할 수 있다.
③ 정규분포에서 평균, 중위수, 최빈수는 모두 같다.
④ 밀도함수 곡선은 수평에서부터 어느 방향으로든지 수평축에 닿지 않는다.

해설 정규분포는 평균과 표준편차에 의해 완전히 정의된다. 따라서 평균과 표준편차가 같은 두 개의 정규분포는 동일한 분포이며, 다른 분포가 될 수 없다.
① 정규분포는 평균을 중심으로 좌우가 대칭이다.
③ 정규분포는 대칭적이므로 평균(Mean), 중위수(Median), 최빈수(Mode)가 모두 동일하다. 이 책에서는 이를 암기 : 3M 이라고 외우자.
④ 정규분포의 확률밀도함수는 어느 방향으로도 x축에 닿지 않고 무한히 가까워진다.

정답 : 108 ② 109 ② 110 ① 111 ②

112 정답률 약 50% [16년 2회 기출]

정규분포의 특징에 관한 설명으로 틀린 것은?

① 평균을 중심으로 좌우대칭이다.
② 평균과 중앙값은 동일하다.
③ 확률밀도곡선 아래의 면적은 평균과 분산에 따라 달라진다.
④ 확률밀도곡선의 모양은 표준편차가 작아질수록 평균 부근의 확률이 커지고, 표준편차가 커질수록 가로축에 가깝게 평평해진다.

해설 확률밀도곡선 아래의 총면적은 항상 1이다. 이는 확률의 성질이며, 확률의 총합은 항상 1이라는 것을 기억해야 한다. 평균과 분산은 곡선의 모양에 영향을 주지만, 면적을 바꾸지는 않는다.

113 정답률 약 30% [13년 3회 기출]

정규분포에 관한 설명으로 옳은 것은?

① 모든 연속형의 확률변수는 정규분포를 따른다.
② 정규분포를 따르는 변수는 평균이 0이고 분산이 1이다.
③ 이항분포를 따르는 변수는 언제나 정규분포를 통해 확률값을 구할 수 있다.
④ 정규분포를 따르는 변수는 평균, 중위수, 최빈값이 모두 같다.

해설 정규분포는 대칭적이므로 평균(Mean), 중위수(Median), 최빈수(Mode)가 모두 동일하다. 이 책에서는 이를 암기: 3M 이라고 외우자.
① 연속형확률변수는 (표준) 정규분포를 제외하고도 균등분포, 카이제곱분포, t-분포, F-분포, 감마분포, 베타분포, 지수분포, 웨이블분포를 따를 수 있다. 이를 전부 외울 필요는 없지만, 연속형 확률분포가 총 10개 정도임을 기억하면, 해당 선지에 대한 이해를 빠르게 수행할 수 있다.
② 정규분포는 $N(\mu, \sigma^2)$를 따른다. 평균이 0이고 분산이 1인 것은 표준정규분포 $N(0, 1^2)$에 대한 설명이다.
③ 이항분포 $B(n, p)$가 $np \geq 5, n(1-p) \geq 5$ 조건을 만족하면, 확률변수 X는 $N(np, npq)$인 정규분포로 근사한다. 따라서 이항분포의 정규근사는 이 조건이 만족되어야 함을 기억하자.

114 정답률 약 50% [10년 1회, 17년 1회 기출]

모집단의 확률분포가 정규분포를 따른다고 한다. 이 모집단의 확률분포에 관한 설명 중 틀린 것은?

① 모집단의 확률분포는 모평균에 대해 대칭인 분포이다.
② 모집단의 확률분포는 모평균과 모분산에 의해서 완전히 결정된다.
③ 이 모집단으로부터 표본을 취할 때 표본의 관측값이 모평균으로부터 표준편차의 2배 거리 이내의 범위에서 관측될 확률은 약 95%이다.
④ 분산이 클수록 모집단의 확률분포는 꼬리부분이 얇고 길게 된다.

해설 분산(혹은 표준편차)이 클수록 정규분포의 분포 곡선은 더 넓고 평평해지며, 꼬리부분도 두꺼워진다.
① 정규분포는 평균을 중심으로 좌우대칭인 분포이다.
② 정규분포는 평균 μ와 표준편차 σ라는 두 개의 모수로 완전히 정의되며, 평균 μ는 분포의 중심위치를 나타내고, 표준편차 σ는 분포의 퍼짐 정도를 나타낸다.
③ 정규분포에서 X의 관측값은 평균 μ를 기준으로 양옆으로 $\pm 1\sigma$까지는 약 68.26%이다. 또한, 평균 μ를 기준으로 양옆으로 $\pm 2\sigma$까지는 약 95.44%이고, 양옆으로 $\pm 3\sigma$까지는 약 99.72%이다. 따라서 표본의 관측값이 모평균으로부터 표준편차의 2배 거리 이내의 범위에서 관측될 확률은 약 95%이다.

정답: 112 ③ 113 ④ 114 ④

2 표준정규분포의 개념

115 [12년 3회 기출]

확률변수 X의 확률분포가 평균이 μ이고 표준편차가 σ인 정규분포일 때, 다음 설명 중 틀린 것은?

① $Y = aX + b (a \neq 0)$이라면 Y는 $N(a\mu+b, a^2\sigma^2)$을 따른다.

② $Y = \dfrac{X-\mu}{\sigma}$는 표준정규분포를 따른다.

③ 평균, 중위수, 최빈수가 모두 μ이다.

④ $Y = aX + b (a \neq 0)$ 일 때, 확률변수 Y의 표준편차는 $a\sigma$이다.

해설 ①의 해설에서 $V(Y) = a^2\sigma^2$임을 이해하고 나서 ④의 해설을 확인하길 바란다. $X \sim N(\mu, \sigma^2)$이면 $E(X) = \mu$, $V(X) = \sigma^2$이다.

① $E(Y) = E(aX+b) = aE(X) + b = a\mu + b$이다.

암기: 기대상수툭튀

$V(Y) = V(aX+b) = a^2 V(X) = a^2\sigma^2$이다.

따라서 $Y = aX+b$이면 $Y \sim N(a\mu+b, a^2\sigma^2)$이다.

② 표준정규분포는 다양한 정규분포를 평균 0, 표준편차 1인 정규분포로 표준화한 것이다. 따라서 관측값 X에서 평균 μ를 뺀 후, 표준편차 σ로 나누는 형태인 $Y = \dfrac{X-\mu}{\sigma}$이다.

③ 정규분포는 평균(Mean), 중위수(Median), 최빈수(Mode)가 모두 μ라는 특징이 있다. 이 책에서는 이를 **암기**: 3M 이라고 외우자.

④ $V(Y) = a^2\sigma^2$이면 Y의 표준편차는 $sd(Y) = \sqrt{a^2\sigma^2} = |a|\sigma$이다. ($a$가 양수인지 음수인지 알 수 없으므로 정확하게 표기해야 한다.)

116 [00년 1회, 16년 1회 기출]

X가 $N(\mu, \sigma^2)$인 분포를 따를 경우 $Y = aX+b$의 분포는?

① 중심극한정리에 의하여 표준정규분포 $N(0,1)$

② a와 b의 값에 관계없이 $N(\mu, \sigma^2)$

③ $N(a\mu+b, a^2\sigma^2 + b)$

④ $N(a\mu+b, a^2\sigma^2)$

해설 $X \sim N(\mu, \sigma^2)$인 분포를 따를 경우 $Y = aX+b$의 분포는 다음과 같다.

$E(Y) = E(aX+b) = aE(X) + b = a\mu + b$,
$V(Y) = V(aX+b) = a^2 V(X) = a^2\sigma^2$

따라서 $Y = aX+b$의 분포는 $Y \sim N(a\mu+b, a^2\sigma^2)$이다.

117 정답률 약 30% [02년 1회, 11년 1회 기출]

두 확률변수 X, Y는 서로 독립이며 표준정규분포를 따른다. 이때 $U = X+Y$, $V = X-Y$로 정의하면 두 확률변수 U, V는 각각 어떤 분포를 따르는가?

① U, V 두 변수 모두 $N(0, 2)$를 따른다.

② $U \sim N(0, 2)$를 $V \sim N(0, 1)$를 따른다.

③ $U \sim N(0, 1)$를 $V \sim N(0, 2)$를 따른다.

④ U, V 두 변수 모두 $N(0, 1)$를 따른다.

해설 두 확률변수 X, Y는 표준정규분포를 따르므로
$X \sim N(0, 1^2)$, $Y \sim N(0, 1^2)$이므로, $E(X) = E(Y) = 0$, $V(X) = V(Y) = 1^2$이다.
또한, 두 확률변수 X, Y가 서로 독립이면
$E(XY) = E(X)E(Y)$, $Cov(X, Y) = 0$이다.
$U = X+Y$이면 $E(U), V(U)$는 아래와 같다.
$E(U) = E(X+Y) = E(X) + E(Y) = 0 + 0 = 0$,
$V(U) = V(X+Y) = V(X) + V(Y) + 2Cov(X,Y)$
$= V(X) + V(Y) = 1 + 1 = 2$
$U = X+Y$이면 $E(V), V(V)$는 아래와 같다.
확률변수 U는 $U \sim N(0, 2)$를 따른다. $V = X-Y$이면
$E(V) = E(X-Y) = E(X) - E(Y) = 0 - 0 = 0$,
$V(V) = V(X-Y) = V(X) + V(Y) - 2Cov(X,Y)$
$= V(X) + V(Y) = 1 + 1 = 2$
$V = X-Y$이면 확률변수 V는 $V \sim N(0, 2)$를 따른다.
따라서 확률변수 U, Y 모두 $N(0, 2)$를 따른다.

정답: 115 ④ 116 ④ 117 ①

118 정답률 약 60% [12년 3회, 18년 2회 기출]

사회조사분석사 시험 응시생 500명의 통계학 성적의 평균점수는 70점이고, 표준편차는 10점이라고 한다. 통계학 성적이 정규분포를 따른다고 할 때, 성적이 50점에서 90점 사이인 응시자는 약 몇 명인가? (단, $P(Z<2)=0.9772$)

① 498명 ② 477명
③ 378명 ④ 250명

해설 통계학 성적을 확률변수 X라고 하자.
X의 평균점수는 70점, 표준편차는 10점이며 정규분포를 따르므로 $X \sim N(70, 10^2)$이다.
먼저 성적이 50점에서 90점 사이일 확률인 $P(50 \le X \le 90)$를 표준화하여 계산해보자.
$P(50 \le X \le 90)$
$= P\left(\dfrac{50-70}{10} \le \dfrac{X-70}{10} \le \dfrac{90-70}{10}\right)$
$= P(-2 \le Z \le 2)$
이 확률을 구하기 위해 $P(Z<2)=0.9772$를 활용하면 $P(Z>2)=1-0.9772=0.0228$이다.
즉, 구하고자 하는 확률을 산출하면 아래와 같다.
$P(-2 \le Z \le 2) = 1 - 2 \times P(Z>2)$
$= 1 - 2 \times 0.0228 = 0.9544$이다.
따라서 성적이 50점에서 90점 사이인 응시자의 수는 확률 0.9544에 응시생 수 500을 곱한 $500 \times 0.9544 = 477.2$명(약 477명)이다.

119 정답률 약 40% [02년 1회, 18년 3회 기출]

확률변수 X가 평균이 100이고 표준편차가 10인 정규분포를 따른다고 했을 때, X가 80보다 작을 확률은 얼마인가? (단, $P(-0.2<Z<0.2)=0.159$, $P(-2<Z<2)=0.954$이다.)

① 0.477 ② 0.079
③ 0.421 ④ 0.023

해설 확률변수 X가 평균이 100, 표준편차가 10인 정규분포를 따르므로 $X \sim N(100, 10^2)$이다. 구하고자 하는 것은 X가 80보다 작을 확률이므로, $P(X<80)$이다. 표준화를 통해 확률을 구해보면, 아래와 같다.
$P(X<80) = P\left(\dfrac{X-100}{10} < \dfrac{80-100}{10}\right) = P(Z<-2)$
주어진 정보를 활용하면 아래와 같이 산출된다.
$2 \times P(Z<2) = 1 - P(-2<Z<2) = 1 - 0.954 = 0.046$
정리하면 $P(Z<2) = 0.023$이므로, 구하고자 하는 확률은 $P(X<80) = P(Z<2) = 0.023$이다.

120 정답률 약 50% [14년 2회, 18년 2회 기출]

표준정규분포를 따르는 확률변수의 제곱은 어떤 분포를 따르는가?

① 정규분포 ② t-분포
③ F-분포 ④ 카이제곱분포

해설 n개의 서로 독립적이고 표준정규분포를 따르는 확률변수 $Z_1, Z_2, \cdots, Z_k$가 k개 존재하고 k가 양의 정수일 때, 그 확률변수들을 제곱한 뒤 모두 합한 $Q = \sum_{i}^{k} Z_i^2$
$= Z_1 + Z_2 + \cdots + Z_k$는 자유도가 k인 카이제곱분포를 따른다.
즉, $Z_i \sim N(0, 1^2)$이면, $Q = \sum_{i}^{k} Z_i^2 \sim \chi^2(k)$이다.

정답: 118 ② 119 ④ 120 ④

121 정답률 약 30%   [18년 3회 기출]

컴퓨터 제조회사에서 보증기간을 정하려고 한다. 컴퓨터 수명은 평균 3년, 표준편차 9개월인 정규분포를 따른다고 한다. 보증기간 이전에 고장이 나면 무상 수리를 해주어야 한다. 이 회사는 출하 제품 가운데 5% 이내에서만 무상 수리가 되기를 원한다. 보증기간을 몇 개월로 정하면 되겠는가? (단, $P(Z>1.645)=0.05$)

① 17
② 19
③ 21
④ 23

해설 컴퓨터 수명 확률변수 X는 평균 3년(36개월), 표준편차 9개월인 정규분포를 따르므로, $X \sim N(36, 9^2)$이다. 이 컴퓨터의 보증기간을 k(개월)라고 하고, 보증기간을 몇 개월로 정할지 계산해보자. 보증기간 이전에 고장이 나면 무상 수리를 해주어야 하므로, 보증기간 k(개월) 이전에 컴퓨터 수명 X이 다해 고장이 날 확률은 $P(X \leq k)$이다. 주어진 정보를 보면, 회사는 출하 제품 가운데 5% 이내에서만 무상 수리가 되기를 원한다. 따라서 $P(X \leq k) = 0.05$이며, 표준화를 수행한다.

$$P\left(\frac{X-\mu}{\sigma} \leq \frac{k-36}{9}\right) = P\left(Z \leq \frac{k-36}{9}\right) = 0.05$$

이때, $P(Z>1.645)=0.05$라는 주어진 정보를 활용한다. 정규분포의 반대 방향으로는 $P(Z<-1.645)=0.05$이므로, $\frac{k-36}{9} = -1.645$이다.

$k = 36 - 9 \times 1.645 = 21.195$

따라서 보증기간은 약 21개월로 정하면 된다.

122 정답률 약 40%   [13년 1회, 17년 3회 기출]

어떤 시험에 응시한 응시자들이 시험문제를 모두 풀이하는 데 걸리는 시간은 평균 60분, 표준편차 10분인 정규분포를 따른다고 한다. 이 시험의 시험시간을 50분으로 정한다면 시험에 응시한 1,000명 중, 시간 내에 문제를 모두 풀이하는 학생은 몇 명이 되겠는가? (단, $P(Z<1)=0.8413$, $P(Z<2)=0.9772$, $P(Z<3)=0.9987$이다.)

① 156
② 158
③ 160
④ 162

해설 어떤 시험에 응시한 응시자들이 시험문제를 모두 풀이하는 데 걸리는 시간을 확률변수 X라고 하면, X가 평균 60분, 표준편차 10분인 정규분포를 따르므로 $X \sim N(60, 10^2)$이다.

시험시간을 50분으로 정한다면 시험문제를 모두 풀이하는 데 걸리는 시간인 X가 50보다 작거나 같은 $P(X \leq 50)$에 대한 확률을 구해야 한다. 이 값을 통해 시험에 응시한 1,000명 중 시간 내에 문제를 모두 풀이하는 학생이 몇 명인지 다음과 같이 산출할 수 있다.

$$P(X \leq 50) = P\left(\frac{X-60}{40} \leq \frac{50-60}{40}\right) = P(Z \leq -1) = P(Z \geq 1)$$

이를 산출하기 위해 $P(Z<1)=0.8413$를 활용한다.
$P(Z \geq 1) = 1 - P(Z<1) = 1 - 0.8413 = 0.1587$

따라서 어떤 시험에 응시한 1,000명 중, 시간 내에 문제를 모두 풀이하는 학생은 확률 0.1587에 시험에 응시한 1,000명을 곱한 $1000 \times 0.1587 = 158.7$명(약 158명)이다.

정답 : 121 ③   122 ②

123 정답률 약 40% [12년 1회, 20년 1·2회 통합 기출]

X는 정규분포를 따르는 확률변수이다. $P(X<10)=0.5$일 때, X의 기댓값은?

① 8
② 8.5
③ 9.5
④ 10

해설 X는 정규분포를 따르는 확률변수이면, $X \sim N(\mu, \sigma^2)$이다.

주어진 정보 중 $P(X<10)=0.5$를 표준화하면 $P\left(\dfrac{X-\mu}{\sigma} < \dfrac{10-\mu}{\sigma}\right) = P\left(Z \leq \dfrac{10-\mu}{\sigma}\right) = 0.5$이다. 표준정규분포는 $Z=0$을 기준으로 양측 대칭인 분포이므로, $P(Z \leq 0)=0.5$라는 특징을 가지므로, 이를 활용하면 $\dfrac{10-\mu}{\sigma} = 0$이다.

따라서 분자 $10-\mu = 0$이며, $\mu=10$임을 알 수 있고, 결론적으로 X의 기댓값은 10이다.

124 정답률 약 40% [16년 2회 기출]

A 교양강좌 수강생 300명의 중간고사 성적을 채점한 결과 평균이 75점, 표준편차가 15점이었다. 중간고사에서 60점 이상 90점 이하의 성적을 받은 학생 수는 대략 몇 명이 되겠는가? (단, 중간고사 성적은 정규분포를 따르며, $Z \sim N(0,1)$일 때 $P(Z \geq 1) = 0.159$이다.)

① 159명
② 182명
③ 196명
④ 205명

해설 A 교양강좌 수강생 300명의 중간고사 성적 X을 채점한 결과 평균이 75점, 표준편차가 15점이었다면, $\mu=75$, $\sigma=15$이다. 중간고사에서 60점 이상 90점 이하의 성적 X을 받은 학생 수를 구하려면, 해당 구간에 확률변수 X가 속할 확률을 다음 계산식으로 구하면 된다.

$P(60 \leq X \leq 90)$
$= P\left(\dfrac{60-75}{15} \leq \dfrac{X-75}{15} \leq \dfrac{90-75}{15}\right)$
$= P(-1 \leq Z \leq 1)$

문제에 주어진 $P(Z \geq 1) = 0.159$를 단서로 $P(-1 \leq Z \leq 1)$를 계산해보면, $P(-1 \leq Z \leq 1) = 1 - 2 \times P(Z \geq 1) = 1 - 2 \times 0.159 = 0.682$이다.

따라서 A 교양강좌 수강생 300명에 대해 중간고사에서 60점 이상 90점 이하의 성적을 받은 학생 수는 확률 0.682에 수강생 300명을 곱한 $300 \times 0.682 = 204.6$ (약 205명)이다.

125 정답률 약 40% [16년 3회 기출]

K고교에서 3학년 학생 300명 중에서 상위 30명의 학생으로 우수반을 편성하고자 한다. 우수반 선정은 모의 수능점수만을 선발기준으로 하였다. 300명의 모의 수능점수는 평균이 320점이고, 표준편차가 10점인 정규분포에 따른다고 한다. 우수반에 들어가려면 모의 수능점수가 최소 몇 점 이상 되어야 하는가? (단, $P(Z>1.28)=0.1$이다.)

① 330점 이상
② 333점 이상
③ 335점 이상
④ 339점 이상

해설 우수반에 들어가려면 모의 수능점수가 최소 k점 이상 되어야 한다고 하자.

먼저, 문제에서 주어진 정보를 제대로 파악해야 한다.

Step 1. K고교에서 3학년 학생 300명 중에서 상위 30명의 학생으로 우수 반을 편성한다는 정보를 통해서, 우수 반에 들어갈 수 있는 확률은 $\dfrac{30}{300} = 0.1$이다.

Step 2. 300명의 모의 수능점수는 평균이 320점이고, 표준편차가 10점인 정규분포에 따른다고 하는 정보를 통해서, 모의 수능점수를 확률변수 X라고 하면, $X \sim N(320, 10^2)$이다.

Step 3. 문제에서 $P(Z>1.28) = 0.1$임이 주어져 있다. 모의 수능점수 X를 표준화하여 우수 반에 들어갈 확률을 표현해보면 아래와 같다.

$P\left(\dfrac{X-\mu}{\sigma} > \dfrac{k-320}{10}\right)$
$= P\left(Z > \dfrac{k-320}{10}\right) = 0.1$

따라서 $\dfrac{k-320}{10} = 1.28$이므로, $k = 320 + 1.28 \times 10 = 332.8$이고 우수 반에 들어가기 위한 모의 수능점수는 약 333점 이상이 되어야 한다.

정답 : 123 ④ 124 ④ 125 ②

126 정답률 약 40%   [12년 1회, 18년 1회 기출]

어떤 시험에서 학생들의 점수는 평균이 75점, 표준편차가 15점인 정규분포를 따른다고 한다. 상위 10%의 학생에게 A학점을 준다고 했을 때, 다음 중 A학점을 받을 수 있는 최소점수는? (단, $P(0 < Z < 1.28) = 0.4$이다.)

① 89   ② 93
③ 95   ④ 97

해설 A학점을 받을 수 있는 최소점수가 k점이라고 하자. 먼저, 문제에서 주어진 정보를 제대로 파악해야 한다.

Step 1. 어떤 시험에서 상위 10%의 학생에게 A학점을 준다고 하였으므로 A학점을 받을 수 있는 확률은 0.1이다.

Step 2. 어떤 시험에서 학생들의 점수는 평균이 75점, 표준편차가 15점인 정규분포를 따른다는 정보를 통해서, 시험점수를 확률변수 X라고 하면 $X \sim N(75, 15^2)$이다.

Step 3. 문제에서 $P(0 < Z < 1.28) = 0.4$임이 주어져 있다. 시험점수 X를 표준화하여 A학점을 받을 수 있는 확률을 표현해보면 아래와 같다.
$$P\left(\frac{X-\mu}{\sigma} > \frac{k-75}{15}\right) = P\left(Z > \frac{k-75}{15}\right) = 0.1$$
따라서 $\frac{k-75}{15} = 1.28$이므로, $k = 75 + 15 \times 1.28 = 94.2$이고 A학점을 받을 수 있는 최소 점수는 약 95점이다.

127   [17년 2회]

두 집단의 분산의 동일성 검정에 사용되는 검정통계량의 분포는?

① t-분포   ② 기하분포
③ χ^2-분포   ④ F-분포

해설 두 집단의 분산의 동일성을 검정할 때는 F-검정을 사용하며, 이 검정에서 사용되는 통계량은 F-분포를 따른다.
①, ②, ③은 분산의 동일성 검정과 관련이 없다.
① t-분포는 주로 평균의 차이 검정에 사용된다.
② 기하분포는 특정 사건이 처음 발생할 때까지의 실패 횟수를 모델링한다.
③ χ^2-분포(카이제곱분포)는 주로 분산의 크기 검정 및 독립성 검정에 사용된다. 주의할 것은 χ^2-분포가 두 집단의 분산 비교 시, 직접 사용되지는 않는다는 것이다.

128 정답률 50%

[10년 1회, 18년 2회, 21년 2회 기출]

어느 제약회사에서 생산하고 있는 진통제는 복용 후 진통 효과가 나타날 때까지 걸리는 시간이 평균 30분, 표준편차 8분인 정규분포를 따른다고 한다. 임의로 추출한 100명의 환자에게 진통제를 복용시킬 때, 복용 후 40분에서 44분 사이에 진통 효과가 나타나는 환자의 수는? (단, 다음 표준정규분포표를 이용하시오.)

z	$P(0 \leq Z \leq z)$
0.75	0.27
1.00	0.34
1.25	0.39
1.50	0.43
1.75	0.46

① 4   ② 5
③ 7   ④ 10

해설 복용 후 40분에서 44분 사이에 진통 효과가 나타나는 환자의 수를 k명이라고 하자.

Step 1. 주어진 정보를 통해서, 어느 제약회사에서 생산하고 있는 진통제는 복용 후 진통 효과가 나타날 때까지 걸리는 시간을 확률변수 X라고 하면, 이는 평균 30분, 표준편차 8분인 정규분포를 따르므로 $X \sim N(30, 8^2)$이다.

Step 2. 복용 후 40분에서 44분 사이에 진통 효과가 나타날 확률 $P(40 \leq X \leq 44)$은 표준화하여 계산하면,
$$P(40 \leq X \leq 44)$$
$$= P\left(\frac{40-30}{8} \leq \frac{X-30}{8} \leq \frac{44-30}{8}\right)$$
$$= P(1.25 \leq Z \leq 1.75)$$이다.

Step 3. 제시된 표준정규분포표를 활용하여 확률을 구해보면, 아래와 같다.
$$P(1.25 \leq Z \leq 1.75)$$
$$= P(0 \leq Z \leq 1.75) - P(0 \leq Z \leq 1.25)$$
$$= 0.46 - 0.39 = 0.07$$

따라서 임의로 추출한 100명의 환자에게 진통제를 복용시킬 때, 복용 후 40분에서 44분 사이에 진통 효과가 나타나는 환자의 수는 확률 0.07에 100명의 환자를 곱하면, $100 \times 0.07 = 7$명이다.

정답 : 126 ③   127 ④   128 ③

129 정답률 약 30%   [15년 3회, 21년 2회 기출]

표준정규분포에서 오른쪽 꼬리 부분의 면적이 α가 되는 점을 Z_α라하고, 자유도가 v인 t-분포에서 오른쪽 꼬리 부분의 면적이 α가 되는 점을 $t_\alpha(v)$라 하고, Z는 표준정규분포, T는 자유도가 v인 t-분포를 따른다고 할 때, 다음 설명 중 틀린 것은?
(단, $P(Z > z_\alpha) = \alpha$, $P(T > t_\alpha(v)) = \alpha$)

① $t_{0.05}(5)$값과 $-t_{0.05}(5)$값의 절댓값은 같다.
② $t_{0.05}(5)$값은 $t_{0.05}(10)$값보다 작다.
③ v에 관계없이, $Z_{0.05} < t_{0.05}(v)$이다.
④ v가 아주 커지면, $t_\alpha(v)$값은 z_α값과 거의 같아진다.

해설 t-분포표를 통해 먼저 정확한 값을 확인해보면, $t_{0.05}(5) = 2.105$이고 $t_{0.05}(10) = 1.812$이다. 유의수준 $\alpha = 0.05$로 동일한 상황에서는 t분포의 자유도가 커지면 t값은 작아지므로 이를 유의해야 한다.
① t-분포인 $t = 0$을 기준으로 좌우대칭인 종 모양을 가지므로 $t_{0.05}(5)$값과 $-t_{0.05}(5)$값의 절댓값은 같다.
③ 자유도 v에 관계없이 표준정규분포 $Z_{0.05} < t$-분포 $t_{0.05}(v)$이다. 이는 t-분포가 표준정규분포보다 꼬리가 두껍기 때문에 발생하는 현상이다.
④ t-분포인 $t_\alpha(v)$는 좌우대칭인 종 모양을 갖으므로 표준정규분포와 모양이 유사한데, 표본수 n이 ∞로 커지면 t-분포의 자유도인 $df = v$도 커지므로 표준정규분포 z_α에 더욱 가까워진다. 따라서 자유도 v가 아주 커지면, $t_\alpha(v)$값은 z_α값과 거의 같아진다.

04 표본분포의 의미 TOPIC

130 정답률 약 30%   [21년 1회 기출]

정규모집단 $N(\mu, \sigma^2)$으로부터 추출한 크기 n의 임의표본 $X_1, X_2, \cdots, X_n$에 근거한 표본분포에 대한 설명으로 틀린 것은? (단, $\overline{X}$는 표본평균, S^2은 불편분산이다.)

① $\overline{X}$와 S^2은 확률적으로 독립이다.
② $\overline{X}$는 정규분포를 따르며 평균은 μ이고, 분산은 $\frac{\sigma^2}{n}$이다.
③ $(n-1)S^2$은 자유도가 $n-1$인 카이제곱분포를 따른다.
④ 스튜던트화된 확률변수 $\frac{\overline{X} - \mu}{S/\sqrt{n}}$는 자유도가 $n-1$인 t-분포를 따른다.

해설 $\frac{(n-1)S^2}{\sigma^2}$이 자유도가 $n-1$인 카이제곱분포를 따르므로 $\frac{(n-1)S^2}{\sigma^2} \sim \chi^2_{n-1}$이다.

131 정답률 약 50%   [16년 1회 기출]

정규분포 $N(\mu, 4\sigma^2)$을 따르는 모집단으로부터 크기가 $2n$인 임의표본을 추출한 경우 표본평균의 확률분포는?

① $N(\mu, \sigma^2)$
② $N\left(\mu, \frac{\sigma^2}{n}\right)$
③ $N\left(\mu, \frac{2\sigma^2}{n}\right)$
④ $N\left(\mu, \frac{4\sigma^2}{n}\right)$

해설 정규분포 $N(\mu, 4\sigma^2)$을 따르는 모집단으로부터 크기가 $2n$인 임의표본을 추출한 경우, $X \sim N(\mu, (2\sigma)^2)$를 따른다. 이때, 표본평균 $\overline{X}$의 확률분포는 아래와 같다.
$E(\overline{X}) = E(X) = \mu$
$V(\overline{X}) = \frac{모분산}{표본의 수} = \frac{V(X)}{2n} = \frac{4\sigma^2}{2n} = \frac{2\sigma^2}{n}$
따라서 $\overline{X} \sim N\left(\mu, \frac{2\sigma^2}{n}\right)$으로 표기한다.

정답 : 129 ② 130 ③ 131 ③

132 정답률 약 30% [13년 3회 기출]

표본분포에 관한 설명으로 틀린 것은?

① 단순랜덤복원추출로 뽑은 표본 $X_1, X_2, \cdots, X_n$ 사이에는 아무런 확률적 관계가 없다. 즉, $X_1, X_2, \cdots, X_n$은 서로 독립이다.
② 단순랜덤복원추출로 뽑은 표본을 $X_1, X_2, \cdots, X_n$이라고 할 때 각각의 분포는 모집단의 분포와 같다.
③ 표본의 크기가 충분히 큰 경우 표본의 평균인 $\overline{X} = \sum_{i=1}^{n} X_i / n$ 정규분포에 근사한다.
④ 모집단의 크기와 상관없이 랜덤표본 $X_1, X_2, \cdots, X_n$의 성질은 단순랜덤복원추출에 의한 표본의 성질과 전혀 관계가 없다.

해설 단순랜덤복원추출에서는 표본 하나를 뽑은 뒤 다시 모집단에 포함시켜 다음 표본을 뽑기 때문에, 각각의 표본이 독립적이고 동일한 분포를 따른다. 이 방법을 사용하면 각각의 표본이 동일하게 모집단을 대표하게 된다. 따라서, 표본이 모집단을 대표하는 성질은 단순랜덤복원추출과 직접적으로 연관이 있다.
① 단순랜덤복원추출을 통해 추출된 표본들은 서로 독립이다.
② 단순랜덤복원추출로 뽑은 표본의 분포는 모집단의 분포와 동일하다.
③ 중심극한정리에 의해 표본의 크기가 충분히 크다면, 표본평균은 정규분포에 가까워진다.

133 정답률 약 50% [15년 2회, 21년 1회 기출]

평균이 70이고, 표준편차가 5인 정규분포를 따르는 집단에서 추출된 1개의 관찰 값이 80이었다고 하자. 이 개체의 상대적 위치를 나타내는 표준화점수는?

① -2 ② 0.025
③ 2 ④ 2.5

해설 관찰 값의 표준화 점수인 Z점수를 구하기 위해서는 $Z = \dfrac{X - \mu}{\sigma}$ 공식을 사용한다. 평균이 $\mu = 70$이고, 표준편차가 $\sigma = 5$인 정규분포를 따르는 집단에서 추출된 1개의 관찰 값이 $X = 80$일 때 이 개체의 상대적 위치를 나타내는 표준화점수 $Z = \dfrac{80 - 70}{5} = 2$이다.

134 정답률 약 40% [15년 3회, 18년 3회 기출]

평균이 μ이고, 표준편차가 σ인 모집단으로부터 크기가 n인 확률표본을 취할 때, 표본평균 $\overline{X}$의 분포에 대한 설명으로 옳은 것은?

① 표본의 크기가 커짐에 따라 점근적으로 평균이 μ이고 표준편차가 $\dfrac{\sigma}{\sqrt{n}}$인 정규분포를 따른다.
② 표본의 크기가 커짐에 따라 평균이 μ이고 표준편차가 $\dfrac{\sigma}{n}$인 정규분포를 따른다.
③ 모집단의 확률분포와 동일한 분포를 따르되, 평균은 μ이고 표준편차가 $\dfrac{\sigma}{\sqrt{n}}$이다.
④ 모집단의 확률분포와 동일한 분포를 따르되, 평균은 μ이고 표준편차가 $\dfrac{\sigma}{n}$이다.

해설 평균이 μ이고, 표준편차가 σ인 모집단으로부터 크기가 n인 확률표본을 취할 때, 확률변수 X는 $X \sim N(n, \sigma^2)$를 따른다.
이때, 표본평균 $\overline{X}$의 분포는 중심극한정리(CLT)에 의해 $n \to \infty$로 충분히 크면, 근사적으로(점근적으로) 평균이 μ이고 분산이 $\dfrac{\sigma^2}{n}$ (표준편차 $\dfrac{\sigma}{\sqrt{n}}$)인 정규분포를 따른다.

135 정답률 약 50% [15년 2회 기출]

어느 기업의 신입직원 월 급여가 평균이 2백만 원, 표준편차는 40인 정규분포를 따른다고 하자. 신입직원 중 100명의 표본을 추출할 때, 표본평균의 분포는?

① $N(2백만, 16)$ ② $N(2백만, 160)$
③ $N(2백만, 400)$ ④ $N(2백만, 1600)$

해설 확률변수 X는 어느 기업 신입직원의 월 급여이다. 확률변수 X는 $E(X) = 2백만(원)$, $sd(X) = 40$인 정규분포 $N(\mu, \sigma^2)$를 따르므로 $X \sim N(2백만, 40^2)$이다. 이때, 신입직원 중 100명의 표본을 추출할 때, 표본평균 $\overline{X}$의 분포는 $\overline{X} \sim N\left(\mu, \dfrac{\sigma^2}{n}\right)$이므로, $N(2백만, 40^2)$이다.
이때, 신입직원 중 100명의 표본을 추출할 때, 표본평균 $\overline{X}$의 분포는 $\overline{X} \sim N\left(\mu, \dfrac{\sigma^2}{n}\right)$이므로, $N(2백만, 16)$이다.

정답 : 132 ④　133 ③　134 ①　135 ①

136 정답률 약 40% [14년 2회, 21년 1회 기출]

다음은 무엇에 관한 설명인가?

> 평균이 μ이고, 분산이 σ^2인 임의의 모집단으로부터 추출한 크기 n인 랜덤표본의 표본평균 $\overline{X}$의 확률분포는 n이 충분히 크면 근사적으로 정규분포 $N\left(\mu, \dfrac{\sigma^2}{n}\right)$을 따른다.

① 이항분포　　　② 정규분포
③ 표본분포　　　④ 중심극한정리

해설 평균이 μ, 분산이 σ^2인 임의의 모집단에서 단순임의복원추출(무작위추출)을 통해 크기가 n인 표본을 추출하면, 확률변수 $X(X_1, X_2, X_3, \cdots, X_n)$는 서로 독립이며 동일한 분포를 다르게 된다. 이를 통계학에서 iid(Independent and Identically Distributed)라고 표기한다. 이때 중심극한정리(CLT)에 의해 $n \to \infty$로 충분히 크다면 표본평균 $\overline{X}$의 분포는 근사적으로 평균이 μ, 분산이 $\dfrac{\sigma^2}{n}$인 정규분포를 따른다.
따라서 $Z = \dfrac{\overline{X} - \mu}{\sigma/\sqrt{n}} \sim N(0, 1^2)$이다.

137 정답률 약 30% [14년 1회, 21년 2회 기출]

모평균이 10, 모분산이 9인 정규모집단으로부터 추출한 크기 36인 표본의 표본평균은 어떤 분포를 따르는가?

① $N\left(10, \dfrac{1}{2}\right)$　　　② $N\left(10, \dfrac{1}{4}\right)$
③ $N\left(10, \dfrac{1}{9}\right)$　　　④ $N\left(10, \dfrac{3}{2}\right)$

해설 모집단이 정규모집단이라는 가정이 있는 경우, 모집단이 $X \sim N(n, \sigma^2)$이면 표본평균 $\overline{X}$의 표집분포도 $\overline{X} \sim N\left(\mu, \dfrac{\sigma^2}{n}\right)$를 따른다. 따라서 모평균이 10, 모분산이 9인 정규모집단으로부터 추출한 크기 36인 표본의 표본평균 $\overline{X}$는 $\overline{X} \sim N\left(10, \dfrac{9}{36}\right)$이며, $\overline{X} \sim N\left(10, \dfrac{1}{4}\right)$로도 표기가 가능하다.

138 정답률 약 50% [18년 2회 기출]

다음 중 표본평균 $\left(\overline{X} = \dfrac{1}{n}\sum_{i=1}^{n} x_i\right)$의 분포에 관한 설명으로 틀린 것은?

① 표본평균의 분포 평균은 모집단의 평균과 동일하다.
② 표본의 크기가 어느 정도 크면 표본평균의 분포는 근사적 정규분포를 따른다.
③ 표본평균의 분포는 모집단의 분포와 동일하다.
④ 표본평균의 분포 분산은 표본의 크기에 따라 달라진다.

해설 표본평균의 분포는 모집단의 분포와 동일하지 않다. 예를 들면, 표본평균의 분산은 $V(\overline{X}) = \dfrac{\sigma^2}{n}$이고, 모집단의 분산은 σ^2이다.
① 표본평균의 분포 평균은 모집단의 평균과 동일하므로 $E(\overline{X}) = \mu$라고 표기한다. 이는 표본평균이 모집단 평균의 불편추정량임을 의미한다.
② 중심극한정리(CLT)에 따르면, 표본 크기가 충분히 크면 표본평균의 분포는 정규분포에 근사하게 된다. 즉, 표본의 크기가 어느 정도 크면 표본평균의 분포는 근사적 정규분포를 따른다.
④ 표본평균의 분포 분산은 $V(\overline{X}) = \dfrac{\sigma^2}{n}$이며, 표본의 크기 n에 따라 달라진다.

139 [03년 3회, 13년 3회 기출]

어떤 대학 사회학과 학생들의 통계학 성적분포가 근사적으로 $N(70, 10^2)$을 따른다고 한다. 50점 이하인 학생에게 F학점을 준다고 할 때, F학점을 받게 될 학생들의 비율을 구할 수 있는 것은?

① $P(Z \leq -1)$　　　② $P(Z \leq 1)$
③ $P(Z \leq -2)$　　　④ $P(Z \leq 2)$

해설 사회학과 학생들의 통계학 성적을 확률변수 X라고 하면, $X \sim N(70, 10^2)$이다.
50점 이하인 학생에게 F학점을 준다고 할 때, 표준화를 통해 값을 구해보자.
F학점을 받게 될 학생들의 비율은 아래와 같다.
$P(X \leq 50) = P\left(\dfrac{X-70}{10} \leq \dfrac{50-70}{10}\right) = P(Z \leq -2)$

정답 : 136 ②　137 ②　138 ③　139 ④

140 정답률 약 50% [10년 1회, 18년 1회 기출]

확률변수 X가 정규분포 $N(\mu, \sigma^2)$을 따를 때, 다음 설명 중 틀린 것은?

① X의 확률분포는 좌우대칭인 종 모양이다.
② $Z=(X-\mu)/\sigma$ 라 두면 Z의 분포는 $N(0, 1)$이다.
③ X의 평균, 중위수는 일치하므로 X의 분포의 비대칭도는 0이다.
④ X의 관측값이 $\mu-\sigma$ 와 $\mu+\sigma$ 사이에 나타날 확률은 약 95%이다.

해설 정규분포에서의 관측값은 평균을 기준으로 양옆으로 σ까지는 약 68.26%이다. 추가적으로 외워두면, 평균을 기준으로 양옆으로 2σ까지는 약 95.44%이고, 3σ 양옆으로까지는 약 99.72%이다. 따라서 X의 관측값이 $\mu-\sigma$ 와 $\mu+\sigma$ 사이에 나타날 확률은 $P(\mu-1\sigma \leq X \leq \mu+1\sigma) = 0.683$이므로, 약 68.3%이다.
① 정규분포는 좌우대칭인 종 모양을 가지는 분포로, 평균을 중심으로 대칭이다.
② 표준정규분포를 따르며 이는 평균이 0, 분산이 1인 정규분포이다.
③ 정규분포에서는 평균(Mean), 중위수(Median), 최빈수(Mode)이 모두 동일하다. 따라서 비대칭도(왜도 ; Skewness)는 0이다. 이 책에서는 이를 암기 : 3M 이라고 외우자.

141 정답률 약 40% [20년 3회 기출]

어느 투자자가 구성한 포트폴리오의 기대수익률이 평균 15%, 표준편차 3%인 정규분포를 따른다고 한다. 이때 투자자의 수익률이 15% 이하일 확률은?

① 0.25
② 0.375
③ 0.475
④ 0.5

해설 투자자의 수익률(백분율%)을 확률변수 X라고 하면, $X \sim N(15, 3^2)$이다. 따라서, 표준화를 활용하면 투자자의 수익률이 15% 이하일 확률은 다음과 같다.
$$P(X \leq 15) = P\left(\frac{X-15}{3} \leq \frac{15-15}{3}\right)$$
$= P(Z \leq 0) = 0.5$
정규분포는 평균을 중심으로 좌우대칭인 종 모양 곡선이고, 표준정규분포는 0을 중심으로 분산이 1^2인 좌우대칭인 종 모양 곡선이다. 따라서 확률변수 X값의 평균이 15(%)일 때, 투자자의 수익률이 15(%) 이하일 확률은 전체 면적의 절반에 해당하므로 0.5임을 표준화 및 확률 계산 없이도 알 수 있다.

142 정답률 약 20% [20년 1·2회 통합 기출]

평균이 μ, 분산이 σ^2인 모집단에서 크기 n의 임의표본을 반복추출하는 경우, n이 크면 중심극한정리에 의하여 표본합의 분포는 정규분포로 수렴한다. 이때 정규분포의 형태는?

① $N\left(\mu, \dfrac{\sigma^2}{n}\right)$
② $N(\mu, n\sigma^2)$
③ $N(n\mu, n\sigma^2)$
④ $N\left(n\mu, \dfrac{\sigma^2}{n}\right)$

해설 평균이 μ이고, 표준편차가 σ인 모집단으로부터 크기가 n인 확률표본을 취할 때, 확률변수 X는 $X \sim N(n, \sigma^2)$를 따른다. 이때, 중심극한정리(CLT)에 의해 $n \to \infty$로 충분히 클 때, 표본평균 $\overline{X}$의 분포는 근사적으로 평균이 μ, 분산이 $\dfrac{\sigma^2}{n}$인 정규분포를 따른다. 모집단의 분포가 어떤 형태이든 상관없이, 표본 크기 n이 충분히 크면 표본합의 분포는 정규분포로 수렴한다.
따라서 표본합 $X_1 + X_2 + \cdots + X_n$ 의 평균과 분산은 아래와 같다.
표본합 $X_1 + X_2 + \cdots + X_n$ 은 개별 표본 값들의 합이며, 각각의 $X_1, X_2, \cdots, X_n$ 은 독립적이고 동일하게 분포된(i.i.d) 확률변수이므로, 표본합의 평균은 개별 표본 평균의 합으로 계산된다.
$E(X_1 + X_2 + \cdots + X_n)$
$= E(X_1) + E(X_2) + \cdots + E(X_n) = n\mu$
표본합 $X_1 + X_2 + \cdots + X_n$ 의 분산 역시 각각의 $X_1, X_2, \cdots, X_n$ 가 i.i.d임을 활용하면, 합의 성질에 의해 다음과 같이 계산되고 $V(X_1 + X_2 + \cdots + X_n) = V(X_1) + V(X_2) + \cdots + V(X_n) = n\sigma^2$이다. 결론적으로 표본합은 $X_1 + X_2 + \cdots + X_n \sim N(n\mu, n\sigma^2)$이다.

정답 : 140 ④ 141 ④ 142 ③

143 정답률 약 40% [20년 3회 기출]

평균이 μ이고 분산이 σ^2인 임의의 모집단에서 확률표본 $X_1, X_2, \cdots, X_n$을 추출하였다. 표본평균 $\overline{X}$에 대한 설명으로 틀린 것은?

① $E(\overline{X}) = \mu$이다.
② $V(\overline{X}) = \dfrac{\sigma^2}{n}$이다.
③ n이 충분히 클 때, $\overline{X}$의 근사분포는 $N(\mu, \sigma^2)$이다.
④ n이 충분히 클 때, $\dfrac{\overline{X} - \mu}{\sigma/\sqrt{n}}$의 근사분포는 $N(0, 1)$이다.

해설 n이 충분히 클 때, $\overline{X}$의 근사분포는 $N\left(\mu, \dfrac{\sigma^2}{n}\right)$이다.
평균이 μ이고, 분산이 σ^2인 임의의 모집단에서 확률표본 $X_1, X_2, \cdots, X_n$을 추출하였으므로 크기가 n인 확률표본이며, 확률변수 X는 $X \sim N(\mu, \sigma^2)$를 따른다. 이때, 표본평균 $\overline{X}$의 분포는 중심극한정리(CLT)에 의해 $n \to \infty$로 충분히 크다면 근사적으로(점근적으로) 평균이 μ이고 분산이 $\dfrac{\sigma^2}{n}$인 정규분포를 따르며, $\overline{X} \sim N\left(\mu, \dfrac{\sigma^2}{n}\right)$이다.
①, ②, ④를 정리하면 $E(\overline{X}) = \mu$, $V(\overline{X}) = \dfrac{\sigma^2}{n}$, $Z = \dfrac{\overline{X} - \mu}{\sigma/\sqrt{n}} \sim N(0, 1^2)$이다.

144 정답률 약 50% [18년 2회 기출]

다음 중 표본평균 $\left(\overline{X} = \dfrac{1}{n}\sum_{i=1}^{n} x_i\right)$의 분포에 관한 설명으로 틀린 것은?

① 표본평균의 분포 평균은 모집단의 평균과 동일하다.
② 표본의 크기가 어느 정도 크면 표본평균의 분포는 근사적 정규분포를 따른다.
③ 표본평균의 분포는 모집단의 분포와 동일하다.
④ 표본평균의 분포 분산은 표본의 크기에 따라 달라진다.

해설 표본평균의 분포는 모집단의 분포와 동일하지 않다. 직관적으로 이해해보면, 평균이 μ이고 표준편차가 σ인 모집단으로부터 크기가 n인 확률표본을 취할 때, 확률변수 X는 $X \sim N(\mu, \sigma^2)$를 따른다. 이때, 표본평균 $\overline{X}$의 분포는 중심극한정리(CLT)에 의해 $n \to \infty$로 충분히 크다면 근사적으로(점근적으로) 평균이 μ이고 분산이 $\dfrac{\sigma^2}{n}$ (표준편차 $\dfrac{\sigma}{\sqrt{n}}$)인 정규분포를 따른다.
① 모집단의 평균이 μ라고 할 때, 표본평균의 기댓값은 μ이며, 이는 표본평균이 불편추정량(Unbiased Estimator)임을 의미한다. 따라서 표본평균의 분포 평균은 모집단의 평균과 동일하다.
② 중심극한정리(CLT)에 의해 표본의 크기가 충분히 크면 모집단의 분포 형태에 상관없이 표본평균의 분포는 근사적으로 정규분포를 따른다.
④ 표본평균의 분포 분산은 $\dfrac{\sigma^2}{n}$이므로, 표본의 크기 n에 따라 달라진다.

정답 : 143 ③ 144 ③

145 정답률 약 30% [19년 2회 기출]

중심극한정리에 대한 설명으로 옳은 것은?

> ㉮ 표본의 크기가 충분히 큰 경우 모집단의 분포의 형태에 관계없이 성립한다.
> ㉯ 모집단의 분포는 연속형, 이산형 모두 가능하다.
> ㉰ 표본평균의 기댓값과 분산은 모집단의 것과 동일하다.

① ㉮
② ㉮, ㉯
③ ㉯, ㉰
④ ㉮, ㉯, ㉰

해설
㉮ 중심극한정리(CLT)는 표본의 크기가 충분히 크면, 모집단의 분포가 어떠하든 상관없이 표본평균의 분포가 정규분포에 근사하게 된다.
㉯ 중심극한정리(CLT)는 모집단의 분포가 연속형이든 이산형이든 적용될 수 있다. 즉, 모집단분포의 형태가 무엇이든 중심극한정리가 성립한다.
㉰ 표본평균의 기댓값은 모집단의 평균과 동일하지만 표본평균의 분산은 모집단의 분산 σ^2을 표본의 크기 n으로 나눈 $\dfrac{\sigma^2}{n}$이다. 따라서 표본평균의 분산은 모집단의 분산과 동일하지 않다.

146 정답률 약 40% [16년 3회 기출]

X는 정규분포를 따르는 확률변수이다. $P(X<-1)=0.16$, $P(X<-0.5)=0.31$, $P(X<0)=0.5$ 일 때, $P(0.5<X<1)$의 값은?

① 0.235
② 0.15
③ 0.19
④ 0.335

해설
정규분포에서 양의 기호와 음의 기호가 섞여 있는 문제는 양/음 방향을 한쪽으로 고정하여 풀이하면 쉽다. 구하고자 하는 $P(0.5<X<1)$는 정규분포에서 $X=0$ 값을 기준으로 반대 방향으로 산출하고자 하면, $P(-1<X<-0.5)$과 동일한 확률이다. 이를 계산하면, 아래와 같다.
$P(-1<X<-0.5)$
$=P(X<-0.5)-P(X<-1)$
$=0.31-0.16=0.15$

147 정답률 약 50% [19년 3회 기출]

모집단의 표준편차의 값이 상대적으로 작을 때에 표본평균 값의 대표성에 대한 해석으로 가장 적합한 것은?

① 대표성이 크다.
② 대표성이 적다.
③ 표본의 크기에 따라 달라진다.
④ 대표성의 정도는 표준편차와 관계없다.

해설 모집단의 표준편차의 값이 상대적으로 작을 때에 표본평균의 값은 '대표성이 크다.'라고 해석한다.

Step 1. 표준편차의 의미
표준편차는 데이터가 평균으로부터 얼마나 퍼져 있는지를 나타내는 지표이다. 표준편차가 작다는 것은 데이터가 평균값 주변에 밀집해 있음을 의미한다. 즉, 모집단 내 개별 값들이 평균에 매우 가까운 값들로 구성되어 있음을 나타낸다.

Step 2. 표준편차가 작은 경우의 표본평균
모집단의 표준편차가 작을 때, 표본을 추출했을 때 얻는 표본평균은 모집단의 실제 평균에 매우 가까울 가능성이 높다. 이는 표본 내의 개별 값들이 모두 모집단 평균에 가까워서 표본평균이 모집단 평균을 잘 대표한다는 것을 의미한다.

Step 3. 대표성에 대한 해석
따라서, 모집단의 표준편차가 작을 때, 표본평균은 모집단 평균을 매우 잘 대표할 수 있다. 이는 표본평균이 모집단의 특성을 잘 반영하며, 모집단의 실제 평균값을 추정하는 데 있어서 표본평균이 높은 신뢰성을 가진다는 것을 의미한다.

Step 4. 결론
모집단의 표준편차가 작을 때, 표본평균은 모집단 평균을 잘 대표하는 값이 된다. 이는 표본평균이 모집단의 중심 경향성을 정확하게 반영하고 있음을 시사하므로, 표본평균의 대표성에 대해 높은 신뢰를 가질 수 있다.

정답 : 145 ② 146 ② 147 ①

148 [14년 2회 기출]

모평균과 모분산이 각각 μ, σ^2인 무한모집단으로부터 추출한 크기 n의 랜덤표본에 근거한 표본평균 $\overline{X_n}$의 확률분포에 대한 설명으로 틀린 것은?

① 표본평균 $\overline{X_n}$의 기댓값은 표본의 크기 n에 관계없이 항상 모평균 μ와 같으나 표본평균 $\overline{X_n}$의 표준편차는 표본의 크기 n이 커짐에 따라 점점 작아져 0으로 가까이 가게 된다.
② 모집단의 확률분포가 정규분포이면 표본평균 $\overline{X_n}$ 역시 정규분포를 따른다.
③ 모집단의 분포가 무엇이든 관계없이 표본평균 $\overline{X_n}$의 확률분포는 표본의 크기가 커짐에 따라 근사적으로 평균이 μ이고 분산이 $\frac{\sigma^2}{n}$인 정규분포를 따른다.
④ 모집단의 확률분포가 좌우 비대칭인 분포이면 표본평균 $\overline{X_n}$의 확률분포는 정규분포를 따르지 않는다.

해설 모집단의 확률분포가 좌우 비대칭인 경우에도, 표본평균의 확률분포는 표본 크기가 충분히 크다면 중심극한정리(CLT)에 의해 정규분포를 따른다.
① 표본평균 $\overline{X_n}$의 기댓값은 모평균과 같으므로 $E(\overline{X_n}) = \mu$이고, 표준편차는 $sd(\overline{X}) = \frac{\sigma}{\sqrt{n}}$이므로 표본의 크기 n이 커짐에 따라 점점 작아져 0으로 가까이 간다.
② 모집단이 정규분포를 따르면, 표본평균도 정규분포를 따른다.
③ 중심극한정리(CLT)에 대한 설명이다.

149 [09년 3회 기출]

표본평균과 표준오차에 관한 설명으로 틀린 것은? (단, 모집단의 분산은 σ^2, 표본의 크기는 n이다.)

① 표준오차는 모집단의 분산 및 표본의 크기에 영향을 받는다.
② n이 커질 때 표본평균의 분포는 정규분포에 가까워진다.
③ 표준오차의 크기는 $\sqrt{n}$에 비례한다.
④ 표준오차는 모평균을 추정할 때, 표본평균의 오차에 대하여 설명한다.

해설 표준오차는 모표준편차를 σ라고 할 때, 표본의 크기가 n인 경우 표본평균 $\overline{X}$의 표준오차는 $SE(\overline{X}) = \frac{\sigma}{\sqrt{n}}$으로 계산된다. 따라서 표준오차의 크기는 $\sqrt{n}$에 반비례한다.
① 표준오차는 모집단의 분산 σ^2 및 표본의 크기 n에 영향을 받는다.
② n이 커질 때 중심극한정리(CLT)에 의해 표본평균의 분포는 정규분포에 가까워진다.
④ 표준오차는 표본평균의 오차 정도를 나타내는 값으로, 모평균 추정 시 표본평균이 얼마나 변동할 수 있는지를 설명한다.

정답 : 148 ④ 149 ③

150 정답률 약 30% [13년 3회 기출]

표본분포에 관한 설명으로 틀린 것은?

① 단순랜덤복원추출로 뽑은 표본 $X_1, X_2, \cdots, X_n$ 사이에는 아무런 확률적 관계가 없다. 즉, $X_1, X_2, \cdots, X_n$은 서로 독립이다.

② 단순랜덤복원추출로 뽑은 표본을 $X_1, X_2, \cdots, X_n$이라고 할 때 각각의 분포는 모집단의 분포와 같다.

③ 표본의 크기가 충분히 큰 경우 표본의 평균인

$$\overline{X} = \frac{\sum_{i=1}^{n} X_i}{n}$$ 정규분포에 근사한다.

④ 모집단의 크기와 상관없이 랜덤표본 $X_1, X_2, \cdots, X_n$의 성질은 단순랜덤복원추출에 의한 표본의 성질과 전혀 관계가 없다.

> **해설** 모집단의 크기는 표본분포의 성질에 영향을 미칠 수 있다. 특히 모집단이 유한할 때는 표본을 비복원으로 추출하는 경우 모집단의 크기가 표본분포에 영향을 주며, 유한모집단 수정계수를 적용하여 분산을 조정해야 할 수도 있다. 만약 모집단의 크기가 표본크기에 비해 매우 크다면 복원추출과 비복원추출의 차이는 무시할 수 있지만, 모집단의 크기가 작다면 그렇지 않다.
> ① 단순랜덤복원추출은 각 표본이 독립적으로 선택된다는 것을 의미하며 표본 $X_1, X_2, \cdots, X_n$ 사이에는 아무런 확률적 관계가 없고 서로 독립이다.
> ② 단순랜덤복원추출에서 각 표본은 모집단으로부터 독립적으로 추출된다. 따라서 각각의 표본 $X_1, X_2, \cdots, X_n$는 모집단의 분포를 따른다.
> ③ 중심극한정리(CLT)에 따르면, 표본의 크기가 충분히 크면 표본평균의 분포는 모집단의 분포 형태와 관계없이 정규분포에 근사한다.

151 정답률 약 40% [16년 3회 기출]

다음 설명 중 틀린 것은?

① 표본평균의 분포는 항상 정규분포를 따른다.

② 모집단의 평균이 μ라고 할 때, 표본평균의 기댓값은 μ이다.

③ 모집단의 표준편차가 σ일 때, 크기가 n인 표본에서 표본평균의 표준편차는 복원추출인 경우 $\frac{\sigma}{\sqrt{n}}$이다.

④ 추정량의 표준편차를 표준오차라 부른다.

> **해설** 모집단이 정규분포를 따른다면, 표본의 크기와 관계없이 표본평균의 분포도 정규분포를 따른다. 그러나 모집단이 정규분포를 따르지 않는 경우, 표본의 크기가 충분히 큰 경우는 중심극한정리(CLT)에 의해 표본평균의 분포가 정규분포에 근사하게 된다. 그러나 표본의 크기가 작다면 표본평균의 분포가 정규분포를 따르지 않을 수 있다. 따라서 '항상' 정규분포를 따르는 것은 아니다.
> ② 모집단의 평균이 μ라고 할 때, 표본평균의 기댓값은 μ이므로 $E(\overline{X}) = \mu$이다. 이는 표본평균이 불편추정량(Unbiased Estimator)임을 의미한다.
> ③ 복원추출인 경우 표본평균 $\overline{X}$의 표준편차는 $\frac{\sigma}{\sqrt{n}}$이고, 분산은 $\frac{\sigma^2}{n}$로 계산된다. 만약 비복원추출인 경우에는 보정이 필요하고 이때 표본평균 $\overline{X}$의 분산은 $V(\overline{X}) = \frac{N-n}{N-1} \times \frac{\sigma^2}{n}$이며 $\frac{N-n}{N-1}$는 '유한모집단 수정계수'라고 한다.
> ④ 추정량의 표준편차(Standard Deviation ; SD)를 표준오차(Standard Error ; SE)라 부른다. 표준오차는 모집단의 표준편차를 σ라고 할 때, 표본의 크기가 n인 경우 $SE = \frac{\sigma}{\sqrt{n}}$이다.

정답 : 150 ④ 151 ①

152 정답률 약 50% [15년 3회, 18년 3회 기출]

어느 포장기계를 이용하여 생산한 제품의 무게는 평균 240g, 표준편차는 8g인 정규분포를 따른다고 한다. 이 기계에서 생산한 제품 25개의 평균 무게가 242g 이하일 확률은? (단, Z는 표준정규분포를 따르는 확률변수)

① $P(Z \leq 1)$ ② $P\left(Z \leq \dfrac{5}{4}\right)$

③ $P\left(Z \leq \dfrac{3}{2}\right)$ ④ $P(Z \leq 2)$

해설 어느 포장기계를 이용하여 생산한 제품의 무게를 확률변수 X라고 하자.
확률변수 X가 평균 240g, 표준편차는 8g인 정규분포를 따르므로, $X \sim N(240, 8^2)$이다. 이 기계에서 생산한 제품 25개의 평균 무게가 242g 이하일 확률은 $\overline{X} \sim N\left(\mu, \dfrac{\sigma^2}{n}\right)$일 때, $P(\overline{X} \leq 242)$이다.

따라서 $\overline{X} \sim N\left(240, \dfrac{8^2}{25}\right)$이므로 표준화를 통해 확률을 구해보면, 아래와 같다.

$P(\overline{X} \leq 242) = P\left(\dfrac{\overline{X} - 240}{\sqrt{\dfrac{8^2}{25}}} \leq \dfrac{242 - 240}{\sqrt{\dfrac{8^2}{25}}}\right)$

$= P\left(Z \leq \dfrac{5}{4}\right)$

153 정답률 약 40% [13년 1회, 17년 2회 기출]

정규분포 $N(12, 2^2)$를 따르는 확률변수 X로부터 크기 n개의 표본을 뽑았다. 표본평균이 10과 14 사이에 있을 확률이 0.9975라면 몇 개의 표본을 뽑은 것인가? (단, $P(|Z|<3) = 0.9975$, $P(Z<3) = 0.9987$이다.)

① 36   ② 25
③ 16   ④ 9

해설 모집단이 정규모집단이라는 가정이 있는 경우, 모집단이 $X \sim N(n, \sigma^2)$이면 표본평균 $\overline{X}$의 표집분포도 $\overline{X} \sim N\left(\mu, \dfrac{\sigma^2}{n}\right)$를 따른다. 정규분포 $N(12, 2^2)$를 따르는 확률변수 X로부터 크기 n개의 표본을 뽑았으므로, $X \sim N(12, 2^2)$이고 $\overline{X} \sim N\left(12, \dfrac{2^2}{n}\right)$이다. 표본평균이 10과 14 사이에 있을 확률이 0.9975라면 수식으로는 $P(10 \leq \overline{X} \leq 14) = 0.9975$라는 의미이다. 이를 표준화하면, 아래와 같다.

$P(10 \leq \overline{X} \leq 14)$

$= P\left(\dfrac{10-12}{\sqrt{\dfrac{4}{n}}} \leq \dfrac{\overline{X}-12}{\sqrt{\dfrac{4}{n}}} \leq \dfrac{14-12}{\sqrt{\dfrac{4}{n}}}\right)$

$= P\left(\dfrac{-2}{\sqrt{\dfrac{4}{n}}} \leq Z \leq \dfrac{2}{\sqrt{\dfrac{4}{n}}}\right) = 0.9975$

문제에서 주어진 정보를 활용하면 $P(|Z|<3) = 0.9975$이므로, $\dfrac{2}{\sqrt{\dfrac{4}{n}}} = 3$이며 $\dfrac{2}{3} = \sqrt{\dfrac{4}{n}}$이다.

정리하면 $\dfrac{4}{9} = \dfrac{4}{n}$이므로, $n = 9$이다.

정답 : 152 ②   153 ④

154 정답률 약 50%

[03년 1회, 11년 1회, 16년 2회 기출]

모평균이 100, 모표준편차가 20인 무한모집단으로부터 크기 100인 임의표본을 취할 때, 표본평균 $\overline{X}$의 평균과 표준편차는?

① 평균=100, 표준편차=2
② 평균=1, 표준편차=2
③ 평균=100, 표준편차=0.2
④ 평균=1, 표준편차=0.2

해설 일반적으로는 중심극한정리(CLT)에 의해 모집단이 어떤 분포이든 표본이 대표본($n \geq 30$)이면 표본평균 $\overline{X}$의 표집분포는 근사적으로 $\overline{X} \sim N\left(\mu, \dfrac{\sigma^2}{n}\right)$를 따른다.

모평균 μ가 100이고 모표준편차 σ가 20인 무한모집단으로부터 크기 100인 임의표본을 취할 때, 표본평균 $\overline{X}$의 평균과 표준편차를 구하면 표본평균 $\overline{X}$는 $\overline{X} \sim N\left(100, \dfrac{20^2}{100}\right)$이다. 따라서 표본평균의 평균은 100이고, 표준편차는 $\sqrt{\dfrac{20^2}{100}} = \sqrt{4} = 2$이다.

155 정답률 약 40%

[14년 1회 기출]

어느 공장에서 가루비누를 생산하여 용기에 담아 판매하고 있다. 용기의 무게는 표준편차가 1온스인 정규분포를 따르는 것으로 알려져 있다. 25개의 용기를 무작위로 추출하여 무게를 측정한 결과 평균은 49.64온스였다. 25개의 용기의 무게에 대한 평균의 표준편차는?

① 0.04
② 0.1
③ 0.2
④ 25

해설 용기의 무게는 표준편차가 1온스인 정규분포를 따르는 것으로 알려져 있으므로 $X \sim N(\mu, 1^2)$이다.
모집단이 정규모집단이라는 가정이 있는 경우, 모집단이 $X \sim N(n, \sigma^2)$이면 표본평균 $\overline{X}$의 표집분포도 $\overline{X} \sim N\left(\mu, \dfrac{\sigma^2}{n}\right)$를 따르므로, $\overline{X} \sim N\left(\mu, \dfrac{1^2}{n}\right)$이다. 문제에서 구하고자 하는 것은 25개의 용기의 무게에 대한 평균의 표준편차이므로, 표본평균 $\overline{X}$의 표준편차는 $\dfrac{1}{\sqrt{n}} = \dfrac{1}{\sqrt{25}} = \dfrac{1}{5} = 0.2$이다.

156 정답률 약 40%

[18년 1회 기출]

A 회사에서 개발하여 판매하고 있는 신형 PC의 수명은 평균이 5년이고 표준편차가 0.6년인 정규분포를 따른다고 한다. A 회사의 신형 PC 중 9대를 임의로 추출하여 수명을 측정하였다. 평균수명이 4.6년 이하일 확률은? (단, $P(|Z|>2)=0.046$, $P(|Z|>1.96)=0.05$, $P(|Z|>2.58)=0.01$이다.)

① 0.01
② 0.023
③ 0.025
④ 0.048

해설 A 회사에서 개발하여 판매하고 있는 신형 PC의 수명 확률변수 X는 평균이 5년, 표준편차가 0.6년인 정규분포를 따르므로 $X \sim N(5, 0.6^2)$이다. 모집단이 정규모집단이라는 가정이 있는 경우, 모집단이 $X \sim N(n, \sigma^2)$이면 표본평균 $\overline{X}$의 표집분포도 $\overline{X} \sim N\left(\mu, \dfrac{\sigma^2}{n}\right)$를 따른다. 따라서 이 문제에서는 $\overline{X} \sim N\left(5, \dfrac{0.6^2}{9}\right)$이다. 구하고자 하는 확률은 A 회사의 신형 PC 중 9대를 임의로 추출하여 수명을 측정하였을 때, 평균수명이 4.6년 이하일 확률 $P(\overline{X} \leq 4.6)$이다.
표준화 공식을 활용하면 아래와 같다.

$$P(\overline{X} \leq 4.6) = P\left(\dfrac{\overline{X}-5}{\sqrt{\dfrac{0.6^2}{9}}} \leq \dfrac{4.6-5}{\sqrt{\dfrac{0.6^2}{9}}}\right)$$
$$= P(Z \leq -2) = \dfrac{1}{2} \times P(|Z|>2) = \dfrac{1}{2} \times 0.046$$
$$= 0.023$$

정답 : 154 ① 155 ③ 156 ②

157 정답률 약 50% [11년 3회, 20년 1·2회 통합 기출]

A 회사에서 생산하고 있는 전구의 수명시간은 평균이 $\mu = 800$(시간)이고, 표준편차가 $\sigma = 40$(시간)이라고 한다. 무작위로 이 회사에서 생산한 전구 64개를 조사하였을 때 표본의 평균수명시간이 790.2시간 미만일 확률은? (단, $z_{0.005} = 2.58$, $z_{0.025} = 1.96$, $z_{0.05} = 1.645$이다.)

① 0.01
② 0.025
③ 0.5
④ 0.10

해설 A 회사에서 생산하고 있는 전구의 수명시간(확률변수 X)은 평균이 $\mu = 800$(시간)이고, 표준편차가 $\sigma = 40$(시간)이라고 한다. 따라서 $X \sim N(800, 40^2)$이다. 이때, 중심극한정리(CLT)에 의해 모집단이 어떤 분포이든 표본이 대표본($n \geq 30$)이면 표본평균 $\overline{X}$의 표집분포는 근사적으로 $\overline{X} \sim N\left(\mu, \dfrac{\sigma^2}{n}\right)$를 따른다.

따라서 무작위로 이 회사에서 생산한 전구 64개를 조사하였을 때 $\overline{X} \sim N\left(800, \dfrac{40^2}{64}\right)$이다. 이때, 표본의 평균수명시간이 790.2시간 미만일 확률은 다음과 같다.

$$P(\overline{X} < 790.2) = P\left(\dfrac{\overline{X} - 800}{\sqrt{\dfrac{40^2}{64}}} < \dfrac{790.2 - 800}{\sqrt{\dfrac{40^2}{64}}}\right)$$
$$= P(Z < -1.96) = P(Z > 1.96) = 0.025$$

158 정답률 약 30% [17년 3회 기출]

모평균이 10이고 모분산이 4인 모집단으로부터 100개의 표본을 추출하였을 때 표본평균을 $\overline{X}$라면 $P(\overline{X} < 10.33)$는? (단, $Z \sim N(0, 1)$일 때, $P(Z > 1.96) = 0.025$, $P(Z > 1.65) = 0.05$, $P(Z > 8.25) = 0$ $P(Z > 0.825) = 0.205$이다.)

① 0.795
② 0.95
③ 0.975
④ 1

해설 모평균이 10이고 모분산이 4인 모집단 $X \sim N(10, 2^2)$으로부터 100개의 표본을 추출하였다. 중심극한정리(CLT)에 의해 모집단이 어떤 분포이든 표본이 대표본($n \geq 30$)이면 표본평균 $\overline{X}$의 표집분포는 근사적으로 $\overline{X} \sim N\left(\mu, \dfrac{\sigma^2}{n}\right)$를 따른다. 문제를 보면, 100개의 표본을 추출하였기에 대표본이므로 $\overline{X} \sim N\left(10, \dfrac{2^2}{100}\right)$이다. 구하고자 하는 $P(\overline{X} < 10.33)$ 확률을 계산하면 아래와 같다.

$$P(\overline{X} < 10.33) = P\left(\dfrac{\overline{X} - 10}{\sqrt{\dfrac{2^2}{100}}} < \dfrac{10.33 - 10}{\sqrt{\dfrac{2^2}{100}}}\right)$$
$$= P(Z < 1.65) = 1 - P(Z > 1.65) = 1 - 0.05 = 0.95$$

정답: 157 ② 158 ②

159 정답률 약 50% [15년 1회, 19년 3회 기출]

어느 고등학교 1학년 학생의 신장은 평균이 168cm이고, 표준편차가 6cm인 정규분포를 따른다고 한다. 이 고등학교 1학년 학생 100명을 임의 추출할 때, 표본평균이 167cm 이상 169cm 이하인 확률은? (단, $P(Z \leq 1.67) = 0.9525$ 이다.)

① 0.9050
② 0.0475
③ 0.8050
④ 0.7050

해설 어느 고등학교 1학년 학생의 신장은 평균이 168cm이고, 표준편차가 6cm인 정규분포를 따르므로 $X \sim N(168, 6^2)$이다. 이때, 중심극한정리(CLT)에 의해 모집단이 어떤 분포이든 표본이 대표본($n \geq 30$)이면 표본평균 $\overline{X}$의 표집분포는 근사적으로 $\overline{X} \sim N\left(\mu, \dfrac{\sigma^2}{n}\right)$를 따르므로, $\overline{X} \sim N\left(168, \dfrac{6^2}{100}\right)$이다.

따라서 이 고등학교 1학년 학생 100명을 임의 추출할 때, 표본평균이 167cm 이상 169cm 이하인 확률은 아래와 같다.

$$P(167 \leq \overline{X} \leq 169)$$
$$= P\left(\dfrac{167-168}{\sqrt{\dfrac{6^2}{100}}} \leq \dfrac{\overline{X}-168}{\sqrt{\dfrac{6^2}{100}}} \leq \dfrac{169-168}{\sqrt{\dfrac{6^2}{100}}}\right)$$
$$= P\left(-\dfrac{5}{3} \leq Z \leq \dfrac{5}{3}\right)$$
$$= P(-1.67 \leq Z \leq 1.67)$$
$$= 1 - 2 \times P(Z \geq 1.67)$$
$$= 1 - 2 \times (1 - 0.9525)$$
$$= 1 - 2 \times 0.0475 = 0.905$$

160 정답률 약 40% [16년 1회, 20년 4회 기출]

평균이 8이고 분산이 0.6인 정규모집단으로부터 10개의 표본을 임의로 추출하는 경우, 표본평균의 평균과 분산은?

① (0.8, 0.6)
② (0.8, 0.06)
③ (8, 0.06)
④ (8, 0.19)

해설 일반적으로는 중심극한정리(CLT)에 의해 모집단이 어떤 분포이든 표본이 대표본($n \geq 30$)이면 표본평균 $\overline{X}$의 표집분포는 근사적으로 정규분포 $\overline{X} \sim N\left(\mu, \dfrac{\sigma^2}{n}\right)$를 따른다.

단, 모집단이 정규모집단이라는 가정이 있는 경우 모집단이 $X \sim N(n, \sigma^2)$이면 표본평균 $\overline{X}$의 표집분포도 $\overline{X} \sim N\left(\mu, \dfrac{\sigma^2}{n}\right)$를 따른다. 이 경우에는 대표본($n \geq 30$)이어야 하는 조건이 요구되지 않는다.

따라서 문제를 보면, 평균이 8이고 분산이 0.6인 정규모집단으로부터 10개의 표본을 임의로 추출하는 경우에 표본평균의 평균과 분산을 구하는 것이므로 표본평균 $\overline{X}$는 $\overline{X} \sim N\left(8, \dfrac{0.6}{10}\right)$이다. 따라서 표본평균의 평균은 8이고, 분산은 0.06임을 산출할 수 있다.

정답 : 159 ① 160 ③

제3과목_ 통계분석과 활용

CHAPTER 02 기술통계분석

(출제기준 변경으로 인하여, 더블 체크 내용 중 '연구'라는 단어는 '조사'라는 단어와 동일한 단어로 간주하면 됩니다.)

01 추정·가설검정

1 모평균, 모비율, 모분산의 추정

(1) 추정

1) 추정의 의의 및 특징
- 추정(Estimation)은 표본에 기초하여 조사된 통계량(Statistic)을 모집단의 모수에 대한 근사값으로 사용하고자 하는 것이다.
- 모집단의 모수 θ(Parameter)를 추정하는 방법으로는 점추정(Point Estimation)과 구간추정(Interval Estimation)이 존재한다.
  - 점추정은 모집단의 모수를 단일 값으로 추정하는 방법이다.
  - 구간추정은 모집단의 모수가 특정 구간 내에 있을 것이라고 추정하는 방법이다.

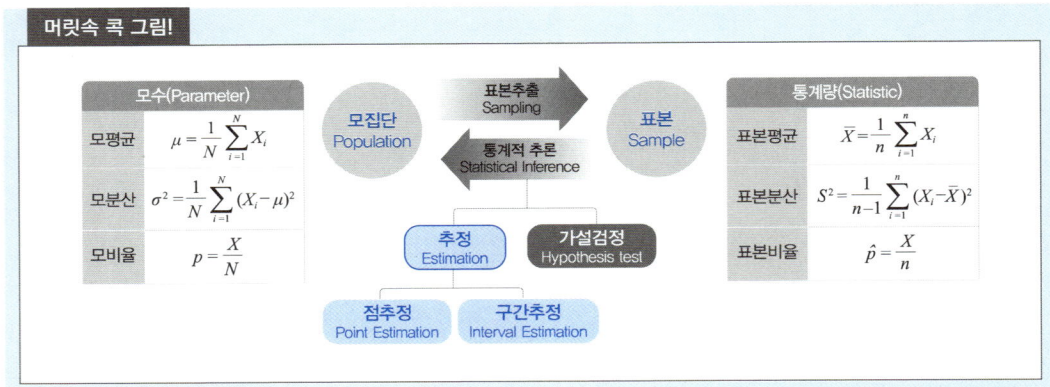

2) 추정량의 의의 및 특징

- 추정량(Estimator)은 모수(파라미터 ; Parameter)에 해당하는 모평균·모분산·모비율 추정을 위해 사용하는 통계적 방법 및 공식이다.
  - 추정량은 표본 기반인 '표본의 함수'이며, 모집단의 특성을 추정하기 위해 사용된다.

① 점추정량(Point Estimator)
- 점추정량은 모집단의 특정 파라미터를 하나의 숫자(점)로 추정하는 방법이다.

모평균 점추정	• $E(\overline{X}) = \mu$ - 표본평균 $\overline{X}$는 모평균 μ의 점추정량(불편추정량)이므로, $E(\overline{X}) = \mu$이다. 기출

모분산
점추정
	• $E(S^2) = \sigma^2$
	  - 표본분산 S^2는 모분산 σ^2의 점추정량(불편추정량)이므로, $E(S^2) = \sigma^2$이다. 기출
	  - 표본표준편차 S는 모표준편차 σ의 점추정량이지만, 불편추정량은 아니다.

모비율 점추정	• $E(\hat{p}) = p$ - 표본비율 $\hat{p}$은 모비율 p의 점추정량(불편추정량)이므로, $E(\hat{p}) = p$이다.

② 구간추정량(Interval Estimator)
- 구간추정량은 모수를 일정한 범위로 추정하는 방법으로, 신뢰구간(CI ; Confidence Interval)를 통해 표현된다.
- 구간추정량은 점추정량보다 불확실성을 더 잘 표현한다.
  - 점추정량은 단일 값으로 추정하지만, 구간추정량은 모수(참값)가 특정 구간 안에 있을 가능성을 제시하여 추정의 신뢰성을 높여준다.

3) 추정치의 의의 및 특징

- 추정치(Estimate)는 특정 표본 데이터에 대해 계산된 추정량의 '실제 관측값'이다. 모수의 추정에 사용되는 통계량을 추정량이라고 하고 추정량의 관측값을 추정치라고 한다. 기출
  - 추정치는 추정량(Estimator)에 표본 데이터를 적용해 얻은 구체적인 숫자이다.
- 모수 θ의 추정에 사용되는 통계량은 추정량 $\hat{\theta}$이고, 추정량의 관측값은 추정치이다. 기출
- 추정치도 점추정치(Point Estimate)와 구간추정치(Interval Estimate)가 존재한다.
  - 표본의 평균으로부터 모집단의 평균을 추정하는 것도 점추정치이다. 기출
  - 점추정치의 통계적 속성은 불편성, 충분성, 효율성, 일치성 등 4가지 기준에 따라 분석될 수 있다. 기출
- 점추정치를 구하기 위한 표본평균이나 표본비율의 분포는 정규분포를 따른다. 기출
  - 중심극한정리에 의해 표본 크기가 충분히 크다면, 표본평균이나 표본비율의 분포는 정규분포에 근사한다. 기출

(2) 추정량의 바람직한 성질 4가지

- 점추정치의 통계적 속성은 불편성, 충분성, 효율성, 일치성 4가지에 따라 분석된다. `기출`

1) 불편성(Unbiasedness)

- 불편성은 추정량이 모집단의 모수(평균, 분산 등)와 동일한 값을 가지는지를 나타낸다.
  - 모수 θ에 대한 추정량 $\hat{\theta}$의 기댓값 $E(\hat{\theta})$이 모수 θ와 일치할 때 불편추정량이라 한다. `기출`
- 편의(Bias)는 추정량의 기댓값 $E(\hat{\theta})$과 모수 θ 사이의 차이이며, $Bias(\hat{\theta}) = E(\hat{\theta}) - \theta$이다. `기출`
  - $E(\hat{\theta}) = \theta$일 때 $\hat{\theta}$을 θ의 불편추정량(Unbiased estimator)이라 한다. `기출`
  - $E(\hat{\theta}) \neq \theta$일 때 $\hat{\theta}$을 θ의 편의추정량(Biased Estimator)이라 한다. `기출`

① 표본평균은 모평균의 불편추정량

- 표본평균 $\overline{X}$는 모평균 μ의 불편추정량이며, $E(\overline{X}) = \mu$라고 표기한다. `기출`
  - 이는 무작위 표본의 표본평균은 모집단의 평균에 대한 불편추정량임을 의미한다. `기출`

[증명] $E(\overline{X}) = E\left(\dfrac{1}{n}\sum_{i=1}^{n}X_i\right) = \dfrac{1}{n}\sum_{i=1}^{n}E(X_i) = \dfrac{1}{n}\sum_{i=1}^{n}\mu = \dfrac{1}{n} \times n\mu = \mu$

② 표본분산은 모분산의 불편추정량

- 표본분산 $S^2 = \dfrac{\sum_{i=1}^{n}(X_i - \overline{X})^2}{n-1}$는 모분산 σ^2의 불편추정량이며, $E(S^2) = \sigma^2$라고 표기한다.
  - 편차제곱합 $\sum(X_i - \overline{X})^2$을 n으로 나누면 그 결과로 얻어진 분산 추정량은 실제 모분산 보다 작게 추정되는 경향이 있다. 따라서 표본분산 S^2는 모분산 σ^2의 불편추정량으로써 편차제곱합 $\sum(X_i - \overline{X})^2$을 n으로 나눈 것보다는 $n-1$로 나눈 것을 사용한다. `기출`
- 표본표준편차 S는 모표준편차 σ의 불편추정량이 아니므로 $E(S) \neq \sigma$임을 주의한다. `기출`

③ 표본비율은 모비율의 불편추정량

- 표본비율 $\hat{p} = \dfrac{X}{n}$은 모비율 p의 불편추정량이며, $E(\hat{p}) = p$라고 표기한다.

[증명] $E(\hat{p}) = E\left(\dfrac{X}{n}\right) = \dfrac{1}{n}E(X) = \dfrac{1}{n} \times np = p$ ($\because X \sim B(n, p)$이므로, $E(X) = np$이다.)

2) 충분성(Sufficiency)

- 주어진 표본에서 모집단 파라미터에 대한 모든 정보를 담고 있는 추정량의 성질이다.
  - 충분통계량(Sufficient Statistic)은 모집단으로부터 추출한 표본의 정보를 모두 사용한 추정량을 의미한다. `기출`
- 좋은 추정량의 성질 중 하나는 추정량의 값이 주어질 때 조건부 분포가 모수에 의존하지 않는다는 것이며 이를 충분성(Sufficiency)이라 한다. `기출`
  - 예를 들면, 조건부 분포가 모수에 의존하지 않는다는 것은? 이미 표본평균으로 모평균을 충분히 설명할 수 있다면, 남은 데이터를 통해 얻을 새로운 정보는 없다는 의미이다.

3) 효율성(Efficiency ; 유효성)

- 효율성은 추정량이 다른 불편추정량들에 비해 얼마나 변동(분산)이 작은지를 나타낸다.
  - 효율성은 다른 추정량들 $\hat{\theta_i}$에 비해 최소의 분산을 갖는 성질이다.
- <u>유효성은 모수의 추정에서 추정량의 분포에 대하여 요구되는 성질 중 표본오차와 관련 있는 성질이다.</u> 기출
  - 유효성은 추정량이 가지고 있는 분산이 가장 작아서, 표본오차가 최소화되는 성질이다.
  - 표본오차(Sampling Error ; 표집오차)는 표본량(추정량) $\hat{\theta}$와 모수 θ사이의 차이를 의미하는데, 분산이 작을수록 표본량이 모수에 더 가까이에 있다.

> 기출
> [비교] 2개의 추정량 $\hat{\theta_1}$과 $\hat{\theta_2}$이 $Var(\hat{\theta_1}) < Var(\hat{\theta_2})$이면,
> 분산이 더 작은 $\hat{\theta_1}$이 $\hat{\theta_2}$보다 효율적이고 유효하다.

4) 일치성(Consistency) 기출

- 일치성은 어떤 모수에 대한 추정량 $\hat{\theta}$이 표본의 크기(n)가 커짐에 따라 확률적으로 모수 θ에 수렴하는 성질이다.
  - 표본의 크기 n이 무한대로 갈 때 추정량이 참된 파라미터 값에 가까워지는 경우, 그 추정량을 일치추정량이라고 한다.
- 일치성은 표본의 크기(n)가 커질수록 추정량 $\hat{\theta}$이 모수 θ에 가까워지는 성질이다.
  - 표본의 크기가 커질수록, 표본으로부터 구한 추정치 $\hat{\theta}$가 모수 θ와 다를 확률이 0에 가깝다는 것을 일치성(Consistency)이 있다고 한다.

> 기출
> $\hat{\theta_n}$이 $n \to \infty$ 일때, θ에 수렴하면 $\lim_{n\to\infty} P(|\hat{\theta}-\theta|<\varepsilon)=1$이다.
> $\lim_{n\to\infty} P(|\hat{\theta}-\theta|<\varepsilon)=1$일 때 $\hat{\theta}$을 θ의 일치추정량이라 한다.
> ※ 참고 : epsilon(ε)은 임의의 작은 양의 수

더블체크

> 정답률 약 40%
> **Q** 다음 중 바람직한 추정량(estimator)의 선정기준이 아닌 것은? [00년 1회, 13년 3회, 21년 1회 기출]
> ① 할당성(quota)
> ② 효율성(efficiency)
> ③ 일치성(consistency)
> ④ 불편성(unbiasedness)
>
> **해설** 추정량이 가져야 할 바람직한 성질 4가지는 불편성, 효율성, 일치성, 충분성이다. 따라서 할당성(quota)은 바람직한 성질에 해당하지 않는다. 할당성(quota)은 통계적 추정량의 성질과 무관하며, 주로 샘플링이나 자원 배분에서 사용될 수 있는 용어이다.
>
> 정답 : ①

> **더블체크**

> 정답률 약 20%

Q 어떤 사회정책에 대한 찬성률을 추정하고자 한다. 크기 n인 임의표본(확률표본)을 추출하여 자료를 $x_1, \cdots, x_2$으로 입력하였을 때 찬성률에 대한 점 추정치로 옳은 것은? (단, 찬성이면 0, 반대면 1로 코딩한다.)

[08년 1회, 10년 1회, 18년 2회 기출]

① $\dfrac{1}{\sqrt{n}} \sum_{i=1}^{n} x_i$

② $\dfrac{1}{n} \sum_{i=1}^{n} x_i$

③ $\dfrac{1}{\sqrt{n}} \sum_{i=1}^{n} (1-x_i)$

④ $\dfrac{1}{n} \sum_{i=1}^{n} (1-x_i)$

해설 문제에서 찬성이면 0, 반대면 1로 코딩한다는 것이 주어져 있으므로, 찬성률에 대한 점 추정치는 반대의 비율을 사용해서 추정하면 된다. 이는 각각의 응답이 두 가지 결과(찬성 혹은 반대)로 구분되는 이산적인 사건이며 베르누이 시행이므로, $X_i \sim Bernoulli(p)$이다. 이때, 반대율은 $P(X_i = 1) = p$이고, 찬성률은 $P(X_i = 0) = 1-p$로 표기한다. 즉, 각 응답 X_i는 베르누이 분포를 따르고, 이를 여러 번 시행한 결과를 통해 반대율 및 찬성률을 계산하면, 반대율은 $\dfrac{1}{n}\sum_{i=1}^{n} x_i$이고, 찬성률은 $1 - \dfrac{1}{n}\sum_{i=1}^{n} x_i = \dfrac{1}{n} \times \left\{ n - \sum_{i=1}^{n} x_i \right\} = \dfrac{1}{n}\sum_{i=1}^{n}(1-x_i)$이다.

정답 : ④

> **개념특강** $E(S^2) = \sigma^2$ But $E(S) \neq \sigma$

아래 증명은 표본분산 S^2는 모분산 σ^2의 불편추정량이지만, 표본표준편차 S는 모표준편차 σ의 불편추정량이 아님에 대해 표본분산 S^2는 모분산 σ^2의 불편추정량이며, $E(S^2) = \sigma^2$라고 표기한다.

$$S^2 = \dfrac{1}{n-1}\sum_{i=1}^{n}(X_i - \overline{X})^2 = \dfrac{1}{n-1}\left(\sum_{i=1}^{n}(X_i^2 - 2\overline{X}X_i + \overline{X}^2) \right) = \dfrac{1}{n-1}\left(\sum_{i=1}^{n}X_i^2 - 2\overline{X}\sum_{i=1}^{n}X_i + \sum_{i=1}^{n}\overline{X}^2 \right)$$

$\dfrac{\sum_{i=1}^{n}X_i}{n} = \overline{X} \to \sum_{i=1}^{n}X_i = n\overline{X}$이며 $\sum_{i=1}^{n}\overline{X}^2 = n \times \overline{X}^2$이므로 S^2에 대해 정리하면 아래와 같다.

$$S^2 = \dfrac{1}{n-1}\left\{ (\sum_{i=1}^{n}X_i^2) - 2\overline{X} \times n\overline{X} + n \times \overline{X}^2 \right\} = \dfrac{1}{n-1}\left\{ \sum_{i=1}^{n}X_i^2 - n \times \overline{X}^2 \right\}$$

따라서 $E(S^2) = E\left(\dfrac{1}{n-1}(\sum_{i=1}^{n}X_i^2 - n \times \overline{X}^2) \right) = \dfrac{1}{n-1} \times E\left(\sum_{i=1}^{n}X_i^2 \right) - \dfrac{n}{n-1} \times E(\overline{X}^2)$이다.

위 공식에서 $E\left(\sum_{i=1}^{n}X_i^2 \right)$값은 $E(X_i^2) = Var(X_i) + (E(X_i))^2$임을 활용하여 구한다.

$$E\left(\sum_{i=1}^{n}X_i^2 \right) = \sum_{i=1}^{n}E(X_i^2) = \sum_{i=1}^{n}\left(Var(X_i) + (E(X_i))^2 \right) = \sum_{i=1}^{n}(\sigma^2 + \mu^2) = n \times (\sigma^2 + \mu^2)$$

위 공식에서 $E(\overline{X}^2)$값은 $E(\overline{X}^2) = Var(\overline{X}) + (E(\overline{X}))^2 = \dfrac{\sigma^2}{n} + \mu^2$이다.

$$E(S^2) = \dfrac{1}{n-1} \times E\left(\sum_{i=1}^{n}X_i^2 \right) - \dfrac{n}{n-1} \times E(\overline{X}^2) = \dfrac{1}{n-1} \times (n \times (\sigma^2 + \mu^2)) - \dfrac{n}{n-1} \times \left(\dfrac{\sigma^2}{n} + \mu^2 \right)$$

$$= \dfrac{n}{n-1} \times (\sigma^2 + \mu^2) - \dfrac{n}{n-1} \times \left(\dfrac{\sigma^2}{n} + \mu^2 \right) = \dfrac{n}{n-1} \times \left(\sigma^2 + \mu^2 - \dfrac{\sigma^2}{n} - \mu^2 \right) = \dfrac{n}{n-1} \times \sigma^2 \times \left(1 - \dfrac{1}{n} \right) = \sigma^2$$

2 모평균, 모비율, 모분산의 구간추정

(1) 구간추정

1) 신뢰수준

① 신뢰수준의 의의
- 신뢰수준(Confidence Level)은 표본 데이터를 바탕으로 모수에 대한 구간추정을 할 때, 해당 구간이 참된 모수를 포함할 확률이며, 소수로 나타내는 확률값 $1-\alpha$로 표현된다.
  - 신뢰수준은 백분율로 변환하여 $100(1-\alpha)\%$ 방식으로 표기되며, 90%, 95%, 99%가 자주 출제된다. 이때 α는 유의수준(Significance Level)이다.

② 신뢰수준의 의미
- 신뢰수준 $100(1-\alpha)\% = 95\%$는 $\alpha = 0.05$인데, 이는 100번의 실험 중 5번은 신뢰구간이 실제 모수를 포함하지 않을 가능성이 있다는 뜻이다.
  - <u>모평균 μ에 대한 구간추정에서 95% 신뢰수준(Confidence Level)을 갖는 신뢰구간이 100 ± 5라고 할 때, 신뢰수준 95%의 의미는 '동일한 추정방법을 사용하여 신뢰구간을 100회 반복하여 추정한다면, 95회 정도는 추정 신뢰구간이 모평균을 포함한다.'는 것이다.</u> 기출

③ 신뢰수준 시각화
- 양측검정인 경우 표준정규분포의 Z값인 $Z_{0.05} = 1.645$, $Z_{0.025} = 1.96$, $Z_{0.005} = 2.575$에 대해서는 시험에 자주 출제되므로 반드시 외워두자.
  - 예) $Z_{0.05} = 1.645$: 양측 검정에서 유의수준이 10%인 경우, 양 끝의 면적 합이 0.10이 되며, 각 끝 부분의 면적은 0.05이다. 이때 표준정규분포에서 기각역의 임계값은 1.645이다.
- 아래 그림은 표준정규분포에서 신뢰수준 90%, 95%에 대해 각각 시각화한 것이다.

머릿속 쏙 그림!

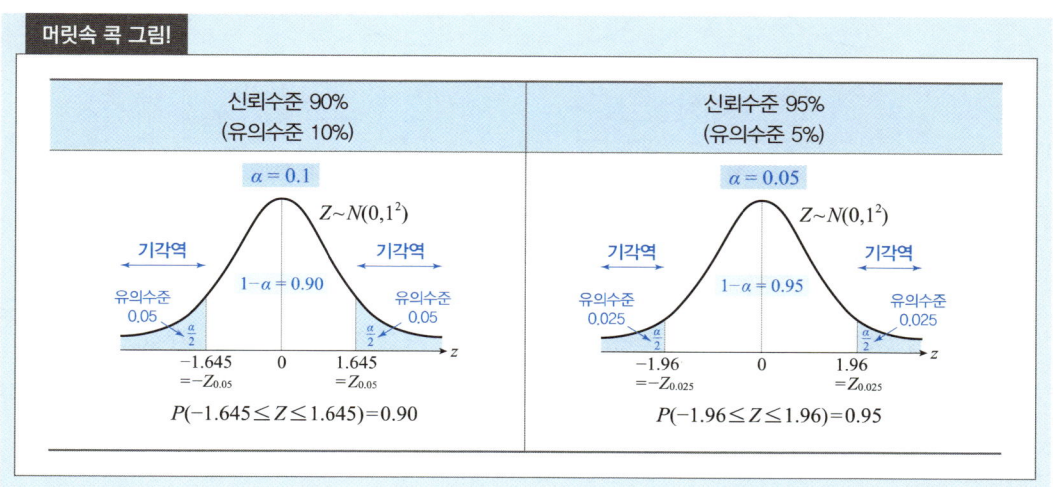

2) 신뢰구간

① 신뢰구간의 의의
- 신뢰구간(CI ; Confidence Interval)은 특정 범위 내에 모수의 참값이 존재할 것으로 예측되는 영역이다.
  - 모평균 μ에 대한 $100(1-\alpha)\%$ 신뢰구간을 나타낼 때, 표본평균이 모평균과 얼마나 떨어져 있는지를 나타내는 확률은 아래와 같다.

$$P\left(-z_{\alpha/2} \leq \frac{\overline{X}-\mu}{\sigma/\sqrt{n}} \leq z_{\alpha/2}\right) \fallingdotseq 1-\alpha$$

> **예** <u>95% 신뢰구간이라 함은 동일한 추정방법에 의해 반복하여 신뢰구간을 추정할 경우, 전체 반복횟수의 약 95%정도는 신뢰구간 내에 모평균이 포함되어 있음을 의미한다.</u> **기출**

② 신뢰구간의 이해
- '설문조사 결과에 따르면, 신뢰수준 95%에서 서울특별시에 거주하는 성인의 60%에서 70%가 공공교통수단인 버스와 지하철을 주로 이용하는 것으로 나타났다.'
  - 95%는 신뢰수준이며, 60%에서 70%는 신뢰구간이다. 이 신뢰구간은 모집단(서울특별시에 거주하는 모든 성인)의 실제 공공교통수단 이용 비율이 60%에서 70% 사이에 있을 가능성이 95%라는 것을 의미한다.

③ 신뢰구간 시각화
- 아래 왼쪽 그림은 정규분포에서 모평균 μ기준 $\pm 1\sigma$, $\pm 2\sigma$, $\pm 3\sigma$의 신뢰구간(CI)이다.
- 아래 오른쪽 그림은 표준정규분포에서 모평균 0기준 ± 1, ± 2, ± 3의 신뢰구간(CI)이다.

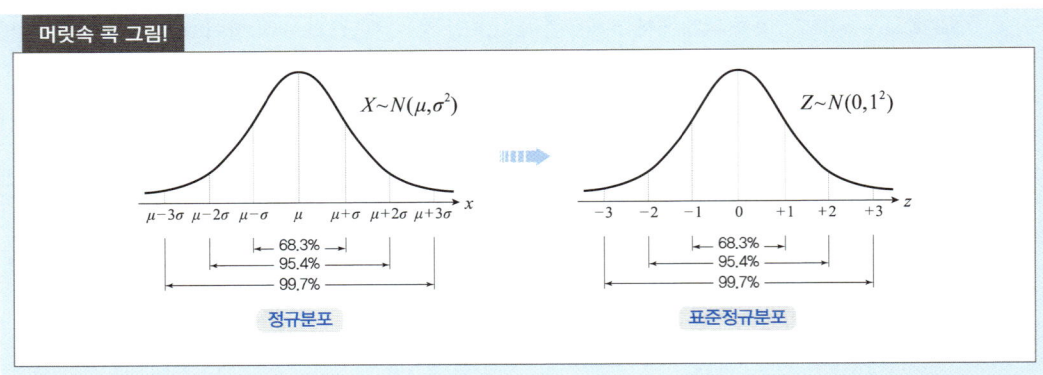

머릿속 콕 그림!

더블체크

Q 모평균에 대한 95% 신뢰구간 "표본평균 $\pm Z_{\frac{\alpha}{2}} \times$ 표준오차"를 계산하기 위한 $Z_{\frac{\alpha}{2}}$의 값은?

[15년 1회 기출]

① 1.645　　　　　　　　　　② 1.96
③ 2.33　　　　　　　　　　　④ 2.58

해설 모평균 μ에 대한 $1-\alpha(\%) = 95(\%)$ 신뢰구간은 $\alpha = 0.05$이므로, $Z_{\frac{\alpha}{2}} = Z_{0.025} = 1.96$를 대입하여 구한다.

따라서 이때 신뢰구간은 $\overline{X} - 1.96 \times \frac{\sigma}{\sqrt{n}} \leq \mu \leq \overline{X} + 1.96 \times \frac{\sigma}{\sqrt{n}}$이다.

정답 : ②

(2) 모평균의 구간추정

1) 정규모집단이고, 모분산 σ^2을 아는 경우

① **신뢰구간 공식**

- 정규모집단은 정규분포를 따르는 모집단이며, 통계적 가정이나 추론에서 자주 등장한다.
- (모집단의 확률분포가 정규분포이며) 모분산 σ^2에 대한 정보를 알고 있는 경우의 모평균 μ에 대한 $100(1-\alpha)\%$ 신뢰구간은 표준정규분포의 Z값을 사용한다.
- 모평균의 추정값의 95% 오차 한계는 $Z_{\frac{\alpha}{2}} \times \dfrac{\sigma}{\sqrt{n}}$ 이다. [기출]

> [기출]
> 모평균 μ에 대한 $100(1-\alpha)\%$ 신뢰구간
> 표본평균 $\pm Z_{\frac{\alpha}{2}} \times$ 표준오차 $=$ 표본평균 $\pm$ 오차한계 $= \overline{X} \pm Z_{\frac{\alpha}{2}} \times \dfrac{\sigma}{\sqrt{n}}$

② **임계값 대입** [기출]

- 모평균에 대한 95% 신뢰구간은 표본평균 $\pm Z_{\frac{\alpha}{2}} \times$ 표준오차를 계산하기 위한 $Z_{\alpha/2}$의 값이 1.96이다. 따라서 모평균의 신뢰구간에서 동일한 표본하에서 $100(1-\alpha)\%$ 신뢰수준을 높이면 신뢰구간의 폭은 넓어진다.

구분	Z값	신뢰구간 공식 [기출]
모평균 μ에 대한 $100(1-\alpha)\%$ 신뢰구간	$Z_{\frac{\alpha}{2}}$	$\overline{X} - Z_{\frac{\alpha}{2}} \times \dfrac{\sigma}{\sqrt{n}} \leq \mu \leq \overline{X} + Z_{\frac{\alpha}{2}} \times \dfrac{\sigma}{\sqrt{n}}$
모평균 μ에 대한 90% 신뢰구간	$Z_{0.05} = 1.645$	$\overline{X} - 1.645 \times \dfrac{\sigma}{\sqrt{n}} \leq \mu \leq \overline{X} + 1.645 \times \dfrac{\sigma}{\sqrt{n}}$
모평균 μ에 대한 95% 신뢰구간	$Z_{0.025} = 1.96$	$\overline{X} - 1.96 \times \dfrac{\sigma}{\sqrt{n}} \leq \mu \leq \overline{X} + 1.96 \times \dfrac{\sigma}{\sqrt{n}}$
모평균 μ에 대한 99% 신뢰구간	$Z_{0.005} = 2.575$	$\overline{X} - 2.575 \times \dfrac{\sigma}{\sqrt{n}} \leq \mu \leq \overline{X} + 2.575 \times \dfrac{\sigma}{\sqrt{n}}$

> **더블체크**
>
> 정답률 약 40%
>
> **Q** 모분산 $\sigma^2 = 16$인 정규모집단에서 표본의 크기가 25인 확률표본을 추출한 결과 표본평균 10을 얻었다. 모평균에 대한 90% 신뢰구간을 구하면? (단, 표준정규분포를 따르는 확률변수 Z에 대해 $P(Z<1.28) = 0.90$, $P(Z<1.645) = 0.95$, $P(Z<1.96) = 0.975$이다.) [18년 1회 기출]
>
> ① (8.43, 11.57)　　　② (8.68, 11.32)
> ③ (8.98, 11.02)　　　④ (9.18, 10.82)
>
> **해설** 정규모집단이고 모분산은 $\sigma^2 = 16$이므로, 모평균 μ에 대한 $100(1-\alpha)\%$ 신뢰구간은 $\overline{X} \pm Z_{\frac{\alpha}{2}} \times \dfrac{\sigma}{\sqrt{n}}$ 이다.
> 표본의 크기가 $25(n=25)$인 확률표본을 추출한 결과 표본평균 $10(\overline{X} = 10)$이라는 정보를 통해, 모평균에 대한 $100(1-\alpha)\% = 90\%$ 신뢰구간에 $Z_{\frac{\alpha}{2}} = Z_{0.05} = 1.645$을 대입하면, 모평균에 대한 90% 신뢰구간은 $10 - 1.645 \times \dfrac{4}{\sqrt{25}} \leq \mu \leq 10 + 1.645 \times \dfrac{4}{\sqrt{25}} = 8.684 \leq \mu \leq 11.316 = (8.68, 11.32)$이다.
>
> 정답 : ②

2) 정규모집단이고, 모분산 σ^2을 모르는 경우

① 대표본의 신뢰구간 공식

- 대표본은 표본의 크기 n이 $n \geq 30$인 경우를 의미하며, 대표본의 경우에 신뢰구간은 표준정규분포의 Z값인 $Z_{\frac{\alpha}{2}}$를 사용한다.
  - 단, 모분산 σ^2(혹은 모표준편차 σ)을 모르는 경우이므로 신뢰구간 공식에는 모표준편차 σ가 아닌 표본표준편차 S를 사용한다.

> **기출**
>
> 모평균 μ에 대한 $100(1-\alpha)\%$ 신뢰구간
> $$\overline{X} - Z_{\frac{\alpha}{2}} \times \frac{S}{\sqrt{n}} \leq \mu \leq \overline{X} + Z_{\frac{\alpha}{2}} \times \frac{S}{\sqrt{n}}$$

② 소표본의 신뢰구간 공식

- 소표본은 표본의 크기 n이 $n < 30$인 경우를 의미하며, 소표본인 경우에 신뢰구간에는 t분포에서 자유도가 $n-1$인 t값인 $t_{\frac{\alpha}{2}}(n-1)$를 사용한다.
  - 단, 모분산 σ^2(혹은 모표준편차 σ)을 모르는 경우이므로 신뢰구간 공식에는 모표준편차 σ가 아닌 표본표준편차 S를 사용한다.

> **기출**
>
> 모평균 μ에 대한 $100(1-\alpha)\%$ 신뢰구간
> $$\overline{X} - t_{\frac{\alpha}{2}}(n-1) \times \frac{S}{\sqrt{n}} \leq \mu \leq \overline{X} + t_{\frac{\alpha}{2}}(n-1) \times \frac{S}{\sqrt{n}}$$

3) 정규모집단인지 주어져 있지 않거나 정규모집단이 아닌 경우

① 모분산 σ^2을 아는 경우이고, 대표본인 경우

- 정규모집단이 아니며 표본의 크기 n이 충분히 크고 σ^2에 대한 정보를 알고 있는 경우, 모평균 μ에 대한 $100(1-\alpha)\%$ 근사신뢰구간은 $\overline{X} \pm Z_{\frac{\alpha}{2}} \times \frac{\sigma}{\sqrt{n}}$이다.

> **기출**
>
> 모평균 μ에 대한 $100(1-\alpha)\%$ 근사신뢰구간
> $$\overline{X} - Z_{\frac{\alpha}{2}} \times \frac{\sigma}{\sqrt{n}} \leq \mu \leq \overline{X} + Z_{\frac{\alpha}{2}} \times \frac{\sigma}{\sqrt{n}}$$

② 모분산 σ^2을 모르는 경우이고, 대표본인 경우

- 정규모집단이 아니며 표본의 크기 n이 충분히 크고 σ^2의 값이 미지인 경우, 모평균 μ에 대한 $100(1-\alpha)\%$ 근사신뢰구간은 $\overline{X} \pm Z_{\frac{\alpha}{2}} \times \frac{S}{\sqrt{n}}$이다.

> **기출**
>
> 모평균 μ에 대한 $100(1-\alpha)\%$ 근사신뢰구간
> $$\overline{X} - Z_{\frac{\alpha}{2}} \times \frac{S}{\sqrt{n}} \leq \mu \leq \overline{X} + Z_{\frac{\alpha}{2}} \times \frac{S}{\sqrt{n}}$$

4) 신뢰구간 요약

① **케이스 분류** 기출

모집단	모분산	표본크기	모평균 μ에 대한 $100(1-\alpha)\%$ 신뢰구간
정규모집단 맞음	모분산 σ^2을 아는 경우	대표본 소표본	$\overline{X} \pm Z_{\frac{\alpha}{2}} \times \dfrac{\sigma}{\sqrt{n}}$
	모분산 σ^2을 모르는 경우	대표본 $n \geq 30$	$\overline{X} \pm Z_{\frac{\alpha}{2}} \times \dfrac{S}{\sqrt{n}}$
		소표본 $n < 30$	$\overline{X} \pm t_{\frac{\alpha}{2}}(n-1) \times \dfrac{S}{\sqrt{n}}$

모집단	모분산	표본크기	모평균 μ에 대한 $100(1-\alpha)\%$ 근사신뢰구간
정규모집단 아님 (모름)	모분산 σ^2을 아는 경우	대표본 $n \geq 30$	$\overline{X} \pm Z_{\frac{\alpha}{2}} \times \dfrac{\sigma}{\sqrt{n}}$
		소표본	(비모수적 방법)
	모분산 σ^2을 모르는 경우	대표본 $n \geq 30$	$\overline{X} \pm Z_{\frac{\alpha}{2}} \times \dfrac{S}{\sqrt{n}}$
		소표본	(비모수적 방법)

② **신뢰구간의 길이**

- 신뢰구간의 길이는 신뢰구간의 상한과 하한 사이의 차이이며, 2×임계값×표준오차이다.
    - 표본의 크기(n)가 커지면 표본평균의 표준오차(SE)인 $\dfrac{\sigma}{\sqrt{n}}$ 혹은 $\dfrac{S}{\sqrt{n}}$는 작아지므로, 신뢰구간의 폭은 좁아지게 된다. 즉, 신뢰구간의 길이는 표본의 크기의 제곱근인 $\sqrt{n}$과 반비례한다.
- <u>모평균의 신뢰구간에서 모든 다른 조건이 동일하다면 표본의 수(=표본의 크기 n)가 클수록 신뢰구간의 길이는 짧아진다(=좁아진다).</u> 기출
    - 즉, 동일한 조건하에서 표본의 크기만을 $\dfrac{1}{4}$로 줄이면 신뢰구간의 길이는 2배 늘어난다. 기출

더블체크

정답률 약 50%

Q 모평균에 대한 95% 신뢰구간을 구하였다. 만약 표본의 크기를 4배 증가시키면 신뢰구간의 길이는 어떻게 변화하는가? [17년 1회 기출]

① $\dfrac{1}{4}$ 만큼 감소   ② $\dfrac{1}{4}$ 만큼 증가   ③ $\dfrac{1}{2}$ 만큼 감소   ④ $\dfrac{1}{2}$ 만큼 증가

해설 표본의 크기를 4배 증가시키면 $n' = 4n$이다.

모평균 μ에 대한 $100(1-\alpha)\%$ 신뢰구간 공식은 $\overline{X} \pm 임계값 \times \dfrac{표준편차}{\sqrt{표본의 크기}}$ 이므로, 표본의 크기가 $n' = 4n$인 신뢰구간은 $\overline{X} \pm t_{\frac{\alpha}{2}}(n-1) \times \dfrac{S}{\sqrt{4n}} = \overline{X} \pm t_{\frac{\alpha}{2}}(n-1) \times \dfrac{S}{2\sqrt{n}}$ 이다. 즉, 신뢰구간의 길이는 $\dfrac{1}{2}$ 만큼 감소한다.

정답 : ③

5) 표준오차 개념 정립

- 표준오차(Standard Error ; SE)는 통계량(Statistic)에 관한 특성값이며, **표준오차를 표본평균의 표준편차라고 한다.** 기출
  - 표준오차는 주로 특정 집단에서 추정된 통계량의 정확성을 평가할 때 사용되며, 두 집단의 자료 간 산포를 비교하는 측도는 아니다.
- 모수인 모표준편차 σ를 모른다고 가정할 때, 표본평균 $\overline{X}$의 표준오차(SE ; Standard Error)의 공식은 아래와 같다.

> 기출
> $$SE(\overline{X}) = \frac{S}{\sqrt{n}}$$

- (추정량 비교 시) **표본분포의 표준오차가 더 작은 추정량이 더 좋은 추정량이다.** 기출
  - 표본분포의 표준오차가 더 작은 추정량이 모수를 더 정확하게, 덜 변동적으로 추정할 수 있기 때문이다.

더블체크

정답률 약 40%

Q 두 집단의 자료 간 산포를 비교하는 측도로 적절하지 않은 것은? [15년 2회 기출]

① 분산 ② 표준편차
③ 변동계수 ④ 표준오차

해설 표준오차는 주로 특정 집단에서 추정된 통계량의 정확성을 평가할 때 사용되며, 표준오차는 두 집단의 자료 간 산포를 비교하는 측도는 아니다. 두 집단의 산포를 비교할 때는 분산, 표준편차, 변동계수가 더 적합하다.

정답 : ④

더블체크

정답률 약 50%

Q 통계조사 시 한 가구를 조사하는데 소요되는 시간을 측정하기 위하여 64가구를 임의 추출하여 조사한 결과 평균 소요시간이 30분, 표준편차 5분이었다. 한 가구를 조사하는데 소요되는 평균시간에 대한 95%의 신뢰구간 하한과 상한은 각각 얼마인가? (단, $Z_{0.025}=1.96$, $Z_{0.05}=1.645$)

[02년 3회, 08년 3회, 12년 3회, 19년 2회 기출]

① 28.8, 31.2 ② 28.4, 31.6
③ 29.0, 31.0 ④ 28.5, 31.5

해설 정규모집단이 아니고, 모분산 σ^2을 모르는 경우이며, 대표본인 경우($n=64$)에 해당하므로, 모평균 μ에 대한 $100(1-\alpha)\%$ 신뢰구간 $\overline{X} - Z_{\frac{\alpha}{2}} \times \frac{S}{\sqrt{n}} \leq \mu \leq \overline{X} + Z_{\frac{\alpha}{2}} \times \frac{S}{\sqrt{n}}$ 이다. 64가구를 임의 추출하여 조사한 결과 평균 소요시간이 30분, 표준편차 5분이라는 정보를 통해 $n=64$, $\overline{X}=30$, $S=5$임을 알 수 있다.
한 가구를 조사하는 데 소요되는 평균시간에 대한 $100(1-\alpha)\% = 95\%$의 신뢰구간을 구하면 아래와 같다.
$$30 - 1.96 \times \frac{5}{\sqrt{64}} \leq \mu \leq 30 + 1.96 \times \frac{5}{\sqrt{64}} = 28.775 \leq \mu \leq 31.225 \fallingdotseq (28.8, 31.2)$$
따라서 신뢰구간 하한은 28.80이고, 상한은 31.20이다.

정답 : ①

(3) 모비율의 구간추정

1) 모비율의 신뢰구간 공식

① 신뢰구간 공식
- 모비율 p에 대한 $100(1-\alpha)\%$ 신뢰구간은 Z값인 $Z_{\frac{\alpha}{2}}$을 사용한다.
  - 표본의 크기 n이 충분히 크면, 표본비율 $\hat{p}$의 분포는 $\hat{p} \sim N\left(p, \frac{p(1-p)}{n}\right)$를 따르고, 이를 표준화하면
  $Z = \frac{\hat{p}-p}{\sqrt{\frac{p(1-p)}{n}}} \sim N(0, 1^2)$ 이다.
  - 아래 공식에서 표준오차는 $\sqrt{\frac{\hat{p}(1-\hat{p})}{n}}$ 이고, 오차한계는 $Z_{\frac{\alpha}{2}} \times \sqrt{\frac{\hat{p}(1-\hat{p})}{n}}$ 이다. 기출

> **기출**
> 모비율 p에 대한 $100(1-\alpha)\%$ 신뢰구간
> 표본비율 $\pm Z_{\frac{\alpha}{2}} \times$ 표준오차 $=$ 표본비율 $\pm$ 오차한계 $= \hat{p} \pm Z_{\frac{\alpha}{2}} \times \sqrt{\frac{\hat{p}(1-\hat{p})}{n}}$

2) 모비율 차이의 신뢰구간 공식

① 신뢰구간 공식
- 모비율 차이 $p_1 - p_2$의 $100(1-\alpha)\%$ 신뢰구간을 구하는 공식은 두 개의 독립된 모집단에서 추출된 표본의 비율 차이를 기반으로 하여 계산한다.

> **기출**
> 모비율 차이 $p_1 - p_2$의 $100(1-\alpha)\%$ 신뢰구간
> $(\hat{p_1} - \hat{p_2}) - Z_{\frac{\alpha}{2}} \times \sqrt{\frac{\hat{p_1}(1-\hat{p_1})}{n_1} + \frac{\hat{p_2}(1-\hat{p_2})}{n_2}} \leq p_1 - p_2 \leq (\hat{p_1} - \hat{p_2}) + Z_{\frac{\alpha}{2}} \times \sqrt{\frac{\hat{p_1}(1-\hat{p_1})}{n_1} + \frac{\hat{p_2}(1-\hat{p_2})}{n_2}}$

더블체크

정답률 약 30%

Q 어느 도시의 금연운동단체에서는 청소년들의 흡연율 p를 조사하기 위해 이 도시에 거주하는 청소년들 중 1200명을 임의로 추출하여 조사한 결과 96명이 흡연을 하고 있었다. 이 도시 청소년들의 흡연율 p의 추정값 $\hat{p}$와 $\hat{p}$의 95% 오차한계는? (단, $P(Z>1.645)=0.05$, $P(Z>1.96)=0.025$, $P(Z>2.58)=0.005$이다.) [21년 3회 기출]

① $\hat{p}=0.06$, 오차한계$=0.013$
② $\hat{p}=0.08$, 오차한계$=0.013$
③ $\hat{p}=0.08$, 오차한계$=0.015$
④ $\hat{p}=0.08$, 오차한계$=0.020$

해설 이 도시 청소년들의 흡연율 p의 추정값 $\hat{p}$을 계산하면, $\hat{p} = \frac{X}{n} = \frac{96}{1200} = 0.08$이다. 이때, 95% 오차한계는 $Z_{\frac{\alpha}{2}} = Z_{0.025} = 1.96$, $\hat{p}=0.08$, $n=1200$임을 적용하여 계산하면,

$Z_{\frac{\alpha}{2}} \times \sqrt{\frac{\hat{p}(1-\hat{p})}{n}} = 1.96 \times \sqrt{\frac{0.08 \times (1-0.08)}{1200}} = 0.015349816 ≒ 0.015$이다.

정답 : ③

(4) 모분산의 구간추정

1) 신뢰구간 공식

① 모분산의 신뢰구간 공식

- 모분산 σ^2에 대한 $100(1-\alpha)\%$ 신뢰구간은 자유도가 $n-1$인 카이제곱분포 $X \sim \chi^2(n-1)$의 χ^2값인 $\chi^2_{\frac{\alpha}{2}}(n-1)$와 $\chi^2_{1-\frac{\alpha}{2}}(n-1)$를 이용한다.

모분산 σ^2에 대한 $100(1-\alpha)\%$ 신뢰구간	카이제곱분포
$\chi^2_{1-\frac{\alpha}{2}}(n-1) \leq \frac{(n-1)S^2}{\sigma^2} \leq \chi^2_{\frac{\alpha}{2}}(n-1)$ 혹은 $\frac{(n-1)S^2}{\chi^2_{\frac{\alpha}{2}}(n-1)} \leq \sigma^2 \leq \frac{(n-1)S^2}{\chi^2_{1-\frac{\alpha}{2}}(n-1)}$	(그래프)

② 모분산 비의 신뢰구간 공식

- 자유도가 각각 m, n인 F-분포의 F값인 $F^2_{\frac{\alpha}{2}}(m-1, n-1)$와 $F^2_{1-\frac{\alpha}{2}}(m-1, n-1)$를 이용한다.

기출

모분산 비 $\frac{\sigma_1^2}{\sigma_2^2}$에 대한 $100(1-\alpha)\%$ 신뢰구간

$$\frac{1}{F^2_{\frac{\alpha}{2}}(m-1, n-1)} \times \frac{S_1^2}{S_2^2} \leq \frac{\sigma_1^2}{\sigma_2^2} \leq F^2_{1-\frac{\alpha}{2}}(m-1, n-1) \times \frac{S_1^2}{S_2^2}$$

더블체크

> 정답률 약 30%
>
> **Q** 강판을 생산하는 공정에서 25개의 제품을 임의로 추출하여 두께는 측정한 결과 표준편차가 5(mm)이었다. 모분산에 대한 95% 신뢰구간을 구하기 위해 필요한 값이 아닌 것은? (단, 강판의 두께는 정규분포를 따른다.) [15년 1회 기출]
>
> ① $\chi^2_{(0.025, 24)}$
> ② $\chi^2_{(0.975, 24)}$
> ③ $\chi^2_{(0.95, 24)}$
> ④ 표본분산 25
>
> **해설** 모분산 σ^2에 대한 $100(1-\alpha)\%$ 신뢰구간은 $\frac{(n-1)S^2}{\chi^2_{\frac{\alpha}{2}}(n-1)} \leq \sigma^2 \leq \frac{(n-1)S^2}{\chi^2_{1-\frac{\alpha}{2}}(n-1)}$ 이다.
>
> 따라서 모분산에 대한 $100(1-\alpha)\% = 95\%$ 신뢰구간을 구하기 위해 강판을 생산하는 공정에서 25개의 제품을 임의로 추출하여 두께는 측정한 결과 표준편차가 5(mm)임을 대입해자.
> $\alpha = 0.05, n = 25$, 표본분산 $S^2 = 5^2$ 이면, $\chi^2_{\frac{\alpha}{2}}(n-1) = \chi^2_{(0.025, 24)}$, $\chi^2_{1-\frac{\alpha}{2}}(n-1) = \chi^2_{(0.975, 24)}$ 이고, 이를 공식에 대입하면, 모분산에 대한 95% 신뢰구간은 $\frac{24 \times 5^2}{\chi^2_{(0.025, 24)}} \leq \sigma^2 \leq \frac{24 \times 5^2}{\chi^2_{(0.975, 24)}}$ 이다.
> 따라서 $\chi^2_{(0.95, 24)}$ 값은 위 공식에 필요한 값이 아니다.
>
> 정답 : ③

3 평균차의 추정

(1) 모평균차의 구간추정

- 평균차의 추정은 두 모집단 간의 평균 차이($\mu_1 - \mu_2$)가 통계적으로 유의미한지 판단하기 위해 신뢰구간 CI를 설정하거나 가설검정을 수행한다.

1) 독립표본에 대한 평균차의 추정

- 두 개의 독립표본에서 얻은 평균 차이를 추정하고자 할 때, 모평균 차이 $\mu_1 - \mu_2$의 $100(1-\alpha)\%$ 신뢰구간은 아래와 같다.

① (모집단이 정규분포이고) 모분산 σ_1^2, σ_2^2을 아는 경우

> **기출**
> 모평균 차이 $\mu_1 - \mu_2$의 $100(1-\alpha)\%$ 신뢰구간
> $$(\overline{X_1} - \overline{X_2}) - Z_{\frac{\alpha}{2}} \times \sqrt{\frac{\sigma_1^2}{n_1} + \frac{\sigma_2^2}{n_2}} \leq \mu_1 - \mu_2 \leq (\overline{X_1} - \overline{X_2}) + Z_{\frac{\alpha}{2}} \times \sqrt{\frac{\sigma_1^2}{n_1} + \frac{\sigma_2^2}{n_2}}$$

② 대표본이고, 모분산 σ_1^2, σ_2^2을 모르는 경우

- 모분산 σ_1^2, σ_2^2을 모르는 경우이므로 모표준편차 σ가 아닌 표본표준편차 S를 사용한다.

> **기출**
> 모평균 차이 $\mu_1 - \mu_2$의 $100(1-\alpha)\%$ 신뢰구간
> $$(\overline{X_1} - \overline{X_2}) - Z_{\frac{\alpha}{2}} \times \sqrt{\frac{S_1^2}{n_1} + \frac{S_2^2}{n_2}} \leq \mu_1 - \mu_2 \leq (\overline{X_1} - \overline{X_2}) + Z_{\frac{\alpha}{2}} \times \sqrt{\frac{S_1^2}{n_1} + \frac{S_2^2}{n_2}}$$

③ 소표본이고, 모분산 σ_1^2, σ_2^2을 모르는 경우

- 이 경우에는 t분포에서 자유도가 $n_1 + n_2 - 2$인 t값인 $t_{\frac{\alpha}{2}}(n_1 + n_2 - 2)$를 사용한다.
- 모분산 σ_1^2, σ_2^2을 모르는 경우에는 $\sigma_1^2 = \sigma_2^2 = \sigma^2$이라는 가정이 추가적으로 필요하다.

  두 집단의 모분산이 같다고 가정한 후에, 공통분산 σ^2에 대한 합동분산추정량(Pooled Variance estimator ; 합동표본분산)인 S_p^2을 이용한다. 이때 S_p^2는 모분산 σ^2의 추정량이며 S_1^2과 S_2^2의 표본크기인 n_1과 n_2에 가중치를 주어 모분산을 추정하는 방법이다.

> **기출**
> $$S_p^2 = \frac{(n_1 - 1)S_1^2 + (n_2 - 1)S_2^2}{n_1 + n_2 - 2}$$

> **기출**
> 모평균 차이 $\mu_1 - \mu_2$의 $100(1-\alpha)\%$ 신뢰구간
> $$(\overline{X_1} - \overline{X_2}) - t_{\frac{\alpha}{2}}(n_1 + n_2 - 2) \times S_p \sqrt{\frac{1}{n_1} + \frac{1}{n_2}} \leq \mu_1 - \mu_2 \leq (\overline{X_1} - \overline{X_2}) + t_{\frac{\alpha}{2}}(n_1 + n_2 - 2) \times S_p \sqrt{\frac{1}{n_1} + \frac{1}{n_2}}$$

더블체크

정답률 약 40%

Q 다음은 두 모집단 $N(\mu_1, \sigma^2)$, $N(\mu_2, \sigma^2)$으로부터 서로 독립된 표본을 추출하여 얻은 결과이다. 공통분산 S_p^2의 값은? [20년 1·2회 통합 기출]

$$n_1 = 11, \overline{X_1} = 23, S_1^2 = 10$$
$$n_2 = 16, \overline{X_2} = 25, S_2^2 = 15$$

① 11 ② 12
③ 13 ④ 14

해설 두 모집단 $N(\mu_1, \sigma^2)$, $N(\mu_2, \sigma^2)$으로부터 서로 독립된 표본을 추출하여 얻은 결과가 $n_1 = 11, \overline{X_1} = 23$, $S_1^2 = 10$이고 $n_2 = 16, \overline{X_2} = 25, S_2^2 = 15$이다. 이는 소표본이고, 모분산 σ_1^2, σ_2^2을 모르는 경우이므로, 공통분산 S_p^2의 값은 $S_p^2 = \dfrac{(n_1-1)S_1^2 + (n_2-1)S_2^2}{n_1 + n_2 - 2} = \dfrac{(11-1) \times 10 + (16-1) \times 15}{11 + 16 - 2} = \dfrac{325}{25} = 13$이다.

정답 : ③

더블체크

정답률 약 30%

Q 다음은 경영학과, 컴퓨터정보과에서 15점 만점인 중간고사 결과이다. 두 학과 평균의 차이에 대한 95% 신뢰구간은? (단, $Z_{0.025} = 1.96, Z_{0.05} = 1.645$) [13년 2회, 19년 3회 기출]

구분	경영학과	컴퓨터정보과
표본크기	36	49
표본평균	9.26	9.41
표준편차	0.75	0.86

① $-0.15 \pm 1.96 \sqrt{\dfrac{0.75^2}{36} + \dfrac{0.86^2}{49}}$

② $-0.15 \pm 1.645 \sqrt{\dfrac{0.75^2}{36} + \dfrac{0.86^2}{49}}$

③ $-0.15 \pm 1.96 \sqrt{\dfrac{0.75^2}{35} + \dfrac{0.86^2}{48}}$

④ $-0.15 \pm 1.645 \sqrt{\dfrac{0.75^2}{35} + \dfrac{0.86^2}{48}}$

해설 두 학과 평균의 차이에 대한 95% 신뢰구간은 <독립표본에 대한 평균차의 추정에서 두 개의 독립표본에서 얻은 평균 차이를 추정하고자 할 때, 모평균 차이 $\mu_1 - \mu_2$의 $100(1-\alpha)\% = 95\%$ 신뢰구간>을 구하는 것이다. 이 문제는 대표본($n_1 = 36, n_2 = 49$)인 경우이며, 모분산 σ_1^2, σ_2^2을 모르는 경우이다. 따라서 모평균 차이 $\mu_1 - \mu_2$의 $100(1-\alpha)\%$ 신뢰구간은 $(\overline{X_1} - \overline{X_2}) - Z_{\frac{\alpha}{2}} \times \sqrt{\dfrac{S_1^2}{n_1} + \dfrac{S_2^2}{n_2}} \leq \mu_1 - \mu_2 \leq (\overline{X_1} - \overline{X_2}) + Z_{\frac{\alpha}{2}} \times \sqrt{\dfrac{S_1^2}{n_1} + \dfrac{S_2^2}{n_2}}$ 이다. 문제에서 주어진 정보를 통해 두 집단의 표본평균은 $\overline{X_1} = 9.26, \overline{X_2} = 9.41$이며 표본평균의 차는 $\overline{X_1} - \overline{X_2} = -0.15$라는 것과 표본표준편차는 $S_1^2 = 0.75, S_2^2 = 0.86$이고 $Z_{\frac{\alpha}{2}} = Z_{0.025} = 1.96$라는 것을 알 수 있다. 따라서 두 학과 평균의 차이에 대한 95% 신뢰구간을 산출하면 $-0.15 \pm 1.96 \sqrt{\dfrac{0.75^2}{36} + \dfrac{0.86^2}{49}}$ 이다.

정답 : ①

2) 대응표본에 대한 평균차의 추정

- 대응표본에 대한 평균차의 추정은 쌍체비교(대응비교)를 통해 동일한 집단의 같은 구성원들이 두 가지 다른 상황이나 시점에서 측정된 경우의 평균 차이를 추정하는 데 사용된다.

  예 조사자는 다이어트 프로그램의 효과를 측정하기 위해 10명의 참가자를 모집했다.
  – 모집 후 각 참가자의 체중(kg)을 프로그램 시작 전(Before)과 4주 후(After)에 측정하고 비교하고자 한다.

① 대표본이고, 모분산 σ_1^2, σ_2^2을 모르는 경우

- 대응표본에서 얻은 평균 차이를 추정하고자 할 때, D는 각 개별 관측값의 차이이므로 $D = X_1 - X_2$이며, $\overline{D}$는 각 관측값 차이들의 평균이므로 $\overline{D} = \overline{X_1} - \overline{X_2}$라고 표기한다.
  – 따라서 두 번의 측정에 대한 모평균 차를 $\mu_D = \mu_1 - \mu_2$로 정의하면, 모평균 차인 μ_D에 대한 추정량이

$$\overline{D} = \overline{X_1} - \overline{X_2} \text{이며, } \overline{D} = \frac{1}{n}\sum_{i=1}^{n} D_i \text{이고 } S_D^2 = \frac{\sum_{i=1}^{n}(D_i - \overline{D})^2}{n-1} \text{이다.}$$

> **기출**
> 모평균 차이 $\mu_1 - \mu_2$의 $100(1-\alpha)\%$ 신뢰구간
> $$\overline{D} - Z_{\frac{\alpha}{2}} \times \frac{S_D}{\sqrt{n}} \leq \mu_1 - \mu_2 \leq \overline{D} + Z_{\frac{\alpha}{2}} \times \frac{S_D}{\sqrt{n}}$$

② 소표본이고, 모분산 σ_1^2, σ_2^2을 모르는 경우

- 이 경우에는 t분포에서 자유도가 $n-1$인 t값인 $t_{\frac{\alpha}{2}}(n-1)$를 사용한다.

> **기출**
> 모평균 차이 $\mu_1 - \mu_2$의 $100(1-\alpha)\%$ 신뢰구간
> $$\overline{D} - t_{\frac{\alpha}{2}}(n-1) \times \frac{S_D}{\sqrt{n}} \leq \mu_1 - \mu_2 \leq \overline{D} + t_{\frac{\alpha}{2}}(n-1) \times \frac{S_D}{\sqrt{n}}$$

더블체크

정답률 약 50%

Q 일정 기간 공사장 지대에서 방목한 가축 소변의 불소 농도에 변화가 있는가를 조사하고자 한다. 랜덤하게 추출한 10마리의 가축 소변의 불소 농도를 방목 초기에 조사하고 일정기간 방목한 후 다시 소변의 불소 농도를 조사하였다. 방목 전후의 불소 농도에 차이가 있는가에 대한 분석방법으로 적합한 것은? [13년 3회, 18년 2회, 21년 2회 기출]

① F-검정
② 쌍체비교(대응비교)
③ 단일 모평균에 대한 검정
④ 독립표본에 의한 두 모평균의 비교

해설 이 문제는 방목 전후의 같은 가축에 대해 소변의 불소 농도를 조사한 것이므로, 두 데이터 세트가 대응된 표본이다. 즉, 방목 전후의 불소 농도 차이를 같은 가축에 대해 비교하는 것이다. 이런 경우에는 두 집단 간의 차이를 비교하는 것이 아니라, 같은 대상에 대해 두 시점의 값을 비교하는 것이며 소표본이고, 모분산 σ_1^2, σ_2^2을 모르는 경우이므로 대응표본 t-검정이 적합하다.

정답 : ②

4 표본크기의 결정

(1) 표본크기의 추정

1) 모평균 추정 시 표본크기

① 표본크기 공식
- 모평균 μ 추정 시에 표본크기 n은 아래 공식을 통해 산출한다.
  - 아래 공식은 모표준편차 σ를 알고 있고, 정규분포를 가정할 수 있을 때 사용한다.
  - n : 표본의 크기, $Z_{\frac{\alpha}{2}}$: 신뢰수준에 해당하는 Z값, E : 표본평균의 허용오차(오차한계)

  기출
  $$n \geq \frac{\left(Z_{\frac{\alpha}{2}} \times \sigma\right)^2}{E^2}$$

② 오차한계와 표본크기 관계 **기출**
- 신뢰구간의 오차한계인 $Z_{\frac{\alpha}{2}} \times \frac{\sigma}{\sqrt{n}}$는 표본크기 n의 제곱근인 $\sqrt{n}$에 반비례하기 때문에, 오차한계를 $\frac{1}{k}$만큼 줄이기 위해서 표본의 크기(n)를 제곱에 비례하게 k^2(배) 증가시켜야 한다.

2) 모비율 추정 시 표본크기

① 표본크기 공식
- 모비율 p 추정 시에 표본크기 n은 아래 공식을 통해 산출한다.
  - n : 표본의 크기, $Z_{\frac{\alpha}{2}}$: 신뢰수준에 해당하는 Z값, E : 표본평균의 허용오차(오차한계)
  - $\hat{p}$: 표본비율

  기출
  $$n \geq \frac{\hat{p}(1-\hat{p}) \times Z_{\frac{\alpha}{2}}^2}{E^2}$$

② 표본비율 $\hat{p}$과 표본크기 결정
- 표본비율 $\hat{p}$값이 주어져 있지 않다면, $\hat{p} = \frac{1}{2}$를 사용하여 표본크기를 결정한다. **기출**

> **개념특강** $\hat{p}(1-\hat{p})$의 최댓값은 $\frac{1}{4}$
>
> 함수 $f(\hat{p}) = \hat{p}(1-\hat{p})$은 0과 1사이에 정의된 $\hat{p}$에 대한 이차함수이며, 아래로 볼록한 포물선 형태를 가지므로 도함수를 이용하여 최댓값을 구할 수 있다.
>
> 함수 $f(\hat{p}) = \hat{p} - \hat{p}^2$의 도함수를 구하면 $f'(\hat{p}) = 1 - 2\hat{p}$이고, 도함수를 0으로 만드는 $\hat{p}$값을 구하면 $\hat{p} = \frac{1}{2}$이다. 따라서 이 값을 함수 $f(\hat{p})$에 대입하면 $f\left(\frac{1}{2}\right) = \frac{1}{2} - \left(\frac{1}{2}\right)^2 = \frac{1}{4}$이다.
>
> $\hat{p}(1-\hat{p})$의 최댓값이 $\frac{1}{4}$인 것이 중요한 이유는 모비율을 추정할 때 가장 불확실한 경우(변동성이 최대)를 가정하는 데 사용되기 때문이다. 실제 비율이 0.5일 때는 표본 내에서 사건이 발생하거나 발생하지 않을 확률이 같아 변동성이 가장 크다. 따라서, 표본크기를 결정하거나 신뢰구간을 계산할 때 보수적으로 접근하려면 이 최댓값을 사용하여 가장 큰 불확실성을 고려할 수 있다.

더블체크

정답률 약 40%

Q 크기가 100인 확률표본으로부터 얻은 표본평균에 근거하여 구한 모평균에 대한 90% 신뢰구간의 오차의 한계가 3이라고 할 때, 오차의 한계가 1.5가 넘지 않도록 표본설계를 하려면 표본의 크기를 최소한 얼마 이상이 되도록 하여야 하는가? [14년 1회, 22년 2회 기출]

① 100
② 200
③ 400
④ 1,000

해설 크기가 100인 확률표본으로부터 얻은 표본평균에 근거하여 구한 모평균에 대한 $100(1-\alpha)\% = 90\%$ 신뢰구간의 오차의 한계가 3이라는 정보를 통해 $n = 100, \alpha = 0.1, Z_{\frac{\alpha}{2}} = Z_{0.05} = 1.645$라는 것과 신뢰구간의 오차의 한계가

$Z_{\frac{\alpha}{2}} \times \frac{\sigma}{\sqrt{n}} = 3$임을 알 수 있다.

$1.645 \times \frac{\sigma}{\sqrt{100}} = 3$를 계산하면 $\sigma = \frac{3 \times \sqrt{100}}{1.645}$이다. 이때, 오차의 한계가 1.5가 넘지 않도록 표본설계를 하려면 표본의 크기 n'를 최소한 얼마 이상이 되도록 하여야 하는가를 구해보면, $Z_{\frac{\alpha}{2}} \times \frac{\sigma}{\sqrt{n'}} = 1.645 \times \frac{\frac{3 \times \sqrt{100}}{1.645}}{\sqrt{n'}}$

$= \frac{30}{\sqrt{n'}} \leq 1.5$인 n'를 구해야 한다. 따라서 계산하면 $n' \geq \left(\frac{30}{1.5}\right)^2 = 400$이다.

간단하게 풀고 싶다면 기억하자! 신뢰구간의 오차 한계 $Z_{\frac{\alpha}{2}} \times \frac{\sigma}{\sqrt{n}}$는 표본 크기 n의 제곱근인 $\sqrt{n}$에 반비례하기 때문에, 오차 한계를 $\frac{1}{k} = \frac{1}{2}$만큼 줄이기 위해서는 표본 크기 n을 제곱에 비례하게 k^2(배) = 4(배) 증가시켜야 한다.

정답 : ③

더블체크

정답률 약 40%

Q 어떤 도시의 특정 정당 지지율을 추정하고자 한다. 지지율에 대한 90% 추정오차한계가 5% 이내가 되도록 하기 위한 최소 표본의 크기는? (단, Z가 표준정규분포를 따르는 확률변수일 때 $P(Z \leq 1.645) = 0.95$, $P(Z \leq 1.96) = 0.975$, $P(Z \leq 2.576) = 0.995$이다.) [15년 2회, 19년 3회 기출]

① 68
② 271
③ 385
④ 664

해설 지지율 p에 대한 $100(1-\alpha)\% = 90\%$ 추정오차한계 E가 5% 이내라는 정보를 통해 $\alpha = 0.1, E \leq 0.05, Z_{\frac{\alpha}{2}} = Z_{0.05}$

$= 1.645$ 임을 알 수 있다. 표본크기 n을 구하면 $n \geq \frac{\hat{p}(1-\hat{p}) \times Z_{\frac{\alpha}{2}}^2}{E^2} = \frac{\hat{p}(1-\hat{p}) \times (1.645)^2}{0.05^2}$인데, $\hat{p}$값을 알 수

없다. [개념특강 : $\hat{p}(1-\hat{p})$의 최대값은 $\frac{1}{4}$]를 참고하면, 표본비율이 주어져 있지 않은 경우에 표본크기 n을 구하려

면 $\hat{p} = \frac{1}{2}$을 사용해야 한다. 따라서 $n \geq \frac{\frac{1}{2}(1-\frac{1}{2}) \times (1.645)^2}{0.05^2} = 270.6025$이므로, 최소 표본의 크기는 271이다.

정답 : ②

5 가설검정의 개념

(1) 가설

1) 가설의 의의 및 구비요건

① 가설의 의의
- 가설(Hypothesis)은 조사나 실험에서 특정한 현상이나 문제에 대한 잠정적인 설명이나 예측을 제시하는 문장이다.
  - 가설은 과학적 탐구의 중요한 출발점으로, 조사자가 검증하고자 하는 대상이나 문제에 대해 예상되는 결과를 논리적으로 정리한 것이다.
- <u>가설은 귀무가설 H_0과 대립가설 H_1이 있다.</u> 기출

② 가설의 구비요건
- <u>가설은 검증이 용이하도록 표현되어야 한다.</u> 기출
- <u>가설검정 과정에서 유의수준 α은 유의확률($p-value$)을 계산하기 전에 미리 설정한다.</u> 기출

2) 가설의 종류
- <u>가설은 귀무가설과 대립가설이 있다.</u> 기출

① 귀무가설(H_0 ; Null Hypothesis)
- 귀무가설은 일반적으로 '변화가 없다' 혹은 '효과가 없다'와 같은 주장을 의미한다.
  - 귀무가설은 조사자가 증명하려는 것이 아니라, 오히려 반증하려는 대상이다.
- <u>귀무가설은 주로 기존의 사실을 위주로 보수적으로 세운다.</u> 기출

② 대립가설(H_1 ; Alternative Hypothesis)
- <u>대립가설은 표본에 근거한 강력한 증거에 의하여 입증하고자 하는 가설이다.</u> 기출
  - 대립가설(H_1)은 귀무가설(H_0)과 반대되는 가설이며, H_1라고 표기한다.

더블체크

Q 가설의 구비요건 중 올바르게 서술된 것은? [20년 4회 기출]
① 검증이 용이하도록 표현되어야 한다.
② 동일 연구 분야의 다른 가설이나 이론과 무관해야 한다.
③ 이론적 근거가 없더라도 탐색적 목적을 위해 가설을 구성할 수 있다.
④ 내용과 방향이 모호하더라도 이는 검증절차를 통해 보완될 수 있다.

해설 가설은 검증 가능해야 하며, 명확하고 구체적으로 표현되어야 한다. 이는 실험이나 조사 등을 통해 검증될 수 있도록 하기 위함이다. 따라서 가설은 논리적이고 명확한 형태로 구성되어야 하며, 실제 데이터를 통해 시험할 수 있는 형태로 제시되어야 한다.
② 가설은 동일 연구 분야의 기존 이론이나 가설과 관련 있어야 한다. 기존의 연구를 바탕으로 새로운 가설이 도출되며, 이는 기존 지식과 연관성을 가지고 있어야 더 의미 있는 연구가 될 수 있다.
③ 가설은 이론적 근거를 기반으로 해야 한다. 이론적 근거 없이 구성된 가설은 검증의 타당성을 갖기 어렵다.
④ 가설은 처음부터 명확하고 구체적으로 서술되어야 한다. 가설의 내용이나 방향이 모호하면 검증이 어렵고, 조사 결과의 해석이 불분명해질 수 있다.

정답 : ①

(2) 가설검정

1) 가설검정의 의의 및 용어

① 가설검정의 의의
- 가설검정(Hypothesis Testing)은 통계적 추론 방법이며, 데이터에 기반한 가설의 타당성을 검토 및 평가하는 절차이다.

② 기각과 채택
- 가설검정에서 기각과 채택은 가설에 대한 결정을 나타내는 용어로, 주어진 데이터를 바탕으로 조사자가 귀무가설(H_0 ; Null Hypothesis)에 대해 내리는 판단을 의미한다.
- 기각(Rejection) : 귀무가설 H_0이 참일 가능성이 매우 낮다고 판단하여 이를 받아들이지 않는 결정이다.
- 채택(Acceptance) : 귀무가설 H_0을 기각할 만큼의 충분한 증거가 없으므로, 귀무가설을 기각하지 않고 받아들이는 결정이지만, 귀무가설이 참이라는 것을 의미하지는 않는다.

③ 기각역과 채택역
- 기각역(Rejection Region) 〔기출〕
  - <u>기각역은 귀무가설 H_0을 기각하게 되는 검정통계량의 관측값의 영역이다.</u>
  - <u>검정통계량의 관측값이 기각역에 속하면 귀무가설을 기각하고, 대립가설을 채택한다.</u>
- 채택역(Acceptance Region)
  - <u>'귀무가설'을 채택하게 하는 검정통계량의 영역을 채택역이라 한다.</u> 〔기출〕
  - 검정통계량이 채택역에 들어가면 귀무가설 H_0을 기각할 만한 충분한 증거가 없다고 판단하고, 귀무가설 H_0을 기각하지 않는다.

④ 임계치(Critical Value ; 임계값)
- 임계치는 검정통계량이 이 값을 넘거나 미치지 못할 경우, 귀무가설 H_0을 기각하게 되는 기준점이다.
  - 이 값은 유의수준 α에 따라 결정되며, 각 분포(Z분포 · t분포)에 따라 표로 정해진 값이다.
  - |검정통계량| > 임계치이면, 귀무가설 H_0을 기각하고, |검정통계량| ≤ 임계치이면 귀무가설 H_0을 채택한다.

머릿속 콕 그림!

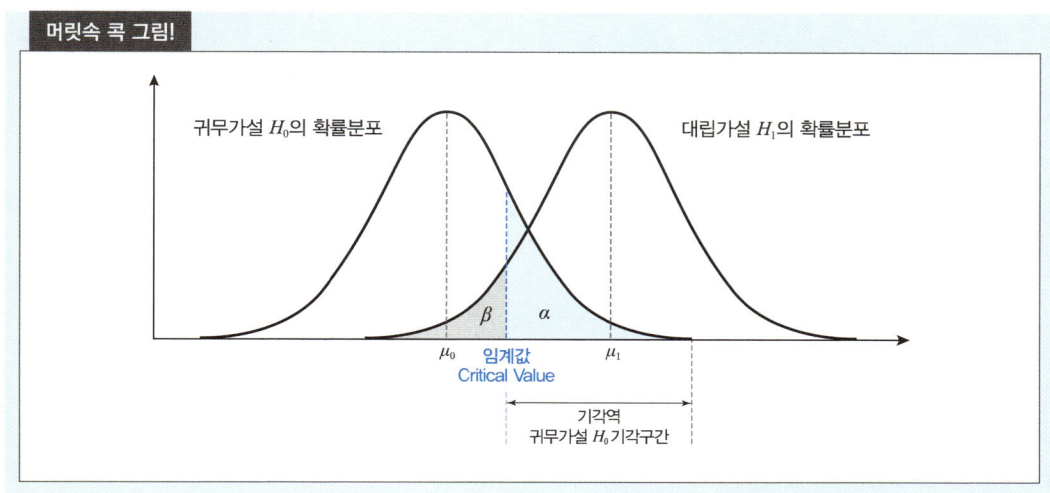

(3) 가설검정의 방향성

① 양측검정 (Two-Tailed Test)
- **양측검정은 통계량의 변화 방향에는 관계없이 실시하는 검정이다.** 기출
- 양측검정에서는 검정통계량이 분포의 양 끝에 위치한 기각역에 속하는지를 검토한다.
  - 만약 유의수준이 $\alpha = 0.05$라면, 기각역은 분포의 양 끝 2.5%씩 총 5%가 된다.

귀무가설 H_0	$H_0 : \theta = \theta_0$	모수 θ는 모수의 특정한 값 θ_0와 같다. 예 $H_0 : \mu = \mu_0$
대립가설 H_1	$H_1 : \theta \neq \theta_0$	모수 θ는 모수의 특정한 값 θ_0와 다르다. 예 $H_1 : \mu \neq \mu_0$

- Z분포를 기준으로 유의수준 10%, 5%, 1%에 따라 양측검정을 도식화할 수 있다.

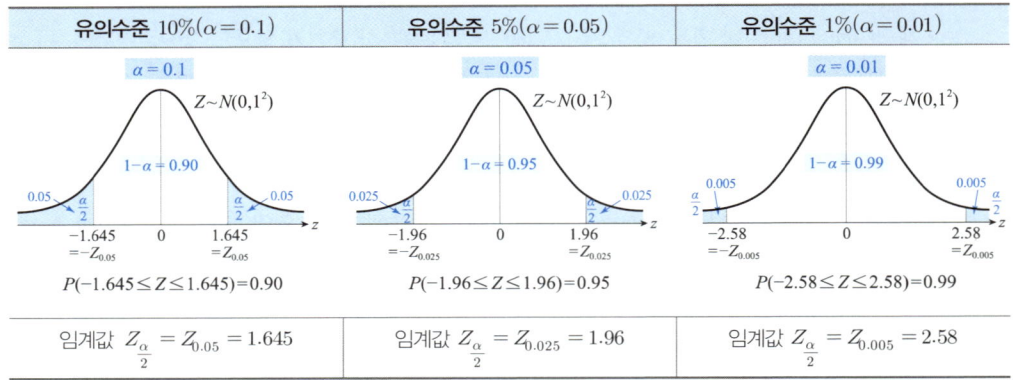

② 단측검정 (One-Tailed Test)
- 단측검정은 가설이 특정 방향으로만 변화가 있는지를 검정할 때 사용한다.
- 단측검정에서는 검정통계량이 분포의 한쪽 끝에 위치한 기각역에 속하는지를 검토한다.
  - 만약 유의수준 $\alpha = 0.05$라면, 기각역은 분포의 한쪽 끝인 5%가 된다.

귀무가설 H_0	$H_0 : \theta = \theta_0$	모수 θ는 모수의 특정한 값 θ_0와 같다.
대립가설 H_1	$H_1 : \theta > \theta_0$ $H_1 : \theta < \theta_0$	[우측검정] 모수 θ는 모수의 특정한 값 θ_0보다 크다. [좌측검정] 모수 θ는 모수의 특정한 값 θ_0보다 작다.

- Z분포를 기준으로 유의수준 10%, 5%, 1%에 따라 단측검정을 도식화할 수 있다.

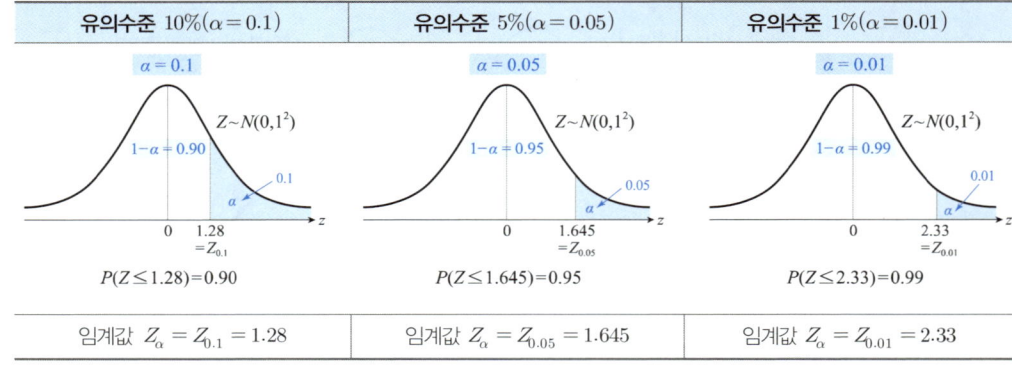

(4) 가설검정의 판단

1) 유의수준과 유의확률

① 유의수준 α [암기] 유수일최 [기출]
- 유의수준(α)이란 귀무가설 H_0이 사실임에도 불구하고 귀무가설 H_0을 기각하는 제1종오류를 범할 확률의 최대 허용한계(=최대허용오차)이다.
  - 따라서, 유의수준이 커질수록 기각역은 넓어진다.
- 유의수준은 검정을 할 때 기준이 되는 것으로 제1종오류를 허용하는 확률범위이다.
- 가설검정의 오류는 유의수준과 관계가 있다.

② 유의확률 $p-value$ [기출]
- 유의확률이란 검정통계량의 값을 관측하였을 때, 이에 근거하여 귀무가설 H_0을 기각할 수 있는 최소의 유의수준을 말한다. 따라서 유의확률이 작을수록 귀무가설 H_0에 대한 반증이 강한 것을 의미한다.
- 유의확률은 주어진 데이터에서 계산된 검정통계량과 관련된 값이므로, 주어진 데이터와 직접적으로 관계가 있다.
- 유의확률은 검정통계량이 실제 관측된 값보다 대립가설을 지지하는 방향으로 더욱 치우칠 확률로서 귀무가설하에서 계산된 값이다.

③ 유의수준과 유의확률 비교를 통한 귀무가설기각 판단

> 유의수준 α > 유의확률 $p-value$ 이면 귀무가설 H_0를 기각!
> 유의수준 α < 유의확률 $p-value$ 이면 귀무가설 H_0를 채택!

- 유의확률($p-value$)이 유의수준 α보다 작으면 귀무가설 H_0을 기각한다. [기출]
- 유의수준 1%에서 귀무가설을 기각하면 유의수준 5%에서도 귀무가설을 기각한다. [기출]
  - 유의수준 1%에서 귀무가설을 기각하면, 유의확률($p-value$)은 0.01보다 더 작은 상황이다.
  - 따라서, 유의확률은 유의수준 5%에서도 더 작으므로 귀무가설 H_0을 기각한다.

더블체크

정답률 약 50%

Q 어떤 가설검정에서 유의확률(p-값)이 0.044일 때 검정결과로 옳은 것은?

[13년 1회, 16년 2회, 22년 2회 기출]

① 귀무가설을 유의수준 1%와 5%에서 모두 기각할 수 없다.
② 귀무가설을 유의수준 1%와 5%에서 모두 기각할 수 있다.
③ 귀무가설을 유의수준 1%에서 기각할 수 있으나 5%에서는 기각할 수 없다.
④ 귀무가설을 유의수준 1%에서 기각할 수 없으나 5%에서는 기각할 수 있다.

해설 유의확률($p-value$)이 유의수준 α보다 작으면 귀무가설을 기각한다.
따라서 귀무가설 H_0의 기각 조건이 유의수준 α > 유의확률 $p-value$임을 외워야 한다.
이때, 문제를 보면 어떤 가설검정에서 유의확률(p-값)이 0.044라고 설정이 되어있다.
따라서 유의수준 $\alpha(0.05)$ > 유의확률 $p-value(0.444)$이면 귀무가설을 기각할 수 있고,
유의수준 $\alpha(0.01)$ < 유의확률 $p-value(0.444)$이면 귀무가설을 기각할 수 없다. 즉, 귀무가설을 유의수준 1%(0.01)에서 기각할 수 없으나 5%(0.05)에서는 기각할 수 있다.

정답 : ④

2) 가설검정 판단 분류 기출

※ 아래 표에 관련된 문제는 매년·매회 반드시 출제되므로, 외우는 것을 추천한다.

- 주어진 표본에서 α와 β를 동시에 줄일 수는 없다. 기출

검정결과 \ 실제 진리	귀무가설이 참 (=대립가설이 거짓)	귀무가설이 거짓 (=대립가설이 참)
귀무가설을 채택	옳은 결정 신뢰수준$(1-\alpha)$	제2종오류(β)
귀무가설을 기각	제1종오류 유의수준(α)	옳은 결정 검정력$(1-\beta)$

① 제1종오류 암기 일귀참귀기 기출
- 제1종오류(Type I Error)란 귀무가설 H_0가 참임에도 불구하고 귀무가설 H_0를 기각하는 오류를 말한다.
  - 즉, 제1종오류는 귀무가설 H_0이 참(=사실)인데 대립가설이 옳다고 잘못 결론을 내리고 귀무가설 H_0을 기각하는 오류이다.

② 제2종오류 암기 이귀거귀기X 기출
- 제2종오류는 귀무가설 H_0이 거짓임에도 불구하고(=대립가설 H_1이 참임에도 불구하고), 귀무가설 H_0을 기각하지 못하는 오류이다.
  - 통계적 가설의 기각 여부를 판정하는 가설검정에서 대립가설 H_1이 옳은데도 귀무가설 H_0을 채택함으로써 범하게 되는 오류를 제2종오류라 한다.
- 제1종오류와 제2종오류를 범할 가능성은 반비례 관계에 있다.

③ 검정력 암기 검대참귀기 기출
- 검정력은 대립가설 H_1이 참일 때, 귀무가설 H_0을 기각할 확률을 말한다.
- 검정력$(1-\beta)$은 대립가설 H_1이 참일 때 귀무가설 H_0을 기각시킬 확률이다.
- 검정력은 클수록 바람직하다.

더블체크

정답률 약 40%

Q 가설검정과 관련한 용어에 대한 설명으로 틀린 것은? [19년 1회 기출]

① 제2종오류란 대립가설 H_1이 참임에도 불구하고 귀무가설 H_0를 기각하지 못하는 오류이다.
② 유의수준이란 제1종오류를 범할 확률의 최대허용한계를 말한다.
③ 유의확률이란 검정통계량의 관측값에 의해 귀무가설을 기각할 수 있는 최소의 유의수준을 뜻한다.
④ 검정력 함수란 귀무가설을 채택할 확률을 모수의 함수로 나타낸 것이다.

해설 검정력 함수는 귀무가설을 기각할 확률을 모수의 함수로 나타낸 것이다. 검정력은 대립가설 H_1이 참일 때 귀무가설 H_0을 기각할 확률이다.

정답 : ④

6 모평균, 모비율, 모분산의 가설검정

(1) 하나의 모집단에 대한 가설검정

1) 가설검정의 절차

- 모평균, 모비율, 모분산의 가설검정은 모두 아래의 Step에 따라 가설검정을 수행한다.
  - 하나의 모집단에서 추출한 단일표본에 대한 가설검정 수행 시 아래 과정을 수행하여 결론을 도출한다.

Step 1	• 귀무가설 H_0과 대립가설 H_1을 설정한다.
Step 2	• 귀무가설 H_0이 참이라는 가정하에 검정통계량을 정의하고 확률분포를 정한다.
Step 3	• 유의수준 α에 대한 기각역을 구하고, 표본으로부터 검정통계량 값을 구한다. – 가설검정에서 유의수준으로 1% 또는 5% 중 어느 것을 선택할 것인가를 결정할 때, 제1종의 오류를 범할 확률이 보다 작은 검정을 수행하기 위해 유의수준 1%를 선택한다. 기출
Step 4	• 검정 결과는 대립가설 H_1을 기준으로 최종적으로 해석한다. – 검정통계량의 값이 기각역에 속하면 귀무가설 H_0을 기각하고, 채택역에 속하면 귀무가설 H_0을 기각할 수 없다.

(2) 하나의 모집단에 대한 모평균 가설검정

1) 모평균 가설검정의 구분

- 모평균 가설검정에서 단일표본(One-Sample Test), 독립표본(Two-Sample Test), 대응표본(Paired-Sample Test)은 각기 다른 상황에서 사용되는 세 가지 주요 방법이다.

구분	검정방법	설명
단일표본	Z검정 · T검정	하나의 모집단을 특정 기준과 비교할 때 사용
독립표본	Z검정 · T검정	두 독립된 모집단 간 평균 차이를 비교할 때 사용
대응표본	T검정	동일 모집단의 두 관측값이나 연관된 그룹의 평균 차이를 비교할 때 사용

2) 모평균에 대한 단일표본 가설검정

① 가설 수립 기출

- 양측검정과 단측검정일 때, 아래와 같이 귀무가설 H_0과 대립가설 H_1을 수립한다.
  - 귀무가설 H_0을 수립하는 경우에는 등호(=) 포함 여부로 대립가설 H_1과 비교하면 쉽다.

양측검정	귀무가설 H_0	$H_0 : \mu = \mu_0$	모평균 μ는 특정 값 μ_0와 같다.
	대립가설 H_1	$H_1 : \mu \neq \mu_0$	모평균 μ는 특정 값 μ_0와 다르다.
단측검정	귀무가설 H_0	$H_0 : \mu = \mu_0$	모평균 μ는 특정 값 μ_0와 같다.
		$H_0 : \mu \leq \mu_0$	모평균 μ는 특정 값 μ_0보다 작거나 같다.
		$H_0 : \mu \geq \mu_0$	모평균 μ는 특정 값 μ_0보다 크거나 같다.
	대립가설 H_1	$H_1 : \mu > \mu_0$	모평균 μ는 특정 값 μ_0보다 크다.
		$H_1 : \mu < \mu_0$	모평균 μ는 특정 값 μ_0보다 작다.

② 검정통계량 [기출]

- 하나의 모집단에 대한 단일표본 Z검정 · T검정은 아래와 같다.
  - 아래 표에서 모평균 μ에 대한 $100(1-\alpha)\%$ 신뢰구간은 [양측]검정을 기준으로 제시한다.

모분산	표본크기	[양측] 모평균 μ에 대한 $100(1-\alpha)\%$ 신뢰구간	단일표본 검정통계량
모분산 σ^2을 아는 경우	대표본 · 소표본	$\overline{X} \pm Z_{\frac{\alpha}{2}} \times \frac{\sigma}{\sqrt{n}}$	$Z = \frac{\overline{X} - \mu_0}{\frac{\sigma}{\sqrt{n}}} \sim N(0, 1^2)$
모분산 σ^2을 모르는 경우	대표본 $n \geq 30$	$\overline{X} \pm Z_{\frac{\alpha}{2}} \times \frac{S}{\sqrt{n}}$	$Z = \frac{\overline{X} - \mu_0}{\frac{S}{\sqrt{n}}} \sim N(0, 1^2)$
	소표본 $n < 30$	$\overline{X} \pm t_{\frac{\alpha}{2}}(n-1) \times \frac{S}{\sqrt{n}}$	$t = \frac{\overline{X} - \mu_0}{\frac{S}{\sqrt{n}}} \sim t(n-1)$

더블체크

정답률 약 50%

Q 어느 조사기관에서 대한민국에 거주하는 10세 아동의 평균 키는 112cm이고, 표준편차가 6cm인 정규분포를 따르는 것으로 보고하였다. 이 결과를 확인하기 위하여 36명을 무작위로 추출하여 측정한 결과 표본평균이 109cm이었다. 가설 $H_0 : \mu = 112\text{cm}$ VS $H_1 : \mu \neq 112\text{cm}$에 대한 유의수준 5%의 검정 결과로 맞는 것은? (단, $Z_{0.025} = 1.96$, $Z_{0.05} = 1.645$) [21년 2회 기출]

① 검정통계량은 2이다.
② 귀무가설을 기각한다.
③ 귀무가설을 기각할 수 없다.
④ 위 사실로는 판단할 수 없다.

해설 아래와 같은 단계를 수행하여, '귀무가설 H_0을 기각한다'는 검정 결과를 도출한다.

Step 1	귀무가설 H_0과 대립가설 H_1을 설정한다. ($H_0 : \mu = 112$ VS $H_1 : \mu \neq 112$)
Step 2	• 귀무가설 H_0이 참이라는 가정하에 검정통계량을 정의하고 확률분포를 정한다. – 모분산 σ^2을 아는 경우(표준편차가 6cm)이고, 대표본(36명을 무작위로 추출)인 경우이다. – 따라서 표준정규분포(Z분포)를 사용하여 가설검정을 수행한다.
Step 3	• 유의수준 α에 대한 기각역을 구하고, 표본으로부터 검정통계량 값을 구한다. – 유의수준 α(0.05)에 대한 기각역은 양측검정이므로 $|Z_{0.025}| = 1.96$이다. – 단일표본에 대한 검정통계량은 $Z_0 = \frac{\overline{X} - \mu_0}{\frac{\sigma}{\sqrt{n}}} = \frac{109 - 112}{\frac{6}{\sqrt{36}}} = -3$이다.
Step 4	• 검정 결과는 대립가설 H_1을 기준으로 최종적으로 해석한다. – 검정통계량의 값(-3)이 기각역에 속해 있으므로 귀무가설 H_0을 기각한다. – 따라서 $H_1 : \mu \neq 112$라는 충분한 근거가 있다.

정답 : ②

(3) 하나의 모집단에 대한 모비율 가설검정

1) 모비율에 대한 단일표본 가설검정

① 가설 수립 [기출]

양측검정	귀무가설 H_0	$H_0 : p = p_0$	모집단 비율이 가설에서 제시한 특정 비율과 같다.
	대립가설 H_1	$H_1 : p \neq p_0$	모집단 비율이 가설에서 제시한 특정 비율과 다르다.
단측검정	귀무가설 H_0	$H_0 : p = p_0$	모집단 비율이 가설에서 제시한 특정 비율과 같다.
	대립가설 H_1	$H_1 : p > p_0$	모집단 비율이 가설에서 제시한 특정 비율보다 크다.
		$H_1 : p < p_0$	모집단 비율이 가설에서 제시한 특정 비율보다 작다.

② 검정통계량 [기출]

- 표본에서 추출된 비율을 $\hat{p}$라고 할 때, 모비율 p에 대한 검정통계량 Z는 다음과 같다.

$$Z = \frac{\hat{p} - p_0}{\sqrt{\frac{p_0(1-p_0)}{n}}} \sim N(0, 1^2)$$

[기출] 예시 : 국회의원 선거에 출마한 A후보의 지지율이 50%를 넘는지 확인하기 위해 유권자 1,000명을 조사하였더니 550명이 A후보를 지지하였다.
귀무가설 $H_0 : p = 0.5$ 대 대립가설 $H_1 : p > 0.5$의 검정을 위한 검정통계량 Z_0는?

$$\therefore Z_0 = \frac{0.55 - 0.5}{\sqrt{\frac{0.5 \times 0.5}{1000}}}$$

더블체크

정답률 약 50%

Q 기존의 취업 교육 프로그램을 이수한 사람의 취업률 p는 0.7이다. 새로운 교육 프로그램이 취업률을 높인다는 주장이 있어 통계적으로 검정하기 위해 새로운 교육 프로그램을 이수한 사람을 임의로 추출하여 취업률을 조사하였다. 이때 적절한 귀무가설(H_0)과 대립가설(H_1)은? [21년 3회 기출]

① $H_0 : p > 0.7, H_1 : p = 0.7$ ② $H_0 : p \neq 0.7, H_1 : p = 0.7$
③ $H_0 : p = 0.7, H_1 : p > 0.7$ ④ $H_0 : p = 0.7, H_1 : p \neq 0.7$

해설 귀무가설 H_0과 대립가설 H_1을 수립하면 아래와 같다.
- 귀무가설 H_0 : 새로운 교육 프로그램의 취업률(p)과 기존의 취업 교육 프로그램의 취업률(p_0)은 같다.
따라서 $H_0 : p = p_0$이며, $p_0 = 0.7$임이 주어져 있으므로 $H_0 : p = 0.7$이다.
- 대립가설 H_1 : 새로운 교육 프로그램이 취업률을 높인다. 이는 새로운 교육 프로그램의 취업률(p)이 기존의 취업 교육 프로그램의 취업률(p_0)보다 크다는 것을 주장한다.
따라서 $H_1 : p > p_0$이며, $p_0 = 0.7$임이 주어져 있으므로 $H_1 : p > 0.7$이다.

정답 : ③

(4) 하나의 모집단에 대한 모분산 가설검정

1) 모분산에 대한 단일표본 가설검정

① 가설 수립

양측검정	귀무가설 H_0	$H_0 : \sigma^2 = \sigma_0^2$	모집단의 분산은 특정 값과 같다.
	대립가설 H_1	$H_1 : \sigma^2 \neq \sigma_0^2$	모집단의 분산은 특정 값과 다르다.
단측검정	귀무가설 H_0	$H_0 : \sigma^2 = \sigma_0^2$	모집단의 분산은 특정 값과 같다.
	대립가설 H_1	$H_1 : \sigma^2 > \sigma_0^2$	모집단 분산은 특정 값보다 크다.
		$H_1 : \sigma^2 < \sigma_0^2$	모집단 분산은 특정 값보다 작다.

② 검정통계량 [암기] 단분카

- 단일 모집단의 모분산에 대한 가설검정 시, 검정통계량은 카이제곱 χ^2 분포를 따른다. [기출]

$$\chi^2 = \frac{(n-1)S^2}{\sigma_0^2} \sim \chi^2(n-1)$$

더블체크

[정답률 약 30%]

Q 단일 모집단의 모분산의 검정에 사용되는 분포는 무엇인가? [14년 2회, 21년 2회 기출]

① 정규분포
② F-분포
③ 이항분포
④ χ^2분포

[해설] 암기 : 단분카
단일 모집단의 모분산에 대한 검정 시, 검정통계량은 카이제곱 χ^2 분포를 따른다.

정답 : ④

더블체크

[정답률 약 30%]

Q 표본자료로부터 추정한 모평균 μ에 대한 95% 신뢰구간이 (−0.042, 0.522)일 때, 유의수준 0.05에서 귀무가설 $H_0 : \mu = 0$ 대 대립가설 $H_1 : \mu \neq 0$의 검증 결과는 어떻게 해석할 수 있는가?

[08년 1회, 11년 3회, 13년 2회, 16년 3회, 17년 2회, 19년 3회, 21년 1회 기출]

① 신뢰구간이 0을 포함하기 때문에 귀무가설을 기각할 수 없다.
② 신뢰구간의 상한이 0.522로 0보다 상당히 크기 때문에 귀무가설을 기각해야 한다.
③ 신뢰구간과 가설검증은 무관하기 때문에 신뢰구간을 기초로 검증에 대한 어떠한 결론도 내릴 수 없다.
④ 신뢰구간을 계산할 때 표준정규분포의 임계값을 사용했는지 또는 t분포의 임계값을 사용했는지에 따라 해석이 다르다.

[해설] 신뢰구간에 $\mu = 0$이 포함되어 모평균이 0일 가능성을 배제할 수 없으므로 귀무가설 $H_0 : \mu = 0$을 기각할 수 없다.
② 신뢰구간의 상한이 크더라도 중요한 것은 신뢰구간에 0이 포함되어 있기 때문에 귀무가설을 기각할 수 없다.
③ 신뢰구간은 가설검증과 밀접한 관련이 있으며, 신뢰구간을 통해 귀무가설을 기각할지 여부를 결정할 수 있다.
④ 신뢰구간을 계산할 때 분포들 중 어떤 임계값을 사용했는지에 따라 신뢰구간의 폭이 달라질 수는 있다.
그러나, 신뢰구간이 0을 포함하는 한, 그 해석에는 차이가 없다.

정답 : ①

02 기술통계량 산출

1 중심경향값의 이해

(1) 중심경향값

1) 중심경향값의 의의 및 특징
- 중심경향값(Measures of Central Tendency)은 <u>데이터의 중심위치를 나타내는 통계적 척도이다.</u> `기출`
  - 데이터 집합의 중심에 위치한 값이며, 데이터가 어디에 집중되어 있는지를 파악하는 데 사용된다.

2) 중심경향값의 종류
- 중심위치에 대한 척도는 총 9가지가 존재한다.
  - 1) 평균 관련 5가지로는 산술평균, 절사평균, 가중평균, 기하평균, 조화평균이 있고,
  - 2) 분위수 관련 3가지로는 중앙값, 백분위수, 사분위수가 있으며, 3) 빈도 관련 1가지는 최빈값이다.

(2) 중심경향값과 관련된 기술통계량

1) 평균 관련 5가지

① 산술평균
- 산술평균(Arithmetic Mean)은 $\overline{X}$라고 표기하며, 일반적으로 '평균'이라고 부른다.
  - 공식에서 분자는 데이터의 값인 X_i를 모두 더한 것이고, n은 데이터의 개수이다.
  - 평균은 <u>중심경향을 측정하기 위한 척도이며, 자료의 중심위치에 대한 측도이다.</u> `기출`

$$\text{산술평균 } \overline{X} = \frac{1}{n}\sum_{i=1}^{n} X_i = \frac{X_1 + X_2 + \cdots + X_n}{n}$$

- <u>편차들의 합은 0이다.</u> `기출`
  - 데이터 X_i에서 산술평균 $\overline{X}$을 뺀 편차 $X_i - \overline{X}$를 모두 더하면 항상 0이다. $\sum_{i=1}^{n}(X_i - \overline{X}) = 0$
  - 이는 산술평균이 데이터를 균형 있게 나누는 중심위치에 있다는 것을 보여준다.
- <u>분포가 좌우대칭이면 산술평균과 중앙값은 같다.</u> `기출`
  - 분포가 좌우대칭이면 중심위치가 동일하므로, 평균(Mean), 중앙값(Median), 최빈값(Mode)이 모두 같으며, 분포의 중심에 위치한다.
- <u>극단값(이상치)에 민감하여 이상점의 영향을 많이 받는다.</u> `기출`
  - <u>평균은 중앙값보다 극단적인 관측값에 의해 영향을 받는 정도가 심하다.</u> `기출`
  - 산술평균은 이상치(이상점 ; outlier)에 민감하여 왜곡될 수 있다는 단점을 가지므로, 이런 경우에는 중앙값(Median)을 대푯값으로 사용하는 것이 바람직하다.
- <u>평균은 각 자료에서 유일하게 얻어진다.</u> `기출`
  평균은 주어진 데이터 집합에서 유일하게 계산되는 값이다. 동일한 데이터 집합에 대해 동일한 계산 과정을 거쳐 항상 같은 평균이 도출되므로, 평균은 유일하게 결정된다.

② 절사평균
- 절사평균(Trimmed Mean)은 주어진 데이터 집합에서 가장 작은 값들과 가장 큰 값들 중 일부를 제외하고 남은 값들만으로 계산된 평균이며, 극단값(이상치)의 영향 최소화한다.
  - <u>이상치가 존재할 경우를 고려하여 절사평균(Trimmed Mean)을 사용하기도 한다.</u> `기출`
  - <u>절사평균은 산술평균에 비해 이상점 자료에 덜 민감하다.</u> `기출`
- 절사평균은 데이터를 오름차순으로 정렬한 뒤, 절사비율에 따라 상위와 하위의 데이터 일부를 제외하고 나서 남은 데이터의 평균을 계산하면 절사평균이 산출된다.
  - 절사비율을 $k\%$로 설정하면, 데이터에서 상위와 하위 $k\%$가 양끝에서 각각 절사된다.
  - **예** 10% 절사평균 : 데이터 상위와 하위 10%를 각각 제거한 후 나머지 80%의 평균

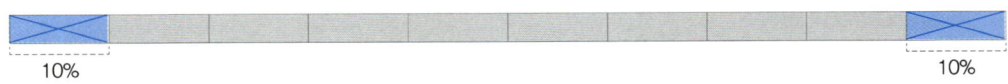

③ 가중평균
- 가중평균(Weighted Mean)은 각 데이터 값에 가중치를 부여하여 계산한 평균이다.
  - 가중치(Weight)란 각 데이터 값이 전체 평균에 미치는 상대적인 중요도를 의미한다.
  - 가중평균은 모든 값이 동일한 중요도를 가지지 않으며, 특정 값들이 더 중요한 경우에 사용된다.
- 가중평균 공식에서 x_i는 각 데이터 값이며, w_i는 각 데이터 값에 대응하는 가중치이다.

$$\text{가중평균} = \frac{\sum_{i=1}^{n} w_i x_i}{\sum_{i=1}^{n} w_i}$$

④ 기하평균
- 기하평균(Geometric Mean)은 n개의 값들을 모두 곱하여 n제곱근을 취한 값이다.
  - 변화율에 대한 데이터 값 x_i을 모두 곱한 후에 데이터의 개수로 n제곱근을 취한 값이다.

$$\text{기하평균}(G) = \sqrt[n]{\prod_{i=1}^{n} x_i} = \sqrt[n]{x_1 \times x_2 \times \cdots \times x_n}$$

- 기하평균은 연평균 물가상승률, 경제성장률, 인구증가율, 투자이율 등 연속형 데이터를 기반으로 어느 구간에서의 평균 변화율을 구할 때 사용한다.
  - **예** 소비자 물가 상승률이 기록 첫해에는 3%가 증가하고, 두 번째 해에는 5% 증가했다.
    이때, 연평균 증가율 r을 구하면?
    - 연평균 증가율 r로 2년 연속 증가한 값과 3%, 5%로 두 번 증가한 값이 같아야 한다.
    - 따라서 $r \times r = 3 \times 5$이며, $r = \sqrt{3 \times 5} = 3.873$이다.

⑤ 조화평균
- 조화평균(Harmonic Mean)은 주로 비율이나 속도와 같은 경우에 사용되는 평균값의 한 유형이다.
  - 조화평균은 데이터 값 x_i의 역수의 평균을 취한 후, 그 역수를 구하여 산출된다.

$$\text{조화평균}(H) = \frac{n}{\sum_{i=1}^{n} \frac{1}{x_i}} = \frac{1}{\frac{1}{n}\left(\frac{1}{x_1} + \frac{1}{x_2} + \cdots + \frac{1}{x_n}\right)}$$

더블체크

Q 다음 중 평균에 관한 설명으로 틀린 것은? [13년 2회, 19년 2회 기출]

① 중심경향을 측정하기 위한 척도이다.
② 이상치에 크게 영향을 받는 단점이 있다.
③ 이상치가 존재할 경우를 고려하여 절사평균(Trimmed Mean)을 사용하기도 한다.
④ 표본의 몇몇 특성값이 모평균으로부터 한쪽 방향으로 멀리 떨어지는 현상이 발생하는 자료에서도 좋은 추정량이다.

해설 평균은 이상치나 편향된 데이터에 민감하기 때문에, 데이터 값들이 한쪽 방향으로 멀리 떨어져 있는 경우(데이터가 한쪽으로 치우친 경우)에 평균은 좋은 추정량이 아니며, 이때는 중앙값이나 절사평균이 더 좋은 추정량이 된다.
① 평균은 데이터 집합의 중심을 나타내는 대표적인 중심경향 척도이다.
② (산술)평균은 극단값(이상치)에 민감하게 반응하여 왜곡될 수 있는 단점이 있다.
③ 이상치가 존재할 때, 평균의 왜곡을 줄이기 위해 절사평균을 사용하는 경우가 있다.

정답 : ④

더블체크

정답률 약 50%

Q 어느 회사에서는 직원들의 승진심사에서 평가 항목별 성적의 가중평균을 승진평가 성적으로 적용하기로 하였다. 직원 A의 항목별 성적이 다음과 같을 때, 승진평가 성적(점)은? [17년 3회 기출]

근무	성적(100점 만점)	가중치
근무평점	80	30%
성과평점	70	30%
승진시험	90	40%

① 80
② 81
③ 82
④ 83

해설 가중평균 $= \dfrac{\sum_{i=1}^{n} w_i x_i}{\sum_{i=1}^{n} w_i} = \dfrac{0.3 \times 80 + 0.3 \times 70 + 0.4 \times 90}{0.3 + 0.3 + 0.4} = 81$

정답 : ②

더블체크

정답률 약 40%

Q 어느 투자자의 연도별 수익률이 $x_1, x_2, \cdots, x_n$ 일 때, 연평균 수익률을 구하는 방법으로 가장 적절한 것은? [21년 3회 기출]

① 기하평균
② 산술평균
③ 절사평균
④ 조화평균

해설 기하평균은 연도별 수익률의 변동을 고려하여 장기적으로 투자의 연평균 성장률을 나타내는 데 적합하다. 연도별 수익률이 $R_1, R_2, \ldots, R_n$ 일 때, 기하평균 수익률 $\overline{R_G}$ 는 $\overline{R_G} = \sqrt[n]{x_1 \times x_2 \times \cdots \times x_n}$ 공식으로 산출한다.

정답 : ①

2) 분위수 관련 3가지

• 아래 그림은 중앙값(Median ; 제2사분위수)와 사분위수(Quartiles)에 대한 이해를 위해 중심경향값과 관련된 기술통계량만 표기한 박스플롯(Box–and–Whisker plot)을 제시한다.

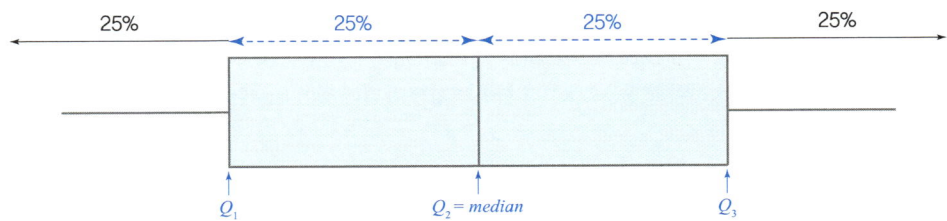

① 중앙값
• 중앙값(Median)은 관측값을 크기순으로 배열했을 때, 중앙인 50%에 위치하는 값이다.
  - 중앙값(M_e)은 중위수, 중앙치라고 부르며, **중앙값과 동일한 측도는 제2사분위수(Q_2)이다.** 기출
  - 중앙값(Median) = Q2(2nd Quartile) = 제2사분위수 = 50th Percentile
• 중앙값은 관측값의 개수 n이 홀수일 경우 $\frac{(n+1)}{2}$번째의 값이 되고, 관측값의 개수 n이 짝수일 경우 $\frac{n}{2}$번째의 값과 $\frac{n}{2}+1$번째의 값의 평균값이다.
• 중앙값은 이상치나 극단적인 관측값이 추가되더라도 크기 순서에만 영향을 받으므로, **중위수(중앙값)은 극단값에 영향을 받지 않는다.** 기출
  - **중위수(중앙값)는 산술평균에 비해 이상점 자료에 덜 민감하다.** 기출
  - **비대칭의 정도가 강한 경우에는 대푯값으로 평균보다 중앙값을 사용하는 것이 더 바람직하다고 할 수 있다.** 기출
• **분포가 좌우대칭이면 산술평균과 중앙값은 같다.** 기출
  - 좌우대칭인 분포에서는 평균(Mean) = 중앙값(Median) = 최빈값(Mode)이다.

② 백분위수
• 백분위수(Percentiles)는 관측값(변량)을 크기순으로 배열하여 100등분 하였을 때의 각 등분점이다.
  - 이때, 분위수(Quantile)란 데이터를 일정한 크기로 나눈 값 중 하나이다.
  예 30번째 백분위수는 데이터 세트에서 30%의 데이터가 이 값 이하에 있고, 나머지 70%의 데이터가 이 값 이상에 있음을 의미한다.

③ 사분위수
• 사분위수(Quartiles)는 관측값(변량)을 크기에 따라 순서대로 정렬했을 때, 위와 아래로부터 4등분하는 위치에 있는 관측값이다. 즉, 누적 백분율을 4등분을 한 각 지점의 값이다.

$Q1$ (1st Quartile)	Q1은 데이터를 4등분했을 때, 가장 낮은 25%에 해당하는 지점이다. $Q1$(1st Quartile) = 제1사분위수 = 25th Percentile = Lower Quartile
$Q2$ (2nd Quartile)	Q2는 데이터를 4등분했을 때, 정확히 중앙에 위치한 지점이다. $Q2$(2nd Quartile) = 제2사분위수 = 50th Percentile = 중앙값(Median)
$Q3$ (3rd Quartile)	Q3은 데이터 세트를 4등분했을 때, 상위 25%에 해당하는 지점이다. $Q3$(3rd Quartile) = 제3사분위수 = 75th Percentile = Upper Quartile

3) 빈도 관련 1가지

① 최빈값(Mode)
- 최빈값(최빈수 ; Mode)은 관측값 중 가장 많은 빈도를 가지는 값이다.
  - 최빈값(M_o)은 빈도를 통해 대푯값을 설정하므로 극단치나 이상치에 영향을 받지 않는다.
  - 혈액형(A · B · AB · O), 성별(남 · 여)과 같은 명목척도(범주형 변수)에서 사용되는 대푯값이다.
- **최빈값은 하나 이상 얻어질 수도 있다.** 기출
  - 만약 여러 개의 값이 같은 빈도로 가장 자주 나타난다면, 여러 개의 최빈값이 존재한다.

(3) 중심경향값과 관련된 그림

① 줄기-잎 그림
- 줄기(stem) 부분은 10의 자리 숫자를, 잎(leaf) 부분은 1의 자리 숫자를 나타낸다.
  - 따라서, 줄기-잎 그림을 통해 데이터의 분포를 쉽게 파악할 수 있다.

더블체크

Q 다음의 자료로 줄기-잎 그림을 그리고 중앙값을 찾아보려 한다. 빈칸에 들어갈 잎과 중앙값을 순서대로 바르게 나열한 것은? [16년 1회, 19년 2회 기출]

| 25 45 54 44 42 34 81 73 66 78 61 46 86 50 43 53 38 |

2	5
3	4 8
4	2 3 4 5 6
5	
6	1 6
7	3 8
8	1 6

① 0 3, 중앙값=46 ② 0 3 4, 중앙값=50
③ 0 0 3, 중앙값=50 ④ 3 4 4, 중앙값=53

해설 줄기-잎 그림을 완성하기 위해 줄기(stem)가 10의 자리 숫자를 의미하므로, 10의 자리 숫자가 5인 경우만 확인해 본다. 이때, 54, 50, 53이 확인되므로 이를 오름차순으로 정렬하면 50, 53, 54이다. 즉, 빈칸에는 1의 자리 숫자인 0, 3, 4를 기재하면 된다. 중앙값도 산출해보면, 전체 개수가 17개이므로 중앙값은 아홉 번째 위치한 값인 50이다.

정답 : ②

더블체크

정답률 약 60%

Q 다음 중 중심위치의 척도와 가장 거리가 먼 것은? [14년 3회, 18년 3회 기출]

① 중앙값 ② 표준편차
③ 평균 ④ 최빈수

해설 분산과 표준편차는 산포도에 대한 척도임에 주의해야 한다.

정답 : ②

더블체크

Q 자료의 분포에 대한 대푯값으로 평균(Mean) 대신 중앙값(Median)을 사용하는 이유로 가장 적합한 것은?

[12년 3회, 16년 1회, 20년 4회 기출]

① 자료의 크기가 큰 경우 평균은 계산이 어렵다.
② 편차의 총합은 항상 0이다.
③ 평균은 음수가 나올 수 있다.
④ 평균은 중앙값보다 극단적인 관측값에 의해 영향을 받는 정도가 심하다.

해설 평균(Mean)과 중앙값(Median)의 가장 큰 차이점이 극단적인 관측값·이상치에 민감한 정도이며, 평균은 이에 민감하며, 중앙값은 민감하지 않다는 특징을 갖는다.

정답 : ④

더블체크

정답률 약 50%

Q 다음 중 중앙값과 동일한 측도는?

[14년 2회, 19년 2회 기출]

① 평균
② 최빈값
③ 제2사분위수
④ 제3사분위수

해설 Q2는 제2사분위수이며, 데이터 세트를 4등분했을 때, 정확히 중앙에 위치한 지점을 나타내는 값이다. 같은 용어로는 Q2(2nd Quartile) = 제2사분위수 = 50th Percentile = Median이며, Q2(제2사분위수)는 데이터의 중앙값(Median)과 동일하다.

정답 : ③

더블체크

정답률 약 50%

Q 극단값이 포함되어 있는 자료의 대표값을 구하고자 한다. 극단값에 의한 영향을 줄이기 위한 측도로 적합하지 않은 것은?

[17년 2회 기출]

① 중앙값
② 제50백분위수
③ 절사평균
④ 평균

해설 평균(Mean)은 모든 자료값을 더한 후 자료의 개수로 나눈 값이다. 평균은 자료의 모든 값을 반영하기 때문에, 극단값이 포함될 경우 그 값에 크게 영향을 받는다.
① 중앙값(Median)은 자료를 크기순으로 정렬했을 때 중앙에 위치한 값이다. 전체 자료에서 극단값이 존재하더라도 중앙값은 그 값에 영향을 거의 받지 않는다.
② 제50백분위수(50th Percentile)는 자료를 100등분 했을 때, 50% 위치에 해당하는 값이다. 이 값은 중앙값과 같은 개념으로, 극단값이 포함되더라도 자료의 중간값을 그대로 유지하며, 극단값의 영향을 거의 받지 않는다.
③ 절사평균(Trimmed Mean)은 극단값들을 일정 비율만큼 제거한 후 나머지 값들의 평균을 구하는 방법이다. 따라서 절사평균은 극단값의 영향을 줄이는 데 매우 효과적이다.

정답 : ④

2 산포의 정도

(1) 산포

1) 산포의 의의 및 특징

① 산포의 의의
- 산포(Dispersion)는 데이터가 평균이나 중앙값 등 중심위치로부터 얼마나 퍼져 있는지를 나타낸다.
  - 산포의 크기를 통해 데이터가 얼마나 흩어져 있는지 또는 집중되어 있는지를 알 수 있다.
- 산포가 작을수록 데이터가 중심값 주변에 모여 있어, 분석결과의 신뢰성이 높아질 가능성이 크다.
  - 반면, 산포가 크면 데이터의 불확실성이 높아져 분석결과의 신뢰성이 낮아질 수 있다.
- 서로 다른 집단이나 데이터의 산포를 비교함으로써, 데이터의 변동성(Variance), 불균일성, 분산 정도를 파악하는 데 중요한 역할을 한다.

② 산포의 특징
- 산포의 단위
  - 분산은 원래 관측치 단위의 제곱 단위를 가지며, 표준편차는 원래 관측치와 동일한 단위를 갖는다.
- 상호 보완의 관계
  - 중심경향값 중 하나인 평균은 데이터의 중심을 나타내고, 산포는 데이터가 이 중심으로부터 얼마나 흩어져 있는지를 나타낸다. 두 개념은 데이터의 특성을 종합적으로 이해하는 데 서로 보완적인 역할을 한다.
- 산포의 민감성
  - 산포는 이상치(극단값)에 민감할 수 있다. 분산과 표준편차는 이상치가 포함될 경우 크게 증가할 수 있으며, 이러한 문제를 완화하기 위해 사분위수 범위(IQR)와 같은 지표를 사용할 수 있다.

2) 편차의 이해

- 편차는 각 데이터 값에서 산술평균을 뺀 값이다. 이때, **편차의 합은 항상 0이다.** `기출`
  - 편차는 $\sum_{i=1}^{n}(X_i - \overline{X}) = 0$ 이므로, 분산은 변량에서 평균까지의 거리를 제곱하여 구한다.

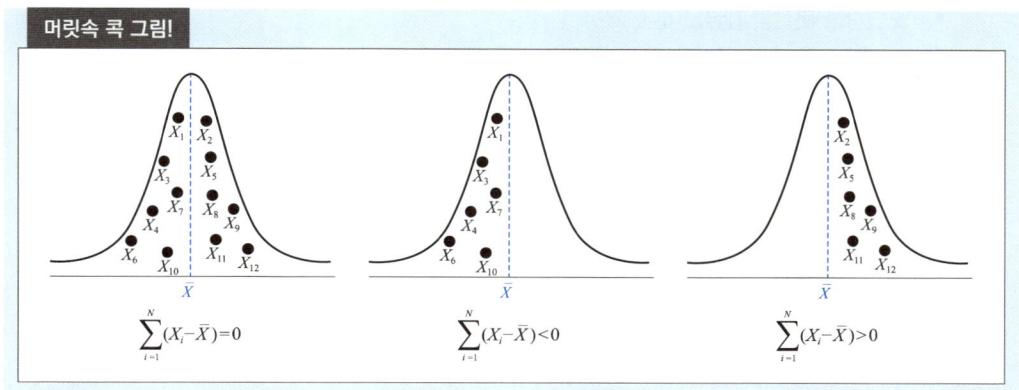

(2) 산포와 관련된 기술통계량

1) 분산과 표준편차

① 분산
- 분산(Variance)은 모분산(Population Variance)과 표본분산(Sample Variance)이 존재한다.

모분산 (Population Variance)	표본분산(Sample Variance)
$\sigma^2 = \dfrac{\sum_{i=1}^{N}(X_i-\mu)^2}{N}$	$S^2 = \dfrac{\sum_{i=1}^{n}(X_i-\overline{X})^2}{n-1} = \dfrac{1}{n-1} \times \left(\sum_{i=1}^{n}X_i^2 - n\overline{X}^2\right)$

- <u>분산은 편차 제곱의 평균이다.</u> 기출
  - <u>분산은 관찰값에서 관찰값들의 평균값을 뺀 값의 제곱의 합계를 관찰 개수로 나눈 값이다.</u> 기출
- <u>분산이 크다는 것은 각 측정치가 평균으로부터 멀리 떨어져 있다는 것을 의미한다.</u> 기출
  - <u>관측값들이 평균으로부터 멀리 떨어져 나타날수록 분산은 커진다.</u> 기출
  - <u>어떤 집단으로부터 수집한 각 수치의 평균편차의 합은 0이다.</u> 기출
- 분산의 공식을 보면 편차의 제곱을 모두 합한 후 자료의 개수로 나누기 때문에, 항상 0 이상인 값을 갖는다. 따라서 분산은 음수일 수 없다.
  - 만약 <u>자료가 모두 동일한 값이면 분산은 0이다.</u> 기출
- <u>자료가 평균에 밀집할수록 분산의 값은 작아진다.</u> 기출
  - 데이터가 평균에 가까울수록 편차들이 작아지므로, 분산 역시 작아진다.
- <u>측도의 단위가 관측치의 단위와 다른 것은 분산이다.</u> 기출
  - 관측치의 단위 : 미터(m) → 편차의 단위 : 관측치에서 평균을 뺀 편차의 단위는 여전히 미터(m)
  - 분산의 단위 : 편차를 제곱하므로 분산의 단위는 m²이 된다.
- $\sum_{i=1}^{N}(X_i-\mu)$ 값을 구하면 양과 음의 덧셈 구조이므로 상쇄되어 0이 나올 수 있다.
  - 따라서, 분산을 구할 때는 변량에서 평균까지의 거리를 제곱한 공식이 필요하다.

② 표준편차
- <u>표준편차는 분산의 제곱근이다.</u> 기출
  - 표기하면 모표준편차(σ) = $\sqrt{\sigma^2}$ 이고, 표본표준편차(S) = $\sqrt{S^2}$ 이다.
  - 표준편차는 데이터의 변동성을 원래 단위로 나타내기 위해 사용된다.
- 표준편차(Standard Deviation)의 종류로는 모표준편차(Population Standard deviation)와 표본표준편차(Sample Standard Deviation)가 존재한다.
  - <u>분산도를 구하기 위해 분산과 표준편차는 각각의 편차를 제곱하는 방법을 사용한다.</u> 기출
- <u>표준편차의 단위는 원자료의 단위와 일치한다.</u> 기출

더블체크

정답률 약 30%

Q 표본크기가 3인 자료 x_1, x_2, x_3의 평균 $\overline{x} = 10$, 분산 $S^2 = 100$이다. 관측값 10이 추가되었을 때, 4개 자료의 분산 S^2은? (단, 표본분산 S^2은 불편분산이다.) [13년 3회, 16년 3회, 20년 1·2회 통합 기출]

① $\dfrac{100}{3}$ ② 50

③ 55   ④ $\dfrac{200}{3}$

해설 표본분산 공식은 $S^2 = \dfrac{\sum_{i=1}^{n}(X_i - \overline{X})^2}{n-1} = \dfrac{1}{n-1} \times \left(\sum_{i=1}^{n} X_i^2 - n\overline{X}^2\right)$이다. 문제에서 주어진 정보를 통해 표본크기가 3인 자료 x_1, x_2, x_3의 평균 $\overline{x} = 10$, 분산 $S^2 = 100$이므로, $\dfrac{x_1+x_2+x_3}{3} = 10$이고, $S^2 = \dfrac{\sum_{i=1}^{3}(x_i-10)^2}{3-1} = \dfrac{1}{2} \times \left(\sum_{i=1}^{3} x_i^2 - 3 \times 10^2\right) = 100$임을 알 수 있다. 이를 정리하면 $x_1+x_2+x_3 = 30$이고, $\sum_{i=1}^{3} x_i^2 = 500$이다.

관측값 10이 추가되었을 때, 4개 자료의 분산 S^2을 구하기 위해 $x_1+x_2+x_3+x_4 = 30+10 = 40$임을 활용하여 표본평균부터 구하면 $\overline{X'} = \dfrac{x_1+x_2+x_3+x_4}{4} = \dfrac{40}{4} = 10$이다.

이때, 표본분산을 구하기 위해 $\sum_{i=1}^{4} x_i^2 = \left(\sum_{i=1}^{3} x_i^2\right) + x_4^2 = 500 + 10^2 = 600$임을 활용하면,

표본분산은 $S'^2 = \dfrac{\sum_{i=1}^{4}(x_i-10)^2}{4-1} = \dfrac{1}{3} \times \left(\sum_{i=1}^{4} x_i^2 - 4 \times 10^2\right) = \dfrac{1}{3} \times (600-400) = \dfrac{200}{3}$이다.

정답 : ④

더블체크

정답률 약 30%

Q 측도의 단위가 관측치의 단위와 다른 것은? [16년 3회, 20년 4회 기출]

① 평균
② 중앙값
③ 표준편차
④ 분산

해설 분산은 표준편차의 제곱이기 때문에, 관측치 단위의 제곱을 단위로 가진다.

정답 : ④

2) 변동계수(변이계수)

- 변동계수(Coefficient of Variation ; CV ; 변이계수)는 단위가 서로 다르거나 집단 간에 평균의 차이가 큰 산포를 비교하는데 유용하게 사용된다. 기출
  - 반면, 표준편차 S는 측정단위의 영향을 받으므로 측정단위가 다른 자료들의 산포 비교가 불가능하다.
- 변동계수는 상대적인 산포의 측도로서 '표준편차를 평균으로 나눈 값'으로 정의된다. 기출
  - 따라서 변동계수는 관찰치의 산포의 정도를 상대적으로 비교할 때 이용한다. 기출
  - 변동계수는 단위에 의존하지 않는 통계량이다. 기출

모집단에서의 변동계수 CV	표본에서의 변동계수 CV
$CV = \dfrac{\sigma}{\mu}$ 모집단의 표준편차 σ를 모평균 μ으로 나눈 것	$CV = \dfrac{S}{\overline{X}}$ 표본의 표준편차 S를 표본평균 $\overline{X}$으로 나눈 것

Case 1 측정단위가 서로 다른 두 집단의 산포 비교 기출

- 변동계수는 측정단위가 서로 다른 두 집단(자료)의 산포를 비교할 때 이용한다.
- 예 어느 고등학교에서 학생을 추출하여 몸무게(kg)와 키(cm)의 산포 크기를 비교

Case 2 평균의 차이가 큰 두 집단의 산포 비교

- 변동계수는 평균의 차이가 큰 두 집단(자료)의 산포를 비교할 때 이용한다. 기출
  - 변동계수의 값이 상대적으로 작다면, 평균에 더 밀집되어 있는 것이다.
- 예 신체검사 결과 키(cm)와 발(cm)의 산포 크기를 비교 기출

3) 범위

- 범위(Range)는 변수값으로 측정된 관측값들 중에서 가장 큰 값과 가장 작은 값의 절대적인 차이를 말한다. 기출
  - 즉, 이상치를 포함한 상태에서의 자료의 최댓값(Max)과 최솟값(Min)의 차이이다.

$$\text{범위 } Range = \text{Max} - \text{Min}$$

4) 사분위수범위

- 사분위수범위(Interquartile Range, IQR)는 제1사분위수(Q1)와 제3사분위수(Q3) 간의 차이를 구하여 데이터가 얼마나 퍼져 있는지를 나타내며, 데이터의 산포도를 측정할 수 있는 측도이다. 기출
  - 즉, 사분위수범위(IQR)는 전체 자료의 50%를 포함하는 범위이다.

> 기출
> 사분위수 범위(IQR) = 제3사분위수(Q3) − 제1사분위수(Q1)

> **개념특강** 사분편차
> - 사분편차(Quartile Deviation)는 산포도의 측도이며, 제3사분위수(Q_3)에서 제1사분위수(Q_1)를 뺀 값인 사분위수 범위(IQR)의 절반인 $\dfrac{1}{2}$값이다. → 사분편차 $= \dfrac{Q_3 - Q_1}{2}$
> 사분편차는 데이터가 중앙값 주변에서 얼마나 퍼져 있는지를 이해하는 데 유용하며, 극단치나 이상치에 덜 민감하다는 특징을 갖는다.

5) 평균편차

- 평균편차(Mean Deviation) 또는 절대평균편차(Mean Absolute Deviation, MAD)는 데이터의 중심으로부터 데이터가 얼마나 퍼져 있는지를 측정하는 통계적 척도이다.
  - 평균편차는 편차의 절댓값 $|X_i - \overline{X}|$의 평균값이다.
- 평균편차는 변동성을 측정하는 데 사용되며, 표준편차와는 달리 절대값을 취하기 때문에, 분산이 클 때 과도하게 커지는 단점을 가지지 않는다.

$$\text{평균편차} = \frac{1}{n}\sum_{i=1}^{n}|X_i - \overline{X}|$$

- 절대편차의 합 $\sum_{i=1}^{n}|X_i - \alpha| = |X_1 - \alpha| + |X_2 - \alpha| + \cdots + |X_n - \alpha|$을 최소로 하는 대푯값은?

$$\therefore \text{median(중앙값)}$$

- 제곱편차의 합 $\sum_{i=1}^{n}(X_i - \alpha)^2 = (X_1 - \alpha)^2 + (X_2 - \alpha)^2 + \cdots + (X_n - \alpha)^2$을 최소로 하는 대푯값은?

$$\therefore \text{mean(산술평균)}$$

더블체크

정답률 약 50%

Q 집단 A에서 크기 n_A의 임의표본(평균 m_A, 표준편차 S_A)을 추출하고, 집단 B에서는 크기 n_B의 임의표본(평균 m_B, 표준편차 S_B)을 추출하였다. 두 집단의 산포(散布)를 비교하는데 적합한 통계치는?

[05년 3회, 18년 1회 기출]

① $m_A - m_B$ ② $\dfrac{m_A}{m_B}$

③ $S_A - S_B$ ④ $\dfrac{S_A}{S_B}$

해설 이 문제는 두 집단의 산포를 비교하는 것이다. 따라서 임의표본에 대한 평균값 m_A와 m_B를 비교하는 형태인 $m_A - m_B$와 $\dfrac{m_A}{m_B}$는 두 집단의 산포를 비교하는데 적합하지 않다. 산포를 비교할 때는 표준편차(혹은 분산)의 비율을 구하는 것이 일반적이다. 따라서 두 집단의 산포를 비교하는데 적합한 통계치는 $\dfrac{S_A}{S_B}$이다. 이 문제에서 변동계수와 관련한 문의를 하는 경우가 많다. 변동계수 $CV = \dfrac{S}{\overline{X}}$의 형태가 선지에 없으나, 평균과 표준편차가 함께 제시된 경우이므로 개념을 더욱 확고하게 확립해보자.

※ 주의!
이 문제에서는 단순히 두 집단의 산포(표준편차) 크기만을 비교하므로, 변동계수 대신 표준편차의 비율을 사용하는 것이 적절하다.

표준편차의 비율 $\dfrac{S_A}{S_B}$	산포의 절대적인 크기를 비교하는 데 사용하며, 평균값의 차이는 고려하지 않는 방식이다.
변동계수 $CV = \dfrac{S}{\overline{X}}$	산포의 상대적 크기를 비교하는 데 사용하며, 평균값에 대한 표준편차의 크기를 고려하는 방식이다.

정답 : ④

더블체크

정답률 약 40%

Q 대표본에서 변동계수(Coefficient of Variation) c를 이용하여 모평균 μ에 대한 95% 신뢰구간을 구하고자 한다. 표본평균을 $\bar{y}$, 표본크기를 n이라 할 때, 신뢰구간으로 옳은 것은?

[00년 1회, 07년 3회, 17년 2회 기출]

① $\bar{y} \pm 1.96c/\sqrt{n}$
② $\bar{y}(1 \pm 1.96c/\sqrt{n})$
③ $\bar{y} \pm 1.96c$
④ $(\bar{y}/c) \pm 1.96c/\sqrt{n}$

해설 표본평균을 $\bar{y}$, 표본크기를 n이라 할 때, 모평균 μ에 대한 $100(1-\alpha)\%$ 신뢰구간은 Z값을 사용하면 $\bar{y} \pm Z_{\frac{\alpha}{2}} \times \frac{\sigma \text{ 혹은 } S}{\sqrt{n}}$이고, t값을 사용하면 $\bar{y} \pm t_{\frac{\alpha}{2}}(n-1) \times \frac{S}{\sqrt{n}}$이다.

문제에서 주어진 조건을 보면 대표본이면서 모분산을 모르는 경우이며, 모평균 μ에 대한 95% 신뢰구간을 구하고자 하므로 $\alpha = 0.05$를 적용하면 $Z_{\frac{\alpha}{2}} = 1.96$이다.

따라서, 변동계수를 사용하여 표현하면 $S = CV \times \bar{X}$이므로, 이를 공식에 대입하면 아래와 같다.

$$\bar{y} \pm Z_{\frac{\alpha}{2}} \times \frac{S}{\sqrt{n}} = \bar{y} \pm Z_{\frac{\alpha}{2}} \times \frac{CV \times \bar{y}}{\sqrt{n}} = \bar{y}\left(1 + 1.96 \times \frac{CV}{\sqrt{n}}\right) = \bar{y}(\pm 1.96 \times c/\sqrt{n}) \; (\because CV = c)$$

정답 : ②

더블체크

정답률 약 40%

Q 20개로 이루어진 자료를 순서대로 나열하면 다음과 같을 때, 중위수와 사분위 범위(Interquartile Range)의 값을 순서대로 나열한 것은?

[16년 3회, 21년 1회 기출]

| 29 | 32 | 33 | 34 | 37 | 39 | 39 | 39 | 40 | 40 |
| 42 | 43 | 44 | 44 | 45 | 45 | 46 | 47 | 49 | 55 |

① 40, 7
② 40, 8
③ 41, 7
④ 41, 8

해설 주어진 자료는 20개의 숫자로 이루어져 있으며, 이를 순서대로 나열하면 [29, 32, 33, 34, 37, 39, 39, 39, 40, 40, 42, 43, 44, 44, 45, 45, 46, 47, 49, 55]이다. 먼저, 중위수는 자료의 중앙에 위치한 값이다. 자료의 개수가 20개로 짝수개가 존재하므로, 중간에 있는 두 개의 값인 10번째 값과 11번째 값의 평균 $\frac{40+42}{2} = 41$이 중위수이다.

다음으로는, 사분위수범위(IQR) = 제3사분위수(Q_3) – 제1사분위수(Q_1)를 구하기 위해 제1사분위수(Q_1)와 제3사분위수(Q_3) 값을 산출한다.

20개의 자료를 4등분하면 [29, 32, 33, 34, 37] [39, 39, 39, 40, 40] [42, 43, 44, 44, 45] [45, 46, 47, 49, 55]이다.

Q_1은 하위 25%에 해당하는 값이므로 5번째와 6번째 값의 평균인 $\frac{37+39}{2} = 38$이고,

Q_3는 상위 25%에 해당하는 값이므로 자료의 15번째와 16번째 값의 평균인 $\frac{45+45}{2} = 45$이므로,

사분위수범위(IQR) = 제3사분위수(Q_3) – 제1사분위수(Q_1) = 45 – 38 = 7이다.

정답 : ③

3. 분포의 모양과 평균, 분산, 비대칭도

(1) 비대칭도

1) 비대칭도의 의의 및 특징

① 비대칭도의 의의
- 비대칭도(왜도 ; Skewness)는 분포나 데이터셋의 비대칭 정도를 나타내는 지표이다.
  - 왜도는 분포의 모양이 평균을 중심으로 얼마나 비대칭적인지를 나타내며, 데이터의 분포가 좌우로 치우쳐 있는 정도를 측정한다.

② 비대칭도의 특징 `기출`
- 비대칭도의 부호는 관측값 분포의 긴 쪽 꼬리방향을 나타낸다.
- 비대칭도는 대칭성 혹은 비대칭성을 나타내는 측도이다.

2) 피어슨의 비대칭계수

① 비대칭계수 공식 `암기` `비삼평마중`
- 피어슨의 비대칭계수(Pearson's skewness coefficient)는 중앙값을 기준으로 비대칭성을 평가하며, 분포의 치우침을 통해 분포의 왜도(skewness)를 측정하는 방법이다.

$$\text{피어슨의 비대칭계수 } S_k = \frac{평균 - 최빈수}{표준편차} \fallingdotseq \frac{3 \times (평균 - 중위수)}{표준편차} = \frac{3 \times (\overline{X} - M_e)}{\sigma}$$

- 피어슨의 비대칭도를 대표치들 간의 관계식으로 나타내면 $\overline{X} - M_o \fallingdotseq 3(\overline{X} - M_e)$ 이다. `기출`
  - 이 공식에서 $\overline{X}$은 산술평균, M_e은 중위수(Median), M_o는 최빈수(Mode)이다.

② 분포와 비대칭계수 관계 `기출`
- 비대칭도의 값이 음수이면 자료의 분포형태가 왼쪽으로 꼬리를 길게 늘어뜨린 모양을 나타낸다.

왼쪽 꼬리가 긴 분포 `암기` `왜음평원긴`	좌우대칭 분포 (정규분포)	오른쪽 꼬리가 긴 분포 `암기` `왜양최오긴`
평균 < 중앙값 < 최빈값	평균 = 중앙값 = 최빈값	최빈값 < 중앙값 < 평균
피어슨 비대칭계수(왜도) $S_k < 0$	피어슨 비대칭계수(왜도) $S_k = 0$	피어슨 비대칭계수(왜도) $S_k > 0$
–	첨도 = 3	–
평균 중앙값 최빈값	평균 = 중앙값 = 최빈값	최빈값 중앙값 평균

외우는 방법

`암기` `왜음평원긴` → 왜도가 음수일 때, 평균이 가장 작으므로 가장 먼저 등장하며 왼쪽으로 긴 꼬리를 가짐

`암기` `왜양최오긴` → 왜도가 양수일 때, 최빈값이 가장 작으므로 가장 먼저 등장하며 오른쪽으로 긴 꼬리를 가짐

(2) 첨도

1) 첨도의 의의 및 특징

① 첨도의 의의
- 첨도(Kurtosis)는 확률분포나 데이터셋의 꼬리 부분이 얼마나 두껍거나 얇은지를 측정하는 통계적 지표이다.
  - 첨도는 분포의 중심 부분과 꼬리 부분의 상대적 비중을 나타내며, 데이터 분포의 뾰족함 또는 평평함을 평가하는 데 사용된다.

② 첨도의 특징 [기출]
- 왜도가 0이고 첨도가 3인 분포의 형태는 좌우 대칭인 분포이다.

첨도	구분
첨도 > 3	분포가 정규분포보다 꼬리가 두껍고, 중앙부가 뾰족하다.
첨도 = 3	분포의 뾰족함과 꼬리 두께가 정규분포·표준정규분포와 동일한 경우이다.
첨도 < 3	첨도 값이 3보다 작은 경우, 분포는 정규분포보다 평평하고 꼬리가 얇다.

(3) 분포의 모양과 평균, 분산, 비대칭도 총 정리

1) 측도별 기술통계량

중심위치에 대한 측도	평균 관련 5가지	산술평균, 절사평균, 가중평균, 기하평균, 조화평균
	분위수 관련 3가지	중앙값, 백분위수, 사분위수
	빈도 관련 1가지	최빈값
산포에 대한 측도	6가지	분산, 표준편차, 변동계수(변이계수), 범위, 사분위수범위, 평균편차
분포의 형태를 나타내는 측도	2가지	왜도, 첨도

2) 상자 - 수염 그림

- 박스플롯(Box-and-Whisker Plot ; 상자-수염 그림)은 데이터의 분포를 시각적으로 나타내는 도구로, 데이터의 중심 경향, 산포, 이상치를 이해하는 데 유용하다.
  - 상자그림을 통해 이상값에 대한 정보를 알 수 있다. 상자그림 요약에서 안쪽 울타리를 벗어나는 자료는 이상점 자료이다. [기출]
- 상자-수염그림은 이상치(Outlier)를 탐지하는 기능을 가지고 있고 최솟값, 제1사분위수, 중앙값, 제3사분위수, 최댓값의 정보를 이용하여 자료를 도표로 나타내는 방법이다. [기출]
  - 상자그림을 보면 자료의 분포를 개략적으로 파악할 수 있다. [기출]
  - 상자그림으로 두 집단의 분포 모양에 대한 비교가 가능하다. [기출]

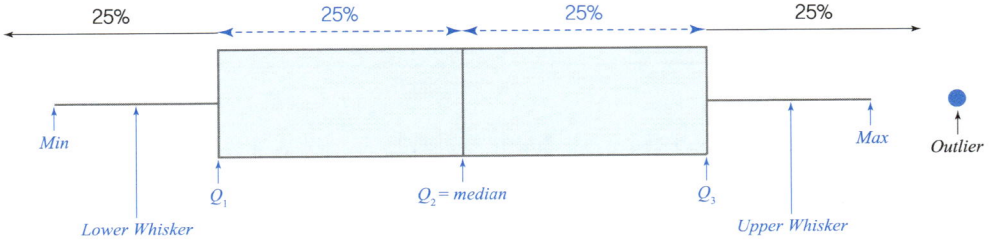

더블체크

정답률 약 30%

Q 다음 중 첨도가 가장 큰 분포는? [15년 2회, 19년 2회 기출]

① 표준정규분포
② 자유도가 1인 t-분포
③ 평균=0, 표준편차=0.1인 정규분포
④ 평균=0, 표준편차=5인 정규분포

해설 t-분포는 (표준)정규분포보다 꼬리가 두꺼우므로 첨도(Kurtosis)는 3보다 크다. 표본크기가 커지면 t-분포는 표준정규분포에 가까워지며, 이때 t-분포의 꼬리 두께는 점점 얇아져 표준 정규분포와 유사하게 된다.
①, ③, ④ 정규분포와 표준정규분포는 첨도가 3이다.

정답 : ②

더블체크

Q 자료의 위치를 나타내는 척도로 알맞지 않은 것은? [15년 2회, 18년 2회, 22년 2회 기출]

① 표준편차
② 중앙값
③ 백분위수
④ 사분위수

해설 자료의 위치를 나타내는 척도(=중심위치에 대한 척도)에는 산술평균, 절사평균, 가중평균, 기하평균, 조화평균, 중앙값, 최빈값, 백분위수, 사분위수가 존재한다.

정답 : ①

더블체크

정답률 약 50%

Q 도수분포가 비대칭이고 극단치들이 있을 때보다 적절한 중심성향 척도는?
[04년 3회, 08년 3회, 11년 3회, 14년 2회, 21년 1회 기출]

① 산술평균
② 중위수
③ 조화평균
④ 최빈수

해설 중위수는 데이터의 중앙에 위치한 값으로, 데이터를 크기순으로 정렬했을 때 가운데 위치한 값이다. 중위수는 극단값의 영향을 받지 않기 때문에 비대칭 분포나 극단값이 있는 경우에 적절한 중심성향 척도가 된다.
① 산술평균은 모든 데이터 값을 합한 후 데이터의 개수로 나눈 값이며, 극단값에 매우 민감하다.
③ 조화평균은 주로 비율이나 속도와 같은 특정 상황에서 사용되며, 산술평균과 유사하게 극단값의 영향을 받을 수 있다.
④ 최빈수는 자료에서 가장 자주 나타나는 값이다. 최빈수는 극단값의 영향을 받지 않지만, 비대칭 분포에서 데이터가 어떻게 분포되어 있는지에 따라 대표성이 부족할 수 있다. 따라서 최빈수는 비대칭 분포와 극단값의 존재를 고려할 때 중위수보다는 덜 적절하다.

정답 : ②

더블체크

정답률 약 50%

Q 다음 중 산포도의 측도가 아닌 것은? [02년 3회, 07년 3회, 17년 1회 기출]

① 사분위수 범위
② 왜도
③ 범위
④ 분산

해설 왜도는 자료의 산포도의 측도가 아닌 자료의 비대칭성을 측정하는 통계량이다.

정답 : ②

03 평균차이 분석

1 두 모집단 평균차의 가설검정

(1) 두 개의 모집단에 대한 모평균 차의 가설검정

1) 모평균 차에 대한 독립표본 가설검정

① 가설 수립 [기출]
- 독립표본 가설검정(Independent-Samples Test)은 두 개의 서로 다른 그룹의 평균이 같은지를 검정할 때 사용된다. 단, 이때 두 그룹은 서로 독립적이어야 한다.

양측검정	귀무가설 H_0	$H_0 : \mu_1 = \mu_2$	두 모집단의 평균 차이는 0이다. $\mu_1 - \mu_2 = 0$
	대립가설 H_1	$H_1 : \mu_1 \neq \mu_2$	두 모집단의 평균 차이는 0이 아니다.
단측검정	귀무가설 H_0	$H_0 : \mu_1 = \mu_2$	첫 번째 모집단의 평균 μ_1과 두 번째 모집단의 평균 μ_2이 같다.
	대립가설 H_1	$H_1 : \mu_1 > \mu_2$	첫 번째 모집단의 평균 μ_1이 두 번째 모집단의 평균 μ_2보다 크다.
		$H_1 : \mu_1 < \mu_2$	첫 번째 모집단의 평균 μ_1이 두 번째 모집단의 평균 μ_2보다 작다.

② 가설검정의 절차
- 가설검정의 절차를 통해 두 그룹의 표본평균 $\overline{X_1}$와 $\overline{X_2}$을 비교하며, Z검정 · T검정을 사용하여 두 그룹 간 차이가 통계적으로 유의한지 평가한다.

Step 1	• 귀무가설 H_0과 대립가설 H_1을 설정한다.
Step 2	• 귀무가설 H_0이 참이라는 가정하에 검정통계량을 정의하고 확률분포를 정한다. – 모분산 σ_1^2, σ_2^2을 아는 경우와 모르는 경우로 케이스를 구분한다.
Step 3	• 유의수준 α에 대한 기각역을 구하고, 표본으로부터 검정통계량 값을 구한다. – Z검정 통계량 혹은 T검정 통계량을 계산하여 기각역의 임계값보다 큰지 작은지 확인한다.
Step 4	• 검정 결과는 대립가설 H_1을 기준으로 최종적으로 해석한다. – 검정통계량의 값이 기각역에 속해 있으면 귀무가설 H_0을 기각하고, 기각역에 속하지 않으면 귀무가설 H_0을 기각할 수 없다.

> **더블체크**
>
> **정답률 약 50%**
>
> **Q** "남녀 간 월급여의 차이가 있다"라는 주장을 검정하기 위하여 사회조사를 실시하였다. 조사결과 남자집단의 월평균급여를 μ_1, 여자집단의 월평균급여를 μ_2라고 한다면, 귀무가설은? [18년 3회, 21년 3회 기출]
>
> ① $\mu_1 = \mu_2$ ② $\mu_1 < \mu_2$
> ③ $\mu_1 \neq \mu_2$ ④ $\mu_1 > \mu_2$
>
> **해설** 귀무가설과 대립가설을 수립하면 다음과 같다.
>
> | 귀무가설 | $H_0 : \mu_1 = \mu_2$ | 남녀 간 월급여의 차이가 없다. 즉, 남자집단의 월평균급여 μ_1과 여자집단의 월평균급여 μ_2는 같다. |
> |---|---|---|
> | 대립가설 | $H_1 : \mu_1 \neq \mu_2$ | 남녀 간 월급여의 차이가 있다. |
>
> 정답 : ①

2) 케이스 분류

① 모분산 σ_1^2, σ_2^2을 아는 경우(혹은 정규모집단인 경우) 기출

- [대표본] $n_1 \geq 30$, $n_2 \geq 30$이면, 두 독립표본에 대한 가설검정은 아래와 같다.
  - 중심극한정리(Central Limit Theorem, CLT)에 의해 두 개의 모집단에서 각각 충분히 큰 표본을 추출한 경우($n_1 \geq 30$, $n_2 \geq 30$), 이 표본평균의 분포는 모집단의 분포 형태와 무관하게 정규분포를 따르게 되며, 이를 기반으로 $\overline{X_1} - \overline{X_2}$에 대해 Z검정을 수행한다.
- [소표본] $n_1 < 30$, $n_2 < 30$이면, 두 독립표본에 대한 가설검정은 아래와 같다.
  - 소표본이더라도 두 집단의 모분산을 아는 경우에는 두 독립표본에 대한 가설검정은 Z검정을 수행한다.

[양측] 모평균 차이 $\mu_1 - \mu_2$에 대한 $100(1-\alpha)\%$ 신뢰구간	독립표본 검정통계량
$(\overline{X_1} - \overline{X_2}) \pm Z_{\frac{\alpha}{2}} \times \sqrt{\dfrac{\sigma_1^2}{n_1} + \dfrac{\sigma_2^2}{n_2}}$	$Z = \dfrac{(\overline{X_1} - \overline{X_2}) - (\mu_1 - \mu_2)}{\sqrt{\dfrac{\sigma_1^2}{n_1} + \dfrac{\sigma_2^2}{n_2}}} \sim N(0, 1^2)$

② 모분산 σ_1^2, σ_2^2을 모르는 경우 기출

- [대표본] $n_1 \geq 30$, $n_2 \geq 30$이면, 두 독립표본에 대한 가설검정은 Z검정을 수행한다.

[양측] 모평균 차이 $\mu_1 - \mu_2$에 대한 $100(1-\alpha)\%$ 신뢰구간	독립표본 검정통계량
$(\overline{X_1} - \overline{X_2}) \pm Z_{\frac{\alpha}{2}} \times \sqrt{\dfrac{S_1^2}{n_1} + \dfrac{S_2^2}{n_2}}$	$Z = \dfrac{(\overline{X_1} - \overline{X_2}) - (\mu_1 - \mu_2)}{\sqrt{\dfrac{S_1^2}{n_1} + \dfrac{S_2^2}{n_2}}} \sim N(0, 1^2)$

- [소표본, 모분산 같음] $n_1 < 30$, $n_2 < 30$이면서 $\sigma_1^2 = \sigma_2^2$로 두 집단의 모분산이 같으면, 두 독립표본에 대한 가설검정은 t검정을 수행한다. 이때, 자유도는 $n_1 + n_2 - 2$이다.
  - 소표본인 경우, t검정에서는 정확성·신뢰성을 높이기 위해 모집단이 정규분포를 따른다고 가정한다. 만약 이 가정이 충족되지 않으면 비모수 검정을 사용하는 것이 좋다.
  - 이때, 공통분산 σ^2에 대한 합동분산추정량인 S_p^2을 이용한다. 합동분산추정량 S_p^2은 두 표본의 분산이 동일하다는 가정하에, 두 집단의 분산을 결합하여 하나의 추정치로 계산하는 방식이다.

$$S_p^2 = \frac{(n_1 - 1)S_1^2 + (n_2 - 1)S_2^2}{n_1 + n_2 - 2}$$

[양측] 모평균 차이 $\mu_1 - \mu_2$에 대한 $100(1-\alpha)\%$ 신뢰구간	독립표본 검정통계량
$(\overline{X_1} - \overline{X_2}) \pm t_{\frac{\alpha}{2}}(n_1 + n_2 - 2) \times S_p \sqrt{\dfrac{1}{n_1} + \dfrac{1}{n_2}}$	$t = \dfrac{(\overline{X_1} - \overline{X_2}) - (\mu_1 - \mu_2)}{S_p \sqrt{\dfrac{1}{n_1} + \dfrac{1}{n_2}}} \sim t(n_1 + n_2 - 2)$

더블체크

정답률 약 30%

Q 두 모집단의 분산이 같지 않다고 가정하여 평균 차이를 검정했을 때 유의수준 5% 하에서 통계적으로 평균 차이가 유의하였다. 만약 두 모집단의 분산이 같은 경우 가설검정 결과의 변화로 틀린 것은?

[13년 2회, 19년 1회 기출]

① 유의확률이 작아진다.
② 평균 차이가 존재한다.
③ 표준오차가 커진다.
④ 검정통계량 값이 커진다.

해설 두 모집단의 분산이 같지 않다고 가정하여 평균 차이를 검정하는 경우에 독립표본 검정통계량은 모분산 σ_1^2, σ_2^2을 모르는 경우에 아래와 같다. 두 모집단의 분산이 같지 않다고 가정하여 평균 차이를 검정했을 때 유의수준 5% 하에서 통계적으로 평균 차이가 유의하였다면, 만약 두 모집단의 분산이 같은 경우 표준오차는 작아진다.

합동분산추정량인 $S_p^2 = \dfrac{(n_1-1)S_1^2 + (n_2-1)S_2^2}{n_1+n_2-2}$ 는 두 표본의 분산을 합쳐서 평균적인 분산을 사용하는데, 표본 크기에 따라 가중치가 적용되므로 작은 표본의 변동성이 크게 영향을 미치지 않게 된다.

대표본	소표본이고, 모분산 같음
검정통계량	
$Z = \dfrac{(\overline{X_1}-\overline{X_2})-(\mu_1-\mu_2)}{\sqrt{\dfrac{S_1^2}{n_1}+\dfrac{S_2^2}{n_2}}} \sim N(0, 1^2)$	$t = \dfrac{(\overline{X_1}-\overline{X_2})-(\mu_1-\mu_2)}{S_p\sqrt{\dfrac{1}{n_1}+\dfrac{1}{n_2}}} \sim t(n_1+n_2-2)$
[양측] 모평균 차이 $\mu_1-\mu_2$에 대한 $100(1-\alpha)\%$ 신뢰구간	
$(\overline{X_1}-\overline{X_2}) \pm Z_{\frac{\alpha}{2}} \times \sqrt{\dfrac{S_1^2}{n_1}+\dfrac{S_2^2}{n_2}}$	$(\overline{X_1}-\overline{X_2}) \pm t_{\frac{\alpha}{2}}(n_1+n_2-2) \times S_p\sqrt{\dfrac{1}{n_1}+\dfrac{1}{n_2}}$
표준오차(Standard Error)	
$SE = \sqrt{\dfrac{S_1^2}{n_1}+\dfrac{S_2^2}{n_2}}$	$SE = S_p\sqrt{\dfrac{1}{n_1}+\dfrac{1}{n_2}}$

정답 : ③

더블체크

정답률 약 40%

Q 다음 사례에 알맞은 검정방법은?

[10년 3회, 16년 1회, 19년 2회, 22년 2회 기출]

> 도시지역의 가족과 시골 지역의 가족 간에 가족의 수에 있어서 평균적으로 차이가 있는지를 알아보고자 도시지역과 시골 지역 중 각각 몇 개의 지역을 골라 가족의 수를 조사하였다.

① F-검정
② χ^2-검정
③ 더빈 왓슨검정
④ 독립표본 t-검정

해설 독립표본 t-검정은 두 개의 독립된 집단 간 평균을 비교할 때 사용하는 방법이다. 따라서 도시지역과 시골지역 간 가족 수의 평균 차이를 비교하는 상황에 적합하다.

정답 : ④

2. 대응 모집단의 평균차의 가설검정

(1) 대응 모집단에 대한 모평균 차의 가설검정

1) 모평균 차에 대한 대응표본 가설검정

① 가설 수립
- 대응표본 가설검정(Paired-Samples Test)은 같은 집단에 대해 두 번의 측정인 사전(Before) VS 사후(After)와 같이 쌍을 이루며 수행되는 경우를 비교할 때 사용된다. 따라서 이 방법은 같은 개체에 대해 두 시점(사전과 사후)에서 측정된 값을 비교하거나, 쌍을 이루는 두 조건에서의 관측값을 비교한다.
   예 같은 학생들에게 시험 전후로 교육 프로그램을 실시한 후 시험 성적이 변화했는지를 분석하고자 할 때, 시험 전후의 성적을 비교하는 경우에 대응표본 가설검정을 사용한다.
- 대응표본 가설검정에서는 두 관측값의 차이를 구한 후, 두 관측값이 동일한지 검정하기 위해 차이의 평균이 0인지를 검정한다. 이 과정에서 주로 t분포를 활용한 대응표본 t-검정이 사용된다.

② 가설검정의 절차
- 가설검정의 절차를 통해 하나의 모집단에 대한 처리 전(Before)과 후(After)의 표본평균인 $\overline{X_{Before}}$과 $\overline{X_{After}}$을 비교하며, 둘의 차이가 통계적으로 유의한지 평가한다.
  - 두 번의 측정에 대한 모평균 차를 $\mu_D = \mu_A - \mu_B$로 정의하면, 모평균 차인 μ_D에 대한 추정량은 $\overline{D} = \overline{X_A} - \overline{X_B}$이며, $\overline{D} = \frac{1}{n}\sum_{i=1}^{n} D_i$이고 $S_D^2 = \frac{\sum_{i=1}^{n}(D_i - \overline{D})^2}{n-1}$이다.

Step 1	• 귀무가설 H_0과 대립가설 H_1을 설정한다. ($H_0 : \mu_D = 0$ VS $H_1 : \mu_D \neq 0$)
Step 2	• 귀무가설 H_0이 참이라는 가정하에 검정통계량을 정의하고 확률분포를 정한다.
Step 3	• 유의수준 α에 대한 기각역을 구하고, 표본으로부터 검정통계량 값을 구한다. - T검정통계량을 계산하여 기각역의 임계값보다 큰지 작은지를 확인한다.
Step 4	• 검정 결과는 대립가설 H_1을 기준으로 최종적으로 해석한다. - 검정통계량의 값이 기각역에 속해 있으면 귀무가설 H_0을 기각하고, 기각역에 속하지 않으면 귀무가설 H_0을 기각할 수 없다.

③ 대응표본인 경우 기출
- 모평균 차이의 가설검정은 대응표본 T검정을 수행한다.
  - 대응표본 T검정은 하나의 대상에 대해 두 번의 측정을 수행한 후 이를 비교할 때 사용한다.
  - 이때, 검정통계량은 자유도가 $n-1$인 t분포를 따른다. 기출
   예 새로 개발한 학습방법에 대한 효과 검증을 위해 학습 전 VS 후의 시험점수 비교 기출
   예 흡연자를 대상으로 금연 전 VS 후의 체중 변화 비교 기출

[양측] 대응모집단 평균 차이 $\mu_1 - \mu_2$에 대한 $100(1-\alpha)\%$신뢰구간	대응표본 검정통계량
$\overline{D} \pm t_{\frac{\alpha}{2}}(n-1) \times \frac{S_D}{\sqrt{n}}$	$t = \dfrac{\overline{D} - \mu_D}{\dfrac{S_D}{\sqrt{n}}} \sim t(n-1)$

더블체크

정답률 약 20%

Q 5명의 흡연자를 무작위로 선정하여 체중을 측정하고, 금연을 시킨 뒤 4주 후에 다시 체중을 측정하였다. 금연 전후의 체중에 변화가 있는가에 대해 t-검정하고자 할 때, 검정통계량의 값은?

[13년 2회, 17년 2회, 20년 4회 기출]

번호	금연 전	금연 후
1	70	75
2	80	77
3	65	68
4	55	58
5	70	75

① -0.21
② -0.32
③ -0.48
④ -1.77

해설 가설검정을 수행하기 전, $\overline{D} = \overline{X_A} - \overline{X_B}$ 와 $S_D^2 = \dfrac{\sum_{i=1}^{n}(D_i - \overline{D})^2}{n-1}$ 값을 먼저 구한다.

$\overline{D} = \dfrac{1}{5} \times \{(70-75) + (80-77) + (65-68) + (55-58) + (70-75)\} = \dfrac{1}{5} \times (-13) = -2.6$

$S_D^2 = \dfrac{1}{4} \times [\{-5-(-2.6)\}^2 + \{3-(-2.6)\}^2 + \{-3-(-2.6)\}^2 + \{-3-(-2.6)\}^2 + \{-5-(-2.6)\}^2]$
$= 10.8$

Step 1	• 귀무가설 H_0과 대립가설 H_1을 설정한다. – $H_0 : \mu_D = 0$ 흡연자의 금연 전후의 체중에 변화가 없다. – $H_1 : \mu_D \neq 0$ 흡연자의 금연 전후의 체중에 변화가 있다.
Step 2	• 귀무가설 H_0이 참이라는 가정하에 검정통계량을 정의하고 확률분포를 정한다. 대응표본 검정통계량은 $t = \dfrac{\overline{D} - \mu_D}{\dfrac{S_D}{\sqrt{n}}} \sim t(n-1)$ 이며, 귀무가설 $H_0 : \mu_D = 0$이 참이라는 가정 하에 $\mu_D = 0$임을 대입하면, 검정통계량은 $t_0 = \dfrac{\overline{D}}{\dfrac{S_D}{\sqrt{n}}}$ 이다.
Step 3	• 유의수준 α에 대한 기각역을 구하고, 표본으로부터 검정통계량 값을 구한다. [기각역] 이 문제에서는 유의수준이 주어져 있지 않다. 따라서 임계값이나 기각역을 구하는 문제가 아니다. [검정통계량] 대응표본 t검정은 자유도가 $n-1 = 4$이며, $t_0 = \dfrac{\overline{D}}{\dfrac{S_D}{\sqrt{n}}} = \dfrac{-2.6}{\dfrac{\sqrt{10.8}}{\sqrt{5}}} \approx -1.769 ≒ -1.77$이다.

정답 : ④

더블체크

정답률 약 20%

Q 다음은 왼손으로 글자를 쓰는 사람 8명에 대하여 왼손의 악력 X와 오른손의 악력 Y를 측정하여 정리한 결과이다. 왼손으로 글자를 쓰는 사람들의 왼손 악력이 오른손 악력보다 강하다고 할 수 있는가에 대해 유의수준 5%에서 검정하고자 한다. 검정통계량 T의 값과 기각역을 구하면?

[14년 1회, 18년 3회, 21년 1회 기출]

구분	관측값	평균	표준편차
X	90, ⋯, 110	$\overline{X}=107.25$	$S_X=18.13$
Y	87, ⋯, 100	$\overline{Y}=103.75$	$S_Y=18.26$
$D=X-Y$	3, ⋯, 10	$\overline{D}=3.5$	$S_D=4.93$

$$P[T\le t_{(n,\alpha)}],\ T\sim t_{(n)}$$

df		α		
	⋯	0.05	0.025	⋯
⋮	⋮	⋮	⋮	⋮
6	⋯	1.943	2.447	⋯
7	⋯	1.895	2.365	⋯
8	⋯	1.860	2.306	⋯
⋮	⋮	⋮	⋮	⋮

① $T=0.71,\ T\ge 1.860$
② $T=2.01,\ T\ge 1.895$
③ $T=0.71,\ |T|\ge 2.365$
④ $T=2.01,\ |T|\ge 2.365$

해설 단측검정인 경우 가설검정의 프로세스는 아래와 같다.

Step 1	• 귀무가설 H_0과 대립가설 H_1을 설정한다. – $H_0 : \mu_D = 0$ 왼손으로 글자를 쓰는 사람들의 왼손 악력은 오른손 악력과 차이가 없다. – $H_1 : \mu_D > 0$ 왼손으로 글자를 쓰는 사람들의 왼손 악력은 오른손 악력보다 강하다.
Step 2	• 귀무가설 H_0이 참이라는 가정하에 검정통계량을 정의하고 확률분포를 정한다. 대응표본 검정통계량은 $t = \dfrac{\overline{D}-\mu_D}{S_D/\sqrt{n}} \sim t(n-1)$이며, 귀무가설 $H_0:\mu_D=0$이 참이라는 가정하에 $\mu_D=0$임을 대입하면, 검정통계량은 $t_0=\dfrac{\overline{D}}{S_D/\sqrt{n}}$이다.
Step 3	• 유의수준 α에 대한 기각역을 구하고, 표본으로부터 검정통계량 값을 구한다. [기각역] 유의수준이 $\alpha=0.05$이고, 단측검정이므로 주어진 T분포표를 활용하면 $t_\alpha(n-1)=t_{0.05}(7)=1.895$가 임계값이 된다. 이때, 단측검정이므로 기각역은 $T\ge 1.895$이다. [검정통계량] 대응표본 t검정은 자유도 $n-1=7$, $t_0=\dfrac{\overline{D}}{S_D/\sqrt{n}}=\dfrac{3.5}{4.93/\sqrt{8}}\approx 2.01$이다.

정답 : ②

3 두 모집단 비율의 가설검정

(1) 두 개의 모집단에 대한 모비율의 가설검정

1) 모비율에 대한 독립표본 가설검정

① 가설 수립

		귀무가설 H_0	$H_0 : p_1 = p_2$	두 모집단의 비율 차이는 0이다.
양측검정				
		대립가설 H_1	$H_1 : p_1 \neq p_2$	두 모집단의 비율 차이는 0이 아니다.
		귀무가설 H_0	$H_0 : p_1 = p_2$	첫 번째 모집단의 비율 p_1과 두 번째 모집단의 비율 p_2이 같다.
단측검정		대립가설 H_1	$H_1 : p_1 > p_2$	첫 번째 모집단의 비율 p_1과 두 번째 모집단의 비율 p_2보다 크다.
			$H_1 : p_1 < p_2$	첫 번째 모집단의 비율 p_1과 두 번째 모집단의 비율 p_2보다 작다.

② 가설검정의 절차

Step 1	• 귀무가설 H_0과 대립가설 H_1을 설정한다. ($H_0 : p_1 = p_2$ VS $H_1 : p_1 \neq p_2$)
Step 2	• 귀무가설 H_0이 참이라는 가정하에 검정통계량을 정의하고 확률분포를 정한다.
Step 3	• 유의수준 α에 대한 기각역을 구하고, 표본으로부터 검정통계량 값을 구한다. – Z검정통계량을 계산하여 기각역의 임계값보다 큰지 작은지를 확인한다.
Step 4	• 검정 결과는 대립가설 H_1을 기준으로 최종적으로 해석한다. – 검정통계량의 값이 기각역에 속해 있으면 귀무가설 H_0을 기각하고, 기각역에 속하지 않으면 귀무가설 H_0을 기각할 수 없다.

③ 모비율 차를 검정하는 경우 기출

- 두 모집단 비율의 가설검정은 Z검정을 수행한다. 두 개의 표본에서 추출된 비율을 각각 $\hat{p_1}$과 $\hat{p_2}$라고 할 때, 두 모비율 차이 $p_1 - p_2$에 대한 검정통계량 Z는 다음과 같다.

 – 아래 공식에서 $\hat{p}$은 합동표본비율(pooled proportion)이며, $\hat{p} = \dfrac{X_1 + X_2}{n_1 + n_2}$이다.

 – $\hat{p_1} = \dfrac{X_1}{n_1}$, $\hat{p_2} = \dfrac{X_2}{n_2}$이고, 이때 분자 X_1, X_2는 각각 첫 번째 표본과 두 번째 표본에서 '특정 사건이 발생한' 횟수이며, 분모 n_1, n_2는 각각 각각 첫 번째와 두 번째 표본의 크기이다.

[양측] 두 모비율 차 $p_1 - p_2$에 대한 $100(1-\alpha)\%$ 근사 신뢰구간	검정통계량
$(\hat{p_1} - \hat{p_2}) \pm Z_{\frac{\alpha}{2}} \times \sqrt{\dfrac{\hat{p_1}(1-\hat{p_1})}{n_1} + \dfrac{\hat{p_2}(1-\hat{p_2})}{n_2}}$	$Z = \dfrac{(\hat{p_1} - \hat{p_2}) - (p_1 - p_2)}{\sqrt{\hat{p}(1-\hat{p})\left(\dfrac{1}{n_1} + \dfrac{1}{n_2}\right)}} \sim N(0, 1^2)$

(2) 두 개의 모집단에 대한 모분산의 가설검정

- 두 모집단 비율의 가설검정 내용은 아니지만, 두 개의 모집단에 대한 모분산의 가설검정도 출제되고 있으므로 추가적으로 다뤄본다.

1) 모분산에 대한 독립표본 가설검정

① 가설 수립

- 두 개의 모집단에 대한 모분산 차이에 대한 가설검정은 두 모집단의 분산이 같은지 여부를 검정한다.

양측검정	귀무가설 H_0	$H_0 : \sigma_1^2 = \sigma_2^2$	두 모집단의 분산이 같다.
	대립가설 H_1	$H_1 : \sigma_1^2 \neq \sigma_2^2$	두 모집단의 분산이 다르다.
단측검정	귀무가설 H_0	$H_0 : \sigma_1^2 = \sigma_2^2$	두 모집단의 분산이 같다.
	대립가설 H_1	$H_1 : \sigma_1^2 > \sigma_2^2$	첫 번째 모집단의 분산 σ_1^2이 두 번째 모집단의 분산 σ_2^2보다 크다.
		$H_1 : \sigma_1^2 < \sigma_2^2$	첫 번째 모집단의 분산 σ_1^2이 두 번째 모집단의 분산 σ_2^2보다 작다.

② 검정통계량 [암기] 두분동일에프

- 두 집단의 분산의 동일성 검정에 사용되는 검정통계량의 분포는 $F-$분포이다. [기출]
  - $F-$검정에서 사용하는 $F-$통계량은 두 표본의 분산 비율로 계산된다.
  - 단, $\dfrac{(n_1-1)S_1^2}{\sigma_1^2} \sim \chi^2(n_1-1), \dfrac{(n_2-1)S_2^2}{\sigma_2^2} \sim \chi^2(n_2-1)$ 각각은 카이제곱분포를 따른다.

$$F = \dfrac{S_1^2}{S_2^2} \sim F(n_1-1, n_2-1)$$

$F = \dfrac{\dfrac{(n_1-1)S_1^2}{\sigma_1^2}}{\dfrac{(n_2-1)S_2^2}{\sigma_2^2}} = \dfrac{\dfrac{S_1^2}{\sigma_1^2}}{\dfrac{S_2^2}{\sigma_2^2}} \sim F(n_1-1, n_2-1)$	$H_0 : \sigma_1^2 = \sigma_2^2$ $\rightarrow$	$F = \dfrac{S_1^2}{S_2^2} \sim F(n_1-1, n_2-1)$

4 분산분석의 기본가정

(1) 분산분석

1) 분산분석의 의의 및 특징

① 분산분석의 의의
- 분산분석(ANOVA, Analysis of Variance)은 집단 간 평균을 비교하는 분석이다. 기출
  - 집단 간 분산을 비교하는 분석이 아님에 주의해야 한다.
  - 즉, 분산분석은 분산값들을 이용해서 두 개 이상의 집단 간 평균 차이를 검정할 때 사용된다. 기출

② 분산분석의 특징
- 분산분석은 범주형 독립변수와 연속형 종속변수 간의 관계를 분석하는 데 사용한다.
  - 두 변량 중 X를 독립변수, Y를 종속변수로 하여 X와 Y의 관계를 분석하고자 한다. X가 범주형 변수이고 Y가 연속형 변수일 때 적합한 분석방법은 분산분석이다. 기출
- 분산분석에서 관측값에 영향을 주는 요인은 명목척도이다.
  - 분산분석은 종속변수가 연속형 변수인 등간척도나 비율척도일 때 사용하지만, '관측값에 영향을 주는 요인(Factor)'인 독립변수는 범주형 변수인 명목척도이다.
- 종속변수(Y)가 연속형 변수이고, 독립변수(X)가 범주형 변수일 때
  - t검정은 2개의 모집단에 대한 모평균 차이가 통계적으로 유의한가를 검정한다.
  - 분산분석은 3개 이상의 모집단의 모평균을 비교하는 통계적 방법으로 가장 적합하다. 기출

독립변수(X) 종속변수(Y)	범주형 변수	연속형 변수
범주형 변수 (질적자료)	교차분석 (카이제곱검정)	로지스틱 회귀분석 판별분석
연속형 변수 (양적자료)	t검정 분산분석(ANOVA) : F검정	회귀분석 상관분석

개념특강 인자(Factor) 기출

- 실험계획에서 데이터의 산포에 영향을 미치는 것으로 실험환경이나 실험조건을 나타내는 변수는 '인자(Factor)'라고 한다.
  - 이 '인자'는 실험에서 독립변수(X)라고 하며, 실험의 결과에 영향을 미치는 변수를 의미한다. 데이터의 산포는 인자에 따라 달라질 수 있으며, 실험 설계에서 가장 중요한 요소이다.

더블체크

정답률 약 40%

Q 두 변량 중 X를 독립변수, Y를 종속변수로 하여 X와 Y의 관계를 분석하고자 한다. X가 범주형 변수이고 Y가 연속형 변수일 때 가장 적합한 분석 방법은? [09년 3회, 16년 3회, 20년 3회 기출]
① 회귀분석 ② 교차분석
③ 분산분석 ④ 상관분석

해설 분산분석은 범주형 독립변수와 연속형 종속변수 간의 관계를 분석하는 데 적합한 방법이다. 이는 여러 집단 간 평균의 차이를 분석하여, 독립변수가 종속변수에 영향을 미치는지를 검정한다.

정답 : ③

(2) 분산분석 기본가정

1) 분산분석의 기본가정

① 정규성 [기출]
- 각 모집단에서 반응변수는 정규분포를 따른다.

② 독립성 [기출]
- 관측값들은 독립적이어야 한다.
- 분산분석은 서로 다른 집단 간에 독립을 가정한다.

③ 등분산성 [기출]
- 반응변수의 분산은 모든 모집단에서 동일하다.
  - 분산분석에서는 각 집단에 해당되는 모집단의 분포가 정규분포이며 서로 동일한 분산을 가져야 한다.

2) 분산분석의 오차항 기본가정 [기출]

① 정규성 : 오차항 ε_{ij}는 정규분포를 따른다.
② 독립성 : 오차항 ε_{ij}는 서로 독립이다.
③ 등분산성 : 오차항 ε_{ij}의 분산은 i에 관계없이 일정하다.

더블체크

> 정답률 약 50%
>
> **Q** 분산분석을 수행하는데 필요한 가정이 아닌 것은? [00년 1회, 08년 3회, 17년 1회 기출]
>
> ① 독립성 　　　　　　　　② 불편성
> ③ 정규성 　　　　　　　　④ 등분산성
>
> **해설** 불편성은 통계량의 성질 중 하나이며, 추정량이 모수를 편향 없이 추정한다는 의미이다. 분산분석에서의 불편성은 필요한 가정이 아니다.
>
> 정답 : ②

더블체크

> 정답률 약 50%
>
> **Q** 다음은 k개의 처리효과를 비교하기 위한 일원배치법에서 i번째 처리에서 얻은 j번째 관측값 $y_{ij}(i=1, \cdots, k, j=1, \cdots, n)$에 대한 모형이다. 다음 중 오차항 ε_{ij}에 대한 가정이 아닌 것은? [19년 2회 기출]
>
> $$Y_{ij} = \mu + \alpha_i + \varepsilon_{ij}(i=1, \cdots, k, j=1, \cdots, n)$$
>
> μ는 총평균, α_i는 i번째 처리효과이며, $\sum_{i=1}^{k}\alpha_i = 0$이고, ε_{ij}는 실험오차에 해당하는 확률변수이다.
>
> ① ε_{ij}는 정규분포를 따른다. 　　② ε_{ij}사이에 자기상관이 존재한다.
> ③ 모든 i, j에 대하여 ε_{ij}의 분산은 동일하다. 　　④ 모든 i, j에 대하여 ε_{ij}는 서로 독립이다.
>
> **해설** 일원배치 분산분석에서는 오차항이 서로 독립적이어야 하며, 자기상관이 존재해서는 안 된다. 즉, 오차들이 서로 상관관계를 가지면 독립성 가정이 깨진다.
>
> 정답 : ②

5 일원분산분석의 의의

(1) 일원분산분석

1) 일원분산분석의 의의 및 특징

① 일원분산분석의 의의
- 일원배치 분산분석은 집단 간 평균을 비교하는 분석이다. `기출`
- 일원분산분석은 하나의 요인(factor)이 반응변수(종속변수)에 미치는 영향을 분석하는 데 사용된다.
  - 요인이 2개인 경우에는 이원배치 분산분석을 적용하므로, 일원배치분산분석은 요인이 1개일 때 적용하는 것임을 알아야 한다.
  - 일원배치법은 한 종류의 인자가 특성값에 미치는 영향을 조사하고자 할 때 사용하는 분석법이다. `기출`

② 일원분산분석의 특징 `기출`
- 일원배치분산분석에서 일원배치의 의미는 반응변수에 영향을 주는 요인이 하나인 것을 의미한다.
- 일원배치 분산분석은 집단 간 평균을 비교하는 분석이다.
- 일원배치 분산분석은 유의확률이 유의수준보다 크면 귀무가설을 기각할 수 없다.
- 일원배치 분산분석은 검정통계량은 집단 내 제곱합과 집단 간 제곱합으로 구한다.

더블체크

정답률 약 50%

Q 일원배치 분산분석법을 적용하기에 부적합한 경우는? [12년 3회, 14년 3회, 18년 1회 기출]

① 어느 화학회사에서 3개 제조업체에서 생산된 기계로 원료를 혼합하는데 소요되는 평균시간이 동일한지를 검정하기 위하여 소요시간(분) 자료를 수집하였다.
② 소기업 경영연구에 실린 한 논문은 자영업자의 스트레스가 비자영업자 보다 높다고 결론을 내렸다. 부동산 중개업자, 건축가, 증권거래인들을 각각 15명씩 무작위로 추출하여 5점 척도로 된 15개 항목으로 직무스트레스를 조사하였다.
③ 어느 회사에 다니는 회사원은 입사 시 학점이 높은 사람일수록 급여를 많이 받는다고 알려져 있다. 30명을 무작위로 추출하여 평균 평점과 월급여를 조사하였다.
④ A구, B구, C구 등 3개 지역이 서울시에서 아파트 가격이 가장 높은 것으로 나타났다. 각 구마다 15개씩 아파트 매매가격을 조사하였다.

해설 두 변수(평균 평점과 월급여) 간의 관계를 조사하고 있으므로, 이는 상관분석 혹은 회귀분석이 적합하다. 따라서 일원배치 분산분석법을 적용하기에 부적합한 경우이다.
① 3개의 제조업체(요인수준)에 대한 혼합 소요시간(종속변수)을 비교하므로, 세 집단 간 평균의 차이를 검정하는 일원배치 분산분석법은 적용하기에 적합하다.
② 3개의 집단(부동산중개업자, 건축가, 증권거래인) 간 스트레스 점수(종속변수)를 비교하고 있으므로, 일원배치 분산분석법은 적용하기에 적합하다.
④ 3개 지역(A구, B구, C구) 간 아파트 가격의 평균 차이를 비교하고 있으므로, 일원배치 분산분석법은 적용하기에 적합하다.

정답 : ③

(2) 일원분산분석 모형

1) 모형의 의해

① 일원배치모형

- k개 처리(요인수준)에서 n회씩 실험을 반복하는 일원배치모형은 다음과 같다.

$$X_{ij} = \mu + \alpha_i + \varepsilon_{ij}$$

- 이때, $i = 1, 2, \cdots, k, j = 1, 2, \cdots, n_i$, $\sum_{i=1}^{k} \alpha_i = 0$, $\varepsilon_{ij} \sim N(0, \sigma^2)$, $\alpha_i = \mu_i - \mu$이다.

표기	설명
k	• k는 처리수준 · 인자수준 혹은 '처리수'를 의미한다.
i	• i는 각 처리이며, $i = 1, 2, \cdots, k$ 값을 갖는다. 이때, 처리란 요인(독립변수)이다. 예 처리집단 : 약물 A, B, C
j	• j는 해당 처리에서의 특정 실험 또는 관측값을 식별하는 인덱스(위치)이며, $j = 1, 2, \cdots, n_i$ 값을 갖는다.
n_i	• 각 처리 내에서의 반복된 실험 또는 관측 횟수인 '반복수'를 의미한다.
N	**Case 1** 각 처리수준의 반복수 $j = n_i$가 n으로 동일한 경우 $N = k \times n$은 전체 '표본수'를 의미한다. **Case 2** 각 처리수준의 반복수가 다른 경우, 각 처리수준에서의 반복수 n_i를 활용하여, 전체 '표본수'는 $N = \sum_{i=1}^{k} n_i$로 계산한다.
X_{ij}	• 대문자 X_{ij}는 확률변수이다. • 즉, X_{ij}는 i번째 처리의 j번째 실험의 결과를 나타내는 확률변수이다.
x_{ij}	• 소문자 x_{ij}는 i번째 처리의 j번째 관측값이다. 기출
μ	• μ는 총 평균이다. 이는 i번째 처리의 평균 μ_i를 모두 더하여 k로 나눈 것이다.
μ_i	• μ_i는 각 i번째 처리의 평균이다.
α_i	• α_i는 i번째 처리의 처리 효과이며, $\alpha_i = \mu_i - \mu$이므로 $\sum_{i=1}^{k} \alpha_i = 0$이다. 기출 • α_i는 각각의 집단 평균(μ_i)과 전체 평균(μ)과의 차이를 나타낸다. 기출 • 즉, α_i는 총 평균 μ에서 해당 처리의 평균 μ_i이 얼마나 벗어났는지를 의미하며, α_i는 τ_i라고도 표기한다.
ε_{ij}	• ε_{ij}는 i번째 처리와 j번째 실험의 오차항이다. • ε_{ij}는 서로 독립이고, 평균은 0, 분산은 σ^2인 정규분포를 따른다고 가정한다. 기출

② 일원배치모형의 특징

- 일원배치모형에서 $\varepsilon_{ij} \sim N(0, \sigma^2)$이므로, 오차항 ε_{ij}들의 분산은 같다. 기출
- 일원배치모형에서 총 실험횟수는 $k \times n$이다. 기출
- 분산분석에서 처리 효과의 자유도는 처리집단의 수 k에서 1을 뺀 $k-1$이다.
  - 즉, 비교하려는 처리집단이 k개 있으면 처리에 의한 자유도는 $k-1$가 된다. 기출
- 일원분산분석에서는 인자의 처리별 반복수(표본수)가 동일할 필요는 없다. 기출
  - 각 그룹에서의 표본 크기가 다를 수 있으며, 불균형한 반복수도 일원배치법을 적용할 수 있다. 따라서 $n_1 \neq n_2 \neq \cdots \neq n_k$이더라도 일원배치법 적용이 가능하다.

2) 자료구조의 이해

① 자료구조
- 아래 표는 일원배치 분산분석의 자료구조이며, n_i는 각 요인수준에서 반복측정된 값이다.

처리	관측값 x_{ij}	i번째 처리의 평균 μ_i	i번째 처리 효과	제곱합
$i=1$	$x_{11}, x_{12}, ..., x_{1n_1}$	μ_1	α_1	$\sum_{j=1}^{n_1}(x_{1j}-\mu_1)^2$
...	...	...	...	...
$i=k$	$x_{k1}, x_{k2}, ..., x_{kn_k}$	μ_k	α_k	$\sum_{j=1}^{n_k}(x_{kj}-\mu_k)^2$
		총 평균 μ	α_i	$\sum_{i=1}^{k}\sum_{j=1}^{n_i}(x_{ij}-\mu)^2$

3) 자유도의 이해

① 처리의 자유도
- 처리의 자유도는 처리 간 평균 차이를 비교하기 위한 자유도이며, k개의 처리가 있을 때, 처리 간 변동에 대한 자유도는 $k-1$이다. 기출
  - 예 만약 $k(=3)$개의 처리집단이 있다면, 3개의 평균을 계산했을 때 하나의 평균을 고정하고 나머지 두 평균과의 차이를 계산할 수 있으므로 자유도는 $k-1=3-1=2$가 된다.

② 잔차의 자유도
- 각 처리의 반복수 $j=n_i$가 n으로 동일한 경우 전체 표본수 $N=k\times n$이다. 따라서 잔차(오차 ; error)의 자유도는 전체 표본수 N에서 처리수를 뺀 $N-k=kn-k$가 된다. 기출
- 이 값은 총 자유도 $N-1$에서 처리 자유도 $k-1$을 뺀 값이기도 하다.
  - 예 3개의 처리(Treatment)를 각각 5번씩 반복하여 실험하였고, 이에 대해 분산분석을 실시하고자 할 때 (분산분석표에서) 오차의 자유도는 12이다. 기출

> **더블체크**
>
> 정답률 약 30%
>
> **Q** 다음 표는 완전 확률화 계획법의 분산분석표에서 자유도의 값을 나타내고 있다. 반복수가 일정하다고 한다면 처리수와 반복수는 얼마인가? [09년 1회, 16년 1회, 20년 1·2회 통합 기출]
>
> | 변인 | 자유도 |
> |---|---|
> | 처리 | ( ) |
> | 오차 | 42 |
> | 전체 | 47 |
>
> ① 처리수 5, 반복수 7   ② 처리수 5, 반복수 8
> ③ 처리수 6, 반복수 7   ④ 처리수 6, 반복수 8
>
> **해설** 주어진 정보를 활용하면 전체 자유도는 $N-1=47$이고, 오차의 자유도는 $N-k=42$이다. 따라서 처리의 자유도는 $k-1=(N-1)-(k-1)=47-42=5$이다. 따라서 처리수 $k=6$이다. 각 처리의 반복수 $j=n_k$가 n으로 동일한 경우 전체 표본수가 $N=k\times n$이라는 것을 활용하면, $N=48=6\times n$이다. 따라서 반복수는 $n=8$이다.
>
> 정답 : ④

6 일원분산분석의 결과해석

(1) 일원분산분석표

1) 분산분석표의 이해

① 분산분석표의 의의 [기출]
- 분산분석은 특성치의 산포를 총제곱합으로 나타내고, 이 총 제곱합(SST)을 실험과 관련된 요인마다 제곱합으로 분해하여 오차에 비해 특히 큰 영향을 주는 요인이 무엇인지를 찾아내는 분석방법이다.
  - 일원분산분석은 세 개 이상 집단 간의 모평균을 비교하고자 할 때 사용한다.

② 분산분석표의 구성 [기출]
- (일원배치)분산분석표에는 제곱합, 자유도, $F-$값이 나타난다.
  - 처리 평균제곱(MSR)은 처리 제곱합(SSR)을 처리 자유도로 나눈 것을 말한다.
- 총제곱합은 처리제곱합과 오차제곱합으로 분해된다.

요인	제곱합(평방합)	자유도	평균제곱	F값
처리	SSR 집단(그룹) 간 제곱합	$k-1$ =집단의 개수-1	$MSR=\dfrac{SSR}{k-1}$	$F=\dfrac{MSR}{MSE}$
잔차 (오차)	SSE 집단(그룹) 내 제곱합	$N-k$	$MSE=\dfrac{SSE}{N-k}$	
총합	SST 총 제곱합	$N-1$ =자료의 총개수-1		

③ 분산분석표의 용어

제곱합	설명
SSR	• 회귀변동(Sum of Squares for Regression) - 회귀변동은 회귀모형에 의해 설명된 변동량이다. - 회귀변동은 독립변수가 종속변수에 미치는 설명 가능한 변동이다.
SSE	• 오차변동(Sum of Squares for Error) - 오차변동은 회귀모형이 설명하지 못한 변동량이다.
SST	• 총변동(Sum of Squares Total) - 총변동은 종속변수의 전체 변동량이다.

평균제곱	설명
MSR	• 회귀평균제곱(Mean Square for Regression ; 처리평균제곱) - 집단 간 평균제곱(Mean Squares Between Groups)이라고도 한다. - 처리평균제곱은 회귀모형이 설명하는 변동을 설명하는 평균제곱이다. $$MSR=\dfrac{SSR}{k-1}=\dfrac{집단\ 간\ 제곱합}{df(자유도)}$$
MSE	• 오차평균제곱(Mean Square for Error) - 집단 내 평균제곱(Mean Squares Within Groups)이라고도 한다. - 오차평균제곱은 회귀모형이 설명하지 못한 오차에 대한 평균제곱이다. $$MSE=\dfrac{SSE}{N-k}=\dfrac{집단\ 내\ 제곱합}{df(자유도)}$$

2) 제곱합 공식의 이해

① 제곱합 공식

- 제곱합(Sum of Squares) 공식에서 총 변동인 SST값의 공식은 다음과 같다.
  - k개의 처리에서 각 반복수가 $j=n_i$인 경우 총 변동량을 급 간(Between) 변동인 SSR과 급 내(Within) 변동인 SSE로 분해하여 $y_{ij} - \overline{\overline{y}} = (\overline{y_{i*}} - \overline{\overline{y}}) + (y_{ij} - \overline{y_{i*}})$으로 표기한다.

  > **기출**
  > $$SST = \sum_{i=1}^{k}\sum_{j=1}^{n_i}(y_{ij} - \overline{\overline{y}})^2 = SSR + SSE = n_i\sum_{i=1}^{k}(\overline{y_{i*}} - \overline{\overline{y}})^2 + \sum_{i=1}^{k}\sum_{j=1}^{n_i}(y_{ij} - \overline{y_{i*}})^2$$

② 제곱합 공식 설명

- $\overline{y_{i*}}$는 여러 그룹이 있을 때, 각 그룹 또는 집단에 대해 구한 평균값이다. $\overline{y_{i*}} = \frac{1}{n}\sum_{j=1}^{n}y_{ij}$

- $\overline{\overline{y}}$는 각 그룹의 평균들을 모두 합하여 다시 평균 낸 값이며, 전체 평균이다. $\overline{\overline{y}} = \frac{1}{nm}\sum_{i=1}^{m}\sum_{j=1}^{n}y_{ij}$

- y_{ij}는 두 개의 첨자를 가진 값이며, 일반적으로 이원 분산분석이나 반복 측정 자료 등에서 각 데이터 포인트를 지정할 때 사용된다.
  - i : 집단이나 그룹을 나타내는 첫 번째 인덱스
  - j : 특정 집단 내의 데이터 포인트를 나타내는 두 번째 인덱스

구분	제곱합	공식 기출	설명
SSR	집단(그룹) 간 제곱합 처리 제곱합 집단 간 변동의 합	$SSR = \sum_{i=1}^{k}\sum_{j=1}^{n_i}(\overline{y_{i*}} - \overline{\overline{y}})^2 = n_i\sum_{i=1}^{k}(\overline{y_{i*}} - \overline{\overline{y}})^2$	각 집단의 평균과 전체 평균의 차이
SSE	집단(그룹) 내 제곱합 잔차 제곱합 집단 내 변동의 합	$SSE = \sum_{i=1}^{k}\sum_{j=1}^{n_i}(y_{ij} - \overline{y_i})^2$	각 집단 내에서 관찰치와 집단 평균의 차이
SST	총 제곱합 총 변동	$SST = \sum_{i=1}^{k}\sum_{j=1}^{n_i}(y_{ij} - \overline{\overline{y}})^2$	각 관찰치와 전체 평균의 차이

더블체크

> **정답률 약 40%**
>
> **Q** 분산분석에 대한 설명으로 옳은 것은? [15년 3회, 18년 3회, 22년 2회 기출]
>
> ① 분산분석이란 각 처리집단의 분산이 서로 같은지를 검정하기 위한 방법이다.
> ② 비교하려는 처리집단이 k개 있으면 처리에 의한 자유도는 $k-2$가 된다.
> ③ 일원배치분산분석에서 일원배치의 의미는 반응변수에 영향을 주는 요인이 하나인 것을 의미한다.
> ④ 두 개의 요인이 있을 때 각 요인의 주효과를 알아보기 위해서는 요인 간 교호작용이 있어야 한다.
>
> **해설** 일원배치분산분석은 하나의 요인(처리)이 반응변수에 미치는 영향을 분석하는 방법이다.
> ① 분산분석은 3개 이상의 각 처리집단의 평균이 서로 같은지를 검정하는 방법이다. 이때, 집단 간 분산이 동일한지를 검정하는 것은 분산분석의 가정 중 하나일 뿐이며, 등분산성 검정(Levene's Test)을 수행한다.
> ② 분산분석에서 처리 효과의 자유도는 처리집단의 수 k에서 1을 뺀 $k-1$이다.
> ④ 요인의 주효과는 각 요인의 영향을 단독으로 분석하는 것이며, 교호작용은 두 요인이 함께 영향을 미칠 때 발생한다. 교호작용이 없어도 각 요인의 주효과는 분석할 수 있다.
>
> 정답 : ③

(2) 일원분산분석에서의 가설검정

1) 가설검정 과정

① 가설 수립 기출
- 귀무가설과 대립가설을 아래와 같이 수립하되, 각 i번째 처리의 평균인 μ_i 대신 처리효과 α_i를 사용하여 귀무가설을 표현할 수 있으므로 2가지를 제시한다.

귀무가설	모든 처리집단의 평균이 같다.	$H_0 : \mu_1 = \mu_2 = \cdots = \mu_k$
	모든 처리 효과가 0이다.	$H_0 : \alpha_1 = \alpha_2 = \cdots = \alpha_k = 0$
대립가설	적어도 하나의 처리집단의 평균 μ_i은 같지 않다. 적어도 적어도 한 쌍 이상의 평균은 다르다.	H_0 : at least one $\mu_i \neq \mu_j \, (i \neq j)$
	적어도 하나의 처리 효과는 0이 아니다.	H_0 : at least one $\alpha_i \neq 0$

② 검정통계량
- 분산분석은 <u>제곱합들의 비를 이용하여 분석하므로 F분포를 이용하여 검정한다.</u> 기출
  - <u>일원배치분산분석에서 검정통계량은 집단 내 제곱합과 집단 간 제곱합으로 구한다.</u> 기출

  [가정 1] 각 처리집단의 자료는 서로 독립인 정규분포를 따른다.
  [가정 2] 각 처리 내 집단의 분산은 동일하다.

  - 분자의 자유도는 '처리수 $-1 = k-1$'이고, 분모의 자유도는 '전체자료 $-$ 처리수 $= N-k$'이며, 귀무가설 H_0가 참이라는 가정하에 $F(k-1, N-k)$를 따른다.

$$F = \frac{MSR}{MSE} = \frac{\dfrac{SSR}{k-1}}{\dfrac{SSE}{N-k}} \sim F(k-1, N-k)$$

- 유의수준 α가 결정되고, 기각역의 임계치가 정해지면 검정통계량
  - <u>유의수준 α하에서 계산된 $F-$비 값은 $F_\alpha(k-1, N-k)$ 분포 값과 비교하여, 영가설의 기각여부를 결정한다.</u> 기출

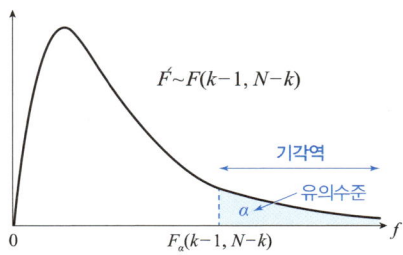

더블체크

정답률 약 50%

Q 다음 분산분석표에 관한 설명으로 틀린 것은? [12년 3회, 14년 2회, 15년 2회, 19년 2회, 22년 2회 기출]

요인	자유도	제곱합	평균제곱	F값	유의확률
Month	7	127049	18150	1.52	0.164
Error	135	1608204	11913		
Total	142	1735253			

① 총 관측자료 수는 142이다.
② 오차항의 분산 추정값은 11913이다.
③ 요인은 Month로서 수준 수는 8개이다.
④ 유의수준 0.05에서 인자의 효과가 인정되지 않는다.

해설 총 관측자료 수 N을 구해보면, $N-1=142$이므로 $N=143$이다.
② 오차항의 분산 $Var(e_i)=\sigma^2$에 대한 분산 추정값은 잔차(오차)의 평균제곱인 $MSE=\dfrac{SSE}{df}=11913$이다.
③ 요인은 Month로서 수준 수(k)는 8개이다.
④ 귀무가설은 $H_0:\alpha_1=\alpha_2=\cdots=\alpha_k=0$(모든 처리 효과가 0)이다. 이때, 표에 기재된 유의확률이 0.164이므로 유의수준 0.05보다 크므로 귀무가설H_0을 기각할 수 없고, 결론적으로 Month 인자(처리)의 효과가 인정되지 않는다.

요인	제곱합(평방합)	자유도	평균제곱	F값
처리 Month	SSR 집단(그룹) 간 제곱합	$k-1=7$	$MSR=\dfrac{SSR}{k-1}=127049$	$F=\dfrac{MSR}{MSE}$
잔차 Error	SSE 집단(그룹) 내 제곱합	$N-k=135$	$MSE=\dfrac{SSE}{N-k}=1608204$	
총합 Total	SST 총 제곱합	$N-1=142$		

정답 : ①

더블체크

정답률 약 30%

Q 철선을 생산하는 어떤 철강회사에서는 A, B, C 세 공정에 의해 생산되는 철선의 인장강도(kg/psi)에 차이가 있는가를 알아보기 위해 일원배치법을 적용하였다. 각 공정에서 생산된 철선의 인장강도를 5회씩 반복 측정한 자료로부터 총제곱합 606, 처리제곱합 232를 얻었다. 귀무가설 "H_0 : A, B, C 세 공정에 의한 철선의 인장강도에 차이가 없다."를 유의수준 5%에서 검정할 때, 검정통계량과 검정결과로 옳은 것은? (단, $F_{0.05}(2, 12)=3.89$, $F_{0.05}(3, 11)=3.59$이다.) [20년 3회 기출]

① 3.72, H_0를 기각함
② 2.72, H_0를 기각함
③ 3.72, H_0를 기각하지 못함
④ 2.72, H_0를 기각하지 못함

해설 A, B, C 세 공정(처리수 $k=3$)에서 생산된 철선의 인장강도를 5회씩 반복 측정($n=5$)한 자료로부터 총제곱합 606($SST=606$), 처리제곱합 232($SSR=332$)를 얻었다는 정보를 통해, 검정통계량 F값을 계산하면

$$F=\dfrac{MSR}{MSE}=\dfrac{\dfrac{SSR}{k-1}}{\dfrac{SSE}{N-k}}=\dfrac{\dfrac{232}{(3-1)}}{\dfrac{606-232}{(15-3)}}≒3.72(\because N=k\times n=15)$$

이다. 이때, F값이 기각역의 임계값인 $F_{0.05}(k-1, N-k)=F_{0.05}(2, 12)=3.89$보다 작으므로 H_0를 기각하지 못한다.

정답 : ③

04 교차분석

1 교차분석의 가설 설정

(1) 교차분석

1) 교차분석의 이해

① 교차분석의 의의 및 특징
- 교차분석(Cross-Tabulation Analysis)은 교차표를 활용하여 변수들 간의 관계를 분석하는 방법이다.
  - 두 명목범주형 변수 사이의 연관성을 보고자 할 때 가장 적합한 것은 분할표(교차표)이다. `기출`

② 교차분석의 종류

구분	카이제곱검정 비교
독립성 검정	• 독립성 검정은 자료를 2개의 요인(범주형 변수)으로 분할하고, 각 요인 간에 서로 독립인지 검정한다. 예 두 정당에 대한 선호도가 성별에 따라 다른가? `기출` 예 입학시험의 지역별 합격자 수가 성별에 따라 다른가? `기출`
동일성 검정	• 동일성 검정(동질성 검정)은 특정 부모집단(Sub-population)에서 1개의 요인(범주형 변수)의 각 범주의 분포가 동질한지를 검정한다. 예 지각 건수가 요일별로 동일한 비율인가? `기출` 예 지방선거에서 세 후보 간의 지지도가 같은가? `기출` 예 서로 다른 3가지 포장형태(A, B, C)의 선호도가 같은가? `기출`
적합성 검정	• 적합성 검정(적합도 검정)은 관측된 자료가 기존에 알려져 있거나 가정된 분포(이론)를 따르고 있는지를 검정한다. 이때, 1개의 요인(범주형 변수)의 각 범주의 분포가 특정 분포(이론)와 같은지를 검정한다. 예 주사위가 공정한가? 주사위의 각 눈이 나타날 확률이 동일한가? `기출` 예 3가지 인터넷 서비스 이용 빈도 간에 서로 차이가 없는가? `기출`

③ 교차분석의 검정 비교

구분	카이제곱검정 비교		
독립성 검정 Test of Independence	범주형 변수(1개의 요인)	VS	범주형 변수(1개의 요인)
동일성 검정 Test of Homogeneity	범주형 변수(1개의 요인)	VS	각 범주의 분포 동질성 비교
적합성 검정 Goodness of fit test	범주형 변수(1개의 요인) 각 범주의 분포		특정 분포(이론)와 비교

> **더블체크**
>
> `정답률 약 30%`
>
> **Q** 결혼시기가 계절(봄, 여름, 가을, 겨울)별로 동일한 비율인지를 검정하려고 신혼부부 200쌍을 조사하였다. 가장 적합한 가설검정 방법은? [14년 3회, 18년 2회 기출]
>
> ① 카이제곱 적합도검정　　② 카이제곱 독립성검정
> ③ 카이제곱 동질성검정　　④ 피어슨 상관계수검정
>
> **해설** 범주형 변수(계절)의 각 범주(봄, 여름, 가을, 겨울)의 비율을 특정 비율(동일한 비율)과 비교하는 것이다.
> 귀무가설 H_0은 $p_봄 = p_{여름} = p_{가을} = p_{겨울} = \frac{1}{4}$ 이며, 카이제곱 적합도검정에 해당한다.
>
> 정답 : ①

2 교차분석의 가설 검정

(1) 가설 설정

1) 교차분석 종류별 가설 설정

① 독립성 검정 기출

예 두 정당에 대한 선호도가 성별에 따라 다른가?

구분	A정당 지지자 수	B정당 지지자 수	합계
남(M)	140	60	200
여(F)	80	120	200
합계	220	180	400

귀무가설 H_0	성별과 정당 선호도는 서로 독립이다.
대립가설 H_1	성별과 정당 선호도는 서로 독립이 아니다.

② 동일성 검정 기출

예 지각 건수가 요일별로 동일한 비율인가?

요일	월	화	수	목	금	합계
지각 횟수	65	43	48	41	73	270

귀무가설 H_0	요일별 지각 건수는 동일한 비율을 따른다. ($p_1 = p_2 = \cdots = p_N$)
대립가설 H_1	적어도 하나의 요일에서 지각 건수와 관련된 모비율이 다르다. 즉, 요일별 지각 건수는 동일한 비율을 따르지 않는다.

③ 적합성 검정 기출

예 주사위가 공정한가? 주사위의 각 눈이 나타날 확률이 동일한가? (60번 던진 결과)

눈	1	2	3	4	5	6
관측도수 O_i	10	12	10	8	10	10
기대도수 E_i	10	10	10	10	10	10

귀무가설 H_0	주사위가 공정하다. $\left(p_1 = p_2 = p_3 = p_4 = p_5 = p_6 = \dfrac{1}{6}\right)$ 따라서 각 눈이 나올 확률은 $\dfrac{1}{6}$ 이다. 기출
대립가설 H_1	주사위가 공정하지 못하다. 즉, 적어도 하나의 p_i는 다르다.

3 교차분석의 결과해석

(1) 독립성 검정

1) 가설검정 수행 단계

> **예** 성별(남·여)과 정당 선호도(A·B·C)의 독립성 검정

① 가설설정

귀무가설 H_0	성별과 정당 선호도는 서로 독립이다.
대립가설 H_1	성별과 정당 선호도는 서로 독립이 아니다.

② 교차표 작성
- 각 변수의 카테고리별 빈도수를 정리한 교차표(분할표)를 작성한다.

> **예** 성별(남·여)과 정당 선호도(A·B·C)의 선호도를 조사한 관측 교차표

구분	A정당	B정당	C정당	합계
남(M)	40	20	20	80
여(F)	30	50	40	120
합계	70	70	60	200

③ 기대도수 계산
- 먼저, 각 열 혹은 행에 속할 확률은 주변합(Marginal sum)을 통해 계산한다.
  - 성별(행)을 기준으로 각 행에 속할 확률은 $P(M) = \frac{80}{200}$, $P(F) = \frac{120}{200}$ 이다.
  - 정당(열)을 기준으로 각 열에 속할 확률은 $P(A) = \frac{70}{200}$, $P(B) = \frac{70}{200}$, $P(C) = \frac{60}{200}$ 이다.

> **예** 성별(남·여)과 정당 선호도(A·B·C)의 선호도를 조사한 기대도수 표

- 기대도수(Expected Frequency ; 기대빈도)는 귀무가설 H_0이 참일 때 각 셀에 기대되는 빈도이며, 각 셀의 교집합 확률은 두 행과 열에 대한 확률의 곱 형태로 나타난다.

$$기대도수 = 전체도수 \times 각\ 셀의\ 확률 = \frac{해당\ 행의\ 합 \times 해당\ 열의\ 합}{전체도수}$$

- 만약 성별이 남(M)이면서 A정당을 선호하는 사람의 기대도수를 산출하면, 아래와 같다.

$$기대도수 = 전체도수 \times P(M \cap A) = 200 \times P(M) \times P(A) = 200 \times \frac{80}{200} \times \frac{70}{200} = \frac{80 \times 70}{200} = 28$$

	A정당	B정당	C정당	합계
남(M)	$\frac{80 \times 70}{200} = 28$	$\frac{80 \times 70}{200} = 28$	$\frac{80 \times 60}{200} = 24$	80
여(F)	$\frac{120 \times 70}{200} = 42$	$\frac{120 \times 70}{200} = 42$	$\frac{120 \times 60}{200} = 36$	120
합계	70	70	60	200

④ 카이제곱 검정통계량 계산 　암기　 모기자관기제
- 기대빈도 E_{ij}(Expected Frequency)와 실제 관측빈도 O_{ij}(Observed Frequency)를 비교하여 카이제곱 통계량을 계산한다.
  - 행번수가 M개의 범주를 갖고 열변수가 N개의 범주를 갖는 분할표에서 행변수와 열변수가 서로 독립 인지를 검정하고자 한다. (i,j)셀의 관측도수를 O_{ij}, 귀무가설하에서의 기대도수의 추정치를 $\widehat{E}_{ij}$라 할 때, 이 검정을 위한 검정통계량은 $\sum_{i=1}^{M}\sum_{j=1}^{N}\frac{(O_{ij}-\widehat{E}_{ij})^2}{\widehat{E}_{ij}}$ 이다. 　기출　
- 즉, 교차분석에서 카이제곱 검정통계량은 분모에는 기대빈도 값이, 분자에는 관측빈도에서 기대빈도를 뺀 값의 제곱 값이 기재되며 행과 열 변수의 모든 범주에 대해 합한다.

$$\text{카이제곱 검정통계량 } \chi^2 = \sum_{i=1}^{M}\sum_{j=1}^{N}\frac{(O_{ij}-\widehat{E}_{ij})^2}{\widehat{E}_{ij}} = \sum_{i=1}^{M}\sum_{j=1}^{N}\frac{(\text{관측빈도}-\text{기대빈도})^2}{\text{기대빈도}}$$

⑤ 자유도 계산
- 독립성 검정의 자유도(df; degree of freedom)는 교차표의 크기에 따라 결정된다.
$$df = (M-1)\times(N-1) = (\text{행 범주의 수}-1)\times(\text{열 범주의 수}-1)$$

　예　 성별(남·여)과 정당 선호도(A·B·C)의 독립성 검정에서 카이제곱 검정통계량은 자유도가 2인 카이제곱분포를 따른다.
$$\chi^2 = \sum_{i=1}^{2}\sum_{j=1}^{3}\frac{(O_{ij}-E_{ij})^2}{E_{ij}} \sim \chi^2(2)$$

⑥ 유의확률 계산 및 귀무가설기각여부 결정
- 카이제곱 검정통계량과 자유도를 바탕으로 유의확률($p-value$)을 계산한다.

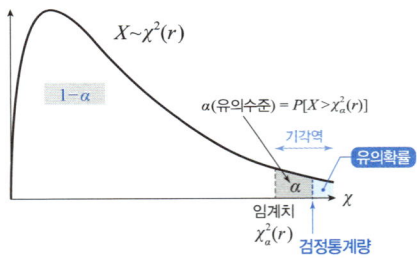

- 유의확률 $p-value$가 유의수준 0.05보다 작다면, 귀무가설을 기각한다.
  이 경우에 카이제곱 검정통계량이 기각역의 임계치보다 크다.
  - 성별과 정당 선호도는 서로 독립이 아니라는 강한 증거(strong evidence)가 있다.
- 유의확률 $p-value$가 유의수준 0.05보다 크다면, 귀무가설을 기각할 수 없다.
  이 경우에 카이제곱 검정통계량이 기각역의 임계치보다 작다.
  - 성별과 정당 선호도는 서로 독립이라는 귀무가설을 채택한다.

2) 독립성 검정의 예시

- 기출문제 18년 1회, 22년 2회 정답률 약 40% 를 활용한다.

> **Q** 새로운 복지정책에 대한 찬반여부가 성별에 따라 차이가 있는지를 알아보기 위해 남녀 100명씩을 랜덤하게 추출하여 조사한 결과이다. 가설 "H_0 : 새로운 복지정책에 대한 찬반 여부는 남녀성별에 따라 차이가 없다."의 검정에 대한 설명으로 틀린 것은?
>
> | 구분 | 찬성 | 반대 |
> |---|---|---|
> | 남자 | 40 | 60 |
> | 여자 | 60 | 40 |
>
> ① 가설검정에 이용되는 카이제곱 통계량의 자유도는 1이다.
> ② 가설검정에 이용되는 카이제곱 통계량의 값은 8이다.
> ③ 유의수준 0.05에서 기각역의 임계값이 3.84이면 카이제곱검정의 유의확률(p값)은 0.05보다 크다.
> ④ 남자와 여자의 찬성비율에 대한 오즈비(Odds Ratio)는 $OR = \dfrac{P(찬성 \mid 남자)/P(반대 \mid 남자)}{P(찬성 \mid 여자)/P(반대 \mid 여자)}$
> $= \dfrac{(0.4)/(0.6)}{(0.6)/(0.4)} = 0.444$로 구해진다.
>
> 정답 : ③

단계 1. 가설설정

귀무가설 H_0	새로운 복지정책에 대한 찬반여부는 남녀성별에 따라 차이가 없다.
대립가설 H_1	새로운 복지정책에 대한 찬반여부는 남녀성별에 따라 차이가 있다.

단계 2. 교차표 작성

구분	찬성	반대	합계
남자	40	60	100
여자	60	40	100
합계	100	100	200

단계 3. 기대도수 계산

- 기대도수는 귀무가설 H_0이 참일 때 각 셀에 기대되는 빈도이다.

구분	찬성	반대	합계
남자(M)	$\dfrac{100 \times 100}{200} = 50$	$\dfrac{100 \times 100}{200} = 50$	100
여자(F)	$\dfrac{100 \times 100}{200} = 50$	$\dfrac{100 \times 100}{200} = 50$	100
합계	100	100	200

단계 4. 카이제곱 검정통계량 계산

- 카이제곱 검정통계량 $\chi^2 = \sum_{i=1}^{2}\sum_{j=1}^{2} \frac{(O_{ij}-E_{ij})^2}{E_{ij}} \sim \chi^2(1)$ 공식으로 계산한다.

$$\chi_0^2 = \sum_{i=1}^{2}\sum_{j=1}^{2} \frac{(O_{ij}-E_{ij})^2}{E_{ij}} = \frac{(40-50)^2}{50} + \frac{(60-50)^2}{50} + \frac{(60-50)^2}{50} + \frac{(40-50)^2}{50} = 8$$

단계 5. 자유도 계산

- 독립성 검정의 자유도(df ; degree of freedom)는 교차표의 크기에 따라 결정된다.
$$df = (M-1) \times (N-1) = (행\ 범주의\ 수-1) \times (열\ 범주의\ 수-1) = (2-1) \times (2-1) = 1$$

단계 6. 유의확률 계산 및 귀무가설기각여부 결정

- 유의수준 $\alpha = 0.05$에서 기각역의 임계값이 3.84이면 카이제곱검정의 유의확률(p값)은 0.05보다 작다.

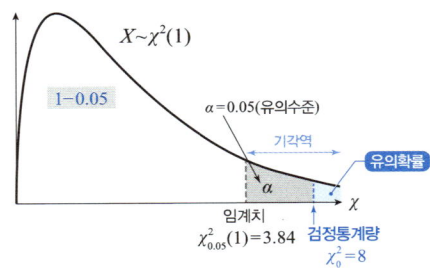

추가 개념. 오즈비(Odds Ratio)는 특정 사건이 발생할 확률을 비교하는 지표이다. 남자와 여자가 복지 정책에 찬성하는 비율을 비교하기 위해, 남자와 여자의 찬성비율에 대한 오즈비를 산출하면 다음과 같다.

$$OR = \frac{남자의\ odds}{여자의\ odds} = \frac{P(찬성\mid 남자)/P(반대\mid 남자)}{P(찬성\mid 여자)/P(반대\mid 여자)} = \frac{(0.4)/(0.6)}{(0.6)/(0.4)} = 0.444$$

더블체크

정답률 약 40%

Q 교차표를 만들어 두 변수 간의 독립성 여부를 유의수준 0.05에서 검정하고자 한다. 검정 통계량의 유의확률이 0.55로 나왔다면 결과해석으로 옳은 것은?　　　　[09년 1회, 11년 1회, 17년 1회 기출]

① 두 변수 간에는 상호 연관 관계가 있다.
② 두 변수는 서로 아무런 관계가 없다.
③ 이것만으로 상호 어떤 관계가 있는지 말할 수 있다.
④ 한 변수의 범주에 따라 다른 변수의 변화 패턴이 다르다.

해설 독립성 검정의 일반적인 귀무가설 H_0과 대립가설 H_1은 다음과 같다.

귀무가설 H_0	두 변수는 서로 독립이다. 즉, 두 변수는 서로 아무런 관계가 없다.
대립가설 H_1	두 변수는 서로 독립이 아니다.

두 변수 간의 독립성 여부를 유의수준 $\alpha = 0.05$에서 검정하고자 할 때, 검정 통계량의 유의확률이 0.55라면 유의확률이 유의수준보다 훨씬 큰 경우이므로 귀무가설을 기각할 수 없다. 따라서 두 변수는 서로 아무런 관계가 없다.

정답 : ②

더블체크

정답률 약 50%

Q 행변수가 M개의 범주를 갖고 열변수가 N개의 범주를 갖는 분할표에서 행변수와 열변수가 서로 독립인지를 검정하고자 한다. (i, j)셀의 관측도수를 O_{ij}, 귀무가설하에서의 기대도수의 추정치를 $\widehat{E}_{ij}$라 할 때, 이 검정을 위한 검정통계량은?

[10년 1회, 12년 1회, 12년 3회, 14년 2회, 15년 3회, 16년 1회, 17년 1회, 19년 2회, 19년 3회, 21년 3회 기출]

① $\sum_{i=1}^{M}\sum_{j=1}^{N}\dfrac{(O_{ij}-\widehat{E}_{ij})^2}{O_{ij}}$　　　② $\sum_{i=1}^{M}\sum_{j=1}^{N}\dfrac{(O_{ij}-\widehat{E}_{ij})}{\widehat{E}_{ij}}$

③ $\sum_{i=1}^{M}\sum_{j=1}^{N}\dfrac{(O_{ij}-\widehat{E}_{ij})^2}{\widehat{E}_{ij}}$　　　④ $\sum_{i=1}^{M}\sum_{j=1}^{N}\dfrac{(O_{ij}-\widehat{E}_{ij})}{\sqrt{n\widehat{E}_{ij}O_{ij}}}$

해설 교차분석에서 독립성 검정의 카이제곱 검정통계량은 암기 : 모기자관기제 를 기억하자.

정답 : ③

더블체크

Q 4×5 분할표 자료에 대한 독립성 검정에서 카이제곱 통계량의 자유도는?　　　　[15년 2회, 22년 2회 기출]

① 9　　　　　　　　　　　　　② 12
③ 19　　　　　　　　　　　　④ 20

해설 독립성 검정의 자유도(df ; degree of freedom)는 $df = (M-1) \times (N-1)$ = (행 범주의 수 − 1)×(열 범주의 수 − 1) 임을 활용한다. 문제에서 4×5 분할표 자료임이 주어져 있으므로, 행 범주의 수는 $M = 4$이고, 열 범주의 수는 $N = 5$이므로 자유도는 $df = (4-1) \times (5-1) = 12$이다.

정답 : ②

(2) 동일성 검정

1) 가설검정 수행 단계

> **예** 요일별 지각 건수의 동일성 검정

① 가설설정

귀무가설 H_0	요일별 지각 건수는 동일한 비율을 따른다. ($p_1 = p_2 = \cdots = p_N$)
대립가설 H_1	적어도 하나의 요일에서 지각 건수와 관련된 모비율이 다르다. 즉, 요일별 지각 건수는 동일한 비율을 따르지 않는다.

② 교차표 작성
- 빈도수를 정리한 교차표(분할표)를 작성한다.

> **예** 요일별 지각 건수를 조사한 관측 교차표

요일	월	화	수	목	금	합계
지각 횟수	65	43	48	41	73	270

③ 기대도수 계산
- 기대도수(Expected Frequency ; 기대빈도)는 귀무가설 H_0이 참일 때 각 셀에 기대되는 빈도이다. 따라서 귀무가설 H_0이 참이라고 가정하면, 요일별로 지각 건수가 동일한 비율을 따르며, 요일별 총 지각 건수를 합하면 270이므로 각 요일의 기대도수는 $\frac{270}{5} = 54$이다.

④ 카이제곱 검정통계량 계산 **암기** 모기자관기제
- 기대빈도 E_i와 실제 관측빈도 O_i를 활용한 카이제곱 통계량을 계산한다. (※ k는 범주의 수)

$$\text{카이제곱 검정통계량 } \chi^2 = \sum_{i=1}^{k} \frac{(O_i - E_i)^2}{E_i} = \sum_{i=1}^{k} \frac{(\text{관측빈도} - \text{기대빈도})^2}{\text{기대빈도}} \sim \chi^2(k-1)$$

> **예** 요일별 지각 건수에 대한 동일성 검정에서의 카이제곱통계량
> $$\chi_0^2 = \frac{(65-54)^2}{54} + \frac{(43-54)^2}{54} + \frac{(48-54)^2}{54} + \frac{(41-54)^2}{54} + \frac{(73-54)^2}{54} = \frac{808}{54} = 14.96$$

⑤ 자유도 계산
- 자유도(df ; degree of freedom)는 교차표의 크기에 따라 결정된다.
$$df = (M-1) \times (N-1) = (\text{행 범주의 수}-1) \times (\text{열 범주의 수}-1)$$
  – 만약 행의 범주가 없는 경우에 자유도는 $df = $ 범주의 수-1이다.

> **예** 요일별 지각 건수에 대한 동일성 검정의 자유도는 $df = $ 범주의 수$-1 = 5 - 1 = 4$
> $$\chi_0^2 = \sum_{i=1}^{5} \frac{(O_i - E_i)^2}{E_i} = 14.96 \sim \chi^2(4)$$

⑥ 유의확률 계산 및 귀무가설기각여부 결정 (※임계치는 카이제곱분포표 참고)
- 유의확률 $p-value$가 유의수준 0.05보다 작다면, 귀무가설을 기각한다.
  – 이 경우에 카이제곱 검정통계량 $\chi_0^2 = 14.96$ 이 기각역의 임계치 $\chi_{0.95}^2(4) = 9.49$보다 크므로, 귀무가설을 기각한다. 즉, 요일별 지각 건수는 동일한 비율을 따른다고 볼 수 없다.

(3) 적합성 검정

1) 가설검정 수행 단계

> **예** 동전 혹은 주사위가 공정한가를 검정

① 가설 설정

귀무가설 H_0	주사위가 공정하다. $\left(p_1 = p_2 = p_3 = p_4 = p_5 = p_6 = \dfrac{1}{6}\right)$ 따라서 각 눈이 나올 확률은 $\dfrac{1}{6}$ 이다. 기출
대립가설 H_1	주사위가 공정하지 못하다. 즉, 적어도 하나의 p_i 는 다르다.

② 교차표 작성
- 각 변수의 카테고리별 빈도수를 정리한 교차표(분할표)를 작성한다.

> **예** 어떤 주사위가 공정한지를 검정하기 위해 실제로 60회를 굴려 만든 관측 교차표

눈의 수	1	2	3	4	5	6
관측 도수	13	19	11	8	5	4

③ 기대도수 계산
- 기대도수 E_i는 귀무가설 H_0이 참일 때 각 셀에 기대되는 빈도이다. 따라서 주사위가 공정한 경우라고 가정하므로 각 눈이 나오는 기대도수는 시행횟수×확률 $= 60 \times \dfrac{1}{6} = 10$ 이다.
  - 따라서, <u>귀무가설하에서 각 눈이 나올 기대도수는 10이다.</u> 기출

④ 카이제곱 검정통계량 계산 `암기` `모기자관기제`
- 기대빈도 E_i와 실제 관측빈도 O_i를 활용한 카이제곱 통계량을 계산한다. (※ k는 범주의 수)

$$\text{카이제곱 검정통계량 } \chi^2 = \sum_{i=1}^{k} \frac{(O_i - E_i)^2}{E_i} = \sum_{i=1}^{k} \frac{(\text{관측빈도} - \text{기대빈도})^2}{\text{기대빈도}} \sim \chi^2(k-1)$$

> **예** 주사위의 공정성에 대한 적합성 검정의 카이제곱 검정통계량
>
> $$\chi_0^2 = \sum_{i=1}^{6} \frac{(O_i - E_i)^2}{E_i} = \frac{(13-10)^2}{10} + \frac{(19-10)^2}{10} + \cdots + \frac{(5-10)^2}{10} + \frac{(4-10)^2}{10} = 15.6$$

⑤ 자유도 계산
- 카이제곱 적합성 검정에서 통계량의 자유도 df는 범주의 수 $-1 = k-1$이다.

> **예** 주사위의 공정성에 대한 적합성 검정의 자유도는 $df = (\text{눈의 수} - 1) = 6 - 1 = 5$ 이다.
>
> $$\chi_0^2 = \sum_{i=1}^{6} \frac{(O_i - E_i)^2}{E_i} = 15.6 \sim \chi^2(5)$$

⑥ 유의확률 계산 및 귀무가설기각여부 결정 (※임계치는 카이제곱분포표 참고)
- 유의확률 $p-value$가 유의수준 0.05보다 작다면, 귀무가설을 기각한다.
  - 이 경우에 카이제곱 검정통계량 $\chi_0^2 = 15.6$ 이 기각역의 임계치 $\chi_{0.95}^2(5) = 11.07$ 보다 크므로, 귀무가설을 기각한다. 따라서 <u>주사위는 공정하다고 볼 수 없다.</u> 기출

2) 적합성 검정의 예시

- 기출문제 19년 1회 정답률 약 30% 를 활용한다.

> **Q** 월요일부터 금요일까지 업무를 보는 어느 가전제품 서비스센터에서는 요일에 따라 애프터서비스 신청률이 다른가를 알아보기 위해 요일별 서비스 신청건수를 조사한 결과 다음과 같았다. 귀무가설 "H_0 : 요일별 서비스 신청률은 모두 동일하다."를 유의수준 5%에서 검정할 때, 검정통계량의 값과 검정결과로 옳은 것은? (단, $\chi^2(4, 0.05) = 9.49$이며 $\chi^2(k, a)$는 자유도 k인 카이제곱분포의 $100(1-a)\%$ 백분위 수이다.
>
> | 요일 | 월 | 화 | 수 | 목 | 금 | 계 |
> |---|---|---|---|---|---|---|
> | 서비스 신청건수 | 21 | 25 | 35 | 32 | 37 | 150 |
>
> ① 10.23, H_0를 기각함　　② 10.23, H_0를 채택함
> ③ 6.13, H_0를 기각함　　④ 6.13, H_0를 채택함
>
> 정답 : ④

- 교차검정의 종류 중 적합성 검정에 해당한다. 이는 특정한 이론적 분포(요일별 서비스 신청 수가 모두 동일하다)와 실제 관찰된 데이터(월, 화, 수, 목, 금의 실제 신청 수)를 비교하기 때문이다.
  − 즉, 적합성 검정을 통해 예상된 분포와 실제 분포가 얼마나 일치하는지 확인한다.

단계 1. 가설설정

귀무가설 H_0	요일별 서비스 신청률은 모두 동일하다. $p_월 = p_화 = p_수 = p_목 = p_금 = \frac{1}{5}$
대립가설 H_1	요일별 서비스 신청률은 모두 동일하지는 않다. 즉, 적어도 하나의 p_i는 다르다.

단계 2. 교차표 작성
　− 카테고리별 빈도수를 정리한 교차표(분할표)를 작성해야 하는데, 문제에 이미 주어져 있다.

단계 3. 기대도수 계산
　− 기대도수 E_i는 귀무가설 H_0이 참일 때 각 셀에 기대되는 빈도이다.
　− 귀무가설 H_0이 참이라고 가정하면, 기대도수는 시행횟수 × 확률 = $150 \times \frac{1}{5} = 30$이다.

요일	월	화	수	목	금	계
관측빈도 O_i	21	25	35	32	37	150
기대빈도 E_i	30	30	30	30	30	150

단계 4. 카이제곱 검정통계량 계산
　− 카이제곱 검정통계량 $\chi^2 = \sum_{i=1}^{k} \frac{(O_i - E_i)^2}{E_i} = \sum_{i=1}^{k} \frac{(관측빈도 - 기대빈도)^2}{기대빈도}$ 공식으로 계산한다.

$$\chi_0^2 = \sum_{i=1}^{5} \frac{(O_i - E_i)^2}{E_i} = \frac{(21-30)^2}{30} + \frac{(25-30)^2}{30} + \frac{(35-30)^2}{30} + \frac{(32-30)^2}{30} + \frac{(37-30)^2}{30}$$

　　≒ 6.1333

단계 5. 자유도 계산
- 카이제곱 적합성 검정에서 통계량의 자유도 df는 범주의 수 $-1 = k - 1 = 5 - 1 = 4$이다.

단계 6. 유의확률 계산 및 귀무가설기각여부 결정
- 문제에서 카이제곱 분포의 임계치가 $\chi^2(4, 0.05) = 9.49$임이 주어져 있고, 카이제곱 검정통계량 값인 $\chi_0^2 = 6.1333$이 임계치보다 작으므로 귀무가설 H_0을 기각할 수 없다. 따라서 귀무가설 H_0을 채택한다.

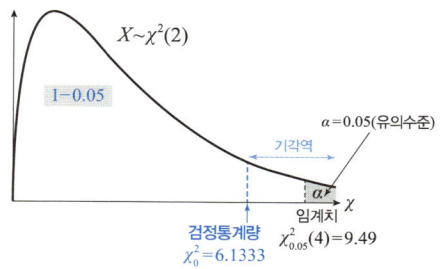

더블체크

정답률 약 40%

Q 작년도 자료에 의하면 어느 대학교의 도서관에서 도서를 대출한 학부 학생들의 학년별 구성비는 1학년 12%, 2학년 20%, 3학년 33%, 4학년 35%였다. 올해 이 도서관에서 도서를 대출한 학부 학생들의 학년별 구성비가 작년도와 차이가 있는가를 분석하기 위해 학부생 도서 대출자 400명을 랜덤하게 추출하여 학생들의 학년별 도수를 조사하였다. 이 자료를 갖고 통계적인 분석을 하는 경우 사용되는 검정통계량은?

[02년 1회, 13년 1회, 18년 3회 기출]

① 자유도가 4인 카이제곱 검정통계량
② 자유도가 (3, 396)인 F-검정통계량
③ 자유도가 (1, 398)인 F-검정통계량
④ 자유도가 3인 카이제곱 검정통계량

해설 귀무가설 H_0과 대립가설 H_1을 수립하면 다음과 같다.

귀무가설 H_0	올해 학부생 도서 대출자의 학년별 구성비는 작년도와 차이가 없다. 즉, 올해의 대출자 학년별 구성비가 작년의 비율인 1학년 12%, 2학년 20%, 3학년 33%, 4학년 35%와 동일하다.
대립가설 H_1	올해 학부생 도서 대출자의 학년별 구성비는 작년도와 차이가 있다. 즉, 올해의 대출자 학년별 구성비가 작년의 비율과 다르다.

이 문제는 올해의 학년별 도서 대출 구성비가 작년과 차이가 있는지를 분석하는 문제이다. 주어진 기대 비율(작년의 학년별 구성비)과 실제 관측값(올해 학년별 도수)을 비교하여 차이가 있는지를 검정하는 것이므로 카이제곱 적합도(적합성) 검정을 사용한다. 카이제곱 적합도 검정에서는 자유도는 $df =$ 범주 수 -1로 계산된다. 따라서 1학년, 2학년, 3학년, 4학년 총 4개의 범주가 있으므로 자유도는 $df =$ 범주 수 $-1 = 3$이다. 즉, 이 자료를 갖고 통계적인 분석을 하는 경우 사용되는 검정통계량은 자유도가 3인 카이제곱 검정통계량이다.

정답 : ④

CHAPTER 02 기술통계분석

기출 및 예상문제

01 추정·가설검정 TOPIC

1 모평균, 모비율, 모분산의 추정

01 정답률 약 50% [17년 3회, 20년 1·2회 통합 기출]

추정량이 가져야 할 바람직한 성질이 아닌 것은?

① 편의성(Biasness)
② 효율성(Efficiency)
③ 일치성(Consistency)
④ 충분성(Sufficiency)

해설 추정량이 가져야 할 바람직한 성질 4가지는 불편성, 효율성, 일치성, 충분성이다. 편의성(Biasness)은 바람직한 성질에 해당하지 않는다.

02 정답률 약 30% [15년 3회 기출]

크기 n의 표본에 근거한 모수 θ의 추정량을 $\hat{\theta}$이라 할 때 다음 설명으로 틀린 것은?

① $E(\hat{\theta}) = \theta$일 때 $\hat{\theta}$을 불편추정량이라 한다.
② $Var(\hat{\theta_1}) \geq Var(\hat{\theta_2})$일 때 $\hat{\theta_1}$이 $\hat{\theta_2}$보다 유효하다고 한다.
③ $E(\hat{\theta}) \neq \theta$일 때 $\hat{\theta}$을 편의 추정량이라 한다.
④ $\lim_{n \to \infty} P(|\hat{\theta} - \theta| < \varepsilon) = 1$일 때 $\hat{\theta}$을 일치추정량이라 한다.

해설 효율성은 추정량이 다른 추정량들에 비해 얼마나 변동이 작은지를 나타내며, 효율적인 추정량은 같은 불편성을 가지면서도 분산이 가장 작은 추정량을 의미한다. 따라서 2개의 추정량 $\hat{\theta_1}$과 $\hat{\theta_2}$이 $Var(\hat{\theta_1}) \geq Var(\hat{\theta_2})$이면 분산이 더 작은 $\hat{\theta_2}$이 $\hat{\theta_1}$보다 효율적이고 유효하다.

03 정답률 약 40% [14년 3회, 21년 3회 기출]

모집단의 모수 θ에 대한 추정량(Estimator)으로서 지녀야 할 성질 중 일치추정량에 대한 설명으로 가장 적합한 것은?

① 추정량의 평균이 θ가 되는 추정량을 의미한다.
② 여러 가지 추정량 중 분산이 가장 작은 추정량을 의미한다.
③ 모집단으로부터 추출한 표본의 정보를 모두 사용한 추정량을 의미한다.
④ 표본의 크기가 커질수록 추정량이 모수에 가까워지는 성질을 의미한다.

해설 일치성은 어떤 모수에 대한 추정량이 표본의 크기가 커짐에 따라 확률적으로 모수에 수렴하는 성질이다. 즉, 표본의 크기가 커질수록 추정량이 모수에 가까워지는 성질을 의미하며, $\lim_{n \to \infty} P(|\hat{\theta} - \theta| < \varepsilon) = 1$일 때 $\hat{\theta}$을 θ의 일치추정량이라 한다.
따라서 일치추정량은 표본의 크기가 커질수록 추정량과 모수와의 차이에 대한 확률이 0으로 수렴함을 의미한다.
①은 불편성(Unbiasedness), ②는 효율성(Efficiency ; 유효성), ③ 충분성(Sufficiency)의 충분통계량(Sufficient Statistic)에 대한 설명이다.

04 정답률 약 20% [18년 1회 기출]

모수의 추정에서 추정량의 분포에 대하여 요구되는 성질 중 표본오차와 관련 있는 것은?

① 불편성
② 정규성
③ 일치성
④ 유효성

해설 유효성(효율성)은 추정량이 가지고 있는 분산이 가장 작아서, 표본오차(Sampling Error ; 표집오차 ; 표본추출오차)가 최소화되는 성질이다. 표본오차는 표본에서 계산된 값 $\hat{\theta}$과 모집단의 실제 값 θ 사이의 차이를 의미하는데, 분산이 작을수록 추정량이 모집단의 실제 값에 더 가까이 모이게 되어 표본오차가 줄어든다.

정답: 01 ① 02 ② 03 ④ 04 ④

05 정답률 약 30% [16년 1회, 22년 2회 기출]

모평균과 모분산이 각각 μ, σ^2인 모집단으로부터 크기 2인 확률표본 X_1, X_2를 추출하고 이에 근거하여 모평균 μ를 추정하고자 한다. 모평균 μ의 추정량으로 다음의 두 추정량 $\hat{\theta_1} = \dfrac{X_1 + X_2}{2}$, $\hat{\theta_2} = \dfrac{2X_1 + 2X_2}{3}$을 고려할 때, 일반적으로 $\hat{\theta_2}$보다 $\hat{\theta_1}$이 선호되는 이유는?

① 유효성 ② 일치성
③ 충분성 ④ 비편향성

해설 효율성(유효성)은 2개의 추정량 $\hat{\theta_1}$과 $\hat{\theta_2}$이 $Var(\hat{\theta_1}) < Var(\hat{\theta_2})$이면, 분산이 더 작은 $\hat{\theta_1}$이 $\hat{\theta_2}$보다 효율적이고 유효함을 의미한다.

$Var(\hat{\theta_1}) = Var\left(\dfrac{X_1 + X_2}{2}\right)$
$= \left(\dfrac{1}{2}\right)^2 \times Var(X_1 + X_2) = \dfrac{1}{4} \times 2\sigma^2 = \dfrac{1}{2}\sigma^2$
$Var(\hat{\theta_2}) = Var\left(\dfrac{2X_1 + X_2}{3}\right)$
$= \left(\dfrac{2}{3}\right)^2 \times Var(X_1) + \left(\dfrac{1}{3}\right)^2 \times Var(X_2) = \dfrac{5}{9}\sigma^2$
$Var(\hat{\theta_1}) = \dfrac{1}{2}\sigma^2 < Var(\hat{\theta_2}) = \dfrac{5}{9}\sigma^2$이므로 분산이 더 작은 $\hat{\theta_1}$이 $\hat{\theta_2}$보다 유효하다.

06 정답률 약 40%

[02년 1회, 14년 3회, 15년 1회, 20년 4회 기출]

어떤 모수에 대한 추정량이 표본의 크기가 커짐에 따라 확률적으로 모수에 수렴하는 성질은?

① 불편성 ② 일치성
③ 충분성 ④ 효율성

해설 일치성은 $\hat{\theta_n}$이 $n \to \infty$일때 θ에 수렴하면 $\lim_{n \to \infty} P(|\hat{\theta} - \theta| < \varepsilon) = 1$이다. 즉, 일치성은 표본 크기가 커질수록 추정량이 참된 모집단 파라미터에 수렴하는 성질이다. 따라서 표본의 크기가 커짐에 따라 확률적으로 모수에 수렴하는 추정량은 일치추정량이다.

07 정답률 약 20% [13년 3회 기출]

평균이 μ이고 분산은 σ^2인 정규모집단에서 모평균 μ를 추정하기 위해서 크기 3인 확률표본 X_1, X_2, X_3를 추출하였다. 두 추정량 $\hat{\theta_1} = \dfrac{(X_1 + X_2 + X_3)}{3}$과 $\hat{\theta_2} = \dfrac{(2X_1 + 5X_2 + 3X_3)}{10}$에 대한 설명으로 옳은 것은?

① $\hat{\theta_1}$은 불편추정량이고, $\hat{\theta_2}$는 편향추정량이다.
② $\hat{\theta_1}$은 일치추정량이고, $\hat{\theta_2}$는 유효추정량이다.
③ $\hat{\theta_1}$은 유효추정량이고, $\hat{\theta_2}$는 불편추정량이다.
④ $\hat{\theta_1}$는 유효추정량이고, $\hat{\theta_2}$은 편향추정량이다.

해설 추정량 $\hat{\theta_1}$과 $\hat{\theta_2}$에 대해 평균과 분산을 구해보자. 확률표본이므로 표본이 무작위로 추출되어 서로 독립이며, 기댓값은 $E(X_i) = \mu$, 분산은 $Var(X_i) = \sigma^2$이다.

$E(\hat{\theta_1}) = \left(\dfrac{X_1 + X_2 + X_3}{3}\right)$
$= \dfrac{1}{3} \times \{E(X_1) + E(X_2) + E(X_3)\} = \dfrac{1}{3} \times 3\mu = \mu$
$E(\hat{\theta_2}) = \left(\dfrac{2X_1 + 5X_2 + 3X_3}{10}\right)$
$= \dfrac{1}{10} \times \{2E(X_1) + 5E(X_2) + 3E(X_3)\} = \mu$

추정량 $\hat{\theta_1}$과 $\hat{\theta_2}$는 $E(\hat{\theta_1}) = \mu$, $E(\hat{\theta_2}) = \mu$이므로 둘 다 불편추정량이다.

$Var(\hat{\theta_1}) = Var\left(\dfrac{X_1 + X_2 + X_3}{3}\right)$
$= \left(\dfrac{1}{3}\right)^2 \times Var(X_1 + X_2 + X_3) = \dfrac{1}{9} \times 3\sigma^2 = \dfrac{1}{3}\sigma^2$
$Var(\hat{\theta_2}) = Var\left(\dfrac{2X_1 + 5X_2 + 3X_3}{10}\right)$
$= \left(\dfrac{1}{10}\right)^2 \times Var(2X_1 + 5X_2 + 3X_3)$
$= \left(\dfrac{1}{10}\right)^2 \times (2^2 + 5^2 + 3^2) \times Var(X_i) = \dfrac{38}{100}\sigma^2$

2개의 추정량 $\hat{\theta_1}$과 $\hat{\theta_2}$의 분산을 비교해보자.
$Var(\hat{\theta_1}) = \dfrac{1}{3}\sigma^2 < Var(\hat{\theta_2}) = \dfrac{38}{100} \times \sigma^2$

결론적으로 분산이 더 작은 $\hat{\theta_1}$이 유효추정량이다.

정답 : 05 ① 06 ② 07 ③

08 [정답률 약 40%] [19년 2회 기출]

정규모집단으로부터 뽑은 확률표본 X_1, X_2, X_3가 주어졌을 때, 모집단의 평균에 대한 추정량으로 다음을 고려할 때 옳은 설명은? (단, X_1, X_2, X_3의 관측값은 2, 3, 4이다.)

$$A = \frac{X_1 + X_2 + X_3}{3}, \quad B = \frac{X_1 + 2X_2 + X_3}{4},$$
$$C = \frac{2X_1 + X_2 + 2X_3}{4}$$

① A, B, C 중에 유일한 불편추정량은 A이다.
② A, B, C 중에 분산이 가장 작은 추정량은 A이다.
③ B는 편향(bias)이 존재하는 추정량이다.
④ 불편성과 최소분산성의 관점에서 가장 선호되는 추정량은 B이다.

해설 정규모집단으로부터 뽑은 확률표본 X_1, X_2, X_3은 $X_i \sim N(\mu, \sigma^2)$, $E(X_i) = \mu$, $Var(X_i) = \sigma^2$이므로, 표본평균은 $\overline{X} \sim N\left(\mu, \frac{\sigma^2}{n}\right)$이다.

불편성
$E(\hat{\theta}) = \theta$일 때 $\hat{\theta}$을 θ의 불편추정량이라 한다. 따라서 모평균에 대한 추정량으로 A, B, C를 고려할 때 불편성을 만족하려면 각각 $E(A) = \mu$를 만족해야 한다.

$E(A) = E\left(\frac{X_1 + X_2 + X_3}{3}\right) = \frac{1}{3} E(3 \times X_i) = \mu$,

$E(B) = E\left(\frac{X_1 + 2X_2 + X_3}{4}\right) = \frac{1}{4} E(4 \times X_i) = \mu$,

$E(C) = E\left(\frac{2X_1 + X_2 + 2X_3}{4}\right) = \frac{1}{4} E(5 \times X_i) = \frac{5}{4}\mu$

결론적으로 A와 B는 불편추정량이며,
C는 편향(bias)이 존재하는 추정량이다.

효율성
2개의 추정량 $\hat{\theta}_1$과 $\hat{\theta}_2$이 $Var(\hat{\theta}_1) < Var(\hat{\theta}_2)$이면, 분산이 더 작은 $\hat{\theta}_1$이 $\hat{\theta}_2$보다 효율적이고 유효하다. A, B, C에 대해 각각 분산을 구해보면 다음과 같다.

$V(A) = V\left(\frac{X_1 + X_2 + X_3}{3}\right) = \frac{3V(X_i)}{3^2} = \frac{\sigma^2}{3}$

$V(B) = V\left(\frac{X_1 + 2X_2 + X_3}{4}\right) = \frac{6V(X_i)}{4^2} = \frac{6\sigma^2}{16}$

$V(C) = V\left(\frac{2X_1 + X_2 + 2X_3}{4}\right) = \frac{9V(X_i)}{4^2} = \frac{9\sigma^2}{16}$

따라서 $V(A) < V(B) < V(C)$이므로, A, B, C 중에 분산이 가장 작은 추정량은 A이다.

09 [정답률 약 30%] [13년 2회 기출]

정규모집단 $N(\mu, \sigma^2)$에서 추출한 확률표본 $X_1, X_2, \cdots, X_n$의 표본분산 $S^2 = \frac{1}{n-1} \sum_{i=1}^{n}(X_i - \overline{X})^2$에 대한 설명으로 옳은 것은?

① S^2은 σ^2의 불편추정량이다.
② S는 σ의 불편추정량이다.
③ S^2은 카이제곱분포를 따른다.
④ S^2의 기댓값은 σ^2/n이다.

해설 표본분산 S^2는 모분산 σ^2의 불편추정량이며, $E(S^2) = \sigma^2$라고 표기한다.
이에 대한 자세한 증명은
본문 [개념특강 : $E(S^2) = \sigma^2$]을 참고하자.

10 [정답률 약 40%] [10년 1회, 18년 2회 기출]

다음 설명 중 틀린 것은?

① 모수의 추정에 사용되는 통계량을 추정량이라고 하고 추정량의 관측값을 추정치라고 한다.
② 모수에 대한 추정량의 기댓값이 모수와 일치할 때 불편추정량이라 한다.
③ 모표준편차는 표본표준편차의 불편추정량이다.
④ 표본평균은 모평균의 불편추정량이다.

해설 표본분산 S^2는 모분산 σ^2의 불편추정량이며, $E(S^2) = \sigma^2$라고 표기한다.
그러나 모표준편차는 표본표준편차의 불편추정량이 아니므로, $E(S) \neq \sigma$라는 것이다.

정답 : 08 ② 09 ① 10 ③

11 정답률 약 40% [08년 3회, 17년 1회 기출]

모분산의 추정량으로써 편차제곱합 $\sum(X_i - \overline{X})^2$ 을 n으로 나눈 것보다는 $(n-1)$로 나눈 것을 사용한다. 그 이유는 좋은 추정량이 만족해야 할 바람직한 성질 중 어느 것과 관계있는가?

① 불편성 ② 유효성
③ 충분성 ④ 일치성

해설 표본분산 $S^2 = \dfrac{\sum_{i=1}^{n}(X_i - \overline{X})^2}{n-1}$ 은 모분산 σ^2의 불편추정량이며, $E(S^2) = \sigma^2$이다. 표본분산 S^2의 공식은 편차제곱합 $\sum(X_i - \overline{X})^2$을 n으로 나눈 것보다는 $n-1$로 나눈 것을 사용한다. 이는 표본분산 S^2을 계산할 때 편차제곱합을 n으로 나누면, 표본평균이 모집단 평균을 정확히 모사하지 못하는 특성 때문에 그 결과로 얻어진 분산 추정량은 실제 모분산보다 작게 추정되는 경향이 있기 때문이다.

12 정답률 약 30% [03년 3회, 14년 1회 기출]

모집단의 평균 μ라 하고 표본평균을 $\overline{X}$라 할 때, $E(\overline{X}) = \mu$의 의미는?

① 무작위 표본의 표본평균은 모집단의 평균에 대한 불편추정량(Unbiased Estimator)이다.
② 무작위 표본의 표본평균은 모집단에 평균에 대한 일치추정량(Consistent Estimator)이다.
③ 무작위 표본의 표본평균의 기대치는 모집단의 분산에 대한 불편추정량(Unbiased Estimator)이다.
④ 무작위 표본의 표본평균의 기대치는 모집단의 분산에 대한 일치추정량(Consistent Estimator)이다.

해설 표본평균 $\overline{X}$는 모평균 μ의 불편추정량이며, $E(\overline{X}) = \mu$라고 표기한다.
이를 증명하면 아래와 같다.
$E(\overline{X}) = E\left(\dfrac{1}{n}\sum_{i=1}^{n}X_i\right) = \dfrac{1}{n}\sum_{i=1}^{n}E(X_i)$
$= \dfrac{1}{n}\sum_{i=1}^{n}\mu = \dfrac{1}{n} \times n\mu = \mu$
따라서 무작위 표본의 표본평균은 모집단의 평균에 대한 불편추정량(Unbiased Estimator)이다.

13 정답률 약 40% [16년 1회 기출]

표본에 근거한 추정문제에서 추정하고자 하는 모수와 추정량의 기댓값과 차이는?

① 유의수준 ② 신뢰구간
③ 점추정   ④ 편의

해설 편의(Bias)는 추정량 $\hat{\theta}$의 기댓값 $E(\hat{\theta})$과 실제 모수 θ 사이의 차이를 나타내며, 추정량이 불편할 때 발생하는 중요한 개념이다.
이를 $Bias(\hat{\theta}) = E(\hat{\theta}) - \theta$라고 표기하며, $Bias(\hat{\theta}) = E(\hat{\theta}) - \theta = 0$이면 추정량 $\hat{\theta}$는 모수 θ의 불편추정량이다.
반면, $Bias(\hat{\theta}) = E(\hat{\theta}) - \theta \neq 0$이면 추정량 $\hat{\theta}$는 모수 θ의 편의추정량이다.

14 정답률 약 40% [12년 1회 기출]

점추정치(Point Estimate)에 관한 설명으로 틀린 것은?

① 표본의 평균으로부터 모집단의 평균을 추정하는 것도 점추정치이다.
② 점추정치는 표본의 평균을 정밀하게 조사하여 나온 결과이기 때문에 항상 모집단의 평균치와 거의 동일하다.
③ 점추정치의 통계적 속성은 일치성, 충분성, 효율성, 불편성 등 4가지 기준에 따라 분석될 수 있다.
④ 점추정치를 구하기 위한 표본평균이나 표본비율의 분포는 정규분포를 따른다.

해설 점추정치(Point Estimate)는 표본을 기반으로 하여 모집단의 모수를 추정하지만, 항상 모집단의 평균과 동일하다고 보장할 수는 없다. 표본추출(Sampling) 과정에서의 변동성 때문에 표본평균은 모집단 평균과 다를 수 있다. 따라서 점추정치는 추정값에 불과하며, 모집단 평균과 일치하지 않을 가능성이 있다.

정답: 11 ① 12 ① 13 ④ 14 ②

15 [정답률 약 30%]　　[14년 2회, 21년 2회 기출]

점추정치(Point Estimate)에 관한 설명으로 틀린 것은?

① 좋은 추정량의 성질 중 하나는 추정량의 기대값이 모수 값이 되는 것인데, 이를 불편성(Unbiasedness)이라 한다.
② 표본의 크기가 커질수록, 표본으로부터 구한 추정치가 모수와 다를 확률이 0에 가깝다는 것을 일치성(Consistency)이 있다고 한다.
③ 표본에 의한 추정치 중에서 중위수는 평균보다 중앙에 위치하기 때문에 더욱 효율성(Efficiency)이 있는 추정치가 될 수 있다.
④ 좋은 추정량의 성질 중 하나는 추정량의 값이 주어질 때 조건부 분포가 모수에 의존하지 않는다는 것이며 이를 충분성(Sufficiency)이라 한다.

해설 중위수(Median)가 항상 평균(Mean)보다 항상 효율적인 추정치인 것은 아니다. '효율성'은 데이터의 분포 특성에 따라 달라지며, 정규분포 같은 대칭적인 분포에서는 평균이 더 효율적이지만, 비대칭적이거나 아웃라이어가 있는 분포에서는 중위수가 더 효율적이다.

16 [정답률 약 40%]　　[21년 3회 기출]

X가 이항분포 $B(n,p)$를 따를 때, p의 불편추정량인 $\hat{p} = \dfrac{X}{n}$의 분산은?

① np　　② $p(1-p)$
③ $\dfrac{p(1-p)}{n}$　　④ $np(1-p)$

해설 이항분포에서 X는 성공횟수를 나타내며, n개의 독립적인 시행 중 성공할 확률이 p인 경우의 수이다. 따라서 $X \sim B(n,p)$일 때, $E(X)=np$, $V(X)=npq$이다. 이때, p의 불편추정량인 $\hat{p}=\dfrac{X}{n}$의 분산을 구해보면, 아래와 같다.

$Var(\hat{p}) = Var\left(\dfrac{X}{n}\right) = \dfrac{1}{n^2} Var(X)$
$= \dfrac{1}{n^2} \times npq = \dfrac{p(1-p)}{n}$ ($\because q=1-p$)

17 [11년 3회 기출]

모집단의 평균을 추정하기 위해 1,000개의 표본을 취하여 정리한 결과 표본평균은 100, 표준편차는 5로 계산되었다. 모평균에 대한 점추정치는?

① 10　　② 100
③ 5　　④ 25

해설 표본평균 $\overline{X}$는 모평균 μ의 점추정량(불편추정량)이므로, $E(\overline{X}) = \mu$이다. 따라서 모평균에 대한 점추정치는 표본평균과 동일하므로, $E(\overline{X}) = \mu = 100$이다.

18 [17년 2회 기출]

A대학 학생들의 주당 TV 시청 시간을 알아보고자 임의로 9명을 추출하여 조사한 결과는 다음과 같다. TV 시청 시간은 모평균이 μ인 정규분포를 따른다고 가정하자. μ에 대한 추정량으로 표본평균 $\overline{X}$를 사용했을 때 추정치는?

9	10	13	13	14	15
17	21	22			

① 14.3　　② 14.5
③ 14.7　　④ 14.9

해설 표본평균 $\overline{X}$는 모평균 μ의 점추정량(불편추정량)이므로, $\overline{X}$를 구하면 아래와 같다.

$\overline{X} = \dfrac{\sum_{i=1}^{n} X_i}{n}$
$= \dfrac{9+10+13+13+14+15+17+21+22}{9}$
$= \dfrac{134}{9} = 14.888\cdots \approx 14.9$

정답 : 15 ③　16 ③　17 ②　18 ④

19 [20년 3회 기출]

어느 대학생들의 한 달 동안 다치는 비율을 알아보기 위하여 150명을 대상으로 조사한 결과 그 중 90명이 다친 것으로 나타났다. 다칠 비율 p의 점추정치는?

① 0.3　　② 0.4
③ 0.5　　④ 0.6

해설 표본비율 $\hat{p}$은 모비율 p의 점추정량(불편추정량)이므로 $E(\hat{p}) = p$이다. 따라서 다칠 비율 p의 점추정치는
$\hat{p} = \dfrac{X}{n} = \dfrac{90}{150} = 0.60$이다.

20 정답률 약 50% [02년 1회, 13년 3회, 20년 4회 기출]

어느 지역 고등학교 학생 중 안경을 착용한 학생들의 비율을 추정하기 위해 이 지역 고등학교 성별 구성비에 따라 남학생 600명, 여학생 400명을 각각 무작위로 추출하여 조사하였더니 남학생 중 240명, 여학생 중 60명이 안경을 착용한다는 조사결과를 얻었다. 이 지역 전체 고등학생 중 안경을 착용한 학생들의 비율에 대한 가장 적절한 추정값은?

① 0.4　　② 0.3
③ 0.275　　④ 0.15

해설 표본비율 $\hat{p}$은 모비율 p의 점추정량(불편추정량)이므로 $E(\hat{p}) = p$이다. 따라서 이 지역 전체 고등학생 중 안경을 착용한 학생들의 비율에 대한 가장 적절한 추정값은 표본비율 $\hat{p}$이며, 계산하면 아래와 같다.

$$\hat{p} = \dfrac{n_1 \times \hat{p_1} + n_2 \times \hat{p_2}}{n_1 + n_2}$$

$$= \dfrac{600 \times \dfrac{240}{600} + 400 \times \dfrac{60}{400}}{600 + 400}$$

$$= \dfrac{240 + 60}{600 + 400} = \dfrac{300}{1000} = 0.3$$

2 모평균, 모비율, 모분산의 구간추정

모집단	모분산	표본크기	모평균 μ에 대한 $100(1-\alpha)\%$ 신뢰구간
정규모집단 맞음	모분산 σ^2을 아는 경우	대표본 소표본	$\overline{X} \pm Z_{\frac{\alpha}{2}} \times \dfrac{\sigma}{\sqrt{n}}$
	모분산 σ^2을 모르는 경우	대표본 $n \geq 30$	$\overline{X} \pm Z_{\frac{\alpha}{2}} \times \dfrac{S}{\sqrt{n}}$
		소표본 $n < 30$	$\overline{X} \pm t_{\frac{\alpha}{2}}(n-1) \times \dfrac{S}{\sqrt{n}}$

모집단	모분산	표본크기	모평균 μ에 대한 $100(1-\alpha)\%$ 근사신뢰구간
정규모집단 아님 (모름)	모분산 σ^2을 아는 경우	대표본	$\overline{X} \pm Z_{\frac{\alpha}{2}} \times \dfrac{\sigma}{\sqrt{n}}$
		소표본	(비모수적 방법)
	모분산 σ^2을 모르는 경우	대표본 $n \geq 30$	$\overline{X} \pm Z_{\frac{\alpha}{2}} \times \dfrac{S}{\sqrt{n}}$
		소표본	(비모수적 방법)

21 정답률 약 40% [15년 3회 기출]

분산을 모르는 정규모집단으로부터의 확률표본에 기초하여 모평균에 대한 신뢰구간을 구하고자 한다. 표본크기가 충분히 크지 않을 때 신뢰구간을 구하기 위해 사용되는 분포는?

① t-분포　　② 정규분포
③ 이항분포　　④ F-분포

해설 정규모집단이고, 모분산 σ^2을 모르는 경우이면서 소표본에 해당하는 문제이다. 이 경우 모평균 μ에 대한 $100(1-\alpha)\%$ 신뢰구간은 t분포에서 자유도가 $n-1$인 t값인 $t_{\frac{\alpha}{2}}(n-1)$를 사용하며 아래와 같다.

$$\overline{X} - t_{\frac{\alpha}{2}}(n-1) \times \dfrac{S}{\sqrt{n}} \leq \mu \leq \overline{X} + t_{\frac{\alpha}{2}}(n-1) \times \dfrac{S}{\sqrt{n}}$$

정답 : 19 ④　20 ②　21 ①

22 [16년 1회 기출] 정답률 약 30%

모평균과 모분산이 각각 μ와 σ^2인 모집단으로부터 추출한 크기 n의 임의표본에 근거한 표본평균과 표본분산을 각각 $\overline{X}$와 S^2이라고 할 때 모평균의 구간추정에 대한 설명으로 옳은 것은? (단, Z_α와 $t(n,\alpha)$는 각각 표준정규분포와 자유도 n인 t분포의 $100(1-\alpha)\%$ 백분위수를 나타냄)

① 모집단의 확률분포가 정규분포이며 모분산 σ^2에 대한 정보를 알고 있는 경우, 모평균 μ에 대한 $100(1-\alpha)\%$ 신뢰구간은 $\overline{X} \pm Z_\alpha \dfrac{\sigma}{\sqrt{n}}$이다.

② 모집단의 확률분포가 정규분포이며 모분산 σ^2값이 미지인 경우, 모평균 μ에 대한 $100(1-\alpha)\%$ 신뢰구간은 $\overline{X} \pm t_{\frac{\alpha}{2}}(n-1) \dfrac{S}{\sqrt{n}}$이다.

③ 정규모집단이 아니며 표본의 크기 n이 충분히 크고 σ^2에 대한 정보를 알고 있는 경우, 모평균 μ에 대한 $100(1-\alpha)\%$ 근사신뢰구간은 $\overline{X} \pm Z_{\frac{\alpha}{2}} \sqrt{\dfrac{\sigma}{n}}$이다.

④ 정규모집단이 아니며 표본의 크기 n이 충분히 크고 σ^2의 값이 미지인 경우, 모평균 μ에 대한 $100(1-\alpha)\%$ 근사신뢰구간은 $\overline{X} \pm t_{\frac{\alpha}{2}}(n) \dfrac{S}{\sqrt{n}}$이다.

해설 모집단의 확률분포가 정규분포이며 모분산 σ^2값이 미지인 경우 모평균 μ에 대한 $100(1-\alpha)\%$ 신뢰구간은 $\overline{X} \pm t_{\frac{\alpha}{2}}(n-1) \dfrac{S}{\sqrt{n}}$이다.
※ t값의 표기에서 $t_{(n-1,\alpha/2)} = t_{\frac{\alpha}{2}}(n-1)$이다.

23 [03년 1회, 20년 3회 기출] 정답률 약 40%

모평균에 대한 신뢰구간의 길이를 $\dfrac{1}{4}$로 줄이고자 한다. 표본크기를 몇 배로 해야 하는가?

① $\dfrac{1}{4}$배 ② $\dfrac{1}{2}$배
③ 2배 ④ 16배

해설 변경되는 표본크기를 n'라고 할 때, 표본의 크기를 k배 증가시키면 $n' = kn$이다. 모분산을 모르며 소표본인 경우라고 가정하면 모평균에 대한 신뢰구간은 $\overline{X} \pm t_{\frac{\alpha}{2}}(n-1) \times \dfrac{S}{\sqrt{n}}$이고, 표본의 크기가 변경된 신뢰구간은 $\overline{X} \pm t_{\frac{\alpha}{2}}(n-1) \times \dfrac{S}{\sqrt{n'}} = \overline{X} \pm t_{\frac{\alpha}{2}}(n-1) \times \dfrac{S}{\sqrt{kn}}$이다. 따라서, 모평균에 대한 신뢰구간의 길이를 $\dfrac{1}{4}$로 줄이고자 하면 $k = 16$이어야 한다.

24 [12년 3회, 17년 3회 기출] 정답률 약 50%

모평균 μ에 대한 구간추정에서 95% 신뢰수준(Confidence Level)을 갖는 신뢰구간이 100 ± 5라고 할 때, 신뢰수준 95%의 의미는?

① 구간추정치가 맞을 확률이다.
② 모평균이 추정치가 100 ± 5 내에 있을 확률이다.
③ 모평균의 구간추정치가 95%로 같다.
④ 동일한 추정방법을 사용하여 신뢰구간을 100회 반복하여 추정한다면, 95회 정도는 추정 신뢰구간의 모평균을 포함한다.

해설 신뢰수준은 표본 데이터를 바탕으로 모수에 대한 구간추정을 할 때, 해당 구간이 참된 모수를 포함할 확률이며 보통 백분율로 표현된다.
신뢰수준 95%는 100번의 실험 중 5번은 신뢰구간이 실제 모수를 포함하지 않을 가능성이 있다는 뜻이다. 따라서 모평균 μ에 대한 구간추정에서 95% 신뢰수준(Confidence Level)을 갖는 신뢰구간이 100 ± 5라고 할 때, 신뢰수준 95%의 의미는 동일한 추정방법을 사용하여 신뢰구간을 100회 반복하여 추정한다면, 95회 정도는 추정 신뢰구간의 모평균을 포함한다는 것이다.

정답 : 22 ② 23 ④ 24 ④

25 정답률 약 30% [18년 2회 기출]

정규분포를 따르는 모집단으로부터 10개의 표본을 임의추출한 모평균에 대한 95% 신뢰구간은 (74.76, 165.24)이다. 이때 모평균의 추정치와 추정량의 표준오차는? (단, t가 자유도가 9인 t-분포를 따르는 확률변수일 때, $P(t > 2.262) = 0.025$이다.)

① 90.48, 20
② 90.48, 40
③ 120, 20
④ 120, 40

해설 정규모집단이고, 모분산 σ^2을 모르면서 소표본이다. 이 경우에 모평균 μ에 대한 $100(1-\alpha)\%$ 신뢰구간은 $\overline{X} \pm t_{\frac{\alpha}{2}}(n-1) \times \frac{S}{\sqrt{n}}$이며, 구하고자 하는 것은 모평균의 추정치 $\overline{X}$와 추정량의 표준오차 $\frac{S}{\sqrt{n}}$이다.

이때, 10개의 표본($n=10$)을 임의추출한 모평균 μ에 대한 $100(1-\alpha)\% = 95\%$ 신뢰구간에서 t분포의 임계값은 $t_{\frac{\alpha}{2}}(n-1) = t_{0.025}(9) = 2.262$임을 신뢰구간에 대입하면, $\overline{X} \pm 2.262 \times$ 표준오차 $= (74.76, 165.24)$이다. 먼저, 모평균의 추정치 $\overline{X}$를 산출하기 위해 $\overline{X} - 2.262 \times \frac{S}{\sqrt{10}} = 74.76$, $\overline{X} + 2.262 \times \frac{S}{\sqrt{10}} = 165.24$임을 활용하면 아래와 같다.

$\left(\overline{X} - 2.262 \times \frac{S}{\sqrt{10}}\right) + \left(\overline{X} + 2.262 \times \frac{S}{\sqrt{10}}\right)$
$= 2 \times \overline{X} = 74.76 + 165.24 = 240$

따라서 모평균의 추정치인 표본평균은 $\overline{X} = 120$이다.
수식에 $\overline{X} = 120$을 대입하면
$120 - 2.262 \times \frac{S}{\sqrt{10}} = 74.76$이므로,

추정량의 표준오차는 $\frac{S}{\sqrt{n}} = \frac{S}{\sqrt{10}} = 20$이다.

26 [19년 3회 기출]

평균이 μ이고 표준편차가 σ인 모집단에서 임의 추출한 100개의 표본평균 $\overline{X}$와 1,000개의 표본평균 $\overline{Y}$를 이용하여 μ를 측정하고자 한다. 두 추정량 $\overline{X}$와 $\overline{Y}$ 중 어느 추정량이 더 좋은 추정량인지를 올바르게 설명한 것은?

① $\overline{X}$의 표준오차가 더 크므로 $\overline{X}$가 더 좋은 추정량이다.
② $\overline{X}$의 표준오차가 더 작으므로 $\overline{X}$가 더 좋은 추정량이다.
③ $\overline{Y}$의 표준오차가 더 크므로 $\overline{Y}$가 더 좋은 추정량이다.
④ $\overline{Y}$의 표준오차가 더 작으므로 $\overline{Y}$가 더 좋은 추정량이다.

해설 표준오차가 더 작은 추정량이 더 좋은 추정량이다.
평균이 μ이고 표준편차가 σ인 모집단에서 임의 추출한 100개의 표본평균 $\overline{X}$의 표준오차는 아래와 같다.
$SE(\overline{X}) = \frac{\sigma}{\sqrt{n_1}} = \frac{\sigma}{\sqrt{100}}$

1,000개의 표본평균 $\overline{Y}$의 표준오차는 아래와 같다.
$SE(\overline{Y}) = \frac{\sigma}{\sqrt{n_2}} = \frac{\sigma}{\sqrt{1000}}$

두 추정량 $\overline{X}$와 $\overline{Y}$의 표준오차를 비교해보자.
$SE(\overline{X}) > SE(\overline{Y})$
표준오차가 더 작은 $\overline{Y}$가 더 좋은 추정량이다.

정답 : 25 ③ 26 ④

27 [20년 4회 기출]

대규모의 동일한 모집단에서 무작위로 100명과 1000명으로 된 표본을 각각 추출하였을 때, 모집단의 평균을 더 정확히 추정할 수 있는 표본은 어느 것이며 그 이유는 무엇인가?

① $n=100$인 경우이며, 표준오차가 $n=1000$인 경우보다 작기 때문이다.
② $n=100$인 경우이며, 표준오차가 $n=1000$인 경우보다 크기 때문이다.
③ $n=1000$인 경우이며, 표준오차가 $n=100$인 경우보다 작기 때문이다.
④ $n=1000$인 경우이며, 표준오차가 $n=100$인 경우보다 크기 때문이다.

해설 표본분포의 표준오차가 더 작은 추정량이 더 좋은 추정량이다. 따라서 대규모의 동일한 모집단에서 무작위로 100명과 1000명으로 된 표본을 각각 추출하였을 때, 표준오차를 구해보면 아래와 같다.

$$SE(\overline{X_1}) = \frac{S_1}{\sqrt{n_1}} = \frac{S_1}{\sqrt{100}},$$
$$SE(\overline{X_2}) = \frac{S_2}{\sqrt{n_2}} = \frac{S_2}{\sqrt{1000}}$$

표본분포의 표준오차 값은 $SE(\overline{X_1}) > SE(\overline{X_2})$이다. 따라서, 평균을 더 정확히 추정할 수 있는 표본은 표준오차가 비교적 작은 $n=1000$인 경우이다.

28 정답률 약 30% [08년 3회, 14년 1회 기출]

정규모집단의 모평균에 대한 신뢰구간에 관한 설명으로 틀린 것은?

① 신뢰수준이 높을수록 신뢰구간 폭은 넓어진다.
② 표본 수가 증가할수록 신뢰구간 폭은 넓어진다.
③ 모분산을 아는 경우는 정규분포를, 모르는 경우는 t-분포를 이용하여 신뢰구간을 구한다.
④ 95% 신뢰구간이라 함은 동일한 추정방법에 의해 반복하여 신뢰구간을 추정할 경우, 전체 반복횟수의 약 95%정도는 신뢰구간 내에 모평균이 포함되어 있음을 의미한다.

해설 표본 수가 증가할수록 신뢰구간의 폭은 좁아진다. 표본의 크기가 커지면 표본평균의 표준오차가 작아지므로, 신뢰구간의 폭이 좁아져 더 정확한 추정이 가능하다.

29 정답률 약 30% [15년 3회 기출]

모평균의 신뢰구간에 대한 설명으로 틀린 것은?

① 일반적으로 표본크기 n이 크면
$$P\left(-Z_{\frac{\alpha}{2}} \leq \frac{\overline{X} - \mu}{\sigma/\sqrt{n}} \leq Z_{\frac{\alpha}{2}}\right) \fallingdotseq 1-\alpha \text{이다.}$$
② 표본의 크기가 클수록 신뢰구간의 폭은 좁아진다.
③ 모평균 95% 신뢰구간이 (-10, 10)이라는 의미는 모평균이 -10에서 10사이에 있을 확률이 95%라는 의미이다.
④ 동일한 표본하에서 신뢰수준을 높이면 신뢰구간의 폭은 넓어진다.

해설 모평균 95% 신뢰구간이 (-10, 10)이라는 것은 모평균이 -10에서 10사이에 있을 확률이 95%라는 의미가 아니며, '동일한 추정방법을 사용하여 신뢰구간을 100회 반복하여 추정한다면, 95회 정도는 추정 신뢰구간이 모평균을 포함한다.'는 것이다.

정답: 27 ③ 28 ② 29 ③

30 정답률 약 40% [14년 2회 기출]

크기가 100인 표본에서 구한 모평균에 대한 95% 신뢰구간의 길이가 0.2라고 한다면 표본크기를 400으로 늘렸을 때의 95% 신뢰구간의 길이는?

① 0.05
② 0.1
③ 0.15
④ 구할 수 없다

해설 변경된 표본의 크기를 n'라고 하면 표본의 크기를 4배 증가시키면 $n' = 4n$인 상황이다. 모분산을 모르며 소표본인 경우라고 가정하면

신뢰구간은 $\overline{X} \pm t_{\frac{\alpha}{2}}(n-1) \times \frac{S}{\sqrt{n}}$ 이고,

표본의 크기가 증가된 신뢰구간은 아래와 같다.

$$\overline{X} \pm t_{\frac{\alpha}{2}}(n-1) \times \frac{S}{\sqrt{4n}} = \overline{X} \pm t_{\frac{\alpha}{2}}(n-1) \times \frac{S}{2\sqrt{n}}$$

결론적으로 신뢰구간의 길이는 $\frac{1}{2}$만큼 감소한다.

따라서 표본크기를 400으로 늘렸을 때의 95% 신뢰구간의 길이는 기존 신뢰구간의 길이인 0.2에서 $\frac{1}{2}$ 만큼 감소한 0.1이다.

31 정답률 약 30% [07년 3회, 12년 3회 기출]

크기 n인 표본으로 신뢰수준 95%를 갖도록 모평균을 추정하였더니 신뢰구간의 길이가 10이었다. 동일한 조건하에서 표본의 크기만을 $\frac{1}{4}$로 줄이면 신뢰구간의 길이는?

① $\frac{1}{4}$로 줄어든다.
② $\frac{1}{2}$로 줄어든다.
③ 2배로 늘어난다.
④ 4배로 늘어난다.

해설 변경된 표본의 크기를 n'라고 하면, 동일한 조건하에서 표본의 크기만을 1/4로 줄이면 $n' = \frac{1}{4}n$이다.

모분산을 모르고 소표본인 경우라고 가정하면 신뢰구간은 $\overline{X} \pm t_{\frac{\alpha}{2}}(n-1) \times \frac{S}{\sqrt{n}}$ 이고, 표본의 크기가 감소된 신뢰구간은 아래와 같다.

$$\overline{X} \pm t_{\frac{\alpha}{2}}(n-1) \times \frac{S}{\sqrt{\frac{n}{4}}} = \overline{X} \pm t_{\frac{\alpha}{2}}(n-1) \times \frac{2S}{\sqrt{n}}$$

결론적으로 신뢰구간의 길이는 2배로 늘어난다.

32 정답률 약 20% [20년 3회 기출]

어느 회사에서 만들어낸 제품의 수명의 표준편차는 50이라고 한다. 제품 100개를 생산하여 실험한 결과 수명 평균($\overline{X}$)이 280이었다. 모평균의 신뢰구간에 대한 설명으로 틀린 것은?

① 표본평균 $\overline{X}$가 모평균 μ로부터 $1.96 \frac{\sigma}{\sqrt{n}} = 9.8$ 이내에 있을 확률은 약 0.95이다.

② 부등식 $\mu - 9.8 < \overline{X} < \mu + 9.8$은 $|\overline{X} - \mu| < 9.8$ 또는 $\mu \in (\overline{X} - 9.8, \overline{X} + 9.8)$로 표현가능하다.

③ 100개의 시제품의 표본평균 $\overline{X}$를 구하는 작업을 무한히 반복하여 구해지는 구간들 $(\overline{X} - 9.8, \overline{X} + 9.8)$ 가운데 약 95%는 모평균 μ를 포함할 것이다.

④ 모평균 μ가 95% 신뢰구간 $(\overline{X} - 9.8, \overline{X} + 9.8)$에 포함될 확률이 0.95이다.

해설 모평균 μ는 고정된 값이며, 확률적으로 변하지 않는다. 신뢰구간이 모집단 평균을 포함할 확률이 95%라는 것이지, 모평균이 신뢰구간에 포함될 확률이 95%라는 것이 아니다.

① 이 문제는 정규모집단인지 주어져 있지 않으며 모분산 σ^2을 아는 경우(표준편차는 50)이고, 대표본(제품 100개)인 경우에 해당한다.

따라서 $\alpha = 0.05$일 때 모평균 μ에 대한 $100(1-\alpha)\%$ $= 95\%$ (근사)신뢰구간은

$$\overline{X} \pm Z_{\frac{\alpha}{2}} \times \frac{\sigma}{\sqrt{n}} = 280 \pm 1.96 \times \frac{50}{\sqrt{100}}$$
$$= 280 \pm 9.8 \text{ 이다.}$$

즉, 표본평균 $\overline{X}$가 모평균 μ로부터 $1.96 \frac{\sigma}{\sqrt{n}} = 9.8$ 이내에 있을 확률은 약 0.95이다.

② 만약, α에 대한 정보가 없다면, 부등식 $\mu - 9.8 < \overline{X} < \mu + 9.8$은 $|\overline{X} - \mu| < 9.8$ 또는 $\mu \in (\overline{X} - 9.8, \overline{X} + 9.8)$로 표현이 가능하다. 이때, $\in$ 표기는 원소임 혹은 포함됨을 의미한다.

③ 신뢰구간의 정의에 따르면, 동일한 표본추출과 계산을 반복하면 신뢰구간이 모평균을 포함할 확률이 $100(1-\alpha)\% = 95\%$이다.

따라서 100개의 시제품의 표본평균 $\overline{X}$를 구하는 작업을 무한히 반복하여 구해지는 구간들 $(\overline{X} - 9.8, \overline{X} + 9.8)$ 가운데 약 95%는 모평균 μ를 포함한다.

정답: 30 ② 31 ③ 32 ④

33 정답률 약 50% [03년 1회, 17년 1회 기출]

A대학교 학생 전체에서 100명을 임의 추출하여 신장을 조사한 결과 평균이 170cm이고 표준편차가 10cm이었다. A대학교 학생 평균 신장의 95% 신뢰구간은? (단, $Z \sim N(0,1)$ 이고 $P(Z>1.96)=0.025$ 이다.)

① (168.04, 171.96)   ② (168.14, 171.86)
③ (168.24, 171.76)   ④ (168.34, 171.66)

해설 정규모집단인지 알 수 없고, 모분산(혹은 모표준편차)을 아는지도 제시되어 있지 않다.
이때, A대학교 학생 평균 신장인 모평균 μ를 추정하기 위해 A대학교 학생 전체에서 100명을 임의 추출하였으므로 대표본($n \geq 30$)에 해당한다.
따라서 모평균 μ에 대한 95% 신뢰구간은
$Z_{\frac{\alpha}{2}} = Z_{0.025} = 1.96$을 대입하면, 아래와 같다.

$$\overline{X} - 1.96 \times \frac{S}{\sqrt{n}} \leq \mu \leq \overline{X} + 1.96 \times \frac{S}{\sqrt{n}}$$

신장을 조사한 결과 평균이 170cm이고 표준편차가 10cm라는 정보를 통해 $\overline{X}=170$, $S=10$를 신뢰구간 공식에 대입하면, 산출 결과는 아래와 같다.

$$170 - 1.96 \times \frac{10}{\sqrt{100}} \leq \mu \leq 170 + 1.96 \times \frac{10}{\sqrt{100}}$$
$$= 168.04 \leq \mu \leq 171.96 = (168.04, 171.96)$$

34 정답률 약 50% [11년 3회, 16년 1회 기출]

형광등을 대량 생산하고 있는 공장이 있다. 제품의 평균수명시간을 추정하기 위하여 100개의 형광등을 임의로 추출하여 조사한 결과, 표본으로 추출한 형광등 수명의 평균은 500시간, 그리고 표준편차는 40시간이었다. 모집단의 평균수명에 대한 95% 신뢰구간을 추정하면? (단, $Z_{0.025}=1.96$, $Z_{0.005}=2.58$)

① (492.16, 510.32)   ② (492.16, 507.84)
③ (489.68, 507.84)   ④ (489.68, 510.32)

해설 정규모집단인지 알 수 없고, 모분산(혹은 모표준편차)을 아는지도 제시되어 있지 않다.
이때, 제품의 평균수명시간인 모평균 μ를 추정하기 위해 100개의 형광등을 임의로 추출하여 조사하였으므로 대표본($n \geq 30$)에 해당한다.
따라서 모평균 μ에 대한 95% 신뢰구간은
$Z_{\frac{\alpha}{2}} = Z_{0.025} = 1.96$을 대입하면 아래와 같다.

$$\overline{X} - 1.96 \times \frac{S}{\sqrt{n}} \leq \mu \leq \overline{X} + 1.96 \times \frac{S}{\sqrt{n}}$$

위 공식에 표본으로 추출한 형광등 수명의 평균은 500시간, 표준편차는 40시간이라는 정보를 통해 $\overline{X}=500$, $S=40$을 신뢰구간 공식에 대입하면 아래와 같다.

$$500 - 1.96 \times \frac{40}{\sqrt{100}} \leq \mu \leq 500 + 1.96 \times \frac{40}{\sqrt{100}}$$
$$= 492.16 \leq \mu \leq 507.84 = (492.16, 507.84)$$

정답 : 33 ①   34 ②

35 [정답률 약 50%] [15년 2회 기출]

토산품점에 들리는 외국인 관광객 1인당 평균구매액을 추정하려 한다. 10명의 고객을 랜덤 추출하여 조사한 결과 표본평균이 $4000이었다. 모집단의 분포를 정규분포라 가정할 때, 모평균에 대한 95% 신뢰구간은? (단, 모표준편차는 $300이라 알려져 있다. $Z_{0.025} = 1.96$, $Z_{0.05} = 1.645$, $Z_{0.1} = 1.282$)

① (3878, 4122) ② (3844, 4156)
③ (3814, 4186) ④ (3800, 4180)

해설 모집단의 분포를 정규분포라 가정하므로 정규모집단이고, 모표준편차는 $300($\sigma = 300$)이라고 알려져 있으므로 모분산(혹은 모표준편차)을 아는 경우이다.
이때, 10명($n = 10$)의 고객을 랜덤 추출하여 조사한 결과 표본평균이 $4000($\overline{X} = 4000$)이므로, 모평균에 대한 $100(1-\alpha)\% = 95\%$ 신뢰구간은 $Z_{\frac{\alpha}{2}} = Z_{0.025} = 1.96$
을 대입하면, 아래와 같다.

$\overline{X} - Z_{\frac{\alpha}{2}} \times \frac{\sigma}{\sqrt{n}} \le \mu \le \overline{X} + Z_{\frac{\alpha}{2}} \times \frac{\sigma}{\sqrt{n}}$

$= 4000 - 1.96 \times \frac{300}{\sqrt{10}} \le \mu \le 4000 + 1.96 \times \frac{300}{\sqrt{10}}$

$= 3814.05807358 \le \mu \le 4185.94192642$

$\fallingdotseq (3814, 4186)$

36 [정답률 약 50%] [10년 3회, 17년 2회 기출]

평균체중이 65kg이고 표준편차가 4kg인 A고등학교 1학년 학생들에서 임의로 뽑은 크기 100명 학생들의 평균체중 $\overline{X}$의 표준편차는?

① 0.04kg ② 0.4kg
③ 4kg   ④ 65kg

해설 표본평균의 표준편차는 표준오차이며, 표준오차 $SE(\overline{X})$는 모분산을 아는 경우 $\frac{\sigma}{\sqrt{n}}$이고, 모분산을 모르는 경우에는 $\frac{S}{\sqrt{n}}$이다. 문제에서 평균체중이 65kg이고 표준편차가 4kg($\sigma = 4$)인 A고등학교 1학년 학생들에서 임의로 100명($n = 100$)을 추출했다는 정보를 통해, 모분산을 아는 경우이므로 학생들의 평균체중 $\overline{X}$의 표준편차는 $\frac{\sigma}{\sqrt{n}} = \frac{4}{\sqrt{100}} = 0.4$(kg)임을 알 수 있다.

37 [정답률 약 30%] [08년 1회, 10년 1회, 19년 1회, 22년 2회 기출]

곤충학자가 70마리의 모기에게 A 회사의 살충제를 뿌리고 생존시간을 관찰하여 $\overline{X} = 18.3$, $S = 5.2$를 얻었다. 생존시간의 모평균 μ에 대한 99% 신뢰구간은? (단, $P(Z > 2.58) = 0.005$, $P(Z > 1.96) = 0.025$, $P(Z > 1.645) = 0.05$)

① $8.6 \le \mu \le 28.0$ ② $16.7 \le \mu \le 19.9$
③ $17.7 \le \mu \le 19.5$ ④ $18.1 \le \mu \le 18.5$

해설 정규모집단인지 주어져 있지 않고 모분산 σ^2을 모르는 경우이며, 대표본인 경우($n \ge 30$)이다.
이때, 모평균 μ에 대한 $100(1-\alpha)\%$ (근사) 신뢰구간은 $\overline{X} \pm Z_{\frac{\alpha}{2}} \times \frac{S}{\sqrt{n}}$ 이다.
따라서 생존시간의 모평균 μ에 대한 99% 신뢰구간은 아래와 같이 산출되므로, $16.7 \le \mu \le 19.9$이다.

$18.3 \pm 2.58 \times \frac{5.2}{\sqrt{70}} = (16.696, 19.903)$

38 [정답률 약 30%] [03년 3회, 17년 2회 기출]

평균이 10이고 분산이 4인 정규분포를 따르는 모집단으로부터 크기가 4인 표본을 추출하였다. 이때 표본평균의 표준편차는 얼마인가?

① 1   ② 2
③ 4   ④ 10

해설 표본평균의 표준편차는 표준오차이며, 표준오차 $SE(\overline{X})$는 모분산을 아는 경우 $\frac{\sigma}{\sqrt{n}}$이고, 모분산을 모르는 경우에는 $\frac{S}{\sqrt{n}}$이다.
평균이 10이고 분산이 4($\sigma^2 = 4$)인 정규분포를 따르는 모집단으로부터 크기가 4($n = 4$)인 표본을 추출했다는 정보를 통해, 모분산을 아는 경우이므로 표본평균의 표준편차는 $\frac{\sigma}{\sqrt{n}} = \frac{2}{\sqrt{4}} = 1$임을 알 수 있다.

정답 : 35 ③ 36 ② 37 ② 38 ①

39 정답률 약 30%   [17년 3회, 21년 3회 기출]

모표준편차가 σ인 모집단에서 크기가 10인 표본으로부터 표본평균을 구하여 모평균을 추정하였다. 표본평균의 표준오차를 반$\left(\frac{1}{2}\right)$으로 줄이려면, 추가로 표본을 얼마나 더 추출해야 하는가?

① 20　　　　　② 30
③ 40　　　　　④ 50

해설　표본의 크기가 커지면 표본평균의 표준오차 $\frac{\sigma}{\sqrt{n}}$는 작아진다. 크기가 10인 표본으로부터 표본평균을 구하면, 표본평균의 표준오차는 $\frac{\sigma}{\sqrt{10}}$이다. 이때, 추가로 표본을 n'개 더 추출했다면, 표본평균의 표준오차는 $\frac{\sigma}{\sqrt{10+n'}}$이다. 만약 표본평균의 표준오차를 반으로 줄이고자 한다면, 표본평균의 표준오차는 $\frac{\sigma}{\sqrt{10}} \times \frac{1}{2}$ $= \frac{\sigma}{\sqrt{40}}$이어야 하기 때문에 $10+n' = 40$이다. 따라서 $n' = 30$이므로, 추가로 30개의 표본을 더 추출하면 된다.

40 정답률 약 40%   [13년 2회 기출]

동일한 모집단으로부터 표본을 보다 더 많이 조사하여 얻을 수 있는 이득으로 옳은 것은?

① 표준편차가 작아진다.
② 표준오차가 작아진다.
③ 표준편차가 커진다.
④ 표준오차가 커진다.

해설　표본의 크기(n)가 증가하면 '표본평균의 표준편차'인 표준오차 $SE(\overline{X}) = \frac{S}{\sqrt{n}}$는 감소한다. 표준오차는 표본평균의 분포에서 변동성을 나타내므로, '표준오차가 작아진다'는 것은 표본의 크기가 커질수록 표본평균의 분포가 모집단 평균에 수렴하게 되어 변동성이 줄어든다는 의미이다. 주의해야 하는 것은 단순하게 '표준편차'인 $sd(X) = S$가 작아지는 것이 아니라는 것이다.

41 정답률 약 40%   [18년 3년 기출]

시계에 넣는 배터리 16개의 수명을 측정한 결과 평균이 2년이고 표준편차가 1년이었다. 이 배터리 수명의 95% 신뢰구간을 구하면? (단, $t_{(15, 0.025)} = 2.13$)

① (1.47, 2.53)　　② (1.73, 2.27)
③ (1.87, 2.13)　　④ (1.97, 2.03)

해설　정규모집단인지 모르는 경우이고, 모분산 σ^2을 모르는 경우이면서 소표본($n<30$)인 경우이다.
이 경우에 모평균 μ에 대한 $100(1-\alpha)\%$ 신뢰구간은 $\overline{X} \pm t_{\frac{\alpha}{2}}(n-1) \times \frac{S}{\sqrt{n}}$ 이다.
문제에서 주어진 정보는 시계에 넣는 배터리 16개($n=16$)의 수명을 측정한 결과 표본평균이 2년($\overline{X}=2$)이고 표본표준편차가 1년($S=1$)이라는 것과 $t_{\frac{\alpha}{2}}(n-1) = t_{(15, 0.025)} = 2.13$이라는 것이다.
즉, 이 배터리 수명의 95% 신뢰구간은 아래와 같다.
$$\overline{X} \pm t_{\frac{\alpha}{2}}(n-1) \times \frac{S}{\sqrt{n}} = 2 \pm 2.13 \times \frac{1}{\sqrt{16}}$$
$$= (1.4675, 2.5325) \approx (1.47, 2.53)$$

42 정답률 약 30%   [08년 1회, 21년 2회 기출]

$\sigma = 10$으로 알려진 정규모집단에서 $n=25$개의 표본을 랜덤하게 추출한 결과 $\overline{X}=40$이었다. 모평균의 추정값의 95% 오차한계는? (단, $Z \sim N(0,1)$ 일 때, $P(Z>1.96) = 0.025$, $P(Z>1.645) = 0.05$이다.)

① 0.658　　　　② 0.784
③ 3.29　　　　　④ 3.92

해설　모평균의 추정값 $\overline{X}$의 95% 오차한계를 추정할 때, 모분산을 아는 경우 오차한계는 $Z_{\frac{\alpha}{2}} \times \frac{\sigma}{\sqrt{n}}$이고, 모분산을 모르는 경우 오차한계는 $t_{\frac{\alpha}{2}}(n-1) \times \frac{S}{\sqrt{n}}$ 이다.
모표준편차인 σ가 $\sigma = 10$으로 알려져 있으므로, 모평균의 추정값의 95% 오차 한계는 아래와 같다.
$$Z_{\frac{\alpha}{2}} \times \frac{\sigma}{\sqrt{n}} = 1.96 \times \frac{10}{\sqrt{25}} = 3.92$$

정답 :　39 ②　40 ②　41 ①　42 ④

43 정답률 약 20% [12년 1회 기출]

한 철강회사는 봉강을 생산하는데 5개의 봉강을 무작위로 추출하여 인장강도를 측정했다. 표본평균은 제곱인치(psi)당 22kg이었고, 표본표준편차는 8kg이었다. 이 회사는 봉강의 평균 인장강도를 신뢰도 90%에서 양측 신뢰구간으로 추정한 것은? (단, 모집단은 정규분포를 따르고, $t_{(4, 0.1)} = 1.5332$, $t_{(5, 0.1)} = 1.4759$, $t_{(4, 0.05)} = 2.1318$, $t_{(5, 0.05)} = 2.0150$, $P(Z > 1.28) = 0.1$, $P(Z > 1.96) = 0.025$, $P(Z > 1.645) = 0.5$)

① 22 ± 7.63 ② 22 ± 7.21
③ 22 ± 5.89 ④ 22 ± 5.22

해설 정규모집단인 경우이고, 모분산 σ^2을 모르는 경우이면서 소표본($n < 30$)인 경우이다.
이 경우에 모평균 μ에 대한 $100(1-\alpha)\%$ 신뢰구간은 $\overline{X} \pm t_{\frac{\alpha}{2}}(n-1) \times \frac{S}{\sqrt{n}}$ 이다.
문제에서 주어진 정보는 5개($n = 5$)의 봉강을 무작위로 추출하여 인장강도를 측정했으며, 표본평균은 제곱인치당 22kg($\overline{X} = 22$)이었고, 표본표준편차는 8kg($S = 8$)이라는 것이다.
따라서 봉강의 평균 인장강도를 신뢰도 90%($\alpha = 0.1$)에서 양측 신뢰구간으로 추정할 때, t분포의 임계값은 $t_{\frac{\alpha}{2}}(n-1) = t_{0.05}(4) = 2.1318$이다.
이때, 신뢰구간은 아래와 같다.
$22 \pm 2.1318 \times \frac{8}{\sqrt{5}} \times \frac{S}{\sqrt{n}}$
$= 22 \pm 7.6269 \approx 22 \pm 7.63$

44 정답률 약 40% [17년 3회 기출]

모평균의 추정량 $\overline{X}$의 85% 오차한계를 추정하기 위하여 반드시 필요한 통계량은? (단, 모분산은 모른다고 가정한다.)

① 평균 간 차이에 대한 표준오차
② 표본상관계수
③ 표본의 표준편차
④ 사분위범위

해설 이 문제는 모분산을 모른다고 가정이 되어 있다.
따라서 모평균 μ에 대한 $100(1-\alpha)\%$ 신뢰구간은
대표본($n \geq 30$)이면 $\overline{X} \pm Z_{\frac{\alpha}{2}} \times \frac{S}{\sqrt{n}}$ 이고,
소표본($n < 30$)이면 $\overline{X} \pm t_{\frac{\alpha}{2}}(n-1) \times \frac{S}{\sqrt{n}}$ 이다.
이때, 모평균의 추정량 $\overline{X}$의 85% 오차한계를 추정하면
대표본이면 오차한계가 $Z_{\frac{\alpha}{2}} \times \frac{S}{\sqrt{n}}$ 이고,
소표본이면 오차한계가 $t_{\frac{\alpha}{2}}(n-1) \times \frac{S}{\sqrt{n}}$ 이다.
결론적으로, 오차한계를 추정하기 위해서는 표본의 표준편차 S가 반드시 필요하다.

정답 : 43 ①   44 ③

45 정답률 약 30% [14년 2회, 21년 2회 기출]

어느 지역에서 A후보의 지지도를 알아보기 위하여 무작위로 추출한 100명 중 50명이 A후보를 지지한다고 응답하였다. A후보 지지율에 대한 95% 신뢰구간을 소수점 셋째 자리에서 반올림하여 둘째 자리까지 구하면? (단, $P(|Z|>1.64)=0.10$, $P(|Z|>1.96)=0.05$, $P(|Z|>2.58)=0.01$이다.)

① $0.39 \leq P \leq 0.61$
② $0.40 \leq P \leq 0.60$
③ $0.42 \leq P \leq 0.58$
④ $0.45 \leq P \leq 0.55$

해설 어느 지역에서 A후보의 지지도를 알아보기 위하여 무작위로 100명을 추출했으므로 대표본인 경우이다.
이 중에서 50명이 A후보를 지지한다고 응답했으므로, 표본비율 $\hat{p}$은 모비율 p의 점추정량(불편추정량)임을 활용하면 모비율 p의 점추정치는 아래와 같다.

$$\hat{p} = \frac{X}{n} = \frac{50}{100} = 0.5$$

이때, 표본의 크기 n이 충분히 크면
표본비율 $\hat{p}$의 분포는 $\hat{p} \sim N\left(p, \frac{p(1-p)}{n}\right)$를 따르므로,

이를 표준화하면 $Z = \dfrac{\hat{p}-p}{\sqrt{\dfrac{p(1-p)}{n}}} \sim N(0,1^2)$ 이다.

따라서 모비율 p인 A후보 지지율에 대한 $100(1-\alpha)\% = 95\%$ 신뢰구간은 아래와 같다.

$$\hat{p} \pm Z_{\frac{\alpha}{2}} \times \sqrt{\frac{\hat{p}(1-\hat{p})}{n}}$$
$$= 0.5 \pm 1.96 \times \sqrt{\frac{0.5 \times (1-0.5)}{100}}$$
$$= 0.5 \pm 0.098 = (0.042, 0.598)$$

이 값을 소수점 셋째 자리에서 반올림하여 둘째 자리까지 구하면 $0.40 \leq P \leq 0.60$이다.

46 정답률 약 30% [04년 3회, 09년 1회, 21년 3회 기출]

여론조사 기관에서 특정 프로그램의 시청률을 조사하기 위하여 100명의 시청자를 임의로 추출하여 시청 여부를 물었더니 이 중 10명이 시청하였다. 이때 이 프로그램의 시청률에 대한 95% 신뢰구간은? (단, 표준정규분포를 따르는 확률변수 Z는 $P(Z>1.96)=0.025$를 만족한다.)

① $(0.0312, 0.1688)$
② $(0.0412, 0.1588)$
③ $(0.0512, 0.1488)$
④ $(0.0612, 0.1388)$

해설 여론조사 기관에서 특정 프로그램의 시청률을 조사하기 위하여 100명의 시청자를 임의로 추출했으므로 대표본인 경우이다.
추출된 시청자에게 시청 여부를 물었더니 이 중 10명이 시청하였다고 했으므로,
표본비율 $\hat{p}$은 모비율 p의 점추정량(불편추정량)임을 활용하면 모비율 p의 점추정치는 아래와 같다.

$$\hat{p} = \frac{X}{n} = \frac{10}{100} = 0.1$$

이때, 표본의 크기 n이 충분히 크면 표본비율 $\hat{p}$의 분포는 $\hat{p} \sim N\left(p, \frac{p(1-p)}{n}\right)$를 따르므로,

이를 표준화하면 $Z = \dfrac{\hat{p}-p}{\sqrt{\dfrac{p(1-p)}{n}}} \sim N(0,1^2)$ 이다.

따라서 모비율 p(시청률)에 대한 $100(1-\alpha)\% = 95\%$ 신뢰구간은 아래와 같다.

$$\hat{p} \pm Z_{\frac{\alpha}{2}} \times \sqrt{\frac{\hat{p}(1-\hat{p})}{n}}$$
$$= 0.1 \pm 1.96 \times \sqrt{\frac{0.1 \times (1-0.1)}{100}}$$
$$= 0.1 \pm 0.0588 = (0.0412, 0.1588)$$

정답 : 45 ② 46 ②

47 정답률 약 30% [17년 3회 기출]

대학생들의 정당 지지도를 조사하기 위해 100명을 뽑은 결과 45명이 지지하는 것으로 나타났다. 지지도에 대한 95% 신뢰구간은? (단, $Z_{0.025} = 1.96$, $Z_{0.05} = 1.645$이다.)

① 0.45 ± 0.0823
② 0.45 ± 0.0860
③ 0.45 ± 0.0920
④ 0.45 ± 0.0975

해설 대학생들의 정당 지지도를 조사하기 위해 100명을 뽑았으므로 대표본 $n \geq 30$인 경우이다.
이때, 100명 중 45명이 지지하는 것으로 나타났고, 표본비율 $\hat{p}$은 모비율 p의 점추정량(불편추정량)이므로 모비율 p의 점 추정치는 $\hat{p} = \dfrac{X}{n} = \dfrac{45}{100} = 0.45$이다.

표본의 크기 n이 충분히 크면 표본비율 $\hat{p}$의 분포는 $\hat{p} \sim N\left(p, \dfrac{p(1-p)}{n}\right)$를 따르므로,

이를 표준화하면 $Z = \dfrac{\hat{p} - p}{\sqrt{\dfrac{p(1-p)}{n}}} \sim N(0, 1^2)$ 이다.

따라서 모비율 p(지지도)에 대한 $100(1-\alpha)\% = 95\%$ 신뢰구간은 $\hat{p} \pm Z_{\frac{\alpha}{2}} \times \sqrt{\dfrac{\hat{p}(1-\hat{p})}{n}} = 0.45 \pm 1.96 \times \sqrt{\dfrac{0.45 \times (1 - 0.45)}{100}} = 0.45 \pm 0.0975$ 이다.

48 정답률 약 30% [13년 3회, 21년 1회 기출]

어느 지역의 청년취업률을 알아보기 위해 조사한 500명 중 400명이 취업을 한 것으로 나타냈다. 이 지역의 청년취업률에 대한 95% 신뢰구간은? (단, Z가 표준정규분포를 따르는 확률변수일 때, $P(Z > 1.96) = 0.025$이다.)

① $0.8 \pm 1.96 \times \dfrac{0.8}{\sqrt{500}}$
② $0.8 \pm 1.96 \times \dfrac{0.16}{\sqrt{500}}$
③ $0.8 \pm 1.96 \times \sqrt{\dfrac{0.8}{500}}$
④ $0.8 \pm 1.96 \times \sqrt{\dfrac{0.16}{500}}$

해설 어느 지역의 청년취업률을 알아보기 위해 500명을 조사했으므로 대표본인 경우이다. 이때, 500명 중 400명이 취업을 한 것으로 나타났다면 표본비율 $\hat{p}$은 모비율 p의 점추정량(불편추정량)임을 활용하면 모비율 p의 점추정치는 $\hat{p} = \dfrac{X}{n} = \dfrac{400}{500} = 0.8$이다.

표본의 크기 n이 충분히 크면 표본비율 $\hat{p}$의 분포는 $\hat{p} \sim N\left(p, \dfrac{p(1-p)}{n}\right)$를 따르므로,

이를 표준화하면 $Z = \dfrac{\hat{p} - p}{\sqrt{\dfrac{p(1-p)}{n}}} \sim N(0, 1^2)$ 이다.

따라서 이 지역의 청년취업률인 모비율 p에 대한 $100(1-\alpha)\% = 95\%$ 신뢰구간은 아래와 같다.

$$\hat{p} \pm Z_{\frac{\alpha}{2}} \times \sqrt{\dfrac{\hat{p}(1-\hat{p})}{n}}$$
$$= 0.8 \pm 1.96 \times \sqrt{\dfrac{0.8 \times (1 - 0.8)}{500}}$$
$$= 0.8 \pm 1.96 \times \sqrt{\dfrac{0.16}{500}}$$

정답 : 47 ④ 48 ④

49 정답률 약 40%   [10년 3회, 12년 3회 기출]

서울에 거주하는 가구 중에서 명절에 귀향하려는 가구의 비율(p)을 알아보기 위해 500가구를 조사한 결과 100가구가 귀향하겠다고 응답하였다. 서울거주 가구의 귀향비율 p의 95%의 신뢰구간은? (단, $\sqrt{5}=2.24$)

① (0.165, 0.235) ② (0.15, 0.25)
③ (0.2, 0.235)   ④ (0.1, 0.3)

해설 귀향비율을 알아보기 위해 서울에 거주 가구 중 500가구를 조사하였으므로 대표본($n \geq 30$)이며, 이 중에서 100가구가 귀향하겠다고 응답했다. 따라서, 서울거주 가구의 귀향비율인 모비율 p의 점추정량(불편추정량)인 표본비율 $\hat{p}$는 아래와 같다.

$$\hat{p} = \frac{X}{n} = \frac{100}{500} = 0.2$$

표본의 크기 n이 충분히 크면 표본비율 $\hat{p}$의 분포는 $\hat{p} \sim N\left(p, \frac{p(1-p)}{n}\right)$를 따르므로,

이를 표준화하면 $Z = \dfrac{\hat{p}-p}{\sqrt{\dfrac{p(1-p)}{n}}} \sim N(0, 1^2)$이다.

따라서 서울거주 가구의 귀향비율인 모비율 p에 대한 $100(1-\alpha)\% = 95\%$ 신뢰구간은 아래와 같다.

$$\hat{p} \pm Z_{\frac{\alpha}{2}} \times \sqrt{\frac{\hat{p}(1-\hat{p})}{n}}$$
$$= 0.2 \pm 1.96 \times \sqrt{\frac{0.2 \times (1-0.2)}{500}}$$
$$= 0.2 \pm 0.035 = (0.165, 0.235)$$

50 정답률 약 40%   [16년 3회 기출]

임의의 로트로부터 100개의 표본을 추출하여 측정한 결과 12개의 불량품이 나왔다. 로트의 불량률 p에 대한 95% 신뢰구간은?

① (0.04, 0.20) ② (0.06, 0.18)
③ (0.08, 0.16) ④ (0.10, 0.14)

해설 임의의 로트로부터 100개의 표본을 추출했으므로 대표본($n \geq 30$)인 경우이다.
이때, 100개 중 12개의 불량품이 나왔으므로, 표본비율 $\hat{p}$가 모비율 p의 점추정량(불편추정량)이므로 모비율 p의 점추정치는 $\hat{p} = \dfrac{X}{n} = \dfrac{12}{100} = 0.12$이다.

표본의 크기 n이 충분히 크면 표본비율 $\hat{p}$의 분포는 $\hat{p} \sim N\left(p, \frac{p(1-p)}{n}\right)$를 따르므로,

이를 표준화하면 $Z = \dfrac{\hat{p}-p}{\sqrt{\dfrac{p(1-p)}{n}}} \sim N(0, 1^2)$이다.

따라서 로트의 불량률인 모비율 p에 대한 $100(1-\alpha)\% = 95\%$신뢰구간은 아래와 같다.

$$\hat{p} \pm Z_{\frac{\alpha}{2}} \times \sqrt{\frac{\hat{p}(1-\hat{p})}{n}}$$
$$= 0.12 \pm 1.96 \times \sqrt{\frac{0.12 \times (1-0.12)}{100}}$$
$$= (0.0563, 0.1836) \approx (0.06, 0.18)$$

정답 : 49 ① 50 ②

51 정답률 약 40% [18년 2회 기출]

343명의 대학생을 랜덤하게 뽑아서 조사한 결과 110명의 학생이 흡연 경험이 있었다. 대학생 중 흡연 경험자 비율에 대한 95% 신뢰구간을 구한 것으로 옳은 것은? (단, $Z_{0.025} = 1.96$, $Z_{0.05} = 1.645$, $Z_{0.1} = 1.282$)

① $0.256 < p < 0.386$
② $0.279 < p < 0.362$
③ $0.271 < p < 0.370$
④ $0.262 < p < 0.379$

해설 343명의 대학생을 랜덤하게 뽑아서 조사했으므로 대표본 $n \geq 30$인 경우이다.
이 중에서 110명의 학생이 흡연 경험이 있고,
표본비율 $\hat{p}$은 모비율 p의 점추정량(불편추정량)이므로 모비율 p의 점추정치는 $\hat{p} = \dfrac{X}{n} = \dfrac{110}{343} \approx 0.32$이다.
표본의 크기 n이 충분히 크면 표본비율 $\hat{p}$의 분포는 $\hat{p} \sim N\left(p, \dfrac{p(1-p)}{n}\right)$를 따르므로,
이를 표준화하면 $Z = \dfrac{\hat{p}-p}{\sqrt{\dfrac{p(1-p)}{n}}} \sim N(0, 1^2)$이다.
따라서 대학생 중 흡연 경험자 비율인 모비율 p에 대한 $100(1-\alpha)\% = 95\%$ 신뢰구간은 아래와 같다.
$$\hat{p} \pm Z_{\frac{\alpha}{2}} \times \sqrt{\dfrac{\hat{p}(1-\hat{p})}{n}}$$
$$= 0.32 \pm 1.96 \times \sqrt{\dfrac{0.32 \times (1-0.32)}{343}}$$
$$= (0.2706, 0.3693) \approx (0.271, 0.370)$$

52 정답률 약 30% [20년 3회 기출]

흡연자 200명과 비흡연자 600명을 대상으로 한 흡연장소에 관한 여론조사 결과가 다음과 같다. 비흡연자 중 흡연금지를 선택한 사람의 비율과 흡연자 중 흡연금지를 선택한 사람의 비율 간의 차이에 대한 95% 신뢰구간은? (단, $P(Z \leq 1.96) = 0.025$이다.)

구분	비흡연자	흡연자
흡연금지	44%	8%
흡연장소 지정	52%	80%
제재 없음	4%	12%

① 0.24 ± 0.08
② 0.36 ± 0.05
③ 0.24 ± 0.18
④ 0.36 ± 0.16

해설 비흡연자 중 흡연금지를 선택한 사람의 비율(p_1)과 흡연자 중 흡연금지를 선택한 사람의 비율(p_2) 간의 차이에 대한 95% 신뢰구간을 구하고자 한다.
두 모비율의 차 $p_1 - p_2$의 $100(1-\alpha)\%$ 신뢰구간은
$$(\hat{p_1} - \hat{p_2}) \pm Z_{\frac{\alpha}{2}} \times \sqrt{\dfrac{\hat{p_1}(1-\hat{p_1})}{n_1} + \dfrac{\hat{p_2}(1-\hat{p_2})}{n_2}}$$ 이다.
먼저, 이 수식에 포함된 $(\hat{p_1} - \hat{p_2})$를 구해보자.
비흡연자(집단1) 중 흡연금지를 선택한 사람의 표본비율은 $\hat{p_1} = 0.44$이고,
흡연자(집단2) 중 흡연금지를 선택한 사람의 표본비율은 $\hat{p_2} = 0.08$이다.
다음으로, $\sqrt{\dfrac{\hat{p_1}(1-\hat{p_1})}{n_1} + \dfrac{\hat{p_2}(1-\hat{p_2})}{n_2}}$를 구해보자.
표본의 크기는 집단1인 비흡연자는 $n_1 = 600$이고, 집단2인 흡연자는 $n_2 = 200$이다.
따라서 이를 대입하면 아래와 같다.
$$\sqrt{\dfrac{\hat{p_1}(1-\hat{p_1})}{n_1} + \dfrac{\hat{p_2}(1-\hat{p_2})}{n_2}}$$
$$= \sqrt{\dfrac{0.44(1-0.44)}{600} + \dfrac{0.08(1-0.08)}{200}} \approx 0.0279$$
결론적으로 95% 신뢰구간을 산출하면 아래와 같다.
$(0.44 - 0.08) \pm 1.96 \times 0.0279$
$\approx 0.36 \pm 0.054684 \approx 0.36 \pm 0.05$

정답 : 51 ③   52 ②

53 [정답률 약 10%] [13년 3회 기출]

노사문제에 대한 여론을 조사하기 위하여 전국의 사업장에서 조합원 1200명을 임의로 추출하여 찬반을 조사한 결과 960명이 찬성하였다. 찬성률에 대한 표준오차는?

① 0.0811
② 0.0412
③ 0.0324
④ 0.0115

해설 표본의 크기 n이 충분히 크면($n \geq 30$), 표본비율 $\hat{p}$의 분포는 $\hat{p} \sim N\left(p, \dfrac{p(1-p)}{n}\right)$이다.

이를 표준화하면 $Z = \dfrac{\hat{p}-p}{\sqrt{\dfrac{p(1-p)}{n}}} \sim N(0, 1^2)$이고,

이때 표준오차는 $\sqrt{\dfrac{\hat{p}(1-\hat{p})}{n}}$ 이다.

> ※ 모비율 p에 대한 $100(1-\alpha)\%$ 신뢰구간
> 표본비율 $\pm Z_{\frac{\alpha}{2}} \times$ 표준오차
> $=$ 표본비율 $\pm$ 오차한계
> $= \hat{p} \pm Z_{\frac{\alpha}{2}} \times \sqrt{\dfrac{\hat{p}(1-\hat{p})}{n}}$

노사문제에 대한 여론 조사를 위해 전국의 사업장에서 조합원 1200명을 임의로 추출하여 찬반을 조사한 결과 960명이 찬성하였다고 주어져 있다.

대표본이며 표본비율 $\hat{p} = \dfrac{960}{12000} = 0.8$ 임을 활용하면, 찬성률에 대한 표준오차는 아래와 같다.

$$\sqrt{\dfrac{\hat{p}(1-\hat{p})}{n}} = \sqrt{\dfrac{0.8(1-0.8)}{1200}} \approx 0.0115$$

54 [정답률 약 30%] [18년 3회 기출]

지난 해 C대학 야구팀은 총 77게임을 하였는데 37번의 홈경기에서 26게임을 이긴 반면에 40번의 원정경기에서는 23게임을 이겼다. 홈경기 승률($\hat{p_1}$)과 원정경기 승률($\hat{p_2}$) 간의 차이에 대한 95% 신뢰구간으로 옳은 것은? (단, $Var(\hat{p_1}) = 0.0056$, $Var(\hat{p_2}) = 0.0061$이며, 표준정규분포에서 $P(Z \geq 1.65) = 0.05$이고 $P(Z \geq 1.96) = 0.025$이다.)

① $0.128 \pm 1.65\sqrt{0.0005}$
② $0.128 \pm 1.65\sqrt{0.0117}$
③ $0.128 \pm 1.96\sqrt{0.0005}$
④ $0.128 \pm 1.96\sqrt{0.0117}$

해설 홈경기 승률(p_1)과 원정경기 승률(p_2)의 차이에 대한 $100(1-\alpha)\% = 95\%$ 신뢰구간을 구하고자 한다.

두 모비율의 차 $p_1 - p_2$의 $100(1-\alpha)\%$ 신뢰구간은 $(\hat{p_1} - \hat{p_2}) \pm Z_{\frac{\alpha}{2}} \times \sqrt{\dfrac{\hat{p_1}(1-\hat{p_1})}{n_1} + \dfrac{\hat{p_2}(1-\hat{p_2})}{n_2}}$ 이다.

먼저, 이 수식에 포함된 $(\hat{p_1} - \hat{p_2})$를 구해보자.

홈경기 승률(p_1)의 표본비율은 $\hat{p_1} = \dfrac{26}{37}$ 이고,

원정경기 승률(p_2)의 표본비율은 $\hat{p_2} = \dfrac{23}{40}$ 이다.

따라서 $\hat{p_1} - \hat{p_2} = \dfrac{26}{37} - \dfrac{23}{40} \approx 0.128$이다.

다음으로, $\sqrt{\dfrac{\hat{p_1}(1-\hat{p_1})}{n_1} + \dfrac{\hat{p_2}(1-\hat{p_2})}{n_2}}$ 를 구해보자.

표본의 크기가 각각 홈경기 횟수 $n_1 = 37$, 원정경기 횟수 $n_2 = 40$임을 대입하면 아래와 같다.

$$\sqrt{\dfrac{\hat{p_1}(1-\hat{p_1})}{n_1} + \dfrac{\hat{p_2}(1-\hat{p_2})}{n_2}}$$

$$= \sqrt{\dfrac{\dfrac{26}{37}\left(1-\dfrac{26}{37}\right)}{37} + \dfrac{\dfrac{23}{40}\left(1-\dfrac{23}{40}\right)}{40}} \approx \sqrt{0.0117}$$

따라서 홈경기 승률($\hat{p_1}$)과 원정경기 승률($\hat{p_2}$) 간의 차이에 대한 95% 신뢰구간은 아래와 같다.

$$(\hat{p_1} - \hat{p_2}) \pm Z_{\frac{\alpha}{2}} \times \sqrt{\dfrac{\hat{p_1}(1-\hat{p_1})}{n_1} + \dfrac{\hat{p_2}(1-\hat{p_2})}{n_2}}$$
$$= 0.128 \pm 1.96\sqrt{0.0117}$$

정답 : 53 ④ 54 ④

55 정답률 약 30% [13년 1회 기출]

성인 남자 20명을 랜덤 추출하여, 소변 중 요산량(mg/dl)을 조사하니 평균 $\overline{X}=5.31$, 표준편차 $S=0.7$이었다. 성인 남자의 요산량이 정규분포를 따른다고 할 때, 모분산 σ^2에 대한 95% 신뢰구간은? (단, $V \sim \chi^2_{(19)}$일 때 $P(V \geq 32.85)=0.025$, $P(V \geq 8.91)=0.975$)

① $\dfrac{8.91}{19 \times 0.7^2} \leq \sigma^2 \leq \dfrac{32.85}{19 \times 0.7^2}$

② $\dfrac{19 \times 0.7^2}{32.85} \leq \sigma^2 \leq \dfrac{19 \times 0.7^2}{8.91}$

③ $\dfrac{8.91}{20 \times 0.7^2} \leq \sigma^2 \leq \dfrac{32.85}{20 \times 0.7^2}$

④ $\dfrac{20 \times 0.7^2}{32.85} \leq \sigma^2 \leq \dfrac{20 \times 0.7^2}{8.91}$

해설 모분산에 대한 $100(1-\alpha)\%$ 신뢰구간은 아래와 같다.

$$\dfrac{(n-1)S^2}{\chi^2_{\frac{\alpha}{2}}(n-1)} \leq \sigma^2 \leq \dfrac{(n-1)S^2}{\chi^2_{1-\frac{\alpha}{2}}(n-1)}$$

성인 남자 20명을 랜덤 추출했으므로 $n=20$이고, 소변 중 요산량을 조사한 표본평균은 $\overline{X}=5.31$이며, 표본표준편차가 $S=0.7$임이 주어져 있다.
모분산 σ^2에 대한 $100(1-\alpha)\%=95\%$ 신뢰구간에서 구간의 상한 및 하한의 분모는 아래와 같다.

$\chi^2_{\frac{\alpha}{2}}(n-1) = \chi^2_{(0.025,\,19)} = 32.85$

$\chi^2_{1-\frac{\alpha}{2}}(n-1) = \chi^2_{(0.975,\,19)} = 8.91$

모분산 σ^2에 대한 95% 신뢰구간은 아래와 같다.

$$\dfrac{19 \times 0.7^2}{\chi^2_{(0.025,\,19)}} \leq \sigma^2 \leq \dfrac{19 \times 0.7^2}{\chi^2_{(0.975,\,19)}}$$

$$\dfrac{19 \times 0.7^2}{32.85} \leq \sigma^2 \leq \dfrac{19 \times 0.7^2}{8.91}$$

3 평균차의 추정

56 정답률 약 30% [13년 1회, 16년 2회 기출]

대학생이 졸업 후 취업했을 때 초임수준을 조사하였다. 인문사회계열 졸업자 10명과 공학계열 졸업자 20명을 각각 조사한 결과 평균초임은 210만원과 250만원이었으며 분산은 각각 300만원과 370만원이었다. 두 집단의 평균 차이를 추정하기 위한 합동분산(Pooled Variance)은?

① 325.0 ② 324.3
③ 346.7 ④ 347.5

해설 두 모집단의 분산이 동일하다고 가정할 때 $(\sigma_1^2 = \sigma_2^2)$, 모분산 σ^2에 대한 합동추정량은 S_p^2는 아래와 같다.

$$S_p^2 = \dfrac{(n_1-1)S_1^2 + (n_2-1)S_2^2}{n_1 + n_2 - 2}$$

인문사회계열 졸업자 10명과 공학계열 졸업자 20명을 각각 조사했으므로 두 집단 수는 $n_1=10$, $n_2=20$이고, 표본분산은 각각 300만원과 370만원이므로 두 집단의 표본분산은 $S_1^2=300$, $S_2^2=370$이다.
따라서 합동분산추정량 S_p^2을 계산하면, 아래와 같다.

$$S_p^2 = \dfrac{(n_1-1)S_1^2 + (n_2-1)S_2^2}{n_1 + n_2 - 2}$$

$$= \dfrac{(10-1)\times 300 + (20-1)\times 370}{10+20-2} = \dfrac{9730}{28} = 347.5$$

정답 : 55 ② 56 ④

57 정답률 약 40% [16년 3회 기출]

두 모집단의 모평균의 차에 관한 추론에서, 표본의 크기가 작고 모분산이 알려져 있지 않은 경우가 종종 발생한다. 이때 두 모집단의 분산이 동일하다고 가정하고 모분산에 대한 합동추정량을 구하면?

구분	표본의 크기(n)	표본분산(S^2)
모집단 1의 자료	9	12.5
모집단 2의 자료	10	13.0

① 11.4
② 12.1
③ 12.8
④ 13.5

해설 두 모집단의 분산이 동일하다고 가정할 때, 모분산 σ^2에 대한 합동추정량 S_p^2는 아래와 같다.

$$S_p^2 = \frac{(n_1-1)S_1^2 + (n_2-1)S_2^2}{n_1+n_2-2}$$

각 집단의 표본의 크기와 표본분산이 주어져 있고 $n_1=9$, $n_2=10$, $S_1^2=12.5$, $S_2^2=13.0$이다. 따라서 합동추정량 S_p^2을 계산하면 아래와 같다.

$$\begin{aligned} S_p^2 &= \frac{(n_1-1)S_1^2 + (n_2-1)S_2^2}{n_1+n_2-2} \\ &= \frac{(9-1)\times 12.5 + (10-1)\times 13.0}{9+10-2} \\ &= \frac{217}{17} = 12.764 \cdots ≒ 12.8 \end{aligned}$$

4 표본크기의 결정

핵심 공식 정리	
모평균 추정 시 표본크기	모비율 추정 시 표본크기
$n \geq \dfrac{\left(Z_{\frac{\alpha}{2}} \times \sigma\right)^2}{E^2}$	$n \geq \dfrac{\hat{p}(1-\hat{p}) \times Z_{\frac{\alpha}{2}}^2}{E^2}$

58 정답률 약 30% [10년 1회, 20년 1·2회 통합 기출]

A약국의 드링크제 판매량에 대한 표준편차(σ)는 10으로 정규분포를 이루는 것으로 알려져 있다. 이 약국의 드링크제 판매량에 대한 95% 신뢰구간을 오차한계 0.5보다 작게 하기 위해서는 표본의 크기를 최소한 얼마로 하여야 하는가? (단, 95% 신뢰구간의 $Z_{0.025} = 1.96$)

① 77
② 768
③ 784
④ 1537

해설 주어진 정보를 정리해보면 모표준편차가 $\sigma=10$이며, 판매량에 대한 95% 신뢰구간을 오차한계 $E \leq 0.5$가 되도록 하는 표본의 크기 n을 구해야 한다는 것이다. 이에 더해, $100(1-\alpha)\% = 95\%$ 신뢰구간의 임계값이 $Z_{0.025} = 1.96$임도 주어져 있다.
이를 대입하여 표본의 크기를 계산하면 아래와 같다.

$$n \geq \frac{\left(Z_{\frac{\alpha}{2}} \times \sigma\right)^2}{E^2} = \frac{(1.96 \times 10)^2}{0.5^2} = 1536.64$$

결론적으로 이 약국의 드링크제 판매량에 대한 95% 신뢰구간을 오차한계 0.5보다 작게 하기 위해서는 표본의 크기는 최소한 1537개여야 한다.

※ 오차한계는 $E \leq 0.5$인데, 표본의 크기를 계산할 때, $E = 0.5$를 바로 대입하는 이유는 다음과 같다.
이 문제는 '판매량에 대한 95% 신뢰구간을 오차한계 0.5보다 작게 하기 위해서는 표본의 크기를 최소한 얼마로 할지'를 정하는 문제이므로, $E \leq 0.5$를 만족하는 값 중에서 최대값인 $E = 0.5$를 대입한다.

정답 : 57 ③ 58 ④

59 정답률 약 30% [17년 2회 기출]

σ^2이 알려져 있는 경우, 모평균 μ를 추정하고자 할 때, 표본의 크기를 계산하기 위해 필요한 정보는?

① 표본평균의 허용오차와 모집단의 표준편차
② 표본평균의 허용오차와 표본 집단의 평균
③ 표본 집단이 표준편차와 모집단 평균의 허용
④ 집단의 표준 편차와 모집단의 평균

해설 모평균 μ 추정 시에 표본의 크기 n를 계산하기 위해 아래 공식을 사용한다.

$$n \geq \frac{\left(Z_{\frac{\alpha}{2}} \times \sigma\right)^2}{E^2}$$

이 공식은 분모에는 표본평균의 허용오차(오차한계)인 E가 필요하고, 분자에는 모집단의 표준편차인 σ와 신뢰수준에 해당하는 Z값인 $Z_{\frac{\alpha}{2}}$ 가 필요하다.

60 정답률 약 40% [16년 2회 기출]

특수안전모자를 제조하는 회사에서 모자를 착용할 사람들의 머리크기의 평균을 알고 싶어 한다. 사람의 머리둘레는 정규분포를 따른다고 알려져 있으며 이때 표준편차는 약 2.3cm라 한다. 실제 평균 μ를 95% 신뢰수준에서 0.1cm 이하의 오차한계를 추정하려고 할 때 필요한 최소인원은? (단, $Z \sim N(0,1)$, $P(Z > 1.96) = 0.025$, $P(Z > 1.645) = 0.05$)

① 2,000명   ② 2,021명
③ 2,033명   ④ 2,035명

해설 사람의 머리둘레는 정규분포를 따른다고 알려져 있고, 모표준편차는 약 2.3(cm)이므로 $\sigma = 2.3$이다.
이때, 모평균 μ를 $100(1-\alpha)\% = 95\%$ 신뢰수준에서 0.1cm 이하의 오차한계를 추정하려고 한다.
$\alpha = 0.05$, $E = 0.1$, $Z_{\frac{\alpha}{2}} = Z_{0.025} = 1.96$

이 경우에 필요한 최소인원은 모평균 추정 시 표본크기를 구하는 공식 $n \geq \frac{\left(Z_{\frac{\alpha}{2}} \times \sigma\right)^2}{E^2}$ 을 이용한다.

$$n \geq \frac{\left(Z_{\frac{\alpha}{2}} \times \sigma\right)^2}{E^2} = \frac{(1.96 \times 2.3)^2}{0.1^2} = 2032.2064$$

결론적으로 산출하면 필요한 최소인원은 2,033명이다.

61 정답률 약 30% [12년 1회 기출]

어느 선거구의 국회의원 선거에서 특정후보에 대한 지지율을 조사하고자 한다. 지지율의 95% 추정오차한계가 5% 이내가 되기 위한 표본의 크기는 최소한 얼마 이상이어야 하는가? (단, $Z \sim N(0,1)$ 일 때, $P(Z \leq 1.96) = 0.975$)

① 235   ② 285
③ 335   ④ 385

해설 지지율 p에 대한 $100(1-\alpha)\% = 95\%$ 추정오차한계 E가 5% 이내라는 정보를 활용하면 아래와 같다.
$\alpha = 0.05$, $E = 0.05$, $Z_{\frac{\alpha}{2}} = Z_{0.025} = 1.96$

이때, 표본크기 n를 구하면 아래와 같다.

$$n \geq \frac{\hat{p}(1-\hat{p}) \times Z_{\frac{\alpha}{2}}^2}{E^2} = \frac{\hat{p}(1-\hat{p}) \times (1.96)^2}{0.05^2}$$

그러나 주의해야 하는 것은 $\hat{p}$값을 알 수 없다.
이 문제와 같이 표본비율 $\hat{p}$값이 주어지지 않는다면, $\hat{p} = \frac{1}{2}$ 를 사용하여 표본크기를 결정해야 한다.

$$n \geq \frac{\frac{1}{2}\left(1 - \frac{1}{2}\right) \times (1.96)^2}{0.05^2} = 384.16$$

결론적으로 표본의 크기는 최소한 385(명)이다.

[개념특강 $\hat{p}(1-\hat{p})$의 최대값은 $\frac{1}{4}$]을 참고하자.

정답 : 59 ①   60 ③   61 ④

62 정답률 약 30%   [01년 3회, 19년 1회 기출]

어느 이동통신 회사에서 20대를 대상으로 자사의 선호도에 대한 조사를 하려한다. 전년도 조사에서 선호도가 40%이었다. 금년도 조사에서 선호도에 대한 추정의 95% 오차한계가 4% 이내로 되기 위한 표본의 최소 크기는? (단, $Z \sim N(0,1)$일 때, $P(Z>1.96)=0.025$, $P(Z>1.65)=0.05$)

① 409   ② 426
③ 577   ④ 601

해설 모비율 p 추정 시에 표본크기 n은 다음과 같다.

$$n \geq \frac{\hat{p}(1-\hat{p}) \times Z_{\frac{\alpha}{2}}^2}{E^2}$$

문제에서 주어진 값은 위 공식의 분모에 해당하는 허용오차(오차한계)인 E가 $E \leq 0.04$라는 것과, 분자에 해당하는 선호도에 대한 표본비율 $\hat{p}=0.4$, 95% 신뢰수준의 임계값 $Z_{\frac{\alpha}{2}}=Z_{0.025}=1.96$이다.

이 정보들을 대입하여 산출하면 아래와 같다.

$$n \geq \frac{0.4(1-0.4) \times 1.96^2}{0.04^2} = 576.24$$

결론적으로 오차한계 E가 4% 이내로 되기 위한 표본의 최소 크기(n)는 577개임이 산출된다.

63 정답률 40%   [11년 3회, 15년 3회 기출]

어느 대학교 학생들의 흡연율을 조사하고자 한다. 실제 흡연율과 추정치의 차이가 5% 이내라고 90% 정도의 확신을 갖기 위해서는 표본의 크기를 최소 얼마 이상으로 하여야 하는가? (단 $Z_{0.1}=1.282$, $Z_{0.05}=1.645$, $Z_{0.025}=1.960$)

① 165   ② 192
③ 271   ④ 385

해설 실제 흡연율(p)과 추정치($\hat{p}$)의 차이가 5% 이내이며, 신뢰수준은 $100(1-\alpha)\%=90\%$라는 정보가 주어져 있다.

$\alpha=0.1$, $E=0.05$, $Z_{\frac{\alpha}{2}}=Z_{0.05}=1.645$

따라서 표본크기 n을 구하면 아래와 같다.

$$n \geq \frac{\hat{p}(1-\hat{p}) \times Z_{\frac{\alpha}{2}}^2}{E^2} = \frac{\hat{p}(1-\hat{p}) \times (1.645)^2}{0.05^2}$$

그러나 주의해야 하는 것은 $\hat{p}$값을 알 수가 없다. 이 문제와 같이 표본비율 $\hat{p}$값이 주어지지 않는다면, $\hat{p}=\frac{1}{2}$를 사용하여 표본의 크기를 결정해야 한다.

$$n \geq \frac{\frac{1}{2}\left(1-\frac{1}{2}\right) \times (1.645)^2}{0.05^2} = 270.6025$$

결론적으로 최소 표본의 크기는 271이다.

[개념특강 $\hat{p}(1-\hat{p})$의 최대값은 $\frac{1}{4}$]을 참고하자.

정답: 62 ③   63 ③

64 정답률 약 40% [13년 3회, 19년 2회 기출]

어느 공공기관의 민원서비스 만족도에 대해 여론조사를 하기 위하여 적절한 표본크기를 결정하고자 한다. 95% 신뢰수준에서 모비율에 대한 추정오차의 한계가 ±4% 이내에 있게 하려면 표본크기는 최소 얼마가 되어야 하는가? (단, 표준화 정규분포에서 $P(Z \geq 1.96) = 0.025$)

① 157명 ② 601명
③ 1,201명 ④ 2,401명

해설 모비율 p에 대한 $100(1-\alpha)\%$ 신뢰구간은 아래와 같다.
표본비율 $\pm Z_{\frac{\alpha}{2}} \times$ 표준오차

$$= \text{표본비율} \pm \text{오차한계} = \hat{p} \pm Z_{\frac{\alpha}{2}} \times \sqrt{\frac{\hat{p}(1-\hat{p})}{n}}$$

이 공식에서 오차한계는 $Z_{\frac{\alpha}{2}} \times \sqrt{\frac{\hat{p}(1-\hat{p})}{n}}$ 이다.

따라서 95% 신뢰수준에서 모비율에 대한 추정오차의 한계가 ±4% 이내에 있으려면 아래와 같다.

$$Z_{\frac{\alpha}{2}} \times \sqrt{\frac{\hat{p}(1-\hat{p})}{n}} \leq 0.04$$

공식에 필요한 정보 중 $\alpha = 0.05$, $Z_{\frac{\alpha}{2}} = Z_{0.025} = 1.96$는 주어져 있으나 표본비율 $\hat{p}$값은 주어져 있지 않다.
따라서 $\hat{p} = \frac{1}{2}$를 사용하여 표본의 크기를 결정한다.

$$1.96 \times \sqrt{\frac{\frac{1}{2}\left(1-\frac{1}{2}\right)}{n}} \leq 0.04$$

위 공식을 표본의 크기 n을 기준으로 표기해보자.

$$n \geq \frac{\hat{p}(1-\hat{p}) \times Z_{\frac{\alpha}{2}}^2}{E^2} = \frac{\frac{1}{2}\left(1-\frac{1}{2}\right) \times 1.96^2}{0.04^2}$$
$$= 600.25$$

결론적으로, 표본의 크기는 최소 601명이 되어야 한다.

65 정답률 약 30% [06년 3회, 21년 1회 기출]

어느 여행사에서 앞으로 1년 이내에 어학연수를 원하는 대학생들의 비율을 조사하기를 원한다. 95% 신뢰수준에서 참 비율과의 오차가 3% 이내가 되도록 하기 위하여 최소한 몇 명의 대학생을 조사해야 하는가? (단, $Z_{0.05} = 1.645$, $Z_{0.025} = 1.96$이고, 표본비율 $\hat{p}$는 0.5로 추측한다.)

① 250 ② 435
③ 752 ④ 1068

해설 모비율 p 추정 시에 표본의 크기 n의 공식은 아래와 같다.

$$n \geq \frac{\hat{p}(1-\hat{p}) \times Z_{\frac{\alpha}{2}}^2}{E^2}$$

문제에서 주어진 정보를 활용해보자.
분모에는 참 비율과의 오차가 3% 이내가 되기 위해, 허용오차(오차한계)인 E가 $E \leq 0.03$를 대입한다.
분자에는 95% 신뢰수준에서의 임계값인 $Z_{\frac{\alpha}{2}} = Z_{0.025} = 1.96$와 표본비율 $\hat{p} = 0.5$를 대입한다.
이때, 조사해야 하는 대학생을 n(명)이라고 하면, 표본의 크기 n은 아래와 같이 산출된다.

$$n \geq \frac{0.5(1-0.5) \times 1.96^2}{0.03^2} \approx 1067.111$$

결론적으로, 최소 1,068명의 대학생을 조사해야 한다.

정답 : 64 ② 65 ④

66 정답률 약 40%   [12년 3회, 13년 2회, 16년 3회 기출]

어느 여론조사기관에서 고등학교 학생들의 흡연율을 조사하고자 한다. 95% 신뢰수준에서 흡연율 추정의 오차한계가 2% 이내가 되도록 하려면 표본의 크기는 최소 얼마이어야 하는가? (단, 표준정규분포를 따르는 확률변수 Z에 대해 $P(Z>1.96)=0.025$를 만족한다.)

① 4,321
② 5,221
③ 4,201
④ 2,401

해설 $100(1-\alpha)\%=95\%$ 신뢰수준에서 흡연율 추정의 오차한계가 2% 이내가 되도록 한다는 정보를 보면 $\alpha=0.05$, $E\leq 0.02$, $Z_{\frac{\alpha}{2}}=Z_{0.025}=1.96$이다.

표본의 크기 n을 구하면 아래와 같다.

$$n\geq \frac{\hat{p}(1-\hat{p})\times Z_{\frac{\alpha}{2}}^2}{E^2}=\frac{\hat{p}(1-\hat{p})\times(1.96)^2}{0.02^2}$$

그러나 주의해야 하는 것은 $\hat{p}$값을 알 수가 없다. 이 문제와 같이 표본비율 $\hat{p}$값이 주어지지 않는다면, $\hat{p}=\frac{1}{2}$를 사용하여 표본의 크기를 결정해야 한다.

$$n\geq \frac{\frac{1}{2}(1-\frac{1}{2})\times(1.96)^2}{0.02^2}=2401$$

결론적으로 표본의 크기는 최소 2,401(명)이다.

[개념특강 $\hat{p}(1-\hat{p})$의 최대값은 $\frac{1}{4}$]을 참고하자.

67 정답률 약 40%   [20년 4회 기출]

어느 도시에 살고있는 주민 중에서 지난 1년간 해외여행을 경험한 비율을 조사하려고 한다. 이 비율에 대한 추정량의 오차가 0.02 미만일 확률이 최소한 95%가 되기를 원할 때 필요한 최소 표본의 크기 n을 구하는 식은? (단, Z가 표준정규분포를 따르는 확률변수일 때, $P(Z>1.96)=0.025$ 이다.)

① $n\geq \frac{1}{4}\left(\frac{1.96}{0.02}\right)^2$
② $n\geq \frac{1}{2}\left(\frac{1.96}{0.02}\right)^2$
③ $n\geq \frac{1}{4}\left(\frac{1.96}{0.02}\right)$
④ $n\geq \frac{1}{2}\left(\frac{1.96}{0.02}\right)$

해설 지난 1년간 해외여행을 경험한 비율에 대한 추정량의 오차가 0.02 미만일 확률이 최소한 95%가 되기를 원한다는 정보를 정리하면 아래와 같다.
$\alpha=0.05$, $E\leq 0.02$, $Z_{\frac{\alpha}{2}}=Z_{0.025}=1.96$

이때, 모비율 추정 시 필요한 최소 표본의 크기 n을 구하는 공식을 활용하여 값을 대입하면 아래와 같다.

$$n\geq \frac{\hat{p}(1-\hat{p})\times Z_{\frac{\alpha}{2}}^2}{E^2}=\frac{\hat{p}(1-\hat{p})\times 1.96^2}{0.02^2}$$

표본비율 $\hat{p}$이 주어져 있지 않은 경우이므로, 표본의 크기 n을 구할 때 $\hat{p}=\frac{1}{2}$ 을 사용해야 한다.

따라서 $\hat{p}=\frac{1}{2}$ 을 대입하여 산출하면 아래와 같다.

$$n\geq \frac{\frac{1}{2}\left(1-\frac{1}{2}\right)\times 1.96^2}{0.02^2}=\frac{1}{4}\left(\frac{1.96}{0.02}\right)^2$$

정답 : 66 ④ 67 ①

5 가설검정의 개념

실제 진리 / 검정결과	귀무가설이 참 (=대립가설이 거짓)	귀무가설이 거짓 (=대립가설이 참)
귀무가설을 채택	옳은 결정 신뢰수준($1-\alpha$)	제2종오류 (β)
귀무가설을 기각	제1종오류 유의수준(α)	옳은 결정 검정력($1-\beta$)

68 정답률 약 40% [10년 3회, 16년 3회, 21년 1회 기출]

추정에 대한 설명으로 맞는 것은?

① 검정력은 작을수록 바람직하다.
② 신뢰구간은 넓을수록 바람직하다.
③ 표본의 수는 통계적 추론에 영향을 미치지 않는 표본조사 시의 문제이다.
④ 모든 다른 조건이 동일하다면 표본의 수가 클수록 신뢰구간의 길이는 짧아진다.

해설 모든 다른 조건이 동일하다면 표본의 수가 클수록 표본평균의 표준오차(Standard error of the mean) $\frac{\sigma}{\sqrt{n}}$ 는 작아지므로, 신뢰구간의 길이는 짧아진다.

① 암기 : 검대참귀기
검정력(Power)은 실제로 대립가설 H_1 이 참일 때, 귀무가설 H_0 을 기각할 확률이므로, 검정력이 크다는 것은 귀무가설이 잘못된 경우에 이를 기각할 능력이 높다는 뜻이다. 따라서 검정력은 클수록 바람직하다.
② 신뢰구간은 좁을수록 정확한 추정을 할 수 있으므로 바람직하다. 신뢰구간이 좁다는 것은 우리가 추정한 값이 실제 모수를 포함할 가능성이 높은 범위가 상대적으로 작다는 뜻으로, 더 정밀하게 추정할 수 있다.
③ 표본의 수(표본의 크기)는 통계적 추론에 큰 영향을 미친다. 표본 크기가 크면 추정의 정확도가 높아지고, 신뢰구간이 좁아지므로, 표본의 수는 통계적 추론에 매우 중요한 요소이다.

69 정답률 약 40% [20년 3회 기출]

가설검정에 대한 다음 설명 중 틀린 것은?

① 귀무가설이 참일 때, 귀무가설을 기각하는 오류를 제1종오류라고 한다.
② 대립가설이 참일 때, 귀무가설을 기각하지 못하는 오류를 제2종오류라고 한다.
③ 유의수준 1%에서 귀무가설을 기각하면 유의수준 5%에서도 귀무가설을 기각한다.
④ 주어진 관측값의 유의확률이 5%일 때, 유의수준 1%에서 귀무가설을 기각한다.

해설 유의확률($p-value$)이 유의수준 α보다 작으면 귀무가설을 기각한다. 따라서 주어진 관측값의 유의확률이 5%일 때, 유의수준 1%이면 유의수준 α<유의확률 $p-value$이므로, 귀무가설을 기각할 수 없다.
① 제1종오류(Type I Error)란 귀무가설 H_0 가 참임에도 불구하고 귀무가설 H_0 를 기각하는 오류를 말한다. 즉, 제1종오류는 귀무가설 H_0 이 참(=사실)인데 대립가설이 옳다고 잘못 결론을 내리고 귀무가설 H_0 을 기각하는 오류이다.
② 제2종오류는 귀무가설 H_0 이 거짓임에도 불구하고(=대립가설 H_1 이 참임에도 불구하고), 귀무가설 H_0 을 기각하지 못하는 오류이다. 통계적 가설의 기각 여부를 판정하는 가설검정에서 대립가설 H_1 이 옳은데 귀무가설 H_0 을 채택함으로써 범하게 되는 오류를 제2종오류라고 한다.
③ 유의수준 1%에서 귀무가설을 기각하면, 유의확률 ($p-value$)은 0.01보다 더 작은 상황이다. 따라서, 유의수준 5%에서도 유의확률은 주어진 유의수준보다 작으므로 귀무가설을 기각한다.

70 정답률 약 50% [16년 3회, 20년 4회 기출]

귀무가설이 참임에도 불구하고 이를 기각하는 결정을 내리는 오류를 무엇이라고 하는가?

① 제1종오류 ② 제2종오류
③ 제3종오류 ④ 제4종오류

해설 암기 : 일귀참귀기
제1종오류(Type I Error)란 귀무가설 H_0 가 참임에도 불구하고 귀무가설 H_0 를 기각하는 오류를 말한다.

정답 : 68 ④ 69 ④ 70 ①

71 정답률 약 50% [20년 4회 기출]

다음 중 가설검정에 관한 설명으로 옳은 것은?

① 제2종의 오류를 유의수준이라고 한다.
② 유의수준이 커질수록 기각역은 넓어진다.
③ 제1종오류의 확률을 크게 하면 제2종오류의 확률도 커진다.
④ p값은 귀무가설또는 대립가설을 입증하는 정도와 상관없는 개념이다.

해설 유의수준(α)이 커질수록 귀무가설이 참인데 귀무가설을 기각하는 오류인 제1종오류의 확률이 증가하므로, 기각역이 넓어진다. 이를 Z분포에 대해 양측검정 수행 시 기각역을 확인하면 다음과 같다.

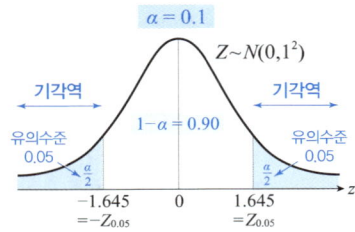

$P(-1.645 \leq Z \leq 1.645) = 0.90$

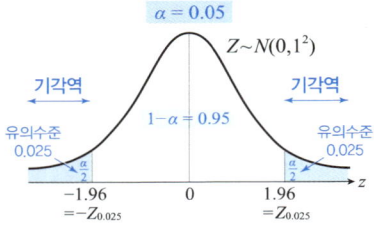

$P(-1.96 \leq Z \leq 1.96) = 0.95$

① 암기 : 유수일최
 유의수준(α)이란 귀무가설 H_0이 사실임에도 불구하고 귀무가설 H_0을 기각하는 제1종오류를 범할 확률의 최대 허용한계(= 최대허용오차)이다.
 즉, 유의수준은 제1종오류(귀무가설이 참일 때 이를 기각하는 오류)의 확률을 의미한다.
③ 제1종오류의 확률을 크게 하면 제2종오류의 확률은 작아진다.
④ 유의확률이란 검정통계량의 값을 관측하였을 때, 이에 근거하여 귀무가설 H_0을 기각할 수 있는 최소의 유의수준이다. 따라서 유의확률 p값($p-value$)은 가설을 입증하는 데에 중요한 개념이다.

72 정답률 약 50% [19년 3회 기출]

가설검정에 대한 설명으로 틀린 것은?

① 가설은 귀무가설과 대립가설이 있다.
② 귀무가설은 주로 기존의 사실을 위주로 보수적으로 세운다.
③ 가설검정의 과정에서 유의수준은 유의확률($p-value$)을 계산 후에 설정한다.
④ 유의확률($p-value$)이 유의수준보다 작으면 귀무가설을 기각한다.

해설 가설검정 과정에서 유의수준(α)은 유의확률($p-value$)을 계산하기 전에 미리 설정한다.

73 정답률 약 50%

[08년 3회, 15년 2회, 20년 1·2회 통합 기출]

다음 중 제1종오류가 발생하는 경우는?

① 참이 아닌 귀무가설(H_0)을 기각하지 않을 경우
② 참인 귀무가설(H_0)을 기각하지 않을 경우
③ 참이 아닌 귀무가설(H_0)을 기각할 경우
④ 참인 귀무가설(H_0)을 기각할 경우

해설 암기 : 일귀참귀기
제1종오류(Type I Error)란 귀무가설 H_0가 참임에도 불구하고 귀무가설 H_0를 기각하는 오류를 말한다.

74 정답률 약 50% [04년 3회, 14년 3회, 21년 1회 기출]

제1종오류를 범할 확률의 허용한계를 뜻하는 통계적 용어는?

① 기각역 ② 유의수준
③ 검정통계량 ④ 대립가설

해설 암기 : 유수일최
유의수준(α)이란 귀무가설 H_0이 사실임에도 불구하고 귀무가설 H_0을 기각하는 제1종오류를 범할 확률의 최대 허용한계(= 최대허용오차)이다.

정답 : 71 ② 72 ③ 73 ④ 74 ②

75 [15년 3회, 21년 2회 기출]
통계적 가설검정에 대한 설명으로 틀린 것은?

① 유의수준은 제1종오류를 범할 확률의 최대 허용한계를 말한다.
② 기각역은 귀무가설을 기각하게 되는 검정통계량의 관측값의 영역이다.
③ 귀무가설은 표본에 근거한 강력한 증거에 의하여 입증하고자 하는 가설이다.
④ 제2종오류는 대립가설이 참임에도 불구하고, 귀무가설을 기각하지 못하는 오류이다.

해설 표본에 근거한 강력한 증거에 의하여 입증하고자 하는 가설은 대립가설(H_1 ; Alternative Hypothesis)이다.

76 [08년 1회, 19년 1회 기출]
가설검정 시 대립가설(H_1)이 사실인 상황에서 귀무가설(H_0)을 기각할 확률은?

① 검정력   ② 신뢰수준
③ 유의수준   ④ 제2종오류를 범할 확률

해설 암기 : 검대참귀기
검정력($1-\beta$)은 대립가설 H_1이 참(=사실)일 때, 귀무가설 H_0을 기각할 확률이다.

77 [16년 3회 기출]
다음 중 유의수준에 대한 설명으로 옳은 것은?

① 검정을 할 때 기준이 되는 것으로 제1종의 오류를 허용하는 확률 범위이다.
② 유의수준은 제2종의 오류를 허용하는 확률 범위이다.
③ 유의수준이 정해지면 단측검정과 양측검정에서 같은 임계값이 사용된다.
④ 보통 0.05와 0.01이 많이 쓰이며, 0.05에서 채택된 귀무가설이 0.01에서 기각될 수도 있다.

해설 암기 : 유수일최
유의수준이란 귀무가설 H_0이 사실임에도 불구하고 귀무가설 H_0을 기각하는 제1종오류를 범할 확률의 최대 허용한계이다. 즉, 유의수준은 검정을 할 때 기준이 되는 것으로 제1종오류를 허용하는 확률 범위이다.

78 [07년 3회, 13년 1회, 19년 2회, 22년 2회 기출]
통계적 가설의 기각 여부를 판정하는 가설검정에 대한 설명으로 옳은 것은?

① 표본으로부터 확실한 근거에 의하여 입증하고자 하는 가설을 귀무가설이라 한다.
② 유의수준은 제2종오류를 범할 확률의 최대허용한계이다.
③ 대립가설을 채택하게 하는 검정통계량의 영역을 채택역이라 한다.
④ 대립가설이 옳은데도 귀무가설을 채택함으로써 범하게 되는 오류를 제2종오류라 한다.

해설 암기 : 이귀거귀기×
제2종오류는 귀무가설 H_0이 거짓임에도 불구하고, 귀무가설 H_0을 기각하지 못하는(×) 오류이다. 즉, 대립가설 H_1이 옳은데도 귀무가설 H_0을 채택함으로써 범하게 되는 오류가 제2종오류이다.
① 표본으로부터 확실한 근거에 의하여 입증하고자 하는 가설을 '대립가설'이라 한다.
② 유의수준은 '제1종오류'를 범할 확률의 최대허용한계이다.
③ '귀무가설'을 채택하게 하는 검정통계량의 영역을 채택역이라 한다.

79 [12년 3회, 15년 2회 기출]
가설검정에 관한 설명으로 틀린 것은?

① 귀무가설이 참임에도 불구하고 귀무가설을 기각했을 때 제1종오류(Type I Error)가 일어났다고 한다.
② 유의확률이 유의수준보다 작으면 귀무가설을 기각한다.
③ 검정력은 대립가설이 참일 때, 귀무가설을 기각할 확률을 말한다.
④ 검정통계량의 관측값이 기각역에 속하면 대립가설을 기각한다.

해설 기각역은 귀무가설 H_0을 기각하게 되는 검정통계량의 관측값의 영역이다. 따라서 검정통계량의 관측값이 기각역에 속하면 귀무가설을 기각하고, 대립가설을 채택한다.

정답 : 75 ③ 76 ① 77 ② 78 ④ 79 ④

80 [정답률 약 50%] [19년 1회 기출]

유의수준에 대한 설명으로 옳은 것은?

① 대립가설이 참일 때 귀무가설을 채택하는 오류를 범할 확률의 최대허용한계이다.
② 유의수준 α 검정법이란 제2종오류를 범할 확률이 α 이하인 검정 방법을 말한다.
③ 귀무가설이 참임에도 불구하고 귀무가설을 기각하는 오류를 범할 확률의 최대허용한계를 뜻한다.
④ 제1종오류를 범할 확률과 제2종오류를 범할 확률 중 큰 쪽의 확률을 의미한다.

> **해설** 암기 : 유수일최
> 유의수준이란 귀무가설 H_0 이 사실임에도 불구하고 귀무가설 H_0 을 기각하는 제1종오류를 범할 확률의 최대 허용한계이다.

81 [정답률 약 50%]
[15년 1회, 15년 3회, 18년 3회, 19년 2회 기출]

검정력(Power)에 대한 설명으로 옳은 것은?

① 참인 귀무가설을 채택할 확률이다.
② 거짓인 귀무가설을 채택할 확률이다.
③ 귀무가설이 참임에도 불구하고 이를 기각시킬 확률이다.
④ 대립가설이 참일 때 귀무가설을 기각시킬 확률이다.

> **해설** 암기 : 검대참귀기
> 검정력 $(1-\beta)$ 은 대립가설 H_1 이 참일 때 귀무가설 H_0 을 기각시킬 확률이다.

82 [정답률 약 50%] [03년 3회, 17년 1회 기출]

유의수준 α 에서 단측 가설검정을 시행하고자 한다. 다음 중 귀무가설(H_0)을 기각할 수 있는 유의확률 p 값의 조건으로 옳은 것은?

① $\alpha > p$　　② $\alpha < p$
③ $1-\alpha > p$　　④ $1-\alpha < p$

> **해설** 유의수준 α > 유의확률 $p-value$ 이면 귀무가설 H_0 를 기각한다. 따라서 p 값이 유의수준 α 보다 작은 $\alpha > p$ 인 경우에 귀무가설(H_0)을 기각한다.

83 [14년 1회 기출]

귀무가설이 참임에도 불구하고 귀무가설을 기각하는 판정을 내릴 확률은?

① 제1종오류를 범할 확률
② 제2종오류를 범할 확률
③ 유의확률
④ 유의수준

> **해설** ① 암기 : 일귀참귀기
> 제1종오류(Type I Error)란 귀무가설 H_0 가 참임에도 불구하고 귀무가설 H_0 를 기각하는 오류를 말한다.
> ② 암기 : 이귀거귀기×
> 제2종오류는 귀무가설 H_0 이 거짓임에도 불구하고 (= 대립가설 H_1 이 참임에도 불구하고), 귀무가설 H_0 을 기각하지 못하는 오류이다.
> ③ 유의확률이란 검정통계량의 값을 관측하였을 때, 이에 근거하여 귀무가설 H_0 을 기각할 수 있는 최소의 유의수준을 말한다. 따라서 유의확률이 작을수록 귀무가설 H_0 에 대한 반증이 강하다는 것을 의미한다.
> ④ 암기 : 유수일최
> 유의수준이란 귀무가설 H_0 이 사실임에도 불구하고 귀무가설 H_0 을 기각하는 제1종오류를 범할 확률의 최대 허용한계이다.

84 [정답률 약 50%] [16년 2회, 21년 3회 기출]

가설검정 시 유의확률(p값)과 유의수준(α)의 관계에 대한 설명으로 맞는 것은?

① 유의확률 < 유의수준일 때 귀무가설을 기각한다.
② 유의확률 ≥ 유의수준일 때만 귀무가설을 기각한다.
③ 유의확률 ≠ 유의수준일 때 귀무가설을 기각한다.
④ 유의확률과 유의수준 중 어느 것이 큰가 하는 문제와 가설검정과는 아무런 관계가 없다.

> **해설** 유의확률이란 검정통계량의 값을 관측하였을 때, 이에 근거하여 귀무가설 H_0 을 기각할 수 있는 최소의 유의수준을 말한다. 따라서 유의수준 α > 유의확률 $p-value$ 이면 귀무가설 H_0 를 기각한다.

정답 : 80 ③　81 ④　82 ①　83 ①　84 ①

85 정답률 약 40% [18년 1회 기출]
유의확률에 관한 설명으로 옳은 것은?

① 검정통계량의 값을 관측하였을 때, 이에 근거하여 귀무가설을 기각할 수 있는 최소의 유의수준을 말한다.
② 검정에 의해 의미 있는 결론에 이르게 될 확률을 의미한다.
③ 제1종오류를 범할 확률의 최대허용한계를 뜻한다.
④ 대립가설이 참일 때 귀무가설을 기각하게 될 최소의 확률을 뜻한다.

해설 유의확률이란 검정통계량의 값을 관측하였을 때, 이에 근거하여 귀무가설 H_0을 기각할 수 있는 최소의 유의수준을 말한다. 따라서 유의확률 값이 특정 유의수준($\alpha = 0.05$)보다 작다면, 그 유의수준에서 귀무가설을 기각할 수 있다.

86 [08년 1회, 11년 1회, 17년 2회, 21년 2회 기출]
귀무가설 H_0가 참인데 대립가설 H_1이 옳다고 잘못 결론을 내리는 오류는?

① 제1종오류　　② 제2종오류
③ 알파 오류　　④ 베타 오류

해설 암기 : 일귀참귀기
제1종오류는 귀무가설 H_0이 참인데 대립가설 H_1이 옳다고 잘못 결론을 내리고 귀무가설 H_0을 기각하는 오류이다.

87 정답률 약 60% [17년 1회 기출]
귀무가설이 거짓임에도 불구하고 귀무가설을 기각하지 못하는 오류는?

① 제1종오류　　② 제2종오류
③ α-오류　　　④ 임계오류

해설 암기 : 이귀거귀기×
제2종오류는 귀무가설 H_0이 거짓임에도 불구하고(= 대립가설 H_1이 참임에도 불구하고), 귀무가설 H_0을 기각하지 못하는(×) 오류이다.

88 정답률 약 40% [20년 3회 기출]
다음 중 유의확률($p-value$)에 대한 설명으로 틀린 것은?

① 주어진 데이터와 직접적으로 관계가 있다.
② 검정통계량이 실제 관측된 값보다 대립가설을 지지하는 방향으로 더욱 치우칠 확률로서 귀무가설 하에서 계산된 값이다.
③ 유의확률이 작을수록 귀무가설에 대한 반증이 강한 것을 의미한다.
④ 유의수준이 유의확률보다 작으면 귀무가설을 기각한다.

해설 유의확률이란 검정통계량의 값을 관측하였을 때, 이에 근거하여 귀무가설 H_0을 기각할 수 있는 최소의 유의수준을 말한다.
따라서 유의수준 α > 유의확률 $p-value$이면 귀무가설 H_0를 기각하므로, 유의수준이 유의확률보다 '크면' 귀무가설을 기각한다고 해야 맞는 설명이다.
① 유의확률은 주어진 데이터에 기반하여 계산되므로, 주어진 데이터와 직접적으로 관계가 있다.
②, ③ 유의확률은 검정통계량이 실제 관측된 값보다 대립가설 H_1을 지지하는 방향으로 더욱 치우칠 확률로서 귀무가설 H_0 하에서 계산된 값이다. 또한 유의확률이 작을수록 귀무가설 H_0에 대한 반증이 강한 것을 의미한다. 예를 들어, 유의수준이 $\alpha = 0.05$일 때, 유의확률이 $p-value = 0.0022$로 매우 작다면, 대립가설 H_1을 지지할 가능성이 높다.

89 정답률 약 40% [17년 3회 기출]
귀무가설이 사실임에도 불구하고 귀무가설을 기각하는 오류를 범할 확률의 최대 허용한계는?

① 유의수준　　② 검정력
③ 통계적 유의성　　④ 제1종오류

해설 암기 : 유수일최
유의수준(α)이란 귀무가설 H_0이 사실임에도 불구하고 귀무가설 H_0를 기각하는 제1종오류를 범할 확률의 최대 허용한계(=최대허용오차)이다.

정답 : 85 ①　86 ①　87 ②　88 ④　89 ①

90 정답률 약 40% [16년 2회 기출]

모평균 μ에 대한 귀무가설 $H_0 : \mu = 70$ 대 대립가설 $H_1 : \mu = 80$의 검정에서 표본평균 $\overline{X} \geq c$이면 귀무가설을 기각한다. $P(\overline{X} \geq c|\mu = 70) = 0.045$이고 $P(\overline{X} \geq c|\mu = 80) = 0.921$일 때, 다음 설명 중 옳은 것은?

① 유의확률(p-값)은 0.045이다.
② 제1종오류는 0.079이다.
③ 제2종오류는 0.045이다.
④ $\mu = 80$일 때의 검정력은 0.921이다.

해설 암기 : 검대참귀기

조건부확률 $P(A|B)$는 어떤 사건 B가 이미 일어났다는 조건하에, 다른 사건 A가 일어날 확률이다.
따라서 $P(\overline{X} \geq c|\mu = 80) = 0.921$는 대립가설 $H_1 : \mu = 80$가 참인데, $\overline{X} \geq c$이므로 귀무가설을 기각할 확률이며, 이는 검정력 $1 - \beta = 0.921$임을 의미한다.

①, ② 암기 : 일귀참귀기

$P(\overline{X} \geq c|\mu = 70) = 0.045$는 귀무가설 $H_0 : \mu = 70$가 참인데, $\overline{X} \geq c$이므로 귀무가설을 기각할 확률이다. 즉, 제1종오류가 발생할 확률인 유의수준은 $\alpha = 0.045$이다.

③ 검정력 $1 - \beta = 0.921$이므로 제2종오류 $\beta = 0.079$이다.

91 정답률 약 50% [14년 2회, 18년 3회 기출]

가설검정의 오류에 대한 설명으로 틀린 것은?

① 제2종오류는 대립가설(H_1)이 사실일 때 귀무가설(H_0)을 채택하는 오류이다.
② 가설검정의 오류는 유의수준과 관계가 있다.
③ 제1종오류를 적게 하기 위해서는 유의수준을 크게 할 필요가 있다.
④ 제1종오류와 제2종오류를 범할 가능성은 반비례 관계에 있다.

해설 유의수준 α이란 귀무가설 H_0이 사실임에도 불구하고 귀무가설 H_0을 기각하는 제1종오류를 범할 확률의 최대 허용한계이다.
따라서 제1종오류를 적게 하기 위해서는 유의수준 α을 '작게' 할 필요가 있다.

92 정답률 약 50% [17년 2회 기출]

가설검정에서 사용하는 용어에 대한 설명으로 틀린 것은?

① 제1종오류란 귀무가설 H_0가 참임에도 불구하고 H_0를 기각하는 오류를 말한다.
② 제2종오류란 대립가설 H_1이 참임에도 불구하고 H_0를 기각하지 못하는 오류를 말한다.
③ 제1종오류를 범할 확률의 최대허용한계를 유의수준이라 한다.
④ 제2종오류를 범할 확률의 최대허용한계를 유의확률이라 한다.

해설 암기 : 이귀거귀기 ✕

제2종오류는 귀무가설 H_0이 거짓임에도 불구하고, 귀무가설 H_0을 기각하지 못하는(✕) 오류이다.
반면, 유의확률이란 검정통계량의 값을 관측하였을 때, 이에 근거하여 귀무가설 H_0을 기각할 수 있는 최소의 유의수준이다.

93 정답률 약 30% [17년 3회 기출]

가설검정에서 유의수준으로 1% 또는 5% 중 어느 것을 선택할 것인가에 대한 설명으로 옳은 것은?

① 제1종의 오류를 범할 확률이 보다 작은 검정을 수행하기 위해 유의수준 1%를 선택한다.
② 제2종의 오류를 범할 확률이 보다 작은 검정을 수행하기 위해 유의수준 1%를 선택한다.
③ 제1종의 오류를 범할 확률이 보다 작은 검정을 수행하기 위해 유의수준 5%를 선택한다.
④ 제2종의 오류를 범할 확률이 보다 작은 검정을 수행하기 위해 유의수준 5%를 선택한다.

해설 암기 : 일귀참귀기 암기 : 유수일최

제1종오류(Type I Error)란 귀무가설 H_0가 참임에도 불구하고 귀무가설 H_0를 기각하는 오류를 말한다.
유의수준(α)이란 귀무가설 H_0이 사실임에도 불구하고 귀무가설 H_0을 기각하는 제1종오류를 범할 확률의 최대 허용한계(=최대허용오차)이다.
따라서 제1종의 오류를 범할 확률이 보다 작은 검정을 수행하기 위해 유의수준 1%를 선택한다.

정답 : 90 ④ 91 ③ 92 ④ 93 ①

94 정답률 약 50% [17년 3회 기출]

제1종오류와 제2종오류를 범할 확률을 각각 α와 β라 할 때 다음 설명 중 옳은 것은?

① $\alpha + \beta = 1$이면 귀무가설을 기각해야 한다.
② $\alpha = \beta$이면 귀무가설을 채택해야 한다.
③ 주어진 표본에서 α와 β를 동시에 줄일 수는 없다.
④ $\alpha \neq \beta$이면 항상 귀무가설을 채택해야 한다.

해설 제1종오류를 범할 확률 α와 제2종오류를 범할 확률 β는 반비례 관계에 있다. 즉, 하나를 줄이면 다른 하나는 증가할 가능성이 크기 때문에, 두 오류를 동시에 줄이는 것은 어렵다.

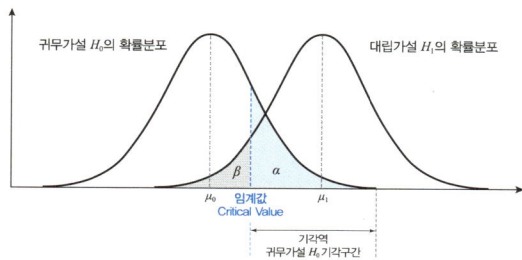

95 정답률 약 50% [10년 3회, 14년 3회 기출]

다음 설명 중 틀린 것은?

① 제1종오류는 귀무가설이 사실일 때 귀무가설을 기각하는 오류이다.
② 양측검정은 통계량의 변화 방향에는 관계없이 실시하는 검정이다.
③ 가설검정에서 유의수준이란 제1종오류를 범할 때 최대 허용오차이다.
④ 유의수준을 감소시키면 제2종오류의 확률 역시 감소한다.

해설 암기 : 유수일최

유의수준 α이란 귀무가설 H_0이 사실임에도 불구하고 귀무가설 H_0을 기각하는 제1종오류를 범할 확률의 최대 허용한계이다. 이때, 제1종 오류를 범할 확률 α와 제2종오류를 범할 확률 β는 반비례 관계이므로, 유의수준 α을 감소시키면 제2종오류를 범할 확률 β는 증가한다.

6. 모평균, 모비율, 모분산의 가설검정 하나의 모집단

모분산	표본크기	[양측] 모평균 μ에 대한 $100(1-\alpha)\%$ 신뢰구간	단일표본 검정통계량
모분산 σ^2을 아는 경우	대표본 · 소표본	$\overline{X} \pm Z_{\frac{\alpha}{2}} \times \frac{\sigma}{\sqrt{n}}$	$Z = \dfrac{\overline{X} - \mu_0}{\frac{\sigma}{\sqrt{n}}} \sim N(0, 1^2)$
모분산 σ^2을 모르는 경우	대표본 $n \geq 30$	$\overline{X} \pm Z_{\frac{\alpha}{2}} \times \frac{S}{\sqrt{n}}$	$Z = \dfrac{\overline{X} - \mu_0}{\frac{S}{\sqrt{n}}} \sim N(0, 1^2)$
	소표본 $n < 30$	$\overline{X} \pm t_{\frac{\alpha}{2}}(n-1) \times \frac{S}{\sqrt{n}}$	$t = \dfrac{\overline{X} - \mu_0}{\frac{S}{\sqrt{n}}} \sim t(n-1)$

96 정답률 약 40% [12년 1회, 17년 3회 기출]

정규모집단 $N(\mu, \sigma^2)$로부터 취한 n의 표본 $X_1, X_2, \cdots, X_n$에 근거한 표본평균과 표본분산을 각각 $\overline{X} = \frac{1}{n}\sum_{i=1}^{n} X_i$, $S^2 = \frac{1}{n-1}\sum_{i=1}^{n}(X_i - \overline{X})^2$이라 할 때, 통계량 $\dfrac{\overline{X} - \mu}{\frac{S}{\sqrt{n}}}$의 분포는?

① $t_{(n)}$: 자유도 n인 t-분포
② $t_{(n-1)}$: 자유도 $n-1$인 t-분포
③ $\chi^2_{(n)}$: 자유도 n인 χ^2-분포
④ $\chi^2_{(n-1)}$: 자유도 $n-1$인 χ^2-분포

해설 모분산 σ^2을 모르는 경우이고, 대표본인지 알 수 없는 경우(소표본 가정)이므로 단일표본의 검정통계량은
$t = \dfrac{\overline{X} - \mu_0}{\frac{S}{\sqrt{n}}} \sim t_{\frac{\alpha}{2}}(n-1)$이다.
즉, 통계량은 자유도 $n-1$인 t-분포를 따른다.

정답 : 94 ③ 95 ④ 96 ②

97 정답률 약 40% [15년 2회 기출]

모평균(μ)에 대한 검정을 수행할 때, 가설의 형태로 잘못된 것은?

① $H_0 : \mu \geq \mu_0, H_1 : \mu < \mu_0$
② $H_0 : \mu = \mu_0, H_1 : \mu \neq \mu_0$
③ $H_0 : \mu > \mu_0, H_1 : \mu \leq \mu_0$
④ $H_0 : \mu \leq \mu_0, H_1 : \mu > \mu_0$

해설 귀무가설은 일반적으로 양측검정이든 단측검정이든 등호(=)를 포함하여 설정하고, 대립가설은 귀무가설과 반대로 설정하면 된다.

98 정답률 약 40% [13년 3회, 19년 2회 기출]

다음에 적합한 가설검정법과 검정통계량은?

> 중량이 50g으로 표기된 제품 10개를 랜덤 추출하니 평균 $\overline{X} = 49g$, 표준편차 $S = 0.6g$이었다. 제품의 중량이 정규분포를 따를 때, 평균 중량 μ에 대한 귀무가설 $H_0 : \mu = 50$ 대 대립가설 $H_1 : \mu < 50$을 검정하고자 한다.

① 정규검정법, $Z_0 = \dfrac{49 - 50}{\sqrt{0.6/10}}$

② 정규검정법, $Z_0 = \dfrac{49 - 50}{0.6/\sqrt{10}}$

③ t-검정법, $t_0 = \dfrac{49 - 50}{\sqrt{0.6/10}}$

④ t-검정법, $t_0 = \dfrac{49 - 50}{0.6/\sqrt{10}}$

해설 모분산 σ^2을 모르는 경우이고, 소표본($n < 30$)인 경우에 해당한다.

따라서 단일표본 검정통계량은 $t = \dfrac{\overline{X} - \mu_0}{\dfrac{S}{\sqrt{n}}} \sim t_{\frac{\alpha}{2}}(n-1)$ 이다.

문제에서 주어진 정보를 통해 $\mu_0 = 50$이며, 제품 10개를 랜덤 추출($n = 10$)하니 표본평균 $\overline{X} = 49g$, 표본표준편차 $S = 0.6g$임을 알 수 있다.

따라서 적합한 가설검정법은 t-검정법이며, 검정통계량은 귀무가설 $H_0 : \mu = 50$이 참이라는 가정하에 $t_0 = \dfrac{49 - 50}{0.6/\sqrt{10}}$이다.

99 정답률 약 30%

[00년 1회, 11년 1회, 13년 3회, 17년 1회, 20년 1·2회 통합 기출]

정규분포를 따르는 모집단의 모평균에 대한 가설 $H_0 : \mu = 50$ VS $H_1 : \mu < 50$을 검정하고자 한다. 크기 $n = 100$의 임의표본을 취하여 표본평균을 구한 결과 $\overline{X} = 49.02$를 얻었다. 모집단의 표준편차가 5라면 유의확률은 얼마인가? (단, $P(Z \leq -1.96) = 0.025$, $P(Z \leq -1.645) = 0.05$이다.)

① 0.025
② 0.05
③ 0.95
④ 0.975

해설 크기 $n = 100$의 임의표본이므로 대표본($n \geq 30$)이다. 또한 모집단의 표준편차가 5이므로 $\sigma = 5$로 표기하며, 모분산 σ^2을 아는 경우에 해당한다.
이 경우에 단일표본 검정통계량은 아래와 같다.

$$Z = \dfrac{\overline{X} - \mu_0}{\dfrac{\sigma}{\sqrt{n}}} \sim N(0, 1^2)$$

이때, 검정통계량을 산출하면 귀무가설 $H_0 : \mu = 50$이 참이라는 가정하에 $Z_0 = -1.96$이다.

$$Z_0 = \dfrac{\overline{X} - \mu_0}{\dfrac{\sigma}{\sqrt{n}}} = \dfrac{49.02 - 50}{\dfrac{5}{\sqrt{100}}} = -1.96$$

문제에서는 정규분포를 따르는 모집단의 모평균에 대한 가설 $H_0 : \mu = 50$ VS $H_1 : \mu < 50$에 대해 검정한다. 이는 단측검정이며, 그림으로 표현하면 아래와 같다. 결론적으로 유의확률 $p-value$은 검정통계량 Z_0의 값을 관측하였을 때, 이에 근거하여 귀무가설 H_0을 기각할 수 있는 최소의 유의수준임을 활용하여 계산하면 유의확률은 $P(Z \leq -1.96) = 0.025$이다.

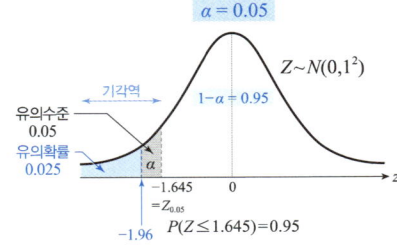

정답 : 97 ③ 98 ④ 99 ①

100 정답률 약 30% [13년 3회 기출]

표준편차가 10인 모집단에서 임의추출한 25개의 표본을 이용하여 모평균이 70보다 크다는 주장을 검정하고자 한다. 기각역이 $R : \overline{X} \geq c$인 검정의 유의수준이 $\alpha = 0.025$가 되도록 c를 구하면? (단, Z가 표준정규분포를 따르는 확률변수일 때, $P(Z > 1.96) = 0.025$)

① 70.98 ② 71.96
③ 73.92 ④ 77.84

해설 문제에서 주어진 정보를 통해 표준편차가 10인 모집단이므로 모표준편차 σ가 $\sigma = 10$임을 알 수 있다.
이 모집단에서 임의추출한 25개의 표본($n = 25$)을 이용하여 모평균이 70보다 크다는 주장을 검정하고자 하므로 귀무가설과 대립가설은 다음과 같다.

귀무가설 $H_0 : \mu \leq 70$	모평균이 70보다 작거나 같다.
대립가설 $H_1 : \mu > 70$	모평균이 70보다 크다.

경우에 단일표본 검정통계량은 귀무가설인 $H_0 : \mu \leq 70$가 참이라는 가정하에 아래와 같다.

$$Z_0 = \frac{\overline{X} - \mu_0}{\frac{\sigma}{\sqrt{n}}} = \frac{\overline{X} - 70}{\frac{10}{\sqrt{25}}} \sim N(0, 1^2)$$

단측검정에서 기각역이 $R : \overline{X} \geq c$인 검정의 유의수준이 $\alpha = 0.025$가 되도록 $P(\overline{X} \geq c) = 0.025$를 만족하는 c를 표준화 공식을 활용하여 구하면 아래와 같다.

$$P\left(\frac{\overline{X} - 70}{\frac{10}{\sqrt{25}}} \geq \frac{c - 70}{\frac{10}{\sqrt{25}}}\right) = P\left(Z \geq \frac{c - 70}{\frac{10}{\sqrt{25}}}\right) = 0.025$$

문제에 $P(Z > 1.96) = 0.025$임이 주어져 있으므로 이를 활용하면 $\frac{c - 70}{\frac{10}{\sqrt{25}}} = 1.96$이며, $c = 73.92$이다.

101 정답률 약 30% [12년 3회, 15년 1회, 21년 1회 기출]

평균이 μ이고 분산이 $\sigma^2 = 9$인 정규모집단으로부터 추출한 크기 100인 확률표본의 표본평균 $\overline{X}$를 이용하여 가설 $H_0 : \mu = 0$ VS $H_1 : \mu > 0$을 유의수준 0.05에서 검정하는 경우 기각역이 $Z \geq 1.645$이다. 이때 검정통계량 Z에 해당하는 것은? (단, $P(Z > 1.645) = 0.050$)

① $100\overline{X}/9$ ② $100\overline{X}/3$
③ $10\overline{X}/9$ ④ $10\overline{X}/3$

해설 모분산 σ^2을 아는 경우에 검정통계량 Z는 아래와 같다.

$$Z = \frac{\overline{X} - \mu_0}{\frac{\sigma}{\sqrt{n}}} \sim N(0, 1^2)$$

이때, 주어진 정보를 통해 모분산은 $\sigma^2 = 9$이고, 추출한 크기 100인 확률표본이므로 표본의 크기는 $n = 100$이다. 따라서 검정통계량은 귀무가설 $H_0 : \mu = 0$가 참이라는 가정하에 산출하면 아래와 같다.

$$Z_0 = \frac{\overline{X} - \mu_0}{\frac{\sigma}{\sqrt{n}}} = \frac{\overline{X} - 0}{\frac{3}{\sqrt{100}}} = 10\overline{X}/3$$

102 정답률 약 50%

[09년 3회, 12년 1회, 15년 1회, 21년 3회 기출]

다음의 내용에 해당하는 가설로 가장 타당한 것은?

> 기존의 진통제는 진통효과가 지속되는 시간이 평균 30분이고 표준편차는 5분이라고 한다. 새로운 진통제를 개발하였는데, 개발팀은 이 진통제의 진통 효과가 30분 이상이라고 주장한다.

① $H_0 : \mu = 30$, $H_1 : \mu > 30$
② $H_0 : \mu < 30$, $H_1 : \mu = 30$
③ $H_0 : \mu = 30$, $H_1 : \mu \neq 30$
④ $H_0 : \mu > 30$, $H_1 : \mu = 30$

해설 단측검정에 해당하며 각각 아래와 같이 기술한다.

귀무가설 $H_0 : \mu = 30$	새로운 진통제의 진통 효과는 기존 진통제와 동일하게 평균 30분이다.
대립가설 $H_1 : \mu > 30$	새로운 진통제의 진통 효과는 기존 진통제의 진통효과인 30분보다 진통효과가 지속되는 시간이 더 길다.

정답 : 100 ③ 101 ④ 102 ①

103 정답률 약 30%

[14년 2회, 17년 2회, 20년 4회 기출]

우리나라 대학생들의 1주일 동안 독서시간은 평균이 20시간, 표준편차가 3시간인 정규분포를 따른다고 알려져 있다. 이를 확인하기 위해 36명의 학생을 조사하였더니 평균이 19시간으로 나타났다. 위 결과를 이용하여 우리나라 대학생들의 평균 독서시간이 20시간보다 작다고 말할 수 있는지를 검정한다고 할 때 다음 설명 중 옳은 것은? (단, $P(|Z|<1.645)=0.9$, $P(|Z|<1.96)=0.95$)

① 검정통계량의 값은 -2이다.
② 가설검정에는 χ^2분포가 이용된다.
③ 유의수준 0.05에서 검정할 때, 우리나라 대학생들의 평균 독서시간이 20시간보다 작다고 말할 수 없다.
④ 표본분산이 알려져있지 않아 가설검정을 수행할 수 없다.

해설

귀무가설 $H_0 : \mu \geq 20$	우리나라 대학생들의 평균 독서시간이 20시간보다 크거나 같다.
대립가설 $H_1 : \mu < 20$	우리나라 대학생들의 평균 독서시간이 20시간보다 작다.

우리나라 대학생들의 1주일 동안 독서시간은 평균이 20시간, 표준편차가 3시간인 정규분포를 따르므로 모평균 $\mu = 20$, 모표준편차 $\sigma = 3$임을 알 수 있다. 이를 확인하고자 36명($n=36$)의 학생을 조사했더니 표본평균이 19시간($\overline{X}=19$)으로 나타났다.
이 경우는 단일 모집단에 대한 모평균 가설검정에서 모분산σ^2을 아는 경우이고, 대표본($n \geq 30$)에 해당한다. 따라서 단일표본 검정통계량은 아래와 같다.

$$Z = \frac{\overline{X} - \mu_0}{\frac{\sigma}{\sqrt{n}}} \sim N(0, 1^2)$$

이때, 귀무가설 $H_0 : \mu = 20$가 참이라는 가정하에 검정통계량은 아래와 같이 산출된다.

$$Z_0 = \frac{\overline{X} - \mu_0}{\frac{\sigma}{\sqrt{n}}} = \frac{19-20}{\frac{3}{\sqrt{36}}} = -2$$

②, ④ 이 경우에 가설검정에는 Z분포를 이용하며, 위와 같이 정상적으로 수행할 수 있다.
③ $P(|Z|<1.96)=0.95$에서 기각역에 대한 임계값은 ± 1.96이며, 검정통계량 -2값이 임계값보다 작다. 따라서 귀무가설을 기각하고 대립가설을 채택한다.
즉, 우리나라 대학생들의 평균 독서시간이 20시간보다 작다는 근거가 있다.

104 정답률 약 30%

[12년 1회, 16년 1회, 18년 2회 기출]

평균이 μ이고 분산이 16인 정규모집단으로부터 크기가 100인 확률분포의 평균을 $\overline{X}$라 하자. $H_0 : \mu=8$ VS $H_1 : \mu=6.416$의 검정을 위해 기각역을 $\overline{X}<7.2$로 할 때, 제1종오류와 제2종오류를 범할 확률은? (단, $P(Z<2)=0.977$, $P(X<1.96)=0.975$, $P(Z<1.645)=0.95$, $P(Z<1)=0.842$)

① 제1종오류를 범할 확률 0.05, 제2종오류를 범할 확률 0.025
② 제1종오류를 범할 확률 0.023, 제2종오류를 범할 확률 0.025
③ 제1종오류를 범할 확률 0.023, 제2종오류를 범할 확률 0.05
④ 제1종오류를 범할 확률 0.05, 제2종오류를 범할 확률 0.023

해설 암기 : 일귀참귀기

제1종오류(Type I Error)란 귀무가설 H_0가 참임에도 불구하고 귀무가설 H_0를 기각하는 오류를 말한다.
주어진 정보를 보면, 모평균 μ, 모분산 $\sigma^2=16$인 정규모집단에서 크기가 $n=100$인 확률분포를 추출했다. 이는 모분산σ^2을 아는 경우이고, 대표본에 해당한다. 이 경우에 단일표본 검정통계량은 아래와 같다.

$$Z = \frac{\overline{X} - \mu_0}{\frac{\sigma}{\sqrt{n}}} \sim N(0, 1^2)$$

따라서 기각역을 $\overline{X}<7.2$로 할 때, 검정통계량을 계산하면 귀무가설 $H_0 : \mu=8$가 참이라는 가정하에 아래와 같다.

$$Z_0 = \frac{\overline{X} - \mu_0}{\frac{\sigma}{\sqrt{n}}} = \frac{7.2-8}{\frac{4}{\sqrt{100}}} = -2$$

즉, 제1종 오류를 범할 확률은 아래와 같이 산출된다.
$P(Z<-2) = P(Z>2) = 1-0.977 = 0.023$
이때, 제2종 오류는 귀무가설H_0이 거짓임에도 불구하고 귀무가설H_0를 기각하지 못하는 오류이므로
따라서 기각역을 $\overline{X}<7.2$로 할 때, 검정통계량을 계산하면 대립가설 $H_1 : \mu=6.416$가 참이라는 가정하에 아래와 같다.

$$Z_1 = \frac{\overline{X} - \mu_1}{\frac{\sigma}{\sqrt{n}}} = \frac{7.2-6.416}{\frac{4}{\sqrt{100}}} = 1.96$$

즉, 제2종 오류를 범할 확률은 아래와 같이 산출된다.
$P(Z>1.96) = 1-P(Z<1.96) = 1-0.975 = 0.025$

정답 : 103 ① 104 ②

105 정답률 약 20%

[11년 3회, 17년 1회, 20년 4회 기출]

정규분포를 따르는 어떤 집단의 모평균이 10인지를 검정하기 위하여 크기가 25인 표본을 추출하여 관측한 결과 표본평균은 9, 표본표준편차는 2.5이었다. t-검정을 할 경우 검정통계량의 값은?

① 2 ② 1
③ -1 ④ -2

해설 모분산 σ^2을 모르는 경우이고, 소표본($n < 30$)이다.
이때, 단일표본 검정통계량은 아래와 같다.

$$t = \frac{\overline{X} - \mu_0}{\frac{S}{\sqrt{n}}} \sim t_{\frac{\alpha}{2}}(n-1)$$

이때, 모평균이 10($\mu_0 = 10$)인지를 검정하고자 하며, 크기가 25인 표본을 추출했으므로 $n = 25$이고, 표본평균은 $\overline{X} = 9$, 표본표준편차는 $S = 2.5$이다. 즉, t 검정통계량의 값은 귀무가설 $H_0 : \mu = 10$가 참이라는 가정하에 아래와 같이 산출된다.

$$t_0 = \frac{\overline{X} - \mu_0}{\frac{S}{\sqrt{n}}} = \frac{9 - 10}{\frac{2.5}{\sqrt{25}}} = -2$$

106

[13년 1회, 16년 3회 기출]

성인의 흡연율은 40%로 알려져 있다. 금연의 중요성을 강조하는 공익 광고를 실시하면 흡연율이 감소할 것이라는 주장을 확인하기 위한 귀무가설 H_0와 대립가설 H_1은?

① $H_0 : p = 0.4, H_1 : p \neq 0.4$
② $H_0 : p < 0.4, H_1 : p \geq 0.4$
③ $H_0 : p > 0.4, H_1 : p \leq 0.4$
④ $H_0 : p = 0.4, H_1 : p < 0.4$

해설 귀무가설과 대립가설을 수립하면 아래와 같다.

귀무가설 $H_0 : p = 0.4$	공익 광고의 효과로 흡연율이 감소하지 않았고, 흡연율은 여전히 40%이다.
대립가설 $H_1 : p < 0.4$	금연의 중요성을 강조하는 공익 광고를 실시하면 흡연율이 감소하므로, 흡연율은 40%보다 낮아진다.

107 정답률 약 40%

[17년 3회 기출]

어느 조사기관에서 대한민국에 거주하는 10세 아동의 평균 키는 112cm이고 표준편차가 6cm인 정규분포를 따르는 것으로 보고하였다. 이 결과를 확인하기 위하여 36명을 무작위로 추출하여 측정한 결과 표본평균이 109cm이었다. 가설 $H_0 : \mu = 112$ VS $H_1 : \mu \neq 112$에 대한 유의수준 5%의 검정 결과로 옳은 것은? (단, $Z_{0.025} = 1.96$, $Z_{0.05} = 1.645$이다)

① 귀무가설을 기각한다.
② 귀무가설을 기각할 수 없다.
③ 유의확률이 5%이다.
④ 위 사실로는 판단할 수 없다.

해설

귀무가설 $H_0 : \mu = 112$	대한민국에 거주하는 10세 아동의 평균 키는 112(cm)이다.
대립가설 $H_1 : \mu \neq 112$	대한민국에 거주하는 10세 아동의 평균 키는 112(cm)가 아니다.

어느 조사기관에서 대한민국에 거주하는 10세 아동의 평균 키는 112cm이고 표준편차가 6cm인 정규분포를 따르는 것으로 보고했다.
정리하면, 모평균은 $\mu = 112$, 모표준편차 $\sigma = 6$이다.
이 결과를 확인하기 위해 36명($n = 36$)을 무작위로 추출하여 측정한 결과 표본평균이 109cm($\overline{X} = 109$)이다.
이 케이스는 모분산 σ^2을 아는 경우이며 대표본이므로, 단일표본 검정통계량은 아래와 같다.

$$Z = \frac{\overline{X} - \mu_0}{\frac{\sigma}{\sqrt{n}}} \sim N(0, 1^2)$$

이때, 귀무가설 $H_0 : \mu = 112$가 참이라는 가정하에서의 검정통계량을 산출하면 아래와 같다.

$$Z_0 = \frac{\overline{X} - \mu_0}{\frac{\sigma}{\sqrt{n}}} = \frac{109 - 112}{\frac{6}{\sqrt{36}}} = -3$$

양측검정 시 유의수준 0.05에서 검정할 때, $Z_{0.025} = 1.96$이므로 기각역에 대한 임계값은 ± 1.96이다.
이때, 검정통계량인 -3이 임계값인 -1.96보다 더 작으므로 귀무가설을 기각하고 대립가설을 채택한다.

정답 : 105 ④ 106 ④ 107 ①

108 정답률 약 50%

[11년 3회, 15년 1회, 18년 2회, 22년 2회 기출]

어느 회사는 노조와 협의하여 오후의 중간 휴식시간을 20분으로 정하였다. 그런데 총무과장은 대부분의 종업원이 규정된 휴식시간보다 더 많은 시간을 쉬고 있다고 생각하고 있다. 이를 확인하기 위하여 전체 종업원 1,000명 중에서 25명을 조사한 결과 표본으로 추출된 종업원의 평균 휴식시간은 22분이고 표준편차는 3분으로 계산되었다. 유의수준 5%에서 총무과장의 의견에 대한 가설검정 결과로 옳은 것은? (단, $t_{(0.05, 24)} = 1.711$)

① 검정통계량 $t < 1.711$이므로 귀무가설을 기각한다.
② 검정통계량 $t < 1.711$이므로 귀무가설을 채택한다.
③ 종업원의 실제 휴식시간은 규정시간 20분보다 더 길다고 할 수 있다.
④ 종업원의 실제 휴식시간은 규정시간 20분보다 더 짧다고 할 수 있다.

해설

귀무가설 $H_0 : \mu \leq 20$	종업원들의 평균 휴식시간은 20분보다 작거나 같다.
대립가설 $H_1 : \mu > 20$	대부분의 종업원이 규정된 휴식시간보다 더 많은 시간을 쉬고 있다. 즉, 종업원들의 평균 휴식시간은 20분보다 많다.

전체 종업원 1,000명 중에서 25명($n=25$)을 조사했고, 표본으로 추출된 종업원의 평균 휴식시간은 22분이며, 표본표준편차는 3분이므로 $\overline{X} = 22$, $S = 3$이다.
모분산 σ^2을 모르는 경우이면서 소표본($n < 30$)이므로, 단일표본 검정통계량은 아래와 같다.

$$t = \frac{\overline{X} - \mu_0}{\frac{S}{\sqrt{n}}} \sim t_{\frac{\alpha}{2}}(n-1)$$

귀무가설 $H_0 : \mu \leq 20$이 참이라는 가정하에 주어진 값을 대입하여 t검정통계량 값을 산출하면 아래와 같다.

$$t_0 = \frac{\overline{X} - \mu_0}{\frac{S}{\sqrt{n}}} = \frac{22 - 20}{\frac{3}{\sqrt{25}}} \approx 3.333$$

문제에서 유의수준 5%에서 단측검정인 경우 t분포의 임계치가 $t_{(0.05, 24)} = 1.711$임이 주어져 있다.
검정통계량 $t_0 = 3.333$는 임계치 1.711보다 크므로 귀무가설 H_0을 기각한다.
결론적으로 대부분의 종업원이 규정된 휴식시간보다 더 많은 시간을 쉬고 있다는 근거가 있다.
즉, 종업원의 실제 휴식시간은 규정시간 20분보다 더 길다.

109 정답률 약 60%

[10년 3회, 15년 2회 기출]

모집단으로부터 추출한 크기가 100인 표본으로부터 구한 표본비율이 $\hat{p} = 0.42$이다. 모비율에 대한 가설 $H_0 : p = 0.4$ VS $H_1 : p > 0.4$을 검정하기 위한 검정통계량은?

① $\dfrac{0.4}{\sqrt{0.4(1-0.4)/100}}$

② $\dfrac{0.42 - 0.4}{\sqrt{0.4(1-0.4)/100}}$

③ $\dfrac{0.42 + 0.4}{\sqrt{0.4(1-0.4)/100}}$

④ $\dfrac{0.42}{\sqrt{0.4(1-0.4)/100}}$

해설

모집단으로부터 추출한 크기가 100인 표본으로부터 구한 표본비율이 $\hat{p} = 0.42$임이 주어져 있다.
이때, 하나의 모집단에 대한 모비율 가설검정에서 모비율 p에 대한 검정통계량 Z는 아래와 같다.

$$Z = \frac{\hat{p} - p_0}{\sqrt{\frac{p_0(1-p_0)}{n}}} \sim N(0, 1^2)$$

모비율에 대한 가설 $H_0 : p = 0.4$ vs $H_1 : p > 0.4$에 대한 Z검정통계량은 귀무가설 H_0가 참이라는 가정하에 $p_0 = 0.4$를 대입하면 아래와 같이 산출된다.

$$Z_0 = \frac{\hat{p} - p_0}{\sqrt{\frac{p_0(1-p_0)}{n}}} = \frac{0.42 - 0.4}{\sqrt{\frac{0.4(1-0.4)}{100}}}$$

정답 : 108 ③ 109 ②

110 정답률 약 40% [13년 1회, 19년 3회 기출]

국회의원 선거에 출마한 A후보의 지지율이 50%를 넘는지 확인하기 위해 유권자 1,000명을 조사하였더니 550명이 A후보를 지지하였다. 귀무가설 $H_0 : p = 0.5$ 대 대립가설 $H_1 : p > 0.5$의 검정을 위한 검정통계량 Z_0는?

① $Z_0 = \dfrac{0.55 - 0.5}{\sqrt{\dfrac{0.55 \times 0.45}{1000}}}$

② $Z_0 = \dfrac{0.55 - 0.5}{\dfrac{\sqrt{0.55 \times 0.45}}{1000}}$

③ $Z_0 = \dfrac{0.55 - 0.5}{\sqrt{\dfrac{0.5 \times 0.5}{1000}}}$

④ $Z_0 = \dfrac{0.55 - 0.5}{\dfrac{\sqrt{0.5 \times 0.5}}{1000}}$

해설 A후보의 지지율이 50%를 넘는지 확인하기 위해 유권자 1,000명을 조사했더니 550명이 A후보를 지지했으므로, 표본비율은 아래와 같다.

$$\hat{p} = \frac{X}{n} = \frac{550}{1000} = 0.55$$

이때, 하나의 모집단에 대한 모비율 가설검정에서 모비율 p에 대한 검정통계량 Z는 아래와 같다.

$$Z = \frac{\hat{p} - p_0}{\sqrt{\dfrac{p_0(1-p_0)}{n}}} \sim N(0, 1^2)$$

모비율에 대한 가설 $H_0 : p = 0.5$ vs $H_1 : p > 0.5$에 대한 검정통계량은 귀무가설 $H_0 : p = 0.5$가 참이라는 가정하에 아래와 같이 산출된다.

$$Z_0 = \frac{\hat{p} - p_0}{\sqrt{\dfrac{p_0(1-p_0)}{n}}}$$

$$= \frac{0.55 - 0.5}{\sqrt{\dfrac{0.5(1-0.5)}{1000}}} = \frac{0.55 - 0.5}{\sqrt{\dfrac{0.5 \times 0.5}{1000}}}$$

111 정답률 약 40%
[05년 3회, 12년 1회, 16년 1회 기출]

다음은 보험가입자 30명에 대한 보험가입액을 조사한 자료이다. 보험가입액의 모평균이 1억원이라고 볼 수 있는가를 검정하고자 한다. 이에 대한 $t-$검정 통계량이 1.201이고, 유의확률이 0.239이었다. 유의수준 5%에서 검정한 결과로 옳은 것은?

(단위 : 천만원)

15.0	10.0	8.0	12.0	10.0	2.5	9.0	7.5	5.5	25.0
10.5	3.5	9.7	12.5	30.0	11.0	8.8	4.5	7.8	6.7
7.0	33.0	15.0	20.0	4.0	5.0	15.0	30.0	5.0	10.0

① 유의확률 > 유의수준이므로 모평균이 1억원이라는 가설을 기각하지 못한다.

② 유의확률 > 유의수준이므로 모평균이 1억원이라는 가설을 기각한다.

③ 검정통계량 > 유의수준이므로 모평균이 1억원이라는 가설을 기각하지 못한다.

④ 검정통계량 > 유의수준이므로 모평균이 1억원이라는 가설을 기각한다.

해설 이 문제는 표의 수치를 산출하거나 계산기를 활용해야 하는 문제가 아니다. 이 문제는 유의확률($p-value$)이 유의수준 α보다 작으면 귀무가설 H_0을 기각한다는 것을 활용하는 문제이다. 결론적으로 유의수준 5%에서 검정하는 상황이고, 유의확률($p-value$)은 0.239라고 주어져 있으므로 유의확률이 유의수준 $\alpha = 0.05$보다 크다. 따라서 모평균이 1억원이라는 귀무가설을 기각하지 못한다.

정답 : 110 ③ 111 ①

112 정답률 약 20% [11년 1회, 15년 3회, 19년 2회 기출]

A도시에서는 실업률이 5.5%라고 발표하였다. 그러나 관련 민간단체에서는 실업률 5.5%는 너무 낮게 추정된 값이라고 여겨 이를 확인하고자 노동력 인구 중 520명을 임의로 추출하여 조사한 결과 39명이 무직임을 알게 되었다. 이를 확인하기 위한 검정을 수행할 때 검정통계량 값은?

① -2.58　　② 1.75
③ 1.96　　④ 2.00

해설

귀무가설 $H_0 : p = 0.055$	A도시 실업률은 5.5%이다.
대립가설 $H_1 : p > 0.055$	A도시 실업률은 5.5%보다 크다.

민간단체에서는 실업률을 확인하고자 노동력 인구 중 520명을 임의로 추출하여 조사한 결과 39명이 무직임을 알게 되었으므로, 표본비율 $\hat{p}$은 아래와 같다.

$$\hat{p} = \frac{X}{n} = \frac{39}{520} = 0.075$$

이때, 하나의 모집단에 대한 모비율 가설검정에서 모비율 p에 대한 검정통계량 Z는 아래와 같다.

$$Z = \frac{\hat{p} - p_0}{\sqrt{\frac{p_0(1-p_0)}{n}}} \sim N(0, 1^2)$$

따라서, 가설 $H_0 : p = 0.055$ VS $H_1 : p > 0.055$에 대한 검정통계량은 귀무가설 $H_0 : p = 0.055$가 참이라는 가정하에 $p_0 = 0.055$를 대입하여 산출한다.

$$Z_0 = \frac{0.075 - 0.055}{\sqrt{\frac{0.055(1-0.055)}{520}}} \approx 2.00048 \fallingdotseq 2.00$$

113 정답률 약 20%

[13년 3회, 18년 1회, 21년 3회 기출]

어느 화장품 회사에서 새로 개발한 상품에 대한 선호도를 조사하려고 한다. 400명의 조사 대상자 중 새 상품을 선호한 사람은 220명이었다. 이때 다음 가설에 대한 유의확률은? (단, $Z \sim N(0, 1)$이다.)

$$H_0 : p = 0.5, \quad H_1 : p > 0.5$$

① $P(Z \geq 1)$　　② $P\left(Z \geq \frac{5}{4}\right)$
③ $P(Z \geq 2)$　　④ $P\left(Z \geq \frac{3}{2}\right)$

해설 화장품 회사에서 새로 개발한 상품의 선호도를 조사한다. 조사 대상자 400명 중 새 상품을 선호한 사람은 220명이므로, 표본비율 $\hat{p}$을 산출하면 아래와 같다.

$$\hat{p} = \frac{X}{n} = \frac{220}{400} = 0.55$$

이때, 하나의 모집단에 대한 모비율 가설검정에서 모비율 p에 대한 검정통계량 Z는 아래와 같다.

$$Z = \frac{\hat{p} - p_0}{\sqrt{\frac{p_0(1-p_0)}{n}}} \sim N(0, 1^2)$$

가설 $H_0 : p = 0.5$ vs $H_1 : p > 0.5$을 검정하기 위한 검정통계량은 귀무가설 $H_0 : p = 0.5$가 참이라는 가정하에 $p_0 = 0.5$를 대입하여 산출하면 아래와 같다.

$$Z_0 = \frac{\hat{p} - p_0}{\sqrt{\frac{p_0(1-p_0)}{n}}} = \frac{0.55 - 0.5}{\sqrt{\frac{0.5(1-0.5)}{400}}} = 2$$

따라서 구하고자 하는 유의확률은 $P(Z \geq 2)$이다.

정답 : 112 ④　113 ③

114 정답률 약 30%

[04년 3회, 14년 2회, 20년 3회 기출]

이라크 파병에 대한 여론조사를 실시했다. 100명을 무작위로 추출하여 조사한 결과 56명이 파병에 대해 찬성했다. 이 자료로부터 파병을 찬성하는 사람이 전 국민의 과반수 이상이 되는지를 유의수준 5%에서 통계적 가설검정을 실시했다. 다음 중 옳은 것은?

> $[P(|Z| > 1.64) = 0.10,\ P(|Z| > 1.96) = 0.05,\ P(|Z| > 2.58) = 0.01]$

① 찬성률이 전 국민의 과반수 이상이라고 할 수 있다.
② 찬성률이 전 국민의 과반수 이상이라고 할 수 없다.
③ 표본의 수가 부족해서 결론을 얻을 수 없다.
④ 표본의 과반수 이상이 찬성해서 찬성률이 전 국민의 과반수 이상이라고 할 수 있다.

해설 이라크 파병에 대한 여론조사 시, 100명을 무작위로 추출하여 조사한 결과 56명이 파병에 대해 찬성했다. 따라서 표본비율(파병 찬성률) $\hat{p}$은 아래와 같다.

$$\hat{p} = \frac{X}{n} = \frac{56}{100} = 0.56$$

이때, 하나의 모집단에 대한 모비율 가설검정에서 모비율 p에 대한 검정통계량 Z는 아래와 같다.

$$Z = \frac{\hat{p} - p_0}{\sqrt{\frac{p_0(1-p_0)}{n}}} \sim N(0, 1^2)$$

가설 $H_0 : p = 0.5$ vs $H_1 : p > 0.5$을 검정하기 위한 검정통계량은 귀무가설 $H_0 : p = 0.5$가 참이라는 가정 하에 $p_0 = 0.5$를 대입하여 산출하면 아래와 같다.

$$Z_0 = \frac{\hat{p} - p_0}{\sqrt{\frac{p_0(1-p_0)}{n}}} = \frac{0.56 - 0.5}{\sqrt{\frac{0.5(1-0.5)}{100}}} = 1.2$$

이 검정통계량을 활용하여 유의수준 5%에서 단측검정을 실시하면, 검정통계량의 값 1.2가 기각역에 속하지 않으므로 귀무가설 H_0을 기각할 수 없다.
결론은 대립가설 H_1을 기준으로 최종 기술하므로, 찬성률이 전 국민의 과반수 이상이라는 근거가 없다.

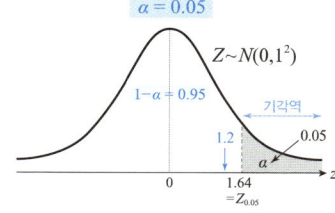

115 정답률 약 20%

[15년 3회, 19년 1회 기출]

어느 기업의 전년도 대졸 신입사원 임금의 평균이 200만원이라고 한다. 금년도 대졸 신입사원 중 100명을 조사하였더니 평균이 209만원이고 표준편차가 50만원이었다. 금년도 대졸 신입사원의 임금이 인상되었는지 유의수준 5%에서 검정한다면, 검정통계량의 값과 검정 결과는? (단, $P(|Z| > 1.64) = 0.10, P(|Z| > 1.96) = 0.05, P(|Z| > 2.58) = 0.01$)

① 검정통계량 : 1.8, 검정결과 : 금년도 대졸신입사원 임금이 전년도에 비하여 인상되었다고 할 수 있다.
② 검정통계량 : 1.8, 검정결과 : 금년도 대졸신입사원 임금이 전년도에 비하여 인상되었다고 할 수 없다.
③ 검정통계량 : 2.0, 검정결과 : 금년도 대졸신입사원 임금이 전년도에 비하여 인상되었다고 할 수 있다.
④ 검정통계량 : 2.0, 검정결과 : 금년도 대졸신입사원 임금이 전년도에 비하여 인상되었다고 할 수 없다.

해설

귀무가설 $H_0 : \mu = 200$	금년도 대졸신입사원 임금이 전년도와 같다.
대립가설 $H_1 : \mu > 200$	금년도 대졸신입사원 임금이 전년도에 비하여 인상되었다.

금년도 대졸 신입사원 중 100명($n = 100$)을 조사했더니 평균 209만원($\overline{X} = 209$), 표준편차 50만원($S = 50$)이다. 모분산 σ^2을 모르는 경우이고, 대표본($n \geq 30$)인 경우이면 귀무가설 $H_0 : \mu = 200$가 참이라는 가정하에 단일표본 검정통계량은 아래와 같이 산출된다.

$$Z_0 = \frac{\overline{X} - \mu_0}{\frac{S}{\sqrt{n}}} = \frac{209 - 200}{\frac{50}{\sqrt{100}}} = 1.8$$

이때, 유의수준 0.05이고 단측검정이면, $Z_{0.05} = 1.64$이다. 검정통계량이 $Z_0 = 1.8$이며 임계값인 1.64보다 더 크므로 귀무가설을 기각하고 대립가설을 채택한다.
결론은 대립가설 H_1을 기준으로 기술하므로, 금년도 대졸 신입사원 임금이 전년도에 비하여 인상되었다고 할 수 있다.

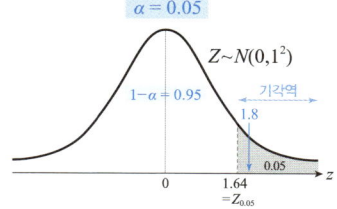

정답 : 114 ② 115 ①

116 [22년 2회 기출]

대통령 선거에서 A후보자는 50%의 득표를 할 것으로 예상하고 있다. 이러한 예상을 확인하기 위해 유권자 200명을 무작위 추출하여 조사하였더니 그 중 81명이 A후보자를 지지한다고 하였다. 이때 검정통계량 값은?

① -2.69 ② -1.90
③ 0.045 ④ 1.645

[해설]

귀무가설 $H_0 : p = 0.5$	A 후보자의 실제 지지율은 50%이다. 따라서 대통령 선거에서 A후보자는 50%의 득표를 한다.
대립가설 $H_1 : p \neq 0.5$	A 후보자의 실제 지지율은 50%가 아니다.

유권자 200명($n = 200$)을 무작위 추출하여 조사했더니 그중 81명이 A후보자를 지지한다고 하였다면 표본비율(득표율) $\hat{p}$이 아래와 같이 산출된다.

$$\hat{p} = \frac{X}{n} = \frac{81}{200} = 0.405$$

이 경우에 하나의 모집단에 대한 모비율 가설검정에서 모비율 p에 대한 검정통계량 Z는 아래와 같다.

$$Z = \frac{\hat{p} - p_0}{\sqrt{\frac{p_0(1-p_0)}{n}}} \sim N(0, 1^2)$$

귀무가설 $H_0 : p = 0.5$가 참이라는 가정하에 $p_0 = 0.5$를 대입하면, 검정통계량 Z는 아래와 같이 산출된다.

$$Z_0 = \frac{0.405 - 0.5}{\sqrt{\frac{0.5(1-0.5)}{200}}} \approx -2.687 \fallingdotseq -2.69$$

117 정답률 약 40% [20년 3회 기출]

기존의 금연교육을 받은 흡연자들 중 30%가 금연을 하는 것으로 알려져 있다. 어느 금연 운동단체에서는 새로 구성한 금연교육 프로그램이 기존의 금연교육보다 훨씬 효과가 높다고 주장한다. 이 주장을 검정하기 위해 임의로 택한 20명의 흡연자에게 새 프로그램으로 교육을 실시하였다. 검정해야 할 가설은 $H_0 : p = 0.3$ 대 $H_1 : p > 0.3$ (p : 새 금연교육을 받은 후 금연율)이며, X를 20명 중 금연한 사람의 수라 할 때 기각역을 "$X \geq 8$"로 정하였다. 이때, 유의수준은?

$P(X \geq c | 금연교육 후 금연율 = p)$

c \ p	0.2	0.3	0.4	0.5
...	...	...	...	...
5	0.370	0.762	0.949	0.994
6	0.196	0.584	0.874	0.979
7	0.087	0.392	0.750	0.942
8	0.032	0.228	0.584	0.868
...	...	...	...	...

① 0.032 ② 0.228
③ 0.584 ④ 0.868

[해설] 암기 : 유수일최

귀무가설 $H_0 : p = 0.3$	새로 구성한 금연교육 프로그램의 금연 성공률은 30%이다.
대립가설 $H_1 : p > 0.3$	새로 구성한 금연교육 프로그램이 기존의 금연교육보다 훨씬 효과가 높다. 즉, 새로 구성한 금연교육 프로그램의 금연 성공률은 30%보다 높다.

X를 20명 중 금연한 사람의 수라고 하자. 기각역을 $X \geq 8$로 정했다면, 유의수준 α은 귀무가설 $H_0 : p = 0.3$이 사실임에도 불구하고 귀무가설 H_0를 기각하는 제1종 오류를 범할 확률의 최대 허용한계이다.

따라서, 유의수준은 $P(X \geq 8 | p = 0.3) = 0.228$이다.

정답 : 116 ① 117 ②

02 기술통계량 산출 TOPIC

1 중심경향값의 이해

118 [15년 1회, 21년 3회 기출]

다음 통계량 중 그 성격이 다른 것은?

① 분산 ② 최빈값
③ 평균 ④ 중앙값

해설 분산은 '산포에 대한 측도'이며, 나머지 최빈값, 평균, 중앙값은 '중심위치에 대한 측도'이다.

중심위치에 대한 측도	평균 관련 5가지	산술평균, 절사평균, 가중평균, 기하평균, 조화평균
	분위수 관련 3가지	중앙값, 백분위수, 사분위수
	빈도 관련 1가지	최빈값
산포에 대한 측도	6가지	분산, 표준편차, 변동계수(변이계수), 범위, 사분위수범위, 평균편차

119 [15년 3회, 18년 3회, 21년 2회 기출]

통계학 과목의 기말고사 성적은 평균(Mean)이 40점, 중위값(Median)이 38점이었다. 점수가 너무 낮아서 담당 교수는 12점의 기본점수를 더해 주었다. 새로 산정한 점수의 중위값은?

① 40점 ② 42점
③ 50점 ④ 52점

해설 중위값은 데이터의 중앙값을 의미하며, 데이터의 순서나 간격은 그대로 유지되지만, 모든 값에 동일한 숫자를 더하거나 빼는 경우 중위값은 그 숫자만큼 증가하거나 감소한다. 따라서, 점수가 너무 낮아서 담당 교수가 12점의 기본점수를 각 학생의 점수에 모두 더해주면 중위값도 12점 증가한다. 따라서 기존의 중위값인 38점에 12점을 더한 새로운 중위값은 50점이다.

120 정답률 약 50% [20년 1·2회 통합 기출]

자료의 산술평균에 대한 설명으로 틀린 것은?

① 이상점의 영향을 받지 않는다.
② 편차들의 합은 0이다.
③ 분포가 좌우대칭이면 산술평균과 중앙값은 같다.
④ 자료의 중심위치에 대한 측도이다.

해설 산술평균(Mean)은 이상치(Outlier)에 민감하여 왜곡될 수 있다는 단점을 가지므로, 이런 경우에는 중앙값(Median)을 대푯값으로 사용하는 것이 바람직하다. 따라서 '이상점의 영향을 받지 않는다'는 것은 산술평균이 아닌 중앙값에 대한 설명이다.

②, ④ 데이터 X_i 에서 산술평균 $\overline{X}$ 을 뺀 편차인 $X_i - \overline{X}$ 를 모두 더하면 항상 0이 되므로 편차의 합은 0이다.

$$\sum_{i=1}^{n}(X_i - \overline{X}) = 0$$

이는 산술평균이 데이터를 균형 있게 나누는 중심위치에 있다는 것을 보여준다.

③ 암기: 3M

분포가 좌우대칭인 분포에서는 평균(Mean), 중앙값(Median), 최빈값(Mode)이 모두 동일한 값이며, 분포의 중심에 위치한다. 이는 분포의 대칭성 때문에 중심위치가 동일하기 때문이다.

121 [18년 1회 기출]

어느 집단의 개인별 신장을 기록한 것이다. 중위수는 얼마인가?

| 164 | 166 | 167 | 167 | 168 |
| 170 | 170 | 172 | 173 | 175 |

① 167 ② 168
③ 169 ④ 170

해설 중위수(Median)는 주어진 데이터셋을 크기 순으로 정렬했을 때, 중앙에 위치한 값이다. 신장 데이터는 이미 오름차순으로 정렬되어 있고, 나열하면 아래와 같다.
[164, 166, 167, 167, 168, 170, 170, 172, 173, 175]
중앙값은 관측값의 개수 n이 짝수일 경우 $\frac{n}{2}$ 번째의 값과 $\frac{n}{2}+1$ 번째의 값의 평균값이다. 이 데이터셋은 총 10개(짝수개)의 값이 존재하므로 5번째와 6번째 값의 평균값이 중위수이며, 산출하면 아래와 같다.

$$\frac{168+170}{2} = 169$$

정답 : 118 ① 119 ③ 120 ① 121 ③

122 [13년 1회, 17년 1회, 19년 3회 기출]

A반 학생은 50명이고 B반 학생은 100명이다. A반과 B반의 평균성적이 각각 80점과 85점이었다. A반과 B반의 전체 평균성적은?

① 80.0
② 82.5
③ 83.3
④ 83.5

해설 A반 인원은 $n_A = 50$(명), 평균 $\overline{X_A} = 80$(점)이고, B반은 인원 $n_B = 100$(명), 평균 $\overline{X_B} = 85$(점)이다.
A반과 B반의 전체 평균성적은 가중평균을 사용한다. 이처럼 A반과 B반의 인원수가 같지 않은 경우는, 각 그룹의 평균 점수를 단순히 평균 내는 것은 전체 학생의 평균 점수를 정확하게 반영하지 못한다. B반의 인원이 A반의 인원보다 두 배 많으므로, B반의 평균성적이 전체 평균에 더 큰 영향을 미친다. 따라서 A반과 B반의 전체 평균성적은 다음과 같다.

$$가중평균 = \frac{n_A \times \overline{X_A} + n_B \times \overline{X_B}}{n_A + n_B}$$

$$= \frac{50 \times 80 + 100 \times 85}{50 + 100} ≒ 83.333$$

123 [09년 1회, 12년 1회, 14년 3회, 18년 1회 기출]

자료에서 얻은 5개의 관찰값이 다음과 같을 때, 대푯값으로 가장 적합한 것은 무엇인가?

| 10 | 20 | 30 | 40 | 100 |

① 최빈수
② 중위수
③ 산술평균
④ 조화평균

해설 극단적인 값인 100이 포함되어 있어 산술평균이 중앙값보다 크게 나타나므로, 이상치의 영향을 덜 받는 중위수가 이 경우에 가장 적합한 대푯값이다.
① 최빈수는 데이터에서 가장 자주 나타나는 값인데, 이 데이터셋에서는 모든 값이 한 번씩만 나타나기 때문에 최빈수가 없다. 따라서 최빈수는 대푯값으로 적절하지 않다.
③ 산술평균은 모든 값을 더한 후 값의 개수로 나누는 값이므로, 이 데이터에서 산술평균은
$\frac{10 + 20 + 30 + 40 + 100}{5} = 40$이다.
이때, 100이라는 극단적인 값이 평균을 끌어올리기 때문에 이 경우 평균은 대푯값으로 적절하지 않다.
④ 조화평균은 주로 속도나 비율과 같은 상황에서 사용되며, 이 문제에서는 적절하지 않다.

124 정답률 약 60% [16년 1회, 22년 2년 기출]

어느 대학에서 2015학년도 1학기에 개설된 통계학 강좌에 A반 20명, B반 30명이 수강하고 있다. 중간고사에서 A반, B반의 평균은 각각 70점, 80점이었다. 이번 학기에 통계학을 수강하고 있는 학생 50명의 중간고사 평균은?

① 70점
② 74점
③ 75점
④ 76점

해설 A반 인원은 $n_A = 20$(명), 평균 $\overline{X_A} = 70$(점)이고, B반은 인원 $n_B = 30$(명), 평균 $\overline{X_B} = 80$(점)이다.
이번 학기에 통계학을 수강하고 있는 학생 50명의 중간고사 평균은 A반과 B반의 가중평균을 사용한다. 이처럼 A반과 B반의 인원수가 같지 않은 경우는, 각 그룹의 평균 점수를 단순히 평균 내는 것은 전체 학생의 평균 점수를 정확하게 반영하지 못한다. 통계학 수강생 50명의 가중평균은 아래와 같다.

$$가중평균 = \frac{n_A \times \overline{X_A} + n_B \times \overline{X_B}}{n_A + n_B}$$

$$= \frac{20 \times 70 + 30 \times 80}{20 + 30} = 76$$

125 [03년 3회, 14년 1회, 18년 2회 기출]

어떤 철물점에서 10가지 길이의 못을 팔고 있으며, 못의 길이는 각각 2.5, 3.0, 4.0, 4.5, 5.0, 5.5, 6.0, 6.5, 7.0cm이다. 만약 현재 남아 있는 못 가운데 10%는 4.0cm인 못이고, 15%는 5.0cm인 못이며, 53%는 5.5cm인 못이라면 현재 이 철물점에 있는 못 길이의 최빈수는?

① 4.5cm
② 5.0cm
③ 5.5cm
④ 6.0cm

해설 최빈수(Mode)는 데이터에서 가장 빈번하게 나타나는 값이다. 현재 남아 있는 못 가운데 10%는 4.0cm인 못이고, 15%는 5.0cm인 못이며, 53%는 5.5cm인 못이라면 이 중 5.5cm 길이의 못이 전체의 53%로 가장 높은 비율을 차지하고 있다. 따라서, 현재 철물점에 있는 못의 길이 중 최빈수는 5.5cm이다.

정답 : 122 ③ 123 ② 124 ④ 125 ③

126 [13년 3회, 19년 1회 기출]

5점 척도의 만족도 설문조사를 한 결과가 다음과 같을 때, 만족도 평균은? (단, 1점은 매우 불만족, 5점은 매우 만족)

5점 척도	1	2	3	4	5
백분율(%)	10.0	15.0	20.0	30.0	25.0

① 2.45 ② 2.85
③ 3.45 ④ 3.85

해설 백분율(비율)로 주어진 설문조사 결과는 '가중평균'을 계산하여 만족도 평균을 구한다. '가중평균'을 사용하는 이유는 설문조사의 결과가 단순한 개별 응답이 아니라, 각 응답의 비율(백분율)로 주어졌기 때문이다.
즉, 5점 척도의 각 점수에 대한 응답 비율이 다르다. 따라서, 각 점수에 그 점수가 받은 백분율을 곱해서 각 점수의 백분율을 가중치로 사용해 가중평균을 구한다.
가중평균
$= \dfrac{1 \times 10 + 2 \times 15 + 3 \times 20 + 4 \times 30 + 5 \times 25}{100} = 3.45$

127 [18년 2회 기출]

다음 중 대푯값에 해당하지 않는 것은?

① 최빈값 ② 기하평균
③ 조화평균 ④ 분산

해설 대푯값은 데이터를 대표하는 중심위치를 나타내는 값으로, 데이터 집합의 전반적인 경향을 요약하는 데 사용된다. 대푯값(중심위치에 대한 척도)으로는 산술평균, 절사평균, 가중평균, 기하평균, 조화평균, 중앙값, 최빈값, 백분위수, 사분위수가 존재한다. 분산은 산포에 대한 측도에 해당하므로 주의하자.

128 정답률 약 30% [17년 3회 기출]

관광버스가 목적지에 도착할 때까지 시속 80km로 운행하였으나 돌아올 때는 시속 100km로 돌아왔다. 이 관광버스의 평균 운행속도(km)는?

① 90.42 ② 89.44
③ 88.89 ④ 86.67

해설 관광버스의 평균 속도를 구할 때 중요한 것은 시간을 고려한 조화평균을 사용하는 것이다.
평균 운행속도는 단순히 두 속도의 산술평균으로 구할 수 없고, 왕복 구간에서 시간의 영향을 고려해야 한다. 조화평균은 데이터 값 x_i의 역수의 평균을 취한 후, 그 역수를 구하여 산출되며 아래와 같이 표기한다.

$$\text{조화평균}(H) = \dfrac{n}{\sum_{i=1}^{n} \dfrac{1}{x_i}} = \dfrac{1}{\dfrac{1}{n}\left(\dfrac{1}{x_1} + \dfrac{1}{x_2} + \cdots + \dfrac{1}{x_n}\right)}$$

따라서 이 관광버스의 평균운행속도는 아래와 같다.

$$\text{조화평균}(H) = \dfrac{n}{\sum_{i=1}^{n} \dfrac{1}{x_i}} = \dfrac{1}{\dfrac{1}{2}\left(\dfrac{1}{80} + \dfrac{1}{100}\right)} \fallingdotseq 88.89$$

129 [13년 2회, 20년 1·2회 통합 기출]

5개의 자료값 10, 20, 30, 40, 50의 특성으로 옳은 것은?

① 평균 30, 중앙값 30 ② 평균 35, 중앙값 40
③ 평균 30, 최빈값 50 ④ 평균 25, 최빈값 10

해설
- 평균
  평균은 모든 값을 더한 후 자료의 개수로 나눈 값이다.
  $\overline{X} = \dfrac{1}{5}\sum_{i=1}^{5} X_i = \dfrac{10+20+30+40+50}{5} = 30$
- 중앙값
  중앙값은 주어진 데이터셋을 크기 순으로 정렬했을 때, 중앙에 위치한 값이다. 데이터는 이미 오름차순으로 정렬되어 있으며, 나열하면 [10, 20, 30, 40, 50]이므로 중앙값은 30이다.
- 최빈값
  최빈값은 자료에서 가장 많이 나타나는 값이다. 그러나 모든 값이 한 번씩만 나타나므로 최빈값은 없다.

정답 : 126 ③ 127 ④ 128 ③ 129 ①

130 정답률 약 40% [08년 1회, 14년 1회 기출]

변량 $x_1, x_2, \cdots, x_n$에 대하여 $|x_1-\alpha|+|x_2-\alpha|+\cdots+|x_n-\alpha|$를 최소로 하는 대푯값 α는?

① 산술평균 ② 중위수
③ 최빈수 ④ 기하평균

해설 중위수(중앙값)는 데이터를 크기 순서대로 정렬했을 때, 절반은 중위수보다 크고 나머지 절반은 작도록 나눈다. 이는 중위수가 절대 편차 합인 $\sum_{i=1}^{n}|x_i-\alpha|$을 최소로 하는 대푯값이기 때문이다.

※ 주의!
절대편차 $|X_i-\alpha|$로 인해 평균편차 $\frac{1}{n}\sum_{i=1}^{n}|X_i-\overline{X}|$를 답으로 선택한 경우라면 반드시 주의해야 한다. 평균편차는 데이터의 산포도를 측정하는 방법이며, 각 데이터 값과 산술평균의 차이의 절댓값을 구한 후 이를 평균 내어 산출된다.
이때, 평균편차가 절대편차 $|X_i-\alpha|$의 합을 최소화하는 대푯값이 될 수 없는 이유는, 산술평균은 절대 편차의 합을 최소화하는 것이 아니라 제곱편차의 합인 $\sum_{i=1}^{n}(X_i-\alpha)^2$을 최소화하는 값이기 때문이다.

131 [02년 3회, 12년 1회, 15년 2회, 18년 3회 기출]

어느 대학교에서 학생들을 대상으로 4개의 변수(키, 몸무게, 혈액형, 월평균 용돈)에 대한 관측값을 얻었다. 4개의 변수 중에서 최빈값을 대푯값으로 사용할 때 가장 적절한 변수는?

① 키 ② 혈액형
③ 몸무게 ④ 월평균 용돈

해설 혈액형은 범주형 변수이며, A형, B형, AB형, O형으로 구분되며, 만약 관측값 중 O형이 가장 많다면 O형이 최빈값이 된다. 범주형 변수에서는 최빈값이 그 집단에서 가장 흔한 특성을 대표하기 때문에, 혈액형은 최빈값을 대푯값으로 사용하는 것이 적절하다.
①, ③, ④ 키, 몸무게, 월평균 용돈은 모두 연속형 변수이다. 연속형 변수는 최빈값보다는 평균이나 중앙값을 대푯값으로 사용하는 것이 더 적절하다.

2 산포의 정도

132 [15년 2회 기출]

다음 설명 중 틀린 것은?

① 평균은 각 자료에서 유일하게 얻어진다.
② 중앙값은 평균보다 극단값에 의해 영향을 더 많이 받는다.
③ 최빈값은 하나 이상 얻어질 수도 있다.
④ 표준편차의 단위는 원자료의 단위와 일치한다.

해설 산술평균은 이상치(Outlier)에 민감하다는 단점을 갖는다. 반면 중앙값은 이상치나 극단값에 영향을 받지 않는다.
① 평균은 각 자료에서 유일하게 얻어진다. 평균은 주어진 데이터 집합에서 유일하게 계산되는 값이다. 동일한 데이터 집합에 대해 동일한 계산 과정을 거쳐 항상 같은 평균이 도출되므로, 평균은 유일하게 결정된다. 산술평균 공식에서 X_i는 각각의 데이터의 값이고, n은 데이터의 개수이다.

$$\overline{X}=\frac{1}{n}\sum_{i=1}^{n}X_i=\frac{X_1+X_2+\cdots+X_n}{n}$$

③ 최빈값은 하나 이상 얻어질 수도 있다. 만약 여러 개의 값이 같은 빈도로 가장 자주 나타난다면, 여러 개의 최빈값이 존재한다.
④ 표준편차의 단위는 원자료의 단위와 일치한다. 그러나, 분산은 표준편차의 제곱이므로 원자료 단위의 제곱을 단위로 가지므로 주의해야 한다.

133 [13년 1회, 19년 3회 기출]

분산에 관한 설명으로 틀린 것은?

① 편차제곱의 평균이다.
② 분산은 양수 또는 음수를 취한다.
③ 자료가 모두 동일한 값이면 분산은 0이다.
④ 자료가 평균에 밀집할수록 분산의 값은 작아진다.

해설 (표본)분산의 공식을 보면 분산은 $S^2 \geq 0$이다.

$$S^2=\frac{\sum_{i=1}^{n}(X_i-\overline{X})^2}{n-1}$$

공식에서 분자를 보면, 제곱의 특성상 모든 편차가 양수 또는 0이 되기 때문에 분산은 음수일 수 없다.

정답 : 130 ② 131 ② 132 ② 133 ②

134 정답률 약 50%

[14년 2회, 19년 2회, 20년 3회 기출]

다음은 A병원과 B병원에서 각각 6명의 환자를 상대로 환자가 병원에 도착하여 진료서비스를 받기까지의 대기시간(단위 : 분)을 조사한 것이다. 두 병원의 진료서비스 대기시간에 대한 비교로 옳은 것은?

| A병원 | 17 | 32 | 5 | 19 | 20 | 9 |
| B병원 | 10 | 15 | 17 | 17 | 23 | 20 |

① A병원의 평균＝B병원의 평균,
   A병원의 분산＜B병원의 분산
② A병원의 평균＝B병원의 평균,
   A병원의 분산＞B병원의 분산
③ A병원의 평균＞B병원의 평균,
   A병원의 분산＜B병원의 분산
④ A병원의 평균＜B병원의 평균,
   A병원의 분산＞B병원의 분산

해설 A병원의 표본평균을 계산하면, 아래와 같다.

$$\overline{X_A} = \frac{1}{6}\sum_{i=1}^{6} X_{Ai} = \frac{17+32+5+19+20+9}{6} = 17$$

A병원의 표본분산을 계산하면, 아래와 같다.

$$S_A^2 = \frac{1}{5} \times \sum_{i=1}^{6}(X_{Ai}-17)^2$$
$$= \frac{0^2+15^2+(-12)^2+2^2+3^2+8^2}{5} = \frac{446}{5}$$

B병원의 표본평균을 계산하면, 아래와 같다.

$$\overline{X_B} = \frac{1}{6}\sum_{i=1}^{6} X_{Bi} = \frac{10+15+17+17+23+20}{6} = 17$$

B병원의 표본분산을 계산하면, 아래와 같다.

$$S_A^2 = \frac{1}{5} \times \sum_{i=1}^{6}(X_{Bi}-17)^2$$
$$= \frac{(-7)^2+(-2)^2+0^2+0^2+5^2+3^2}{5} = \frac{87}{5}$$

표본평균은 A병원의 평균＝B병원의 평균이고,
표본분산은 A병원의 분산＞B병원의 분산이다.

135 정답률 약 20%

[10년 3회, 13년 1회 기출]

평균이 50이고, 표준편차가 10인 어떤 자료에 값이 모두 동일하게 10인 6개의 자료를 더 추가하였다. 표준편차의 변화는?

① 당초의 표준편차보다 더 커진다.
② 당초의 표준편차보다 더 작아진다.
③ 변하지 않는다.
④ 판단할 수 없다.

해설 표본분산 공식은 아래와 같다.

$$S^2 = \frac{\sum_{i=1}^{n}(X_i-\overline{X})^2}{n-1} = \frac{1}{n-1} \times \left(\sum_{i=1}^{n} X_i^2 - n\overline{X}^2\right)$$

따라서, 표본표준편차 공식은 $S = \sqrt{S^2}$ 이다.
이때, 평균이 $\overline{X}=50$ 이고, 표준편차가 $S=10$인 어떤 자료에 값이 모두 동일하게 10인 6개의 자료를 더 추가했다면 전체 자료의 분포가 평균보다 낮은 방향으로 확산된다. 즉, 자료 전체가 평균에서 더 멀리 퍼지게 되어 표준편차가 당초보다 더 커진다.

136 정답률 약 50%

[20년 1·2회 통합 기출]

분산과 표준편차에 관한 설명으로 틀린 것은?

① 분산이 크다는 것은 각 측정치가 평균으로부터 멀리 떨어져 있다는 것을 의미한다.
② 분산도를 구하기 위해 분산과 표준편차는 각각의 편차를 제곱하는 방법을 사용한다.
③ 분산은 관찰값에서 관찰값들의 평균값을 뺀 값의 제곱의 합계를 관찰 개수로 나눈 값이다.
④ 표준편차는 분산의 값을 제곱한 것과 같다.

해설 표준편차는 분산의 제곱근이며, $S=\sqrt{S^2}$ 이다.
①, ②, ③ 분산은 각 측정치가 평균으로부터 얼마나 퍼져 있는지를 나타내는 지표이다. 이는 표본분산 공식인
$S^2 = \frac{1}{n-1} \times \sum_{i=1}^{n}(X_i-\overline{X})^2$ 를 통해서도 알 수 있다.
즉, 분산이 클수록 각 측정치가 평균으로부터 멀리 떨어져 있다. 따라서 분산은 각 데이터 값에서 평균을 뺀 편차를 제곱한 후, 그 값을 평균한 것이므로 '편차 제곱의 평균'이라고 한다.

정답 : 134 ② 135 ① 136 ④

137 정답률 약 60% [18년 2회, 22년 2회 기출]

다음 중 표준편차가 가장 큰 자료는?

① 3 4 5 6 7　　② 3 3 5 7 7
③ 3 5 5 5 7　　④ 5 6 7 8 9

해설 표본분산 공식인 $S^2 = \dfrac{1}{n-1} \times \sum_{i=1}^{n}(X_i - \overline{X})^2$ 가

'편차 제곱의 평균'이므로 '편차 제곱의 합'이
가장 큰 선지를 찾는 것이 시험장에서 활용도가 높다.

	측정치들	표본평균 $\overline{X}$	편차 $(X_i - \overline{X})$	편차 제곱의 합
①	3 4 5 6 7	5	-2, -1, 0, 1, 2	10
②	3 3 5 7 7	5	-2, -2, 0, 2, 2	16
③	3 5 5 5 7	5	-2, 0, 0, 0, 2	8
④	5 6 7 8 9	7	-2, -1, 0, 1, 2	10

표본분산은 ① $\dfrac{10}{4}$, ② $\dfrac{16}{4}$, ③ $\dfrac{8}{4}$, ④ $\dfrac{10}{4}$ 이다.

표본표준편차는 분산의 제곱근이며 $S = \sqrt{S^2}$ 이므로,
① $\sqrt{\dfrac{10}{4}}$, ② $\sqrt{\dfrac{16}{4}}$, ③ $\sqrt{\dfrac{8}{4}}$, ④ $\sqrt{\dfrac{10}{4}}$ 이다.
따라서 '편차 제곱의 합'까지만 산출하면 된다.

138 정답률 약 40% [12년 1회 기출]

분산과 표준편차에 관한 설명으로 틀린 것은?

① 분산이 크다는 것은 각 측정치가 평균으로부터 멀리 떨어져 있다는 것을 의미한다.
② 어떤 집단으로부터 수집한 각 수치의 편차의 합은 0이다.
③ 분산은 관찰값에서 관찰값들의 평균값을 뺀 값의 제곱의 합계를 관찰 개수로 나눈 값이다.
④ 표준편차는 분산의 값을 제곱한 것과 같다.

해설 표준편차 S는 분산 S^2의 제곱이 아닌 제곱근이므로 표준편차 $S = \sqrt{S^2}$ 라고 표기한다.

139 [14년 3회 기출]

A고등학교의 시험 결과가 아래 표와 같다. 자료에 대한 설명으로 가장 적합한 것을 고르시오.

구분	평균	표준편차
1반	73.5	8.3
2반	73.5	20.4

① 1반과 2반의 성적은 평균값이 같으므로 같다.
② 1반은 2반에 비해 성적 차이가 크지 않다.
③ 2반은 1반에 비해 성적이 좋다.
④ 2반의 표준편차가 더 크므로 최고점의 학생은 항상 2반에 있다.

해설 두 반의 평균은 같을 때, 1반의 표준편차는 8.3이고 2반의 표준편차는 20.4이다. 따라서 1반의 성적이 평균 근처에 더 밀집해 있고, 2반은 성적이 더 분산되어 있으므로, 1반은 2반에 비해 성적 차이가 크지 않다.
① 두 반의 평균이 같은 것이 두 반의 성적이 같다는 것을 의미하지는 않으며, 성적은 성적의 분포나 변동성을 고려해야 한다.
③ 1반과 2반의 평균 성적은 동일하게 73.5이므로, 특정 반의 성적이 더 좋다고 할 수는 없다.
④ 표준편차가 큰 것은 성적의 변동이 크다는 것이며, 최고점 학생이 반드시 2반에 있다는 것이 아니다.

140 정답률 약 40%

[11년 1회, 17년 3회, 20년 3회 기출]

단위가 다른 두 집단 간에 산포를 비교할 때 가장 적합한 측도는?

① 분산　　② 범위
③ 변동계수　　④ 사분위범위

해설 측정단위가 서로 다른 두 집단의 산포를 비교할 때, 각 집단의 측정값의 크기나 단위에 영향을 받지 않는 변동계수(CV ; Coefficient of Variation)를 사용한다.

정답 : 137 ②　138 ④　139 ②　140 ③

141 정답률 약 50%   [18년 3회, 21년 2회 기출]

남자 직원과 여자 직원의 임금을 조사하여 다음과 같은 결과를 얻었다. 변동(변이)계수에 근거한 남녀 직원 임금의 산포에 관한 설명으로 맞는 것은?

구분	임금평균(단위 : 천원)	표준편차(단위 : 천원)
남자	2,000	40
여자	1,500	30

① 남자 직원 임금의 산포가 더 크다.
② 여자 직원 임금의 산포가 더 크다.
③ 이 정보로는 산포를 설명할 수 없다.
④ 남자 직원과 여자 직원의 임금의 산포가 같다.

해설 변동계수 공식을 통해 두 집단의 산포를 비교해보면, 남자, 여자 직원의 임금에 대한 변동계수는 아래와 같다.

$$CV_\text{남} = \frac{S}{\overline{X}} = \frac{40}{2,000} = 0.02$$

$$CV_\text{여} = \frac{S}{\overline{X}} = \frac{30}{1,500} = 0.02$$

변동계수가 $CV_\text{남} = CV_\text{여} = 0.02(2\%)$로 동일하므로, 결론은 남자 직원과 여자 직원의 임금의 산포가 같다.

142 정답률 약 30%   [11년 3회, 21년 3회 기출]

변동계수(Coefficient of Variation)에 대한 설명으로 틀린 것은?

① 변동계수는 0 이상, 1 이하의 값을 갖는다.
② 변동계수는 단위에 의존하지 않는 통계량이다.
③ 상대적인 산포의 측도로서 표준편차를 평균으로 나눈 값으로 정의된다.
④ 단위가 서로 다르거나 집단 간에 평균의 차이가 큰 산포를 비교하는데 유용하게 사용된다.

해설 변동계수는 표준편차를 평균으로 나눈 값이므로, 반드시 0과 1 사이에만 존재하는 것은 아니다. 평균이 작거나 표준편차가 큰 경우 변동계수는 1을 초과할 수 있다.

143 정답률 약 50%   [15년 1회 기출]

측정단위가 서로 다른 두 집단의 산포를 비교하기 위한 측도로 가장 적당한 것은?

① 평균절대편차(Mean Absolute Deviation)
② 사분위수 범위(Interquartile Range)
③ 분산(Variance)
④ 변동계수(Coefficient of Variation)

해설 측정단위가 서로 다른 두 집단의 산포를 비교할 때, 각 집단의 측정값의 크기나 단위에 영향을 받지 않는 변동계수(CV ; Coefficient of Variation)를 사용한다.
변동계수는 표준편차를 평균으로 나눈 값으로, 단위가 없는 상대적인 변동성을 나타내어 서로 다른 단위를 가진 데이터의 산포를 비교할 때 유용하다.

144 정답률 약 40%   [16년 2회 기출]

변동계수(또는 변이계수)에 대한 설명으로 틀린 것은?

① 평균의 차이가 큰 두 집단의 산포를 비교할 때 이용한다.
② 평균을 표준편차로 나눈 값이다.
③ 단위가 다른 두 집단자료의 산포를 비교할 때 이용한다.
④ 관찰치의 산포의 정도를 상대적으로 비교할 때 이용한다.

해설 변동계수는 모분산 σ^2 및 모평균 μ을 아는 경우는 $CV = \frac{\sigma}{\mu}$, 모르는 경우는 $CV = \frac{S}{\overline{X}}$라고 표기한다.
즉, 변동계수는 평균을 표준편차로 나눈 값이 아닌 표준편차를 평균으로 나눈 값임에 주의해야 한다.

정답 : 141 ④   142 ①   143 ④   144 ②

145 정답률 약 50%   [10년 1회, 16년 3회 기출]

어느 고등학교에서 임의로 50명의 학생을 추출하여 몸무게(kg)와 키(cm)를 측정하였다. 이들의 몸무게와 키의 산포의 정도를 비교하기에 가장 적합한 통계량은?

① 평균
② 상관계수
③ 변이(변동)계수
④ 분산

해설 **Case 1** 측정단위가 서로 다른 두 집단의 산포 비교에 해당한다.
몸무게(kg)와 키(cm)라는 서로 다른 단위를 가진 두 변수를 비교해야 할 때, 산포의 정도를 비교하기 위해서는 각 변수의 단위에 영향을 받지 않는 통계량이 필요하다. 변동계수(CV ; Coefficient of Variation)는 표준편차를 평균으로 나눈 값으로, 단위에 상관없이 변수를 비교할 수 있다. 따라서 몸무게와 키의 산포 정도를 비교하기에 가장 적합한 통계량은 변동계수이다.

146 정답률 약 50%   [13년 1회, 17년 1회 기출]

어느 한 집단에 대해서 신체검사를 하였다. 신체검사 결과 키와 발의 산포 크기를 비교하고자 할 때 가장 적합한 것은?

① 변동계수
② 분산
③ 표준편차
④ 결정계수

해설 **Case 2** 평균의 차이가 큰 두 집단의 산포 비교에 해당한다.
키(cm)와 발(cm)처럼 단위가 동일하더라도 평균과 표준편차가 크게 차이날 수 있으므로, 산포가 크게 다를 수 있다. 변동계수(CV)는 단위에 상관없이 각 변수의 상대적인 변동성을 비교할 수 있게 해주는 지표로, 평균 대비 표준편차를 나타내어 상대적 산포를 측정한다. 즉, 키와 발의 크기를 비교할 때 변동계수가 적합한 이유는 단순히 단위의 차이 때문이 아니라, 그들의 상대적 변동성을 비교하려는 의도 때문이다.

147 정답률 약 20%   [18년 3년 기출]

2010년 도소매업의 한 사업체에서 단일표본으로 추출된 종사자 수는 평균 3.0명이고 변동계수는 0.4이다. 이 표본을 바탕으로 구한 95% 신뢰구간으로 옳은 것은? (단, $Z_{0.05} = 1.645$, $Z_{0.025} = 1.96$)

① 0.648명~5.352명
② 2.216명~3.784명
③ 1.026명~4.974명
④ 2.342명~3.658명

해설 정규모집단 유무 및 모분산이 제시되어 있지 않다.
이 경우에 모평균 μ에 대한 $100(1-\alpha)\%$ 신뢰구간은 아래와 같이 표기한다.

$$\overline{X} \pm Z_{\frac{\alpha}{2}} \times \frac{S}{\sqrt{n}}$$

표본평균 $\overline{X} = 3$, 변동계수 $CV = \frac{S}{\overline{X}} = 0.4$가 주어져 있으므로, 표본표준편차 $S = 0.4 \times \overline{X} = 0.4 \times 3 = 1.2$이며, 95% 신뢰구간을 구하면 아래와 같다.

$$\overline{X} \pm Z_{\frac{\alpha}{2}} \times \frac{S}{\sqrt{n}} = 3 \pm 1.96 \times \frac{1.2}{\sqrt{1}} = (0.648, 5.352)$$

148 정답률 약 50%   [21년 1회 기출]

평균이 40, 중앙값이 38, 표준편차가 4일 때 변이계수(Coefficient of Variation)는?

① 4%
② 10%
③ 10.5%
④ 40%

해설 변동계수는 표준편차를 평균으로 나눈 값이다.
$$CV = \frac{\text{표준편차}}{\text{평균}} = \frac{4}{40} = 0.1 = 10\%$$

정답 : 145 ③ 146 ① 147 ① 148 ②

149 정답률 약 30% [16년 1회, 22년 2회 기출]

크기가 5인 확률표본에 대해 $\sum_{j=1}^{5} x_j = 10$과 $\sum_{j=1}^{5} x_j^2 = 30$을 얻었다면, 표본 변이계수(Coefficient of Variation)는?

① 0.5　　　　② 0.79
③ 1.0　　　　④ 1.26

해설 변동계수를 확률표본에 대해 구하므로, 모분산 σ^2 및 모평균 μ을 모르는 경우이다. → $CV = \dfrac{S}{\overline{X}}$

[분모] 표본평균 $\overline{X} = \dfrac{\sum_{j=1}^{5} x_j}{5} = \dfrac{10}{5} = 2$

[분자] 표본표준편차 $S = \sqrt{S^2}$
먼저, 표본분산 S^2 공식은 아래와 같다.

$$S^2 = \dfrac{\sum_{j=1}^{n}(X_j - \overline{X})^2}{n-1} = \dfrac{1}{n-1} \times \left(\sum_{j=1}^{n} X_j^2 - n\overline{X}^2\right)$$

일단, 표본분산 S^2 값을 먼저 구해보자.
$\dfrac{1}{5-1} \times \left(\sum_{j=1}^{5} x_j^2 - 5\overline{x}^2\right) = \dfrac{1}{4} \times (30 - 5 \times 2^2) = 2.5$

표본분산 값을 통해 표본표준편차를 산출하면,
표본표준편차 $S = \sqrt{S^2} = \sqrt{2.5}$ 이다.

[변이계수] 표본 변이계수 $CV = \dfrac{S}{\overline{X}} = \dfrac{\sqrt{2.5}}{2} ≒ 0.79$

150 [17년 1회 기출]

사분위수 범위를 바르게 나타낸 것은?

① 제2사분위수 − 제1사분위수
② 제3사분위수 − 제2사분위수
③ 제3사분위수 − 제1사분위수
④ 제4사분위수 − 제1사분위수

해설 사분위수범위(IQR ; Interquartile Range)는 전체 자료의 50%를 포함하는 범위이며, 사분위수 범위(IQR) = 제3사분위수(Q_3) − 제1사분위수(Q_1)이다.

151 정답률 약 40% [14년 1회 기출]

어떤 PC방을 이용하는 고객 중 무작위로 추출된 100명의 고객들을 대상으로 나이를 조사하여 다음 결과를 얻었다. 변동계수(Coefficient of Variation)는?

> 평균=24, 중앙값=22, 범위=20, 분산=36

① 36%　　　　② 25%
③ 10%　　　　④ 1.5%

해설 무작위로 추출된 100명의 고객들을 대상으로 나이를 조사하여 아래와 같은 값이 주어져 있다.
$\overline{X} = 24$, $M_e = 22$, $Range = 20$, $S^2 = 36$
변동계수 공식에 따라 산출하면 아래와 같다.
$CV = \dfrac{S}{\overline{X}} = \dfrac{6}{24} = \dfrac{1}{4} = 25\%$

152 정답률 약 50% [11년 3회, 18년 1회 기출]

표본으로 추출된 15명의 성인을 대상으로 지난해 감기로 앓았던 일수를 조사하여 다음의 데이터를 얻었다. 평균, 중앙값, 최빈값, 범위를 계산한 값 중 틀린 것은?

5	7	0	3	15
6	5	9	3	8
10	5	2	0	12

① 평균=6　　　　② 중앙값=5
③ 최빈값=5　　　④ 범위=14

해설 범위는 최대값(Max)과 최소값(Min)의 차이이므로, 산출하면 $Range = \text{Max} - \text{Min} = 15 - 0 = 15$이다.
① 표본평균은 아래와 같이 산출된다.
$\overline{X} = \dfrac{1}{15}\sum_{i=1}^{15} X_i = \dfrac{5+7+\cdots+0+12}{15} = \dfrac{90}{15} = 6$
② 중앙값(Median)은 데이터를 크기 순으로 정렬한 후, 중앙에 위치한 값을 선택하는 것이므로 정렬해보자.
[0,0,2,3,3,5,5,5,6,7,8,9,10,12,15]
중앙값은 15개의 데이터 중 여덟 번째 값인 5이다.
③ 최빈값(Mode)은 데이터에서 빈도가 가장 높은 값이다. 위 데이터에서 5가 3번 등장하므로 최빈값은 5이다.

정답 : 149 ②　150 ③　151 ②　152 ④

153 정답률 약 40%

[09년 1회, 13년 2회, 20년 3회 기출]

어떤 기업체의 인문사회계열 출신 종업원 평균급여는 140만원, 표준편차는 42만원이고, 공학계열 출신 종업원 평균급여는 160만원, 표준편차는 44만원일 때의 설명으로 틀린 것은?

① 공학계열 종업원의 평균급여 수준이 인문사회계열 종업원의 평균급여 수준보다 높다.
② 인문사회계열 종업원 중 공학계열 종업원보다 급여가 더 높은 사람도 있을 수 있다.
③ 공학계열 종업원들 급여에 대한 중앙값이 인문사회계열 종업원들 급여에 대한 중앙값보다 크다고 할 수는 없다.
④ 인문사회계열 종업원들의 급여가 공학계열 종업원들의 급여에 비해 상대적으로 산포도를 나타내는 변동계수가 더 작다.

해설 변동계수 공식에 대입하여 비교해보자.

$$CV_{인문} = \frac{S}{\overline{X}} = \frac{42}{140} = 0.3,$$

$$CV_{공학} = \frac{S}{\overline{X}} = \frac{44}{160} = 0.275$$

인문사회계열 종업원들의 급여가 공학계열에 비해 상대적으로 산포도를 나타내는 변동계수가 더 크다.
① 문제에 주어진 수치를 활용하면 공학계열 종업원의 평균급여 수준(160만원)이 인문사회계열 종업원의 평균급여 수준(140만원)보다 높다.
② 평균이 다르더라도 개인 간의 급여 차이가 있기 때문에, 인문사회계열 중에서도 공학계열보다 급여가 높은 사람이 있을 수 있다.
③ 평균이 주어졌지만, 중앙값은 분포의 비대칭성에 따라 달라질 수 있다. 평균이 더 높더라도 중앙값이 더 크다고 단정할 수는 없다.

154 정답률 약 40%

[12년 1회, 16년 2회, 20년 1·2회 통합 기출]

초등학생과 대학생의 용돈의 평균과 표준편차가 다음과 같을 때 변동계수를 비교한 결과로 옳은 것은?

구분	용돈 평균	표준편차
초등학생	130,000	2,000
대학생	200,000	3,000

① 초등학생 용돈이 대학생 용돈보다 상대적으로 더 평균에 밀집되어 있다.
② 대학생 용돈이 초등학생 용돈보다 상대적으로 더 평균에 밀집되어 있다.
③ 초등학생 용돈과 대학생 용돈의 변동계수는 같다.
④ 평균이 다르므로 비교할 수 없다.

해설 두 집단을 변동계수 공식을 활용하여 비교해보자.

$$CV_{초} = \frac{S}{\overline{X}} = \frac{2,000}{130,000} ≒ 0.015384$$

$$CV_{대} = \frac{S}{\overline{X}} = \frac{3,000}{200,000} = 0.015$$

산출된 결과를 보면 $CV_{초} > CV_{대}$ 이므로, 대학생 용돈이 상대적으로 더 평균에 밀집되어 있다.

155 정답률 약 40%

[15년 1회, 19년 1회 기출]

남, 여 두 집단의 연간 상여금과 평균과 표준편차가 각각 (200만원, 30만원), (130만원, 20만원)이었다. 변동(변이)계수를 이용해 두 집단의 산포를 비교한 것으로 옳은 것은?

① 남자의 상여금 산포가 더 크다.
② 여자의 상여금 산포가 더 크다.
③ 남녀의 상여금 산포가 같다.
④ 비교할 수 없다.

해설 변동계수 공식에 대입하여 산포를 비교해보자.

$$CV_{남자} = \frac{표준편차}{평균} = \frac{30}{200} = 0.15$$

$$CV_{여자} = \frac{표준편차}{평균} = \frac{20}{130} ≒ 0.1538$$

수치를 비교해보면 $CV_{여자} > CV_{남자}$ 이므로, 남자보다 여자의 상여금 산포가 더 크다.

정답: 153 ④ 154 ② 155 ②

156 [13년 2회 기출]
정답률 약 40%

다음 중 자료의 산포도를 나타내는 측도는?

① 중앙값 ② 사분위수
③ 백분위수 ④ 사분위범위

해설 사분위범위는 '산포에 대한 측도'이며, 나머지 중앙값, 사분위수, 백분위수는 '중심위치에 대한 측도'이다.

중심위치에 대한 측도	평균 관련 5가지	산술평균, 절사평균, 가중평균, 기하평균, 조화평균
	분위수 관련 3가지	중앙값, 백분위수, 사분위수
	빈도 관련 1가지	최빈값
산포에 대한 측도	6가지	분산, 표준편차, 변동계수(변이계수), 범위, 사분위수범위, 평균편차
분포의 형태를 나타내는 측도	2가지	왜도, 첨도

157 [16년 2회 기출]
정답률 약 50%

다음 설명 중 옳지 않은 것은?

① 편차의 합은 항상 0이다.
② 중위수는 극단값에 영향을 받지 않는다.
③ 사분위수범위는 중심위치에 대한 측도이다.
④ 최빈수는 두 개 이상 있을 수 있다.

해설 사분위수범위는 대표적인 '산포에 대한 측도'이다.
① 각 데이터 값에서 평균을 뺀 값인 편차는 $\sum_{i=1}^{n}(X_i - \overline{X}) = 0$이므로, 편차의 합은 항상 0이다. 이는 평균이 데이터의 중심값을 나타내기 때문에, 양의 편차와 음의 편차가 서로 상쇄되어 합이 0이 되는 것이다.
② 중위수(중앙값)는 데이터 값의 중앙에 위치한 값이기 때문에, 극단값(Outliers)에 영향을 받지 않는다. 이는 평균이 극단값에 민감한 것과 대조적이다.
④ 최빈수는 데이터에서 가장 많이 나타나는 값을 의미하며, 두 개 이상의 최빈수가 있을 수 있다.

158 [09년 3회, 17년 3회 기출]

다음 자료에 대한 설명으로 틀린 것은?

2	7	5	11	5	1	4

① 범위는 10이다. ② 중앙값은 5.5이다.
③ 평균값은 5이다. ④ 최빈값은 5이다.

해설 자료가 나열되어 있는 구조를 발견하면, 오름차순으로 정렬해보는 것을 가장 먼저 수행해야 한다.
[1,2,4,5,5,7,11]
따라서 중위수는 가운데에 위치한 값인 5이다.
① 범위(Range)는 변수값으로 측정된 관측값들 중에서 가장 큰 값과 가장 작은 값의 절대적인 차이이며, $Range = Max - Min$이다. 따라서 자료의 최댓값과 최솟값의 차이를 구하여 범위를 산출하면, $Range = 11 - 1 = 10$이다.
③ 표본평균 공식 $\overline{X} = \frac{1}{n}\sum_{i=1}^{n}X_i$에 따라 산출해보자.
$\overline{X} = \frac{1}{7}\sum_{i=1}^{7}X_i = \frac{2+7+5+11+5+1+4}{7} = 5$
④ 최빈값은 관측값 중 가장 많은 빈도를 가지는 값이며, 하나 이상 얻어질 수도 있다. 위 자료에서는 5가 2회로 가장 많은 빈도를 가지므로, 최빈값은 5이다.

159 [17년 2회 기출]

5개의 수치(왼쪽부터 최솟값, 제1사분위수, 제2사분위수, 제3사분위수, 최댓값)가 다음과 같이 주어져 있을 때, 범위와 사분위수 범위(IQR)는 얼마인가?

20	27	29	33	50

① (30, 23) ② (30, 6)
③ (50, 6) ④ (20, 9)

해설 범위는 변수값으로 측정된 관측값들 중에서 가장 큰 값과 가장 작은 값의 절대적인 차이이므로, 위 자료에서 범위는 $Range = Max - Min = 50 - 20 = 30$이다.
그 다음으로 사분위수 범위(IQR)는 사분위수범위(IQR)=제3사분위수(Q_3) - 제1사분위수(Q_1) $33 - 27 = 6$이다.

정답 : 156 ④ 157 ③ 158 ② 159 ②

160 정답률 약 40% [11년 1회 기출]

다음 자료에 대한 설명으로 틀린 것은?

| 1 | 3 | 5 | 10 | 1 |

① 분산은 14이다.　② 중위수는 5이다.
③ 범위는 9이다.　　④ 평균은 4이다.

해설 자료가 나열되어 있는 구조를 발견하면, 오름차순으로 정렬해보는 것을 가장 먼저 수행해야 한다.
[1, 1, 3, 5, 10]
따라서 중위수는 가운데에 위치한 값인 3이다.
①, ④ 평균과 분산을 구해보면, 아래와 같다.

$$\overline{X} = \frac{1}{n}\sum_{i=1}^{n} X_i = \frac{1+3+5+10+1}{5} = \frac{20}{5} = 4$$

표본평균 값을 활용하여 표본분산을 구해보자.

$$S^2 = \frac{\sum_{i=1}^{5}(X_i - \overline{X})^2}{5-1}$$
$$= \frac{(1-4)^2 + (3-4)^2 + \cdots + (10-4)^2 + (1-4)^2}{4}$$
$$= 14$$

③ 범위는 측정된 관측값들 중에서 가장 큰 값과 가장 작은 값의 차이이다.
$Range = Max - Min = 10 - 1 = 9$

161 정답률 약 40% [11년 3회, 21년 2회 기출]

자료의 산포(Dispersion)의 정도를 나타내는 측도가 아닌 것은?

① 범위(Range)
② 왜도(Skewness)
③ 변동계수(Coefficient of Variation)
④ 사분편차(Quartile Deviation, 사분위수범위)

해설 왜도(Skewness)는 자료의 산포(Dispersion)의 정도를 나타내는 측도가 아니다. 왜도는 자료의 비대칭성을 측정하는 통계량으로, 데이터가 평균을 중심으로 얼마나 한쪽으로 치우쳐있는지를 나타낸다.

162 [19년 1회 기출]

다음 자료에 대한 설명으로 틀린 것은?

| 58 | 54 | 54 | 81 | 56 | 81 |
| 75 | 55 | 41 | 40 | 20 | |

① 중앙값은 55이다.
② 표본평균은 중앙값보다 작다.
③ 최빈값은 54와 81이다.
④ 자료의 범위는 61이다.

해설 표본평균을 산출하면 아래와 같다.

$$\overline{X} = \frac{1}{n}\sum_{i=1}^{n} X_i = \frac{58 + \cdots + 20}{11} = \frac{615}{11} ≒ 55.909$$

따라서 표본평균은 중앙값(55)보다 크다.
① 중앙값을 구하려면 자료를 크기순으로 정렬해야 하므로, 오름차순으로 정렬하면 아래와 같다.
[20, 40, 41, 54, 54, 55, 56, 58, 75, 81, 81]
총 개수는 11개이며, 중앙값은 6번째 값인 55이다.
③ 최빈값은 자료에서 가장 자주 나타나는 값이며, 54와 81이 각각 2번씩 나타나므로 최빈값이다.
④ 범위는 최대값(Max)과 최소값(Min)의 차이이므로,
$Range = Max - Min = 81 - 20 = 61$

163 정답률 약 50% [20년 4회 기출]

산포도에 관한 설명으로 틀린 것은?

① 관측값들이 평균으로부터 멀리 떨어져 나타날수록 분산은 커진다.
② 범위는 변수값으로 측정된 관측값들 중에서 가장 큰 값과 가장 작은 값의 절댓값인 차이를 말한다.
③ 분산은 평균편차의 절댓값들의 평균이다.
④ 표준편차는 분산의 제곱근이다.

해설 분산은 모분산과 표본분산이 존재하며, 각각 아래와 같다.

모분산 $\sigma^2 = \dfrac{\sum_{i=1}^{N}(X_i - \mu)^2}{N}$

표본분산 $S^2 = \dfrac{\sum_{i=1}^{n}(X_i - \overline{X})^2}{n-1}$

즉, 분산은 '편차 제곱의 평균'이다.

정답: 160 ②　161 ②　162 ②　163 ③

164 [15년 3회 기출]

어느 학교에서 A반과 B반의 영어점수는 평균과 범위가 모두 동일하고 표준편차는 A반이 15점, B반이 5점이었다. 이 자료에 근거하여 내릴 수 있는 결론으로 옳은 것은?

① A반 학생들의 점수가 B반 학생보다 평균점 근처에 더 많이 몰려 있다.
② B반 학생들의 점수가 A반 학생보다 평균점 근처에 더 많이 몰려 있다.
③ (평균점수±1×표준편차)의 범위 안에 들어 있는 학생들의 수는 A반의 경우가 B반의 경우 보다 3배가 더 많다.
④ (평균점수±1×표준편차)의 범위 안에 들어 있는 학생들의 수는 A반의 경우가 B반의 경우 1/3 밖에 되지 않는다.

해설 A반과 B반의 영어점수는 평균과 범위가 모두 동일하고, 표준편차는 각각 A반이 15점, B반이 5점이다.
B반의 표준편차가 A반의 표준편차보다 작으므로, B반의 학생들이 평균점 근처에 더 많이 몰려 있다.
③, ④ A반과 B반의 학생 수가 제시되지 않으므로, (평균점수±1×표준편차)의 범위 안에 들어 있는 학생들의 수를 'k배'라는 배수로 비교할 수가 없다.

165 [11년 1회, 17년 2회 기출]

데이터의 산포도를 측정할 수 있는 측도는?

① 표본평균　　② 중앙값
③ 사분위수범위　　④ 최빈값

해설 사분위수범위(IQR)은 제1사분위수(Q_1)와 제3사분위수(Q_3) 간의 차이를 구하여 데이터가 얼마나 퍼져 있는지를 나타내는 데이터의 산포도를 측정할 수 있는 측도이다.
①, ②, ④의 표본평균, 중앙값, 최빈값은 모두 중심경향값에 해당하며, 중심위치에 대한 측도이다.

3 분포의 모양과 평균, 분산, 비대칭도

왼쪽 꼬리가 긴 분포 암기 왜음평원긴	좌우대칭 분포 (정규분포)	오른쪽 꼬리가 긴 분포 암기 왜양최오긴
평균<중앙값<최빈값	평균=중앙값=최빈값	최빈값<중앙값<평균
피어슨 비대칭계수(왜도) $S_k < 0$	피어슨 비대칭계수(왜도) $S_k = 0$	피어슨 비대칭계수(왜도) $S_k > 0$
-	첨도=3	-
평균 중앙값 최빈값	평균=중앙값=최빈값	최빈값 중앙값 평균

166 정답률 약 50%

[03년 1회, 09년 1회, 13년 1회, 20년 1·2회 통합 기출]

어느 중학교 1학년의 신장을 조사한 결과, 평균이 136.5cm, 중앙값은 130.0cm, 표준편차가 2.0cm이었다. 학생들의 신장의 분포에 대한 설명으로 옳은 것은?

① 오른쪽으로 긴 꼬리를 갖는 비대칭분포이다.
② 왼쪽으로 긴 꼬리를 갖는 비대칭분포이다.
③ 좌우대칭분포이다.
④ 대칭분포인지 비대칭분포인지 알 수 없다.

해설 암기 : 왜양최오긴
주어진 값은 평균 136.5cm, 중앙값 130.0cm이다.
왜도가 양(+)이면, 최빈값이 가장 작은 값을 가지며, 값을 비교하면 최빈값<중앙값<평균이다.
즉, 오른쪽으로 긴 꼬리를 갖는 비대칭분포이다.

정답 : 164 ②   165 ③   166 ①

167 정답률 약 60%

[12년 3회, 15년 1회, 18년 2회, 20년 3회 기출]

왜도가 0이고 첨도가 3인 분포의 형태는?

① 좌우대칭인 분포
② 왼쪽으로 치우친 분포
③ 오른쪽으로 치우친 분포
④ 오른쪽으로 치우치고 뾰족한 모양의 분포

해설 좌우대칭인 분포는 평균 = 중앙값 = 최빈값이므로, 비대칭계수(왜도) = 0이고 첨도 = 3이다.

168 정답률 약 50% [17년 2회, 19년 3회 기출]

다음은 가전제품 서비스센터에서 어느 특정한 날 하루 동안 신청받은 애프터 서비스 건수이다. 자료에 대한 설명으로 틀린 것은?

| 9 | 10 | 4 | 16 | 6 | 13 | 12 |

① 왜도는 0이다.
② 범위는 12이다.
③ 편차들의 총합은 0이다.
④ 평균과 중앙값은 10으로 동일하다.

해설
① 왜도(Skewness)는 분포의 비대칭성 지표이다. 왜도 = 0이려면 데이터는 완벽하게 대칭이어야 한다. 그러나 주어진 데이터는 대칭이 아니다.
② 범위는 최대값(Max)과 최소값(Min)의 차이이며, 산출하면 $Range = Max - Min = 16 - 4 = 12$이다.
③ 편차는 각 데이터 값에서 평균을 뺀 값이며, 모든 데이터의 편차 합은 항상 0이다.
④ 표본평균을 산출하면 아래와 같다.
$$\overline{X} = \frac{1}{7}\sum_{i=1}^{7} X_i = \frac{9 + 10 + \cdots + 13 + 12}{7} = \frac{70}{7} = 10$$
추가적으로 중앙값을 구하기 위해 자료를 오름차순으로 정렬하면 아래와 같다.
[4, 6, 9, 10, 12, 13, 16]
총 개수는 7개이므로, 중앙값은 4번째 값인 10이다. 따라서 평균과 중앙값은 10으로 동일하다.

169 [14년 2회, 18년 2회 기출]

자료들의 분포형태와 대푯값에 관한 설명으로 옳은 것은?

① 오른쪽 꼬리가 긴 분포에서는 중앙값이 평균보다 크다.
② 왼쪽 꼬리가 긴 분포에서는 최빈값<평균<중앙값 순이다.
③ 중앙값은 분포와 무관하게 최빈값보다 작다.
④ 비대칭의 정도가 강한 경우에는 대푯값으로 평균보다 중앙값을 사용하는 것이 더 바람직하다고 할 수 있다.

해설 중앙값(Median)은 이상치나 극단적인 관측값이 추가되더라도 크기 순서에만 영향을 받으므로, 평균(Mean)보다 덜 민감한 특성을 가진다. 즉, 평균이 중앙값보다 극단적인 관측값에 의해 영향을 받는 정도가 심하다.
① 암기 : 왜양최오긴
  왜도가 양(+)이면, 최빈값이 가장 작은 값을 가지며, 값을 비교하면 최빈값<중앙값<평균이다. 이는 오른쪽으로 긴 꼬리를 갖는 비대칭분포이다.
② 암기 : 왜음평왼긴
  왜도가 음(-)이면, 평균이 가장 작은 값을 가지며, 값을 비교하면 평균<중앙값<최빈값이다. 이는 왼쪽으로 긴 꼬리를 갖는 비대칭분포이다.
③ 중앙값은 분포에 따라 최빈값보다 클 수도 있고 작을 수도 있다. 중앙값이 항상 최빈값보다 작다는 것은 옳지 않다.

170 정답률 약 50%

[12년 1회, 17년 2회, 21년 3회 기출]

오른쪽으로 꼬리가 긴 분포를 갖는 것은?

① 평균=40, 중위수=45, 최빈수=50
② 평균=40, 중위수=50, 최빈수=55
③ 평균=50, 중위수=45, 최빈수=40
④ 평균=50, 중위수=50, 최빈수=50

해설 암기 : 왜양최오긴
왜도가 양(+)이면, 최빈값이 가장 작은 값을 가지며, 값을 비교하면 최빈값<중앙값(중위수)<평균이다. 이는 오른쪽으로 긴 꼬리를 갖는 비대칭분포이다. 주어진 선지 중에서는 평균=50, 중위수=45, 최빈수=40인 경우가 해당한다.

정답 : 167 ① 168 ① 169 ④ 170 ③

171 정답률 약 50%

[07년 3회, 12년 1회, 16년 1회, 19년 2회 기출]

비대칭도(Skewness)에 관한 설명으로 틀린 것은?

① 비대칭도의 값이 1이면 좌우대칭형인 분포를 나타낸다.
② 비대칭도의 부호는 관측값 분포의 긴 쪽 꼬리방향을 나타낸다.
③ 비대칭도는 대칭성 혹은 비대칭성을 나타내는 측도이다.
④ 비대칭도의 값이 음수이면 자료의 분포형태가 왼쪽으로 꼬리를 길게 늘어뜨린 모양을 나타낸다.

해설 좌우대칭형 분포는 비대칭계수(왜도)=0, 첨도=3이다.
②, ③, ④ 암기 : 왜양최오긴 / 암기 : 왜음평왼긴
비대칭도(왜도 ; Skewness)는 분포의 대칭성(혹은 비대칭성)을 나타내는 측도이다.
오른쪽 꼬리가 긴 분포는 비대칭계수(왜도)>0이고, 왼쪽 꼬리가 긴 분포는 비대칭계수(왜도)<0이다.
즉, 비대칭도(왜도)의 부호는 관측값 분포의 긴 쪽 꼬리방향을 나타낸다.

172 정답률 약 50%   [15년 3회 기출]

대표값에 대한 설명으로 옳은 것은?

① 최빈수는 반드시 하나만 존재한다.
② 중위수는 평균보다 항상 크다.
③ 평균은 중위수보다 이상치에 대해 민감하다.
④ 오른쪽으로 긴 꼬리의 분포에서 평균은 중위수보다 작다.

해설 평균(Mean)은 중앙값(중위수 ; Median)에 비해 극단치나 이상치에 의해 영향을 받는 정도가 심하다. 따라서 평균은 중위수보다 이상치에 대해 민감하다.
① 최빈수(최빈값)은 하나 이상 얻어질 수도 있다. 만약 여러 개의 값이 같은 빈도로 가장 자주 나타난다면, 여러 개의 최빈값이 존재한다.
② 중위수(Median)는 데이터의 중앙에 위치한 값이며, 평균(Mean)은 데이터의 모든 값을 더한 후 데이터 수로 나눈 값이다. 따라서 중위수와 평균의 관계는 데이터의 분포에 따라 달라진다.
④ 암기 : 왜양최오긴
왜도가 양(+)이면, 최빈값이 가장 작은 값을 가지며, 값을 비교하면 최빈값<중앙값<평균이다.
이는 오른쪽으로 긴 꼬리를 갖는 비대칭분포이다.

173 정답률 약 50%

[13년 2회, 16년 3회, 19년 3회, 22년 2회 기출]

피어슨의 비대칭도를 대표치들 간의 관계식으로 바르게 나타낸 것은? (단, $\overline{X}$: 산술평균, M_e : 중위수, M_o : 최빈수)

① $\overline{X} - M_0 ≒ 3(M_e - \overline{X})$
② $M_0 - \overline{X} ≒ 3(M_0 - M_e)$
③ $\overline{X} - M_0 ≒ 3(\overline{X} - M_e)$
④ $M_o - \overline{X} ≒ 3(M_e - M_o)$

해설 암기 : 비삼평마중
피어슨의 비대칭계수(Pearson's skewness coefficient)는 중앙값을 기준으로 비대칭성을 평가하며, 분포의 치우침을 통해 분포의 왜도(skewness)를 측정하는 방법이다. 피어슨의 비대칭계수 공식은 아래와 같다.

$$S_k ≒ \frac{평균 - 최빈수}{표준편차} ≒ \frac{3 \times (평균 - 중위수)}{표준편차}$$

$$= \frac{3 \times (\overline{X} - M_e)}{\sigma}$$

$\overline{X}$은 산술평균 M_e은 중위수(Median), M_o은 최빈수(Mode)이므로 $\overline{X} - M_0 ≒ 3(\overline{X} - M_e)$이다.

174 정답률 약 50%

[11년 1회, 14년 2회, 19년 1회 기출]

오른쪽으로 꼬리가 길게 늘어진 형태의 분포에 대해 옳은 설명으로만 짝지어진 것은?

ㄱ. 왜도는 양의 값을 가진다.
ㄴ. 왜도는 음의 값을 가진다.
ㄷ. 자료의 평균은 중앙값보다 큰 값을 가진다.
ㄹ. 자료의 평균은 중앙값보다 작은 값을 가진다.

① ㄱ, ㄷ   ② ㄱ, ㄹ
③ ㄴ, ㄷ   ④ ㄴ, ㄹ

해설 암기 : 왜양최오긴
왜도가 양(+)이면, 최빈값이 가장 작은 값을 가지며, 값을 비교하면 최빈값<중앙값<평균이다.
이는 오른쪽으로 긴 꼬리를 갖는 비대칭분포이다.

정답 : 171 ① 172 ③ 173 ③ 174 ①

175 [13년 1회, 17년 1회, 22년 2회 기출]

A 분포와 B 분포의 특성에 관한 설명으로 틀린 것은?

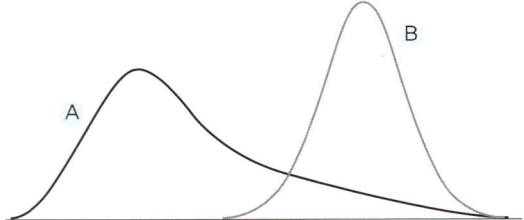

① A의 분산은 B의 분산보다 크다.
② A의 왜도는 양(+)의 값을 가진다.
③ B의 왜도는 음(-)의 값을 가진다.
④ A의 최빈값은 B의 최빈값보다 작다.

해설 암기 : 3M 좌우대칭인 분포는 왜도가 0이다.
이때, 최빈값 = 중앙값(중위수) = 평균이다.
① 분산이 크다는 것은 각 측정치가 평균으로부터 멀리 떨어져 있다는 것을 의미한다. 따라서 A의 분산은 B의 분산보다 크다.
②, ④ 암기 : 왜양최오긴
왜도가 양(+)이면, 최빈값이 가장 작은 값을 가지며, 값을 비교하면 최빈값<중앙값<평균이다.
이는 오른쪽으로 긴 꼬리를 갖는 비대칭분포이다.
따라서, A의 최빈값은 B의 최빈값보다 작다.

176 [01년 3회, 17년 2회, 21년 2회 기출]

이상치(Outlier)를 탐지하는 기능을 가지고 있고 최솟값, 제1사분위수, 중앙값, 제3사분위수, 최댓값의 정보를 이용하여 자료를 도표로 나타내는 방법은?

① 도수다각형 ② 히스토그램
③ 리그레쏘그램 ④ 상자-수염 그림

해설 박스플롯(Box-and-Whisker Plot ; 상자-수염 그림)은 데이터의 분포를 시각적으로 나타내는 도구로, 데이터의 중심 경향, 산포, 이상치를 이해하는 데 유용하다.

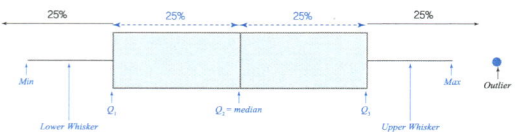

177 정답률 약 40%

[10년 1회, 14년 1회, 17년 1회, 20년 4회 기출]

표본으로 추출된 6명의 학생이 지원했던 여름방학 아르바이트의 수가 다음과 같이 정리되었다.

| 10 | 3 | 3 | 6 | 4 | 7 |

피어슨의 비대칭계수(ρ)에 근거한 자료의 분포에 관한 설명으로 옳은 것은?

① 비대칭계수의 값이 0에 근사하여 좌우대칭형 분포를 나타낸다.
② 비대칭계수의 값이 양의 값을 나타내어 왼쪽으로 꼬리를 늘어뜨린 비대칭 분포를 나타낸다.
③ 비대칭계수의 값이 음의 값을 나타내어 왼쪽으로 꼬리를 늘어뜨린 비대칭 분포를 나타낸다.
④ 비대칭계수의 값이 양의 값을 나타내어 오른쪽으로 꼬리를 늘어뜨린 비대칭 분포를 나타낸다.

해설 암기 : 비삼평마중
비대칭계수 구하기 위해 평균, 중앙값를 산출한다.
먼저, 주어진 자료를 통해 표본평균 $\overline{X}$을 구해보자.
표본평균 $\overline{X} = \dfrac{10+3+3+6+4+7}{6} = \dfrac{33}{6}$
다음으로 중앙값 M_e을 구해보자.
중앙값은 자료의 개수가 짝수인 경우 오름차순으로 정렬했을 때, 가운데 위치한 2개 값의 평균이다.
[3, 3, 4, 6, 7, 10]
따라서 중앙값을 산출하면 $M_e = \dfrac{4+6}{2} = 5$이다.
비대칭계수에서 분모인 표준편차 σ는 항상 양수이므로, 분자의 값을 통해 부호가 결정된다.
결론적으로 비대칭계수를 산출하면 아래와 같다.
$$\rho = S_k = \dfrac{3\times(\overline{X}-M_e)}{\sigma} = \dfrac{3\times\left(\dfrac{33}{6}-5\right)}{\sigma} > 0$$
비대칭계수의 값이 양의 값을 나타내어 오른쪽으로 꼬리를 늘어뜨린 비대칭분포를 나타낸다.

정답 : 175 ③ 176 ④ 177 ④

178 [13년 3회, 19년 1회, 21년 2회 기출]
다음 6개 자료의 통계량에 대한 설명으로 틀린 것은?

| 2 | 2 | 2 | 3 | 4 | 5 |

① 평균은 3이다.
② 최빈값은 2이다.
③ 중앙값은 2.5이다.
④ 왜도는 0보다 작다.

해설 암기: 왜양최오긴
왜도가 양(+)이면, 최빈값이 가장 작은 값을 가지며, 값을 비교하면 최빈값<중앙값<평균이다.
산출한 값은 최빈값 2<중앙값 2.5<평균 3이므로, 왜도는 0보다 크며 오른쪽 꼬리가 긴 분포이다.

① 표본평균 공식은 $\bar{X} = \frac{1}{n}\sum_{i=1}^{n} X_i$ 이며,
6개의 자료 값을 대입하여 산출하면 아래와 같다.
$$\bar{X} = \frac{1}{6}\sum_{i=1}^{6} X_i = \frac{2+2+2+3+4+5}{6} = \frac{18}{6} = 3$$

② 최빈값은 자료에서 가장 자주 나타나는 값이며, 2가 총 3번 나타나므로 최빈값은 2이다.
③ 중앙값은 자료를 크기순으로 정렬해야 하므로, 오름차순으로 정렬하면 [2,2,2,3,4,5]이다.
자료의 개수는 총 6개로 짝수개이므로, 3번째 값과 4번째 값의 평균인 $\frac{2+3}{2} = 2.5$ 가 중앙값이다.

179 [19년 1회 기출]
상자그림에 대한 설명으로 틀린 것은?

① 상자그림을 보면 자료의 분포를 개략적으로 파악할 수 있다.
② 두 집단의 분포 모양에 대한 비교가 가능하다.
③ 이상값에 대한 정보를 알 수 있다.
④ 상자그림의 상자 길이와 분산과는 아무런 관련이 없다.

해설 상자그림(Box plot)은 데이터의 분포, 중앙값, 사분위수, 이상값 등을 시각적으로 나타내는 도구이다. 상자그림에서 상자의 길이는 사분위수 범위(Interquartile Range)를 나타낸다. 이러한 IQR은 데이터의 변동성을 나타내는 척도이므로, 분산과 관계가 있다.

180 정답률 약 40% [08년 1회 기출]
이상점 자료에 대한 설명으로 틀린 것은?

① 상자그림 요약에서 안쪽 울타리를 벗어나는 자료는 이상점 자료이다.
② 이상점 자료는 반드시 제외하고 분석하는 것이 바람직하다.
③ 절사평균은 산술평균에 비해 이상점 자료에 덜 민감하다.
④ 중위수는 산술평균에 비해 이상점 자료에 덜 민감하다.

해설 이상점(이상치 ; Outlier) 자료는 무조건 제외해야 하는 것이 아니다. 이상점이 실제로 중요한 의미를 가지는 데이터일 수도 있으므로, 분석에서 제외 여부는 문제의 상황과 분석 목적에 따라 달라진다.
① 이상점은 $Q_1 - 1.5 \times IQR$ 보다 값이 작거나, $Q_3 + 1.5 \times IQR$ 보다 값이 큰 경우이다.
즉, 안쪽 울타리를 벗어나는 자료는 이상점 자료이다.
③ 절사평균은 데이터의 극단적인 값을 일정 비율 제외하고 계산한 평균이므로, 산술평균에 비해 이상점에 덜 민감하다.
④ 중위수(중앙값)는 데이터의 중간값을 나타내므로, 이상점의 영향을 거의 받지 않는다.
반면, 산술평균은 모든 값을 더하고 나눈 결과이므로 이상점이 있는 경우 그 값에 크게 영향을 받을 수 있다.

정답 : 178 ④ 179 ④ 180 ②

181 정답률 약 20% [14년 3회 기출]

서울지역 고등학생 500명의 키를 측정한 자료에서 중앙값과 평균값이 같을 경우, 이에 대한 설명으로 가장 적절한 것은 무엇인가?

① 자료의 분포형태는 좌우대칭이다.
② 자료는 표준정규분포에 따른다.
③ 자료에는 극대 이상값이 많지 않다.
④ 자료의 대푯값은 중앙값이 더 바람직하다.

해설 극단적인 이상값(Outliers)이 많지 않을 때, 평균과 중앙값이 같아지는 경향이 있다. 따라서 이상값이 많으면 평균이 극단값에 의해 왜곡되어 중앙값과 차이가 날 수 있다. 따라서 중앙값과 평균값이 같을 경우, 자료에는 극대 이상값이 많지 않다.
① 평균값과 중앙값이 같을 때, 자료의 분포가 좌우대칭인 경우가 많다. 하지만, 평균과 중앙값이 같다고 해서 반드시 분포가 좌우대칭이라고 단정할 수는 없다.
② 표준정규분포는 평균이 0이고 표준편차가 1인 정규분포를 의미한다. 단지 평균값과 중앙값이 같다는 정보만으로 자료가 표준정규분포를 따른다고 결론지을 수 없다.
④ 중앙값은 극단값의 영향을 덜 받기 때문에 이상치가 존재하는 분포에서 바람직한 대푯값이 될 수 있지만, 이 문제의 조건에서 중앙값과 평균값이 같으므로 특별히 자료의 대푯값은 중앙값이 더 바람직하다고 결론지을 수 없다.

03 평균차이 분석 TOPIC

1 두 모집단 평균차의 가설검정

182 정답률 약 50% [13년 3회, 16년 3회 기출]

환자군과 대조군의 혈압을 비교하고자 한다. 각 집단에서 혈압은 정규분포를 따르며, 각 집단의 혈압의 분산은 같다고 한다. 환자군 12명, 대조군 12명을 추출하여 평균을 조사하였다. 두 표본 t - 검정을 실시할 때 적합한 자유도는?

① 11 ② 12
③ 22 ④ 24

해설 두 독립표본에 대한 가설검정 시 t - 검정을 실시하는 경우 자유도는 $n_1 + n_2 - 2$이다. 따라서 환자군 12명($n_1 = 12$), 대조군 12명($n_2 = 12$)을 추출하여 평균을 조사하였으므로 두 표본 t - 검정을 실시할 때 적합한 자유도는 $n_1 + n_2 - 2 = 12 + 12 - 2 = 22$이다.

183 정답률 약 50% [14년 3회 기출]

정규분포를 따르는 두 모집단에서 표본을 각각 25개씩 추출하여, 두 집단의 평균 차이를 검정하고자 한다. 모분산은 알려져 있지 않다. 이때 적용되는 검정통계량의 분포는?

① 정규분포 ② t - 분포
③ F - 분포 ④ 카이제곱분포

해설 모분산 σ_1^2, σ_2^2을 모르는 경우이고, 소표본인 경우이면 독립표본 검정통계량은 자유도가 $n_1 + n_2 - 2$인 t분포를 따르며, 아래와 같다.
$$t = \frac{(\overline{X}_1 - \overline{X}_2) - (\mu_1 - \mu_2)}{S_p\sqrt{\frac{1}{n_1} + \frac{1}{n_2}}} \sim t(n_1 + n_2 - 2)$$

정답: 181 ③ 182 ③ 183 ②

184 정답률 약 50%
[09년 3회, 12년 1회, 16년 2회 기출]

미국에서는 인종 간의 지적 능력의 근본적 차이를 강조하는 "종모양 곡선(Bell Curve)"이라는 책이 논란을 불러일으킨 적이 있다. 만약 흑인과 백인의 지능지수의 차이를 단순비교 할 목적으로 각각 20명씩 표본 추출하여 조사할 때 가장 적합한 검정도구는?

① χ^2 – 검정
② t – 검정
③ F – 검정
④ Z – 검정

해설 두 집단의 평균인 흑인과 백인의 지능지수 차이를 비교하는 상황이며, 각각 20명의 표본을 추출하였다. $n_1 = 20$, $n_2 = 20$
두 독립표본의 평균 차이를 비교하는 검정 도구를 선택하는 것이므로, 케이스 분류만 진행하면 된다. 모분산 σ_1^2, σ_2^2을 모르는 경우이며, 소표본이므로 자유도가 $n_1 + n_2 - 2 = 38$인 t – 검정을 수행한다.

185 정답률 약 20%
[12년 3회 기출]

분산이 동일한 정규분포를 따르는 두 모집단으로부터 표본을 추출하여 다음 표와 같은 결과를 구하였다. 이들 모집단의 분산의 추정치로 옳은 것은?

구분	크기	표본평균	표본분산
표본 1	16	10	4
표본 2	31	12	1

① 1
② 2
③ 3
④ 4

해설 두 모집단의 분산의 추정치를 구하고자 한다.
이때, 공통분산추정량인 S_p^2 공식은 아래와 같다.
$$S_p^2 = \frac{(n_1-1)S_1^2 + (n_2-1)S_2^2}{n_1+n_2-2}$$
표본의 크기는 각 집단에 대해 $n_1 = 16, n_2 = 31$이며, 표본분산은 $S_1^2 = 4, S_2^2 = 1$라는 것이 주어져 있다.
$$S_p^2 = \frac{(16-1) \times 4 + (31-1) \times 1}{16+31-2} = \frac{90}{45} = 2$$

186 정답률 약 40%
[15년 1회 기출]

동물학자인 K박사는 개들이 어두운 곳에서 냄새를 더 잘 맡을 것이라는 생각을 하였고, 이를 입증하기 위해 다음과 같은 실험을 하였다. 같은 품종의 비슷한 나이의 개 20마리를 임의로 10마리씩 두 그룹으로 나눈 뒤 한 그룹은 밝은 곳에서, 다른 그룹은 어두운 곳에서 숨겨진 음식을 찾도록 하고, 그때 걸린 시간을 초 단위로 측정하였다. 음식을 찾는데 걸리는 시간은 정규분포를 따르고 두 그룹의 분산은 모르지만 같다고 가정한다. μ_X = 밝은 곳에서 걸리는 평균시간, μ_Y = 어두운 곳에서 걸리는 평균시간이라 하자. K박사의 생각이 옳은지를 유의수준 1%로 검정할 때, 다음 중 필요하지 않은 것은? (단, $t_{(0.01, 18)} = 2.552$)

① $H_0 : \mu_X = \mu_Y$ VS $H_1 : \mu_X > \mu_Y$
② 제2종오류
③ 공통분산 S_p^2
④ $t_{(0.01, 18)}$

해설 아래 과정을 통해 제2종오류가 필요하지 않다는 것을 확인할 수 있다. 이 문제는 모분산 σ_1^2, σ_2^2을 모르는 경우이고, 소표본 $n_1 < 30$, $n_2 < 30$인 경우이면서 두 그룹의 분산은 모르지만 같다고 가정하므로 $\sigma_1^2 = \sigma_2^2$인 경우에 해당한다.

Step 1	• 귀무가설 H_0과 대립가설 H_1을 설정한다. – $H_0 : \mu_X = \mu_Y$ 음식을 찾을 때, 밝은 곳에서 걸리는 평균시간과 어두운 곳에서 걸리는 평균시간은 같다. – $H_1 : \mu_X > \mu_Y$ 음식을 찾을 때, 어두운 곳에서 냄새를 더 잘 맡는다. 즉, 밝은 곳에서 걸리는 평균시간은 어두운 곳에서 걸리는 평균시간보다 길다.
Step 2	• 귀무가설 H_0이 참이라는 가정하에 검정통계량을 정의하고 확률분포를 정한다. 이때, 공통분산 S_p^2을 활용한 독립표본 검정통계량은 다음과 같다. $t = \dfrac{(\overline{X_1} - \overline{X_2}) - (\mu_1 - \mu_2)}{S_p\sqrt{\dfrac{1}{n_1}+\dfrac{1}{n_2}}} \sim t(n_1+n_2-2)$
Step 3	• 유의수준 α에 대한 기각역을 구한다. [기각역] 유의수준이 $\alpha = 0.01$이고, 단측검정이므로 $t_{(0.01, 18)} = 2.552$가 임계값이다.
Step 4	• 대립가설 H_1을 기준으로 최종적으로 해석한다. – 검정통계량의 값이 기각역에 속해 있으면 귀무가설 H_0을 기각한다.

정답 : 184 ② 185 ② 186 ②

187 정답률 약 50% [14년 2회, 18년 1회 기출]

다음은 두 종류의 타이어의 평균수명에 차이가 있는지를 확인하기 위하여 각각 60개의 표본을 추출하여 조사한 결과이다. 두 타이어의 평균수명에 차이가 있는지를 유의수준 5%에서 검정한 결과는? (단, $P(Z>1.96)=0.025$, $P(Z>1.645)=0.05$)

타이어	표본크기	평균수명	표준편차
A	60	48,500(km)	3,600(km)
B	60	52,000(km)	4,200(km)

① 두 타이어의 평균수명에 통계적으로 유의한 차이가 없다.
② 두 타이어의 평균수명에 통계적으로 유의한 차이가 있다.
③ 두 타이어의 평균수명이 완전히 일치한다.
④ 주어진 정보만으로는 알 수 없다.

해설 이 문제는 모분산 σ_1^2, σ_2^2을 모르는 경우이고, 대표본 $n_1 \geq 30$, $n_2 \geq 30$ 인 경우이다.

Step 1
- 귀무가설 H_0과 대립가설 H_1를 설정한다.
  - $H_0 : \mu_A = \mu_B$ 두 타이어의 평균수명에 차이가 없다.
  - $H_1 : \mu_A \neq \mu_B$ 두 타이어의 평균수명에 차이가 있다.

Step 2
- 귀무가설 H_0이 참이라는 가정하에 검정통계량을 정의하고 확률분포를 정한다.
  이때, 독립표본 검정통계량은 아래와 같다.
  $$Z = \frac{(\overline{X_1} - \overline{X_2}) - (\mu_1 - \mu_2)}{\sqrt{\frac{S_1^2}{n_1} + \frac{S_2^2}{n_2}}} \sim N(0, 1^2)$$

Step 3
- [기각역] 유의수준이 $\alpha = 0.05$이고, 양측검정이므로 $P(Z>1.96) = 0.025$를 활용하면 1.96이 임계값이 된다.
- [검정통계량] $Z_0 = \dfrac{(48500 - 52000) - (0)}{\sqrt{\dfrac{3600^2}{60} + \dfrac{4200^2}{60}}} \approx -4.9$

Step 4
- 검정 결과는 대립가설 H_1을 기준으로 최종적으로 해석한다. 검정통계량의 값인 −4.9는 기각역에 속하므로, 귀무가설 H_0을 기각한다. 따라서 두 타이어의 평균수명에 통계적으로 유의한 차이가 있다.

---

188 정답률 약 40% [20년 3회 기출]

어느 회사에서는 두 공장 A와 B에서 제품을 생산하고 있다. 각 공장에서 8개와 10개의 제품을 임의로 추출하여 수명을 조사한 결과 다음의 결과를 얻었다. 다음과 같은 t-검정통계량을 사용하여 두 공장 제품의 수명에 차이가 있는지를 검정하고자 할 때, 필요한 가정이 아닌 것은?

- A공장 제품의 수명 :
  표본평균 = 122, 표본표준편차 = 22
- B공장 제품의 수명 :
  표본평균 = 120, 표본표준편차 = 18

검정통계량 :
$$t = \frac{122 - 120}{\sqrt{\left(\dfrac{7 \times 22^2 + 9 \times 18^2}{16}\right) \times \left(\dfrac{1}{8} + \dfrac{1}{10}\right)}}$$

① 두 공장 A, B의 제품의 수명은 모두 정규분포를 따른다.
② 공장 A의 제품에서 임의추출한 표본과 공장 B의 제품에서 임의추출한 표본은 서로 독립이다.
③ 두 공장 A, B에서 생산하는 제품 수명의 분산은 동일하다.
④ 두 공장 A, B에서 생산하는 제품 수명의 중위수는 같다.

해설

귀무가설 $H_0 : \mu_A = \mu_B$	두 공장 제품의 수명에 차이가 없다.
대립가설 $H_1 : \mu_A \neq \mu_B$	두 공장 제품의 수명에 차이가 있다.

t검정은 평균의 차이를 검정하는 방법이며, 중앙값이 아닌 평균에 대한 검정을 수행하는 것이다.
① 소표본인 경우, t검정에서는 정확성·신뢰성을 높이기 위해 모집단이 정규분포를 따른다고 가정한다. 이 가정이 충족되지 않으면 비모수 검정을 한다.
② 독립표본 t검정의 기본 가정은 임의추출한 표본들이 서로 독립이라는 것이다.
③ 독립표본 t검정 수행 시, 두 집단의 모분산이 동일하다고 가정하며 공통분산 σ^2에 대한 합동분산추정량인 S_p^2를 사용하여 검정통계량을 산출한다.

정답 : 187 ② 188 ④

189 [14년 1회, 19년 1회 기출]

어느 회사에서는 남녀사원이 퇴직할 때까지의 평균 근무연수에 차이가 있는지를 알아보기 위하여 표본을 무작위로 추출하여 다음과 같은 자료를 얻었다. 남자 사원의 평균 근무연수가 여자 사원에 비해 2년보다 더 길다고 할 수 있는가에 대해 유의수준 5%로 검정한 결과는? (단, $P(Z<1.645)=0.95$, $P(Z<1.96)=0.975$)

구분	남자사원	여자사원
표본크기	50	35
평균근무연수	21.8	18.5
표준편차	5.6	2.4

① 귀무가설을 기각한다. 따라서 남자사원의 평균 근무연수는 여자사원보다 더 길다.
② 귀무가설을 채택한다. 따라서 남자사원의 평균 근무연수는 여자사원보다 더 길지 않다.
③ 귀무가설을 기각한다. 따라서 남자사원의 평균 근무연수는 여자사원에 비해 2년보다 더 길다.
④ 귀무가설을 채택한다. 따라서 남자사원의 평균 근무연수는 여자사원에 비해 2년보다 더 길지 않다.

해설 이 문제는 모분산 σ_1^2, σ_2^2을 모르는 경우이고, 대표본 $n_1 \geq 30$, $n_2 \geq 30$ 인 경우이다.

Step 1
- 귀무가설 H_0과 대립가설 H_1을 설정한다.
  - $H_0 : \mu_M - \mu_F \leq 2$ 남자 사원의 평균 근무연수가 여자 사원과 같거나 작다.
  - $H_1 : \mu_M - \mu_F > 2$ 남자 사원의 평균 근무연수가 여자 사원에 비해 2년보다 더 길다.

Step 2
- 귀무가설 H_0이 참이라는 가정하에 검정통계량을 정의하고 확률분포를 정한다.
이때, 독립표본 검정통계량은 아래와 같다.
$$Z = \frac{(\overline{X_1}-\overline{X_2})-(\mu_1-\mu_2)}{\sqrt{\frac{S_1^2}{n_1}+\frac{S_2^2}{n_2}}} \sim N(0,1^2)$$

Step 3
- 유의수준 α에 대한 기각역을 구하고, 표본으로부터 검정통계량 값을 구한다.
[기각역] 유의수준이 $\alpha=0.05$이고, 단측검정이므로 $P(Z<1.645)=0.95$를 활용하면 1.645가 임계값이 된다.
[검정통계량] $Z_0 = \frac{(21.8-18.5)-(2)}{\sqrt{\frac{5.6^2}{50}+\frac{2.4^2}{35}}} \approx 1.4609$
≒ 1.46

Step 4
- 검정 결과는 대립가설 H_1을 기준으로 최종적으로 해석한다.
  - 검정통계량의 값인 1.46 기각역에 속하지 않으므로, 귀무가설 H_0을 기각할 수 없다. 따라서 귀무가설을 채택한다. 즉, 남자사원의 평균 근무연수는 여자사원에 비해 2년보다 더 길지 않다.

정답 : 189 ④

2 대응 모집단의 평균차의 가설검정

190 정답률 약 50% [16년 3회, 20년 1·2회 통합 기출]

어떤 처리 전후의 효과를 분석하기 위한 대응비교에서 자료의 구조가 다음과 같다.

쌍	처리 전	처리 후	차이
1	X_1	Y_1	$D_1 = X_1 - Y_1$
2	X_2	Y_2	$D_2 = X_2 - Y_2$
…	…	…	…
n	X_n	Y_n	$D_n = X_n - Y_n$

일반적인 몇 가지 조건을 가정할 때 처리 이전과 이후의 평균에 차이가 없다는 귀무가설을 검정하기 위한 검정통계량 $T = \dfrac{\overline{D}}{S_D/\sqrt{n}}$ 은 t 분포를 따른다.

이때 자유도는?

(단, $\overline{D} = \dfrac{1}{n}\sum_{i=1}^{n} D_i$, $S_D^2 = \dfrac{\sum_{i=1}^{n}(D_i - \overline{D})^2}{n-1}$ 이다)

① $n-1$ ② n
③ $2(n-1)$ ④ $2n$

해설 대응표본인 경우, 모평균 차이의 가설검정은 대응표본 T검정을 수행하며, 검정통계량은 다음과 같다.

$$t = \dfrac{\overline{D} - \mu_D}{\dfrac{S_D}{\sqrt{n}}} \sim t(n-1)$$

즉, t 검정통계량은 자유도가 $n-1$인 t 분포를 따른다.

191 정답률 약 50%

[14년 1회, 17년 1회, 19년 3회 기출]

10명의 스포츠댄스 회원들이 한 달간 댄스프로그램에 참가하여 프로그램 시작 전 체중과 한 달 후 체중의 차이를 알아보려고 할 때 적합한 검정방법은?

① 대응표본 t - 검정 ② 독립표본 t - 검정
③ z - 검정 ④ F - 검정

해설 동일한 사람들의 프로그램 전후 체중 차이를 비교하고 있으므로, 대응된 표본을 다루고 있다. 대응된 표본의 평균 차이를 비교할 때 사용하는 적절한 통계 검정 방법은 대응표본 t - 검정이다.

192 정답률 약 30% [16년 1회, 20년 4회 기출]

다음 자료는 새로 개발한 학습방법에 의해 일정기간 교육을 실시하기 전·후에 시험을 통해 얻은 자료이다. 학습효과가 있는지에 대한 가설검정에 관한 설명으로 틀린 것은? (단, $\overline{d} = \dfrac{1}{5}\sum_{i=1}^{5} d_i = 18$, $S_d = \sqrt{\dfrac{1}{4}\sum_{i=1}^{5}(d_i - \overline{d})^2} = 17.899$ 이다.)

학생	학습 전	학습 후	차이(d)
1	50	90	40
2	40	40	0
3	50	50	0
4	70	100	30
5	30	50	20

① 가설의 형태는 $H_0 : \mu_d = 0$ VS $H_1 : \mu_d > 0$ 이다. 단, μ_d는 학습 전후 차이의 평균이다.
② 가설검정에는 자유도가 4인 t 분포가 이용된다.
③ 검정통계량 값은 2.25이다.
④ 조사한 학생의 수가 늘어날수록 귀무가설을 채택할 가능성이 많아진다.

해설 표본의 크기가 커지면 같은 효과 크기에서도 검정력이 증가하여 귀무가설 H_0을 기각할 가능성이 커진다.
①, ②, ③ 대응표본인 경우, 모평균 차이의 가설검정은 대응표본 T검정을 수행한다. 학습 전 μ_B과 학습 후 μ_A의 두 번의 측정에 대한 모평균 차를 $\mu_D = \mu_A - \mu_B$라 하면, 모평균 차인 μ_D에 대한 추정량은 $\overline{D} = \overline{X_A} - \overline{X_B}$ 이다.

Step 1	• 귀무가설 H_0과 대립가설 H_1을 설정한다. – $H_0 : \mu_D = 0$ 새로 개발한 학습방법에 대해 학습 전과 후의 성적 차이가 없다. – $H_1 : \mu_D > 0$ 새로 개발한 학습방법의 학습효과가 있다. 즉, 학습 후의 성적이 학습 전의 성적보다 높다.
Step 2	• 귀무가설 $H_0 : \mu_D = 0$이 참이라는 가정하에 대응표본 t 검정통계량은 다음과 같다. $t = \dfrac{\overline{D} - \mu_D}{\dfrac{S_D}{\sqrt{n}}} \sim t(n-1) \to t_0 = \dfrac{\overline{D}}{\dfrac{S_D}{\sqrt{n}}}$
Step 3	• 대응표본 t 검정의 자유도는 $n-1=4$이고, 검정통계량 값을 산출하면 아래와 같다. $t_0 = \dfrac{\overline{D}}{\dfrac{S_D}{\sqrt{n}}} = \dfrac{18}{\dfrac{17.899}{\sqrt{5}}} \approx 2.248 \fallingdotseq 2.25$

정답: 190 ① 191 ① 192 ④

193 정답률 약 40%

[14년 2회, 18년 2회, 21년 2회 기출]

어느 자동차 회사의 영업 담당자는 영업전략의 효과를 검정하고자 한다. 영업사원 10명을 무작위로 추출하여 새로운 영업전략을 실시하기 전과 실시한 후의 영업 성과(월 판매량)을 조사하였다. 영업사원의 자동차 판매량의 차이는 정규분포를 따른 다고 할 때 유의수준 5%에서 새로운 영업전략이 효과가 있는지 검정한 결과로 타당한 것은? (단, 유의수준 5%에 해당하는 자유도 9인 t분포 값은 -1.833이다.)

| 실시 이전 | 5 | 8 | 7 | 6 | 9 | 7 | 10 | 10 | 12 | 5 |
| 실시 이후 | 8 | 10 | 7 | 11 | 9 | 12 | 14 | 9 | 10 | 6 |

① 주어진 정보만으로는 알 수 없다.
② 새로운 영업전략 실시 전후 판매량은 같다고 할 수 있다.
③ 새로운 영업전략의 판매량 증가 효과가 없다고 할 수 있다.
④ 새로운 영업전략의 판매량 증가 효과가 있다고 할 수 있다.

해설 대응표본인 경우, 모평균 차이의 가설검정은 대응표본 T검정을 수행한다. D = 실시 이전 − 실시 이후라고 하고 아래와 같이 표를 완성해보자.

실시 이전	5	8	7	6	9	7	10	10	12	5
실시 이후	8	10	7	11	9	12	14	9	10	6
D	−3	−2	0	−5	0	−5	−4	1	2	−1

이때, 평균 $\overline{D}$와 분산 S_D^2 공식은 아래와 같다.

$$\overline{D} = \frac{1}{n}\sum_{i=1}^{n} D_i, \quad S_D^2 = \frac{\sum_{i=1}^{n}(D_i - \overline{D})^2}{n-1}$$

따라서 주어진 값을 활용하여 산출해보자.

$$\overline{D} = \frac{1}{10}\sum_{i=1}^{10} D_i = \frac{-3-2+\cdots+2-1}{10} = \frac{-17}{10} = -1.7$$

$$S_D = \sqrt{\frac{(-3-(-1.7))^2 + \cdots + (-1-(-1.7))^2}{10-1}} \approx 2.5$$

Step 1	• 귀무가설 H_0과 대립가설 H_1을 설정한다. − $H_0 : \mu_D = 0$ 새로운 영업전략을 실시 전과 후의 영업 성과(월 판매량) 차이가 없다. − $H_1 : \mu_D > 0$ 새로운 영업전략을 실시 후가 실시 전보다 영업 성과(월 판매량)가 높다. 즉, 새로운 영업전략이 효과가 있다.
Step 2	• 귀무가설 H_0이 참이라는 가정하에 검정통계량을 정의하고 확률분포를 정한다. 대응표본 검정통계량은 $t = \dfrac{\overline{D} - \mu_D}{\dfrac{S_D}{\sqrt{n}}} \sim t(n-1)$ 이며, 귀무가설 $H_0 : \mu_D = 0$이 참이라는 가정에 $\mu_D = 0$임을 대입하면, 검정통계량은 아래와 같다. $t_0 = \dfrac{\overline{D}}{\dfrac{S_D}{\sqrt{n}}}$ 이다.
Step 3	• 유의수준 α에 대한 기각역을 구하고, 표본으로부터 검정통계량 값을 구한다. [기각역] 단측검정이며, 유의수준 5%에 해당하는 자유도 9인 t 분포 값은 1.833임이 주어져 있다. [검정통계량] 대응표본 t 검정의 자유도는 $n-1 = 10-1 = 9$이고, 검정통계량 값을 산출하면 아래와 같다. $t_0 = \dfrac{\overline{D}}{\dfrac{S_D}{\sqrt{n}}} = \dfrac{-1.7}{\dfrac{2.5}{\sqrt{10}}} \approx -2.15$
Step 4	• 검정통계량 값이 기각역의 임계치보다 크기 때문에, 귀무가설 H_0를 기각한다. 따라서 새로운 영업전략의 판매량 증가 효과가 있다고 할 수 있다.

정답 : 193 ④

3 두 모집단 비율의 가설검정

194 정답률 약 40% [20년 1·2회 통합 기출]

어느 정당에서는 새로운 정책에 대한 찬성과 반대를 남녀별로 조사하여 다음의 결과를 얻었다. 남녀별 찬성률에 차이가 있다고 볼 수 있는가에 대하여 검정할 때 검정통계량을 구하는 식은?

구분	남자	여자	합계
표본수	250	200	450
찬성자수	110	104	214

① $Z = \dfrac{\dfrac{110}{250} - \dfrac{104}{200}}{\sqrt{\dfrac{214}{450}\left(1 - \dfrac{214}{450}\right)\left(\dfrac{1}{250} - \dfrac{1}{200}\right)}}$

② $Z = \dfrac{\dfrac{110}{250} - \dfrac{104}{200}}{\sqrt{\dfrac{214}{450}\left(1 - \dfrac{214}{450}\right)\left(\dfrac{1}{250} + \dfrac{1}{200}\right)}}$

③ $Z = \dfrac{\dfrac{110}{250} + \dfrac{104}{200}}{\sqrt{\dfrac{214}{450}\left(1 - \dfrac{214}{450}\right)\left(\dfrac{1}{250} - \dfrac{1}{200}\right)}}$

④ $Z = \dfrac{\dfrac{110}{250} + \dfrac{104}{200}}{\sqrt{\dfrac{214}{450}\left(1 - \dfrac{214}{450}\right)\left(\dfrac{1}{250} + \dfrac{1}{200}\right)}}$

해설 $\hat{p_1}, \hat{p_2}$ 공식에서 분자인 X_1, X_2는 각각 첫 번째와 두 번째 표본에서 특정 사건이 발생한 횟수이며, 분모인 n_1, n_2는 각각에 대한 표본의 크기이다.
이때, 합동표본비율(Pooled proportion)을 구해보자.

$\hat{p_1} = \dfrac{X_1}{n_1} = \dfrac{110}{250}$, $\hat{p_2} = \dfrac{X_2}{n_2} = \dfrac{104}{200}$

$\hat{p} = \dfrac{X_1 + X_2}{n_1 + n_2} = \dfrac{110 + 104}{250 + 200} = \dfrac{214}{450}$

남녀별 찬성률에 차이가 있는지에 대해 검정할 때, 두 모집단 비율의 가설검정에서 검정통계량은 아래와 같다.

$Z = \dfrac{(\hat{p_1} - \hat{p_2}) - (p_1 - p_2)}{\sqrt{\hat{p}(1-\hat{p})\left(\dfrac{1}{n_1} + \dfrac{1}{n_2}\right)}} \sim N(0, 1^2)$

〈귀무가설 $H_0 : p_1 = p_2$이 참이라는 가정하에서〉

$Z_0 = \dfrac{\dfrac{110}{250} - \dfrac{104}{200}}{\sqrt{\dfrac{214}{450}\left(1 - \dfrac{214}{450}\right)\left(\dfrac{1}{250} + \dfrac{1}{200}\right)}}$

195 정답률 약 40% [15년 3회, 17년 3회, 21년 3회 기출]

두 개의 정규모집단으로부터 추출한 독립인 확률표본에 기초하여 모분산에 대한 가설 $H_0 : \sigma_1^2 = \sigma_2^2$ VS $H_1 : \sigma_1^2 > \sigma_2^2$을 검정하고자 한다. 검정방법으로 맞는 것은?

① F – 검정 ② t – 검정
③ χ^2 – 검정 ④ Z – 검정

해설 암기 : 두분동일에프
두 집단의 분산의 동일성 검정에 사용되는 검정통계량의 분포는 F – 분포이다.

196 정답률 약 40% [17년 2회, 19년 3회 기출]

두 집단의 분산 동일성 검정에 사용되는 검정통계량의 분포는?

① t – 분포 ② 기하분포
③ χ^2 – 분포 ④ F – 분포

해설 암기 : 두분동일에프
두 개의 모집단에 대한 모분산 가설검정은 두 모집단의 분산이 같은지 여부를 검정한다. 이때, 두 집단의 분산의 동일성 검정에 사용되는 검정통계량의 분포는 F – 분포이며, F – 검정에서 사용하는 F – 통계량은 두 표본의 분산 비율로 계산된다.

$F = \dfrac{S_1^2}{S_2^2} \sim F(n_1 - 1, n_2 - 1)$

정답 : 194 ② 195 ① 196 ④

197 정답률 약 30%

[02년 1회, 11년 3회, 16년 1회, 19년 3회 기출]

검정통계량의 분포가 정규분포가 아닌 검정은?

① 대표본에서 모평균의 검정
② 대표본에서 두 모비율의 차에 관한 검정
③ 모집단이 정규분포인 대표본에서 모분산의 검정
④ 모집단이 정규분포인 소표본에서 모분산을 알 때, 모평균의 검정

해설 암기: 단분카

모집단이 정규분포인 대표본에서 모분산의 검정을 수행할 때, 검정통계량은 카이제곱분포를 따른다.

$$\chi^2 = \frac{(n-1)S^2}{\sigma_0^2} \sim \chi^2(n-1)$$

① 대표본에서 모평균의 검정은 정규분포를 따르며, 단일표본인 경우 검정통계량은 아래와 같다.

$$Z = \frac{\overline{X} - \mu_0}{\frac{\sigma}{\sqrt{n}}} \sim N(0, 1^2)$$

② 대표본에서 두 모비율의 차에 관한 검정을 수행하면, 검정통계량은 정규분포를 따른다.

$$Z = \frac{\hat{p}_1 - \hat{p}_2}{\sqrt{\hat{p}(1-\hat{p})\left(\frac{1}{n_1} + \frac{1}{n_2}\right)}} \sim N(0, 1^2)$$

④ 모집단이 정규분포인 소표본에서 모분산을 알 때, 모평균의 검정에서 검정통계량은 정규분포를 따른다.

$$Z = \frac{\overline{X} - \mu_0}{\frac{\sigma}{\sqrt{n}}} \sim N(0, 1^2)$$

4 분산분석의 기본가정

198 정답률 약 50% [17년 2회, 20년 3회 기출]

다음 (   )에 들어갈 분석방법으로 옳은 것은?

독립변수(X) \ 종속변수(Y)	범주형 변수	연속형 변수
범주형 변수	(ㄱ)	×
연속형 변수	(ㄴ)	(ㄷ)

① ㄱ : 교차분석, ㄴ : 분산분석, ㄷ : 회귀분석
② ㄱ : 교차분석, ㄴ : 회귀분석, ㄷ : 분산분석
③ ㄱ : 분산분석, ㄴ : 분산분석, ㄷ : 회귀분석
④ ㄱ : 회귀분석, ㄴ : 회귀분석, ㄷ : 분산분석

해설 아래 그림을 통해 빈칸을 완성해보자.

독립변수(X) \ 종속변수(Y)	범주형 변수	연속형 변수
범주형 변수 (질적자료)	교차분석 (카이제곱검정)	로지스틱 회귀분석 판별분석
연속형 변수 (양적자료)	t검정 분산분석(ANOVA) : F검정	회귀분석 상관분석

199 정답률 약 40% [15년 2회, 20년 3회 기출]

분산분석에 관한 설명으로 틀린 것은?

① 3개의 모평균을 비교하는 검정에서 분산분석으로 사용할 수 있다.
② 서로 다른 집단 간에 독립을 가정한다.
③ 분산분석의 검정법은 t - 검정이다.
④ 각 집단별 자료의 수가 다를 수 있다.

해설 분산분석에서는 F - 검정을 사용하며, 이는 그룹 간 분산과 그룹 내 분산을 비교하여 평균의 차이가 유의미한지를 판단하는 검정이다.
① 분산분석은 3개 이상의 그룹 간 평균을 비교하는 데 적합한 검정방법이다.
② 분산분석에서 각 집단의 데이터는 서로 독립적이어야 한다.
④ 각 집단의 자료의 수가 같을 필요는 없으며, 서로 다를 수 있다. 다만, 분산분석의 기본가정은 충족되어야 한다.

정답 : 197 ③   198 ①   199 ③

200 정답률 약 50%
[12년 1회, 13년 1회, 19년 2회 기출]
3개 이상의 모집단의 모평균을 비교하는 통계적 방법으로 가장 적합한 것은?

① t-검정　　② 회귀분석
③ 분산분석　　④ 상관분석

해설　종속변수(Y)가 연속형 변수이고, 독립변수(X)가 범주형 변수일 때 t검정은 2개의 모집단에 대한 모평균 차이가 통계적으로 유의한가를 검정하고, 분산분석은 3개 이상의 모집단에 대한 모평균 차이가 통계적으로 유의한가를 검정한다.

201 정답률 약 40%
[14년 1회, 18년 2회 기출]
분산분석의 기본가정이 아닌 것은?

① 각 모집단에서 반응변수는 정규분포를 따른다.
② 각 모집단에서 독립변수는 F분포를 따른다.
③ 반응변수의 분산은 모든 모집단에서 동일하다.
④ 관측값들은 독립적이어야 한다.

해설　F분포는 분산분석의 결과에서 사용되는 분포로, 각 모집단에서 독립변수는 F분포를 따른다는 가정은 분산분석의 기본가정이 아니다.

202 정답률 약 50%
[14년 2회, 17년 2회 기출]
실험계획에서 데이터의 산포에 영향을 미치는 것으로 실험환경이나 실험조건을 나타내는 변수는?

① 인자　　② 실험단위
③ 수준　　④ 실험자

해설　실험계획에서 데이터의 산포에 영향을 미치는 것으로 실험환경이나 실험조건을 나타내는 변수는 '인자(Factor)'라고 한다. 이 '인자'는 실험에서 독립변수(X)라고 하며, 실험의 결과에 영향을 미치는 변수를 의미한다. 데이터의 산포는 인자에 따라 달라질 수 있으며, 실험 설계에서 가장 중요한 요소이다.

5 일원분산분석의 의의

203 정답률 약 30%
[13년 2회, 20년 4회 기출]
k개 처리에서 n회씩 실험을 반복하는 일원배치모형 $X_{ij} = \mu + \alpha_i + \varepsilon_{ij}$에 관한 설명으로 틀린 것은? (단, $i=1, 2, \cdots, k$이고, $j=1, 2, \cdots, n$이며 $\varepsilon_{ij} \sim N(0, \sigma^2)$)

① 오차항 ε_{ij}들의 분산은 같다.
② 총 실험횟수는 $k \times n$이다.
③ 총 평균 μ와 i번째 처리효과 α_i는 서로 독립이다.
④ x_{ij}는 i번째 처리의 j번째 관측값이다.

해설　총평균 μ와 i번째 처리효과 α_i는 서로 독립적이지 않다. 처리효과는 총평균에 대한 변화량이므로, 이 둘은 관련성을 가지므로 총평균과 처리효과는 독립적이라고 할 수 없다.

204 정답률 약 40%
[15년 1회 기출]
어느 질병에 대한 세 가지 치료약의 효과를 비교하기 위한 일원분산분석 모형 $X_{ij} = \mu + \alpha_i + \varepsilon_{ij}$에서 오차항 ε_{ij}에 대한 가정으로 적절하지 않은 것은?

① 정규분포를 따른다.
② 서로 독립이다.
③ 분산은 i에 관계없이 일정하다.
④ 시계열 모형을 따른다.

해설　분산분석(ANOVA)은 오차항들이 시간에 따라 상관관계가 있는 시계열 모형을 따르면 아니 되며, 서로 독립적으로 분포해야 한다.

정답 : 200 ③　201 ②　202 ①　203 ③　204 ④

205 정답률 약 40%
[01년 3회, 12년 1회, 15년 3회, 19년 1회, 22년 2회 기출]

일원분산분석 모형에서 오차항에 대한 가정에 해당되지 않는 것은?

① 일치성
② 정규성
③ 독립성
④ 등분산성

해설 일치성은 분산분석의 오차항에 대한 가정이 아니다. 분산분석의 오차항 기본가정은 다음과 같다.
② 정규성 : 오차항 ε_{ij}는 정규분포를 따른다.
③ 독립성 : 오차항 ε_{ij}는 서로 독립이다.
④ 등분산성 : 오차항 ε_{ij}의 분산은 i에 관계없이 일정하다.

206 정답률 약 40%
[21년 3회 기출]

일원배치 분산분석에 대한 설명으로 틀린 것은?

① 집단 간 평균을 비교하는 분석이다.
② 요인이 2개인 경우에 적용할 수 있다.
③ 유의확률이 유의수준보다 크면 귀무가설을 기각할 수 없다.
④ 검정통계량은 집단 내 제곱합과 집단 간 제곱합으로 구한다.

해설 요인이 2개인 경우에는 이원배치 분산분석을 사용하며, 일원배치 분산분석은 요인이 1개일 때 적용한다.

207 정답률 약 30%
[12년 3회, 20년 4회 기출]

다음 중 분산분석(ANOVA)에 관한 설명으로 틀린 것은?

① 분산분석은 분산값들을 이용해서 두 개 이상의 집단 간 평균 차이를 검정할 때 사용된다.
② 각 집단에 해당되는 모집단의 분포가 정규분포이며 서로 동일한 분산을 가져야 한다.
③ 관측값에 영향을 주는 요인은 등간척도나 비율척도이다.
④ 분산분석의 가설검정에는 $F-$분포 통계량을 이용한다.

해설 분산분석은 종속변수가 연속형 변수인 등간척도나 비율척도일 때 사용하지만, '관측값에 영향을 주는 요인(Factor)'인 독립변수는 범주형 변수인 명목척도이다.

208 정답률 약 30%
[15년 1회, 18년 2회 기출]

일원분산분석에 대한 설명 중 틀린 것은?

① 제곱합들의 비를 이용하여 분석하므로 F분포를 이용하여 검정한다.
② 오차제곱합을 이용하므로 χ^2분포를 이용하여 검정할 수도 있다.
③ 세 개 이상 집단 간의 모평균을 비교하고자 할 때 사용한다.
④ 총제곱합은 처리제곱합과 오차제곱합으로 분해된다.

해설 오차제곱합 자체만으로는 검정을 수행하지 않는다. 일원분산분석은 처리제곱합 SSR과 오차제곱합 SSE을 사용하여 전체 제곱합 SST을 분석한다. 즉, $F-$검정은 두 제곱합의 비율을 이용하여 수행한다.

정답 : 205 ① 206 ② 207 ③ 208 ②

209 정답률 약 50% [17년 1회 기출]

일원배치법에서 k개의 각 처리에 대한 반복수가 r로 모두 동일한 경우, 처리의 자유도와 잔차의 자유도가 옳은 것은?

① $k, r-1$
② $k-1, r-1$
③ $k, rk-1$
④ $k-1, kr-k$

해설 먼저, 처리의 자유도는 처리 간 평균 차이를 비교하기 위한 자유도이며, k개의 처리가 있을 때, 처리 간 변동에 대한 자유도는 $k-1$이다. 이는 k개의 처리에서 하나의 기준을 고정한 후 나머지 $k-1$개의 처리에서 독립적으로 차이를 계산할 수 있다는 것이다.
다음으로, 각 처리의 반복수가 r으로 동일한 경우, 전체 표본수는 $N=k\times r$이다. 이때, 잔차의 자유도는 전체 표본수 N에서 처리수를 뺀 $N-k=kr-k$이다.

6. 일원분산분석의 결과해석

요인	제곱합(평방합)	자유도	평균제곱	F값
처리	SSR 집단(그룹) 간 제곱합	$k-1$	$MSR = \dfrac{SSR}{k-1}$	$F = \dfrac{MSR}{MSE}$
잔차 (오차)	SSE 집단(그룹) 내 제곱합	$N-k$	$MSE = \dfrac{SSE}{N-k}$	
총합	SST 총제곱합	$N-1$		

※ k : 집단의 개수, N : 자료의 총 개수

211 정답률 약 50% [15년 1회, 20년 1·2회 통합 기출]

다음 중 분산분석표에 나타나지 않는 것은?

① 제곱합
② 자유도
③ F-값
④ 표준편차

해설 분산분석표에는 제곱합, 자유도, F-값이 나타난다. 단, 표준편차는 나타나지 않는다.

210 정답률 약 40% [13년 2회, 17년 1회 기출]

다음 일원배치 분산분석 모형에 대한 설명으로 틀린 것은?

$$Y_{ij} = \mu + \tau_i + \varepsilon_{ij},\ j=1,2,\cdots,k,\ i=1,2,\cdots,n_j$$

① ε_{ij}는 서로 독립이고, 평균은 0, 분산은 σ^2인 정규분포를 따른다고 가정한다.
② τ_i는 각각의 집단평균(μ_i)과 전체 평균(μ)과의 차이를 나타낸다.
③ $\sum_{j=1}^{k} \tau_j > 0$을 만족한다.
④ 귀무가설은 $H_0 : \mu_1 = \mu_2 = \cdots = \mu_k$이다.

해설 τ_i는 번째 처리의 처리 효과이며, $\tau_i = \mu_i - \mu$라고도 표기한다. 즉, τ_i는 총 평균 μ에서 해당 처리의 평균 μ_i이 얼마나 벗어났는지를 의미하며, $\sum_{i=1}^{k} \tau_i = 0$이다.

212 정답률 약 40% [17년 2회 기출]

일원배치 분산분석에서 자유도에 대한 설명으로 틀린 것은?

① 집단 간 변동의 자유도는 (집단의 개수−1)이다.
② 총변동의 자유도는 (자료의 총개수−1)이다.
③ 집단 내 변동의 자유도는 총변동의 자유도에서 집단간 변동의 자유도를 뺀 값이다.
④ 집단 내 변동의 자유도는 (자료의 총개수−집단의 개수−1)이다.

해설 집단 내 변동의 자유도는 $N-k=(N-1)-(k-1)$ =자료의 총개수−집단의 개수이다.

정답 : 209 ④ 210 ③ 211 ④ 212 ④

213 정답률 약 40%

[03년 1회, 09년 3회, 16년 2회 기출]

분산분석에서의 총 변동은 처리 내에서의 변동과 처리 간의 변동으로 구분된다. 그렇다면 각 처리 내에서의 변동의 합을 나타내는 것은?

① 총제곱합
② 처리제곱합
③ 급간제곱합
④ 잔차제곱합

해설 분산분석에서의 총변동은 처리 내에서의 변동과 처리 간의 변동으로 구분되며, 각 처리 내에서의 변동의 합을 잔차제곱합이라고 하며 SSE라고 표기한다.

214 정답률 약 30%

[16년 3회, 20년 4회 기출]

다음은 특정한 4개의 처리수준에서 각각 6번의 반복을 통해 측정된 반응값을 이용하여 계산한 값들이다. 이를 이용하여 계산된 평균제곱오차(MSE)는?

총제곱합(SST) =1200	총자유도 =23	처리제곱합(SSR) =640

① 28.0
② 5.29
③ 31.1
④ 213.3

해설 특정한 4개의 처리수준($k=4$)에서 각각 6번의 반복($n=6$)을 통해 측정된 반응값을 이용하여 계산한 값들이 주어져 있으며 $SSE = SST - SSR = 1200 - 640 = 560$임을 알 수 있다.
이때, 전체 표본수는 $N = k \times n = 4 \times 6 = 24$이며, 이를 이용하여 계산된 평균제곱오차는 아래와 같다.
$$MSE = \frac{SSE}{N-k} = \frac{560}{24-4} = 28$$

215 정답률 약 40%

[17년 3회 기출]

세 그룹의 평균을 비교하기 위해 각 수준에서 5번씩 반복 실험한 일원분산분석 모형 $X_{ij} = \mu + \alpha_i + \varepsilon_{ij}$, $i = 1, 2, 3$, $j = 1, 2, \cdots, 5$에 대한 분산분석표가 아래와 같을 때, (ㄱ), (ㄴ)에 들어갈 값은?

요인	제곱합	자유도	F-통계량
처리	52.0	2	(ㄴ)
오차	60.0	(ㄱ)	

① 12, 4.8
② 12, 5.2
③ 13, 4.8
④ 13, 5.2

해설 세 그룹($k=3$)의 평균을 비교하기 위해 각 수준에서 5번씩 반복 실험($n=5$)한 일원분산분석 모형에 대한 분산분석표가 주어져 있다.
이때, 전체 표본수는 $N = k \times n = 3 \times 5 = 15$이므로, 다음과 같다.

요인	제곱합	자유도	평균제곱	F값
처리	$SSR = 52$	$k-1=2$	$MSR = \frac{SSR}{k-1}$ $= \frac{52}{2} = 26$	$F = \frac{MSR}{MSE}$ $= \frac{26}{5} = 5.2$
잔차(오차)	$SSE = 60$	$N-k$ $= 12$	$MSE = \frac{SSE}{N-k}$ $= \frac{60}{12} = 5$	
총합	$SST = 12$	$N-1$ $= 14$		

정답 : 213 ④ 214 ① 215 ②

216 정답률 약 30% [02년 3회, 20년 3회 기출]

다음은 처리(Treatment)의 각 수준별 반복수이다. 오차제곱합의 자유도는?

수준	반복수
1	7
2	4
3	6

① 13 ② 14
③ 15 ④ 16

해설 일원분산분석에서 오차제곱합 SSE의 자유도는 $N-k$ 이다. 문제의 핵심은 각 처리수준의 반복수 $j=n_i$가 n으로 동일한 경우 $N=k \times n$은 전체 '표본수'라는 것이다. 만약 각 처리수준의 반복수가 다른 경우, 각 처리수준에서의 반복수 n_i를 활용하며, 전체 '표본수'는 아래 공식을 통해 산출한다.

$$N = \sum_{i=1}^{k} n_i$$

문제에서 주어진 반복수를 대입하면 아래와 같다.

$$N = \sum_{i=1}^{3} n_i = 7+4+6 = 17$$

즉, 오차제곱합의 자유도는 $N-k=17-3=14$이다.

217 정답률 약 60% [14년 3회, 19년 1회 기출]

일원분산분석으로 4개의 평균의 차이를 동시에 검정하기 위하여 귀무가설을 $H_0 : \mu_1=\mu_2=\mu_3=\mu_4$라 정할 때 대립가설 H_1은?

① H_1 : 모든 평균이 다르다.
② H_1 : 적어도 세 쌍 이상의 평균이 다르다.
③ H_1 : 적어도 두 쌍 이상의 평균이 다르다.
④ H_1 : 적어도 한 쌍 이상의 평균이 다르다.

해설 귀무가설이 $H_0 : \mu_1=\mu_2=\mu_3=\mu_4$이면, 대립가설은 H_0 : at least one $\mu_i \neq \mu_j (i \neq j)$이다. 즉, 대립가설 H_1은 '적어도 적어도 한 쌍 이상의 평균이 다르다.'라고 수립한다.

218 정답률 약 30% [13년 3회, 17년 3회 기출]

I개 그룹의 평균을 비교하고자 한다. 다음 일원분산분석 모형에 대한 가설 $H_0 : \alpha_1=\alpha_2=\cdots=\alpha_I=0$을 유의수준 0.05에서 F-검정 결과 p-값이 0.07이었을 때의 추론결과로 옳은 것은?

$$X_{ij} = \mu + \alpha_i + \varepsilon_{ij}, \; i=1,2,\cdots,I, \; j=1,2,\cdots,J$$

① I개 그룹의 평균은 모두 같다.
② I개 그룹의 평균은 모두 다르다.
③ I개 그룹의 평균 중 적어도 하나는 다르다.
④ I개 그룹의 평균은 증가하는 관계가 성립한다.

해설 일원분산분석 모형에 대한 귀무가설과 대립가설은 아래와 같다.

귀무 가설	모든 처리 집단의 평균이 같다.	$H_0 : \mu_1=\mu_2=\cdots=\mu_k$
	모든 처리 효과가 0이다.	$H_0 : \alpha_1=\alpha_2=\cdots=\alpha_k=0$
대립 가설	적어도 하나의 처리 집단의 평균 μ_i은 같지 않다. 적어도 적어도 한 쌍 이상의 평균은 다르다.	H_0 : at least one $\mu_i \neq \mu_j$ $(i \neq j)$
	적어도 하나의 처리 효과는 0이 아니다.	H_0 : at least one $\alpha_i \neq 0$

유의수준과 유의확률 비교를 통한 귀무가설기각 판단 시, 유의수준 $\alpha >$ 유의확률 $p-value$이면 귀무가설 H_0를 기각한다. 문제에서 유의수준 0.05에서 F-검정 결과 p-값이 0.07임이 주어져 있으므로, 귀무가설 H_0를 기각할 수 없으므로 채택한다. 따라서 I개 그룹의 평균은 모두 같다.

정답 : 216 ② 217 ④ 218 ①

219 〔정답률 약 30%〕 [13년 1회, 18년 3회 기출]

일원배치모형을 $x_{ij} = \mu + \alpha_i + \varepsilon_{ij}(i=1,2,\cdots,k; j=1,2,\cdots,n)$로 나타낼 때, 분산분석표를 이용하여 검정하려는 귀무가설 H_0는? (단, i는 처리, j는 반복을 나타내는 첨자이며, 오차항 $\varepsilon_{ij} \sim N(0,\sigma^2)$이고 서로 독립적이며 $\overline{x} = \sum_{j=1}^{n} \dfrac{x_{ij}}{n}$이다.)

① $H_0 : \overline{x_1} = \overline{x_2} = \cdots = \overline{x_k}$
② $H_0 : \alpha_1 = \alpha_2 = \cdots = \alpha_k = 0$
③ $H_0 :$ 적어도 한 α_i는 0이 아니다.
④ $H_0 :$ 오차항 $\varepsilon_{ij}\alpha_i$들은 서로 독립이다.

해설 일원분산분석의 일반적인 귀무가설 H_0는 아래와 같다.
$H_0 : \mu_1 = \mu_2 = \cdots = \mu_k$
일원분산분석의 일반적인 귀무가설 H_0는 아래와 같다.
$H_0 : \mu_1 = \mu_2 = \cdots = \mu_k$
H_0가 참이면, 일원배치모형 $X_{ij} = \mu + \alpha_i + \varepsilon_{ij}$에서 $\alpha_i = \mu_i - \mu = 0$이므로 귀무가설은 이렇게 표기한다.
$H_0 : \alpha_1 = \alpha_2 = \cdots = \alpha_k = 0$

220 〔정답률 약 20%〕
[07년 3회, 11년 1회, 18년 3회 기출]

분산분석에 대한 옳은 설명만 짝지어진 것은?

> ㄱ. 집단 간 분산을 비교하는 분석이다.
> ㄴ. 집단 간 평균을 비교하는 분석이다.
> ㄷ. 검정통계량은 집단 내 제곱합과 집단 간 제곱합으로 구한다.
> ㄹ. 검정통계량은 총제곱합과 집단 간 제곱합으로 구한다.

① ㄱ, ㄷ ② ㄱ, ㄹ
③ ㄴ, ㄷ ④ ㄴ, ㄹ

해설 분산분석(ANOVA, Analysis of Variance)은 집단 간 평균을 비교하는 분석이다. 이는 집단 간 분산을 비교하는 분석이 아님에 주의해야 한다!
분산분석의 검정통계량은 아래와 같다.
$$F = \dfrac{MSR}{MSE} = \dfrac{\text{집단 간 평균제곱}}{\text{집단 내 평균제곱}} = \dfrac{\frac{SSR}{df}}{\frac{SSE}{df}} = \dfrac{\frac{\text{집단 간 제곱합}}{\text{자유도}}}{\frac{\text{집단 내 제곱합}}{\text{자유도}}}$$

221 〔정답률 약 30%〕 [18년 3회, 21년 2회 기출]

일원배치법에 대한 설명으로 맞는 것은?

① 인자의 처리별 반복수는 동일하여야 한다.
② 일원배치법에 의해 여러 그룹의 분산의 차이를 해석할 수 있다.
③ 한 종류의 인자가 특성값에 미치는 영향을 조사하고자 할 때 사용하는 분석법이다.
④ 3명의 기술자가 3가지 재료를 이용해서 어떤 제품을 만들고자 할 때 가장 좋은 제품을 만들 수 있는 조건을 찾으려면 일원배치법이 적절한 방법이다.

해설 일원배치법은 단일 인자가 종속변수에 미치는 영향을 평가하는 데 사용된다.
① 일원분산분석에서는 인자의 처리별 반복수(표본수)가 동일할 필요는 없다. 각 그룹에서의 표본 크기가 다를 수 있으므로, 불균형한 반복수도 일원배치법을 적용할 수 있다. 따라서 $n_1 \neq n_2 \neq \cdots \neq n_k$이더라도 일원배치법 적용이 가능하다.
② 일원배치법은 여러 그룹 간의 평균의 차이를 해석하는 방법이다. 분산의 차이를 해석하기 위한 방법은 분산의 동질성 검정(Levene's test) 등의 검정을 사용한다.
④ 3명의 기술자가 3가지 재료를 이용해서 어떤 제품을 만들고자 할 때는 두 개의 요인인 기술자와 재료가 존재하며, 이는 이원배치법(Two-Way ANOVA)이 더 적합하다.

222 [21년 2회 기출]

특성치의 산포를 총제곱합으로 나타내고, 이 총제곱합을 실험과 관련된 요인마다 제곱합으로 분해하여 오차에 비해 특히 큰 영향을 주는 요인이 무엇인지를 찾아내는 분석방법은?

① 분산분석 ② 추정
③ 상관분석 ④ 회귀분석

해설 분산분석은 데이터를 요인별로 분해하여 각 요인이 결과에 미치는 영향을 분석하는 방법이다. 총제곱합(SST)을 요인별 제곱합(SSR)과 오차 제곱합(SSE)으로 나누어 분석하며, 주요 요인을 찾는 데 사용된다.

정답 : 219 ② 220 ③ 221 ③ 222 ①

223 정답률 약 60% [20년 4회 기출]

다음 분산분석표에서 빈칸에 들어갈 $F-$값은?

요인	제곱합	자유도	평균제곱	$F-$값
처리	40	5	***	( )
잔차	60	15	***	
계	100	20		

① 1.5　　② 2.0
③ 2.5　　④ 3.0

해설 분산분석표에서 검정통계량의 값은 아래와 같다.

$$F = \frac{MSR}{MSE} = \frac{\frac{SSR}{k-1}}{\frac{SSE}{N-k}} = \frac{\frac{40}{5}}{\frac{60}{15}} = 2$$

224 정답률 약 50% [15년 2회, 21년 2회 기출]

중소기업들 간 30대 직원의 연봉에 차이가 있는지 알아보기 위해 몇 개의 기업을 조사한 결과 다음과 같은 분산분석표를 얻었다. 총 몇 개 기업이 비교대상이 되었으며, 총 몇 명이 조사되었나?

요인	제곱합	자유도	평균제곱	F
그룹 간	777.39	2	388.69	5.36
그룹 내	1522.58	21	72.50	
합계	2299.97	23		

① 2개 회사, 21명　　② 2개 회사, 22명
③ 3개 회사, 23명　　④ 3개 회사, 24명

해설 일원분산분석표의 수치를 정리하면 아래와 같다.
$k-1 = 2$, $N-k = 21$, $N-1 = 23$
따라서 전체 표본수 N은 $N = 24$(24명)이고, k개 처리(요인수준)은 $k = 3$(3개 회사)이다.

225 정답률 약 50% [21년 1회 기출]

다음 분산분석표의 ㉠~㉢에 들어갈 값은?

요인	제곱합	자유도	평균제곱	$F-$값	유의확률
인자	199.34	1	199.34	㉢	0.099
잔차	315.54	6	㉡		
계	514.88	㉠			

① ㉠ : 7, ㉡ : 52.59, ㉢ : 2.58
② ㉠ : 7, ㉡ : 52.59, ㉢ : 3.79
③ ㉠ : 7, ㉡ : 1893.24, ㉢ : 2.58
④ ㉠ : 7, ㉡ : 1893.24, ㉢ : 9.50

해설 아래 분산분석표를 채워보면, $k=2$, $N=8$
㉠~㉢에 들어갈 값은 순서대로 다음과 같다.
㉠ $N-1 = 7$
㉡ $MSE = \frac{SSE}{N-k} = \frac{315.54}{6} = 52.59$
㉢ $F = \frac{MSR}{MSE} = \frac{199.34}{52.59} ≒ 3.79$

요인	제곱합 (평방합)	자유도	평균제곱	F값
처리	$SSR = 199.34$ 집단(그룹) 간 제곱합	$k-1 = 1$	$MSR = \frac{SSR}{k-1} = 199.34$	㉢ $F = \frac{MSR}{MSE}$
잔차 (오차)	$SSE = 315.54$ 집단(그룹) 내 제곱합	$N-k = 6$	㉡ $MSE = \frac{SSE}{N-k}$	
총합	$SST = 514.88$ 총제곱합	㉠ $N-1 = 7$		

정답 : 223 ②　224 ④　225 ②

226 정답률 약 50% [15년 3회 기출]

처리별 반복수가 다른 일원배치법 실험에 의하여 얻어진 분산분석표가 다음과 같다. 이때 ㉣와 ㉤의 값을 순서대로 열거하면?

요인	제곱합	자유도	평균제곱	F	유의확률
처리	16.2	2	㉢	㉤	㉥
잔차	㉠	㉡	㉣		
계	36.4	14			

① 32.2, 0.57 ② 32.2, 50.4
③ 1.68, 8.1 ④ 1.68, 4.82

해설 일원분산분석표를 채우면 아래와 같다.

요인	제곱합	자유도	평균제곱	F
처리	16.2	2	$\frac{16.2}{2}=8.1$	$F=\frac{8.1}{20.2/12}$ $\fallingdotseq 4.81$
잔차	$36.4-16.2$ $=20.2$	$14-2$ $=12$	$\frac{20.2}{12} \fallingdotseq 1.683$	
계	36.4	14		

227 정답률 약 50% [11년 3회, 18년 1회 기출]

일원배치 분산분석에서 인자의 수준이 3이고 각 수준마다 반복실험을 5회씩 한 경우 잔차(오차)의 자유도는?

① 9 ② 10
③ 11 ④ 12

해설 각 처리의 반복수 $j=n_i$가 n으로 동일한 경우 전체 표본수 $N=k \times n$이다. 따라서 잔차(오차 ; error)의 자유도는 전체 표본수 N에서 처리수를 뺀 $N-k=kn-k$가 된다. 문제에서 인자의 수준(처리수)가 $k=3$임이 주어져 있고, 각 처리(수준)마다의 반복수가 $n=5$이다. 이때, 잔차(오차)의 자유도는 $N-k=kn-k=15-3=12$이다.

228 정답률 약 50%
[03년 1회, 15년 1회, 19년 3회 기출]

A, B, C 세 공법에 대하여 다음의 자료를 얻었다. 일원분산분석을 통하여 위의 세 가지 공법사이에 유의한 차이가 있는지 검정하고자 할 때, 처리제곱합의 자유도는?

A : 56, 60, 50, 65, 64
B : 48, 61, 48, 52, 46
C : 55, 60, 44, 46, 55

① 1 ② 2
③ 3 ④ 4

해설 처리의 자유도는 처리 간 평균 차이를 비교하기 위한 자유도이며, k개의 처리가 있을 때, 처리 간 변동에 대한 자유도는 $k-1$이다. 문제에서 A, B, C 세 공법에 대하여 얻은 자료임이 주어져 있으므로, 처리수준(처리수)는 $k=3$이며, 처리제곱합의 자유도는 $k-1=2$이다.

229 정답률 약 40% [11년 1회, 16년 2회 기출]

일원배치 분산분석에서 다음과 같은 결과를 얻었을 때, 처리효과의 유의성 검정을 위한 검정통계량의 값은?

처리의 수=3, 각 처리에서 관측값의 수=10,
총제곱합=650, 잔차제곱합=540

① 1.83 ② 1.90
③ 2.75 ④ 2.85

해설 처리의 수 $k=3$, 각 처리에서 관측값의 수 $n=10$, 총제곱합 $SST=650$, 잔차제곱합 $SSE=540$이다. 이를 통해 $SSR=SST-SSE=650-540=110$이고, $N=k \times n=30$이라는 것을 알 수 있다. 따라서 처리효과의 유의성 검정을 위한 검정통계량의 값은 아래와 같이 산출된다.

$$F=\frac{MSR}{MSE}=\frac{\frac{SSR}{k-1}}{\frac{SSE}{N-k}}=\frac{\frac{110}{(3-1)}}{\frac{540}{(30-3)}}=2.75$$이다.

정답 : 226 ④ 227 ④ 228 ② 229 ③

230 정답률 약 30%　　[18년 2회 기출]

서로 다른 4가지 교수방법 A, B, C, D의 학습 효과를 알아보기 위하여 같은 수준에 있는 학생 중에서 99명을 임의추출하여 A교수방법에 19명, B교수방법에 31명, C교수방법에 27명, D교수방법에 22명을 할당하였다. 일정 기간 수업 후 성취도를 100점 만점으로 측정, 정리하여 다음의 평방합(제곱합)을 얻었다. 교수방법 A, B, C, D의 학습효과사이에 차이가 있는가를 검정하기 위한 F-통계량 값은?

그룹 간 평방합	63.21
그룹 내 평방합	350.55

① 0.175　　② 0.180
③ 5.71　　④ 8.11

해설　서로 다른 4가지 교수방법 A, B, C, D(처리수 $k=4$)의 학습 효과를 알아보기 위하여 같은 수준에 있는 학생 중에서 99명을 임의추출하여 각 교수방법 중 A에 19명, B에 31명, C에 27명, D에 22명을 할당하였다. 이처럼 각 처리수준의 반복수가 다른 경우, 각 처리수준에서의 반복수 n_i를 활용한다. 따라서 전체 '표본수'를 산출하면 아래와 같다.
$$N = \sum_{i=1}^{k} n_i = 19 + 31 + 27 + 22 = 99$$
또한 표를 보면 그룹 간 평방합은 $SSR = 63.21$, 그룹 내 평방합은 $SSE = 350.55$임이 주어져 있다. 즉, 각 교수방법 A, B, C, D의 학습효과 사이에 차이가 있는가를 검정하기 위한 F-통계량 값은 아래의 공식에 의해 산출된다.
$$F = \frac{MSR}{MSE} = \frac{\frac{SSR}{k-1}}{\frac{SSE}{N-k}} = \frac{\frac{63.21}{(4-1)}}{\frac{350.55}{(99-4)}} = 5.71$$

231 정답률 약 60%　　[20년 4회 기출]

다음 분산분석표의 ㉠, ㉡에 들어갈 값으로 맞는 것은?

요인	제곱합	자유도	평균제곱	F-값
처리	42.0	2		㉡
잔차	(㉠)	25		
계	129.5	27		

① ㉠ : 87.5, ㉡ : 6.0　　② ㉠ : 87.5, ㉡ : 8.5
③ ㉠ : 92.5, ㉡ : 6.0　　④ ㉠ : 92.5, ㉡ : 8.5

해설　분산분석표를 통해 ㉠, ㉡을 산출해보자.
㉠ $SSE = SST - SSR = 87.5$
㉡ $F = \dfrac{MSR}{MSE} = \dfrac{\frac{SSR}{k-1}}{\frac{SSE}{N-k}} = \dfrac{\frac{42}{2}}{\frac{87.5}{25}} = 6$

요인	제곱합	자유도	평균제곱	F값
처리	$SSR = 42.0$	$k-1 = 2$	$MSR = \frac{SSR}{k-1}$	㉡ $F = \frac{MSR}{MSE} = 6$
잔차 (오차)	㉠ $SSE = 87.5$	$N-k = 25$	$MSE = \frac{SSE}{N-k}$	
총합	$SST = 129.5$	$N-1 = 27$		

232 정답률 약 40%

[07년 3회, 12년 3회, 16년 3회, 19년 3회 기출]

성별 평균소득에 관한 설문조사자료를 정리한 결과, 집단 내 평균제곱(Mean Squares Within Groups)은 50, 집단 간 평균제곱(Mean Squares Between Groups)은 25로 나타났다. 이 경우에 F값은?

① 0.5　　② 2
③ 25　　④ 75

해설　집단 간 평균제곱이 $MSR = 25$이고, 집단 내 평균제곱이 $MSE = 50$이다. 이 경우에 F값은 아래와 같다.
$$F = \frac{MSR}{MSE} = \frac{25}{50} = 0.5$$

정답 : 230 ③　231 ①　232 ①

233 정답률 약 40% [15년 2회, 19년 3회 기출]

대기오염에 따른 신체발육정도가 서로 다른지를 알아보기 위해 대기오염상태가 서로 다른 4개 도시에서 각각 10명씩 어린이들의 키를 조사하였다. 분산분석의 결과가 다음과 같을 때, 다음 중 틀린 것은?

구분	제곱합 (SS)	자유도 (df)	평균제곱합 (MS)	F
처리	2100	a	b	f
오차	c	d	e	
총합	4900	g		

① $b = 700$ ② $c = 2800$
③ $g = 39$ ④ $f = 8.0$

해설 대기오염에 따른 신체발육정도가 서로 다른지를 알아보기 위해 대기오염상태가 서로 다른 4개 도시에서 각각 10명씩 어린이들의 키를 조사하였다면, 전체 표본 수 N은 $N = k \times n = 4 \times 10 = 40$(총 40명)이고, k개 처리(요인수준)은 $k = 4$(4개 회사)이다.
따라서 분산분석표의 값을 산출하면 아래와 같다.
처리제곱합 $SSR = 2100$
자유도 $a = k - 1 = 3$
평균제곱합 $b = MSR = \dfrac{SSR}{k-1} = \dfrac{2100}{3} = 700$
오차제곱합 $c = SSE = SST - SSR$
$= 4900 - 2100 = 2800$
자유도 $d = N - k = 40 - 4 = 36$
평균제곱합 $e = MSE = \dfrac{SSE}{N-k} = \dfrac{2800}{36}$
총제곱합 $SST = 4900$
자유도 $g = N - 1 = 40 - 1 = 39$
$F = \dfrac{MSR}{MSE} = \dfrac{700}{2800/36} = 9$

234 정답률 약 40% [06년 3회, 09년 3회, 14년 1회, 20년 1·2회 통합 기출]

다음 분산분석표에 관한 설명으로 틀린 것은?

변동	제곱합(SS)	자유도(df)	F
급간(between)	10.95	1	
급내(within)	73	10	
합계(total)			

① F 통계량의 값은 0.15이다.
② 두 개의 집단의 평균을 비교하는 경우이다.
③ 관찰치의 총 개수는 12개이다.
④ F 통계량이 임계값 보다 작으면 각 집단의 평균이 같다는 귀무가설을 기각하지 않는다.

해설 $SSR = 10.95$, $SSE = 73$, $k - 1 = 1$, $N - k = 10$
이므로, F통계량 값은 아래와 같이 산출된다.
$$F = \dfrac{MSR}{MSE} = \dfrac{\dfrac{SSR}{k-1}}{\dfrac{SSE}{N-k}} = \dfrac{\dfrac{10.95}{1}}{\dfrac{73}{10}} = 1.5$$
② $k = 2$ (∵ $k - 1 = 1$)이므로, 두 개의 집단의 평균을 비교하는 경우이다.
③ $k = 2$, $N - k = 10$이므로, 관찰치의 총 개수 $N = 12$개다.
④ 귀무가설 H_0은 '모든 처리 집단의 평균이 같다.'이며, $H_0 : \mu_1 = \mu_2 = \cdots = \mu_k$라고 표기한다.
만약, F 통계량이 임계값 보다 작으면 각 집단의 평균이 같다는 귀무가설을 기각할 수 없다.

정답 : 233 ④ 234 ①

235 정답률 약 40% [17년 3회, 21년 2회 기출]

A, B, C 세 가지 공법에 의해 생산된 철선의 인장강도에 차이가 있는지를 알아보기 위해 공법 A에서 5회, 공법 B에서 6회, 공법 C에서 7회, 총 18회를 랜덤하게 실험하여 인장강도를 측정하였다. 측정한 자료를 정리한 결과 총제곱합 $SST = 100$이고, 잔차제곱합 $SSE = 65$이었다. 처리제곱합 SSA와 처리제곱합의 자유도 ν_A를 바르게 나열한 것은?

① $SSA = 35$, $\nu_A = 2$
② $SSA = 35$, $\nu_A = 3$
③ $SSA = 165$, $\nu_A = 17$
④ $SSA = 165$, $\nu_A = 18$

해설 이 문제는 각 처리수준의 반복수가 다른 경우이다. 각 처리수준의 반복수가 다른 경우, 각 처리수준에서의 반복수 n_i를 활용하여, 전체 '표본수'는 $N = \sum_{i=1}^{k} n_i$로 계산한다. A, B, C 세 가지 공법($k = 3$)에 의해 생산된 철선의 인장강도에 차이가 있는지를 알아보기 위해 공법 A에서 5회, 공법 B에서 6회, 공법 C에서 7회, 총 18회를 랜덤하게 실험하여 인장강도를 측정하였다는 정보를 통해, $N = \sum_{i=1}^{k} n_i = 5 + 6 + 7 = 18$임을 알 수 있다. 따라서 처리제곱합 $SSA = SST - SSE = 100 - 65 = 35$이고, 처리제곱합의 자유도 $\nu_A = k - 1 = 2$이다.

236 정답률 약 10% [15년 3회 기출]

어느 회사는 4개의 철강공급업체로부터 철판을 공급받는다. 각 공급업체들이 납품하는 철판의 품질을 평가하기 위해 인장강도(kg/psi)를 각 3회씩 측정하여 다음의 중간결과를 얻었다. 4개의 공급업체들이 납품하는 철강의 품질에 차이가 없다는 가설을 검정하기 위한 F-비는? (단, $\overline{X_j} = \frac{1}{3}\sum_{i=1}^{3} X_{ij}$, $\overline{\overline{X}} = \frac{1}{4}\frac{1}{3}\sum_{j=1}^{4}\sum_{i=1}^{3} X_{ij}$)

$$\sum_{j=1}^{4}(\overline{X_j} - \overline{\overline{X}})^2 = 15.5, \quad \sum_{j=1}^{4}\sum_{i=1}^{3}(X_{ij} - \overline{X_j})^2 = 19$$

① 0.816
② 2.175
③ 4.895
④ 6.526

해설 귀무가설 H_0을 수립하면, "H_0 : 4개의 공급업체들이 납품하는 철강의 품질에 차이가 없다."이다. 4개의 철강 공급업체들(처리수 $k = 4$)이 납품하는 철판의 품질을 평가하기 위해 인장강도를 각 3회($n = 3$)씩 측정하여 다음의 중간결과를 얻었다는 정보가 주어져 있다. 이때, SSR과 SSE를 산출하면 아래와 같다.

$SSR = n \times \sum_{j=1}^{4}(\overline{X_j} - \overline{\overline{X}})^2 = 3 \times 15.5 = 46.5$

$SSE = \sum_{j=1}^{4}\sum_{i=1}^{3}(X_{ij} - \overline{X_j})^2 = 19$

따라서, F-비를 구하면 아래와 같이 산출된다.

$$F = \frac{MSR}{MSE} = \frac{\frac{SSR}{k-1}}{\frac{SSE}{N-k}} = \frac{\frac{46.5}{(4-1)}}{\frac{19}{(12-4)}} \doteq 6.526$$

($\because N = k \times n = 12$)

정답 : 235 ① 236 ④

237 정답률 약 20%

[10년 3회, 16년 1회, 19년 3회 기출]

3개의 처리(Treatment)를 각각 5번씩 반복하여 실험하였고, 이에 대해 분산분석을 실시하고자 할 때의 설명으로 틀린 것은?

① 분산분석표에서 오차의 자유도는 12이다.
② 분산분석의 영가설(H_0)은 3개의 처리 간 분산이 모두 동일하다고 설정한다.
③ 유의수준 0.05 하에서 계산된 F-비 값은 $F_{(0.05, 2, 12)}$ 분포값과 비교하여, 영가설의 기각여부를 결정한다.
④ 처리 평균제곱은 처리 제곱합을 처리 자유도로 나눈 것을 말한다.

해설 분산이 동일하다는 가설은 등분산 가정일 뿐, 분산분석의 영가설(귀무가설 H_0)은 아니다. 분산분석에 '분산'이라는 단어가 들어가는 것 때문에 헷갈리는 경우 아래 표를 반드시 기억하자.

귀무가설	모든 처리 집단의 평균이 같다. $H_0 : \mu_1 = \mu_2 = \cdots = \mu_k$
	모든 처리 효과가 0이다. $H_0 : \alpha_1 = \alpha_2 = \cdots = \alpha_k = 0$
대립가설	적어도 하나의 처리 집단의 평균 μ_i은 같지 않다.
	적어도 하나의 처리 효과는 0이 아니다.

① 분산분석표에서 오차의 자유도는 $N-k$이다.
  총 자유도 $N-1 = 15-1 = 14$
    ($\because N = k \times n = 3 \times 5 = 15$)
  처리 자유도 $k-1 = 3-1 = 2$
  오차의 자유도 $N-k = 14-2 = 12$
③ 유의수준 0.05하에서 계산된 F-비 값은 $F_{(0.05, 2, 12)}$ 분포값과 비교하여, 영가설의 기각여부를 결정한다. 검정통계량 F값이 기각역의 임계치보다 크면 영가설(귀무가설)을 기각한다.

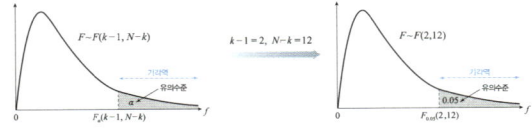

④ 처리 평균제곱 $MSR = \dfrac{SSR}{k-1}$ 은 처리 제곱합 SSR을 처리 자유도 $k-1$로 나눈 것을 말한다.

04 교차분석 TOPIC

238 정답률 약 50%

[10년 3회, 19년 2회 기출]

"성과 정당 지지도 사이에 관계가 있는가?"를 살펴보기 위하여 설문조사 실시, 분석한 결과 Pearson 카이제곱값이 32.29, 자유도가 1, 유의확률이 0.000이었다. 이 분석에 근거할 때, 유의수준 0.05에서 "성과 정당 지지도 사이의 관계"에 대한 결론은?

① 정당의 종류는 2가지이다.
② 성과 정당 지지도 사이에 유의미한 관계가 있다.
③ 성과 정당 지지도 사이에 유의미한 관계가 없다.
④ 위에 제시한 통계량으로는 성과 정당 지지도 사이의 관계를 알 수 없다.

해설 이 문제는 교차검정의 종류 중 독립성 검정에 해당한다.

귀무가설 H_0	성과 정당 지지도 사이에 관계가 없다. 즉, 서로 독립이다.
대립가설 H_1	성과 정당 지지도 사이에 관계가 있다. 즉, 서로 독립이 아니다.

문제에는 Pearson 카이제곱값이 32.29, 자유도가 1, 유의확률이 0.000임이 주어져 있다.
물론 임계치 $\chi^2_{0.05}(1)$값이 문제에 주어지지 않았지만, 유의확률 값이 0.000임을 통해 카이제곱 검정통계량 $\chi^2_0 = 32.29$이 임계치 $\chi^2_{0.05}(1)$보다 훨씬 크다는 것을 알 수 있다. 따라서 귀무가설 H_0를 기각할 만한 충분한 근거가 있으므로, '성과 정당 지지도 사이에는 유의미한 관계가 있다'는 결론을 낼 수 있다.

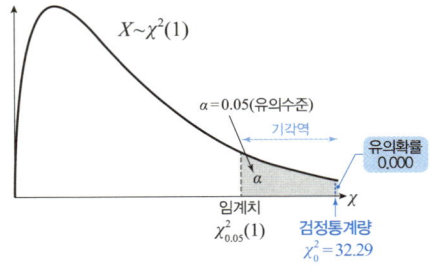

정답 : 237 ② 238 ②

239 정답률 약 30% [03년 1회, 14년 1회, 21년 1회 기출]

어느 지역의 유권자 중 940명을 임의로 추출하여 가장 선호하는 정당을 조사한 결과를 연령대별로 정리하여 다음의 이차원 분할표를 얻었고, 분할표 분석 결과는 다음과 같다. 유의수준 0.05에서 연령대와 선호하는 정당과의 관련성을 검정하기 위한 검정결과에 대한 해석으로 맞는 것은?

[연령별 정당의 선호도 분할표]

정당 연령	A정당	B정당	C정당	계
30 미만	158	53	62	273
30~49	172	128	83	383
50 미만	95	162	27	284
계	425	343	172	940

[카이제곱 검정]

구분	값	자유도	점근유의확률 (양쪽검정)
Pearson 카이제곱	91.341	4	0.000
우도비	93.347	4	0.000
선형대 선형결합	3.056	1	0.080
유효 케이스	940		

① 카이제곱 통계량이 유의수준보다 크므로 귀무가설을 기각한다.
② 우도비 통계량이 유의수준보다 크므로 귀무가설을 기각할 수 없다.
③ 우도비 통계량에 대한 유의확률이 유의수준보다 작으므로 귀무가설을 기각할 수 없다.
④ 카이제곱 통계량에 대한 유의확률이 유의수준보다 작으므로 귀무가설을 기각한다.

해설 이 문제는 교차검정의 종류 중 독립성 검정에 해당한다.

귀무가설 H_0	성별과 정당 선호도는 서로 독립이다.
대립가설 H_1	성별과 정당 선호도는 서로 독립이 아니다.

문제에는 Pearson 카이제곱값이 91.341, 자유도가 4, 유의확률이 0.000임이 주어져 있다. 물론 임계치 $\chi^2_{0.05}(4)$값이 문제에 주어지지 않았지만, 유의확률 값이 0.000임을 통해 카이제곱 검정통계량 $\chi^2_0 = 91.341$이 임계치 $\chi^2_{0.05}(4)$보다 훨씬 크다는 것을 알 수 있다. 따라서 카이제곱 통계량에 대한 유의확률(0.000)이 유의수준($\alpha = 0.05$)보다 작으므로 귀무가설 H_0을 기각한다. 따라서 성별과 정당 선호도는 서로 독립이 아니라는 강한 근거가 있다.

정답: 239 ④

240 정답률 약 50%
[10년 1회, 17년 3회, 20년 3회 기출]

다음은 어느 손해보험회사에서 운전자의 연령과 교통법규 위반횟수 사이의 관계를 알아보기 위하여 무작위로 추출한 18세 이상, 60세 이하인 500명의 운전자 중에서 지난 1년 동안 교통법규위반 횟수를 조사한 자료이다. 두 변수 사이의 독립성 검정을 하려고 할 때 검정통계량의 자유도는?

위반횟수 \ 연령	18~25	26~50	51~60	합계
없음	60	110	120	290
1회	60	50	40	150
2회 이상	30	20	10	60
합계	150	180	170	500

① 1   ② 3
③ 4   ④ 9

해설 독립성 검정의 자유도(df ; degree of freedom)는 $df = (M-1) \times (N-1) =$ (행 범주의 수 -1)$\times$(열 범주의 수 -1)임을 활용한다. 행 변수(위반횟수)의 범주는 $M=3$이고, 열 변수(연령)의 범주는 $N=3$이므로 자유도는 $df = (3-1) \times (3-1) = 4$이다.

241 정답률 약 50%
[14년 1회, 20년 1·2회 통합 기출]

행의 수가 2, 열의 수가 3인 이원교차표에 근거한 카이제곱 검정을 하려고 한다. 검정통계량의 자유도는 얼마인가?

① 1   ② 2
③ 3   ④ 4

해설 교차분석에서 자유도(df ; degree of freedom) 공식은 아래와 같다.
$df = (M-1) \times (N-1) =$ (행 범주의 수 -1)$\times$(열 범주의 수 -1)
주어진 정보를 보면 행 범주의 수는 $M=2$이고, 열 범주의 수는 $N=3$이므로 자유도는 아래와 같다.
$df = (2-1) \times (3-1) = 2$

242 정답률 약 40%
[11년 1회, 15년 1회 기출]

2차원 교차표에서 행 변수의 범주 수는 5이고, 열 변수의 범주 수는 4개이다. 두 변수간의 독립성검정에 사용되는 검정통계량의 분포는?

① 자유도 9인 카이제곱분포
② 자유도 12인 카이제곱분포
③ 자유도 9인 t 분포
④ 자유도 12인 t 분포

해설 행변수가 $M=5$개의 범주를 갖고 열변수가 $N=4$개의 범주를 갖는 분할표에서 행변수와 열변수가 서로 독립인지를 검정하고자 할 때, 검정통계량은 자유도가 $df = (M-1) \times (N-1) =$ (행 범주의 수 -1)$\times$(열 범주의 수 -1)$= (5-1) \times (4-1) = 12$인 카이제곱분포를 따른다.

$$\chi^2 = \sum_{i=1}^{M}\sum_{j=1}^{N} \frac{(O_{ij}-E_{ij})^2}{E_{ij}} = \sum_{i=1}^{5}\sum_{j=1}^{4} \frac{(O_{ij}-E_{ij})^2}{E_{ij}} \sim \chi^2(12)$$

243 정답률 약 50%
[16년 2회 기출]

행변수가 M개의 범주를 갖고 열변수가 N개의 범주를 갖는 분할표에서 행변수와 열변수가 서로 독립인지를 검정하고자 한다. (i,j)셀의 관측도수를 O_{ij}, 귀무가설에서의 기대도수의 추정치를 $\widehat{E}_{ij}$라 하고, 이때 사용되는 검정통계량은 $\sum_{i=1}^{M}\sum_{j=1}^{N} \frac{(O_{ij}-\widehat{E}_{ij})^2}{\widehat{E}_{ij}}$ 이다. 여기서 $\widehat{E}_{ij}$는? (단, 전체 데이터 수는 n이고 i번째 행의 합은 n_{i+}, j번째 열의 합은 n_{+j}이다.)

① $\widehat{E}_{ij} = n_{i+}n_{+j}$ ② $\widehat{E}_{ij} = \frac{n_{i+}n_{+j}}{n}$
③ $\widehat{E}_{ij} = \frac{n_{i+}}{n}$ ④ $\widehat{E}_{ij} = \frac{n_{+j}}{n}$

해설 기대도수 $\widehat{E}_{ij}$는 기대도수=전체 도수$\times$각 셀의 확률
$= \frac{\text{해당 행의 합} \times \text{해당 열의 합}}{\text{전체 도수}}$ 이다.

따라서 $\widehat{E}_{ij} = \frac{n_{i+}n_{+j}}{n}$ 이다.

정답 : 240 ③   241 ②   242 ②   243 ②

244 정답률 약 20% [13년 1회, 20년 3회 기출]

가정 난방의 선호도와 방법에 대한 분할표가 다음과 같다. 난방과 선호도가 독립이라는 가정하에서 "가스난방"이 "아주 좋다"에 응답한 셀의 기대도수를 구하면?

선호도 \ 난방 방법	기름	가스	기타
아주 좋다	20	30	20
적당하다	15	40	35
좋지 않다	50	20	10

① 26.25 ② 28.25
③ 31.25 ④ 32.45

해설 주어진 교차표에 대해 각 행의 합, 각 열의 합, 전체 도수를 표현해보자.

선호도 \ 난방방법	기름	가스	기타	합계
아주 좋다	20	30	20	70
적당하다	15	40	35	90
좋지 않다	50	20	10	80
합계	85	90	65	240

따라서 난방과 선호도가 독립이라는 가정하에서 "가스난방"이 "아주 좋다"에 응답한 셀의 기대도수를 구하면 다음과 같다.
기대도수 = 전체 도수(240) × P(가스난방 ∩ 아주 좋다)
= $240 \times \frac{90}{240} \times \frac{70}{240} = 26.25$

245 정답률 약 60% [06년 3회, 21년 3회 기출]

다음 표는 성별과 혼인상태에 따른 교차표이다. 이 표에 대한 설명으로 틀린 것은?

구분		혼인상태			
		미혼	기혼	기타	계
성별	남성	13	45	1	59
	여성	85	43	6	134
	합계	98	88	7	193

① 남성 가운데 미혼자의 비율은 22%이다.
② 기혼자 가운데 여성의 비율은 48.9%이다.
③ 전체에서 여성이 차지하는 비율은 69.4%이다.
④ 전체에서 여성 기혼자가 차지하는 비율은 42.3%이다.

해설 전체에서 여성 기혼자가 차지하는 비율은 $\frac{43}{193} \approx 0.222$이므로, 백분율로 표기하면 22.2%이다.
① 남성 가운데 미혼자의 비율은 $\frac{13}{59} = 0.22$이므로, 백분율로 표기하면 22%이다.
② 기혼자 가운데 여성의 비율은 $\frac{43}{88} \approx 0.489$이므로, 백분율로 표기하면 48.9%이다.
③ 전체에서 여성이 차지하는 비율은 $\frac{134}{193} \approx 0.694$이므로, 백분율로 표기하면 69.4%이다.

246 정답률 약 40%

[00년 1회, 09년 1회, 19년 1회 기출]

두 정당 (A, B)에 대한 선호도가 성별에 따라 다른지 알아보기 위하여 1,000명을 임의추출하였다. 이 경우에 가장 적합한 통계분석법은?

① 분산분석 ② 회귀분석
③ 인자분석 ④ 교차분석

해설 교차분석은 두 개 이상의 범주형 변수 간의 관계를 분석하는 데 사용된다. 문제에서 정당(A · B) 선호도와 성별 모두 명목범주형 변수이며, 두 변수 사이의 관계를 분석하고자 하므로 교차분석이 적합하다.

정답 : 244 ① 245 ④ 246 ④

247 정답률 약 40%
[13년 2회, 17년 2회, 21년 1회 기출]

다음 표는 빨강, 파랑, 노랑 3가지 색상에 대한 선호도가 성별에 따라 차이가 있는지를 알아보기 위해 초등학교 남학생 200명과 여학생 200명을 임의로 추출하여 선호도를 조사한 분할표이다. 성별에 따라 선호하는 색상에 차이가 없다면, 파랑을 선호하는 여학생 수에 대한 기대도수의 추정값은?

구분	빨강	파랑	노랑	표본크기
남학생	60	90	50	200
여학생	90	70	40	200
합계	150	160	90	400

① 70 ② 75
③ 80 ④ 85

해설 성별에 따라 선호하는 색상에 차이가 없다면, 파랑을 선호하는 여학생 수에 대한 기대도수의 추정값은 다음과 같다.

기대도수 = 전체 도수(400) × P(파랑 ∩ 여학생)

$$= 400 \times \frac{160}{400} \times \frac{200}{400} = 80$$

248 정답률 약 20%
[11년 3회, 15년 3회 기출]

두 명목범주형 변수 사이의 연관성을 보고자 할 때 가장 적합한 것은?

① 피어슨 상관계수
② 순위(스피어만) 상관계수
③ 산점도
④ 분할표(교차표)

해설 명목범주형 변수는 순서나 크기가 없는 범주형 변수이며, 성별(남·여)이나 취업 여부(취업·미취업)가 명목변수의 예시이다. 이러한 명목변수 간의 연관성을 분석할 때 교차표(분할표)는 두 변수를 각각의 범주에 따라 교차시켜서 그 빈도를 표로 나타내는 방식이다. 이후 카이제곱 검정 등을 통해 두 변수 간의 독립성 또는 상관성을 분석할 수 있다

249 정답률 약 50%
[16년 1회 기출]

다음은 성별과 안경착용 여부를 조사하여 요약한 자료이다. 두 변수의 독립성을 검정하기 위한 카이제곱 통계량의 값은?

구분	안경 착용	안경 미착용
남자	10	30
여자	30	10

① 40 ② 30
③ 20 ④ 10

해설 교차검정의 종류 중 독립성 검정에 해당한다. 따라서 성별(남자·여자)과 안경 착용 여부(안경 착용·안경 미착용)를 조사한 관측 교차표를 완성하면 다음과 같다.

구분	안경 착용(A)	안경 미착용(B)	합계
남자(M)	10	30	40
여자(F)	30	10	40
합계	40	40	80

이에 대해 각 셀의 확률을 구하면 다음과 같다.

$P(M \cap A)$ $= P(M) \times P(A)$ $= \frac{40}{80} \times \frac{40}{80}$	$P(F \cap A)$ $= P(F) \times P(A)$ $= \frac{40}{80} \times \frac{40}{80}$
$P(M \cap B)$ $= P(M) \times P(B)$ $= \frac{40}{80} \times \frac{40}{80}$	$P(F \cap B)$ $= P(F) \times P(B)$ $= \frac{40}{80} \times \frac{40}{80}$

모든 셀의 확률이 동일하므로, 기대도수도 모두 동일하다. 따라서 성별이 남(M)이면서 안경을 착용(A)한 사람의 기대도수를 산출하면, 다음과 같다.

기대도수 = 전체 도수(200) × 각 셀의 확률 $P(M \cap A)$

$$= 80 \times \frac{40}{80} \times \frac{40}{80} = \frac{40 \times 40}{80} = 20$$

두 변수의 독립성을 검정하기 위한 카이제곱 통계량의 값은 아래와 같이 산출된다.

$$\chi_0^2 = \sum_{i=1}^{2}\sum_{j=1}^{2} \frac{(O_{ij} - E_{ij})^2}{E_{ij}} = \frac{(10-20)^2}{20} + \frac{(30-20)^2}{20} + \frac{(30-20)^2}{20} + \frac{(10-20)^2}{20} = 20$$

정답: 247 ③ 248 ④ 249 ③

250 정답률 약 30% [13년 2회, 19년 3회 기출]

카이제곱 검정에 의해 성별과 지지하는 정당 사이에 관계가 있는지를 알아보기 위해 자료를 조사한 결과, 남자 200명 중 A정당 지지자가 140명, B정당 지지자가 60명, 여자 200명 중 A정당 지지자가 80명, B정당 지지자는 120명이다. 성별과 정당 사이에 관계가 없을 경우 남자와 여자 각각 몇 명이 B정당을 지지한다고 기대할 수 있는가?

① 남자 : 50명, 여자 : 50명
② 남자 : 60명, 여자 : 60명
③ 남자 : 80명, 여자 : 80명
④ 남자 : 90명, 여자 : 90명

해설 성별(남·여)과 정당 선호도(A·B·C)의 독립성 검정은 독립성 검정에 해당한다. 따라서 성별(남·여)과 정당 선호도(A·B·C)의 선호도를 조사한 관측 교차표를 작성하면 다음과 같다.

구분	A정당 지지자 수	B정당 지지자 수	합계
남(M)	140	60	200
여(F)	80	120	200
합계	220	180	400

- 성별과 정당 사이에 관계가 없을 경우 남자 중 B정당을 지지하는 기대도수는 다음과 같다.
  전체도수$(400) \times P(M \cap B)$
  $=$ 전체도수$(400) \times P(M) \times P(B)$
  $= 400 \times \dfrac{200}{400} \times \dfrac{180}{400} = 90$

- 성별과 정당 사이에 관계가 없을 경우 여자 중 B정당을 지지하는 기대도수는 다음과 같다.
  전체도수$(400) \times P(F \cap B)$
  $=$ 전체도수$(400) \times P(F) \times P(B)$
  $= 400 \times \dfrac{200}{400} \times \dfrac{180}{400} = 90$

251 정답률 약 50%

[12년 1회, 18년 1회, 21년 2회 기출]

다음은 A대학 입학시험의 지역별 합격자 수를 성별에 따라 정리한 자료이다. 지역별 합격자 수가 성별에 따라 차이가 있는지를 검정하기 위해 교차분석을 하고자 한다. 카이제곱(χ^2) 검정통계량의 자유도는?

구분	A지역	B지역	C지역	D지역	합계
남	40	30	50	50	170
여	60	40	70	30	200
합계	100	70	120	80	370

① 1
② 2
③ 3
④ 4

해설 이 문제는 교차검정의 종류 중 독립성 검정에 해당한다.

귀무가설 H_0	지역별 합격자 수가 성별에 따라 차이가 없다. 즉, 성별과 합격자 수는 지역별로 독립이다.
대립가설 H_1	지역별 합격자 수가 성별에 따라 차이가 있다. 즉, 성별과 합격자 수는 지역별로 독립이 아니다.

독립성 검정의 자유도(df ; degree of freedom)는 교차표의 크기에 따라 결정된다.
$df = (M-1) \times (N-1) =$ (행 범주의 수$-1) \times$ (열 범주의 수$-1) = (2-1) \times (4-1) = 3$이다.

정답 : 250 ④ 251 ③

252 정답률 약 20% [14년 3회, 20년 4회 기출]

지각 건수가 요일별로 동일한 비율인지 알아보기 위해 카이제곱(χ^2) 검정을 실시할 경우, 이 자료에서 χ^2값은?

요일	월	화	수	목	금	합계
지각 횟수	65	43	48	41	73	270

① 14.96 ② 16.96
③ 18.96 ④ 20.96

해설 지각 건수가 요일별로 동일한 비율인지 알아보기 위한 카이제곱검정은 동일성 검정에 해당하며, 귀무가설 H_0과 대립가설 H_1을 수립하면 아래와 같다.

귀무가설 H_0	요일별 지각 건수는 동일한 비율을 따른다. ($p_1 = p_2 = \cdots = p_N$)
대립가설 H_1	적어도 하나의 요일에서 지각 건수와 관련된 모비율이 다르다. 즉, 요일별 지각 건수는 동일한 비율을 따르지 않는다.

카이제곱 검정통계량은 $\chi^2 = \sum_{i=1}^{5} \frac{(O_i - E_i)^2}{E_i}$ 이며, 기대도수 54를 대입하여 산출하면 다음과 같다.

$$\chi_0^2 = \frac{(65-54)^2}{54} + \frac{(43-54)^2}{54} + \frac{(48-54)^2}{54}$$
$$+ \frac{(41-54)^2}{54} + \frac{(73-54)^2}{54}$$
$$= \frac{808}{54} = 14.96$$

※ 이 문제는 본문에서 자세히 다루므로, 동일성 검정의 자세한 프로세스는 본문을 참고하자.

253 정답률 약 30% [20년 1·2회 통합 기출]

화장터 건립의 후보지로 거론되는 세 지역의 여론을 비교하기 위해 각 지역에서 500명, 450명, 400명을 임의추출하여 건립에 대한 찬성여부를 조사하고 분할표를 작성하여 계산한 결과 검정통계량의 값이 7.55이었다. 유의수준 5%에서 임계값과 검정 결과가 알맞게 짝지어진 것은? (단, $\chi^2_{0.025}(2) = 7.38$, $\chi^2_{0.05}(2) = 5.99$, $\chi^2_{0.025}(3) = 9.35$, $\chi^2_{0.05}(3) = 7.81$이다.)

① 7.38, 지역에 따라 건립에 대한 찬성률에 차이가 있다.
② 5.99, 지역에 따라 건립에 대한 찬성률에 차이가 있다.
③ 9.35, 지역에 따라 건립에 대한 찬성률에 차이가 없다.
④ 7.81, 지역에 따라 건립에 대한 찬성률에 차이가 없다.

해설 귀무가설 H_0과 대립가설 H_1을 수립하면 아래와 같다.

귀무가설 H_0	지역에 따라 건립에 대한 찬성률에 차이가 없다.
대립가설 H_1	지역에 따라 건립에 대한 찬성률에 차이가 있다.

화장터 건립의 후보지로 거론되는 세 지역의 여론을 비교하기 위해 각 지역에서 500명, 450명, 400명을 임의추출하였으므로, 자유도는 $df = $ (범주의 수$-1) = 3-1 = 2$이다.
추가적인 가설검정 과정을 수행하여 검정통계량 값을 구할 필요가 없이, 문제에서 검정통계량의 값이 7.55임이 주어져 있다. 따라서 유의수준 5%에서 임계값과 검정 결과를 구하면, 임계값은 $\chi^2_{0.05}(2) = 5.99$이며, 검정통계량 7.55가 임계값보다 크므로 기각역에 포함된다. 따라서 귀무가설 H_0를 기각하므로, '지역에 따라 건립에 대한 찬성률에 차이가 있다'는 근거가 있다.

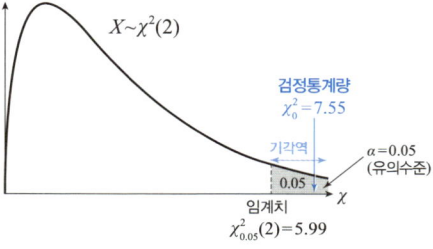

정답 : 252 ① 253 ②

254 정답률 약 40% [15년 1회 기출]

어느 지방선거에서 각 후보자의 지지도를 알아보기 위하여 120명을 표본으로 추출하여 다음과 같은 결과를 얻었다. 세 후보 간의 지지도가 같은지를 검정하기 위한 검정통계량의 값은?

후보자	지지자 수
갑	40
을	30
병	50

① 2 ② 4
③ 5 ④ 8

해설 세 후보 간의 지지도가 같은지를 검정하기 위한 카이제곱검정은 동일성 검정에 해당하며, 귀무가설 H_0과 대립가설 H_1을 수립하면 아래와 같다.

귀무가설 H_0	세 후보 간의 지지도가 같다.
대립가설 H_1	세 후보 간의 지지도가 같지 않다. 즉, 적어도 한 후보자의 지지율이 다른 후보들과 다르다.

카이제곱 검정통계량은 $\chi^2 = \sum_{i=1}^{3} \frac{(O_i - E_i)^2}{E_i}$ 이며, 기대도수 40를 대입하여 산출하면 아래와 같다.

$$\chi_0^2 = \frac{(40-40)^2}{40} + \frac{(30-40)^2}{40} + \frac{(50-40)^2}{40} = 5$$

255 정답률 약 40%
[05년 3회, 15년 2회, 18년 3회 기출]

다음은 서로 다른 3가지 포장형태(A, B, C)의 선호도가 같은지를 90명을 대상으로 조사한 결과이다. 선호도가 동일한지를 검정하는 카이제곱 검정통계량의 값은?

포장형태	A	B	C
응답자수	23	36	31

① 2.87 ② 2.97
③ 3.07 ④ 4.07

해설 이 문제는 서로 다른 3가지 포장형태(A, B, C)의 선호도가 같은지를 검정하는 것이므로 카이제곱 동일성(동질성) 검정에 해당한다.

귀무가설 H_0	서로 다른 3가지 포장형태(A, B, C)의 선호도가 같다.
대립가설 H_1	서로 다른 3가지 포장형태(A, B, C)의 선호도가 다르다. 즉, 적어도 하나의 포장형태의 선호도가 다른 포장형태와 다르다.

기대도수(Expected Frequency ; 기대빈도)는 귀무가설 H_0이 참일 때 각 셀에 기대되는 빈도이다.
따라서 귀무가설 H_0이 참이라고 가정하면, 서로 다른 3가지 포장형태(A, B, C)의 선호도가 같으므로, 기대도수는 $\frac{23+36+31}{3} = \frac{90}{3} = 30$이다.

따라서 카이제곱 검정통계량은 $\chi^2 = \sum_{i=1}^{3} \frac{(O_i - E_i)^2}{E_i}$ 이며, 기대도수 30를 대입하여 산출하면 아래와 같다.

$$\chi_0^2 = \frac{(23-30)^2}{30} + \frac{(36-30)^2}{30} + \frac{(31-30)^2}{30}$$
$$= \frac{86}{30} \approx 2.8666 ≒ 2.87$$

정답 : 254 ③ 255 ①

256 정답률 약 50% [02년 1회, 15년 2회 기출]

10대 청소년 480명을 대상으로 인터넷 사용시 가장 많이 이용하는 서비스가 무엇인지를 조사하여 다음의 결과를 얻었다. 서비스 이용 빈도 간에 서로 차이가 없다는 귀무가설을 검정하기 위한 카이제곱 통계량의 값과 자유도는?

서비스	빈도
이메일	175
뉴스 등 정보검색	92
게임	213
합계	480

① 카이제곱 통계량=136.1235, 자유도=2
② 카이제곱 통계량=136.1235, 자유도=3
③ 카이제곱 통계량=47.8625, 자유도=2
④ 카이제곱 통계량=47.8625, 자유도=3

해설 카이제곱 적합성 검정인 이유는 주어진 데이터(이메일, 뉴스 등 정보검색, 게임의 빈도)가 특정한 분포(모든 서비스가 동일하게 사용된다)를 따르는지 여부를 확인하려는 것이기 때문이다.

단계 1. 가설설정
먼저, 귀무가설 H_0은 아래와 같다.

> 서비스 이용 빈도 간에 서로 차이가 없다.
> 따라서 관찰된 서비스 이용 비율이 기대되는 비율과 차이가 없다. 즉, 서비스별로 청소년들이 사용하는 비율이 일정하거나, 사전에 정해진 비율과 일치한다.
> $p_{이메일} = p_{뉴스등정보검색} = p_{게임} = \frac{1}{3}$

그 다음, 대립가설 H_1은 아래와 같다.

> 서비스 이용 빈도 간에 서로 차이가 있다.
> 즉, 적어도 하나의 p_i는 다르다.

단계 2. 교차표 작성
카테고리별 빈도수를 정리한 교차표(분할표)를 작성해야 하는데, 문제에서 이미 주어져 있다.

단계 3. 기대도수 계산
기대도수(Expected Frequency ; 기대빈도)는 귀무가설 H_0이 참일 때 각 셀에 기대되는 빈도이다. 따라서 귀무가설 H_0이 참이라고 가정하면, 기대도수는 시행횟수 × 확률 = $480 \times \frac{1}{3} = 160$이다. 즉, 귀무가설하에서 각 눈이 나올 기대도수는 20이다.

단계 4. 카이제곱 검정통계량 계산

$$\chi^2 = \sum_{i=1}^{k} \frac{(O_i - E_i)^2}{E_i} = \sum_{i=1}^{k} \frac{(관측빈도 - 기대빈도)^2}{기대빈도}$$

$$\chi_0^2 = \sum_{i=1}^{3} \frac{(O_i - E_i)^2}{E_i} = \frac{(175-160)^2}{160} + \frac{(92-160)^2}{160} + \frac{(213-160)^2}{160} = 47.8625$$

단계 5. 자유도 계산
카이제곱 적합성 검정에서 통계량의 자유도 df는 범주의 수 $-1 = k-1 = 3-1 = 2$이다.
그 이후의 단계는 주어진 선지에 대한 확인이 완료되었으므로 생략한다.

정답 : 256 ③

257 정답률 약 50% [11년 1회, 16년 2회, 21년 2회 기출]

어떤 주사위가 공정한지를 검정하기 위해 실제로 60회를 굴려 다음과 같은 결과를 얻었다. 유의수준 5%에서의 검정 결과로 맞는 것은? (단, $\chi^2_{0.005}(5) = 1.145$, $\chi^2_{0.05}(5) = 11.07$이다.)

눈의 수	1	2	3	4	5	6
도수	13	19	11	8	5	4

① 주사위는 공정하다고 볼 수 없다.
② 주사위는 공정하다고 볼 수 있다.
③ 눈의 수가 2인 면이 이상하다고 볼 수 있다.
④ 60번의 시행으로는 통계적 결론의 도출이 어렵다.

해설 카이제곱 적합성 검정이다.

단계 1. 가설설정

귀무가설 H_0	주사위가 공정하다. $\left(p_1 = p_2 = p_3 = p_4 = p_5 = p_6 = \dfrac{1}{6}\right)$
대립가설 H_1	주사위가 공정하지 못하다. 즉, 적어도 하나의 p_i는 다르다.

단계 2. 교차표 작성(문제에 제시됨)
단계 3. 기대도수 계산
귀무가설 H_0이 참이라고 가정하면, 주사위가 공정한 경우이므로 각 눈이 나오는 기대도수는 시행횟수×확률=$60 \times \dfrac{1}{6} = 10$이다.

눈의 수	1	2	3	4	5	6
관측도수 O_i	13	19	11	8	5	4
기대도수 E_i	10	10	10	10	10	10

단계 4. 카이제곱 검정통계량 계산
$$\chi^2 = \sum_{i=1}^{6} \frac{(O_i - E_i)^2}{E_i} = \frac{(13-10)^2}{10} + \frac{(19-10)^2}{10} + \cdots + \frac{(5-10)^2}{10} + \frac{(4-10)^2}{10} = 15.6$$

단계 5. 자유도 계산
주사위의 공정성에 대한 적합성 검정의 자유도는 $df =$ (눈의 수 -1) $= 6-1=5$이다.
$$\chi^2_0 = \sum_{i=1}^{6} \frac{(O_i - E_i)^2}{E_i} = 15.6 \sim \chi^2(5)$$

단계 6. 유의확률 계산 및 귀무가설 기각여부 결정
카이제곱 검정통계량 $\chi^2_0 = 15.6$이 기각역의 임계치 $\chi^2_{0.05}(5) = 11.07$보다 크므로, 귀무가설을 기각한다. 따라서 주사위는 공정하다고 볼 수 없다.

258 정답률 약 20%
[09년 3회, 14년 1회, 20년 4회 기출]

어떤 동전이 공정한가를 검정하고자 20회를 던져본 결과 앞면이 15번 나왔다. 이 검정에서 사용되는 카이제곱 통계량 $\sum_{i=1}^{2} \dfrac{(O_i - e_i)^2}{e_i}$의 값은?

① 2.5 ② 5
③ 10 ④ 12.5

해설 카이제곱 적합성 검정이다.

귀무가설 H_0	동전이 공정하다. $\left(p_{앞면} = p_{뒷면} = \dfrac{1}{2}\right)$
대립가설 H_1	동전이 공정하지 못하다.

문제에서 어떤 동전이 공정한가를 검정하고자 20회를 던져본 결과 앞면이 15번 나왔다는 정보가 주어져 있으므로, 관찰된 값이 각각 앞면 15번, 뒷면 5번임을 알 수 있다. 귀무가설 H_0이 참이라고 가정하면, 동전이 공정한 경우이므로 기대도수는 시행횟수×확률=$20 \times \dfrac{1}{2} = 10$이다. 즉, 귀무가설하에서 각 눈이 나올 기대도수는 $e_i = 10$이다.

눈	앞면	뒷면
관측도수 O_i	15	5
기대도수 e_i	10	10

따라서, 카이제곱 통계량은 아래와 같다.
$$\chi^2_0 \sum_{i=1}^{2} \frac{(O_i - e_i)^2}{e_i} = \frac{(15-10)^2}{10} + \frac{(5-10)^2}{10} = 5$$

정답 : 257 ① 258 ②

259 정답률 약 40% [17년 2회 기출]

유권자 전체를 대상으로 사형제도 폐지에 대한 여론조사를 한 결과 다음의 결과를 얻었다. 인천지역의 경찰관들 중 100명을 임의로 추출하여 의견을 조사한 경과가 다음과 같았다. 귀무가설 "H_0 : 사형제도 폐지에 대한 인천지역 경찰관들의 의견은 유권자 전체의 의견과 다르지 않다."를 검정하고자 한다. 검정결과로 옳은 것은? (단, $\chi^2(2, 0.05) = 5.99$, $\chi^2(2, 0.025) = 7.38$)

찬성	의견 없음	반대
35%	25%	40%

찬성	의견 없음	반대
23	29	48

① 유의수준 5%에서 귀무가설을 채택한다.
② 유의수준 5%에서 귀무가설을 기각한다.
③ 유의수준 1%에서 귀무가설을 기각한다.
④ 유의확률을 알 수 없어 판단할 수 없다.

해설 주어진 모집단에서 각 의견(찬성, 의견 없음, 반대)에 대해 예상 비율(35%, 25%, 40%)이 있고, 실제 조사된 값(찬성 23명, 의견 없음 29명, 반대 48명)이 주어져 있다. 이 데이터들을 비교하여 유권자의 의견 분포가 예상된 분포와 일치하는지를 확인하려는 목적이므로, 이는 적합성 검정에 해당한다. 적합성 검정에서는 실제 관측된 데이터가 이론적으로 예상된 분포와 얼마나 일치하는지를 검토하기 위해 카이제곱 값을 계산한다.

단계 1. 가설설정

귀무가설 H_0	사형제도 폐지에 대한 인천지역 경찰관들의 의견은 유권자 전체의 의견과 다르지 않다.
대립가설 H_1	사형제도 폐지에 대한 인천지역 경찰관들의 의견은 유권자 전체의 의견과 다르다.

단계 2. 교차표 작성
카테고리별 빈도수를 정리한 교차표(분할표)를 작성해야 하는데, 문제에서 이미 주어져 있으므로 눈으로 확인만 진행한다.

단계 3. 기대도수 계산
기대도수(Expected Frequency ; 기대빈도)는 귀무가설 H_0이 참일 때 각 셀에 기대되는 빈도이다. 문제를 보면 관측빈도와 기대빈도가 이미 주어져 있다. 관측빈도의 경우에는 주어진 %를 빈도(도수)로 변환 가능한데, 이는 제시된 비율(%)이 전체 표본 크기(100명)에 근거한 것이므로, 도수로 해석해도 문제가 없기 때문이다.

구분	찬성	의견 없음	반대
관측빈도 O_i	23	29	48
기대빈도 E_i	35	25	40

단계 4. 카이제곱 검정통계량 계산
$$\chi^2 = \sum_{i=1}^{k} \frac{(O_i - E_i)^2}{E_i} = \sum_{i=1}^{k} \frac{(관측빈도 - 기대빈도)^2}{기대빈도}$$
$$\chi_0^2 = \sum_{i=1}^{3} \frac{(O_i - E_i)^2}{E_i}$$
$$= \frac{(23-35)^2}{35} + \frac{(29-25)^2}{25} + \frac{(48-40)^2}{40}$$
$$\fallingdotseq 6.354$$

단계 5. 자유도 계산
카이제곱 적합성 검정에서 통계량의 자유도 df는 범주의 수 $-1 = k - 1 = 3 - 1 = 2$이다.

단계 6. 유의확률 계산 및 귀무가설기각여부 결정
카이제곱 분포의 임계치가 $\chi^2(2, 0.05) = 5.99$임이 주어져 있고, 카이제곱 검정통계량 값인 $\chi_0^2 = 6.354$이 임계치보다 크므로 귀무가설 H_0를 기각할만한 충분한 근거가 있다. 결론적으로 유의수준 5%에서 귀무가설을 기각하며, 사형제도 폐지에 대한 인천지역 경찰관들의 의견은 유권자 전체의 의견과 다르다는 근거가 있다.

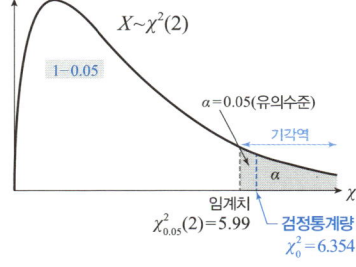

정답 : 259 ②

260 정답률 약 30% [15년 2회, 19년 3회 기출]

6면 주사위의 각 눈이 나타날 확률이 동일한지를 알아보기 위하여 주사위를 60번 던진 결과가 다음과 같다. 다음 설명 중 틀린 것은?

눈	1	2	3	4	5	6
관측도수	10	12	10	8	10	10

① 카이제곱 동질성 검정을 이용한다.
② 카이제곱 검정통계량 값은 0.8이다.
③ 귀무가설은 "각 눈이 나올 확률은 1/6이다."이다.
④ 귀무가설하에서 각 눈이 나올 기대도수는 10이다.

해설 카이제곱 적합성 검정이다.

단계 1. 가설설정

귀무가설 H_0	주사위가 공정하다. $\left(p_1=p_2=p_3=p_4=p_5=p_6=\dfrac{1}{6}\right)$ 따라서 각 눈이 나올 확률은 $\dfrac{1}{6}$ 이다.
대립가설 H_1	주사위가 공정하지 못하다. 즉, 적어도 하나의 p_i는 다르다.

단계 2. 교차표 작성
카테고리별 빈도수를 정리한 교차표(분할표)를 작성해야 하는데, 문제에서 이미 주어져 있다.

단계 3. 기대도수 계산
기대도수는 귀무가설 H_0이 참일 때 각 셀에 기대되는 빈도이다. 따라서 귀무가설 H_0이 참이라고 가정하면, 주사위가 공정한 경우이므로 각 눈이 나오는 기대도수는 시행횟수×확률=$60\times\dfrac{1}{6}=10$이다. 즉, 귀무가설 하에서 각 눈이 나올 기대도수는 10이다.

눈	1	2	3	4	5	6
관측도수 O_i	10	12	10	8	10	10
기대도수 E_i	10	10	10	10	10	10

단계 4. 카이제곱 검정통계량 계산

$$\chi^2=\sum_{i=1}^{k}\frac{(O_i-E_i)^2}{E_i}=\sum_{i=1}^{k}\frac{(관측빈도-기대빈도)^2}{기대빈도}$$

$$\chi_0^2=\sum_{i=1}^{6}\frac{(O_i-E_i)^2}{E_i}=\frac{(10-10)^2}{10}+\frac{(12-10)^2}{10}+\cdots+\frac{(10-10)^2}{10}+\frac{(10-10)^2}{10}=0.8$$

그 이후의 단계는 주어진 선지에 대한 확인이 완료되었으므로 생략한다.

정답 : 260 ①

CHAPTER 03 회귀분석

제3과목_ 통계분석과 활용

01 회귀분석의 개념

1 회귀모형

(1) 회귀모형의 이해

1) 회귀모형의 의의 및 특징

① 회귀모형의 의의
- 회귀모형(Regression Model)은 독립변수와 종속변수 간의 관계를 설명하는 통계적·수학적 모델이다.
  - 회귀(regress ; 퇴보)는 진전(progress ; 진행)의 반대로 '평균으로 돌아간다'는 의미이다.
  - 회귀모형은 독립변수와 종속변수 간의 관계를 나타내는 이론적인 수학 방정식이다.
    예 단순회귀모형 $Y_i = \beta_0 + \beta_1 X_i + \varepsilon_i$

② 회귀모형의 특징
- 회귀모형은 변수가 어떻게 상호작용하는지, 어떤 형태의 관계를 가지는지를 규명하기 위해 설정된다.
  - 회귀모형이 적절히 설정되면 이 모형을 바탕으로 데이터를 설명하고 예측할 수 있다.
- 회귀모형의 종류로는 단순선형회귀모형, 다중회귀모형, 비선형회귀모형 등이 있다.

2) 회귀분석의 의의 및 특징

① 회귀분석의 의의
- 회귀분석(Regression analysis)은 변수 간의 (상관)관계를 분석하고 예측하는 방법이다.
  - 회귀분석은 이론적인 회귀모형을 실제 데이터에 적용하여 독립변수와 종속변수 간의 관계를 추정하고 분석하는 통계 기법이다.
  - 자료를 통하여 독립변수와 종속변수 간의 함수관계를 통계적으로 규명하는 분석방법이다. 기출
- 회귀분석은 독립변수(설명변수)와 종속변수(반응변수) 간의 관계를 수학적으로 모델링하여 한 변수의 변동이 다른 변수에 어떻게 영향을 미치는지를 파악하는 데 사용된다.
  - 회귀분석은 종속변수의 값 변화에 영향을 미치는 중요한 독립변수들이 무엇인지 알 수 있다. 기출

② 회귀분석의 특징
- 회귀분석은 종속변수(반응변수)가 독립변수(설명변수)들에 의해 어떻게 예측되는지를 알아보기 위해, 이들 간의 관계를 회귀모형인 함수식 $Y = f(X_1, X_2, \cdots, X_p) + \varepsilon$ 으로 표현하는 통계적 분석방법이다.
  - 자료의 척도(scale)는 산점도로 표현 가능한 등간척도 혹은 비율척도여야 한다.
  - 독립변수가 범주형 변수(명목척도 혹은 서열척도)이면, 더미변수로 변경하여 처리한다.
  - 종속변수가 수치형 변수가 아니면, 로지스틱 회귀분석을 수행한다.
    예 마케팅 비용(독립변수)이 증가할 때 판매량(종속변수)이 어떻게 변하는지 예측할 수 있다.

(2) 회귀모형과 변수

1) 변수의 종류

① 독립변수
- 독립변수(Independent variable)는 다른 변수에 영향을 주는 변수이지만, 다른 변수의 영향을 받지는 않는 독립적인 변수이다. 따라서 독립변수를 원인이 되는 변수라고도 한다.
  - 독립변수는 종속변수보다 시간적으로 선행하여 발생하면서 종속변수에 영향을 미치는 변수이기도 하다.
  - 독립변수는 설명변수(explanatory variable), 예측변수(predictor variable)라고도 한다.

② 종속변수
- 종속변수(Dependent variable)는 독립변수 등 다른 변수로부터 영향을 받는 변수이며, 예측 분석에 따라 결과가 되는 변수이다.
  - 회귀분석은 반응변수가 설명변수들에 의해 어떻게 예측되는지를 알아보기 위해 관계를 함수식으로 표현하여 분석하는 통계적 분석방법이다.
  - 종속변수는 반응변수(Response variable), 결과변수(Outcome variable)라고도 한다.

③ 지시변수(혹은 더미변수)
- 지시변수(Indicator variable)는 더미변수보다는 더 넓은 통계적 맥락에서 사용된다.
  - 지시변수는 어떤 사건 혹은 속성이 존재하는 경우의 값을 1로, 존재하지 않는 경우의 값을 0으로 하는 인위적인 변수이다.
- 지시변수는 더미변수(가변수 ; Dummy variable)라고 하며, 특정 범주에 속하는지 여부를 나타낸다.
  - 더미변수는 명목형 변수를 수치형 변수로 변환하여 회귀분석에 포함시키기 위해 사용하는 변수이다.
- 지시변수가 존재하는 회귀분석을 수행한다면, 이때의 회귀계수는 1의 값을 가지는 범주가 종속변수에 미치는 영향을 의미한다.
  - 독립변수가 질적변수이면, 더미변수 값을 0 혹은 1로 부호화하여 양적변수 취급을 한다.
- 중회귀모형에 포함되어야 할 가변수(Dummy Variable)의 수는 범주(수준)가 k개인 변수에 대해 $k-1$개의 가변수를 사용한다는 것을 활용하여 산출한다.

  예) 봉급생활자의 근속년수, 학력, 성별이 연봉에 미치는 관계를 알아보고자 한다. 기출
  - 연봉을 반응변수로 하여 다중회귀분석을 실시하기로 하였다. 연봉과 근속년수는 양적 변수이며, 학력(고졸 이하, 대졸, 대학원 이상)과 성별(남, 여)은 질적 변수이다. 기출
  - 중회귀모형에 포함되어야 할 가변수의 수는? 총 $(k_2-1)+(k_3-1)=3$개이다. 기출

	연봉(Y) ~	근속년수(X_1) +	학력(X_2) +	성별(X_3)
	양적 변수	양적 변수	질적 변수	질적 변수
범주의 수			고졸 이하, 대졸, 대학원 이상 $k_2=3$	남, 여 $k_3=2$
가변수의 수			$k_2-1=2$	$k_3-1=1$

학력 변수는 세 가지 수준(고졸 이하, 대졸, 대학원 이상)으로 구성된 질적 변수이다.
이를 수치화하기 위해 두 개의 더미변수를 생성한다.
기준 범주는 '고졸 이하'로 설정하며, 이 경우에 두 더미변수가 모두 0이 된다.
이외에 '대졸'의 경우는 첫 번째 더미변수가 1, 두 번째 더미변수가 0으로 설정되며, '대학원 이상'의 경우는 첫 번째 더미변수가 0, 두 번째 더미변수가 1로 설정된다.

(3) 회귀모형의 오차와 잔차

1) 오차와 잔차의 도식화

① 회귀선 비교

- 아래 그림에서 모집단 회귀선은 $Y_i = \beta_0 + \beta_1 X_i + \varepsilon_i$이며, 실제 회귀모형이다.
  - $\varepsilon_i = Y_i - E(Y_i)$, $E(Y_i) = Y_i - \varepsilon_i = \beta_0 + \beta_1 X_i$이므로, 각 Y_i의 기댓값은 $\beta_0 + \beta_1 X_i$로 주어진다. `기출`
- 아래 그림에서 표본 회귀선은 $\hat{y} = b_0 + b_1 x$이며, 추정된 혹은 적합된 회귀모형이다.

모집단 회귀선	표본집단 회귀선
$Y_i = \beta_0 + \beta_1 X_i + \varepsilon_i$	$\hat{y_i} = b_0 + b_1 x_i + e_i$

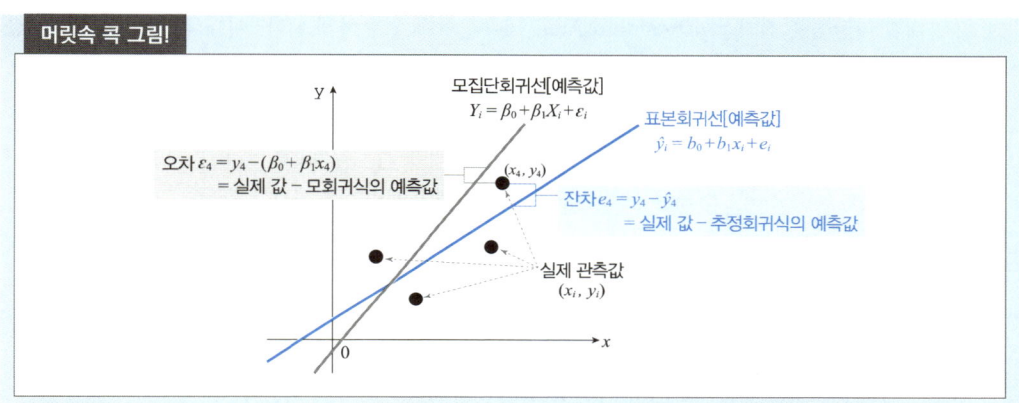

2) 오차와 잔차의 의의

① 오차

- 오차(Error)는 실제값 Y_i과 모집단(Population)으로부터 추정한 회귀식에 의해 예측된 값 $E(Y_i)$의 차이이다.
  - 오차는 전체 모집단에서 발생하는 불확실성을 나타내며, 이론적인 값과 실제 값 사이의 차이다. 따라서 오차는 모집단에 대한 모형의 실제 오차라고 한다.

② 잔차

- 잔차(Residual)는 실제값 Y_i과 표본(Sample)으로부터 추정한 회귀식에 의해 예측된 값의 차이이다. 따라서 잔차는 표본 데이터에 대한 오차의 추정값이다.
  - 회귀분석에서 관측값과 예측값의 차이는 잔차(Residual)이다. `암기` `관예잔` `기출`
  - 잔차는 표본 데이터를 기반으로 하므로, 계산이 가능하다.
- 잔차의 대표적인 성질은 잔차들의 합이 0이라는 특징이며, $\sum e_i = 0$이다.
  - 추가적으로 $\sum e_i = \sum X_i e_i = \sum \hat{Y_i} e_i = 0$이며, $\sum y_i = \sum \hat{Y_i}$이라는 특징도 존재한다. `기출`
  - 단순회귀모형 $Y_i = \beta_0 + \beta_1 X_i + \varepsilon_i$에서 오차항 ε_i와 Y_i는 동일한 분산을 갖는다. `기출`

3) 오차와 잔차의 특징

① 오차와 잔차의 공식

오차(Error)	잔차(Residual)
i번째 데이터의 오차 ε_i $\varepsilon_i = Y_i - E(Y_i)$ Y_i는 실제 종속변수의 값 $E(Y_i)$는 회귀모형에 의해 예측된 값(기댓값)	i번째 데이터의 잔차 e_i $e_i = Y_i - \widehat{Y_i}$ Y_i는 실제 종속변수의 값 $\widehat{Y_i}$는 추정된 회귀모형에 의한 예측값

② 오차와 잔차의 기본가정
- 회귀분석에서는 회귀모형에 대한 몇 가지 가정을 전제로 하여 분석을 실시하게 되며, 이러한 가정들에 대한 타당성은 잔차분석(Residual Analysis)을 통해 판단하게 된다. 이때 검토되는 가정은 정규성, 독립성, 등분산성이다.
  - 정규성 : 오차항 ε_i(혹은 잔차 e_i)는 정규분포를 따른다. 기출
  - 독립성 : 오차항(혹은 잔차) ε_i와 ε_j는 서로 독립이다. $\varepsilon_i \perp \varepsilon_j$ 기출
  - 등분산성 : 오차항 ε_i(혹은 잔차 e_i)의 분산은 i에 관계없이 일정하다. 기출

③ 오차항의 iid
- 오차항에 대한 가정을 정리하면, $\varepsilon_1, \varepsilon_2, \cdots, \varepsilon_n$는 서로 독립이고 동일한 정규확률변수로서 평균 0과 공통분산 σ^2을 가지는 것으로 가정된다.
  - 이를 iid(independently and identically distributed)라고 부른다.
  - 단순회귀선형모형의 오차(ε_i)에 대한 가정에서 $\varepsilon_i \sim N(0, \sigma^2)$이며, 오차는 서로 독립이다. 기출

④ 오차항의 분포 기출
- 단순회귀모형 $Y_i = \beta_0 + \beta_1 X_i + \varepsilon_i$, $i = 1, 2, \cdots, n$ (단, 오차항 ε_i는 서로 독립이며 동일한 분포 $N(0, \sigma^2)$를 따른다)에서 오차항 ε_i와 Y_i는 동일한 분산을 갖는다.

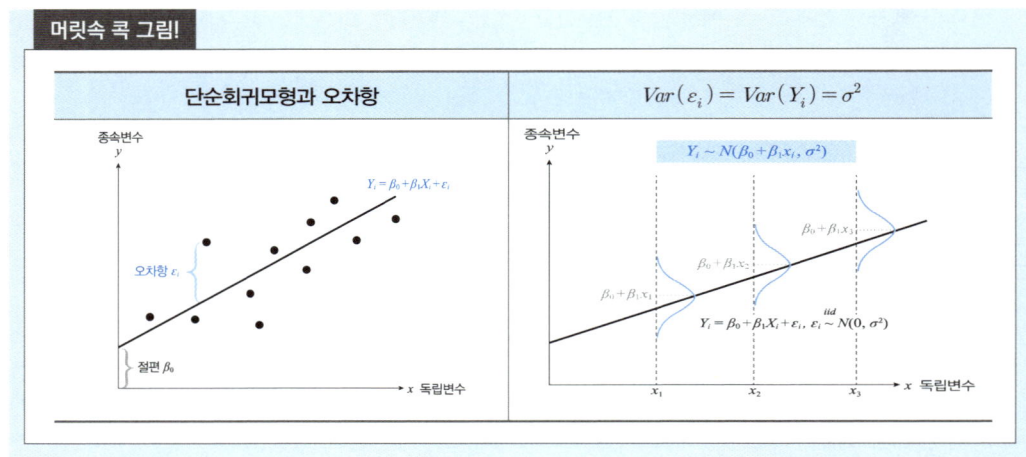

4) 표준화잔차

① 표준화잔차의 의의

- 표준화잔차(Standardized Residual) Z_i는 회귀분석에서 잔차(residual)를 표준화한 값이다.
  - 잔차 e_i는 관측값과 회귀모형이 예측한 값 간의 차이이며, 표준화잔차 Z_i는 이 잔차 e_i를 표준편차 $\sqrt{V_i}$ 로 나누어, 서로 다른 단위를 가진 변수들이 비교 가능하도록 변환한 것이다.

표준화잔차 Z_i	Z_i의 특징
$Z_i = \dfrac{e_i}{\sqrt{V_i}} = \dfrac{e_i}{\sigma\sqrt{1-p_{ii}}}$ ※ $V_i = Var(e_i) = \sigma^2(1-p_{ii})$	평균은 0 : $E(Z_i) = 0$ 표준편차는 1 : $Var(Z_i) = 1$

- 표준화잔차를 통해 데이터에서 이상치(outlier)를 식별할 수 있다.
  - 일반적으로 표준화잔차의 절댓값이 2 이상이면 해당 데이터는 이상치일 가능성이 높다고 판단한다. <u>즉, 표준화잔차의 절대치가 2 이상인 값은 이상치이다.</u> 기출
- 표준화잔차 Z_i 외에도 내적 표준화잔차(Internally Studentized Residual) r_i와 외적 표준화잔차(Externally Studentized Residual) r_i^*가 존재한다.

② 내표준화잔차

- 내표준화잔차(내적표준화잔차) r_i는 Student Residual 혹은 Rstudent 값을 확인하여 판단한다.

내표준화잔차 r_i	수식 설명
$r_i = \dfrac{e_i}{\hat{\sigma}\sqrt{1-p_{ii}}}$	※ $\hat{\sigma}^2 = \dfrac{\sum e_i^2}{n-k-1} = \dfrac{\sum(y_i-\hat{y_i})^2}{n-k-1} = \dfrac{SSE}{n-k-1}$ ※ 지레값(leverage value) h_{ii}은 hat matrix의 i번째 대각원소이며, $h_{ii} = p_{ii}$이다.

③ 잔차를 통한 회귀진단

- (좌측 하단 그림) <u>표준화잔차와 예측치를 산점도로 그려 등분산성을 검토해야 한다.</u> 기출
  - x축 : 예측값인 $Fitted\ values$, y축 : 표준화잔차의 제곱근인 $\sqrt{Standardized\ residuals}$
  - Scale-Location plot의 점들은 예측값에 따라 수평선 주위에 고르게 흩어져 있으며, 이는 일정한 분산을 가지고 있음을 의미한다. 또한, 동시에 기울기가 0인 직선도 확인된다. 이를 통해 잔차의 등분산성이 만족됨을 알 수 있다.
  - <u>잔차의 그래프를 통해 회귀모형의 가정에 대한 타당성을 검토할 수 있다.</u> 기출

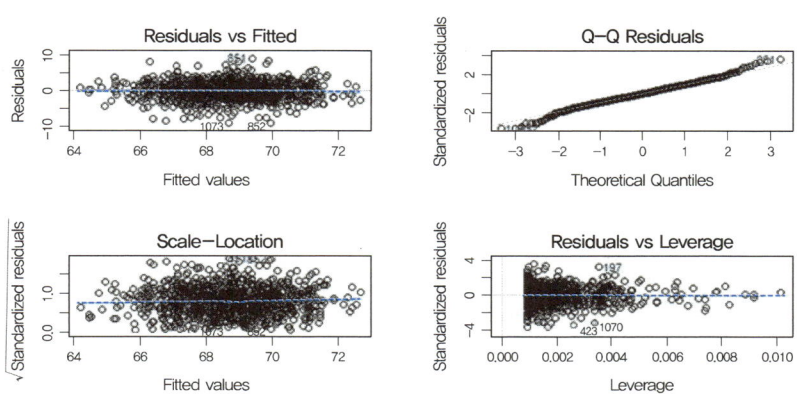

(4) 회귀모형의 가정

1) 회귀모형의 가정 4가지

① 선형성(linearity)
- 독립변수 X와 종속변수 Y 사이의 관계가 선형적이어야 한다.
  - 선형성 가정에 대한 확인(시각화)를 수행하는 경우에는 X축이 Fitted values(적합값)이며, Y축이 Residuals(잔차)인 산점도(Scatter Plot)를 그린다.

② 정규성(normality)

$$\varepsilon_i \stackrel{iid}{\sim} N(0, \sigma^2)$$

- 오차(잔차) 항들이 정규분포를 따라야 하며, $E(\varepsilon_i) = 0$이므로, **오차항의 기댓값은 0이다.** 기출
  - 정규성 가정에 대한 확인(시각화)을 수행하는 경우에는 X축이 Theoretical-Quantiles(이론상의 분위수)이며, Y축이 Standardized residuals(표준화된 잔차)인 Q-Q Residuals를 그린다.

③ 등분산성(homoscedasticity)

$$Var(y_i) = Var(\beta_0 + \beta_1 x_i + \varepsilon_i) = Var(\varepsilon_i) = \sigma^2$$

- 독립변수에 상관없이 종속변수의 분산은 일정하다.
- 오차(잔차) 항들의 분산이 일정해야 한다. 즉, 예측값이 증가함에 따라 잔차의 분산이 증가하거나 감소하지 않아야 한다.

④ 독립성(independency)

$$X_i \perp X_j, \ Cov(X_i, X_j) = 0 \ (i \neq j)$$
$$\varepsilon_i \perp \varepsilon_j, \ Cov(\varepsilon_i \perp \varepsilon_j) = 0 \ (i \neq j)$$

- 독립변수 X들은 서로 독립이며, 잔차(오차)끼리도 서로 독립이다.
  - 만약 독립변수 X 간에 높은 상관관계가 존재하면 다중공선성이 발생한다.
- 독립변수가 2개 이상인 다중회귀모형부터는 '독립성' 가정을 반드시 확인해야 한다.
  - 시계열 자료에서는 오차항이 서로 상관되어 있는 경우가 많다. 만약 오차항끼리 서로 독립이 아닌 경우에는 독립성 가정을 위배하므로 이는 회귀계수 β_i에 영향을 미친다.
- 독립성 검정을 수행하는 Durbin-Watson(DW) 통계량

$$\text{Durbin-Watson(DW) 통계량 } d = \frac{\sum_{i=2}^{n}(e_i - e_{i-1})^2}{\sum_{i=1}^{n} e_i^2} \approx 2(1-\hat{\rho})$$

구분	설명
$0 < d < 2$	DW 통계량 값이 0에 가까울수록 잔차끼리 양의 자기상관을 갖는다.
$d = 2$	DW 통계량 값이 2이면, 잔차(오차)의 독립성을 만족한다. - **DW(Durbin-Watson) 통계량이 2에 가까우면 독립이다.** 기출 즉, 잔차끼리 상관관계를 가지지 않는다.
$2 < d < 4$	DW 통계량 값이 4에 가까울수록 잔차끼리 음의 자기상관을 갖는다.

(5) 회귀모형의 종류

1) 단순회귀모형

① 단순회귀모형의 의의

- 단순선형회귀모형(Simple Linear Regression Model)은 하나의 독립변수(설명변수)와 하나의 종속변수(반응변수) 간의 관계를 분석하는 통계적 모형이다.
  - 이 모형은 독립변수가 종속변수에 미치는 영향을 선형적인 직선 형태로 설명한다.
- 단순회귀모형에서 Y는 종속변수(반응변수)이고, X는 독립변수(설명변수)이다.
  - 이 모형에서 β_0은 절편, β_1는 기울기, ε_i는 독립변수와 종속변수 간의 관계에서 설명되지 않는 오차항이다.
  - <u>모든 Y_i들은 상호 독립적으로 측정된다.</u> 기출

단순회귀모형	→	단순회귀모형에 대한 추정회귀직선
$Y_i = \beta_0 + \beta_1 X_i + \varepsilon_i$ $i=1,2,\cdots,n$이고, $\varepsilon_i \stackrel{iid}{\sim} N(0, \sigma^2)$		$\hat{y} = b_0 + b_1 x$

② 단순회귀모형의 특징

- 단순회귀모형은 하나의 독립변수만을 고려하기 때문에, 두 변수 간의 관계를 직관적으로 설명하고 예측하는 데 유용하다.
- 그러나 단순회귀모형의 한계는 하나의 독립변수만을 고려하므로, 복잡한 상황에서는 설명력이 떨어질 수 있다. 이런 경우에는 다중회귀모형이 사용된다.

2) 다중회귀모형

① 다중회귀모형의 의의

- 다중회귀모형(Multiple Linear Regression Model)은 하나의 종속변수(반응변수)와 둘 이상의 독립변수(설명변수) 간의 관계를 분석하는 통계적 방법이다.
  - 단순회귀모형이 하나의 독립변수만을 사용하는 반면, 다중회귀모형은 여러 개의 독립변수를 동시에 고려하여 종속변수에 미치는 영향을 분석할 수 있다.
- 다중회귀모형의 형태는 $y_i = \beta_0 + \beta_1 x_{1i} + \beta_2 x_{2i} + \cdots + \beta_k x_{ki} + \varepsilon_i$, $\varepsilon_i \stackrel{iid}{\sim} N(0, \sigma^2)$이다.
  - y는 종속변수(반응변수), x는 k개의 독립변수, ε_i는 오차항, i는 개별 관측값의 인덱스(위치)이다.
- 아래 중회귀모형에서 β_0은 절편, β_1, β_2는 각 독립변수의 회귀계수이고, ε_i는 오차항이다.

중회귀모형	→	중회귀모형에 대한 추정회귀직선
$Y_i = \beta_0 + \beta_1 X_{1i} + \beta_2 X_{2i} + \varepsilon_i$ $i=1,2,\cdots,n$이고, $\varepsilon_i \stackrel{iid}{\sim} N(0, \sigma^2)$		$\hat{y} = b_0 + b_1 x_1 + b_2 x_2$

② 다중회귀모형의 특징

- 예측력 향상 : 여러 독립변수를 사용함으로써 종속변수에 대한 예측 정확도를 높일 수 있다. 이는 독립변수들이 종속변수를 설명하는데 기여하는 정도가 다를 수 있기 때문에, 복합적인 분석이 가능하다.
- 변수 간의 상관관계 고려 : 다중회귀모형은 각 독립변수가 종속변수에 미치는 영향을 상관관계를 고려하여 분석한다. 이를 통해 독립변수들 간의 다중공선성을 파악할 수 있다.

2. 회귀식

(1) 회귀식

1) 회귀식의 의의 및 특징

① 회귀식의 의의
- 회귀식(Regression Equation)은 하나 이상의 독립변수(설명변수)와 종속변수(반응변수) 간의 관계를 수학적으로 표현한 방정식이다.
  - 회귀식은 주어진 데이터에서 변수들 간의 관계를 설명하고, 그 관계를 바탕으로 종속변수를 예측하는 데 사용된다.

② 회귀식의 특징
- 회귀식은 선형성과 비선형성을 기준으로 선형회귀 또는 비선형회귀로 구분할 수 있다.
  - 선형회귀는 독립변수와 종속변수 간의 관계가 직선으로 표현된다. $Y = \beta_0 + \beta_1 X + \varepsilon$
  - 비선형회귀는 독립변수와 종속변수 간의 관계가 비선형적인 곡선이다. $Y = \beta_0 + \beta_1 X^2 + \varepsilon$
- 회귀식은 잔차(Residuals)를 최소화하는 방향으로 설정된다.
  - 잔차는 실제 값과 회귀식에서 예측된 값의 차이를 의미하며, 최소제곱법을 통해 잔차의 제곱합을 최소화하여 최적의 회귀계수를 추정한다.

③ 회귀식과 회귀모형 비교

구분	회귀식(Regression Equation)	회귀모형(Regression Model)
정의	회귀모형의 결과로 도출된 구체적인 수학적 방정식	변수 간의 관계를 설명하는 통계적 모형
목적	구체적인 예측 및 계산	변수 관계 및 모형 설정
구성	추정된 회귀계수를 포함한 구체적인 방정식	통계적 가정(오차항, 독립성, 정규성)을 포함한 모형
예시	$\hat{Y} = 80 + 8X$	단순선형회귀모형 다중선형회귀모형

④ 추정회귀식
- 추정 회귀식(Estimated Regression Equation)은 주어진 데이터로부터 추정된 회귀계수를 기반으로 도출된 구체적인 회귀식이며, 적합된(Fitted) 회귀식이라고도 한다.
  - 이는 회귀분석을 통해 독립변수(설명변수)와 종속변수(반응변수) 간의 관계를 수학적으로 표현하고, 데이터를 설명하거나 예측할 수 있는 중요한 도구이다.
- 추정 회귀식은 데이터에서 독립변수와 종속변수 간의 관계를 수학적 형태로 명시적으로 표현하며, 이를 통해 변수들 사이의 관계를 명확하게 이해할 수 있다.
  - 추정 회귀식의 회귀계수는 각 독립변수가 종속변수에 미치는 영향을 정량적으로 해석하는 데 중요한 역할을 한다.

(2) 추정회귀식의 활용

① 추정회귀식의 특징

- 추정회귀식에서 SST, SSR, SSE는 회귀분석의 결과를 평가하는 중요한 지표이다.
  - 이 지표들은 회귀모형이 얼마나 데이터를 잘 설명하는지를 평가하는 데 사용된다.
- 회귀변동 SSR 값이 오차변동 SSE값에 비해 크다면, 회귀모형의 설명력이 높다고 한다.
  - 이때, 회귀모형이 적합(fitting)하고 독립변수들이 종속변수를 잘 설명한다고 평가한다.

SSR	• 회귀변동(Sum of Squares for Regression)은 회귀모형에 의해 설명된 변동량이다. – 즉, 회귀변동은 독립변수가 종속변수에 미치는 설명 가능한 변동이다.
SSE	• 오차변동(Sum of Squares for Error)은 회귀모형이 설명하지 못한 변동량이다.
SST	• 총변동(Sum of Squares Total)은 종속변수의 전체 변동량이다.

② 추정회귀식의 도식화

- 추정된 단순선형회귀모형 $\hat{y_i} = \hat{\beta_0} + \hat{\beta_1} x_i = b_0 + b_1 x_i$ 을 활용하여 도식화해보자.
- 추정회귀식은 $SST = \sum_{i=1}^{n}(y_i - \overline{y})^2 = \sum_{i=1}^{n}(\hat{y_i} - \overline{y})^2 + \sum_{i=1}^{n}(y_i - \hat{y_i})^2 = SSR + SSE$가 성립한다.
  - 총 편차 $y_i - \overline{y}$를 분해하면 $y_i - \overline{y} = (y_i - \hat{y}) + (\hat{y_i} - \overline{y})$이고, 이를 세 개의 제곱합으로 표현하면 $SST = \sum_{i=1}^{n}(y_i - \overline{y})^2$, $SSE = \sum_{i=1}^{n}(y_i - \hat{y_i})^2$, $SSR = \sum_{i=1}^{n}(\hat{y_i} - \overline{y})^2$이다.

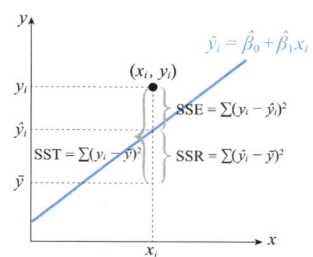

③ 단순회귀모형 분산분석표

단순회귀모형 분산분석표					
요인	제곱합	수식	자유도df	평균제곱	F값
회귀	SSR	$\sum_{i=1}^{n}(\hat{y_i} - \overline{y})^2$	1	$MSR = \dfrac{SSR}{1}$	$F = \dfrac{MSR}{MSE}$
잔차	SSE	$\sum_{i=1}^{n}(y_i - \hat{y_i})^2$	$n-2$	$MSE = \dfrac{SSE}{n-2}$	
전체	SST	$\sum_{i=1}^{n}(y_i - \overline{y})^2$	$n-1$		

※ n : 표본의 크기

(3) 회귀식 관련 용어

1) 회귀계수

① 회귀계수의 의의
- 계수(Coefficient)는 데이터로부터 추정되는 미지의 상수(Constant)이다.
- 회귀계수(Regression Coefficient)는 회귀분석에서 독립변수 X가 한 단위 변화함에 따라 종속변수 Y가 변화하는 양을 나타내는 상수(Constant)이다.
  - 두 개의 설명변수가 있을 때 다중회귀분석을 실시한 경우의 회귀계수와 각각 단순회귀분석을 했을 때의 회귀계수는 달라진다. 기출

② 회귀모형의 회귀계수
- 단순선형회귀모형 $Y_i = \beta_0 + \beta_1 X_i + \varepsilon_i$에서 등장하는 모회귀계수는 β_0, β_1이다.
  절편 β_0(Intercept Coefficient)와 기울기 β_1(Slope Coefficient)는 다음과 같다.

모회귀계수	설명	표본회귀계수
절편 β_0	독립변수가 $X=0$값일 때, 종속변수 Y의 반응량(변화량) 기출	절편 $\hat{\beta_0} = b_0$
기울기 β_1	독립변수 X의 단위 변화에 따른 종속변수 Y의 변화량	기울기 $\hat{\beta_1} = b_1$

- 다중선형회귀모형 $y_i = \beta_0 + \beta_1 x_{1i} + \beta_2 x_{2i} + \varepsilon_i$에서 등장하는 모회귀계수는 $\beta_0, \beta_1, \beta_2$이다.

모회귀계수	설명	표본회귀계수
절편 β_0	모든 독립변수가 0일 때, 종속변수 Y의 값	절편 $\hat{\beta_0} = b_0$
회귀계수 β_1	첫 번째 독립변수 X_1의 단위 변화가 종속변수에 미치는 영향의 크기	회귀계수 $\hat{\beta_1} = b_1$
회귀계수 β_2	첫 번째 독립변수 X_2의 단위 변화가 종속변수에 미치는 영향의 크기	회귀계수 $\hat{\beta_2} = b_2$

③ 회귀계수의 부호

회귀계수	설명
양 +	• 독립변수 X와 종속변수 Y 사이에 양의 (상관)관계가 존재한다. - 독립변수 X가 증가하면 종속변수 Y도 증가한다.
$Zero$ 0	• 독립변수 X와 종속변수 Y 사이에 아무런 (상관)관계가 없다.
음 −	• 독립변수 X와 종속변수 Y 사이에 음의 (상관)관계가 존재한다. - 독립변수 X가 증가하면 종속변수 Y도 감소한다.

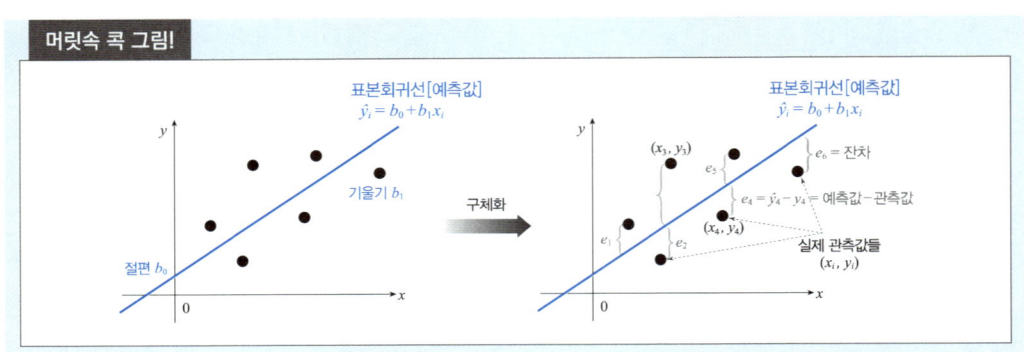

머릿속 콕 그림!

2) 공분산

① 공분산의 의의

- 공분산(Cov ; Covariance)은 두 확률변수 X와 Y가 어떠한 관계를 갖으며 변화하는지를 보여주는 척도이며, 두 확률변수의 변화의 방향을 나타낸다.
  - 공분산은 측정단위의 영향을 받으므로, 측정단위가 큰 경우에 공분산도 큰 값을 가진다.

② 공분산의 공식

- $Cov(X,Y) = E[(X-E(X))(Y-E(Y))] = E(XY) - \mu_X \mu_Y = E(XY) - E(X)E(Y)$
- $Cov(X,Y) = Cov(Y,X)$
- $Cov(aX, bY) = abCov(X,Y)$, $Cov(aX+c, bY+d) = abCov(X,Y)$ (단, a, b, c, d는 상수)
- 표본 공분산 $Cov(X,Y) = \dfrac{1}{n-1} \times \sum_{i=1}^{n}(X_i - \overline{X})(Y_i - \overline{Y})$

③ 공분산의 범위

- 공분산 값의 범위는 $-\infty < Cov(X,Y) < \infty$이다. 공분산은 측정단위에도 영향을 받기 때문에, X변수와 Y변수의 관계에 대한 강도(strength)에 대해 정보를 얻기 어렵다.

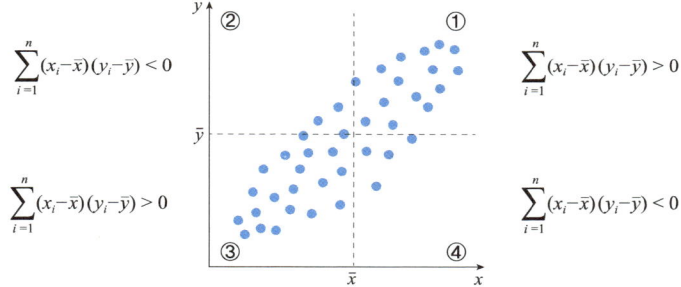

④ 공분산의 부호

공분산	설명
$Cov(X,Y) > 0$	두 확률변수 X, Y의 변화가 같은 방향인 경우 예 X변수의 값이 증가하면, Y변수의 값도 증가
$Cov(X,Y) = 0$	두 확률변수 X, Y 간에 어떠한 (선형) 관계가 없음
$Cov(X,Y) < 0$	두 확률변수 X, Y의 변화가 반대 방향 예 X변수의 값이 증가하면, Y변수의 값은 감소

⑤ 공분산과 회귀계수

회귀계수	$\hat{\beta_1} > 0$	$\hat{\beta_1} = 0$	$\hat{\beta_1} < 0$
공분산	$Cov(X,Y) > 0$	$Cov(X,Y) = 0$	$Cov(X,Y) < 0$
산점도			

3) 최소제곱법

① 최소제곱법의 의의

- 최소제곱법(LSM ; Least Squares Method ; 최소자승법)은 회귀분석에서 회귀계수를 추정하는 대표적인 방법이며, 최소자승법(OLS ; ordinary least squares)이라고도 한다.
- 최소제곱법의 목적은 <u>잔차(Residuals)의 제곱합을 최소화하는 회귀식을 구하는 것이다.</u> 기출

  따라서 잔차 제곱합인 $\sum_{i=1}^{n} e_i^2 = \sum_{i=1}^{n}(Y_i - \widehat{Y_i})^2$ 값이 최소인 모형이 주어진 데이터에 가장 적합한 선형 모형이다.

- 회귀분석에서의 최소제곱법은 $\sum_{i=1}^{n} e_i^2 = \sum_{i=1}^{n}(Y_i - (\beta_0 + \beta_1 X_i))^2$ 인 잔차제곱합을 최소가 되도록 하는 모수인 회귀계수 β_0, β_1의 값을 추정하는 방법이다.
  - 이를 통해 결정된 회귀계수 $\widehat{\beta_0} = b_0, \widehat{\beta_1} = b_1$의 값을 최소제곱추정량이라고 한다.

② 최소제곱추정량 기출

- 최소제곱법을 통해 최소제곱추정량(LSE ; Least Square Estimates)을 추정한다.
  추정된 단순회귀모형 $\widehat{Y_i} = b_0 + b_1 X$에서 최소제곱추정량 $\widehat{\beta_0} = b_0, \widehat{\beta_1} = b_1$은 다음과 같다.
- <u>단순회귀분석에서 회귀직선의 기울기와 독립변수와 종속변수의 상관계수와의 관계는 회귀직선의 기울기가 양수이면 상관계수도 양수이다.</u> 기출

Case 1 절편이 있는 단순회귀모형 $Y_i = \beta_0 + \beta_1 x_i + \varepsilon_i$ 기준 기출

	절편	$b_0 = \widehat{\beta_0} = \overline{Y} - b_1 \overline{X}$
기울기	방법 1	$b_1 = \widehat{\beta_1} = \dfrac{\text{Cov}(X,Y)}{\text{Var}(X)} = \dfrac{S_{xy}}{S_{xx}} = \dfrac{\dfrac{1}{n-1} \times \sum_{i=1}^{n}(X_i - \overline{X})(Y_i - \overline{Y})}{\dfrac{1}{n-1} \times \sum_{i=1}^{n}(X_i - \overline{X})^2} = \dfrac{\sum_{i=1}^{n}(X_i - \overline{X})(Y_i - \overline{Y})}{\sum_{i=1}^{n}(X_i - \overline{X})^2}$
	방법 2	$b_1 = \widehat{\beta_1} = \dfrac{\sum_{i=1}^{n} x_i y_i - n \overline{x}\, \overline{y}}{\sum_{i=1}^{n} x_i^2 - n \overline{x}^2}$
	방법 3	$b_1 = r \times \dfrac{\sqrt{Var(Y)}}{\sqrt{Var(X)}} = r \times \dfrac{S_Y}{S_X}$ ($\because$ 상관계수 $r = r_{X,Y} = \dfrac{Cov(X,Y)}{\sqrt{Var(X)}\sqrt{Var(Y)}}$)

Case 2 절편이 없는 단순회귀모형 $Y_i = \beta x_i + \varepsilon_i$ 기준 기출

기울기	방법1	$\widehat{\beta} = \dfrac{\sum_{i=1}^{n} x_i y_i}{\sum_{i=1}^{n} x_i^2}$

더블체크

정답률 약 30%

Q 어떤 제품의 수명은 특정 부품의 수명과 밀접한 관계가 있다고 한다. 제품수명 Y의 평균과 표준편차는 각각 13과 4이고, 부품수명 X의 평균과 표준편차는 각각 12와 3이다. X와 Y의 상관계수가 0.6일 때, 추정회귀직선 $\hat{Y} = \hat{\alpha} + \hat{\beta}X$에서 기울기 $\hat{\beta}$의 값은? [17년 1회, 21년 3회 기출]

① 0.6 ② 0.7
③ 0.8 ④ 0.9

해설 제품수명 Y의 평균은 $E(Y)=13$, 표준편차는 $sd(Y)=S_Y=4$이고, 부품수명 X의 평균은 $E(X)=12$, 표준편차는 $sd(X)=S_X=3$이다. 이때 X와 Y의 상관계수는 $r_{XY}=0.6$라는 것이 주어져 있다.

따라서 추정회귀직선 $\hat{Y}=\hat{\alpha}+\hat{\beta}X$에서 기울기 $\hat{\beta}$은 $\hat{\beta}=r\times\dfrac{\sqrt{Var(Y)}}{\sqrt{Var(X)}}=r\times\dfrac{S_Y}{S_X}=0.6\times\dfrac{4}{3}=0.80$이다.

정답 : ③

더블체크

정답률 약 40%

Q n개의 관측치에 대하여 단순회귀모형 $Y_i=\beta_0+\beta_1 x_i+\varepsilon_i$을 이용하여 분석하려 한다. $\sum_{i=1}^{n}(x_i-\overline{x})^2=20$, $\sum_{i=1}^{n}(y_i-\overline{y})^2=30$, $\sum_{i=1}^{n}(x_i-\overline{x})(y_i-\overline{y})=-10$일 때, 회귀계수의 추정치 $\hat{\beta}_1$의 값은?

[19년 3회 기출]

① $-\dfrac{1}{3}$ ② $-\dfrac{1}{2}$
③ $\dfrac{2}{3}$ ④ $\dfrac{3}{2}$

해설 $b_1=\hat{\beta}_1=\dfrac{Cov(X,Y)}{Var(X)}=\dfrac{S_{xy}}{S_{xx}}=\dfrac{\sum_{i=1}^{n}(x_i-\overline{x})(y_i-\overline{y})}{\sum_{i=1}^{n}(x_i-\overline{x})^2}=\dfrac{-10}{20}=-\dfrac{1}{2}$

정답 : ②

더블체크

정답률 약 30%

Q 다음의 자료에 대해 절편이 없는 단순회귀모형 $Y_i=\beta x_i+\varepsilon_i$를 가정할 때, 최소제곱법에 의한 β의 추정값을 구하면? [18년 2회, 21년 2회 기출]

x	1	2	3
y	1	2	2.5

① 0.75 ② 0.82
③ 0.89 ④ 0.96

해설 절편이 없는 단순회귀모형의 $\hat{\beta}=\dfrac{\sum_{i=1}^{n}x_i y_i}{\sum_{i=1}^{n}x_i^2}=\dfrac{1\times 1+2\times 2+3\times 2.5}{1^2+2^2+3^2}=\dfrac{12.5}{14}\fallingdotseq 0.89$이다.

정답 : ③

4) 최소분산성과 불편성

① 전제조건
- $\varepsilon_i \overset{iid}{\sim} N(0, \sigma^2)$, $Cov(\varepsilon_i, \varepsilon_j) = 0$, $\varepsilon_i \perp \varepsilon_j$이 만족된다는 가정하에서 최소제곱법에 의한 최소제곱추정량(LSE)은 모수에 대한 불편성과 최소분산성이 충족된다.
  - 이는 최소제곱추정량이 모수에 대한 불편 추정량(Unbiased Estimator)이며, 그 분산이 가능한 최소가 되도록 하는 것을 의미한다.
- 모든 가능한 추정량 중에서 분산이 가장 작으면서 편향이 없는 추정량은 불편성과 최소분산성이 모두 충족된 UMVUE(최소분산불편추정량 ; Uniformly Minimum Variance Unbiased Estimator)라고 부른다.
  - 이때, 균일성(Uniformly)은 모든 가능한 모수 값에 대해 최소 분산을 가져야 함을 의미한다. 즉, 특정한 θ값에 대해서만 최소 분산인 것이 아니라, 모든 θ값에 대해 최소 분산 불편추정량이어야 한다는 것이다. 이를 통해 추정량의 성질을 고려하여 추정량을 선택함으로써 통계적 효율성을 극대화할 수 있다.

② 최소분산성
- 최소분산성(Minimum Variance)
  - 최소분산성은 추정량의 분산이 가능한 최소가 되도록 하는 것을 의미한다.
  - 최소제곱법은 오차의 제곱합을 최소화하여 모델 파라미터를 추정하므로, 오차의 분산이 최소가 되도록 한다. 이는 최소제곱추정량이 가능한 최소 분산을 가지게 됨을 의미한다.
  - 따라서 최소제곱추정량은 추정된 모델 파라미터가 모수를 잘 반영하고, 그 추정의 신뢰도가 높다고 할 수 있다.

③ 최대우도법
- 최대우도법(Maximum Likelihood Method)
  - 최소자승법(LSM ; Least Squares Method ; 최소제곱법)은 잔차 제곱합을 최소화하여 회귀계수를 추정하는 방법이며, 최대우도법(MLE)은 데이터가 주어진 분포를 따를 때, 그 데이터를 얻을 가능성을 최대화하는 방식으로 계수를 추정하는 방법이다.
  - 특히, 오차가 정규분포를 따를 때 최소자승법과 최대우도법은 완전히 동일한 결과를 제공하므로, 동일한 회귀계수를 산출하게 된다.
- **최소자승법으로 구한 β가 최대우도법으로 구한 β는 같다.** 기출
  - 단순회귀모형 $Y_i = \alpha + \beta X_i$에서 회귀계수 β를 최소자승법(Least Squares Method)으로 추정하는 경우와 ε_i가 평균이 0, 분산이 σ^2인 정규분포를 따른다는 가정하에 최대우도법으로 추정하는 경우에 최소자승법으로 구한 β가 최대우도법으로 구한 β는 같다.

④ 불편성
- 불편성(Unbiasedness) : $E(\hat{\theta}) = \theta$
  - 최소제곱추정량이 불편성을 가지려면, 추정량의 기대값이 추정하려는 모수의 실제 값과 일치해야 한다.
  - 따라서 회귀계수β_1이 $E(\hat{\beta_1}) = \beta_1$인지 확인하는 것은 불편성을 확인하는 것이다.
- 최소제곱법은 오차의 제곱합을 최소화하는 방식으로 모델 파라미터를 추정한다.
  - 만약 표본 크기가 충분히 크다면 최소제곱추정량은 모수에 대해 불편성을 가진다.
- 단순회귀모형 $y_1 = \beta_0 + \beta_1 x_1 + \varepsilon_i$, $\varepsilon_i \sim N(0, \sigma^2)$이고 서로 독립, $i = 1, 2, \cdots, n$ 하에서 모회귀직선 $E(y) = \beta_0 + \beta_1 x$를 최소제곱법에 의해 추정한 추정회귀직선 $\hat{y} = b_0 + b_1 x$의 특징은 다음과 같다(단, $S_{xx} = \sum_{i=1}^{n}(x_i - \bar{x})^2$, $MSE = \sum_{i=1}^{n} \frac{(y_i - \hat{y_i})^2}{(n-2)}$ 이다.).

특징	설명
$b_1 \sim N\left(\beta_1, \frac{\sigma^2}{S_{xx}}\right)$	$b_1 \sim N\left(\beta_1, \frac{\sigma^2}{S_{xx}}\right)$이며, $E(\hat{\beta_1}) = \beta_1$, $Var(\hat{\beta_1}) = \frac{\sigma^2}{S_{xx}} = \frac{\sigma^2}{\sum_{i=1}^{n}(x_i - \bar{x})^2}$이다. 추정량 b_1은 평균이 β_1이고, 분산이 σ^2/S_{xx}인 정규분포를 따른다. 기출
$E(\hat{\beta_0}) = E(b_0) = \beta_0$ 기출	추정량 b_0은 회귀직선의 절편 β_0의 불편추정량이다.
$E(MSE) = \sigma^2$ 기출	MSE는 오차항 ε_i의 분산 σ^2에 대한 불편추정량이다.

> **개념특강** 오차분산의 불편추정량
>
> - 잔차(오차)의 평균제곱인 MSE는 오차분산 $Var(e_i) = \sigma^2$의 불편추정량이다.
>
> | 단순회귀모형 | $MSE = \dfrac{SSE}{n-2} = \hat{\sigma^2} = \dfrac{\sum_{i=1}^{n}(y_i - \hat{y_i})^2}{n-2}$ |
> |---|---|
> | 중회귀모형 | $MSE = \dfrac{SSE}{n-k-1} = \hat{\sigma^2} = \dfrac{\sum_{i=1}^{n}(y_i - \hat{y_i})^2}{n-k-1} = \dfrac{1}{n-k-1}\sum_{i=1}^{n} e_i^2$
(단, $n > k+1$) (n : 표본의 크기, k : 독립변수의 개수) |
>
> [기출예시] 기출
> - 단순선형회귀모형 $Y_i = \alpha + \beta x_i + e_i$ ($i = 1, 2, \cdots, n$)에서 최소제곱추정량 $y = \hat{\alpha} + \hat{\beta} x$로부터 잔차 $\hat{e_i} = y_i - \hat{y_i}$가 서로 독립이고 등분산인 오차들의 분산 $Var(e_i) = \sigma^2$ ($i = 1, 2, \cdots, n$)의 불편추정량을 구하면 $\hat{\sigma^2} = \dfrac{\sum_{i=1}^{n}(y_i - \hat{y_i})^2}{n-2}$이다.
> - 중회귀모형 $Y_i = \beta_0 + \beta_1 X_{1i} + \beta_2 X_{2i} + \varepsilon_i$, $i = 1, 2, \cdots, n$에서 독립변수의 개수 $k = 2$이므로, 오차분산 σ^2의 추정량은 $\dfrac{1}{n-3}\sum e_i^2$이다.
>   - 중회귀모형에서 오차분산 σ^2의 자유도는 $n - k - 1$이다.

더블체크

정답률 약 40%

Q 단순회귀모형 $Y_i = \beta_0 + \beta_1 x_i + \varepsilon_i$, $\varepsilon_i \sim N(0, \sigma^2)$에 관한 설명으로 틀린 것은? [20년 3회 기출]

① ε_i들은 서로 독립인 확률변수이다.
② Y는 독립변수이고 x는 종속변수이다.
③ $\beta_0, \beta_1, \sigma^2$은 회귀모형에 대한 모수이다.
④ 독립변수가 종속변수의 기댓값과 직선 관계인 모형이다.

해설 단순회귀모형 $Y_i = \beta_0 + \beta_1 x_i + \varepsilon_i$에서는 Y가 종속변수(결과변수)이며, x가 독립변수(설명변수)이다.
① 회귀모형에서 오차항 ε_i들은 서로 독립이며 정규분포를 따른다고 가정한다. 따라서 단순회귀선형모형의 오차(ε_i)에 대한 가정에서 $\varepsilon_i \sim N(0, \sigma^2)$이며, 오차 ε_i는 서로 독립이다.
③ 단순회귀모형에서 절편 β_0, 기울기 β_1, 오차의 분산 σ^2은 회귀모형에 대한 모수(Parameter)이다.
④ 단순회귀모형에서 독립변수 X는 종속변수 Y의 기댓값과 선형적인 관계(직선관계)를 갖는다.

정답 : ②

더블체크

정답률 약 40%

Q 단순회귀모형 $Y_i = \beta_0 + \beta_1 X_i + \varepsilon_i (i = 1, 2, \cdots, n)$의 가정하에 최소제곱법에 의해 회귀직선을 추정하는 경우 잔차 $\varepsilon_i = Y_i - \widehat{Y_i}$의 성질로 틀린 것은? [18년 1회 기출]

① $\sum e_i = 0$
② $\sum e_i = \sum X_i e_i$
③ $\sum e_i^2 = \sum \widehat{X_i} e_i$
④ $\sum X_i e_i = \sum \widehat{Y_i} e_i$

해설 잔차의 제곱합 $\sum e_i^2$은 독립변수 X_i와 잔차 e_i를 곱한 $\sum \widehat{X_i} e_i = 0$와 같지 않다.
최소제곱법에 의해 잔차의 제곱합 $\sum e_i^2$은 최소화되지만, 값이 0이라고 단정할 수 없다.
① 잔차의 총합은 0이므로, $\sum e_i = 0$이다.
② 잔차 e_i와 독립변수 X_i 혹은 예측된 값 $\widehat{Y_i}$는 상관관계가 없으므로 $\sum e_i = \sum X_i e_i = \sum \widehat{Y_i} e_i = 0$이다.

정답 : ③

더블체크

정답률 약 30%

Q 단순회귀모형의 가정하에서 최소제곱법에 의해 회귀직선을 추정한 경우, 잔차들의 산포도를 그려봄으로써 검토할 수 없는 것은? [16년 1회 기출]

① 회귀직선의 타당성
② 오차항의 등분산성
③ 오차항의 독립성
④ 추정회귀계수의 불편성

해설 추정회귀계수의 불편성은 추정회귀계수의 기대값이 실제 모수 값과 같은지 여부를 말하는데, 이는 잔차도를 통해 시각적으로 확인할 수 있는 사항이 아니다.
① 잔차도를 통해 회귀직선이 데이터에 얼마나 잘 맞는지, 즉 회귀직선의 타당성을 평가할 수 있다.
만약 잔차들이 특정한 패턴 없이 무작위로 흩어져 있다면 회귀모형이 적합한 것으로 판단할 수 있다.
② 잔차들의 산포도를 그리면 잔차들이 일정한 범위 내에서 분포하고 있는지를 시각적으로 검토할 수 있다.
만약 잔차들의 분포가 특정한 패턴을 가지면 등분산성을 만족하지 않을 가능성이 있다.
③ 잔차들의 산포도에서 잔차들이 상관없이 무작위로 흩어져 있으면 오차항의 독립성을 추론할 수 있다.
만약 특정 패턴이 없다면 오차항들이 서로 독립적일 가능성이 높다.

정답 : ④

02 상관분석

1 상관계수의 의미

(1) 상관계수의 의의 및 공식

1) 상관계수의 의의

① 상관계수의 의의
- 상관계수(Corr ; Correlation Coefficient)인 $Corr(X, Y)$는 두 변수 X와 Y간 선형관계(=직선관계)를 나타내는 척도이다. 기출
- 상관계수는 공분산이 측정단위에 영향을 받는 단점을 보완하기 위해 공분산을 표준화한 값이다.
  - 상관계수는 변수들의 측정단위에 따라 변하지 않는다. 기출

② 상관계수의 종류
- 본 자격시험에서는 3가지 종류의 상관계수(피어슨·스피어만·켄달) 중 피어슨 상관계수를 상관계수라고 한다. 피어슨 상관계수는 두 변수가 모두 양적변수(등간·비율척도)여야 한다.
  - 만약 두 변수가 모두 질적변수(서열척도)라면, 스피어만의 순위 상관계수(Spearman's Rank Correlation) 혹은 켄달의 타우(Kendall's Tau)를 고려한다.
- 다른 변수들의 상관관계를 통제하고 순수하게 두 변수 간의 상관관계를 나타내는 것은 편상관계수(Partial Correlation Coefficient)이다. 기출

> **더블체크**
>
> 정답률 약 50%
>
> **Q** $Y = a + bX(b>0)$인 관계가 성립할 때 두 확률변수 X와 Y간의 상관계수 $\rho_{X,Y}$는? [18년 2회 기출]
> ① $\rho_{X,Y} = 1.0$
> ② $\rho_{X,Y} = 0.8$
> ③ $\rho_{X,Y} = 0.6$
> ④ $\rho_{X,Y} = 0.4$
>
> **해설** 회귀식 $Y = a + bX$에서 a는 상수이고, b는 양수이다. 따라서 두 확률변수 X와 Y는 일차함수의 관계이며 정확한 선형관계에 있을 때 상관계수는 $\rho_{X,Y} = \pm 1$이 된다. 이때, $b>0$임이 주어져 있으므로, 상관계수는 1이다.
>
> 정답 : ①

2) 상관계수의 표기

① 모상관계수
- 모집단(Population)에 대한 상관계수인 모상관계수 ρ(rho ; 로우)는 다음과 같다.
  - 모상관계수 $\rho_{X,Y}$ 공식에서 σ_X, σ_Y는 모집단에서 변수 X와 Y의 모표준편차이다.
  - 그러나, 모집단(population)을 대상으로 진행되는 분석은 전수조사가 가능해야 하므로, 거의 이론 상에만 존재한다. 따라서 일반적으로 표본상관계수를 '상관계수'라고 부른다.

$$\rho = \rho_{X,Y} = \frac{Cov(X,Y)}{\sigma_X \sigma_Y} = \frac{E[(X-E(X))(Y-E(Y))]}{\sigma_X \sigma_Y}$$

② 표본상관계수
- 두 변수 (X, Y)의 n개의 자료 $(x_1, y_1), (x_2, y_2), \cdots, (x_n, y_n)$에서 표본상관계수 r은? 기출

$$r = r_{X,Y} = \frac{Cov(X,Y)}{\sqrt{Var(X)}\sqrt{Var(Y)}} = \frac{Cov(X,Y)}{(n-1)S_X S_Y} = \frac{\sum_{i=1}^{n}(X_i-\overline{X})(Y_i-\overline{Y})}{\sqrt{\sum_{i=1}^{n}(X_i-\overline{X})^2(Y_i-\overline{Y})^2}}$$

$$= \frac{\sum_{i=1}^{n}(X_i-\mu_X)(Y_i-\mu_Y)}{\sqrt{\sum_{i=1}^{n}(X_i-\mu_X)^2}\sqrt{\sum_{i=1}^{n}(Y_i-\mu_Y)^2}}$$

(∵ 표본상관계수 $r_{X,Y}$ 공식에서 S_X, S_Y는 표본에서 변수 X와 Y의 표본표준편차이다.)

③ 표본상관계수와 회귀계수의 관계
- 단순선형회귀모형 $Y_i = \beta_0 + \beta_1 X_i + \varepsilon_i$에서 회귀계수 기울기는 $b_1 = \hat{\beta}_1 = \frac{Cov(X,Y)}{Var(X)}$이다.

  – 표본상관계수 $r = \frac{Cov(X,Y)}{\sqrt{Var(X)}\sqrt{Var(Y)}}$임을 활용하여 회귀계수 기울기를 표현하면, 회귀계수

  $\hat{\beta}_1 = \frac{Cov(X,Y)}{Var(X)} = \frac{Cov(X,Y)}{\sqrt{Var(X)}\sqrt{Var(Y)}} \times \frac{\sqrt{Var(Y)}}{\sqrt{Var(X)}} = r \times \frac{S_Y}{S_X}$이다.

더블체크

정답률 약 60%

Q 단순회귀분석에서 회귀직선의 추정식이 $\hat{y} = 0.5 - 2x$와 같이 주어졌을 때 다음 설명 중 틀린 것은?

[10년 1회, 12년 1회, 19년 2회 기출]

① 반응변수는 y이고 설명변수는 x이다.
② 반응변수와 설명변수의 상관계수는 0.5이다.
③ 설명변수가 0일 때 반응변수가 기본적으로 갖는 값은 0.5이다.
④ 설명변수가 한 단위 증가할 때 반응변수는 평균적으로 2단위 감소한다.

해설 단순회귀분석에서 회귀직선의 추정식이 $\hat{y} = \hat{\beta}_0 + \hat{\beta}_1 x$일 때, 문제에서는 $\hat{y} = 0.5 - 2x$로 주어져 있다. 절편 $\hat{\beta}_0 = b_0 = 0.5$는 독립변수가 $X = 0$값일 때, 종속변수 Y의 값이다.

①, ③ 반응변수는 y이고 설명변수는 x이다. 따라서 설명변수가 0일 때, $\hat{y} = 0.5 - 2x = 0.5 - 2 \times 0 = 0.5$이므로, 반응변수가 기본적으로 갖는 값은 0.5이다.

④ 기울기 $\hat{\beta}_1 = b_1 = -2$는 독립변수 X의 단위 변화에 따른 종속변수 Y의 변화량이다. 따라서 설명변수가 한 단위 증가할 때 반응변수는 평균적으로 2단위 감소한다.

정답 : ②

(2) 상관계수의 특징

1) 상관계수의 값의 범위

① 상관계수와 선형관계 〔암기〕〔상선〕〔기출〕
- 상관관계는 두 변수 간의 선형관계 정도를 나타내는 측도이다.
  - 상관계수의 절대치가 클수록 두 변수의 선형관계가 강하다고 할 수 있다.
- (표본) 상관계수는 $-1 \leq r \leq 1$ 값을 갖는다.
  - 상관계수는 1차 직선의 함수관계가 어느 정도 강한가를 나타내는 측도이다.

② 상관계수 $|r| \approx 1$
- 표본상관계수 $|r| \approx 1$로 상관계수의 절댓값이 1에 가까울수록 강한 선형관계를 의미한다.
  - 두 변수 사이에 일차함수의 관계가 존재하면, 상관계수 1 또는 -1이다. 〔기출〕
- 상관계수 r_{XY}가 $r_{XY} = \pm 1$이면 두 변수는 완전한 상관관계에 있다. 〔기출〕

$r=1$	• 두 변수 간의 상관계수에서 한 변수의 값이 다른 변수값보다 항상 100만큼 클 때 상관계수는 1이 된다. 〔기출〕
	  - 만약 두 변수 간의 차이가 일정한 경우, 두 변수는 완전한 선형적 관계에 있으므로 상관계수는 1이 된다.
	  예 $Y = a + bX(b>0)$인 관계가 성립할 때 두 확률변수 X와 Y간의 상관계수 $\rho_{X,Y}$는 $\rho_{X,Y} = 1.0$이다. 〔기출〕

$r=-1$	• 상관계수가 -1이라는 것은 모든 자료가 기울기가 음수인 직선 위에 있다는 것을 의미한다. 〔기출〕 - $r=-1$이면 두 변수는 완전한 음의 상관관계에 있다.

③ 상관계수 $|r| \approx 0$
- $|r| \approx 0$으로 상관계수의 절댓값이 0에 가까울수록 약한 선형관계를 의미한다.
  - 독립변수 X의 값의 변화로부터 종속변수 Y의 변화를 예측할 수 없다는 것을 의미한다.

$r=0$	서로 독립	• 두 확률변수가 서로 독립이면 상관계수는 0이다. 〔기출〕
	변동 없음	• 두 변수 간의 상관계수에서 한 변수의 값이 일정할 때 상관계수는 0이 된다. 〔기출〕 - 만약 한 변수의 값이 일정하다면 그 변수에는 변동성이 없으므로 공분산도 0이 되고, 상관계수 역시 0이 된다.
	비선형·무상관	• $r=0$이면 두 변수는 선형이 아니거나 무상관이다. 〔기출〕 • 즉, 선형관계가 없더라도 비선형(곡선) 관계는 존재할 수 있다. - 두 변수 간의 관계가 선형이 아니라면, 관련이 있어도 상관계수가 0이 될 수 있다. 〔기출〕

더블체크

〔정답률 약 50%〕

Q 상관계수의 범위에 관한 설명으로 맞는 것은? [21년 3회 기출]

① 상관계수의 범위는 0에서 1이다.
② 상관계수의 범위는 1에서 2이다.
③ 상관계수의 범위는 -1에서 0이다.
④ 상관계수의 범위는 -1에서 1이다.

〔해설〕 상관계수는 $-1 \leq r \leq 1$ 값을 갖는다. 이때, 상관계수의 절대치가 클수록 두 변수의 선형관계가 강하다.

정답 : ④

2 상관계수의 산출

(1) 상관계수의 부호

① 산점도
- 두 변수 X와 Y사이의 관계를 알아보기 위하여 평면상의 이차원 자료 (X, Y)를 타점하여 나타낸 그래프는 산점도(산포도)이다.
  - 자료에 대한 산점도를 통해 파악할 수 있는 것은 자료의 층화 여부, 자료의 군집 형태, 이상점의 존재 여부, 선형 또는 비선형 관계의 여부이다. `기출`
- 상관분석 및 회귀분석을 실시할 때, 연구자는 먼저 설명변수와 반응변수의 산점도를 그려서 관계를 파악해보아야 한다. `기출`
  - 상관계수의 부호는 회귀계수의 기울기(b)의 부호와 항상 같다. `기출`

상관계수	$r \approx 0$	$r \approx 0$	$r \approx 0.5$	$r \approx 0.9$
회귀계수	$\widehat{\beta_1} \approx 0$	–	$\widehat{\beta_1} > 0$	$\widehat{\beta_1} > 0$
공분산	$Cov(X, Y) \approx 0$	–	$Cov(X, Y) > 0$	$Cov(X, Y) > 0$
산점도				
X, Y 관계	상관관계가 없음	곡선(비선형) 관계	약한 양의 상관관계	강한 양의 상관관계

더블체크

`정답률 약 40%`

Q 다음 중 상관분석의 적용을 위해 산점도에서 관찰해야 하는 자료의 특징이 아닌 것은?

[08년 3회, 10년 3회, 12년 3회, 14년 1회, 19년 1회, 22년 2회 기출]

① 자료의 층화 여부 ② 이상점의 존재 여부
③ 원점(0, 0)의 통과 여부 ④ 선형 또는 비선형 관계의 여부

해설 상관분석은 두 변수 간의 선형적 관계를 분석하는 것이 목적이지, 산점도가 원점을 통과하는지 여부는 상관계수와 관계가 없다. 상관분석에서 중요한 것은 데이터 간의 패턴이지, 원점을 통과하는지는 중요한 요소가 아니다.
① 자료가 여러 층으로 나뉘어 있는 경우, 그룹별로 다른 상관관계가 있을 수 있다. 따라서 상관분석을 하기 전에 '자료의 층화 여부'를 확인하는 것이 중요하다.
② 이상점(outlier ; 이상치)은 상관계수에 큰 영향을 줄 수 있다. 이상점이 존재하면 상관계수가 왜곡될 수 있으므로, 이를 사전에 확인하는 것이 중요하다.
④ 피어슨 상관계수는 선형적 관계를 측정하기 때문에, 산점도에서 데이터가 선형적 관계를 보이는지 확인하는 것이 중요하다. 비선형적 관계가 관찰되면 피어슨 상관계수를 사용하기보다는 다른 방법을 고려해야 한다.

정답 : ③

(2) 상관계수 산출 케이스

① 변수의 부호를 고려해야 하는 경우
- 상관계수 $Corr(X, Y)$를 구할 때, 변수 X와 변수 Y의 부호에 주의해야 한다.
- $ac > 0$이면, $Corr(X, Y) = Corr(aX+b, cY+d)$이다. `기출`
  - X와 Y사이의 상관계수의 값과 $(X+2)$와 $2Y$사이의 상관계수의 값은 같다. `기출`
- $ac < 0$이면, $Corr(X, Y) = -Corr(aX+b, cY+d)$이다. `기출`

> **더블체크**
>
> `정답률 약 20%`
>
> **Q** X와 Y의 평균과 분산은 각각 $E(X)=4$, $V(X)=8$, $E(Y)=10$, $V(Y)=32$이고, $E(XY)=28$이다. $2X+1$과 $-3Y+5$의 상관계수는? [18년 3회 기출]
>
> ① 0.75　　　　　　　　　② -0.75
> ③ 0.67　　　　　　　　　④ -0.67
>
> **해설** 상관계수를 산출할 때 $ac < 0$이면, $Corr(X, Y) = -Corr(aX+b, cY+d)$이다.
> 이때, 구하고자 하는 것은 $Corr(2X+1, -3Y+5) = -Corr(X, Y)$이다.
> 주어진 정보를 통해 산출하면 $Cov(X, Y) = E(XY) - E(X)E(Y) = 28 - 4 \times 10 = -12$이므로,
> $-Corr(X, Y) = -\dfrac{Cov(X, Y)}{\sqrt{Var(X)}\sqrt{Var(Y)}} = -\dfrac{-12}{\sqrt{8} \times \sqrt{32}} = -(-0.75) = 0.75$이다.
>
> 정답 : ①

② 변수의 값이 주어지는 경우
- 상관계수 $Corr(X, Y)$를 구할 때, 두 변수 X, Y값이 주어지는 경우에는
  $Corr(X, Y) = \dfrac{Cov(X, Y)}{\sqrt{Var(X)}\sqrt{Var(Y)}}$, $Cov(X, Y) = E(XY) - E(X)E(Y)$ 공식을 활용한다.

Step 1 기댓값 $E(X), E(Y)$를 구한다. 추가적으로 필요시, $E(XY)$도 구한다.
$$E(X) = \overline{X} = \frac{1}{n}\sum_{i=1}^{n}X_i = \frac{X_1+X_2+\cdots+X_n}{n},\ E(Y) = \overline{Y} = \frac{1}{n}\sum_{i=1}^{n}Y_i = \frac{Y_1+Y_2+\cdots+Y_n}{n}$$

Step 2 공분산 $Cov(X, Y)$를 구한다(※ 아래는 표본 기준의 표본공분산 공식이다).
$$Cov(X, Y) = E(XY) - E(X)E(Y) = \frac{1}{n-1} \times \sum_{i=1}^{n}(X_i - \overline{X})(Y_i - \overline{Y}) = \frac{\sum_{i=1}^{n}X_iY_i - \frac{1}{n}\sum_{i=1}^{n}X_i\sum_{i=1}^{n}Y_i}{n-1}$$

Step 3 분산 $Var(X), Var(Y)$를 구한다.
$$Var(X) = \frac{\sum_{i=1}^{n}(X_i - \overline{X})^2}{n-1},\ Var(Y) = \frac{\sum_{i=1}^{n}(Y_i - \overline{Y})^2}{n-1}$$

Step 4 최종적으로 $Corr(X, Y) = \dfrac{Cov(X, Y)}{\sqrt{Var(X)}\sqrt{Var(Y)}}$를 산출한다.

더블체크

정답률 약 20%

Q 두 변수 간의 상관계수 값으로 옳은 것은? [16년 3회, 20년 1·2회 통합 기출]

x	2	4	6	8	10
y	5	4	3	2	1

① -1 ② -0.5
③ 0.5 ④ -1

해설

Step 1 먼저, X와 Y의 평균을 구하면, $E(X) = \dfrac{2+4+6+8+10}{5} = 6$, $E(Y) = \dfrac{5+4+3+2+1}{5} = 3$이다. 상관계수 $Corr(X,Y) = \dfrac{Cov(X,Y)}{\sqrt{Var(X)}\sqrt{Var(Y)}}$ 를 구하기 위해서 주어진 값을 토대로 아래 표를 먼저 완성해야 한다.

$x_i - \bar{x}$	$2-6=-4$	$4-6=-2$	$6-6=0$	$8-6=2$	$10-6=4$
$y_i - \bar{y}$	$5-3=2$	$4-3=1$	$3-3=0$	$2-3=-1$	$1-3=-2$
$(x_i-\bar{x})(y_i-\bar{y})$	-8	-2	0	-2	-8

Step 2 $Cov(X,Y) = \dfrac{1}{5-1} \times \sum_{i=1}^{5}(X_i - \bar{X})(Y_i - \bar{Y}) = \dfrac{1}{4} \times (-8-2+0-2-8) = -5$이다.

Step 3 상관계수의 분모 산출 시 필요한 X와 Y의 분산을 각각 구하면, 다음과 같다.

$Var(X) = \dfrac{\sum_{i=1}^{n}(X_i - \bar{X})^2}{n-1} = \dfrac{1}{4} \times \{(2-6)^2 + (4-6)^2 + (6-6)^2 + (8-6)^2 + (10-6)^2\} = \dfrac{40}{4}$

$Var(Y) = \dfrac{\sum_{i=1}^{n}(Y_i - \bar{Y})^2}{n-1} = \dfrac{1}{4} \times \{(5-3)^2 + (4-3)^2 + (3-3)^2 + (2-3)^2 + (1-3)^2\} = \dfrac{10}{4}$

Step 4 상관계수를 산출하면 $Corr(X,Y) = \dfrac{Cov(X,Y)}{\sqrt{Var(X)}\sqrt{Var(Y)}} = \dfrac{-5}{\sqrt{\dfrac{40}{4}} \times \sqrt{\dfrac{10}{4}}} = -1$이다.

정답 : ①

더블체크

정답률 약 30%

Q Y의 X에 대한 회귀직선식이 $\hat{Y} = 3 + X$라 한다. Y의 표준편차가 5, X의 표준편차가 3일 때, Y와 X의 상관계수는? [02년 3회, 11년 1회, 18년 2회 기출]

① 0.6 ② 1
③ 0.8 ④ 0.5

해설 절편이 있는 단순회귀모형 $\hat{Y} = 3 + X$에서 기울기 b_1를 구하는 공식 중 $b_1 = r \times \dfrac{\sqrt{Var(Y)}}{\sqrt{Var(X)}}$를 활용한다. 문제에서 회귀방정식의 기울기 $b_1 = 1$이고, 표본분산은 각각 $Var(X) = 3^2 = 9$, $Var(Y) = 5^2 = 25$라고 주어져 있으므로, $1 = r \times \dfrac{\sqrt{25}}{\sqrt{9}}$이다. 따라서 x와 y의 상관계수는 $r = 0.6$으로 산출된다.

정답 : ①

③ 결합확률분포가 주어지는 경우
- 상관계수 $Corr(X, Y)$를 구할 때, 결합확률분포의 확률질량함수(PMF ; Probability Mass Function) 혹은 확률밀도함수(PDF ; Probability Density Function)가 주어지는 경우에는 아래와 같이 산출한다.

Step 1 기댓값 $E(X), E(Y)$을 구한다.

이산형 확률변수	$E(X) = \sum_x \sum_y x \times P(X=x, Y=y), E(Y) = \sum_x \sum_y y \times P(X=x, Y=y)$
연속형 확률변수	$E(X) = \int_{-\infty}^{\infty} \int_{-\infty}^{\infty} x f(x,y) dx dy, E(Y) = \int_{-\infty}^{\infty} \int_{-\infty}^{\infty} y f(x,y) dx dy$

Step 2 $E(XY)$를 구한다.

이산형 확률변수	$E(XY) = \sum_{i=1}^{n} \sum_{j=1}^{m} X_i Y_j \times P(X_i, Y_j)$
연속형 확률변수	$E(XY) = \int_{-\infty}^{\infty} \int_{-\infty}^{\infty} xy f(x,y) dx dy$

Step 3 공분산 $Cov(X, Y) = E(XY) - E(X)E(Y)$를 산출한다.

Step 4 분산 $Var(X), Var(Y)$을 구한다.

Step 5 최종적으로 $Corr(X, Y) = \dfrac{Cov(X, Y)}{\sqrt{Var(X)} \sqrt{Var(Y)}}$를 산출한다.

더블체크

정답률 약 40%

Q 확률변수 X와 Y의 결합확률질량함수가 다음과 같을 때, X와 Y의 상관계수는? [22년 2회 기출]

Y \ X	-1	0	1
0	0	0.2	0
1	0.4	0	0.4

① -1　　　　　　　　　② 0
③ 0.5　　　　　　　　　④ 1

해설　**Step 1** 기댓값 $E(X), E(Y)$을 구하면, $E(X) = 0, E(Y) = 0.8$이다.
$E(X) = \sum \sum X \times P(X, Y) = (-1) \times (0 + 0.4) + (0) \times (0.2 + 0) + (1) \times (0 + 0.4) = 0$
$E(Y) = \sum \sum Y \times P(X, Y) = (0) \times (0 + 0.2 + 0) + (1) \times (0.4 + 0 + 0.4) = 0.8$

Step 2 다음으로 $E(XY)$를 구하기 위해, $XY = 0$인 값을 제외하고 산출한다.
$E(XY) = (-1) \times (1) \times (0.4) + (1) \times (1) \times (0.4) = 0$

Step 3 공분산을 산출하면, $Cov(X, Y) = E(XY) - E(X)E(Y) = 0 - 0 \times 0.8 = 0$
공분산이 $Cov(X, Y) = 0$이므로, 추가적으로 분산 $Var(X), Var(Y)$를 구할 필요가 없다. 최종적으로 상관계수는 $Corr(X, Y) = \dfrac{Cov(X, Y)}{\sqrt{Var(X)} \sqrt{Var(Y)}} = \dfrac{0}{\sqrt{Var(X)} \sqrt{Var(Y)}} = 0$이다.

정답 : ②

(3) 상관계수와 결정계수

1) 결정계수

① 결정계수의 의의
- 결정계수 R^2(Coefficient of Determination)는 회귀분석에서 모형의 설명력을 평가하여 수치적으로 나타내는 중요한 지표이다.
  - 결정계수는 독립변수가 종속변수를 몇 %나 설명할 수 있는지를 나타낸다. `기출`
- 회귀분석에서의 결정계수는 종속변수의 총변동 중 회귀직선(혹은 회귀식)에 기인한 변동의 비율을 나타낸다. `기출`

② 결정계수의 특징
- 결정계수가 취할 수 있는 범위는 $0 \leq R^2 \leq 1$ 이다. `기출`

$R^2 = 0$ `기출`	• 단순회귀분석에서 추정회귀직선의 기울기가 0이면, 결정계수 $R^2 = 0$ 이다.
$R^2 = 1$ `기출`	• 모든 측정값들이 추정회귀직선상에 있는 경우 결정계수는 1이다. - 모든 관찰점들이 추정회귀직선상에 위치하면 $R^2 = 1$ 이다.

2) 결정계수의 종류

① 결정계수
- 결정계수 R^2은 독립변수의 수가 늘어날수록 증가하는 경향이 있다. `기출`
  - SSE 값이 작아지면 R^2값은 커진다. `기출`

결정계수 R^2	방법 1	$R^2 = \dfrac{\text{회귀 변동}}{\text{전체 변동}} = \dfrac{\text{회귀 제곱합}}{\text{총 제곱합}} = \dfrac{SSR}{SST} = 1 - \dfrac{SSE}{SST} = 1 - \dfrac{\text{잔차 제곱합}}{\text{총 제곱합}}$
	방법 2	$R^2 = \dfrac{SSR}{SST} = \dfrac{\sum(\hat{Y_i} - \overline{Y})^2}{\sum(Y_i - \overline{Y})^2} = 1 - \dfrac{SSE}{SST} = 1 - \dfrac{\sum(Y_i - \hat{Y_i})^2}{\sum(Y_i - \overline{Y})^2}$

② 수정결정계수
- 수정결정계수 R_{adj}^2(Adjusted R-Squared)는 회귀분석에서 모델의 설명력을 평가하는 지표이며, 독립변수의 개수와 표본의 크기를 고려하여 결정계수 R^2을 조정한 값이다.
  - 수정결정계수 R_{adj}^2은 결정계수 R^2이 독립변수의 개수가 늘어날수록 값이 커지는 경향을 보완하기 위해 사용되며, 불필요한 변수가 추가된 경우 설명력이 실제로 향상되는지를 더욱 정확히 판단할 수 있도록 한다.

수정결정계수 R_{adj}^2	$R_a^2 = 1 - \dfrac{\dfrac{SSE}{(n-k-1)}}{\dfrac{SST}{(n-1)}} = 1 - \dfrac{(n-1)}{(n-k-1)} \times \dfrac{SSE}{SST} = 1 - \dfrac{(n-1)}{(n-k-1)} \times (1 - R^2)$
	※ n : 표본의 크기, k : 독립변수의 개수

더블체크

정답률 약 40%

Q 단순회귀모형 $y_i = \alpha + \beta x_i + \varepsilon_i \,(i=1, 2, \cdots, n)$ 을 적합하여 다음을 얻었다.

$$\sum_{i=1}^{n}(y_i - \hat{y}_i)^2 = 200, \ \sum_{i=1}^{n}(\hat{y}_i - \overline{y})^2 = 300$$

이때 결정계수 R^2을 구하면? (단, $\hat{y}_i$는 i번째 추정값을 나타낸다.) [13년 2회, 20년 3회 기출]

① 0.4
② 0.5
③ 0.6
④ 0.7

해설 $SSE = \sum_{i=1}^{n}(y_i - \hat{y}_i)^2 = 200$, $SSR = \sum_{i=1}^{n}(\hat{y}_i - \overline{y})^2 = 300$라는 것이 주어져 있으므로, $SST = \sum_{i=1}^{n}(y_i - \overline{y})^2$ $= SSR + SSE = 500$이다. 결정계수 $R^2 = \dfrac{SSR}{SST} = \dfrac{300}{500} = 0.6$이다.

정답 : ③

더블체크

정답률 약 50%

Q 회귀식에서 결정계수 R^2에 관한 설명으로 틀린 것은? [18년 3회 기출]

① 단순회귀모형에서는 종속변수와 독립변수의 상관계수의 제곱과 같다.
② R^2은 독립변수의 수가 늘어날수록 증가하는 경향이 있다.
③ 모든 측정값이 한 직선상에 놓이면 R^2의 값은 0이다.
④ R^2값은 0에서 1까지 값을 가진다.

해설 모든 측정값들이 추정회귀직선상에 있는 경우 결정계수는 1이다. 즉, 모든 관찰점들이 추정회귀직선상에 위치하면 $R^2 = 1$이다.

정답 : ③

3) 결정계수 공식과의 관계

① 단순회귀분석인 경우
- 결정계수는 단순회귀의 경우 독립변수와 종속변수 간의 표본상관계수의 제곱과 같다. 기출

$$R^2 = r^2$$

- 결정계수 R^2는 단순회귀모형에서는 종속변수와 독립변수의 상관계수의 제곱 r^2과 같다. 기출
  - 단순회귀분석에서 결정계수의 제곱근은 반응변수와 설명변수의 피어슨 상관계수이다. 기출
  - 상관계수 r_{xy}는 추정회귀계수 b_1이 음수이면 결정계수의 음의 제곱근 $-\sqrt{R^2}$ 과 같다. 기출

② 중회귀분석인 경우
- 중회귀모형에서 결정계수는 설명변수를 통한 반응변수에 대한 설명력을 나타낸다. 기출
  - 중회귀모형에서는 설명변수가 다수 존재하므로 상관계수의 제곱이 결정계수와 같지 않다. → $R^2 \neq r^2$

더블체크

Q 회귀분석을 실시한 결과 다음의 분산분석표를 얻었다. 결정계수는 얼마인가?

[13년 2회, 18년 1회 기출]

요인	제곱합	자유도	평균제곱	F
회귀	3,060	3	1,020	51.0
잔차	1,940	97	20	
전체	5,000	100		

① 60.0%
② 60.7%
③ 61.2%
④ 62.1%

해설 결정계수는 $R^2 = \frac{SSR}{SST} = 1 - \frac{SSE}{SST}$ 이므로, $SSR = 3060$, $SST = 5000$임을 활용하여 계산하면 $R^2 = \frac{SSR}{SST} = \frac{3060}{5000} = 0.612$이다. 이는 회귀모형이 종속변수의 총 변동성 중에서 61.2%를 설명할 수 있다는 것이며, 주어진 독립변수들은 종속변수의 변화에 대해 61.2%의 설명력을 가진다.

정답 : ③

더블체크

정답률 약 50%

Q 두 변수 x와 y의 함수관계를 알아보기 위하여 크기가 10인 표본을 취하여 단순회귀분석을 실시한 결과 회귀식 $y = 20 - 0.1x$를 얻었고, 결정계수 R^2은 0.81이었다. x와 y의 상관계수는?

[14년 1회, 19년 1회 기출]

① -0.1
② -0.81
③ -0.9
④ -1.1

해설 단순회귀모형 $y = 20 - 0.1x$에서 결정계수 R^2은 독립변수와 종속변수 간의 표본상관계수의 제곱과 같으므로 $R^2 = r^2$이다. 이때, $R^2 = 0.81$임이 주어져 있으며, 단순회귀모형에서 상관계수 r은 추정회귀계수 b_1이 음수이면 결정계수의 음의 제곱근 $-\sqrt{R^2}$ 과 같으므로, x와 y의 상관계수는 $r = -\sqrt{0.81} = -0.9$이다.

정답 : ③

더블체크

정답률 약 40%

Q 단순회귀분석에서 결정계수 R^2에 대한 설명 중 틀린 것은? [21년 3회 기출]

① 추정회귀직선의 기울기가 0이면, $R^2=0$이다.
② 결정계수가 취할 수 있는 범위는 $0 \leq R^2 \leq 1$이다.
③ 모든 관찰점들이 추정회귀직선상에 위치하면 $R^2=1$이다.
④ 결정계수는 설명변수와 반응변수 사이의 상관계수와는 관계가 없다.

해설 단순회귀분석에서 결정계수 R^2는 상관계수의 제곱 r^2과 같으므로, $R^2=r^2$이다.
① 추정회귀직선의 기울기가 0이면, 독립변수가 종속변수에 아무런 영향을 미치지 않으므로, 모형이 데이터를 설명하지 못하게 되어 결정계수 R^2값은 0이 된다.
② 결정계수 R^2는 0에서 1 사이의 값을 가진다. $R^2=0$은 모형이 데이터를 전혀 설명하지 못하는 경우이고, $R^2=1$은 모형이 데이터를 완벽하게 설명하는 경우이다.
③ 모든 데이터 점이 회귀직선 위에 위치하면, 잔차가 없기 때문에 모형이 모든 변동을 설명하게 되고, 이때 결정계수 R^2는 1이 된다.

정답 : ④

더블체크

정답률 약 50%

Q 단순회귀모형 $y_i = \beta_0 + \beta_1 x_i + \varepsilon_i, (i=1,2,\cdots,n)$ 에서 최소제곱법에 의한 추정회귀직선 $\hat{y_i} = b_0 + b_1 x$의 설명력을 나타내는 결정계수 R^2에 대한 설명으로 틀린 것은? [17년 2회, 20년 1·2회 통합 기출]

① 결정계수 R^2은 총변동 $SST = \sum_{i=1}^{n}(y_i - \overline{y})^2$ 중 추정회귀직선에 의해 설명되는 변동 $SSR = \sum_{i=1}^{n}(\hat{y_i} - \overline{y})^2$의 비율, 즉 $\frac{SSR}{SST}$로 정의된다.
② x와 y사이에 회귀관계가 전혀 존재하지 않아 추정회귀직선의 기울기 b_1이 0인 경우에는 결정계수 R^2은 0이 된다.
③ 단순회귀의 경우 결정계수 R^2은 x와 y의 상관계수 r_{xy}와는 직접적인 관계가 없다.
④ x와 y의 상관계수 r_{xy}는 추정회귀계수 b_1이 음수이면 결정계수의 음의 제곱근 $-\sqrt{R^2}$과 같다.

해설 단순회귀의 경우 결정계수는 단순회귀의 경우 독립변수와 종속변수 간의 표본상관계수의 제곱과 같다. 따라서 $R^2=r^2$이다.
① 결정계수 R^2은 $R^2 = \frac{SSR}{SST} = \frac{\sum(\hat{Y_i}-\overline{Y})^2}{\sum(Y_i-\overline{Y})^2} = 1 - \frac{SSE}{SST} = 1 - \frac{\sum(Y_i-\hat{Y_i})^2}{\sum(Y_i-\overline{Y})^2}$ 이다.
② 단순회귀분석에서 추정회귀직선의 기울기가 0이면, 결정계수 $R^2=0$이다.
④ 단순회귀의 경우 결정계수 R^2=상관계수 r^2이다. 만약, 추정회귀계수 $b_1 = r \times \frac{\sqrt{Var(Y)}}{\sqrt{Var(X)}}$ 값이 $b_1 < 0$로 음수이면 상관계수도 $r < 0$인 음수이다. 정리하면, 추정회귀계수 b_1가 음수이면 상관계수 r_{xy}도 음수이고, 결정계수 R^2의 음의 제곱근과 같으므로 $r_{xy} = -\sqrt{R^2}$이다.

정답 : ③

3 상관계수의 검정

(1) 상관계수의 유의성 검정

① 귀무가설과 대립가설
- 종속변수와 독립변수 간의 상관관계 검정은 상관계수에 대한 가설검정이다.

양측검정	귀무가설 H_0	$H_0 : \rho = 0$	두 변수 간에 상관관계가 없다.
	대립가설 H_1	$H_1 : \rho \neq 0$	두 변수 간에 상관관계가 있다.

② 검정통계량

표기 1 자유도 $n-2$인 양측 t검정을 통해 상관계수의 유의성을 검정한다.

> 기출
> $$t = \sqrt{n-2} \times \frac{r}{\sqrt{1-r^2}} \sim t(n-2)$$

표기 2 자유도 $n-2$인 양측 t검정을 통해 상관계수의 유의성을 검정한다.

- 두 변수 X, Y의 상관계수에 대한 유의성 검정($H_0 : \rho_{XY} = 0$)을 $t-$검정으로 할 때, 검정통계량은 다음과 같다(단, r_{XY}는 표본상관계수이다.).

검정통계량은 $t = \sqrt{n-2} \times \frac{r}{\sqrt{1-r^2}} = r_{XY}\sqrt{\frac{n-2}{1-r_{XY}^2}}$ 로도 표기 가능하다.

> 기출
> $$t = r_{XY}\sqrt{\frac{n-2}{1-r_{XY}^2}} \sim t(n-2)$$

③ 기각역
- [상관계수의 유의성 검정]에서 유의수준 α에 따른 기각역은 $|t| \geq t_{\frac{\alpha}{2}}(n-2)$ 이다.

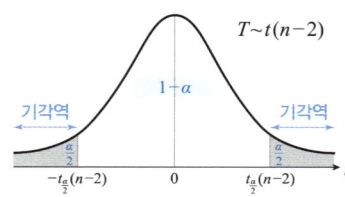

03 단순회귀분석

1. 단순회귀분석의 가설 설정

(1) 회귀계수의 유의성 검정

① 귀무가설과 대립가설
- 단순회귀모형 $Y_i = \beta_0 + \beta_1 X_i + \varepsilon_i$에서 회귀계수 β_1의 유의성 검정은 독립변수 X가 종속변수 Y에 미치는 영향을 의미하므로, 독립변수 X의 유의성 검정이기도 하다.

양측검정	귀무가설 H_0	$H_0 : \beta_1 = 0$	• 독립변수 X와 종속변수 Y는 선형관계가 없다. • 독립변수 X의 설명력이 없다.
	대립가설 H_1	$H_1 : \beta_1 \neq 0$	• 독립변수 X와 종속변수 Y는 선형관계가 있다. • 독립변수 X의 설명력이 존재한다.

② 검정통계량
- 단순회귀모형에서 [회귀계수의 유의성 검정]은 자유도가 $n-2$인 양측 t검정을 수행한다.

$$t = \frac{\widehat{\beta_1} - \beta_1}{s.e.(\widehat{\beta_1})} = \frac{\widehat{\beta_1} - \beta_1}{\sqrt{Var(\widehat{\beta_1})}} = \frac{\widehat{\beta_1} - \beta_1}{\sqrt{\dfrac{MSE}{S_{xx}}}} \sim t(n-2)$$

③ 기각역
- [회귀계수의 유의성 검정]에서 유의수준 α에 따른 기각역은 $|t| \geq t_{\frac{\alpha}{2}}(n-2)$이다.

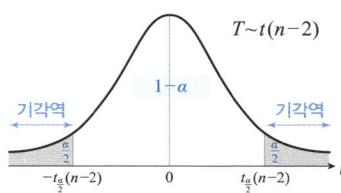

2. 단순회귀분석의 가설 검정

(1) 가설 검정 프로세스

① 기출예시

- 단순회귀분석의 [회귀계수의 유의성 검정]에 대한 가설검정의 예시로 `기출문제 18년 2회 정답률 약 50%`를 활용한다.

> [단순회귀분석을 수행한 결과]
> $$\hat{y} = 5.766 + 0.722x$$
> $$\bar{x} = \frac{118}{5} = 23.6$$
> 총제곱합 $SST = 192.8$, 잔차제곱합 $SSE = 21.312$

결정계수 R^2값과 기울기에 대한 가설 $H_0 : \beta_1 = 0$에 대한 유의수준 5%에 대한 검정결과는?

(단, $\alpha = 0.05$, $t_{(0.025, 3)} = 3.182$, $\sum_{i=1}^{5}(x_i - \bar{x})^2 = 329.2$)

Step 1 결정계수 R^2값을 구한다.

결정계수 공식에 총제곱합 $SST = 192.8$, 잔차제곱합 $SSE = 21.312$를 대입한다.

$$R^2 = \frac{\text{회귀 변동}}{\text{전체 변동}} = \frac{\text{회귀 제곱합}}{\text{총 제곱합}} = \frac{SSR}{SST} = 1 - \frac{SSE}{SST} = 1 - \frac{21.312}{192.8} = 0.889$$

Step 2 귀무가설 H_0과 대립가설 H_1을 명확하게 수립한다.

귀무가설 H_0	$H_0 : \beta_1 = 0$	독립변수 X와 종속변수 Y는 선형관계가 없다. (회귀계수 기울기 $\beta_1 = 0$)
대립가설 H_1	$H_1 : \beta_1 \neq 0$	독립변수 X와 종속변수 Y는 선형관계가 있다. (회귀계수 기울기 $\beta_1 \neq 0$)

Step 3 검정통계량 값 t_0을 구한다.

- 단순회귀모형에서 [회귀계수의 유의성 검정]은 자유도가 $n-2$인 양측 t검정을 수행한다.

$$t = \frac{\hat{\beta_1} - \beta_1}{s.e.(\hat{\beta_1})} = \frac{\hat{\beta_1} - \beta_1}{\sqrt{Var(\hat{\beta_1})}} = \frac{\hat{\beta_1} - \beta_1}{\sqrt{\frac{MSE}{S_{xx}}}} \sim t(n-2)$$

- 귀무가설 H_0이 참이라는 가정하에, 검정통계량 값 t_0을 구하면 다음과 같다.

  - [단순회귀분석을 수행한 결과]에는 단순회귀식의 기울기 $\hat{\beta_1} = 0.722$, 총제곱합 $SST = 192.8$, 잔차제곱합 $SSE = 21.312$, $\sum_{i=1}^{5}(x_i - \bar{x})^2 = 329.2 = S_{xx}$값이 주어져 있다.

  - 따라서 MSE값을 산출하면 $MSE = \frac{SSE}{n-2} = \frac{21.312}{(5-2)}$이다.

  - 검정통계량 t값은 귀무가설 H_0이 참($\beta_1 = 0$)이라는 가정하에 산출하면 다음과 같다.

$$t_0 = \frac{\hat{\beta_1} - \beta_1}{\sqrt{\frac{MSE}{S_{xx}}}} = \frac{0.722 - 0}{\sqrt{\frac{21.312/3}{329.2}}} \fallingdotseq 4.9149$$

Step 4 기각역의 임계치와 검정통계량 값 t_0을 비교한다.

- [회귀계수의 유의성 검정]에서 유의수준 α에 따른 기각역은 $|t| \geq t_{\frac{\alpha}{2}}(n-2)$이다.
  - 문제에는 $t_{(0.025,3)} = 3.182$가 주어져 있으므로, 그림으로 도식화하면 다음과 같다.

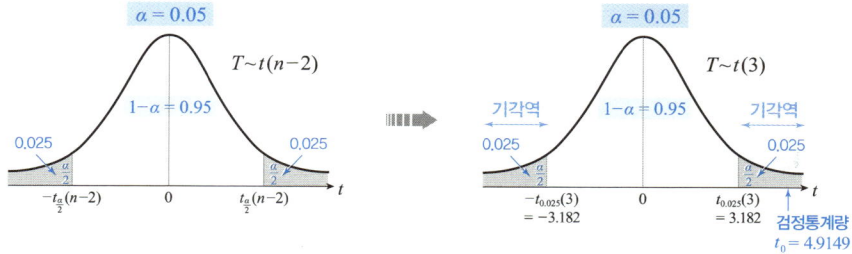

Step 5 결론

- 기각역의 임계치 $t_{0.025}(3) = 3.182$보다 검정통계량 값 $t_0 = 4.9149$가 더 크다.
  - 따라서 귀무가설 H_0를 기각하므로, 기울기를 0이라 할 수 없다.

더블체크

> 정답률 약 30%
>
> **Q** 다음은 PC에 대한 월간 유지비용(원)을 종속변수로 하고 주간 사용기간(시간)을 독립변수로 하여 회귀분석을 한 결과이다. 월간 유지비용이 사용시간과 관련이 있는지 여부를 검정하기 위한 t-통계량의 값은?　　　　　　　　　　　　　　　　　　　　　　　　　　　[17년 2회, 20년 4회 기출]

구분	계수	표준오차	t-통계량
Y절편	6.1092	0.9361	
사용시간	0.8951	0.149	

① 4.513　　　　　　　　　　② 5.513
③ 6.007　　　　　　　　　　④ 6.526

해설 먼저, 귀무가설 H_0과 대립가설 H_1을 수립하면 다음과 같다.

귀무가설 H_0	$H_0 : \beta_1 = 0$	· 독립변수 X와 종속변수 Y는 선형관계가 없다. · 월간 유지비용(종속변수)이 사용시간(독립변수)과 관련이 없다.
대립가설 H_1	$H_1 : \beta_1 \neq 0$	· 독립변수 X와 종속변수 Y는 선형관계가 있다. · 월간 유지비용(종속변수)이 사용시간(독립변수)과 관련이 있다.

단순회귀모형에서 [회귀계수의 유의성 검정]은 자유도가 $n-2$인 양측 t검정을 수행한다. 이때, 검정통계량은

$$t = \frac{\hat{\beta_1} - \beta_1}{s.e.(\hat{\beta_1})} = \frac{\hat{\beta_1} - \beta_1}{\sqrt{Var(\hat{\beta_1})}} = \frac{\hat{\beta_1} - \beta_1}{\sqrt{\frac{MSE}{S_{xx}}}} \sim t(n-2)$$이다.

문제에서 사용시간(독립변수)에 대한 계수가 $\hat{\beta_1} = 0.8951$이고, 표준오차가 $s.e(\hat{\beta_1}) = 0.149$임이 주어져 있다.

따라서 귀무가설 H_0가 참이라는 가정하에 검정통계량을 산출하면 $t = \frac{\hat{\beta_1} - \beta_1}{s.e.(\hat{\beta_1})} = \frac{0.8951 - 0}{0.149} \fallingdotseq 6.007$이다.

정답 : ③

3. 단순회귀분석의 적합도 검정

(1) 회귀모형의 유의성 검정

① 귀무가설과 대립가설
- 단순회귀모형 $Y_i = \beta_0 + \beta_1 X_i + \varepsilon_i$에서 적합된 회귀모형의 유의성 검정을 적합도 검정이라고 하며, 단순회귀모형은 독립변수가 1개인 경우이므로 독립변수의 유의성 검정과 귀무가설 및 대립가설이 동일하다.

양측검정	귀무가설 H_0	$H_0 : \beta_1 = 0$	• 독립변수 X와 종속변수 Y는 선형관계가 없다. • 독립변수 X의 설명력이 없다.
	대립가설 H_1	$H_1 : \beta_1 \neq 0$	• 독립변수 X와 종속변수 Y는 선형관계가 있다. • 독립변수 X의 설명력이 존재한다.

② 분산분석표
- 단순회귀모형에서 모형의 적합도 검정 및 추정에는 F검정을 사용한다.

단순회귀모형 분산분석표

요인	제곱합	수식	자유도 df	평균제곱	F값
회귀	SSR	$\sum_{i=1}^{n}(\hat{y_i} - \bar{y})^2$	1	$MSR = \dfrac{SSR}{1}$	$F = \dfrac{MSR}{MSE}$
잔차	SSE	$\sum_{i=1}^{n}(y_i - \hat{y_i})^2$	$n-2$	$MSE = \dfrac{SSE}{n-2}$	
전체	SST	$\sum_{i=1}^{n}(y_i - \bar{y})^2$	$n-1$		

※ n : 표본의 크기

③ 검정통계량
- 단순회귀모형의 [회귀모형의 유의성 검정]은 자유도 $df = (1, n-2)$인 F검정을 수행한다.

표기1	표기2
$F = \dfrac{MSR}{MSE} = \dfrac{\dfrac{SSR}{1}}{\dfrac{SSE}{n-2}} \sim F(1, n-2)$	$F = \dfrac{\sum_{i=1}^{n}(\hat{y_i} - \bar{y})^2}{\sum_{i=1}^{n}(y_i - \hat{y_i})^2/(n-2)} \sim F(1, n-2)$

④ 기각역
- [회귀모형의 유의성 검정]에서 유의수준 α에 따른 기각역은 $F \geq F_\alpha(1, n-2)$이다.

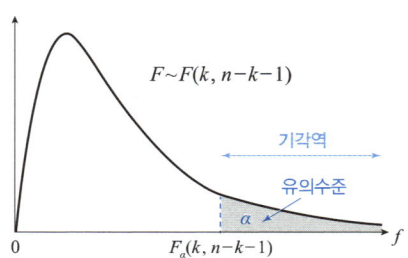

4 단순회귀분석의 결과해석

(1) 결과 해석 프로세스

① 기출예시
- 단순회귀분석의 [회귀모형의 유의성 검정]에 대한 결과해석의 예시로 기출문제 16년 3회, 21년 1회 정답률 약 30% 를 활용한다.

단순회귀모형 $y_i = \beta_0 + \beta_1 x_i + \varepsilon_i$에 대한 분산분석표가 다음과 같다.

요인	제곱합	자유도	평균제곱	F
회귀	24.0	1	24.0	4.0
잔차	60.0	10	6.0	

설명변수와 반응변수가 양의 상관관계를 가질 때, $H_0 : \beta_0 = 0$ 대 $H_1 : \beta_1 \neq 0$을 검정하기 위한 $t-$검정통계량의 값은?

Step 1 [회귀모형의 유의성 검정]에서 F검정통계량을 확인한다.

단순회귀모형에서는 [회귀계수의 유의성 검정]의 경우 자유도가 $n-2$인 양측 t검정을 수행하며, t검정통계량은 다음과 같다.

$$t = \frac{\widehat{\beta_1} - \beta_1}{s.e.(\widehat{\beta_1})} = \frac{\widehat{\beta_1} - \beta_1}{\sqrt{Var(\widehat{\beta_1})}} = \frac{\widehat{\beta_1} - \beta_1}{\sqrt{\frac{MSE}{S_{xx}}}} \sim t(n-2)$$

그러나, 주어진 정보는 단순회귀모형 분산분석표와 F검정통계량이다.
따라서 t검정통계량을 주어진 정보를 통해 산출하는 것이 아니라 F검정통계량과의 관계를 통해 산출해야 함을 확인해야 한다.

Step 2 $t^2 = F$ 관계를 활용한다.

검정통계량의 관계를 활용하면 $t^2 = F$이므로, $t^2 = 4$이다. 따라서 t검정통계량 값은 $t = \pm 2$이다.

Step 3 검정통계량의 부호를 결정한다.

문제에서 설명변수와 반응변수가 양의 상관관계를 가진다는 가정이 존재하므로, $t = 2$이다.
이는 t검정은 회귀계수의 추정값이 통계적으로 유의미한지 검정하는 과정인데, 이때 t검정통계량의 부호는 β_1의 부호와 같기 때문이다. 즉, 회귀계수 β_1값이 양수라면 t검정통계량 값도 양수이다.

> **개념특강** $t^2 = F$
>
> - t검정통계량이 $t = \dfrac{Z}{\sqrt{\frac{V}{v}}} \sim t(v)$일 때, t검정통계량을 제곱하면 $t^2 = \dfrac{Z^2/1}{V/v} \sim F(1,v)$이다.
>
> $t = \dfrac{Z}{\sqrt{\frac{V}{v}}} \sim t(v)$에서 Z는 표준정규분포이며, V는 자유도가 v인 카이제곱분포이다.

04 중회귀분석

1 중회귀분석의 가설 설정

(1) 중회귀모형의 이해

1) 중회귀모형 형태

① 중회귀모형 형태

- 독립변수의 개수가 k개인 중회귀모형의 형태는 다음과 같다.

$$y_i = \beta_0 + \beta_1 x_{1i} + \beta_2 x_{2i} + \cdots + \beta_k x_{ki} + \varepsilon_i$$

$$E(y) = \beta_0 + \beta_1 x_{1i} + \beta_2 x_{2i} + \cdots + \beta_k x_{ki}$$

$$\varepsilon_i \overset{iid}{\sim} N(0, \sigma^2) \text{이므로 } E(\varepsilon_i) = 0, \ Var(\varepsilon_i) = \sigma^2$$

- 중회귀모형에 대한 추정회귀직선의 형태는 다음과 같다.
  - 중회귀모형 역시 최소제곱법을 이용하여 모수 $\beta_0, \beta_1, \cdots, \beta_k$를 추정한다.

$$\hat{y} = b_0 + b_1 x_1 + b_2 x_2 + \cdots + b_k x_k$$

② 중회귀모형 행렬

독립변수가 k개인 경우의 중회귀모형 $y = X\beta + \varepsilon$

y는 $n \times 1$행렬 X는 $n \times (k+1)$행렬 y는 $(k+1) \times 1$행렬 ε은 $n \times 1$행렬

$$y = \begin{bmatrix} y_1 \\ \vdots \\ y_n \end{bmatrix} \quad X = \begin{bmatrix} 1 & x_{11} \cdots x_{1k} \\ 1 & x_{21} \cdots x_{2k} \\ \vdots & \vdots & \vdots \\ 1 & x_{n1} \cdots x_{nk} \end{bmatrix} \quad \beta = \begin{bmatrix} \beta_0 \\ \beta_1 \\ \vdots \\ \beta_k \end{bmatrix} \quad \varepsilon = \begin{bmatrix} \varepsilon_1 \\ \vdots \\ \varepsilon_n \end{bmatrix}$$

③ 최소제곱법에 의한 회귀계수 추정

- 독립변수가 k개인 중회귀모형 $y = X\beta + \varepsilon$에서 최소제곱법에 의한 회귀계수 벡터 β의 추정량 b는 $b = (X'X)^{-1} X'y$이다.
  - 이때, X'는 X의 치환행렬(전치행렬 ; Transpose Matrix)이다.
- 독립변수가 k개인 중회귀모형 $y = X\beta + \varepsilon$에서 회귀계수 벡터 β의 추정량 b의 분산-공분산 행렬 $Var(b)$은 $Var(b) = (X'X)^{-1} \sigma^2$이다.
  - 이때, $Var(\varepsilon) = \sigma^2 I$이다.
- 시험에 자주 출제되지만, 오답률이 높으므로 아래와 같이 외우자.

회귀계수 벡터 β의 추정량 b	$b = (X'X)^{-1} \times X'y$
회귀계수 벡터 β의 추정량 b의 분산-공분산 행렬 $Var(b)$	$Var(b) = (X'X)^{-1} \times \sigma^2$

2) 다중공선성 발생

① 다중공선성의 의의 및 특징
- 다중공선성은 회귀모형에 사용된 일부 독립변수가 다른 독립변수와 상관성이 높아 모델의 정확성에 부정적인 영향을 미치는 현상이다. 따라서 독립변수가 k개인 다중회귀모형에서는 다중공선성(Multicollinearity)을 고려해야 한다.
  - 다중공선성은 회귀분석에서 독립변수 X들 간에 강한 상관관계가 나타나는 것으로, 독립변수 X들 간에 정확한 상관관계가 존재하는 완전공선성(perfect collinearity)의 경우와 독립변수 X들 간에 높은 선형관계가 존재하는 다중공선성(Multicollinearity)으로 구분한다.

② 다중공선성의 진단방법
- 분산팽창요인(VIF; Variance Inflation Factor)를 구하여 $VIF > 10$이면, 다중공선성의 문제가 있다고 한다.

$$VIF(\hat{\beta_i}) = \frac{1}{1-R^2}$$

(※ R^2은 결정계수)

  - 이때, VIF 공식의 분포에는 결정계수 R^2이 활용되는데, $0 \leq R^2 \leq 1$이므로 VIF가 1보다 작은 경우는 발생할 수 없다.

$VIF = 1$	• 다중공선성이 전혀 없는 상태이다. • 해당 독립변수가 다른 독립변수들과 전혀 상관관계가 없음을 의미한다.
$1 < VIF < 5$	• 다중공선성이 약하다. • 이 범위 내에서는 독립변수 간의 상관관계가 약하다고 볼 수 있다.
$5 \leq VIF \leq 10$	• 다중공선성 문제가 있을 가능성이 있는 상태이다. • 즉, 다중공선성이 존재할 수 있으며, 모델의 신뢰성을 저하시킬 수 있기 때문에 주의해야 한다.
$VIF > 10$	• 다중공선성 문제가 심각한 상태이다. • 독립변수들 간의 상관관계가 매우 강하므로, 회귀모델의 계수 추정이 불안정해지고, 회귀계수를 해석하기 어려워질 수 있다. VIF가 10을 초과할 경우, 다중공선성을 줄이기 위한 조치를 취해야 한다.

③ 다중공선성의 해결방법
- 분산팽창요인 VIF 값이 $VIF > 10$일 때, 다중공선성을 크게 만드는 독립변수부터 하나씩 제거하는 방식을 사용한다.
- 다중공선성이 확인되면, 회귀분석의 전제 가정을 위배하는 것이므로 적절한 회귀분석을 위해 해결방법을 모색해야 한다.

3) 중회귀모형 변수선택방법

① 전진선택법(Forward Selection)
- 방법론 : 절편만 존재하는 Null Model에서 시작해서, 모형에 기여도가 높은 독립변수부터 차례로 추가된다.
- 특징 : 새로운 독립변수로 인해 모델의 적합도가 증가하는 폭이 기준치 이하인 경우에 변수선택이 종료된다.
- 장점 : Null Model에서 시작하므로, 변수의 개수가 많은 경우에도 사용 가능하다.
- 단점 : 이미 선택된 변수는 제거되지 않는다.

② 후진소거법(Backward elimination)
- 방법론 : 모든 독립변수가 포함된 Full Model에서 시작해서, 모형에 기여도가 낮은 변수부터 하나씩 제거한다.
- 특징 : 독립변수를 제거하여 모델의 적합도가 감소하는 폭이 기준치 이상인 경우에 변수선택이 종료된다.
- 장점 : Full Model에서 시작하므로, 독립변수 전체의 정보를 이용한다.
- 단점 : 이미 제거된 변수는 다시 선택되지 않는다. 독립변수의 개수가 많은 경우에는 사용하기가 어렵다.

③ 단계적 선택법(Stepwise Selection ; 단계적 방법)
- 방법론 : 매번 Selection(선택법)과 elimination(소거법)을 반복하여 중요한 변수를 찾아내는 방법이다.
- 특징 : Forward Selection과 Backward elimination의 단점을 보완한 방법으로 전진선택법으로 시작해서, 선택된 변수가 3개 이상이 되면 양방향으로 번갈아 수행한다.
- 장점 : 선택된 변수가 다시 소거될 수 있고, 소거되었던 변수가 다시 선택될 수 있다.
- 단점 : 전진선택법, 후진소거법에 비해 탐색해야 하는 경우의 수가 많아 분석 소요시간이 더 오래 걸린다.

더블체크

> **정답률 약 40%**
> **Q** 다중회귀분석에서 변수선택방법이 될 수 없는 것은? [16년 2회 기출]
> ① 실험계획법
> ② 전진선택법
> ③ 후진소거법
> ④ 단계적 방법
>
> **해설** 실험계획법(Design of experiments)은 효율적인 실험방법을 설계하고 결과를 제대로 분석하는 것을 목적으로 하는 통계학의 응용 분야이다. 다중회귀분석에서 변수선택방법으로는 전진선택법, 후진소거법, 단계적 선택법이 존재한다.
>
> 정답 : ①

(2) 회귀계수의 유의성 검정

① 귀무가설과 대립가설

- 중회귀모형 $y_i = \beta_0 + \beta_1 x_{1i} + \beta_2 x_{2i} + \cdots + \beta_k x_{ki} + \varepsilon_i$, $\varepsilon_i \overset{iid}{\sim} N(0, \sigma^2)$ 에서 회귀계수 β_i들의 유의성 검정에 대한 귀무가설과 대립가설을 수립한다.

귀무가설 H_0	$H_0 : \beta_i = 0$	회귀계수 β_i는 유의하지 않다.
대립가설 H_1	$H_1 : \beta_i \neq 0$	회귀계수 β_i는 유의하다.

② 검정통계량

- 독립변수가 2개 이상인 중회귀모형에서 [회귀계수의 유의성 검정]은 자유도가 $n-k-1$인 양측 t검정을 수행한다.

$$t = \frac{\widehat{\beta}_i - \beta_i}{s.e.(\widehat{\beta}_i)} = \frac{\widehat{\beta}_i - \beta_i}{\sqrt{Var(\widehat{\beta}_i)}} = \frac{\widehat{\beta}_i - \beta_i}{\sqrt{\frac{MSE}{S_{xx}}}} \sim t(n-k-1)$$

③ 기각역

- 중회귀모형에서 [회귀계수의 유의성 검정]의 유의수준 α에 따른 기각역은 $|t| \geq t_{\frac{\alpha}{2}}(n-k-1)$이다.

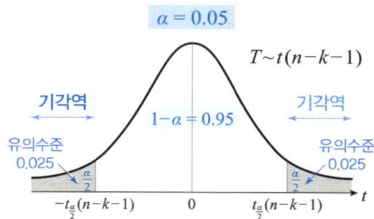

2 중회귀분석의 가설 검정

(1) 가설 검정 프로세스

① 기출예시

- 중회귀분석의 [회귀계수의 유의성 검정]에 대한 가설 검정의 예시로 기출문제 16년 3회, 21년 1회 정답률 약 50% 를 활용한다.

아파트의 평수 및 가족수가 난방비에 미치는 영향을 알아보기 위해 중회귀분석을 실시하여 다음의 결과를 얻었다. (단, Y는 아파트 난방비[단위 : 천원]이다.)

모형	비표준화계수		표준화계수	t	p-값
	B	표준오차	Beta		
상수	39.69	32.74		1.21	0.265
평수(X_1)	3.37	0.94	0.85	3.59	0.009
가족수(X_2)	0.53	0.25	0.42	1.72	0.090

Step 1 비표준화계수의 의미를 파악한다.

첫 번째 독립변수인 평수(X_1)의 계수는 3.37이다.

이는 평수가 1평 커질 때마다 난방비가 3.37(천원) 증가한다는 것을 의미한다.

두 번째 독립변수인 가족수(X_2)의 계수는 0.53이다.

이는 가족 수가 1명 늘어날 때 난방비가 0.53(천원) 증가한다는 것을 의미한다.

Step 2 추정된 회귀식을 구한다.

추정된 회귀식을 구하면, $\hat{Y} = 39.69 + 3.37X_1 + 0.53X_2$ 이다.

따라서 두 번째 독립변수인 가족수(X_2)가 주어질 때, 종속변수인 난방비(Y)는 아파트가 1평 커질 때 첫 번째 독립변수인 평수(X_1)의 계수만큼인 평균 3.37(천원)이 증가한다.

예 아파트 평수가 30평이고 가족이 5명인 가구의 난방비는?

∴ $\hat{Y} = 39.69 + 3.37 \times 30 + 0.53 \times 5 = 143.44$(천원)

Step 3 회귀계수별 유의성을 검정한다.

귀무가설 H_0	$H_0 : \beta_i = 0$	회귀계수 β_i는 유의하지 않다.
대립가설 H_1	$H_1 : \beta_i \neq 0$	회귀계수 β_i는 유의하다.

이때, 유의수준 $\alpha >$ 유의확률 $p-value$여야 귀무가설 H_0를 기각한다.

첫 번째 독립변수인 평수(X_1)의 t검정통계량은 3.59이고, $p-value = 0.009$이다. 따라서 유의수준 $\alpha = 0.05 >$ 유의확률 $p-value = 0.009$이므로 귀무가설 H_0를 기각한다. 즉, 평수(X_1)는 유의수준 5%에서 종속변수 난방비에 유의한 영향을 주는 독립변수이다.

두 번째 독립변수인 가족수(X_2)의 t검정통계량은 1.72이고, $p-value = 0.090$이다. 따라서 유의수준 $\alpha = 0.05 <$ 유의확률 $p-value = 0.090$이므로 귀무가설 H_0을 기각할 수 없다. 즉, 가족수(X_2)는 유의수준 5%에서 종속변수 난방비에 유의한 영향을 주지 않는다.

② **기출예시**

- 중회귀분석의 [회귀계수의 유의성 검정]에 대한 가설 검정의 예시로 기출문제 14년 2회, 20년 1·2회 정답률 약 30% 를 활용한다.

중회귀분석에서 회귀계수에 대한 검정결과가 아래와 같다. (단, 결정계수는 0.891이다.)

요인 (Predictor)	회귀계수 (Coef)	표준오차 (StDev)	통계량 (T)	p – 값 (P)
절편	−275.26	24.38	−11.29	0.000
Head	4.458	3.167	1.41	0.161
Neck	19.112	1.200	15.92	0.000

Step 1 추정된 회귀식을 구한다.

추정된 회귀식을 구하면, $\hat{Y} = -275.26 + 4.458 \times Head + 19.112 \times Neck$이다. 따라서 이 회귀방정식에서 다른 요인을 고정시키고 Neck이 한 단위 증가하면 반응값은 19.112가 증가한다.

Step 2 귀무가설 H_0과 대립가설 H_1을 수립한다.

문제에서 설명변수는 Head와 Neck이며, 이 설명변수에 대해 회귀계수의 유의성 검정을 수행하기 위한 귀무가설 H_0과 대립가설 H_1은 다음과 같다.

귀무가설 H_0	$H_0 : \beta_i = 0$	회귀계수 β_i는 유의하지 않다.
대립가설 H_1	$H_1 : \beta_i \neq 0$	회귀계수 β_i는 유의하다.

Step 3 회귀계수별 유의성을 검정한다.

먼저, 설명변수 Head는 회귀계수(Coef)가 4.458이며, t통계량 값은 1.41이고, 유의확률 p – 값은 0.161이다. 이때, 유의수준 $\alpha = 0.05 <$ 유의확률 $p-value = 0.161$이므로 귀무가설 H_0을 기각할 수 없다. 즉, 설명변수 Head는 유의수준 5%에서 종속변수에 유의한 영향을 주지 않는다.

그 다음으로, 설명변수 Neck는 회귀계수(Coef)가 19.112이며, t통계량 값은 15.92이고, 유의확률 p – 값은 0.000이다. 이때, 유의수준 $\alpha = 0.05 >$ 유의확률 $p-value = 0.000$이므로 귀무가설 H_0를 기각한다. 즉, 설명변수 Neck는 유의수준 5%에서 종속변수에 유의한 영향을 주는 독립변수이다.

Step 4 결정계수 값도 해석한다.

결정계수 $R^2 = 0.891$임이 제시되어 있다. 결정계수는 회귀분석에서 모형의 적합도를 나타내는 지표로, 주어진 회귀모형이 종속변수의 변동을 얼마나 잘 설명하는지를 수치적으로 나타낸다. 즉, 이 값은 중회귀모형이 자료 전체의 산포 중에서 약 89.1%를 설명하고 있음을 의미한다.

3. 중회귀분석의 적합도 검정

(1) 회귀모형의 유의성 검정

① 귀무가설과 대립가설

- 다중회귀모형 $y_i = \beta_0 + \beta_1 x_{1i} + \beta_2 x_{2i} + \cdots + \beta_k x_{ki} + \varepsilon_i$에서 적합된 회귀모형의 유의성 검정을 적합도 검정이라고 하며, 다중회귀모형은 유의성 및 적합도 검정 과정에서도 분산분석표와 F검정을 사용한다.

귀무가설 H_0	$H_0 : \beta_1 = \beta_2 = \cdots = \beta_k = 0$	다중회귀모형은 유의하지 않다.
대립가설 H_1	$H_1 :$ not H_0	다중회귀모형은 유의하다. 적어도 한 개의 β_i는 0이 아니다. $\beta_i \neq 0$

② 분산분석표

- 총 편차 $y_i - \bar{y}$를 분해하면 $y_i - \bar{y} = (y_i - \hat{y}) + (\hat{y}_i - \bar{y})$이고, 이를 세 개의 제곱합으로 표현하면
$SST = \sum_{i=1}^{n}(y_i - \bar{y})^2$, $SSE = \sum_{i=1}^{n}(y_i - \hat{y}_i)^2$, $SSR = \sum_{i=1}^{n}(\hat{y}_i - \bar{y})^2$이다.
- 추정된 중회귀모형의 자유도는 각각 SST는 $n-1$, SSE는 $n-k-1$, SSR은 k이다.

다중회귀모형 분산분석표

요인	제곱합	수식	자유도 df	평균제곱	F값
회귀	SSR	$\sum_{i=1}^{n}(\hat{y}_i - \bar{y})^2$	k	$MSR = \dfrac{SSR}{k}$	$F = \dfrac{MSR}{MSE}$
잔차	SSE	$\sum_{i=1}^{n}(y_i - \hat{y}_i)^2$	$n-k-1$	$MSE = \dfrac{SSE}{n-k-1}$	
전체	SST	$\sum_{i=1}^{n}(y_i - \bar{y})^2$	$n-1$		

※ n : 표본의 크기, k : 독립변수의 개수

③ 검정통계량

- 중회귀모형에서 [회귀모형의 유의성 검정]은 자유도가 $df = (k, n-k-1)$인 F검정을 수행한다.

$$F = \frac{MSR}{MSE} = \frac{\dfrac{SSR}{k}}{\dfrac{SSE}{n-k-1}} \sim F(k, n-k-1)$$

④ 기각역

- 유의수준 α에 따른 기각역은 $F \geq F_\alpha(k, n-k-1)$이다.

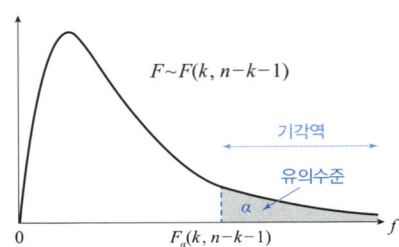

4 중회귀분석의 결과해석

(1) 결과해석 프로세스

① 기출예시

- 중회귀분석의 [회귀모형의 유의성 검정]에 대한 결과해석의 예시로 기출문제 14년 2회, 18년 3회 정답률 약 30% 를 활용한다.

중회귀모형 $y_i = \beta_0 + \beta_1 x_{1i} + \beta_2 x_{2i} + \varepsilon_i$ 에 대한 분산분석표가 다음과 같다.

요인	제곱합	자유도	평균제곱	F	유희확률
회귀	66.12	2	33.06	33.96	0.000258
잔차	6.87	7	0.98		

위의 분산분석표를 이용하여 유의수준 0.05에서 모형에 대한 유의성 검정을 할 때, 추론 결과는?

Step 1 귀무가설 H_0과 대립가설 H_1을 명확하게 수립한다.

귀무가설 H_0	$H_0 : \beta_1 = \beta_2 = 0$	• 다중회귀모형은 유의하지 않다. • 즉, 두 설명변수 x_1, x_2는 모두 반응변수 y에 영향을 미치지 않는다.
대립가설 H_1	$H_1 :$ not H_0	• 다중회귀모형은 유의하다. • 즉, 두 설명변수 x_1, x_2 중 적어도 하나는 반응변수 y에 영향을 미친다. 이는 회귀계수 β_1, β_2 중 적어도 하나는 0이 아니라는 것이다.

Step 2 검정통계량 F값을 통해 유의성 검정을 수행한다.

- 이 문제의 경우에는 검정통계량 값이 $F = 33.96$임이 주어져 있으므로, 유의성 검정을 빠르게 수행할 수 있다. 회귀요인의 자유도가 $k = 2$이고, 잔차요인의 자유도가 $n - k - 1 = 7$이므로 다음과 같다.

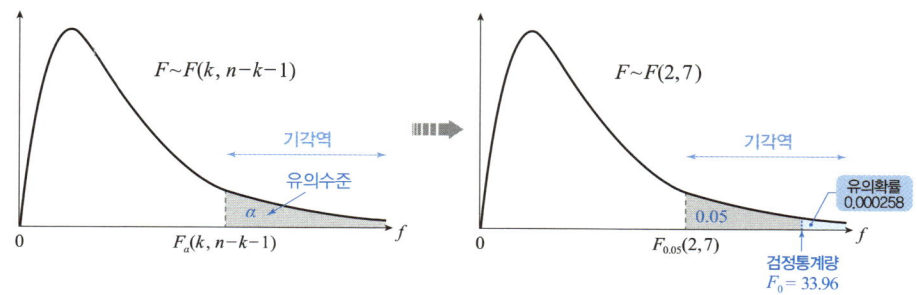

Step 3 유의성 검정의 결론을 도출한다.

- 주어진 유의확률(p-값)이 0.000258로 매우 작다. 이는 유의수준 $\alpha = 0.05$보다 훨씬 작기 때문에, 귀무가설 H_0을 기각하고 대립가설을 채택한다. 따라서 두 설명변수 x_1과 x_2중 적어도 하나는 반응변수에 영향을 준다는 근거가 있다.

> **더블체크**

정답률 약 30%

Q 검정통계량의 분포가 나머지 셋과 다른 것은? [17년 1회, 21년 1회 기출]

① 모분산이 미지인 정규모집단의 모평균에 대한 검정
② 독립인 두 정규모집단의 모분산의 비에 대한 검정
③ 모분산이 미지이고 동일한 두 정규모집단의 모평균의 차에 대한 검정
④ 단순회귀모형 $y = \beta_0 + \beta_1 x + \varepsilon$에서 모회귀직선 $E(y) = \beta_0 + \beta_1 x$의 기울기 β_1에 관한 검정

해설 독립인 두 정규모집단의 모분산의 비에 대한 검정에서 검정통계량은

$$F = \frac{\frac{(n_1-1)S_1^2}{\sigma_1^2}}{\frac{(n_2-1)S_2^2}{\sigma_2^2}} \bigg/ \frac{(n_1-1)}{(n_2-1)} = \frac{\frac{S_1^2}{\sigma_1^2}}{\frac{S_2^2}{\sigma_2^2}} \sim F(n_1-1, n_2-1)$$

이므로, F분포를 따른다.

① 모분산이 미지인 정규모집단의 모평균에 대한 검정에서 검정통계량은 $Z = \dfrac{\overline{X} - \mu_0}{\frac{S}{\sqrt{n}}} \sim N(0, 1^2)$ 혹은

$t = \dfrac{\overline{X} - \mu_0}{\frac{S}{\sqrt{n}}} \sim t(n-1)$ 이다. 따라서 t분포를 따른다.

모분산	표본 크기	[양측] 모평균 μ에 대한 $100(1-\alpha)\%$ 신뢰구간	단일표본 검정통계량
모분산 σ^2을 아는 경우	대표본 · 소표본	$\overline{X} \pm Z_{\frac{\alpha}{2}} \times \dfrac{\sigma}{\sqrt{n}}$	$Z = \dfrac{\overline{X} - \mu_0}{\frac{\sigma}{\sqrt{n}}} \sim N(0, 1^2)$
모분산 σ^2을 모르는 경우	대표본 $n \geq 30$	$\overline{X} \pm Z_{\frac{\alpha}{2}} \times \dfrac{S}{\sqrt{n}}$	$Z = \dfrac{\overline{X} - \mu_0}{\frac{S}{\sqrt{n}}} \sim N(0, 1^2)$
	소표본 $n < 30$	$\overline{X} \pm t_{\frac{\alpha}{2}}(n-1) \times \dfrac{S}{\sqrt{n}}$	$t = \dfrac{\overline{X} - \mu_0}{\frac{S}{\sqrt{n}}} \sim t(n-1)$

③ 모분산이 미지이고 동일한 두 정규모집단의 모평균의 차에 대한 검정에서 검정통계량은

$t = \dfrac{(\overline{X_1} - \overline{X_2}) - (\mu_1 - \mu_2)}{S_p\sqrt{\frac{1}{n_1} + \frac{1}{n_2}}} \sim t(n_1 + n_2 - 2)$ 이므로, t분포를 따른다.

④ 단순회귀모형에서 [회귀계수의 유의성 검정]은 자유도가 $n-2$인 양측 t검정을 수행하며, 검정통계량은

$t = \dfrac{\hat{\beta_1} - \beta_1}{s.e.(\hat{\beta_1})} = \dfrac{\hat{\beta_1} - \beta_1}{\sqrt{Var(\hat{\beta_1})}} = \dfrac{\hat{\beta_1} - \beta_1}{\sqrt{\frac{MSE}{S_{xx}}}} \sim t(n-2)$ 이다. 따라서 t분포를 따른다.

정답 : ②

더블체크

> 정답률 약 30%

Q 다음은 중회귀식 $\hat{Y} = 39.689 + 3.372X_1 + 0.532X_2$ 의 회귀계수표이다. 빈칸에 알맞은 값은?

[14년 3회, 20년 4회 기출]

[Coefficients]

Model	Unstandardized Coefficients		Standardized Coefficients	t	Sig
	B	Std. Error	Beta		
(Constants)	39.689	32.74		(가)	0.265
평수(X_1)	3.372	0.94	0.85	(나)	0.009
가족 수(X_2)	0.532	6.9	0.02	(다)	0.941

① (가)=1.21, (나)=3.59, (다)=0.08
② (가)=2.65, (나)=0.09, (다)=9.41
③ (가)=10.21, (나)=36, (다)=0.8
④ (가)=39.69, (나)=3.96, (다)=26.5

해설 독립변수가 2개 이상인 중회귀모형에서 [회귀계수의 유의성 검정]은 자유도가 $n-k-1$인 양측 t검정을 수행한다.

귀무가설 H_0	$H_0 : \beta_i = 0$	회귀계수 β_i는 유의하지 않다.
대립가설 H_1	$H_1 : \beta_i \neq 0$	회귀계수 β_i는 유의하다.

이때, t검정통계량은 $t = \dfrac{\hat{\beta_i} - \beta_i}{s.e.(\hat{\beta_i})} = \dfrac{\hat{\beta_i} - \beta_i}{\sqrt{Var(\hat{\beta_i})}} = \dfrac{\hat{\beta_i} - \beta_i}{\sqrt{\dfrac{MSE}{S_{xx}}}} \sim t(n-k-1)$ 이다.

귀무가설 H_0가 참이라는 가정하에서, t검정통계량은 $t = \dfrac{\hat{\beta_i} - 0}{s.e.(\hat{\beta_i})}$ 임을 활용하여 t값을 산출하면 다음과 같다.

(가) $t_0 = \dfrac{\hat{\beta_0} - 0}{s.e.(\hat{\beta_0})} = \dfrac{39.689 - 0}{32.74} = 1.21$

(나) $t_0 = \dfrac{\hat{\beta_1} - 0}{s.e.(\hat{\beta_1})} = \dfrac{3.372 - 0}{0.94} ≒ 3.59$

(다) $t_0 = \dfrac{\hat{\beta_2} - 0}{s.e.(\hat{\beta_2})} = \dfrac{0.532 - 0}{6.9} ≒ 0.08$

정답 : ①

CHAPTER 03 회귀분석

기출 및 예상문제

01 회귀분석의 개념 TOPIC

1 회귀모형

01 정답률 약 50% [19년 1회 기출]

회귀분석에서는 회귀모형에 대한 몇 가지 가정을 전제로 하여 분석을 실시하게 되며, 이러한 가정들에 대한 타당성은 잔차분석(Residual Analysis)을 통해 판단하게 된다. 이때 검토되는 가정이 아닌 것은?

① 정규성 ② 등분산성
③ 독립성 ④ 불편성

해설 불편성은 회귀분석에서 직접적으로 가정하는 사항이 아니다. 불편성은 추정량의 특성으로, 모수를 추정할 때 기댓값이 실제 모수와 같다는 $E(\hat{\theta}) = \theta$에 대한 개념이다.
① 정규성은 '오차항 ε_i(혹은 잔차 e_i)는 정규분포를 따른다.'는 것이다.
② 등분산성은 '오차항 ε_i(혹은 잔차 e_i)의 분산은 i에 관계없이 일정하다.'는 것이다.
③ 독립성은 '오차항 ε_i과 ε_j는 서로 독립이다. $\varepsilon_i \perp \varepsilon_j$'는 것이다.

02 정답률 약 60% [12년 1회, 17년 1회 기출]

단순회귀분석의 모형에서 오차항의 기본가정에 대한 설명으로 틀린 것은?

① 오차항은 정규분포를 따른다.
② 오차항은 서로 독립이다.
③ 오차항의 기댓값은 0이다.
④ 오차항의 분산이 다르다.

해설 오차항의 기본가정 중 등분산성은 '오차항 ε_i(혹은 잔차 e_i)의 분산은 i에 관계없이 일정하다.'는 것이다. '오차항의 분산이 다르다.'는 것은 가정에 위배된다.
① 오차항의 기본가정 중 정규성은 '오차항 ε_i(혹은 잔차 e_i)는 정규분포를 따른다.'는 것이다.
② 오차항의 기본가정 중 독립성은 '오차항 ε_i과 ε_j는 서로 독립이다. $\varepsilon_i \perp \varepsilon_j$'는 것이다.
③ 오차항의 기댓값은 0이라는 것은 오차항의 기본가정 중 정규성의 일부이다. $\varepsilon_i \overset{iid}{\sim} N(0, \sigma^2)$이며, $E(\varepsilon_i) = 0$이므로, 오차항의 기댓값은 0이다.

03 정답률 약 40% [21년 3회 기출]

회귀분석에서 관측값과 예측값의 차이는?

① 잔차(Residual) ② 오차(Error)
③ 편차(Deviation) ④ 거리(Distance)

해설 암기: 관예잔
잔차(Residual)는 실제값(관측값) Y_i과 표본(Sample)으로부터 추정한 회귀식에 의해 예측된 값의 차이이며, $e_i = Y_i - \hat{Y}_i$라고 표기한다. 즉, 잔차는 표본 데이터에 대한 오차의 추정값이다.

정답: 01 ④ 02 ④ 03 ①

04 [08년 3회, 12년 3회, 20년 4회 기출]

다음 단순회귀모형에 대한 설명으로 틀린 것은?

$$Y_i = \beta_0 + \beta_1 X_i + \varepsilon_i,\ i=1,2,\cdots,n$$
(단, 오차항 ε_i는 서로 독립이며 동일한 분포 $N(0, \sigma^2)$를 따른다)

① 각 Y_i의 기댓값은 $\beta_0 + \beta_1 X_i$로 주어진다.
② 오차항 ε_i와 Y_i는 동일한 분산을 갖는다.
③ β_0는 X_i가 $\overline{X}$일 경우 Y의 반응량을 나타낸다.
④ 모든 Y_i들은 상호 독립적으로 측정된다.

해설 β_0는 X_i가 0일 경우 Y의 반응량을 나타낸다.

절편	모회귀계수 β_0 표본회귀계수 $\hat{\beta_0} = b_0$	독립변수가 $X=0$값일 때, 종속변수 Y의 반응량(변화량)
기울기	모회귀계수 β_1 표본회귀계수 $\hat{\beta_1} = b_1$	독립변수 X의 단위 변화에 따른 종속변수 Y의 변화량

① $\varepsilon_i = Y_i - E(Y_i)$, $E(Y_i) = Y_i - \varepsilon_i = \beta_0 + \beta_1 X_i$ 이므로, 각 Y_i의 기댓값은 $\beta_0 + \beta_1 X_i$로 주어진다.
② 단순회귀모형 $Y_i = \beta_0 + \beta_1 X_i + \varepsilon_i,\ \varepsilon_i \sim N(0, \sigma^2)$ 임이 주어져 있다. 즉, 오차항 ε_i는 서로 독립이며 동일한 분포 $N(0, \sigma^2)$를 따르므로, $Var(\varepsilon_i) = \sigma^2$ 이다. 이때, Y_i는 $Y_i \sim N(\beta_0 + \beta_1 x_i, \sigma^2)$ 이므로, Y_i의 분산은 $Var(Y_i) = \sigma^2$ 이다.
따라서 오차항 ε_i과 Y_i는 동일한 분산을 갖는다.

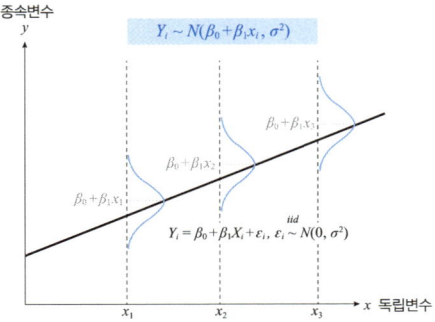

④ 모든 Y_i들은 상호 독립적으로 측정된다.
오차항 ε_i가 서로 독립적이면, 각 Y_i도 상호 독립적으로 측정된다. 이는 회귀 모형에서 오차항 ε_i이 독립적일 때 종속변수인 Y_i도 독립적으로 측정된다는 의미이다.

05 [17년 3회 기출]

다음 그림은 모회귀선과 표본회귀선을 나타낸 것이다. 잔차에 해당하는 부분은?

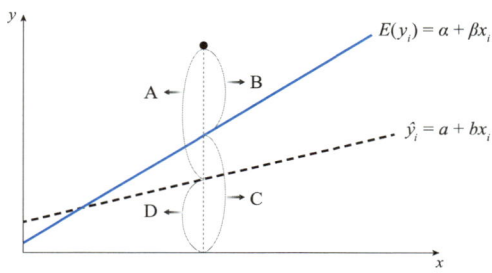

① A
② B
③ C
④ D

해설 암기 : 관예잔

i번째 데이터의 잔차(Residual) e_i는 $e_i = Y_i - \widehat{Y_i}$이다. y_i는 실제 종속변수의 관측값이고 그림의 점(point)에 해당한다. $\widehat{y_i}$는 추정된 회귀모형에 의한 예측값이며, 표본회귀선 $\widehat{y_i} = a + bx_i$에서 특정 x_i에서의 y값이다.

06 [11년 3회, 20년 3회 기출]

변수 x와 y에 대한 n개의 자료 $(x_1, y_1), \cdots, (x_n, y_n)$에 대하여 단순선형회귀모형 $y_i = \beta_0 + \beta_1 x_i + \varepsilon_i$을 적합시키는 경우, 잔차 $e_i = y_i - \widehat{y_i}\ (i=1,\cdots,n)$에 대한 성질이 아닌 것은?

① $\sum_{i=1}^{n} e_i = 0$
② $\sum_{i=1}^{n} x_i e_i = 0$
③ $\sum_{i=1}^{n} y_i e_i = 0$
④ $\sum_{i=1}^{n} \widehat{y_i} e_i = 0$

해설 잔차와 종속변수의 곱은 $\sum_{i=1}^{n} y_i e_i \neq 0$이며, 0이 아니다.
$e_i = y_i - \widehat{y_i}$는 관측값(종속변수의 값)에서 예측값을 뺀 값이므로 $\sum_{i=1}^{n} y_i e_i = 0$는 성립하지 않는다.
① 잔차의 총합은 0이므로, $\sum e_i = 0$이다.
②, ④ 잔차 e_i와 독립변수의 값 x_i 혹은 예측값 $\widehat{y_i}$는 상관관계가 없으므로 아래의 성질이 성립한다.
$\sum e_i = \sum_{i=1}^{n} x_i e_i = \sum_{i=1}^{n} \widehat{y_i} e_i = 0$

정답 : 04 ③   05 ①   06 ③

07 정답률 약 50% [10년 1회, 15년 2회, 19년 2회 기출]

봉급생활자의 근속연수, 학력, 성별이 연봉에 미치는 관계를 알아보고자 연봉을 반응변수로 하여 다중회귀분석을 실시하기로 하였다. 연봉과 근속연수는 양적 변수이며, 학력(고졸 이하, 대졸, 대학원 이상)과 성별(남, 여)은 질적 변수일 때, 중회귀모형에 포함되어야 할 가변수(Dummy Variable)의 수는?

① 1개 ② 2개
③ 3개 ④ 4개

해설 중회귀모델에서 질적 변수를 포함하기 위해 가변수를 사용해야 한다. 이 모형에 포함되어야 할 가변수의 수는 범주가 k개인 변수에 대해 $k-1$개의 가변수가 필요하다. 따라서 가변수의 수는 총 $(k_2-1)+(k_3-1)=3$개다.

변수	구분	범주의 수	가변수의 수
연봉 Y	양적	—	—
근속연수 X_1	양적	—	—
학력 X_2	질적	고졸 이하, 대졸, 대학원 이상 $k_2=3$	$k_2-1=2$
성별 X_3	질적	남자, 여자 $k_3=2$	$k_3-1=1$

08 정답률 60%
[00년 1회, 02년 1회, 11년 1회, 22년 2회 기출]

교육수준에 따른 생활만족도의 차이를 다양한 배경변수를 통제한 상태에서 비교하기 위해서 다중회귀분석을 실시하고자 한다. 교육수준을 5개의 범주로 (무학, 초졸, 중졸, 고졸, 대졸 이상) 측정하였다. 이때 대졸을 기준으로 할 때, 교육수준별 차이를 나타내는 가변수(Dummy Variable)를 몇 개 만들어야 하는가?

① 1개 ② 2개
③ 3개 ④ 4개

해설 중회귀모델에서 질적 변수를 포함하기 위해 가변수를 사용해야 한다. 이 모형에 포함되어야 할 가변수의 수는 범주가 k개인 변수에 대해 $k-1$개의 가변수가 필요하다. 즉, 교육수준 변수의 더미변수의 수는 $k-1=4$개이다.

변수	구분	범주의 수	가변수의 수
생활만족도 Y	양적	—	—
교육수준 X_1	질적	무학, 초졸, 중졸, 고졸, 대졸 이상 $k=5$	$k-1=4$

정답 : 07 ③ 08 ④

09 정답률 약 30%

[01년 3회, 19년 1회 기출]

봉급생활자의 연봉과 근속연수, 학력 간의 관계를 알아보기 위하여 연봉을 반응변수로 하여 회귀분석을 실시하기로 하였다. 그런데 근속연수는 양적 변수이지만 학력은 중졸, 고졸, 대졸로 수준 수가 3개인 지시변수(또는 가변수)이다. 다중회귀모형 설정 시 필요한 설명변수는 모두 몇 개인가?

① 1개 ② 2개
③ 3개 ④ 4개

해설 중회귀모델에서 질적 변수를 포함하기 위해 가변수를 사용해야 한다. 이 모형에 포함되어야 할 가변수의 수는 범주가 k개인 변수에 대해 $k-1$개의 가변수가 필요하다. 따라서 학력 변수의 가변수의 수는 총 $k-1=2$개다. 결론적으로 근속연수는 양적 변수이므로 그대로 1개의 설명변수로 사용되며, 학력을 설명하기 위해 2개의 가변수가 필요하므로 총 3개의 설명변수가 필요하다.

변수	구분	범주의 수	가변수의 수
연봉 Y	양적	−	−
근속연수 X_1	양적	−	−
학력 X_2	질적	중졸 고졸 대졸 $k=3$	$k-1=2$

2_ 회귀식

10

다음 회귀방정식을 통해 30세의 경상도 출신으로 대학을 졸업한 남자의 연 소득을 추정하면?

- 소득 $= 0.5 + 1.2$성 $+ 0.7$서울 $+ 0.4$경기 $+ 0.5$경상도 $+ 1.1$대학 $+ 0.7$고등 $+ 0.02$연령
- 소득 : 연 평균 소득(단위 : 천만)
- 성 : 더미변수(여자 : 0, 남자 : 1)
- 서울 : 더미변수(서울 : 1, 그 외 : 0) 경기, 경상도 변수도 동일함
- 대학 : 더미변수(대졸 : 1, 그 외 : 0), 고등 변수도 동일함
- 연령 단위 : 살

① 2500만원 ② 3100만원
③ 3900만원 ④ 4600만원

해설 30세의 경상도 출신으로 대학을 졸업한 남자의 연소득을 추정하고자 한다. 회귀방정식에서 각 계수와 이 남자에 해당하는 값을 표로 만들면 아래와 같다.
소득 $= 0.5 + 1.2 \times 1 + 0.7 \times 0 + 0.4 \times 0 + 0.5 \times 1 + 1.1 \times 1 + 0.7 \times 0 + 0.02 \times 30 = 3.9$(천만)
이때, 소득의 단위가 천만이므로,
이 남자의 연 소득을 추정하면 3900(만원)이다.

변수	(절편)	성	서울	경기	경상도	대학	고등	연령
계수	−	1.2	0.7	0.4	0.5	1.1	0.7	0.02
값	0.5	1	0	0	1	1	0	30

정답 : 09 ③ 10 ③

11 정답률 약 40% [20년 1·2회 통합 기출]

회귀분석에 관한 설명으로 틀린 것은?

① 회귀분석은 자료를 통하여 독립변수와 종속변수 간의 함수관계를 통계적으로 규명하는 분석방법이다.
② 회귀분석은 종속변수의 값 변화에 영향을 미치는 중요한 독립변수들이 무엇인지 알 수 있다.
③ 단순회귀선형모형의 오차(ε_i)에 대한 가정에서 $\varepsilon_i \sim N(0, \sigma^2)$이며, 오차는 서로 독립이다.
④ 최소제곱법은 회귀모형의 절편과 기울기를 구하는 방법으로 잔차의 합을 최소화시킨다.

해설 최소제곱법은 잔차의 합이 아니라 잔차 제곱의 합을 최소화하는 방법이다.

12 정답률 약 30% [18년 3회 기출]

단순회귀모형 $Y_i = \alpha + \beta X_i$에서 회귀계수 β를 최소자승법(Least Squares Method)으로 추정하는 경우와 ε_i가 평균이 0, 분산이 σ^2인 정규분포를 따른다는 가정하에 최대우도법(Maximum Likelihood Method)으로 추정하는 경우의 설명으로 옳은 것은?

① 최소자승법으로 구한 β가 최대우도법으로 구한 β보다 크다.
② 최소자승법으로 구한 β가 최대우도법으로 구한 β보다 작다.
③ 최소자승법으로 구한 β가 최대우도법으로 구한 β는 같다.
④ 최소자승법으로 구한 β가 최대우도법으로 구한 β는 크기를 비교할 수 없다.

해설 최소자승법(LSM ; 최소제곱법)은 잔차 제곱합을 최소화하여 회귀계수를 추정하는 방법이며, 최대우도법(MLE)은 데이터가 주어진 분포를 따를 때, 그 데이터를 얻을 가능성을 최대화하는 방식으로 계수를 추정하는 방법이다. 특히, 오차가 정규분포를 따를 때 최소자승법과 최대우도법은 완전히 동일한 결과를 제공하므로, 동일한 회귀계수를 산출하게 된다.

13 정답률 약 40% [15년 3회, 19년 2회 기출]

다음과 같은 자료가 주어져 있다. 최소제곱법에 의한 회귀직선은?

x	y
3	12
4	22
5	32
3	22
5	32

① $y = \dfrac{30}{4}x - 6$ ② $y = \dfrac{30}{4}x + 6$
③ $y = \dfrac{30}{2}x - 6$ ④ $y = \dfrac{30}{2}x + 6$

해설 먼저, 두 변수 x와 y의 평균을 구하면, 아래와 같다.

$$\bar{x} = \frac{1}{5}\sum_{i=1}^{5} x_i = \frac{3+4+5+3+5}{5} = 4$$

$$\bar{y} = \frac{1}{5}\sum_{i=1}^{5} y_i = \frac{12+22+32+22+32}{5} = 24 \text{이다.}$$

이를 통해, $\sum_{i=1}^{n}(x_i - \bar{x})^2$, $\sum_{i=1}^{n}(x_i - \bar{x})(y_i - \bar{y})$를 구한다.

$x_i - \bar{x}$	3−4 =−1	4−4 =0	5−4 =1	3−4 =−1	5−4 =1
$y_i - \bar{y}$	12−24 =−12	22−24 =−2	32−24 =1	22−24 =−2	32−24 =8

$$\sum_{i=1}^{5}(x_i - \bar{x})^2 = (-1)^2 + 0^2 + 1^2 + (-1)^2 + (1)^2 = 4$$

$$\sum_{i=1}^{5}(x_i - \bar{x})(y_i - \bar{y}) = (-1) \times (-12) + 0 \times (-2) + 1 \times 8 + (-1) \times (-2) + 1 \times 8 = 30$$

최소제곱법을 통해 최소제곱추정량(LSE ; Least Square Estimates)을 추정한다. 관찰값이 주어진 경우이므로, 추정된 단순회귀모형 $\hat{y_i} = b_0 + b_1 x$에서 최소제곱추정량 $\hat{\beta_0} = b_0$, $\hat{\beta_1} = b_1$은 다음과 같다. 최종적으로 최소제곱법으로 추정한 회귀식은 $y = \dfrac{30}{4}x - 6$이다.

절편	$b_0 = \hat{\beta_0} = \bar{y} - b_1\bar{x} = 24 - 7.5 \times 4 = -6$
기울기	$b_1 = \hat{\beta_1} = \dfrac{S_{xy}}{S_{xx}} = \dfrac{\sum_{i=1}^{5}(x_i - \bar{x})(y_i - \bar{y})}{\sum_{i=1}^{5}(x_i - \bar{x})^2} = \dfrac{30}{4}$

정답 : 11 ④ 12 ③ 13 ①

14 정답률 약 40% [21년 1회 기출]

X를 독립변수로 Y를 종속변수로 하여 선형회귀분석을 하고자 한다. 자료를 요약하여 추정회귀직선의 기울기와 절편을 구하면?

$$\overline{X}=4,\ \overline{Y}=7,\ \sum_{i=1}^{5}(X_i-\overline{X})^2=10,$$
$$\sum_{i=1}^{5}(X_i-\overline{X})(Y_i-\overline{Y})=13$$

① 기울기=0.77, 절편=1.80
② 기울기=0.77, 절편=3.92
③ 기울기=1.30, 절편=1.80
④ 기울기=1.30, 절편=3.92

해설 최소제곱법을 통해 최소제곱추정량을 추정한다.
추정된 단순회귀모형 $\hat{y_i}=b_0+b_1 x$에서 최소제곱추정량 $\hat{\beta_0}=b_0$, $\hat{\beta_1}=b_1$은 다음과 같다.

절편	$b_0=\hat{\beta_0}=\overline{Y}-b_1\overline{X}=7-1.3\times 4=1.8$
기울기	$b_1=\hat{\beta_1}=\dfrac{S_{xy}}{S_{xx}}=\dfrac{\sum_{i=1}^{5}(X_i-\overline{X})(Y_i-\overline{Y})}{\sum_{i=1}^{5}(X_i-\overline{X})^2}=\dfrac{13}{10}=1.3$

15 정답률 약 0% [13년 2회, 22년 2회 기출]

단순회귀모형 $Y=\beta_0+\beta_1 x+\varepsilon,\ \varepsilon\sim N(0,\sigma^2)$을 이용한 적합된 회귀식 $\hat{y}=30+0.44x$에 대한 설명으로 맞는 것은?

① 종속변수가 0일 때, 독립변수 값은 0.44이다.
② 독립변수가 0일 때, 종속변수 값은 0.44이다.
③ 종속변수가 한 단위 증가할 때, 독립변수의 값은 평균 0.44 증가한다.
④ 독립변수가 한 단위 증가할 때, 종속변수의 값은 평균 0.44 증가한다.

해설 회귀식 $\hat{y}=30+0.44x$에서 기울기 $\hat{\beta_1}=b_1=0.44$는 독립변수의 단위 변화에 따른 종속변수의 변화량이다. 이는 독립변수가 한 단위 증가할 때 종속변수의 값은 평균 0.44 증가한다는 것을 의미한다.

16 정답률 약 30% [07년 3회, 17년 2회 기출]

어떤 화학 반응에서 생성되는 반응량(Y)이 첨가제의 양(X)에 따라 어떻게 변화하는지를 실험하여 다음과 같은 자료를 얻었다. 변화의 관계를 직선으로 가정하고 최고제곱법에 의하여 회귀직선을 추정할 때 추정된 회귀직선의 절편과 기울기는?

X	1	3	4	5	7
Y	2	4	3	6	9

① 절편 0.2, 기울기 1.15
② 절편 1.15, 기울기 0.2
③ 절편 0.4, 기울기 1.25
④ 절편 1.25, 기울기 0.4

해설 먼저, 두 변수 첨가제의 양(X)와 어떤 화학 반응에서 생성되는 반응량(Y)의 평균을 구하면 다음과 같다. (개별 관측값이 주어지면 소문자로 표기한다.)

$$\overline{x}=\frac{1}{5}\sum_{i=1}^{5}x_i=\frac{1+3+4+5+7}{5}=\frac{20}{5}=4$$

$$\overline{y}=\frac{1}{5}\sum_{i=1}^{5}y_i=\frac{2+4+3+6+9}{5}=\frac{24}{5}=4.8$$

다음으로 $\sum_{i=1}^{5}(x_i-\overline{x})^2$, $\sum_{i=1}^{5}(x_i-\overline{x})(y_i-\overline{y})$를 구한다.

$x_i-\overline{x}$	1−4 =−3	3−4 =−1	4−4 =0	5−4 =1	7−4 =3
$y_i-\overline{y}$	2−4.8 =−2.8	4−4.8 =−0.8	3−4.8 =−1.8	6−4.8 =1.2	9−4.8 =4.2

$$\sum_{i=1}^{5}(x_i-\overline{x})^2=(-3)^2+(-1)^2+0^2+1^2+3^2=20$$

$$\sum_{i=1}^{5}(x_i-\overline{x})(y_i-\overline{y})$$
$$=(-3)\times(-2.8)+(-1)\times(-0.8)+0\times(-1.8)$$
$$+1\times 1.2+3\times 4.2=23$$

최소제곱법을 통해 최소제곱추정량를 추정한다.
추정된 단순회귀모형 $\hat{y_i}=b_0+b_1 x$에서
최소제곱추정량 $\hat{\beta_0}=b_0$, $\hat{\beta_1}=b_1$은 다음과 같다.

절편	$b_0=\hat{\beta_0}=\overline{y}-b_1\overline{x}=4.8-1.15\times 4=0.2$
기울기	$b_1=\hat{\beta_1}=\dfrac{S_{xy}}{S_{xx}}=\dfrac{\sum_{i=1}^{5}(x_i-\overline{x})(y_i-\overline{y})}{\sum_{i=1}^{5}(x_i-\overline{x})^2}=\dfrac{23}{20}=1.15$

정답: 14 ③ 15 ④ 16 ①

17 [05년 3회, 10년 3회, 21년 2회 기출]

단순선형회귀모형 $y_i = \beta_0 + \beta_1 x + \varepsilon$에서 오차항 ε의 분포가 평균이 0이고, 분산이 σ^2인 정규분포를 따른다고 가정하였다. 22개의 자료들로부터 회귀식을 추정하고 나서 잔차 제곱합(SSE)을 구하였더니 그 값이 4000이었다. 이때 분산 σ^2의 불편추정값은?

① 100
② 150
③ 200
④ 250

해설 단순선형회귀모형에서 오차분산 $Var(e_i) = \sigma^2$의 불편추정량은 잔차(오차)의 평균제곱 MSE이다.

$$MSE = \frac{SSE}{n-2} = \hat{\sigma}^2 = \frac{\sum_{i=1}^{n}(y_i - \hat{y}_i)^2}{n-2}$$

문제에서 $n=22$, $SSE=4000$임이 주어져 있으므로 분산 σ^2의 불편추정값을 산출하면 아래와 같다.

$$MSE = \frac{SSE}{n-2} = \frac{4000}{22-2} = 200$$

18 [21년 2회 기출]

다음 중회귀모형에서 오차분산 σ^2의 자유도는?

$$y_i = \beta_0 + \beta_1 x_{1i} + \beta_2 x_{2i} + \varepsilon_i, \ i=1,2,\cdots,n$$

① $n-1$
② $n-2$
③ $n-3$
④ $n-4$

해설 중회귀모형에서 잔차(오차)의 평균제곱인 MSE는 오차분산 $Var(e_i) = \sigma^2$의 불편추정량이다.

$$MSE = \frac{SSE}{n-k-1} = \hat{\sigma}^2$$
$$= \frac{\sum_{i=1}^{n}(y_i - \hat{y}_i)^2}{n-k-1} = \frac{1}{n-k-1}\sum_{i=1}^{n}e_i^2$$

(n : 표본의 크기, k : 독립변수의 개수)
주어진 중회귀모형은 $y_i = \beta_0 + \beta_1 x_{1i} + \beta_2 x_{2i} + \varepsilon_i$이며, $k=2$이다. 이때, 오차분산 σ^2의 자유도는 아래와 같다.
$n-k-1 = n-2-1 = n-3$

19 [11년 1회, 16년 1회 기출]

단순회귀분석에서 회귀직선의 기울기와 독립변수와 종속변수의 상관계수와의 관계에 대한 설명으로 옳은 것은?

① 회귀직선의 기울기가 양수이면 상관계수도 양수이다.
② 회귀직선의 기울기가 양수이면 상관계수는 음수이다.
③ 회귀직선의 기울기가 음수이면 상관계수는 양수이다.
④ 회귀직선의 기울기가 양수이면 공분산이 음수이다.

해설 추정된 단순회귀모형 $\hat{Y}_i = b_0 + b_1 X$의 최소제곱추정량 $\hat{\beta}_1 = b_1$는 아래와 같은 공식을 갖는다.

$$b_1 = r \times \frac{\sqrt{Var(Y)}}{\sqrt{Var(X)}} = r \times \frac{S_Y}{S_X}$$

($\because$ 상관계수 $r = r_{X,Y} = \frac{Cov(X,Y)}{\sqrt{Var(X)}\sqrt{Var(Y)}}$)

즉, 회귀직선의 기울기 b_1과 상관계수 r은 부호가 같다.

1) 기울기 $\hat{\beta}_1 = b_1$는 독립변수와 종속변수 관계의 방향이다.
   : 회귀직선의 기울기가 양수이면, 독립변수가 증가할 때 종속변수도 증가하는 정(+)의 관계를 의미하고, 기울기가 음수이면 독립변수가 증가할 때 종속변수가 감소하는 부(-)의 관계를 의미한다.
2) 상관계수는 독립변수와 종속변수 간의 선형적 관계의 강도와 방향을 나타내는 값이다.
   : 상관계수가 양수이면, 두 변수는 양의 상관관계를 갖고, 상관계수가 음수이면, 두 변수는 음의 상관관계를 갖는다.

결론적으로, 회귀직선의 기울기가 양수이면, 두 변수는 양의 상관관계를 가지므로, 상관계수 역시 양수이다.

20 [15년 3회 기출]

크기가 10인 (x,y) 자료로부터 단순선형회귀분석을 수행한 결과 $\hat{y} = a - 0.478x$, $\bar{x} = 3.8$, $\bar{y} = 2.2$를 얻었다. a의 값은?

① 1.580
② 2.038
③ 4.016
④ 4.861

해설 최소제곱법을 통해 최소제곱추정량을 추정하면, 단순선형회귀식 $\hat{y} = a - 0.478x$의 절편은 아래와 같다.
$a = \bar{y} - b_1\bar{x} = 2.2 - (-0.478) \times 3.8 = 4.016$

정답 : 17 ③ 18 ③ 19 ① 20 ③

21 [정답률 약 30%] [17년 3회 기출]

설명변수(X)와 반응변수(Y) 사이에 단순 회귀모형을 가정할 때, 회귀직선의 절편에 대한 추정값은?

X	0	1	2	3	4	5
Y	4	3	2	0	-3	-6

① 1   ② 3
③ 5   ④ 7

해설 먼저, 두 변수 X와 Y의 평균을 구하면, 다음과 같다.
(개별 관측값이 주어지면 소문자로 표기한다.)

$$\bar{x} = \frac{1}{6}\sum_{i=1}^{6} x_i = \frac{0+1+2+3+4+5}{6} = \frac{15}{6} = 2.5$$

$$\bar{y} = \frac{1}{6}\sum_{i=1}^{6} y_i = \frac{4+3+2+0+(-3)+(-6)}{6} = 0$$

다음으로 $\sum_{i=1}^{6}(x_i - \bar{x})^2$, $\sum_{i=1}^{6}(x_i - \bar{x})(y_i - \bar{y})$를 구한다.

$x_i - \bar{x}$	0-2.5 = -2.5	1-2.5 = -1.5	2-2.5 = -0.5	3-2.5 = 0.5	4-2.5 = 1.5	5-2.5 = 2.5
$y_i - \bar{y}$	4-0 = 4	3-0 = 3	2-0 = 2	0-0 = 0	-3-0 = -3	-6-0 = -6

$$\sum_{i=1}^{6}(x_i - \bar{x})^2$$
$$= (-2.5)^2 + (-1.5)^2 + (-0.5)^2 + (0.5)^2 + (1.5)^2 + (2.5)^2$$
$$= 17.5$$

$$\sum_{i=1}^{6}(x_i - \bar{x})(y_i - \bar{y})$$
$$= (-2.5) \times 4 + (-1.5) \times 3 + (-0.5) \times 2 + 0.5 \times 0 + 1.5 \times (-3) + 2.5 \times (-6) = -35$$

최소제곱법을 통해 최소제곱추정량(LSE)을 추정한다. 추정된 단순회귀모형 $\hat{Y} = b_0 + b_1 X$에서 최소제곱추정량 $\hat{\beta}_0 = b_0$, $\hat{\beta}_1 = b_1$은 아래와 같다.

절편	$b_0 = \hat{\beta}_0 = \bar{y} - b_1\bar{x} = 0 - (-2) \times 2.5 = 5$
기울기	$b_1 = \hat{\beta}_1 = \dfrac{S_{xy}}{S_{xx}}$ $= \dfrac{\sum_{i=1}^{6}(x_i - \bar{x})(y_i - \bar{y})}{\sum_{i=1}^{6}(x_i - \bar{x})^2} = \dfrac{-35}{17.5} = -2$

22 [정답률 약 50%] [17년 1회 기출]

두 변수 X와 Y에 대한 자료가 다음과 같이 주어졌을 때 단순회귀모형으로 추정한 회귀직선으로 옳은 것은?

X	0	1	2	3
Y	2	1	4	5

① $\hat{Y} = 1.2 + 1.2X$ ② $\hat{Y} = 1.2 - 1.2X$
③ $\hat{Y} = -1.2 + 1.2X$ ④ $\hat{Y} = -1.2 - 1.2X$

해설 먼저, 두 변수 X와 Y의 평균을 구해보자.
(개별 관측값이 주어지면 소문자로 표기한다.)

$$\bar{x} = \frac{1}{4}\sum_{i=1}^{4} x_i = \frac{0+1+2+3}{4} = \frac{6}{4} = 1.5$$

$$\bar{y} = \frac{1}{4}\sum_{i=1}^{4} y_i = \frac{2+1+4+5}{4} = 3$$

다음으로 $\sum_{i=1}^{4}(x_i - \bar{x})^2$, $\sum_{i=1}^{4}(x_i - \bar{x})(y_i - \bar{y})$를 구한다.

$x_i - \bar{x}$	0-1.5 = -1.5	1-1.5 = -0.5	2-1.5 = 0.5	3-1.5 = 1.5
$y_i - \bar{y}$	2-3 = -1	1-3 = -2	4-3 = 1	5-3 = 2

$$\sum_{i=1}^{4}(x_i - \bar{x})^2 = (-1.5)^2 + (-0.5)^2 + (0.5)^2 + (1.5)^2 = 5$$

$$\sum_{i=1}^{4}(x_i - \bar{x})(y_i - \bar{y})$$
$$= (-1.5) \times (-1) + (-0.5) \times (-2) + (0.5) \times 1 + (1.5) \times 2 = 6$$

추정된 단순회귀모형 $\hat{Y} = b_0 + b_1 X$에서 최소제곱추정량 $\hat{\beta}_0 = b_0$, $\hat{\beta}_1 = b_1$은 아래와 같다. 최소제곱법으로 추정된 회귀식은 $\hat{Y} = 1.2 + 1.2X$이다.

절편	$b_0 = \hat{\beta}_0 = \bar{y} - b_1\bar{x} = 3 - 1.2 \times 1.5 = 1.2$
기울기	$b_1 = \hat{\beta}_1 = \dfrac{S_{xy}}{S_{xx}}$ $= \dfrac{\sum_{i=1}^{4}(x_i - \bar{x})(y_i - \bar{y})}{\sum_{i=1}^{4}(x_i - \bar{x})^2} = \dfrac{6}{5} = 1.2$

정답 : 21 ③ 22 ①

23 정답률 약 60% [16년 2회 기출]

두 변수 X와 Y의 관찰값이 다음과 같을 때 최소제곱법으로 추정한 회귀식으로 옳은 것은?

X	6	7	4	2	1
Y	8	10	4	2	1

① $\hat{y} = 1 - 1.5x$ ② $\hat{y} = 1 + 2x$
③ $\hat{y} = -1 + 1.5x$ ④ $\hat{y} = -4 + x$

해설 먼저, 두 변수 x와 y의 평균을 구해보자.
(개별 관측값이 주어지면 소문자로 표기한다.)

$$\bar{x} = \frac{1}{5}\sum_{i=1}^{5} x_i = \frac{6+7+4+2+1}{5} = 4$$

$$\bar{y} = \frac{1}{5}\sum_{i=1}^{5} y_i = \frac{8+10+4+2+1}{5} = 5$$

다음으로 $\sum_{i=1}^{5}(x_i - \bar{x})^2$, $\sum_{i=1}^{5}(x_i - \bar{x})(y_i - \bar{y})$ 를 구한다.

$x_i - \bar{x}$	6−4 =2	7−4 =3	4−4 =0	2−4 =−2	1−4 =−3
$y_i - \bar{y}$	8−5 =3	10−5 =5	4−5 =−1	2−5 =−3	1−5 =−4

$$\sum_{i=1}^{5}(x_i - \bar{x})^2 = 2^2 + 3^2 + 0^2 + (-2)^2 + (-3)^2 = 26$$

$$\sum_{i=1}^{5}(x_i - \bar{x})(y_i - \bar{y})$$
$$= 2 \times 3 + 3 \times 5 + 0 \times (-1) + (-2) \times (-3)$$
$$+ (-3) \times (-4) = 39$$

관찰값이 주어진 경우이므로, 추정된 단순회귀모형 $\hat{Y} = b_0 + b_1 X$ 에서 최소제곱추정량 $\hat{\beta_0} = b_0$, $\hat{\beta_1} = b_1$ 은 다음과 같다.
최종적으로 최소제곱법으로 추정한 회귀식은 $\hat{y} = -1 + 1.5x$ 이다.

절편	$b_0 = \hat{\beta_0} = \bar{y} - b_1\bar{x} = 5 - 1.5 \times 4 = -1$
기울기	$b_1 = \hat{\beta_1} = \dfrac{S_{xy}}{S_{xx}}$ $= \dfrac{\sum_{i=1}^{5}(x_i - \bar{x})(y_i - \bar{y})}{\sum_{i=1}^{5}(x_i - \bar{x})^2} = \dfrac{39}{26} = 1.5$

24 정답률 약 50% [08년 3회, 16년 2회 기출]

다음 가상의 자료를 이용하여 단순선형회귀모형을 추정하면?

$$n = 10, \quad \sum_{i=1}^{n} x_i = 90, \quad \sum_{i=1}^{n} y_i = 50,$$
$$\sum_{i=1}^{n}(x_i - \bar{x})^2 = 160, \quad \sum_{i=1}^{n}(y_i - \bar{y})^2 = 120,$$
$$\sum_{i=1}^{n}(x_i - \bar{x})(y_i - \bar{y}) = 80$$

① $\hat{y} = 0.5x - 0.5$ ② $\hat{y} = 1.5x - 8.5$
③ $\hat{y} = 0.5x + 0.5$ ④ $\hat{y} = 1.5x + 8.5$

해설 최소제곱법을 통해 최소제곱추정량(LSE ; Least Square Estimates)을 추정한다. 값이 주어진 경우이므로, 추정된 단순회귀모형 $\hat{y_i} = b_0 + b_1 x$ 에서 최소제곱추정량 $\hat{\beta_0} = b_0$, $\hat{\beta_1} = b_1$ 은 다음과 같다. 최종적으로 최소제곱법으로 추정한 회귀식은 $\hat{y} = 0.5x + 0.50$ 이다.

절편	$b_0 = \hat{\beta_0} = \bar{y} - b_1\bar{x} = \dfrac{\sum_{i=1}^{n} y_i}{n} - b_1 \times \dfrac{\sum_{i=1}^{n} x_i}{n}$ $= \dfrac{50}{10} - 0.5 \times \dfrac{90}{10} = 0.5$
기울기	$b_1 = \hat{\beta_1} = \dfrac{S_{xy}}{S_{xx}} = \dfrac{\sum_{i=1}^{n}(x_i - \bar{x})(y_i - \bar{y})}{\sum_{i=1}^{n}(x_i - \bar{x})^2}$ $= \dfrac{80}{160} = 0.5$

정답 : 23 ③ 24 ③

25 정답률 약 40% [18년 1회 기출]

단순회귀모형 $Y_i = \alpha + \beta x_i + \varepsilon_i$, $i = 1, 2, \cdots, n$의 가정하에 자료를 분석하기로 하였다. 각각의 독립변수 x_i에서 반응변수 Y_i를 관측하여 정리한 결과가 다음과 같을 때, 회귀계수 α, β의 최소제곱 추정값을 순서대로 나열한 것은?

$$\bar{x} = \frac{1}{n}\sum_{i=1}^{n}x_i = 50, \ \sum_{i=1}^{n}(x_i - \bar{x})^2 = 2000,$$
$$\bar{y} = \frac{1}{n}\sum_{i=1}^{n}y_i = 100, \ \sum_{i=1}^{n}(y_i - \bar{y})^2 = 3000,$$
$$\sum_{i=1}^{n}(x_i - \bar{x})(y_i - \bar{y}) = -3500$$

① 187.5, −1.75　② 190.5, −2.75
③ 200.5, −1.75　④ 187.5, −2.75

해설 최소제곱법을 통해 최소제곱추정량(LSE ; Least Square Estimates)을 추정한다. 값이 주어진 경우이므로, $Y_i = \alpha + \beta x_i + \varepsilon_i$에서 추정된 단순회귀모형 $\hat{Y}_i = \hat{\alpha} + \hat{\beta} x_i$에서 회귀계수 α, β의 최소제곱 추정값은 다음과 같다. 최종적으로 최소제곱법으로 추정한 회귀식은 $\hat{y} = 187.5 - 1.75x$이다.

절편	$\hat{\alpha} = \bar{y} - b_1\bar{x} = 100 - (-1.75) \times 50 = 187.5$
기울기	$\hat{\beta} = \dfrac{S_{xy}}{S_{xx}} = \dfrac{\sum_{i=1}^{n}(x_i - \bar{x})(y_i - \bar{y})}{\sum_{i=1}^{n}(x_i - \bar{x})^2} = \dfrac{-3500}{2000} = -1.75$

26 정답률 약 40% [09년 1회, 16년 3회, 19년 2회 기출]

단순회귀분석을 적용하여 자료를 분석하기 위해서 10쌍의 독립변수와 종속변수의 값들을 측정하여 정리한 결과 다음과 같은 값을 얻었다. 회귀모형 $y_i = \alpha + \beta x_i + \varepsilon$의 β의 최소제곱추정량을 구하면?

$$\sum_{i=1}^{10}x_i = 39, \ \sum_{i=1}^{10}x_i^2 = 193, \ \sum_{i=1}^{10}y_i = 35.1,$$
$$\sum_{i=1}^{10}y_i^2 = 130.05, \ \sum_{i=1}^{10}x_i y_i = 152.7$$

① 0.287　② 0.357
③ 0.387　④ 0.487

해설 추정된 단순회귀모형 $y_i = \alpha + \beta x_i + \varepsilon$에서 β의 최소제곱추정량인 $\hat{\beta}$의 값을 산출하면 다음과 같다.

기울기	$\hat{\beta} = \dfrac{\sum_{i=1}^{n}x_i y_i - n\bar{x}\bar{y}}{\sum_{i=1}^{n}x_i^2 - n\bar{x}^2} = \dfrac{152.7 - 10 \times \frac{39}{10} \times \frac{35.1}{10}}{193 - 10 \times \left(\frac{39}{10}\right)^2}$ $= \dfrac{15.81}{40.9} \fallingdotseq 0.387$

정답 : 25 ①　26 ③

27 정답률 약 40% [19년 1회, 22년 2회 기출]

두 변수 X와 Y에 대해서 9개의 관찰값으로부터 계산한 통계량들이 다음과 같을 때, 단순회귀모형의 가정하에 추정한 회귀직선은?

$$\overline{X}=5.9,\ \overline{Y}=15.1,\ S_{XX}=\sum_{i=1}^{9}(X_i-\overline{X})^2=40.9,$$
$$S_{YY}=\sum_{i=1}^{9}(Y_i-\overline{Y})^2=370.9,$$
$$S_{XY}=\sum_{i=1}^{9}(X_i-\overline{X})(Y_i-\overline{Y})=112.1$$

① $\hat{y}=-1.07-2.74x$
② $\hat{y}=-1.07+2.74x$
③ $\hat{y}=1.07-2.74x$
④ $\hat{y}=1.07+2.74x$

해설 먼저, 최소제곱법을 통해 최소제곱추정량(LSE ; Least Square Estimates)을 추정한다. 최종적으로 최소제곱법으로 추정한 회귀식은 $\hat{y}=-1.07+2.74x$이다.

절편	$b_0=\widehat{\beta_0}=\overline{Y}-b_1\overline{X}=15.1-2.74\times 5.9$ $\fallingdotseq -1.07$
기울기	$b_1=\widehat{\beta_1}=\dfrac{Cov(X,Y)}{Var(X)}$ $=\dfrac{S_{xy}}{S_{xx}}=\dfrac{\dfrac{1}{n-1}\times\sum_{i=1}^{n}(X_i-\overline{X})(Y_i-\overline{Y})}{\dfrac{1}{n-1}\times\sum_{i=1}^{n}(X_i-\overline{X})^2}$ $=\dfrac{112.1}{40.9}\fallingdotseq 2.74$

02 상관분석 TOPIC

1. 상관계수의 의미

28 [17년 1회, 19년 3회 기출]

다음은 대응되는 두 변량 X와 Y를 관측하여 얻은 자료 $(x_1,y_1),\cdots,(x_n,y_n)$으로 그린 산점도이다. X와 Y의 표본상관계수의 절댓값이 가장 작은 것은?

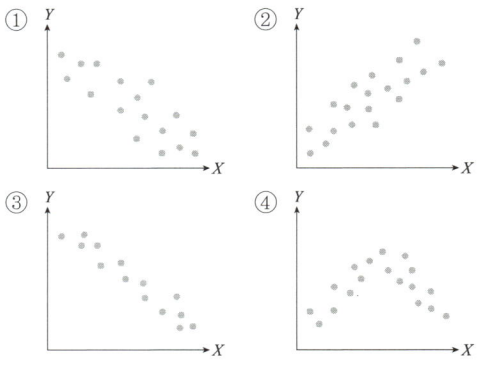

해설 X와 Y의 표본상관계수의 절댓값이 가장 작은 것은 곡선 모양이다. 이는 두 변수 간의 관계가 선형이 아니라면, 관련이 있어도 상관계수가 0이 될 수 있다.

29 정답률 약 40% [20년 4회 기출]

다음 중 상관계수 r_{XY}에 대한 설명으로 틀린 것은?

① 상관계수 r_{XY}는 두 변수 X와 Y의 선형관계의 정도를 나타낸다.
② 상관계수의 범위는 $[-1, 1]$이다.
③ $r_{XY}=\pm 1$이면 두 변수는 완전한 상관관계에 있다.
④ 상관계수 r_{XY}는 두 변수의 이차곡선관계를 나타내기도 한다.

해설 상관계수는 선형 관계를 측정하는 지표이지, 이차곡선과 같은 비선형 관계를 나타내지는 않는다. 만약, 이차곡선관계 등의 비선형 관계를 파악하려면 다른 분석방법을 사용한다.

정답 : 27 ② 28 ④ 29 ④

30 정답률 약 50% [19년 2회 기출]

상관분석 및 회귀분석을 실시할 때의 설명으로 틀린 것은?

① 연구자는 먼저 설명변수와 반응변수의 산점도를 그려서 관계를 파악해 보아야 한다.
② 두 변수간의 관계가 선형이 아니라면, 관련이 있어도 상관계수가 0이 될 수 있다.
③ 상관계수가 +1에 가까우면 높은 상관이 있는 것이고, -1에 가까우면 상관이 없는 것으로 해석할 수 있다.
④ 두 개의 설명변수가 있을 때 다중회귀분석을 실시한 경우의 회귀계수와 각각 단순회귀분석을 했을 때의 회귀계수는 달라진다.

> **해설** 상관계수 r_{XY}가 $r_{XY}=\pm1$이면 두 변수는 완전한 상관관계에 있다. 즉, 상관계수가 -1이라는 것은 모든 자료가 기울기가 음수인 직선 위에 있다는 것이다. 정리하면, 상관계수가 1 또는 -1에 가까울수록 높은 상관이 있으며, 0에 가까울수록 상관관계가 없다.

31 정답률 약 40% [15년 2회, 19년 2회 기출]

다음 통계량 중 그 성질이 다른 것은?

① 분산
② 상관계수
③ 사분위간 범위
④ 변이(변동)계수

> **해설** 상관계수는 두 변수 간의 상관관계의 강도와 방향을 수치로 나타내는 지표이다.
> 나머지 분산, 사분위간 범위, 변이(변동)계수는 '산포에 대한 측도'이다. 한눈에 비교 가능한 측도 별 기술통계량 표는 다음과 같다.

중심위치에 대한 측도	평균 관련 5가지	산술평균, 절사평균, 가중평균, 기하평균, 조화평균
	분위수 관련 3가지	중앙값, 백분위수, 사분위수
	빈도 관련 1가지	최빈값
산포에 대한 측도	6가지	분산, 표준편차, 변동계수(변이계수), 범위, 사분위수범위, 평균편차
분포의 형태를 나타내는 측도	2가지	왜도, 첨도

32 정답률 약 50% [17년 1회, 21년 2회 기출]

상관계수에 대한 설명으로 틀린 것은?

① 범위는 -1에서 1이다.
② 1차 직선의 함수관계가 어느 정도 강한가를 나타내는 측도이다.
③ 상관계수가 0이라는 것은 두 변수 사이에 어떠한 관계도 없다는 것을 의미한다.
④ 상관계수가 -1이라는 것은 모든 자료가 기울기가 음수인 직선 위에 있다는 것을 의미한다.

> **해설** 상관계수가 0이라 해도 두 변수 사이에 비선형 관계가 존재할 수 있다. 상관계수가 0이라는 것은 선형관계가 없다는 의미이지, 변수 간에 아무런 관계가 없다는 의미는 아니다.

33 정답률 약 20% [20년 3회 기출]

두 변수 간의 상관계수에 대한 설명 중 틀린 것은?

① 한 변수의 값이 일정할 때 상관계수는 0이 된다.
② 한 변수의 값이 다른 변수값보다 항상 100만큼 클 때 상관계수는 1이 된다.
③ 상관계수는 변수들의 측정단위에 따라 변할 수 있다.
④ 상관계수가 0일 때는 두 변수의 공분산도 0이 된다.

> **해설** 상관계수 공식은 아래와 같다.
> $$\rho = \rho_{X,Y} = \frac{Cov(X,Y)}{\sigma_X \sigma_Y}$$
> $$= \frac{E[(X-E(X))(Y-E(Y))]}{\sigma_X \sigma_Y}$$
> 상관계수는 공분산이 측정단위에 영향을 받는 단점을 보완하기 위해 공분산을 표준화한 값이다. 따라서 상관계수는 변수들의 측정단위에 따라 변하지 않는다.
> ① 만약 한 변수의 값이 일정하다면 그 변수에는 변동성이 없으므로 공분산도 0이 되고, 상관계수 역시 0이 된다.
> ② 만약 두 변수 간의 차이가 일정한 경우, 두 변수는 완전한 선형적 관계에 있으므로 상관계수는 1이 된다.
> ④ 상관계수가 0이면, 두 변수 사이에 선형적 관계가 없다는 것을 의미하며, 이때 공분산도 0이 된다.

정답 : 30 ③ 31 ② 32 ③ 33 ③

34 [05년 3회, 21년 1회 기출]
상관계수(피어슨 상관계수)에 대한 설명으로 가장 거리가 먼 것은?

① 선형관계에 대한 설명에 사용된다.
② 상관계수의 값은 변수의 단위가 달라지면 영향을 받는다.
③ 상관계수의 부호는 회귀계수의 기울기(b)의 부호와 항상 같다.
④ 상관계수의 절대치가 클수록 두 변수의 선형관계가 강하다고 할 수 있다.

해설 피어슨 상관계수는 두 변수의 단위에 영향을 받지 않는다. 상관계수는 두 변수의 상대적인 관계(표준화된 관계)를 나타내기 때문에, 단위가 변하더라도 상관계수 값 자체는 변하지 않는다.
즉, 상관계수는 공분산을 표준화한 값이므로 변수들의 측정단위에 따라 변하지 않는다는 것을 확인할 수 있다.

모상관계수 $\rho = \rho_{X,Y} = Corr(X,Y) = \dfrac{Cov(X,Y)}{\sigma_X \sigma_Y}$

표본상관계수 $r = r_{X,Y} = \dfrac{Cov(X,Y)}{\sqrt{Var(X)}\sqrt{Var(Y)}}$

35 [15년 2회, 22년 2회 기출]
상관계수에 대한 설명으로 틀린 것은?

① 두 변수의 직선관계를 나타내는 척도이다.
② 상관계수는 −1에서 1 사이의 값을 갖는다.
③ 상관계수가 0에 가깝다는 의미는 두 변수 간의 연관성이 없다는 의미이다.
④ 상관계수 값이 1이나 −1에 가깝다는 의미는 두 변수 간의 강한 연관성을 가지고 있다는 의미이기도 한다.

해설 상관계수가 0에 가깝다는 의미는 두 확률변수 X와 Y 간의 상관관계(= 선형관계)가 없음을 의미한다. 표본상관계수 $r = 0$인 경우에 선형관계가 없더라도 비선형관계인 곡선관계 등은 존재할 수 있다. 즉, 두 변수간의 관계가 선형이 아니라면, 연관성이 있더라도 상관계수가 0이 될 수 있다.

2 상관계수의 산출

36 [15년 2회 기출]
자료에 대한 산점도를 통해 파악할 수 없는 것은?

① 선형 또는 비선형 관계의 여부
② 이상점의 존재 여부
③ 자료의 군집 형태
④ 정규성 여부

해설 정규성은 자료가 정규분포를 따르는지 여부를 확인하는 것이다. 산점도는 두 변수 간의 관계를 보여줄 수는 있지만, 자료가 정규분포를 따르는지 여부를 파악하기에는 적합하지 않다. 정규성을 확인하려면 히스토그램, Q−Q 플롯 등을 사용하는 것이 더 적합하다.
① 산점도는 변수 간의 관계를 시각적으로 보여주는 도구로, 두 변수 사이의 선형 관계나 비선형 관계를 쉽게 파악할 수 있다.
② 이상점(outliers ; 이상치)은 산점도에서 다른 점들과 동떨어져 있는 점이며, 산점도를 통해 이러한 이상점이 있는지 시각적으로 쉽게 파악할 수 있다.
③ 군집(cluster)은 산점도에서 자료들이 특정 영역에 밀집되어 있는지 확인하는 것이며, 산점도를 통해 자료의 군집 형태를 파악할 수 있다.

37 [10년 3회, 16년 3회 기출]
크기가 10인 표본으로부터 얻은 회귀방정식은 $\hat{y} = 2 + 0.3x$이고, X의 표본평균이 2이고, 표본분산은 4, Y의 표본평균은 2.6이고 표본분산은 9이다. 이 요약치로부터 X와 Y의 상관계수는?

① 0.1 ② 0.2
③ 0.3 ④ 0.4

해설 절편이 있는 단순회귀모형 $y = 2 + 0.3x$에서 기울기 b_1를 구하는 공식 $b_1 = r \times \dfrac{\sqrt{Var(Y)}}{\sqrt{Var(X)}}$를 활용한다.
문제에서 회귀방정식의 기울기 $b_1 = 0.3$이고, 표본분산은 각각 $Var(X) = 4$, $Var(Y) = 9$라고 주어져 있으므로, $0.3 = r \times \dfrac{\sqrt{9}}{\sqrt{4}}$이다.
따라서 x와 y의 상관계수는 $r = 0.2$로 산출된다.

정답 : 34 ② 35 ③ 36 ④ 37 ②

38 정답률 약 60%   [16년 1회 기출]

두 변수 X와 Y 사이의 관계를 알아보기 위하여 평면상의 이차원 자료 (X, Y)를 타점하여 나타낸 그래프는?

① 산점도   ② 줄기-잎 그림
③ 상자그림   ④ 히스토그램

해설 산점도는 이차원 평면상에서 두 변수 간의 관계를 나타내기 위해 사용된다. 각 점은 두 변수의 값에 해당하며, 두 변수 간의 선형적 또는 비선형적 관계를 시각적으로 확인할 수 있다.

39 정답률 약 30%

[04년 3회, 07년 3회, 12년 3회, 18년 1회 기출]

두 변수 X와 Y의 상관계수 r_{XY}에 대한 설명으로 틀린 것은?

① r_{XY}는 두 변수 X와 Y의 산포의 정도를 나타낸다.
② $-1 \leq r_{XY} \leq +1$
③ $r_{XY} = 0$이면 두 변수는 선형이 아니거나 무상관이다.
④ $r_{XY} = -1$이면 두 변수는 완전한 음의 상관관계에 있다.

해설 산포는 변수의 분산이나 퍼짐 정도를 의미하며, 각 변수가 얼마나 흩어져 있는지를 나타내는 척도이다. 따라서, 대표적으로 산포는 변수의 분산 혹은 표준편차로 측정된다. 반면, 상관계수는 변수들의 산포의 정도를 나타내는 것이 아니라, 두 변수 사이의 선형적 관계를 나타내는 지표이다. 산점도를 통해 상관계수의 부호를 파악할 수는 있으나, 산포의 정도를 나타내는 것이 아님에 주의하자.

40 정답률 약 50%   [21년 1회 기출]

다음은 3개의 자료 A, B, C에 대한 산점도이다. 이 자료에 대한 상관계수가 -0.93, 0.20, 0.70 중 하나일 때, 산점도와 해당하는 상관계수의 값을 올바르게 짝지은 것은?

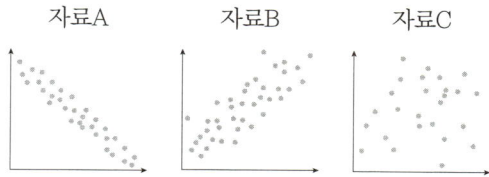

① 자료 A : -0.93, 자료 B : 0.20, 자료 C : 0.70
② 자료 A : -0.93, 자료 B : 0.70, 자료 C : 0.20
③ 자료 A : 0.20, 자료 B : -0.93, 자료 C : 0.70
④ 자료 A : 0.20, 자료 B : 0.70, 자료 C : -0.93

해설 각 산점도를 통해 상관계수를 추정하면 다음과 같다.
- 자료 A : 산점도가 명확한 음의 선형관계를 보인다. 이런 경우 상관계수는 -1에 가까운 값이 되므로, 주어진 수치 중에서는 상관계수가 -0.93일 것으로 추정된다.
- 자료 B : 산점도가 명확한 양의 선형관계를 보인다. 이런 경우 상관계수는 1에 가까운 값이 되므로, 주어진 수치 중에서는 상관계수가 0.70일 것으로 추정된다.
- 자료 C : 산점도가 거의 선형관계가 없는 모습을 보인다. 이런 경우 상관계수는 0에 가까운 값이 되므로, 주어진 수치 중에서는 상관계수가 0.20일 것으로 추정된다.

정답 : 38 ①   39 ①   40 ②

41 정답률 약 40% [06년 3회, 17년 2회 기출]

확률변수 X의 분산이 16, 확률변수 Y의 분산이 25, 두 확률변수의 공분산이 -10일 때, X와 Y의 상관계수는?

① -1 ② -0.5
③ 0.5 ④ 1

해설 $Var(X)=16$, $Var(Y)=25$, $Cov(X,Y)=-10$가 주어져 있으므로, 표본상관계수 r은 아래와 같다.

$$r = \frac{Cov(X,Y)}{\sqrt{Var(X)}\sqrt{Var(Y)}} = \frac{-10}{\sqrt{16}\sqrt{25}} = -0.5$$

42 정답률 약 40% [15년 1회, 20년 4회 기출]

단순회귀모형에 대한 추정회귀직선이 $\hat{y}=a+bx$일 때, b의 값은?

	평균	표준편차	상관계수
x	40	4	0.75
y	30	3	

① 0.07 ② 0.56
③ 1.00 ④ 1.53

해설 추정된 단순회귀모형 $\hat{y}=a+bx$에서 기울기에 해당하는 최소제곱추정량 b를 구하는 방법은 총 3가지를 다루었다. 상관계수 값이 존재할 때 사용하는 **방법 3**을 사용하여 기울기 b를 구하면, 아래와 같다.

$$b = r \times \frac{\sqrt{Var(Y)}}{\sqrt{Var(X)}} = r \times \frac{S_Y}{S_X} = 0.75 \times \frac{3}{4} = 0.5625$$

43 정답률 약 40% [15년 3회 기출]

(x, y)의 상관계수가 0.5일 때, $(2x+3, -3y-4)$와 $(-3x+4, -2y-2)$의 상관계수는?

① $0.5, 0.5$ ② $-0.5, 0.5$
③ $0.5, -0.5$ ④ $-0.5, -0.5$

해설 상관계수 산출 케이스 3가지 중 '변수의 부호를 고려해야 하는 경우'에 해당한다.
먼저, $(2x+3, -3y-4)$의 상관계수는 $ac<0$이면, $Corr(X,Y)=-Corr(aX+b, cY+d)$임을 활용한다.
$Corr(2x+3, -3y-4) = -Corr(X,Y) = -0.5$
그 다음, $(-3x+4, -2y-2)$의 상관계수는 $ac>0$이면, $Corr(X,Y)=Corr(aX+b, cY+d)$임을 활용한다.
$Corr(-3x+4, -2y-2) = Corr(X,Y) = 0.5$

44 정답률 약 40% [13년 2회, 17년 2회 기출]

$Corr(X,Y)$가 X와 Y의 상관계수일 때, 성립하지 않는 내용을 모두 짝지은 것은?

ㄱ. X와 Y가 서로 독립이면 $Corr(X,Y)=0$이다.
ㄴ. $Corr(10X, Y) = 10Corr(X,Y)$
ㄷ. 두 변수 X와 Y 간의 상관계수가 1에 가까울수록 직선 관계가 강하고, -1에 가까울수록 직선 관계가 약하다.

① ㄱ, ㄴ ② ㄱ, ㄷ
③ ㄴ, ㄷ ④ ㄱ, ㄴ, ㄷ

해설
ㄱ. 두 확률변수가 서로 독립이면 상관계수는 0이다. 따라서 성립하는 내용이다.
ㄴ. $ac>0$이면, $Corr(X,Y)=Corr(aX+b, cY+d)$이다. 따라서, $Corr(10X, Y)=Corr(X,Y)$이다. 따라서 성립하지 않는 내용이다.
ㄷ. 상관계수 r_{XY}가 $r_{XY}=\pm1$이면 두 변수는 완전한 상관관계에 있다. 따라서, 두 변수 X와 Y 간의 상관계수가 ±1에 가까울수록 직선 관계가 강하다. $r=0$이면 두 변수는 선형이 아니거나 무상관이다. 따라서 성립하지 않는 내용이다.

정답: 41 ② 42 ② 43 ② 44 ③

45 정답률 약 40% [13년 1회, 20년 4회 기출]

두 확률변수 X와 Y 상관계수는 0.92이다. $U = \frac{1}{2}X + 5$, $V = \frac{3}{2}Y + 1$이라고 할 때, 두 확률 변수 U와 V의 상관계수는?

① 0.69
② −0.69
③ 0.92
④ −0.92

해설 상관계수 산출 케이스 3가지 중 '변수의 부호를 고려해야 하는 경우'에 해당한다. $ac > 0$이면, $Corr(X, Y) = Corr(aX+b, cY+d)$이므로, 아래와 같다.

$Corr(U, V) = Corr\left(\frac{1}{2}X + 5, \frac{3}{2}Y + 1\right)$
$= Corr(X, Y) = 0.92$

46 정답률 약 40% [15년 2회, 19년 1회 기출]

두 변수 (X, Y)의 n개의 자료 $(x_1, y_1), (x_2, y_2), \cdots, (x_n, y_n)$에 대하여 다음과 같이 정의된 표본상관계수 r에 대한 설명 중에서 틀린 것은?

$$r = \frac{\sum_{i=1}^{n}(x_i - \overline{x})(y_i - \overline{y})}{\sqrt{\sum_{i=1}^{n}(x_i - \overline{x})^2}\sqrt{\sum_{i=1}^{n}(y_i - \overline{y})^2}}$$

① 상관계수는 항상 −1 이상, 1 이하의 값을 갖는다.
② X와 Y 사이의 상관계수의 값과 $(X+2)$와 $2Y$ 사이의 상관계수의 값은 같다.
③ X와 Y 사이의 상관계수의 값과 $-3X$와 $2Y$ 사이의 상관계수의 값은 같다.
④ 서로 연관성이 있는 경우에도 X와 Y 사이의 상관계수의 값이 0이 될 수도 있다.

해설 $ac < 0$이면, $Corr(X, Y) = -Corr(aX+b, cY+d)$이므로, $Corr(X, Y) = -Corr(-3X+2, 2Y)$이다. 즉, 절댓값은 같지만 부호가 반대이다.
① (표본) 상관계수는 $-1 \leq r \leq 1$ 값을 갖는다.
② $Corr(X, Y) = Corr(aX+b, cY+d)$(단, $ac > 0$)이므로, $Corr(X, Y) = Corr(X+2, 2Y)$이다.
④ $r = 0$인 경우에 선형관계가 없더라도 비선형관계인 곡선관계 등은 존재할 수 있다. 즉, 두 변수간의 관계가 선형이 아니라면, 관련이 있어도 상관계수가 0이 될 수 있다.

47 정답률 약 20% [04년 3회, 15년 1회 기출]

다음 결과를 이용하여 X와 Y의 표본상관계수 r을 계산하면? (단, $r = \frac{\sum(X_i - \overline{X})(Y_i - \overline{Y})}{\sqrt{\sum(X_i - \overline{X})^2 \sum(Y_i - \overline{Y})^2}}$)

$n = 10$, $\sum X_i = 100$, $\sum X_i^2 = 1140$,
$\sum Y_i = 200$, $\sum Y_i^2 = 4140$, $\sum X_i Y_i = 2070$

① 0.35
② 0.40
③ 0.45
④ 0.50

해설

Step 1 기댓값 $E(X)$, $E(Y)$를 구한다.
$E(X) = \overline{X} = \frac{1}{n}\sum_{i=1}^{n}X_i = \frac{1}{10} \times 100 = 10$,
$E(Y) = \overline{Y} = \frac{1}{n}\sum_{i=1}^{n}Y_i = \frac{1}{10} \times 200 = 20$

Step 2 공분산 $Cov(X, Y)$를 구한다.
$Cov(X, Y) = E(XY) - E(X)E(Y)$
$= \frac{\sum_{i=1}^{n}X_iY_i - \frac{1}{n}\sum_{i=1}^{n}X_i \sum_{i=1}^{n}Y_i}{n-1}$
$= \frac{2070 - \frac{1}{10} \times 100 \times 200}{9} = \frac{70}{9}$

Step 3 분산 $Var(X)$, $Var(Y)$를 구한다.
$Var(X) = \frac{1}{n-1} \times \left\{\sum_{i=1}^{n}X_i^2 - \frac{\left(\sum_{i=1}^{n}X_i\right)^2}{n}\right\}$
$= \frac{1}{9} \times \left\{1140 - \frac{(100)^2}{10}\right\} = \frac{140}{9}$

$Var(Y) = \frac{1}{n-1} \times \left\{\sum_{i=1}^{n}Y_i^2 - \frac{\left(\sum_{i=1}^{n}Y_i\right)^2}{n}\right\}$
$= \frac{1}{9} \times \left\{4140 - \frac{(200)^2}{10}\right\} = \frac{140}{9}$

Step 4 상관계수를 산출한다.
$Corr(X, Y) = \frac{Cov(X, Y)}{\sqrt{Var(X)}\sqrt{Var(Y)}}$
$= \frac{\frac{70}{9}}{\sqrt{\frac{140}{9}} \times \sqrt{\frac{140}{9}}} = 0.5$이다.

정답 : 45 ③ 46 ③ 47 ④

48 정답률 약 30% [17년 3회 기출]

키와 몸무게의 상관계수가 0.6으로 계산되었다. 키에 2를 곱하고, 몸무게는 3을 곱하고 1을 더한 후 계산된 새로운 변수들 간의 상관계수는?

① 0.28
② 0.36
③ 0.52
④ 0.60

해설 두 변수 X, Y를 각각 키와 몸무게라고 하자. 문제에서는 키에 2를 곱하고, 몸무게는 3을 곱하고 1을 더한 후인 $2X, 3Y+1$에 대해 상관계수를 구하고자 한다. $ac > 0$이면 $Corr(X, Y) = Corr(aX+b, cY+d)$이므로, $Corr(2X, 3Y+1) = Corr(X, Y) = 0.6$이다.

50 정답률 약 50% [08년 1회, 12년 1회, 16년 3회 기출]

상관계수에 관한 설명으로 옳은 것은?

① 두 변수 간에 차이가 있는가를 나타내는 측도이다.
② 두 변수 간의 분산의 차이를 나타내는 측도이다.
③ 두 변수 간의 곡선관계를 나타내는 측도이다.
④ 두 변수 간의 선형관계 정도를 나타내는 측도이다.

해설 상관관계는 두 변수 간의 선형관계 정도를 나타내는 측도이다. 즉, 상관계수의 절대치가 클수록 두 변수의 선형관계가 강하다고 할 수 있다.

49 정답률 약 30% [16년 2회 기출]

두 확률변수의 상관계수에 대한 설명으로 틀린 것은?

① 상관계수란 두 변수의 공분산을 두 변수의 표준편차의 곱으로 나눈 값으로 정의되는 측도이다.
② 상관계수는 두 변수 사이에 함수관계가 어느 정도 강한가를 나타내는 측도이다.
③ 두 확률변수가 서로 독립이면 상관계수는 0이다.
④ 두 변수 사이에 일차함수의 관계가 존재하면, 상관계수 1 또는 -1이다.

해설 상관계수 $Corr(X, Y) = \dfrac{Cov(X, Y)}{\sqrt{Var(X)}\sqrt{Var(Y)}}$는 두 변수 사이의 선형적 관계의 강도를 나타내는 지표이지, 함수관계의 강도를 나타내는 것이 아니다. 만약, 두 변수 사이에 비선형적인 함수관계가 있는 경우에도 상관계수는 0에 가까울 수 있다.

51 정답률 약 50% [16년 2회, 19년 3회 기출]

회귀분석에서 결정계수 R^2에 대한 설명으로 틀린 것은?

① $R^2 = \dfrac{SSR}{SST}$
② $-1 \leq R^2 \leq 1$
③ SSE가 작아지면 R^2은 커진다.
④ R^2은 독립변수의 수가 늘어날수록 증가하는 경향이 있다.

해설 결정계수가 취할 수 있는 범위는 $0 \leq R^2 \leq 1$이다.
① 결정계수 공식은 $R^2 = \dfrac{회귀변동}{전체변동} = \dfrac{SSR}{SST} = 1 - \dfrac{SSE}{SST}$이다.
③ $R^2 = 1 - \dfrac{SSE}{SST}$ 공식을 통해, SSE가 작아지면 R^2값은 커진다는 것을 알 수 있다. 즉, 잔차제곱합 SSE이 작아진다는 것은 오차가 작아진다는 것이며, 이는 모형이 데이터를 잘 설명한다는 것이므로 R^2값은 커지는 것이다.
④ R^2은 독립변수의 수가 늘어날수록 증가하는 경향이 있다. 따라서 변수 추가로 인한 과적합(Overfitting) 문제를 방지하기 위해 수정결정계수 R_{adj}^2를 사용하여 모델의 적합도를 평가하는 것이 좋다.

정답 : 48 ④ 49 ② 50 ④ 51 ②

52 정답률 약 40% [02년 1회, 13년 3회, 17년 3회 기출]

이산형 확률변수 (X, Y)의 결합확률분포표가 다음과 같이 주어진 경우, X와 Y의 상관계수에 대한 설명으로 옳은 것은?

Y \ X	1	2	3	4	5
1	0.15	0.10	0.00	0.00	0.00
2	0.00	0.15	0.05	0.00	0.00
3	0.00	0.05	0.10	0.10	0.00
4	0.00	0.00	0.00	0.15	0.05
5	0.00	0.00	0.00	0.00	0.10

① 상관계수는 양의 값을 갖는다.
② 상관계수는 음의 값을 갖는다.
③ 상관계수는 0이다.
④ 상관계수를 구할 수 없다.

해설 상관계수 산출 케이스 3가지 중 '결합확률분포가 주어지는 경우'에 해당한다. 결합확률 $P(X, Y) = 0$인 칸은 제외하고 수치가 기재된 경우에 대해서만 산출한다.

Step 1 기댓값를 $E(X)$, $E(Y)$를 구한다.
빠른 산출을 위해 값이 존재하는 칸을 대상으로 한다.
$E(X) = \sum_X \sum_Y X \times P(X, Y)$
$= 1 \times P(1,1) + 2 \times \{P(2,1) + P(2,2) + P(2,3)\}$
$+ \cdots + 5 \times \{P(5,4) + P(5,5)\} = 2.95$
같은 방식으로 기댓값 $E(Y)$를 구하면,
$E(Y) = \sum_X \sum_Y Y \times P(X, Y) = 2.70$이다.

Step 2 이산형 확률변수의 $E(XY)$를 구한다.
$E(XY) = \sum_{i=1}^{n} \sum_{j=1}^{m} X_i Y_j \times P(X_i, Y_j)$
$= 1 \times 1 \times 0.15 + \cdots + 5 \times 5 \times 0.1 = 9.55$

Step 3 공분산 $Cov(X, Y) = E(XY) - E(X)E(Y)$를 산출한다.
$Cov(X, Y) = E(XY) - E(X)E(Y)$
$= 9.55 - 2.95 \times 2.7 = 1.585$

Step 4 공분산이 $Cov(X, Y) = 1.585$이고, 문제에서는 상관계수의 부호에만 관심이 있으므로 추가적으로 분산 $Var(X)$, $Var(Y)$을 구할 필요는 없다. 최종적으로 상관계수는 아래와 같다.
$Corr(X, Y) = \dfrac{Cov(X, Y)}{\sqrt{Var(X)}\sqrt{Var(Y)}}$
$= \dfrac{1.585}{\sqrt{Var(X)}\sqrt{Var(Y)}} > 0$
즉, 상관계수는 양의 값을 갖는다.

53 정답률 약 50% [16년 3회 기출]

선형회귀분석에서의 모형에 대한 가정으로 틀린 것은?

① 독립변수 X와 종속변수 Y사이에는 선형적인 관계를 가정한다.
② 오차항은 평균이 0인 정규분포를 가정한다.
③ 오차항의 분산은 σ^2으로 일정하다.
④ 결정계수 $R^2 = 1$이다.

해설 $R^2 = 1$이라는 것은 모델이 데이터를 완벽하게 설명한다는 의미이다. 그러나 실제 분석에서는 완벽한 설명력을 가진 모델은 거의 없다. 즉, $R^2 = 1$이라는 가정은 일반적인 회귀분석에서 성립하지 않는 경우가 많다.

54 정답률 약 30% [15년 3회, 20년 3회 기출]

중회귀모형에서 결정계수에 대한 설명으로 옳은 것은?

① 결정계수는 1보다 큰 값을 가질 수 있다.
② 상관계수의 제곱은 결정계수와 동일하다.
③ 설명변수를 통한 반응변수에 대한 설명력을 나타낸다.
④ 변수가 추가될 때 결정계수는 감소한다.

해설 중회귀모형에서도 결정계수 R^2은 설명변수를 통한 반응변수에 대한 설명력을 나타낸다.
① 결정계수가 취할 수 있는 범위는 $0 \leq R^2 \leq 1$이다.
② 중회귀모형에서는 다수의 설명변수가 존재하므로 상관계수의 제곱이 결정계수와 동일하지 않다.
④ 모델에서 변수가 추가되면 결정계수 R^2는 감소하지 않고 오히려 증가하거나 유지된다. 단, 설명력이 없는 변수를 추가할 경우에는 수정결정계수 R_{adj}^2는 감소할 수 있다.

정답 : 52 ①   53 ④   54 ③

55 정답률 약 20% [19년 3회 기출]

다른 변수들의 상관관계를 통제하고 순수하게 두 변수 간의 상관관계를 나타내는 것은?

① 단순상관계수 ② 편상관계수
③ 다중상관계수 ④ 결정계수

해설 편상관계수(Partial Correlation Coefficient)는 다른 변수들의 상관관계를 통제하고 순수하게 두 변수 간의 상관관계를 나타낸다.
> 예 '소득'과 '건강수준' 사이의 상관관계를 분석
> – '나이'가 두 변수 간의 관계에 영향을 미친다면?
> – 편상관계수를 사용하여 '나이'라는 변수의 영향을 통제한 후에 '소득'과 '건강수준' 간의 관계를 측정한다.

56 정답률 약 60% [01년 3회, 13년 1회, 18년 2회 기출]

회귀분석 결과, 분산분석표에서 잔차제곱합(SSE)은 60, 총제곱합(SST)은 240임을 알았다. 이 회귀모형의 결정계수는?

① 0.25 ② 0.5
③ 0.75 ④ 0.95

해설 결정계수 R^2 공식에 의해 아래와 같이 산출된다. 이 공식에서 $SST = SSR + SSE$임을 활용한다.
$$R^2 = \frac{SSR}{SST} = 1 - \frac{SSE}{SST} = 1 - \frac{60}{240} = 0.75$$

57 정답률 약 40%

[04년 3회, 08년 3회, 10년 1회, 14년 1회, 21년 1회 기출]

중회귀분석에서 회귀제곱합(SSR)이 150이고, 오차제곱합(SSE)이 50인 경우, 결정계수는?

① 0.25 ② 0.3
③ 0.75 ④ 1.1

해설 문제에 $SSR = 150$, $SSE = 50$임이 주어져 있으므로, $SST = SSR + SSE = 150 + 50 = 200$이다. 따라서 결정계수 R^2 공식을 활용하면, 아래와 같다.
$$R^2 = \frac{회귀변동}{전체변동} = \frac{SSR}{SST} = \frac{150}{200} = 0.75$$

58 정답률 약 40% [16년 1회, 20년 4회 기출]

추정된 회귀선이 주어진 자료에 얼마나 잘 적합되는지 알아보는데 사용하는 결정계수를 나타낸 식이 아닌 것은? (단, Y_i는 주어진 자료의 값이고, $\widehat{Y_i}$은 추정값이며, $\overline{Y}$는 자료의 평균이다.)

① 회귀제곱합/총제곱합
② $\sum (\widehat{Y_i} - \overline{Y})^2 / \sum (Y_i - \overline{Y})^2$
③ $1 -$ 잔차제곱합/회귀제곱합
④ $1 - \sum (Y_i - \widehat{Y_i})^2 / \sum (Y_i - \overline{Y})^2$

해설 $1 - \dfrac{잔차제곱합}{회귀제곱합} = 1 - \dfrac{SSE}{SSR}$ 는 결정계수가 아니다.
결정계수 공식에서 분모가 SST임을 기억하자.
①, ②, ④ 결정계수 공식은 아래와 같다.
$$R^2 = \frac{회귀변동}{전체변동} = \frac{회귀제곱합}{총제곱합}$$
$$= \frac{SSR}{SST} = 1 - \frac{SSE}{SST} = 1 - \frac{잔차제곱합}{총제곱합}$$
공식에 등장하는 SST, SSR, SSE는 아래와 같다.
$$SST = \sum_{i=1}^{n}(Y_i - \overline{Y})^2$$
$$SSE = \sum_{i=1}^{n}(Y_i - \widehat{Y_i})^2$$
$$SSR = \sum_{i=1}^{n}(\widehat{Y_i} - \overline{Y})^2$$
위 수식을 결정계수 공식에 대입해보자.
$$R^2 = \frac{\sum (\widehat{Y_i} - \overline{Y})^2}{\sum (Y_i - \overline{Y})^2} = 1 - \frac{\sum (Y_i - \widehat{Y_i})^2}{\sum (Y_i - \overline{Y})^2}$$

59 정답률 약 20% [13년 3회, 21년 2회 기출]

두 변수 가족 수와 생활비 간의 상관계수가 0.60이라면, 생활비 변동의 몇 %가 가족 수로 설명되어 진다고 할 수 있는가?

① 0.36% ② 0.6%
③ 36%   ④ 60%

해설 두 변수 가족 수와 생활비 간의 상관계수가 0.60이며, 독립변수와 종속변수가 각 1개인 단순회귀모형이다. 따라서 결정계수 R^2와 표본상관계수 r^2의 제곱은 같다.
$R^2 = r^2 = 0.6^2 = 0.36$
이때, 결정계수 $R^2 = 0.36$는 백분율 표기 시 36%이다. 결론적으로 생활비 변동의 36%가 가족 수로 설명된다.

정답 : 55 ② 56 ③ 57 ③ 58 ③ 59 ③

60 [03년 1회, 20년 4회 기출] 정답률 약 20%

설명변수(X)와 반응변수(Y) 사이에 단순회귀모형을 가정할 때, 결정계수는?

X	0	1	2	3	4	5
Y	4	3	2	0	−3	−6

① 0.205 ② 0.555
③ 0.745 ④ 0.946

해설 단순회귀모형에서 결정계수 R^2와 종속변수와 독립변수의 상관계수의 제곱 r^2이 같다는 것을 활용한다. 먼저, 주어진 값을 활용하기 위해 평균을 구한다.

$$\bar{x} = \frac{1}{6}\sum_{i=1}^{6} x_i = \frac{0+1+2+3+4+5}{6} = 2.5$$

$$\bar{y} = \frac{1}{6}\sum_{i=1}^{6} y_i = \frac{4+3+2+0+(-3)+(-6)}{6} = 0$$

산출한 평균을 활용하여, 아래와 같은 표를 완성한다.

x_i	0	1	2	3	4	5
$(x_i-\bar{x})^2$	$(0-2.5)^2$	$(1-2.5)^2$	⋯	⋯	$(4-2.5)^2$	$(5-2.5)^2$
y_i	4	3	⋯	⋯	−3	−6
$(y_i-\bar{y})^2$	$(4-0)^2$	$(3-0)^2$	⋯	⋯	$(-3-0)^2$	$(-6-0)^2$
xy	0	3	⋯	⋯	−12	−30
x_i^2	0	1	⋯	⋯	16	25

설명변수(X)와 반응변수(Y)의 분산은 아래와 같다.

$$Var(X) = S_X^2 = \frac{\sum_{i=1}^{6}(x_i-\bar{x})^2}{6-1} = \frac{17.5}{5}$$

$$Var(Y) = S_Y^2 = \frac{\sum_{i=1}^{6}(y_i-\bar{y})^2}{6-1} = \frac{74}{5}$$

회귀모형의 기울기는 아래와 같이 산출된다.

$$b_1 = \hat{\beta}_1 = \frac{\sum_{i=1}^{6} x_i y_i - n\bar{x}\bar{y}}{\sum_{i=1}^{6} x_i^2 - n\bar{x}^2} = \frac{-35 - 6\times(2.5)\times 0}{55 - 6\times(2.5)^2}$$

$$= \frac{-35}{17.5} = -2$$

회귀모형의 기울기를 산출하는 다른 공식도 존재한다.

$$b_1 = r \times \frac{\sqrt{Var(Y)}}{\sqrt{Var(X)}} = r \times \frac{\sqrt{\frac{74}{5}}}{\sqrt{\frac{17.5}{5}}} = -2.$$

$r = -2 \times \sqrt{\frac{17.5}{74}}$ 이다.

결론적으로 $R^2 = r^2$임을 활용하여 결정계수를 산출한다.

$$r^2 = \left(-2 \times \sqrt{\frac{17.5}{74}}\right)^2 = 0.946$$

61 [16년 1회 기출] 정답률 약 60%

2개의 독립변수를 사용하여 선형회귀분석을 한 결과 다음의 분산분석표를 얻었다. 총 관측수가 11이었다면 회귀제곱합의 값은?

요인	자유도	제곱합	평균제곱	F
회귀	2	****	400	16
잔차	8	200	25	
전체	10	****		

① 400 ② 800
③ 1200 ④ 1600

해설 회귀제곱합 SSR은 회귀 요인의 평균제곱값

$MSR = \frac{SSR}{df(\text{자유도})}$ 임을 활용하여 산출 가능하다.

$MSR = 400$, $df = 2$이므로,
$SSR = MSR \times df = 400 \times 2 = 800$이다.

62 [15년 3회, 22년 2회 기출] 정답률 약 50%

다음은 단순회귀분석에서의 분산분석 결과이다. 결정계수를 구하면?

	자유도	제곱합
회귀	1	1575.76
잔차	8	349.14
계	9	1924.90

① 0.15 ② 0.18
③ 0.82 ④ 0.94

해설 $SSR = 1575.76$, $SST = 1924.90$임이 주어져 있다. 이를 활용하여 결정계수를 산출하면 아래와 같다.

$$R^2 = \frac{SSR}{SST} = \frac{1575.76}{1924.90} \approx 0.82$$

따라서 결정계수는 백분율로 표현하면 82%이다. 이 값은 회귀모형이 종속변수의 총 변동성 중에서 82%를 설명할 수 있다는 '설명력'을 갖는다.

정답: 60 ④ 61 ② 62 ③

63 정답률 약 50% [19년 2회 기출]

단순선형회귀모형 $y = \beta_0 + \beta_1 x + \varepsilon$을 고려하여 자료들로부터 다음과 같은 분산분석표를 얻었다. 이때 결정계수는 얼마인가?

변인	자유도	제곱합	평균제곱합	F
회귀	1	541.69	541.69	29.036
잔차	10	186.56	18.656	
전체	11	728.25		

① 0.7 ② 0.72
③ 0.74 ④ 0.76

해설 $SSR = 541.69$, $SST = 728.25$임이 주어져 있다. 이를 활용하여 결정계수를 산출하면 아래와 같다.
$$R^2 = \frac{SSR}{SST} = \frac{541.69}{728.25} \approx 0.74$$
따라서 결정계수는 백분율로 표현하면 74%이다. 이 값은 회귀모형이 종속변수의 총 변동성 중에서 74%를 설명할 수 있다는 '설명력'을 갖는다.

64 정답률 약 40% [12년 3회, 17년 3회 기출]

단순회귀모형에서 잔차에 의한 제곱합(SSE)이 4339이고, 회귀에 의한 제곱합(SSR)이 11963일 때, 결정계수는?

① 2.76 ② 0.27
③ 0.36 ④ 0.73

해설 $SSE = 4339$, $SSR = 11963$임이 주어져 있다. 이 값들을 활용하면 $SST = SSR + SSE = 16302$이다. 이를 활용하여 결정계수를 산출하면 아래와 같다.
$$R^2 = \frac{SSR}{SST} = \frac{11963}{16302} = 1 - \frac{SSE}{SST}$$
$$= 1 - \frac{4339}{16302} \approx 0.73$$
따라서 결정계수는 백분율로 표현하면 73%이다. 이 값은 회귀모형이 종속변수의 총 변동성 중에서 73%를 설명할 수 있다는 '설명력'을 갖는다.

65 정답률 약 50% [19년 2회 기출]

회귀분석에서의 결정계수에 관한 설명으로 틀린 것은?

① 결정계수 R^2의 범위는 $0 \leq R^2 \leq 1$이다.
② 종속변수의 총변동 중 회귀직선에 기인한 변동의 비율을 나타낸다.
③ 결정계수는 잔차제곱합(SSE)을 총제곱합(SST)으로 나눈 값이다.
④ 단순회귀분석의 경우 종속변수와 독립변수의 상관계수를 제곱한 값이 결정계수이다.

해설 결정계수 공식은 $R^2 = \dfrac{\text{회귀 변동}}{\text{전체 변동}} = \dfrac{SSR}{SST} = 1 - \dfrac{SSE}{SST}$
이다. 즉, 결정계수는 회귀제곱합(SSR)을 총제곱합(SST)으로 나눈 값이다.

66 정답률 약 50% [11년 1회, 19년 1회 기출]

결정계수(Coefficient of Determination)에 대한 설명으로 틀린 것은?

① 총변동 중에서 회귀식에 의하여 설명되어지는 변동의 비율을 뜻한다.
② 종속변수에 미치는 영향이 적은 독립변수가 추가되어도 결정계수는 변하지 않는다.
③ 모든 측정값들이 추정회귀직선상에 있는 경우 결정계수는 1이다.
④ 단순회귀의 경우 독립변수와 종속변수 간의 표본상관계수의 제곱과 같다.

해설 결정계수 R^2는 독립변수가 추가되면, 그 변수가 종속변수에 미치는 영향이 적더라도 항상 커지거나 유지된다. 그러나 이것이 실제 모형의 성능 향상을 의미하는 것은 아니며, 그 때문에 수정결정계수 $R_{adj}^{\ 2}$를 사용하는 경우가 많다.

정답 : 63 ③ 64 ④ 65 ③ 66 ②

67 정답률 약 40% [15년 2회 기출]

회귀분석에서 결정계수(R^2)에 관한 설명으로 옳은 것은?

① 결정계수로부터 상관계수를 알 수 있다.
② 종속변수가 독립변수를 몇 %나 설명할 수 있는지를 나타낸다.
③ 추정된 회귀식이 유의한지를 판단하는 유일한 기준치이다.
④ 독립변수가 종속변수를 몇 %나 설명할 수 있는지를 나타낸다.

해설 결정계수 R^2는 회귀분석에서 모형의 설명력을 평가하는 중요한 지표이다. 이때, 결정계수는 종속변수의 총변동 중에서 회귀식(혹은 회귀직선)에 의하여 설명되어지는 변동의 비율을 의미하며, 공식은 아래와 같다.

$$R^2 = \frac{SSR}{SST} = 1 - \frac{SSE}{SST}$$

이 값을 산출하여 독립변수가 종속변수를 몇 %나 설명할 수 있는지를 나타낸다.
① 결정계수 R^2와 상관계수 r은 관련이 있지만, 항상 직접적으로 상관계수를 알 수 있는 것은 아니다. 특히, 다중회귀분석에서는 상관계수가 여러 독립변수 간의 관계를 복합적으로 반영하므로 단순히 결정계수로 상관계수를 알 수 없다.
단, 단순선형회귀에서는 $R^2 = r^2$가 성립한다.
② 결정계수는 독립변수가 종속변수를 몇 %나 설명할 수 있는지를 나타낸다. 즉, 반대로 설명한 선지이다.
③ 결정계수 R^2는 회귀모형의 설명력을 나타내지만, 회귀식이 유의한지를 판단하는 데는 충분하지 않다. 따라서 통계적 검정을 추가적으로 수행하는 것이다.

68 정답률 약 40% [20년 3회 기출]

피어슨 상관계수에 관한 설명으로 옳은 것은?

① 두 변수가 곡선관계가 되었을 때 기울기를 의미한다.
② 두 변수가 모두 질적 변수일 때만 사용한다.
③ 상관계수가 음일 경우는 어느 한 변수가 커지면 다른 변수도 커지려는 경향이 있다.
④ 단순회귀분석에서 결정계수의 제곱근은 반응변수와 설명변수의 피어슨 상관계수이다.

해설 결정계수 R^2는 단순회귀모형에서는 종속변수와 독립변수의 상관계수의 제곱 r^2과 같으며, 이를 $R^2 = r^2$라고 표기한다.
즉, $r = \sqrt{R^2}$이므로 단순회귀분석에서 결정계수의 제곱근은 반응변수와 설명변수의 피어슨 상관계수이다.
① 피어슨 상관계수는 선형적 관계를 측정하는 도구이다. 두 변수 사이에 곡선 관계가 있을 때는 피어슨 상관계수를 사용하는 것이 적절하지 않다.
② 피어슨 상관계수는 양적 변수(등간·비율척도) 사이의 관계를 측정할 때 사용된다. 질적(범주형) 변수에는 적합하지 않다.
③ 상관계수가 음이면, 한 변수가 커질 때 다른 변수는 작아지는 경향이 있다.

69 정답률 약 40% [18년 1회 기출]

매출액과 광고액은 직선의 관계에 있으며, 이때 상관계수는 0.90이다. 만일 매출액을 종속변수 그리고 광고액을 독립변수로 선형회귀분석을 실시할 경우, 추정된 회귀선의 설명력에 해당하는 값은?

① 0.99 ② 0.91
③ 0.89 ④ 0.81

해설 결정계수는 단순선형회귀분석에서 독립변수와 종속변수 간의 표본상관계수의 제곱과 같다. → $R^2 = r^2$
매출액과 광고액이 직선의 관계에 있음과 상관계수가 0.90임이 주어져 있으므로, $r^2 = (0.9)^2 = 0.81$이다.
결론적으로 추정된 회귀선의 설명력에 해당하는 결정계수를 산출하면 $R^2 = r^2 = 0.81$이다.

정답: 67 ④ 68 ④ 69 ④

70 정답률 약 30% [18년 1회 기출]

통계학 강의를 수강한 학생들을 대상으로 결석시간 X와 학기 말 성적 Y의 관계를 회귀모형 $Y_i = \beta_0 + \beta_1 X_i + \varepsilon_i$, $\varepsilon_i \sim N(0,\sigma^2)$ 이고 서로 독립의 가정하에 분석하기로 하고 수강생 10명을 임의로 추출하여 얻은 자료를 정리하여 다음의 결과를 얻었다.

> 추정회귀직선 : $\hat{y} = 85.93 - 10.62x$
> $\sum_{i=1}^{10}(y_i - \bar{y})^2 = 2514.50$, $\sum_{i=1}^{10}(y_i - \hat{y})^2 = 246.72$

결석시간 x와 학기 말 성적 y간의 상관계수를 구하면?

① 0.95
② −0.95
③ 0.90
④ −0.90

해설 결정계수는 단순회귀분석이면 독립변수와 종속변수 간의 표본상관계수의 제곱과 같고, $R^2 = r^2$이다. 이때, 상관계수 r은 추정회귀직선 $\hat{y} = 85.93 - 10.62x$ 같이 추정회귀계수 $b_1 = -10.62$가 음수이면 결정계수의 음의 제곱근 $-\sqrt{R^2}$ 과 같다. $r = -\sqrt{R^2}$
$\sum_{i=1}^{10}(y_i - \bar{y})^2 = 2514.50$, $\sum_{i=1}^{10}(y_i - \hat{y})^2 = 246.72$
이므로, 이를 결정계수 공식에 대입하면 다음과 같다.
$R^2 = \dfrac{SSR}{SST} = \dfrac{\sum(\hat{Y}_i - \bar{Y})^2}{\sum(Y_i - \bar{Y})^2} = 1 - \dfrac{SSE}{SST}$
$= 1 - \dfrac{\sum(Y_i - \hat{Y}_i)^2}{\sum(Y_i - \bar{Y})^2} = 1 - \dfrac{246.72}{2514.50} \fallingdotseq 0.90$
따라서 상관계수는 $r = -\sqrt{0.9} \fallingdotseq -0.95$이다.

3 상관계수의 검정

71 정답률 약 50% [13년 3회, 17년 2회, 21년 2회 기출]

두 변수 X, Y의 상관계수에 대한 유의성 검정 ($H_0 : \rho_{XY} = 0$)을 t−검정으로 할 때, 검정통계량은? (단, r_{XY}는 표본상관계수이다.)

① $r_{XY}\sqrt{\dfrac{n-2}{1-r_{XY}^2}}$
② $r_{XY}\sqrt{\dfrac{n+2}{1-r_{XY}^2}}$
③ $r_{XY}\sqrt{\dfrac{n-2}{1+r_{XY}^2}}$
④ $r_{XY}\sqrt{\dfrac{n+2}{1+r_{XY}^2}}$

해설 상관계수에 대한 유의성 검정은 두 변수 간의 관계가 유의미한지를 확인하여 통계적 관련성을 검증한다. 이때, 검정통계량은 자유도가 $n-2$인 t분포를 따른다.
$t = \sqrt{n-2} \times \dfrac{r}{\sqrt{1-r^2}} = r_{XY}\sqrt{\dfrac{n-2}{1-r_{XY}^2}}$

정답 : 70 ② 71 ①

72 정답률 약 20%   [15년 3회, 21년 3회 기출]

모 상관계수가 ρ인 이변량 정규분포를 따르는 두 변수에 대한 자료 $(x_i, y_i)(i=1,\cdots,n)$에 대하여

표본상관계수 $r = \dfrac{\sum_{i=1}^{n}(x_i - \overline{x})(y_i - \overline{y})}{\sqrt{\sum_{i=1}^{n}(x_i - \overline{x})^2}\sqrt{\sum_{i=1}^{n}(y_i - \overline{y})^2}}$

을 이용하여 귀무가설 $H_0 : \rho = 0$을 검정하고자 한다. 이때 사용되는 검정통계량과 그 자유도는?

① $\sqrt{n-1}\dfrac{r}{\sqrt{1-r}}$, $n-1$

② $\sqrt{n-2}\dfrac{r}{\sqrt{1-r}}$, $n-2$

③ $\sqrt{n-1}\dfrac{r}{\sqrt{1-r^2}}$, $n-1$

④ $\sqrt{n-2}\dfrac{r}{\sqrt{1-r^2}}$, $n-2$

해설 상관계수에 대한 유의성 검정은 두 변수의 상관관계가 통계적으로 유의미한지를 확인하기 위한 절차이다.

귀무가설 H_0 $H_0 : \rho = 0$	두 변수 X와 Y는 상관관계가 없다.
대립가설 H_1 $H_1 : \rho \neq 0$	두 변수 X와 Y는 상관관계가 있다.

이 검정은 자유도가 $n-2$인 양측 t검정을 수행한다.
$t = \sqrt{n-2} \times \dfrac{r}{\sqrt{1-r^2}} \sim t(n-2)$

03 단순회귀분석   TOPIC

73 정답률 약 60%   [17년 1회 기출]

어떤 승용차의 가격이 출고 연도가 지남에 따라 얼마나 떨어지는가를 알아보기 위하여 이 승용차에 대한 중고판매가격에 대한 조사를 하였다. 사용연수와 중고차 가격과의 관계를 보기 위한 적합한 분석방법은?

① 단순회귀분석   ② 중회귀분석
③ 분산분석   ④ 다변량분석

해설 단순회귀분석은 1:1로 1개의 독립변수(사용연수)와 1개의 종속변수(중고차 가격) 간의 관계를 분석한다.
② 중회귀분석은 n:1로 2개 이상의 독립변수와 1개의 종속변수의 관계를 분석한다.
③ 일원분산분석의 경우에는 1개의 요인에 대해 집단별로 종속변수에 미치는 영향을 비교하고, 이원분산분석은 2개의 요인이 종속변수에 미치는 영향을 동시에 비교한다.
④ 다변량분석은 2개 이상의 종속변수와 여러 개의 독립변수가 있을 때, 변수들 간 관계를 분석한다.

74 정답률 약 20%   [03년 3회, 19년 1회 기출]

크기가 10인 표본으로부터 얻은 자료 (x_1, y_1), $(x_2, y_2), \cdots, (x_{10}, y_{10})$에서 얻은 단순선형회귀식의 기울기가 0인지 아닌지를 검정할 때, 사용되는 t-분포의 자유도는?

① 19   ② 18
③ 9   ④ 8

해설 크기가 10인 표본으로 단순선형회귀식의 기울기 β_1에 대한 [회귀계수의 유의성 검정]을 수행한다.

귀무가설 H_0 $H_0 : \beta_1 = 0$	독립변수와 종속변수 간에 관계가 없다.
대립가설 H_1 $H_1 : \beta_1 \neq 0$	독립변수와 종속변수 간에 관계가 있다.

이 검정은 자유도가 $n-2$인 양측 t검정을 수행하므로, $n=10$이면 t-분포의 자유도는 $n-2=8$이다.

정답 : 72 ④   73 ①   74 ④

75 정답률 약 40% [14년 2회, 20년 1·2회 통합 기출]

통계학 과목을 수강한 학생 가운데 학생 10명을 추출하여, 그들이 강의에 결석한 시간(X)과 통계학 점수(Y)를 조사하여 다음 표를 얻었다.

X	5	4	5	7	3	5	4	3	7	5
Y	9	4	5	11	5	8	9	7	7	6

단순선형 회귀분석을 수행한 다음 결과의 (   )에 들어갈 것으로 틀린 것은?

요인	자유도	제곱합	평균제곱	F-값
회귀	(a)	9.9	(b)	(c)
오차	(d)	33.0	(e)	
전체	(f)	42.9		

$$R^2 = \boxed{\text{(g)}}$$

① a=1, b=9.9   ② d=8, e=4.125
③ c=2.4   ④ g=0.7

해설 분산분석표를 완성하여 (a)~(f) 칸의 값을 기재해보자.

단순회귀모형 분산분석표

요인	제곱합	자유도 df	평균제곱	F값
회귀	$SSR=9.9$	(a) 1	(b) $MSR=\dfrac{SSR}{1}=9.9$	(c) $F=\dfrac{MSR}{MSE}=2.4$
잔차	$SSE=33.0$	(d) $n-2=8$	(e) $MSE=\dfrac{SSE}{n-2}=\dfrac{33.0}{8}=4.125$	
전체	$SST=42.9$	(f) $n-1=9$		

(g) 이 분산분석표를 활용하여 결정계수 값을 구해본다.
$R^2 = \dfrac{SSR}{SST} = \dfrac{9.9}{42.9} ≒ 0.23$

76 정답률 약 40% [02년 3회, 21년 1회 기출]

관측값 12개를 갖고 수행한 단순회귀분석에서 회귀직선의 유의성 검정을 위해 작성된 분산분석표가 다음과 같다. ㉠~㉢에 해당하는 값은?

요인	제곱합	자유도	평균제곱	F-값
회귀	66	1	66	㉢
잔차	220	㉠	㉡	

① ㉠ : 10, ㉡ : 22, ㉢ : 3
② ㉠ : 10, ㉡ : 220, ㉢ : 3.67
③ ㉠ : 11, ㉡ : 22, ㉢ : 3.3
④ ㉠ : 11, ㉡ : 220, ㉢ : 0.3

해설 관측값이 12개임이 주어져 있으므로, $n=12$이다. 표에 기재된 값들을 활용해 분산분석표를 완성하자.

단순회귀모형 분산분석표

요인	제곱합	자유도 df	평균제곱	F값
회귀	$SSR=66$	1	$MSR=\dfrac{SSR}{1}=66$	㉢ $F=\dfrac{MSR}{MSE}=3$
잔차	$SSE=220$	㉠ $n-2=10$	㉡ $MSE=\dfrac{SSE}{n-2}=\dfrac{220}{10}=22$	
전체	$SST=286$	$n-1=11$		

※ n : 표본의 크기

정답 : 75 ④ 76 ①

77 정답률 약 60% [15년 2회 기출]

단순 선형회귀모형 $Y = \alpha + \beta X + \varepsilon$을 적용하여 주어진 자료들로부터 회귀직선을 추정하고 다음과 같은 분산분석표를 얻었다.

요인	제곱합	자유도	평균제곱	F	유의확률
회귀	18.18	1	18.18	629.76	0.0001
잔차	0.289	10	0.0289		
전체	18.469	11			

이때 추정에 사용된 자료수와 결정계수는?

① $11, \dfrac{18.18}{0.289}$ ② $11, \dfrac{18.18}{18.469}$

③ $12, \dfrac{18.18}{0.289}$ ④ $12, \dfrac{18.18}{18.469}$

해설 분산분석표를 통해 구한 표본의 개수는 $n = 12$이다.

$$R^2 = \frac{SSR}{SST} = \frac{18.18}{18.469}$$

단순회귀모형 분산분석표

요인	제곱합	자유도 df	평균제곱	F값
회귀	$SSR = 18.18$	1	$MSR = \dfrac{SSR}{1} = 18.18$	$F = \dfrac{MSR}{MSE} = 629.76$
잔차	$SSE = 0.289$	$n-2 = 10$	$MSE = \dfrac{SSE}{n-2} = 0.0289$	
전체	$SST = 18.469$	$n-1 = 11$		

이 분산분석표를 활용하여 결정계수 R^2 값을 구해본다.

$$R^2 = \frac{SSR}{SST} = \frac{18.18}{18.469}$$

78 정답률 약 40% [16년 2회 기출]

단순회귀모형 $y_i = \alpha + \beta x_i + \varepsilon_i$, $\varepsilon_i \sim N(0, \sigma^2)$, $i = 1, 2, \cdots, n$이고 서로 독립일 때, 가설 $H_0 : \beta = 0$, $H_1 : \beta \neq 0$에 대한 검정통계량은?

① $\dfrac{\sum_{i=1}^{n}(\hat{y_i} - \overline{y})^2}{\sum_{i=1}^{n}(y_i - \overline{y})^2 / (n-1)}$

② $\dfrac{\sum_{i=1}^{n}(y_i - \hat{y_i})^2 / (n-2)}{\sum_{i=1}^{n}(y_i - \overline{y})^2 / (n-1)}$

③ $\dfrac{\sum_{i=1}^{n}(\hat{y_i} - \overline{y})^2}{\sum_{i=1}^{n}(y_i - \hat{y_i})^2 / (n-2)}$

④ $\dfrac{\sum_{i=1}^{n}(y_i - \overline{y})^2 / (n-1)}{\sum_{i=1}^{n}(y_i - \hat{y_i})^2 / (n-2)}$

해설 단순회귀모형의 [회귀계수의 유의성 검정]은 독립변수가 종속변수에 미치는 영향이 유의미한지 검정한다.

이때, 자유도 $df = (1, n-2)$인 $F-$검정을 수행하는데, 자유도 중 1은 회귀 자유도, $n-2$는 오차 자유도이다.

$$F = \frac{MSR}{MSE} = \frac{\dfrac{SSR}{1}}{\dfrac{SSE}{n-2}} \sim F(1, n-2)$$

회귀제곱합 $SSR = \sum_{i=1}^{n}(\hat{y_i} - \overline{y})^2$

오차제곱합 $SSE = \sum_{i=1}^{n}(y_i - \hat{y_i})^2$

총 제곱합 $SST = \sum_{i=1}^{n}(y_i - \overline{y})^2$

이 공식을 대입하면 $F-$검정통계량은 아래와 같다.

$$F = \frac{\sum_{i=1}^{n}(\hat{y_i} - \overline{y})^2}{\sum_{i=1}^{n}(y_i - \hat{y_i})^2 / (n-2)}$$

선지를 보면, 분모와 분자에 각기 다른 자유도 df가 주어져 있다.

즉, 이 문제는 자유도 df에 대한 이해도를 파악한다.

정답 : 77 ④ 78 ③

79 [정답률 약 30%] [18년 3회 기출]

단순선형회귀모형 $y_i = \alpha + \beta x_i + e_i \ (i=1,2,\cdots,n)$ 에서 최소제곱추정량 $y = \hat{\alpha} + \hat{\beta}x$ 로부터 잔차 $\hat{e_i} = y_i - \hat{y_i}$ 가 서로 독립이고 등분산인 오차들의 분산 $Var(e_i) = \sigma^2 \ (i=1,2,\cdots,n)$ 의 불편추정량을 구하면?

① $\hat{\sigma^2} = \dfrac{\sum_{i=1}^{n}(y_i - \hat{y_i})^2}{n-3}$ ② $\hat{\sigma^2} = \dfrac{\sum_{i=1}^{n}(y_i - \hat{y_i})^2}{n-2}$

③ $\hat{\sigma^2} = \dfrac{\sum_{i=1}^{n}(y_i - \hat{y_i})^2}{n-1}$ ④ $\hat{\sigma^2} = \dfrac{\sum_{i=1}^{n}(y_i - \hat{y_i})^2}{n}$

해설 선형회귀모형에서 오차들의 분산에 대한 불편추정량은 오차제곱합(SSE)을 자유도 df로 나눈 $MSE = \dfrac{SSE}{df}$ 이다.

구분	오차의 평균제곱 MSE
단순선형회귀 모형	$MSE = \dfrac{SSE}{n-2} = \hat{\sigma^2} = \dfrac{\sum_{i=1}^{n}(y_i - \hat{y_i})^2}{n-2}$
다중선형회귀 모형	$MSE = \dfrac{SSE}{n-k-1} = \hat{\sigma^2} = \dfrac{\sum_{i=1}^{n}(y_i - \hat{y_i})^2}{n-k-1}$ $= \dfrac{1}{n-k-1}\sum_{i=1}^{n}e_i^2$ (※ 단, $n > k+1$이고, n은 표본의 크기, k는 독립변수의 개수이다.)

80 [정답률 약 50%] [18년 1회 기출]

단순회귀모형 $y_i = \alpha + \beta x_i + \varepsilon_i, \ i=1,2,\cdots,n$ 에 대한 설명으로 틀린 것은?

① 결정계수 X와 Y의 상관계수와는 관계없는 값이다.
② $\beta = 0$인 가설을 검정하기 위하여 자유도가 $n-2$인 t-분포를 사용할 수 있다.
③ 오차 ε_i의 분산의 추정량은 평균제곱오차이며 보통 MSE로 나타낸다.
④ 잔차의 그래프를 통해 회귀모형의 가정에 대한 타당성을 검토할 수 있다.

해설 결정계수 R^2는 단순회귀모형에서는 종속변수와 독립변수의 상관계수의 제곱 r^2과 같다. 따라서 $R^2 = r^2$이다.
② 단순회귀모형에서 [회귀계수의 유의성 검정]은 자유도가 $n-2$인 양측 t검정을 수행한다.
③ 단순회귀모형에서 오차 $\varepsilon_i \ (=e_i)$들의 분산인 $Var(e_i) = \sigma^2$의 불편추정량 MSE는 아래와 같다.

$$MSE = \dfrac{SSE}{n-2} = \hat{\sigma^2} = \dfrac{\sum_{i=1}^{n}(y_i - \hat{y_i})^2}{n-2}$$

④ 단순회귀모형의 가정하에서 최소제곱법에 의해 회귀직선을 추정한 경우, 잔차들의 산포도를 그려봄으로써 회귀직선의 타당성, 오차항의 등분산성, 오차항의 독립성을 검토할 수 있다.

정답 : 79 ② 80 ①

81 [18년 2회 기출]

단순회귀분석을 수행한 결과, 보기와 같은 결과를 얻었다.

- $\hat{y} = 5.766 + 0.722x$
- $\bar{x} = \dfrac{118}{5} = 23.6$
- 총제곱합 $SST = 192.8$
- 잔차제곱합 $SSE = 21.312$

결정계수 R^2값과 기울기에 대한 가설 $H_0 : \beta_1 = 0$에 대한 유의수준 5%에 대한 검정결과로 옳은 것은? (단, $\alpha = 0.05$, $t_{(0.025,3)} = 3.182$, $\sum_{i=1}^{5}(x_i - \bar{x})^2 = 329.2$)

① $R^2 = 0.889$, 기울기를 0이라 할 수 없다.
② $R^2 = 0.551$, 기울기를 0이라 할 수 없다.
③ $R^2 = 0.889$, 기울기를 0이라 할 수 있다.
④ $R^2 = 0.551$, 기울기를 0이라 할 수 있다.

해설

Step 1 결정계수 R^2값을 구한다.

$$R^2 = \dfrac{\text{회귀 제곱합}}{\text{총 제곱합}} = 1 - \dfrac{SSE}{SST} = 1 - \dfrac{21.312}{192.8} = 0.889$$

Step 2 귀무가설 H_0과 대립가설 H_1을 수립한다.

귀무가설 H_0 $H_0 : \beta_1 = 0$	독립변수 X와 종속변수 Y는 선형관계가 없다. 회귀계수 기울기는 $\beta_1 = 0$이다.
대립가설 H_1 $H_1 : \beta_1 \neq 0$	독립변수 X와 종속변수 Y는 선형관계가 있다. 회귀계수 기울기는 $\beta_1 \neq 0$이다.

Step 3 검정통계량 값 t_0을 구한다.

- 단순회귀분석에서 [회귀계수의 유의성 검정]은 자유도가 $n-2$인 양측 t검정을 수행한다.

$$t = \dfrac{\hat{\beta}_1 - \beta_1}{s.e.(\hat{\beta}_1)} = \dfrac{\hat{\beta}_1 - \beta_1}{\sqrt{Var(\hat{\beta}_1)}} = \dfrac{\hat{\beta}_1 - \beta_1}{\sqrt{\dfrac{MSE}{S_{xx}}}}$$

- 귀무가설 H_0이 참이라는 가정하에, 검정통계량 값을 구한다.

기울기	$\hat{\beta}_1 = 0.722$
총제곱합	$SST = 192.8$
잔차제곱합	$SSE = 21.312$
S_{xx}	$S_{xx} = \sum_{i=1}^{5}(x_i - \bar{x})^2 = 329.2$
MSE	$MSE = \dfrac{SSE}{n-2} = \dfrac{21.312}{(5-2)}$
검정통계량	$t_0 = \dfrac{\hat{\beta}_1 - \beta_1}{\sqrt{\dfrac{MSE}{S_{xx}}}} = \dfrac{0.722 - 0}{\sqrt{\dfrac{21.312/3}{329.2}}}$ $\fallingdotseq 4.9149$

Step 4 기각역의 임계치와 검정통계량 값 t_0을 비교한다.

- [회귀계수의 유의성 검정]에서 유의수준 α에 따른 기각역은 $|t| \geq t_{\frac{\alpha}{2}}(n-2)$이다.
  - 문제에는 $t_{(0.025,3)} = 3.182$가 주어져 있으므로, 그림으로 도식화하면 다음과 같다.

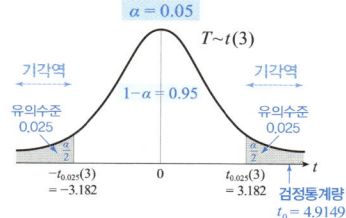

Step 5 결론

- 기각역의 임계치 $t_{0.025}(3) = 3.182$보다 검정통계량 값 $t_0 = 4.9149$가 더 크다. 따라서 귀무가설 H_0를 기각하므로, 기울기를 0이라 할 수 없다.

정답 : 81 ①

82 정답률 약 30% [16년 2회, 20년 1·2회 통합 기출]

단순회귀모형 $y_i = \beta_0 + \beta_1 x_i + \varepsilon_i, \varepsilon_i \sim N(0, \sigma^2)$ 이고 서로 독립, $i = 1, 2, \cdots, n$ 하에서 모회귀직선 $E(y) = \beta_0 + \beta_1 x$를 최소제곱법에 의해 추정한 추정회귀직선을 $\hat{y} = b_0 + b_1 x$라 할 때, 다음 설명 중 옳지 않은 것은? (단, $Sxx = \sum_{i=1}^{n}(x_i - \overline{x})^2$, $MSE = \sum_{i=1}^{n} \frac{(y_i - \hat{y_i})^2}{(n-2)}$ 이다.)

① 추정량 b_1은 평균이 β_1이고, 분산이 σ^2/S_{xx}인 정규분포를 따른다.
② 추정량 b_0은 회귀직선의 절편 β_0의 불편추정량이다.
③ MSE는 오차항 ε_i의 분산 σ^2에 대한 불편추정량이다.
④ $\dfrac{b_1 - \beta_1}{\sqrt{MSE/S_{xx}}}$는 자유도 각각 $1, n-2$인 $F-$분포 $F_{(1, n-2)}$를 따른다.

해설 단순회귀모형에서 [회귀계수의 유의성 검정]은 자유도가 $n-2$인 양측 t검정을 수행하며, 검정통계량은 $t = \dfrac{\hat{\beta_1} - \beta_1}{s.e.(\hat{\beta_1})} = \dfrac{\hat{\beta_1} - \beta_1}{\sqrt{Var(\hat{\beta_1})}} = \dfrac{b - \beta_1}{\sqrt{\dfrac{MSE}{S_{xx}}}} \sim t(n-2)$ 이다. 혹은 단순회귀모형의 [회귀모형의 유의성 검정]은 자유도 $df = (1, n-2)$인 F검정을 수행하며, 검정통계량은 $F = \dfrac{MSR}{MSE} = \dfrac{\dfrac{SSR}{1}}{\dfrac{SSE}{n-2}} \sim F(1, n-2)$ 이다.

[회귀계수의 유의성 검정]과 [회귀모형의 유의성 검정]을 혼동하지 않아야 함을 강조하는 문제이다. 나머지 보기들은 모두 옳은 설명이다.

특징	설명
$b_1 \sim N\left(\beta_1, \dfrac{\sigma^2}{S_{xx}}\right)$	$b_1 \sim N\left(\beta_1, \dfrac{\sigma^2}{S_{xx}}\right)$이며, $E(\hat{\beta_1}) = \beta_1$ $Var(\hat{\beta_1}) = \dfrac{\sigma^2}{S_{xx}} = \dfrac{\sigma^2}{\sum_{i=1}^{n}(x_i - \overline{x})^2}$ 이다. 추정량 b_1은 평균이 β_1이고, 분산이 σ^2/S_{xx}인 정규분포를 따른다. **기출**
$E(\hat{\beta_0}) = E(b_0) = \beta_0$ **기출**	추정량 b_0은 회귀직선의 절편 β_0의 불편추정량이다.
$E(MSE) = \sigma^2$ **기출**	MSE는 오차항 ϵ_i의 분산 σ^2에 대한 불편추정량이다.

83 정답률 약 30% [16년 3회, 21년 1회 기출]

단순회귀모형 $y_i = \beta_0 + \beta_1 x_i + \varepsilon_i$에 대한 분산분석표가 다음과 같다.

요인	제곱합	자유도	평균제곱	F
회귀	24.0	1	24.0	4.0
잔차	60.0	10	6.0	

설명변수와 반응변수가 양의 상관관계를 가질 때, $H_0 : \beta_1 = 0$ 대 $H_1 : \beta_1 \neq 0$을 검정하기 위한 $t-$검정통계량의 값은?

① -2 ② -1
③ 1 ④ 2

해설 단순회귀모형에서 [회귀계수의 유의성 검정]은 자유도가 $n-2$인 양측 t검정을 수행한다. 이때, 검정통계량은 아래와 같다.

$$t = \dfrac{\hat{\beta_1} - \beta_1}{s.e.(\hat{\beta_1})} = \dfrac{\hat{\beta_1} - \beta_1}{\sqrt{Var(\hat{\beta_1})}} = \dfrac{b_1 - \beta_1}{\sqrt{\dfrac{MSE}{S_{xx}}}}$$

$\sim t(n-2)$

그러나 이 문제에는 S_{xx} 값이 주어져 있지 않다.

• 귀무가설 H_0이 참이라는 가정하에, 검정통계량을 구한다.

검정통계량과 관련된 정보	
회귀제곱합	$SSR = 24$
잔차제곱합	$SSE = 60$
MSE	$MSE = \dfrac{SSE}{n-2} = \dfrac{60}{10} = 6$
S_{xx}	$S_{xx} = ?$
t_0	$t_0 = \dfrac{\hat{\beta_1} - \beta_1}{\sqrt{\dfrac{MSE}{S_{xx}}}} = \dfrac{? - 0}{\sqrt{\dfrac{6}{?}}}$

분산분석표에 주어진 정보만으로는 b_1과 S_{xx} 값을 알 수 없으므로, 검정통계량 t_0 값은 산출이 불가능하다.

이러한 케이스에 $\boxed{t^2 = F}$ 관계를 활용한다.

검정통계량의 관계를 활용하면 $t^2 = F$ 이므로, $t^2 = 4$ 이다.

따라서 t검정통계량 값은 $t = \pm 2$이다.
이때, 설명변수와 반응변수가 양의 상관관계를 가진다는 가정이 존재하므로 부호는 양(+)이며, $t = 2$이다.

정답 : 82 ④ 83 ④

84 정답률 약 20% [13년 3회 기출]

단순회귀분석에 관한 설명으로 틀린 것은?

① 표준화잔차의 절대치가 2 이상인 값은 이상치이다.
② DW(Durbin-Watson) 통계량이 0에 가까우면 독립이다.
③ 분산팽창계수(VIF)가 10 이상이면 다중공선성을 의심해야 한다.
④ 표준화잔차와 예측치를 산점도로 그려 등분산성을 검토해야 한다.

해설 Durbin-Watson(DW) 통계량 공식은 아래와 같다.

$$d = \frac{\sum_{i=2}^{n}(e_i - e_{i-1})^2}{\sum_{i=1}^{n} e_i^2} \approx 2(1-\hat{\rho})$$

이때, 통계량 값이 2에 가까우면 독립이다.

$0 < d < 2$	DW 통계량 값이 0에 가까울수록 잔차끼리 양의 자기상관을 갖는다.
$d = 2$	DW 통계량 값이 2이면, 잔차(오차)의 독립성을 만족한다. 즉, 잔차끼리 상관관계를 가지지 않는다.
$2 < d < 4$	DW 통계량 값이 4에 가까울수록 잔차끼리 음의 자기상관을 갖는다.

① 일반적으로 표준화잔차의 절대값이 2 이상이면 이상치로 간주한다. 이는 회귀 분석에서 잔차가 예측된 값에 비해 너무 큰 경우이므로, 이상치일 가능성이 높다는 의미이다.
③ 분산팽창계수 VIF(Variance Inflation Factor)는 회귀분석에서 다중공선성을 판단하는 지표이다. 일반적으로 VIF 값이 10 이상이면 다중공선성을 의심할 수 있으며, 이는 독립변수들 간에 높은 상관관계가 있음을 의미한다.
④ 등분산성은 회귀 분석에서 중요한 가정이다. 이는 잔차의 분포가 예측값에 상관없이 일정해야 함을 의미한다. 이를 검토하기 위한 회귀진단 과정에서 표준화잔차의 제곱근 $\sqrt{Standardized\ residuals}$ 과 예측값 $Fitted\ values$에 대한 산점도(Scatter Plot)를 그려서 등분산성을 검토한다.

85 정답률 약 20% [19년 3회 기출]

단순회귀분석의 적합도 추정에 대한 설명으로 틀린 것은?

① 결정계수가 1이면 상관계수는 1 또는 -1이다.
② 결정계수는 오차의 변동 대비 회귀의 변동을 비율로 나타낸 값이다.
③ 추정의 표준오차는 잔차에 의한 식으로 계산된다.
④ 모형의 F-검정이 유의하면 기울기의 유의성 검정도 항상 유의하다.

해설 회귀분석에서의 결정계수는 종속변수의 총변동 중 회귀직선(혹은 회귀식)에 기인한 변동의 비율을 나타낸다.

따라서 $R^2 = \frac{\text{회귀 변동}}{\text{전체 변동}} = \frac{SSR}{SST} = 1 - \frac{SSE}{SST}$ 이다.

① 결정계수 $R^2 = 1$이면 회귀모형이 데이터를 완벽하게 설명한다는 의미이다. 단순회귀분석에서 결정계수는 상관계수의 제곱이므로, $R^2 = r^2 = 1$이다.
즉, 결정계수가 1이라면 상관계수 r은 아래와 같다.
$r = \pm\sqrt{R^2} = \pm 1$

③ 단순회귀모형에서 추정의 표준오차는 기울기에 관한 회귀계수 β_1의 표준오차 $s.e.(\hat{\beta_1})$를 의미한다.

$$s.e.(\hat{\beta_1}) = \sqrt{\frac{MSE}{S_{xx}}}$$

이 공식에서 제곱근 내의 분자인 MSE는 잔차의 평균제곱이며, 오차항의 분산의 불편추정량이다.

$$MSE = \frac{SSE}{n-2} = \hat{\sigma^2} = \frac{\sum_{i=1}^{n}(y_i - \hat{y_i})^2}{n-2}$$

즉, 추정의 표준오차는 잔차에 의한 식으로 계산된다.
④ 단순회귀모형에서 [회귀계수의 유의성 검정]은 자유도가 $n-2$인 양측 t검정을 수행하며, [회귀모형의 유의성 검정]은 자유도 $df = (1, n-2)$인 F검정을 수행한다. 이때, $t^2 = F$이므로, 단순회귀분석에서는 F-검정과 t-검정이 동일한 결과를 가지게 된다. 따라서 F-검정이 유의하면 기울기(t-검정)도 유의하다.

정답 : 84 ② 85 ②

04 중회귀분석 TOPIC

86 정답률 약 30% [13년 3회, 16년 3회, 21년 3회 기출]

독립변수가 5개인 100개의 자료를 이용하여 절편이 있는 선형회귀모형을 추정할 때 잔차의 자유도는?

① 4
② 5
③ 94
④ 95

해설 독립변수가 k개인 중회귀모형은 아래와 같다.
$y_i = \beta_0 + \beta_1 x_{1i} + \beta_2 x_{2i} + \cdots + \beta_k x_{ki} + \varepsilon_i$
이때, 자료의 개수가 n개이면, 선형회귀모형을 추정할 때 잔차의 자유도는 $n-k-1$이다.
즉, 독립변수가 5개인 100개의 자료를 이용하여 절편이 있는 선형회귀모형을 추정한다는 정보가 주어져 있으므로, 잔차의 자유도는 아래와 같다.
$n-k-1 = 100-5-1 = 94$

87 정답률 약 50% [19년 3회 기출]

회귀분석에 대한 설명 중 옳은 것은?

① 회귀분석에서 분산분석표는 사용되지 않는다.
② 독립변수는 양적인 관찰 값만 허용된다.
③ 회귀분석은 독립변수 간에는 상관관계가 0인 경우만 분석 가능하다.
④ 회귀분석에서 t-검정과 F-검정이 모두 사용된다.

해설 단순회귀모형에서 회귀계수의 유의성 검정에는 자유도가 $n-2$인 양측 t검정으로 수행하고, 회귀모형의 유의성 검정에는 자유도 $df = (1, n-2)$인 F검정을 수행한다. 또한 중회귀모형에서 회귀계수의 유의성 검정에는 자유도가 $n-k-1$인 양측 t검정을 수행하며, 회귀모형의 유의성 검정에는 자유도가 $df = (k, n-k-1)$인 F검정으로 수행한다. 따라서 회귀분석에서는 t-검정과 F-검정이 모두 사용된다.
① 회귀분석에서는 분산분석표를 사용하여 모델의 적합성을 평가한다. 분산분석표는 회귀의 설명력과 오차를 비교하는 데 사용되며, F-검정 등의 통계 검정에 필수적이다.
② 회귀분석에서 독립변수는 양적(숫자형)일 수도 있고, 범주형(질적)일 수도 있다. 범주형 변수는 더미변수로 변환하여 회귀분석에 포함될 수 있다.
③ 회귀분석은 독립변수 간에 상관관계가 있어도 분석이 가능하다. 다만, 독립변수 간의 상관관계가 너무 높으면 다중공선성 문제가 발생할 수 있다. 이 경우 회귀모형의 해석에 문제가 생길 수 있으므로 주의가 필요하지만, 상관관계가 0이어야만 회귀분석을 수행할 수 있는 것은 아니다.

88 정답률 약 30% [20년 3회 기출]

다중선형회귀분석에 대한 설명으로 틀린 것은?

① 결정계수는 회귀직선에 의해 종속변수가 설명되어지는 정도를 나타낸다.
② 추정된 회귀식에서 절편은 독립변수들이 모두 0일 때 종속변수의 값을 나타낸다.
③ 회귀계수는 해당 독립변수가 1단위 증가하고 다른 독립변수는 변하지 않을 때, 종속변수의 증가량을 뜻한다.
④ 각 회귀계수의 유의성을 판단할 때는 정규분포를 이용한다.

해설 다중선형회귀분석에서 각 회귀계수의 유의성 검정에서는 t-분포를 사용한다.

89 정답률 약 30% [03년 1회, 12년 1회, 18년 3회 기출]

다음 중회귀모형에서 오차분산 σ^2의 추정량은? (단, e_i는 잔차를 나타낸다.)

$$y_i = \beta_0 + \beta_1 x_{1i} + \beta_2 x_{2i} + \varepsilon_i, \quad i = 1, 2, \cdots, n$$

① $\dfrac{1}{n-1} \sum e_i^2$

② $\dfrac{1}{n-2} \sum (y_i - \hat{\beta_0} - \hat{\beta_1} x_{1i} - \hat{\beta_2} x_{2i})^2$

③ $\dfrac{1}{n-3} \sum e_i^2$

④ $\dfrac{1}{n-4} \sum (y_i - \hat{\beta_0} - \hat{\beta_1} x_{1i} - \hat{\beta_2} x_{2i})^2$

해설 오차의 평균제곱인 $MSE = \dfrac{SSE}{n-k-1}$는 오차분산 $Var(e_i) = \sigma^2$의 불편추정량이다.

$$MSE = \frac{SSE}{n-k-1} = \hat{\sigma}^2 = \frac{\sum_{i=1}^{n}(y_i - \hat{y_i})^2}{n-k-1}$$
$$= \frac{1}{n-k-1} \sum_{i=1}^{n} e_i^2$$
(단, $n > k+1$)
따라서 중회귀모형에서 독립변수의 개수 $k=2$이므로, 오차분산 σ^2의 추정량은 $\dfrac{1}{n-3} \sum e_i^2$이다.

정답: 86 ③ 87 ④ 88 ④ 89 ③

90 정답률 약 30% [15년 1회, 21년 1회 기출]

독립변수가 3개인 중회귀분석 결과가 다음과 같을 때, 오차분산의 추정값은?

$$\sum_{i=1}^{n}(y_i-\hat{y}_i)^2=1100, \quad \sum_{i=1}^{n}(\hat{y}_i-\bar{y})^2=110,$$
$$n=100$$

① 11.20 ② 11.32
③ 11.46 ④ 11.58

해설 중회귀에서 오차의 평균제곱인 $MSE=\dfrac{SSE}{n-k-1}$는 오차분산 $Var(e_i)=\sigma^2$의 불편추정량이다.
문제에서는 $n=100$이라는 것과 독립변수가 3개인 중회귀분석이라는 것이 주어져 있으므로 $k=3$이다. 주어진 값을 활용하여 산출하면, 아래와 같다.
(※ $k=3$ 대입)

$$MSE=\dfrac{SSE}{n-k-1}$$
$$=\hat{\sigma}^2=\dfrac{\sum_{i=1}^{n}(y_i-\hat{y}_i)^2}{n-k-1}=\dfrac{1100}{100-3-1}≒11.46$$

91 정답률 약 30% [14년 1회, 20년 1·2회 통합 기출]

독립변수가 k개인 중회귀모형 $Y=X\beta+\varepsilon$에서 회귀계수벡터 β의 추정량 b의 분산-공분산 행렬 $Var(b)$은? (단, $Var(\varepsilon)=\sigma^2 I$)

① $Var(b)=(X'X)^{-1}\sigma^2$
② $Var(b)=X'X\sigma^2$
③ $Var(b)=k(X'X)^{-1}\sigma^2$
④ $Var(b)=k(X'X)\sigma^2$

해설 독립변수가 k개인 중회귀모형에서 최소제곱법에 의한 회귀계수 벡터 β의 추정량 b는 $b=(X'X)^{-1}X'y$이다. 시험에 자주 출제되지만, 오답률이 높으므로 외우자.

회귀계수 벡터 β의 추정량 b	$b=(X'X)^{-1}\times X'y$
회귀계수 벡터 β의 추정량 b의 분산-공분산 행렬 $Var(b)$	$Var(b)=(X'X)^{-1}\times\sigma^2$

92 정답률 약 40% [15년 3회, 21년 3회 기출]

다음 분산분석표에 대응하는 통계적 모형으로 적절한 것은?

요인	제곱합	자유도	평균제곱	F
회귀	550.8	4	18.36	4.12
잔차	112.5	15		
전체	663.3	9		

① 수준수가 4인 일원배치모형
② 독립변수가 4개인 중회귀모형
③ 종속변수가 3개인 중회귀모형
④ 종속변수가 1개인 단순회귀모형

해설 분산분석표에서 회귀제곱합의 자유도를 통해, 독립변수의 개수가 $k=4$임을 확인할 수 있다. 따라서 '독립변수가 4개인 중회귀모형'은 분산분석표에 대응하는 통계적 모형이다.
① '수준수가 4인 일원배치모형', '종속변수가 1개인 단순회귀모형'은 독립변수의 개수가 1개이다. 따라서 상기 분산분석표에 대응하는 통계적 모형이 아니다.
③ '종속변수가 3개인 중회귀모형'은 일반적으로 사용되지 않는다. 중회귀모형의 종속변수는 1개이다.

93 정답률 약 30% [12년 1회, 21년 1회 기출]

다음은 독립변수가 k개인 경우의 중회귀모형이다.

$$Y=Xb+\varepsilon$$

최소제곱법에 의한 회귀계수 벡터 β의 추정식 b는?

(단, $Y=\begin{bmatrix}y_1\\ \vdots\\ y_n\end{bmatrix}$, $X=\begin{bmatrix}1 & x_{11}\cdots x_{1k}\\ 1 & x_{21}\cdots x_{2k}\\ \vdots & \vdots & \vdots\\ 1 & x_{n1}\cdots x_{nk}\end{bmatrix}$, $\beta=\begin{bmatrix}\beta_0\\ \beta_1\\ \vdots\\ \beta_k\end{bmatrix}$,

$\varepsilon=\begin{bmatrix}\varepsilon_1\\ \vdots\\ \varepsilon_n\end{bmatrix}$이며, X'는 X의 치환행렬이다.)

① $b=X'y$
② $b=(X'X)^{-1}y$
③ $b=X^{-1}y$
④ $b=(X'X)^{-1}X'y$

해설 독립변수가 k개인 중회귀모형 $Y=X\beta+\varepsilon$에서 최소제곱법에 의한 회귀계수 벡터 β의 추정식 b는 $b=(X'X)^{-1}X'y$이다.

정답: 90 ③ 91 ① 92 ② 93 ④

94 정답률 약 50% [14년 2회, 18년 3회 기출]

중회귀모형 $y_i = \beta_0 + \beta_1 x_{1i} + \beta_2 x_{2i} + \varepsilon_i$에 대한 분산분석표가 다음과 같다.

요인	제곱합	자유도	평균제곱	F	유희확률
회귀	66.12	2	33.06	33.96	0.000258
잔차	6.87	7	0.98		

위의 분산분석표를 이용하여 유의수준 0.05에서 모형에 대한 유의성 검정을 할 때, 추론 결과로 가장 적합한 것은?

① 두 설명변수 x_1과 x_2 모두 반응변수에 영향을 주지 않는다.
② 두 설명변수 x_1과 x_2 모두 반응변수에 영향을 준다.
③ 두 설명변수 x_1과 x_2 중 적어도 하나는 반응변수에 영향을 준다.
④ 두 설명변수 x_1과 x_2 중 하나는 반응변수에 영향을 준다.

해설 중회귀분석의 [회귀모형의 유의성 검정]은 다음과 같은 프로세스로 수행한다.

Step 1 귀무가설 H_0과 대립가설 H_1을 수립한다.

귀무가설 $H_0 : \beta_1 = \beta_2 = 0$	다중회귀모형은 유의하지 않다. 즉, 두 설명변수 x_1, x_2는 모두 반응변수 y에 영향을 미치지 않는다.
대립가설 $H_1 :$ not H_0	다중회귀모형은 유의하다. 즉, 두 설명변수 x_1, x_2 중 적어도 하나는 반응변수 y에 영향을 미친다.

Step 2 유의성 검정을 수행한다.

이 문제는 검정통계량 값이 $F = 33.96$임이 주어져 있으므로, 유의성 검정을 빠르게 수행할 수 있다.
$F \sim F(k, n-k-1)$이므로 $k=2$, $n-k-1=7$임과 유의확률이 0.000258임을 활용하면 아래와 같다.

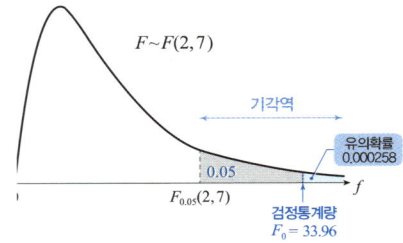

Step 3 유의성 검정의 결론을 도출한다.

- 주어진 유의확률(p-값)이 0.000258로 매우 작다. 이는 유의수준 $\alpha = 0.05$보다 훨씬 작으므로, 귀무가설 H_0을 기각하고 대립가설을 채택한다. 따라서, 두 설명변수 x_1과 x_2 중 적어도 하나는 반응변수에 영향을 준다는 근거가 있다.

정답 : 94 ③

95 [19년 2회 기출]

표본의 수가 n이고 독립변수의 수가 k인 중선형회귀모형의 분산분석표에서 잔차제곱합 SSE의 자유도는?

① k
② $k+1$
③ $n-k-1$
④ $n-1$

해설 표본의 수가 n이고 독립변수의 수가 k인 중선형회귀모형의 분산분석표에서 잔차제곱합 SSE의 자유도는 총 표본의 수 n에서 독립변수의 개수 k와 절편을 제한 값 $n-k-1$이다.

96 [13년 1회, 17년 2회, 19년 3회 기출]

독립변수가 2개인 중회귀모형 $y_i = \beta_0 + \beta_1 x_{1i} + \beta_2 x_{2i} + \varepsilon_i$, $i=1,2,\cdots,n$의 유의성 검정에 대한 설명으로 틀린 것은?

① $H_0 : \beta_1 = \beta_2 = 0$
② $H_1 :$ 회귀계수 β_1, β_2 중 적어도 하나는 0이 아니다.
③ $\dfrac{MSE}{MSR} > F_{(k,n-k-1,\alpha)}$ 이면 H_0을 기각한다.
④ 유의확률 p가 유의수준 α보다 작으면 H_0을 기각한다.

해설 독립변수가 2개인 중회귀모형이므로 $k=2$라는 것을 알 수 있다. 이때, [회귀모형의 유의성 검정]은 자유도가 $df=(k, n-k-1)$인 F검정을 수행한다. 이 경우에 검정통계량은 아래와 같이 표기하며, 유의수준 α에 따른 기각역은 $F \geq F_\alpha(k, n-k-1)$이다.

$$F = \frac{MSR}{MSE} = \frac{\frac{SSR}{k}}{\frac{SSE}{n-k-1}} \sim F(k, n-k-1)$$

97 [18년 2회, 21년 2회 기출]

아파트의 평수 및 가족수가 난방비에 미치는 영향을 알아보기 위해 중회귀분석을 실시하여 다음의 결과를 얻었다. 분석 결과에 대한 설명으로 틀린 것은? (단, Y는 아파트 난방비(단위 : 천원)이다.)

모형	비표준화계수		표준화 계수	t	$p-$값
	B	표준오차	Beta		
상수	39.69	32.74		1.21	0.265
평수 (X_1)	3.37	0.94	0.85	3.59	0.009
가족수 (X_2)	0.53	0.25	0.42	1.72	0.090

① 추정된 회귀식은 $\hat{Y} = 39.69 + 3.37X_1 + 0.53X_2$ 이다.
② 가족수가 주어질 때, 난방비는 아파트가 1평 커질 때 평균 3.37(천원) 증가한다.
③ 유의수준 5%에서 종속변수 난방비에 유의한 영향을 주는 독립변수는 평수이다.
④ 아파트 평수가 30평이고 가족이 5명인 가구의 난방비는 122.44(천원)으로 예측된다.

해설 추정된 회귀식에 각 독립변수의 값을 대입하면, 아파트 평수가 30평이고 가족이 5명인 가구의 난방비는
$\hat{Y} = 39.69 + 3.37 \times 30 + 0.53 \times 5 = 143.44$(천원)이다.
①, ② 비표준화계수 $\hat{\beta_0} = 39.69, \hat{\beta_1} = 0.85, \hat{\beta_2} = 0.42$를 대입하면 추정된 회귀식은 다음과 같다.
$\hat{Y} = 39.69 + 3.37X_1 + 0.53X_2$
따라서, 두 번째 독립변수인 가족수(X_2)가 주어질 때, 종속변수인 난방비(Y)는 독립변수인 평수(X_1)가 1평 커질 때 비표준화 계수만큼인 평균 3.37(천원)이 증가한다.
③ 회귀계수별 유의성을 검정한다.

귀무가설 $H_0 : \beta_i = 0$	회귀계수 β_i는 유의하지 않다.
대립가설 $H_1 : \beta_i \neq 0$	회귀계수 β_i는 유의하다.

유의수준 5%에서 독립변수 중 평수(X_1)의 t검정 통계량은 3.59이고, 유의확률 $p-value = 0.009$이다. $\alpha > p-value$이며 귀무가설 H_0를 기각하므로, 평수(X_1)는 종속변수 난방비(Y)에 유의한 영향을 주는 독립변수이다.

정답 : 95 ③ 96 ③ 97 ④

98 정답률 약 40% [14년 3회, 21년 1회 기출]

k개의 독립변수 $x_i(i=1,2,\cdots,k)$와 종속변수 y에 대한 중회귀모형 $y=\alpha+\beta_1 x_1+\cdots+\beta_k x_k+\varepsilon$을 고려하여, n개의 자료에 대해 중회귀분석을 실시하고자 한다. 총 편차 $y_i - \bar{y}$를 분해하여 얻을 수 있는 세 개의 제곱합 $\sum_{i=1}^{n}(y_i-\bar{y})^2$, $\sum_{i=1}^{n}(y_i-\hat{y_i})^2$ 그리고 $\sum_{i=1}^{n}(\hat{y_i}-\bar{y})^2$의 자유도를 각각 구하면?

① $n, n-k, k$
② $n, n-k-1, k-1$
③ $n-1, n-k-1, k$
④ $n-1, n-k-1, k-1$

해설 총 편차 $y_i-\bar{y}$를 분해하면 아래와 같다.
$$y_i-\bar{y}=(y_i-\hat{y})+(\hat{y_i}-\bar{y})$$
이를 통해 얻을 수 있는 제곱합은 SST, SSR, SSE이며, 다중회귀모형 분산분석표를 완성하면 아래와 같다. 추정된 중회귀모형의 자유도는 각각 SST는 $n-1$, SSE는 $n-k-1$, SSR은 k이다.

다중회귀모형 분산분석표

요인	제곱합	자유도 df	평균제곱	F값
회귀	$SSR = \sum_{i=1}^{n}(\hat{y_i}-\bar{y})^2$	k	$MSR = \dfrac{SSR}{k}$	$F = \dfrac{MSR}{MSE}$
오차	$SSE = \sum_{i=1}^{n}(y_i-\hat{y_i})^2$	$n-k-1$	$MSE = \dfrac{SSE}{n-k-1}$	
전체	$SST = \sum_{i1}(y_i-\bar{y})^2$	$n-1$		

※ n : 표본의 크기, k : 독립변수의 개수

99 정답률 약 40% [16년 1회 기출]

다음의 검정 중 검정통계량의 분포가 다른 것은?

① 범주형 자료의 독립성 검정
② 범주형 자료의 동질성 검정
③ 회귀모형에 대한 유의성 검정
④ 단일 모집단에서의 모분산에 대한 검정

해설 회귀모형에 대한 유의성 검정에서 검정통계량의 분포는 F분포이다. 단순회귀모형의 [회귀모형의 유의성 검정]은 자유도 $df = (1, n-2)$인 F검정을 수행한다.

$$F = \frac{MSR}{MSE} = \frac{\dfrac{SSR}{1}}{\dfrac{SSE}{n-2}} \sim F(1, n-2)$$

또한 중회귀모형에서 [회귀모형의 유의성 검정]은 자유도가 $df = (k, n-k-1)$인 F검정을 수행한다.

$$F = \frac{MSR}{MSE} = \frac{\dfrac{SSR}{k}}{\dfrac{SSE}{n-k-1}} \sim F(k, n-k-1)$$

①, ② 범주형 자료의 독립성 검정과 동질성 검정에서 검정통계량의 분포는 모두 카이제곱분포이다. 이때, 카이제곱 검정통계량은 아래와 같다.

$$\chi^2 = \sum_{i=1}^{M}\sum_{j=1}^{N}\frac{(O_{ij}-\widehat{E_{ij}})^2}{\widehat{E_{ij}}}$$
$$= \sum_{i=1}^{M}\sum_{j=1}^{N}\frac{(관측빈도-기대빈도)^2}{기대빈도}$$

④ 단일 모집단의 모분산에 대한 가설검정 시 검정통계량은 카이제곱 χ^2 분포를 따른다.
$$\chi^2 = \frac{(n-1)S^2}{\sigma_0^2} \sim \chi^2(n-1) \text{이다.}$$

정답 : 98 ③ 99 ③

100 정답률 약 30% [14년 2회, 20년 1·2회 통합 기출]

중회귀분석에서 회귀계수에 대한 검정결과가 아래와 같을 때의 설명으로 틀린 것은? (단, 결정계수는 0.891이다.)

요인 (Predictor)	회귀계수 (Coef)	표준오차 (StDev)	통계량 (T)	p-값 (P)
절편	-275.26	24.38	-11.29	0.000
Head	4.458	3.167	1.41	0.161
Neck	19.112	1.200	15.92	0.000

① 설명변수는 Head와 Neck이다.
② 회귀변수 중 통계적 유의성이 없는 변수는 절편과 Neck이다.
③ 위 중회귀모형은 자료 전체의 산포 중에서 약 89.1%를 설명하고 있다.
④ 회귀방정식에서 다른 요인을 고정시키고 Neck이 한 단위 증가하면 반응값이 19.112가 증가한다.

해설

주어진 표에서 회귀변수 중 통계적 유의성이 없는 변수는 Head이다.

Step 1 추정된 회귀식을 구한다.

$\hat{Y} = -275.26 + 4.458 \times Head + 19.112 \times (Neck)$

이 회귀방정식에서 다른 요인을 고정시키고 Neck이 한 단위 증가하면 반응값은 19.112가 증가한다.

Step 2 귀무가설 H_0과 대립가설 H_1을 수립한다.

귀무가설 $H_0 : \beta_i = 0$	회귀계수 β_i는 유의하지 않다.
대립가설 $H_1 : \beta_i \neq 0$	회귀계수 β_i는 유의하다.

Step 3 회귀계수별 유의성을 검정한다.

2개의 설명변수 Head와 Neck에 대해 수행한다.

- 설명변수 Head
먼저, 설명변수 Head는 회귀계수(Coef)가 4.458이며, t통계량 값은 1.41이고, 유의확률 p-값은 0.161이다. 이때 유의수준 $\alpha = 0.05 <$ 유의확률 $p-value = 0.161$ 이므로 귀무가설 H_0을 기각할 수 없다.
즉, 설명변수 Head는 유의수준 5%에서 종속변수에 유의한 영향을 주지 않는다.

- 설명변수 Neck
다음으로, 설명변수 Neck는 회귀계수(Coef)가 19.112이다.
이는 다른 요인을 고정시키고 Neck이 한 단위 증가하면 반응값은 19.112가 증가한다는 것을 의미한다.
t통계량 값은 15.92이고, 유의확률 p-값은 0.000이다.
이때 유의수준 $\alpha = 0.05 >$ 유의확률 $p-value = 0.000$ 이므로 귀무가설 H_0를 기각한다. 즉, 설명변수 Neck은 유의수준 5%에서 종속변수에 유의한 영향을 주는 독립변수이다.

Step 4 결정계수 값도 해석한다.

결정계수 $R^2 = 0.891$는 회귀모형의 적합도 지표로, 회귀모형이 종속변수의 변동을 얼마나 잘 설명하는지를 나타낸다. 즉, 이 값은 중회귀모형이 자료 전체의 산포 중에서 약 89.1%를 설명하고 있음을 의미한다.

정답 : 100 ②

암기 키워드 모음

■ 제3과목 통계분석과 활용 : CH01. 확률분포

암기	독곱	사건 A와 사건 B가 서로 **독**립이면, 두 사건이 동시에 일어날 확률은 각 사건이 독립적으로 일어날 확률을 **곱**한 것과 같다. $P(A \cap B) = P(A) \times P(B)$
암기	베배	**베**이즈정리는 어떤 사건이 서로 **배**반하는 원인(사건)들에 의해 일어난다고 할 때, 실제 사건이 이 원인 중에서 하나로 인해 일어난 확률을 구하는 정리이다.
암기	이베이기포초	**이**산형확률분포에는 **베**르누이분포, **이**항분포, **기**하분포, **포**아송분포, **초**기하분포 등이 있다.
암기	기대상수툭튀	기댓값의 선형성에 의해 확률변수 X에 상수 a를 곱하고 상수 b를 더한 $aX+b$의 기댓값은, 상수 a를 곱한 기댓값에 상수 b를 더한 값과 같다. 이로 인해 **기대**값을 구하면 **상수**가 **툭 튀**어나온다. $E(aX+b) = aE(X) + b$
암기	독두확일고시	이항분포의 조건 4가지는 다음과 같다. 조건 1. 각 시행이 **독**립 + 조건 2. **두** 가지 가능한 결과 조건 3. 성공**확**률 p는 **일**정 조건 4. **고**정된 **시**행 수 n
암기	포독비비	**포**아송분포의 조건은 **독**립성, **비**례성, **비**집락성(희귀한 발생률)이다.
암기	초기유비	**초기**하분포는 **유**한모집단으로부터의 **비**복원추출을 전제로 한다.
암기	3M	정규분포는 평균 μ를 기준으로 좌우대칭인 종 모양의 분포이며, 평균 μ에서 최댓값을 가진다. 정규분포는 평균(Mean), 중위수(Median), 최빈수(Mode)가 모두 같다는 특징을 갖는다.
암기	유수일최	**유**의수준(α)이란 귀무가설 H_0이 사실임에도 불구하고 귀무가설 H_0을 기각하는 제1종오류를 범할 확률의 **최대 허용한계**(= 최대허용오차)이다.
암기	일귀참귀기	제**1**종오류(Type I Error)란 **귀**무가설 H_0가 **참**임에도 불구하고 **귀**무가설 H_0를 **기**각하는 오류를 말한다.
암기	이귀거귀기×	제**2**종오류는 **귀**무가설 H_0이 **거**짓임에도 불구하고(=대립가설 H_1이 참임에도 불구하고), **귀**무가설 H_0을 **기**각하지 못 하는(×) 오류이다.
암기	검대참귀기	**검**정력은 **대**립가설이 **참**일 때, **귀**무가설 H_0을 **기**각할 확률을 말한다.
암기	단분카	**단**일 모집단의 모**분**산에 대한 가설검정 시, 검정통계량은 **카**이제곱 χ^2분포를 사용한다.

■ 제3과목 통계분석과 활용 : CH02. 기술통계분석

암기	비삼평마중	피어슨의 **비**대칭계수의 분자는 **3**×(**평**균−**중**위수) = $3 \times (\overline{X} - M_e)$ 이다. 즉, 분자는 평균에서 중위수를 뺀 후(마이너스), 이 값이 3을 곱하는 것이다. $S_k \approx \dfrac{평균 - 최빈수}{표준편차} \approx \dfrac{3 \times (평균 - 중위수)}{표준편차} \approx \dfrac{3 \times \left(\dfrac{\overline{X} - M_e}{\sigma} - 중위수\right)}{표준편차}$
암기	왜음평왼긴	**왜**도(Skewness)가 **음**수일 때, **평**균이 가장 작으므로 가장 먼저 등장하며 **왼**쪽으로 **긴** 꼬리를 가짐
암기	왜양최오긴	**왜**도(Skewness)가 **양**수일 때, **최**빈값이 가장 작으므로 가장 먼저 등장하며 **오**른쪽으로 **긴** 꼬리를 가짐
암기	두분동일에프	**두** 집단의 **분**산의 **동일**성 검정에 사용되는 검정통계량의 분포는 **F**분포이다.
암기	모기자관기제	교차분석에서 카이제곱 검정통계량은 분모에는 **기**대빈도 값이, 분**자**에는 **관**측빈도에서 **기**대빈도를 뺀 값의 **제**곱 값이 기재되며 행과 열 변수의 모든 범주에 대해 합한다. $\chi^2 = \sum\limits_{i=1}^{M}\sum\limits_{j=1}^{N} \dfrac{(O_{ij} - \widehat{E}_{ij})^2}{\widehat{E}_{ij}} = \sum\limits_{i=1}^{M}\sum\limits_{j=1}^{N} \dfrac{(관측빈도 - 기대빈도)^2}{기대빈도}$

■ 제3과목 통계분석과 활용 : CH03. 회귀분석

암기	관예잔	회귀분석에서 **관**측값과 **예**측값의 차이는 **잔**차(Residual)이다.
암기	상선	**상**관계수(Correlation Coefficient)는 두 변수 와 간 **선**형관계를 나타낸다.

최종점검 모의고사

CHAPTER 01_ 최종점검 모의고사 1회

CHAPTER 02_ 최종점검 모의고사 2회

CHAPTER 03_ 최종점검 모의고사 1회 정답 및 해설

CHAPTER 04_ 최종점검 모의고사 2회 정답 및 해설

국가기술자격 필기시험문제지
2025년도 기사 제1회 모의고사

자격종목	시험시간	문제수	문제형별
사회조사분석사 2급	2시간30분	100	A

수험번호		성명	

[수험자 유의사항]

1. 문제지를 받고 본인이 응시한 자격종목이 맞는지 확인하시길 바랍니다.
2. 문제지 표지에 본인의 수험번호와 성명을 기재하여야 합니다.
3. 문제지의 총 면수, 문제번호, 인쇄상태와 중복되거나 누락된 페이지가 있는지 확인하시길 바랍니다.
4. 답안은 문제에서 요구하는 가장 적합한 답 1개만 선택하여야 합니다.
5. 시험 종료 후 문제지를 가져갈 수 있습니다.

CHAPTER 01 최종점검 모의고사 1회

1과목 조사방법과 설계

01
다음 중 가설로 적합하지 않은 것은?
① 지연(地緣)때문에 행정의 발전이 저해된다.
② 부모 간의 불화가 소년범죄를 유발한다.
③ 기업 경영은 근본적으로 인간이 결정한다.
④ 도시 거주자들이 농어촌에 거주하는 사람들보다 더 야당 성향을 띤다.

02
조사의 목적과 사례의 연결이 잘못된 것은?
① 기술(Description) – 유권자들의 대선후보 지지율 조사
② 설명(Explanation) – 시민들이 왜 담뱃값 인상에 반대하는지 파악하고자 하는 조사
③ 평가(Evaluation) – 현재의 공공의료정책이 1인당 국민 의료비를 증가시켰는지에 대한 조사
④ 탐색(Exploration) – 단일사례설계를 통하여 운동이 체중 감소에 미치는 효과를 검증하는 조사

03
다음 중 작업가설로 가장 적합한 것은?
① 소득수준이 높아질수록 생활에 대한 만족도는 높아진다.
② 대학생들은 독서를 많이 해야 한다.
③ 경제성장은 사회 혼란을 심화시킬 수 있다.
④ 한국사회는 양극화되고 있다.

04
연구 방법으로서의 연역적 접근법과 귀납적 접근법에 관한 설명으로 틀린 것은?
① 연역적 접근법은 탐색적 연구에, 귀납적 접근법은 가설검증에 주로 사용된다.
② 귀납적 접근법은 현실세계에 대한 관찰을 통해 경험적 일반화를 추구한다.
③ 사회조사에서 연역적 접근법과 귀납적 접근법은 상호보완적으로 사용된다.
④ 연역적 접근법을 취하려면 기존 이론에 대한 분석이 필요하다.

05
다음 사례에 내재된 연구설계의 타당성 저해요인이 아닌 것은?

> 한 집단에 대하여 자아존중감 검사를 하였다. 그 결과 정상치보다 지나치게 낮은 점수가 나온 사람들이 발견되었고, 이들을 대상으로 자아존중감 향상 프로그램을 실시하였다. 프로그램 종료 후에 다시 같은 검사를 가지고 자아존중감을 측정한 결과 사람들의 점수 평균이 이전보다 높아진 것으로 나타났다.

① 검사효과(Testing Effect)
② 도구효과(Instrumentation)
③ 통계적 회귀(Statistical Regression)
④ 성숙효과(Maturation Effect)

06
어떤 연구자가 한 도시의 성인 500명을 무작위로 추출하여 인터넷 이용이 흡연에 미치는 영향을 조사한 결과, 인터넷 이용량이 많은 사람일수록 흡연량에도 유의미하게 많은 것으로 나타났다. 이를 토대로 인터넷 이용이 흡연을 야기시킨다는 인과적인 설명을 하는 경우 가장 문제가 되는 인과성의 요건은?

① 경험적 상관
② 허위적 상관
③ 통계적 통제
④ 시간적 순서

07
사례연구에 관한 설명으로 틀린 것은?

① 사례연구는 질적 조사방법으로, 양적인 방법을 사용하여 수집한 증거는 이용하지 않는다.
② 사례연구에서는 기존 문서의 분석이나 관찰 등과 같은 방법으로 자료를 수집한다.
③ 사례는 개인, 프로그램, 의사결정, 조직, 사건 등이 될 수 있다.
④ 사례연구는 한 특정한 사례에 대해 집중적으로 연구하는 것이다.

08
다음 (　) 안에 들어갈 알맞은 것은?

> 체계적 표집(계통표집)을 이용하여 5,000명으로 구성된 모집단으로부터 100명의 표본을 구하기 위해서는 먼저 1과 (A)사이에서 무작위로 한 명의 표본을 선정한 후 첫 번째 선정된 표본으로부터 모든 (B)번째 표본을 선정한다.

① A : 50, B : 50
② A : 10, B : 50
③ A : 100, B : 50
④ A : 100, B : 100

09
표본추출에서 가장 중요한 요인은?

① 대표성과 경제성
② 대표성과 신속성
③ 대표성과 적절성
④ 정확성과 경제성

10
다음 표집방법 중 표집오차의 추정이 확률적으로 가능한 것은?

① 할당표집
② 유의표집
③ 눈덩이표집
④ 단순무작위표집

11
집락표본추출(cluster sampling)에 관한 설명으로 틀린 것은?

① 확률표본추출(Probability Sampling)의 하나로써 표본오차의 크기를 계산할 수 있다.
② 완전한 표본틀(Sampling Frame)이 없는 경우에도 사용 가능하며, 비교적 비용이 적게 든다는 장점이 있기 때문에 전국규모의 조사에 많이 사용된다.
③ 집락 내에서는 동질성이 크고 집락 간에는 이질성이 크도록 집락을 설정하면, 표본오차(Sampling Error)와 조사비용을 동시에 줄일 수 있다.
④ 조사자의 필요에 따라서는 집락을 2개 이상의 단계에서 설정할 수도 있다.

12
서울지역의 전화번호부를 이용하여 최초의 101번째 사례를 임의로 결정한 후 계속 201, 301, 401번째의 순서로 뽑는 표집방법은?

① 층화표집
② 집락표집
③ 계통표집
④ 편의표집

13
표집과 관련된 용어에 대한 설명으로 틀린 것은?

① 모집단이란 우리가 규명하고자 하는 집단의 총체이다.
② 표집단위란 표집과정의 각 단계에서의 표집대상을 지칭한다.
③ 관찰단위란 직접적인 조사대상을 의미한다.
④ 표집간격이란 표본을 추출할 때 추출되는 표집단위와 단위 간의 간격을 의미한다.

14
총 학생 수가 2,000명인 학교에서 800명을 표집할 때의 표집률은?

① 25% ② 40%
③ 80% ④ 100%

15
다음 중 불포함 오류에 관한 설명으로 옳은 것은?

① 표본조사를 할 때 표본체계가 완전하게 되지 않아서 발생하는 오류이다.
② 표본추출과정에서 선정된 표본 중 일부가 연결되지 않거나 응답을 거부했을 때 생기는 오류이다.
③ 면접이나 관찰과정에서 응답자나 조사자 자체의 특성에서 생기는 오류와 양자 간의 상호관계에서 생기는 오류이다.
④ 정확한 응답이나 행동을 한 결과를 조사자가 잘못 기록하거나 기록된 설문지나 면접지가 분석을 위하여 처리되는 과정에서 틀리게 처리되는 오류이다.

16
다단계집락표집에 대한 설명으로 틀린 것은?

① 최초의 집락수가 많으면 그 이후의 집락수는 작아진다.
② 표본의 대표성을 높이기 위해서는 최초의 집락수를 작게 하는 것이 좋다.
③ 다단계집락표집을 할 때 층화표집을 병행하는 것은 표본의 대표성을 높이기 위한 방법이다.
④ 규모비례확률표집(PPS)은 다단계집락표집에 속한다.

17
표본추출의 대표성에 관한 설명으로 틀린 것은?

① 대표성의 문제란 표본이 모집단을 대표하여 일반화가 가능한 것인가의 문제이다.
② 표본추출에는 우연성이 많아야 대표성이 확보된다.
③ 표본은 모집단과 변수의 특성이 유사한 분포를 갖도록 추출되어야 한다.
④ 조사에 있어 어떤 것이 중요한 가설인가에 따라 대표성이 달라진다.

18
다음 중 표집틀(Sampling Rrame)이 모집단(Population)보다 큰 경우는?

① 한국대학교 학생을 한국대학교 학생등록부를 이용해서 표집하는 경우
② 한국대학교 학생을 교문 앞에서 임의로 표집하는 경우
③ 한국대학교 학생을 서울지역 휴대폰 가입자 명부를 이용해서 표집하는 경우
④ 한국대학교 학생을 무선적 전화기(Random digit dialing) 방법으로 표집하는 경우

19
선거예측조사에서 출구조사를 할 경우, 주로 사용되는 표집방법은?

① 할당표집(Quota Sampling)
② 체계적 표집(Systematic Sampling)
③ 군집표집(Cluster Sampling)
④ 층화표집(Stratified Random Sampling)

20
사회조사에서 비확률표본추출이 많이 사용되는 이유는?

① 표본추출오차가 적게 나타난다.
② 모집단에 대한 추정이 용이하다.
③ 표본설계가 용이하고 시간과 비용을 절약할 수 있다.
④ 모집단 본래의 특성과 차이가 나지 않는 결과를 얻을 수 있다.

21
도박중독자의 심리적 상태를 파악하기 위해 처음 알게 된 도박중독자로부터 다른 대상을 소개받고, 다시 소개받은 대상으로부터 제3의 대상자를 소개받는 절차로 이루어지는 표본추출방법은?

① 판단표집(Judgement Sampling)
② 군집표집(Cluster Sampling)
③ 눈덩이표집(Snowball Sampling)
④ 비비례층화표집(Disproportionate Stratified Sampling)

22
표집오차(Sampling Error)에 대한 설명으로 틀린 것은?

① 표본의 분산이 작을수록 표집오차는 작아진다.
② 표본의 크기가 클수록 표집오차는 작아진다.
③ 표집오차란 통계량들이 모수 주위에 분산되어있는 정도를 말한다.
④ 집락표집에서는 표본의 크기가 같을 때 단순무작위표집에서 보다 표집오차가 작아진다.

23
"최근 텔레비전 프로그램에 등장하고 있는 폭력적 장면과 선정적 장면에 대해서 어떻게 생각하십니까?"라는 질문은 주로 어떤 오류를 범하고 있는가?

① 부적절한 언어의 사용
② 비윤리적 질문
③ 전문용어의 사용
④ 이중적 질문

24
다음 4가지 조사 가운데 시간적 범위가 다른 것은?

① 추이조사(Trend Study)
② 동류집단조사(Cohort Study)
③ 패널조사(Panel Study)
④ 횡단적 조사(Cross-sectional Study)

25
기술적 조사의 조사문제로 적합하지 않은 것은?

① 대도시 인구의 연령별 분포는 어떠한가?
② 아동복지법 개정에 찬성하는 사람의 비율은 얼마인가?
③ 어느 도시의 도로확충이 가장 시급한가?
④ 가족 내 영유아 수와 의료지출은 어떤 관계를 가지는가?

26
다음 중 질문지 작성의 원칙이 아닌 것은?

① 명확성
② 부연설명
③ 가치중립성
④ 규범적 응답의 억제

27
응답자들이 일반적으로 응답을 꺼리는 위협적인 질문을 처리하는 방법과 가장 거리가 먼 것은?

① 질문배열의 순서를 조정한다.
② 질문을 솔직하게 표현한다.
③ 솔직한 응답의 필요성을 강조한다.
④ 비밀과 익명성의 보장을 강조한다.

28
질문지 초안 완성 후 실시하는 사전검사(Pre-test)에 관한 설명으로 옳은 것은?

① 사전검사는 가설을 보다 명확히 하기 위한 조사이다.
② 사전검사는 본조사의 조사방법과 같아야 한다.
③ 사전검사 결과는 본조사에 포함해 분석하여야 한다.
④ 사전검사 표본 수는 본조사와 비슷해야 한다.

29
조사자가 소수의 응답자 집단이 특정 주제에 관하여 토론하게 한 다음 필요한 정보를 알아내는 자료수집방법은?

① 현지조사법(Field Survey)
② 비지시적 면접(Non-directive Interview)
③ 표적집단면접법(Focus Group Interview)
④ 델파이 서베이(Delphi Survey)

30
심층면접 시 중요하게 고려해야 할 사항으로 틀린 것은?

① 피면접자와 친밀한 관계(Rapport)를 형성해야 한다.
② 비밀보장, 안전성 등 피면접자가 편안한 분위기를 느낄 수 있도록 해야 한다.
③ 피면접자의 대답은 주의 깊게 경청하여야 하며 이전의 응답과 연결해 생각하는 습관을 지녀야 한다.
④ 피면접자가 대답하는 도중에 응답 내용에 대한 평가적인 코멘트를 자주 해 주는 것이 좋다.

2과목 조사관리와 자료처리

31
관찰법(Observation Method)의 분류기준에 관한 설명으로 틀린 것은?

① 관찰이 일어나는 상황이 인공적인지 여부에 따라 자연적/인위적 관찰로 나누어진다.
② 관찰 시기가 행동발생과 일치하는지 여부에 따라 체계적/비체계적 관찰로 나누어진다.
③ 피관찰자가 관찰 사실을 알고 있는지 여부에 따라 공개적/비공개적 관찰로 나누어진다.
④ 관찰주체 또는 도구가 무엇인지에 따라 인간의 직접적/기계를 이용한 관찰로 나누어진다.

32
관찰조사방법의 장점으로 옳지 않은 것은?

① 비언어적 자료를 수집하는데 효과적이다.
② 장기적인 연구조사를 할 수 있다.
③ 환경변수를 완벽하게 통제할 수 있다.
④ 자연스러운 연구 환경의 확보가 용이하다.

33
면접조사에서 면접과정의 관리에 대한 설명으로 옳은 것은?

① 면접지침을 작성하여 응답자들에게 배포한다.
② 면접기간 동안에도 면접원에 대한 철저한 통제가 이루어져야 한다.
③ 면접원 교육과정에서 예외적인 상황은 언급하지 않도록 주의한다.
④ 면접원에 대한 사전교육은 면접원에 의한 편향(bias)을 크게 할 수 있다.

34
면접조사에서 응답내용의 신빙성을 저해하는 최근효과(Recent Effect)에 관한 설명으로 맞는 것은?

① 질문지(Questionnaire)를 사용하는 사회조사 보다는 조사표(Interview Schedule)를 사용하는 면접조사에서 자주 발생한다.
② 무학이나 저학력 응답자들은 제일 먼저 들었던 응답내용을 그 다음에 들은 응답내용에 비해 훨씬 정확하게 기억하게 된다.
③ 무학이나 저학력 응답자들은 면접 직전에 면접자로부터 접하게 된 면접자의 생각이나 조언을 거의 무비판적으로 따라서 응답하는 경향이 있다.
④ 무학이나 저학력 응답자들은 아무리 최근에 입수한 정보나 직결된 내용일지라도 어려운 질문 내용은 잘 이해할 수 없어 조사의 실효성을 감소시킨다.

35 [09년 1회, 18년 1회, 20년 3회 기출]
내용분석에 관한 설명으로 틀린 것은?

① 조사대상에 영향을 미친다.
② 시간과 비용 측면에서 경제성이 있다.
③ 일정기간 진행되는 과정에 대한 분석이 용이하다.
④ 연구 진행 중에 연구계획의 부분적인 수정이 가능하다.

36
비표준화(비구조화) 면접의 장점을 모두 짝지은 것은?

> A. 융통성이 있다.
> B. 면접 결과의 신뢰도가 높다.
> C. 면접 결과자료의 수량화 및 통계처리가 용이하다.
> D. 표준화면접에서 필요한 변수를 찾아내는데 유용한 자료를 제공한다.

① A, B
② B, C
③ C, D
④ A, D

37
On-line 조사에 대한 설명으로 틀린 것은?

① 표본의 대표성이 아주 높은 편이다.
② 복수 응답의 가능성을 배제할 수 없다.
③ 컴퓨터 통신망 상에서 이루어지는 형태의 사회조사이다.
④ 면접조사, 우편조사, 전화조사 등의 전통적인 방법에 비해 짧은 시일 내에 비교적 저렴한 비용으로 실시할 수 있다.

38
참여관찰(Participant Observation)에 대한 설명으로 틀린 것은?

① 연구자는 상황에 대한 통제를 할 수 없다.
② 양적 자료이기 때문에 대규모 모집단에 대한 기술이 쉽다.
③ 연구자가 관심을 가지고 있는 변수들 간의 관계를 현실 상황에서 체계적으로 관찰하는 연구조사방법이다.
④ 독립변수를 조작하는 현장시험과는 다르며, 자연 상태에서 연구대상을 관찰해 그들의 관계를 규명하는 것이다.

39
대통령 후보간 TV 토론에 대한 국민들의 반응을 조사하는 방법으로 가장 적합한 것은?
① 전화여론조사
② 우편조사
③ 면접조사
④ 참여관찰

40
인간의 무의식 속에 내재되어 있는 동기, 가치, 태도 등을 알아내기 위하여 모호한 자극을 응답자에게 제시하여 반응을 알아보는 자료수집 방법은?
① 관찰법(Observational Method)
② 면접법(Depth Interview)
③ 투사법(Projective Technique)
④ 내용분석법(Content Analysis)

41
각 문항이 척도상의 어디에 위치할 것인가를 평가자들로 하여금 판단케 한 다음 조사자가 이를 바탕으로 하여 대표적인 문항들을 선정하여 척도를 구성하는 방법은?
① 서스톤척도
② 리커트척도
③ 거트만척도
④ 의미분화척도

42
개념적 정의에 대한 설명으로 틀린 것은?
① 순환적인 정의를 해야 한다.
② 적극적 혹은 긍정적인 표현을 써야 한다.
③ 정의하려는 대상이 무엇이든 그것만의 특유한 요소나 성질을 적시해야 한다.
④ 뜻이 분명해서 누구나 알아들을 수 있는 의미를 공유하는 용어를 써야 한다.

43
척도의 신뢰도와 타당도의 관계를 표적과 탄착에 비유한 그림이다. 그림에 해당하는 척도의 특성은?

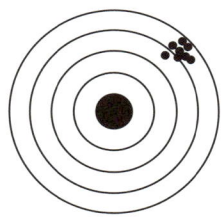

① 타당하나 신뢰할 수 없다.
② 신뢰할 수 있으나 타당하지 않다.
③ 타당하고 신뢰할 수 있다.
④ 신뢰할 수 없고 타당하지도 않다.

44
다음은 어떤 변수에 대한 설명인가?

> 어떤 변수가 검정요인으로 통제되면 원래 관계가 없는 것으로 나타났던 두 변수가 유관하게 나타난다.

① 예측변수
② 억제변수
③ 왜곡변수
④ 종속변수

45
개념(Concept)에 관한 설명으로 틀린 것은?
① 개념은 이론의 핵심적 구성 요소이다.
② 개념은 특정 대상의 속성을 나타낸다.
③ 개념 자체를 직접 경험적으로 측정할 수 있다.
④ 개념의 역할은 실제 연구에서 연구 방향을 제시해 준다.

46

사회조사에서 개념의 재정의(Reconceptualization)가 필요한 이유와 가장 거리가 먼 것은?

① 개념과 개념 간의 상관관계가 아닌 인과관계를 밝혀야 하기 때문이다.
② 동일한 개념이라도 사회가 변함에 따라 원래의 뜻이 변할 수 있기 때문이다.
③ 사회조사에서 사용되는 개념은 일상생활에서 통상적으로 사용되는 상투어와는 그 의미가 다를 수 있기 때문이다.
④ 한 가지 개념이라도 두 가지 또는 그 이상의 다양한 의미를 가지고 있을 가능성이 많으므로 이들 각기 다른 의미 중에서 어떤 특정의 의미를 조사연구 대상으로 삼을 것인가를 밝혀야 하기 때문이다.

47

질적 변수(Qualitative Variable)와 양적 변수(Quantitative Variable)에 관한 설명으로 틀린 것은?

① 성별, 종교, 직업, 학력 등을 나타내는 변수는 질적 변수이다.
② 질적 변수에서 양적 변수로의 변환은 거의 불가능하다.
③ 계량적 변수 혹은 메트릭(metric) 변수라고 불리는 것은 양적변수이다.
④ 양적 변수는 몸무게나 키와 같은 이산변수(Discrete Variable)와 자동차의 판매 대수와 같은 연속변수(Continuous Variable)로 나누어진다.

48

A 후보와 B 후보의 이미지 비교 프로파일을 보여주는 아래의 그림에서 사용된 척도는?

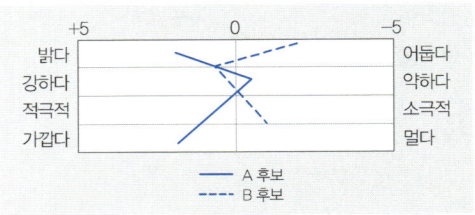

① 리커트척도(Likert Scale)
② 거트만척도(Guttman Scale)
③ 서스톤척도(Thurston Scale)
④ 의미분화척도(Semantic Differential Scale)

49

측정도구의 타당도 평가 방법에 대한 설명으로 틀린 것은?

① 한 측정치를 기준으로 다른 측정치와의 상관관계를 추정한다.
② 크론바하 알파값을 산출하여 문항 상호 간의 일관성을 측정한다.
③ 내용타당도는 점수 또는 척도가 일반화하려고 하는 개념을 어느 정도 잘 반영해 주는가를 의미한다.
④ 개념타당도는 측정하고자 하는 개념이 실제로 적절하게 측정되었는가를 의미한다.

50

신뢰도 추정 방법 중 동일측정도구를 동일상황에서 동일대상에게 서로 다른 시간에 측정한 측정 결과를 비교하는 것은?

① 재검사법 ② 복수양식법
③ 반분법   ④ 내적일관성 분석

51
사회조사에서는 어떤 태도를 측정하기 위해 단일지표보다 여러 개의 지표를 사용하는 경우가 많다. 그 이유로서 바르지 않은 것은?

① 신뢰도를 높이기 위해
② 타당도를 높이기 위해
③ 내적일관성을 높이기 위해
④ 측정도구의 안정성을 높이기 위해

52
측정오차의 원인에 대한 설명과 가장 거리가 먼 것은?

① 측정자의 잘못으로 발생할 수 있다.
② 측정자나 피측정자가 지니는 지적 사고력이나 판단력에 기인한다.
③ 측정소재와 관련되거나 시·공간에 제약 때문에 발생한다.
④ 사회과학에서 측정오차발생은 예외적 현상이다.

53
척도의 신뢰도를 파악하는 방법이 아닌 것은?

① 하나의 척도를 동일인에 대하여 두 번 이상 반복하여 측정한다.
② 여러 평가자들을 통해 얻은 측정 결과들 간의 일치도를 비교한다.
③ 측정점수를 몇 가지 다른 기준과 비교하여 일치되는 정도를 측정한다.
④ 한 측정도구의 전체 문항들을 반씩 나누어 두 부분 간의 상관성을 측정한다.

54
척도를 구성하는 과정에서 질문 문항들이 단일차원을 이루는지를 검증할 수 있는 척도는?

① 의미분화척도(Semantic Differential Scale)
② 서스톤척도(Thurstone Scale)
③ 리커트척도(Likert Scale)
④ 거트만척도(Guttman Scale)

55
어떤 제품의 선호도를 조사하기 위하여 '아주 좋아한다, 좋아한다, 싫어한다, 아주 싫어한다'와 같은 선택지를 사용하였다. 이는 어떤 척도로 측정된 것인가?

① 서열척도
② 명목척도
③ 등간척도
④ 비율척도

56
측정에 있어서 신뢰성을 높이는 방법과 가장 거리가 먼 것은?

① 측정항목의 수를 늘린다.
② 측정항목의 모호성을 제거한다.
③ 전문가의 의견을 듣고 문항을 만든다.
④ 중요한 질문의 경우 유사한 문항을 반복하여 물어본다.

57
명목척도 구성을 위한 측정범주들에 대한 기본 원칙과 가장 거리가 먼 것은?

① 배타성
② 포괄성
③ 논리적 연관성
④ 선택성

58

특정한 구성개념이나 잠재변수의 값을 측정하기 위해 측정할 내용이나 측정방법을 구체적으로 정확하게 표현하고 의미를 부여하는 것은?

① 구성적 정의(Constitutive Definition)
② 조작적 정의(Operational Definition)
③ 개념화(Conceptualization)
④ 패러다임(Paradigm)

59

어느 교사가 50문항으로 구성된 독해력을 측정하기 위한 질문지를 만들었다. 자료수집 후 확인해 본 결과 10개의 문항은 독해력이 아닌 어휘력을 측정하는 것으로 나타났다. 따라서 이 10개의 문항을 제외하고 40문항으로 질문지를 재구성하였다. 이 교사는 어떤 결과를 기대할 수 있겠는가?

① 신뢰도와 타당도 모두를 증가시킬 것이다.
② 신뢰도와 타당도 모두를 저하시킬 것이다.
③ 신뢰도를 저하시키고 타당도를 증가시킬 것이다.
④ 신뢰도를 증가시키고 타당도를 저하시킬 것이다.

60

태도척도에서 부정적인 극단에는 1점을, 긍정적인 극단에는 5점을 부여한 후, 전체 문항의 총점 또는 평균을 가지고 태도를 측정하는 척도는?

① 서스톤척도
② 리커트척도
③ 거트만척도
④ 의미분화척도

3과목 통계분석과 활용

61

정규분포를 따르는 모집단의 모평균에 대한 가설 $H_0 : \mu = 50$ VS $H_1 : \mu < 50$을 검정하고자 한다. 크기 $n = 100$의 임의표본을 취하여 표본평균을 구한 결과 $\overline{X} = 49.02$를 얻었다. 모집단의 표준편차가 5라면 유의확률은 얼마인가? (단, $P(Z \leq -1.96) = 0.025$, $P(Z \leq -1.645) = 0.05$이다.)

① 0.025
② 0.05
③ 0.95
④ 0.975

62

어느 백화점에서는 물품을 구입한 고객의 25%가 신용카드로 결제한다고 한다. 금일 40명의 고객이 이 매장에서 물건을 구입하였다면, 몇 명의 고객이 신용카드로 결제하였을 것이라 기대되는가?

① 5명
② 8명
③ 10명
④ 20명

63

어떤 산업제약의 제품 중 10%는 유통과정에서 변질되어 부적합품이 발생한다고 한다. 이를 확인하기 위하여 해당 제품 100개를 추출하여 실험하였다. 이때 10개 이상이 부적합품일 확률은?

① 0.1
② 0.3
③ 0.5
④ 0.7

64
확률변수 X의 분포가 자유도가 각각 a와 b인 $F(a,b)$를 따른다면 확률변수 $Y = \dfrac{1}{X}$의 분포는?

① $F(a,b)$
② $F\left(\dfrac{1}{a}, \dfrac{1}{b}\right)$
③ $F(b,a)$
④ $F\left(\dfrac{1}{b}, \dfrac{1}{a}\right)$

65
표본평균에 대한 표준오차의 설명으로 틀린 것은?

① 표본평균의 표준편차를 말한다.
② 모집단의 표준편차가 클수록 작아진다.
③ 표본크기가 클수록 작아진다.
④ 항상 0 이상이다.

66
어떤 사람이 즉석 당첨복권을 5일 연속하여 구입한다고 하자. 어느 날 당첨될 확률은 $\dfrac{1}{5}$ 이고, 어느 날 구입한 복권의 당첨 여부가 그다음 날 구입한 복권의 당첨 여부에 영향을 미치지 않는다면, 2장이 당첨되고 3장이 당첨되지 않은 복권을 구매할 확률은?

① $10 \times \left(\dfrac{1}{5}\right)^2 \times \left(\dfrac{4}{5}\right)^3$
② $2 \times \left(\dfrac{1}{5}\right)^2 \times \left(\dfrac{4}{5}\right)^3$
③ $5 \times \left(\dfrac{1}{5}\right)^2 \times \left(\dfrac{4}{5}\right)^3$
④ $3 \times \left(\dfrac{1}{5}\right)^2 \times \left(\dfrac{4}{5}\right)^3$

67
다음 설명 중 틀린 것은? (단, S_X, S_Y는 각각 X와 Y의 표준편차이다.)

① $Y = -2X + 3$일 때 $S_Y = 4S_X$이다.
② 상자 그림(Box plot)은 여러 집단의 분포를 비교하는 데 많이 사용한다.
③ 상관계수가 0이라 하더라도 두 변수의 관련성이 있는 경우도 있다.
④ 변이계수(Coefficient Of Variation)는 여러 집단의 분산을 상대적으로 비교할 때 사용된다.

68
명중률이 75%인 사수가 있다. 1개의 주사위를 던져서 1 또는 2의 눈이 나오면 2번 쏘고, 그 이외의 눈이 나오면 3번 쏘기로 한다. 1개의 주사위를 한 번 던져서 이에 따라 목표물을 쏠 때, 오직 한 번만 명중할 확률은?

① $\dfrac{3}{32}$
② $\dfrac{5}{32}$
③ $\dfrac{7}{32}$
④ $\dfrac{9}{32}$

69
초기하분포와 이항분포에 대한 설명으로 틀린 것은?

① 초기하분포는 유한모집단으로부터의 복원추출을 전제로 한다.
② 이항분포는 베르누이 시행을 전제로 한다.
③ 초기하분포는 모집단의 크기가 충분히 큰 경우 이항분포로 근사될 수 있다.
④ 이항분포는 적절한 조건하에서 정규분포로 근사될 수 있다.

70

어느 회사는 노조와 협의하여 오후의 중간 휴식시간을 20분으로 정하였다. 그런데 총무과장은 대부분의 종업원이 규정된 휴식시간보다 더 많은 시간을 쉬고 있다고 생각하고 있다. 이를 확인하기 위하여 전체 종업원 1,000명 중에서 25명을 조사한 결과 표본으로 추출된 종업원의 평균 휴식시간은 22분이고 표준편차는 3분으로 계산되었다. 유의수준 5%에서 총무과장의 의견에 대한 가설검정 결과로 옳은 것은? (단, $t_{(0.05, 24)} = 1.711$)

① 검정통계량 $t < 1.711$이므로 귀무가설을 기각한다.
② 검정통계량 $t < 1.711$이므로 귀무가설을 채택한다.
③ 종업원의 실제 휴식시간은 규정시간 20분보다 더 길다고 할 수 있다.
④ 종업원의 실제 휴식시간은 규정시간 20분보다 더 짧다고 할 수 있다.

71

어떤 기업체의 인문사회계열 출신 종업원 평균급여는 140만원, 표준편차는 42만원이고, 공학계열 출신 종업원 평균급여는 160만원, 표준편차는 44만원일 때의 설명으로 틀린 것은?

① 공학계열 종업원의 평균급여 수준이 인문사회계열 종업원의 평균급여 수준보다 높다.
② 인문사회계열 종업원 중 공학계열 종업원보다 급여가 더 높은 사람도 있을 수 있다.
③ 공학계열 종업원들 급여에 대한 중앙값이 인문사회계열 종업원들 급여에 대한 중앙값보다 크다고 할 수는 없다.
④ 인문사회계열 종업원들의 급여가 공학계열 종업원들의 급여에 비해 상대적으로 산포도를 나타내는 변동계수가 더 작다.

72

어느 중학교 1학년의 신장을 조사한 결과, 평균이 136.5cm, 중앙값은 130.0cm, 표준편차가 2.0cm이었다. 학생들의 신장의 분포에 대한 설명으로 옳은 것은?

① 오른쪽으로 긴 꼬리를 갖는 비대칭분포이다.
② 왼쪽으로 긴 꼬리를 갖는 비대칭분포이다.
③ 좌우대칭분포이다.
④ 대칭분포인지 비대칭분포인지 알 수 없다.

73

모평균이 100, 모표준편차가 20인 무한모집단으로부터 크기 100인 임의표본을 취할 때, 표본평균 $\overline{X}$의 평균과 표준편차는?

① 평균=100, 표준편차=2
② 평균=1, 표준편차=2
③ 평균=100, 표준편차=0.2
④ 평균=1, 표준편차=0.2

74

일정 기간 공사장 지대에서 방목한 가축 소변의 불소 농도에 변화가 있는가를 조사하고자 한다. 랜덤하게 추출한 10마리의 가축 소변의 불소 농도를 방목 초기에 조사하고 일정기간 방목한 후 다시 소변의 불소 농도를 조사하였다. 방목 전후의 불소 농도에 차이가 있는가에 대한 분석방법으로 적합한 것은?

① F-검정
② 쌍체비교(대응비교)
③ 단일 모평균에 대한 검정
④ 독립표본에 의한 두 모평균의 비교

75

$P(A) = 0.4$, $P(B) = 0.2$, $P(B|A) = 0.4$일 때, $P(A|B)$는?

① 0.4
② 0.5
③ 0.6
④ 0.8

76

A 회사에서 생산하고 있는 전구의 수명시간은 평균이 $\mu = 800$(시간)이고, 표준편차가 $\sigma = 40$(시간)이라고 한다. 무작위로 이 회사에서 생산한 전구 64개를 조사하였을 때 표본의 평균수명시간이 790.2시간 미만일 확률은? (단, $z_{0.005} = 2.58$, $z_{0.025} = 1.96$, $z_{0.05} = 1.645$이다.)

① 0.01
② 0.025
③ 0.5
④ 0.10

77

어떤 가설검정에서 유의확률(p-값)이 0.044일 때 검정결과로 옳은 것은?

① 귀무가설을 유의수준 1%와 5%에서 모두 기각할 수 없다.
② 귀무가설을 유의수준 1%와 5%에서 모두 기각할 수 있다.
③ 귀무가설을 유의수준 1%에서 기각할 수 있으나 5%에서는 기각할 수 없다.
④ 귀무가설을 유의수준 1%에서 기각할 수 없으나 5%에서는 기각할 수 있다.

78

표본자료로부터 추정한 모평균 μ에 대한 95% 신뢰구간이 $(-0.042, 0.522)$일 때, 유의수준 0.05에서 귀무가설 $H_0 : \mu = 0$ 대 대립가설 $H_1 : \mu \neq 0$의 검증 결과는 어떻게 해석할 수 있는가?

① 신뢰구간이 0을 포함하기 때문에 귀무가설을 기각할 수 없다.
② 신뢰구간의 상한이 0.522로 0보다 상당히 크기 때문에 귀무가설을 기각해야 한다.
③ 신뢰구간과 가설검증은 무관하기 때문에 신뢰구간을 기초로 검증에 대한 어떠한 결론도 내릴 수 없다.
④ 신뢰구간을 계산할 때 표준정규분포의 임계값을 사용했는지 또는 t분포의 임계값을 사용했는지에 따라 해석이 다르다.

79

5명의 흡연자를 무작위로 선정하여 체중을 측정하고, 금연을 시킨 뒤 4주 후에 다시 체중을 측정하였다. 금연 전후의 체중에 변화가 있는가에 대해 t-검정하고자 할 때, 검정통계량의 값은?

번호	금연 전	금연 후
1	70	75
2	80	77
3	65	68
4	55	58
5	70	75

① -0.21
② -0.32
③ -0.48
④ -1.77

80

자료의 분포에 대한 대푯값으로 평균(Mean) 대신 중앙값(Median)을 사용하는 이유로 가장 적합한 것은?

① 자료의 크기가 큰 경우 평균은 계산이 어렵다.
② 편차의 총합은 항상 0이다.
③ 평균은 음수가 나올 수 있다.
④ 평균은 중앙값보다 극단적인 관측값에 의해 영향을 받는 정도가 심하다.

81

두 변량 중 X를 독립변수, Y를 종속변수로 하여 X와 Y의 관계를 분석하고자 한다. X가 범주형 변수이고 Y가 연속형 변수일 때 가장 적합한 분석방법은?

① 회귀분석 ② 교차분석
③ 분산분석 ④ 상관분석

82

다음 표는 완전 확률화 계획법의 분산분석표에서 자유도의 값을 나타내고 있다. 반복수가 일정하다고 한다면 처리수와 반복수는 얼마인가?

변인	자유도
처리	( )
오차	42
전체	47

① 처리수 5, 반복수 7
② 처리수 5, 반복수 8
③ 처리수 6, 반복수 7
④ 처리수 6, 반복수 8

83

분산분석에 대한 설명으로 옳은 것은?

① 분산분석이란 각 처리집단의 분산이 서로 같은지를 검정하기 위한 방법이다.
② 비교하려는 처리집단이 k개 있으면 처리에 의한 자유도는 $k-2$가 된다.
③ 일원배치분산분석에서 일원배치의 의미는 반응변수에 영향을 주는 요인이 하나인 것을 의미한다.
④ 두 개의 요인이 있을 때 각 요인의 주효과를 알아보기 위해서는 요인 간 교호작용이 있어야 한다.

84

다음 분산분석표에 관한 설명으로 틀린 것은?

요인	자유도	제곱합	평균제곱	F값	유의확률
Month	7	127049	18150	1.52	0.164
Error	135	1608204	11913		
Total	142	1735253			

① 총 관측자료 수는 142이다.
② 오차항의 분산 추정값은 11913이다.
③ 요인은 Month로서 수준 수는 8개이다.
④ 유의수준 0.05에서 인자의 효과가 인정되지 않는다.

85

어떤 모수에 대한 추정량이 표본의 크기가 커짐에 따라 확률적으로 모수에 수렴하는 성질은?

① 불편성 ② 일치성
③ 충분성 ④ 효율성

86

행변수가 M개의 범주를 갖고 열변수가 N개의 범주를 갖는 분할표에서 행변수와 열변수가 서로 독립인지를 검정하고자 한다. (i,j)셀의 관측도수를 O_{ij}, 귀무가설하에서의 기대도수의 추정치를 $\widehat{E}_{ij}$라 하고, 이때 사용되는 검정통계량은 $\sum_{i=1}^{M}\sum_{j=1}^{N}\frac{(O_{ij}-\widehat{E}_{ij})^2}{\widehat{E}_{ij}}$ 이다. 여기서 $\widehat{E}_{ij}$는? (단, 전체 데이터 수는 n이고 i번째 행의 합은 n_{i+}, j번째 열의 합은 n_{+j}이다.)

① $\widehat{E}_{ij}=n_{i+}n_{+j}$
② $\widehat{E}_{ij}=\frac{n_{i+}n_{+j}}{n}$
③ $\widehat{E}_{ij}=\frac{n_{i+}}{n}$
④ $\widehat{E}_{ij}=\frac{n_{+j}}{n}$

87

어느 지역 고등학교 학생 중 안경을 착용한 학생들의 비율을 추정하기 위해 이 지역 고등학교 성별 구성비에 따라 남학생 600명, 여학생 400명을 각각 무작위로 추출하여 조사하였더니 남학생 중 240명, 여학생 중 60명이 안경을 착용한다는 조사결과를 얻었다. 이 지역 전체 고등학생 중 안경을 착용한 학생들의 비율에 대한 가장 적절한 추정값은?

① 0.4
② 0.3
③ 0.275
④ 0.15

88

다음 중 제1종오류가 발생하는 경우는?

① 참이 아닌 귀무가설(H_0)을 기각하지 않을 경우
② 참인 귀무가설(H_0)을 기각하지 않을 경우
③ 참이 아닌 귀무가설(H_0)을 기각할 경우
④ 참인 귀무가설(H_0)을 기각할 경우

89

표본으로 추출된 6명의 학생이 지원했던 여름방학 아르바이트의 수가 다음과 같이 정리되었다.

| 10 | 3 | 3 | 6 | 4 | 7 |

피어슨의 비대칭계수(ρ)에 근거한 자료의 분포에 관한 설명으로 옳은 것은?

① 비대칭계수의 값이 0에 근사하여 좌우대칭형 분포를 나타낸다.
② 비대칭계수의 값이 양의 값을 나타내어 왼쪽으로 꼬리를 늘어뜨린 비대칭 분포를 나타낸다.
③ 비대칭계수의 값이 음의 값을 나타내어 왼쪽으로 꼬리를 늘어뜨린 비대칭 분포를 나타낸다.
④ 비대칭계수의 값이 양의 값을 나타내어 오른쪽으로 꼬리를 늘어뜨린 비대칭 분포를 나타낸다.

90

일원분산분석 모형에서 오차항에 대한 가정에 해당되지 않는 것은?

① 일치성
② 정규성
③ 독립성
④ 등분산성

91

어떤 동전이 공정한가를 검정하고자 20회를 던져본 결과 앞면이 15번 나왔다. 이 검정에서 사용되는 카이제곱 통계량 $\sum_{i=1}^{2}\frac{(O_i-e_i)^2}{e_i}$의 값은?

① 2.5
② 5
③ 10
④ 12.5

92
다음 분산분석표에 관한 설명으로 틀린 것은?

변동	제곱합(SS)	자유도(df)	F
급간(between)	10.95	1	
급내(within)	73	10	
합계(total)			

① F 통계량의 값은 0.15이다.
② 두 개의 집단의 평균을 비교하는 경우이다.
③ 관찰치의 총 개수는 12개이다.
④ F 통계량이 임계값 보다 작으면 각 집단의 평균이 같다는 귀무가설을 기각하지 않는다.

93
단순회귀모형 $y_i = \beta_0 + \beta_1 x_i + \varepsilon_i$, $(i=1,2,\cdots,n)$에서 최소제곱법에 의한 추정회귀직선 $\hat{y_i} = b_0 + b_1 x$의 설명력을 나타내는 결정계수 R^2에 대한 설명으로 틀린 것은?

① 결정계수 R^2은 총변동 $SST = \sum_{i=1}^{n}(y_i - \bar{y})^2$ 중 추정회귀직선에 의해 설명되는 변동 $SSR = \sum_{i=1}^{n}(\hat{y_i} - \bar{y})^2$의 비율, 즉 $\frac{SSR}{SST}$로 정의된다.
② x와 y사이에 회귀관계가 전혀 존재하지 않아 추정회귀직선의 기울기 b_1이 0인 경우에는 결정계수 R^2은 0이 된다.
③ 단순회귀의 경우 결정계수 R^2은 x와 y의 상관계수 r_{xy}와는 직접적인 관계가 없다.
④ x와 y의 상관계수 r_{xy}는 추정회귀계수 b_1이 음수이면 결정계수의 음의 제곱근 $-\sqrt{R^2}$과 같다.

94
봉급생활자의 근속연수, 학력, 성별이 연봉에 미치는 관계를 알아보고자 연봉을 반응변수로 하여 다중회귀분석을 실시하기로 하였다. 연봉과 근속연수는 양적 변수이며, 학력(고졸 이하, 대졸, 대학원 이상)과 성별(남, 여)은 질적 변수일 때, 중회귀모형에 포함되어야 할 가변수(Dummy Variable)의 수는?

① 1개 ② 2개
③ 3개 ④ 4개

95
단순선형회귀모형 $y_i = \beta_0 + \beta_1 x + \varepsilon$에서 오차항 ε의 분포가 평균이 0이고, 분산이 σ^2인 정규분포를 따른다고 가정하였다. 22개의 자료들로부터 회귀식을 추정하고 나서 잔차 제곱합(SSE)을 구하였더니 그 값이 4000이었다. 이때 분산 σ^2의 불편추정값은?

① 100 ② 150
③ 200 ④ 250

96
두 변수 X와 Y의 상관계수 r_{XY}에 대한 설명으로 틀린 것은?

① r_{XY}는 두 변수 X와 Y의 산포의 정도를 나타낸다.
② $-1 \leq r_{XY} \leq +1$
③ $r_{XY} = 0$이면 두 변수는 선형이 아니거나 무상관이다.
④ $r_{XY} = -1$이면 두 변수는 완전한 음의 상관관계에 있다.

97

중회귀분석에서 회귀제곱합(SSR)이 150이고, 오차제곱합(SSE)이 50인 경우, 결정계수는?

① 0.25 ② 0.3
③ 0.75 ④ 1.1

98

통계학 과목을 수강한 학생 가운데 학생 10명을 추출하여, 그들이 강의에 결석한 시간(X)과 통계학 점수(Y)를 조사하여 다음 표를 얻었다.

X	5	4	5	7	3	5	4	3	7	5
Y	9	4	5	11	5	8	9	7	7	6

단순선형 회귀분석을 수행한 다음 결과의 ( )에 들어갈 것으로 틀린 것은?

요인	자유도	제곱합	평균제곱	F-값
회귀	(a)	9.9	(b)	(c)
오차	(d)	33.0	(e)	
전체	(f)	42.9		

$$R^2 = \boxed{(g)}$$

① a=1, b=9.9 ② d=8, e=4.125
③ c=2.4 ④ g=0.7

99

독립변수가 k개인 중회귀모형 $Y = X\beta + \varepsilon$에서 회귀계수벡터 β의 추정량 b의 분산-공분산 행렬 $Var(b)$은? (단, $Var(\varepsilon) = \sigma^2 I$)

① $Var(b) = (X'X)^{-1}\sigma^2$
② $Var(b) = X'X\sigma^2$
③ $Var(b) = k(X'X)^{-1}\sigma^2$
④ $Var(b) = k(X'X)\sigma^2$

100

중회귀분석에서 회귀계수에 대한 검정결과가 아래와 같을 때의 설명으로 틀린 것은? (단, 결정계수는 0.891이다.)

요인 (Predictor)	회귀계수 (Coef)	표준오차 (StDev)	통계량 (T)	p-값 (P)
절편	-275.26	24.38	-11.29	0.000
Head	4.458	3.167	1.41	0.161
Neck	19.112	1.200	15.92	0.000

① 설명변수는 Head와 Neck이다.
② 회귀변수 중 통계적 유의성이 없는 변수는 절편과 Neck이다.
③ 위 중회귀모형은 자료 전체의 산포 중에서 약 89.1%를 설명하고 있다.
④ 회귀방정식에서 다른 요인을 고정시키고 Neck이 한 단위 증가하면 반응값은 19.112가 증가한다.

국가기술자격 필기시험문제지
2025년도 기사 제2회 모의고사

자격종목	시험시간	문제수	문제형별
사회조사분석사 2급	2시간30분	100	A

수험번호		성명	

[수험자 유의사항]

1. 문제지를 받고 본인이 응시한 자격종목이 맞는지 확인하시길 바랍니다.
2. 문제지 표지에 본인의 수험번호와 성명을 기재하여야 합니다.
3. 문제지의 총 면수, 문제번호, 인쇄상태와 중복되거나 누락된 페이지가 있는지 확인하시길 바랍니다.
4. 답안은 문제에서 요구하는 가장 적합한 답 1개만 선택하여야 합니다.
5. 시험 종료 후 문제지를 가져갈 수 있습니다.

CHAPTER 02 최종점검 모의고사 2회

1과목 조사방법과 설계

01 가설의 특성에 관한 설명으로 틀린 것은?

① 가설은 검증될 수 있어야 한다.
② 가설검정은 연구자가 제기한 문제의 해결과 관련이 있어야 한다.
③ 가설은 변수로 구성되며, 그들 간의 관계를 나타내고 있어야 한다.
④ 가설이 기각되었다면 반대되는 가설이 참임을 의미하는 것이다.

02 다음 연구의 진행에 있어 내적 타당성을 위협하는 요인이 아닌 것은?

> 대학생들의 성(性) 윤리의식을 파악하기 위해 실험연구 방법을 적용하여 각각 30명의 대학생을 실험집단과 통제집단으로 선정하여 1개월간의 현지실험조사를 실시하려 한다.

① 검사의 상호작용 효과
② 우연적 사건
③ 실험변수의 확산 또는 모방
④ 측정수단의 변화

03 인과관계의 일반적인 성립조건과 가장 거리가 먼 것은?

① 시간의 선행성(Temporal Precedence)
② 공변관계(Covariation)
③ 비허위적 관계(Lack of Spuriousness)
④ 연속변수(Continuous Variable)

04 표본조사와 전수조사에 대한 설명으로 틀린 것은?

① 표본조사 과정에서 발생하는 비표본오류 때문에 표본조사는 전수조사보다 부정확하다.
② 전수조사는 표본조사보다 많은 비용과 시간이 필요로 한다.
③ 표본조사는 현실적으로 전수조사가 필요 없거나 불가능할 때 이용한다.
④ 모집단이 작은 경우 추정의 정도를 높이는데 전수조사가 훨씬 정밀하다.

05 다음 중 귀납법에 관한 설명으로 틀린 것은?

① 귀납적 논리의 마지막 단계에서는 가설과 관찰결과를 비교하게 된다.
② 경험의 세계에서 관찰된 많은 사실들이 공통적인 유형으로 전개되는 것을 발견하고 이들의 유형을 객관적인 수준에서 증명하는 것이다.
③ 특수한(Specific) 사실을 전제로 하여 일반적(General) 진리 또는 원리로서의 결론을 내리는 방법이다.
④ 관찰된 사실 중에서 공통적인 유형을 객관적으로 증명하기 위하여 통계적 분석이 요구된다.

06

다음에 해당하는 외생변수의 통제방법은?

> 하나의 실험집단에 두 개 이상의 실험변수가 가해질 때 사용하는 방법이다. 예를 들어 두 가지 정책대안의 제시 순서나 조사지역에 따라 선호도에 차이가 발생한다고 판단된다며, 제시 순서를 달리하거나 지역을 바꿔 재 실험하는 경우가 해당한다.

① 제거
② 상쇄
③ 균형화
④ 무작위화

07

사후실험설계(Ex-Post Facto Research Design)의 특징에 관한 설명으로 틀린 것은?

① 가설의 실제적 가치 및 현실성을 높일 수 있다.
② 순수실험설계에 비하여 변수 간의 인과관계를 명확히 밝힐 수 있다.
③ 분석 및 해석에 있어 편파적이거나 근시안적 관점에서 벗어날 수 있다.
④ 조사의 과정 및 결과가 객관적이며 조사를 위해 투입되는 시간 및 비용을 줄일 수 있다.

08

무작위표집과 비교할 때 할당표집(Quota Sampling)의 장점이 아닌 것은?

① 비용이 적게 든다.
② 표본오차가 적을 가능성이 높다.
③ 신속한 결과를 원할 때 사용 가능하다.
④ 각 집단을 적절히 대표하게 하는 층화의 효과가 있다.

09

표집구간내에서 첫 번째 번호만 무작위로 뽑고 다음부터는 매 K번째 요소를 표본으로 선정하는 표집방법은?

① 단순무작위 표집
② 계통표집
③ 층화표집
④ 집락표집

10

층화(Stratified)표본추출법에 관한 설명으로 틀린 것은?

① 모집단을 일정 기준에 따라 서로 상이한 집단들로 재구성한다.
② 동질적인 집단에서의 표집오차가 이질적인 집단에서의 오차보다 작다는데 논리적인 근거를 둔다.
③ 비례층화추출법과 불비례층화추출법으로 구분할 수 있다.
④ 집단 간에 이질성이 존재하는 경우 무작위표본추출보다 정확하게 모집단을 대표하지 못하는 단점이 있다.

11

A항공사에서 자사의 마일리지 사용자 중 최근 1년 동안 10만 마일 이상 사용자들을 모집단으로 하면서 자사 마일리지 카드 소지자 명단을 표본프레임으로 사용하여 전체에서 표본추출을 할 때의 표본프레임 오류는?

① 모집단이 표본프레임 내에 포함되는 경우
② 표본프레임이 모집단 내에 포함되는 경우
③ 모집단과 표본프레임의 일부분만이 일치하는 경우
④ 모집단과 표본프레임이 전혀 일치하지 않는 경우

12

표본의 크기를 결정하는 요소와 가장 거리가 먼 것은?

① 연구자의 수　　② 모집단의 동일성
③ 조사비용의 한도　④ 조사가설의 내용

13

확률표집방법(Probability Sampling Method)과 비확률표집방법(Non-Probability Sampling Method)에 관한 설명으로 틀린 것은?

① 확률표집방법은 구성원들의 명단이 기재된 표본틀(Sample Frame)이 있다.
② 확률표집방법은 조사대상이 뽑힐 확률을 미리 알아서 표본의 모집단 대표성을 산출할 수 있다.
③ 비교적 정확한 표본프레임의 입수가 가능하다면 확률표집방법보다는 비확률표집방법을 이용하는 것이 바람직하다.
④ 비확률표집방법은 조사결과에 포함될 수 있는 오류에 대한 정확한 정보를 얻기 어렵다.

14

특정 지역 전체인구의 1/4은 A구역에, 3/4은 B구역에 분포되어 있고, A, B 두 구역의 인구 중 60%가 고졸자이고 40%가 대졸자라고 가정한다. 이들 A, B 두 구역의 할당표본표집의 크기를 총 1,000명으로 제한한다면, A구역의 고졸자와 대졸자는 각각 몇 명씩 조사해야 하는가?

① 고졸 100명, 대졸 150명
② 고졸 150명, 대졸 100명
③ 고졸 450명, 대졸 300명
④ 고졸 300명, 대졸 450명

15

다음 상황에 가장 적절한 표집방법은?

> 국내에 거주하는 탈북자는 약 900명에 이른다고 가정할 때, 이들 탈북자와 일반 시민을 각기 200명씩 확률표집하여 통일에 대한 태도를 비교하려고 한다.

① 가중표집　　② 층화표집
③ 집락표집　　④ 단순무작위표집

16

다음 중 표집틀(Sampling Frame)을 평가하는 주요 요소와 가장 거리가 먼 것은?

① 포괄성　　② 추출확률
③ 효율성　　④ 안정성

17

다음 중 단순무작위표집을 통하여 자료를 수집하기 어려운 조사는?

① 신용카드 이용자의 불편사항
② 조세제도 개혁에 대한 중산층의 찬반 태도
③ 새 입시제도에 대한 고등학생의 찬반 태도
④ 국가기술자격 시험문제에 대한 시험응시자의 만족도

18

오후 2시에서 4시 사이에 서울 강남역을 지나는 행인들 중 접근이 쉬운 사람을 대상으로 신제품에 대한 의견을 물어보는 경우 활용하는 표집방법은?

① 판단표본추출　② 편의표본추출
③ 층화표본추출　④ 군집표본추출

19
표집틀(Sampling Frame)과 모집단 간의 관계로 가장 이상적인 경우는?

① 표집틀과 모집단이 일치할 때
② 표집틀이 모집단 내에 포함될 때
③ 모집단이 표집틀 내에 포함될 때
④ 모집단과 표집틀의 일부분만이 일치할 때

20
다음 중 표본의 대표성이 가장 큰 표본추출방법은?

① 편의표본추출법   ② 판단표본추출법
③ 군집표본추출법   ④ 할당표본추출법

21
다음 중 표본의 크기가 같다고 했을 때 표집오차가 가장 작은 표집방법은?

① 층화표집(Stratified Random Sampling)
② 단순무작위표집(Simple Random Sampling)
③ 군집표집(Cluster Sampling)
④ 체계적표집(Systematic Sampling)

22
횡단조사(Cross-Sectional Research)에 관한 설명으로 옳은 것은?

① 정해진 조사대상의 특정 변수 값을 여러 시점에 걸쳐 조사한다.
② 패널조사에 비하여 인과관계를 더 분명하게 밝힐 수 있다.
③ 여러 조사 대상들을 정해진 한 시점에서 조사·분석하는 방법이다.
④ 집단으로 구성된 패널에 대하여 여러 시점에 걸쳐 조사한다.

23
다음 중 질문지 작성 시 요구되는 원칙이 아닌 것은?

① 규범성   ② 간결성
③ 명확성   ④ 가치중립성

24
다음 중 특정 조사에 대한 사전지식이 부족할 때 예비조사 또는 사전조사(Pre-test)에서 사용하기에 가장 적절한 질문유형은?

① 개방형 질문   ② 폐쇄형 질문
③ 가치중립적 질문 ④ 유도성 질문

25
질적 방법으로 수집된 자료에 관한 설명으로 틀린 것은?

① 현장 중심의 사고를 할 수 있다.
② 자료의 표준화를 도모하기 쉽다.
③ 유용한 정보의 유실을 줄일 수 있다.
④ 정보의 심층적 의미를 파악할 수 있다.

26
다음 중 종단적 조사가 아닌 것은?

① 시계열조사(Time Series Study)
② 동질성 집단조사(Cohort Study)
③ 패널조사(Panel Study)
④ 단면조사(Cross-sectional Study)

27
패널조사의 단점에 대한 설명으로 틀린 것은?

① 원 조사대상이 이사하거나 사망하여 패널소멸이 일어나는 경우 조사 결과가 왜곡될 수 있다.
② 반복되는 조사를 통하여 응답자가 조사의 의도를 파악하여 조사 결과가 왜곡될 수 있다.
③ 장기간의 조사과정으로 조사자와 친밀해져서 부정확한 자료를 제공할 수 있다.
④ 다른 조사방법에 비해 변화를 감지할 수 있는 가능성이 비교적 낮다.

28
다음 중 개방형 질문의 장점이 아닌 것은?

① 응답 가능한 모든 응답의 범주를 모를 때 적합하다.
② 응답자가 어떻게 응답하는가를 탐색적으로 살펴보고자 할 때 적합하다.
③ 개인의 사생활이나 소득수준과 같이 밝히기를 꺼리는 민감한 주제에 보다 적합하다.
④ 몇 개의 범주로 압축시킬 수 없을 정도로 쟁점이 복합적일 때 적합하다.

29
면접조사의 원활한 자료수집을 위해 조사자가 응답자와 인간적인 친밀 관계를 형성하는 것은?

① 라포(Rapport)
② 사회화(Socialization)
③ 조작화(Operationalization)
④ 개념화(Conceptualization)

30
표적집단면접법(Focus Group Interview)에 관한 설명으로 가장 적합한 것은?

① 전문적인 지식을 가진 집단으로 하여금 특정한 주제에 대하여 자유롭게 토론하도록 한 다음, 이 과정에서 필요한 정보를 추출하는 방법이다.
② 응답자가 조사의 목적을 모르는 상태에서 다양한 심리적 의사소통법을 이용하여 자료를 수집하는 방법이다.
③ 조사자가 한 단어를 제시하고 응답자가 그 단어로부터 연상되는 단어들을 순서대로 나열하도록 하여 조사하는 방법이다.
④ 응답자에게 이해하기 난해한 그림을 제시한 다음, 그 그림이 무엇을 묘사하는지 물어 응답자의 심리상태를 파악하는 방법이다.

2과목 조사관리와 자료처리

31
내용분석에 관한 설명으로 틀린 것은?

① 조사대상에 영향을 미친다.
② 시간과 비용 측면에서 경제성이 있다.
③ 일정기간 진행되는 과정에 대한 분석이 용이하다.
④ 연구 진행 중에 연구계획의 부분적인 수정이 가능하다.

32
참여관찰에서 윤리적인 문제를 겪을 가능성이 가장 높은 관찰자 유형은?

① 완전관찰자(Complete Observer)
② 완전참여자(Complete Participant)
③ 관찰자로서의 참여자(Participant as Observer)
④ 참여자로서의 관찰자(Observer as Participant)

33
다음 중 전화조사가 가장 적합한 경우는?

① 자세하고 심층적인 정보를 얻기 위한 조사
② 어떤 시점에서 순간적으로 무엇을 하며, 무슨 생각을 하는가를 알아내기 위한 조사
③ 저렴한 가격으로 면접자 편의(Bias)를 줄일 수 있으며 대답하는 요령도 동시에 자세히 알려줄 수 있는 조사
④ 넓은 범위의 지리적인 영역을 조사대상 지역으로 하여 비교적 복잡한 정보를 얻으면서, 경비를 절약할 수 있는 조사

34
집단조사(Group Questionnaire Survey)의 특징과 가장 거리가 먼 것은?

① 집단조사는 집단이 속한 조직을 연구하는 데에만 사용할 수 있다.
② 집단으로 조사되므로 주변 사람이 응답자에 영향을 미칠 가능성이 높다.
③ 일반적으로 집단조사를 승인한 조직체나 단체에 유리한 쪽으로 응답할 가능성이 높다.
④ 집단이 속한 조직으로부터 적절한 협조가 있으면 비용과 시간을 절약할 수 있는 조사기법이다.

35
경험적 연구방법에 관한 설명으로 틀린 것은?

① 참여관찰의 결과는 일반화의 가능성이 높다.
② 내용분석은 질적인 내용을 양적 자료로 전환하는 방법이다.
③ 조사연구는 대규모의 모집단 특성을 기술하는데 유용하다.
④ 실험은 외생변수들의 영향을 배제할 수 있다는 장점을 가지고 있다.

36
관찰법의 장점과 가장 거리가 먼 것은?

① 조사자가 현장에서 즉시 포착할 수 있다.
② 관찰결과의 해석에 대한 객관성이 확보된다.
③ 조사에 비협조적이거나 면접을 거부할 경우에 효과적이다.
④ 행위나 감정을 언어로 표현하지 못하는 유아나 동물이 조사대상인 경우 유용하다.

37
자신의 신분을 밝히지 않은 채 자연스럽게 일어나는 사회적 과정에 참여하는 관찰자의 역할은?

① 완전관찰자   ② 참여자적 관찰자
③ 완전참여자   ④ 관찰자적 참여자

38
다음의 사례에서 활용한 연구방법은?

> 웰스(Ida B. Wells)는 1891년에 미국 남부지방의 흑인들이 집단폭행을 당한 이유가 백인 여성을 겁탈한 것 때문이라는 당시 사람들의 믿음이 사실인지를 확인할 목적으로 이전 10년간 보도된 728건의 집단폭행 관련 기사들을 검토하였다. 그 결과 보도 사례들 가운데 단지 1/3의 경우에만 강간으로 정식기소가 이루어졌으며 나머지 대부분의 사례들은 흑인들이 분수를 모르고 건방지게 행동한 것이 죄라면 죄였던 것으로 확인되었다.

① 투사법   ② 내용분석법
③ 질적연구법   ④ 사회성 측정법

39
관찰 시기와 행동 발생의 일치 여부를 기준으로 관찰기법을 분류한 것은?

① 직접(Direct)/간접(Indirect) 관찰
② 체계적(Structured)/비체계적(Unstructured) 관찰
③ 공개적(Undisguised)/비공개적(Disguised) 관찰
④ 자연적(Natural setting)/인위적(Contrived setting) 관찰

40
다음 중 표준화면접의 사용이 가장 적합한 것은?

① 새로운 사실을 발견하고자 할 때
② 정확하고 체계적인 자료를 얻고자 할 때
③ 피면접자로 하여금 자유연상을 하게 할 때
④ 보다 융통성 있는 면접분위기를 유도하고자 할 때

41
측정오차의 발생원인과 가장 거리가 먼 것은?

① 통계분석기법
② 측정 시점의 환경요인
③ 측정 방법 자체의 문제
④ 측정 시점에 따른 측정대상자의 변화

42
지수와 척도에 관한 설명으로 틀린 것은?

① 지수와 척도 모두 변수의 합성측정이다.
② 척도와 지수 모두 변수에 대한 서열측정이다.
③ 지수점수는 척도점수보다 더 많은 정보를 전달한다.
④ 척도는 동일한 변수의 속성들 가운데서 그 강도의 차이를 이용하여 구별되는 응답유형을 밝혀낸다.

43
거트만척도에서 응답자의 응답이 이상적인 패턴에 얼마나 가까운가를 측정하는 것은?

① 스캘로그램 ② 단일차원계수
③ 최소오차계수 ④ 재생계수

44
성인에 대한 우울증 검사도구를 청소년들에게 그대로 적용할 때 가장 우려되는 측정오류는?

① 고정반응 ② 무작위 오류
③ 문화적 차이 ④ 사회적 바람직성

45
개념의 구성 요소가 아닌 것은?

① 일반적 합의 ② 정확한 정의
③ 가치중립성 ④ 경험적 준거틀

46
[08년 1회, 17년 2회, 21년 3회 기출]

조작적 정의가 필요한 이유로 가장 적합한 것은?

① 연구 결과를 조작하기 위해
② 이론의 구체성을 줄이기 위해
③ 개념의 의미를 풍부하게 하기 위해
④ 개념을 가시적이고 경험적으로 표현하기 위해

47
다음에 나타나는 측정상의 문제점은?

> 아동 100명의 몸무게를 실제 몸무게보다 항상 1kg이 더 나오는 불량 체중계를 사용하여 측정한다.

① 타당성이 없다. ② 대표성이 없다.
③ 안정성이 없다. ④ 일관성이 없다.

48
사용하고 있는 측정도구의 측정값과 기준이 되는 측정도구의 측정값과의 상관관계로 측정되는 타당도는?

① 액면타당도
② 구성체타당도
③ 기준관련 타당도
④ 다차원타당도

49
크론바하 알파값(Cronbach α)에 대한 설명으로 틀린 것은?

① 문항의 수가 적을수록 크론바하의 알파값은 커진다.
② 크론바하의 알파값이 클수록 신뢰도가 높다고 인정된다.
③ 표준화된 크론바하의 알파값은 0에서 1에 이르는 값으로 존재한다.
④ 문항 간의 평균 상관계수가 높을수록 크론바하의 알파값도 커진다.

50
속성이 전혀 존재하지 않는 상태인 영점(0)이 존재하는 척도는?

① 서열척도
② 명목척도
③ 비율척도
④ 등간척도

51
종업원이 친절할수록 패밀리 레스토랑의 매출액이 증가한다는 가설을 검증하고자 할 경우, 레스토랑의 음식의 맛 역시 매출에 영향을 미친다면 음식의 맛은 어떤 변수인가?

① 종속변수
② 매개변수
③ 외생변수
④ 조절변수

52
개념(Concept)의 정의와 가장 거리가 먼 것은?

① 일정한 관계 사실에 대한 추상적인 표현
② 사실과 사실 간의 관계에 논리의 연관성을 부여하는 것
③ 특정한 여러 현상을 일반화함으로써 나타내는 추상적인 용어
④ 현상을 예측 설명하고자 하는 명제, 이론의 전개에서 그 바탕을 이루는 역할

53
이론적 개념을 측정가능한 수준의 변수로 전환하는 작업 과정은?

① 서열화
② 수량화
③ 척도화
④ 조작화

54
척도 구성방법을 비교척도 구성(Comparative Scaling)과 비비교척도 구성(Non-comparative Scaling)으로 구분할 때 비비교척도 구성에 해당하는 것은?

① 쌍대비교법(Paired Comparison)
② 순위법(Rank-order)
③ 연속평정법(Continuous Rating)
④ 고정총합법(Constant Sum)

55
대상자들의 종교를 불교, 기독교, 가톨릭, 기타의 범주로 나누어 조사한 경우 측정수준은?

① 서열척도
② 명목척도
③ 등간척도
④ 비율척도

56
측정의 신뢰도를 높이는 방법으로 틀린 것은?

① 측정도구의 모호성을 제거한다.
② 면접자들은 일관된 태도로 면접을 한다.
③ 가능하면 단일 항목을 이용하여 개념이나 속성을 측정한다.
④ 조사대상자가 관심 없거나 너무 어려워하는 내용은 제외한다.

57
스피어만 – 브라운(Spearman – Brown) 공식은 주로 어떤 경우에 사용되는가?

① 동형검사 신뢰도 추정
② Kuder – Richardson 신뢰도 추정
③ 반분신뢰도로 전체 신뢰도 추정
④ 범위의 축소로 인한 예언타당도에 대한 교정

58
다음은 어떤 척도에 관한 설명인가?

> 우리나라의 특정 정치지도자에 대한 국민의 생각을 측정하기 위한 방법으로 '정직 – 부정직, 긍정적 – 부정적, 약하다 – 강하다, 능동적 – 수동적' 등과 같은 대칭적 형용사를 제시한 후 응답자들로 하여금 이들 각각의 문항에 대해 1부터 7까지의 연속선상에서 평가하도록 하였다.

① 서스톤척도
② 거트만척도
③ 리커트척도
④ 의미분화척도

59
크론바하 알파(Cronbach's Alpha)에 관한 설명으로 틀린 것은?

① 표준화된 알파라고도 한다.
② 값의 범위는 −1에서 +1까지이다.
③ 문항 간 평균 상관관계가 증가할수록 값이 커진다.
④ 문항의 수가 증가할수록 값이 커진다.

60
개념타당성(Construct Validity)에 관한 옳은 설명을 모두 고른 것은?

> ㉠ 측정에 의해 얻는 측정값 자체보다는 측정하고자 하는 속성에 초점을 맞춘 타당성이다.
> ㉡ 이론과 관련하여 측정도구의 타당성을 검증한다.
> ㉢ 개념타당성 측정방법으로 요인분석 등이 있다.
> ㉣ 통계적 검증을 할 수 있다.

① ㉠, ㉣
② ㉡, ㉢, ㉣
③ ㉠, ㉡, ㉢
④ ㉠, ㉡, ㉢, ㉣

3과목 통계분석과 활용

61
다음 중 이항분포를 따르지 않는 것은?

① 주사위를 10번 던졌을 때 짝수의 눈의 수가 나타난 횟수
② 어떤 기계에서 만든 5개의 제품 중 불량품의 개수
③ 1시간 동안 전화교환대에 걸려 오는 전화 횟수
④ 한 농구선수가 던진 3개의 자유투 중에서 성공한 자유투의 수

62

어느 제약회사에서 생산하고 있는 진통제는 복용 후 진통 효과가 나타날 때까지 걸리는 시간이 평균 30분, 표준편차 8분인 정규분포를 따른다고 한다. 임의로 추출한 100명의 환자에게 진통제를 복용시킬 때, 복용 후 40분에서 44분 사이에 진통 효과가 나타나는 환자의 수는? (단, 다음 표준정규분포표를 이용하시오.)

z	$P(0 \leq Z \leq z)$
0.75	0.27
1.00	0.34
1.25	0.39
1.50	0.43
1.75	0.46

① 4　　② 5
③ 7　　④ 10

63

X는 정규분포를 따르는 확률변수이다. $P(X<10)=0.5$일 때, X의 기댓값은?

① 8　　② 8.5
③ 9.5　④ 10

64

공정한 동전 두 개를 던지는 시행을 1,200회 하여 두 개 모두 뒷면이 나온 횟수를 X라고 할 때, $P(285 \leq X \leq 315)$의 값은? (단, $Z \sim N(0,1)$일 때, $P(Z<1)=0.84$)

① 0.35　② 0.68
③ 0.95　④ 0.99

65

어느 대형마트 고객관리팀에서는 다음과 같은 기준에 따라 매일 고객을 분류하여 관리한다. 어느 특정한 날 마트를 방문한 고객들의 자료를 분류한 결과 A그룹이 30%, B그룹이 50%, C그룹이 20%인 것으로 나타났다. 이날 마트를 방문한 고객 중 임의로 4명을 택할 때, 이들 중 3명만이 B그룹에 속할 확률은?

구분	구매 금액
A 그룹	20만원 이상
B 그룹	10만원 이상~20만원 미만
C 그룹	10만원 미만

① 0.25　② 0.27
③ 0.37　④ 0.39

66

어떤 공장에서 생산하고 있는 진공관은 10%가 불량품이라고 한다. 이 공장에서 생산되는 진공관 중에서 임의로 100개를 취할 때, 표본 불량률의 분포는 근사적으로 어느 것을 따르는가? (단, N은 정규분포를 의미한다.)

① $N(0.1, 9 \times 10^{-4})$　② $N(10, 9)$
③ $N(10, 3)$　④ $N(0.1, 3 \times 10^{-4})$

67

어떤 시스템은 각각 독립적으로 작동하는 n개의 성분으로 구성되어 있다. 이 시스템은 그 성분 중, 반 이상 작동을 하면 효과적으로 작동을 한다. 각 성분의 작동확률을 p라고 하면 5개의 성분으로 구성된 시스템이 3개의 성분으로 구성된 시스템보다 더 효과적으로 작동을 하기 위한 p값의 조건은?

① $p > \dfrac{1}{2}$　② $p > \dfrac{1}{3}$
③ $p > \dfrac{1}{4}$　④ $p > \dfrac{1}{5}$

68
중심극한정리(Central Limit Theorem)는 어느 분포에 관한 것인가?

① 모집단 ② 표본
③ 모집단의 평균 ④ 표본의 평균

69
$N(\mu, \sigma^2)$인 모집단에서 표본을 임의추출할 때 표본평균이 모평균으로부터 0.5σ 이상 떨어져 있을 확률이 0.3174이다. 표본의 크기를 4배로 할 때, 표본평균이 모평균으로부터 0.5σ 이상 떨어져 있을 확률은? (단, z가 표준정규분포를 따르는 확률변수일 때, 확률 $P(Z>z)$은 다음과 같다.)

z	$P(Z>z)$
0.5	0.3085
1.0	0.1587
1.5	0.0668
2.0	0.0228

① 0.0456 ② 0.1336
③ 0.6170 ④ 0.6348

70
어느 지역 주민의 3%가 특정 풍토병에 걸려있다고 한다. 이 병의 검진 방법에 의하면 감염자의 95%가 (+)반응을, 나머지 5%가 (−)반응을 나타내며 비감염자의 경우는 10%가 (+)반응을, 90%가 (−)반응을 나타낸다고 한다. 주민 중 한 사람을 검진한 결과 (+)반응을 보였다면 이 사람이 감염자일 확률은?

① 0.105 ② 0.227
③ 0.885 ④ 0.950

71
어느 공정에서 생산되는 제품의 약 40%가 불량품이라고 한다. 이 공정의 제품 4개를 임의로 추출했을 때, 4개가 불량품일 확률은?

① $\dfrac{16}{125}$ ② $\dfrac{64}{625}$
③ $\dfrac{62}{625}$ ④ $\dfrac{16}{625}$

72
표본크기가 3인 자료 x_1, x_2, x_3의 평균 $\bar{x}=10$, 분산 $S^2=100$이다. 관측값 10이 추가되었을 때, 4개 자료의 분산 S^2은? (단, 표본분산 S^2은 불편분산이다.)

① $\dfrac{100}{3}$ ② 50
③ 55 ④ $\dfrac{200}{3}$

73
자료의 위치를 나타내는 척도로 알맞지 않은 것은?

① 표준편차 ② 중앙값
③ 백분위수 ④ 사분위수

74
도수분포가 비대칭이고 극단치들이 있을 때보다 적절한 중심성향 척도는?

① 산술평균 ② 중위수
③ 조화평균 ④ 최빈수

75

다음 사례에 알맞은 검정방법은?

> 도시지역의 가족과 시골 지역의 가족 간에 가족의 수에 있어서 평균적으로 차이가 있는지를 알아보고자 도시지역과 시골 지역 중 각각 몇 개의 지역을 골라 가족의 수를 조사하였다.

① $F-$검정
② χ^2-검정
③ 더빈 왓슨검정
④ 독립표본 $t-$검정

76

다음은 왼손으로 글자를 쓰는 사람 8명에 대하여 왼손의 악력 X와 오른손의 악력 Y를 측정하여 정리한 결과이다. 왼손으로 글자를 쓰는 사람들의 왼손 악력이 오른손 악력보다 강하다고 할 수 있는가에 대해 유의수준 5%에서 검정하고자 한다. 검정통계량 T의 값과 기각역을 구하면?

구분	관측값	평균	표준편차
X	90, ⋯, 110	$\overline{X}=107.25$	$S_X=18.13$
Y	87, ⋯, 100	$\overline{Y}=103.75$	$S_Y=18.26$
$D=X-Y$	3, ⋯, 10	$\overline{D}=3.5$	$S_D=4.93$

$P[T \leq t_{(n,\alpha)}], T \sim t_{(n)}$

df	⋯	0.05	0.025	⋯
⋮	⋮	⋮	⋮	⋮
6	⋯	1.943	2.447	⋯
7	⋯	1.895	2.365	⋯
8	⋯	1.860	2.306	⋯
⋮	⋮	⋮	⋮	⋮

① $T=0.71, T \geq 1.860$
② $T=2.01, T \geq 1.895$
③ $T=0.71, |T| \geq 2.365$
④ $T=2.01, |T| \geq 2.365$

77

다음 6개 자료의 통계량에 대한 설명으로 틀린 것은?

2	2	2	3	4	5

① 평균은 3이다.
② 최빈값은 2이다.
③ 중앙값은 2.5이다.
④ 왜도는 0보다 작다.

78

곤충학자가 70마리의 모기에게 A 회사의 살충제를 뿌리고 생존시간을 관찰하여 $\overline{X}=18.3, S=5.2$를 얻었다. 생존시간의 모평균 μ에 대한 99% 신뢰구간은? (단, $P(Z>2.58)=0.005, P(Z>1.96)=0.025, P(Z>1.645)=0.05$)

① $8.6 \leq \mu \leq 28.0$
② $16.7 \leq \mu \leq 19.9$
③ $17.7 \leq \mu \leq 19.5$
④ $18.1 \leq \mu \leq 18.5$

79

여론조사 기관에서 특정 프로그램의 시청률을 조사하기 위하여 100명의 시청자를 임의로 추출하여 시청 여부를 물었더니 이 중 10명이 시청하였다. 이때 이 프로그램의 시청률에 대한 95% 신뢰구간은? (단, 표준정규분포를 따르는 확률변수 Z는 $P(Z>1.96)=0.025$를 만족한다.)

① $(0.0312, 0.1688)$
② $(0.0412, 0.1588)$
③ $(0.0512, 0.1488)$
④ $(0.0612, 0.1388)$

80

어느 자동차 회사의 영업 담당자는 영업전략의 효과를 검정하고자 한다. 영업사원 10명을 무작위로 추출하여 새로운 영업전략을 실시하기 전과 실시한 후의 영업 성과(월 판매량)을 조사하였다. 영업사원의 자동차 판매량의 차이는 정규분포를 따른 다고 할 때 유의수준 5%에서 새로운 영업전략이 효과가 있는지 검정한 결과로 타당한 것은? (단, 유의수준 5%에 해당하는 자유도 9인 t분포 값은 −1.833이다.)

| 실시 이전 | 5 | 8 | 7 | 6 | 9 | 7 | 10 | 10 | 12 | 5 |
| 실시 이후 | 8 | 10 | 7 | 11 | 9 | 12 | 14 | 9 | 10 | 6 |

① 주어진 정보만으로는 알 수 없다.
② 새로운 영업전략 실시 전후 판매량은 같다고 할 수 있다.
③ 새로운 영업전략의 판매량 증가 효과가 없다고 할 수 있다.
④ 새로운 영업전략의 판매량 증가 효과가 있다고 할 수 있다.

81

추정에 대한 설명으로 맞는 것은?

① 검정력은 작을수록 바람직하다.
② 신뢰구간은 넓을수록 바람직하다.
③ 표본의 수는 통계적 추론에 영향을 미치지 않는 표본조사 시의 문제이다.
④ 모든 다른 조건이 동일하다면 표본의 수가 클수록 신뢰구간의 길이는 짧아진다.

82

통계적 가설의 기각 여부를 판정하는 가설검정에 대한 설명으로 옳은 것은?

① 표본으로부터 확실한 근거에 의하여 입증하고자 하는 가설을 귀무가설이라 한다.
② 유의수준은 제2종오류를 범할 확률의 최대허용한계이다.
③ 대립가설을 채택하게 하는 검정통계량의 영역을 채택역이라 한다.
④ 대립가설이 옳은데도 귀무가설을 채택함으로써 범하게 되는 오류를 제2종오류라 한다.

83

귀무가설 H_0가 참인데 대립가설 H_1이 옳다고 잘못 결론을 내리는 오류는?

① 제1종오류   ② 제2종오류
③ 알파 오류   ④ 베타 오류

84

우리나라 대학생들의 1주일 동안 독서시간은 평균이 20시간, 표준편차가 3시간인 정규분포를 따른다고 알려져 있다. 이를 확인하기 위해 36명의 학생을 조사하였더니 평균이 19시간으로 나타났다. 위 결과를 이용하여 우리나라 대학생들의 평균 독서시간이 20시간보다 작다고 말할 수 있는지를 검정한다고 할 때 다음 설명 중 옳은 것은? (단, $P(|Z|<1.645)=0.9$, $P(|Z|<1.96)=0.95$)

① 검정통계량의 값은 −2이다.
② 가설검정에는 χ^2분포가 이용된다.
③ 유의수준 0.05에서 검정할 때, 우리나라 대학생들의 평균 독서시간이 20시간보다 작다고 말할 수 없다.
④ 표본분산이 알려져있지 않아 가설검정을 수행할 수 없다.

85

피어슨의 비대칭도를 대표치들 간의 관계식으로 바르게 나타낸 것은? (단, $\overline{X}$: 산술평균, M_e : 중위수, M_o : 최빈수)

① $\overline{X} - M_0 \fallingdotseq 3(M_e - \overline{X})$
② $M_o - \overline{X} \fallingdotseq 3(M_o - M_e)$
③ $\overline{X} - M_o \fallingdotseq 3(\overline{X} - M_e)$
④ $M_o - \overline{X} \fallingdotseq 3(M_e - M_o)$

86

정규분포를 따르는 어떤 집단의 모평균이 10인지를 검정하기 위하여 크기가 25인 표본을 추출하여 관측한 결과 표본평균은 9, 표본표준편차는 2.5이었다. t-검정을 할 경우 검정통계량의 값은?

① 2
② 1
③ -1
④ -2

87

어느 화장품 회사에서 새로 개발한 상품에 대한 선호도를 조사하려고 한다. 400명의 조사 대상자 중 새 상품을 선호한 사람은 220명이었다. 이때 다음 가설에 대한 유의확률은? (단, $Z \sim N(0, 1)$이다.)

$$H_0 : p = 0.5, \ H_1 : p > 0.5$$

① $P(Z \geq 1)$
② $P\left(Z \geq \dfrac{5}{4}\right)$
③ $P(Z \geq 2)$
④ $P\left(Z \geq \dfrac{3}{2}\right)$

88

초등학생과 대학생의 용돈의 평균과 표준편차가 다음과 같을 때 변동계수를 비교한 결과로 옳은 것은?

구분	용돈 평균	표준편차
초등학생	130,000	2,000
대학생	200,000	3,000

① 초등학생 용돈이 대학생 용돈보다 상대적으로 더 평균에 밀집되어 있다.
② 대학생 용돈이 초등학생 용돈보다 상대적으로 더 평균에 밀집되어 있다.
③ 초등학생 용돈과 대학생 용돈의 변동계수는 같다.
④ 평균이 다르므로 비교할 수 없다.

89

왜도가 0이고 첨도가 3인 분포의 형태는?

① 좌우대칭인 분포
② 왼쪽으로 치우친 분포
③ 오른쪽으로 치우친 분포
④ 오른쪽으로 치우치고 뾰족한 모양의 분포

90

다음 표는 빨강, 파랑, 노랑 3가지 색상에 대한 선호도가 성별에 따라 차이가 있는지를 알아보기 위해 초등학교 남학생 200명과 여학생 200명을 임의로 추출하여 선호도를 조사한 분할표이다. 성별에 따라 선호하는 색상에 차이가 없다면, 파랑을 선호하는 여학생 수에 대한 기대도수의 추정값은?

구분	빨강	파랑	노랑	표본크기
남학생	60	90	50	200
여학생	90	70	40	200
합계	150	160	90	400

① 70
② 75
③ 80
④ 85

91

다음은 A대학 입학시험의 지역별 합격자 수를 성별에 따라 정리한 자료이다. 지역별 합격자 수가 성별에 따라 차이가 있는지를 검정하기 위해 교차분석을 하고자 한다. 카이제곱(χ^2) 검정통계량의 자유도는?

구분	A지역	B지역	C지역	D지역	합계
남	40	30	50	50	170
여	60	40	70	30	200
합계	100	70	120	80	370

① 1 ② 2
③ 3 ④ 4

92

어떤 주사위가 공정한지를 검정하기 위해 실제로 60회를 굴려 다음과 같은 결과를 얻었다. 유의수준 5%에서의 검정 결과로 맞는 것은? (단, $\chi^2_{0.005}(5) = 1.145$, $\chi^2_{0.05}(5) = 11.07$이다.)

눈의 수	1	2	3	4	5	6
도수	13	19	11	8	5	4

① 주사위는 공정하다고 볼 수 없다.
② 주사위는 공정하다고 볼 수 있다.
③ 눈의 수가 2인 면이 이상하다고 볼 수 있다.
④ 60번의 시행으로는 통계적 결론의 도출이 어렵다.

93

다음 중 상관분석의 적용을 위해 산점도에서 관찰해야 하는 자료의 특징이 아닌 것은?

① 자료의 층화 여부
② 이상점의 존재 여부
③ 원점(0, 0)의 통과 여부
④ 선형 또는 비선형 관계의 여부

94

두 변수 간의 상관계수 값으로 옳은 것은?

x	2	4	6	8	10
y	5	4	3	2	1

① -1 ② -0.5
③ 0.5 ④ -1

95

다음 단순회귀모형에 대한 설명으로 틀린 것은?

$$Y_i = \beta_0 + \beta_1 X_i + \varepsilon_i, \ i = 1, 2, \cdots, n$$
(단, 오차항 ε_i는 서로 독립이며
동일한 분포 $N(0, \sigma^2)$를 따른다)

① 각 Y_i의 기댓값은 $\beta_0 + \beta_1 X_i$로 주어진다.
② 오차항 ε_i와 Y_i는 동일한 분산을 갖는다.
③ β_0는 X_i가 $\overline{X}$일 경우 Y의 반응량을 나타낸다.
④ 모든 Y_i들은 상호 독립적으로 측정된다.

96

교육수준에 따른 생활만족도의 차이를 다양한 배경 변수를 통제한 상태에서 비교하기 위해서 다중회귀분석을 실시하고자 한다. 교육수준을 5개의 범주로(무학, 초졸, 중졸, 고졸, 대졸 이상) 측정하였다. 이때 대졸을 기준으로 할 때, 교육수준별 차이를 나타내는 가변수(Dummy Variable)를 몇 개 만들어야 하는가?

① 1개 ② 2개
③ 3개 ④ 4개

97

두 변수 X, Y의 상관계수에 대한 유의성 검정 ($H_0 : \rho_{XY}=0$)을 $t-$검정으로 할 때, 검정통계량은? (단, r_{XY}는 표본상관계수이다.)

① $r_{XY}\sqrt{\dfrac{n-2}{1-r_{XY}^2}}$

② $r_{XY}\sqrt{\dfrac{n+2}{1-r_{XY}^2}}$

③ $r_{XY}\sqrt{\dfrac{n-2}{1+r_{XY}^2}}$

④ $r_{XY}\sqrt{\dfrac{n+2}{1+r_{XY}^2}}$

98

단순회귀모형 $y_i = \beta_0 + \beta_1 x_i + \varepsilon_i, \varepsilon_i \sim N(0, \sigma^2)$이고 서로 독립, $i=1,2,\cdots,n$ 하에서 모회귀직선 $E(y) = \beta_0 + \beta_1 x$를 최소제곱법에 의해 추정한 추정회귀직선을 $\hat{y}=b_0+b_1 x$라 할 때, 다음 설명 중 옳지 않은 것은? (단, $Sxx=\sum_{i=1}^{n}(x_i-\bar{x})^2$, $MSE=\sum_{i=1}^{n}\dfrac{(y_i-\hat{y_i})^2}{(n-2)}$ 이다.)

① 추정량 b_1은 평균이 β_1이고, 분산이 σ^2/S_{xx}인 정규분포를 따른다.
② 추정량 b_0은 회귀직선의 절편 β_0의 불편추정량이다.
③ MSE는 오차항 ε_i의 분산 σ^2에 대한 불편추정량이다.
④ $\dfrac{b_1-\beta_1}{\sqrt{MSE/S_{xx}}}$는 자유도 각각 $1, n-2$인 $F-$분포 $F_{(1,n-2)}$를 따른다.

99

독립변수가 5개인 100개의 자료를 이용하여 절편이 있는 선형회귀모형을 추정할 때 잔차의 자유도는?

① 4
② 5
③ 94
④ 95

100

독립변수가 2개인 중회귀모형 $y_i = \beta_0 + \beta_1 x_{1i} + \beta_2 x_{2i} + \varepsilon_i$, $i=1,2,\cdots,n$의 유의성 검정에 대한 설명으로 틀린 것은?

① $H_0 : \beta_1 = \beta_2 = 0$
② H_1 : 회귀계수 β_1, β_2 중 적어도 하나는 0이 아니다.
③ $\dfrac{MSE}{MSR} > F_{(k,n-k-1,\alpha)}$ 이면 H_0을 기각한다.
④ 유의확률 p가 유의수준 α보다 작으면 H_0을 기각한다.

CHAPTER 03 최종점검 모의고사 1회 정답 및 해설

제1과목	조사방법과 설계								
01	02	03	04	05	06	07	08	09	10
③	④	①	①	②	②	①	①	③	④
11	12	13	14	15	16	17	18	19	20
③	③	④	②	①	②	②	④	②	③
21	22	23	24	25	26	27	28	29	30
③	④	④	④	②	②	②	②	③	④

01 가설의 상세요건을 알고 있는지를 확인하는 문제이다.
- 가설은 (조사)문제를 해결할 수 있어야 한다.
- 가설은 반드시 검증 가능한 형태로 진술되어야 한다.
- 과학적 방법을 통하여 검증되어 가설이 옳고 그름을 판단할 수 있어야 한다.

이러한 상세요건에 만족하지 못하는 선지를 찾아야 한다.
③ '기업 경영은 근본적으로 인간이 결정한다'는 기업 경영에 대한 진술일 뿐, 검증할 수 있는 가설이 아니다.

02 탐색(Exploration)은 아직 잘 알려지지 않은 주제나 현상에 대해 새로운 아이디어를 얻거나 가설을 설정하기 위한 조사의 목적이다. 주로 미지의 영역을 탐구하고, 조사의 방향을 설정하는 데 사용된다. 단일사례설계를 통한 운동이 체중 감소에 미치는 효과를 검증하는 조사는 이미 구체적인 가설(운동이 체중 감소에 영향을 미친다는 가설)을 가지고, 그 가설을 검증하는 과정이다. 이는 탐색(Exploration)이 목적인 조사가 아니다.

03 ① 문항은 검증 가능한 가설이며, 명확하고 구체적이다. 이 가설을 검증하기 위해서 소득수준과 생활에 대한 생활 만족도 간의 관계를 분석하는 연구를 수행해야 한다.
② 가치판단에 불과한 가설이다.
③ 가능성을 제시하는 가설일 뿐, 검증할 수 있는 가설이 아니다.
④ 한국 사회의 현상에 대한 진술일 뿐, 검증할 수 있는 가설이 아니다.

04 가설검증에 주로 사용되는 것은 연역적 접근법이다. 연역적 접근법은 이론으로부터 가설을 설정하고 가설의 내용을 경험적 자료에 기반하여 가설의 채택 여부를 결정하는 방법이고, 귀납적 접근법은 귀납법은 현실의 경험 세계에서 출발하여, 관찰을 통해 경험적 일반화를 추구하는 방법이다.

05 자아존중감 검사 도구나 측정 방법이 변하지 않았으므로 도구효과(Instrumentation)는 저해요인이 될 수 없다.
① 검사효과(Testing Effect) : 동일한 피험자가 반복적으로 특정 검사나 측정을 받음으로써 그 결과가 개선되거나 악화되는 현상이다. 초기에 낮은 자아존중감 점수를 보인 피험자들이 같은 검사를 반복하면서 자아존중감이 향상될 수 있다.
③ 통계적 회귀(Statistical Regression) : 초기에 극단적인 점수를 보인 피험자들이 다시 측정을 받을 때 평균적인 점수로 회귀하는 현상을 의미한다. 즉, 초기에 자아존중감이 매우 낮았던 피험자들이 다시 측정을 받을 때 평균적인 수준으로 돌아가는 경향이 있을 수 있다.
④ 성숙효과(Maturation Effect) : 시간이 지나면서 성숙해지거나 자아감이 강화되는 등 피험자의 변화가 나타나는 현상을 의미한다. 자아존중감 프로그램을 통해 피험자들이 성장하고 발전함에 따라 자아존중감 점수가 향상될 수 있다.

06 허위적 상관은 두 변수 '인터넷 이용량'과 '흡연량' 사이에 상관관계가 존재하는 것처럼 보이지만, 사실은 제3의 변수가 이 둘에 동시에 영향을 미치는 경우이다.
즉, '인터넷 이용량'과 '흡연량' 간의 상관관계가 실제로는 다른 숨겨진 변수(스트레스 수준 및 생활 패턴 등)에 의해 나타난 것일 수 있다. 이러한 제3의 변수는 두 변수 사이의 상관을 허위적으로 만들어, 마치 인터넷 이용이 흡연을 유발하는 것처럼 보이게 한다. 인과관계 성립조건 4가지 중 '비허위적 관계'는 '두 변수 간의 상호관계는 제3의 변수에 의해 설명되면 안 된다.'는 것이다.

07 사례조사는 주로 질적 조사방법을 사용하지만, 양적 자료도 사용할 수 있다. 예를 들어, 설문조사나 통계 자료를 통해 사례를 더 깊이 이해할 수 있다.

08 먼저, 계통적 표집에서 표집간격은 아래와 같다.

$$표집간격(K) = \frac{모집단의\ 크기}{표본의\ 크기} = \frac{N}{n} = \frac{5,000}{100} = 50$$

그러므로 표집간격 (K)=50을 간격으로 표본을 추출해야 하므로 1과 50 사이에서 표본을 선정해야 한다.

09
- 표집의 대표성은 표본의 통계적 특성이 모집단의 통계적 특성에 어느 정도 근접하느냐의 문제, 표본이 모집단이 지닌 다양한 성격을 고루 반영하느냐의 문제, 표본을 이용한 분석결과가 일반화될 수 있는가의 문제에 관한 것이다.
- 표본의 일반화 가능성은 표본으로부터 자료를 수집하여 분석한 결과는 모집단을 대상으로 일반화가 가능해야 한다는 것이다.
- 표본의 적절성은 어느 정도 크기의 표본을 선정해야 적은 비용으로 일정한 정확성을 가질 수 있도록 할 수 있는가에 관한 것이다.

10 단순무작위표집은 확률표본추출방법의 한 종류로 표집오차를 추정할 수 있다.
암기 : 단층집연계
- 확률표본추출방법 : 단순무작위표본추출, 층화표본추출, 집락표본추출, 연속표본추출, 계통표본추출
암기 : 누할임유
- 비확률표본추출방법 : 누적(눈덩이)표본추출, 할당표본추출, 임의표본추출, 유의(판단)표본추출

11 암기 : 집간동
집락표본추출은 집락 내에서는 이질성이 크고 집락 간에는 동질성이 크도록 집락을 설정하는 것이 유리하다.

12 계통표집에 관한 설명이다. 계통표집법은 최초의 표본집단을 무작위로 선정한 다음에 K번째마다 표본을 추출하는 방법이다.

13 표집간격은 표본을 주기적으로 추출할 때, 표집 시 추출되는 요소 사이의 간격이다. 만약 표집간격이 5이면, 첫 번째 표본을 선택한 후 5번째 간격마다 다음 표본을 추출하게 된다.
$$표집간격 = \frac{모집단의\ 크기}{표본의\ 크기} = \frac{N}{n}$$
즉, 표집간격은 추출된 표집단위 간의 간격이 아니다.

※ 용어 : 표집단위(Sampling Unit)
표집단위란 표본 추출 과정에서 개별적으로 선택되는 대상이며, 조사대상이 될 수 있는 사람, 사물 등 다양한 형태로 존재할 수 있다.
예 어떤 조사에서 전국의 가구를 대상으로 설문조사를 할 때, 개별 가구가 표집단위가 될 수 있다.

14 표집률은 모집단에서 개별요소가 선택될 비율이며, 공식은 다음과 같다.
$$표집률 = \frac{표본의\ 크기}{모집단의\ 크기} \times 100\% = \frac{n}{N} \times 100\%$$
$$= \frac{800}{2,000} \times 100\% = 40\%$$

15 불포함 오류는 표본조사를 할 때 표본체계가 완전하게 되지 않아서 발생하는 오류이다. 모집단의 일부가 표본틀에 포함되지 않는 경우 발생하는 불포함 오류가 생길 수 있다.
② 무응답 오차의 설명이다.
③ 측정 오차의 설명이다.
④ 처리 오차의 설명이다.

16 다단계집락표집은 전국 또는 광활한 지역을 대상으로 하는 대규모 조사에서 주로 사용되며, 표본의 대표성을 높이기 위해서는 최초의 집락수를 크게 하는 것이 좋다.

17 표본추출은 우연성이 적을수록 '대표성'이 확보된다.

18 모집단(한국대학교 학생들)<표집틀(무선적 전화걸기 방법 표집 ; 불특정 다수)
① 모집단(한국대학교 학생들)=표집틀(한국대학교 학생등록부)
② 모집단(한국대학교 학생들)과 표집틀(교문 앞에서 임의로 표집)은 명확한 관계가 없다. 교문 앞에서 임의로 표집한 대상이 학생이 아닐 수도, 맞을 수도 있다.
③ 모집단(한국대학교 학생들)과 표집틀(서울지역 휴대폰 가입자 명부)은 명확한 관계가 없다. 휴대폰 가입자 명부에 한국대학교 학생들이 있을 수도, 없을 수도 있다.

19 체계적 표집(계통표본추출)은 최초의 표본 집단을 무작위로 선정한 다음에 K번째마다 표본을 추출하는 방법이며, 선거예측조사의 출구조사에 주로 사용된다.

20 비확률표본추출방법은 확률표본추출방법에 비해 시간과 비용을 절감할 수 있어 경제적이다. 사회조사에서 비확률표본추출이 많이 사용되는 이유는 표본설계가 용이하고 시간과 비용을 절약할 수 있기 때문이다.

21 누적표본추출(눈덩이표본추출)은 표집대상이 되는 소수의 응답자들을 찾아내어 면접하고, 이들을 정보원으로 다른 응답자를 소개받는 절차를 반복하는 표집방법이다.

22 암기 : 군단층
표본의 크기 n가 같을 때 표본오차는 군집(집락)표본추출>단순무작위표본추출>층화표본추출이다.

23 '폭력적 장면'과 '정적 장면'이라는 두 가지 다른 주제를 하나의 질문으로 묶어서 묻고 있기 때문에, 응답자가 어느 부분에 대해 대답하는지 명확하지 않을 수 있다. 예를 들어, 응답자가 폭력적 장면에 대해서는 부정적이지만 선정적 장면에 대해서는 긍정적인 의견을 가질 수도 있는데, 이런 경우 하나의 질문으로는 명확한 답변을 얻기 어렵다.

24 암기 : 종추시코패 종단적 조사에는 추세조사(추이조사), 시계열조사, 코호트조사(동년배 조사), 패널조사 등이 있다.

25 '가족 내 영유아 수와 의료지출은 어떤 관계를 가지는가?'는 변수 간의 상관관계 및 인과관계 등의 관계를 파악하려는 것이므로, 인과관계를 규명하는 설명적 조사가 적합하다.

26 질문지 작성의 일반적인 원칙에는 간결성, 명확성, 가치중립성, 규범적 응답의 억제가 있다. 질문은 짧을수록 좋고, 부연설명이나 단어의 중복 사용은 피해야 한다. 그러므로 부연설명은 질문지 작성의 원칙이 아니다.

27 위협적인 질문을 처리할 때는 '솔직하지 않게' 우회적으로 표현하는 것이 좋다.

28 ① 예비조사의 설명이다. 예비조사는 '가설의 명확화'에 목적이 있다.
③ 사전검사는 조사와 동일한 절차와 방법으로 질문지가 잘 구성되었는지 시험하는 조사이므로 사전검사 결과를 본 조사에 포함해 분석하지 않아도 된다.
④ 소규모 표본이 대상이므로, 반드시 많은 수의 응답자를 상대로 실행할 필요는 없다.

29 표적집단면접법은 소수의 사람들을 모아 특정 주제에 대해 토론을 유도하고, 이를 통해 심층적인 정보와 다양한 관점을 얻는 방법이다.

30 심층면접에서는 피면접자가 자유롭고 솔직하게 이야기할 수 있는 분위기를 조성하는 것이 중요하다. 따라서 조사자는 피면접자의 대답을 평가하거나 판단하는 코멘트를 자제해야 한다. 평가적인 발언은 피면접자가 위축되거나 솔직한 답변을 하지 못하게 만들 수 있다.

제2과목 조사관리와 자료처리

31	32	33	34	35	36	37	38	39	40
②	③	②	①	①	④	①	②	①	③
41	42	43	44	45	46	47	48	49	50
①	①	②	②	③	①	④	④	②	①
51	52	53	54	55	56	57	58	59	60
②	④	③	④	①	③	④	②	③	②

31 암기 : 직간시행
관찰 시기가 행동 발생과 일치하는지 여부에 따라 직접/간접관찰로 구분한다. 직접관찰은 관찰 시기와 행동 발생이 일치하는 경우의 관찰 기법이며, 간접관찰은 관찰 시기와 행동 발생이 일치하지 않는 경우의 관찰 기법이다.
관찰조건이 표준화되어 있는지에 따라 통제관찰(체계적 관찰)/비통제관찰(비체계적 관찰)로 구분한다.

32 관찰법은 조사자가 연구 환경을 완벽하게 통제할 수 없다. 특히 자연스러운 상황에서 관찰하는 경우, 환경변수를 통제하는 것은 매우 어렵다. 따라서 이는 관찰조사의 장점이 아니다.
① 언어와 문자의 제약 때문에 측정하기 어려운 사실이나 비언어적 자료에 대해서도 조사가 가능하다. 이 때문에 표현능력이 부족한 대상에게 적용할 경우 효과적이다. 따라서 비언어적 자료를 수집하는데 효과적이다.
② 특정 대상을 장기간에 걸쳐 반복적으로 관찰하여 변화를 추적하는 장기적인 조사가 가능하다.
④ 현재의 상태를 생생하게 기록할 수 있고, 조사자가 현장에서 상황을 즉시 포착할 수 있다. 따라서 자연스러운 연구 환경의 확보가 용이하다.

33 면접원이 지침에 맞게 일관되게 면접을 진행할 수 있도록 면접기간 동안에도 지속적인 관리와 감독이 필요하다. 이를 통해 조사과정에서 발생할 수 있는 오류나 편향을 최소화할 수 있다.
① 면접지침은 응답자들이 아닌, 면접원에게 배포하는 것이다.
③ 면접 시 발생할 수 있는 예외적인 상황에 대해 면접원 교육과정에서 언급해줌으로써 이상 상황 발생 시 대처할 수 있도록 하는 것이 바람직하다.
④ 면접원에 대한 사전교육은 면접원에 의한 편향(Bias)을 줄일 수 있다.

34 최근효과는 정보를 받거나 제공받은 시점이 최근일수록 그 정보에 더 큰 비중을 두는 현상이다. 질문지를 사용하는 사회조사보다는 조사표를 사용하는 면접조사에서 자주 발생한다. 이는 면접조사 과정에서 응답자가 최근에 받거나 들은 정보에 기반하여 답변을 하게 될 가능성이 크기 때문이다.

35 내용분석은 기존에 존재하는 자료를 분석하는 방법이므로, 조사대상에 직접적인 영향을 미치지 않는다.

36 A, D가 비표준화(비구조화)면접의 장점이다.
A : 비표준화(비구조화)면접은 신축성 · 유연성 · 융통성이 높아 다양한 상황에 맞추어 수행가능하다.
B : 비표준화(비구조화)면접은 면접 결과의 신뢰도가 상대적으로 낮다.
C : 비표준화(비구조화)면접은 결과자료의 수량화 · 부호화 · 계량화가 어렵고, 면접 결과자료의 통계처리가 상대적으로 어렵다.
D : 비표준화(비구조화)면접은 '미개척 분야 개발'과 새로운 주제에 대한 자료수집에 유용하다. 즉, 표준화면접에서 필요한 변수 발견을 위해 유용한 자료를 제공한다.

37 온라인조사는 모집단이 특정 연령층이나 성별로 편중되어 편향된 응답이 도출될 위험성이 있다. 즉, 인터넷을 사용한 방법이므로, 모집된 표본의 모집단을 명확히 규정하기 어렵다. 인터넷 접근이 가능한 응답자에 한정되므로 표본은 모집단을 대표하지 못할 수 있으므로, 표본의 대표성 문제가 제기될 수 있다.

38 참여관찰은 일반적으로 소규모 집단이나 사건을 중심으로 진행되기 때문에 대규모 모집단에 대한 조사는 기술적으로 어렵다.

39 전화여론조사는 신속한 정보 획득이 가능하여 여론조사에 많이 사용된다. 이는 투표와 관련된 정치여론조사를 신속하게 수행할 때, 가장 적합한 자료수집 방법이다.

40 암기 : 투사자극
투사법(Projective Technique)은 특히 심리학적, 사회과학적 조사에서 사용되며, 응답자의 심리적, 감정적 반응을 측정하고 이해하는 데 유용한 도구로 활용된다. 투사법은 응답자에게 직접적인 질문을 하지 않고, 가상의 상황을 제시하여 자극(Stimulus)을 주고 응답자의 반응을 우회적으로 얻어 진실하고 정직한 반응 및 의향을 유도하거나 파악한다.

41 서스톤척도는 11점 척도이며, 가장 긍정적인 태도와 가장 부정적인 태도를 나타내는 태도의 양극단을 등간적으로 구분하고 수치를 부여하여 척도를 구성하는 방법이다.

42 개념적 정의(개념화)는 조사대상의 행동과 속성, 사회적 현상을 개념적으로 정의하는 것이다.
반면, 순환적인 정의(Circular Definition)는 정의가 자기 자신을 참조하여 설명되는 경우이다. 순환적인 정의는 '불명확성'과 '정의의 무효성'의 단점을 가지므로, 이를 사용하면 개념의 명확성을 저해할 수 있다.

43 점들이 모두 표적의 한 부분에 몰려 있지만 중심에서 벗어나 있는 것을 볼 수 있다.
즉, 일관성(신뢰도)은 높지만, 정확성(타당도)은 낮으므로, 신뢰할 수 있으나 타당하지 않다.

44 억제변수(억압변수)는 종속변수와 독립변수 사이의 관계에서 다른 변수의 영향을 줄여주거나 제거함으로써 관계를 더 명확하게 해준다.

45 개념은 일정한 관계 사실에 대한 추상적인 표현으로 직접 경험적으로 측정할 수 없다.

46 개념의 재정의는 개념의 명확성을 높이고, 조사자가 새로운 관점에서 사회 현상을 탐구할 수 있게 해주는 중요한 작업이다. 하지만 이는 상관관계나 인과관계를 직접적으로 분석하거나 밝히기 위한 과정과는 직접적인 관련이 없다.

47 몸무게나 키와 같은 것은 양적 변수 중 연속변수에 해당하고 자동차의 판매 대수는 이산변수에 해당한다.

48 암기 : 의형오프요
의미분화척도의 일반적인 형태는 일직선으로 도표화된 척도의 양극단에 서로 상반되는 형용사를 배치하여 그 문항들을 응답자에게 제시한다. 의미분화척도는 하나의 개념(후보의 이미지)을 주고 응답자들로 하여금 여러 가지 의미의 차원에서 그 개념을 평가하도록 한다.

49 크론바하 알파값을 산출하여 문항 상호 간의 일관성을 측정하는 것은 신뢰도 평가 방법에 해당한다.

50 재검사법(Retest Method)은 동일한 측정대상에 대하여 동일한 측정도구를 통해 일정 시간 간격을 두고 반복적으로 측정하여 서로 다른 시간에 측정한 측정 결과의 결과값을 비교 · 분석하는 방법이다.
② 복수양식법(평행양식법 ; Parallel-forms Technique)은 대등한 두 가지 형태의 측정도구를 이용하여 동일한 측정대상을 동시에 측정한 뒤, 두 측정값의 상관관계를 분석하여 신뢰도를 측정하는 방법이다.
③ 반분법(Split-half Method)은 설문지(시험지)의 문항들을 임의로 반으로 나누어서 각 부분에서 얻은 측정값들을 두 번의 조사에서 얻어진 것처럼 간주하여 그 사이의 상관계수를 구하여 검사하는 방법이다.
④ 내적 일관성법(Internal Consistency Method)은 측정 항목이 가질 수 있는 모든 조합의 상관관계의 평균값을 산출해 신뢰도를 측정하는 방법이다.

51 여러 개의 지표를 사용하는 경우에 잘못된 지표들이라면 타당도가 오히려 낮아질 수 있다. 따라서 무작정 지표의 수를 늘리는 것만으로는 타당도를 높일 수 없고, 올바르고 적절한 지표들을 선정해야 한다.

52 사회과학에서 측정오차는 흔히 발생하는 현상이다. 사회과학 조사에서는 사람의 행동, 심리, 사회적 요인 등을 측정하는데, 이는 자연과학에 비해 더 많은 변동성을 포함하고 있다. 즉, 사회과학에서 측정오차는 예외적이기보다는 일반적인 현상이다.

53 측정점수를 몇 가지 다른 기준과 비교하여 일치되는 정도를 측정하는 것은 기준타당도에 대한 설명이다.
- 기준(준거) : 기존에 널리 사용되고 신뢰받는 공인된 수학 시험
- 비교 : 새로 개발된 수학 능력 검사에서 학생들이 받은 점수와 기존의 공인된 수학 시험에서 받은 점수를 비교
- 결과 : 만약 두 시험에서 나온 점수의 상관관계가 높다면, 이는 새로운 수학 능력 검사가 실제로 수학 실력을 정확히 측정하고 있다는 것을 의미하며, 이 측정 도구가 타당도가 높다고 판단할 수 있다.

① 재검사법, ② 평가자 간 신뢰도, ④ 반분법에 대한 설명이다.

54 암기 : 거누단합재
거트만척도는 '단일차원성'을 중요한 전제 조건으로 설정하며, 척도를 누적적으로 구성하는 과정에서 질문 문항들이 단일차원을 이루는지를 검증할 수 있다.

55 제품의 선호도에 따라서 '아주 좋아한다 – 좋아한다 – 싫어한다 – 아주 싫어한다'로 범주화하고 상대적 순위를 부여하였으므로 서열척도에 해당한다.

56 전문가의 의견을 듣고 문항을 만드는 것은 측정의 타당성을 높이기 위한 방법이다.

57 선택성은 특정 범주를 선택할 수 있는 자유를 나타낼 수 있지만, 명목척도 구성에 있어 중요한 측정 범주의 기준이 아니다. 명목척도는 정확한 분류와 식별을 목적으로 하기 때문에 선택의 자유보다는 배타적이고 포괄적이며 논리적인 분류가 중요하다.

58 조작적 정의(조직화)에 대한 명확한 특징이다.

59 독해력이 아닌 어휘력을 측정하는 문항을 제거하여 40문항으로 질문지를 재구성하였으므로 정확도가 높아져 타당도가 증가하고, 측정 문항이 줄어들었으므로 신뢰도는 저하될 것이다.

60 암기 : 리총평반합요
리커트척도는 총화평정척도로서 5점 혹은 7점 척도가 사용되며, 서열측정을 위한 방법으로 '단순합산법'을 사용하는 대표적인 척도이다. 이는 각 문항별 응답점수의 총합이 측정하고자 하는 개념을 대표한다는 가정에 근거한다.

제3과목 통계분석과 활용

61	62	63	64	65	66	67	68	69	70
①	③	③	③	②	①	①	③	①	③
71	72	73	74	75	76	77	78	79	80
④	①	①	②	④	②	④	①	④	④
81	82	83	84	85	86	87	88	89	90
③	④	③	①	②	②	②	④	④	①
91	92	93	94	95	96	97	98	99	100
②	①	③	③	③	①	③	③	①	②

61 크기 $n=100$의 임의표본이므로 대표본($n \geq 30$)이다. 또한 모집단의 표준편차가 5이므로 $\sigma = 5$로 표기하며, 모분산 σ^2을 아는 경우에 해당한다.
이 경우에 단일표본 검정통계량은 아래와 같다.

$$Z = \frac{\overline{X} - \mu_0}{\frac{\sigma}{\sqrt{n}}} \sim N(0, 1^2)$$

이때, 검정통계량을 산출하면 귀무가설 $H_0 : \mu = 50$이 참이라는 가정하에 $Z_0 = -1.96$이다.

$$Z_0 = \frac{\overline{X} - \mu_0}{\frac{\sigma}{\sqrt{n}}} = \frac{49.02 - 50}{\frac{5}{\sqrt{100}}} = -1.96$$

문제에서는 정규분포를 따르는 모집단의 모평균에 대한 가설 $H_0 : \mu = 50$ VS $H_1 : \mu < 50$에 대해 검정한다. 이는 단측검정이며, 그림으로 표현하면 아래와 같다. 결론적으로 유의확률 $p-value$은 검정통계량 Z_0의 값을 관측하였을 때, 이에 근거하여 귀무가설 H_0을 기각할 수 있는 최소의 유의수준임을 활용하여 계산하면 유의확률은 $P(Z \leq -1.96) = 0.025$이다.

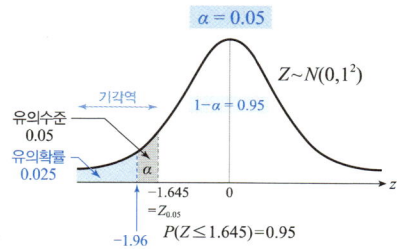

62 확률변수 X는 40명의 고객 중 신용카드로 구입한 고객의 수이며, 이항분포의 4가지 조건을 모두 만족하므로 이항분포를 따른다.
조건 1. 각 시행이 독립(각 고객의 결제 방식은 다른 고객의 결제 방식에 영향을 미치지 않음)
조건 2. 두 가지 가능한 결과(고객이 신용카드로 결제하면 '성공' 혹은 신용카드로 결제하지 않으면 '실패'로 구분)

조건 3. 성공확률 p가 일정(각 고객이 신용카드로 결제할 확률 p는 0.25로 동일)
조건 4. 고정된 시행 수(금일 이 매장에서 물건을 구입한 고객은 40명으로 고정)
확률변수 X는 $X \sim B(40, 0.25)$를 따르고 이항분포는 $X \sim B(n, p)$일 때, $E(X) = np$, $V(X) = npq$이므로, 확률변수 X의 기댓값은 $E(X) = 40 \times 0.25 = 10$이다. 따라서 금일 40명의 고객이 이 매장에서 물건을 구매했을 때, 신용카드로 결제한 고객의 수는 10명이라고 기대된다.

63 확률변수 X는 부적합품의 개수이며, 이항분포의 4가지 조건을 만족하므로 $X \sim B(100, 0.1)$를 따른다.
조건1. 각 제품이 부적합품 여부는 서로 독립 + 조건2. 두 가지 가능한 결과(부적합품이면 '성공')
조건3. 각 부품이 불량품일 확률 p는 0.1로 일정 + 조건4. 품의 총 개수는 100개로 고정
$X \sim B(n, p)$가 $np \geq 5$, $n(1-p) \geq 5$를 만족하면, 확률변수 X는 $N(np, npq)$인 정규분포로 근사한다.
$np = 100 \times 0.1 = 10 \geq 5$이고 $n(1-p) = 100 \times 0.9 = 90 \geq 5$이므로 이항분포의 정규근사가 가능하다.
따라서 확률변수 X는 평균이 $np = 100 \times 0.1 = 10$, 분산이 $npq = 100 \times 0.1 \times 0.9 = 9$인 정규분포로 근사하며, 10개 이상이 부적합품일 확률은 $P(X \geq 10)$
$= P\left(\dfrac{X - \mu}{\sigma} \geq \dfrac{10 - 10}{3}\right) = P(Z \geq 0) = 0.50$이다.

64 F-분포는 $X \sim F_\alpha(v_1, v_2)$이면 $\dfrac{1}{X} \sim F_\alpha(v_2, v_1)$임이 자주 출제되므로 꼭 외우자.

65 표준오차는 $\dfrac{\sigma}{\sqrt{n}}$이므로, 모집단의 표준편차 σ가 클수록 표준오차도 커진다.
① 표본평균의 표준오차는 표본평균의 표준편차를 의미한다.
③ 표준오차는 $\dfrac{\sigma}{\sqrt{n}}$이므로, 표본크기 n이 클수록 표준오차는 작아진다.
④ 표준오차는 표준편차이므로 음수가 될 수 없으며 항상 0 이상이다.

66 확률변수 X는 5일 동안 당첨된 복권의 개수이며, 이항분포의 4가지 조건을 모두 만족하므로 확률변수 X는 $X \sim B\left(5, \dfrac{1}{5}\right)$를 따른다.
조건 1. 각 시행이 독립(어느 날의 복권 당첨 여부가 다른 날의 당첨 여부에 영향을 미치지 않음)
조건 2. 두 가지 가능한 결과(당첨이면 '성공' 혹은 당첨되지 않으면 '실패'로 구분)
조건 3. 성공확률 p가 일정(복권이 당첨될 확률 p는 0.2로 동일)
조건 4. 고정된 시행 수(복권 구입은 총 5일로 고정)
이항분포의 확률질량함수(PMF)는 $P(X = x) = f(x)$
$= {}_nC_x p^x q^{n-x} = {}_5C_x \left(\dfrac{1}{5}\right)^x \left(\dfrac{4}{5}\right)^{5-x}$이다.
2장이 당첨되고 3장이 당첨되지 않은 복권을 구매할 확률은 쉽게 말해 총 5장 중에서 2장은 당첨복권이고 3장은 무효복권이라는 것이다.
따라서 구하고자 하는 확률은 다음과 같다.
$$P(X = 2) = f(2) = {}_5C_2 \left(\dfrac{1}{5}\right)^2 \left(\dfrac{4}{5}\right)^{5-2}$$
$$= 10 \times \left(\dfrac{1}{5}\right)^2 \times \left(\dfrac{4}{5}\right)^3$$

67 $V(Y) = V(-2X + 3) = 4V(X)$이므로 $S_Y^2 = 4S_X^2$이다.
② 상자 그림(Box plot)은 X축에 범주형 변수를 Y축에는 수치형 분수를 둔다. 이는 여러 집단의 분포를 비교하기 위함이며, 상자 그림에는 많은 기술통계량이 녹아있다.
③ 상관계수는 두 변수 간의 선형관계가 없다는 것을 의미한다. 따라서 비선형 관계 등의 관련성이 있는 경우도 있다.
④ 변이계수는 평균에 대한 표준편차의 비율이며, $CV = \dfrac{\sigma}{n}$ 혹은 $CV = \dfrac{s}{\bar{x}}$로 표기한다.
이를 통해 여러 집단의 분산을 상대적으로 비교할 수 있다.

68 확률변수 X는 명중 횟수이며, 이항분포의 4가지 조건을 모두 만족하므로 이항분포를 따른다.
조건 1. 각 시행이 독립(각 발사 시도의 결과는 다른 발사 시도의 결과와 독립)
조건 2. 두 가지 가능한 결과(목표물을 명중하면 '성공' 혹은 명중하지 않으면 '실패'로 구분)
조건 3. 성공확률 p가 일정(각 발사 시도의 명중 확률 p는 0.75로 동일)
조건 4. 고정된 시행 수(주사위 결과에 따라 고정된 횟수 2번 또는 3번으로 시도가 고정)
이 문제에서는 주사위의 눈에 따라 쏘는 횟수 n이 달라지므로 2가지 **Case**를 생각해야 한다.
Case 1 1개의 주사위를 던져서 {1, 2}의 눈이 나오는 경우
1개의 주사위를 던져서 {1, 2}의 눈이 나오면 2번 쏘기 때문에 확률변수 X는 $X \sim B(2, 0.75)$를 따른다. 이때 이항분포의 확률질량함수(PMF)는 $P(X = x) = f(x)$
$= {}_2C_x (0.75)^x (0.25)^{2-x}$이다.
Case 2 1개의 주사위를 던져서 {3, 4, 5, 6}의 눈이 나오는 경우
1개의 주사위를 던져서 {3, 4, 5, 6}의 눈이 나오면 3번 쏘기 때문에 확률변서 X는 $X \sim B(3, 0.75)$를 따른다.

이때, 이항분포의 확률질량함수(PMF)는 $P(X=x)$
$= f(x) = {}_3C_x (0.75)^x (0.25)^{3-x}$이다.
구하고자 하는 것은 1개의 주사위를 한 번 던져서 이에 따라 목표물을 쏠 때, 오직 한 번만 명중할 확률이므로 **Case 1** 과 **Case 2** 를 고려하여 계산하면 다음과 같다.

$\frac{2}{6} \times {}_2C_1 (0.75)^1 (0.25)^{2-1} + \frac{4}{6} \times {}_3C_1 (0.75)^1$

$(0.25)^{3-1} = \frac{2}{6} \times 2 \times \frac{3}{4} \times \frac{1}{4} + \frac{4}{6} \times 3 \times \frac{3}{4} \times \left(\frac{1}{4}\right)^2$

$= \frac{7}{32}$

69 암기 : 초기유비

초기하분포는 $X \sim HyperGeo(N, M, n)$라고 표기하는데, 〈유한모집단〉에서 비복원추출을 통해 표본을 추출할 때 나타나는 확률분포이다. 초기하분포는 모집단의 크기가 N개이고, 그 중 특정한 속성을 가진 원소가 M개 있을 때, 크기가 n개인 표본을 추출하여 그 속성을 가진 원소의 개수를 확률변수 X로 갖는 이산확률분포이다. 즉, 초기하분포는 유한모집단에서 비복원추출을 전제로 한다.

70

귀무가설 $H_0 : \mu \leq 20$	종업원들의 평균 휴식시간은 20분보다 작거나 같다.
대립가설 $H_1 : \mu > 20$	대부분의 종업원이 규정된 휴식시간보다 더 많은 시간을 쉬고 있다. 즉, 종업원들의 평균 휴식시간은 20분보다 많다.

전체 종업원 1,000명 중에서 25명($n=25$)을 조사했고, 표본으로 추출된 종업원의 평균 휴식시간은 22분이며, 표본표준편차는 3분이므로 $\overline{X} = 22$, $S = 3$이다.
모분산 σ^2을 모르는 경우이면서 소표본($n < 30$)이므로, 단일표본 검정통계량은 아래와 같다.

$t = \frac{\overline{X} - \mu_0}{\frac{S}{\sqrt{n}}} \sim t_{\frac{\alpha}{2}}(n-1)$

귀무가설 $H_0 : \mu \leq 20$이 참이라는 가정하에 주어진 값을 대입하여 t검정통계량 값을 산출하면 아래와 같다.

$t_0 = \frac{\overline{X} - \mu_0}{\frac{S}{\sqrt{n}}} = \frac{22 - 20}{\frac{3}{\sqrt{25}}} \approx 3.333$

문제에서 유의수준 5%에서 단측검정인 경우 t분포의 임계치가 $t_{(0.05, 24)} = 1.711$임이 주어져 있다.
검정통계량 $t_0 = 3.333$는 임계치 1.711보다 크므로 귀무가설 H_0을 기각한다.
결론적으로 대부분의 종업원이 규정된 휴식시간보다 더 많은 시간을 쉬고 있다는 근거가 있다.
즉, 종업원의 실제 휴식시간은 규정시간 20분보다 더 길다.

71 변동계수 공식에 대입하여 비교해보자.

$CV_{인문} = \frac{S}{\overline{X}} = \frac{42}{140} = 0.3$.

$CV_{공학} = \frac{S}{\overline{X}} = \frac{44}{160} = 0.275$

인문사회계열 종업원들의 급여가 공학계열에 비해 상대적으로 산포도를 나타내는 변동계수가 더 크다.
① 문제에 주어진 수치를 활용하면 공학계열 종업원의 평균급여 수준(160만원)이 인문사회계열 종업원의 평균급여 수준(140만원)보다 높다.
② 평균이 다르더라도 개인 간의 급여 차이가 있기 때문에, 인문사회계열 중에서도 공학계열보다 급여가 높은 사람이 있을 수 있다.
③ 평균이 주어졌지만, 중앙값은 분포의 비대칭성에 따라 달라질 수 있다. 평균이 더 높더라도 중앙값이 더 크다고 단정할 수는 없다.

72 암기 : 왜양최오긴

주어진 값은 평균 136.5cm, 중앙값 130.0cm이다.
왜도가 양(+)이면, 최빈값이 가장 작은 값을 가지며, 값을 비교하면 최빈값<중앙값<평균이다.
즉, 오른쪽으로 긴 꼬리를 갖는 비대칭분포이다.

73 일반적으로는 중심극한정리(CLT)에 의해 모집단이 어떤 분포이든 표본이 대표본($n \geq 30$)이면 표본평균 $\overline{X}$의 표집분포는 근사적으로 $\overline{X} \sim N\left(\mu, \frac{\sigma^2}{n}\right)$를 따른다.

모평균 μ가 100이고 모표준편차 σ가 20인 무한모집단으로부터 크기 100인 임의표본을 취할 때, 표본평균 $\overline{X}$의 평균과 표준편차를 구하면 표본평균 $\overline{X}$는 $\overline{X} \sim N\left(100, \frac{20^2}{100}\right)$이다. 따라서 표본평균의 평균은 100이고, 표준편차는 $\sqrt{\frac{20^2}{100}} = \sqrt{4} = 2$이다.

74 이 문제는 방목 전후의 같은 가축에 대해 소변의 불소 농도를 조사한 것이므로, 두 데이터 세트가 대응된 표본이다. 즉, 방목 전후의 불소 농도 차이를 같은 가축에 대해 비교하는 것이다. 이런 경우에는 두 집단 간의 차이를 비교하는 것이 아니라, 같은 대상에 대해 두 시점의 값을 비교하는 것이며 소표본이고, 모분산 σ_1^2, σ_2^2을 모르는 경우이므로 대응표본 t-검정이 적합하다.

75 조건부확률 공식에 의해 $P(A|B) = \dfrac{P(A \cap B)}{P(B)}$ 이므로 $P(A \cap B)$에 대한 값이 필요하다.

$P(B|A) = \dfrac{P(A \cap B)}{P(A)} = 0.4$이므로

$P(A \cap B) = 0.4 \times P(A) = 0.4 \times 0.4 = 0.16$이다.

따라서 조건부확률을 활용하여 계산하면

$P(A|B) = \dfrac{P(A \cap B)}{P(B)} = \dfrac{0.16}{0.2} = 0.8$이다.

76 A 회사에서 생산하고 있는 전구의 수명시간(확률변수 X)은 평균이 $\mu = 800$(시간)이고, 표준편차가 $\sigma = 40$(시간)이라고 한다. 따라서 $X \sim N(800, 40^2)$이다. 이때, 중심극한정리(CLT)에 의해 모집단이 어떤 분포이든 표본이 대표본($n \geq 30$)이면 표본평균 $\overline{X}$의 표집분포는 근사적으로 $\overline{X} \sim N\left(\mu, \dfrac{\sigma^2}{n}\right)$를 따른다.

따라서 무작위로 이 회사에서 생산한 전구 64개를 조사하였을 때 $\overline{X} \sim N\left(800, \dfrac{40^2}{64}\right)$이다. 이때, 표본의 평균수명시간이 790.2시간 미만일 확률은 다음과 같다.

$P(\overline{X} < 790.2) = P\left(\dfrac{\overline{X} - 800}{\sqrt{\dfrac{40^2}{64}}} < \dfrac{790.2 - 800}{\sqrt{\dfrac{40^2}{64}}}\right)$

$= P(Z < -1.96) = P(Z > 1.96) = 0.025$

77 유의확률($p-value$)이 유의수준 α보다 작으면 귀무가설을 기각한다.

따라서 귀무가설 H_0의 기각 조건이 유의수준 $\alpha >$ 유의확률 $p-value$임을 외워야 한다.

이때, 문제를 보면 어떤 가설검정에서 유의확률(p-값)이 0.044라고 설정이 되어있다.

따라서 유의수준 $\alpha(0.05) >$ 유의확률 $p-value(0.444)$이면 귀무가설을 기각할 수 있고,

유의수준 $\alpha(0.01) <$ 유의확률 $p-value(0.444)$이면 귀무가설을 기각할 수 없다. 즉, 귀무가설을 유의수준 1%(0.01)에서 기각할 수 없으나 5%(0.05)에서는 기각할 수 있다.

78 신뢰구간에 $\mu = 0$이 포함되어 모평균이 0일 가능성을 배제할 수 없으므로 귀무가설 $H_0 : \mu = 0$을 기각할 수 없다.

② 신뢰구간의 상한이 커지더라도 중요한 것은 신뢰구간에 0이 포함되어 있기 때문에 귀무가설을 기각할 수 없다.

③ 신뢰구간은 가설검증과 밀접한 관련이 있으며, 신뢰구간을 통해 귀무가설을 기각할지 여부를 결정할 수 있다.

④ 신뢰구간을 계산할 때 분포들 중 어떤 임계값을 사용했는지에 따라 신뢰구간의 폭이 달라질 수는 있다. 그러나, 신뢰구간이 0을 포함하는 한, 그 해석에는 차이가 없다.

79 가설검정을 수행하기 전,

$\overline{D} = \overline{X_A} - \overline{X_B}$ 와 $S_D{}^2 = \dfrac{\sum\limits_{i=1}^{n}(D_i - \overline{D})^2}{n-1}$ 값을 먼저 구한다.

$\overline{D} = \dfrac{1}{5} \times \{(70-75) + (80-77) + (65-68)$

$+ (55-58) + (70-75)\} = \dfrac{1}{5} \times (-13) = -2.6$

$S_D{}^2 = \dfrac{1}{4} \times [\{-5-(-2.6)\}^2 + \{3-(-2.6)\}^2$

$+ \{-3-(-2.6)\}^2 + \{-3-(-2.6)\}^2$

$+ \{-5-(-2.6)\}^2]$

$= 10.8$

Step 1	• 귀무가설 H_0과 대립가설 H_1을 설정한다. – $H_0 : \mu_D = 0$ 흡연자의 금연 전후의 체중에 변화가 없다. – $H_1 : \mu_D \neq 0$ 흡연자의 금연 전후의 체중에 변화가 있다.
Step 2	• 귀무가설 H_0이 참이라는 가정하에 검정통계량을 정의하고 확률분포를 정한다. 대응표본 검정통계량은 $t = \dfrac{\overline{D} - \mu_D}{\dfrac{S_D}{\sqrt{n}}} \sim t(n-1)$ 이며, 귀무가설 $H_0 : \mu_D = 0$이 참이라는 가정에 $\mu_D = 0$임을 대입하면 검정통계량은 $t_0 = \dfrac{\overline{D}}{\dfrac{S_D}{\sqrt{n}}}$이다.
Step 3	• 유의수준 α에 대한 기각역을 구하고, 표본으로부터 검정통계량 값을 구한다. [기각역] 이 문제에서는 유의수준이 주어져 있지 않다. 따라서 임계값이나 기각역을 구하는 문제가 아니다. [검정통계량] 대응표본 t검정은 자유도가 $n-1 = 4$이며, $t_0 = \dfrac{\overline{D}}{\dfrac{S_D}{\sqrt{n}}} = \dfrac{-2.6}{\dfrac{\sqrt{10.8}}{\sqrt{5}}} \approx -1.769 \fallingdotseq -1.77$ 이다.

80 평균(Mean)과 중앙값(Median)의 가장 큰 차이점이 극단적인 관측값·이상치에 민감한 정도이며, 평균은 이에 민감하며, 중앙값은 민감하지 않다는 특징을 갖는다.

81 분산분석은 범주형 독립변수와 연속형 종속변수 간의 관계를 분석하는 데 적합한 방법이다. 이는 여러 집단 간 평균의 차이를 분석하여, 독립변수가 종속변수에 영향을 미치는지를 검정한다.

82 주어진 정보를 활용하면 전체 자유도는 $N-1=47$이고, 오차의 자유도는 $N-k=42$이다. 따라서 처리의 자유도는 $k-1=(N-1)-(k-1)=47-42=5$이다. 따라서 처리수 $k=6$이다. 각 처리의 반복수 $j=n_k$가 n으로 동일한 경우 전체 표본수가 $N=k\times n$이라는 것을 활용하면, $N=48=6\times n$이다. 따라서 반복수는 $n=8$이다.

83 일원배치분산분석은 하나의 요인(처리)이 반응변수에 미치는 영향을 분석하는 방법이다.
① 분산분석은 3개 이상의 각 처리집단의 평균이 서로 같은지를 검정하는 방법이다. 이때, 집단 간 분산이 동일한지를 검정하는 것은 분산분석의 가정 중 하나일 뿐이며, 등분산성 검정(Levene's Test)을 수행한다.
② 분산분석에서 처리 효과의 자유도는 처리집단의 수 k에서 1을 뺀 $k-1$이다.
④ 요인의 주효과는 각 요인의 영향을 단독으로 분석하는 것이며, 교호작용은 두 요인이 함께 영향을 미칠 때 발생한다. 교호작용이 없어도 각 요인의 주효과는 분석할 수 있다.

84 총 관측자료 수 N을 구해보면, $N-1=142$이므로 $N=143$이다.
② 오차항의 분산 $Var(e_i)=\sigma^2$에 대한 분산 추정값은 잔차(오차)의 평균제곱인 $MSE=\dfrac{SSE}{df}=1191303$이다.
③ 요인은 Month로서 수준 수(k)는 8개이다.
④ 귀무가설은 $H_0: \alpha_1=\alpha_2=\cdots=\alpha_k=0$(모든 처리 효과가 0)이다. 이때, 표에 기재된 유의확률이 0.164이므로 유의수준 0.05보다 크므로 귀무가설 H_0을 기각할 수 없고, 결론적으로 Month 인자(처리)의 효과가 인정되지 않는다.

요인	제곱합 (평방합)	자유도	평균제곱	F값
처리 Month	SSR 집단(그룹) 간 제곱합	$k-1$ $=7$	$MSR=\dfrac{SSR}{k-1}$ $=127049$	$F=$ $\dfrac{MSR}{MSE}$
잔차 Error	SSE 집단(그룹) 내 제곱합	$N-k$ $=135$	$MSE=\dfrac{SSE}{N-k}$ $=1608204$	
총합 Total	SST 총 제곱합	$N-1$ $=142$		

85 일치성은 $\widehat{\theta}_n$이 $n\to\infty$일때 θ에 수렴하면 $\lim_{n\to\infty} P(|\widehat{\theta}-\theta|<\varepsilon)=1$이다. 즉, 일치성은 표본 크기가 커질수록 추정량이 참된 모집단 파라미터에 수렴하는 성질이다. 따라서 표본의 크기가 커짐에 따라 확률적으로 모수에 수렴하는 추정량은 일치추정량이다.

86 기대도수 $\widehat{E}_{ij}$는 기대도수＝전체 도수×각 셀의 확률
$=\dfrac{\text{해당 행의 합}\times\text{해당 열의 합}}{\text{전체 도수}}$이다.
따라서 $\widehat{E}_{ij}=\dfrac{n_{i+}n_{+j}}{n}$이다.

87 표본비율 $\hat{p}$은 모비율 p의 점추정량(불편추정량)이므로 $E(\hat{p})=p$이다. 따라서 이 지역 전체 고등학생 중 안경을 착용한 학생들의 비율에 대한 가장 적절한 추정값은 표본비율 $\hat{p}$이며, 계산하면 아래와 같다.
$$\hat{p}=\dfrac{n_1\times\hat{p_1}+n_2\times\hat{p_2}}{n_1+n_2}=\dfrac{600\times\dfrac{240}{600}+400\times\dfrac{60}{400}}{600+400}$$
$$=\dfrac{240+60}{600+400}=\dfrac{300}{1000}=0.3$$

88 암기 : 일귀참귀기
제1종오류(Type I Error)란 귀무가설 H_0가 참임에도 불구하고 귀무가설 H_0를 기각하는 오류를 말한다.

89 암기 : 비삼평마중
비대칭계수 구하기 위해 평균, 중앙값을 산출한다. 먼저, 주어진 자료를 통해 표본평균 $\overline{X}$을 구해보자.
표본평균 $\overline{X}=\dfrac{10+3+3+6+4+7}{6}=\dfrac{33}{6}$
다음으로 중앙값 M_e를 구해보자.
중앙값은 자료의 개수가 짝수인 경우 오름차순으로 정렬했을 때, 가운데 위치한 2개 값의 평균이다.
$[3, 3, 4, 6, 7, 10]$
따라서 중앙값을 산출하면 $M_e=\dfrac{4+6}{2}=5$이다.
비대칭계수에서 분모인 표준편차 σ는 항상 양수이므로, 분자의 값을 통해 부호가 결정된다.
결론적으로 비대칭계수를 산출하면 아래와 같다.
$$\rho=S_k=\dfrac{3\times(\overline{X}-M_e)}{\sigma}=\dfrac{3\times\left(\dfrac{33}{6}-5\right)}{\sigma}>0$$
비대칭계수의 값이 양의 값을 나타내어 오른쪽으로 꼬리를 늘어뜨린 비대칭분포를 나타낸다.

90 일치성은 분산분석의 오차항에 대한 가정이 아니다. 분산분석의 오차항 기본가정은 다음과 같다.
② 정규성 : 오차항 ε_{ij}는 정규분포를 따른다.
③ 독립성 : 오차항 ε_{ij}는 서로 독립이다.
④ 등분산성 : 오차항 ε_{ij}의 분산은 i에 관계없이 일정하다.

91 카이제곱 적합성 검정이다.

귀무가설 H_0	동전이 공정하다. $\left(p_{앞면}=p_{뒷면}=\dfrac{1}{2}\right)$
대립가설 H_1	동전이 공정하지 못하다.

문제에서 어떤 동전이 공정한가를 검정하고자 20회를 던져본 결과 앞면이 15번 나왔다는 정보가 주어져 있으므로, 관찰된 값이 각각 앞면 15번, 뒷면 5번임을 알 수 있다. 귀무가설 H_0이 참이라고 가정하면, 동전이 공정한 경우이므로 기대도수는 시행횟수×확률= $20 \times \dfrac{1}{2} = 10$이다. 즉, 귀무가설하에서 각 눈이 나올 기대도수는 $e_i = 10$이다.

눈	앞면	뒷면
관측도수 O_i	15	5
기대도수 e_i	10	10

따라서, 카이제곱 통계량은 아래와 같다.

$$\chi_0^2 \sum_{i=1}^{2} \dfrac{(O_i - e_i)^2}{e_i} = \dfrac{(15-10)^2}{10} + \dfrac{(5-10)^2}{10} = 5$$

92 $SSR = 10.95$, $SSE = 73$, $k-1 = 1$, $N-k = 10$ 이므로, F통계량 값은 아래와 같이 산출된다.

$$F = \dfrac{MSR}{MSE} = \dfrac{\dfrac{SSR}{k-1}}{\dfrac{SSE}{N-k}} = \dfrac{\dfrac{10.95}{1}}{\dfrac{73}{10}} = 1.5$$

② $k=2$ ($\because k-1=1$)이므로, 두 개의 집단의 평균을 비교하는 경우이다.
③ $k=2$, $N-k=10$이므로, 관찰치의 총 개수 $N=12$개다.
④ 귀무가설 H_0은 '모든 처리 집단의 평균이 같다.'이며, $H_0 : \mu_1 = \mu_2 = \cdots = \mu_k$라고 표기한다.
만약, F 통계량이 임계값 보다 작으면 각 집단의 평균이 같다는 귀무가설을 기각할 수 없다.

93 단순회귀의 경우 결정계수는 단순회귀의 경우 독립변수와 종속변수 간의 표본상관계수의 제곱과 같다. 따라서 $R^2 = r^2$이다.

① 결정계수 R^2은 $R^2 = \dfrac{SSR}{SST} = \dfrac{\sum(\widehat{Y_i} - \overline{Y})^2}{\sum(Y_i - \overline{Y})^2}$
$= 1 - \dfrac{SSE}{SST} = 1 - \dfrac{\sum(Y_i - \widehat{Y_i})^2}{\sum(Y_i - \overline{Y})^2}$ 이다.

② 단순회귀분석에서 추정회귀직선의 기울기가 0이면, 결정계수 $R^2 = 0$이다.

④ 단순회귀의 경우 결정계수 $R^2 = $ 상관계수 r^2이다.
만약, 추정회귀계수 $b_1 = r \times \dfrac{\sqrt{Var(Y)}}{\sqrt{Var(X)}}$ 값이 $b_1 < 0$로 음수이면 상관계수도 $r < 0$인 음수이다. 정리하면, 추정회귀계수 b_1가 음수이면 상관계수 r_{xy}도 음수이고, 결정계수 R^2의 음의 제곱근과 같으므로 $r_{xy} = -\sqrt{R^2}$ 이다.

94 중회귀모델에서 질적 변수를 포함하기 위해 가변수를 사용해야 한다. 이 모형에 포함되어야 할 가변수의 수는 범주가 k개인 변수에 대해 $k-1$개의 가변수가 필요하다. 따라서 가변수의 수는 총 $(k_2 - 1) + (k_3 - 1) = 3$개다.

변수	구분	범주의 수	가변수의 수
연봉 Y	양적	—	—
근속연수 X_1	양적	—	—
학력 X_2	질적	고졸 이하 / 대졸 / 대학원 이상 $k_2 = 3$	$k_2 - 1 = 2$
성별 X_3	질적	남자 / 여자 $k_3 = 2$	$k_3 - 1 = 1$

95 단순선형회귀모형에서 오차분산 $Var(e_i) = \sigma^2$의 불편추정량은 잔차(오차)의 평균제곱 MSE이다.

$$MSE = \dfrac{SSE}{n-2} = \widehat{\sigma^2} = \dfrac{\sum_{i=1}^{n}(y_i - \widehat{y_i})^2}{n-2}$$

문제에서 $n=22$, $SSE = 4000$임이 주어져 있으므로 분산 σ^2의 불편추정값을 산출하면 아래와 같다.

$$MSE = \dfrac{SSE}{n-2} = \dfrac{4000}{22-2} = 200$$

96 산포는 변수의 분산이나 퍼짐 정도를 의미하며, 각 변수가 얼마나 흩어져 있는지를 나타내는 척도이다. 따라서, 대표적으로 산포는 변수의 분산 혹은 표준편차로 측정된다. 반면, 상관계수는 변수들의 산포의 정도를 나타내는 것이 아니라, 두 변수 사이의 선형적 관계를 나타내는 지표이다. 산점도를 통해 상관계수의 부호를 파악할 수는 있으나, 산포의 정도를 나타내는 것이 아님에 주의하자.

97 문제에 $SSR = 150$, $SSE = 50$임이 주어져 있으므로, $SST = SSR + SSE = 150 + 50 = 200$이다.
따라서 결정계수 R^2 공식을 활용하면, 아래와 같다.

$$R^2 = \dfrac{회귀변동}{전체변동} = \dfrac{SSR}{SST} = \dfrac{150}{200} = 0.75$$

98 분산분석표를 완성하여 (a)~(f) 칸의 값을 기재해보자.

단순회귀모형 분산분석표

요인	제곱합	자유도 df	평균제곱	F값
회귀	$SSR = 9.9$	(a) 1	(b) $MSR = \dfrac{SSR}{1} = 9.9$	(c) $F = \dfrac{MSR}{MSE} = 2.4$
잔차	$SSE = 33.0$	(d) $n-2 = 8$	(e) $MSE = \dfrac{SSE}{n-2} = \dfrac{33.0}{8} = 4.125$	
전체	$SST = 42.9$	(f) $n-1 = 9$		

(g) 이 분산분석표를 활용하여 결정계수 값을 구해본다.
$$R^2 = \frac{SSR}{SST} = \frac{9.9}{42.9} \fallingdotseq 0.23$$

99 독립변수가 k개인 중회귀모형에서 최소제곱법에 의한 회귀계수 벡터 β의 추정량 b는 $b = (X'X)^{-1}X'y$이다. 시험에 자주 출제되지만, 오답률이 높으므로 외우자.

회귀계수 벡터 β의 추정량 b	$b = (X'X)^{-1} \times X'y$
회귀계수 벡터 β의 추정량 b의 분산-공분산 행렬 $Var(b)$	$Var(b) = (X'X)^{-1} \times \sigma^2$

100 주어진 표에서 회귀변수 중 통계적 유의성이 없는 변수는 Head이다.

Step 1 추정된 회귀식을 구한다.
$\hat{Y} = -275.26 + 4.458 \times Head + 19.112 \times (Neck)$
이 회귀방정식에서 다른 요인을 고정시키고 Neck이 한 단위 증가하면 반응값은 19.112가 증가한다.

Step 2 귀무가설 H_0과 대립가설 H_1을 수립한다.

귀무가설 $H_0 : \beta_i = 0$	회귀계수 β_i는 유의하지 않다.
대립가설 $H_1 : \beta_i \neq 0$	회귀계수 β_i는 유의하다.

Step 3 회귀계수별 유의성을 검정한다.
2개의 설명변수 Head와 Neck에 대해 수행한다.

- 설명변수 Head
먼저, 설명변수 Head는 회귀계수(Coef)가 4.458이며, t통계량 값은 1.41이고, 유의확률 p-값은 0.161이다. 이때 유의수준 $\alpha = 0.05 <$ 유의확률 $p-value = 0.161$ 이므로 귀무가설 H_0을 기각할 수 없다.
즉, 설명변수 Head는 유의수준 5%에서 종속변수에 유의한 영향을 주지 않는다.

- 설명변수 Neck
다음으로, 설명변수 Neck는 회귀계수(Coef)가 19.112이다.
이는 다른 요인을 고정시키고 Neck이 한 단위 증가하면 반응값은 19.112가 증가한다는 것을 의미한다.
t통계량 값은 15.920이고, 유의확률 p-값은 0.000이다.
이때 유의수준 $\alpha = 0.05 >$ 유의확률 $p-value = 0.000$ 이므로 귀무가설 H_0를 기각한다. 즉, 설명변수 Neck은 유의수준 5%에서 종속변수에 유의한 영향을 주는 독립변수이다.

Step 4 결정계수 값도 해석한다.
결정계수 $R^2 = 0.891$는 회귀모형의 적합도 지표로, 회귀모형이 종속변수의 변동을 얼마나 잘 설명하는지를 나타낸다. 즉, 이 값은 중회귀모형이 자료 전체의 산포 중에서 약 89.1%를 설명하고 있음을 의미한다.

04 최종점검 모의고사 2회 정답 및 해설

제1과목	조사방법과 설계								
01	02	03	04	05	06	07	08	09	10
④	①	④	①	①	②	②	②	②	④
11	12	13	14	15	16	17	18	19	20
①	①	③	②	①	④	②	②	①	③
21	22	23	24	25	26	27	28	29	30
①	③	①	①	②	④	④	③	①	①

01 가설이 기각되었다는 것은 해당 가설이 통계적으로 유의미하지 않다는 것이며, 반대되는 가설이 참이라는 것을 의미하지 않는다. 따라서 가설이 부인되었다면, 반대 가설이 참인지 여부에 대해서는 별도의 검증을 수행해야 한다.
예를 들어, 귀무가설이 기각된다는 것은 귀무가설 H_0이 틀렸다는 확실한 증거가 있어서가 아니라, 귀무가설을 지지할 충분한 증거가 없다는 것을 의미한다. 즉, 귀무가설 H_0이 기각되면 대립가설 H_1을 채택하는 결론을 내리지만, 이는 대립가설 H_1이 절대적으로 참이라는 확증을 의미하지는 않는다.

02 검사의 상호작용 효과는 외적 타당성을 위협하는 요인이다.

03 인과관계의 성립조건 4가지는 시간적 선후관계, 동시변화성(공변관계), 상호연관성, 비허위적 관계이다.

04 비표본추출 오류(Non-Sampling Error ; 비표본오류)는 표집과 관계없이 자료수집 과정에서 발생한다. 이 오차는 전수조사와 표본조사 과정에서 모두 발생할 수 있으며, 만약 표본조사가 적절하게 설계된 경우에는 전수조사에 비해 비표본오차가 감소한다.

05 암기 : 귀주관유임
귀납법 과정은 주제 선정 → 관찰 → 유형의 발견 → 임시결론 → 이론형성이다.
귀납적 논리의 마지막 단계에서는 관찰된 사례나 사실을 바탕으로 일반적인 결론(이론)을 도출하는 것이 핵심이다. 가설과 관찰 결과를 비교하는 과정을 수행하는 것은 연역법에 대한 설명이다.

06 상쇄(Counter Balancing)는 두 개 이상의 실험변수가 존재할 때, 각 변수의 순서나 조건이 결과에 미치는 영향을 상쇄시키기 위해 변수를 다양한 방식으로 조합하여 실험을 반복하는 방법이다. 따라서 '두 가지 정책 대안의 제시 순서를 달리하거나, 지역을 바꿔 재실험하는 경우'가 상쇄에 해당한다. 이는 특정 조건이나 순서에 의한 영향을 최소화하기 위해 다양한 순서를 상쇄시키는 방식이다.

07 암기 : 진준전사
실험설계는 순수실험설계(진실험설계), 유사실험설계(준실험설계), 원시실험설계(전실험설계), 사후실험설계가 존재한다.
순수실험설계는 실험설계는 독립변수의 조작, 무작위할당(실험대상의 무작위화), 외생변수의 통제를 기본요소로 하는 설계이다.
따라서 순수실험설계가 사후실험설계에 비하여 인과관계를 더 명확히 밝힐 수 있다.

08 비확률표집방법은 확률표본추출방법보다 표본오차 발생 가능성이 비교적 높다.

09 계통표집은 최초의 표본 집단을 무작위로 선정한 다음에 K번째마다 표본을 추출하는 방법이다.

10 암기 : 층간이질
층화표본추출법은 모집단을 특정한 기준에 따라 서로 다른 소집단으로 나누고 이들 각각의 소집단들로부터 빈도에 따라 적절한 일정수의 표본을 무작위로 추출하는 방법으로 집단 내 동질적, 집단 간 이질적인 특징이 있다.
그러므로 집단 간에 이질성이 존재하는 경우 무작위표본추출보다 정확하게 모집단을 대표한다.

11 표집틀이 모집단보다 큰 경우이다.
모집단(최근 1년 동안 10만 마일 이상 사용자)<표집틀(자사 마일리지 카드 소지자 명단)

12 연구자의 수는 표본의 크기를 결정하는 요소에 해당하지 않는다.
- 내적 요인 : 정확성, 신뢰도(혹은 신뢰구간)
- 외적 요인 : 모집단의 동질성(혹은 모집단의 변이성·모집단의 표준편차), 조사목적, 조사자의 능력, 모집단의 동질성(혹은 모집단의 변이성·모집단의 표준편차), 카테고리의 다양성(분석변수의 범주의 수), 오차의 한계(허용오차가 클수록 표본의 크기는 작아짐) 등

13 비교적 정확한 표본프레임이 있다면 확률표집방법을 사용하는 것이 통계적 추론과 결과의 일반화를 위해 더 바람직하다.

14 A구역의 고졸자와 대졸자는 각각 ② 고졸 150명, 대졸 100명씩 조사해야 한다.
- A구역 인구 : 1,000×1/4=250명, B구역 인구 : 1,000×3/4=750명
- A구역의 고졸자(60%)=250×0.6=150명, 대졸자(40%)=250×0.4=100명
- B구역의 고졸자(60%)=750×0.6=450명, 대졸자(40%)=750×0.4=300명

구분	A구역	B구역	합계
고졸	150	450	600
대졸	100	300	400
합계	250	750	1,000

15 비비례층화표집(가중표집)의 한 예시이다. 물론 비비례층화표집(가중표집)이 층화표집의 종류이지만, '가장 적절한' 표집방법임을 골라야 한다는 것이 이 문제의 핵심이다. 가중표집에 해당하는 이유는 국내에 거주하는 일반시민(약 4,000만 명~5,000만 명 내외)과 탈북자(900명)에서 각 집단별 200명씩 확률표집을 한 경우이므로, 이는 각 층의 크기와 상관없이 같은 수를 표집한 것이기 때문이다.

16 암기 : 추포효
표본추출틀 구성의 평가요소는 추출확률, 포괄성, 효율성이다.
안정성은 데이터 품질이나 측정 도구의 신뢰성을 평가하는 데 요소일 수 있지만, 표집틀 자체의 평가 요소로는 고려되지 않는다.

17 단순무작위표집은 모집단에 대한 정확한 정의와 완전한 목록의 구비를 전제 조건으로 한다. 따라서 ② 조세제도 개혁에 대한 중산층의 찬반 태도에서 모집단인 '중산층'은 정확하게 정의하기 어려우므로 목록을 구비하기 어렵고 그러므로 단순무작위표집이 어렵다.

18 편의표본추출은 표본선정의 편리성에 기준을 두고 임의로 표본을 선정한다. 서울 강남역을 지나는 행인들 중 접근이 쉬운 사람을 대상으로 신제품에 대한 의견을 물어보는 경우는 편의표본추출(Convenience Sampling)의 전형적인 예시이다. 이는 조사자가 접근하기 쉬운 사람들을 대상으로 조사를 진행하는 것이기 때문에, 이 경우 편의표본추출을 사용했다고 볼 수 있다.

19 표본추출틀과 모집단이 일치하면 가장 이상적이며, 이 경우에는 표집틀 오류가 발생하지 않는다.

20 암기 : 단층집연계 , 암기 : 누할임유
군집표본추출법은 확률표본추출방법의 한 종류로 표본이 대표성을 가진다.

21 암기 : 군단층
표본의 크기(n)가 같을 때 표본오차는 군집(집락)표본추출＞단순무작위표본추출＞층화표본추출이다.

22 횡단조사는 여러 조사 대상들을 정해진 한 시점에서 조사·분석하는 방법이다.
①은 종단조사, ②는 설명적 조사, ④는 패널조사(종단조사의 유형)에 대한 설명이다.

23 규범성은 규범에 따르는 성격이나 상태로, 질문지 작성 원칙과는 관련이 없다. 주의할 점은 규범적 응답의 억제는 질문지 작성의 원칙이지만, 규범성은 아니라는 것이다.
즉, 질문지를 작성할 때는 응답자가 규범적인 응답을 피할 수 있도록 하는 것도 중요하지만, 응답 자체가 규범성을 갖추지 않아도 된다는 것이다.

24 특정 조사에 대한 사전지식이 부족할 때, 혹은 복잡한 현상에 대한 응답유형을 알아보기 위해 탐색적 예비조사에서 사용하기 적합한 질문유형은 '개방형 질문'이다.

25 질적 조사에서는 인터뷰 등을 통해 복잡하고 다양한 자료를 수집하는데, 이 과정에서 자료는 비정형적이고 복잡하여 표준화하기 어렵다.

26 암기 : 종추시코패 종단적 조사에는 추세조사(추이조사), 시계열조사, 코호트조사(동년배 조사), 패널조사 등이 있다.

27 패널조사는 동일한 조사 대상에게 반복적으로 자료를 수집하므로 시간에 따른 변화를 감지하는 데 유리하다.

28 개방형 질문은 민감한 주제에 대해 응답자가 더 자유롭게 표현할 기회를 제공할 수는 있지만, 응답자가 민감한 정보를 기꺼이 밝히려 하지 않을 수 있다. 따라서 오히려 민감한 주제에 대해서는 명확한 답변을 얻기 어렵고, 응답자가 답변을 피하거나 왜곡할 가능성이 있는 단점이 있다.

29 라포(Rapport)는 인터뷰나 상담, 면접 등의 상황에서 조사자와 응답자 사이에 형성되는 신뢰와 친밀감을 의미한다. 이러한 라포(Rapport)는 특히 심층 인터뷰, 상담 등에서 매우 중요하며, 조사자와 응답자 간의 관계를 긍정적으로 만들어주며, 더 신뢰할 수 있는 데이터를 수집할 수 있게 도와주는 역할을 한다.

30 표적집단면접은 조사자가 소수의 응답자 집단이 특정 주제를 토론하게 한 다음 필요한 정보를 알아내는 자료수집 방법이다.

제2과목 조사관리와 자료처리

31	32	33	34	35	36	37	38	39	40
①	②	②	①	①	②	③	②	①	②
41	42	43	44	45	46	47	48	49	50
①	③	④	③	③	④	①	③	①	③
51	52	53	54	55	56	57	58	59	60
③	②	④	③	②	③	③	④	②	④

31 내용분석은 기존에 존재하는 자료를 분석하는 방법이므로, 조사대상에 직접적인 영향을 미치지 않는다.

32 암기 : 완참윤리
완전참여자(Complete Participant)는 조사대상자들에게 조사 사실을 알리지 않으며, 조사자의 주관이 개입되므로, 윤리적·과학적 문제를 발생시킨다.

33 전화조사는 응답자의 순간적인 생각·의견을 알아내야 하는 경우에 가장 적합하다.

34 집단조사는 집단이 속한 조직뿐만 아니라 다양한 주제에 대해 여러 집단을 대상으로 사용할 수 있다. 즉, 특정 조직을 조사하는 데만 국한되지 않고, 여러 상황에서 집단을 대상으로 한 설문조사를 진행할 수 있다.
예 회사 내 직원 만족도 조사
한 회사가 직원들의 직무 만족도를 알아보기 위해 팀 단위로 설문지를 배포하고 회수하는 경우, 팀이라는 집단이 조사대상이 된다. 이 경우 조사 목적은 직원들의 직무 만족도를 파악하는 것이므로, 집단조사가 특정 조직을 연구하는 데만 사용되는 것은 아니다.

35 경험적 조사방법은 현상을 직접 경험하거나 관찰하여 그 특성과 패턴을 이해하고 설명하는 방법론이다. 주로 실제상황에서 데이터를 수집 및 분석하여 이론을 검증하거나 새로운 이론 개발에 사용되며, 주요 방법으로는 참여관찰, 실험 등이 있다. 이 중 참여관찰은 일반적으로 소규모 집단이나 사건을 중심으로 진행되기 때문에 조사 결과는 일반화하기 어렵다.

36 '관찰 결과의 해석에 대한 객관성이 확보된다.' 혹은 '관찰 결과에 대하여 객관성이 확보된다.'는 설명은 관찰법의 장점과 가장 거리가 멀다. 관찰법은 객관성을 확보하기 위해 노력하지만, 해석 과정에서는 여전히 조사자의 주관적 판단이 일부 반영될 수 있기 때문에 객관성을 보장하기 어렵다.

37 암기 :. 완참윤리
완전참여자는 관찰대상에게 자신의 신분을 밝히지 않고, 관찰 대상의 일상적인 활동에 자연스럽게 참여하면서 자료를 수집하는 역할을 한다. 따라서 완전참여자는 조사과정에서 윤리적 문제를 발생시킬 수 있다.

38 내용분석법은 문서, 기사, 서적 등의 텍스트 자료를 체계적으로 분석하여 특정 주제나 패턴을 파악하는 조사방법이다. 이 사례에서 웰스는 문헌 자료인 기사들을 분석하여 집단폭행의 실제 원인을 밝혀냈다.

39 암기 : 직간시행
관찰 시기와 행동 발생이 일치하는지 여부에 따라 직접관찰·간접관찰로 구분된다. 직접관찰은 관찰 시기와 행동 발생이 일치하는 경우의 관찰 기법이며, 간접관찰은 관찰 시기와 행동 발생이 일치하지 않는 경우의 관찰 기법이다.

40 표준화면접(구조화된 면접)은 면접자가 면접조사를 만들어서 상황에 구애됨이 없이 모든 응답자에게 동일한 질문 순서와 동일한 질문 내용에 따라 면접을 수행하는 방법이다. 표준화면접은 정확하고 체계적인 자료를 얻고자 할 때 수행한다.

41 측정오차(= 체계적 오차 + 비체계적 오차)는 측정 과정에서 발생하는 오차이다.
반면, 통계분석기법은 이미 수집된 데이터를 분석·해석하는 과정에서 사용되는 방법이다.
따라서 통계분석기법은 측정 과정에서 직접적인 오차를 발생시키지 않으므로, 측정오차의 원인과는 거리가 멀다.

42 척도점수는 지수점수보다 더 많은 정보를 전달하므로, 반대의 서술이다.
이는 앞서 제시한 직무만족도 예시를 통해 직관적인 이해가 가능하다.

43 재생계수는 거트만척도에서 사용되는 측정 지표로, 응답자의 답변이 정확한 순서로 배열되었는지를 평가한다. 응답자가 척도의 모든 항목에 일관된 패턴으로 응답했을 때 높은 값을 가진다.

44 성인에 대한 우울증 검사 도구를 청소년들에게 그대로 적용할 때 가장 우려되는 측정오류는 문화적 차이(연령에 따른 심리적, 사회적, 발달적 차이 등)이다.
청소년과 성인은 심리적 발달 단계, 사회적 경험, 언어 사용 방식 등이 다르기 때문에, 성인을 대상으로 개발된 우울증 검사 도구가 청소년들에게 정확하게 적용되지 않을 수 있다. 예를 들어, 문항의 내용이 청소년에게 적합하지 않거나, 성인과 청소년이 우울증을 표현하는 방식이 다를 수 있다. 이러한 차이는 측정 결과에 큰 영향을 미칠 수 있다.

45 개념의 구성 요소로는 일반적 합의, 정확한 정의, 경험적 준거틀이 있다.
• 일반적 합의 : 개념은 사회적 또는 학문적 맥락에서 일반적으로 합의된 내용을 반영한다.
• 정확한 정의 : 개념은 명확한 정의가 중요하며, 일관되게 사용되고 오해 없이 전달될 수 있도록 해야 한다.
• 경험적 준거틀 : 개념은 경험적 관찰을 통해 이해하고 측정될 수 있는 준거틀을 제공한다. 과학적 관찰의 객관성 원칙은 경험적 준거틀의 핵심적인 부분으로, 같은 조건으로 누구나 동일한 결과를 관찰할 수 있도록 해야 한다.

46 조작적 정의는 추상적인 개념을 연구에서 구체적이고 측정 가능한 형태로 표현하기 위해 필요하다. 이를 통해 조사자는 개념을 가시적이고 경험적으로 측정할 수 있게 되고, 데이터를 수집하고 분석할 수 있는 기반을 마련한다.

47 측정도구(체중계)가 측정하려는 개념(실제 몸무게)을 정확하게 측정하지 못하고 있는 타당성의 문제이다.

48 암기 : 기경실통동예
기준관련 타당도는 통계적으로 유의성을 평가하는 것으로, 속성을 측정해줄 것으로 알려진 기준과 측정도구의 측정 결과인 점수 간의 관계를 비교하는 타당도이다.

49 문항의 수(K)가 많을수록, 크론바하의 알파값이 커진다. 크론바하 알파값은 항목 간의 상관계수와 항목 수에 의존한다. 문항 수가 많을수록 평균 상관계수에 의한 신뢰도 효과가 증가하여 크론바하 알파 값이 높아지는 경향이 있다.

50 속성이 전혀 존재하지 않는 상태인 절대영점이 존재하는 척도는 비율척도이며, 체중, 키 등이 해당된다.

51 '종업원 친절도(독립변수)'가 높을수록 '레스토랑 매출액(종속변수)'이 증가한다는 가설을 검증하고자 한다. 가설을 검증할 때에는 독립변수와 종속변수 간의 관계를 검증해야 하는데 '음식의 맛'이라는 변수가 개입하여 '레스토랑의 매출액(종속변수)'에 영향을 미친다고 하였으므로 여기서 '음식의 맛'은 외생변수가 된다.
외생변수는 조사과정에서 독립변수와 종속변수 사이의 관계를 왜곡시킬 수 있는 변수이다.

52 사실과 사실 간의 관계에 논리의 연관성을 부여하는 것은 추론에 대한 설명이다.

53 개념의 조작화(조작적 정의)는 추상적인 아이디어를 구체적이고 측정 가능한 형식으로 변환하여, 조사의 범위와 주요 변수를 명확하게 하고 조사대상을 가시적이고 측정가능하게 만든다.

54 암기 : 비쌍순고비
연속평정법은 응답자가 연속적인 스케일 상에서 점수를 부여하는 방법으로 비비교척도에 해당한다.

55 명목수준의 측정은 데이터를 단순히 분류하고 식별하는 데 사용되는 측정수준이며, 범주의 특징만 갖는다.

56 신뢰도를 높이기 위해서는 하나의 개념이나 속성을 여러 항목을 통해 측정하는 것이 좋다. 단일 항목으로 측정하면 일관성 있는 결과를 얻기 어려워 신뢰도가 낮아질 수 있다.

57 스피어만-브라운 공식은 반분법(Split-half Method)에서 반분신뢰도로 전체 신뢰도를 추정하는 경우에 사용한다.

58 양극단에 서로 반대되는 형용사를 배치하여 응답자들에게 응답하도록 하였으므로 의미분화척도에 해당한다.

59 크론바하 알파계수는 0에서 1 사이의 값을 갖는다.

60 암기 : 개구요통다이
㉠, ㉡, ㉢, ㉣ 모두 개념타당성에 대한 옳은 설명이다.

제3과목 통계분석과 활용

61	62	63	64	65	66	67	68	69	70
③	③	④	②	①	①	①	④	①	②
71	72	73	74	75	76	77	78	79	80
④	④	①	②	④	②	④	②	②	④
81	82	83	84	85	86	87	88	89	90
④	④	①	①	③	④	③	②	①	③
91	92	93	94	95	96	97	98	99	100
③	①	③	①	③	④	①	④	③	③

61 이항분포는 4가지 조건을 모두 충족해야 한다.
조건 1. 각 시행이 독립(각 시행이 서로 독립)
조건 2. 두 가지 가능한 결과(각 시행은 두 가지 결과 '성공' 혹은 '실패'만 존재)
조건 3. 성공확률 p가 일정(각 시행에서 성공할 확률 p는 동일)
조건 4. 고정된 시행 수(실험이 반복적으로 고정된 횟수만큼 시행됨)
이를 만족하지 않는 것은 '③ 1시간 동안 전화교환대에 걸려 오는 전화 횟수'이며, 이항분포의 조건인 '고정된 시행 수'부터 충족되지 않는다. 즉, ③은 포아송분포에 해당하며 포아송분포는 단위시간(공간) 안에 어떤 사건이 몇 번 발생할 것인지에 대한 이산확률분포이다.

62 복용 후 40분에서 44분 사이에 진통 효과가 나타나는 환자의 수를 k명이라고 하자.
Step 1. 주어진 정보를 통해서, 어느 제약회사에서 생산하고 있는 진통제는 복용 후 진통 효과가 나타날 때까지 걸리는 시간을 확률변수 X라고 하면, 이는 평균 30분, 표준편차 8분인 정규분포를 따르므로 $X \sim N(30, 8^2)$이다.
Step 2. 복용 후 40분에서 44분 사이에 진통 효과가 나타날 확률 $P(40 \leq X \leq 44)$은 표준화하여 계산하면,
$P(40 \leq X \leq 44)$
$= P\left(\dfrac{40-30}{8} \leq \dfrac{X-30}{8} \leq \dfrac{44-30}{8}\right)$
$= P(1.25 \leq Z \leq 1.75)$이다.
Step 3. 제시된 표준정규분포표를 활용하여 확률을 구해보면, 아래와 같다.
$P(1.25 \leq Z \leq 1.75)$
$= P(0 \leq Z \leq 1.75) - P(0 \leq Z \leq 1.25)$
$= 0.46 - 0.39 = 0.07$
따라서 임의로 추출한 100명의 환자에게 진통제를 복용시킬 때, 복용 후 40분에서 44분 사이에 진통 효과가 나타나는 환자의 수는 확률 0.07에 100명의 환자를 곱하면, $100 \times 0.07 = 7$명이다.

63 X는 정규분포를 따르는 확률변수이면, $X \sim N(\mu, \sigma^2)$이다.
주어진 정보 중 $P(X<10) = 0.5$를 표준화하면
$P\left(\dfrac{X-\mu}{\sigma} < \dfrac{10-\mu}{\sigma}\right) = P\left(Z \leq \dfrac{10-\mu}{\sigma}\right) = 0.5$이다.
표준정규분포는 $Z=0$을 기준으로 양측 대칭인 분포이므로, $P(Z \leq 0) = 0.5$라는 특징을 가지므로, 이를 활용하면 $\dfrac{10-\mu}{\sigma} = 0$이다.
따라서 분자 $10-\mu = 0$이며, $\mu = 10$임을 알 수 있고, 결론적으로 X의 기댓값은 10이다.

64 확률변수 X는 공정한 동전 두 개를 던지는 시행을 1,200회 하여 두 개 모두 뒷면이 나온 횟수이며, 이항분포의 4가지 조건을 모두 만족하므로 이항분포를 따른다.
조건 1. 각 시행이 독립(한 번 동전을 던지는 결과는 다음 결과에 영향을 주지 않음)
조건 2. 두 가지 가능한 결과(2개의 동전이 모두 뒷면이 나오면 '성공' 혹은 그 외는 '실패'로 구분)
조건 3. 성공확률 p가 일정(두 동전이 모두 뒷면이 나올 확률 p는 각 시행마다 동일하게 0.25로 동일)
조건 4. 고정된 시행 수(동전을 던지는 횟수는 1,200회로 시행횟수 고정)
확률변수 X가 $X \sim B(1200, 0.25)$를 따르고 이항분포는 $X \sim B(n, p)$일 때, $E(X) = np$, $V(X) = npq$이므로, 확률변수 X의 기댓값과 분산은 아래와 같다.
$E(X) = 1200 \times 0.25 = 300$,
$V(X) = 1200 \times 0.25 \times 0.75 = 225 = 15^2$
이항분포 $B(n, p)$가 $np \geq 5$, $n(1-p) \geq 5$ 조건을 만족하면, 확률변수 X는 $N(np, npq)$인 정규분포로 근사한다. 확률변수 X가 $X \sim B(1200, 0.25)$를 따르므로 이항분포의 정규근사 조건을 만족하는지 확인해보면 아래와 같다.
$np = 1200 \times 0.25 = 300$
$n(1-p) = 1200 \times (1-0.25) = 900$
정규근사 조건이 만족되면 확률변수 X는 $N(np, npq)$인 정규분포로 근사하므로 $X \sim N(300, 15^2)$인 정규분포로 근사하고 $P(285 \leq X \leq 315)$를 정규화하여 나타내면 다음과 같다.
$P(285 \leq X \leq 315)$
$= P\left(\dfrac{285-300}{15} \leq \dfrac{X-300}{15} \leq \dfrac{315-300}{15}\right)$
$= P(-1 \leq Z \leq 1)$
문제에서 주어진 정보인 $P(Z<1) = 0.84$를 활용하면, $P(Z<-1) = P(Z>1) = 0.16$임을 알 수 있다.
따라서 구하고자 하는 확률은 아래와 같다.
$P(-1 \leq Z \leq 1) = 1 - 2 \times P(Z>1) = 1 - 2 \times 0.16$
$= 0.68$

65 확률변수 X는 마트에 방문한 고객 중 B 그룹에 속하는 고객의 수이며, 이항분포의 4가지 조건을 모두 만족하므로 확률변수 X는 $X \sim B(4, 0.5)$를 따른다.
조건 1. 각 시행이 독립(각 고객이 B 그룹에 속할 여부는 다른 고객의 결과와 독립)
조건 2. 두 가지 가능한 결과(각 고객이 B 그룹에 속하면 '성공' 혹은 각 고객이 B 그룹에 속하지 않으면 '실패'로 구분)
조건 3. 성공확률 p가 일정(각 고객이 B 그룹에 속할 확률 p는 0.5로 동일)
조건 4. 고정된 시행 수(분석대상이 총 4명의 고객으로 고정)
이항분포의 확률질량함수(PMF)는 $P(X=x) = f(x)$
$= {}_nC_x p^x q^{n-x} = {}_4C_x (0.5)^x (0.5)^{4-x}$이다.
따라서 마트를 방문한 고객 중 임의로 4명을 택할 때, 이들 중 3명만이 B 그룹에 속할 확률은 아래와 같다.
$P(X=3) = {}_4C_3 (0.5)^3 (0.5)^{4-3}$
$= 4 \times (0.5)^3 \times (0.5)^1 = 0.25$

66 확률변수 X는 100개의 진공관 중에서 불량품의 개수이며, 이항분포의 4가지 조건을 모두 만족하므로 이항분포를 따른다.
조건 1. 각 시행이 독립(각 진공관이 불량인지 아닌지는 다른 진공관과 독립)
조건 2. 두 가지 가능한 결과(진공관이 불량품이면 '성공' 혹은 정상품이면 '실패'로 구분)
조건 3. 성공확률 p가 일정(각 진공관이 불량일 확률 p는 모든 진공관에 대해 0.1로 동일)
조건 4. 고정된 시행 수(100개의 진공관을 추출한다고 명시되어 있으므로, 시행횟수는 고정)
확률변수 X는 $X \sim B(100, 0.1)$를 따르고 이항분포는 $X \sim B(n, p)$일 때, $E(X) = np$, $V(X) = npq$이므로, 확률변수 X의 기댓값과 분산은 아래와 같다.
$E(X) = np = 100 \times 0.1 = 10$,
$V(X) = npq = 100 \times 0.1 \times 0.9 = 9$
이항분포 $B(n, p)$가 $np \geq 5$, $n(1-p) \geq 5$ 조건을 만족하면, 확률변수 X는 $N(np, npq)$인 정규분포로 근사한다.
확률변수 X가 $X \sim B(100, 0.1)$를 따르고 이항분포의 정규근사에 대한 조건인 $np \geq 5$, $n(1-p) \geq 5$를 만족하는지 확인해보면 아래와 같다.
$np = 100 \times 0.1 = 10$,
$n(1-p) = 100 \times 0.9 = 90$
따라서 이항분포의 정규근사 조건이 만족되므로 확률변수 X는 $X \sim N(10, 9)$를 따르는 정규분포로 근사한다. 문제에서 구하고자 하는 것이 표본불량률이므로, 표본불량률 $\hat{p}$은 $\hat{p} = \dfrac{X}{100}$이고 평균과 분산은 다음과 같다.
$E(\hat{p}) = E\left(\dfrac{X}{100}\right) = \dfrac{1}{100} \times E(X) = 0.1$,

$$V(\hat{p}) = V\left(\frac{X}{100}\right) = \left(\frac{1}{100}\right)^2 \times V(X)$$
$$= \left(\frac{1}{100}\right)^2 \times 9 = 9 \times 10^{-4}$$

67 이항분포는 다음 4가지 조건을 충족해야 한다.
조건 1. 각 시행이 독립(시스템은 각각 독립적으로 작동하는 n개의 성분으로 구성.)
조건 2. 두 가지 가능한 결과(각 시행은 두 가지 결과 '성공' 혹은 '실패'만 존재)
 – 이 시스템은 그 성분 중, 반 이상 작동을 하면 효과적으로 작동을 한다.
조건 3. 성공확률 p가 일정(각 성분의 작동확률 p는 동일)
조건 4. 고정된 시행 수(5개 또는 3개의 성분으로 구성된 시스템을 분석할 때 n은 고정)
5개의 성분으로 구성된 시스템이 3개의 성분으로 구성된 시스템보다 더 효과적으로 작동하려면,
5개의 성분으로 구성된 시스템의 작동확률 p_5과 3개의 성분으로 구성된 시스템의 작동확률 p_3을 각각 구한 후, $p_5 > p_3$가 성립하는 조건을 찾으면 된다.

Step 1 5개의 성분으로 구성된 시스템은 최소 3개 이상이 작동해야 하며, $X \sim B(5, p)$이다.
$P(X \geq 3) = P(X=3) + P(X=4) + P(X=5)$
$= {}_5C_3 p^3 q^{5-3} + {}_5C_4 p^4 q^{5-4} + {}_5C_5 p^5 q^{5-5}$

Step 2 3개의 성분으로 구성된 시스템은 최소 2개 이상이 작동해야 하며, $X \sim B(3, p)$이다.
$P(X \geq 2) = P(X=2) + P(X=3)$
$= {}_3C_2 p^2 q^{3-2} + {}_3C_3 p^3 q^{3-3}$

구하고자 하는 것은
${}_5C_3 p^3 q^{5-3} + {}_5C_4 p^4 q^{5-4} + {}_5C_5 p^5 q^{5-5}$
$> {}_3C_2 p^2 q^{3-2} + {}_3C_3 p^3 q^{3-3}$인 p를 찾는 것이다.
이 부등식은
$10 \times p^3 \times q^2 + 5 \times p^4 \times q^1 + 1 \times p^5 \times q^0 >$
$3 \times p^2 \times q^1 + 1 \times p^3 \times q^0$이므로, $q = 1-p$임을 활용하면 $10p^3 - 20p^2 + 10p + 5p^2 - 5p^3 + p^5 > 3 - 3p + p$ 이다.
따라서 $2p^3 - 5p^2 + 4p - 1 > 0$이고,
정리하면 $\left(p - \frac{1}{2}\right)(2p^2 - 4p + 2) > 0$이므로 $p > \frac{1}{2}$가
p값의 조건이다.

68 중심극한정리(CLT)는 '표본의 평균'의 분포에 관한 것임을 반드시 기억해야 한다.

69 문제를 보면 $N(\mu, \sigma^2)$인 모집단에서 표본을 임의추출할 때 표본평균이 모평균으로부터 0.5σ 이상 떨어져 있을 확률이 0.3174이다. 이를 확률로 표현하면 아래와 같다.
$P(\overline{X} < \mu - 0.5\sigma) + P(\overline{X} > \mu + 0.5\sigma)$
$= 2 \times P(\overline{X} > \mu + 0.5\sigma) = 0.3174$
$2 \times P(\overline{X} > \mu + 0.5\sigma) = 0.3174$ 는
$P(\overline{X} > \mu + 0.5\sigma) = 0.1587$이며, 표준화하면 아래와 같다.
$P\left(\dfrac{\overline{X} - \mu}{\sqrt{\dfrac{\sigma^2}{n}}} > \dfrac{\mu + 0.5\sigma - \mu}{\sqrt{\dfrac{\sigma^2}{n}}}\right) = P(Z > 0.5\sqrt{n})$
$= 0.1587$
표에서 관련된 수를 찾아보면, $P(Z > 1.0) = 0.1587$이므로 $0.5\sqrt{n} = 1.0$이므로 $n = 4$이다.
구하고자 하는 것은 표본의 크기를 4배로 할 때, 표본평균이 모평균으로부터 0.5σ 이상 떨어져 있을 확률이므로, 이러한 경우에
$P(\overline{X} < \mu - 0.5\sigma) + P(\overline{X} > \mu + 0.5\sigma)$
$= 2 \times P(\overline{X} > \mu + 0.5\sigma)$를 구해보면 다음과 같다.
$2 \times P(\overline{X} > \mu + 0.5\sigma)$
$= 2 \times P\left(\dfrac{\overline{X} - \mu}{\sqrt{\dfrac{\sigma^2}{4n}}} > \dfrac{\mu + 0.5\sigma - \mu}{\sqrt{\dfrac{\sigma^2}{4n}}}\right)$
$= 2 \times P(Z > 2) = 2 \times 0.0228 = 0.0456$

70 이 문제는 [조건부확률 및 베이즈정리]를 활용한다.
검진 결과가 양성(+)반응을 보이는 것을 사건 A라고 하자.
그리고 감염자인 경우를 사건 B라고 하면,
사건 B와 사건 B^C는 서로 독립이며
$P(B) = 0.03$, $P(B^C) = 0.97$임을 알 수 있다.
먼저, 감염자일 때 검진 결과가 양성(+)인 확률과 감염자일 때 검진 결과가 음성(−)인 확률은 각각
$P(A|B) = 0.95$, $P(A^C|B) = 0.05$이다.
그다음 비감염자일 때 검진 결과가 양성(+)인 확률과 비감염자일 때 검진 결과가 음성(−)인 확률은 각각
$P(A|B^C) = 0.1$, $P(A^C|B^C) = 0.9$이다.
구하고자 하는 것은 주민 중 한 사람을 검진한 결과 양성(+)반응을 보였을 때 이 사람이 감염자일 확률이므로, 베이즈정리에 의해서 서로 배반인 사건 B와 B^C에 대해 다음과 같이 계산한다.
$P(B|A) = \dfrac{P(A \cap B)}{P(A)}$
$= \dfrac{P(A|B) \times P(B)}{P(A|B) \times P(B) + P(A|B^C) \times P(B^C)}$
$= \dfrac{0.95 \times 0.03}{0.95 \times 0.03 + 0.1 \times 0.97} \approx 0.22709$
따라서 주민 중 한 사람을 검진한 결과 양성반응을 보였을 때, 이 사람이 감염자일 확률은 0.2270이다.

71 확률변수 X는 생산된 제품 중 불량품의 개수이며, 이항분포의 4가지 조건을 모두 만족하므로 확률변수 X는 $X \sim B(4, 0.4)$를 따른다.
조건 1. 각 시행이 독립(각 부품의 불량품 여부는 다른 부품에 영향을 미치지 않음)
조건 2. 두 가지 가능한 결과(불량품이면 '성공' 혹은 정상품이면 '실패'로 구분)
조건 3. 성공확률 p가 일정(각 부품이 불량품일 확률 p는 0.4로 동일)
조건 4. 고정된 시행 수(제품 4개를 임의로 추출했으므로 시행횟수는 4개로 고정)
이항분포의 확률질량함수(PMF)는 $P(X=x) = f(x) = {}_nC_x p^x q^{n-x} = {}_4C_x (0.4)^x (0.6)^{4-x}$이다.
따라서 이 공정의 제품 4개를 임의로 추출했을 때 4개가 모두 불량품일 확률은 $P(X=4) = f(4) = {}_4C_4 (0.4)^4 (0.6)^{4-4} = (0.4)^4 = \dfrac{256}{10,000}$이며, 분자와 분모를 16으로 나누면 $\dfrac{16}{625}$이다.

72 표본분산 공식은
$$S^2 = \dfrac{\sum_{i=1}^{n}(X_i - \overline{X})^2}{n-1} = \dfrac{1}{n-1} \times \left(\sum_{i=1}^{n} X_i^2 - n\overline{X}^2\right)$$
이다. 문제에서 주어진 정보를 통해 표본크기가 3인 자료 x_1, x_2, x_3의 평균 $\overline{x} = 10$, 분산 $S^2 = 100$이므로,
$$\dfrac{x_1 + x_2 + x_3}{3} = 10$$이고,
$$S^2 = \dfrac{\sum_{i=1}^{3}(x_i - 10)^2}{3-1} = \dfrac{1}{2} \times \left(\sum_{i=1}^{3} x_i^2 - 3 \times 10^2\right) = 100$$
임을 알 수 있다. 이를 정리하면 $x_1 + x_2 + x_3 = 30$이고, $\sum_{i=1}^{3} x_i^2 = 500$이다.

관측값 10이 추가되었을 때, 4개 자료의 분산 S^2을 구하기 위해 $x_1 + x_2 + x_3 + x_4 = 30 + 10 = 40$임을 활용하여 표본평균부터 구하면
$$\overline{X'} = \dfrac{x_1 + x_2 + x_3 + x_4}{4} = \dfrac{40}{4} = 10$$이다.
이때, 표본분산을 구하기 위해
$$\sum_{i=1}^{4} x_i^2 = \left(\sum_{i=1}^{3} x_i^2\right) + x_4^2 = 500 + 10^2 = 600$$임을 활용하면, 표본분산은
$$S'^2 = \dfrac{\sum_{i=1}^{4}(x_i - 10)^2}{4-1} = \dfrac{1}{3} \times \left(\sum_{i=1}^{4} x_i^2 - 4 \times 10^2\right)$$
$$= \dfrac{1}{3} \times (600 - 400) = \dfrac{200}{3}$$이다.

73 자료의 위치를 나타내는 척도(= 중심위치에 대한 척도)에는 산술평균, 절사평균, 가중평균, 기하평균, 조화평균, 중앙값, 최빈값, 백분위수, 사분위수가 존재한다.

74 중위수는 데이터의 중앙에 위치한 값으로, 데이터를 크기순으로 정렬했을 때 가운데 위치한 값이다. 중위수는 극단값의 영향을 받지 않기 때문에 비대칭 분포와 극단값이 있는 경우에 적절한 중심성향 척도가 된다.
① 산술평균은 모든 데이터 값을 합한 후 데이터의 개수로 나눈 값이며, 극단값에 매우 민감하다.
③ 조화평균은 주로 비율이나 속도와 같은 특정 상황에서 사용되며, 산술평균과 유사하게 극단값의 영향을 받을 수 있다.
④ 최빈수는 자료에서 가장 자주 나타나는 값이다. 최빈수는 극단값의 영향을 받지 않지만, 비대칭 분포에서 데이터가 어떻게 분포되어 있는지에 따라 대표성이 부족할 수 있다. 따라서 최빈수는 비대칭 분포와 극단값의 존재를 고려할 때 중위수보다는 덜 적절하다.

75 독립표본 t − 검정은 두 개의 독립된 집단 간 평균을 비교할 때 사용하는 방법이다. 따라서 도시지역과 시골지역 간 가족 수의 평균 차이를 비교하는 상황에 적합하다.

76 단측검정인 경우 가설검정의 프로세스는 아래와 같다.

Step 1	• 귀무가설 H_0과 대립가설 H_1을 설정한다. − $H_0 : \mu_D = 0$ 왼손으로 글자를 쓰는 사람들의 왼손 악력은 오른손 악력과 차이가 없다. − $H_1 : \mu_D > 0$ 왼손으로 글자를 쓰는 사람들의 왼손 악력은 오른손 악력보다 강하다.
Step 2	• 귀무가설 H_0이 참이라는 가정하에 검정통계량을 정의하고 확률분포를 정한다. 대응표본 검정통계량은 $t = \dfrac{\overline{D} - \mu_D}{\frac{S_D}{\sqrt{n}}} \sim t(n-1)$이며, 귀무가설 $H_0 : \mu_D = 0$이 참이라는 가정하에 $\mu_D = 0$임을 대입하면, 검정통계량은 $t_0 = \dfrac{\overline{D}}{\frac{S_D}{\sqrt{n}}}$이다.
Step 3	• 유의수준 α에 대한 기각역을 구하고, 표본으로부터 검정통계량 값을 구한다. [기각역] 유의수준이 $\alpha = 0.05$이고, 단측검정이므로 주어진 T분포표를 활용하면 $t_\alpha(n-1) = t_{0.05}(7) = 1.895$가 임계값이 된다. 이때, 단측검정이므로 기각역은 $T \geq 1.895$ 이다. [검정통계량] 대응표본 t 검정은 자유도 $n − 1 = 7$, $t_0 = \dfrac{\overline{D}}{\frac{S_D}{\sqrt{n}}} = \dfrac{3.5}{\frac{4.93}{\sqrt{8}}} \approx 2.01$이다.

77 암기: 왜양최오긴

왜도가 양(+)이면, 최빈값이 가장 작은 값을 가지며, 값을 비교하면 최빈값<중앙값<평균이다.
산출한 값은 최빈값 2<중앙값 2.5<평균 3이므로, 왜도는 0보다 크며 오른쪽 꼬리가 긴 분포이다.

① 표본평균 공식은 $\overline{X} = \dfrac{1}{n}\sum_{i=1}^{n} X_i$ 이며,

6개의 자료 값을 대입하여 산출하면 아래와 같다.

$$\overline{X} = \dfrac{1}{6}\sum_{i=1}^{6} X_i = \dfrac{2+2+2+3+4+5}{6} = \dfrac{18}{6} = 3$$

② 최빈값은 자료에서 가장 자주 나타나는 값이며, 2가 총 3번 나타나므로 최빈값은 2이다.

③ 중앙값은 자료를 크기순으로 정렬해야 하므로, 오름차순으로 정렬하면 [2,2,2,3,4,5]이다. 자료의 개수는 총 6개로 짝수개이므로, 3번째 값과 4번째 값의 평균인 $\dfrac{2+3}{2} = 2.5$가 중앙값이다.

78 정규모집단인지 주어져 있지 않고 모분산 σ^2을 모르는 경우이며, 대표본인 경우($n \geq 30$)이다.
이때, 모평균 μ에 대한 $100(1-\alpha)\%$ (근사) 신뢰구간은 $\overline{X} \pm Z_{\frac{\alpha}{2}} \times \dfrac{S}{\sqrt{n}}$ 이다.
따라서 생존시간의 모평균 μ에 대한 99% 신뢰구간은 아래과 같이 산출되므로, $16.7 \leq \mu \leq 19.9$이다.

$$18.3 \pm 2.58 \times \dfrac{5.2}{\sqrt{70}} = (16.696, 19.903)$$

79 여론조사 기관에서 특정 프로그램의 시청률을 조사하기 위하여 100명의 시청자를 임의로 추출했으므로 대표본인 경우이다.
추출된 시청자에게 시청 여부를 물었더니 이 중 10명이 시청하였다고 했으므로, 표본비율 $\hat{p}$은 모비율 p의 점추정량(불편추정량)임을 활용하면 모비율 p의 점추정치는 아래와 같다.

$$\hat{p} = \dfrac{X}{n} = \dfrac{10}{100} = 0.1$$

이때, 표본의 크기 n이 충분히 크면 표본비율 $\hat{p}$의 분포는 $\hat{p} \sim N\left(p, \dfrac{p(1-p)}{n}\right)$를 따르므로,

이를 표준화하면 $Z = \dfrac{\hat{p} - p}{\sqrt{\dfrac{p(1-p)}{n}}} \sim N(0, 1^2)$ 이다.

따라서 모비율 p(시청률)에 대한 $100(1-\alpha)\% = 95\%$ 신뢰구간은 아래와 같다.

$$\hat{p} \pm Z_{\frac{\alpha}{2}} \times \sqrt{\dfrac{\hat{p}(1-\hat{p})}{n}}$$
$$= 0.1 \pm 1.96 \times \sqrt{\dfrac{0.1 \times (1-0.1)}{100}}$$
$$= 0.1 \pm 0.0588 = (0.0412, 0.1588)$$

80 대응표본인 경우, 모평균 차이의 가설검정은 대응표본 T검정을 수행한다. D = 실시 이전 − 실시 이후라고 하고 아래와 같이 표를 완성해보자.

실시 이전	5	8	7	6	9	7	10	10	12	5
실시 이후	8	10	7	11	9	12	14	9	10	6
D	-3	-2	0	-5	0	-5	-4	1	2	-1

이때, 평균 $\overline{D}$와 분산 S_D^2 공식은 아래와 같다.

$$\overline{D} = \dfrac{1}{n}\sum_{i=1}^{n} D_i, \quad S_D^2 = \dfrac{\sum_{i=1}^{n}(D_i - \overline{D})^2}{n-1}$$

따라서 주어진 값을 활용하여 산출해보자.

$$\overline{D} = \dfrac{1}{10}\sum_{i=1}^{10} D_i = \dfrac{-3-2+\cdots+2-1}{10} = \dfrac{-17}{10}$$
$$= -1.7$$
$$S_D = \sqrt{\dfrac{(-3-(-1.7))^2 + \cdots + (-1-(-1.7))^2}{10-1}}$$
$$\approx 2.5$$

Step 1
- 귀무가설 H_0과 대립가설 H_1을 설정한다.
  - $H_0 : \mu_D = 0$ 새로운 영업전략을 실시 전과 후의 영업 성과(월 판매량) 차이가 없다.
  - $H_1 : \mu_D > 0$ 새로운 영업전략을 실시 후가 실시 전보다 영업 성과(월 판매량)가 높다. 즉, 새로운 영업전략이 효과가 있다.

Step 2
- 귀무가설 H_0이 참이라는 가정하에 검정통계량을 정의하고 확률분포를 정한다.

  대응표본 검정통계량 = $t = \dfrac{\overline{D} - \mu_D}{\dfrac{S_D}{\sqrt{n}}} \sim t(n-1)$

  이며, 귀무가설 $H_0 : \mu_D = 0$이 참이라는 가정하에 $\mu_D = 0$임을 대입하면, 검정통계량은 아래와 같다.

  $t_0 = \dfrac{\overline{D}}{\dfrac{S_D}{\sqrt{n}}}$ 이다.

Step 3
- 유의수준 α에 대한 기각역을 구하고, 표본으로부터 검정통계량 값을 구한다.

  [기각역] 단측검정이며, 유의수준 5%에 해당하는 자유도 9인 t분포 값은 1.833임이 주어져 있다.
  [검정통계량]
  대응표본 t 검정의 자유도는 $n - 1 = 10 - 1 = 9$이고, 검정통계량 값을 산출하면 아래와 같다.

  $$t_0 = \dfrac{\overline{D}}{\dfrac{S_D}{\sqrt{n}}} = \dfrac{-1.7}{\dfrac{2.5}{\sqrt{10}}} \approx -2.15$$

- 검정통계량 값이 기각역의 임계치보다 크기 때문에, 귀무가설 H_0를 기각한다. 따라서 새로운 영업전략의 판매량 증가 효과가 있다고 할 수 있다.

Step 4

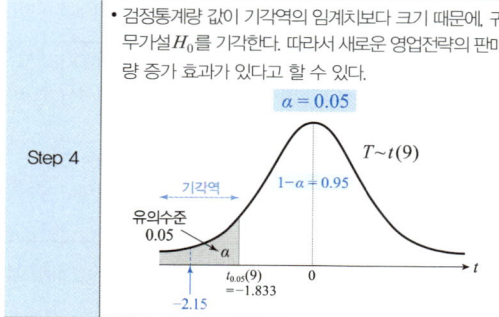

81 모든 다른 조건이 동일하다면 표본의 수가 클수록 표본평균의 표준오차(Standard error of the mean) $\frac{\sigma}{\sqrt{n}}$는 작아지므로, 신뢰구간의 길이는 짧아진다.
① 암기 : 검대참귀기
검정력(Power)은 실제로 대립가설 H_1이 참일 때, 귀무가설 H_0을 기각할 확률이므로, 검정력이 크다는 것은 귀무가설이 잘못된 경우에 이를 기각할 능력이 높다는 뜻이다. 따라서 검정력은 클수록 바람직하다.
② 신뢰구간은 좁을수록 정확한 추정을 할 수 있으므로 바람직하다. 신뢰구간이 좁다는 것은 우리가 추정한 값이 실제 모수를 포함할 가능성이 높은 범위가 상대적으로 작다는 뜻으로, 더 정밀하게 추정할 수 있다.
③ 표본의 수(표본의 크기)는 통계적 추론에 큰 영향을 미친다. 표본 크기가 크면 추정의 정확도가 높아지고, 신뢰구간이 좁아지므로, 표본의 수는 통계적 추론에 매우 중요한 요소이다.

82 암기 : 이귀거귀기×
제2종오류는 귀무가설 H_0이 거짓임에도 불구하고, 귀무가설 H_0을 기각하지 못하는(×) 오류이다. 즉, 대립가설 H_1이 옳은데도 귀무가설 H_0을 채택함으로써 범하게 되는 오류가 제2종오류이다.
① 표본으로부터 확실한 근거에 의하여 입증하고자 하는 가설을 '대립가설'이라 한다.
② 유의수준은 '제1종오류'를 범할 확률의 최대허용한계이다.
③ '귀무가설'을 채택하게 하는 검정통계량의 영역을 채택역이라 한다.

83 암기 : 일귀참귀기
제1종오류는 귀무가설 H_0이 참인데 대립가설 H_1이 옳다고 잘못 결론을 내리고 귀무가설 H_0을 기각하는 오류이다.

84

귀무가설 $H_0 : \mu \geq 20$	우리나라 대학생들의 평균 독서시간이 20시간보다 크거나 같다.
대립가설 $H_1 : \mu < 20$	우리나라 대학생들의 평균 독서시간이 20시간보다 작다.

우리나라 대학생들의 1주일 동안 독서시간은 평균이 20시간, 표준편차가 3시간인 정규분포를 따르므로 모평균 $\mu = 20$, 모표준편차 $\sigma = 3$임을 알 수 있다. 이를 확인하고자 36명($n = 36$)의 학생을 조사했더니 표본평균이 19시간($\overline{X} = 19$)으로 나타났다.
이 경우는 단일 모집단에 대한 모평균 가설검정에서 모분산 σ^2을 아는 경우이고, 대표본($n \geq 30$)에 해당한다. 따라서 단일표본 검정통계량은 아래와 같다.

$$Z = \frac{\overline{X} - \mu_0}{\frac{\sigma}{\sqrt{n}}} \sim N(0, 1^2)$$

이때, 귀무가설 $H_0 : \mu = 20$가 참이라는 가정하에 검정통계량은 아래와 같이 산출된다.

$$Z_0 = \frac{\overline{X} - \mu_0}{\frac{\sigma}{\sqrt{n}}} = \frac{19 - 20}{\frac{3}{\sqrt{36}}} = -2$$

②, ④ 이 경우에 가설검정에는 Z분포를 이용하며, 위와 같이 정상적으로 수행할 수 있다.
③ $P(|Z| < 1.96) = 0.95$에서 기각역에 대한 임계값은 ±1.96이며, 검정통계량 −2값이 임계값보다 작다. 따라서 귀무가설을 기각하고 대립가설을 채택한다. 즉, 우리나라 대학생들의 평균 독서시간이 20시간보다 작다는 근거가 있다.

85 암기 : 비삼평마중
피어슨의 비대칭계수(Pearson's skewness coefficient)는 중앙값을 기준으로 비대칭성을 평가하며, 분포의 치우침을 통해 분포의 왜도(skewness)를 측정하는 방법이다. 피어슨의 비대칭계수 공식은 아래와 같다.

$$S_k \fallingdotseq \frac{평균 - 최빈수}{표준편차} \fallingdotseq \frac{3 \times (평균 - 중위수)}{표준편차}$$
$$= \frac{3 \times (\overline{X} - M_e)}{\sigma}$$

$\overline{X}$은 산술평균 M_e은 중위수(Median), M_o은 최빈수(Mode)이므로 $\overline{X} - M_o \fallingdotseq 3(\overline{X} - M_e)$이다.

86 모분산 σ^2을 모르는 경우이고, 소표본($n < 30$)이다. 이때, 단일표본 검정통계량은 아래와 같다.

$$t = \frac{\overline{X} - \mu_0}{\frac{S}{\sqrt{n}}} \sim t_{\frac{\alpha}{2}}(n-1)$$

이때, 모평균이 10($\mu_0 = 10$)인지를 검정하고자 하며, 크기가 25인 표본을 추출했으므로 $n = 25$이고, 표본평균은 $\overline{X} = 9$, 표본표준편차는 $S = 2.5$이다.

즉, t 검정통계량의 값은 귀무가설 $H_0 : \mu = 10$이 참이라는 가정하에 아래와 같이 산출된다.

$$t_0 = \frac{\overline{X} - \mu_0}{\frac{S}{\sqrt{n}}} = \frac{9-10}{\frac{2.5}{\sqrt{25}}} = -2$$

87 화장품 회사에서 새로 개발한 상품의 선호도를 조사한다. 조사 대상자 400명 중 새 상품을 선호한 사람은 220명 이므로, 표본비율 $\hat{p}$을 산출하면 아래와 같다.

$$\hat{p} = \frac{X}{n} = \frac{220}{400} = 0.55$$

이때, 하나의 모집단에 대한 모비율 가설검정에서 모비율 p에 대한 검정통계량 Z는 아래와 같다.

$$Z = \frac{\hat{p} - p_0}{\sqrt{\frac{p_0(1-p_0)}{n}}} \sim N(0, 1^2)$$

가설 $H_0 : p = 0.5$ vs $H_1 : p > 0.5$을 검정하기 위한 검정통계량은 귀무가설 $H_0 : p = 0.5$가 참이라는 가정 하에 $p_0 = 0.5$를 대입하여 산출하면 아래와 같다.

$$Z_0 = \frac{\hat{p} - p_0}{\sqrt{\frac{p_0(1-p_0)}{n}}} = \frac{0.55 - 0.5}{\sqrt{\frac{0.5(1-0.5)}{400}}} = 2$$

따라서 구하고자 하는 유의확률은 $P(Z \geq 2)$이다.

88 두 집단을 변동계수 공식을 활용하여 비교해보자.

$$CV_\text{초} = \frac{S}{\overline{X}} = \frac{2,000}{130,000} \fallingdotseq 0.015384$$

$$CV_\text{대} = \frac{S}{\overline{X}} = \frac{3,000}{200,000} = 0.015$$

산출된 결과를 보면 $CV_\text{초} > CV_\text{대}$이므로, 대학생 용돈이 상대적으로 더 평균에 밀집되어 있다.

89 좌우대칭인 분포는 평균 = 중앙값 = 최빈값이므로, 비대칭계수(왜도) = 0이고 첨도 = 3이다.

90 성별에 따라 선호하는 색상에 차이가 없다면, 파랑을 선호하는 여학생 수에 대한 기대도수의 추정값은 다음과 같다.

기대도수 = 전체 도수(400) × P(파랑 ∩ 여학생)
$$= 400 \times \frac{160}{400} \times \frac{200}{400} = 80$$

91 이 문제는 교차검정의 종류 중 독립성 검정에 해당한다.

귀무가설 H_0	지역별 합격자 수가 성별에 따라 차이가 없다. 즉, 성별과 합격자 수는 지역별로 독립이다.
대립가설 H_1	지역별 합격자 수가 성별에 따라 차이가 있다. 즉, 성별과 합격자 수는 지역별로 독립이 아니다.

독립성 검정의 자유도(df ; degree of freedom)는 교차표의 크기에 따라 결정된다.
$df = (M-1) \times (N-1) =$ (행 범주의 수 -1) × (열 범주의 수 -1) = $(2-1) \times (4-1) = 3$이다.

92 카이제곱 적합성 검정이다.
단계 1. 가설설정

귀무가설 H_0	주사위가 공정하다. $\left(p_1 = p_2 = p_3 = p_4 = p_5 = p_6 = \frac{1}{6}\right)$
대립가설 H_1	주사위가 공정하지 못하다. 즉, 적어도 하나의 p_i는 다르다.

단계 2. 교차표 작성(문제에 제시됨)
단계 3. 기대도수 계산
귀무가설 H_0이 참이라고 가정하면, 주사위가 공정한 경우이므로 각 눈이 나오는 기대도수는 시행횟수×확률 = $60 \times \frac{1}{6} = 10$이다.

눈의 수	1	2	3	4	5	6
관측도수 O_i	13	19	11	8	5	4
기대도수 E_i	10	10	10	10	10	10

단계 4. 카이제곱 검정통계량 계산

$$\chi^2 = \sum_{i=1}^{6} \frac{(O_i - E_i)^2}{E_i} = \frac{(13-10)^2}{10} + \frac{(19-10)^2}{10}$$
$$+ \cdots + \frac{(5-10)^2}{10} + \frac{(4-10)^2}{10} = 15.6$$

단계 5. 자유도 계산
주사위의 공정성에 대한 적합성 검정의 자유도는
$df =$ (눈의 수 -1) $= 6 - 1 = 5$이다.

$$\chi_0^2 = \sum_{i=1}^{6} \frac{(O_i - E_i)^2}{E_i} = 15.6 \sim \chi^2(5)$$

단계 6. 유의확률 계산 및 귀무가설기각여부 결정
카이제곱 검정통계량 $\chi_0^2 = 15.6$이 기각역의 임계치 $\chi_{0.05}^2(5) = 11.07$보다 크므로, 귀무가설을 기각한다. 따라서 주사위는 공정하다고 볼 수 없다.

93 상관분석은 두 변수 간의 선형적 관계를 분석하는 것이 목적이지, 산점도가 원점을 통과하는지 여부는 상관계수와 관계가 없다. 상관분석에서 중요한 것은 데이터 간의 패턴이지, 원점을 통과하는지는 중요한 요소가 아니다.
① 자료가 여러 층으로 나누어 있는 경우, 그룹별로 다른 상관관계가 있을 수 있다. 따라서 상관분석을 하기 전에 '자료의 층화 여부'를 확인하는 것이 중요하다.
② 이상점(outlier ; 이상치)은 상관계수에 큰 영향을 줄 수 있다. 이상점이 존재하면 상관계수가 왜곡될 수 있으므로, 이를 사전에 확인하는 것이 중요하다.
④ 피어슨 상관계수는 선형적 관계를 측정하기 때문에, 산점도에서 데이터가 선형적 관계를 보이는지 확인하는 것이 중요하다. 비선형적 관계가 관찰되면 피어슨 상관계수를 사용하기보다는 다른 방법을 고려해야 한다.

94 **Step 1** 먼저, X와 Y의 평균을 구하면,
$$E(X) = \frac{2+4+6+8+10}{5} = 6,$$
$$E(Y) = \frac{5+4+3+2+1}{5} = 3$$이다.

상관계수 $Corr(X, Y) = \dfrac{Cov(X, Y)}{\sqrt{Var(X)}\sqrt{Var(Y)}}$를 구하기 위해서 주어진 값을 토대로 아래 표를 먼저 완성해야 한다.

$x_i - \bar{x}$	$2-6$ $=-4$	$4-6$ $=-2$	$6-6$ $=0$	$8-6$ $=2$	$10-6$ $=4$
$y_i - \bar{y}$	$5-3$ $=2$	$4-3$ $=1$	$3-3$ $=0$	$2-3$ $=-1$	$1-3$ $=-2$
$(x_i-\bar{x})(y_i-\bar{y})$	-8	-2	0	-2	-8

Step 2 $Cov(X, Y) = \dfrac{1}{5-1}$
$\times \sum_{i=1}^{5}(X_i - \overline{X})(Y_i - \overline{Y})$
$= \dfrac{1}{4} \times (-8-2+0-2-8) = -5$이다.

Step 3 상관계수의 분모 산출 시 필요한 X와 Y의 분산을 각각 구하면, 다음과 같다.
$$Var(X) = \frac{\sum_{i=1}^{n}(X_i - \overline{X})^2}{n-1}$$
$= \dfrac{1}{4} \times \{(2-6)^2 + (4-6)^2 + (6-6)^2$
$+ (8-6)^2 + (10-6)^2\} = \dfrac{40}{4}$

$$Var(Y) = \frac{\sum_{i=1}^{n}(Y_i - \overline{Y})^2}{n-1}$$
$= \dfrac{1}{4} \times \{(5-3)^2 + (4-3)^2 + (3-3)^2$
$+ (2-3)^2 + (1-3)^2\} = \dfrac{10}{4}$

Step 4 상관계수를 산출하면
$Corr(X, Y) = \dfrac{Cov(X, Y)}{\sqrt{Var(X)}\sqrt{Var(Y)}}$
$= \dfrac{-5}{\sqrt{\dfrac{40}{4}} \times \sqrt{\dfrac{10}{4}}} = -1$이다.

95 β_0는 X_i가 0일 경우 Y의 반응량을 나타낸다.

절편	모회귀계수 β_0 표본회귀계수 $\hat{\beta}_0 = b_0$	독립변수가 $X=0$값일 때, 종속변수 Y의 반응량(변화량)
기울기	모회귀계수 β_1 표본회귀계수 $\hat{\beta}_1 = b_1$	독립변수 X의 단위 변화에 따른 종속변수 Y의 변화량

① $\varepsilon_i = Y_i - E(Y_i)$, $E(Y_i) = Y_i - \varepsilon_i = \beta_0 + \beta_1 X_i$
이므로, 각 Y_i의 기댓값은 $\beta_0 + \beta_1 X_i$로 주어진다.
② 단순회귀모형 $Y_i = \beta_0 + \beta_1 X_i + \varepsilon_i$, $\varepsilon_i \sim N(0, \sigma^2)$
임이 주어져 있다. 즉, 오차항 ε_i는 서로 독립이며 동일한 분포 $N(0, \sigma^2)$를 따르므로, $Var(\varepsilon_i) = \sigma^2$
이다. 이때, Y_i는 $Y_i \sim N(\beta_0 + \beta_1 x_i, \sigma^2)$이므로, Y_i의 분산은 $Var(Y_i) = \sigma^2$이다.
따라서 오차항 ε_i과 Y_i는 동일한 분산을 갖는다.

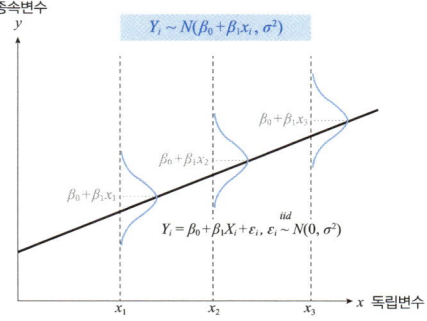

④ 모든 Y_i들은 상호 독립적으로 측정된다.
오차항 ε_i가 서로 독립적이면, 각 Y_i도 상호 독립적으로 측정된다. 이는 회귀 모형에서 오차항 ε_i이 독립적일 때 종속변수인 Y_i도 독립적으로 측정된다는 의미이다.

96 중회귀모델에서 질적 변수를 포함하기 위해 가변수를 사용해야 한다. 이 모형에 포함되어야 할 가변수의 수는 범주가 k개인 변수에 대해 $k-1$개의 가변수가 필요하다. 즉, 교육수준 변수의 더미변수의 수는 $k-1=4$개이다.

변수	구분	범주의 수	가변수의 수
생활만족도 Y	양적	–	–
교육수준 X_1	질적	무학, 초졸, 중졸, 고졸, 대졸 이상 $k=5$	$k-1=4$

97 상관계수에 대한 유의성 검정은 두 변수 간의 관계가 유의미한지를 확인하여 통계적 관련성을 검증한다. 이때, 검정통계량은 자유도가 $n-2$인 t분포를 따른다.

$$t = \sqrt{n-2} \times \frac{r}{\sqrt{1-r^2}} = r_{XY}\sqrt{\frac{n-2}{1-r_{XY}^2}}$$

98 단순회귀모형에서 [회귀계수의 유의성 검정]은 자유도가 $n-2$인 양측 t검정을 수행하며, 검정통계량은

$$t = \frac{\widehat{\beta_1} - \beta_1}{s.e.(\widehat{\beta_1})} = \frac{\widehat{\beta_1} - \beta_1}{\sqrt{Var(\widehat{\beta_1})}} = \frac{b - \beta_1}{\sqrt{\frac{MSE}{S_{xx}}}} \sim t(n-2)$$

이다. 혹은 단순회귀모형의 [회귀모형의 유의성 검정]은 자유도 $df=(1, n-2)$인 F검정을 수행하며, 검정통계량은 $F = \frac{MSR}{MSE} = \frac{\frac{SSR}{1}}{\frac{SSE}{n-2}} \sim F(1, n-2)$이다.

[회귀계수의 유의성 검정]과 [회귀모형의 유의성 검정]을 혼동하지 않아야 함을 강조하는 문제이다.
나머지 보기들은 모두 옳은 설명이다.

특징	설명
$b_1 \sim N\left(\beta_1, \frac{\sigma^2}{S_{xx}}\right)$	$b_1 \sim N\left(\beta_1, \frac{\sigma^2}{S_{xx}}\right)$이며, $E(\widehat{\beta_1}) = \beta_1$ $Var(\widehat{\beta_1}) = \frac{\sigma^2}{S_{xx}} = \frac{\sigma^2}{\sum_{i=1}^{n}(x_i - \overline{x})^2}$이다. 추정량 b_1은 평균이 β_1이고, 분산이 σ^2/S_{xx}인 정규분포를 따른다. 기출
$E(\widehat{\beta_0}) = E(b_0) = \beta_0$ 기출	추정량 b_0은 회귀직선의 절편 β_0의 불편추정량이다.
$E(MSE) = \sigma^2$ 기출	MSE는 오차항 ϵ_i의 분산 σ^2에 대한 불편추정량이다.

99 독립변수가 k개인 중회귀모형은 아래와 같다.
$y_i = \beta_0 + \beta_1 x_{1i} + \beta_2 x_{2i} + \cdots + \beta_k x_{ki} + \varepsilon_i$
이때, 자료의 개수가 n개이면, 선형회귀모형을 추정할 때 잔차의 자유도는 $n-k-1$이다.
즉, 독립변수가 5개인 100개의 자료를 이용하여 절편이 있는 선형회귀모형을 추정한다는 정보가 주어져 있으므로, 잔차의 자유도는 아래와 같다.
$n - k - 1 = 100 - 5 - 1 = 94$

100 독립변수가 2개인 중회귀모형이므로 $k=2$라는 것을 알 수 있다. 이때, [회귀모형의 유의성 검정]은 자유도가 $df = (k, n-k-1)$인 F검정을 수행한다. 이 경우에 검정통계량은 아래와 같이 표기하며, 유의수준 α에 따른 기각역은 $F \geq F_\alpha(k, n-k-1)$이다.

$$F = \frac{MSR}{MSE} = \frac{\frac{SSR}{k}}{\frac{SSE}{n-k-1}}$$

부록 1. 표준정규분포표($P(Z \leq z) = \phi(z), Z \sim N(0,1)$)

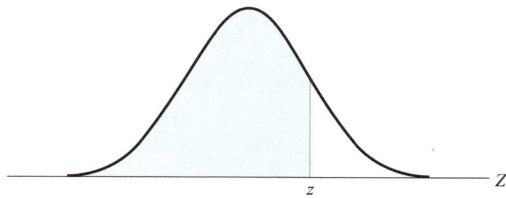

z	0.00	0.01	0.02	0.03	0.04	0.05	0.06	0.07	0.08	0.09
0.0	0.5000	0.5040	0.5080	0.5120	0.5160	0.5199	0.5239	0.5279	0.5319	0.5359
0.1	0.5398	0.5438	0.5478	0.5517	0.5557	0.5596	0.5636	0.5675	0.5714	0.5753
0.2	0.5793	0.5832	0.5871	0.5910	0.5948	0.5987	0.6026	0.6064	0.6103	0.6141
0.3	0.6179	0.6217	0.6255	0.6293	0.6331	0.6368	0.6406	0.6443	0.6480	0.6517
0.4	0.6554	0.6591	0.6628	0.6664	0.6700	0.6736	0.6772	0.6808	0.6844	0.6879
0.5	0.6915	0.6950	0.6985	0.7019	0.7054	0.7088	0.7123	0.7157	0.7190	0.7224
0.6	0.7257	0.7291	0.7324	0.7357	0.7389	0.7422	0.7454	0.7486	0.7517	0.7549
0.7	0.7580	0.7611	0.7642	0.7673	0.7704	0.7734	0.7764	0.7794	0.7823	0.7852
0.8	0.7881	0.7910	0.7939	0.7967	0.7995	0.8023	0.8051	0.8078	0.8106	0.8133
0.9	0.8159	0.8186	0.8212	0.8238	0.8264	0.8289	0.8315	0.8340	0.8365	0.8389
1.0	0.8413	0.8438	0.8461	0.8485	0.8508	0.8531	0.8554	0.8577	0.8599	0.8621
1.1	0.8643	0.8665	0.8686	0.8708	0.8729	0.8749	0.8770	0.8790	0.8810	0.8830
1.2	0.8849	0.8869	0.8888	0.8907	0.8925	0.8944	0.8962	0.8980	0.8997	0.9015
1.3	0.9032	0.9049	0.9066	0.9082	0.9099	0.9115	0.9131	0.9147	0.9162	0.9177
1.4	0.9192	0.9207	0.9222	0.9236	0.9251	0.9265	0.9279	0.9292	0.9306	0.9319
1.5	0.9332	0.9345	0.9357	0.9370	0.9382	0.9394	0.9406	0.9418	0.9429	0.9441
1.6	0.9452	0.9463	0.9474	0.9484	0.9495	0.9505	0.9515	0.9525	0.9535	0.9545
1.7	0.9554	0.9564	0.9573	0.9582	0.9591	0.9599	0.9608	0.9616	0.9625	0.9633
1.8	0.9641	0.9649	0.9656	0.9664	0.9671	0.9678	0.9686	0.9693	0.9699	0.9699
1.9	0.9713	0.9719	0.9726	0.9732	0.9738	0.9744	0.9750	0.9756	0.9761	0.9767
2.0	0.9772	0.9778	0.9783	0.9788	0.9793	0.9798	0.9803	0.9808	0.9812	0.9817
2.1	0.9821	0.9826	0.9830	0.9834	0.9838	0.9842	0.9846	0.9850	0.9854	0.9857
2.2	0.9861	0.9864	0.9868	0.9871	0.9875	0.9878	0.9881	0.9884	0.9887	0.9890
2.3	0.9893	0.9896	0.9898	0.9901	0.9904	0.9906	0.9909	0.9911	0.9913	0.9916
2.4	0.9918	0.9920	0.9922	0.9925	0.9927	0.9929	0.9931	0.9932	0.9934	0.9936
2.5	0.9938	0.9940	0.9941	0.9943	0.9945	0.9946	0.9948	0.9949	0.9951	0.9952
2.6	0.9953	0.9955	0.9956	0.9957	0.9959	0.9960	0.9961	0.9962	0.9963	0.9964
2.7	0.9965	0.9966	0.9967	0.9968	0.9969	0.9970	0.9971	0.9972	0.9973	0.9974
2.8	0.9974	0.9975	0.9976	0.9977	0.9977	0.9978	0.9979	0.9979	0.9980	0.9981
2.9	0.9981	0.9982	0.9982	0.9983	0.9984	0.9984	0.9985	0.9985	0.9986	0.9986
3.0	0.9987	0.9987	0.9987	0.9988	0.9988	0.9989	0.9989	0.9989	0.9990	0.9990

부록 2. t-분포표 ($P(T \geq t_{\alpha,n}) = \alpha$)

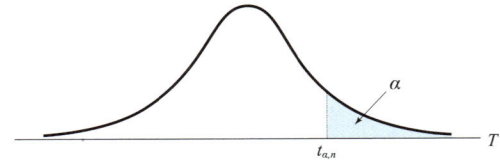

자유도 (n)	α					
	0.10	0.05	0.025	0.01	0.005	0.001
1	3.078	6.314	12.706	31.821	63.657	318.309
2	1.886	2.920	4.303	6.965	9.925	22.327
3	1.638	2.353	3.182	4.541	5.841	1.0215
4	1.533	2.132	2.776	3.747	4.604	7.173
5	1.476	2.015	2.571	3.365	4.032	5.893
6	1.440	1.943	2.447	3.143	3.707	5.208
7	1.415	1.895	2.365	2.998	3.499	4.785
8	1.397	1.860	2.306	2.896	3.355	4.501
9	1.383	1.833	2.262	2.821	3.250	4.297
10	1.372	1.812	2.228	2.764	3.169	4.144
11	1.363	1.796	2.201	2.718	3.106	4.025
12	1.356	1.782	2.179	2.681	3.055	3.930
13	1.350	1.771	2.160	2.650	3.012	3.852
14	1.345	1.761	2.145	2.624	2.977	3.787
15	1.341	1.753	2.131	2.602	2.947	3.733
16	1.337	1.746	2.120	2.583	2.921	3.686
17	1.333	1.740	2.110	2.567	2.898	3.646
18	1.330	1.734	2.101	2.552	2.878	3.610
19	1.328	1.729	2.093	2.539	2.861	3.579
20	1.325	1.725	2.086	2.528	2.845	3.552
21	1.323	1.721	2.080	2.518	2.831	3.527
22	1.321	1.717	2.074	2.508	2.819	3.505
23	1.319	1.714	2.069	2.500	2.807	3.485
24	1.318	1.711	2.064	2.492	2.797	3.467
25	1.316	1.708	2.060	2.485	2.787	3.450
26	1.315	1.706	2.056	2.479	2.779	3.435
27	1.314	1.703	2.052	2.473	2.771	3.421
28	1.313	1.701	2.048	2.467	2.763	3.408
29	1.311	1.699	2.045	2.462	2.756	3.396
30	1.310	1.697	2.042	2.457	2.750	3.385
31	1.309	1.696	2.040	2.453	2.744	3.375
32	1.309	1.694	2.037	2.449	2.738	3.365
33	1.308	1.692	2.035	2.445	2.733	3.356
34	1.307	1.691	2.032	2.441	2.728	3.348
35	1.306	1.690	2.030	2.438	2.724	3.340
36	1.306	1.688	2.028	2.434	2.719	3.333
37	1.305	1.687	2.026	2.431	2.715	3.326
38	1.304	1.686	2.024	2.429	2.712	3.319
39	1.304	1.685	2.023	2.426	2.708	3.313
40	1.303	1.684	2.021	2.423	2.704	3.307
∞	1.282	1.645	1.960	2.326	2.576	3.090

부록 3. 카이제곱(X^2)분포표 ($P(X^2 \geq X^2_{a,n}) = \alpha$)

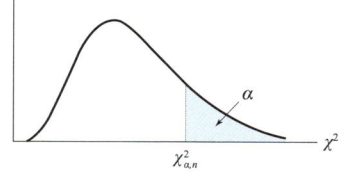

자유도 (n)	α									
	0.995	0.99	0.975	0.95	0.9	0.1	0.05	0.025	0.01	0.005
1	0.000	0.000	0.001	0.004	0.016	2.706	3.841	5.024	6.635	7.879
2	0.010	0.020	0.051	0.103	0.211	4.605	5.991	7.378	9.210	10.597
3	0.072	0.115	0.216	0.352	0.584	6.251	7.815	9.348	11.345	12.838
4	0.207	0.297	0.484	0.711	1.064	7.779	9.488	11.143	13.277	14.860
5	0.412	0.554	0.831	1.145	1.610	9.236	11.070	12.833	15.086	16.750
6	0.676	0.872	1.237	1.635	2.204	10.645	12.592	14.449	16.812	18.548
7	0.989	1.239	1.690	2.167	2.833	12.017	14.067	16.013	18.475	20.278
8	1.344	1.646	2.180	2.733	3.490	13.362	15.507	17.535	20.090	21.955
9	1.735	2.088	2.700	3.325	4.168	14.684	16.919	19.023	21.666	23.589
10	2.156	2.558	3.247	3.940	4.865	15.987	18.307	20.483	23.209	25.188
11	2.603	3.053	3.816	4.575	5.578	17.275	19.675	21.920	24.725	26.757
12	3.074	3.571	4.404	5.226	6.304	18.549	21.026	23.337	26.217	28.300
13	3.565	4.107	5.009	5.892	7.042	19.812	22.362	24.736	27.688	29.819
14	4.075	4.660	5.629	6.571	7.790	21.064	23.685	26.119	29.141	31.319
15	4.601	5.229	6.262	7.261	8.547	22.307	24.996	27.488	30.578	32.801
16	5.142	5.812	6.908	7.962	9.312	23.542	26.296	28.845	32.000	34.267
17	5.697	6.408	7.564	8.672	10.085	24.769	27.587	30.191	33.409	35.718
18	6.265	7.015	8.231	9.390	10.865	25.989	28.869	31.526	34.805	37.156
19	6.844	7.633	8.907	10.117	11.651	27.204	30.144	32.852	36.191	38.582
20	7.434	8.260	9.591	10.851	12.443	28.412	31.410	34.170	37.566	39.997
21	8.034	8.897	10.283	11.591	13.240	29.615	32.671	35.479	38.932	41.401
22	8.643	9.542	10.982	12.338	14.041	30.813	33.924	36.781	40.289	42.796
23	9.260	10.196	11.689	13.091	14.848	32.007	35.172	38.076	41.638	44.181
24	9.886	10.856	12.401	13.848	15.659	33.196	36.415	39.364	42.980	45.559
25	10.520	11.524	13.120	14.611	16.473	34.382	37.652	40.646	44.314	46.928
26	11.160	12.198	13.844	15.379	17.292	35.563	38.885	41.923	45.642	48.290
27	11.808	12.879	14.573	16.151	18.114	36.741	40.113	43.195	46.963	49.645
28	12.461	13.565	15.308	16.928	18.939	37.916	41.337	44.461	48.278	50.993
29	13.121	14.256	16.047	17.708	19.768	39.087	42.557	45.722	49.588	52.336
30	13.787	14.953	16.791	18.493	20.599	40.256	43.773	46.979	50.892	53.672
40	20.707	22.164	24.433	26.509	29.051	51.805	55.758	59.342	63.691	66.766
50	27.991	29.707	32.357	34.764	37.689	63.167	67.505	71.420	76.154	79.490
60	35.534	37.485	40.482	43.188	46.459	74.397	79.082	83.298	88.379	91.952
70	43.275	45.442	48.758	51.739	55.329	85.527	90.531	95.023	100.425	104.215
80	51.172	53.540	57.153	60.391	64.278	96.578	101.879	106.629	112.329	116.321
90	59.196	61.754	65.647	69.126	73.291	107.565	113.145	118.136	124.116	128.299
100	67.328	70.065	74.222	77.929	82.358	118.498	124.342	129.561	135.807	140.169

부록 4. F-분포표($\alpha = 0.05$)

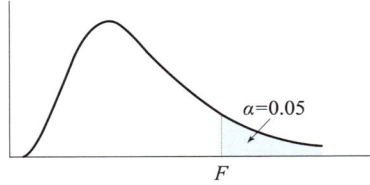

분모 자유도	분자 자유도																	
	1	2	3	4	5	6	7	8	9	10	12	15	20	24	30	40	60	120	∞
1	161.4	199.5	215.7	224.6	230.2	234.0	236.8	238.9	240.5	241.9	243.9	245.9	248.0	249.1	250.1	251.1	252.2	253.3	254.3
2	18.51	19.00	19.16	19.25	19.30	19.33	19.35	19.37	19.38	19.40	19.41	19.43	19.45	19.45	19.46	19.47	19.48	19.49	19.50
3	10.13	9.55	9.28	9.12	9.01	8.94	8.89	8.85	8.81	8.79	8.74	8.70	8.66	8.64	8.62	8.59	8.57	8.55	8.53
4	7.71	6.94	6.59	6.39	6.26	6.16	6.09	6.04	6.00	5.96	5.91	5.86	5.80	5.77	5.75	5.72	5.69	5.66	5.63
5	6.61	5.79	5.41	5.19	5.05	4.95	4.88	4.82	4.77	4.74	4.68	4.62	4.56	4.53	4.50	4.46	4.43	4.40	4.36
6	5.99	5.14	4.76	4.53	4.39	4.28	4.21	4.15	4.10	4.06	4.00	3.94	3.87	3.84	3.81	3.77	3.74	3.70	3.67
7	5.59	4.74	4.35	4.12	3.97	3.87	3.79	3.73	3.68	3.64	3.57	3.51	3.44	3.41	3.38	3.34	3.30	3.27	3.23
8	5.32	4.46	4.07	3.84	3.69	3.58	3.50	3.44	3.39	3.35	3.28	3.22	3.15	3.12	3.08	3.04	3.01	2.97	2.93
9	5.12	4.26	3.86	3.63	3.48	3.37	3.29	3.23	3.18	3.14	3.07	3.01	2.94	2.90	2.86	2.83	2.79	2.75	2.71
10	4.96	4.10	3.71	3.48	3.33	3.22	3.14	3.07	3.02	2.98	2.91	2.85	2.77	2.74	2.70	2.66	2.62	2.58	2.54
11	4.84	3.98	3.59	3.36	3.20	3.09	3.01	2.95	2.90	2.85	2.79	2.72	2.65	2.61	2.57	2.53	2.49	2.45	2.40
12	4.75	3.89	3.49	3.26	3.11	3.00	2.91	2.85	2.80	2.75	2.69	2.62	2.54	2.51	2.47	2.43	2.38	2.34	2.30
13	4.67	3.81	3.41	3.18	3.03	2.92	2.83	2.77	2.71	2.67	2.60	2.53	2.46	2.42	2.38	2.34	2.30	2.25	2.21
14	4.60	3.74	3.34	3.11	2.96	2.85	2.76	2.70	2.65	2.60	2.53	2.46	2.39	2.35	2.31	2.27	2.22	2.18	2.13
15	4.54	3.68	3.29	3.06	2.90	2.79	2.71	2.64	2.59	2.54	2.48	2.40	2.33	2.29	2.25	2.20	2.16	2.11	2.07
16	4.49	3.63	3.24	3.01	2.85	2.74	2.66	2.59	2.54	2.49	2.42	2.35	2.28	2.24	2.19	2.15	2.11	2.06	2.01
17	4.45	3.59	3.20	2.96	2.81	2.70	2.61	2.55	2.49	2.45	2.38	2.31	2.23	2.19	2.15	2.10	2.06	2.01	1.96
18	4.41	3.55	3.16	2.93	2.77	2.66	2.58	2.51	2.46	2.41	2.34	2.27	2.19	2.15	2.11	2.06	2.02	1.97	1.92
19	4.38	3.52	3.13	2.90	2.74	2.63	2.54	2.48	2.42	2.38	2.31	2.23	2.16	2.11	2.07	2.03	1.98	1.93	1.88
20	4.35	3.49	3.10	2.87	2.71	2.60	2.51	2.45	2.39	2.35	2.28	2.20	2.12	2.08	2.04	1.99	1.95	1.90	1.84
21	4.32	3.47	3.07	2.84	2.68	2.57	2.49	2.42	2.37	2.32	2.25	2.18	2.10	2.05	2.01	1.96	1.92	1.87	1.81
22	4.30	3.44	3.05	2.82	2.66	2.55	2.46	2.40	2.34	2.30	2.23	2.15	2.07	2.03	1.98	1.94	1.89	1.84	1.78
23	4.28	3.42	3.03	2.80	2.64	2.53	2.44	2.37	2.32	2.27	2.20	2.13	2.05	2.01	1.96	1.91	1.86	1.81	1.76
24	4.26	3.40	3.01	2.78	2.62	2.51	2.42	2.36	2.30	2.25	2.18	2.11	2.03	1.98	1.94	1.89	1.84	1.79	1.73
25	4.24	3.39	2.99	2.76	2.60	2.49	2.40	2.34	2.28	2.24	2.16	2.09	2.01	1.96	1.92	1.87	1.82	1.77	1.71
30	4.17	3.32	2.92	2.69	2.53	2.42	2.33	2.27	2.21	2.16	2.09	2.01	1.93	1.89	1.84	1.79	1.74	1.68	1.62
40	4.08	3.23	2.84	2.61	2.45	2.34	2.25	2.18	2.12	2.08	2.00	1.92	1.84	1.79	1.74	1.69	1.64	1.58	1.51
60	4.00	3.15	2.76	2.53	2.37	2.25	2.17	2.10	2.04	1.99	1.92	1.84	1.75	1.70	1.65	1.59	1.53	1.47	1.39
120	3.92	3.07	2.68	2.45	2.29	2.17	2.09	2.02	1.96	1.91	1.83	1.75	1.66	1.61	1.55	1.50	1.43	1.35	1.25
∞	3.84	3.00	2.60	2.37	2.21	2.10	2.01	1.94	1.88	1.83	1.75	1.67	1.57	1.52	1.46	1.39	1.32	1.22	1.00

부록 5. F-분포표($\alpha = 0.01$)

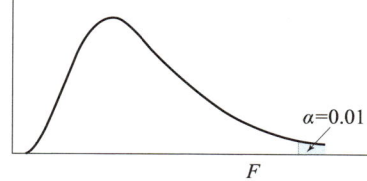

분모 자유도	분자 자유도																	
	1	2	3	4	5	6	7	8	9	10	12	15	20	24	30	40	60	120	∞
1	4052	4999	5403	5624	5763	5858	5928	5981	6022	6055	6106	6157	6208	6234	6260	6286	6313	6339	6365
2	98.50	99.00	99.17	99.25	99.30	99.33	99.36	99.37	99.39	99.40	99.42	99.43	99.45	99.46	99.47	99.47	99.48	99.49	99.50
3	34.12	30.82	29.46	28.71	28.24	27.91	27.67	27.49	27.35	27.23	27.05	26.87	26.69	26.60	26.50	26.41	26.32	26.22	26.13
4	21.20	18.00	16.69	15.98	15.52	15.21	14.98	14.80	14.66	14.55	14.37	14.20	14.02	13.93	13.84	13.75	13.65	13.56	13.46
5	16.26	13.27	12.06	11.39	10.97	10.67	10.46	10.29	10.16	10.05	9.89	9.72	9.55	9.47	9.38	9.29	9.20	9.11	9.02
6	13.75	10.92	9.78	9.15	8.75	8.47	8.26	8.10	7.98	7.87	7.72	7.56	7.40	7.31	7.23	7.14	7.06	6.97	6.88
7	12.25	9.55	8.45	7.85	7.48	7.19	6.99	6.84	6.72	6.62	6.47	6.31	6.16	6.07	5.99	5.91	5.82	5.74	5.65
8	11.26	8.65	7.59	7.01	6.63	6.37	6.18	6.03	5.91	5.81	5.67	5.52	5.36	5.28	5.20	5.12	5.03	4.95	4.86
9	10.56	8.02	6.99	6.42	6.06	5.80	5.61	5.47	5.35	5.26	5.11	4.96	4.81	4.73	4.65	4.57	4.48	4.40	4.31
10	10.04	7.56	6.55	5.99	5.64	5.39	5.20	5.06	4.94	4.85	4.71	4.56	4.41	4.33	4.25	4.17	4.08	4.00	3.91
11	9.65	7.21	6.22	5.67	5.32	5.07	4.89	4.74	4.63	4.54	4.40	4.25	4.10	4.02	3.94	3.86	3.78	3.69	3.60
12	9.33	6.93	5.95	5.41	5.06	4.82	4.64	4.50	4.39	4.30	4.16	4.01	3.86	3.78	3.70	3.62	3.54	3.45	3.36
13	9.07	6.70	5.74	5.21	4.86	4.62	4.44	4.30	4.19	4.10	3.96	3.82	3.66	3.59	3.51	3.43	3.34	3.25	3.17
14	8.86	6.51	5.56	5.04	4.69	4.46	4.28	4.14	4.03	3.94	3.80	3.66	3.51	3.43	3.35	3.27	3.18	3.09	3.00
15	8.68	6.36	5.42	4.89	4.56	4.32	4.14	4.00	3.89	3.8	3.67	3.52	3.37	3.29	3.21	3.13	3.05	2.96	2.87
16	8.53	6.23	5.29	4.77	4.44	4.20	4.03	3.89	3.78	3.69	3.55	3.41	3.26	3.18	3.10	3.02	2.93	2.85	2.75
17	8.40	6.11	5.19	4.67	4.34	4.10	3.93	3.79	3.68	3.59	3.46	3.31	3.16	3.08	3.00	2.92	2.84	2.74	2.65
18	8.29	6.01	5.09	4.58	4.25	4.01	3.84	3.71	3.60	3.51	3.37	3.23	3.08	3.00	2.92	2.84	2.75	2.66	2.57
19	8.19	5.93	5.01	4.50	4.17	3.94	3.77	3.63	3.52	3.43	3.30	3.15	3.00	2.93	2.84	2.76	2.67	2.58	2.49
20	8.10	5.85	4.94	4.43	4.10	3.87	3.70	3.56	3.46	3.37	3.23	3.09	2.94	2.86	2.78	2.69	2.61	2.52	2.42
21	8.02	5.78	4.87	4.37	4.04	3.81	3.64	3.51	3.40	3.31	3.17	3.03	2.88	2.80	2.72	2.64	2.55	2.46	2.36
22	7.95	5.72	4.82	4.31	3.99	3.76	3.59	3.45	3.35	3.26	3.12	2.98	2.83	2.75	2.67	2.58	2.50	2.40	2.31
23	7.88	5.66	4.77	4.26	3.94	3.71	3.54	3.41	3.30	3.21	3.07	2.93	2.78	2.70	2.62	2.54	2.45	2.35	2.26
24	7.82	5.61	4.72	4.22	3.90	3.67	3.50	3.36	3.26	3.17	3.03	2.89	2.74	2.66	2.58	2.49	2.40	2.31	2.21
25	7.77	5.57	4.68	4.18	3.86	3.63	3.46	3.32	3.22	3.13	2.99	2.85	2.67	2.62	2.54	2.45	2.36	2.27	2.17
30	7.56	5.39	4.51	4.02	3.70	3.47	3.30	3.17	3.07	2.98	2.84	2.70	2.55	2.47	2.39	2.30	2.21	2.11	2.01
40	7.31	5.18	4.31	3.83	3.51	3.29	3.12	2.99	2.89	2.80	2.67	2.52	2.37	2.29	2.20	2.11	2.02	1.92	1.81
60	7.08	4.98	4.13	3.65	3.34	3.12	2.95	2.82	2.72	2.63	2.50	2.35	2.20	2.12	2.03	1.94	1.84	1.73	1.60
120	6.85	4.79	3.95	3.48	3.17	2.96	2.79	2.66	2.56	2.47	2.34	2.19	2.04	1.95	1.86	1.76	1.66	1.53	1.38
∞	6.64	4.61	3.78	3.32	3.02	2.80	2.64	2.51	2.41	2.32	2.19	2.04	1.88	1.79	1.70	1.59	1.47	1.33	1.00

MEMO

MEMO

01 증권경제전문 토마토TV가 만든 교육브랜드

토마토패스는 24시간 증권경제 방송 토마토TV · 인터넷 종합언론사 뉴스토마토 등을 계열사로
보유한 토마토그룹에서 출발한 금융전문 교육브랜드 입니다.
경제 · 금융 · 증권 분야에서 쌓은 경험과 전략을 바탕으로 최고의 금융교육 서비스를 제공하고 있으며
현재 무역 · 회계 · 부동산 자격증 분야로 영역을 확장하여 괄목할만한 성과를 내고 있습니다.

뉴스토마토	TomatoTV	토마토 증권통	eTomato
www.newstomato.com	tv.etomato.com	stocktong.io	www.etomato.com
싱싱한 정보, 건강한 뉴스	24시간 증권경제 전문방송	가장 쉽고 빠른 증권투자!	맛있는 증권정보

02 차별화된 고품질 방송강의

토마토 TV의 방송제작 장비 및 인력을 활용하여 다른 업체와는 차별화된 고품질 방송강의를 선보입니다.
터치스크린을 이용한 전자칠판, 핵심내용을 알기 쉽게 정리한 강의 PPT,
선명한 강의 화질 등으로 수험생들의 학습능력 향상과 수강 편의를 제공해 드립니다.

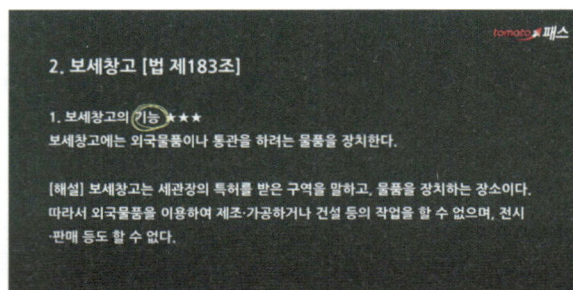

03 최신 출제경향을 반영한 효율적 학습구성

토마토패스에서는 해당 자격증의 특징에 맞는 커리큘럼을 구성합니다.
기본서의 자세한 해설을 통해 꼼꼼한 이해를 돕는 정규이론반(기본서 해설강의) · 핵심이론을 배우고
실전문제에 바로 적용해보는 이론 + 문제풀이 종합형 핵심종합반 · 실전감각을 익히는
출제 예상 문제풀이반 · 시험 직전 휘발성 강한 핵심 항목만 훑어주는 마무리특강까지!
여러분의 합격을 위해 최대한의 효율을 추구하겠습니다.

정규이론반   핵심종합반   문제풀이반   마무리특강

04 가장 빠른 1:1 수강생 학습 지원

토마토패스에서는 가장 빠른 학습지원 및 피드백을 위해 다음과 같이 1:1 게시판을 운영하고 있습니다.
· Q&A 상담문의 (1:1) ㅣ 학습 외 문의 및 상담 게시판, 24시간 이내 조치 후 답변을 원칙으로 함 (영업일 기준)
· 강사님께 질문하기(1:1) ㅣ 학습 질문이 생기면 즉시 활용 가능, 각 자격증 전담강사가 직접 답변하는 시스템
이 외 자격증 별 강사님과 함께하는 오픈카톡 스터디, 네이버 카페 운영 등 수강생 편리에 최적화된
수강 환경 제공을 위해 최선을 다하고 있습니다.

05 100% 리얼 후기로 인증하는 수강생 만족도

2020 하반기 수강후기 별점 기준 (100으로 환산)

토마토패스는 결제한 과목에 대해서만 수강후기를 작성할 수 있으며,
합격후기의 경우 합격증 첨부 방식을 통해 100% 실제 구매자 및 합격자의 후기를 받고 있습니다.
합격선배들의 생생한 수강후기와 만족도를 토마토패스 홈페이지 수강후기 게시판에서 만나보세요!
또한 푸짐한 상품이 준비된 합격후기 작성 이벤트가 상시로 진행되고 있으니,
지금 이 교재로 공부하고 계신 예비합격자분들의 합격 스토리도 들려주시기 바랍니다.

강의 수강 방법
PC

01 토마토패스 홈페이지 접속

www.tomatopass.com

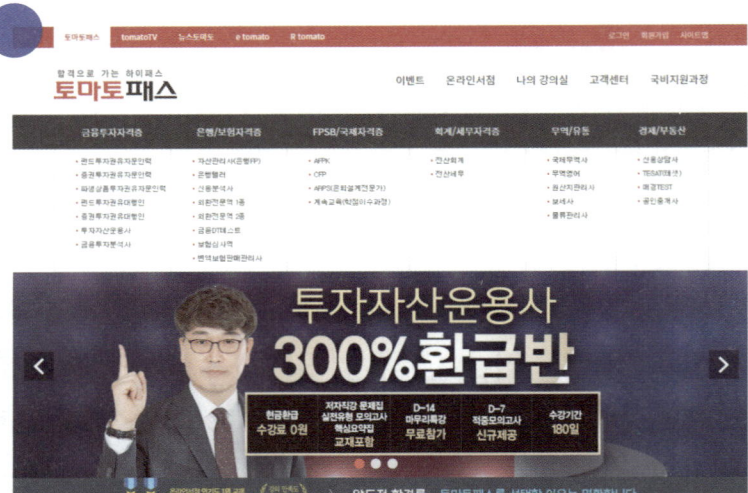

02 회원가입 후 자격증 선택
· 회원가입시 본인명의 휴대폰 번호와 비밀번호 등록
· 자격증은 홈페이지 중앙 카테고리 별로 분류되어 있음

03 원하는 과정 선택 후 '자세히 보기' 클릭

04 상세안내 확인 후 '수강신청' 클릭하여 결제
· 결제방식 [무통장입금(가상계좌) / 실시간 계좌이체 / 카드 결제] 선택 가능

05 결제 후 '나의 강의실' 입장

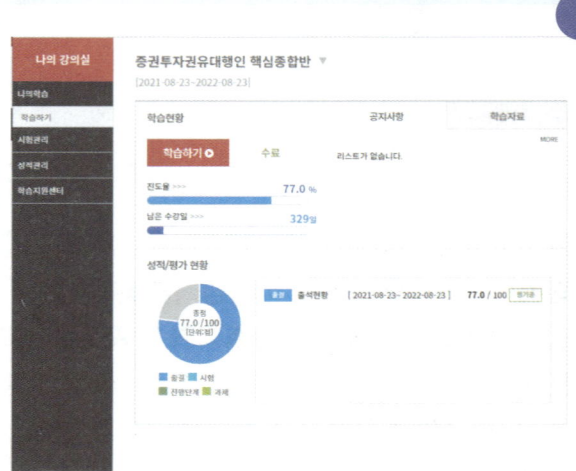

06 '학습하기' 클릭

07 강좌 '재생' 클릭
· IMG Tech 사의 Zone player 설치 필수
· 재생 버튼 클릭시 설치 창 자동 팝업

토마토패스
사회조사분석사 2급 1차 필기 한권완성

초 판 발 행　2025년 01월 15일

편 저 자　김지현
발 행 인　정용수
발 행 처　(주)예문아카이브
주　　소　서울시 마포구 동교로 18길 10 2층
T E L　02) 2038-7597
F A X　031) 955-0660

등 록 번 호　제2016-000240호

정　　가　33,000원

- 이 책의 어느 부분도 저작권자나 발행인의 승인 없이 무단 복제하여 이용할 수 없습니다.
- 파본 및 낙장은 구입하신 서점에서 교환하여 드립니다.

홈페이지 http://www.yeamoonedu.com

I S B N　979-11-6386-375-5　　[13330]

강의 수강 방법
모바일

탭 · 아이패드 · 아이폰 · 안드로이드 가능

01 토마토패스 모바일 페이지 접속

WEB · 안드로이드 인터넷, ios safari에서 www.tomatopass.com 으로 접속하거나

 Samsung Internet (삼성 인터넷)

 Safari (사파리)

APP · 구글 플레이 스토어 혹은 App store에서 합격통 혹은 토마토패스 검색 후 설치

 Google Play Store

 앱스토어   합격통

02 존플레이어 설치 (버전 1.0)
· 구글 플레이 스토어 혹은 App store에서 '존플레이어' 검색 후 버전 1.0 으로 설치
 (***2.0 다운로드시 호환 불가)

03 토마토패스로 접속 후 로그인

04 좌측 👤아이콘 클릭 후
'나의 강의실' 클릭

05 강좌 '재생' 버튼 클릭

· 기능소개
과정공지사항 : 해당 과정 공지사항 확인
강사님께 질문하기 : 1:1 학습질문 게시판
Q&A 상담문의 : 1:1 학습외 질문 게시판
재생 : 스트리밍, 데이터 소요량 높음, 수강 최적화
다운로드 : 기기 내 저장, 강좌 수강 시 데이터 소요량 적음
PDF : 강의 PPT 다운로드 가능

내가 뽑은 원픽!

최신 출제경향에 맞춘 최고의 수험서

tomato TV 방송용 교재

사회조사 분석사 2급
1차 필기
한권완성

김지현 편저

목 차

제1과목 조사방법과 설계 ·················· 2
제2과목 조사관리와 자료처리 ·················· 15
제3과목 통계분석과 활용 ·················· 20

제1과목 조사방법과 설계

CHAPTER 01 통계조사계획

■ 이론의 의의 및 특징

- 이론은 명확하게 정의된 구성개념이 상호 관련된 상태에서 형성된 일련의 명제이다.
- 이론은 구성개념을 실제로 나타내는 구체적인 변수들 간의 관계에 대한 체계적 견해를 제시한다.
- 이론은 개념들 간의 연관성에 대한 현상을 설명한다.
- 이론은 체계적이고 연관된 일련의 진술들이며, 개념 간의 관계를 보여준다.
- 사실 간의 관계에 논리의 연관성을 부여하는 것으로, 사실을 논리적으로 설명한다.
- 이론은 경험적 검증이 가능하며, 일반화된 규칙성을 포함한다.
- 이론은 조사 전반에 대한 지침을 제공하며, 새로운 이론 개발 및 가설설정에 도움이 된다.

■ 개념의 구체화 과정

> 개념 → 개념적 정의(개념화) → 조작적 정의(조작화) → 변수의 측정

- 개념적 정의(개념화)
  - 이론의 개념적 정의는 검증 가능한 두 개 이상의 가설 또는 명제간의 관계를 설명하는 논리적 체계이다.
- 조작적 정의(조작화)
  - 조작적 정의는 측정을 위해 추상적인 개념을 보다 구체화하는 과정이다.
  - 조작적 정의는 추상적 구성개념이나 잠재변수의 값을 측정하기 위하여, 측정할 내용이나 측정방법을 구체적으로 정확하게 표현하고 의미를 부여하는 것이다.
  - 조작적 정의는 연구모형에 제시된 구성개념을 관찰 가능한 형태로 표현한 것이다.
  - 조작적 정의는 실행가능성, 관찰가능성이 중요하다.
  - 조사목적과 관련하여 실용주의적인 측면을 포함한다.
  - 개념의 조작화 과정에서 조작화 과정의 최종 결과물은 수량화이다.

■ **연역법** 암기 연이가조관

> 이론 설정 → 가설 설정 → 조작화 → 관찰·실험 → 가설검증 → 이론형성

- 연역법은 이론 또는 모형 설정 후 조사를 시작한다.
  - 연역법은 이론으로부터 기대 또는 가설을 이끌어내는 것이다.
  - 기존 이론을 확인하기 위해서 연역법을 주로 사용한다.
- 이론으로부터 가설을 설정하고 가설의 내용을 경험적 자료에 기반하여 가설의 채택 여부를 결정하는 방법이다.
  - 연역법은 가설이나 명제의 세계에서 출발한다.
- 연역적 방법은 이론적 전제인 공리로부터 논리적 분석을 통하여 가설을 정립하여 이를 경험의 세계에 투사하여 검증하는 방법이다.
  - 예 모든 사람은 죽는다. (대전제) → 소크라테스는 사람이다. (소전제) → 따라서 소크라테스는 죽는다. (결론)

■ **귀납법** 암기 귀주관유임

> 주제 선정 → 관찰 → 유형의 발견 → 임시결론 → 이론형성

- 귀납법은 구체적이고 특수한 사실·관찰로부터 일반적인 원리(일반화)를 도출하여 결론을 내리는 방법이다.
- 귀납법은 현실 세계에 대한 관찰을 통해 경험적 일반화를 추구한다.
- 경험의 세계에서 관찰된 많은 사실들이 공통적인 유형으로 전개되는 것을 발견하고 이들의 유형을 객관적인 수준에서 증명하는 것이다.
  - 예 까마귀 색깔(주제 선정) → 까마귀 1은 검다.(관찰) → 까마귀 2, 3, …, 99도 모두 검다.(관찰) → 모든 까마귀는 검을 것이다.(결론)

■ **연역법과 귀납법 비교**
- 사회과학 이론과 조사는 연역과 귀납의 방법을 통해 연결된다.
- 서로 대비되는 장·단점으로 인해 상호보완적인 관계를 형성한다.
- 연역법은 가설(명제)의 세계에서 출발하고, 귀납법은 현실의 경험세계에서 출발한다.

■ 과학적 조사의 절차 [암기] 문가설수분보

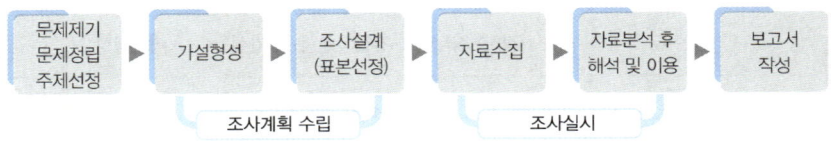

① 1단계 : 문제 정립(문제 제기, 주제 선정)
- 조사문제 정립 단계의 의의
  - 조사의 목적·주제·실제적 중요성·이론적 의의를 명확하게 구상하고, 논리적으로 정립하는 문제의 제기 단계이다.
  - 조사문제를 명확히 정의하기 위해 초기 자료조사 및 문헌 고찰·검토를 수행한다.
  - 의사결정 문제를 명확하게 정의하고, 해결을 위해 필요한 정보를 수집한다.
- 조사문제(주제) 선정 요령
  - 조사자는 흥미 및 사전 지식이 있는 주제를 선정하고, 철저한 평가 후 결정한다.
- 조사문제의 적정성 판단기준
  - 질문형식으로 분명하고 명확하게 진술되어야 하며, 관찰 가능한 현상과 밀접히 연결되어야 한다.
  - 조사 현상이 실증적·경험적으로 검증 가능해야 한다.
  - 조사자의 가치관이 조사문제의 질과 정직성을 훼손시키지 않아야 한다.

② 2단계 : 가설 설정·구성(조사계획 수립)
- 가설의 기본 요건
  - 가설은 두 개 이상의 구성개념이나 변수 간의 관계에 대한 진술이다.
  - 계량적인 형태를 취하거나 계량화할 수 있는 '계량화 가능성'을 고려해야 한다.
  - 좋은 가설이 되기 위한 요건은 '사용된 변수는 계량화가 가능해야 한다.'는 것이다.
  - 일반적으로 가설은 '매개변수 없이' 독립변수와 종속변수의 관계로 이루어져 있다.
  - 가설은 하나의 사실과 다른 사실과의 관계를 잠정적으로 나타내는 것으로, 이를 검증함으로써 특정 현상에 대한 설명을 가능케 해주어 조사자가 제기한 문제의 해답을 도출할 수 있도록 한다.
  - 가설 설정을 위해서는 구체적인 계획과 체계적인 접근이 필요하다. 즉, 가설 설정을 위하여 조작화가 필요하다.

③ 3단계 : 조사 설계
- 이 과정에서 구조화된 설문지 작성 등을 수행한다.

④ 4단계 : 자료의 수집 후 분석 및 해석(조사 실시)
- 자료 분석 단계에서는 자료를 편집, 정정, 보완하거나 필요에 따라서 삭제한다.

⑤ 5단계 : 보고서 작성

■ 가설의 종류

① 연구가설(실험적 가설, 과학적 가설, Research Hypothesis)
- 연구가설은 실험적·경험적으로 검증 가능하도록 진술한 가설이며, 가치중립적이어야 한다.
- 연구가설은 일반적으로 독립변수와 종속변수로 구성된다.
- 예상될 해답으로 경험적으로 검증되지 않은 이론이라 할 수 있다.
- 때로는 연구가설을 경험적으로 검증할 수 있는 작업가설(Working Hypothesis; 대립가설)로 전환시키는 작업이 필요하다.
- 연구가설은 현상들의 잠재적 의미를 찾아내고 현상에 질서를 부여한다.
- 연구가설은 경험적 검증의 절차를 시사해 준다.
- 연구가설은 문제해결에 필요한 관찰 및 실험의 적정성을 판단하게 한다.

② 귀무가설(H_0 ; 영가설, Null Hypothesis)
- 귀무가설은 연구가설(혹은 대립가설)과 논리적으로 반대의 입장을 취하는 가설이다.
- 수집된 자료에서 나타난 차이나 관계가 진정한 것이 아니라 우연의 법칙으로 생긴 것으로 진술한다.
- 변수(혹은 집단)들 간에 관계가 없다거나 혹은 집단들 간에 '차이가 없다'는 식으로 서술한다.

③ 대립가설(H_1 ; 작업가설, Alternative Hypothesis)
- 조사자가 주장하고자 하는 가설이며, 조사나 실험에서 특정 현상에 대해 통계적으로 유의미한 차이가 있다고 주장하는 가설이다.

■ 분석단위에 관한 잠재적 오류 암기 생태집합단위

① 생태학적 오류(생태주의적 오류 ; Ecological Fallacy)
- 집단·집합체에 관한 결과를 바탕으로 그 결과를 집단 속 개인들에 대한 성격을 규정하거나 결론을 도출할 때 동일하게 적용하면 발생하는 분석단위의 오류이다.
- 조사의 단위(Unit)를 혼동하여 집합단위의 자료를 바탕으로 개인의 특성을 추리할 때 저지를 수 있는 오류이다.
- 조사의 분석단위를 잘못 고려한 결과 집합단위의 자료를 바탕으로 개인의 특성을 규정하게 되는 것을 말한다.
- 외국인 근로자의 비율이 높은 지역에서 범죄율이 높다는 조사결과로 외국인 근로자의 범죄증가를 논의하는 경우
- 의약분업을 하게 되면 국민들이 약의 오남용을 줄일 수 있기 때문에 '국가적으로 의료비의 지출이 줄게 된다.' 이 사실을 기초로 의약분업을 실시하게 되면 '환자들(개인)은 적은 비용으로 치료를 받을 수 있게 된다.'고 주장하는 경우
- 지역을 분석단위로 하여 자살률을 분석한 결과 가톨릭 신도의 비율이 높은 지역일수록 개신교 신도의 비율이 높은 지역에 비해 평균 자살건수가 많다는 사실이 밝혀졌다. 이러한 결과에 기초하여 가톨릭 신도들이 개신교 신도에 비해 자살을 저지를 성향이 높다고 해석하는 경우
- '미국의 도시 중 동양인이 비율이 높은 도시가 동양인의 비율이 낮은 도시보다 정신질환 발병률이 높다'는 결과를 얻었을 때, 이 결과로부터 '백인 정신 질환자보다 동양인 정신질환자가 더 많다'고 결론 내리는 오류

② 개인주의적 오류(Individualistic Fallacy)
- 분석단위를 개인에 두고 얻은 조사결과를 집단에 동일하게 적용하거나 집단적 수준의 분석단위로 해석함으로써 발생하는 오류이다.
- 개인의 특성에서 집단이나 사회의 성격을 규명하거나 추론하고자 할 때 발생할 수 있는 오류이다.
- 구체적인 개별사례에 근거하여 거시적 사건을 설명하는 경우에 발생하는 오류이다.

③ 환원주의적 오류(축소주의적 오류 ; Reductionism Fallacy)
- 넓은 범위의 인간의 사회적 행위를 이해하는 데 필요한 변수나 개념을 지나치게 제한하여 발생하는 오류이다.
- 인간의 행위를 이해하는 데 필요한 개념 또는 변수의 종류를 지나치게 '한정'시키거나 한 가지로 귀착시키려는 성향을 가진다.

■ 인과관계의 성립조건 4가지

① 시간적 선후관계
- 원인의 변수가 결과의 변수에 선행하여야 한다.
    - 두 변수 사이에 시간적 순서가 존재해야 한다.
    - 원인과 결과를 추정하기 위해 원인이 되는 사건(현상)이 결과보다 시간적으로 먼저 발생해야 한다.
    - 이를 '시간적 선행성'(Temporal Precedence)이라고 한다.
    - 사회현상을 조사하는 것은 개방시스템을 전제하므로 인과관계에 대하여 결과를 발생시키는 원인이 여러 가지 있을 수 있다.

② 동시변화성
- '공변성(Covariance)' 혹은 '공변관계(Covariation)'라고 한다.
    - 원인이 되는 현상이 변화하면, 결과적인 현상도 항상 함께 변화해야 한다. 즉, 두 변수 간에는 상관관계가 존재해야 한다.
- 두 변수 간에는 정(+) 혹은 부(−)적 관계가 존재할 수도 있다.

③ 상호연관성
- 원인으로 추정되는 변수와 결과로 추정되는 변수가 동시에 존재하며, 상호연관성을 가지고 변화해야 한다.
- 두 변수는 경험적으로 서로 상호 관련되어 있다.

④ 비허위적 관계
- 두 변수 간의 상호관계는 제3의 변수에 의해 설명되면 안 된다.
    - 독립변수와 종속변수 사이의 인과관계는 제3의 변수가 통제되지 않으면 허위적일 수 있다.

■ 내적 타당도, 외적 타당도 암기 내인과외일반
- 내적 타당도는 인과조건의 충족 정도이고, 외적타당도는 조사결과의 일반화 가능성에 관한 것이다.

■ **실험설계의 유형** 암기 진준전사

- 실험설계는 순수실험설계(진실험설계), 유사실험설계(준실험설계), 원시실험설계(전실험설계), 사후실험설계가 존재한다.

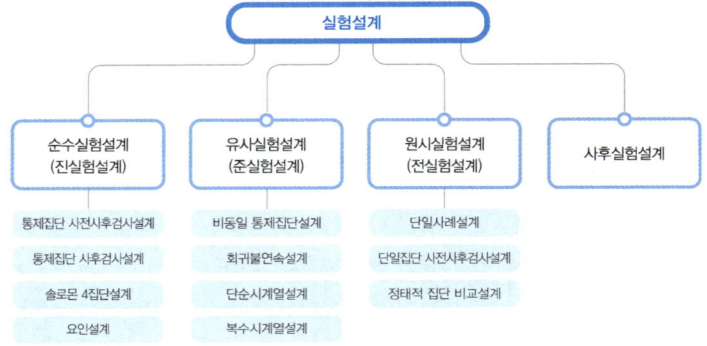

실험설계 구분

- 실험설계는 가설의 진위 여부를 확인하는 '구조화된 절차'이다.
- 실험의 기본적 요소에는 독립변수와 종속변수의 설정, 실험집단과 통제집단의 구분, 사전검사와 사후검사의 실시 등이 있다.
    - 피실험자를 각 집단에 무작위로 배정할 수 있다.
    - 실험대상자들을 실험집단과 통제집단으로 무작위 배분(할당)하여야 한다.
    - 독립변수는 실험집단에만 투입하고 통제집단은 투입되지 않아야 한다.
    - 두 변수 X, Y 중 X의 변화가 Y의 변화를 생산해 낼 경우, X와 Y는 인과관계를 가진다고 할 수 있다.
    - 독립변수의 효과를 추정하기 위해 종속변수가 비교되어야 한다.
- 실험 대상자를 무작위로 실험집단과 통제집단에 할당하여 실험에 간섭하는 외생변수를 통제하기 위한 방법으로 가설을 타당하게 검증하기 위해 필요한 장치이다.
    - 무작위할당을 통해 실험처치 전에 실험집단과 통제집단의 상태를 동질하게 할 수 있다.
- 실험설계에서는 실험의 내적 타당도를 확보하고, 실험의 검증력을 극대화하고자 해야 한다.

■ 순수실험설계(진실험설계) 암기 순진통솔요

- 순수실험설계(진실험설계)는 실험설계의 기본요소인 통제집단과 실험집단, 독립변수의 조작, 무작위할당(실험대상의 무작위화), 외생변수의 통제에 대해 실험적 조건을 갖춘 설계유형이다.
- 실험설계 중 순수실험설계(진실험설계)의 종류로는 통제집단 전후 비교설계, 통제집단 후비교설계, 솔로몬 4집단설계, 요인설계가 있다.

① 통제집단 사전사후검사설계(통제집단 전후비교설계)
- 내적 타당도 저해요인을 통제할 수 있고, 통제집단의 설정과 사전 측정이 가능하다.
- 외생변수의 통제가 용이한 실험설계이며, 실험집단과 통제집단을 동등화 할 수 있다.

② 통제집단 사후검사설계(통제집단 후비교설계 ; 사후시험 통제집단 설계)
- 외생변수를 통제할 수 있다.
- 통제집단 사후검사설계는 무작위할당으로 통제집단과 실험집단을 나누고 실험집단에만 개입을 한다. 따라서, 실험집단과 통제집단의 동질성 확인이 불가하다.
- 내적 타당도 저해 요인인 시험효과(Testing Effect ; 테스트 효과)를 제거할 수 있다.

③ 솔로몬 4집단설계
- 사전사후 측정에서 나타나는 사전측정의 영향을 제거하기 위해 사전측정을 한 집단과 그렇지 않은 집단을 나누어 동일한 처치를 가하여 모든 외생변수의 통제가 가능한 실험설계 방법이다.
- 통제집단 전후비교설계와 통제집단 후 비교설계를 혼합해 놓은 방법이다.
- 모든 외생변수의 통제가 가능하며, 검사와 개입의 상호작용 효과를 도출할 수 있다.
- 사후측정에서의 차이점이 독립변수에 의한 것인지 사전측정에 의한 것인지 알 수 있다.

④ 요인설계

구분		통제집단 사전사후검사설계	통제집단 사후검사설계	솔로몬 4집단설계	요인설계
기본 요소	통제집단과 실험집단	○	○	○	○
	독립변수의 조작	○	○	○	○
	무작위할당 (실험대상의 무작위화)	○	○	○	○
	외생변수의 통제	○	○	○	○
유무	사전검사	○	×	○ (2개만)	○
	사후검사	○	○	○	○

■ 유사실험설계(준실험설계) 암기 유준비귀단복

- 실험설계 중 유사실험설계(준실험설계)의 종류로는 비동일 통제집단설계, 회귀불연속설계, 단순시계열설계, 복수시계열설계가 있다.

■ 전실험설계(원시실험설계) 암기 전원단정

- 실험설계 중 전실험설계(원시실험설계)는 단일사례 설계, 단일집단 사전사후검사 설계, 정태적 집단비교설계가 있다.

① 단일사례 설계
- 개입의 효과를 관찰하는 것이 주요 목적이다.
- 반응성 조사의 한 유형이다.
- 여러 명의 조사 대상들에게 개입 시기를 다르게 하면 우연한 사건효과를 통제할 수 있다.
- 기초선으로 성숙효과를 통제할 수 있다.
- 개입효과에 대한 즉각적인 피드백이 가능하다.
- 조사 과정과 실천 과정이 통합될 수 있다.

② 단일집단 사전사후검사
- 외생변수를 통제할 수 없다.
- 실험집단에 대하여 사전조사를 실시한다.
- 실험집단에 대하여 실험 자극을 부여한 다음 종속변수를 측정한다.
- 통제집단을 별도로 구성하지 않는다.

③ 정태적 집단비교 설계
- 실험집단과 통제집단을 사후에 구분해서 종속변수의 값을 비교한다.

■ 사후실험설계

- 독립변수를 조작할 수 없는 상태 또는 이미 노출된 상태에서 변수들 간의 관계를 검증하는 방법이다.
- 독립변수에 대한 통제가 윤리적으로 바람직하지 않을 때 사용될 수 있다.
- 실제 상황에서 검증하기 때문에 일반적인 실험설계에 비해서 현실성이 높은 결과를 얻을 수 있다.
- 가설의 실제적 가치 및 현실성을 높일 수 있다.
- 분석 및 해석에 있어 편파적이거나 근시안적 관점에서 벗어날 수 있다.
- 조사의 과정 및 결과가 객관적이며 조사를 위해 투입되는 시간 및 비용을 줄일 수 있다.
- 사후 실험설계의 유형에서 단일집단 사후측정설계는 인과관계를 규명하는데 취약한 설계이다.

■ 측정의 수준과 척도 암기 명서등비
- 척도(Scale)의 종류로는 명목척도, 서열척도, 등간척도, 비율척도가 있다.

■ 전수조사와 표본조사
① 전수조사
- 전수조사는 표본조사보다 많은 비용과 시간을 필요로 한다.
- 모집단이 작은 경우 추정의 정도를 높이는 데 전수조사가 훨씬 정밀하다.

② 표본조사
- 표본조사는 현실적으로 전수조사가 필요 없거나 불가능할 때 이용한다.
- 모집단으로부터 추출된 표본을 대상으로 조사하는 방법이다.
- 대규모 모집단의 특성을 기술하기에 유용한 방법이다.
- 시간과 비용이 적게 든다.
- 표본조사는 표본오류가 있으나, 비표본오류는 전수조사에 비해 작다. ↓
- 표본의 소재(Location)에 관한 정보가 부족할 때 눈덩이 표집으로 할 수 있다.
- 인과관계 분석보다는 예측과 기술을 주목적으로 한다.
- 정당 공천에 앞서 당선 가능성이 높은 후보를 알아보고자 할 때 가장 적합한 조사방법은 '표본집단 설문조사'이다.

■ 탐색적 조사 암기 탐사문경
- 탐색적(Exploratory) 조사는 조사문제의 발견, 변수의 규명, 가설의 도출 등을 위해서 실시하는 조사로서 예비적 조사로 실시한다.
  - 탐색적 조사는 현상에 대한 이해, 중요한 변수를 확인하고 발견하기 위해, 미래 조사를 위한 가설을 도출하기 위해 실시한다.
    예 '여기서 무슨 일이 일어나고 있습니까?' '뚜렷한 주제, 패턴, 범주는 무엇입니까?'
- 기존에 정보가 별로 없는 주제에 대해서는 탐색적 조사를 활용한다.
  - 선행조사가 빈약하여 조사를 통해 연구해야 할 속성을 개념화한다.
- 탐색적 조사방법(Exploratory Research)으로는 유관분야의 관련문헌 조사, 조사문제에 정통한 경험자를 대상으로 한 조사, 통찰력을 얻을 수 있는 소수의 사례조사가 있다.

CHAPTER 02 표본설계

■ 표본추출의 장점　암기　경유정신

- 표본추출의 장점 : 경제성, 유연성, 정확성, 신속성
- 표본조사(Sample Survey)란 다양한 표본추출방법에 따라 조사대상 전체인 '모집단' 중 일부분을 선출하여 '표본'이라 하고, 이 '표본'을 사용하여 '모집단'을 추정하는 조사이다.
  - 표본조사는 현실적으로 전수조사가 필요 없거나 불가능할 때 이용한다.
  - 대규모 모집단의 특성을 기술하기에 유용한 방법이다.
  - 시간과 비용이 적게 든다.
  - 표본조사는 표본오류가 있으나, 비표본오류는 전수조사에 비해 작다. ↓

■ 표본추출틀 구성의 평가요소　암기　추포효

- 표본추출틀 구성의 평가요소는 추출확률, 포괄성, 효율성이다.

■ 확률표본추출(확률표집)의 종류　암기　단층집연계

- 확률표본추출(확률표집)에는 단순무작위 표본추출, 층화표본추출, 집락표본추출, 연속표본추출, 계통적 표본추출이 있다.
- 확률표본추출의 정의 및 특징
  - 확률론에 기반하여 추출하는 방법이다.
  - 모집단의 구성요소가 표본으로 추출될 확률을 알 수 있는 방법이다.
  - 무작위적인 방법을 통해 표본을 추출하는 방법이다.
  - 통계치로부터 모수를 추정할 수 있는 방법이다.

■ 표본 추출 절차　암기　모틀방크추

- 일반적인 표본추출과정은 모집단의 확정 → 표본프레임의 결정 → 표본추출방법의 결정 → 표본크기의 결정 → 표본추출이다.

■ 표본추출 오차의 비교　암기　군단층

- 표본의 크기(n)가 같다면, 표본추출오차는 군집(집락)표본추출 > 단순무작위표본추출 > 층화표본추출이다.

■ **층화표본추출의 특징** 암기 층간이질

- 층화표본추출의 중요한 특징은 집단 내 동질적, 집단 간 이질적이라는 것이다.
- 층화표본추출의 정의 및 특징
  - 모집단이 서로 상이한 특성에서 이루어져 있을 경우에 모집단을 유사한 특성으로 묶은 여러 부분집단에서 단순무작위 추출법에 의하여 표본을 추출하는 방법이다.
  - 집단 내 동질적, 집단 간 이질적
  - 모집단의 모든 요소가 추출될 확률이 동일하다.
  - 모집단에 대한 지식이 필요하다.
  - 모집단을 일정 기준에 따라 서로 상이한 집단들로 재구성한다.
  - 동질적 대상은 표본의 수를 줄이더라도 정확도를 높일 수 있다.
  - 동질적인 집단에서의 표집오차가 이질적인 집단에서의 오차보다 작다는데 논리적인 근거를 둔다.

■ **집락표본추출의 특징** 암기 집간동

- 집락표본추출(군집표본추출)은 집락 내 이질적, 집락 간 동질적이다.
- 집락표본추출의 정의 및 특징
  - 모집단 목록에서 구성요소에 대해 여러 가지 이질적인 구성요소를 포함하는 여러 개의 집단으로 구분한 후, 그 집락(소집단)을 표집단위로 하여 무작위로 몇 개의 집락을 표본으로 추출한 다음 표본으로 추출된 집락에 대해 그 구성요소를 전수 조사하는 방법이다.
  - 집락 내 이질적, 집락 간 동질적
  - 선정된 각 집락은 다른 조사의 표본으로도 사용할 수 있다.
  - 추정 효율이 가장 높은 경우는 각 집락이 모집단의 축소판일 경우이다.

■ **비확률표본추출의 종류** 암기 누할임유

- 비확률표본추출(비확률표집)에는 누적표본추출(눈덩이표본추출), 할당표본추출, 임의표본추출(편의표본추출), 유의표본추출(판단표본추출)이 있다.
- 비확률표본추출방법의 정의 및 특징
  - 비확률표본추출법은 모집단의 모든 표집단위가 표본에 선정될 수 있는 확률을 명확히 규정할 수 없고, 각 표집단위의 추출확률 또한 동일하지 않은 표집방법이다.
  - 비확률표본추출의 경우 표본의 크기는 예산과 시간을 고려하여 조사자가 결정할 수 있다.
  - 확률표본추출방법에 비해 시간과 비용을 절감할 수 있어 경제적이다.
  - 비확률표집방법은 조사결과에 포함될 수 있는 오류에 대한 정확한 정보를 얻기 어렵다.
  - 표본의 대표성을 확보하기 어렵고, 조사결과를 일반화하기 어렵다.

CHAPTER 03 설문설계

■ 조사 구분

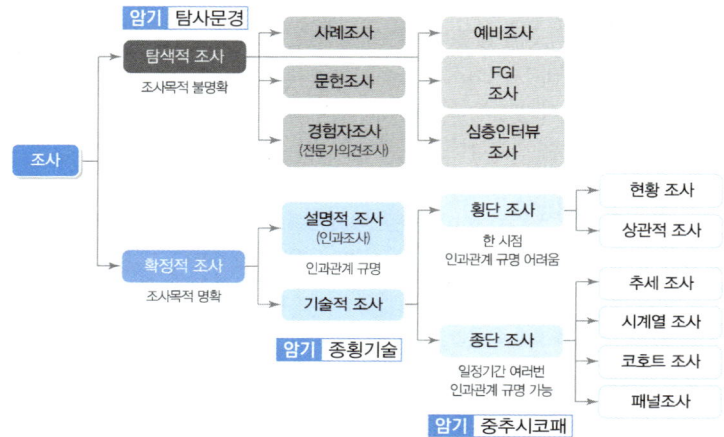

■ 종단조사, 횡단조사 암기 종횡기술
- 대표적으로 종단조사와 횡단조사는 기술적 조사로 분류된다.

■ 종단적 조사의 유형 암기 종추시코패
- 종단적 조사의 유형에는 추세조사(추이조사), 시계열조사, 코호트조사(동년배 조사), 패널조사가 있다.

■ 탐색적 조사의 유형 암기 탐사문경
- 탐색적 조사의 유형은 사례조사, 문헌조사, 경험자조사(전문가의견조사)가 있다.

■ 질문지 작성의 과정 암기 자내형개순
- 필요한 정보의 결정 → 자료수집 방법 결정 → 개별항목 내용결정 → 질문형태 결정 → 개별항목 결정 → 질문의 순서 결정 → 초안 완성 → 사전조사(Pre-test) → 질문지 완성의 순서이다.

제2과목 조사관리와 자료처리

CHAPTER 01 통계조사계획

1. 자료의 종류와 수집방법의 분류

구분	1차 자료(신규 자료들)			2차 자료(기존 자료들)		
유형	질문지	관찰	면접	문헌자료	기업 내·외부자료	통계자료
특징	조사자가 직접 수집하는 자료			이미 수집·생성되어 있는 자료		
경제성	자료수집에 비용·시간·인력이 많이 소요된다!			자료수집에 비용·시간·인력이 덜 소요된다!		

2. 질문지법의 이해

■ 간접질문의 유형 암기 오토투간접

① 오진선택법
- 특정 질문에 대한 응답자의 태도나 지식수준을 평가하기 위한 방법으로, 여러 가지 오류 또는 잘못된 답변을 선지로 제시하여 응답자가 그중에서 선택하도록 하는 방법이다.

② 토의완성법
- 응답자의 태도나 의견을 조사하여 개인의 무의식적인 생각을 평가하는 방법이다.

③ 투사법 암기 투사자극
- 응답자가 직접 말할 수 없거나 말하고 싶지 않은 대상/행동을 보다 잘 이해하기 위해, 직접적인 질문을 하는 대신 가상의 상황으로 응답자를 자극하여 진실한 응답을 이끌어 내는 방법이다.

■ 온라인조사법

장점	• 신속성(빠른 조사 진행)
	  - 우편조사, 전화조사, 면접조사 등의 전통적인 방법에 비해 짧은 시일 내에 비교적 저렴한 비용으로 실시할 수 있다.
	  - 현재로서는 설문발송과 회수에 비용이 거의 들지 않는다.
	• 응답자는 신원을 숨기고 익명으로 답변할 수 있으므로, 민감한 주제를 다룰 수 있다.
	• 이메일을 활용한 온라인조사는 신속성, 저렴한 비용, 면접원 편향 통제가 장점이다.
	• 다양한 조사 형태
	  - 멀티미디어(그림·음성·동영상)의 장점을 활용할 수 있다.
	• 구조화된 설문지 작성
	  - 실시간 리포팅이 가능하며, 설문 응답과 동시에 코딩할 수 있다.
	• 응답여부 확인·후속조치 가능
	  - 응답 여부를 확인할 수 있고 늦어질 경우, 독촉 메일 등의 후속 조치를 할 수 있다.

단점	• 중복 조사 가능성·복수응답의 가능성
	  - 응답률과 회수율이 낮을 수 있고, 응답자의 본인 확인이 어려워 중복 응답 등이 발생할 수 있다.
	• 복수응답의 가능성을 배제할 수 없다.
	  따라서 한 사람이 여러 차례 응답할 가능성을 차단해야 한다.
	  - 응답자 신분을 확인방법이 제한되어 있어 응답자 적격성 문제가 발생할 수 있다.
	• 모집단 규정 어려움·표본의 대표성 문제
	  - 모집단이 특정 연령층·성별에 따른 편중된 응답이 도출될 위험성이 있다.
	  - 인터넷을 사용한 방법이므로, 모집된 표본의 모집단을 명확히 규정하기 어렵다.
	  - 응답자는 인터넷 사용 가능자로 한정되며, 표본의 대표성을 확보하기 어렵다.

■ 우편조사법

장점	• 광범위한 지역 대상 조사 가능
	  - 최소의 경비와 노력으로 광범위한 지역과 대상을 표본으로 삼을 수 있다.
	• 쉽게 접근할 수 없는 대상 조사 가능
	  - 넓은 지역을 조사할 수 있다.
	  예 정치지도자나 대기업경영자 등 대상자의 명단은 구할 수 있으나, 그들을 직접 만나기는 어려운 경우 가장 적합한 자료수집방법이다.
	  [비교] 면접조사에 비해 응답자에게 익명성에 대한 확신을 부여할 수 있다.
	• 응답자의 시간적 여유 보장
	  - 우편조사는 자기기입식 조사이다.
	  - 개방형 질문을 활용할 수 있다.
	• 면접자에 의한 편향(Bias)이 없음
	  - 우편조사는 자료수집방법 중 조사자의 특성에 따른 영향이 가장 적다.
	  - 우편조사는 조사자의 개인차에서 오는 영향을 배제 시킬 수 있다.

단점	• 낮은 응답률·회수율
	  - 우편조사의 문제점은 낮은 응답률이다.
	  - 회수율이 낮으므로 서면 또는 전화로 협조를 구하는 것이 좋다.
	  - 우편조사는 모호한 응답에 대해 확인할 수 없다.
	• 응답자 통제의 어려움
	  - 응답 대상자 자신이 직접 응답했는지에 대한 통제가 어렵다.
	  - 응답자의 비언어적인 정보(표정, 몸짓 등)를 수집할 수 없어 응답의 심리적 맥락을 파악하기 어렵다.

■ 전화조사법

장점	• 경제적(비용·시간 절약) 　- 전화조사는 단기간에 광범위한 지역에 대한 조사가 가능하므로 신속·용이하며, 비용을 줄일 수 있어 경제적이다. 　- 빠른 시간 안에 개략적인 여론을 확인하는 데 적합하다. 　[비교] 전화조사는 면접조사에 비해 비용이 적게 든다. • 표본 추출의 용이성 및 응답률 ↑ 　- 무작위표본추출이 가능하다. 　- 조사하기 어려운 사람에게 쉽게 접근할 수 있으며, 높은 응답률을 보장할 수 있다. • 자동화 및 효율성 　- 컴퓨터에 의한 완전자동화를 통해 응답자 추출, 질문, 응답 등이 자동 처리될 수 있다. 　- 면접자에 대한 감독이 용이하다.
단점	• 소요시간 및 분량 제한 　- 대인면접에 비해 소요시간이 짧으며, 질문의 길이와 내용을 제한 받는다. 　- 질문 내용이 어렵고 시간이 길어지면, 응답률이 떨어진다.

■ 집단조사법

장점	• 경제적(비용·시간 절약) 　- 조사목적에 부합하는 응답자들이 집합되어 있으면 조사가 간편하고 빠르다. 　- 집단조사는 대규모 횡단조사에 비해 시간과 비용이 적게 든다. • 동일성 확보 　- 집단조사는 비용과 시간을 절약하고 조사조건을 표본화하여 응답 조건의 동일성을 확보할 수 있다. 동일성이 확보되면 조사의 신뢰성이 높아진다. • 응답 누락 감소 　- 조사자와 응답자 간에 직접 대화할 기회가 있어, 질문지에 대한 오해를 줄일 수 있다. 　- 따라서 정확한 정보를 얻을 수 있고, 응답의 누락을 감소시킬 수 있다.
단점	• 장소 집합의 어려움 　- 피조사자를 한 장소에 모으는 것이 쉽지 않은 경우가 있다. • 집단 상황의 왜곡 가능성(동조효과) 　- 집단상황이 개인의 응답을 왜곡시킬 가능성이 있다. 　- 집단으로 조사되므로 주변 사람이 응답자에 영향을 미칠 가능성이 높다. • 수준 동일성 가정 오류 　- 피조사자의 수준이 동일하다고 가정하는 오류를 범할 수 있다. • 대표성 문제 　- 집단조사를 승인한 당국에 의해 결과가 이용될 것이라고 인식될 가능성이 있다. 　- 일반적으로 집단조사를 승인한 조직체나 단체에 유리한 쪽으로 응답할 가능성이 높다.

3 관찰법의 이해

■ **관찰법**
- 관찰법은 양적 조사와 질적 조사에 모두 활용될 수 있다.
  - 관찰은 의사소통능력이 없는 대상자에게도 활용될 수 있다.
- 관찰자는 피관찰자(관찰대상)의 집단에 동화되지 않아야 한다.
  - 관찰자는 인내심이 있어야 하고, 주관성을 배제하며 객관성을 유지해야 한다.
- 조사대상의 행태에서 발생하는 사회적 맥락까지 포착할 수 있다.
  - 사회적 관계에 영향을 미치는 사건을 이해하도록 해준다.
- 관찰은 복잡한 사회적 맥락이나 상호작용을 조사하는데 적절한 방법이다.
  - 관찰은 피조사자가 느끼지 못하는 행위까지 조사할 수 있다.

■ **관찰자와 참여자** 암기 완참윤리

신분공개 \ 주된 행위	주된 행위 '관찰'	주된 행위 '참여'
조사자 신분공개 ×	완전관찰자	완전참여자
조사자 신분공개 ○	참여자적 관찰자	관찰자적 참여자

■ **관찰법의 유형** 암기 직간시행

[관찰법 유형별 비교]

비교1	조사대상과의 상호작용 정도·방식에 따라	참여관찰	준참여관찰	비참여관찰
비교2	관찰조건이 표준화되어 있는지에 따라	통제관찰 (체계적 관찰)		비통제관찰 (비체계적 관찰)
비교3	관찰주체·도구가 무엇인가에 따라	인간직접관찰		기계이용관찰
비교4	관찰시기와 행동발생이 일치하는지 여부	직접관찰		간접관찰
비교5	관찰상황이 인공적인지 여부	자연적 관찰		인위적 관찰
비교6	피관찰자가 관찰사실을 알고 있는지 여부	공개적 관찰		비공개적 관찰

4. 면접법의 이해

■ 면접법

- 면접법은 여러 명의 면접자를 고용하여 조사할 경우 이들을 조정하고 통제하는 것이 필요하다.
- 응답자에게 면접조사에 참여하고자 하는 동기부여 요인으로 면접자를 돕고 싶은 이타적 충동, 물질적 보상 같은 혜택에 대한 기대, 자신의 의견을 표현하고 싶은 욕망 등이 있다.

① 면접 자체의 원칙
- 면접 시에 제3자가 개입하지 못하도록 한다.
    - 면접원에 대한 사전교육은 면접원에 의한 편향(Bias)을 줄일 수 있다.
    - 면접기간 동안에도 면접원에 대한 철저한 통제가 이루어져야 한다.
- 면접조사에서 조사의 질을 높이기 위해 지도원의 면접지도, 지도원의 완성된 질문지 심사, 조사원의 질문지 내 응답의 일관성 검정 등을 수행해야 한다.

② 응답자의 원칙
- 동조효과(Conformity Effect)
    - 면접조사 시 비교적 인지수준이 낮은 응답자들이 면접자의 생각이나 지시를 비판 없이 수용하여 응답하게 될 가능성이 높아진다.
- 최근효과(Recent Effect ; 최근정보효과 ; Recency Effect)
    - 면접조사에서 응답내용의 신빙성을 저해하는 최근효과(Recent Effect)는 질문지(questionnaire)를 사용하는 사회조사 보다는 조사표(interview schedule)를 사용하는 면접조사에서 자주 발생한다.
    - 최근효과(Recent Effect)는 응답내용의 신빙성을 저해한다.
- 응답순서효과(Order Effect)
    - 응답자에게 둘 이상의 질문을 할 때, 질문의 순서에 따라 응답이 달라지는 현상이다.
- 1차 정보효과(Primacy Effect)
    - 면접조사 시 어려운 질문항목에 부딪치게 될 때, 가능한 한 응답에서 비롯되는 심리적 부담감을 덜기 위해서, 어떤 질문항목이건 여러 개의 응답이 제시되어 있다면 무조건 제일 첫 번째 응답을 올바른 응답으로 기재하는 것이다.

제3과목 통계분석과 활용

CHAPTER 01 확률분포

1 확률분포의 의미

■ 베이즈 정리 [암기] [베배]

- 배반사건(Exclusive Event) : 두 사건 A와 B에 대해 A와 B 중에서 하나가 발생하면 다른 하나는 발생하지 않으므로, 두 사건 A와 B는 동시에 일어날 수 없다.

> $A \cap B = \emptyset$이면 A와 B는 서로 배반사건이다.
> $P(A \cup B) = P(A) + P(B)$

- 베이즈정리(Bayes' Theorem)는 어떤 사건이 서로 배반하는 원인(사건)들 $A_1, A_2, \cdots A_n$에 의해 일어난다고 할 때, 실제 사건이 이 원인 중에서 하나로 인해 일어난 확률을 구하는 정리이다. 이때, 표본공간 S 내의 n개의 사건이 $A_i \cap A_j = \emptyset$ (단, $i \neq j$), $\bigcup_{i=1}^{n} A_i = S$ 조건을 만족한다.

Case 1 사건이 A와 A^C으로 존재하는 경우

- 어떤 사건이 서로 배반하는 원인 2개 사건 A와 사건 A^C에 의해 일어난다고 하자.

$$P(A|B) = \frac{P(B|A) \times P(A)}{P(A)P(B|A) + P(A^C)P(B|A^C)}$$

Case 2 사건이 A_1와 A_2으로 존재하는 경우

- 어떤 사건이 서로 배반하는 원인 2개 사건 A_1와 사건 A_2에 의해 일어난다고 하자.
  - 만약 실제 사건 B가 발생했을 때, 사건 A_1와 A_2 둘 중 하나의 원인으로 인해 발생했을 확률은?

$$\underbrace{P(A_2|B)}_{\substack{\text{[조건부확률]}\\\text{직접 구할 수 없는 경우라고 가정}}} = \frac{P(B|A_2) \times P(A_2)}{P(B)} = \frac{P(B|A_2) \times P(A_2)}{P(A_1 \cap B) + P(A_2 \cap B)} = \underbrace{\frac{P(B|A_2) \times P(A_2)}{P(A_1) \times P(B|A_1) + P(A_2) \times P(B|A_2)}}_{\substack{\text{[베이즈정리]}\\\text{사전확률 기반 산출가능}}}$$

■ 확률의 법칙

① 확률의 덧셈법칙(Addition Rule of Probability)
- 확률의 덧셈법칙은 사건 A와 사건 B의 합집합 확률 $P(A \cup B)$이며, 사건 A의 발생확률 $P(A)$과 사건 B의 발생확률 $P(B)$의 합에서 두 사건의 결합확률(Joint Probability)인 $P(A \cap B)$을 뺀다.

$$\text{배반이 아니면, } P(A \cup B) = P(A) + P(B) - P(A \cap B)$$

- 만약 사건 A와 사건 B가 배반사건이면 $A \cap B = \varnothing$ 이므로 $P(A \cap B) = 0$이다.

$$\text{배반이면, } P(A \cup B) = P(A) + P(B)$$

② 확률의 곱셈법칙(Multiplication Rule of Probability)
- 확률의 곱셈법칙은 사건 A와 B의 교집합 확률 $P(A \cap B)$이며, 3가지 Case를 학습한다.

Case 1 종속인 경우
- 만약 사건 A와 사건 B가 서로 종속이면, 사건 A와 사건 B에서 한 사건의 결과가 다른 사건에 영향을 미치는 경우이다. 따라서 $P(A \cap B) \neq P(A) \times P(B)$이다.

$$\text{종속이면, } P(A \cap B) = P(A|B) \times P(B) = P(B|A) \times P(A)$$

Case 2 독립인 경우
- 만약 사건 A와 사건 B가 서로 독립이면, 확률의 곱셈법칙은 $P(A \cap B) = P(A) \times P(B)$이다. 독립사건이란? 사건 A와 사건 B에서 한 사건의 결과가 다른 사건에 영향을 주지 않는 경우이다.

$$\text{독립이면, } P(A \cap B) = P(A) \times P(B) \text{ (단, } P(A) > 0, P(B) > 0\text{)}$$
$$\text{독립이면, } P(A \cup B) = P(A) + P(B) - P(A \cap B) = P(A) + P(B) - P(A)P(B)$$

— 사건 A와 사건 B가 서로 독립이면, A와 B^C, B와 A^C, A^C와 B^C도 모두 독립이다.

Case 3 배반인 경우
- 만약 사건 A와 사건 B가 서로 배반이면 $P(A \cap B) = P(\varnothing) = 0$이므로, A와 B는 독립이 아니다.

■ 순열(Permutation)

① 순열
- 순열은 서로 다른 n개의 원소에서 r개$(0 \leq r \leq n)$를 선택하여 배열 순서를 정하여 나열하는 것이다.

$$_nP_r = n(n-1)(n-2)\cdots(n-r+1) = \frac{n!}{(n-r)!} \quad (단, \ 0 \leq r \leq n)$$

$$_nP_n = \frac{n!}{(n-n)!} = n!, \ _nP_0 = \frac{n!}{(n-0)!} = 1 \ (\text{※} \ 0! = 1)$$

② 중복순열
- 중복순열은 서로 다른 n개에서 중복을 허락하여 r개를 택하는 순열이며, $_n\Pi_r$이다.

$$_n\Pi_r = n \times n \times \cdots \times n = n^r$$

■ 조합(Combination)

① 조합
- 조합은 서로 다른 n개의 원소에서 배열 순서를 생각하지 않고 비복원으로 r개$(0 \leq r \leq n)$를 선택하는 방법이며, $_nC_r$ 혹은 $\binom{n}{r}$로 표기한다.

$$_nC_r = \frac{_nP_r}{r!} = \frac{n(n-1)(n-2)\cdots(n-r+1)}{r!} = \frac{n!}{r!(n-r)!} \quad (단, \ 0 \leq r \leq n)$$

$$_nC_r = \,_nC_{n-r} = \,_{n-1}C_r + \,_{n-1}C_{r-1}$$

$$_nC_n = \,_nC_0 = 1, \ _nC_1 = n$$

② 중복조합
- 중복조합은 서로 다른 n개에서 중복을 허락하여 r개를 택하는 조합이며, $_nH_r$이다.

$$_nH_r = \,_{n+r-1}C_r$$

- 중복조합 문제는 아래 2가지 Case에 대해 출제된다.

  Case 1 서로 다른 n개의 원소로부터 중복을 허락하여 r개를 선택하는 조합의 수
  Case 2 r개의 물건을 서로 다른 n개의 상자에 분배하는 방법의 수

■ 독립사건 `암기` `독곱`

- 독립사건(Independent Event) : 두 사건 A와 B가 서로 영향을 미치지 않는다.

$$P(A \cap B) = P(A) \times P(B)$$

■ 독립변수와 종속변수

① 독립변수 X(Independent Variable)
  - 독립변수는 다른 변수에 영향을 주는 변수이다.
    - 다른 변수의 영향을 받지는 않는 독립적인 변수로서 원인이 되는 변수이다.
  - 독립변수는 종속변수보다 시간적으로 선행하여 발생하면서 종속변수에 영향을 미치는 변수이다.
    - 설명변수(Explanatory Variable), 예측변수(Predictor Variable)라고도 부른다.

② 종속변수 Y(Dependent Variable)
  - 종속변수는 다른 변수(독립변수)로부터 영향을 받는 변수이다.
    - 이는 예측 분석에 따라 설명이 되는 결과가 되는 변수이며, 반응변수(Response Variable), 표적변수(Target Variable), 결과변수(Outcome Variable)라고도 부른다.

■ 확률분포 `암기` `이베이기포초`

- 확률분포는 확률변수 X가 특정한 값을 가질 확률을 나타내는 함수이며, 크게 이산형 확률분포와 연속형 확률분포로 구분된다.
  - 이산형 확률분포의 종류에는 베르누이 분포, 이항분포, 기하 분포, 포아송 분포, 초기하 분포가 있다.

■ 기댓값의 성질 [암기] 기대상수툭튀

- 기댓값의 성질에서 상수는 앞으로 툭튀어 나온다.

$E(a) = a$	$E(aX) = aE(X)$
$E(X \pm b) = E(X) \pm b$	$E(aX+b) = aE(X) + b$
$E(X+Y) = E(X) + E(Y)$	$E(X-Y) = E(X) - E(Y)$
$E(XY) = E(X)E(Y)$ (X, Y는 독립)	$E(\overline{X}) = \mu$

■ 분산의 성질

- 분산은 '편차 제곱의 평균'이라고도 하며, $E[(X-E[X])^2]$ 라고 표기한다.
  - 표본분산은 $S^2 = \dfrac{\sum_{i=1}^{n}(X_i - \overline{X})^2}{n-1}$ 으로 표기한다.

- 확률변수 X, Y의 공분산(Covariance)은 $Cov(X, Y)$이며, 확률변수 X, Y가 독립이면 $Cov(X, Y) = 0$이다.

$Var(a) = 0$	$Var(aX) = a^2 Var(X)$
$Var(X+b) = Var(X)$ $Var(X-b) = Var(X)$	$Var(aX+b) = a^2 Var(X)$ $Var(aX-b) = a^2 Var(X)$
$Var(X+Y) = Var(X) + Var(Y) + 2Cov(X, Y)$ $Var(X-Y) = Var(X) + Var(Y) - 2Cov(X, Y)$	$Var(X) = E(X^2) - \{E(X)\}^2$ $Var(\overline{X}) = E(\overline{X}^2) - \{E(\overline{X})\}^2$

$sd(X) = \sigma(X) = \sqrt{Var(X)}$
$sd(aX+b) = \sigma(aX+b) = \sqrt{Var(aX+b)} = \sqrt{a^2 Var(X)} = |a|\sigma(X)$

■ 체비셰프 부등식

- 체비셰프 부등식(Chebyshev's Inequality)은 확률분포의 평균 μ과 분산(혹은 표준편차)에 관련된 부등식이다.

$$P(|X-\mu| \leq k\sigma) \geq 1 - \frac{1}{k^2} \text{ 혹은 } P(|X-\mu| \geq k\sigma) \leq \frac{1}{k^2}$$

X는 확률변수, μ는 X의 기댓값(평균), σ는 X의 표준편차, k는 양수인 실수이다.

2 이산확률분포의 의미

■ 이항분포 암기 독두확일고시

- 이항분포(Binomial Distribution)는 연속된 n번의 독립적 시행에서 각 시행이 확률 p를 가질 때의 이산형 확률분포이며, $X \sim B(n, p)$로 표기한다.
  - 이항분포는 베르누이 시행을 전제로 하며, $X \sim B(n, p)$에서 $n = 1$일 때의 이항분포는 베르누이분포이며, $X \sim B(1, p)$라고 표기한다.
  - 반복시행횟수가 n이면, X가 취할 수 있는 가능한 값은 0부터 n까지이다.
- n개의 베르누이 시행(Bernoulli's Trial)에서 성공의 개수를 X라 하면 X의 분포는 이항분포이다.
  - $X_1, X_2, \cdots, X_n$은 서로 독립이고, 성공확률이 p(실패확률은 $q = 1 - p$)인 동일한 베르누이분포를 따를 때, $Y = \sum_{i=1}^{n} X_i = X_1 + X_2 + \cdots + X_n$는 $Y \sim B(n, p)$를 따른다.
- 조건 1~3은 베르누이분포의 조건이며+조건 4까지 만족해야 이항분포가 된다.
  - 조건1. 각 시행이 독립 : 반복되는 각 시행은 독립적으로 수행된 것이어야 한다.
  - 조건2. 두 가지 가능한 결과 : 각 시행에서 발생 가능한 결과는 '성공' 혹은 '실패' 2가지이다. 즉, 각 시행의 결과는 상호배타적인 두 사건(성공 VS 실패)으로 구분된다.
    이때, 성공확률을 p라고 하고 실패확률을 $1 - p = q$라고 하면 $p + q = 1$이다.
  - 조건3. 성공확률 p는 일정 : 매 시행에서 성공확률 p과 실패확률 q은 항상 일정하다.
  - 조건4. 고정된 시행 수 : 시행이 고정된 횟수 n번 만큼 반복되어야 한다.

■ 이산확률분포 총 정리

구분	확률질량함수(PMF)	평균	분산
베르누이분포	$P(X = x) = f(x) = p^x (1 - p)^{1 - x}$ (단, $x = 0$ 또는 1이며, $0 \leq p \leq 1$)	$E(X) = p$	$V(X) = pq$
이항분포	$P(X = x) = f(x) = {}_nC_x p^x q^{n - x}$ (단, $x = 0, 1, 2, \cdots, n$, $q = 1 - p$)	$E(X) = np$	$V(X) = npq$
기하분포	$P(X = x) = f(x) = p^1 (1 - p)^{x - 1}$ ($x = 1, 2, 3, \cdots$)	$E(X) = \dfrac{1}{p}$	$E(X) = \dfrac{q}{p^2}$
포아송분포	$P(X = x) = f(x) = \dfrac{e^{-\lambda} \lambda^x}{x!}$ ($x = 0, 1, 2, \cdots$)	$E(X) = \lambda$	$V(X) = \lambda$

3 연속확률분포의 의미

■ 정규분포 [암기] 3M

- 정규분포(Normal Distribution)는 가우스 분포(Gaussian Distribution)라고도 한다.
  - 정규분포는 $X \sim N(\mu, \sigma^2)$라고 표기하며, 대표적인 연속확률분포이다.
  - 이산확률분포인 이항분포의 확률 근사치를 계산할 때 정규분포가 유용하게 사용된다.
- 정규분포는 2개의 모수인 평균 μ와 표준편차 σ를 가지고 있다.

분포 형태	확률
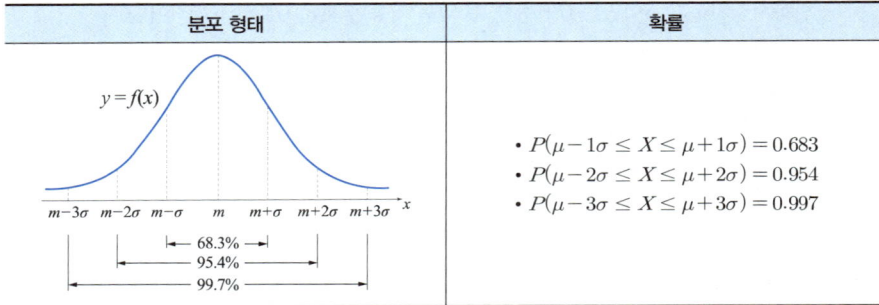	• $P(\mu - 1\sigma \leq X \leq \mu + 1\sigma) = 0.683$ • $P(\mu - 2\sigma \leq X \leq \mu + 2\sigma) = 0.954$ • $P(\mu - 3\sigma \leq X \leq \mu + 3\sigma) = 0.997$

■ 표준정규분포

- 표준정규분포(Standard Normal Distribution)는 정규분포를 평균은 0, 표준편차는 1이 되도록 표준화(Standardization)를 수행한 분포이며, $Z-$분포라고 부른다.

표준정규분포의 누적확률분포	기출 출제 모음집 [기출]
$Z \sim N(0, 1^2)$ $P(Z \leq z)$	$P(Z \leq 0) = 0.5$ $P(Z \leq 1) = 0.8413$ $P(Z \leq -1) = 0.1587 = P(Z \geq 1)$ $P(0 \leq Z \leq 1) = 0.8413 - 0.5 = 0.3413$ $P(-1 \leq Z \leq 1) = 0.6826$ $P(0 \leq Z \leq 1) = 0.3413$ $P(Z \leq 1.645) = 0.95$ $P(Z < 2) = 0.9772$ $P(Z < 3) = 0.9987$

4. 표본분포의 의미

■ **표본분포**

- 단순랜덤복원추출로 뽑은 표본 $X_1, X_2, \cdots, X_n$ 사이에는 아무런 확률적 관계가 없다.
  - 즉, $X_1, X_2, \cdots, X_n$은 서로 독립이다.
- 단순랜덤복원추출로 뽑은 표본을 $X_1, X_2, \cdots, X_n$이라고 할 때, 각각의 분포는 모집단의 분포와 같다.

■ **표본평균의 표본분포**

- 평균 μ, 분산 σ^2인 임의의 모집단에서 표본 $X_1, X_2, \cdots, X_n$을 추출할 때, 표본평균 $\overline{X}$는 $E(\overline{X}) = \mu$이고, $V(\overline{X}) = \dfrac{\sigma^2}{n}$이다. 이때, n이 충분히 크면, $Z = \dfrac{\overline{X} - \mu}{\sigma / \sqrt{n}}$의 근사분포는 $N(0, 1)$이다.
  - 평균 μ, 표준편차 σ인 모집단으로부터 크기가 n인 확률표본을 취할 때, 표본평균의 분포는 표본의 크기가 커짐에 따라 점근적으로 평균이 μ이고 표준편차가 $\dfrac{\sigma}{\sqrt{n}}$인 정규분포를 따른다.

■ **표본평균의 표준편차**

Case 1 복원추출인 경우

- 표본평균 $\overline{X}$의 표준편차는 $sd(\overline{X}) = \dfrac{\sigma}{\sqrt{n}}$이고, 분산은 $V(\overline{X}) = \dfrac{\sigma^2}{n}$로 계산된다.

Case 2 비복원추출인 경우

- 비복원추출인 경우에는 보정이 필요하며, 표본평균 $\overline{X}$의 분산은 $V(\overline{X}) = \dfrac{N-n}{N-1} \times \dfrac{\sigma^2}{n}$로 계산된다. (단, N은 모집단의 크기, n은 표본의 크기)
  - 이때 $\dfrac{N-n}{N-1}$는 '유한 모집단 수정계수'라고 부르며, 이는 모집단에서 표본을 비복원으로 추출할 때 모집단의 크기가 표본의 크기에 비해 충분히 클 때 나타나는 효과를 보정한다.

■ **표본평균의 표준오차**

- 표본의 크기 n이 커질수록 표준오차는 작아진다.
- 표준오차는 항상 0 이상이다.

$$SE(\overline{X}) = \dfrac{\sigma}{\sqrt{n}} \text{ 혹은 } SE(\overline{X}) = \dfrac{S}{\sqrt{n}}$$

■ 표본비율의 분포

① 표본비율의 의의 및 표기
- 표본비율은 전체 모집단에서 특정 속성을 가진 개체의 비율을 추정하기 위해 표본에서 해당 속성을 가진 개체의 비율을 계산한 것이다.
    - 표본비율 $\hat{p}$은 $\hat{p} = \dfrac{X}{n}$으로 표기한다.

② 표본비율의 특징
- 표본비율 $\hat{p}$의 분포는 표본 크기 n이 커질수록 중심극한정리에 의해 점점 정규분포에 가까워진다.
- 표본비율의 정규근사
    - 표본크기 n이 충분히 크고, $np \geq 5$이고 $n(1-p) \geq 5$를 만족한다면, 표본비율 $\hat{p}$은 평균이 p이고 표준편차가 $\sqrt{\dfrac{p(1-p)}{n}}$ 인 정규분포로 근사한다.

$$\hat{p} \sim N\left(p, \dfrac{p(1-p)}{n}\right)$$

③ 표본비율의 평균
- 표본비율 $\hat{p}$의 평균(Expected Value)은 $E(\hat{p}) = p$이다.
    - 이는 표본비율의 평균이 실제 모집단의 비율과 같음을 의미하며, 표본비율 $\hat{p}$이 모비율 p의 불편추정량임을 알 수 있다.

④ 표본비율의 표준편차
- 표본비율 $\hat{p}$의 표준편차(Standard Deviation of the Sample Proportion)는 모집단 비율 p를 알고 있을 때 이론적으로 다음과 같이 계산된다.

$$\sqrt{\dfrac{p(1-p)}{n}}$$

⑤ 표본비율의 표준오차
- 표준오차(Standard Error)는 실제로 모집단의 비율을 알지 못하는 상황에 표본에서 추정한 비율 $\hat{p}$을 사용하여 계산된다.

$$SE(\hat{p}) = \sqrt{\dfrac{\hat{p}(1-\hat{p})}{n}}$$

CHAPTER 02 기술통계분석

1. 추정·가설검정

■ 추정(Estimation)

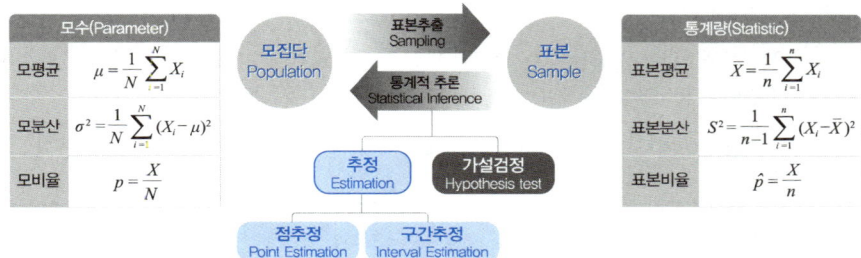

■ 추정량의 바람직한 성질 4가지

- 불편성(Unbiasedness), 충분성(Sufficiency), 효율성(Efficiency ; 유효성), 일치성(Consistency)

■ 신뢰수준(Confidence Level)과 신뢰구간(Confidence Interval ; CI)

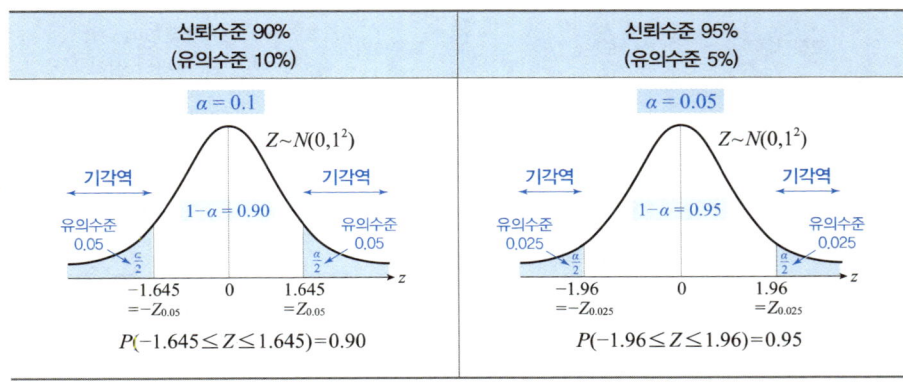

$$P\left(-z_{\alpha/2} \leq \frac{\overline{X}-\mu}{\sigma/\sqrt{n}} \leq z_{\alpha/2}\right) \fallingdotseq 1-\alpha$$

■ **모평균의 구간추정**

- 모평균에 대한 95% 신뢰구간은 표본평균 $\pm Z_{\frac{\alpha}{2}} \times$ 표준오차를 계산하기 위한 $Z_{\alpha/2}$의 값이 1.96이다. 따라서 모평균의 신뢰구간에서 동일한 표본하에서 $100(1-\alpha)\%$ 신뢰수준을 높이면 신뢰구간의 폭은 넓어진다.
  - 모평균의 추정값의 95% 오차 한계는 $Z_{\frac{\alpha}{2}} \times \frac{\sigma}{\sqrt{n}}$ 이다.
- 모평균의 신뢰구간에서 모든 다른 조건이 동일하다면 표본의 수(=표본의 크기 n)가 클수록 신뢰구간의 길이는 짧아진다(=좁아진다).
  - 동일한 조건하에서 표본의 크기만을 $\frac{1}{4}$로 줄이면 신뢰구간의 길이는 2배 늘어난다.

모집단	모분산	표본크기	모평균 μ에 대한 $100(1-\alpha)\%$ 신뢰구간
정규모집단 맞음	모분산 σ^2을 아는 경우	대표본 소표본	$\overline{X} \pm Z_{\frac{\alpha}{2}} \times \frac{\sigma}{\sqrt{n}}$
	모분산 σ^2을 모르는 경우	대표본 $n \geq 30$	$\overline{X} \pm Z_{\frac{\alpha}{2}} \times \frac{S}{\sqrt{n}}$
		소표본 $n < 30$	$\overline{X} \pm t_{\frac{\alpha}{2}}(n-1) \times \frac{S}{\sqrt{n}}$

모집단	모분산	표본크기	모평균 μ에 대한 $100(1-\alpha)\%$ 근사신뢰구간
정규모집단 아님 (모름)	모분산 σ^2을 아는 경우	대표본 $n \geq 30$	$\overline{X} \pm Z_{\frac{\alpha}{2}} \times \frac{\sigma}{\sqrt{n}}$
		소표본	(비모수적 방법)
	모분산 σ^2을 모르는 경우	대표본 $n \geq 30$	$\overline{X} \pm Z_{\frac{\alpha}{2}} \times \frac{S}{\sqrt{n}}$
		소표본	(비모수적 방법)

■ 모비율의 구간추정

① 모비율 p에 대한 $100(1-\alpha)\%$ 신뢰구간

$$\text{표본비율} \pm Z_{\frac{\alpha}{2}} \times \text{표준오차} = \text{표본비율} \pm \text{오차한계} = \hat{p} \pm Z_{\frac{\alpha}{2}} \times \sqrt{\frac{\hat{p}(1-\hat{p})}{n}}$$

- 이 공식에서 표준오차는 $\sqrt{\frac{\hat{p}(1-\hat{p})}{n}}$ 이고, 오차한계는 $Z_{\frac{\alpha}{2}} \times \sqrt{\frac{\hat{p}(1-\hat{p})}{n}}$ 이다.

② 모비율 차이 $p_1 - p_2$의 $100(1-\alpha)\%$ 신뢰구간

$$(\hat{p_1} - \hat{p_2}) - Z_{\frac{\alpha}{2}} \times \sqrt{\frac{\hat{p_1}(1-\hat{p_1})}{n_1} + \frac{\hat{p_2}(1-\hat{p_2})}{n_2}} \le p_1 - p_2 \le (\hat{p_1} - \hat{p_2})$$
$$+ Z_{\frac{\alpha}{2}} \times \sqrt{\frac{\hat{p_1}(1-\hat{p_1})}{n_1} + \frac{\hat{p_2}(1-\hat{p_2})}{n_2}}$$

■ 모분산의 구간추정

① 모분산 σ^2에 대한 $100(1-\alpha)\%$ 신뢰구간

$$\chi^2_{1-\frac{\alpha}{2}}(n-1) \le \frac{(n-1)S^2}{\sigma^2} \le \chi^2_{\frac{\alpha}{2}}(n-1) \text{ 혹은 } \frac{(n-1)S^2}{\chi^2_{\frac{\alpha}{2}}(n-1)} \le \sigma^2 \le \frac{(n-1)S^2}{\chi^2_{1-\frac{\alpha}{2}}(n-1)}$$

② 모분산 비 $\dfrac{\sigma_1^2}{\sigma_2^2}$에 대한 $100(1-\alpha)\%$ 신뢰구간

- 자유도가 각각 m, n인 F-분포의 F값인 $F^2_{\frac{\alpha}{2}}(m-1, n-1)$와 $F^2_{1-\frac{\alpha}{2}}(m-1, n-1)$를 이용한다.

$$\frac{1}{F^2_{\frac{\alpha}{2}}(m-1, n-1)} \times \frac{S_1^2}{S_2^2} \le \frac{\sigma_1^2}{\sigma_2^2} \le F^2_{1-\frac{\alpha}{2}}(m-1, n-1) \times \frac{S_1^2}{S_2^2}$$

■ 모평균 차의 구간추정

① 독립표본에 대한 평균차의 추정
- (모집단이 정규분포이고) 모분산 σ_1^2, σ_2^2을 아는 경우

$$\text{모평균 차이} \mu_1 - \mu_2 \text{의 } 100(1-\alpha)\% \text{ 신뢰구간}$$
$$(\overline{X_1} - \overline{X_2}) - Z_{\frac{\alpha}{2}} \times \sqrt{\frac{\sigma_1^2}{n_1} + \frac{\sigma_2^2}{n_2}} \leq \mu_1 - \mu_2 \leq (\overline{X_1} - \overline{X_2}) + Z_{\frac{\alpha}{2}} \times \sqrt{\frac{\sigma_1^2}{n_1} + \frac{\sigma_2^2}{n_2}}$$

- 대표본이고, 모분산 σ_1^2, σ_2^2을 모르는 경우
  - 모분산 σ_1^2, σ_2^2을 모르는 경우이므로 모표준편차 σ가 아닌 표본표준편차 S를 사용한다.

$$\text{모평균 차이 } \mu_1 - \mu_2 \text{의 } 100(1-\alpha)\% \text{ 신뢰구간}$$
$$(\overline{X_1} - \overline{X_2}) - Z_{\frac{\alpha}{2}} \times \sqrt{\frac{S_1^2}{n_1} + \frac{S_2^2}{n_2}} \leq \mu_1 - \mu_2 \leq (\overline{X_1} - \overline{X_2}) + Z_{\frac{\alpha}{2}} \times \sqrt{\frac{S_1^2}{n_1} + \frac{S_2^2}{n_2}}$$

- 소표본이고, 모분산 σ_1^2, σ_2^2을 모르는 경우
  - 두 집단의 모분산이 같다고 가정한 후에, 공통분산 σ^2에 대한 합동분산추정량(Pooled Variance estimator ; 합동표본분산)인 S_p^2을 이용한다.

$$S_p^2 = \frac{(n_1-1)S_1^2 + (n_2-1)S_2^2}{n_1 + n_2 - 2}$$

$$\text{모평균 차이 } \mu_1 - \mu_2 \text{의 } 100(1-\alpha)\% \text{ 신뢰구간}$$
$$(\overline{X_1} - \overline{X_2}) - t_{\frac{\alpha}{2}}(n_1+n_2-2) \times S_p \sqrt{\frac{1}{n_1} + \frac{1}{n_2}} \leq \mu_1 - \mu_2 \leq (\overline{X_1} - \overline{X_2}) + t_{\frac{\alpha}{2}}(n_1+n_2-2)$$
$$\times S_p \sqrt{\frac{1}{n_1} + \frac{1}{n_2}}$$

② 대응표본에 대한 평균차의 추정
- 대표본이고, 모분산 σ_1^2, σ_2^2을 모르는 경우
  - 두 번의 측정에 대한 모평균 차를 $\mu_D = \mu_1 - \mu_2$로 정의하면, 모평균 차인 μ_D에 대한 추정량이 $\overline{D} = \overline{X_1} - \overline{X_2}$이며, $\overline{D} = \dfrac{1}{n}\sum_{i=1}^{n} D_i$ 이고 $S_D^{\,2} = \dfrac{\sum_{i=1}^{n}(D_i - \overline{D})^2}{n-1}$ 이다.

> 모평균 차이 $\mu_1 - \mu_2$의 $100(1-\alpha)\%$ 신뢰구간
> $$\overline{D} - Z_{\frac{\alpha}{2}} \times \frac{S_D}{\sqrt{n}} \leq \mu_1 - \mu_2 \leq \overline{D} + Z_{\frac{\alpha}{2}} \times \frac{S_D}{\sqrt{n}}$$

- 소표본이고, 모분산 σ_1^2, σ_2^2을 모르는 경우
  - 이 경우에는 t분포에서 자유도가 $n-1$인 t값인 $t_{\frac{\alpha}{2}}(n-1)$를 사용한다.

> 모평균 차이 $\mu_1 - \mu_2$의 $100(1-\alpha)\%$ 신뢰구간
> $$\overline{D} - t_{\frac{\alpha}{2}}(n-1) \times \frac{S_D}{\sqrt{n}} \leq \mu_1 - \mu_2 \leq \overline{D} + t_{\frac{\alpha}{2}}(n-1) \times \frac{S_D}{\sqrt{n}}$$

■ 표본크기의 결정

① **모평균 추정 시 표본크기**
- 표본크기 공식
  - 모평균 μ 추정 시에 표본크기 n은 아래 공식을 통해 산출한다.
  - 아래 공식은 모표준편차 σ를 알고 있고, 정규분포를 가정할 수 있을 때 사용한다.
  - n : 표본의 크기, $Z_{\frac{\alpha}{2}}$: 신뢰수준에 해당하는 Z값, E : 표본평균의 허용오차(오차한계)

$$n \geq \frac{\left(Z_{\frac{\alpha}{2}} \times \sigma\right)^2}{E^2}$$

- 오차한계와 표본크기 관계
  - 신뢰구간의 오차한계인 $Z_{\frac{\alpha}{2}} \times \frac{\sigma}{\sqrt{n}}$ 는 표본크기 n의 제곱근인 $\sqrt{n}$ 에 반비례하기 때문에, 오차한계를 $\frac{1}{k}$ 만큼 줄이기 위해서 표본의 크기(n)를 제곱에 비례하게 k^2(배) 증가시켜야 한다.

② **모비율 추정 시 표본크기**
- 표본크기 공식

$$n \geq \frac{\hat{p}(1-\hat{p}) \times Z_{\frac{\alpha}{2}}^{\ 2}}{E^2}$$

  - n : 표본의 크기, $Z_{\frac{\alpha}{2}}$: 신뢰수준에 해당하는 Z값, E : 표본평균의 허용오차(오차한계), $\hat{p}$: 표본비율

- 표본비율 $\hat{p}$과 표본크기 결정
  - 표본비율 $\hat{p}$값이 주어져 있지 않다면, $\hat{p} = \frac{1}{2}$를 사용하여 표본크기를 결정한다.
  - $\hat{p}(1-\hat{p})$의 최대값은 $\frac{1}{4}$임을 활용해야 하는 문제가 자주 출제된다.

■ 가설의 의의 및 특징

- 가설은 귀무가설 H_0과 대립가설 H_1이 있다.
- 가설은 검증이 용이하도록 표현되어야 한다.
- 가설검정 과정에서 유의수준 α은 유의확률($p-value$)을 계산하기 전에 미리 설정한다.
- 귀무가설은 주로 기존의 사실을 위주로 보수적으로 세운다.
- 대립가설은 표본에 근거한 강력한 증거에 의하여 입증하고자 하는 가설이다.

■ 가설검정의 기각역과 채택역

- 기각역은 귀무가설 H_0을 기각하게 되는 검정통계량의 관측값의 영역이다.
- 검정통계량의 관측값이 기각역에 속하면 귀무가설을 기각하고, 대립가설을 채택한다.
- '귀무가설'을 채택하게 하는 검정통계량의 영역을 채택역이라 한다.

■ 가설검정의 임계치

- 임계치는 검정통계량이 이 값을 넘거나 미치지 못할 경우, 귀무가설 H_0을 기각하게 되는 기준점이다.
  - |검정통계량| > 임계치이면, 귀무가설 H_0을 기각하고, |검정통계량| ≤ 임계치이면 귀무가설 H_0을 채택한다.

■ 양측검정

- 양측검정은 통계량의 변화 방향에는 관계없이 실시하는 검정이다.
- Z분포를 기준으로 유의수준 10%, 5%, 1%에 따라 양측검정을 도식화할 수 있다.

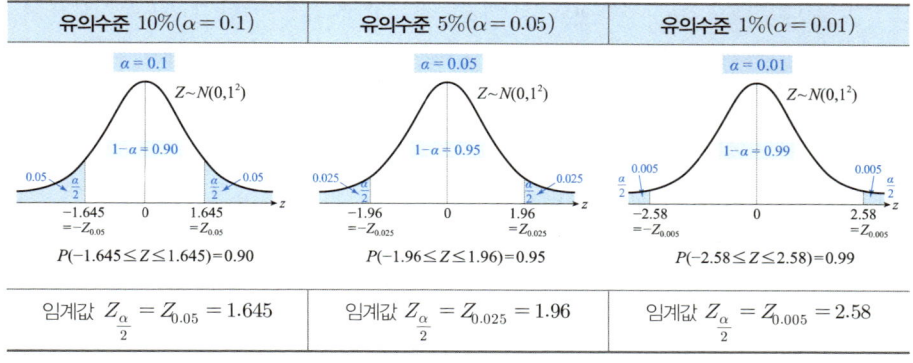

■ 단측검정

- 단측검정에서는 검정통계량이 분포의 한쪽 끝에 위치한 기각역에 속하는지를 검토한다.
- Z분포를 기준으로 유의수준 10%, 5%, 1%에 따라 단측검정을 도식화할 수 있다.

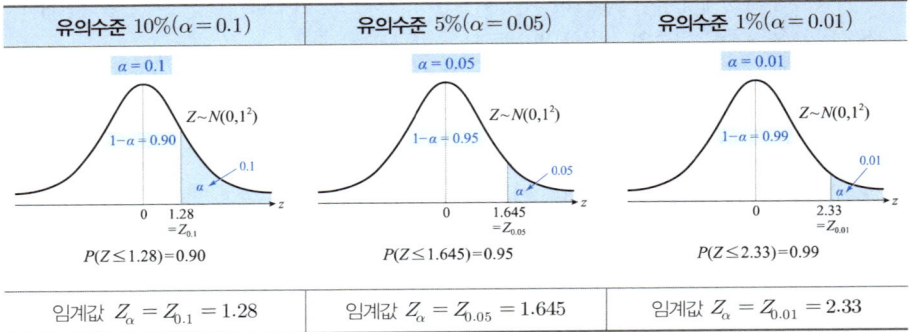

■ 유의수준 암기 유수일최

- 유의수준(α)이란 귀무가설 H_0이 사실임에도 불구하고 귀무가설 H_0을 기각하는 제1종오류를 범할 확률의 최대 허용한계(=최대허용오차)이다.
  - 따라서, 유의수준이 커질수록 기각역은 넓어진다.
- 유의수준은 검정을 할 때 기준이 되는 것으로 제1종오류를 허용하는 확률범위이다.
- 가설검정의 오류는 유의수준과 관계가 있다.

■ 유의확률

- 유의확률이란 검정통계량의 값을 관측하였을 때, 이에 근거하여 귀무가설 H_0을 기각할 수 있는 최소의 유의수준을 말한다. 따라서 유의확률이 작을수록 귀무가설 H_0에 대한 반증이 강한 것을 의미한다.
- 유의확률은 주어진 데이터와 직접적으로 관계가 있다.
- 유의확률은 검정통계량이 실제 관측된 값보다 대립가설을 지지하는 방향으로 더욱 치우칠 확률로서 귀무가설 하에서 계산된 값이다.
- 유의수준 1%에서 귀무가설을 기각하면 유의수준 5%에서도 귀무가설을 기각한다.

■ 유의수준과 유의확률 관계

> 유의수준α> 유의확률$p-value$ 이면 귀무가설H_0를 기각!
> 유의수준α< 유의확률$p-value$ 이면 귀무가설H_0를 채택!

■ 가설검정의 판단

검정결과 \ 실제 진리	귀무가설이 참 (＝대립가설이 거짓)	귀무가설이 거짓 (＝대립가설이 참)
귀무가설을 채택	옳은 결정 신뢰수준$(1-\alpha)$	제2종오류(β)
귀무가설을 기각	제1종오류 유의수준(α)	옳은 결정 검정력$(1-\beta)$

- 주어진 표본에서 α와 β를 동시에 줄일 수는 없다.

■ 제1종오류 암기 일귀참귀기

- 제1종오류(Type I Error)란 귀무가설 H_0가 참임에도 불구하고 귀무가설 H_0를 기각하는 오류를 말한다.
  - 즉, 제1종 오류는 귀무가설 H_0이 참(＝사실)인데 대립가설이 옳다고 잘못 결론을 내리고 귀무가설H_0을 기각하는 오류이다.

■ 제2종오류 암기 이귀거귀기×

- 제2종오류는 귀무가설H_0이 거짓임에도 불구하고(＝대립가설H_1이 참임에도 불구하고), 귀무가설H_0을 기각하지 못하는 오류이다.
  - 통계적 가설의 기각 여부를 판정하는 가설검정에서 대립가설H_1이 옳은데도 귀무가설H_0을 채택함으로써 범하게 되는 오류를 제2종 오류라 한다.
- 제1종오류와 제2종오류를 범할 가능성은 반비례 관계에 있다.

■ 검정력 암기 검대참귀기

- 검정력$(1-\beta)$은 대립가설H_1이 참일 때 귀무가설H_0을 기각시킬 확률이다.
- 검정력은 클수록 바람직하다.

■ 모평균에 대한 단일표본 가설검정

양측검정	귀무가설 H_0	$H_0 : \mu = \mu_0$	모평균 μ는 특정 값 μ_0와 같다.
	대립가설 H_1	$H_1 : \mu \neq \mu_0$	모평균 μ는 특정 값 μ_0와 다르다.
단측검정	귀무가설 H_0	$H_0 : \mu = \mu_0$	모평균 μ는 특정 값 μ_0와 같다.
		$H_0 : \mu \leq \mu_0$	모평균 μ는 특정 값 μ_0보다 작거나 같다.
		$H_0 : \mu \geq \mu_0$	모평균 μ는 특정 값 μ_0보다 크거나 같다.
	대립가설 H_1	$H_1 : \mu > \mu_0$	모평균 μ는 특정 값 μ_0보다 크다.
		$H_1 : \mu < \mu_0$	모평균 μ는 특정 값 μ_0보다 작다.

모분산	표본크기	[양측] 모평균 μ에 대한 $100(1-\alpha)\%$ 신뢰구간	단일표본 검정통계량
모분산 σ^2을 아는 경우	대표본 · 소표본	$\overline{X} \pm Z_{\frac{\alpha}{2}} \times \dfrac{\sigma}{\sqrt{n}}$	$Z = \dfrac{\overline{X} - \mu_0}{\dfrac{\sigma}{\sqrt{n}}} \sim N(0, 1^2)$
모분산 σ^2을 모르는 경우	대표본 $n \geq 30$	$\overline{X} \pm Z_{\frac{\alpha}{2}} \times \dfrac{S}{\sqrt{n}}$	$Z = \dfrac{\overline{X} - \mu_0}{\dfrac{S}{\sqrt{n}}} \sim N(0, 1^2)$
	소표본 $n < 30$	$\overline{X} \pm t_{\frac{\alpha}{2}}(n-1) \times \dfrac{S}{\sqrt{n}}$	$t = \dfrac{\overline{X} - \mu_0}{\dfrac{S}{\sqrt{n}}} \sim t(n-1)$

2 기술통계량 산출

중심위치에 대한 측도	평균 관련 5가지	산술평균, 절사평균, 가중평균, 기하평균, 조화평균
	분위수 관련 3가지	중앙값, 백분위수, 사분위수
	빈도 관련 1가지	최빈값
산포에 대한 측도	6가지	분산, 표준편차, 변동계수(변이계수), 범위, 사분위수범위, 평균편차
분포의 형태를 나타내는 측도	2가지	왜도, 첨도

■ 중심경향값과 관련된 기술통계량
- 중심경향값(Measures of Central Tendency)은 데이터의 중심위치를 나타내는 통계적 척도이다.
- 중심위치에 대한 척도는 총 9가지가 존재한다.
  - 평균 관련 5가지로는 산술평균, 절사평균, 가중평균, 기하평균, 조화평균이 있고,
  - 분위수 관련 3가지로는 중앙값, 백분위수, 사분위수가 있으며,
  - 빈도 관련 1가지는 최빈값이다.

■ 중심경향값 1. 평균 관련 5가지

① 산술평균
- 평균은 중심경향을 측정하기 위한 척도이며, 자료의 중심위치에 대한 측도이다.
- 분포가 좌우대칭이면 산술평균과 중앙값은 같다.
- 평균은 극단값(이상치)에 민감하여 이상점의 영향을 많이 받는다.
  - 평균은 중앙값보다 극단적인 관측값에 의해 영향을 받는 정도가 심하다.
- 평균은 각 자료에서 유일하게 얻어진다.

$$\text{산술평균 } \overline{X} = \frac{1}{n}\sum_{i=1}^{n} X_i = \frac{X_1 + X_2 + \cdots + X_n}{n}$$

② 절사평균
- 이상치가 존재할 경우를 고려하여 절사평균(Trimmed Mean)을 사용하기도 한다.
- 절사평균은 산술평균에 비해 이상점 자료에 덜 민감하다.
- ※ 가중평균, 기하평균, 조화평균은 본문 참고

■ 중심경향값 2. 분위수 관련 3가지

① **중앙값**
- 중앙값(Median)은 관측값을 크기순으로 배열했을 때, 중앙인 50%에 위치하는 값이다.
- 중앙값(M_e)은 중위수, 중앙치라고 부르며, 중앙값과 동일한 측도는 제2사분위수(Q_2)이다.
- 중앙값은 이상치나 극단적인 관측값이 추가되더라도 크기 순서에만 영향을 받으므로, 중위수(중앙값)은 극단값에 영향을 받지 않는다.
    - 중위수(중앙값)는 산술평균에 비해 이상점 자료에 덜 민감하다.
    - 비대칭의 정도가 강한 경우에는 대푯값으로 평균보다 중앙값을 사용하는 것이 더 바람직하다고 할 수 있다.
    - 좌우대칭인 분포에서는 평균(Mean)=중앙값(Median)=최빈값(Mode)이다.
- 분포가 좌우대칭이면 산술평균과 중앙값은 같다.

② **백분위수**
- 백분위수(Percentiles)는 관측값(변량)을 크기순으로 배열하여 100등분 하였을 때의 각 등분점이다.
    - 이때, 분위수(Quantile)란 데이터를 일정한 크기로 나눈 값 중 하나이다.

③ **사분위수**
- 사분위수(Quartiles)는 관측값(변량)을 크기에 따라 순서대로 정렬했을 때, 위와 아래로부터 4등분하는 위치에 있는 관측값이다. 즉, 누적 백분율을 4등분을 한 각 지점의 값이다.

$Q1$ (1st Quartile)	Q1은 데이터를 4등분했을 때, 가장 낮은 25%에 해당하는 지점이다. $Q1$(1st Quartile)=제1사분위수=25th Percentile=Lower Quartile
$Q2$ (2nd Quartile)	Q2는 데이터를 4등분했을 때, 정확히 중앙에 위치한 지점이다. $Q2$(2nd Quartile)=제2사분위수=50th Percentile=중앙값(Median)
$Q3$ (3rd Quartile)	Q3은 데이터 세트를 4등분했을 때, 상위 25%에 해당하는 지점이다. $Q3$(3rd Quartile)=제3사분위수=75th Percentile=Upper Quartile

■ 중심경향값 3. 빈도 관련 1가지

- **최빈값(Mode)**
    - 최빈값(최빈수 ; Mode)은 관측값 중 가장 많은 빈도를 가지는 값이다.
    - 최빈값은 하나 이상 얻어질 수도 있다.

■ 산포와 관련된 기술통계량

① 분산
- 분산은 편차 제곱의 평균이다.
    - 분산은 관찰값에서 관찰값들의 평균값을 뺀 값의 제곱의 합계를 관찰 개수로 나눈 값이다.

모분산(Variance)	표본분산(Sample Variance)
$\sigma^2 = \dfrac{\sum_{i=1}^{N}(X_i - \mu)^2}{N}$	$S^2 = \dfrac{\sum_{i=1}^{n}(X_i - \overline{X})^2}{n-1} = \dfrac{1}{n-1} \times \left(\sum_{i=1}^{n} X_i^2 - n\overline{X}^2\right)$

② 표준편차
- 표준편차는 분산의 제곱근이다.
    - 표기하면 모표준편차$(\sigma) = \sqrt{\sigma^2}$ 이고, 표본표준편차$(S) = \sqrt{S^2}$ 이다.
    - 분산도를 구하기 위해 분산과 표준편차는 각각의 편차를 제곱하는 방법을 사용한다.
- 표준편차의 단위는 원자료의 단위와 일치한다.

③ 변동계수(변이계수)

모집단에서의 변동계수 CV	표본에서의 변동계수 CV
$CV = \dfrac{\sigma}{\mu}$	$CV = \dfrac{S}{\overline{X}}$
모집단의 표준편차 σ를 모평균 μ으로 나눈 것	표본의 표준편차 S를 표본평균 $\overline{X}$으로 나눈 것

④ 범위

$$\text{범위 } Range = \text{Max} - \text{Min}$$

⑤ 사분위수범위

$$\text{사분위수 범위(IQR)} = \text{제3사분위수(Q3)} - \text{제1사분위수(Q1)}$$

⑥ 평균편차

$$\text{평균편차} = \frac{1}{n}\sum_{i=1}^{n}|X_i - \overline{X}|$$

■ 상자-수염그림

- 박스플롯(Box-and-Whisker Plot ; 상자-수염 그림)은 데이터의 분포를 시각적으로 나타내는 도구로, 데이터의 중심 경향, 산포, 이상치를 이해하는 데 유용하다.

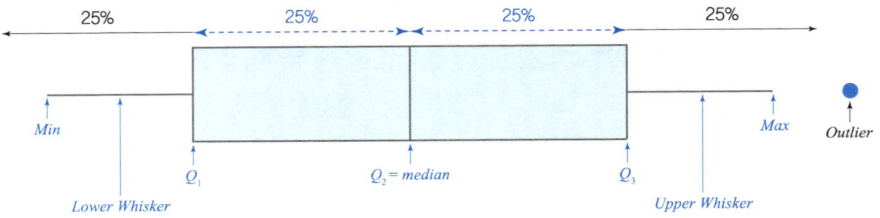

■ 비대칭도(왜도) 암기 비삼평마중

- 비대칭도(왜도 ; Skewness)는 분포나 데이터셋의 비대칭 정도를 나타내는 지표이다.
- 비대칭도의 부호는 관측값 분포의 긴 쪽 꼬리방향을 나타낸다.
- 비대칭도는 대칭성 혹은 비대칭성을 나타내는 측도이다.

① 비대칭계수 공식
- 피어슨의 비대칭계수(Pearson's skewness coefficient)는 중앙값을 기준으로 비대칭성을 평가하며, 분포의 치우침을 통해 분포의 왜도(skewness)를 측정하는 방법이다.
  - 피어슨의 비대칭계수 $S_k ≒ \dfrac{평균 - 최빈수}{표준편차} ≒ \dfrac{3 \times (평균 - 중위수)}{표준편차}$
  $= \dfrac{3 \times (\overline{X} - M_e)}{\sigma}$
- 피어슨의 비대칭도를 대표치들 간의 관계식으로 나타내면 $\overline{X} - M_o ≒ 3(\overline{X} - M_e)$ 이다.
  - 이 공식에서 $\overline{X}$은 산술평균, M_e은 중위수(Median), M_o는 최빈수(Mode)이다.

피어슨의 비대칭계수 S_k	분포 특징	중심경향값 비교
$S_k < 0$	왼쪽 꼬리가 긴 분포	평균<중앙값<최빈값
$S_k = 0$	좌우대칭 분포(정규분포)	평균=중앙값=최빈값
$S_k > 0$	오른쪽 꼬리가 긴 분포	최빈값<중앙값<평균

② 분포와 비대칭계수 관계
- 비대칭도의 값이 음수이면 자료의 분포형태가 왼쪽으로 꼬리를 길게 늘어뜨린 모양을 나타낸다.

암기	왜양최오긴	• 왜도가 양(+)이면, 최빈값이 가장 작은 값을 가지며, 값을 비교하면 최빈값<중앙값<평균이다. • 이는 오른쪽으로 긴 꼬리를 갖는 비대칭분포이다.
암기	왜음평왼긴	• 왜도가 음(−)이면, 평균이 가장 작은 값을 가지며, 값을 비교하면 평균<중앙값<최빈값이다. • 이는 왼쪽으로 긴 꼬리를 갖는 비대칭분포이다.

왼쪽 꼬리가 긴 분포 암기 왜음평왼긴	좌우대칭 분포 (정규분포)	오른쪽 꼬리가 긴 분포 암기 왜양최오긴
평균<중앙값<최빈값	평균=중앙값=최빈값	최빈값<중앙값<평균
피어슨 비대칭계수(왜도) $S_k < 0$	피어슨 비대칭계수(왜도) $S_k = 0$	피어슨 비대칭계수(왜도) $S_k > 0$
−	첨도=3	−
평균 중앙값 최빈값	평균=중앙값=최빈값	최빈값 중앙값 평균

■ 첨도

- 왜도가 0이고 첨도가 3인 분포의 형태는 좌우 대칭인 분포이다.

첨도	구분
첨도>3	분포가 정규분포보다 꼬리가 두껍고, 중앙부가 뾰족하다.
첨도=3	분포의 뾰족함과 꼬리 두께가 정규분포·표준정규분포와 동일한 경우이다.
첨도<3	첨도 값이 3보다 작은 경우, 분포는 정규분포보다 평평하고 꼬리가 얇다.

■ 모평균 차에 대한 독립표본 가설검정

① 모분산 σ_1^2, σ_2^2을 아는 경우(혹은 정규모집단인 경우)

[양측] 모평균 차이 $\mu_1 - \mu_2$에 대한 $100(1-\alpha)\%$신뢰구간	독립표본 검정통계량
$\left(\overline{X_1} - \overline{X_2}\right) \pm Z_{\frac{\alpha}{2}} \times \sqrt{\dfrac{\sigma_1^2}{n_1} + \dfrac{\sigma_2^2}{n_2}}$	$Z = \dfrac{(\overline{X_1} - \overline{X_2}) - (\mu_1 - \mu_2)}{\sqrt{\dfrac{\sigma_1^2}{n_1} + \dfrac{\sigma_2^2}{n_2}}} \sim N(0, 1^2)$

② 모분산 σ_1^2, σ_2^2을 모르는 경우

- [대표본] $n_1 \geq 30$, $n_2 \geq 30$이면, 두 독립표본에 대한 가설검정은 Z검정을 수행한다.

[양측] 모평균 차이 $\mu_1 - \mu_2$에 대한 $100(1-\alpha)\%$신뢰구간	독립표본 검정통계량
$\left(\overline{X_1} - \overline{X_2}\right) \pm Z_{\frac{\alpha}{2}} \times \sqrt{\dfrac{S_1^2}{n_1} + \dfrac{S_2^2}{n_2}}$	$Z = \dfrac{(\overline{X_1} - \overline{X_2}) - (\mu_1 - \mu_2)}{\sqrt{\dfrac{S_1^2}{n_1} + \dfrac{S_2^2}{n_2}}} \sim N(0, 1^2)$

- [소표본, 모분산 같음] $n_1 < 30$, $n_2 < 30$이면서 $\sigma_1^2 = \sigma_2^2$로 두 집단의 모분산이 같으면, 두 독립표본에 대한 가설검정은 t검정을 수행한다. 이때, 자유도는 $n_1 + n_2 - 2$이다.
  - 이때, 공통분산 σ^2에 대한 합동분산추정량인 S_p^2을 이용한다. 합동분산추정량 S_p^2은 두 표본의 분산이 동일하다는 가정하에, 두 집단의 분산을 결합하여 하나의 추정치로 계산하는 방식이다.

$$S_p^2 = \frac{(n_1 - 1)S_1^2 + (n_2 - 1)S_2^2}{n_1 + n_2 - 2}$$

[양측] 모평균 차이 $\mu_1 - \mu_2$에 대한 $100(1-\alpha)\%$신뢰구간	독립표본 검정통계량
$\left(\overline{X_1} - \overline{X_2}\right) \pm t_{\frac{\alpha}{2}}(n_1 + n_2 - 2) \times S_p \sqrt{\dfrac{1}{n_1} + \dfrac{1}{n_2}}$	$t = \dfrac{(\overline{X_1} - \overline{X_2}) - (\mu_1 - \mu_2)}{S_p \sqrt{\dfrac{1}{n_1} + \dfrac{1}{n_2}}} \sim t(n_1 + n_2 - 2)$

■ 대응 모집단의 평균차의 가설검정

- 모평균 차이의 가설검정은 대응표본 T검정을 수행한다.
  - 대응표본 T검정은 하나의 대상에 대해 두 번의 측정을 수행한 후 이를 비교할 때 사용한다.
  - 이때, 검정통계량은 자유도가 $n-1$인 t분포를 따른다.
  - **예** 새로 개발한 학습방법에 대한 효과 검증을 위해 학습 전 VS 후의 시험점수 비교
  - **예** 흡연자를 대상으로 금연 전 VS 후의 체중 변화 비교

[양측] 대응모집단 평균 차이 $\mu_1 - \mu_2$에 대한 $100(1-\alpha)\%$ 신뢰구간	대응표본 검정통계량
$\overline{D} \pm t_{\frac{\alpha}{2}}(n-1) \times \dfrac{S_D}{\sqrt{n}}$	$t = \dfrac{\overline{D} - \mu_D}{\dfrac{S_D}{\sqrt{n}}} \sim t(n-1)$

■ 두 개의 모집단에 대한 모비율의 가설검정

① 모비율에 대한 독립표본 가설검정

- 두 모집단 비율의 가설검정은 Z검정을 수행한다. 두 개의 표본에서 추출된 비율을 각각 $\hat{p_1}$과 $\hat{p_2}$라고 할 때, 두 모비율 차이 $p_1 - p_2$에 대한 검정통계량 Z는 다음과 같다.
  - 아래 공식에서 $\hat{p}$은 합동표본비율(pooled proportion)이며, $\hat{p} = \dfrac{X_1 + X_2}{n_1 + n_2}$이다.
  - $\hat{p_1} = \dfrac{X_1}{n_1}$, $\hat{p_2} = \dfrac{X_2}{n_2}$이고, 이때 분자 X_1, X_2는 각각 첫 번째 표본과 두 번째 표본에서 '특정 사건이 발생한' 횟수이며, 분모 n_1, n_2는 각각 각각 첫 번째와 두 번째 표본의 크기이다.

[양측] 두 모비율 차 $p_1 - p_2$에 대한 $100(1-\alpha)\%$ 근사 신뢰구간	검정통계량
$(\hat{p_1} - \hat{p_2}) \pm Z_{\frac{\alpha}{2}} \times \sqrt{\dfrac{\hat{p_1}(1-\hat{p_1})}{n_1} + \dfrac{\hat{p_2}(1-\hat{p_2})}{n_2}}$	$Z = \dfrac{(\hat{p_1} - \hat{p_2}) - (p_1 - p_2)}{\sqrt{\hat{p}(1-\hat{p})\left(\dfrac{1}{n_1} + \dfrac{1}{n_2}\right)}} \sim N(0, 1^2)$

■ 두 개의 모집단에 대한 모분산의 가설검정

① 모분산에 대한 독립표본 가설검정 **암기** 두분동일에프

양측검정	귀무가설 H_0	$H_0 : \sigma_1^2 = \sigma_2^2$	두 모집단의 분산이 같다.
	대립가설 H_1	$H_1 : \sigma_1^2 \neq \sigma_2^2$	두 모집단의 분산이 다르다.
단측검정	귀무가설 H_0	$H_0 : \sigma_1^2 = \sigma_2^2$	두 모집단의 분산이 같다.
	대립가설 H_1	$H_1 : \sigma_1^2 > \sigma_2^2$	첫 번째 모집단의 분산 σ_1^2이 두 번째 모집단의 분산 σ_2^2보다 크다.
		$H_1 : \sigma_1^2 < \sigma_2^2$	첫 번째 모집단의 분산 σ_1^2이 두 번째 모집단의 분산 σ_2^2보다 작다.

- 두 집단의 분산의 동일성 검정에 사용되는 검정통계량의 분포는 $F-$ 분포이다.
  - $F-$ 검정에서 사용하는 $F-$ 통계량은 두 표본의 분산 비율로 계산된다.
  - 단, $\dfrac{(n_1-1)S_1^2}{\sigma_1^2} \sim \chi^2(n_1-1)$, $\dfrac{(n_2-1)S_2^2}{\sigma_2^2} \sim \chi^2(n_2-1)$ 각각은 카이제곱분포를 따른다.

$$F=\dfrac{\dfrac{(n_1-1)S_1^2}{\sigma_1^2}}{\dfrac{(n_2-1)S_2^2}{\sigma_2^2}}\Bigg/\dfrac{(n_1-1)}{(n_2-1)}=\dfrac{\dfrac{S_1^2}{\sigma_1^2}}{\dfrac{S_2^2}{\sigma_2^2}} \sim F(n_1-1, n_2-1) \quad \xrightarrow{H_0 : \sigma_1^2 = \sigma_2^2} \quad F=\dfrac{S_1^2}{S_2^2} \sim F(n_1-1, n_2-1)$$

■ 분산분석

독립변수(X) 종속변수(Y)	범주형 변수	연속형 변수
범주형 변수 (질적자료)	교차분석 (카이제곱검정)	로지스틱 회귀분석 판별분석
연속형 변수 (양적자료)	t검정 분산분석(ANOVA) : F검정	회귀분석 상관분석

■ 분산분석의 의의 및 특징

- 분산분석(ANOVA, Analysis of Variance)은 집단 간 평균을 비교하는 분석이다.
  - 집단 간 분산을 비교하는 분석이 아님에 주의해야 한다.
  - 즉, 분산분석은 분산값들을 이용해서 두 개 이상의 집단 간 평균 차이를 검정할 때 사용된다.
  - 두 변량 중 X를 독립변수, Y를 종속변수로 하여 X와 Y의 관계를 분석하고자 한다. X가 범주형 변수이고 Y가 연속형 변수일 때 적합한 분석방법은 분산분석이다.
  - 분산분석은 3개 이상의 모집단의 모평균을 비교하는 통계적 방법으로 가장 적합하다.

■ 분산분석의 기본가정

① 정규성
- 각 모집단에서 반응변수는 정규분포를 따른다.

② 독립성
- 관측값들은 독립적이어야 한다.
- 분산분석은 서로 다른 집단 간에 독립을 가정한다.

③ 등분산성
- 반응변수의 분산은 모든 모집단에서 동일하다.
  - 분산분석에서는 각 집단에 해당되는 모집단의 분포가 정규분포이며 서로 동일한 분산을 가져야 한다.

④ 분산분석의 오차항 기본가정
- 정규성 : 오차항 ε_{ij}는 정규분포를 따른다.
- 독립성 : 오차항 ε_{ij}는 서로 독립이다.
- 등분산성 : 오차항 ε_{ij}의 분산은 i에 관계없이 일정하다.

■ 일원분산분석 의의 및 특징

- 일원배치 분산분석은 집단 간 평균을 비교하는 분석이다. 즉, 일원배치법은 한 종류의 인자가 특성값에 미치는 영향을 조사하고자 할 때 사용하는 분석법이다.
  - '일원배치'의 의미는 반응변수에 영향을 주는 요인이 하나인 것을 의미한다.
- 일원배치 분산분석은 집단 간 평균을 비교하는 분석이다.
- 일원배치 분산분석은 유의확률이 유의수준보다 크면 귀무가설을 기각할 수 없다.
- 일원배치 분산분석은 검정통계량은 집단 내 제곱합과 집단 간 제곱합으로 구한다.

■ 일원배치모형 의의 및 특징

① 일원배치모형의 의의
- k개 처리(요인수준)에서 n회씩 실험을 반복하는 일원배치모형은 다음과 같다.
$$X_{ij} = \mu + \alpha_i + \varepsilon_{ij}$$
  - 이때, $i=1, 2, \cdots, k$, $j=1, 2, \cdots, n_i$, $\sum_{i=1}^{k} \alpha_i = 0$, $\varepsilon_{ij} \sim N(0, \sigma^2)$, $\alpha_i = \mu_i - \mu$이다.

② 일원배치모형의 특징
- 일원배치모형에서 $\varepsilon_{ij} \sim N(0, \sigma^2)$이므로, 오차항 ε_{ij}들의 분산은 같다.
- 일원배치모형에서 총 실험횟수는 $k \times n$이다.
- 분산분석에서 처리 효과의 자유도는 처리집단의 수 k에서 1을 뺀 $k-1$이다.
  - 즉, 비교하려는 처리집단이 k개 있으면 처리에 의한 자유도는 $k-1$가 된다.
- 일원분산분석에서는 인자의 처리별 반복수(표본수)가 동일할 필요는 없다.
  - 각 그룹에서의 표본 크기가 다를 수 있으며, 불균형한 반복수도 일원배치법을 적용할 수 있다. 따라서 $n_1 \neq n_2 \neq \cdots \neq n_k$이더라도 일원배치법 적용이 가능하다.

■ 일원배치모형의 자유도

① 처리의 자유도
- 처리의 자유도는 처리 간 평균 차이를 비교하기 위한 자유도이다.
  - k개의 처리가 있을 때, 처리 간 변동에 대한 자유도는 $k-1$이다.

② 잔차의 자유도
- 각 처리의 반복수 $j = n_i$가 n으로 동일한 경우 전체 표본수 $N = k \times n$이다. 따라서 잔차(오차 ; error)의 자유도는 전체 표본수 N에서 처리수를 뺀 $N - k = kn - k$가 된다.
  - 이 값은 총 자유도 $N-1$에서 처리 자유도 $k-1$을 뺀 값이기도 하다.
  - **예** 3개의 처리(Treatment)를 각각 5번씩 반복하여 실험하였고, 이에 대해 분산분석을 실시하고자 할 때 (분산분석표에서) 오차의 자유도는 12이다.

■ **일원분산분석표**

① 분산분석표의 의의
- 분산분석은 특성치의 산포를 총제곱합으로 나타내고, 이 총 제곱합(SST)을 실험과 관련된 요인마다 제곱합으로 분해하여 오차에 비해 특히 큰 영향을 주는 요인이 무엇인지를 찾아내는 분석방법이다.
  - 일원분산분석은 세 개 이상 집단 간의 모평균을 비교하고자 할 때 사용한다.

② 분산분석표의 구성
- (일원배치) 분산분석표에는 제곱합, 자유도, $F-$값이 나타난다.
  - 처리 평균제곱(MSR)은 처리 제곱합(SSR)을 처리 자유도로 나눈 것을 말한다.
- 총제곱합은 처리제곱합과 오차제곱합으로 분해된다.

요인	제곱합(평방합)	자유도	평균제곱	F값
처리	SSR 집단(그룹) 간 제곱합	$k-1$ = 집단의 개수 -1	$MSR = \dfrac{SSR}{k-1}$	$F = \dfrac{MSR}{MSE}$
잔차 (오차)	SSE 집단(그룹) 내 제곱합	$N-k$	$MSE = \dfrac{SSE}{N-k}$	
총합	SST 총 제곱합	$N-1$ = 자료의 총개수 -1		

③ 분산분석표의 용어

제곱합	설명
SSR	• 회귀변동(Sum of Squares for Regression) - 회귀변동은 회귀모형에 의해 설명된 변동량이다. - 회귀변동은 독립변수가 종속변수에 미치는 설명 가능한 변동이다.
SSE	• 오차변동(Sum of Squares for Error) - 오차변동은 회귀모형이 설명하지 못한 변동량이다.
SST	• 총변동(Sum of Squares Total) - 총변동은 종속변수의 전체 변동량이다.

평균제곱	설명
MSR	• 회귀평균제곱(Mean Square for Regression ; 처리평균제곱) - 집단 간 평균제곱(Mean Squares Between Groups)이라고도 한다. - 처리평균제곱은 회귀모형이 설명하는 변동을 설명하는 평균제곱이다. $$MSR = \frac{SSR}{k-1} = \frac{\text{집단 간 제곱합}}{df(\text{자유도})}$$
MSE	• 오차평균제곱(Mean Square for Error) - 집단 내 평균제곱(Mean Squares Within Groups)이라고도 한다. - 오차평균제곱은 회귀모형이 설명하지 못한 오차에 대한 평균제곱이다. $$MSE = \frac{SSE}{N-k} = \frac{\text{집단 내 제곱합}}{df(\text{자유도})}$$

④ 제곱합 공식
- 제곱합(Sum of Squares) 공식에서 총 변동인 SST값의 공식은 다음과 같다.
  - k개의 처리에서 각 반복수가 $j = n_i$인 경우 총 변동량을 급 간(Between) 변동인 SSR과 급 내(Within) 변동인 SSE로 분해하여 $y_{ij} - \overline{\overline{y}} = (\overline{y_{i*}} - \overline{\overline{y}}) + (y_{ij} - \overline{y_{i*}})$으로 표기한다.

$$SST = \sum_{i=1}^{k}\sum_{j=1}^{n_i}(y_{ij} - \overline{\overline{y}})^2 = SSR + SSE = n_i\sum_{i=1}^{k}(\overline{y_{i*}} - \overline{\overline{y}})^2 + \sum_{i=1}^{k}\sum_{j=1}^{n_i}(y_{ij} - \overline{y_{i*}})^2$$

⑤ 제곱합 공식 설명
- $\overline{y_{i*}}$는 여러 그룹이 있을 때, 각 그룹 또는 집단에 대해 구한 평균값이다. $\overline{y_{i*}} = \frac{1}{n}\sum_{j=1}^{n}y_{ij}$
- $\overline{\overline{y}}$는 각 그룹의 평균들을 모두 합하여 다시 평균 낸 값이며, 전체 평균이다.

$$\overline{\overline{y}} = \frac{1}{nm}\sum_{i=1}^{m}\sum_{j=1}^{n}y_{ij}$$

- y_{ij}는 두 개의 첨자를 가진 값이며, 일반적으로 이원 분산분석이나 반복 측정 자료 등에서 각 데이터 포인트를 지정할 때 사용된다.

구분	공식	설명
SSR	$SSR = \sum_{i=1}^{k}\sum_{j=1}^{n_i}(\overline{y_{i*}} - \overline{\overline{y}})^2 = n_i\sum_{i=1}^{k}(\overline{y_{i*}} - \overline{\overline{y}})^2$	각 집단의 평균과 전체 평균의 차이
SSE	$SSE = \sum_{i=1}^{k}\sum_{j=1}^{n_i}(y_{ij} - \overline{y_{i*}})^2$	각 집단 내에서 관찰치와 집단 평균의 차이
SST	$SST = \sum_{i=1}^{k}\sum_{j=1}^{n_i}(y_{ij} - \overline{\overline{y}})^2$	각 관찰치와 전체 평균의 차이

■ 일원분산분석에서의 가설검정

① 가설 수립

귀무가설	모든 처리 집단의 평균이 같다.	$H_0 : \mu_1 = \mu_2 = \cdots = \mu_k$
	모든 처리 효과가 0이다.	$H_0 : \alpha_1 = \alpha_2 = \cdots = \alpha_k = 0$
대립가설	적어도 하나의 처리 집단의 평균 μ_i은 같지 않다. 적어도 적어도 한 쌍 이상의 평균은 다르다.	H_0 : at least one $\mu_i \neq \mu_j (i \neq j)$
	적어도 하나의 처리 효과는 0이 아니다.	H_0 : at least one $\alpha_i \neq 0$

② 검정통계량
- 분산분석은 제곱합들의 비를 이용하여 분석하므로 F분포를 이용하여 검정한다.
  - 일원배치분산분석에서 검정통계량은 집단 내 제곱합과 집단 간 제곱합으로 구한다.
    [가정1] 각 처리집단의 자료는 서로 독립인 정규분포를 따른다.
    [가정2] 각 처리 내 집단의 분산은 동일하다.
  - 분자의 자유도는 처리수$-1 = k-1$이고, 분모의 자유도는 전체자료$-$처리수$= N-k$이며, 귀무가설 H_0가 참이라는 가정하에 $F(k-1, N-k)$를 따른다.

$$F = \frac{MSR}{MSE} = \frac{\frac{SSR}{k-1}}{\frac{SSE}{N-k}} \sim F(k-1, N-k)$$

- 유의수준 α가 결정되고, 기각역의 임계치가 정해지면 검정통계량
  - 유의수준 α하에서 계산된 $F-$비 값은 $F_\alpha(k-1, N-k)$ 분포 값과 비교하여, 영가설의 기각여부를 결정한다.

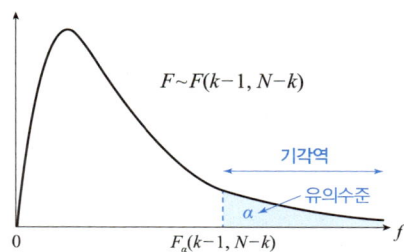

■ 교차분석

- 교차분석(Cross-Tabulation Analysis)는 교차표를 활용하여 변수들 간의 관계를 분석하는 방법이다.
  - 두 명목범주형 변수 사이의 연관성을 보고자 할 때 가장 적합한 것은 분할표(교차표)이다.

구분	카이제곱 검정 비교		
독립성 검정 Test of Independence	범주형 변수(1개의 요인)	VS	범주형 변수(1개의 요인)
동일성 검정 Test of Homogeneity	범주형 변수(1개의 요인)	VS	각 범주의 분포 동질성 비교
적합성 검정 Goodness of fit test	범주형 변수(1개의 요인) 각 범주의 분포	VS	특정 분포(이론)와 비교

■ 카이제곱 검정 통계량 암기 모기자관기제

- 기대빈도 E_{ij}(Expected Frequency)와 실제 관측빈도 O_{ij}(Observed Frequency)를 비교하여 카이제곱 통계량을 계산한다.
  - 행변수가 M개의 범주를 갖고 열변수가 N개의 범주를 갖는 분할표에서 행변수와 열변수가 서로 독립인지를 검정하고자 한다. (i,j)셀의 관측도수를 O_{ij}, 귀무가설 하에서의 기대도수의 추정치를 $\widehat{E}_{ij}$라 할 때, 이 검정을 위한 검정통계량은 $\sum_{i=1}^{M}\sum_{j=1}^{N}\dfrac{(O_{ij}-\widehat{E}_{ij})^2}{\widehat{E}_{ij}}$ 이다.

버전1

$$\text{카이제곱 검정통계량 } \chi^2 = \sum_{i=1}^{M}\sum_{j=1}^{N}\frac{(O_{ij}-\widehat{E}_{ij})^2}{\widehat{E}_{ij}} = \sum_{i=1}^{M}\sum_{j=1}^{N}\frac{(\text{관측빈도}-\text{기대빈도})^2}{\text{기대빈도}}$$

버전2

$$\text{카이제곱 검정통계량 } \chi^2 = \sum_{i=1}^{k}\frac{(O_i-E_i)^2}{E_i} = \sum_{i=1}^{k}\frac{(\text{관측빈도}-\text{기대빈도})^2}{\text{기대빈도}} \sim \chi^2(k-1)$$

CHAPTER 03   회귀분석

1 회귀분석의 개념

■ 회귀모형

- 회귀모형(Regression Model)은 독립변수와 종속변수 간의 관계를 설명하는 통계적·수학적 모델이다.
- 회귀분석은 자료를 통하여 독립변수와 종속변수 간의 함수관계를 통계적으로 규명하는 분석방법이다.
- 회귀분석은 종속변수의 값 변화에 영향을 미치는 중요한 독립변수들이 무엇인지 알 수 있다.

■ 오차와 잔차 암기 관예잔

오차(Error)	잔차(Residual)
i번째 데이터의 오차 ε_i $\varepsilon_i = Y_i - E(Y_i)$ Y_i는 실제 종속변수의 값 $E(Y_i)$는 회귀모형에 의해 예측된 값(기댓값)	i번째 데이터의 잔차 e_i $e_i = Y_i - \widehat{Y_i}$ Y_i는 실제 종속변수의 값 $\widehat{Y_i}$는 추정된 회귀모형에 의한 예측값

- 오차와 잔차의 기본가정
  - 정규성 : 오차항 ε_i(혹은 잔차 e_i)는 정규분포를 따른다.
  - 독립성 : 오차항(혹은 잔차) ε_i와 ε_j는 서로 독립이다. $\varepsilon_i \perp \varepsilon_j$
  - 등분산성 : 오차항 ε_i(혹은 잔차 e_i)의 분산은 i에 관계없이 일정하다.
- 오차항의 분포
  - 단순회귀모형 $Y_i = \beta_0 + \beta_1 X_i + \varepsilon_i,\ i=1,\ 2,\cdots,n$ (단, 오차항 ε_i는 서로 독립이며 동일한 분포 $\varepsilon_i \sim N(0,\sigma^2)$를 따른다)에서 오차항 ε_i와 Y_i는 동일한 분산을 갖는다.

■ 회귀모형의 가정 4가지

① 선형성(linearity)
- 독립변수 X와 종속변수 Y사이의 관계가 선형적이어야 한다.

② 정규성(normality)
- 오차(잔차) 항들이 정규분포를 따라야 하며, $E(\varepsilon_i)=0$이므로, 오차항의 기댓값은 0이다.

③ 등분산성(homoscedasticity)
- 독립변수에 상관없이 종속변수의 분산은 일정하다.

$$Var(y_i) = Var(\beta_0 + \beta_1 x_i + \varepsilon_i) = Var(\varepsilon_i) = \sigma^2$$

④ 독립성(independency)
- 독립변수 X들은 서로 독립이며, 잔차(오차)끼리도 서로 독립이다.

$$X_i \perp X_j, \ Cov(X_i, X_j) = 0 \, (i \neq j)$$
$$\varepsilon_i \perp \varepsilon_j, \ Cov(\varepsilon_i, \varepsilon_j) = 0 \, (i \neq j)$$

■ 공분산

- $Cov(X,Y) = E[(X-E(X))(Y-E(Y))] = E(XY) - \mu_X \mu_Y = E(XY) - E(X)E(Y)$
- $Cov(X,Y) = Cov(Y,X)$
- $Cov(aX, bY) = abCov(X,Y)$, $Cov(aX+c, bY+d) = abCov(X,Y)$ (단, a, b, c, d는 상수)
- 표본 공분산 $Cov(X,Y) = \dfrac{1}{n-1} \times \sum\limits_{i=1}^{n}(X_i - \overline{X})(Y_i - \overline{Y})$
- 공분산 값의 범위는 $-\infty < Cov(X,Y) < \infty$이다.
  - 공분산은 측정단위에도 영향을 받기 때문에, X변수와 Y변수의 관계에 대한 강도(strength)에 대해 정보를 얻기 어렵다.

공분산	회귀계수	설명
$Cov(X,Y) > 0$	$\widehat{\beta_1} > 0$	두 확률변수 X, Y의 변화가 같은 방향인 경우 예 X변수의 값이 증가하면, Y변수의 값도 증가
$Cov(X,Y) = 0$	$\widehat{\beta_1} = 0$	두 확률변수 X, Y 간에 어떠한 (선형) 관계가 없음
$Cov(X,Y) < 0$	$\widehat{\beta_1} < 0$	두 확률변수 X, Y의 변화가 반대 방향 예 X변수의 값이 증가하면, Y변수의 값은 감소

■ 최소제곱법

- 최소제곱법(Least Squares Method ; LSM ; 최소자승법)은 회귀분석에서 회귀계수를 추정하는 대표적인 방법이며, 최소자승법(OLS ; ordinary least squares)이라고도 한다.
- 최소제곱법의 목적은 잔차(Residuals)의 제곱합을 최소화하는 회귀식을 구하는 것이다.
- 단순회귀분석에서 회귀직선의 기울기와 독립변수와 종속변수의 상관계수와의 관계는 회귀직선의 기울기가 양수이면 상관계수도 양수이다.

Case 1 절편이 있는 단순회귀모형 $Y_i = \beta_0 + \beta_1 x_i + \varepsilon_i$ 기준

절편		$b_0 = \widehat{\beta_0} = \overline{Y} - b_1 \overline{X}$
기울기	방법1	$b_1 = \widehat{\beta_1} = \dfrac{Cov(X,Y)}{Var(X)} = \dfrac{S_{xy}}{S_{xx}} = \dfrac{\dfrac{1}{n-1} \times \sum_{i=1}^{n}(X_i - \overline{X})(Y_i - \overline{Y})}{\dfrac{1}{n-1} \times \sum_{i=1}^{n}(X_i - \overline{X})^2}$ $= \dfrac{\sum_{i=1}^{n}(X_i - \overline{X})(Y_i - \overline{Y})}{\sum_{i=1}^{n}(X_i - \overline{X})^2}$
	방법2	$b_1 = \widehat{\beta_1} = \dfrac{\sum_{i=1}^{n} x_i y_i - n\overline{x}\,\overline{y}}{\sum_{i=1}^{n} x_i^2 - n\overline{x}^2}$
	방법3	$b_1 = r \times \dfrac{\sqrt{Var(Y)}}{\sqrt{Var(X)}} = r \times \dfrac{S_Y}{S_X}$ (∵ 상관계수 $r = r_{X,Y} = \dfrac{Cov(X,Y)}{\sqrt{Var(X)}\sqrt{Var(Y)}}$)

Case 2 절편이 없는 단순회귀모형 $Y_i = \beta x_i + \varepsilon_i$ 기준

기울기	방법1	$\widehat{\beta} = \dfrac{\sum_{i=1}^{n} x_i y_i}{\sum_{i=1}^{n} x_i^2}$

■ **오차분산의 불편추정량**

• 잔차(오차)의 평균제곱인 MSE는 오차분산 $Var(e_i) = \sigma^2$의 불편추정량이다.

단순회귀모형	$MSE = \dfrac{SSE}{n-2} = \hat{\sigma}^2 = \dfrac{\sum_{i=1}^{n}(y_i - \hat{y_i})^2}{n-2}$
중회귀모형	$MSE = \dfrac{SSE}{n-k-1} = \hat{\sigma}^2 = \dfrac{\sum_{i=1}^{n}(y_i - \hat{y_i})^2}{n-k-1} = \dfrac{1}{n-k-1}\sum_{i=1}^{n}e_i^{\,2}$ (단, $n > k+1$) (n : 표본의 크기, k : 독립변수의 개수)

• 단순선형회귀모형 $Y_i = \alpha + \beta x_i + e_i (i = 1, 2, \cdots, n)$에서 최소제곱추정량 $y = \hat{\alpha} + \hat{\beta}x$로부터 잔차 $\hat{e_i} = y_i - \hat{y_i}$가 서로 독립이고 등분산인 오차들의 분산 $Var(e_i) = \sigma^2 (i = 1, 2, \cdots, n)$의 불편추정량을 구하면 $\hat{\sigma^2} = \dfrac{\sum_{i=1}^{n}(y_i - \hat{y_i})^2}{n-2}$ 이다.

• 중회귀모형 $Y_i = \beta_0 + \beta_1 X_{1i} + \beta_2 X_{2i} + \varepsilon_i, i = 1, 2, \cdots, n$에서 독립변수의 개수 $k = 2$이므로, 오차분산 σ^2의 추정량은 $\dfrac{1}{n-3}\sum e_i^2$ 이다.

 – 중회귀모형에서 오차분산 σ^2의 자유도는 $n - k - 1$이다.

2 상관분석

■ **상관계수** 암기 상선

- 상관계수(Correlation Coefficient ; Corr)인 $Corr(X, Y)$는 두 변수 X와 Y간 선형관계(=직선관계)를 나타내는 척도이다.
  - 상관계수는 변수들의 측정단위에 따라 변하지 않는다.
- 다른 변수들의 상관관계를 통제하고 순수하게 두 변수 간의 상관관계를 나타내는 것은 편상관계수(Partial Correlation Coefficient)이다.

① 모상관계수
- 모집단(Population)에 대한 상관계수인 모상관계수 ρ(rho ; 로우)는 다음과 같다.

$$\rho = \rho_{X,Y} = \frac{Cov(X,Y)}{\sigma_X \sigma_Y} = \frac{E[(X-E(X))(Y-E(Y))]}{\sigma_X \sigma_Y}$$

② 표본상관계수
- 두 변수 (X, Y)의 n개의 자료 $(x_1, y_1), (x_2, y_2), \cdots, (x_n, y_n)$에서 표본상관계수 r은?

$$r = r_{X,Y} = \frac{Cov(X,Y)}{\sqrt{Var(X)}\sqrt{Var(Y)}} = \frac{Cov(X,Y)}{(n-1)S_X S_Y}$$

$$= \sum = \frac{\sum_{i=1}^{n}(X_i - \mu_X)(Y_i - \mu_Y)}{\sqrt{\sum_{i=1}^{n}(X_i - \mu_X)^2}\sqrt{\sum_{i=1}^{n}(Y_i - \mu_Y)^2}}$$

(∵ 표본상관계수 $r_{X,Y}$ 공식에서 S_X, S_Y는 표본에서 변수X와 Y의 표본표준편차이다.)

■ **표본상관계수와 회귀계수의 관계**

- 단순선형회귀모형 $Y_i = \beta_0 + \beta_1 X_i + \varepsilon_i$에서 회귀계수 기울기는 $b_1 = \widehat{\beta_1} = \frac{Cov(X,Y)}{Var(X)}$이다.
  - 표본상관계수 $r = \frac{Cov(X,Y)}{\sqrt{Var(X)}\sqrt{Var(Y)}}$ 임을 활용하여 회귀계수 기울기를 표현하면,

  회귀계수 $\widehat{\beta_1} = \frac{Cov(X,Y)}{Var(X)} = \frac{Cov(X,Y)}{\sqrt{Var(X)}\sqrt{Var(Y)}} \times \frac{\sqrt{Var(Y)}}{\sqrt{Var(X)}} = r \times \frac{S_Y}{S_X}$ 이다.

■ 상관계수의 부호

- 상관계수 $Corr(X, Y)$를 구할 때, 변수 X와 변수 Y의 부호에 주의해야 한다.
- $ac > 0$이면, $Corr(X,Y) = Corr(aX+b, cY+d)$이다.
  - X와 Y 사이의 상관계수의 값과 $(X+2)$와 $2Y$ 사이의 상관계수의 값은 같다.
- $ac < 0$이면, $Corr(X,Y) = -Corr(aX+b, cY+d)$이다.

■ 상관계수의 값의 범위

- 상관계수의 절대치가 클수록 두 변수의 선형관계가 강하다고 할 수 있다.
- (표본) 상관계수는 $-1 \leq r \leq 1$ 값을 갖는다.
  - 상관계수는 1차 직선의 함수관계가 어느 정도 강한가를 나타내는 측도이다.
  - 두 변수 사이에 일차함수의 관계가 존재하면, 상관계수 1 또는 −1이다.
- 상관계수 r_{XY}가 $r_{XY} = \pm 1$이면 두 변수는 완전한 상관관계에 있다.

$r=1$	• 두 변수 간의 상관계수에서 한 변수의 값이 다른 변수값보다 항상 100만큼 클 때 상관계수는 1이 된다. − 만약 두 변수 간의 차이가 일정한 경우, 두 변수는 완전한 선형적 관계에 있으므로 상관계수는 1이 된다. **예** $Y = a + bX$ $(b>0)$인 관계가 성립할 때 두 확률변수 X와 Y간의 상관계수 $\rho_{X,Y}$는 $\rho_{X,Y} = 1.00$이다.
$r=-1$	• 상관계수가 −1이라는 것은 모든 자료가 기울기가 음수인 직선 위에 있다는 것을 의미한다. − $r=-1$이면 두 변수는 완전한 음의 상관관계에 있다.

- 두 변수 간의 상관계수가 0일 때는 두 변수의 공분산도 0이 된다.

$r=0$	서로 독립	• 두 확률변수가 서로 독립이면 상관계수는 0이다.
	변동 없음	• 두 변수 간의 상관계수에서 한 변수의 값이 일정할 때 상관계수는 0이 된다. − 만약 한 변수의 값이 일정하다면 그 변수에는 변동성이 없으므로 공분산도 0이 되고, 상관계수 역시 0이 된다.
	비선형 · 무상관	• $r=0$이면 두 변수는 선형이 아니거나 무상관이다. • 즉, 선형관계가 없더라도 비선형(곡선) 관계는 존재할 수 있다. − 두 변수간의 관계가 선형이 아니라면, 관련이 있어도 상관계수가 0이 될 수 있다.

■ 결정계수

- 결정계수 R^2(Coefficient of Determination)는 회귀분석에서 모형의 설명력을 평가하여 수치적으로 나타내는 중요한 지표이다.
  - 결정계수는 독립변수가 종속변수를 몇 %나 설명할 수 있는지를 나타낸다.
- 결정계수가 취할 수 있는 범위는 $0 \leq R^2 \leq 1$이다.

$R^2 = 0$	• 단순회귀분석에서 추정회귀직선의 기울기가 0이면, 결정계수 $R^2 = 0$이다.
$R^2 = 1$	• 모든 측정값들이 추정회귀직선상에 있는 경우 결정계수는 1이다. - 모든 관찰점들이 추정회귀직선 상에 위치하면 $R^2 = 1$이다.

- 결정계수 R^2은 독립변수의 수가 늘어날수록 증가하는 경향이 있다.
  - SSE 값이 작아지면 R^2값은 커진다.

결정계수 R^2	방법1	$R^2 = \dfrac{\text{회귀 변동}}{\text{전체 변동}} = \dfrac{\text{회귀 제곱합}}{\text{총 제곱합}} = \dfrac{SSR}{SST} = 1 - \dfrac{SSE}{SST} = 1 - \dfrac{\text{잔차 제곱합}}{\text{총 제곱합}}$
	방법2	$R^2 = \dfrac{SSR}{SST} = \dfrac{\sum(\widehat{Y}_i - \overline{Y})^2}{\sum(Y_i - \overline{Y})^2} = 1 - \dfrac{SSE}{SST} = 1 - \dfrac{\sum(Y_i - \widehat{Y}_i)^2}{\sum(Y_i - \overline{Y})^2}$

- 수정결정계수 R_{adj}^2(Adjusted R-Squared)는 회귀분석에서 모델의 설명력을 평가하는 지표이며, 독립변수의 개수와 표본의 크기를 고려하여 결정계수 R^2을 조정한 값이다.

수정결정계수 R_{adj}^2	$R_a^2 = 1 - \dfrac{\frac{SSE}{(n-k-1)}}{\frac{SST}{(n-1)}} = 1 - \dfrac{(n-1)}{(n-k-1)} \times \dfrac{SSE}{SST} = 1 - \dfrac{(n-1)}{(n-k-1)} \times (1 - R^2)$

※ n : 표본의 크기, k : 독립변수의 개수

■ 결정계수와 상관계수

① 단순회귀분석인 경우($R^2 = r^2$)
  - 결정계수는 단순회귀의 경우 독립변수와 종속변수간의 표본상관계수의 제곱과 같다.
  - 결정계수 R^2는 단순회귀모형에서는 종속변수와 독립변수의 상관계수의 제곱 r^2과 같다.
    - 단순회귀분석에서 결정계수의 제곱근은 반응변수와 설명변수의 피어슨 상관계수이다.

    상관계수 r_{xy}는 추정회귀계수 b_1이 음수이면 결정계수의 음의 제곱근 $-\sqrt{R^2}$과 같다.

② 중회귀분석인 경우($R^2 \neq r^2$)
  - 중회귀모형에서 결정계수는 설명변수를 통한 반응변수에 대한 설명력을 나타낸다.
    - 중회귀모형에서는 설명변수가 다수 존재하므로 상관계수의 제곱이 결정계수와 같지 않다.

■ 상관계수의 유의성 검정

① 귀무가설과 대립가설
- 종속변수와 독립변수 간의 상관관계 검정은 상관계수에 대한 가설검정이다.

양측검정	귀무가설 H_0	$H_0 : \rho = 0$	두 변수 간에 상관관계가 없다.
	대립가설 H_1	$H_1 : \rho \neq 0$	두 변수 간에 상관관계가 있다.

② 검정통계량

표기 1 자유도 $n-2$인 양측 t검정을 통해 상관계수의 유의성을 검정한다.

$$t = \sqrt{n-2} \times \frac{r}{\sqrt{1-r^2}} \sim t(n-2)$$

표기 2 자유도 $n-2$인 양측 t검정을 통해 상관계수의 유의성을 검정한다.
- 두 변수 X, Y의 상관계수에 대한 유의성 검정($H_0 : \rho_{XY} = 0$)을 $t-$검정으로 할 때, 검정통계량은 다음과 같다. (단, r_{XY}는 표본상관계수이다.)
  - 검정통계량은 $t = \sqrt{n-2} \times \frac{r}{\sqrt{1-r^2}} = r_{XY}\sqrt{\frac{n-2}{1-r_{XY}^2}}$ 로도 표기 가능하다.

$$t = r_{XY}\sqrt{\frac{n-2}{1-r_{XY}^2}} \sim t(n-2)$$

③ 기각역
- [상관계수의 유의성 검정]에서 유의수준 α에 따른 기각역은 $|t| \geq t_{\frac{\alpha}{2}}(n-2)$이다.

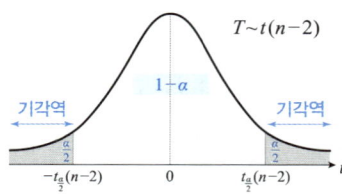

3. 단순회귀분석

■ 분산분석표

<table>
<tr><td colspan="6">단순회귀모형 분산분석표</td></tr>
<tr><td>요인</td><td>제곱합</td><td>수식</td><td>자유도 df</td><td>평균제곱</td><td>F값</td></tr>
<tr><td>회귀</td><td>SSR</td><td>$\sum_{i=1}^{n}(\hat{y_i}-\overline{y})^2$</td><td>1</td><td>$MSR = \dfrac{SSR}{1}$</td><td rowspan="3">$F = \dfrac{MSR}{MSE}$</td></tr>
<tr><td>잔차</td><td>SSE</td><td>$\sum_{i=1}^{n}(y_i-\hat{y_i})^2$</td><td>$n-2$</td><td>$MSE = \dfrac{SSE}{n-2}$</td></tr>
<tr><td>전체</td><td>SST</td><td>$\sum_{i=1}^{n}(y_i-\overline{y})^2$</td><td>$n-1$</td><td></td></tr>
</table>

※ n : 표본의 크기

■ 단순회귀모형에서 회귀계수의 유의성 검정

① 귀무가설과 대립가설
- 단순회귀모형 $Y_i = \beta_0 + \beta_1 X_i + \varepsilon_i$에서 회귀계수 β_1의 유의성 검정은 독립변수 X가 종속변수 Y에 미치는 영향을 의미하므로, 독립변수 X의 유의성 검정이기도 하다.

양측검정	귀무가설 H_0	$H_0 : \beta_1 = 0$	• 독립변수 X와 종속변수 Y는 선형관계가 없다. • 독립변수 X의 설명력이 없다.
	대립가설 H_1	$H_1 : \beta_1 \neq 0$	• 독립변수 X와 종속변수 Y는 선형관계가 있다. • 독립변수 X의 설명력이 존재한다.

② 검정통계량
- 단순회귀모형에서 [회귀계수의 유의성 검정]은 자유도가 $n-2$인 양측 t검정을 수행한다.

$$t = \frac{\hat{\beta_1} - \beta_1}{s.e.(\hat{\beta_1})} = \frac{\hat{\beta_1} - \beta_1}{\sqrt{Var(\hat{\beta_1})}} = \frac{\hat{\beta_1} - \beta_1}{\sqrt{\dfrac{MSE}{S_{xx}}}} \sim t(n-2)$$

③ 기각역
- [회귀계수의 유의성 검정]에서 유의수준 α에 따른 기각역은 $|t| \geq t_{\frac{\alpha}{2}}(n-2)$이다.

■ 단순회귀모형에서 회귀모형의 유의성 검정

① 귀무가설과 대립가설
- 단순회귀모형 $Y_i = \beta_0 + \beta_1 X_i + \varepsilon_i$에서 적합된 회귀모형의 유의성 검정을 적합도 검정이라고 하며, 단순회귀모형은 독립변수가 1개인 경우이므로 독립변수의 유의성 검정과 귀무가설 및 대립가설이 동일하다.

양측검정	귀무가설 H_0	$H_0 : \beta_1 = 0$	• 독립변수 X와 종속변수 Y는 선형관계가 없다. • 독립변수 X의 설명력이 없다.
	대립가설 H_1	$H_1 : \beta_1 \neq 0$	• 독립변수 X와 종속변수 Y는 선형관계가 있다. • 독립변수 X의 설명력이 존재한다.

② 분산분석표
- 단순회귀모형에서 모형의 적합도 검정 및 추정에는 F검정을 사용한다.

단순회귀모형 분산분석표

요인	제곱합	수식	자유도df	평균제곱	F값
회귀	SSR	$\sum_{i=1}^{n}(\hat{y_i} - \bar{y})^2$	1	$MSR = \dfrac{SSR}{1}$	$F = \dfrac{MSR}{MSE}$
잔차	SSE	$\sum_{i=1}^{n}(y_i - \hat{y_i})^2$	$n-2$	$MSE = \dfrac{SSE}{n-2}$	
전체	SST	$\sum_{i=1}^{n}(y_i - \bar{y})^2$	$n-1$		

※ n : 표본의 크기

③ 검정통계량
- 단순회귀모형의 [회귀모형의 유의성 검정]은 자유도 $df = (1, n-2)$인 F검정을 수행한다.

표기1	표기2
$F = \dfrac{MSR}{MSE} = \dfrac{\frac{SSR}{1}}{\frac{SSE}{n-2}} \sim F(1, n-2)$	$F = \dfrac{\sum_{i=1}^{n}(\hat{y_i} - \bar{y})^2}{\sum_{i=1}^{n}(y_i - \hat{y_i})^2 / (n-2)} \sim F(1, n-2)$

④ 기각역
- [회귀모형의 유의성 검정]에서 유의수준 α에 따른 기각역은 $F \geq F_\alpha(1, n-2)$이다.
  - 혹은 $t^2 = F$ 관계를 활용한다.

4 중회귀분석

■ 중회귀모형

① 중회귀모형 형태
- 독립변수의 개수가 k개인 중회귀모형의 형태는 다음과 같다.

$$y_i = \beta_0 + \beta_1 x_{1i} + \beta_2 x_{2i} + \cdots + \beta_k x_{ki} + \varepsilon_i$$

$$E(y) = \beta_0 + \beta_1 x_{1i} + \beta_2 x_{2i} + \cdots + \beta_k x_{ki}$$

$$\varepsilon_i \overset{iid}{\sim} N(0, \sigma^2) \text{이므로 } E(\varepsilon_i) = 0, Var(\varepsilon_i) = \sigma^2$$

- 중회귀모형에 대한 추정회귀직선의 형태는 다음과 같다.
  - 중회귀모형 역시 최소제곱법을 이용하여 모수 $\beta_0, \beta_1, \cdots, \beta_k$를 추정한다.

$$\hat{y} = b_0 + b_1 x_1 + b_2 x_2 + \cdots + b_k x_k$$

② 최소제곱법에 의한 회귀계수 추정
- 독립변수가 k개인 경우의 중회귀모형은 $y = X\beta + \varepsilon$이다.

회귀계수 벡터 β의 추정량 b	$b = (X'X)^{-1} \times X'y$
회귀계수 벡터 β의 추정량 b의 분산-공분산 행렬 $Var(b)$	$Var(b) = (X'X)^{-1} \times \sigma^2$

■ 다중공선성

- 다중공선성은 회귀모형에 사용된 일부 독립변수가 다른 독립변수와 상관성이 높아 모델의 정확성에 부정적인 영향을 미치는 현상이다. 따라서 독립변수가 k개인 다중회귀모형에서는 다중공선성(Multicollinearity)을 고려해야 한다.
- 분산팽창요인(VIF ; Variance Inflation Factor)를 구하여 $VIF > 10$이면, 다중공선성의 문제가 있다고 한다.

$$VIF(\hat{\beta_i}) = \frac{1}{1-R^2}$$

(※ R^2은 결정계수)

- 이때, VIF 공식의 분포에는 결정계수 R^2이 활용되는데, $0 \leq R^2 \leq 1$이므로 VIF가 1보다 작은 경우는 발생할 수 없다.

■ 중회귀모형에서 회귀계수의 유의성 검정

- 독립변수가 2개 이상인 중회귀모형에서 [회귀계수의 유의성 검정]은 자유도가 $n-k-1$인 양측 t검정을 수행한다.
- [회귀계수의 유의성 검정]의 유의수준 α에 따른 기각역은 $|t| \geq t_{\frac{\alpha}{2}}(n-k-1)$이다.

$$t = \frac{\widehat{\beta_i} - \beta_i}{s.e.(\widehat{\beta_i})} = \frac{\widehat{\beta_i} - \beta_i}{\sqrt{Var(\widehat{\beta_i})}} = \frac{\widehat{\beta_i} - \beta_i}{\sqrt{\frac{MSE}{S_{xx}}}} \sim t(n-k-1)$$

■ 중회귀모형에서 회귀모형의 유의성 검정

- [회귀모형의 유의성 검정]은 자유도가 $df = (k, n-k-1)$인 F검정을 수행한다.

$$F = \frac{MSR}{MSE} = \frac{\frac{SSR}{k}}{\frac{SSE}{n-k-1}} \sim F(k, n-k-1)$$

- 유의수준 α에 따른 기각역은 $F \geq F_\alpha(k, n-k-1)$이다.

다중회귀모형 분산분석표					
요인	제곱합	수식	자유도df	평균제곱	F값
회귀	SSR	$\sum_{i=1}^{n}(\widehat{y_i} - \overline{y})^2$	k	$MSR = \frac{SSR}{k}$	$F = \frac{MSR}{MSE}$
잔차	SSE	$\sum_{i=1}^{n}(y_i - \widehat{y_i})^2$	$n-k-1$	$MSE = \frac{SSE}{n-k-1}$	
전체	SST	$\sum_{i=1}^{n}(y_i - \overline{y})^2$	$n-1$		

※ n : 표본의 크기, k : 독립변수의 개수